GESTIÓN DE RECURSOS HUMANOS

Quinta Edición

Estos 3 objetivos deben ser simultáneos:

1. - Productividad
2. - Satisfacción
3. - Sustentabilidad

Sandwich queso → la vaca participa

Sandwich jamón → el chancho se COMPROMETE

GESTIÓN DE RECURSOS HUMANOS

Quinta Edición

Luis R. Gómez-Mejía
Arizona State University

David B. Balkin
University of Colorado, Boulder

Robert L. Cardy
University of Texas at San Antonio

Traducción, revisión técnica y elaboración
de notas de adaptación

M.ª Isabel Delgado Piña
Luis Gómez Martínez
Ana M.ª Romero Martínez
Elena Vázquez Inchausti

Universidad Complutense de Madrid

PEARSON Prentice Hall

Madrid • México • Santa Fe de Bogotá • Buenos Aires • Caracas • Lima • Montevideo
San Juan • San José • Santiago • São Paulo • White Plains

Datos de catalogación bibliográfica

GESTIÓN DE RECURSOS HUMANOS (5.ª edc.)
LUIS R. GÓMEZ; DAVID B. BALKIN; ROBERT L. CARDY

PEARSON EDUCACIÓN, S.A., Madrid, 2008

ISBN: 9788483224021
Materia: 658

Formato: 195 × 250 mm Páginas: 816

GESTIÓN DE RECURSOS HUMANOS (5.ª edc.)
LUIS R. GÓMEZ; DAVID B. BALKIN; ROBERT L. CARDY

Primera reimpresión: 2008

ISBN: 9788483224021
Depósito Legal: M-45911-2008

PEARSON-PRENTICE HALL es un sello editorial autorizado de PEARSON EDUCACIÓN, S.A.

Equipo editorial:
Editor: Alberto Cañizal
Técnico editorial: María Varela
Equipo de producción:
Director: José Antonio Clares
Técnico: José Antonio Hernán
Diseño de cubierta: Equipo de diseño de Pearson Educación, S.A.
Composición: JOSUR TRATAMIENTO DE TEXTOS, S.L.

Impreso por: Top Printer

IMPRESO EN ESPAÑA - PRINTED IN SPAIN

Este libro ha sido impreso con papel y tintas ecológicos

A mi mujer, Ana, a mis dos hijos, Vince y Alex y a mi hija, Dulce
Luis R. Gómez

A mis padres, Daniel y Jeanne
David B. Balkin

A mis padres, Ralph y Dorothy, a mi mujer, Laurel,
y a mis dos hijas, Lara y Emery
Robert L. Cardy

Resumen del contenido

CONTENIDO

PARTE II EL CONTEXTO DE LA DIRECCIÓN Y GESTIÓN DE LOS RRHH

PREFACIO

Este manual titulado ***Gestión de Recursos Humanos*, 5.ª edición, está concebido para concienciar a los directivos del FUTURO de que su trabajo no será factible si no llegan a comprender que la gestión de cualquier área empresarial exige el dominio de competencias en gestión de RRHH**. Desde que se publicó la primera edición, existe la convicción de que los directivos de cualquiera de las funciones de la empresa tienen que tener una mentalidad de dirección general. Hoy en día las características del entorno y de las organizaciones contribuyen en gran medida a esta tendencia. Las organizaciones han disminuido el número de niveles jerárquicos. Las tecnologías como Internet favorecen la comunicación entre cualquier parte de la organización, y los directivos tienen que romper las barreras de la especialización y poseer una diversidad de competencias, entre ellas las de gestión de RRHH (GRH). Además, pocas empresas cuentan con un gran departamento de RRHH muy centralizado, y que supervise, decida y controle las prácticas de RRHH que desarrolla la organización.

Actualmente a muchos trabajadores se les pide que escojan ellos mismos entre unas u otras prestaciones sociales, que participen en los procesos de contratación de personal, que evalúen el desempeño de sus colegas, que cumplan con políticas éticas, etc. Pensamos que el enfoque de RRHH "no funcional" que se adopta en este libro consigue que la GRH sea importante para cualquier miembro de la organización que tenga que abordar cuestiones de personal, incluidos los que formalmente no son directivos.

CUADERNOS DEL DIRECTOR

Los Cuadernos del Director muestran algunos de los temas a los que diariamente se enfrentan los directivos, desde dar retroalimentación en los procesos de evaluación hasta cómo abordar los despidos. Se presentan cuatro categorías de cuadernos:

- **GRH:** evidencia cómo los directivos y los trabajadores se pueden beneficiar de un enfoque que considere a los **empleados como clientes internos**.
- **Ética:** se centra en temas éticos específicos de RRHH que suponen un reto para los directivos y los trabajadores.
- **Tendencias emergentes:** presenta los nuevos desarrollos en la GRH que muy probablemente demandarán mayor atención en un futuro próximo.
- **Tendencias globales:** se centra en las prácticas de RRHH de diferentes lugares del mundo y proporciona ideas que pueden aplicarse en la mayoría de los países.

¡DECIDA USTED! CASOS PARA LA DISCUSIÓN

Buscando que la teoría recogida en los Cuadernos del Director sea lo más cercana posible a situaciones del mundo real, hemos presentado al final de cada capítulo casos de estudio. Para cada uno de estos casos, hemos incluido preguntas para reflexionar, trabajos en equipo y ejercicios basados en la experiencia. La organización de estos casos es la siguiente:

- **Tendencias emergentes:** ilustra aspectos de la GRH que muy probablemente demandarán mayor atención en un futuro próximo.
- **GRH:** ilustra cómo la GRH puede añadir valor a una organización cuando adopta la perspectiva de orientación al cliente.
- **Ética:** ilustra cómo la gestión de personas precisa que se tomen decisiones teniendo en cuenta cuáles son las "actuaciones" correctas que se deben adoptar.
- **Tendencias globales:** centra la atención de los estudiantes en problemas que se pueden dar en cualquier parte del mundo y no solamente en su país.

NOVEDADES EN LA QUINTA EDICIÓN

El Capítulo 1, "Cómo responder a los retos presentes y futuros de los recursos humanos", se ha revisado sustancialmente para incluir algunas de las tendencias más recientes que, a nivel del entorno, de la organización y del individuo, afectan a las prácticas de RRHH. Se incluyen temas nuevos como la preparación para el desastre, la seguridad de los datos, las cuestiones éticas, la fuga de cerebros, la propiedad intelectual, la metamorfosis industrial y las "mejores prácticas de RRHH" asociadas a empresas de alto rendimiento. La mayoría de las cuestiones tratadas en la edición anterior, como la globalización y el cambio rápido, se han actualizado con material nuevo.

El Capítulo 2, "Gestión de los flujos de trabajo y análisis del puesto de trabajo", ha ampliado su cobertura e incluye cuestiones como los equipos virtuales, el trabajo a tiempo parcial, los estudiantes en prácticas y una comparación de la duración de la semana laboral en diferentes países. Se ha añadido en este capítulo una discusión sobre la externalización de actividades en la India o en China.

El Capítulo 3, "Igualdad de oportunidades y entorno legal", recoge regulación nueva de la Comisión para la Igualdad de Oportunidades en el Empleo en relación con las discapacidades intelectuales y el uso de las reglas relacionadas con el empleo del inglés como único idioma en las empresas. En este tema también se ha ampliado la discriminación de género y el acoso sexual.

El Capítulo 4, "Gestión de la diversidad", se ha actualizado minuciosamente e incorpora una ampliación del tratamiento de las personas discapacitadas, de los trabajadores mayores, de las mujeres, de los inmigrantes, tanto legales como sin papeles, y de las personas con orientaciones sexuales diferentes. Se ha añadido un nuevo apartado relacionado con las creencias religiosas. El capítulo examina cuestiones a considerar en la formación para la diversidad y en las auditorías de la diversidad. Se han incluido casos nuevos que abordan temas actuales de diversidad.

El Capítulo 5, "Reclutamiento y selección de empleados", se ha ampliado con temas internacionales, como los problemas de la escasez de trabajadores en China, los trabajadores temporales y el reclutamiento de trabajadores no tradicionales. Un nuevo caso trata la gestión de la oferta y la demanda de trabajo desde la perspectiva de la oferta. Se incluyen otros casos nuevos que retan a los estudiantes a considerar el reclutamiento y la retención de mujeres y la reducción de la rotación al mismo tiempo que se maximiza el rendimiento.

El Capítulo 6, "Gestión del despido de trabajadores, reducción del tamaño empresarial, y colocación externa", se ha ampliado con el cálculo de las tasas de rotación y sus causas y considera el incremento de la rotación en Hong Kong. Se analizan las reducciones de plantilla, como las recientes en GM. Entre los temas que se incluyen en esta edición se encuentran el mantenimiento de la moral y el rendimiento tras una reducción de plantilla, así como la comprensión de la ansiedad de los supervivientes. Se incluyen en este capítulo nuevos casos que consideran el concepto de despido libre y la eficacia del reciclaje.

El Capítulo 7, "Evaluación y gestión del desempeño", incluye en esta edición un análisis del concepto de competencias y presenta ejemplos. El empleo de la evaluación 360º es considerado una herramienta útil para inculcar un conjunto de valores comunes en diferentes culturas. El capítulo también incluye casos sobre temas conflictivos como las distribuciones forzadas (también denominadas *rank and yank*) y la competencia cultural.

El Capítulo 8, "Formación de los trabajadores", se ha ampliado con la vinculación entre formación y rentabilidad. Además, también se ha ampliado con temas como el uso y la eficacia de la formación online, la formación para incrementar el rendimiento de los equipos y la formación en ética. Se plantean nuevos casos para que los estudiantes consideren la formación en una organización multinacional, la formación en ética y la evaluación del impacto en los comportamientos de la formación.

El Capítulo 9, "Desarrollo de la carrera profesional", se ha ampliado con cuestiones como el desarrollo profesional de las mujeres y extiende la consideración del techo de cristal a otros países. En esta nueva edición el capítulo incluye una autoevaluación de los anclajes de la carrera y analiza las implicaciones de los anclajes en la gestión del rendimiento personal. Se presta mayor atención a temas como la planificación de sucesiones y el *mentoring*. Se incluyen nuevos casos que tratan temas como la autoevaluación de la carrera y los anclajes de la carrera.

El Capítulo 10, "Gestión de la retribución", ofrece material nuevo sobre dispersión salarial cuando hay variación elevada en el rendimiento, los recortes de los derechos retributivos, los extras o *pay caps* que se renegocian de forma individual, las nuevas normas impositivas para contabilizar los derechos de opciones sobre acciones, las nuevas regulaciones sobre el pago de las horas extraordinarias, las recompensas no monetarias y la retribución a los trabajadores del conocimiento.

El Capítulo 11, "Premiar el desempeño", trata varios aspectos muy actuales relacionados con la retribución por desempeño, como el papel que juegan los incentivos en la promoción de comportamientos poco éticos; los incentivos de equipo y ejercicios para formar equipos; la vinculación de los incentivos a la estrategia de la empresa orientada al cliente; las reacciones de la empresa ante la valoración como gasto de las opciones sobre acciones; las nuevas normas contables que exigen informar sobre la retribución del consejero delegado (CEO), incluidos los extras; y la ley Sabanes-Oxley. Este capítulo también vuelve sobre una cuestión bastante antigua: ¿el dinero motiva?

El Capítulo 12, "Diseño y administración de las prestaciones sociales", ha ampliado la cobertura que ofrece la Seguridad Social al incluir el uso de incrementos de las prestaciones de jubilación vinculados al coste de la vida y la nueva cobertura de medicamentos recetados de Medicare (seguro médico de los jubilados en la Seguridad Social de Estados Unidos). Se explican las disposiciones nuevas de la ley HIPAA (Health Insurance Portability and Accountability Act o Ley sobre Movilidad del Seguro Médico) que protegen la intimidad de los empleados sobre sus datos médicos. Se incluyen también en el texto los avances recientes sobre prestaciones sociales como, por ejemplo, las cuentas de ahorro para gastos médicos (*health savings accounts*, HSA) y la inscripción automática de los nuevos empleados a los planes de pensiones 401(k).

El Capítulo 13, "Gestión de las relaciones internas" ha puesto más énfasis que las ediciones anteriores en la utilización de la tecnología para desarrollar las relaciones internas. Por ejemplo, se discute la distribución online de los manuales del empleado y la conveniencia, o no, de los mensajes de correo electrónico que contengan mucho contenido emocional. Se presta más cobertura a los modelos de comunicación informal que se produce entre los empleados y a la utilización de los programas de ayuda al empleado (PAE) para resolver problemas de los trabajadores que tienen lugar fuera de los centros de trabajo pero que influyen en el desempeño de los mismos.

El Capítulo 14, "Respeto de los derechos de los empleados y gestión de la disciplina", incluye la cobertura del acoso laboral, una modalidad de acoso que ocasiona que algunos empleados vayan aterrorizados a su trabajo. Se realiza un tratamiento más exhaustivo de temas como las políticas sobre fumar en los centros de trabajo, el control del consumo de drogas, el control de los trabajadores con medios electrónicos y la protección que la Ley Sarbanes-Oxley otorga a los empleados que denuncian irregularidades que presuntamente cometen sus empresas.

El Capítulo 15, "Gestión de las relaciones con los representantes de los trabajadores" amplía el tratamiento que las anteriores ediciones daban a las tácticas de negociación integradora, de cómo negociar de buena fe, de la utilización por parte de los empresarios del cierre patronal para conseguir sus objetivos en la negociación y de los acontecimientos que han dado lugar a una disminución del número de sindicatos afiliados a la AFL-CIO.

El Capítulo 16, "Gestión de la seguridad y la salud en el trabajo", presta mayor atención a la reducción de las tasas de siniestralidad y a los costes que ocasionan. Se aumenta la cobertura de las multas y sanciones que puede imponer la OSHA y la gestión de las mismas mediante la negociación con el organismo que las impuso. Se han actualizado las tasas de mortalidad en el lugar de trabajo y se presta mayor cobertura a la violencia en los centros de trabajo y a los programas de salud y bienestar. Los nuevos casos incluyen temas de la vida real como el acoso laboral, el peligro de la exposición al berilio y la creciente importancia de la salud mental de los trabajadores.

El Capítulo 17, "Las exigencias de la gestión internacional de los recursos humanos", incluye ahora varios conceptos nuevos, como el aumento de la externalización; la contratación y formación de empleados para controlar el ciberespacio; la comprensión de la cultura; los estudios mundiales de retribución; y el pago de sobornos para conseguir negocios en el extranjero. También se ha añadido información más detallada sobre las políticas de RRHH para los expatriados.

RECURSOS PARA LOS PROFESORES

CENTRO DE RECURSOS PARA LOS INSTRUCTORES

Registro. Validación. Clave

En ***www.penhall.com/irc*** los instructores pueden acceder a toda una serie de recursos de materiales impresos, artículos de periódicos y revistas y presentaciones, disponibles con este texto en formato digital que se puede descargar. La mayor parte de los textos y recursos también está disponible para plataformas de gestión de cursos como Blackboard, WebCT y Course Compass.

Acceso fácil. Una vez que usted esté registrado no tendrá que rellenar formularios adicionales o utilizar múltiples nombres de usuario y claves de acceso para recordar cómo acceder a los nuevos títulos y/o ediciones. En tanto que profesor registrado, puede acceder directamente a los recursos y recibirá acceso inmediato a las instrucciones para instalar el contenido de Course Management en el servidor de su campus.

¿Necesita ayuda? Nuestro equipo especializado Technical Support está preparado para responder a las preguntas de los instructores sobre los suplementos de periódicos y revistas que acompañan este texto. Visite: *http://247.prenhall.com* para ver las respuestas a las preguntas más frecuentes.

Si desea una descripción detallada de los materiales suplementarios que se citan más abajo puede obtenerla en: *www.prenhall.com/irc.*

Instructor's Resource Center (IRC) en CD-ROM ISBN: 0-13-187069-6.
Printed Instructor's Manual ISBN: 0-13-187068-8.
Printed Test Item File ISBN: 0-13-187075-0.
TestGen software de generación de test Visite el IRC para este texto (bien online o el CD-Rom).
PowerPoints Visite el IRC para este texto (bien online o el CD-Rom).
¡NOVEDAD! ABC News Videos en DVD ISBN: 0-13-187074-2.

RECURSOS PARA LOS ESTUDIANTES

El paquete PowerPoint destinado a los estudiantes se encuentra en *www.prenhall.com/gomez.*

SAFARIX ETEXTBOOKS ONLINE

¡La mayor librería de eTextbooks en Internet!

Concebido para estudiantes que quieren ahorrar dinero en los libros de texto que necesitan, SafariX eTexbooks Online permite ahorrar a los estudiantes hasta un 50 por ciento del precio del libro impreso. Los estudiantes solamente tienen que seleccionar su eText según el autor o el título y comprar, utilizando alguna de las principales tarjetas de crédito, el acceso inmediato al contenido. Podrán acceder hasta que finalice el curso. La herramienta SafariX eText permite buscar por palabras específicas o por número de página, tomar notas online, imprimir lecturas y subrayar y anotar los párrafos principales para una última revisión. Para más información, o para comprar SafariX eTextbook, visite *www.safarix.com.*

SU OPINIÓN ES IMPORTANTE

¡Los autores y todo el equipo colaborador apreciarían muchísimo conocer su opinión! Nos puede hacer saber lo que usted piensa sobre este libro de texto escribiendo a *college_marketing@prenhall.com.* Por favor utilice como asunto o referencia "Feedback about Gomez-Mejia 5e".

Si tiene alguna pregunta relacionada con este producto, contacte con el departamento de atención al cliente en *www.247.prenhall.com.*

AGRADECIMIENTOS

Las contribuciones de muchas personas han hecho posible este libro. El respaldo y contribución de David Parker, Jeff Shelstad, Asley Santora, Stephanie Kamens y Elisa Adams ha sido muy importante.

El equipo de producción de Prentice Hall también merece una mención especial. La editora de producción, Suzanne Grappi, resolvió los detalles, la programación y la dirección de este proyecto con gracia y aplomo. Muchas gracias también a Renata Butera, Arnold Vila y Vicent Scelta. Felicitaciones al Supervisor de Permisos, Charles Morris, y a la Buscadora de Fotografías, Elaine Soares. Sin su ayuda, muchos aspectos visuales nunca hubieran encontrado un lugar en este libro.

Nuestra experiencia al trabajar con todas las personas de Prentice Hall ha sido fantástica. Todo el mundo en PH se ha tomado el libro con compromiso y entusiasmo. En realidad hemos sido socios del personal de PH y sentíamos que formábamos parte de un equipo de alto rendimiento. Agradecemos el compromiso que nos han mostrado y quisiéramos darles las gracias por la experiencia.

También quisiéramos mostrar nuestro agradecimiento a muchos colegas que revisaron el manuscrito y nos ofrecieron valiosos comentarios, que han sido esenciales para el desarrollo del texto:

Uzo Anakwe	Pace University
Kamala Arogyaswamy	University of South Dakota
Kristen Backhaus	SUNY New Paltz
Trevor Bain	University of Alabama
Murray Barrick	University of Iowa
Richard Bartlett	Muskingum Tech College
Deborah Bishop	Saginaw Valley State University
Jim Brakefield	Western Illinois University
Larry Brandt	Nova Southeastern University
Mark Butler	San Diego State University
Steve Childers	East Carolina University
Denise Daniels	Seattle Pacific University
Kermit Davis	Auburn University
Kerry Davis	Auburn University
Michelle Dean	University of North Texas
Rebby Diehl	Salt Lake Community College
Cathy DuBois	Kent State University
Rebecca Ellis	California Polytechnic State University
Debbie Goodwin	Lewis-Clark State College
Anne Fiedler	Barry University
Hugh Findley	Troy State University
David Foote	Middle Tennessee State University
David A. Hofmann	Michigan State University
Harry Hollis	Belmont University
Deb Humphreys	California Polytechnic State University
David Kaplan	James Madison University
Tim Keaveny	Marquette University
Donald Knight	University of Maryland
Anachai Kongchan	Chulalongkor University
Lewis Lash	Barry University
Helen Lavan	DePaul University
Stan Malos	San Jose State University
Candice Miller	Brigham Young University—Idaho
Joe Mosca	Monmouth University
Paul Muchinsky	University of North Carolina at Greensboro
Smita Oxford	Mary Washington College
Steve Painchaud	Southern New Hampshire University
Elaine Potoker	Maine Maritime Academy
Dr. Jim Sethi	University of Montana-Western
Marcia Simmering	Louisiana Tech University
Janice Smith	North Carolina A&T
Howard Stager	Buffalo State College
Cynthia Sutton	Indiana University
Thomas Tang	Middle Tennessee State University
Tom Taveggia	University of Arizona
David Wade	Northern Illinois University
Edward Ward	St. Cloud State
Sandy Wayne	University of Illinois at Chicago
Les Wiletzky	Hawaii Pacific University
Carol Young	Wittenberg University

Finalmente, este libro no habría sido posible sin la indulgencia de la familia y los amigos. Apreciamos sinceramente su paciencia y tolerancia que nos ofrecieron mientras redactábamos la quinta edición.

Luis R. Gómez-Mejía
David B. Balkin
Robert L. Cardy

Prólogo a la edición en castellano

Del libro que hemos traducido destacaríamos dos aspectos. El primero de ellos es la identificación clara del público al que va dirigido y el propósito que busca. Se trata de conseguir que aquellas personas que ocupan posiciones de responsabilidad en el área de recursos humanos, o que se están preparando para ello, aborden los problemas y las soluciones con una mentalidad de director general. Es decir, sus reflexiones y propuestas deben estar concebidas para encajar en, y reforzar, las orientaciones estratégicas que sigue la organización, pero sin perder de vista la necesidad de que las diferentes decisiones de recursos humanos sean coherentes entre sí. Este último aspecto es más fácil enunciarlo que conseguirlo, es un camino siempre abierto y que incluso hay que ir rellenando edición tras edición. El libro también va dirigido a quienes estudian o ya han llegado a ser directores generales. Les será de gran utilidad entender la aportación que puede hacer la adecuada gestión del personal a la eficacia y eficiencia de sus organizaciones. Aparentemente esto es una obviedad, más si tenemos en cuenta las frecuentes declaraciones del tipo "las personas son el principal activo de nuestra empresa", pero una mirada profunda al día a día de las organizaciones nos hace dudar mucho de las mencionadas declaraciones. Por ejemplo, observamos una mayor fascinación con la tecnología y sus posibilidades que con la dirección de personas. Es evidente que es más atractivo comprar máquinas y programas, frecuentemente llave en mano, que esperar la lenta maduración de nuestra siembra en gestión de recursos humanos. Sin embargo, los que han tenido esa paciencia han conseguido frecuentemente una ventaja competitiva verdaderamente sostenible.

El segundo aspecto es haber evitado caer en el *practicismo* de recomendar recetas para los problemas de gestión de personal. Ni siquiera cuando se plantean los casos prácticos se cae en este error; la única concesión que se hacen a las *recetas* son algunos de los Cuadernos del Director. Tenemos hoy en día abierto el debate sobre cuál debe ser el enfoque de los estudios de administración y dirección de empresas. Un enfoque práctico, muy práctico, o uno más académico; teórico se dice a veces intentando hacerle de menos. Pues bien, los autores de este libro de texto han conseguido, una vez más, un equilibrio entre estas dos posiciones enfrentadas. Se dejan de lado las soluciones acabadas, pues evidentemente su aprendizaje nos llevaría exclusivamente a conocer cómo se han solucionado anteriormente determinados problemas, y se ofrecen reflexiones teóricas con un enfoque totalmente práctico. No conviene olvidar que lo más importante es saber abordar los problemas, estudiar en qué consisten y elaborar nuevas soluciones.

La oportunidad de la publicación de esta versión en castellano también debe ser constatada. Por un lado, se consolida la puesta a disposición del público hispano parlante el trabajo de tres de los principales profesores en este campo de la universidad estadounidense. No es baladí la cuestión, dado que en la práctica también para los que trabajamos muy lejos geográficamente de los EE.UU. se nos ha institucionalizado que los paradigmas de gestión son los estadounidenses. Discutir si ello es así o no tiene su interés, pero evidentemente no se puede estar en el mundo de la gestión de organizaciones, sea como estudiante, como profesor o como profesional, sin un profundo conocimiento de lo que sucede en EE.UU. Por ello, entendemos que no es una pérdida de tiempo, sino todo lo contrario, la lectura y estudio de trabajos como el que hemos traducido. No obstante, nos hemos tomado la libertad de incluir al final de algunos de los capítulos notas y reflexiones hechas desde uno de los países de la Unión Europea. La oportunidad del libro no deviene exclusivamente por consolidar una trayectoria. Aumenta por el momento histórico en que se publica esta traducción. Las economías occidentales han entrado en desaceleración, en crisis, en recesión, etc., según el calificativo de quien realiza los análisis, y es momento de recordar que un tratamiento para estos problemas, posiblemente el mejor, es fortalecer las empresas, dado su papel de locomotoras del progreso. Ello no quiere decir que no existan conflictos de intereses entre sus grupos de interés, pero el verdadero peligro sobreviene cuando entra en crisis la propia empresa, no es capaz de superarla y desaparece. En esas situaciones todos pierden sus aportaciones específicas. Para evitar la derrota, lo que deben hacer las empresas es concentrarse, proveer los mejores productos y servicios que puedan fabricar, y hacer a la organización más competitiva. La adecuada gestión de los recursos humanos es una excelente herramienta para ello.

Los traductores:

M.ª Isabel Delgado Piña,
Luis Gómez Martínez,
Ana M.ª Romero Martínez y
Elena Vázquez Inchausti

Profesores del departamento de Organización de Empresas
Universidad Complutense de Madrid

SOBRE LOS AUTORES

Luis R. Gómez-Mejía ostenta la cátedra Horace Steel en la W. P. Carey College of Business de la Arizona State University (ASU). Es Doctor y Máster en relaciones laborales por la Universidad de Minnesota y licenciado en economía por esta misma universidad. Antes de entrar en la docencia, el profesor Gómez-Mejía trabajó durante ocho años en las áreas de RRHH del Ayuntamiento de Minneapolis y de la empresa Control Data Corporation. Desde entonces ha colaborado como consultor con numerosas organizaciones. Antes de entrar en la ASU, dio clases en la Universidad de Colorado y en la Universidad de Florida. Durante dos semestres ha formado parte del consejo editorial del *Academy of Management Journal* y es editor y co-fundador del *Journal of High Technology Management Research*. Es presidente y fundador de la Iberoamerican Academy of Management y fue el anterior presidente de la Human Resource Division de la Academy of Management. Ha publicado más de 60 artículos en las más prestigiosas revistas de dirección de empresas, entre ellas *Academy of Management Journal, Administrative Science Quarterly, Strategic Management Journal, Industrial Relations* y *Personnel Psychology*. También ha escrito y editado una docena de libros sobre gestión de empresas publicados por McGraw-Hill, Prentice Hall, Sothwestern Press, JAI Press y Gris. Ha sido incluido entre los nueve mejores investigadores con mejor productividad en función del número de publicaciones en el *Academy of Management Journal* (1992). Ha recibido numerosos premios. Entre ellos el del "mejor artículo" en el *Academy of Management Journal* (1992), Council of 100 Distinguished Scholars en la Arizona State University (1994), "Hall of Fame" de la Academy of Management (2000), el "Outstanding Alumni Achievement Award" de la Universidad de Minnesota (2004) y Regents Professor por la Arizona State University (2004). La investigación del profesor Gómez Mejía se centra en cuestiones marco de los RRHH, las prácticas internacionales de RRHH y la retribución.

David B. Balkin es catedrático de dirección de empresas en la College of Business Administration de la Universidad de Colorado at Boulder. Es Doctor en relaciones laborales por la Universidad de Minnesota. Antes de entrar en la Universidad de Colorado, dio clases en la Universidad de Louisiana State y en la Universidad de Northeastern . Ha publicado más de 35 artículos en revistas como *Academy of Management Journal, Strategic Management Journal, Industrial Relations, Personnel Psychology, Journal of Labor Research* y *Academy of Management Executive*. Una de sus publicaciones (en colaboración con Luis R. Gómez-Mejía) fue seleccionada como el mejor artículo publicado en 1992 por el *Academy of Management Journal*. El profesor Balkin ha escrito o editado tres libros sobre GRH. Ha trabajado como consultor para una serie de organizaciones, incluyendo U.S. West, Baxter Healthcare, Hydro Québec y The Commonwealth of Massachussets. La investigación del profesor Balkin se centra en las relaciones entre estrategia empresarial y políticas de RRHH, y en el diseño e implantación de los sistemas de recompensas.

Robert L. Cardy es Director del Department of Management de la Universidad de Texas en San Antonio. Desde 1982 es doctor en psicología industrial/organizativa por la Virginia. Tech. Es revisor ad hoc de una serie de revistas, entre ellas la *Academy of Management Journal* y la *Academy of Management Review*. Es editor y co-fundador de la *Journal of Quality Management*. El profesor Cardy ha sido reconocido por sus investigaciones, por su docencia y por sus servicios. Ha sido incluido entre los 20 mejores investigadores por productividad para la década 1980-1989 en función de su número de publicaciones en el *Journal of Applied Psychology*. Ha sido el coordinador de doctorado en el departamento de administración de empresas de la ASU durante cinco años, y ha recibido el University Mentor Award en 1993 por su trabajo con los doctorandos. Es autor de una columna sobre cuestiones de actualidad en GRH y ha recibido un certificado de la Academy of Management por sus excelentes servicios como columnista para el boletín de la división de RRHH. El profesor Cardy recibió en 1992 un certificado por su importante contribuciópn a la calidad de vida de los estudiantes de la ASU. Sus investigaciones se centran en la evaluación de resultados y en la eficacia de las prácticas de GRH en entornos organizativos enfocados a la calidad.

PARTE I: INTRODUCCIÓN

CAPÍTULO

1 CÓMO RESPONDER A LOS RETOS PRESENTES Y FUTUROS DE LOS RRHH

OBJETIVOS

Tras leer este capítulo, usted estará en condiciones de abordar los siguientes temas:

1. **Explicar** el modo en que los recursos humanos (RRHH) influyen en los resultados de la empresa.
2. **Describir** el modo en que las empresas pueden utilizar las prácticas de RRHH para tratar los cambios y tendencias en el trabajo, tales como una mayor diversidad de la fuerza laboral, la globalización de la economía, la reducción del tamaño empresarial (*downsizing*) y las nuevas normativas.
3. **Distinguir** entre el papel del departamento de RRHH y el papel de los directivos de la empresa en la utilización eficaz de los RRHH.
4. **Formular** e implantar estrategias de RRHH que pueden ayudar a las empresas a obtener una ventaja competitiva sostenible.
5. **Identificar** las estrategias de RRHH que pueden ser coherentes con las estrategias corporativas y las estrategias de las unidades de negocio.
6. **Indicar** las "mejores prácticas de RRHH" asociadas con las empresas que obtienen mejores resultados.

Es comprensible que James Roberts tenga un sabor amargo respecto al reajuste de la industria siderúrgica americana. "Es poco justo y poco correcto" señala el Sr. Roberts, un jubilado de 68 años de la fábrica Bethlehem Steel en Steelton, Pennsylvania, que perdió su seguro médico y un tercio de su pensión debido a que la empresa entró en bancarrota a principios de 2000.

Por el contrario, para Jerry Ernest, un técnico de mantenimiento de 54 años de la misma fábrica, la reorganización y el resurgimiento de ésta como parte del gigante Mittal Steel no fueron tan malos. Se gana más dinero, gracias en parte a los bonus y a los incentivos. "Me encuentro en mi época dorada" indica el Sr. Ernest, "Me va mejor que nunca".

La fábrica Bethlehem Steel hace mucho tiempo que no era tan competitiva, quemando acero extranjero más barato y como parte de una gran empresa con mano de obra más ajustada y mayor poder de negociación salarial. Para llegar a esta fase,

Bethlehem redujo el número de empleados a 8.200 por debajo de los 11.500 que había tres años antes y se deshizo de sus aproximadamente 70.000 jubilados mediante el plan de pensiones de la compañía. Se eliminaron cargos intermedios de dirección dando a los empleados más autonomía para realizar su trabajo. El bonus variable único suplantó los incrementos salariales de épocas pasadas[1].

La historia de Bethlehem muestra la evolución que se ha producido en el entorno de la dirección de los RRHH. Según un observador, la empresa "abandonó la parte del contrato social de la América industrial que establecía que si los trabajadores entregaban a la empresa décadas de trabajo duro y sucio en la fábrica, a cambio, la empresa sería generosa con ellos cuando fueran mayores"[2]. Numerosas organizaciones están rescindiendo los planes de pensiones, las prestaciones de asistencia sanitaria, los sueldos fijos y la seguridad en el empleo. Entre éstas se incluyen la mayoría de las principales compañías aéreas (como Delta, Northwest, United y U.S. Airways), Polaroid, Delphi Corporation (el mayor fabricante de piezas de automóvil) y General Motors, entre otras[3]. Por ejemplo, Delphi Corporation ha propuesto recortar el sueldo medio por hora de 25 a nueve dólares de 2007 a 2010. Hoy en día existe muy poca seguridad en el empleo en el sector privado, con la economía estadounidense creando y destruyendo más de 30 millones de puestos de trabajo al año[4]. Además algunas empresas (entre las que se incluyen iconos americanos tales como Wal-Mart, General Motors y Chrysler) exigen a sus empleados que controlen más sus gastos en cuestiones sanitarias (y les ofrecen planes de seguros altamente deducibles junto con cuentas de ahorro sanitarias)[5].

La parte buena es que los empleados probablemente tienen más opciones que nunca para encontrar la empresa en la que mejor encajen sin tener que estar unidos de por vida a la misma. Se les da cada vez más responsabilidad y autonomía y hay menos necesidad de una supervisión directa. La retribución se ajusta hoy en día más que nunca a los resultados, con un porcentaje de remuneración variable (como bonus e incentivos) más del doble que durante los últimos diez años[6]. Además, lo que es más importante, a largo plazo (tal y como sugiere el caso de Bethlehem), el único modo que tiene una empresa de compartir mayores ganancias económicas con los empleados es haciéndose más competitiva y generando más riqueza.

Para muchos empleados que no están satisfechos con el puesto que ocupan en la empresa o se enfrentan a la posibilidad de ser despedidos, crear su propio negocio representa una salida. El 70 por ciento de las 500 empresas de Inc. Magazine fueron puestas en marcha por emprendedores a los que les surgió una idea original mientras trabajaban para otros empresarios[7]. Un estudio de 2005 realizado por la muy respetada Fundación Kauffman muestra que, en media, un asombroso número de 550.000 nuevos negocios son puestos en marcha en Estados Unidos cada mes[8].

En el mundo del trabajo sumamente competitivo que se acaba de describir, el cual el *Wall Street Journal* ha llamado "la jungla"[9], la dirección de los RRHH es relevante no sólo para la gente que pretende trabajar en un departamento de RRHH. Para tener éxito, al trabajador se le pide que gestione eficientemente el tiempo, que planifique su carrera, que continúe aprendiendo, que controle el pulso del mercado de trabajo para estar preparado para cambiar de empresario en poco tiempo, que negocie los sistemas de compensación, que invierta sabiamente en su jubilación, que trabaje con personas con diferente formación, que participe en la selección y evaluación de sus compañeros, que esté alerta ante situaciones de acoso sexual y prácticas discriminatorias y que informe de prácticas poco éticas o ilegales, entre otras.

Este libro se ha escrito con la idea de que es probable que la mayoría de los trabajadores tengan alguna responsabilidad en temas de RRHH ya sea para ellos mismos o con otros que estén a su alrededor. Por lo tanto, es importante aprender cómo actuar eficazmente en este entorno incluso aunque uno nunca pretendiera trabajar en un departamento de RRHH o llegar a ser un especialista en la dirección de RRHH. Además creemos que cada directivo es un director de RRHH. Así, ofrecemos directrices e información que los directivos –desde los supervisores a los altos ejecutivos– pueden utilizar en sus actuaciones cotidianas. Por ejemplo, analizamos la manera de contratar y retener a los mejores empleados, la definición de sistemas de remuneración justos, la formación y desarrollo de los empleados y la forma de utilizar las políticas de diversidad para lograr una ventaja competitiva.

EL ENFOQUE DIRECTIVO

Este libro trata de las personas que trabajan en una organización y de sus relaciones con la misma. Se utilizan distintos términos para describir a estas personas: empleados, asociados (como en Wal-Mart, por ejemplo), personal, RRHH. Ninguno de estos términos es mejor que otro, por lo que a menudo se utilizan de forma indistinta. El término que hemos recogido en el título de este libro y que utilizaremos a lo largo del mismo es el de **recursos humanos (RRHH)***. Este término se ha ido aceptando de forma general durante la última década porque expresa la creencia de que los trabajadores constituyen un recurso valioso y, a veces, irreemplazable. La gestión eficaz de los RRHH es uno de los elementos esenciales del trabajo de cualquier directivo.

La **estrategia de RRHH** se refiere a la utilización deliberada, por parte de la empresa, de los RRHH para lograr o mantener una ventaja frente a sus competidores en el mercado[10]. Consiste, por tanto, en definir el enfoque general que adoptará una organización para garantizar la utilización eficaz de su personal con el fin de lograr su misión. Una **táctica de RRHH** es una política o un programa concreto que ayuda a avanzar hacia el objetivo estratégico de la empresa. La estrategia precede y es más importante que las tácticas.

En este capítulo, nos centramos en el marco general en el que se encuadran las actividades y los programas de RRHH. Con la ayuda del departamento de RRHH (departamento de RRHH para abreviar), los directivos implantan las estrategias de RRHH que han elegido[11]. En los siguientes capítulos, pasaremos de lo general a lo específico y analizaremos con detalle la gama de estrategias de RRHH (por ejemplo, las relativas al diseño del puesto de trabajo, de selección y reclutamiento, de evaluación del desempeño, de desarrollo de la carrera profesional y de compensación)[12].

Recursos Humanos (RRHH)
Personas que trabajan en una organización. También denominado personal.

Estrategia de RRHH
La utilización deliberada por parte de la empresa de los RRHH para lograr o mantener una ventaja sobre sus competidores en el mercado. El gran plan o el planteamiento general que adopta una organización para garantizar que utiliza de forma eficaz a su personal para lograr su misión.

Tácticas de RRHH
Una determinada política o programa de RRHH que ayuda a avanzar hacia el objetivo estratégico de la empresa.

GESTIÓN DE RRHH: RETOS

Los **directivos** son personas encargadas de otras personas y responsables de la ejecución correcta y a tiempo de las tareas que fomentan el éxito de su unidad. En este libro utilizamos el término *unidad* en sentido amplio; puede referirse a un equipo de trabajo, a un departamento, a una unidad empresarial, a una división o a la propia empresa.

Todos los trabajadores (incluyendo a los directivos) pueden englobarse en personal de línea o personal administrativo. El **personal de línea** está directamente implicado en la producción de los productos de la empresa o en ofrecer sus servicios. Un *director de línea* se encarga de los trabajadores que están asignados al proceso de producción. El **personal administrativo** es aquel que apoya la función de línea. Por ejemplo, las personas que tra-

Directivo
Persona encargada de otras personas y responsable de la ejecución correcta y a tiempo de las tareas que fomentan el éxito de su unidad.

Empleado de línea
Empleado que participa directamente en la producción de los bienes o servicios de la empresa.

Empleado administrativo
Empleado cuyo trabajo apoya el de los empleados de línea.

* Todos los términos en negrita también aparecen en la lista de conceptos clave al final del capítulo.

bajan en el departamento de RRHH se consideran personal administrativo, porque su labor consiste en ofrecer servicios de apoyo para el personal de línea. Los trabajadores también pueden clasificarse en función del grado de responsabilidad que tienen. Normalmente, el personal más antiguo (*senior employees*), por llevar más tiempo en la empresa, asume una mayor responsabilidad que el personal de más reciente incorporación (*junior employees*). El *personal exento* (también llamado a veces *personal asalariado*) es aquel que no recibe una paga adicional por las horas extraordinarias (más de 40 semanales). El *personal no exento* sí que recibe una compensación por las horas extraordinarias. Este libro está diseñado para ayudar a los estudiantes que quieren ser directivos que puedan resolver con eficacia los retos derivados de dirigir al personal.

La Figura 1.1 resume los principales retos de RRHH a los que se enfrentan los directivos de hoy en día. Las empresas que están afrontando estos retos correctamente posiblemente logren mejores resultados que las que no lo hacen. Estos retos pueden clasificarse en función de su objetivo principal: el entorno, la organización o el individuo.

RETOS DEL ENTORNO

Retos del entorno
Fuerzas externas a la empresa que afectan a sus resultados pero que están fuera del control de los directivos.

Los **retos del entorno** vienen dados por fuerzas externas a la empresa. Influyen sobre los resultados de la organización pero están en gran medida fuera del control de los directivos. Por tanto, los directivos deben inspeccionar continuamente el entorno para identificar las oportunidades y las amenazas. También deben conservar la flexibilidad para reaccionar rápidamente ante las exigencias del entorno. Un método común y eficaz de control del entorno consiste en leer la prensa económica, considerando revistas tales como *Business Week*, *Fortune* y el *Wall Street Journal* (en el apéndice que incluimos al final de este libro podrá encontrar una lista alfabética tanto de publicaciones genéricas como de publicaciones más especializadas en la gestión de RRHH y de los temas relacionados).

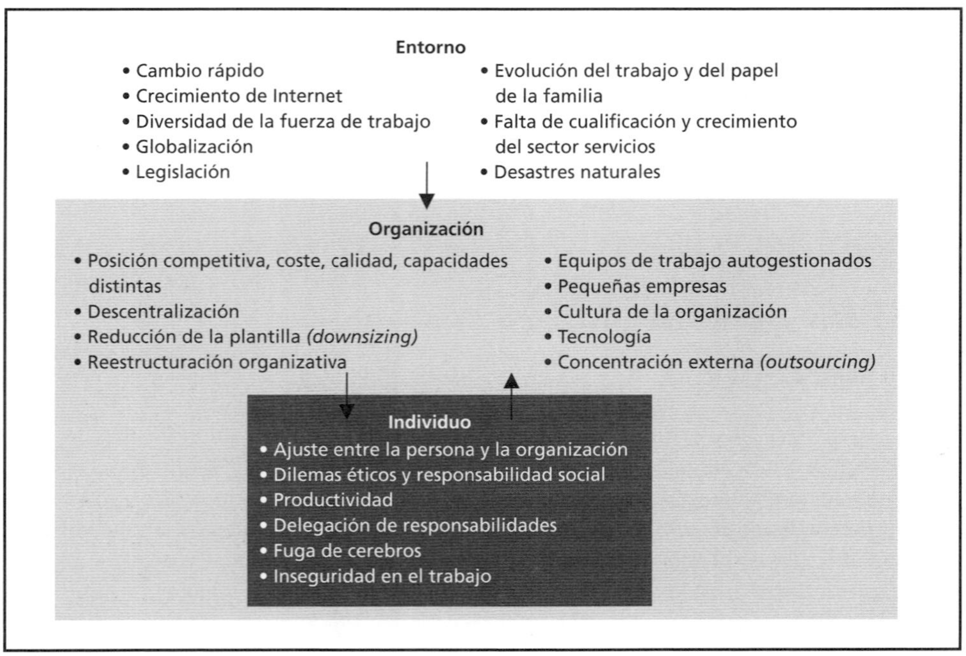

Figura 1.1 ■ Retos clave de RRHH para los directivos actuales.

Actualmente, los siete retos más importantes del entorno son: el rápido cambio del entorno, el crecimiento de Internet, la diversidad de los trabajadores, la globalización, la legislación, la evolución del trabajo y del papel de la familia, la carencia de cualificación y el crecimiento del sector servicios.

Una cuestión de ética

¿Cuál es la responsabilidad de una organización a la hora de proteger a sus empleados de los efectos de los cambios rápidos del entorno? ¿Qué riesgos tiene este tipo de planteamiento de "absorción de perturbaciones" para los directivos?

Rapidez de los cambios

Muchas organizaciones se enfrentan a un entorno dinámico en el que el cambio es casi constante[13]. Por esta razón, el CEO de IBM, Sam Palmisano, les dice a sus directivos que él no cree en los pronósticos a más de una semana[14]. Para sobrevivir y prosperar tienen que adaptarse para cambiar rápida y eficazmente. Los RRHH casi siempre resultan clave en un sistema de respuesta eficaz[15]. A continuación, se muestran unos ejemplos del modo en que las políticas de RRHH pueden ayudar o impedir a que una empresa haga frente al cambio externo:

- **La nueva empresa ciudad.** A medida que las empresas se enfrentan a una creciente presión por ser más productivas y trabajar con ciclos de vida del producto cada vez más cortos (a menudo cuestión de meses), los americanos trabajan más, más tiempo y más deprisa[16]. Por tanto, la frontera entre la casa y el trabajo es cada vez menos nítida para muchos trabajadores. Para superar este fenómeno, la socióloga Helen Mederer de la Universidad de Rhode Island observó que "las empresas están copiando las mejores cualidades de la casa para incorporarlas al trabajo"[17].

  Una encuesta realizada en 2005 por la consultora Hewitt Associates a 975 empresarios mostró que un número cada vez mayor de empresas proporcionan a sus empleados los beneficios del "hogar en el trabajo". Entre estos beneficios se incluyen servicio de lavandería, tiendas, comida casera, talleres mecánicos, peluquerías y tiendas de mascotas[18].

  Según un informe del *New York Times*[19]:

  > ... servicios como salas para echarse la siesta y sillones reclinables de masaje puede parecer que están fuera de lugar en el trabajo. Sin embargo, estas ventajas pueden mejorar la productividad de trabajadores mayores con problemas de espalda y de padres jóvenes que pueden dormir poco por las noches. La música también puede parecer en principio una distracción innecesaria. No obstante, las compañías que la utilizan dicen que de forma simple e inexplicable los trabajadores están más motivados y con menos estrés.

- **Cómo superar el estrés.** Los cambios rápidos y la sobrecarga de trabajo pueden someter a los empleados a un elevado estrés. En 2003 las estadísticas de la Oficina de Estadísticas Laborales (*Bureau of Labor Statistics*) mostraron que sólo el 50 por ciento de los 19,8 millones de americanos que dicen que trabajan en casa al menos una vez por semana son recompensados por ello. Por tanto, millones de empleados deben trabajar en casa sólo para ponerse al día con el trabajo[20].

  A no ser que la empresa desarrolle mecanismos de apoyo para mantener el estrés a un nivel soportable, tanto la empresa como los trabajadores pueden pagar un alto precio[21]. En algunos casos extremos, puede llegar a producirse violencia en el lugar de trabajo. En 2005, el Centro de Control de Desastres (*Center for Disease Control*) identificó la violencia en el trabajo como una "epidemia nacional"; los datos más recientes en EE.UU. muestran que los empresarios fueron víctimas de 18.104 lesiones por agresión y 609 homicidios[22]. No obstante, lo normal es que los resultados observados de una mala gestión del estrés sean más sutiles, aunque muy destructivos y muy costosos para la empresa. Según algunas estimaciones, los costes de enfermedad debidos al estrés les suponen a las empresas alrededor de 200 mil millones de dólares al año, un incremento en el absentismo, tardanzas y pérdida de empleados con talento[23]. Una encuesta reciente muestra que el 67 por ciento de los empresarios consideran que el grado de estrés que hay en sus empresas es alto[24]. Muchas empresas, incluyendo Microsoft, Sysco Food Services, Apple, IBM, General Motors, Google, Chrysler, Johnson & Johnson, Coors Brewing Co., CitiGroup Inc., Texas Instruments y Hughes Aircraft, entre otras, han introducido en los últimos años programas de control del estrés[25].

A lo largo de este libro resaltamos el modo en que las prácticas de RRHH pueden capacitar a la empresa para responder de forma rápida y eficaz a los cambios externos. Dos capítulos (el Capítulo 13 sobre relaciones internas y el Capítulo 16 sobre seguridad y salud en el trabajo) tratan específicamente cuestiones relacionadas con el estrés de los empleados.

La revolución de Internet

El drástico crecimiento de Internet durante los últimos años probablemente sea representativo de la tendencia particular del entorno más importante que afecta a las organizaciones y a sus prácticas de RRHH. A mediados de los 90, el término "economía de la red" (*web economy*) no había sido acuñado[26]. Hoy en día, casi todas las empresas utilizan Internet como parte de sus prácticas normales de negocio. internet está teniendo un impacto dominante sobre la forma en la que las organizaciones gestionan sus RRHH, como lo demuestran los siguientes ejemplos:

- **Necesidad de una mayor capacidad de redacción.** Las empresas han descubierto que la tecnología de Internet genera una fuerte demanda de trabajadores que puedan gestionar eficazmente los mensajes de correo electrónico[27]. Esta cualidad es clave si las empresas quieren mantener la lealtad de los clientes inquietos por Internet, reduciendo así la probabilidad de que se vayan a la competencia con un simple toque de teclado.

  La redacción de correos electrónicos también puede tener repercusiones legales. Por ejemplo, la respuesta de un empleado a una queja de un cliente realizada por correo electrónico puede ser legalmente vinculante para la empresa, puesto que existe un documento "escrito" como prueba.

  Aunque el inglés es el principal idioma en Internet, casi la mitad de las comunicaciones en Internet se producen en otros idiomas y sólo el siete por ciento de los usuarios, a escala global, son de habla inglesa nativa[28]. Ya existen importantes tropiezos multimillonarios debido a problemas lingüísticos, como el caso de Juan Pablo Davila, un comerciante de materias primas de Chile que escribió en su PC la palabra "comprar" por error, en vez de "vender". Para rectificar su error, comenzó un frenesí de compras y ventas, perdiendo el 0,5 por ciento del PNB de su país. Su nombre se ha convertido en un verbo en el mundo de Internet: "davilar", que significa "meter la pata a lo grande"[29].
- **Enfrentarse a una sobrecarga de información.** Aunque los directivos emplean una media de cuatro horas al día en recibir, leer, preparar y enviar *e-mails*, se siguen gastando 130 minutos al día en reuniones cara a cara. Según Neil Flett, consejero delegado de una gran empresa de consultoría del sector de comunicación, "Aunque algunos ven el correo electrónico como un mecanismo para ahorrar tiempo, en realidad lo que hace es aumentar el tiempo que se dedica a comunicación en los negocios, en lugar de reducirlo"[30].

  Según algunas estimaciones, casi un tercio de los correos electrónicos recibidos por los empleados no están relacionados de forma directa con su trabajo y teniendo en cuenta que los empleados reciben una media de 30 correos electrónicos al día, esto puede traducirse en tanto como una hora al día de pérdida de productividad[31].

- **Ruptura de las barreras del mercado de trabajo.** Ahora más que nunca Internet está creando un mercado de trabajo abierto en el que la información está disponible sobre los trabajadores potenciales y las empresas, a escala global y puede accederse a ella de forma rápida y económica[32]. Por ejemplo, *Mosters.com* publicó 50 millones de curriculos en el otoño de 2005[33]. Miles de buscadores especializados (como *Indeed.com, Simplyhired.com, Workzoo.com* y *Jobsearch.org*) buscan el nombre de la persona que quiere encontrar un empleo tanto en "tablones de empleo" bien conocidos como en otros poco conocidos[34].
- **Aprendizaje por Internet.** La formación empresarial siempre ha estado dominada por programas de formación tradicionales, de "papel y lápiz", en el mismo lugar de trabajo. Sin embargo, durante los últimos años, se ha producido un fuerte cambio del aprendizaje en clase al aprendizaje por Internet[35]. Por ejemplo, el 99 por ciento de los empleados de la Clínica Mayo optó por formación a través de Internet para aprender las nuevas normas respecto al derecho de intimidad en la asistencia sanitaria (a pesar de que la clínica les dio la opción de asistir a clases tradicionales en la empresa cubriendo la misma materia)[36].
- **Posibilidad de tener un departamento de RRHH centrado en la gestión.** Internet permite a las empresas tratar los detalles operativos de RRHH mucho más rápido y eficazmente. Según Philip Fauver, Presidente y Director General de Employease Inc., Internet es el "capacitador"[37]. A cambio de una tarifa plana de en torno a cinco o seis dólares por trabajador, Employease gestiona la información de RRHH de 700 pequeñas y medianas empresas. Uno de sus clientes es Amerisure Insurance Cos., en Farmington Hills, Michigan. Según Derick Adams, vicepresidente de Amerisure, Internet ha permitido a sus 14 miembros del departamento de RRHH dedicar más atención a cuestiones directivas importantes. Por ejemplo, Adams señala que su departamento fue capaz de "desarrollar un plan de remuneración variable tras poner en manos de Employease la tarea de los empleados de introducir los datos"[38].

Diversidad de los trabajadores

Los directivos de EE.UU. se enfrentan a diario con la creciente diversidad de la mano de obra. En 2006, aproximadamente un 33 por ciento de la mano de obra estadounidense estuvo compuesta por afroamericanos (12 por ciento), americanos de origen asiático (4,7 por ciento), latinos (14 por ciento) y otras minorías (2 por ciento)[39]. En muchos centros urbanos grandes, como Miami, Los Ángeles y Nueva York, al menos la mitad de los trabajadores pertenecen a minorías. El flujo de mujeres trabajadoras también supone un cambio importante en la composición de la mano de obra estadounidense. Las mujeres con hijos menores de seis años son actualmente el segmento de mayor crecimiento. Hoy en día, más del 76 por ciento de los hombres que trabajan tienen mujeres que también trabajan. Este dato debe compararse con el 54 por ciento del año 1980[40].

Es probable que estas tendencias se aceleren en el futuro. Para el año 2050 se espera que la población estadounidense haya aumentado en un 50 por ciento y casi la mitad de la población formará parte de grupos minoritarios. Los inmigrantes de color, la mayoría hispanos, representarán el 60 por ciento del crecimiento demográfico. A pesar de los temores de que los inmigrantes no se están integrando, los hijos de estos obtienen mejores resultados que los hijos de nativos pertenecientes a la misma clase socioeconómica[41].

Además, nunca antes en la historia se ha producido una mezcla racial a tan gran escala, debido a un fuerte aumento de la tasa de matrimonios interraciales[42]. "Algún día no se necesitará definir la raza porque será algo obsoleto", señala Candy Mills, una editora de color de una revista de Los Ángeles. Candy está casada con un franco-húngaro con quien tiene un hijo. Al hablar de su familia afirma: "Somos lo que será América en, tal vez, 100 años"[43]. La Oficina del Censo estadounidense (*U.S. Census Bureau*) ha reconocido esta realidad incorporando categorías "mixtas" para los futuros censos de población.

Todas estas tendencias constituyen tanto un importante desafío como una gran oportunidad para los directivos[44]. Las empresas que formulan e implantan estrategias de RRHH que capitalizan la diversidad de los trabajadores tienen más probabilidades de sobrevivir y prosperar. El Capítulo 4 está dedicado en exclusiva al tema de la gestión de la diversidad de la fuerza de trabajo. Esta cuestión también se discute en otros capítulos a lo largo del libro.

Globalización

Uno de los mayores desafíos al que se enfrentan las empresas estadounidenses en la entrada en la segunda década del siglo XXI es hacer frente a la competencia de las empresas extranjeras, tanto en el mercado local como en el extranjero. Internet está favoreciendo la globalización y la mayoría de las grandes empresas participan activamente mediante la producción en el extranjero, *joint ventures* internacionales o colaboraciones con empresas extranjeras en proyectos específicos.

Las consecuencias de la globalización de la economía para la gestión de los RRHH son múltiples. A continuación se ofrecen algunos ejemplos:

- **Cultura de empresa global.** Algunas empresas intentan desarrollar una identidad de empresa global para suavizar las diferencias culturales entre los trabajadores nacionales y los que participan en las operaciones internacionales. La minimización de estas diferencias mejora la cooperación y puede tener un fuerte impacto sobre los resultados. Por ejemplo, el director de RRHH de la división europea de Colgate Palmolive señala: "Tratamos de construir una cultura corporativa común. Queremos que todos sean *Colgaters*"[45].
- **Contratación a nivel mundial.** Algunas empresas contratan trabajadores a nivel mundial, especialmente en el área de la alta tecnología, donde el conocimiento especializado y la experiencia no están limitadas por las fronteras nacionales[46]. Por ejemplo, Unisys (una empresa de soluciones de comercio electrónico cuyos 37.000 empleados ayudan a clientes en 100 países que aplican tecnologías de la información) contrata entre 5.000 y 7.000 empleados al año, el 50 por ciento de los cuales son profesionales de la tecnología de la información. En palabras de uno de los ejecutivos de Unisys: "Si estamos buscando a alguien que ponga en marcha una práctica en Europa, no limitaremos la búsqueda a un único país. Buscaremos más allá de las fronteras para tratar de encontrar al mejor"[47].

  La contratación global, sin embargo, no es la panacea, porque los buenos empleados están muy demandados en todos los sitios y puede que no exista suficiente información disponible para hacer la selección más conveniente[48]. Kevin Barnes, director técnico de Store Performance, con instalaciones en Bangalore, India, señala que "los ingenieros indios mejores son muy valorados a nivel mundial, pero la mayoría ya están contratados. En la India, cualquiera que sepa escribir Java ya tiene un trabajo". El mercado de trabajo atrae legiones de candidatos sin cualificación, según Barnes, haciendo más difícil la distinción entre los candidatos buenos y los mediocres[49].
- **Transformación industrial.** La proporción de la mano de obra americana que se dedica a labores de manufactura ha descendido a menos del 10 por ciento desde un 25 por ciento que suponía hace unos 30 años. Se han producido descensos similares en varios países europeos como Inglaterra, Alemania y Francia. "Ha ocurrido porque las

empresas de los países ricos han reemplazado trabajadores por nuevas tecnologías para mejorar la productividad y han cambiado la producción de productos intensivos en mano de obra, como los productos textiles, por sectores altamente tecnológicos y con alto valor añadido como los productos farmacéuticos. Dentro de las empresas, los trabajos de baja cualificación se han deslocalizado"[50]. Los sindicatos han perdido mucha de su influencia[51]. Por ejemplo, durante 2005-2006 Volkswagen en Alemania demandó –y ganó– tres rondas de concesiones salariales de los sindicatos, en parte por la amenaza de llevar su producción de coches a Portugal, donde el sueldo por hora es menos de un tercio que el de Alemania.

- **Alizanzas globales.** Las alianzas internacionales con empresas extranjeras requieren de una plantilla muy bien formada y comprometida. Por ejemplo, Philips (una empresa eléctrica y electrónica holandesa) se convirtió en el mayor fabricante del mundo al crear una empresa conjunta con AT&T y hacer varias adquisiciones clave, que incluyen a Magnavox, parte de GE Sylvania y la mayor empresa eléctrica de Francia[52].
- **Trabajadores virtuales.** Debido a las cuotas de inmigración restrictivas estadounidenses[53], las empresas estadounidenses están contratando trabajadores cualificados extranjeros, pero no los llevan a EE.UU. Internet está haciendo que esto sea posible con un pequeño coste adicional. Por ejemplo, Microsoft Corp. y Real Networks Inc. utilizan una empresa de Bangalore, India, Adite Corp., para gestionar los correos electrónicos de los clientes[54]. Además, muchos expatriados "virtuales" trabajan en el extranjero pero viven en su país. "La expatriación virtual se produce cuando alguien solicita un puesto para dirigir una operación o área en el extranjero sin estar localizado permanentemente en ese país… La tecnología de las telecomunicaciones [les permite] mantener el contacto con tropas muy alejadas… El expatriado virtual es una nueva clase de directivo que se está multiplicando"[55].

Todo un capítulo de este libro (Capítulo 17) está dedicado a cuestiones de RRHH a las que se enfrentan las empresas a medida que se expanden por el extranjero. También incluimos ejemplos internacionales a lo largo del libro para ilustrar el modo en que las empresas de otros países gestionan sus RRHH.

Legislación

Gran parte del crecimiento de la función de RRHH durante las últimas tres décadas puede atribuirse al papel crucial que tiene a la hora de evitar que la empresa tenga problemas con la ley[56]. La mayoría de las empresas están profundamente preocupadas por las responsabilidades potenciales resultantes de las decisiones de personal que pueden violar leyes aprobadas por el Congreso de EE.UU., por los diferentes órganos legislativos estatales y/o por los gobiernos locales[57]. Los cargos presentados por discriminación por parte de los empleados con más edad, las minorías y las personas discapacitadas, por ejemplo, han ido en aumento durante años. En algunos casos, como los cargos presentados por discriminación sexual por mujeres hispanas y asiáticas, el aumento ha sobrepasado el 65 por ciento en los últimos 15 años[58].

Un espacio jurídico cada vez más importante es el del presunto mal uso de "la información propiedad de la compañía" por parte de ex empleados. Pitney Bowes, el mayor fabricante mundial de franqueadoras y otros equipos de correo, recientemente demandó a ocho ex empleados que habían abierto pequeñas empresas competidoras llamadas Nexxpost. Según el portavoz de Pitney Bowes:

> La empresa invierte una gran cantidad de tiempo y dinero en el desarrollo de nuestra propiedad intelectual, en marketing y en la formación de nuestra fuerza de ventas. Nosotros debe-

mos proteger nuestra inversión, que además incluye nuestros listados de clientes, información acerca de sus preferencias así como de los precios. Todo eso tiene un importante valor competitivo. Cuando un antiguo empleado quiere desafiarnos, nos lo tomamos muy en serio y hacemos lo que tenemos que hacer para protegerla[59].

El cumplimiento del marco legal exige un seguimiento del entorno legal, así como el desarrollo de sistemas internos (por ejemplo, formación en supervisión y los procedimientos de resolución de reclamaciones) para asegurar el cumplimiento de las leyes y minimizar las quejas. Actualmente, muchas empresas están desarrollando políticas formales sobre acoso sexual y creando canales administrativos internos para resolver las incidencias antes de que los empleados se sientan obligados a presentar una demanda judicial. En un país donde las demandas crecen de forma masiva[60], estos esfuerzos merecen el tiempo y el dinero que se les dedique.

La legislación puede establecer diferencias entre las organizaciones públicas y las del sector privado. (El *sector público* hace referencia a las agencias gubernamentales; el *sector privado* se refiere a todos los demás tipos de organizaciones.) Por ejemplo, los requisitos para la discriminación positiva (*véase* el Capítulo 3) suelen limitarse a las organizaciones públicas y a aquellas otras organizaciones que trabajen para ellas. Sin embargo, una gran parte de la legislación se aplica a ambos tipos de organizaciones. De hecho, resulta difícil pensar en una práctica de RRHH que no esté influenciada por normativas gubernamentales. Por ello, cada capítulo de este libro hace referencia a las cuestiones legales pertinentes y un capítulo completo (el Capítulo 3) ofrece el marco general que aglutina las principales cuestiones legales que afectan a los empresarios actuales.

Evolución del trabajo y del papel de la familia

Cada año crece la proporción de familias con *doble carrera*, en las que tanto el marido como la mujer (o los dos miembros de una pareja) trabajan. Muchas empresas están introduciendo programas "de apoyo a la familia" que les dan una ventaja competitiva en el mercado laboral[61]. Estos programas son tácticas de RRHH que utilizan las empresas para contratar y mantener a los trabajadores mejor cualificados, hombres o mujeres. A través de la Oficina de Dirección de Personal (*Office of Personnel Management*), el gobierno federal proporciona asistencia técnica a las organizaciones que desean implantar políticas de apoyo a la familia. En su página web de 2006 (www.opm.gov), por ejemplo, la oficina tiene disponible numerosas publicaciones sobre cuestiones tales como los beneficios de la adopción, el cuidado de los niños, recursos para cuidar a personas mayores, apoyo al ser padres y teletrabajo.

Las políticas de apoyo a la familia se analizan en detalle en el Capítulo 12 bajo el epígrafe "Servicios a los empleados". Las cuestiones específicas que tienen que afrontar las mujeres en el trabajo se discuten en el Capítulo 4.

Carencia de cualificación y crecimiento del sector servicios

Como se señaló anteriormente, el sector industrial en EE.UU. se ha reducido drásticamente en cuanto a la proporción de empleados que trabajan en el mismo. La mayor parte del crecimiento en el empleo ha tenido lugar en el sector servicios. Se espera que las categorías con mayor crecimiento sean las que implican una especialización profesional (27 por ciento) y las ocupaciones técnicas (22 por ciento). Las dos ocupaciones de mayor crecimiento exigen al menos dos años de formación superior[62]. La expansión del empleo en el sector servicios se debe a una serie de factores, entre los que se pueden mencionar los cambios de los gustos y preferencias de los consumidores, los cambios legales y normativos, los adelantos en la ciencia y la tecnología que han eliminado muchos puestos de trabajo en la industria y los cambios en la forma en que se gestionan y organizan las empresas.

Por desgracia, una parte importante de los trabajadores disponibles carecerán de la cualificación necesaria para cubrir esos puestos. Incluso ahora, muchas empresas se quejan de que la oferta de trabajo cualificado disminuye y de que tienen que dar a los trabajadores una formación básica para suplir las deficiencias del sistema educativo público[63]. Por ejemplo, el 84 por ciento de las 23.000 personas que solicitan trabajos básicos en Bell Atlantic Telephone (antes NYNEX) suspendieron el examen de acceso[64]. Chemical Bank afirmó que tuvo que entrevistar a 40 candidatos para encontrar un cajero competente[65]. David Herranz, ex presidente y director general de Xerox, lamentaba que "EE.UU. está empezando a carecer de gente cualificada"[66].

Para rectificar estas deficiencias, las empresas gastan al menos 55.000 millones de dólares anuales en una amplia variedad de programas de formación. Esto hay que sumarlo a los 24.000 millones de dólares anuales gastados en programas de formación del gobierno federal[67]. En cuanto a la selección de empleados, un número creciente de empresas confían en la simulación de puestos para contrastar las habilidades sociales necesarias para triunfar en un entorno de servicios [tales como buen juicio en situaciones ambiguas, la capacidad de relacionarse con diversos grupos de gente y un manejo efectivo de los clientes enfadados o insatisfechos (*véase* Cuaderno del director: GRH: el empleado como cliente interno, "Simulaciones de puestos para contratar empleados")].

Esta escasez de mano de obra cualificada es probable que siga siendo un gran desafío para las empresas estadounidenses. Durante 2007-2009 se espera que Nueva York se con-

Una cuestión de ética

¿Cuál es la responsabilidad ética de un empresario con los empleados que son analfabetos y no conocen las cuatro reglas básicas? ¿Deberían las empresas tener la obligación legal de ofrecer a estos trabajadores oportunidades de formación, como proponen algunos?

CUADERNO DEL DIRECTOR

GRH: EL EMPLEADO COMO CLIENTE INTERNO

Simulaciones de puestos para contratar empleados

Mientras que en los *reality shows* se muestran entrevistas de trabajo *show me* llevadas al extremo, los empresarios normales utilizan simulaciones más modestas para contratar a cualquiera desde representantes del servicio al cliente, bomberos o directores generales. Muchos empresarios creen hoy en día que las simulaciones de puestos son un predictor más fiable del rendimiento en el trabajo que los métodos de selección tradicionales. El miedo a los pleitos ha hecho que las referencias de los empleados prácticamente sean inútiles y los candidatos inteligentes fácilmente pueden mentir sobre su trayectoria mediante preguntas de la entrevista que le son familiares, que se cuelgan en Internet con las respuestas "correctas". Los simuladores pueden capturar mejor las "habilidades sociales" que se necesitan para tener éxito en una sociedad de servicios.

Central Pierce Fire & Rescue situado cerca de Tacoma, Washington, confía en las simulaciones para cubrir las vacantes que quedan entre 180 trabajadores. Futuros mecánicos, secretarias, bomberos y gente de soporte informático son seleccionados mediante una batería de pruebas que miden los conocimientos profesionales, la ética, las actitudes y la paciencia. Karen Johnson, director de RRHH, señala que los juegos de rol y otros ejercicios revelan cualidades de los candidatos que de otro modo quedarían ocultas. Dado que los bomberos pasan más tiempo tratando con el público que luchando contra los incendios, se analizan tanto sus habilidades técnicas como la forma en que tratan con ciudadanos furiosos o agitados.

"Hay personas que definitivamente brillan", dice Johnson, "pero usted se encontrará con que la gente no sabe cómo reaccionar cuando alguien les grita". Nosotros hemos tenido un par de candidatos a los que hemos echado (mediante el juego de rol). Como usted puede imaginar," añade ella, "no obtuvieron puntuaciones altas."

Las simulaciones para puestos altos a menudo incluyen una oficina realista con teléfonos sonando, correos electrónicos rebotados y un subordinado que está de pie en la entrada con una pregunta urgente. La respuesta por parte del candidato puede demostrar si la persona es alguien que delega, un microdirector, un líder o un matón.

Fuente: Adaptado con permiso de Holt, S. (2005). More job simulations: Candidates tested for abilities, reactions. *Seattle Times*, D-1.

vierta en el primer estado de la nación que emita credenciales sobre "la preparación para trabajar" de los estudiantes de instituto que de forma voluntaria pasen un test que mida su capacidad para tener éxito en la entrada en el mundo laboral. "Los empresarios se han quejado durante años de que demasiados estudiantes abandonan el instituto sin haber adquirido las capacidades básicas, a pesar de la batería de exámenes –considerados de entre los más estrictos en la nación– que en Nueva York se exigen para su graduación"[68]. El test propuesto abarcará las capacidades sociales, incluyendo la capacidad de comunicarse, seguir directrices, negociar y tomar decisiones básicas, en diez áreas extensas. El Capítulo 8 se centra directamente en la formación; los Capítulos 5 (contratación de personal), 7 (evaluación del desempeño) y 9 (desarrollo de la carrera profesional) analizan los temas relacionados con la cualificación y los conocimientos necesarios para tener éxito en el puesto de trabajo.

Desastres naturales

Una corriente de desastres recientes, entre los que se incluye el tsunami que mató a más de 250.000 personas en Asia a principios de 2005 y una serie de devastadores huracanes, como el más destacado, el Katrina, que destruyó la mayor parte de la ciudad de Nueva Orleans en agosto de 2005, han hecho que los profesionales de RRHH sean más conscientes de la importancia de tener planes para abordar este tipo de catástrofes. Un estudio realizado por Mercer Human Resource Consulting mostró que casi tres millones de empleados se vieron afectados de una u otra forma por el huracán Katrina[69]. Los empresarios tuvieron que ocuparse de repente de cuestiones de RRHH a las que habían prestado muy poca atención hasta entonces. Entre éstas se incluyen decidir si seguir pagando o no a aquellos empleados que se habían quedado incomunicados y que no podían presentarse a trabajar: pagando por una serie de gastos de subsistencia al personal desplazado temporalmente en áreas de alojamiento, suministrando equipos de telecomunicaciones a los empleados de los hoteles, concediendo un pago por peligrosidad, contratando empleados temporales (muchos de los cuales estaban indocumentados) para llenar el vacío de mano de obra y previniendo la pérdida de talentos porque se vayan con competidores que se encuentran fuera del área del desastre[70]. Time Warner Inc. prescindió de deducciones médicas y cubrió los gastos médicos que no cubrían los seguros médicos a los familiares de los afectados por el Katrina. Wal-Mart, con más de 34.000 empleados afectados por el Katrina, les garantizó trabajo en cualquier otra tienda de los EE.UU. y creó un "Fondo de Ayuda en Caso de Desastres" (*Associate Disaster Relief Fund*) para empleados cuyas casas se habían inundado o destruido[71]. Sorprendentemente, incluso después del Katrina, casi la mitad de las empresas no tienen políticas de RRHH para abordar catástrofes importantes[72]. Pero esto probablemente cambie ante las nuevas amenazas potenciales (tales como la gripe aviar, los grandes terremotos, la contaminación química y más huracanes) que ciernen en el horizonte[73], junto con los temores de terrorismo, que discutiremos más adelante.

RETOS ORGANIZATIVOS

Retos organizativos Problemas o preocupaciones internas de la empresa; a menudo derivan de las fuerzas del entorno.

Los **retos organizativos** vienen dados por cuestiones o problemas internos de la empresa. Los directores eficaces identifican las cuestiones organizativas y las resuelven antes de que se conviertan en problemas importantes. Uno de los temas abordados en este libro es la *proactividad*: la necesidad de que las empresas emprendan acciones antes de que los problemas se les vayan de las manos. Esto sólo puede ser realizado por directivos que están bien informados sobre los retos organizativos y las cuestiones importantes de RRHH.

Posición competitiva: coste, calidad, o capacidades distintivas

Los RRHH representan la mayor partida de costes de muchas organizaciones. Los costes laborales de la organización van desde el 36 por ciento en las empresas intensivas en capital, como las líneas aéreas comerciales, hasta el 80 por ciento en las empresas intensivas en trabajo, como el servicio postal de EE.UU. Así pues, la eficacia con la que una empresa utiliza sus RRHH puede tener un efecto determinante sobre su capacidad de competir (o sobrevivir) en un entorno crecientemente competitivo.

Las políticas de RRHH pueden influir sobre la posición competitiva de la organización, a través del control de costes, la mejora de la calidad y la creación de capacidades distintivas.

- **Control de costes.** Un sistema de compensación que utiliza estrategias de recompensa innovadoras para controlar los costes laborales puede ayudar a la organización a crecer, como veremos en los capítulos 10 y 11. Otras formas de mantener bajo control los costes laborales incluyen una mejor selección de empleados (Capítulo 5); la formación de los empleados, para que sean más eficientes y productivos (Capítulo 8); lograr relaciones laborales armoniosas (Capítulo 15); la resolución eficaz de problemas sanitarios y de seguridad en el lugar de trabajo (Capítulo 16); y la reducción del tiempo y los recursos necesarios para diseñar, producir y ofertar productos o servicios de calidad (Capítulo 2).
- **Mejora de la calidad.** Muchas empresas han implantado iniciativas de **Gestión de la Calidad Total** (GCT) (*Total Quality Management, (TQM)*), programas diseñados para mejorar la calidad de todos los procesos necesarios para obtener el producto o servicio final. Existe evidencia continuada que muestra que las empresas que implantan eficazmente programas de calidad obtienen mejores resultados que aquellas que no los implantan[74].
- **Creación de capacidades distintivas.** La tercera forma de lograr una ventaja competitiva consiste en utilizar a personas que tienen capacidades distintivas para crear una competencia no mejorada por nadie en un área determinada (por ejemplo, 3M en adhesivos, el liderazgo de Carlson Corporation en los viajes de negocios y el dominio de Xerox en el mercado de las fotocopiadoras). El Capítulo 5 (la contratación y selección de empleados), el Capítulo 8 (formación) y el Capítulo 9 (desarrollo de carreras) son particularmente relevantes.

Gestión de la calidad total (GCT)
Un planteamiento que afecta a toda la organización para mejorar la calidad de todos los procesos que generan el producto o servicio final.

Descentralización

Las empresas frecuentemente centralizan las principales decisiones, como las de RRHH, marketing y producción, en un único lugar que hace las veces de oficina central de la empresa. Los múltiples niveles de dirección ejecutan las órdenes emitidas desde el ápice y los empleados ascienden de nivel con el paso del tiempo, en lo que algunos han denominado *mercado laboral interno*[75]. Sin embargo, la forma tradicional de arriba-abajo de la organización está siendo reemplazada por la **descentralización,** que transfiere la responsabilidad y la autoridad para la toma de decisiones desde la oficina central a personas y localizaciones más cercanas a la situación que requiere atención. Internet ayuda a las empresas a descentralizarse aún más deprisa al mejorar el flujo de comunicación entre la fuerza de trabajo, reduciéndose así la necesidad de depender de la pirámide organizativa tradicional[76].

Descentralización
Transferencia de las responsabilidades y de la autoridad para tomar decisiones desde la sede central a las personas y localizaciones más cercanas a las situaciones que demandan atención.

La necesidad de mantener o crear flexibilidad organizativa en las estrategias de RRHH se analiza en diversos capítulos de este libro, incluidos los que se ocupan de los flujos de trabajo (Capítulo 2), la remuneración (capítulos 10 y 11), la formación (Capítulo 8), la contratación (Capítulo 5) y la globalización (Capítulo 17).

Reducción de la plantilla (*downsizing*)

Reducción de la plantilla (*downsizing*) Reducción del número de trabajadores de la empresa para mejorar sus resultados.

Las reducciones periódicas de la fuerza de trabajo de una empresa para mejorar sus resultados (a menudo denominado *downsizing*) se están convirtiendo en prácticas empresariales normales, incluso entre las empresas que antaño eran legendarias por sus políticas de "no despedir", como AT&T, IBM, Kodak y Xerox[77]. Aunque tradicionalmente las empresas estadounidenses han estado más dispuestas a recurrir a los despidos como medida de reducción de costes que las empresas de otros países industrializados, la globalización está cerrando rápidamente la brecha. Durante 2005-2006, por ejemplo, las empresas japonesas legendarias por su seguridad en los puestos de trabajo (tales como Sony y Hitachi) han eliminado miles de puestos[78]. En los últimos años, empresas alemanas, que van desde el gigante electrónico Siemens hasta el fabricante de chips Infineron Technologies y el Commerzbank, han anunciado miles de despidos. En países como Francia, donde las autoridades en repetidas ocasiones han bloqueado los esfuerzos de la dirección de reducir costes vía despidos, a menudo se han encontrado con que estos esfuerzos bien intencionados son contraproductivos, provocando una ola de quiebras. Este fue el destino del fabricante de electrodomésticos Moulinex, que una vez fue considerado un icono de la industria francesa y cerró sus puertas en 2002, con casi 9.000 empleados que perdieron sus puestos de trabajo como consecuencia[79].

La globalización hace más difícil resistir a las presiones de reducción de tamaño cuando la supervivencia se ve amenazada. Muchas empresas europeas y asiáticas están contratando a directivos con experiencia en la implantación de estas políticas. Por ejemplo, Wolfang Bernhard fue contratado por Volkswagen como presidente ejecutivo. Venía de Chrysler donde él y su antiguo jefe, Dieter Zetsche, eliminaron 26.000 puestos de trabajo y cerraron seis fábricas. En sus palabras "cuando has estado en esto antes, sabes cómo funciona y puedes ver cómo hacer para que funcione"[80]. Mr. Zetsche además regresó a Alemania como presidente de la empresa matriz, DaimlerChrysler. Una de sus primeras actuaciones consistió en anunciar un recorte de 8.500 puestos en las fábricas Mercedes-Benz de Daimler en Alemania durante 2006-2008[81].

El Capítulo 6 está dedicado a la reducción de la plantilla y al análisis de la gestión eficaz de este proceso. Otros capítulos relevantes son: el capítulo sobre prestaciones sociales (Capítulo 12), el entorno legal (Capítulo 3), las relaciones laborales (Capítulo 15) y las relaciones y la comunicación con los empleados, es decir, las llamadas relaciones internas (Capítulo 13).

Reestructuración organizativa

Las dos décadas pasadas han sido testigo de una dramática transformación de la estructura organizativa de las empresas. En un esfuerzo por hacerse más competitivas, las grandes organizaciones con muchos niveles directivos se están haciendo más planas a medida que reducen el número de personas que existen entre el director general y el núcleo operativo. Las fusiones y adquisiciones han estado produciéndose durante décadas. A menudo fracasan porque las culturas y los sistemas de RRHH de las empresas implicadas no se fusionan[82]. Una forma nueva y creciente de unión interorganizativa consiste en las *joint-ventures*, las alianzas y las colaboraciones entre empresas que siguen siendo independientes aunque trabajan conjuntamente en productos específicos para repartir costes y riesgos.

Para tener éxito, la reestructuración de la organización exige una gestión eficaz de los RRHH[83]. Por ejemplo, para hacer más plana la organización hay que examinar con cuidado las necesidades de personal, los flujos de trabajo, los canales de comunicación, las necesidades de formación, etc. De la misma manera, las fusiones y cualquier otro tipo de relaciones interorganizativas requieren que haya una integración adecuada de las diferentes estructuras organizativas, prácticas directivas, experiencia técnica, etc.[84]. El Capítulo 2 se ocupa de forma específica de estas cuestiones. Además, el Capítulo 5 (contratación), el Capítulo 8 (formación), el Capítulo 9 (desarrollo de la carrera profesional) y el Capítulo 17 (dirección internacional), también se relaciona con este tipo de cuestiones.

Equipos de trabajo autogestionados

El sistema tradicional, en el que los empleados informan a un único jefe (que supervisa un grupo de entre tres y siete subordinados) se está sustituyendo, en algunas organizaciones, por un sistema de equipos autogestionados. En este sistema, los empleados son asignados a grupos de homólogos que en conjunto se responsabilizan de un área o tarea particular. Se estima que el 40% de los trabajadores estadounidenses trabajan en algún tipo de equipo[85].

De acuerdo con dos expertos en equipos de trabajo autogestionados, "El entorno competitivo actual exige una intensa mejora de la productividad, de la calidad y de los tiempos de respuesta. Los equipos pueden ofrecer estas prestaciones mucho mejor. Los jefes no pueden... Al igual que los dinosaurios dominaron en una época la tierra y después se extinguieron, los días de los jefes pueden estar contados"[86].

Se han llevado a cabo muy pocos estudios científicos rigurosos sobre la eficacia de los equipos de trabajo autogestionados. Sin embargo, los estudios de casos parecen sugerir que muchas empresas que utilizan estos equipos disfrutan de rendimientos impresionantes. Por ejemplo, los directivos de la empresa General Motors en la fábrica de baterías Fitzgerald, que está organizada por equipos, informan sobre ahorros de costes de entre el 30 y el 40 por ciento respecto a las fábricas organizadas de manera tradicional. En FedEx, un millar de trabajadores administrativos, divididos en equipos de cinco a diez personas, ayudaron a la empresa a reducir los problemas de distribución en un 13 por ciento[87].

Las cuestiones de RRHH relativas a los equipos de trabajo autogestionados se discuten en detalle en el Capítulo 2 (flujos de trabajo), Capítulo 10 (remuneración) y Capítulo 11 (retribución por desempeño).

El crecimiento de las pequeñas empresas

De acuerdo con la Administración de Pequeñas Empresas estadounidenses (*Small Business Administration (SBA)*), la definición precisa de pequeña empresa depende de la industria en la que opera. Por ejemplo, para que la SBA considere que la empresa es "pequeña", una empresa manufacturera puede tener como máximo entre 500 y 1.500 trabajadores (dependiendo del tipo de manufacturas). En el comercio al por mayor, la empresa es considerada pequeña si el número de trabajadores no es superior a 100[88].

Un porcentaje creciente de los 14 millones de empresas de EE.UU. pueden considerarse pequeñas[89]. Un estudio que utiliza la declaración de impuesto de sociedades como fuente de datos descubrió que el 99,8 por ciento de las empresas estadounidenses tienen menos de 100 trabajadores y aproximadamente el 90 por ciento tienen menos de 20 trabajadores[90]. Otro trabajo muestra que aproximadamente el 85 por ciento de esas empresas son familiares[91]. Un estudio de 2005 encontró que los latinos y los inmigrantes presentan una tasas de creación empresarial sustancialmente mayores que los nativos estadounidenses y que cada vez más los afroamericanos se están convirtiendo en empresarios[92].

Por desgracia, las pequeñas empresas se enfrentan a un alto riesgo de quiebra. Según ciertas estimaciones, el 40 por ciento fracasan en el primer año, el 60 por ciento fracasa antes de que comience el tercer año y sólo un 10 por ciento sobrevive una década[93]. Para sobrevivir y prosperar, una pequeña empresa debe gestionar eficazmente sus recursos. Por ejemplo, una actuación mediocre de una persona en una empresa de diez empleados puede significar la diferencia entre tener beneficios o incurrir en pérdidas.

Cultura organizativa

Cultura organizativa
Los supuestos y creencias básicas compartidas por los miembros de una organización. Estas creencias actúan inconscientemente y definen lo que se da por sentado en la perspectiva que tiene una organización de sí misma y de su entorno.

El término **cultura organizativa** hace referencia a los supuestos y creencias básicas compartidas por los miembros de una organización. Estas creencias operan de forma inconsciente y definen el punto de vista de la organización sobre sí misma y su entorno, materializándose en "lo que se da por sentado"[94]. Los elementos clave de la cultura organizativa son los siguientes[95]:

- *Regularidades observadas del comportamiento* en la relación entre las personas, como el lenguaje que se utiliza y los rituales de comportamiento y deferencias.
- *Las normas* que giran en torno a los grupos de trabajo, como la norma de trabajar lo que corresponde por un salario justo.
- *Los valores dominantes acatados* por una organización, como la calidad del producto o los precios bajos.
- *La filosofía* que guía la política de la organización para con sus empleados y consumidores.
- *Las reglas del juego* para mantenerse en la organización; los "hilos" que debe aprender a mover el nuevo empleado para ser aceptado.
- *El ambiente o clima* en una organización por la distribución física y la forma en que sus miembros se relacionan entre sí, con los consumidores o con los de fuera.

Las empresas que ajustan la cultura a los cambios del entorno probablemente obtendrán mejores resultados que aquellas empresas de cultura rígida que no reaccionan ante cambios externos. Los problemas de Campbell's Soup Co. en la década de 2000 se suelen atribuir al hecho de que sus normas y valores no se han adaptado con rapidez a los cambiantes gustos de los consumidores. "Es definitivamente una cultura adversa al riesgo y orientada al control. Todo gira en torno a dos cosas: el control financiero y cuánto pueden exprimir un tomate. Campbell necesita recompensar la asunción de riesgos, eliminar las barreras de la organización y reunir el valor necesario para promover iniciativas audaces que vayan de la propuesta a la ejecución rápida y regularmente"[96].

Cambiar una cultura organizativa arraigada no es fácil. Por ejemplo, Carleton S. Fiorina, alguien externo a Hewlett-Packard (HP) y sin bagaje técnico fue puesta como CEO en 1999 para reorganizar la empresa[97]. Sin embargo, fue despedida tan sólo seis años después debido a su orientación al marketing, agresividad, estilo autocrático, talento para el teatro en público y lo que muchos pensaron que era un exceso de ego que alienó a empleados, directivos y miembros de la junta directiva de HP.

Tecnología

Aunque la tecnología está cambiando muy rápidamente en muchas áreas, como la robótica, existe un área concreta que está revolucionando los RRHH: las tecnologías de la información[98]. Las tecnologías telemáticas –una amplia gama de herramientas que incluye los PCs, los programas en red, las telecomunicaciones y los faxes– actualmente están disponibles y son asequibles para empresas de todos los tamaños, incluso empresas de una sola persona. Estas tecnologías, junto con el crecimiento de Internet, han tenido muchos efectos sobre la gestión de los RRHH, específicamente:

- **El crecimiento del teletrabajo.** Puesto que la tecnología hace que la información sea fácil de almacenar, recuperar y analizar, el número de trabajadores de una empresa que trabajan en casa (teletrabajadores), al menos a tiempo parcial, ha estado creciendo a un ritmo del 15 por ciento anual. Y puesto que se espera que los contratos de teletrabajo sigan aumentando en el futuro, plantean muchas cuestiones relativas a temas como el control de resultados y la planificación de la carrera. Un estudio de 2005 puso al descubierto que casi la mitad de los empleados que no trabajaban en el lugar de trabajo creían que los que sí lo hacían conseguían un mayor reconocimiento. Y más teletrabajadores que trabajadores en el lugar de trabajo señalaron que "muy probablemente abandonarían su empresa actual si encontraran un trabajo similar con una remuneración similar en otro lugar"[99].

- **La ética de la utilización correcta de los datos.** Las cuestiones relativas al control de datos, la precisión, el derecho a la privacidad y la ética están en el centro de una creciente controversia sobre las nuevas tecnologías de la información y, concretamente, sobre Internet[100]. Los PCs permiten actualmente acceder a enormes bases de datos que contienen información sobre historiales de crédito, laborales, de conducción, informes médicos, condenas penales y estructura familiar. Por ejemplo, una página web promete que, por una tarifa de siete dólares, analizará "más de dos millones de registros para crear un informe sobre un individuo"[101]. Un observador crítico señala: "Lo peor de esta revolución de la información es que, aunque abundan los errores, lo que un PC dice de nosotros se da por válido y se están tomando importantes decisiones a partir de esta información. A menudo, los que se ven afectados no son conscientes del proceso y no se les da ninguna oportunidad de ofrecer explicaciones"[102].
- **Control electrónico.** Muchas empresas están utilizando programas informáticos sofisticados que controlan cuándo, dónde y por qué está utilizando Internet un trabajador. (*Véase* Cuaderno del Director: Nuevas Tendencias, "Ahora fisgonear en el correo electrónico mediante cierto software es una norma en el lugar de trabajo".)

CUADERNO DEL DIRECTOR

NUEVAS TENDENCIAS

Ahora fisgonear en el correo electrónico mediante cierto software es una norma en el lugar de trabajo

Todavía no se sabe la forma en que el correo electrónico que le costó a Harry Stonecipher su puesto de trabajo como consejero delegado de Boeing Co. fue interceptado o por quién. Los directores de Boeing desbancaron al director general en 2005 después de que se enteraran de un correo electrónico que había enviado a una empleada con la que estaba teniendo una aventura.

Todo empleado debería darse cuenta de que el correo electrónico de su oficina no es para nada privado. En una encuesta de 2005 de 840 empresas estadounidenses realizada por la *American Management Association*, el 60 por ciento dijo que ellos utilizaban algún tipo de software para vigilar los correos electrónicos entrantes y salientes de sus empleados, por encima del 47 por ciento en 2001. Otros expertos en privacidad sitúan el porcentaje actual aún más alto.

En la mayoría de los estados, las empresas no tienen que decirle a sus empleados que su correo electrónico está siendo supervisado. Sólo en Connecticut y Deleware existen leyes que exigen a las empresas notificar a sus empleados que están siendo vigilados, señala Jeremy Gruber, director jurídico del *Nacional Workrights Institute*, una organización en apoyo a la privacidad en el lugar de trabajo.

En otros lugares, las empresas son libres de controlar la intención de todos los correos electrónicos enviados y recibidos utilizando computadoras de la empresa o cuentas de correo corporativas, dice Gruber y añade que él no conoce ni un solo caso en el que un empleado haya tenido éxito enfrentándose al control de los correos electrónicos en el trabajo. Gruber afirma que como empleado, "usted no tiene derecho alguno".

Además, las empresas cada vez más contratan a personal para leer los mensajes de correo salientes, declara Jonathan Penn, analista en *Forrester Research*. De las empresas que ya utilizan software para controlar los correos, el 31 por ciento contrata a empleados para que vigilen esos correos, según un estudio realizado por *Forrester Research*. Penn indica que esta práctica es especialmente común en empresas con más de 20.000 empleados.

Fuente: Adaptado de Tam, P. W., White, E., Wingfield, N. y Maher, K. (9 de marzo de 2005). Snooping e-mail by software in now a workplace norm. *Wall Street Journal*, B-1.

Según Clares Voice, una empresa de seguridad en la mensajería establecida en Dallas, "Nos fijamos en todos los correos electrónicos mientras que están en movimiento"[103]. Los correos electrónicos se utilizan ahora como pruebas para todo tipo de casos jurídicos relacionados con la discriminación por edad, el acoso sexual, la fijación de precios y similares[104]. "Aproximadamente el 70 por ciento de las pruebas con las cuales tratamos a diario son comunicación electrónica", señala Garry G. Mathiason, un socio *senior* de Littler Mendelson, una prestigiosa empresa jurídica ubicada en San Francisco[105].

- **Pruebas médicas.** El diagnóstico genético, la formación de imágenes de alta tecnología y los análisis de ADN pronto podrán estar disponibles para ayudar en la toma de decisiones sobre empleo. Como se señaló en un informe de 2005 sobre el uso potencial del encefalograma como una herramienta de selección, "El uso de esta herramienta puede ser un arte para averiguar qué candidato sería el director ideal. Esto puede convertirse pronto en tecnología punta"[106]. Las decisiones de las empresas sobre la manera de aprovechar la nueva información (para hacer revisiones médicas a los candidatos, establecer primas de seguros de salud, decidir quién debería ser despedido y similares) están muy afectadas por implicaciones éticas. IBM parece estar en la vanguardia, al anunciar en 2006 que no utilizará los datos genéticos en la toma de decisiones de empleo. Esta es un área en la que el sistema legal está todavía muy por detrás de los avances técnicos.
- **Aumento del igualitarismo.** Puesto que la información ahora está disponible de forma instantánea y general, las estructuras organizativas se están haciendo más *igualitarias*, lo que significa que el poder y la autoridad se reparten de forma más equitativa entre todos los empleados. Los grupos que operan en red y que permiten a cientos de trabajadores compartir información de forma simultánea, pueden ofrecer a los trabajadores de oficina información que antes sólo estaba disponible para sus jefes[107]. También permiten que los trabajadores puedan discutir por Internet con los altos ejecutivos. En este tipo de interacciones la gente es juzgada más por lo que dicen que por el rango que ocupan en la jerarquía[108].

Los retos y las consecuencias de las tecnologías que cambian rápidamente –especialmente las tecnologías de la información– a efectos de los RRHH, se discuten en cada capítulo de este libro.

Seguridad interna

Los ataques terroristas del 11 de septiembre de 2001 generaron una obsesión colectiva por la seguridad en EE.UU. Muchas consultoras centran ahora su atención en la detección de problemas potenciales de seguridad y una amplia gama de empresas y grupos industriales, desde asociaciones de transporte por carretera hasta organizadores de eventos deportivos, han convertido la seguridad en una prioridad[109]. Por ejemplo, cualquiera puede comprar un paquete de software por 39,77 dólares en Sam's Club que permite "¡tomar mejor las decisiones de contratación [e] investigar los antecedentes de forma rápida y sencilla!"[110]. Choice Point empezó a vender controles de antecedentes recientemente a través de Yahoo's Hot Jobs. Entersert, una empresa de servicios de seguridad, ha lanzado también "una herramienta para investigar el historial de los empleados de una forma sencilla" en *CarrerBuilding.com.* Aparte de los controles de antecedentes, los departamentos de RRHH se están involucrando cada vez más en técnicas de seguridad basadas en el control de los empleados por los ojos y las huellas dactilares para la identificación segura, contratando guardias armados para patrullar las instalaciones, identificando a los empleados que pudieran ser violentos e incluso introduciendo posibles espías[111].

Aunque pocos se cuestionen que los controles de seguridad son necesarios, a uno le preocupa desde una perspectiva de los RRHH que no se violen los derechos de los candidatos y de los empresarios y que se sigua el proceso adecuado siempre que los presuntos problemas son identificados. Por ejemplo, ¿se le debe negar a una persona condenada hace 15 años por conducir en estado de embriaguez un trabajo de auxiliar de vuelo? ¿Qué ocurre con las personas cuyo pasado revela algunos hechos que pueden ser señales de alerta, en función del sesgo del evaluador (por ejemplo, la titulación de una universidad de Oriente Medio, frecuentes cambios de puesto de trabajo, múltiples divorcios, etc.). Los centros de salud ofrecen herramientas utilizadas por los médicos y las empresas para rastrear datos, incluyéndose los resultados de las pruebas del VIH y del cáncer[112]. ¿Deben las empresas utilizar este tipo de información como parte de su proceso de selección?

Según un estudio asistido por computadora llevado a cabo por una empresa de servicios de seguridad, Automatic Data Accessing, más del 40 por ciento de los currículos falsean el historial educativo o la experiencia laboral. Pero "¿cómo responden los empresarios cuando descubren que los trabajadores han contado mentiras en función de las políticas de la empresa, el valor del trabajador y la cultura organizativa? Muchas empresas dicen estar dispuestas a pasar por alto cierto grado de inexactitud"[113]. En otras palabras, el modo en que se utiliza la información relacionada con la seguridad queda a criterio del que la interpreta, quizás salvo en los casos más graves. El Capítulo 14, "Respeto de los Derechos de los Empleados y Gestión de la Disciplina" se ocupa de estas cuestiones y otras relacionadas.

Seguridad de los datos

Los numerosos casos de acceso no autorizado a datos privados se pusieron de manifiesto ya en la anterior edición de este libro, en algunas situaciones que podrían llevar a la generalización de la usurpación de la identidad. Durante un periodo de seis meses en 2005 solamente, la Cámara de Compensación de los Derechos a la Intimidad (*Privacy Rights Clearing House*), un grupo de defensa del consumidor en San Diego, contó más de 80 violaciones importantes de datos sobre información personal de más de 50 millones de personas[114]. En un caso, CardSystems (un procesador de tarjetas de crédito), abandonó la información de las cuentas de más de 40 millones de accionistas dejándoles expuestos a ser víctimas de un fraude[115]. Entre las empresas conocidas que han protagonizado serios problemas por violaciones de datos durante 2004-2007 se incluyen Lexis/Nexis Group, Choice Point, Bank of America, las fuerzas aéreas de los EE.UU., e incluso el FBI[116]. La seguridad de los datos no es sólo una preocupación para los expertos informáticos especializados; también debería implicar a las políticas de RRHH para determinar quién tiene acceso a la información delicada y crear sistemas de vigilancia que eviten abusos por parte de los directivos y los empleados.

Contratación externa

Actualmente existe una tendencia en muchas empresas grandes a deshacerse de trabajos que anteriormente se realizaban dentro de la empresa y contratarlos con proveedores o contratistas externos. Este proceso es conocido como **contratación externa** o *outsourcing*. La motivación es sencilla: la contratación externa ahorra dinero. *The Wall Street Journal* informa que más del 40 por ciento de las 500 empresas de *Fortune* han subcontratado algún departamento o servicio; se puede externalizar de todo, desde la administración de los RRHH hasta los sistemas informáticos[117]. Una encuesta realizada por la Worldatwork Association (que cuenta con más de 10.000 miembros que ocupan puestos de responsabilidad de RRHH) encontró que las siguientes prácticas de RRHH actualmente son subcontratadas completa o parcialmente por una gran parte de las empresas participantes en la

Contratación externa (*outsourcing*)
Subcontratación del trabajo a una empresa externa que está especializada y hace esta tarea más eficientemente.

encuesta: salud y bienestar (79 por ciento), planes de pensiones (90 por ciento), nóminas (62 por ciento), formación (50 por ciento) y reclutamiento y selección (32 por ciento)[118].

La contratación externa crea diversos desafíos para los RRHH de las empresas. Aunque a menudo ayuda a las empresas a reducir costes, los trabajadores pueden verse afectados por reducciones de plantilla cuando sus puestos de trabajo se ofrecen al que da tarifas menores. Por ejemplo, United Parce Service (UPS) subcontrató 5.000 empleos en sus 65 centros de servicios al consumidor[119]. Además, puede producirse insatisfacción por parte del consumidor si los subcontratistas no son vigilados y evaluados correctamente. Por ejemplo, un grupo de antiguos empleados de la ahora liquidada Skillset Software Inc. presentó una demanda contra el proveedor externo de RRHH, TriNet Group Inc., por negligencia en el manejo de su reclamación. Parte del problema radica en que estos proveedores de RRHH no suelen facilitar suficiente acceso e interacción humana (muchos de ellos dependen en gran medida de la página web) para resolver las preocupaciones y quejas de los empleados[120]. Los subcontratistas tienden a aceptar más trabajo del que pueden realizar[121], y las pequeñas empresas pueden verse perjudicadas por no recibir el mejor servicio y apoyo que estos agentes pueden ofrecer. Finalmente, cuando se subcontratan actividades de RRHH tales como formación, contratación y retribución, las cuestiones de seguridad en los datos se convierten en algo de suma importancia. La organización tendrá que confiar en que el subcontratista es capaz de proteger eficazmente los datos personales (como el número de la Seguridad Social, el estado civil, el nivel de ingresos, los problemas de rendimiento, las cuentas bancarias) del uso indebido tanto por parte de personas de la empresa como de fuera. La subcontratación que incluye la localización en el extranjero (que cada vez es más frecuente) aún complica más la cuestión de la seguridad de los datos.

Analizamos la contratación externa y los retos para la gestión de RRHH a lo largo de este libro. El Capítulo 2 analiza la subcontratación en el contexto de la reducción de la plantilla y, el Capítulo 15, sobre relaciones laborales, analiza cómo afecta la contratación externa a los sindicatos.

RETOS INDIVIDUALES

Retos individuales
Las cuestiones de RRHH que hacen referencia a las decisiones que más afectan a los empleados particulares.

Las cuestiones de RRHH desde el punto de vista individual se refieren a las decisiones más pertinentes respecto a empleados concretos. Estos **retos individuales** casi siempre reflejan lo que está ocurriendo en la organización en su conjunto. Por ejemplo, la tecnología afecta a la productividad individual; también tiene consecuencias éticas en lo que se refiere a la forma de utilizar la información para tomar decisiones de RRHH (por ejemplo, la utilización de datos históricos sobre crédito o sobre salud para decidir a quién se contrata). La forma en que la empresa trata a sus empleados individuales también afectará probablemente a los retos organizativos que acabamos de discutir. Por ejemplo, si muchos empleados clave dejan la empresa para ir a la competencia, la posición competitiva de la empresa se verá afectada. En otras palabras, existe una relación de doble sentido entre los retos organizativos y los retos individuales. Esta es distinta de la relación entre los retos organizativos y los retos del entorno, en la que la relación sólo se produce en un sentido (*véase* la Figura 1.1); esto es así porque pocas organizaciones pueden tener un impacto grande en el entorno. Los retos individuales más importantes incluyen actualmente el ajuste entre el individuo y la organización, la ética y la responsabilidad social, la productividad, la delegación de autoridad, la fuga de cerebros y la seguridad laboral.

Ajuste entre el individuo y la organización

La investigación sugiere que las estrategias de RRHH contribuyen a los buenos resultados de la empresa cuando ésta utiliza estas estrategias para atraer y retener el tipo de empleado que mejor se ajusta a la cultura de la empresa y a los objetivos empresariales generales. Por ejemplo, un estudio demostraba que las empresas de alto crecimiento tienen mejores resultados con directivos que tienen una fuerte formación en marketing y ventas y que están dispuestos a asumir riesgos y a mostrar una fuerte tolerancia a la ambigüedad. Sin embargo, estas características directivas realmente reducen los buenos resultados de las empresas maduras que tienen un producto establecido y que están más interesadas en conservar (más que ampliar) su cuota de mercado[122].

El Capítulo 5 se ocupa específicamente del intento de lograr ajustar adecuadamente a los empleados con la organización para mejorar así los resultados.

Ética y responsabilidad social

En la pasada edición de este libro, discutimos sobre los escándalos ampliamente divulgados de Enron, Worldcom, Tyco y Global Crossings en los cuales la corrupción aparentemente se convierte en la forma de estar en lo más alto. Desde 2004, apenas podemos leer la prensa económica sin ser bombardeados por múltiples casos de graves comportamientos poco éticos a través de una amplia variedad de empresas. Estos incluyen, por ejemplo, American International Group (AIG, una de las empresas de seguros más grandes, que infló artificialmente sus reservas por 500 millones de dólares)[123]; Time Warner (acusada de fraude contable)[124]; Bank of America (obligado a pagar mil millones de dólares en multas por faltas éticas)[125]; CitiGroup (varios agentes están siendo juzgados por el presunto blanqueo de dinero)[126]; Boeing (donde altos ejecutivos fueron condenados por un escándalo relacionado con las Fuerzas Aéreas en el que estaban implicados millones de dólares)[127]; Choice Point (una de las mayores agencias de informes de crédito, que supuestamente mantuvo oculto durante un mes la información acerca del robo de una clave que permitía el acceso a los datos de personal de unas 145.000 personas, proporcionando suficiente tiempo a la alta dirección para deshacerse de sus acciones de Choice Point)[128]; Stratton Veterans affaire Medical Center (en el que algunos empleados se hicieron pasar por médicos realizando investigaciones clínicas no autorizadas en pacientes con cáncer, produciéndoles la muerte en algunos casos)[129]; La Universidad Estatal de Nueva York en Albany (cuya presidenta, Karen R. Hitchcock, se vio obligada a dimitir tras ser acusada de contratar con un empresario que a cambio patrocinaría una cátedra universitaria sólo para ella)[130]; y el famoso Museo Getty de Los Ángeles (sobre el que asaltan las dudas en cuanto a acusaciones de robo de antigüedades y beneficios libertinos de los ejecutivos)[131].

Incumplimientos éticos similares se han documentado en el extranjero durante los últimos tres años. Por ejemplo, los ejecutivos en la cadena de supermercados holandesa AholdNv están siendo juzgados por exagerar los beneficios en más de 800 millones de dólares[132]; Mitsubishi Motors en Japón confesó que se habían escondido los informes sobre los defectos de los vehículos de los funcionarios de seguridad desde 1980[133]; y un informe de 500 páginas de las Naciones Unidas reveló que más de la mitad de 4.500 empresas de más de 60 países pagaron 1.800 millones de dólares en concepto de recargos ilegales y sobornos a Saddam Hussein durante un periodo de diez años[134].

Podemos asumir con toda seguridad que los casos señalados en cuanto a comportamientos no éticos sólo son la punta del iceberg[135].

En respuesta a estos asuntos, el temor de la gente acerca del comportamiento poco ético de los empresarios está aumentando[136], hasta tal punto que muchas empresas y organizaciones profesionales han creado códigos éticos, destacando los principios y estándares de comportamiento personal de sus miembros. Por desgracia, estos códigos no suelen satisfacer las expectativas de los empleados sobre el comportamiento ético del empresario. En una encuesta realizada a los lectores de *Harvard Business Review*, casi la mitad de los encuestados manifestaron que creían que los directivos no siempre tomaban decisiones éticas[137].

La percepción generalizada de un comportamiento poco ético puede atribuirse al hecho de que las decisiones directivas no siempre son evidentes. Excepto en unos pocos casos destacados (como en la falsificación voluntaria), lo que es ético o no sigue abierto al debate. Incluso los códigos éticos más detallados siguen siendo lo suficientemente generales como para dejar mucho espacio libre a la discrecionalidad de los directivos. De hecho, muchos de los ejecutivos culpables de actividades ilegales pensaban que ellos sólo estaban ganando tiempo para cambiar la empresa o que sus subordinados eran demasiado entusiastas en la implantación de las directrices sobre aumento de los ingresos[138]. Tal vez más que en otras áreas, muchas de las decisiones específicas relacionadas con la dirección de los RRHH están sometidas a juicio. A menudo éstas dan lugar a un círculo vicioso porque ninguna de las alternativas es deseable[139].

Algunas empresas están utilizando la página web para infundir valores éticos a sus empleados y directivos. Por ejemplo, muchos de los 160.000 empleados de Lockheed Martin deben seguir un programa de formación en Internet, paso a paso, sobre ética[140]. CitiGroup inició un programa de formación ética en Internet que es obligatorio para cada uno de sus 300.000 empleados[141]. Otras empresas utilizan métodos de formación más tradicionales para implantar las llamadas "políticas de tolerancia-cero". Por ejemplo, en Godman Sachs, el consejero delegado (Henry M. Paulson hijo, en el momento que se escribe esto) modera seminarios sobre juicios en los negocios y cuestiones éticas con todos los directores del banco[142].

Una empresa que ejerce *responsabilidad social* intenta equilibrar sus compromisos –no sólo con sus inversores, sino también con sus empleados, sus consumidores, otras empresas y la comunidad o comunidades en las que opera–. Por ejemplo, McDonalds creó las casas Ronald McDonalds hace años para ofrecer alojamiento a las familias que tenían niños enfermos, hospitalizados lejos de sus casas. Sears y General Electric apoyan a los artistas y muchos comerciantes locales dan su apoyo a los equipos deportivos infantiles locales. Philip Morris está tratando de lavar su imagen entrando en el negocio de los tratamientos para curar enfermedades provocadas por el tabaco y apoyando proyectos de investigación sobre la prevención de las enfermedades de pulmón[143].

Un capítulo entero de este libro está dedicado a discutir los derechos y obligaciones de los empleados (Capítulo 13); cada capítulo incluye (en algunos puntos) cuestiones éticas pertinentes para las que no hay respuestas absolutas. La mayoría de los capítulos incluyen un Cuaderno del Director que trata cuestiones éticas relacionadas con el tema específico del capítulo. *Véase* el que acompaña a este capítulo).

Productividad

Productividad
Medida del valor que los trabajadores aportan a nivel individual a los bienes y servicios de la organización.

La mayoría de los expertos están de acuerdo en que las ganancias de productividad derivadas de la tecnología han alterado las reglas del juego económico desde mediados de los 90, permitiendo un crecimiento económico continuado, con bajo desempleo y baja inflación. La **productividad** es la medida del valor que añade el empleado particular a los bienes o servicios que produce la organización. Cuanto mayor es la producción por individuo, mayor será la productividad de la organización. Por ejemplo, los trabajadores estadounidenses producen un para de zapatos en 24 minutos, mientras que a los trabajadores chinos les lleva tres horas[144]. En una "economía del conocimiento" liderada por la tecnología, el éxito de las organizaciones dependerá cada vez más del valor del capital humano intangible. Este capital puede ser "la creatividad de los diseñadores (en Intel Corp salta a la vista), la profesionalidad de los arquitectos del software (como en Sun Microsystems Inc.), el conocimiento de los vendedores (Procter & Gabble Co., por ejemplo) e incluso la fortale-

CUADERNO DEL DIRECTOR

ÉTICA

Cómo y por qué mentimos en la oficina: de bolígrafos robados a cuentas maquilladas

Los empleados están mintiendo cada vez más en el trabajo. Las llamadas al trabajo por enfermedad han ido al alza en cinco años; las tres quintas partes de los que llaman no están enfermos sino atendiendo cuestiones personales o simplemente se sienten con derecho a un día libre, según una encuesta realizada con 305 empresarios por CCH Inc. En otro estudio de 1.316 trabajadores realizado por Kronos Inc., un trabajo de consultoría sobre dirección de la mano de obra, se muestra que más de un tercio de los empleados admiten haber mentido acerca de la necesidad de días por enfermedad (*véase* la Figura 1.2).

Los grupos que hacen un seguimiento del uso de las ausencias en el trabajo permitidos por temas familiares dicen que cada vez más empleados exageran los motivos para conseguir tiempo libre, incluso alegando que un resfriado común justifica una baja médica. Otro indicador muestra que los candidatos a un puesto de trabajo que ofrecen credenciales académicos falsos han aumentado en los últimos tres años, con un 12 por ciento de currículos que contienen al menos alguna información falsa, según el *Liars Index*, una encuesta realizada por la empresa de contratación Jude M. Werra & Associates.

Un factor que se encuentra detrás de esta tendencia puede ser el estrés producido por la aceleración del cambio organizativo. La evidencia muestra que las malas conductas aumentan en las empresas que se encuentran en proceso de fusión, adquisición o reestructuración. En otros casos, la deshonestidad de los trabajadores es un signo de que las políticas están obsoletas. Una compañía de asistencia médica en el nordeste prohibió a los empleados que utilizasen software propio en las computadoras de la empresa, dice Lee Essrig de la *Ethics Officer Association,* Waltham, Massachussets. Pero la empresa cambió la marcha tras darse cuenta de que los trabajadores presionados por el tiempo estaban instalando de forma secreta en las computadoras portátiles el software necesario para acceder a su banco y para tener calendario.

En medio de una falta de políticas firmes y abundantes malos ejemplos en la alta dirección, se ha hecho más aceptable que todo aquello que con regularidad se llama "enfermedad" sea tenido en cuenta en las previsiones de ingresos ajustadas.

¿Y si la verdad le hará más daño en su carrera y una mentira para salvar el prestigio puede ser mejor? Una directora de RRHH de Newport Beach, California, dice que su jefe es tan exigente que ella tiene que mentir para proteger el tiempo que dedica a su familia, inventando razones relacionadas con el trabajo para faltar a alguna reunión con los empleados, tomándose tiempo libre, o negándose a hacer viajes de trabajo.

"¿Estoy orgullosa de ello? No" escribe ella en un correo electrónico. "Pero ayuda a mi jefa a mantener la ilusión de que todo el mundo está tan entregado –es decir, tan adicto al trabajo– como él."

Fuente: Adaptado con permiso de Shellenberger, S. (2005). How and why we lie at the office: From pilfered pens to padded accounts. *Wall Street Journal*, D.1.

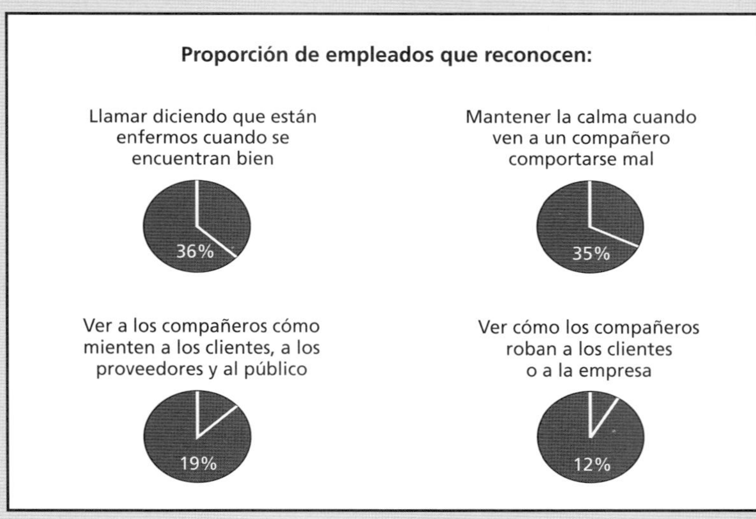

Figura 1.2 ■ La ética en el lugar de trabajo.

za de la cultura interna (como en el caso de Southwest Airlines)"[145]. Desde la perspectiva de los RRHH, la productividad de los empleados depende de la capacidad, la motivación y la calidad de la vida laboral.

Capacidad
Competencia en el desempeño de una tarea.

La **capacidad** de un empleado, su competencia a la hora de desarrollar una tarea, puede mejorarse a través del proceso de contratación y ubicación que selecciona a los mejores individuos para la tarea[146]; el Capítulo 5 se ocupa específicamente de este proceso. También puede mejorarse mediante la formación y los programas de desarrollo de la carrera, diseñados para acentuar las cualidades de los empleados y prepararles para responsabilidades adicionales; los capítulos 8 y 9 discuten estas cuestiones.

Motivación
El deseo de una persona de hacer un trabajo lo mejor posible o de hacer el máximo esfuerzo para desarrollar las tareas asignadas.

La **motivación** hace referencia al deseo de una persona de hacer su trabajo lo mejor posible, o de ejercer el máximo esfuerzo para desempeñar las tareas asignadas. La motivación llena de energía, dirige y mantiene el comportamiento humano. En este libro se discuten diversos factores clave que afectan a la motivación del empleado, lo que incluye el diseño del puesto de trabajo (Capítulo 2), la adecuación del empleado a los requisitos de la tarea (Capítulo 5), las recompensas (capítulos 11 y 13) y los procedimientos adecuados (Capítulo 14).

Calidad de la vida laboral
Una medida de la seguridad y satisfacción de los empleados en su puesto de trabajo.

Un creciente número de empresas reconoce que la probabilidad de que los empleados escojan una empresa y se queden en ella será mayor si creen que ofrece una alta **calidad de vida en el trabajo**. La alta calidad de vida en el trabajo está relacionada con la satisfacción en el mismo, lo que a su vez es un buen predictor del absentismo y la rotación en el trabajo[147]. Las inversiones de una empresa para mejorar la calidad de vida en el trabajo también se traducen en un mejor servicio al consumidor[148]. Analizamos las cuestiones sobre el diseño del puesto de trabajo y sus efectos sobre las actitudes y comportamientos de los empleados en el Capítulo 2.

Delegación de poder (*empowerment*)

Delegación de poder
Ofrece a los trabajadores la cualificación y autoridad para tomar decisiones que tradicionalmente serían tomadas por los directivos.

Muchas empresas han reducido la dependencia de los empleados para con sus supervisores y han puesto un mayor énfasis en el control individual (y la responsabilidad) del trabajo que hay que hacer. Este proceso se ha denominado **delegación de poder** (*empowerment*), porque transfiere la dirección desde una fuente externa (normalmente el supervisor inmediato) hasta una fuente interna (el propio deseo del individuo de hacer las cosas bien). En esencia, el proceso de delegación de poder implica proporcionar a los trabajadores la cualificación y la autoridad para tomar decisiones que tradicionalmente eran tomadas por los directivos. El objetivo de la delegación de poder es lograr una organización compuesta por personas entusiastas y comprometidas que realizan su trabajo bien porque creen en él y lo disfrutan (*control interno*). Esta situación presenta un fuerte contraste con la organización que hace que la gente trabaje como un acto de aceptación para evitar un castigo (por ejemplo, ser despedido) o para lograr que les paguen (*control externo*).

La delegación de poder puede motivar a los empleados a ser creativos y a asumir riesgos, que son componentes clave que pueden dar a la empresa una posición competitiva en un entorno de cambios rápidos. La delegación de poder a los empleados es "lo más difícil de hacer porque significa que se renuncia a tener el control", según Lee Fielder, presidente retirado de Kelly Springfield Tire Co., una unidad de Goodyear. "Pero [según Fielder], los directivos que intentan decir a los empleados cómo y cuándo tienen que hacer cualquier cosa terminan teniendo únicamente a gente mediocre, porque la gente con talento no se someterá a su control"[149]. Para fomentar la asunción de riesgos, el director general de General Electric, Jack Welch, anima a sus directivos y empleados a "agitarlo, agitarlo y romperlo"[150].

Las cuestiones de RRHH relacionadas con el control externo e interno del comportamiento se discuten de forma explícita en el Capítulo 2 (flujos de trabajo).

Fuga de cerebros

Puesto que el éxito de la organización depende cada vez más de los conocimientos que tienen determinados empleados, las empresas son más susceptibles a las **fugas de cerebros** –o pérdida de propiedad intelectual que surge cuando los competidores se llevan a empleados clave–. Industrias importantes, como la de los semiconductores y la electrónica, sufren una alta rotación en tanto que los trabajadores clave abandonan las empresas para crear las suyas propias. La fuga de cerebros puede afectar de forma negativa a la innovación y provocar importantes retrasos en la introducción de nuevos productos[151].

Fuga de cerebros
La pérdida de personal clave con un gran talento, que se va a la competencia o a empresas nuevas.

A nivel nacional, la fuga de cerebros es un problema importante en los países en desarrollo porque los más formados tienden a irse. Las universidades y los laboratorios de I+D en EE.UU. están llenos de estudiantes licenciados de China, India y otras economías emergentes. En algunos de los países más pobres, como Haiti, más de tres cuartas partes de las personas con formación universitaria han emigrado. Según la Academia Nacional de Ingeniería (*Nacional Academy of Engineering*), en 2005 más de la mitad de los ingenieros con titulaciones superiores en EE.UU. habían nacido en el extranjero, al igual que más de un tercio de los ganadores de los premios Nobel durante los últimos 15 años[152]. En Microsoft, más del 20 por ciento de los trabajadores son de la India. Esta dependencia de talentos extranjeros coloca a EE.UU. en una posición vulnerable, especialmente porque los gigantes como China e India están creciendo a pasos agigantados[153]. (Para una historia relacionada, *véase* el Cuaderno del Director: Tendencias Globales, "Erosión de la ventaja competitiva de los EE.UU. en las ciencias".)

CUADERNO DEL DIRECTOR

TENDENCIAS GLOBALES

Erosión de la ventaja competitiva de los EE.UU. en las ciencias

Una comisión de 20 miembros compuesta por galardonados con el premio Nobel, directores de universidad, presidentes de empresas y expresidentes seleccionados recientemente concluyeron que EE.UU. rápidamente se está quedando detrás de otros países en cuanto a la formación de los científicos y los ingenieros. Además, el coste de contratar talentos científicos de alto nivel es mucho mayor en EE.UU., induciendo a las empresas americanas a mover sus instalaciones de I+D al extranjero.

Una de las recomendaciones de la comisión es tener estudiantes internacionales en EE.UU. que realicen doctorados en ciencias, tecnología, ingeniería o matemáticas y una ampliación de un año de sus visados que les permita buscar empleo. Si estos estudiantes reciben ofertas de empleo y superan una prueba de control de seguridad, de forma automática obtienen el permiso de trabajo y la tarjeta de residente estadounidense rápidamente.

La comisión citó muchos ejemplos demostrando que EE.UU. se estaban quedando atrás:

- En el último año, más de 600.000 ingenieros se licenciaron en instituciones de educación superior en China, comparado con los 350.000 en la India y 70.000 en EE.UU.
- Recientemente, aquellos con un grado 12° americano obtuvieron unos resultados en conocimientos generales en matemáticas y ciencias por debajo de la media internacional en 21 países.
- El coste de contratar un químico o un ingeniero en EE.UU. es igual al coste de cinco en China y 11 en la India.
- En el último año las empresas químicas cerraron 70 instalaciones en EE.UU. y señalaron 40 para su cierre. De 120 grandes plantas químicas que se encuentran en construcción a nivel global, una está en EE.UU. y 50 en China.
- China ha dedicado un billón de dólares entre 2006 y 2009 a contratar a algunos de los mejores científicos que hablan chino y que actualmente trabajan en universidades estadounidenses y en laboratorios de I+D.

"Gracias a la globalización," añade el informe, "los trabajadores en prácticamente todos los sectores deben hacer frente hoy en día a competidores que se encuentran sólo haciendo clic con el ratón en Finlandia, China, India, o en docenas de países cuyas economías están creciendo".

Fuente: Adaptado con permiso de Broad, J. (13 de octubre de 2005). Top advisory panel warns o fan erosion of the U.S. competitive edge in science. *New York Times*, -16. Puede verse el informe completo en www.nationalacademies.org.

Las cuestiones relativas a la fuga de cerebros y a los mecanismos para solventarla eficazmente se discuten en diversos capítulos de este libro, fundamentalmente en el Capítulo 3 (igualdad de oportunidades y entorno legal), el Capítulo 4 (gestión de la diversidad), el Capítulo 6 (despido de empleados y recolocación) y el Capítulo 11 (retribución por desempeño).

Inseguridad laboral

Tal y como se señaló en la introducción, la mayoría de los trabajadores no pueden contar con un trabajo estable y con promociones frecuentes. Las empresas afirman que independientemente de lo bien que les vaya, los despidos de trabajadores son esenciales en una era de competencia feroz. En el trabajo, sin embargo, la inseguridad laboral crónica es una importante fuente de estrés y puede provocar peor rendimiento y peor productividad. Reed Moskowitz, fundador de un centro para combatir el estrés en la Universidad de Nueva York, señala que la salud mental de los trabajadores ha empeorado porque "ya nadie se siente seguro"[154].

Muchos trabajadores siguen afiliados a los sindicatos y actualmente la seguridad laboral se ha convertido en su prioridad.

Discutimos los desafíos planteados por los despidos y reducciones de plantilla, así como la forma de hacer que los que se quedan se sientan seguros y valorados en el Capítulo 6. Analizamos el estrés de los empleados (y las formas de aliviarlo) en el Capítulo 16. Analizamos las relaciones entre los sindicatos y la dirección en el Capítulo 15.

PLANIFICACIÓN E IMPLANTACIÓN DE LAS POLÍTICAS DE RRHH

Para tener éxito, las empresas deben alinear estrechamente sus estrategias y programas (tácticas) de RRHH con las oportunidades del entorno, las estrategias de negocio y las características exclusivas y las competencias distintivas de la organización.

LAS VENTAJAS DE LA PLANIFICACIÓN ESTRATÉGICA DE LOS RRHH

El proceso de formulación de estrategias de RRHH y de planificación de programas o tácticas para implantarlas se conoce como **planificación estratégica de los RRHH (RRHH)**. Cuando se hace correctamente, la planificación estratégica de los RRHH proporciona muchas ventajas directas e indirectas a la empresa.

Planificación estratégica de recursos humanos (RRHH)
El proceso de formulación de estrategias de RRHH y el establecimiento de programas o tácticas para implantarlas.

Fomento del comportamiento proactivo frente al reactivo

Ser *proactivo* significa mirar adelante y desarrollar una visión de a dónde se quiere que vaya la empresa y cómo puede utilizar sus RRHH para llegar hasta allí. Por el contrario, ser *reactivo* significa que se responde a los problemas a medida que surgen. Las empresas que son reactivas pueden perder de vista la dirección a largo plazo de su negocio; las empresas proactivas están mejor preparadas para el futuro. Por ejemplo, como las quiebras han aumentado vertiginosamente desde el año 2000, las empresas necesitan agarrar con fuerza su talento clave, quizás ofreciendo incentivos especiales para preservar a los mejores en los tiempos difíciles "aun cuando pueda parecer poco intuitivo continuar gastando el dinero en la remuneración de los empleados cuando la empresa no puede pagar sus facturas"[155].

Comunicación explícita de los objetivos de la empresa

La planificación estratégica de los RRHH puede ayudar a la empresa a desarrollar un conjunto centrado de objetivos estratégicos sobre la base de sus talentos y su "saber hacer" (*know-how*).

Por ejemplo, 3M ha tenido una estrategia explícita de competir mediante la innovación, con el objetivo de conseguir que al menos el 25 por ciento de sus ganancias provengan de los productos introducidos en el mercado durante los últimos cinco años. Para alcanzar este objetivo, la estrategia de RRHH de 3M se puede resumir en "Contratar científicos de primera clase en todos los campos, darles a cada uno de ellos una amplia dotación y entonces apartarse y dejarles hacer sus cosas. El planteamiento ha dado lugar a miles de productos nuevos a lo largo de las décadas, desde la lija y la cinta magnética de audio hasta las notas adhesivas y el aislamiento *thinsulate*"[156]. 100 años después de que se fundara la empresa, 3M claramente expresa la filosofía que guía sus prácticas de RRHH: "El espíritu de innovación. Eso es 3M. Nuestro imparable compromiso con la innovación, creando nuevas tecnologías y productos, nos sitúa exactamente donde nuestros clientes nos necesitan... Todos los días, la gente de 3M descubre nuevas formas para hacer que sucedan cosas asombrosas."

Estimulación del pensamiento crítico y de la evolución continuada de los supuestos

Los directivos dependen a menudo de sus puntos de vista y experiencias personales para resolver los problemas y tomar decisiones empresariales. Los supuestos sobre los que toman sus decisiones pueden llevar al éxito si son adecuados al entorno en que opera la empresa. Sin embargo, pueden surgir serios problemas si estos supuestos ya no son válidos. Por ejemplo, en la década de los 80 IBM quitó importancia a la venta de sus PCs porque los directivos temían que el crecimiento de los PCs redujera la rentabilidad de los productos principales de la empresa que eran muy rentables. Esta decisión permitió que los competidores entraran más agresivamente en el mercado de los PCs, llegando a devastar a IBM[157].

La planificación estratégica de los RRHH puede estimular el pensamiento crítico y el desarrollo de nuevas iniciativas sólo si es un proceso continuo y flexible y no un procedimiento rígido con un comienzo determinado y una fecha límite de realización. Ésta es la razón por la que muchas empresas han creado un comité ejecutivo, que incluye a un profesional de RRHH y al director general, para discutir las cuestiones estratégicas de forma continuada y modificar de forma periódica los programas y estrategias generales de RRHH de la empresa.

Identificación de diferencias entre la situación actual y la visión futura

La planificación estratégica de los RRHH puede ayudar a la empresa a identificar diferencias entre "dónde estamos hoy" y "dónde queremos estar". El laboratorio de 3M a pesar de tener un presupuesto de 1.000 millones de dólares y una plantilla de 7.000 personas, en los últimos años no fue capaz de dar respuesta al rápido crecimiento, en parte porque algunos departamentos de I+D carecían de un objetivo y el dinero no siempre se gastó sabiamente. Para acelerar el crecimiento, 3M anunció una serie de objetivos de rendimiento para los jefes de negocio que habían disfrutado antes de mucha rienda suelta. Además, 3M introdujo "cinturones negros" formados para erradicar las ineficiencias desde los departamentos de I+D hasta los de ventas[158].

Fomento de la participación de los directivos de línea

Para que la estrategia de RRHH sea eficaz, los directivos de línea de todos los niveles tienen que aceptarla. Si no lo hacen, probablemente fracase. Por ejemplo, una gran fábrica de cosméticos decidió introducir un programa de recompensas en el que los equipos de trabajo recibían una importante prima por producir productos de alta calidad. La prima formaba parte de un plan estratégico para fomentar una mayor cooperación entre los empleados. Pero el plan, que había sido desarrollado por los altos ejecutivos en colaboración con el departamento de RRHH, fracasó cuando los supervisores y directivos empezaron a buscar a empleados individuales para responsabilizarles de los errores. El plan terminó siendo abandonado.

Identificación de las oportunidades y limitaciones de los RRHH

Cuando la planificación estratégica de la empresa en su conjunto se hace en combinación con la planificación estratégica de los RRHH, las empresas pueden identificar problemas y oportunidades potenciales en relación con las personas que se espera que implanten la estrategia empresarial.

Una piedra angular de la estrategia empresarial de Motorola es identificar, fomentar y apoyar financieramente los proyectos de nuevos productos. Para aplicar esta estrategia, Motorola utiliza equipos de investigación internos, compuestos normalmente por cinco o seis empleados, pertenecientes a los departamentos de investigación y desarrollo (I+D), marketing, ventas, producción, ingeniería y finanzas. Las posiciones están definidas de forma amplia para permitir a todos los empleados utilizar su creatividad y generar nuevas ideas.

Creación de vínculos comunes

Una cantidad sustancial de estudios demuestran que, a largo plazo, las organizaciones que tienen un sentimiento fuerte de "quiénes somos" tienden a superar a las que no lo tienen. Un plan estratégico de RRHH que refuerce, ajuste o reconduzca la cultura actual de la organización puede fomentar valores como el de la orientación al consumidor, la innovación, el crecimiento rápido y la cooperación.

LOS RETOS DE LA PLANIFICACIÓN ESTRATÉGICA DE LOS RRHH

Al desarrollar una estrategia de RRHH eficaz, la organización se enfrenta a diversos retos importantes.

Mantenimiento de la ventaja competitiva

Cualquier ventaja competitiva que tenga una organización tiende a durar poco porque es probable que las demás empresas la imiten. Esto es tan válido para las ventajas de RRHH como para las ventajas tecnológicas o de marketing. Por ejemplo, muchas empresas de alta tecnología han "tomado prestado" programas de remuneración de científicos e ingenieros clave de otras empresas de alta tecnología de éxito.

El desafío desde una perspectiva de RRHH consiste en desarrollar estrategias que ofrezcan a la empresa una ventaja competitiva sostenida. Por ejemplo, una empresa puede desarrollar programas que maximicen el potencial actual de los empleados a través de escalones en la carrera diseñados cuidadosamente (*véase* el Capítulo 9), al tiempo que recompensa generosamente a los empleados con acciones de la empresa con ciertos matices (por ejemplo, una cláusula que obliga a devolver las acciones si el empleado se va de la empresa antes de una determinada fecha).

Refuerzo de la estrategia de la empresa en su conjunto

El desarrollo de estrategias de RRHH para apoyar la estrategia de la empresa en su conjunto es un reto por distintos motivos. En primer lugar, la alta dirección no siempre es capaz de anunciar con claridad la estrategia empresarial global. En segundo lugar, puede existir mucha incertidumbre, o desacuerdos, respecto a qué estrategias de RRHH deben utilizarse para apoyar la estrategia empresarial general. En otras palabras, no suele resultar obvio el modo en el que las estrategias concretas de RRHH pueden contribuir a la consecución de las estrategias de la organización. En tercer lugar, las grandes corporaciones pueden tener distintas unidades empresariales, cada una con su propia estrategia empresarial. En un mundo ideal, cada unidad debería ser capaz de formular la estrategia de RRHH que se ajuste mejor a su estrategia empresarial. Por ejemplo, una división que produce equipos de alta tecnología puede decidir pagar a sus ingenieros muy por encima de la media, para atraer y conservar a los mejores, mientras que la división de productos de consumo puede decidir pagar a los ingenieros el salario medio. Estas diferencias pueden provocar problemas si los ingenieros de ambas divisiones están en contacto. Así, las diversas estrategias de RRHH pueden generar sentimientos de desigualdad y resentimiento.

Evitar la concentración excesiva en los problemas cotidianos

Algunos directivos están tan ocupados apagando fuegos que no tienen tiempo para centrarse en el largo plazo. Sin embargo, una estrategia de RRHH, para tener éxito, exige una visión vinculada con la dirección del negocio a largo plazo. Así, un reto clave en la planificación estratégica de los RRHH consiste en hacer que la gente dé un paso atrás y tenga en cuenta la situación general.

En muchas pequeñas empresas los trabajadores están tan preocupados por el crecimiento actual de la empresa que rara vez se paran a mirar la situación general de mañana. Además, la planificación estratégica de los RRHH en las empresas pequeñas suele ser sinónimo de los antojos del fundador o propietario, que tal vez no tenga tiempo para formalizar sus planes.

Desarrollo de estrategias de RRHH adecuadas a las características exclusivas de la organización

No hay dos empresas que sean exactamente iguales. Las empresas difieren en su historia, su cultura, su estilo de liderazgo, su tecnología, etc. Es muy probable que fracase una estrategia o programa ambicioso de RRHH que no se ajuste a las características de la organización[159]. Y aquí está uno de los principales desafíos a la hora de formular las estrategias de RRHH: crear una visión de futuro para la organización que no provoque un choque destructivo con la organización actual.

Moverse en el entorno

De la misma manera que no hay dos empresas iguales, no hay dos empresas que operen en un entorno idéntico. Algunas tienen que afrontar cambios rápidos, como en la industria informática; otras se mueven en un mercado relativamente estable, como el mercado de los robots de cocina. Algunas se enfrentan a una demanda garantizada para sus productos o servicios (por ejemplo, los proveedores de medicinas); otras deben afrontar una demanda muy inestable (por ejemplo, los diseñadores de moda). Incluso en una industria definida con mucha precisión, algunas empresas pueden estar compitiendo en un mercado en el que el servicio al consumidor es la clave (la ventaja competitiva tradicional de IBM), mientras que otras compiten en un mercado centrado en cuestiones relacionadas con el coste (la ventaja competitiva ofrecida por muchas empresas que ofrecen PC's clónicos de IBM). Uno de los principales desafíos a la hora de desarrollar las estrategias de RRHH consiste en hacer un borrador de las estrategias que funcionarán en el entorno exclusivo de la empresa para lograr una ventaja competitiva sostenible.

Asegurar el compromiso de los directivos

Las estrategias de RRHH creadas en el departamento de RRHH tendrán muy pocas posibilidades de éxito a no ser que los directivos de todos los niveles jerárquicos –incluyendo a los altos ejecutivos– las apoyen totalmente. Para garantizar el compromiso de los directivos, los profesionales de los RRHH deben trabajar estrechamente con ellos en la formulación de políticas.

Pasar del plan estratégico a la acción

La prueba de fuego de cualquier plan estratégico es si cambia algo o no en la práctica. Si el plan no afecta a la práctica, los empleados y directivos consideran que se trata de papel mojado, sin ninguna acción.

El escepticismo respecto al plan estratégico está casi garantizado cuando una empresa cambia de directivos con frecuencia y cada nueva oleada de altos ejecutivos introduce su propio plan estratégico recién salido del horno. Tal vez el mayor desafío de la planificación estratégica de los RRHH no resida en la formulación de la estrategia, sino en el desarrollo de un conjunto adecuado de programas que harán que la estrategia funcione.

Combinación de estrategias deliberadas y emergentes

Existe un debate continuo sobre si las estrategias son deliberadas o emergentes, es decir, si son planes proactivos, racionales y deliberados, diseñados para alcanzar objetivos predeterminados (intencionados) o patrones generales "confusos" moldeados colectivamente por la interacción de poder, política, improvisación, negociación y personalidades dentro de la organización (emergentes)[160]. La mayoría de los expertos están de acuerdo en que las organizaciones tienen estrategias intencionadas y emergentes, que ambas son necesarias y que la dificultad estriba en combinar lo mejor de ambas.

Las estrategias deliberadas pueden proporcionar un sentido de meta y una guía para la asignación de recursos. Las estrategias deliberadas también resultan útiles para reconocer las oportunidades y amenazas del entorno y para movilizar a la alta dirección para que responda de forma adecuada. En el lado negativo, las estrategias deliberadas pueden generar un planteamiento estratégico de arriba abajo, que suprime la creatividad y la participación general.

Por su parte, las estrategias emergentes también tienen sus ventajas y desventajas. Entre las primeras, podemos citar las siguientes: (1) implican a todos los integrantes de la organización, lo que fomenta el apoyo de las bases; (2) se desarrollan paulatinamente a partir de las experiencias de la organización, por lo que son menos decepcionantes que las estrategias deliberadas; y (3) son más pragmáticas que las estrategias deliberadas porque evolucionan para afronta los problemas y las cuestiones específicas a las que se enfrenta la empresa. En el lado negativo, las estrategias emergentes pueden carecer de un fuerte liderazgo y fracasar a la hora de infundir en la organización una visión creativa[161].

Para combinar eficazmente las estrategias intencionadas y emergentes es necesario que los directivos unan las ventajas de la planificación formal (que ofrece una fuerte guía y dirección a la hora de establecer prioridades) con las desordenadas realidades de los empleados dispersos quienes, a través de sus actividades no planificadas, formulan estrategias emergentes en toda la empresa.

Acomodarse al cambio

Los planes estratégicos de RRHH deben ser lo suficientemente flexibles como para acomodarse al cambio[162]. Una empresa con un plan estratégico inflexible puede encontrarse incapacitada para reaccionar rápidamente ante los cambios, porque está demasiado comprometida con un determinado curso de acción. Esto puede hacer que la organización siga dedicando recursos a una actividad de valor cuestionable, sencillamente porque es mucho lo que ya se ha invertido en ella[163]. El reto consiste en crear una visión estratégica y en desarrollar planes para conseguirla, al tiempo que se sigue siendo suficientemente flexible como para adaptarse al cambio.

OPCIONES ESTRATÉGICAS DE RRHH

Opciones estratégicas de RRHH
Las opciones de que dispone una empresa para diseñar sus sistemas de RRHH.

Las **opciones estratégicas de RRHH** de una empresa son las alternativas de que dispone a la hora de diseñar su sistema de RRHH. La Figura 1.3 refleja una muestra de elecciones estratégicas de RRHH. En este punto es importante recordar tres cuestiones. Primera, la lista no es exhaustiva. Segunda, se pueden utilizar muchas prácticas o programas de RRHH diferentes, de forma independiente o conjuntamente, para implantar cada una de estas opciones. Por ejemplo, si una empresa elige remunerar en función del rendimiento puede utilizar muchos programas diferentes para llevar a cabo esta decisión, incluyendo primas en efectivo, importantes primas anuales, aumentos en función de la evaluación de los supervisores, o una recompensa mensual. Tercera, las opciones estratégicas de RRHH que aparecen en la Figura 1.3 representan dos extremos opuestos de un continuo. Algunas organizaciones pueden estar más cerca del lado derecho, otras más cerca del izquierdo y otras estarán más bien en el centro.

Se ofrece a continuación una breve descripción de las opciones estratégicas de RRHH mostradas en la Figura 1.5. Analizaremos estas opciones y ofreceremos ejemplos de las decisiones estratégicas de las empresas en estas áreas en capítulos posteriores.

Flujos de trabajo

Los flujos de trabajo hacen referencia a las formas en que se organizan las tareas para cumplir con los objetivos de producción o de provisión de servicios. Las organizaciones tienen varias posibilidades dependiendo de en qué pongan el énfasis a la hora de estructurar los flujos de trabajo (Capítulo 2). Pueden destacar:

- La eficiencia (hacer el trabajo al mínimo coste) o la innovación (fomentar la creatividad, la exploración y las nuevas formas de hacer las cosas, aunque esto pueda aumentar los costes de producción).
- El control (establecer procedimientos predeterminados) o la flexibilidad (permitir la posibilidad de excepciones y de juicios personales).

Flujos de trabajo (Capítulo 2)		
Eficiencia	↔	Innovación
Control	↔	Flexibilidad
Descripciones explícitas del puesto de trabajo	↔	Tipos de trabajo genéricos
Planificación detallada del trabajo	↔	Planificación amplia del trabajo
Contratación (Capítulo 5)		
Contratación interna	↔	Contratación externa
El supervisor toma las decisiones de contratación	↔	El departamento de RRHH toma las decisiones de contratación
Énfasis en el "ajuste" del candidato a la cultura de la empresa	↔	Enfasis en las cualificaciones y capacidades técnicas de los candidatos
Contratación informal de los nuevos empleados	↔	Contratación formal de nuevos empleados
Ruptura Laboral (Capítulo 6)		
Fomento de la jubilación voluntaria	↔	Reducciones de plantilla
Congelación de la contratación	↔	Contratación en función de las necesidades
Apoyo continuo a los trabajadores despedidos	↔	Los trabajadores despedidos deben resolver sus problemas solos
Política de recontratación preferente	↔	No hay trato preferente
Evaluación del Desempeño (Capítulo 7)		
Evaluaciones personalizadas (a medida)	↔	Procedimientos de evaluación uniformes
Evaluación orientada al desarrollo	↔	Evaluaciones orientadas hacia el control
Evaluaciones multiobjetivo	↔	Evaluaciones con un único objetivo
Evaluaciones con múltiples evaluadores	↔	Sólo evalúan los supervisores
Formación y Desarrollo (capítulos 8 y 9)		
Formación individual	↔	Formación en equipo
Formación en el trabajo	↔	Formación externa
Formación específica	↔	Formación genérica resaltando la flexibilidad
"Compra" de cualidades contratando trabajadores experimentados por un salario mayor	↔	"Creación" de cualidades ofreciendo formación a los trabajadores con menor experiencia contratados por un salario bajo
Remuneración (capítulos 10, 11 y 12)		
Retribución fija	↔	Retribución variable
Retribución en función del tipo de trabajo	↔	Retribución en función de la contribución individual
Retribución en función de la antigüedad	↔	Retribución basada en el desempeño
Decisiones de retribución centralizadas	↔	Decisiones de retribución descentralizadas
Relaciones con los empleados (Capítulo 13) y Relaciones Laborales (Capítulo 15)		
Comunicación de arriba a abajo	↔	Comunicación de abajo a arriba y retroalimentación
Eliminación de sindicatos	↔	Aceptación de sindicatos
Enfoque de confrontación	↔	Dirección suave
Derechos de los Empleados (Capítulo 14)		
Énfasis en la disciplina para reducir errores	↔	Énfasis en la acción preventiva para reducir errores
Énfasis en la protección del empresario	↔	Énfasis en la protección de los empleados
Estándares éticos informales	↔	Códigos deontológicos explícitos y procedimientos de refuerzo
Gestión Internacional (Capítulo 17)		
Creación de una cultura global de la empresa	↔	Adaptación a la cultura local
Confianza en los expatriados	↔	Confianza en los autóctonos
Acuerdo de repatriación	↔	No hay un acuerdo de repatriación formal
Políticas universales de la empresa	↔	Políticas de la empresa específicas según el país

Figura 1.3 ■ Elecciones estratégicas de RRHH.

- Descripciones explícitas del puesto de trabajo (en las que se estipulan cuidadosamente los requisitos y obligaciones de cada puesto de trabajo) o tipos de tareas genéricas (en las que los empleados desempeñan múltiples tareas y se espera que realicen los distintos trabajos según sea necesario).
- Planificación detallada del trabajo (mediante la cual se establecen anticipadamente los procesos, objetivos y plazos temporales) o planificación amplia del trabajo (por la cual las actividades y los plazos pueden modificarse con poca antelación, dependiendo de las necesidades cambiantes).

Contratación

La contratación forma parte de las actividades de RRHH diseñadas para garantizar que se dispone de los empleados adecuados, en el lugar preciso y en el momento justo (Capítulo 5). Las empresas se enfrentan a diversas opciones estratégicas de RRHH para el reclutamiento, la selección y la socialización de los empleados –todas ellas elementos del proceso de contratación–. Entre estas elecciones están:

- La contratación desde dentro (*contratación interna*) frente a la contratación desde fuera (*contratación externa*).
- Delegación de poder a los supervisores inmediatos para que tomen las decisiones de contratación, frente a la centralización de estas decisiones en el departamento de RRHH.
- El énfasis en el buen ajuste entre el candidato y la empresa frente a la contratación del individuo con más conocimientos, independientemente de consideraciones personales.
- La contratación informal de nuevos trabajadores, o la elección de un enfoque más formal y sistemático para la contratación.

Ruptura laboral

La ruptura laboral se produce cuando los empleados dejan la empresa ya sea voluntaria o involuntariamente (Capítulo 6). Algunas de las opciones estratégicas de RRHH de que dispone la empresa para afrontar estas cuestiones son las siguientes:

- Utilizar incentivos para la salida voluntaria (como en los paquetes de jubilación anticipada) para reducir el número de empleados, frente a los despidos.
- Imponer una congelación de la contratación para evitar reducir la plantilla actual, frente a la contratación de empleados cuando se necesitan, incluso si esta contratación implica despedir a trabajadores actuales.
- Ofrecer un apoyo continuo a los empleados que se han ido (tal vez ofreciéndoles ayuda para encontrar otro trabajo) frente a la postura de dejar que los trabajadores que se han ido se las apañen por sí mismos.
- Aceptar el compromiso de volver a contratar a los trabajadores despedidos si las condiciones mejoran, frente a la postura de evitar cualquier tipo de trato preferente en la contratación con los antiguos empleados.

Evaluación del desempeño

Los directivos evalúan lo bien que los trabajadores desempeñan las tareas que les han sido asignadas realizando evaluaciones del desempeño (Capítulo 7). Algunas opciones estratégicas de RRHH en relación con la evaluación de los empleados son las siguientes:

- Desarrollar un sistema de evaluación personalizado en función de las necesidades de los diversos grupos de trabajadores (por ejemplo, diseñando distintas formas de eva-

Una cuestión de ética

Los expertos en desarrollo de carreras profesionales señalan que en el cada vez más caótico entorno empresarial y económico de hoy en día, los empresarios individuales tienen que prepararse para cambios en su trabajo y en su carrera profesional. ¿Tiene un empresario la obligación ética de ayudar a sus empleados a prepararse para un cambio que casi seguro se va a producir?

luación para cada tipo de tarea) frente a la utilización de un sistema de evaluación estándar para toda la organización.

- Utilizar los datos de evaluación como herramienta de desarrollo para ayudar a los empleados a mejorar su desempeño, frente a la utilización de la evaluación como un mecanismo de control para descartar a los peores.
- Diseñar un sistema de evaluación con múltiples objetivos (como la formación, promoción y decisiones de selección) frente al diseño de la evaluación con un objetivo concreto (como las decisiones de remuneración).
- Desarrollar un sistema de evaluación que fomenta la participación activa de múltiples grupos de empleados (por ejemplo, supervisores, compañeros y subordinados) frente al desarrollo de un sistema que únicamente requiere la participación del supervisor de cada empleado.

Formación y desarrollo de la carrera profesional

Las actividades de formación y desarrollo de la carrera profesional están diseñadas para ayudar a la organización a satisfacer sus necesidades de cualificación de los trabajadores y para ayudar a los empleados a lograr su máximo potencial (capítulos 8 y 9). Algunas de las alternativas estratégicas de RRHH relacionadas con estas actividades son las siguientes:

- Elegir entre dar formación a los individuos o a los equipos de trabajadores que pueden provenir de diversas áreas de la empresa.
- Decidir si se enseñan cualidades específicas en el propio trabajo o si se utilizan fuentes externas de formación.
- Elegir si se resalta la formación específica al trabajo o una formación genérica.
- Decidir si se contrata a gente de fuera de la empresa, que ya tienen los conocimientos necesarios, con un salario alto ("comprar cualificación") o si se invierten recursos en formar a los propios trabajadores de la empresa con un salario bajo, para que adquieran la cualificación necesaria ("crear cualificación").

Remuneración

La remuneración es el pago que reciben los empleados a cambio de su trabajo. Las organizaciones estadounidenses difieren en gran medida en la forma en que remuneran a sus empleados (capítulos 10, 11, 12). Algunas de las opciones estratégicas de RRHH relacionadas con el pago son las siguientes:

- Proporcionar a los empleados un salario y un paquete de prestaciones sociales fijos, que cambia poco a poco de año en año (y que por tanto implica un riesgo mínimo) frente al pago de una cantidad variable que puede cambiar.
- Pagar a los empleados en función del tipo de trabajo que tienen frente a un pago en función de su contribución particular a la empresa.
- Recompensar a los empleados por la antigüedad.
- Centralizar las decisiones de retribución en un único lugar (como pueda ser el departamento de RRHH) frente a la delegación del poder al supervisor o al equipo de trabajo para que tomen las decisiones sobre la remuneración.

Derechos de los empleados

Los derechos de los empleados se refieren a la relación entre la organización y cada empleado en particular (Capítulo 14). Algunas de las opciones estratégicas que tiene que realizar la empresa en esta área son las siguientes:

- Enfatizar la disciplina como mecanismo de control del comportamiento de los empleados frente a un fomento proactivo del comportamiento adecuado desde un principio.
- Desarrollar políticas que resaltan la protección de los intereses del empleado frente a políticas que fomentan los intereses de los empleados.
- Utilizar estándares éticos informales frente al desarrollo de estándares explícitos y de procedimientos para aplicar esos estándares.

Relaciones con los empleados y relaciones laborales

Las relaciones con los empleados y las relaciones laborales (capítulos 13 y 15) hacen referencia a la interacción entre trabajadores (particulares o representados por un sindicato) y la dirección. Algunas de las opciones estratégicas de RRHH de la empresa en estas áreas son las siguientes:

- Utilizar canales de comunicación de "arriba abajo" desde los directivos a los subordinados frente al fomento de una retroalimentación "de abajo arriba" de los empleados a los directivos.
- Intentar activamente evitar o eliminar la actividad organizativa de los sindicatos, frente a aceptar a los sindicatos como representantes de los intereses de los trabajadores.
- Adoptar un enfoque de confrontación cuando se trata con los empleados frente a la política de responder a las necesidades de los empleados de forma que se suprima la motivación para sindicarse (dirección suave).

Gestión internacional

Las empresas que operan más allá de las fronteras de su propio país tienen que elegir entre un conjunto de alternativas estratégicas de RRHH relativas a la gestión de éstos a escala global (Capítulo 17). Algunas de las opciones estratégicas clave de RRHH relativas a la gestión internacional son:

- Crear una cultura empresarial común para reducir las diferencias culturales entre países frente a la posibilidad de permitir que las filiales extranjeras se adapten a la cultura local.
- Enviar expatriados (empleados nacionales) al extranjero para dirigir las filiales extranjeras frente a la contratación de personal autóctono para dirigirlas.
- Establecer acuerdos de repatriación con cada empleado que va al extranjero (estipulando cuidadosamente lo que puede esperar el empleado en términos de promociones, remuneraciones y demás) frente a evitar ningún tipo de compromiso con los expatriados.
- Establecer políticas de la empresa que deben ser aplicadas en todas las filiales frente a una formulación descentralizada de la política de forma que cada oficina local desarrolle sus propias políticas.

SELECCIÓN DE LAS ESTRATEGIAS DE RRHH PARA MEJORAR LOS RESULTADOS DE LA EMPRESA

Ninguna estrategia de RRHH es "buena" o "mala" en sí misma. Más bien, el efecto de una estrategia de RRHH sobre los resultados de la empresa siempre depende del grado en que se ajuste a otros factores. Este hecho lleva a una predicción simple pero poderosa sobre las estrategias de RRHH, predicción que ha sido ampliamente respaldada por la investigación:

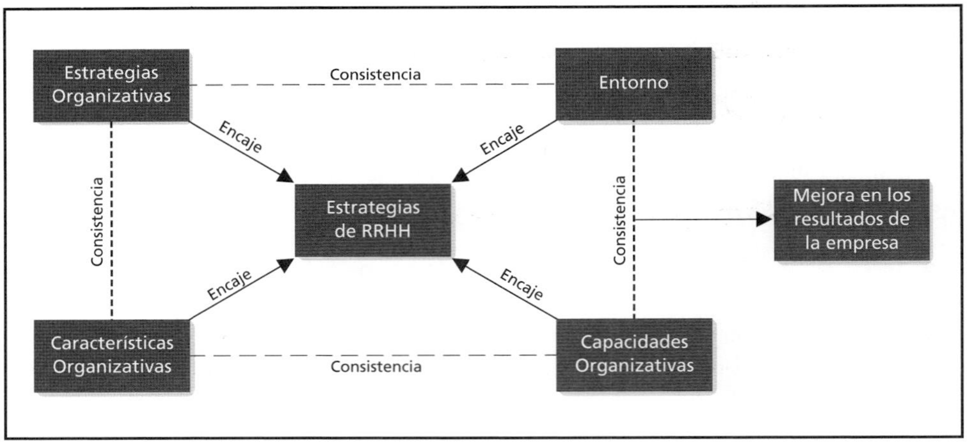

Figura 1.4 ■ Formulación e implantación efectiva de las estrategias de RRHH.

el ajuste lleva a mejores resultados y la falta de ajuste crea inconsistencias que empeoran los resultados[164]. El *ajuste* hace referencia a la coherencia o compatibilidad entre las estrategias de RRHH y otros aspectos importantes de la organización.

La Figura 1.4 describe los factores clave que debería tener en cuenta una empresa a la hora de determinar qué estrategias de RRHH tendrán un efecto positivo sobre sus resultados: las estrategias organizativas, el entorno, las características de la organización y las capacidades de la misma. Como muestra la figura, la contribución relativa de una estrategia de RRHH a los resultados de la empresa aumenta en las siguientes circunstancias:

- Cuanto mayor sea el ajuste entre la estrategia de RRHH y las estrategias globales de la organización.
- Cuanto mayor sea el grado en que la estrategia de RRHH está en sintonía con el entorno en que se mueve la empresa.
- Cuanto mejor se ajuste la estrategia de RRHH a las características exclusivas de la organización.
- Cuanto más permita la estrategia de RRHH aprovechar las competencias distintivas de la empresa.
- Cuanto más coherentes sean las estrategias de RRHH entre sí, es decir, cuanto más se refuercen mutuamente.

Estrategia corporativa
La combinación de negocios en que decide estar presente una corporación y el flujo de recursos entre dichos negocios.

Estrategia de la unidad de negocio
La formulación e implantación de estrategias que hace una empresa relativamente autónoma, incluso si forma parte de una gran corporación.

AJUSTE CON LAS ESTRATEGIAS ORGANIZATIVAS

Una corporación puede desarrollar múltiples negocios que sean muy parecidos entre sí o totalmente distintos. La **estrategia corporativa** hace referencia a la combinación de negocios que decide tener la empresa y al flujo de recursos entre estos negocios. Las principales decisiones estratégicas desde el punto de vista de la corporación se refieren a las adquisiciones, desinversiones, diversificación y crecimiento. Las **estrategias de las unidades de negocio** se refieren a la formulación e implantación de estrategias por parte de la empresa relativamente autónomas, aunque pertenezcan a una gran corporación. Por ejemplo, hasta hace relativamente poco, AT&T, como entidad corporativa, poseía cientos de empresas bastante independientes, incluyendo a fabricantes de perfumes y a Hostess Twinkies, cada una con su propia estrategia empresarial[165]. Igualmente, el gigante diversificado

DuPont combina negocios tales como medicamentos, agricultura y sustancias químicas bajo el mismo techo[166]. En el caso de empresas que producen un único producto o productos o servicios muy relacionados entre sí, las estrategias de negocio y corporativas son idénticas. Para las empresas que tienen estrategias corporativas y de negocio claramente diferenciadas, es importante analizar cada una de ellas en función de su ajuste con las estrategias de RRHH.

Estrategias corporativas

Existen dos tipos de encaje genérico entre estrategias corporativas y estrategias de RRHH. Por una parte, tenemos a las corporaciones que adoptan una *estrategia evolutiva* por medio de adquisiciones agresivas de nuevos negocios, que pueden no tener ningún tipo de relación con el resto[167].

En las empresas que llevan a cabo esta estrategia, la gestión del cambio es crucial para la supervivencia. Se fomentan las iniciativas emprendedoras y se reduce el énfasis en el control porque cada unidad es relativamente autónoma. Las estrategias de RRHH que fomentan la flexibilidad, la reacción rápida, la iniciativa emprendedora, el reparto de riesgos y la descentralización son especialmente adecuadas. Puesto que la corporación evolutiva no está comprometida con un negocio o industria particular, puede contratar trabajadores en el mercado exterior a medida que los vaya necesitando o despedirlos para reducir costes si es necesario, sin el compromiso de volver a contratarlos. Estas estrategias de RRHH son adecuadas porque se "ajustan" a la realidad de la organización, en la que el cambio es la única constante.

Una cuestión de ética

El lado oscuro de la planificación estratégica es que a veces se piensa en los trabajadores como si fueran números en una página o dólares en un presupuesto, en vez de seres humanos de carne y hueso. Cuando se suprimen o fusionan negocios, los trabajadores se ven muy afectados. ¿Qué responsabilidades tiene el empresario hacia estos trabajadores en este tipo de situaciones?

En el otro extremo, las organizaciones que adoptan una *estrategia de equilibrio* dan mucha importancia a su forma de crecer. Estas organizaciones evitan adquirir empresas de fuera de su industria, o incluso empresas de dentro de la misma industria que sean muy distintas a ellas. Los altos ejecutivos ejercen un importante control directo sobre la empresa y el desarrollo interno de nuevos productos y tecnologías, así como la coordinación entre las distintas unidades, son muy importantes para estas empresas[168]. Éste es el caso de Rubbermaid, una empresa conocida por fabricar productos tan comunes como los cubos de basura y los recogedores. Sin embargo, el récord en innovaciones de Rubbermaid es cualquier cosa menos común. La empresa lanza un nuevo producto al día[169]. Las estrategias de RRHH más adecuadas para las empresas con estrategias de equilibrio resaltan la eficiencia, la planificación detallada del trabajo, la promoción interna de los empleados y una larga carrera profesional en la empresa, así como la centralización y una actitud paternalista.

Las estrategias de negocio de Porter

Porter[170] y Miles y Snow[171] formularon dos tipos de estrategias de negocio ampliamente conocidas. Podemos utilizar ambas estrategias para analizar su encaje con las estrategias de RRHH.

Porter identificó tres tipos de estrategias de negocio que ayudan a la empresa a hacer frente a las fuerzas competitivas y a obtener mejores resultados que otras empresas de la industria. Para cada una de estas estrategias, destacadas en la Figura 1.5, existen un conjunto de estrategias de RRHH que encajan mejor[172].

La *estrategia de liderazgo en costes* consiste en lograr una ventaja competitiva por el hecho de tener menores costes que los competidores. El liderazgo en costes exige una construcción agresiva de instalaciones productivas eficientes (lo que exige una continua inversión de capital), una intensa supervisión del trabajo, un fuerte intento por reducir costes y un férreo control de los costes generales y de distribución. Entre las empresas que han conseguido implantar con éxito una estrategia de liderazgo en costes se inclu-

Estrategia empresarial	Características comunes de la Organización	Estrategias de RRHH
Liderazgo en costes	■ Inversión y acceso continuo al capital. ■ Supervisión intensa del trabajo. ■ Férreo control de costes, que exige informes de control detallados y frecuentes. ■ Sistema de distribución de bajo coste. ■ Organización y responsabilidades estructuradas. ■ Diseño de productos para su fácil fabricación.	■ Producción eficiente. ■ Descripción explícita del puesto de trabajo. ■ Planificación detallada del trabajo. ■ Énfasis en la cualificación técnica y las habilidades. ■ Énfasis en la formación específica para el puesto. ■ Énfasis en la retribución basada en el puesto. ■ Utilización de la evaluación del desempeño como un mecanismo de control.
Diferenciación de productos/servicios	■ Sofisticadas técnicas de marketing. ■ Ingeniería de producto. ■ Gran capacidad de investigación básica. ■ Reputación de la empresa por calidad o liderazgo en tecnología. ■ Incentivos para atraer trabajadores altamente cualificados, investigadores o personas creativas.	■ Énfasis en la innovación y la flexibilidad. ■ Definición general de las tareas. ■ Planificación laxa del trabajo. ■ Contratación en el exterior. ■ Formación basada en equipos. ■ Énfasis en la retribución basada en la contribución del individuo. ■ Utilización de la evaluación del desempeño como herramienta de desarrollo.
Segmentación	Combinación de las estrategias de liderazgo en costes y de diferenciación dirigidas hacia un objetivo estratégico concreto.	Combinación de las estrategias de RRHH anteriores.

Fuente: Características comunes de la organización: Porter, M. E. (1980), Competitive Strategy, 40-41. Nueva York. Free Press.

Figura 1.5 ■ Estrategias de RRHH seleccionadas que encajan con los tres tipos principales de estrategias de negocio de Porter.

yen Briggs & Stratton, Emerson Electric, Texas Instruments, Black & Decker y DuPont[173].

Las empresas de bajos costes tienden a poner el énfasis en tareas y responsabilidades estructuradas, productos diseñados para su fácil fabricación y la necesidad de predecir los costes con un margen de error mínimo. Las estrategias de RRHH que se ajustan a esta orientación de bajos costes resaltan la producción eficiente con bajos costes; fomentan la adhesión a procedimientos racionales altamente estructurados para minimizar la incertidumbre y desalientan la creatividad y la innovación (que podrían ocasionar errores y una experimentación muy cara).

Una empresa con una *estrategia de diferenciación* pretende alcanzar una ventaja competitiva mediante la creación de un producto o servicio que sea percibido como único. Algunas de las características comunes a este tipo de empresas son las sofisticadas técnicas de marketing, la importancia de la ingeniería de producto y la investigación básica, la reputación de la empresa por la calidad de su producto y los atractivos incentivos para los trabajadores altamente cualificados. El modo de lograr la diferenciación puede tomar diferentes formas, entre las que podemos encontrar: el diseño o la imagen de marca (como por ejemplo Fieldcrest en toallas y ropa de hogar de primera calidad y Mercedes-Benz en automóviles); la tecnología (como Hyster en horquillas elevadoras, Fisher en equipos estereofónicos o Coleman en equipamiento para camping); las prestaciones (con Jenn-Air en cocinas eléctricas); el servicio al cliente (IBM en PCs); y las cadenas de distribución (como Caterpillar Tractor en equipamientos para la construcción).

La diferenciación permite obtener una ventaja competitiva debido a que fomenta la fidelidad a la marca. Esto permite al que utiliza esta estrategia disfrutar de mayores márgenes de beneficios que, a su vez, le permiten invertir en investigación, experimentar con nuevas ideas y diseño de productos, atender las necesidades de los diferentes consumidores y apoyar nuevas iniciativas creativas de los directivos y empleados.

Las estrategias de RRHH que se adecuan a una estrategia de diferenciación hacen hincapié en la innovación, la flexibilidad, la renovación de la fuerza de trabajo mediante la atracción de nuevos talentos de otras empresas, en dar oportunidades a los inconformistas y en el refuerzo (más que el desaliento) de los impulsos creativos.

La *estrategia de segmentación* parte de las dos anteriores, la de diferenciación y la de bajos costes y su objetivo es centrarse en una estrecha franja del mercado con el fin de atenderlo mejor que otras empresas. La empresa trata de diferenciarse satisfaciendo mejor las necesidades de un segmento concreto, reduciendo los costes o ambas cosas[174]. Entre las empresas que han utilizado esta estrategia con éxito se incluyen Illinois Tool Works (en la especialidad de sistemas de fijación), Gymboree (una franquicia que proporciona actividades creativas y accesorios para niños menores de cinco años), Fort Howard Paper (fabricante de papel industrial de calidad) y Porter Saint (fabricante de pinturas para profesionales).

Las estrategias de RRHH que mejor se adaptan a la estrategia de segmentación son aquellas que están a medio camino entre las descritas anteriormente para los productores de bajos costes y las de diferenciación. En Illinois Tool Works (ITW), por ejemplo, su director insiste en que hay que trabajar codo con codo con los clientes para identificar lo que éstos quieren y para aprender cómo ITW puede ayudarles a reducir sus costes de explotación. Las estrategias de RRHH reflejan este enfoque que impulsa la eficiencia para mantener los costes bajos. El negocio de ITW está descentralizado entre sus casi 200 pequeñas unidades empresariales, gestionadas por directores cuyos sueldos están estrechamente vinculados a las ventas y a los beneficios de sus operaciones individuales. Los trabajadores de la empresa no están sindicados, lo que ayuda a mantener los costes bajos. En cualquier caso, para mantener los productos de ITW orientados a las necesidades de sus clientes, la dirección pone una especial atención en la investigación y el desarrollo. En ITW, los cerca de 40 millones de dólares anuales destinados a I+D mantienen una alta creatividad; tiene alrededor de 4.000 patentes en activo[175].

Las estrategias de negocio de Miles y Snow

Miles y Snow crearon otra conocida clasificación de estrategias de unidades de negocio[176]. Estos autores caracterizan a las empresas con éxito fundamentalmente como aquellas que adoptan una estrategia defensora o una estrategia exploradora.

Las unidades empresariales *defensoras* son conservadoras, prefieren mantener una posición segura en áreas de productos o servicios relativamente estables, en lugar de buscar nuevos territorios. Las empresas defensoras tienden a estar altamente formalizadas y centralizadas, tienen un mayor control de los costes y operan en un entorno estable. Muchas de estas empresas desarrollan un sistema interno muy elaborado de promoción, transferencia y recompensa de empleados, de forma que están relativamente aisladas de la incertidumbre de los mercados de trabajo externos. A cambio del compromiso a largo plazo de los trabajadores con la empresa, éstos son recompensados con un puesto de trabajo seguro y la posibilidad de ascender a través de los diferentes niveles.

Las estrategias de RRHH que mejor se adaptan a las necesidades de las empresas defensoras, catalogadas en función de las seis principales opciones estratégicas generales que vimos anteriormente en la Figura 1.3, se resumen en la Figura 1.8. Estas estrategias incluyen flujos de trabajo que hacen hincapié en el control y la seguridad, políticas de contratación y cese de empleados diseñadas para fomentar el compromiso a largo plazo de los empleados con la empresa, evaluaciones del rendimiento centradas en el control y la jerarquía, programas de formación estructurados y políticas de retribución que ponen el énfasis en la seguridad en el trabajo.

A diferencia de las empresas defensoras, cuyo éxito se fundamenta básicamente en el servicio eficaz a un mercado estable, las empresas exploradoras hacen hincapié en el crecimiento y la innovación, el desarrollo de nuevos productos y un deseo de ser los primeros en lo que se refiere a nuevos productos o nuevas áreas de mercado, aun cuando fracasen en alguna de sus tentativas[177]. Las estrategias de estas empresas se asocian con estructuras organizativas flexibles y descentralizadas, a la fabricación de productos complejos (como PCs y productos farmacéuticos) y a entornos inestables que cambian con rapidez.

Las estrategias de RRHH que se ajustan a la orientación estratégica de los exploradores, también resumidas en la Figura 1.6, incluyen flujos de trabajo que fomentan la creatividad y la adaptación, políticas de contratación y cese de trabajadores que se centran en el mercado de trabajo externo, evaluación personalizada y participativa de los empleados utilizada para diferentes propósitos (incluyendo el desarrollo del empleado), estrategias de formación dirigidas a la ampliación de capacidades y un sistema de retribución descentralizado que recompense la asunción de riesgos y el rendimiento. El Recuadro 1.1 "Lincoln Electric y Hewllet-Packard: defensores y exploradores" en la página 42 analiza la forma con que estas empresas han utilizado con éxito estrategias de RRHH para apoyar sus estrategias opuestas.

AJUSTE CON EL ENTORNO

Además de reforzar las estrategias de la empresa en su conjunto, las estrategias de RRHH deben ayudar a explotar las oportunidades del entorno y a responder mejor a la combinación de fuerzas del entorno que afectan a la empresa. El entorno se puede analizar en función de cuatro dimensiones principales: (1) *grado de incertidumbre* (la cantidad de información que está disponible para tomar las decisiones empresariales adecuadas); (2) *dinamismo* (con qué frecuencia cambia el entorno); (3) *magnitud del cambio* (lo drástico que son los cambios) y (4) *complejidad* (el número de elementos diferentes del entorno que afectan a la empresa, tanto aisladamente como en conjunto). Por ejemplo, una gran parte de la industria de los PCs y de alta tecnología puntúa muy alto en cada una de estas cuatro dimensiones:

- **Grado de incertidumbre.** Compaq pensaba que los consumidores pagarían un precio extra por sus PCs de alto rendimiento. En la década de los 90 se ha demostrado que la empresa se había equivocado cuando competidores con precios bajos como Dell, Packard Bell y AST irrumpieron rápidamente en el mercado de Compaq.
- **Dinamismo.** IBM lo pagó caro cuando la demanda de sus sistemas grandes de computadoras cayó drásticamente a finales de la década de los años 80, no habiéndolo previsto.
- **Magnitud del cambio.** La llegada de nuevas generaciones de microprocesadores para PCs (como por ejemplo los Intel 386, 486 y Pentium) han dejado obsoletas todas las máquinas previamente vendidas. Polaroid se vio forzado a declararse en bancarrota ante la rápida entrada de las cámaras digitales que dejaron obsoleto su producto principal (fotografía instantánea) de la noche a la mañana.

Área estratégica de RRHH	Estrategias defensoras	Estrategias exploradoras
Flujos de trabajo	■ Producción eficiente ■ Énfasis en el control ■ Descripción explícita de los puestos de trabajo ■ Planificación detallada del trabajo	■ Innovación ■ Flexibilidad ■ Definición genérica de los puestos de trabajo ■ Planificación laxa del trabajo
Contratación	■ Contratación interna ■ Las decisiones sobre selección las toma el departamento de RRHH ■ Énfasis en las capacidades y la cualificación técnica ■ Procesos de contratación y socialización formalizados	■ Contratación externa ■ Las decisiones sobre selección las toma el supervisor ■ Énfasis en la adecuación del candidato a la cultura de la empresa ■ Procesos de contratación y socialización no formalizados
Cese de empleados	■ Incentivos a abandonar la empresa de forma voluntaria ■ Congelación de la contratación ■ Interés continuado por el empleado cesado ■ Contratación preferente de trabajadores despedidos	■ Despidos ■ Contratación según las necesidades ■ Los empleados cesados se las arreglan por sí mismos ■ No hay contratación preferente de empleados despedidos
Evaluación del desempeño	■ Procedimientos uniformes de evaluación ■ Utilizada como un mecanismo de control ■ Estrecha aplicación ■ Gran dependencia del superior	■ Evaluaciones a medida ■ Utilizada como herramienta de desarrollo ■ Evaluaciones con múltiples propósitos ■ Utilización de diferentes fuentes para realizar la evaluación
Formación	■ Formación individual ■ Formación en el puesto de trabajo ■ Formación específica del trabajo ■ "Creación" de capacidades	■ Formación interdisciplinar o basada en equipos ■ Formación externa ■ Formación general centrándose en la flexibilidad ■ "Compra" de capacidaes
Compensación	■ Sueldos fijos ■ Sueldos en función del puesto de trabajo ■ Sueldos en función de la antigüedad ■ Centralización de la toma de decisiones relativas a retribuciones	■ Retribución variable ■ Retribución en función de la contribución del individuo ■ Retribución en función del desempeño ■ Descentralización de la toma de decisiones relativas a retribuciones

Fuente: Gómez-Mejía, L. R. (2006). Compensation strategies and Miles and Snow's business strategy taxonomy. Documento no publicado. Management Department, Universidad del Estado de Arizona.

Figura 1.6 ■ Estrategias de RRHH seleccionadas que encajan con los dos grandes tipos de estrategias de negocio de Miles y Snow.

- **Complejidad.** El número y diversidad de competidores en la industria de los PCs, tanto nacionales como extranjeros, ha crecido enormemente en los últimos años. La vida de un producto apenas supera hoy los tres años, a medida que las innovaciones han ido desplazando del mercado el software y los equipos anteriores.

RECUADRO 1.1

LINCOLN ELECTRIC Y HEWLETT-PACKARD: DEFENSORES Y EXPLORADORES

Para hacerse una idea más clara de lo que significa que una empresa sea defensora o exploradora, examinamos las actividades de dos empresas. Lincoln Electric, un fabricante de productos eléctricos con sede en Ohio, y Hewlett-Packard, un fabricante de productos electrónicos de Palo Alto, California, que situó a Silicon Valley en el mapa de la alta tecnología.

Lincoln Electric

Lincoln Electic es la clásica empresa defensora. Lincoln se ha hecho un hueco en el sector de los productos eléctricos (fabrica generadores para soldadura con arco y equipos y suministros de soldadura) y lo "ha defendido" durante 70 años mediante continuos esfuerzos para mejorar los procesos productivos y la calidad de sus productos, recortando los costes, con precios más bajos y proporcionando un excelente servicio al cliente. Sin embargo, Lincoln es más conocida por su sistema de incentivos, que recompensa el elevado volumen y calidad de los productos con sueldos y primas que en media superan en el doble la media nacional para trabajos de la misma categoría. Las estrategias de RRHH de Lincoln se adecuan a la estrategia de la empresa ya que Lincoln ha asegurado su cuota de mercado manteniendo un crecimiento constante y moderado. Esta empresa depende en gran medida de RRHH desarrollados internamente. Los empleados se seleccionan, colocan y forman cuidadosamente y se espera que se queden en la empresa durante la mayor parte, si no toda, de sus carreras profesionales.

La función exacta del departamento de RRHH en Lincoln está clara. La selección, la colocación, la evaluación y la ayuda en la formación a largo plazo son servicios clave. Además, el departamento de RRHH se encarga de mantener la adecuación entre el diseño del puesto de trabajo y el sistema de incentivos. Lincoln es una empresa fuertemente integrada, que requiere entradas de RRHH previstas y planificadas así como un mantenimiento regular.

Desde 2006 Lincoln Electric enfatiza aún más la reducción de costes y la alta confianza y se centra en la tecnología punta de la soldadura.

Hewlett-Packard

Hewlett-Packard comenzó con la idea de que era posible obtener buenos resultados haciendo que los productos pasaran rápidamente de prototipos a productos de mercado. Así pues, se trata de una empresa muy adecuada para la expansión rápida de una industria en crecimiento. Es un verdadero explorador que cuenta con pequeñas y cambiantes divisiones de producto como base de su sistema organizativo (la empresa tiene más de 60.000 empleados distribuidos en más de 60 divisiones o unidades). Tan pronto como se desarrolla una idea o una gama para un producto, se crea una división autosuficiente y se busca un mercado, siempre que HP ofrezca un diseño diferenciado o una ventaja tecnológica. Cuando los productos llegan a la fase en la que se compite en costes, HP deja el campo libre y desvía su atención hacia un nuevo diseño o hacia un nuevo producto.

Las unidades de RRHH tanto a nivel corporativo como de división tienen que hacerse cargo constantemente de poner en marcha grupos nuevos, así como de encontrar y desplegar recursos directivos y técnicos. En semejantes circunstancias, los departamentos de RRHH desempeñan un papel esencialmente empresarial, ayudando a identificar y a desarrollar rápidamente los RRHH cruciales (mediante movimiento rápido y tareas alternativas). En HP los RRHH clave provienen del exterior y se invierten en cientos de unidades y divisiones y se desarrollan internamente. Así, la estrategia de RRHH de Hewlett-Packard en su conjunto puede caracterizarse por la obtención de RRHH.

Desde 2006, HP continúa sin disminuciones en su estrategia de RRHH. De hecho, su página web "trabajos en HP" (www.jobs.hp.com) es una de las más completas en todo el mundo, permitiendo a los candidatos buscar oportunidades de trabajo en HP en más de 178 países.

Fuente: A partir de Miles, R. E. y Snow, C. C. (1984). Designing strategic human resources sytems. *Organizational Dynamics* 13 (1), 43-46. Copyright 1984 American Management Association, Nueva York. Todos los derechos reservados. Información actualizada proporcionada por Gómez-Mejía, L. R., Balkin, D. B. y Cardy, R. L.

Como se muestra en la Figura 1.7, las empresas que puntúan alto en estas dimensiones tienen más probabilidad de sacar provecho de las estrategias de RRHH que promueven la flexibilidad, la adaptabilidad, la reacción rápida, la transferencia de capacidades, la capacidad de asegurarse talentos externos y el reparto del riesgo con los empleados a través de sueldos variables.

Por el contrario, las empresas que se enfrentan a entornos con bajos niveles de incertidumbre, estabilidad, magnitud de cambio y complejidad sacan un mayor provecho de las estrategias de RRHH que adoptan un enfoque ordenado, racional y rutinario debido a que se mueven en un entorno relativamente predecible y estable. En el extremo inferior de estas dimensiones se encontrarían la "antigua" AT&T (antes de su proceso de desinversión), una gran cantidad de la industria del transporte aéreo y por carretera estadounidense antes de la desregulación de este sector, los servicios públicos y las administraciones gubernamentales norteamericanas. En la Figura 1.7 se muestra cómo las estrategias de RRHH que se adaptan a las empresas que operan bajo estas condiciones tienden a comportarse de una manera más bien mecánica: planificación detallada del trabajo, formación específica para el puesto de trabajo, sueldos prefijados, descripción explícita de los puestos de trabajo, centralización de las decisiones sobre retribuciones y demás.

Dimensión del entorno	Baja	Alta
Grado de Incertidumbre	■ Planificación detallada del trabajo ■ Formación específica para el puesto de trabajo ■ Retribución fija ■ Gran dependencia de los superiores	■ Planificación laxa del trabajo ■ Formación general ■ Retribución variable ■ Utilización de diversas fuentes para realizar la evaluación
Dinamismo	■ Énfasis en el control ■ Producción eficiente ■ Formación específica para el puesto de trabajo ■ Retribución fija	■ Flexibilidad ■ Innovación ■ Formación genérica ■ Retribución variable
Magnitud del Cambio	■ Descripción explícita de los puestos de trabajo ■ Contratación y socialización formalizada de los nuevos empleados ■ "Creación" de capacidades ■ Procedimientos uniformes de evaluación	■ Definición genérica de los puestos de trabajo ■ Contratación y socialización informal de los nuevos empleados ■ "Compra" de capacidades ■ Evaluaciones hechas a la medida
Complejidad	■ Énfasis en el control ■ Contratación interna ■ Centralización de la toma de decisiones relativas a retribuciones ■ Gran dependencia de los superiores	■ Flexibilidad ■ Contratación externa ■ Descentralización de la toma de decisiones relativas a retribuciones ■ Utilización de diversas fuentes para realizar la evaluación

Fuentes: Basado en Gómez-Mejía, L. R., Balkin, D. B. y Cardy, R. (2007). *Management,* New York: Irwin/McGraw-Hill; Gómez-Mejía, L. R. y Balkin, D. B. (1992). *Compensation, organizational strategy, and firm performance,* Cincinnati, OH. South-Western; Gómez-Mejía, L. R., Balkin, D. B. y Milkovich, G. T. (1990). Rethinking your rewards for technical employees. *Organizational Dynamics, 18* (4), 62-75; Gómez-Mejía, L. R. (1992). Structure and process of diversification, compensation strategy, and firm performance. *Strategic Management Journal,* 13, 381-397.

Figura 1.7 ■ Estrategias de RRHH seleccionadas para empresas con puntuación baja y alta respecto a las distintas características del entorno.

AJUSTE CON LAS CARACTERÍSTICAS ORGANIZATIVAS

Para que las estrategias de RRHH sean efectivas deben estar hechas a la medida de la personalidad de la empresa. Los rasgos de personalidad de una empresa se pueden dividir en cinco categorías importantes:

El proceso de producción para convertir factores de producción en productos

Las empresas con un proceso de producción relativamente rutinario (como las grandes fábricas siderúrgicas, las serrerías y las fábricas de automóviles) suelen beneficiarse de estrategias que se centran en el control, así como en la descripción explícita de los puestos de trabajo y la formación específica para el puesto. Las estrategias opuestas son válidas para empresas con procesos de producción no rutinarios (como las agencias de publicidad, las empresas de artes gráficas y las empresas de biotecnología). Este tipo de empresas saca un mayor partido de estrategias de RRHH flexibles que apoyan la adaptabilidad organizativa, la reacción rápida ante el cambio y la creatividad en la toma de decisiones. Estas estrategias flexibles engloban el uso de categorías amplias para definir el puesto de trabajo, la planificación igualmente amplia del trabajo y la formación generalista.

La postura de la empresa ante el mercado

Las empresas que experimentan un gran crecimiento de sus ventas y que se implican en la innovación de productos dirigidos a un amplio segmento del mercado suelen beneficiarse de estrategias de RRHH que apoyan el crecimiento y las actividades emprendedoras. Entre estas estrategias se engloban: la contratación externa (la "compra" de cualidades), la descentralización de decisiones referentes a salarios y las evaluaciones personalizadas. Las estrategias contrarias son válidas para empresas con bajos niveles de crecimiento y con una innovación limitada de productos destinados a un estrecho segmento del mercado. Estas empresas sacan más partido de estrategias de RRHH que se centran en la eficacia, el control y un conocimiento específico de la empresa. Entre estas estrategias se encuentran la contratación interna (la "creación" de cualidades), la formación específica para el puesto y una gran dependencia de los superiores.

La filosofía de la dirección general de la empresa

Las empresas cuya alta dirección es contraria al riesgo, que operan con un estilo de liderazgo autocrático, que establecen un fuerte orden interno y que están más orientadas hacia dentro que hacia fuera, suelen considerar que ciertas prácticas de RRHH se ajustan mejor a este panorama general. Entre las estrategias de RRHH que utilizan con mayor frecuencia este tipo de empresas se incluyen las siguientes: sueldos en función de la antigüedad, contratación y socialización formal de los nuevos empleados, decisiones sobre selección de personal tomadas por el departamento de RRHH y utilización de canales de comunicación de arriba abajo. Las estrategias de RRHH que se adaptan a una filosofía directiva a favor del riesgo, de la participación, del igualitarismo y que tienen una orientación proactiva hacia el entorno incorporan sueldos variables, otorgan a los supervisores un papel importante en las decisiones sobre contratación, utilizan canales de comunicación tanto ascendentes como descendentes y emplean diversas fuentes para realizar las evaluaciones del desempeño.

La estructura organizativa de la empresa

Algunas estrategias de RRHH se adaptan muy bien a las empresas altamente formalizadas, divididas en áreas funcionales (como por ejemplo marketing, finanzas, producción, etc.), que concentran la toma de decisiones en la alta dirección. Las estrategias de RRHH adecuadas para estas empresas hacen hincapié en el control, en la centralización de las decisiones sobre los salarios, en la descripción explícita de los puestos de trabajo y en la asignación de sueldos en función del puesto de trabajo. Las empresas cuyas estructuras organizativas están menos normalizadas sacarán partido de un conjunto de estrategias diferentes, entre las que se encuentran la contratación y socialización no formal de los nuevos empleados, la descentralización de la toma de decisiones sobre salarios, la definición amplia de los puestos de trabajo y la asignación de sueldos en función de la contribución individual al puesto.

La cultura organizativa de la empresa

Las empresas que fomentan un *clima emprendedor* utilizarán estrategias tales como la planificación laxa del trabajo, la contratación y socialización no formal de nuevos empleados y la retribución variable. Las empresas que desincentivan el espíritu emprendedor prefieren generalmente otro tipo de estrategias de RRHH como el control, la planificación detallada del trabajo, la contratación y socialización formalizada de los nuevos empleados y los sueldos fijos.

Dar una importancia especial al *compromiso moral* –el grado en que la empresa intenta fomentar un vínculo emocional a largo plazo entre los empleados y la empresa– está igualmente asociado a determinadas estrategias de RRHH. Entre éstas destacan la prevención en lugar de la aplicación de acciones disciplinarias para tratar los errores de los empleados, la protección de los empleados y los códigos éticos explicativos para orientar y guiar las conductas. Las empresas con bajo compromiso moral suelen basarse en relaciones autoritarias entre empresa y empleado. Las estrategias de RRHH coherentes con esta orientación hacen hincapié en la aplicación de sanciones para reducir los errores de los empleados, en el despido libre (estudiado en los capítulos 3 y 14) y en las normas éticas informales.

AJUSTE CON LAS CAPACIDADES ORGANIZATIVAS

Las capacidades organizativas de una empresa se refieren a sus **competencias distintivas**, aquellas características (como las capacidades técnicas, los sistemas de gestión y la reputación) que dan a la empresa una ventaja competitiva. Así, por ejemplo, los coches Mercedes-Benz son ampliamente reconocidos como superiores por la calidad de su diseño y de su ingeniería. El gran éxito de Wal-Mart se debe, al menos en parte, a su capacidad de canalizar sus productos desde el proveedor hasta el cliente mejor que sus competidores.

Competencias distintivas Las características que otorgan a una empresa una posición competitiva.

Las estrategias de RRHH hacen una mayor contribución a los buenos resultados de la empresa cuanto mayor es el grado en que (1) ayudan a la empresa a explotar sus ventajas o fortalezas específicas al tiempo que evitan sus debilidades y (2) ayudan a la empresa a utilizar mejor su propia combinación exclusiva de activos y cualidades de los RRHH.

Los siguientes ejemplos ilustran la forma en que puede adaptarse un tipo de estrategia de RRHH –la estrategia de remuneración– a las capacidades organizativas[178].

- Las empresas conocidas por su excelente servicio postventa tienden a pagar a su personal de ventas sólo una parte a comisión, reduciendo por tanto el potencial comportamiento agresivo y la excesiva insistencia.
- Las empresas más pequeñas pueden utilizar en beneficio propio un sistema de retribuciones que consista en el pago de sueldos bajos y en una oferta generosa de acciones de la empresa para sus empleados. Estas estrategias les permiten utilizar su escasa liquidez para alimentar el crecimiento futuro.

- Las empresas pueden beneficiarse de sus capacidades no utilizadas en la estrategia de remuneración. Así, por ejemplo, la mayoría de las universidades privadas ofrecen matrícula gratuita al cuerpo docente y a sus familiares. Con unas matrículas que superan los 18.000 dólares en 2007, esta prerrogativa representa un impresionante ahorro para los miembros del cuerpo docente, permitiendo de esta manera a las universidades privadas atraer y retener un buen profesorado con una repercusión mínima en su estructura de costes.

ELECCIÓN DE TÁCTICAS DE RRHH COHERENTES Y ADECUADAS PARA LA IMPLANTACIÓN DE ESTRATEGIAS DE RRHH

Incluso los mejores planes de RRHH pueden fracasar cuando los programas específicos de RRHH se eligen o implantan de forma inadecuada[179]. Además de adaptarse a cada uno de los cuatro factores anteriormente descritos (estrategias organizativas, entorno, características organizativas y capacidades organizativas), las estrategias de RRHH de una empresa es más probable que sean eficaces si se refuerzan entre sí, en vez de implantarse sin tener en cuenta las unas a las otras. Por ejemplo, en la actualidad muchas empresas están intentando mejorar sus resultados mediante la estructuración del trabajo en equipos. Sin embargo, estas mismas empresas continúan utilizando su sistema tradicional de evaluación, en el que cada empleado es evaluado individualmente. Este sistema debería revisarse para que sea coherente con la importancia que se está dando al rendimiento del equipo.

Debido a que no siempre es posible conocer de antemano si un programa de RRHH alcanzará sus objetivos, es necesario hacer una evaluación periódica del mismo. En la Figura 1.8 se enumeran una serie de cuestiones importantes que deberían tenerse en cuenta para examinar si los programas de RRHH son apropiados o no. Estas preguntas deberían responderse cada vez que se elija un programa y mientras éste esté en vigor.

LAS MEJORES PRÁCTICAS DE RRHH

Varios autores han señalado que ciertas prácticas de RRHH se asocian con buenos resultados empresariales a lo largo del tiempo[180]. La Figura 1.9 muestra una de las listas más referenciadas de "las mejores prácticas de RRHH" creada por el Profesor Jeffrey Pfeffer de la Universidad de Stanford. Continúa el debate entre los académicos sobre si unos buenos resultados conducen a unas prácticas de RRHH dadas, o viceversa (es decir, unas determinadas prácticas de RRHH mejoran los resultados de la empresa)[181]. Por ejemplo, ¿las empresas que obtienen buenos resultados pueden permitirse pagar salarios más altos y más seguridad en el empleo, o las empresas que pagan más y tienen mayor estabilidad en los puestos de trabajo obtienen mejores resultados por llevar a cabo estas prácticas? Es extraordinariamente difícil comprobar la relación causal en un sentido o en el otro, no obstante, parece razonable que las organizaciones consideren implantar aquellas prácticas que se asocian con los mejores resultados.

EL DEPARTAMENTO DE RRHH Y LOS DIRECTIVOS: UNA IMPORTANTE ASOCIACIÓN

Este libro adopta un enfoque directivo de los RRHH y la estrategia de RRHH. Todos los directivos –independientemente de su área funcional, de su posición en la jerarquía y del tamaño de la empresa en la que trabajan–, deben resolver eficazmente las cuestiones

Hay programas de RRHH que sobre el papel parecen buenos pero que al implantarse se convierten en un desastre porque entran en conflicto con la realidad en la que se mueve la empresa. Para evitar este tipo de sorpresas desagradables, es importante hacerse las siguientes preguntas antes de implantar un nuevo programa de RRHH.

1. ¿Son los programas de RRHH herramientas eficaces para implantar las estrategias de RRHH?
   - ✓ ¿Son los programas de RRHH propuestos los más adecuados para aplicar las estrategias de RRHH de la empresa?
   - ✓ ¿Se ha hecho un análisis para establecer el grado en el que los programas pasados, presentes o planeados para el futuro contribuyen o no al éxito de la implantación de las estrategias de RRHH de la empresa?
   - ✓ ¿Pueden los programas de RRHH propuestos cambiarse o modificarse fácilmente para responder a nuevos planteamientos estratégicos sin violar un contrato "psicológico" o legal con los empleados?
2. ¿Se adaptan los programas de RRHH a las restricciones a que están sometidos los recursos?
   - ✓ ¿Tiene la empresa la capacidad necesaria para implantar los programas de RRHH propuestos? En otras palabras, ¿son realistas los programas?
   - ✓ ¿Los nuevos programas de RRHH van a ser implantados a un ritmo que permita que sean fácilmente asimilados, o por el contrario el ritmo y amplitud de los cambios llevarán a ampliar la confusión y la resistencia entre los empleados?
3. ¿Cómo se explicarán los programas de RRHH?
   - ✓ ¿Entienden bien los programas de RRHH aquellas personas que se van a encargar de su implantación, ¿por ejemplo, los supervisores de línea y los empleados?
   - ✓ ¿Entiende la alta dirección cómo se espera que los programas propuestos afecten a los objetivos estratégicos de la empresa?
4. ¿Quién pondrá en marcha los programas de RRHH?
   - ✓ ¿Tendrá el departamento de RRHH el papel de consultor interno para asesorar a los empleados y directivos responsables de llevar adelante los programas de RRHH propuestos?
   - ✓ ¿Está la alta dirección comprometida visible y resueltamente con los programas propuestos?

Figura 1.8 ■ Pero, ¿funcionará? Preguntas para probar la eficacia de los programas de RRHH antes de su implantación.

relativas a los RRHH porque estas cuestiones forman parte de la esencia de un buen directivo.

El papel del departamento de RRHH de una empresa es dar apoyo, no pretende sustituir las responsabilidades de RRHH de los directivos. Por ejemplo, el departamento de RRHH puede desarrollar un medio para ayudar a los directivos a medir el rendimiento de sus subordinados, pero son los directivos los que tienen que llevar a cabo la evaluación. Dicho de otra manera, el departamento de RRHH es el principal responsable de ayudar a la empresa a cumplir sus objetivos empresariales diseñando los programas de RRHH, pero los directivos tienen que poner en marcha estos programas. Esto significa que todo directivo es un director de RRHH.

Las empresas pueden dar ciertos pasos para fomentar una asociación eficaz entre los directivos y el departamento de RRHH[182]. Particularmente, las empresas deberían:

- Analizar el lado personal de la productividad, en vez de depender exclusivamente de soluciones técnicas para resolver los problemas. Esto exige que los directivos sean formados para adquirir determinadas capacidades en RRHH. También exige que se fomente el que los directivos valoren los RRHH como un elemento clave del rendimiento y la eficacia de la organización.
- Considerar a los profesionales de RRHH como asesores internos que pueden ofrecer consejos y apoyo valiosos que mejoran la dirección de las actividades.

Seguridad en el empleo
La seguridad en el empleo muestra un compromiso a largo plazo de la empresa con sus trabajadores.

Reclutamiento selectivo
La seguridad en el empleo y la confianza en los trabajadores para lograr el éxito a nivel competitivo significa que uno debe ser cuidadoso para elegir a la gente adecuada, a la que está en el buen camino.

Salarios altos
Si se quiere contratar a gente excepcional y que ésta permanezca en la organización, pagar más puede ayudar, aunque no es absolutamente necesario.

Pago de incentivos
Ha habido una tendencia a usar demasiado el dinero para resolver un gran número de problemas de la empresa. A la gente le motivan más cosas que el dinero –el reconocimiento, la seguridad y el trato justo importan mucho–. No obstante, si la gente es responsable de mejorar los resultados y la rentabilidad, querrá participar en los beneficios.

Propiedad de los empleados
La participación en la propiedad por parte de los empleados ofrece dos ventajas. Primero, los empleados que tienen intereses en la propiedad en la organización para la que trabajan tienen menos conflictos con los propietarios –hasta cierto punto ellos son al mismo tiempo capital y mano de obra–. Segundo, la propiedad hace que los empleados se inclinen más a considerar una perspectiva a largo plazo en la organización, su estrategia y sus políticas de inversión.

Compartir información
Si la gente va a ser fuente de ventaja competitiva, claramente ellos deben tener la información necesaria para hacer lo que se requiere para tener éxito.

Participación y delegación de poder
Las organizaciones de alto rendimiento incentivan la descentralización en la toma de decisiones, obtienen ideas de los trabajadores y les permiten un mayor control de sus procesos de trabajo.

Equipos autogestionados
Los equipos son eficaces debido al control de los compañeros y a las altas expectativas de estos que les llevan a estar más motivados para realizar el mejor trabajo posible.

Formación y desarrollo de habilidades
Las organizaciones de alto rendimiento muestran un mayor compromiso en la formación y el desarrollo de habilidades. Fíjese, no obstante, que esta formación producirá resultados positivos sólo si a los empleados que han recibido la formación se les permite utilizar sus habilidades.

Utilización múltiple y formación diversa
Tener gente que realiza múltiples trabajos tiene una serie de beneficios potenciales. El más obvio es que haciendo más cosas pueden conseguir que el trabajo sea más interesante –la variedad es una de las dimensiones fundamentales del trabajo que afecta al modo en el que la gente responde ante su trabajo.

Promoción interna
La promoción dentro la empresa es un complemento útil para muchas de las prácticas descritas. Incentiva la formación y el desarrollo de habilidades porque la posibilidad de oportunidades de promoción dentro de la empresa convierte a los trabajadores en empleados y viceversa.

Fuente: Adaptado con permiso de Pfeffer, J. (1995). Producing sustainable competitive advantage throught the effective management of people. *Academy of Management Executive*, 10, 55-72. Para una revisión exhaustiva de la literatura sobre la relación entre las prácticas de RRHH y los resultados de la empresa, *véase* Wright, P. M., Gardner, T. M., Moynihan, L. M., & Allen, M. R. (2005). The relationship between HR practices and firm performance: Examining causal order. *Personnel Psychology*, 58, 409-446.

Figura 1.9 ■ Las mejores prácticas de RRHH.

- Infundir un sentido compartido de destino común en la empresa, en vez de una perspectiva de ganador-perdedor entre los departamentos y las unidades individuales.
- Exigir cierta experiencia directiva como parte de la formación de los profesionales de RRHH. Este requisito debería lograr que el personal de RRHH conozca mejor y sea más sensible a los problemas a los que se enfrentan los directivos.

- Implicar de forma activa a los altos directivos de la corporación y las divisiones a la hora de formular, implantar y revisar todos los planes y estrategias de RRHH en estrecha colaboración con el departamento de RRHH.
- Exigir que los altos ejecutivos de RRHH participen, de igual a igual, con los demás directivos clave de las diversas áreas funcionales (marketing, finanzas) implicadas en el diseño de la dirección estratégica de la empresa.

Las empresas también deberían llevar a cabo de forma periódica una **auditoría de RRHH** para evaluar la eficacia con la que se están utilizando los RRHH. La auditoría, que normalmente la realiza el departamento de RRHH, se ocupa de una amplia variedad de cuestiones, entre otras:

Auditoría de RRHH
Una revisión periódica de la eficacia de la utilización de los RRHH por parte de la empresa. A menudo, implica la evaluación del propio departamento de RRHH.

- ¿La rotación de trabajadores en la empresa es demasiado alta o demasiado baja?
- ¿La gente que se va son buenos empleados que están frustrados con su actual trabajo, o son empleados de bajo rendimiento?
- ¿Está recibiendo la empresa un rendimiento alto por el dinero que gasta en la contratación, la formación y los planes de remuneración basados en el desempeño?
- ¿Cumple la empresa con la normativa gubernamental?
- ¿Cómo se está gestionando la diversidad de los trabajadores?
- ¿El departamento de RRHH proporciona los servicios que necesitan los directivos de línea?
- ¿Las políticas y procedimientos de gestión de RRHH ayudan a la empresa a conseguir sus objetivos a largo plazo?

La auditoría de RRHH se ocupa de éstas y otras cuestiones importantes de forma sistemática, por lo que los programas efectivos pueden conservarse y los ineficaces corregirse o eliminarse.

ESPECIALIZACIÓN EN GESTIÓN DE RRHH

A lo largo de las tres últimas décadas, el tamaño del departamento de RRHH típico ha aumentado considerablemente. Este aumento refleja tanto el crecimiento como la complejidad de las normativas públicas y una mayor concienciación de que las cuestiones de RRHH son importantes para lograr los objetivos empresariales.

Muchas universidades y facultades ofrecen actualmente titulaciones especializadas en RRHH ya sean diplomaturas, licenciaturas, másters o doctorados. La *Society of Human Resource Management (SHRM)*, que tienen casi 60.000 miembros, ha creado un instituto de certificación para ofrecer a los profesionales de RRHH la oportunidad de estar certificados oficialmente en el PHR (*Professional Human Resources*, Profesionales de Recursos Humanos) o en el SPHR (*Senior Professional Human Resources,* Ejecutivos Profesionales de Recursos Humanos). La certificación de SHRM exige tener cierta experiencia y maestría en un cuerpo de conocimiento, tal y como se pone de manifiesto al aprobar un amplio examen. (Para más información y acceso a los materiales escriba a la Sociedad en el 1800 de Duke Street, Alexandría, VA 22314 o visite la página web www.shrm.org.) Otras organizaciones cuyos miembros están especializados en determinadas áreas de la gestión de RRHH son *Worldat Work* (antes la *American Compensation Association*), la *Human Resource Planning Society* y la *American Society for Training and Development*[183].

En los últimos años, la remuneración de los especialistas en RRHH ha aumentado con mayor rapidez que en otros puestos de trabajo y en la retribución de algunos puestos de RRHH se está produciendo un marcado aumento, lo que refleja una mayor profesionalización y la creciente toma de conciencia por parte de las empresas de que la buena gestión de la función de RRHH puede contribuir en el logro de una ventaja competitiva sostenible. En 2006, los directores de RRHH con experiencia ganaron aproximadamente 88.000 dólares al año, en promedio; los de vicepresidentes ganaron aproximadamente 171.000 dólares al año, en promedio. Sin embargo, estos son sólo promedios. En algunas de las mayores empresas por los puestos de primer nivel en este campo pagaron más de 700.000 dólares en 2006. Entre los subcampos especializados (como por ejemplo, directores de la remuneración corporativa, directores de beneficios y directores de seguridad corporativa) la media salarial superó los 110.000 dólares[184].

Resumen y conclusiones

Gestión de RRHH: los retos

Los principales retos a los que se deben enfrentar los directivos de RRHH hoy en día pueden dividirse en tres categorías: retos del entorno, retos organizativos y retos individuales.

Los retos del entorno son: cambios rápidos, crecimiento de Internet, diversidad de la fuerza de trabajo, globalización de la economía, legislación, evolución del papel de la familia y el empleo, carencia de cualificación y crecimiento del sector servicios.

Los retos organizativos son: elección de la posición competitiva, descentralización, reducción del tamaño empresarial, reestructuración organizativa, crecimiento de los equipos de trabajo autogestionados, crecimiento del número de pequeñas empresas, cultura organizativa, adelantos tecnológicos y aumento del proceso de contratación externa o *outsourcing*.

Los retos individuales implican lograr una adaptación entre las personas y la organización, tratar a los empleados de forma ética y participar en un comportamiento socialmente responsable, aumentar la productividad individual, decidir si se delega el poder en los empleados, dar los pasos necesarios para evitar la fuga de cerebros y resolver las cuestiones relacionadas con la inseguridad en el trabajo.

Planificación e implantación de políticas estratégicas de RRHH

Cuando se hace correctamente, la planificación estratégica de los RRHH ofrece muchas ventajas, directas e indirectas, a la empresa. Entre éstas cabe incluir: el fomento de un comportamiento proactivo (frente a uno reactivo); la comunicación explícita de los objetivos de la empresa; el estímulo al pensamiento crítico y a la continua valoración de los supuestos; la identificación de las diferencias entre la posición actual de la empresa y su visión futura; el fomento de la participación de los directivos de línea en el proceso de planificación estratégica; la identificación de las restricciones y oportunidades de RRHH; y la creación de vínculos comunes dentro de la organización.

A la hora de desarrollar una estrategia eficaz de RRHH, una organización se enfrenta a diversos desafíos que debe superar. Entre éstos, cabe incluir: poner en marcha una estrategia que cree y conserve una ventaja competitiva para la empresa y refuerce su estrategia global; evitar la excesiva concentración en problemas cotidianos; desarrollar estrategias adecuadas a las características exclusivas de la organización; adecuarse al entorno en el que opera la organización; asegurar el compromiso de los directivos; trasladar el plan estratégico a la acción; combinar las estrategias deliberadas con las emergentes; y acomodarse a los cambios.

Las opciones estratégicas de RRHH de una empresa son aquellas alternativas que tiene a la hora de diseñar sus sistemas de RRHH. Las empresas deben hacer elecciones estratégicas en muchas áreas de RRHH, lo que incluye los flujos de trabajo, la contratación, el despido de trabajadores, la evaluación del desempeño, la formación y el desarrollo de la carrera profesional, la remuneración, los derechos de los empleados, las relaciones laborales con los empleados y la gestión internacional.

Selección de estrategias de RRHH para mejorar los resultados de la empresa

Para que sean eficaces, las estrategias de RRHH de una empresa deben adaptarse a las estrategias globales de la organización, al entorno en que se mueve la misma, a las características exclusivas que tiene y a sus capacidades. Las estrategias de RRHH también deben ser coherentes entre sí y reforzarse mutuamente.

El departamento de RRHH y los directivos: una asociación importante

La responsabilidad de la utilización eficaz de los RRHH es, fundamentalmente, de los directivos. De ahí que todos los directivos sean directores de personal. El papel de los profesionales de RRHH consiste en actuar como asesores o expertos internos, ayudando a los directivos a hacer mejor su trabajo.

Durante las tres últimas décadas, el tamaño del departamento típico de RRHH ha aumentado considerablemente. Este aumento refleja tanto el crecimiento como la complejidad de las regulaciones públicas y la mayor concienciación de que las cuestiones de RRHH son importantes para conseguir los objetivos empresariales.

Términos clave

auditoría de RRHH
calidad de la vida laboral
capacidad
competencias distintivas
contratación externa (*outsourcing*)
cultura organizativa
delegación de poder
descentralización
directivo
empleado administrativo
empleado de línea
estrategia corporativa
estrategia de negocio
estrategia de RRHH
fuga de cerebros
gestión de la calidad total (GCT)
motivación
opciones estratégicas de RRHH
planificación estratégica de RRHH
productividad
recursos humanos (RRHH)
reducción de la plantilla (*downsizing*)
retos del entorno
retos individuales
retos organizativos
táctica de RRHH

Preguntas para el debate

1. Volviendo al Cuaderno del Director, "Ahora fisgonear en el correo electrónico mediante cierto software es una norma en el lugar de trabajo," ¿qué políticas debe tener una empresa para asegurar que no se violan los derechos de los empleados y que esas políticas de "fisgoneo" se están implantando consistentemente? ¿Debería una empresa tener una política de tolerancia cero frente al personal que utiliza Internet durante las horas de trabajo, o debería tener una política flexible? Explique su respuesta.
2. En su opinión, ¿cuáles de los retos del entorno, organizativos o individuales identificados en este capítulo serán más importantes para la gestión de los RRHH en el siglo XXI? ¿Cuál será menos importante? Utilice sus propias experiencias para responder.
3. En una encuesta reciente, a escala nacional, hecha a ejecutivos de RRHH de más de 400 empresas, la mayoría contestó que las prioridades de la alta dirección de sus empresas eran enfrentarse a la competencia, reducir los costes y mejorar los resultados. Sin embargo, sólo el 12 por ciento de estos ejecutivos de RRHH afirmó que su departamento tenía como principal responsabilidad mejorar la productividad, la calidad y el servicio a los consumidores. ¿Qué razones cree usted que hay para que exista esta diferencia entre las prioridades de la alta dirección y las responsabilidades del departamento de RRHH? ¿Cuáles son

algunas de las consecuencias de esta diferencia? Destaque algunas formas en que los departamentos de RRHH pueden alinearse con los objetivos estratégicos de sus empresas. ¿Cómo cree que un departamento de RRHH puede lograr el apoyo de la alta dirección para sus programas y objetivos?

4. Un número creciente de empresas castiga a sus empleados por fumar y realizan algunas pruebas de conducta aleatorias para comprobar el consumo de nicotina, incluso aunque este consumo se lleve a cabo en el tiempo libre del empleado[185]. ¿Cree usted que una empresa tiene derecho a controlar y sancionar a los empleados por comportamientos que podrían incrementar los costes de la empresa, aunque estos comportamientos sean legales y se produzcan fuera del horario del trabajo? ¿Por qué o por qué no?

5. Varios estudios indican que los comportamientos poco éticos en el trabajo van en aumento. Volviendo al Cuaderno del Director, "Cómo y por qué mentimos en la oficina: de bolígrafos robados a cuentas maquilladas", ¿cree usted que este problema está empeorando? En caso afirmativo, ¿cuál puede ser la causa? ¿Qué pueden hacer las empresas para cambiar esta situación? Explique su respuesta.

6. Un estudio realizado por los catedráticos Jusdiesch y Lyness de la City University del New York's Baruch College concluyó que, ajustando los datos en función de la edad, el sexo, el nivel educativo y otros factores relacionados con el trabajo, aquellos empleados que se acogieron a un permiso de maternidad o enfermedad bajo el *Family and Medical Leave Act (FMLA)* de 1993 se vieron muy penalizados. (El FMLA permite a los empleados disfrutar de un permiso de hasta 12 semanas sin salario, por razones familiares o médicas.) Los empleados que se acogieron a este derecho tuvieron menos posibilidades de ser promocionados que los empleados que no lo hicieron, recibieron peores calificaciones en sus evaluaciones en el año en que habían cogido el permiso y recibieron menores incrementos retributivos que sus homólogos con resultados parecidos[186]. ¿A qué pueden deberse estos resultados? En su opinión, ¿qué dice esto de los intentos públicos de inducir cambios en las prácticas de RRHH? Explique su respuesta.

7. La estrategia competitiva de 3M se basa en la innovación. 3M exige que al menos el 25 por ciento de sus ventas anuales provenga de productos introducidos durante los cinco años anteriores, objetivo que suele superar. Los programas de RRHH específicos adoptados para aplicar esta estrategia incluyen la creación de un fondo especial que permite a todos los empleados empezar nuevos proyectos o aplicar sus ideas. El programa de "liberar tiempo" de 3M, mediante el que se concede tiempo libre a los trabajadores durante la jornada laboral para trabajar en sus propios proyectos, es responsable de la creación de nuevos productos que la dirección no habría ideado por sí misma. Además, el proceso de evaluación de 3M fomenta la asunción de riesgos. Un alto ejecutivo de 3M afirma: "Si te sientes amenazado por el despido tras haber trabajado en un proyecto que no funciona, nunca volverás a intentarlo". ¿Qué otro tipo de políticas de RRHH podría crear 3M para fomentar la innovación de producto?

8. Muchos creen que la alta dirección se preocupa poco de los RRHH en comparación con áreas como marketing, finanzas, producción e ingeniería. ¿Qué podría explicar esta percepción y qué haría usted para cambiar las cosas?

Existe material adicional disponible en la página web que acompaña a este libro. Puede acceder a esta información visitando la página web ***www.prenhall.com/gomez.***

¡DECIDA USTED!

TENDENCIAS EMERGENTES — Caso 1.1

¿Nos estamos convirtiendo en una nación de adictos al trabajo?

Los EE.UU. siempre han sido conocidos por su espíritu de trabajo duro. Hoy en día, más del 31 por ciento de los hombres con formación universitaria están registrando de forma regular 50 horas o más de trabajo a la semana, frente al 22 por ciento en 1980. Aproximadamente el 40 por ciento de los adultos americanos duerme menos de siete horas en días laborables, en comparación con el 34 por ciento en 2001. Casi el 60 por ciento de las comidas se hacen a toda prisa y el 38 por ciento de los almuerzos se pierden en el camino. Para evitar perder tiempo, hablamos por los teléfonos móviles mientras estamos trabajando, contestamos a los correos electrónicos durante *conference calls*, nos despertamos a las cuatro de la mañana para llamar a Europa y, en general, realizamos varias tareas a la vez.

Esta epidemia de pasar muchas horas en la oficina –ya sea físicamente o de forma remota– desafía el precedente histórico y al sentido común. Durante los últimos 25 años, la Revolución de la Información ha aumentado la productividad en casi un 70 por ciento. Al producir más en menos horas, parece que las ganancias se traducirían en una semana de trabajo más corta, como ocurrió en el pasado. Sin embargo, en lugar de que la tecnología sea un medio para ahorrar tiempo, señala Warren Bennis, un catedrático de la University of Southern California y autor de clásicos en administración y dirección tales como *On Becoming a Leader*, "todo el mundo que conozco trabaja más duro y más tiempo".

Las largas horas no se deben a que las empresas exploten a los que tienen menos poder. La mayoría de los "aturdidos" son los más formados y los mejor pagados –licenciados cuyos sueldos en términos reales han aumentado más de un 30 por ciento desde los años 80–. Se trata de un cambio respecto a 25 años atrás, cuando eran los trabajadores con sueldos más bajos los que probablemente trabajasen 50 horas o más a la semana, de acuerdo con una nueva investigación realizada por Peter Kuhn de la Universidad de California en Santa Bárbara y Fernando A. Lozano de Pomona College.

Las comunicaciones parecen absorber más tiempo que nunca aunque la tecnología (por ejemplo, Internet y los teléfonos móviles) ha mejorado de modo espectacular. El veinticinco por ciento de los ejecutivos de grandes empresas dicen que sus comunicaciones –buzón de voz, correo electrónico y reuniones– son casi o completamente inmanejables, según una encuesta reciente realizada por McKinsey a más de 7.800 directivos alrededor del mundo. Casi el 40 por ciento de los directivos dicen que gastan de medio día a un día completo a la semana en comunicaciones que no crean valor. Otras investigaciones alcanzan resultados similares. "Estamos haciendo que nuestra gente compita con sacos de arena amarrados a las piernas," señala Shoshana Zuboff, una antiguo profesor de Harvard Business School.

Por ejemplo, en 2006, el 44 por ciento de la plantilla de Intel trabajó desde casa de forma regular[a]. El programa nacional de movilidad de IBM ofrece a los empleados el material que necesitan para trabajar en casa, como computadoras portátiles, teléfonos móviles e impresoras. IBM además proporciona apoyo importante a los empleados que trabajan desde casa, entre el que se incluye políticas y directrices del teletrabajo, contratos de formación y responsabilidad y un uso amplio de las tecnologías de comunicación a distancia, como usar Internet para las reuniones, *conference calls* y videoconferencias[b].

Preguntas para reflexionar

1. ¿Por qué cree usted que la mayoría de los directivos y empleados se quejan de que están trabajando más duro que nunca? ¿La globalización e Internet forman parte del problema? Explique su respuesta.
2. Muchos empleados creen que para obtener una mejor evaluación del rendimiento, que les tengan en consideración cuando hay promociones, o simplemente para mantener sus puestos de trabajo cuando se producen reestructuraciones en la empresa, se necesita trabajar más horas. Por ejemplo, un observador señala que "durante los últimos 15 años, el salario real de un trabajador de 55 horas a la semana subió alrededor de un 14 por ciento, pero el salario de una semana normal de 40 horas apenas se movió". ¿Por qué cree usted que esto está ocurriendo? ¿Cree usted que esto es algo bueno o malo? ¿Cree usted que esta tendencia a trabajar más horas es probable que aumente o disminuya en el futuro? Explique su respuesta.
3. ¿Qué puede hacer una empresa para evitar que los empleados "trabajando como perros" pasen al punto donde se convierten en ineficientes debido al estrés y la fatiga? Explique su respuesta.

Trabajo en equipo

La clase se divide en cinco grupos. Cada equipo tiene que hacer una lista de sugerencias respecto al modo en el que una empresa puede implantar las siguientes directrices para mitigar las presiones de tiempo e incentivar la mejora en la productividad y la innovación.

1. **Gestionar los resultados en vez de las horas.** Eliminar o reducir las actividades y reuniones de bajo valor. Esto dejará más tiempo para la innovación y para ideas creati-

vas. Evaluación del desempeño en base a resultados demostrados en lugar de al esfuerzo.

2. **Gestionar el tiempo eficazmente.** Realizar encuestas internas para entender en qué gasta realmente la gente su tiempo y usar esa información para eliminar los peores cuellos de botella.
3. **Impulsar la toma de decisiones más abajo en la jerarquía.** Ampliar explícitamente el rango de decisiones que los directivos de nivel más bajo y los profesionales pueden tomar sin necesidad de aprobación.
4. **Desarrollar políticas para el uso de Internet.** Eliminar o reducir la interacción electrónica innecesaria, por ejemplo reduciendo el número y el tamaño de las listas de distribución.

Dependiendo del tamaño de la clase, cada equipo deberá presentar sus recomendaciones a toda la clase durante aproximadamente diez minutos, seguido por una discusión abierta a toda la clase moderada por el profesor.

Ejercicio basado en la experiencia

Cada estudiante entrevistará a un directivo o a un empleado (que podría ser un miembro de su familia, un amigo o un conocido) para determinar hasta qué punto las cuestiones que se han planteado en este caso están representadas en su empresa y qué pasos, si los hay, ha llevado a cabo la empresa para hacer que los empleados sean más productivos sin tener que trabajar un número de horas excesivo. (Alternativamente, si el alumno tiene una experiencia sustancial como trabajador, él o ella podría ofrecer sus propias opiniones en base a su observación personal.) El profesor moderará la discusión abierta en la clase en base a los hallazgos llevados a la clase por los estudiantes.

Fuentes: Adapted with permission from Mandel, M. (2005, october 3). The real reasons you are working so hard. *BusinessWeek,* 60-73; [a] Koeppel, G. (2005, january 26). Telecommuting on the rise. *Arizona Republic,* 3; [b] Offutt, S. (2005, october 5). Best workplaces for commuters *Workspan,* 45-47.

¡DECIDA USTED!

TENDENCIAS EMERGENTES Caso 1.2

Las personas más inteligentes que buscan trabajo investigan sobre la cultura de sus posibles empleadores

Harold L. Maurer sufrió un fuerte choque por la cultura corporativa de una agencia de publicidad de Chicago en la que fue contratado hace algunos años. El director de comunicaciones había pasado la mayor parte de su carrera en el mundo más tradicional de la fabricación donde "negocio casual" significaba pantalones oprimidos, camisa con botones en el cuello y corbata. Pero la agencia era mucho más relajada. Sus colegas vestían camisas hawaianas, chancletas y pantalones cortos para trabajar casi todos los días en verano. Para integrarse, Maurer se quitó las corbatas y rescató una camisa hawaiana de su armario. Pero él nunca se sintió a gusto usando ropa tan informal para trabajar. "Me encuentro más cómodo en un entorno más formal", dice el directivo de 57 años. Maurer estuvo unos dos años en la agencia de publicidad. Hoy en día, trabaja en marketing en Washington D.C., donde la cultura de oficina tiende a ser más tradicional.

Los choques con la cultura corporativa constituyen un problema cada vez más común en estos días. La gente cambia de empresa con más frecuencia, saltando hacia delante y hacia atrás entre empresas con actitudes radicalmente distintas respecto a todo, desde a la vestimenta hasta al estilo de dirección y la resolución de conflictos. Como resultado, la capacidad de calibrar la cultura de la empresa se ha convertido en una habilidad importante para los que buscan trabajo, señala Marc Cenedella, presidente y director general de *Ladders.com,* una empresa establecida en Nueva York que ofrece servicios de búsqueda de empleo para ejecutivos.

Sin embargo, muchos de los que buscan empleo prestan poca atención a la cultura de la futura empresa. En vez de considerar cómo se relacionarán con sus nuevos compañeros, se centran en sus posibles funciones, salario y jefe. Los que se encargan de la contratación y los asesores de carrera dicen que esto es un error. El choque cultural es la principal razón por la que los recién contratados fallan. Aun cuando la falta de ajuste cultural no te cueste trabajo, puede hacer que tu vida en la oficina sea una lucha.

Preguntas para reflexionar

1. ¿Cómo descubriría la cultura de una empresa antes de aceptar trabajar en ella? Sea concreto.
2. ¿Qué factores afectan al grado en el que los empleados se adaptan o no a la cultura de la organización? Explique su respuesta.

3. ¿Qué papel debería jugar el departamento de RRHH en cuanto a la comunicación de la cultura de la empresa a los nuevos y posibles empleados? Explique su respuesta.

Trabajo en equipo

La clase se divide en grupos de cinco alumnos. A los miembros de los equipos se les pide que describan la cultura de las organizaciones para las que han trabajado y de aquellas con las que estén familiarizados. Se espera que cada equipo desarrolle una lista de similitudes y diferencias a través de las distintas culturas organizativas representadas (o conocidas por el equipo) y especule sobre el papel que juegan las políticas y las prácticas de RRHH en el refuerzo de la cultura. El profesor hará entonces de moderador en un debate general de toda la clase en el que varios de los equipos presenten sus hallazgos.

Ejercicio basado en la experiencia

Cada estudiante debe enumerar cinco características de la cultura organizativa que él o ella cree que le haría sentirse más cómodo. Esta lista preparada por cada alumno se le entrega al profesor. En la siguiente clase, el profesor distribuye la lista completa entre todos los alumnos y la utiliza para moderar la discusión, destacando lo que parecen ser las principales diferencias y similitudes en lo que los estudiantes buscan en la cultura organizativa. El profesor debe pedir a los estudiantes que identifiquen formas para seleccionar a los futuros empleados de manera que encajen lo mejor posible con algunas de las características culturales identificadas por la clase (por ejemplo, preguntas de entrevista, experiencias pasadas, simuladores de empleo y similares). Por último, el profesor debe pedir a los estudiantes que entren en las páginas web de algunos de "Los Mejores Sitios para Trabajar" de *Fortune* (catalogadas en *www.fortune.com*) y, en base a la información ofrecida ahí, identifiquen las empresas que parecen ejemplificar algunos de los elementos culturales que se han discutido en clase.

Fuente: Adaptado con permiso de White, e. (29 de marzo de 2005). Savviest job hunters research the cultures of potencial employers, *Wall Street Journal*, B-1.

¡Decida usted!

DISCUSIÓN Caso 1.3

Los directivos y profesionales de RRHH de Sands Corporation: ¿amigos o enemigos?

Sand Corporation es una empresa de tamaño medio localizada en el medio oeste. Produce equipos informáticos especializados, utilizados en coches, actuando como subcontrata de diversos productores de automóviles así como para el ejército. Los contratos federales son una parte importante de las ventas totales de Sands. En 1965, la empresa tenía 130 empleados. En aquella época, el departamento de personal tenía un director contratado a tiempo completo (era un universitario) y un administrativo a tiempo parcial. El departamento era responsable de tener al día los archivos, poner anuncios en los periódicos para contratar trabajadores a petición de los directivos, procesar las solicitudes de empleo y los sueldos, contestar a los teléfonos y desempeñar otras tareas administrativas rutinarias. Los directivos y supervisores eran responsables de la mayoría de las cuestiones relacionadas con el personal, incluyendo la contratación, la promoción, el despido y la formación.

Hoy en día, Sands da empleo a 700 personas, personal, ahora llamado departamento de RRHH, tiene un director a tiempo completo con un master en relaciones industriales, tres especialistas (con formación universitaria: uno en el área de remuneración, otro en la de contratación y otro en formación y desarrollo) y cuatro asistentes de personal. La alta dirección de Sands cree que un departamento fuerte de recursos humanos, con un personal altamente cualificado, puede resolver mejor las cuestiones relacionadas con el personal que los supervisores de línea. También está convencida de que un buen departamento de RRHH puede evitar que los directores de línea provoquen inconscientemente problemas legales costosos. Uno de los competidores de Sands ha perdido recientemente una demanda por acoso sexual de cinco millones de dólares, lo que ha reforzado la resolución de Sands de mantener un sólido departamento de RRHH.

Algunas de las responsabilidades clave que asigna la empresa a su departamento de RRHH son:

- **Contratación.** El departamento de RRHH aprueba los anuncios, controla todas las solicitudes, examina y entrevista a los candidatos, etc. Los supervisores de línea reciben una lista limitada de candidatos (normalmente no más de tres) por puesto, de la cual eligen al candidato que quieren.
- **Diversidad de la fuerza de trabajo.** El departamento de RRHH garantiza que la composición de la fuerza de traba-

jo de Sands satisface las directrices del gobierno sobre diversidad laboral de las subcontratas federales.

- **Remuneración.** El departamento de RRHH establece las horquillas salariales de cada puesto de trabajo en función de sus propios estudios sobre remuneración y los datos de encuestas de salarios en empresas análogas. El departamento debe aprobar todas las decisiones relativas a la remuneración.
- **Evaluación de los empleados.** El departamento de RRHH requiere que todos los supervisores cumplimenten formularios de evaluación anual de sus subordinados. El departamento analiza concienzudamente estas evaluaciones del desempeño de los empleados. Con frecuencia, se requiere de los supervisores para que expliquen calificaciones sobre resultados excesivamente altas o bajas.
- **Formación.** El departamento de RRHH lleva a cabo diversos programas de formación para los empleados, que incluyen programas para mejorar las relaciones humanas, la gestión de calidad y la utilización de paquetes informáticos.
- **Encuestas de actitud.** El departamento de RRHH todos los años lleva a cabo encuestas detalladas sobre la actitud de todos los trabajadores, en las que les pregunta acerca de su opinión sobre diversas facetas de su trabajo, como la satisfacción con el supervisor y con las condiciones laborales.

Durante las últimas semanas, diversos supervisores se han quejado a la alta dirección de que el departamento de RRHH ha suprimido muchos de sus derechos como directivos. Algunas de estas quejas son las siguientes:

- El departamento de RRHH califica a los candidatos a partir de cuestionarios y otros criterios formales (por ejemplo, años de experiencia). A menudo, los candidatos que eligen no se adecuan correctamente al departamento o no se llevan bien con los supervisores o sus compañeros de trabajo.
- Los mejores se van porque el departamento de RRHH no aprueba subidas salariales que excedan un determinado límite en función del puesto de trabajo, incluso aunque una persona desarrolle sus tareas por encima de lo estipulado para su puesto de trabajo.
- Se necesita tanto tiempo para procesar los papeleos necesarios para contratar a nuevos trabajadores que la unidad pierde buenos candidatos que se van a la competencia.
- Gran parte de la formación exige que los empleados no puedan centrarse en su propio trabajo. Estos programas "enlatados" hacen perder a los trabajadores un tiempo precioso y generan pocas ventajas para la empresa.
- Los supervisores tienen miedo de decir la verdad sobre sus evaluaciones del desempeño por temor a ser investigados por el departamento de RRHH.
- Los datos de las encuestas sobre actitudes son analizados por el departamento. El departamento de RRHH analiza a continuación los departamentos que obtienen puntuaciones bajas. Algunos supervisores entienden que la encuesta de actitud se ha convertido en un concurso de popularidad que penaliza a los directivos que quieren tomar decisiones necesarias (pero impopulares).

El director del departamento de RRHH rechaza todas estas acusaciones, afirmando que los supervisores "sólo quieren hacer las cosas a su manera, sin tener en cuenta lo que es mejor para la empresa".

Preguntas para reflexionar

1. ¿Cuál cree usted que puede ser la fuente principal de conflicto entre los supervisores y el departamento de RRHH en Sands Corporation? Explique su respuesta.
2. ¿Cree usted que los directivos deberían tener mayor autonomía para tomar decisiones de contratación, evaluación y remuneración de sus subordinados? Si es así, ¿cuáles son algunas de las desventajas potenciales de concederles tal autoridad? Explique su respuesta.
3. ¿Cómo tienen que resolver los altos ejecutivos de Sands las quejas expresadas por los supervisores? ¿Cómo debería resolver esta situación el director del departamento de RRHH? Explique su respuesta.

Trabajo en equipo

El Director General de Sands Corporation ha convocado una reunión con cuatro directivos que han expresado algunas de las quejas reflejadas en el caso de estudio y con cuatro miembros del departamento de RRHH (el director y tres especialistas). El profesor, o un alumno, ejerce de Director General en esta reunión. El ejercicio se realiza de la siguiente manera: (a) Cada parte presenta su caso y el Director General actúa como moderador. (b) Los dos grupos tratan a continuación de llegar a un acuerdo para que el departamento de RRHH y los directivos puedan desarrollar una relación laboral más estrecha en el futuro. Los dos grupos y el Director General pueden realizar este ejercicio en grupos separados o delante de toda la clase.

Ejercicio basado en la experiencia

Un alumno actuará de director del departamento de RRHH y otros tres alumnos de supervisores descontentos. La representación tendrá lugar delante de toda la clase y durará aproximadamente entre diez y 15 minutos. Al final, el profesor moderará el debate en clase, centrándose en las cuestiones clave planteadas por los estudiantes durante el juego de rol.

NOTAS

ADAPTACIONES PARA ESPAÑA — Nota 1.1

Tecnología. Sistemas que marcan la estrategia

La tecnología es uno de los factores clave en la gestión y dirección de las empresas, en general, y en la Gestión de RRHH en particular, ya que puede suponer una oportunidad o una amenaza. En esta Nota se pretende mostrar cómo los departamentos de RRHH han encontrado en la tecnología un aliado en el desarrollo e implantación de sus políticas de gestión.

La gestión de personas está cambiando. Si antes se diseñaba la estrategia y las herramientas técnicas se ponían a su servicio, en la actualidad es la tecnología la que marca la estrategia de RRHH. Lejos de previsiones futuras, esto es una realidad.

José Manuel Casado, socio de Accenture, explicó en un seminario titulado "Soporte tecnológico para el alto rendimiento en la gestión de RRHH" que, según su experiencia, en España se habla mucho más de tecnología de lo que realmente se utiliza. "En EE.UU, el 55 por ciento de las compañías realizan un uso intensivo de estas herramientas en materia de RRHH, siendo esta área en la que más se utilizan junto a la de marketing. Esta proporción desciende hasta el 33 por ciento en Europa y hasta el 23 por ciento en España".

Sin embargo, afirmó que se prevé que los servicios tecnológicos de recursos humanos crezcan en nuestro país el 9,3 por ciento, superior a la media europea del 7,8 por ciento. "La tecnología genera nuevas capacidades para maximizar el rendimiento de los empleados, atraer, retener y desarrollar a los mejores profesionales y automatizar, simplificar y dotar de mecanismos de control. Lo que se pide ahora a este departamento es que sea un consultor del desempeño".

Casado destacó como factor clave de éxito que las soluciones tecnológicas tienen que ser diseñadas pensando en el usuario final, que en este caso son los empleados, con fácil acceso y manejo.

Añadió que, para lograr este objetivo, en el área de RRHH "tenemos que automatizar para sacar del cascarón todo lo que no da valor y dedicarnos a lo que de verdad lo aporta". Casado corroboró esta afirmación con un dato procedente del Instituto Saratoga –centro de investigación experto en el área–: el 90 por ciento de la actividad de gestión de personas son tareas administrativas y transaccionales.

Fuente: Adaptado de Mateos, M. y Rodríguez, Q. (16 de mayo de 2007). Tecnología. Sistemas que marcan la estrategia. www.expansionyempleo.com.

CAPÍTULO 2 GESTIÓN DE LOS FLUJOS DE TRABAJO Y ANÁLISIS DEL PUESTO DE TRABAJO

OBJETIVOS

Tras leer este capítulo, el lector estará en condiciones de abordar los siguientes temas:

1. **Describir** estructuras organizativas burocráticas, planas, sin fronteras y los entornos empresariales en que resultan más apropiadas.
2. **Hacer** una lista de los factores que influyen en la motivación de los trabajadores y que están bajo el control de los directivos.
3. **Realizar** un análisis de los puestos de trabajo y preparar las descripciones y especificaciones para tales puestos.
4. **Aplicar** diseños de trabajo flexibles en aquellas situaciones en las que a los empleados se les plantea un conflicto entre el trabajo y su familia, o aquellas otras en las que el empresario se encuentra ante una demanda variable para sus productos.
5. **Desarrollar** políticas y procedimientos para proteger el sistema de datos de RRHH y así garantizar el derecho a la intimidad de los empleados.

La gran influencia de factores como la tecnología o la competencia global están forzando a los directivos a reflexionar sobre todas las facetas de sus actividades. El trabajo se encuentra en estado de flujo en tanto que las empresas cambian sus procesos básicos de trabajo, los requisitos y expectativas de los puestos y las estructuras organizativas para centrarse más en las necesidades de los clientes.

Un cambio importante consiste en utilizar equipos de trabajo en vez de trabajadores individuales como unidad básica de trabajo. En la actualidad, muchos trabajadores dedican la mayor parte de su tiempo a trabajar en un equipo creado para satisfacer las necesidades de los clientes. Por ejemplo:

- Southwest Airlines es capaz de preparar un avión desde su aterrizaje hasta el próximo despegue en 20 minutos utilizando equipos de trabajo para descargar, aprovisionar y cargar el avión. Esto representa la tercera parte del tiempo que necesitan sus competidores para cargar y descargar sus aviones y ayuda a explicar por qué Southwest es una de la líneas aéreas más rentables[1].

- General Motors recortó el tiempo de desarrollo que se tarda en producir un modelo de coche de 12 semanas a dos utilizando equipos de ingeniería colaborativos que comparten la información de diseño entre los proveedores de piezas del automóvil y las unidades de ingeniería dentro de la empresa. El ahorro de tiempo libera a los trabajadores para pensar más creativamente y proponer tres o cuatro diseños alternativos más por coche[2].
- Los empleados de General Mills observaron un grupo de 500 trabajadores en una mina de carbón en Indianápolis trabajando a una velocidad increíble utilizando un enfoque de equipo de alto rendimiento. Los empleados aplicaron estas prácticas para reducir el tiempo del ciclo de la línea de producción en una fábrica de California que pasó en varios productos de 4,5 horas a sólo 12 minutos[3].

EL ENFOQUE DIRECTIVO

Este capítulo trata sobre la forma de dirigir el trabajo, lo cual constituye uno de los procesos más dinámicos de la organización. Los directivos diseñan estructuras para organizar el trabajo en departamentos, equipos y tareas, de forma que el trabajo se realice eficientemente y se obtenga un producto o servicio valioso para el consumidor. La labor de los especialistas en RRHH consiste en ayudar a los directivos a hacer un seguimiento y a documentar los cambios de contenido de cada puesto de trabajo definiendo un proceso denominado *análisis del puesto de trabajo.* En este capítulo revisamos la importancia que tiene para los directivos el análisis del puesto de trabajo y la razón por la cual puede ser considerado como la piedra angular de la mayoría de los programas de RRHH.

Como los equipos de trabajo, las organizaciones son, fundamentalmente, grupos de personas. Las relaciones entre estas personas pueden estructurarse de distintas maneras. En este capítulo describimos el modo en que la dirección decide cuál es la estructura adecuada para su organización, considerada como un todo y para el flujo de trabajo dentro de la organización. Aunque a usted nunca le pidan que rediseñe su empresa, es probable que finalmente ésta necesite llevar a cabo un cambio estructural para garantizar su supervivencia. Es importante que usted comprenda las cuestiones estructurales clave y pueda, así, ver la foto en su conjunto y adoptar un papel activo a la hora de implantar los cambios.

El trabajo puede observarse desde tres niveles de análisis diferentes: la organización en su conjunto, los grupos de trabajo y el individuo. Analizamos cada uno de estos niveles y sus implicaciones para la dirección de RRHH. Además tratamos el análisis de los puestos de trabajo (una actividad esencial de los RRHH) y el uso de trabajadores temporales y la planificación del trabajo como alternativa para crear una plantilla flexible. Comprender el análisis de los puestos de trabajo le proporciona a los directivos una herramienta para medir la cantidad y el tipo de trabajo que la empresa necesita para alcanzar sus objetivos. Concluimos el capítulo con una reflexión acerca de los sistemas de información de los RRHH.

EL TRABAJO DESDE LA PERSPECTIVA DE LA ORGANIZACIÓN

La **estructura organizativa** hace referencia a las relaciones, formales o informales, entre las personas que forman parte de la organización. Los **flujos de trabajo** se refieren a la forma de organizar el trabajo para lograr los objetivos de producción y prestación de servicios. En este apartado analizamos las relaciones entre estrategia y estructura organizativa, las tres estructuras básicas de una organización y la utilización del análisis de los flujos de trabajo.

Estructura organizativa
La relación, formal o informal, entre las personas y la organización a la que pertenecen.

Flujo de trabajo
La forma de organizar el trabajo para alcanzar los objetivos de producción o servicios de la organización.

ESTRATEGIA Y ESTRUCTURA DE LA ORGANIZACIÓN

Una organización desarrolla su estrategia empresarial estableciendo un conjunto de objetivos a largo plazo en base a (1) un análisis de las oportunidades y amenazas del entorno y (2) una valoración realista acerca del modo en el que la empresa debe utilizar sus activos para competir más eficientemente. La estrategia empresarial elegida por la dirección determina el tipo de la estructura más apropiada para la organización[4]. Cuando la dirección cambia su estrategia empresarial, también debería plantearse cambios en su estructura organizativa.

De acuerdo con lo desarrollado en el Capítulo 1, una empresa elegirá una *estrategia defensiva* cuando esté compitiendo en un mercado estable y tenga un producto bien establecido. Por ejemplo, una empresa regulada de servicios de provisión de energía eléctrica puede adoptar esta estrategia. Si la estrategia es defensiva, la estructura organizativa debe favorecer la organización eficaz del trabajo mediante la divisionalización del mismo, estableciendo jerarquías de tareas asignadas a unidades funcionales, tales como servicios al consumidor, generación de energía o contabilidad. En estas circunstancias, la dirección estará centralizada por lo que la alta dirección tiene la responsabilidad de tomar las decisiones clave. Estas decisiones se aplican de arriba abajo utilizando la cadena de mando. Los supervisores transmiten a los trabajadores lo que tienen que hacer, pero a su vez, los supervisores son dirigidos por directivos intermedios, quienes reciben las órdenes de los altos ejecutivos de la empresa.

Por otra parte, una empresa seleccionará una *estrategia exploradora* cuando se mueva en un entorno empresarial de incertidumbre que exija flexibilidad. Probablemente, una empresa elegirá este tipo de estrategia cuando esté experimentando un rápido crecimiento y/o esté lanzando muchos productos nuevos a mercados dinámicos. En este caso, el control estará descentralizado de tal forma que cada división tenga cierta autonomía para tomar las decisiones que afecten a sus consumidores; e incluso, los trabajadores más cercanos al consumidor pueden tener capacidad de responder rápidamente a las necesidades de los clientes sin tener que solicitar la aprobación de sus supervisores.

La dirección selecciona las estrategias de RRHH adecuándolas a sus estrategias empresariales y a la estructura de la organización. A continuación se dan algunos ejemplos de elecciones estratégicas de RRHH, relativas a la estructura y a los flujos de trabajo, mediante las cuales se pretende lograr eficiencia en costes y/o calidad en los productos.

- General Electric (GE) firmó un acuerdo de mantenimiento de diez años de duración con British Airways para realizar el mantenimiento y la puesta a punto de sus aparatos. Este acuerdo permitió a British Airways ahorrar costes mediante la contratación externa de los servicios de GE. Por su parte, GE ha definido como una de sus actividades centrales la fabricación, el diseño y el mantenimiento de motores de aviones comerciales[5].

Una cuestión de ética

En este capítulo está implícita la visión de que el cambio organizativo es necesario para la supervivencia. Sin embargo, el cambio organizativo a menudo somete a cada trabajador a bastante estrés, sobre todo estrés derivado de tener que aprender nuevas habilidades y satisfacer nuevos requisitos laborales constantemente. ¿Es éticamente responsable la organización de la protección de los empleados de estos cambios estresantes?

- Abbey Life Insurance externalizó el proceso de reclamaciones para sus 1,75 millones de asegurados con Unisys Corp. mediante un acuerdo de diez años de duración. Abbey Life se está ahorrando 80 millones de dólares durante la vida del acuerdo. Las tasas de error en las reclamaciones han caído de un cinco a un dos por ciento y el 95 por ciento de éstas se tramitan en seis días, frente a los diez días que se tardaba antes [6].

DISEÑO DE LA ORGANIZACIÓN

El diseño de la organización implica elegir una estructura organizativa que ayudará a la empresa a alcanzar de forma más efectiva sus objetivos. Existen tres tipos básicos de estructuras organizativas: burocrática, plana y sin fronteras (*véase* la Figura 2.1).

Estructura Organizativa | **Características**

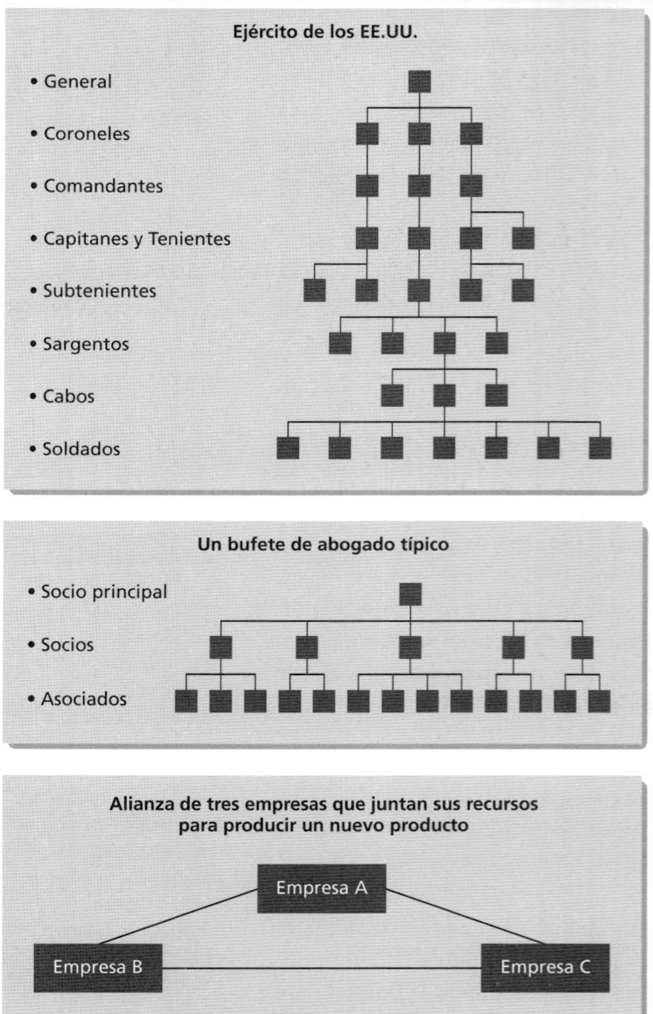

Burocrática

- Enfoque directivo de arriba abajo
- Muchos niveles jerárquicos
- Trayectorias jerárquicas de la carrera profesional dentro de una misma función
- Tareas muy especializadas
- Descripción muy detallada de las tareas
- Fronteras rígidas entre tareas y unidades
- Los individuos trabajan de forma independiente

Plana

- Dirección descentralizada
- Pocos niveles jerárquicos
- Trayectorias de desarrollo profesional horizontales entre distintas funciones
- Tareas definidas en términos generales
- Descripciones genéricas de las tareas
- Fronteras flexibles entre tareas y unidades
- Énfasis en los equipos
- Fuerte atención al cliente

Sin frontera

- *Joint ventures* con los consumidores, proveedores y competidores
- Énfasis en los equipos, cuyos miembros pueden cambiar de lugar dentro de las fronteras de la organización
- Comparte muchas características con la estructura organizativa plana

Figura 2.1 ■ Estructuras organizativas.

Organización Burocrática

Las empresas que tienen una estrategia empresarial defensiva suelen adoptar una **estructura organizativa burocrática**. Esta estructura tiene forma piramidal definida por una línea jerárquica con muchos niveles de dirección. Además, utiliza un enfoque de "órdenes de control" de arriba abajo para controlar a los subordinados. El ejemplo clásico de una organización burocrática es la militar, que tiene un largo escalafón de oficiales intermedios entre el general (que inicia las órdenes de combate) y la tropa (que son los que luchan en el campo de batalla).

Estructura organizativa burocrática
Una estructura organizativa piramidal que se compone de jerarquías con múltiples niveles de dirección.

La organización burocrática parte de una *división funcional del trabajo*, por lo que los empleados se clasifican o encuadran en una división dependiendo de su función. De esta forma, los empleados de producción se agrupan en una división, los de marketing en otra, los de ingeniería en una tercera y así ocurre con todos. En este caso, existen unas fronteras rígidas que separan las unidades funcionales entre sí. Por ejemplo, en una empresa burocrática de componentes de automóviles, los ingenieros desarrollan planes para realizar un nuevo componente de automóviles y, a continuación, entregan sus especificaciones a los trabajadores de producción.

Estas fronteras rígidas también separan a los trabajadores entre sí y a éstos de los directivos, porque la estructura burocrática depende de la *especialización del trabajo*. Las descripciones de las tareas muy bien definidas son las que marcan claramente los límites del trabajo de cada empleado. Así pues, se incentiva a los empleados para que realicen únicamente el trabajo que queda especificado en la descripción de su tarea –ni más ni menos–. Así, pasan la mayor parte de su tiempo trabajando de forma aislada en la ejecución de su tarea especializada, que normalmente se encuadra dentro de una misma función. Por ejemplo, los empleados que inician su carrera profesional en ventas pueden escalar posiciones en ventas o marketing, pero no pueden cambiar a producción o finanzas.

La estructura burocrática funciona mejor en un entorno estable y predecible, puesto que están muy centralizadas y dependen de los trabajadores de primera línea que realizan tareas repetitivas siguiendo las órdenes de los directivos. Sin embargo, en un entorno dinámico, esta estructura es menos eficiente y a veces desastrosa.

Organización plana

Una empresa que desarrolla una estrategia empresarial exploradora suele implantar una **estructura organizativa plana**. Esta estructura sólo tiene unos pocos niveles de dirección y utiliza un enfoque de dirección descentralizado. Las organizaciones planas animan a una alta participación de los empleados en las decisiones empresariales. Nucor (una empresa siderúrgica de Charlotte, Carolina del Norte) tiene una estructura organizativa plana. Aunque Nucor tiene más de 5.000 empleados, sólo tres niveles separan a los trabajadores de primera línea del presidente de la empresa. La oficina central se compone únicamente de 30 personas, que se ubican en unas oficinas modestas[7].

Estructura organizativa plana
Una estructura organizativa que sólo tiene unos pocos niveles de dirección y destaca la descentralización

Las organizaciones planas se suelen dividir en unidades o equipos que representan a los distintos productos, servicios o consumidores. El objetivo de esta estructura consiste en crear pequeños negocios independientes que pueden responder rápidamente a las necesidades y cambios de los consumidores de un entorno empresarial. Por ejemplo, Johnson & Johnson, una empresa que fabrica productos para la asistencia sanitaria, está organizada en más de 200 unidades empresariales que se encuentran en 57 países. Cada unidad empresarial se comporta como un pequeño negocio que es responsable de obtener beneficios para la empresa y los empleados de cada unidad se sienten como si trabajaran para una pequeña empresa. La estructura organizativa plana ha fomentado una cultura empresarial que ha permitido a Johnson & Johnson innovar; en 2005 en la lista de

Fortune de las Empresas Más Admiradas ocupó el primer puesto entre las compañías farmacéuticas[8].

La estructura organizativa plana reduce alguna de las fronteras que aíslan a los empleados de las organizaciones burocráticas. Las fronteras entre trabajadores del mismo nivel quedan reducidas porque es frecuente que los trabajadores estén integrados en equipos. Al contrario que en las organizaciones burocráticas, los empleados de una organización plana pueden traspasar las fronteras funcionales a medida que avanzan en sus carreras (por ejemplo, empiezan en ventas, pasan a finanzas y después a producción). Además, las descripciones de las tareas en las organizaciones planas son más generales y animan a los empleados a desarrollar una amplia variedad de cualidades (incluyendo capacidad directiva). En las organizaciones planas también se rompen las fronteras que separan a los empleados de los directivos y supervisores, de tal forma que los empleados puedan tomar más decisiones.

Las estructuras organizativas planas pueden ser útiles para aquellas organizaciones que están aplicando estrategias de gestión de la calidad total (GCT) (*Total Quality Management (TQM)*) y que hacen hincapié en la satisfacción del cliente. La aplicación de una estrategia de GCT puede suponer cambios en el proceso de trabajo para que el consumidor pueda recibir productos de alta calidad y un mejor servicio. Por ejemplo, una empresa de seguros automovilísticos puede cambiar el proceso de gestión de siniestros para acelerar el reembolso a los clientes. En lugar de utilizar a 25 empleados que tardan 14 días en procesar un parte completo, la empresa puede crear un equipo de compensación de partes, que trabaje en colaboración con el cliente, para realizar todo el papeleo en tres días.

La estructura plana funciona mejor en entornos que cambian rápidamente, porque permite a la dirección crear una cultura empresarial que fomenta la participación de los empleados.

Organización sin fronteras

Estructura organizativa sin fronteras
Una estructura organizativa que permite a la organización crear relaciones con los clientes, proveedores y/o competidores ya sea para juntar recursos organizativos para el beneficio mutuo o para fomentar la cooperación en un entorno inestable.

La **estructura organizativa sin fronteras** permite a la organización crear relaciones con consumidores, proveedores y/o competidores ya sea juntando recursos organizativos para obtener un beneficio mutuo, o para fomentar la cooperación en un entorno de incertidumbre. Estas relaciones, a menudo, adoptan la forma de *joint ventures*, que permiten a las empresas compartir empleados con talento, propiedad intelectual (como un proceso productivo), canales de distribución de marketing (como los equipos de venta directa) o recursos financieros. Las estructuras organizativas sin fronteras se utilizan con más frecuencia en empresas que eligen una estrategia empresarial de explorador y operan en un entorno dinámico.

Las organizaciones sin fronteras comparten muchas características de las organizaciones planas. Estas organizaciones rompen las fronteras entre la empresa y sus proveedores, consumidores o competidores. Además, enfatizan fuertemente el uso de equipos que, en este caso, pueden incluir a empleados que representen a las distintas empresas de una *joint venture*. Por ejemplo, un experto en calidad de una empresa fabricante de automóviles puede trabajar con empleados de uno de sus proveedores de componentes industriales para instruirles en los procesos específicos de control de calidad.

Las empresas suelen utilizar una estructura organizativa sin fronteras cuando se encuentran en las siguientes circunstancias: (1) colaboran con clientes o proveedores para poder ofrecer productos o servicios de mejor calidad; (2) están entrando en mercados extranjeros con barreras de entrada a los competidores extranjeros, o (3) necesitan controlar el riesgo de desarrollar una nueva tecnología cara. La organización sin fronteras es adecuada para este tipo de situaciones porque está abierta al cambio, facilita la formación de *joint ventures* con empresas extranjeras y reduce el riesgo financiero de cualquiera de las organizaciones participantes. A continuación, se ofrecen algunos ejemplos de estructuras organizativas sin fronteras.

- Los estudios Paramount y Twentieth Century Fox colaboraron para producir, vender y distribuir *Titanic*, una película épica, muy cara y de gran éxito, que batió récords en todo el mundo a finales de los 90. Esta colaboración era necesaria, puesto que los costes de producción de la película (más de 200 millones de dólares) eran demasiado altos para que una sola empresa se arriesgara a ponerse en una situación financiera delicada.
- Airbus Industries es una empresa sin fronteras creada con la asociación de empresas europeas de cuatro países (Francia, Alemania, Inglaterra y España) que trabajaron juntas para vender y desarrollar aviones comerciales que pudiesen competir con Boeing, el productor líder mundial de aviones de pasajeros.
- Sun Microsystems, un productor de terminales y servidores informáticos, ha creado una asociación con America Online, el mayor proveedor de servicios de Internet. El objetivo de los socios consiste en crear una combinación de servicios y productos que permita a ambas empresas obtener todo su software y servicios en Internet, en lugar de comprar paquetes de software. La fortaleza de esta asociación podría representar una gran amenaza para la fuerte posición de mercado de Microsoft[9].

ANÁLISIS DEL FLUJO DE TRABAJO

Análisis del flujo de trabajo
El proceso de analizar cómo se crea o añade trabajo en los procesos actuales de una empresa.

Con anterioridad hemos señalado que el flujo de trabajo es la forma en que se organiza el trabajo para alcanzar los objetivos de producción y de servicios de la organización. Los directivos tienen que llevar a cabo un análisis de los flujos de trabajo para examinar cómo puede añadirse valor mediante el trabajo a los actuales procesos empresariales (los *procesos* son actividades que añaden o crean valor, como el resultado del producto, el servicio al consumidor o el cumplimiento de pedidos[10]). El análisis de los flujos de trabajo se centra en determinar cómo evoluciona el trabajo en la organización partiendo de una necesidad que proviene del consumidor (el consumidor inicia la necesidad de trabajar y los empleados añaden valor al trabajo en una serie de pasos sucesivos), hasta el momento en que el trabajo sale de la organización en forma de producto o servicio.

Cada tarea en la empresa recibe trabajo como factor productivo, añade valor a ese trabajo mediante un proceso útil y pasa el trabajo a otro trabajador o tarea. El análisis de los flujos de trabajo puede poner de manifiesto que algunos pasos o tareas pueden combinarse, simplificarse, o incluso eliminarse. En algunos casos, el resultado puede llevar a la reorganización del trabajo en equipos –prescindiendo del trabajador individual–, para favorecer una mayor creación de valor.

El análisis de los flujos de trabajo se puede utilizar para mejorar la coordinación entre el trabajo de los empleados y las necesidades de los consumidores. También puede ayudar a la empresa a hacer importantes mejoras en su funcionamiento por medio de un programa denominado *reingeniería del proceso empresarial*.

Reingeniería del proceso empresarial
Una reflexión fundamental y un nuevo diseño drástico de los procesos empresariales para lograr importantes mejoras en costes, calidad, servicios y velocidad.

Reingeniería del proceso empresarial

El término reingeniería fue acuñado por Michael Hammer y James Champy en su libro pionero *Reengineering the corporation*. Hammer y Champy destacan que no se debe confundir este término con el de reestructuración o con la simple reducción de plantilla, cuando se trata de eliminar niveles directivos[11]. La **reingeniería del proceso de negocio (RPN)** no es un ajuste rápido, sino un replanteamiento fundamental y un rediseño radical de los procesos empresariales para lograr mejoras considerables en costes, calidad, servicio y velocidad[12]. La reingeniería analiza la forma en que la empresa lleva a cabo sus actividades prestando una atención minuciosa a los procesos centrales implicados en la producción de sus productos o en la entrega de sus servicios al consumidor. Aprovechando la tecnología informática y las distintas maneras de organizar los RRHH, la empresa puede ser capaz de volver a inventarse a sí misma[13].

La RPN utiliza el análisis de los flujos de trabajo para identificar las tareas que pueden eliminarse o combinarse con otras para mejorar el funcionamiento de la empresa. La Figura 2.2 muestra los pasos necesarios para procesar una solicitud de crédito en IBM Credit Corporation antes y después de una RPN. Antes de llevar a cabo la RPN, el análisis de los flujos de trabajo puso de manifiesto que las solicitudes de crédito se procesaban en una serie de cinco pasos con cinco especialistas en créditos, cada uno de los cuales hacía algo diferente con la solicitud. Todo el proceso tardaba una media de seis días en realizarse, lo que daba a los consumidores la oportunidad de buscar financiación en otros sitios[14]. Una parte importante de este tiempo la solicitud estaba en tránsito entre los especialistas o esperando sobre la mesa de alguno de ellos a ser procesada.

El RPN integró las cinco tareas en una sola, que podía ser desarrollada por un generalista denominado *estructurador de acuerdos*. Esta integración se hizo posible mediante la utilización de un nuevo programa de software que permitía imprimir el contrato estándar de préstamo, acceder a las distintas bases de datos de control de créditos y establecer el precio y las cláusulas finales del contrato. Con el nuevo proceso, las solicitudes de crédito podrían realizarse en cuatro horas en vez de en seis días[15].

Los críticos de la reingeniería afirman que más de la mitad de los proyectos de reingeniería no logran alcanzar sus objetivos y, además, perjudican a las empresas y a sus empleados por generar despidos y otras perturbaciones en los patrones laborales establecidos[16]. Sin embargo, una encuesta realizada por CSC Index, una empresa asesora líder en reingeniería, afirma que es una técnica muy popular en EE.UU. y Europa. Esta

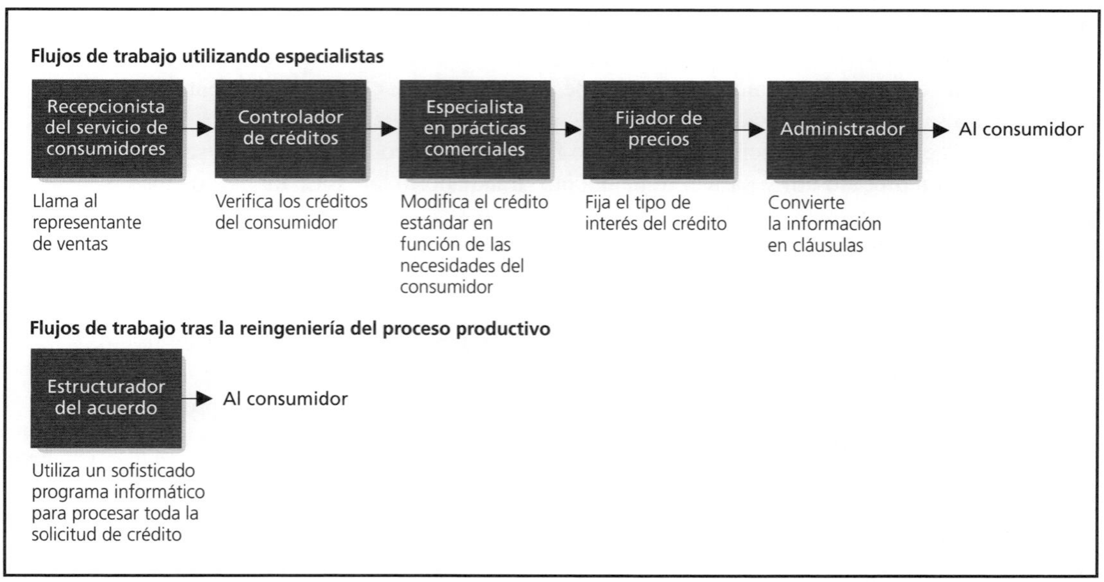

Figura 2.2 ■ Procesamiento de una solicitud de crédito en IBM Credit Corporation, antes y después de la RPN.

encuesta, realizada a 621 grandes empresas estadounidenses y europeas, llegó a la conclusión de que el 69 por ciento de las empresas de EE.UU. y el 75 por ciento de las europeas están aplicando actualmente este programa, pero, además, más de la mitad de las empresas restantes están pensando en llevar a cabo un proceso de reingeniería[17].

EL TRABAJO DESDE LA PERSPECTIVA DE GRUPO

En este epígrafe nos vamos a centrar en el análisis del trabajo desde la perspectiva de los grupos de empleados. Como hemos comentado, en las estructuras organizativas planas y sin frontera, los equipos de trabajo son un imperativo y constituyen las unidades básicas de trabajo en ambas estructuras.

Pero, ¿qué es exactamente un equipo y cómo funciona? Un **equipo** es un pequeño grupo de personas con cualificaciones complementarias que trabaja con objetivos comunes, de los que todos los miembros son igualmente responsables[18]. La mayoría de los equipos quedan conformados por un número de trabajadores que oscila entre seis y 18 personas[19]. A diferencia de los *grupos de trabajo*, que dependen de la dirección de un supervisor, un equipo depende de sus propios miembros en cuanto a la definición de su liderazgo y su dirección[20]. Estos equipos también pueden organizarse como departamentos. Por ejemplo, una empresa puede tener un equipo de desarrollo de productos, un equipo de producción o un equipo de ventas.

Equipo
Un reducido número de personas con cualidades complementarias que trabajan en pro de objetivos comunes de los que son mutuamente responsables.

Actualmente, las organizaciones definen distintos tipos de equipos. El tipo que tiene más impacto en las empresas estadounidenses es el llamado equipo autodirigido.

EQUIPOS AUTOGESTIONADOS *(SELF-MANAGED TEAMS)*

Las organizaciones están aplicando equipos de trabajo autogestionados fundamentalmente para mejorar la calidad y la productividad y para reducir los costes operativos. Los **equipos autogestionados (EAG)** se pueden responsabilizar del proceso completo de producción de un componente, un producto o un servicio. En la mayoría de los casos, los miembros de un EAG tienen una formación múltiple, que procede de las distintas tareas asignadas al equipo[21]. Algunos EAG tienen miembros con diversas cualificaciones complejas (por ejemplo, científicos e ingenieros con formación en distintas disciplinas). Los miembros de un EAG tienen muchas obligaciones directivas, que pueden incluir funciones tales como la planificación del trabajo, la selección de los métodos, la petición de los materiales, la evaluación de los resultados y la disciplina de los miembros del equipo[22].

Equipos autogestionados
Un equipo responsable de la producción de todo un producto, componente o servicio.

Una empresa que ha creado EAG es el zoo de San Diego. Tradicionalmente, los empleados del zoo tenían responsabilidades laborales concretas y bien definidas. Los guardianes se ocupaban de los animales y los jardineros de cuidar el entorno. Entonces, el zoo decidió desarrollar zonas bioclimáticas, en las que plantas y animales se agrupaban en recintos abiertos similares a sus hábitats naturales. Puesto que las zonas eran interdependientes, los empleados que trabajaban en ellas debían colaborar. Por ejemplo, el recinto del río del tigre, de 3,5 acres, estaba controlado por un equipo de siete miembros de especialistas en pájaros y mamíferos, horticultores y trabajadores de mantenimiento y construcción[23].

Bajo el supuesto de que se establecieran EAG, las prácticas de Gestión de RRHH tendrían que cambiar de la siguiente forma[24]:

- Son los propios compañeros, en lugar del supervisor, los que deben evaluar el rendimiento de cada empleado.

- Las prácticas remunerativas deberían pasar de una remuneración por antigüedad o por rendimiento individual a una remuneración en función del rendimiento del equipo (por ejemplo, primas por equipo)[25].
- Los miembros del equipo deberían tener un considerable poder de decisión en la contratación de nuevos empleados, en vez de depender exclusivamente de las decisiones de los directivos y los encargados de los RRHH.
- Surgirán líderes de equipos de una forma espontánea. SEI Investment, por ejemplo, fomenta la aparición espontánea de líderes en sus equipos autogestionados[26].

Los equipos autogestionados han hecho impresionantes contribuciones a las bases de las empresas que los han utilizado. Por ejemplo, tras crear EAG, Shenandoah Life descubrió que podía procesar un 50 por ciento más de solicitudes y peticiones de servicio de clientes con un diez por ciento menos de empleados[27]. Las fábricas de Xerox que utilizan EAG son un 30 por ciento más productivas que las fábricas de Xerox que no están organizadas en torno a estos equipos[28]. Boeing utilizó EAG para reducir a más de la mitad los problemas de ingeniería en el desarrollo del nuevo avión de pasajeros 777[29]. Para entender cómo Lucent Technologies, un fabricante de productos de telecomunicaciones, utiliza sus equipos autogestionados, *véase* el Recuadro 2.1.

Un equipo autodirigido de nueva creación puede tardar varios años en estar totalmente operativo, puesto que inicialmente sus miembros suelen carecer de las cualidades necesarias para que el equipo funcione correctamente[30]. Cualquier empresa puede acelerar esta evolución utilizando el departamento de RRHH para dotar a sus empleados con las características necesarias para ser miembros de un equipo. En este sentido, las siguientes cualidades son importantes[31]:

RECUADRO 2.1

LOS EQUIPOS DE LYNN MERCER EN LUCENT

Lynn Mercer es la directora de la fábrica de teléfonos móviles de Lucent Technologies. Está entregada al concepto de equipos autogestionados y ha trabajado muy duro para conseguir que tengan éxito. Sus equipos deciden la forma de realizar el trabajo, las mejoras que son necesarias y los responsables de llevarlas a cabo. Lynn Mercer señala que ella sólo se limita a definir el objetivo de la fábrica y que el resto es cosa de los equipos. Los equipos de Lucent eligen a sus propios líderes y son excepcionalmente flexibles, de forma que se pueden adaptar a las siempre cambiantes necesidades de la industria de los teléfonos móviles. Mercer aboga por esta flexibilidad porque así los miembros de los equipos entienden perfectamente las necesidades de los consumidores.

Mercer explica que, aunque todas las instrucciones siguen estando por escrito, cualquier individuo puede hacer cambios sobre la marcha en un procedimiento si su equipo está de acuerdo. Sin embargo, los equipos no sólo tienen la posibilidad de cambiar los procedimientos, sino que otros equipos pueden aprovecharse de estos cambios sin necesidad de reinventar la rueda. Los miembros de los equipos aprenden muchas tareas y cualidades distintas y la forma de aplicarlas correctamente. Los resultados han sido notables. La fábrica de Mercer no ha entregado nunca un trabajo fuera de plazo en más de dos años y sus costes laborales siguen representando un porcentaje muy bajo respecto de los costes totales.

Fuentes: Vanguri, R. (2004). Wireless provisioning service solution and deployment-A real-life experience in global project management. *Bell Labs Technical Journal*, 9 (4), 35-48; Nahavandi, A. (2000). *The art and science of leadership* (2ª edición). Upper Saddle River, Nueva York: Prentice Hall, 163. Adaptado de T. Pezinger Jr. (7 de marzo de 1997). How Lynn Mercer manages a factory that manages itself, *Wall Street Journal*, B1.

1. **Cualidades técnicas.** Los miembros de los equipos tienen que tener una formación cruzada con nuevas cualidades técnicas, de forma que, si es necesario, puedan realizar las distintas tareas. Los miembros de los equipos que tienen una formación cruzada otorgan al equipo una mayor flexibilidad y permiten que funcione eficientemente con menos trabajadores.
2. **Cualidades administrativas.** Los equipos hacen gran parte del trabajo de los supervisores en las organizaciones que no tienen equipos. Por lo tanto, los miembros del equipo necesitan formación en actividades directivas y de administración del tipo de: realización de presupuestos, establecimiento de calendarios de trabajo, control y evaluación de los homólogos y entrevistas de selección de candidatos a puestos de trabajo.
3. **Cualidades interpersonales.** Los miembros de un equipo tienen que tener buenas cualidades de comunicación para formar un equipo eficaz. Tienen que ser capaces de expresarse de forma eficaz para poder compartir la información, resolver los conflictos y mantenerse al día los unos a los otros[32].

OTROS TIPOS DE EQUIPOS

Además de los EAG, las empresas utilizan otros tipos de equipos tales como: equipos para la resolución de problemas, equipos con un objetivo específico y equipos virtuales[33]. El **equipo para la resolución de problemas** (*problem-solving team*) está formado por voluntarios de una unidad o departamento que se reúnen una o dos horas a la semana para analizar cuestiones relativas a la mejora de la calidad, a la reducción de costes o a la mejora del entorno laboral. La creación de equipos para la resolución de problemas no afecta a la estructura de la organización porque estos equipos sólo existen durante un período de tiempo limitado; normalmente se disuelve cuando han alcanzado sus objetivos. Google, la empresa buscador de Internet, utiliza equipos de innovación, un tipo de equipo para la resolución de problemas, que incentiva a los técnicos a trabajar en proyectos de investigación personales que les interesen. La empresa espera que algunas de las innovaciones que desarrollen los equipos se conviertan en innovaciones tecnológicas que supongan una ruptura[34].

Equipos de resolución de problemas
Un equipo compuesto por voluntarios de una unidad o departamento que se reúne una o dos horas a la semana para discutir la mejora de la calidad, la reducción de costes o la mejora del entorno laboral.

El **equipo con un objetivo específico** (*task force*) se compone de miembros que abarcan todas las áreas funcionales u organizativas y cuyo objetivo consiste en analizar cuestiones complejas (por ejemplo, la introducción de una nueva tecnología, la mejora de la calidad de un proceso laboral que abarca a varias unidades funcionales o el fomento de la cooperación entre trabajadores y directivos en una negociación). Un ejemplo de equipo con un objetivo específico es el referido al programa sobre calidad de vida en el trabajo (CVT), cuyos miembros son representantes sindicales o directivos que colaboran para realizar mejoras en todos los aspectos de la vida laboral, incluyendo la calidad del producto. El programa de CVT de Ford y General Motors se ha centrado en mejorar la calidad del producto; mientras que el programa de CVT entre el sindicato de trabajadores de la siderurgia de EE.UU. y las principales empresas siderúrgicas se ha centrado en desarrollar formas nuevas para mejorar la moral de los trabajadores y las condiciones laborales[35].

Equipo con objetivo específico
Un equipo compuesto por trabajadores de diversas áreas funcionales de la organización, cuyo objetivo es el análisis de cuestiones complejas.

Para una mayor información sobre equipos para la resolución de problemas, consulte el Cuaderno del Director titulado "Trucos para dirigir equipos para la resolución de problemas".

El **equipo virtual** (*virtual team*) utiliza tecnologías informáticas interactivas como Internet, *groupware* (software que permite que personas trabajando desde distintos terminales colaboren al mismo tiempo en un mismo proyecto) y videoconferencias para que sus miembros trabajen juntos, aún cuando están separados físicamente[36]. Los equipos virtuales son parecidos a los equipos con objetivos específicos porque ninguno necesita una participación a tiempo completo de sus miembros. La diferencia esencial es que los miembros

Equipo virtual
Un equipo que depende de la tecnología interactiva para que los miembros trabajen juntos, estando separados físicamente.

CUADERNO DEL DIRECTOR

GRH: EL EMPLEADO COMO CLIENTE INTERNO

Trucos para dirigir equipos de la resolución de problemas

Los directivos deberían ser capaces de utilizar equipos para la resolución de problemas constituidos por empleados con distintas cualidades funcionales para resolver las cuestiones que afectan a la organización. Para diseñar y dirigir estos equipos, es necesario tener en cuenta los siguientes puntos importantes:

- Si se espera que el equipo ponga en práctica nuevas ideas, es necesario incluir miembros de los distintos niveles de la organización. La creación de un equipo con miembros de los distintos niveles (empleados de línea y supervisores, por ejemplo) también puede fomentar la cooperación y reducir las barreras entre empleados y directivos.
- Establecer mecanismos de control para garantizar el libre intercambio de ideas y que la creatividad no se vea obstaculizada cuando el equipo está integrado por directivos y empleados.
- Seleccionar a los miembros en función de su experiencia y de sus distintas expectativas, pero sin olvidar su capacidad de negociar para resolver problemas en un entorno de colaboración.
- Conceder tiempo suficiente al equipo para que desempeñe su tarea. Cuanto más complejo sea el problema y cuanto más necesaria sea una solución creativa, mayor cantidad de tiempo necesitarán los miembros para la solución del problema.
- Coordinar con otros directivos para conseguir más tiempo para los demás miembros.
- Ofrecer objetivos y líneas de actuación claras sobre lo que se espera del equipo. Hay que decir a los miembros qué es lo que pueden o no pueden resolver.
- Programar reuniones periódicas del equipo para reforzar el proceso de resolución de problemas colectivamente. Tales reuniones se pueden utilizar para evaluar la eficacia del equipo.

Fuente: Kepcher, C. (febrero, 2005). Collegial teams. *Leadership Excellence*, 7-9; Nahavandi, A. y Malekzadeh, A. R. (1999). *Organizational behaviour*. Upper Saddle River, Nueva York: Prentice Hall, 276.

del equipo virtual se relacionan entre sí electrónicamente, mientras que en el caso de los equipos con objetivos específicos la relación se desarrolla cara a cara[37].

Los equipos virtuales permiten a las organizaciones hacer que los individuos participen en unos equipos en los que no podrían participar de otra forma dada su naturaleza de tiempo parcial y su flexibilidad para salvar las distancias. Por ejemplo, una empresa de asesoría directiva que trabaja en un proyecto salido de su oficina de San Francisco para un banco local podría hacer participar a los especialistas financieros de sus oficinas de Nueva York y Chicago. Este tipo de equipo también permite que las empresas crucen las fronteras organizativas vinculando a sus clientes, proveedores y socios empresariales en un esfuerzo de colaboración que puede mejorar la calidad y la velocidad con que se saca al mercado un nuevo producto o servicio. Para escribir este libro de texto, los autores (profesores universitarios) crearon un equipo virtual con los editores de la empresa editorial y también con los especialistas en el diseño de los gráficos y las imágenes visuales para el texto.

Una de las mejores prácticas que han surgido a partir de la investigación sobre equipos virtuales es el uso del espacio de trabajo virtual. Básicamente consiste en una página web a la que sólo tienen acceso los miembros del equipo y donde se recuerdan las decisiones, motivaciones y compromisos del grupo[38]. El espacio de trabajo virtual tiene una página de inicio con enlaces a espacios dedicadas a aspectos específicos del proyecto del equipo. Por ejemplo, un espacio contiene información acerca de los miembros del equipo virtual, incluyendo información de contacto y perfiles de su experiencia y logros. Otro muestra información sobre las reuniones por teleconferencia, por ejemplo, respecto a cuando tiene lugar, quien se supone que asistirá, el orden del día y los minutos que durará la reunión. Toda esta información es compartida por los miembros del equipo. Shell Chemicals, por ejemplo, ha implantado con éxito un espacio de trabajo virtual sobre un proyecto amplio de la empresa para desarrollar un nuevo enfoque basado en el dinero en efectivo dentro de la dirección financiera[39].

EL TRABAJO DESDE LA PERSPECTIVA INDIVIDUAL

La tercera y última perspectiva desde la que analizaremos los flujos de trabajo y la estructura es la del empleado y el puesto individual. En este sentido, primero revisaremos las diversas teorías sobre la motivación de los trabajadores y el logro de un mayor rendimiento; después revisaremos las distintas formas de diseñar los puestos de trabajo para maximizar la productividad del empleado. En el siguiente apartado estudiaremos el análisis del puesto de trabajo y la recopilación y organización de la información respecto a las tareas y obligaciones de cada puesto específico. Finalmente, realizaremos un análisis de las descripciones de las tareas, que son uno de los principales resultados del análisis del puesto de trabajo.

MOTIVACIÓN DE LOS EMPLEADOS

La **motivación** puede definirse como aquello que fortalece, dirige y mantiene el comportamiento humano[40]. En la Gestión de los RRHH, este término hace referencia al deseo de una persona de hacer el trabajo lo mejor posible, o de ejercer más esfuerzo para realizar las tareas encomendadas. La cuestión fundamental en el estudio de la motivación consiste en dirigir el comportamiento al logro de un objetivo.

Motivación
Todo lo que impulsa, dirige y sostiene el comportamiento humano. En Gestión de RRHH, el deseo de una persona por hacer su trabajo lo mejor posible o por hacer el máximo esfuerzo para realizar las tareas asignadas.

La teoría de la motivación intenta explicar por qué los empleados están más motivados y más satisfechos con un tipo de trabajo que con otro. Para los directivos resulta esencial comprender la motivación del trabajo porque los empleados que están muy motivados están en mejor disposición de ofrecer un producto o servicio de calidad superior que aquellos otros trabajadores que carecen de motivación.

La teoría de los dos factores

La *teoría de los dos factores de la motivación,* desarrollada por Frederick Herzberg intenta indentificar y explicar los factores que los empleados consideran satisfactorios e insatisfactorios sobre sus trabajos[41]. El primer grupo de factores, llamados *motivadores*, son factores internos al trabajo que generan satisfacción laboral y una mayor motivación. Si estos factores no existen los empleados no estarán suficientemente motivados para realizar todo su potencial. Algunos ejemplos de factores motivadores son los siguientes: la naturaleza del trabajo, la realización, el reconocimiento, la responsabilidad y las oportunidades de promoción.

Queremos hacer notar que el salario no está incluido en la lista de factores de motivación. Herzberg afirma que la paga se encuentra en un segundo grupo de factores denominado de *higiene o factores de mantenimiento*. Los factores de higiene son ajenos al trabajo, porque pueden localizarse en el entorno laboral. La falta de factores de higiene puede provocar una insatisfacción activa y una desmotivación e incluso, en situaciones extremas, el absentismo laboral. Entre otros factores de higiene podemos enumerar los siguientes:

- Políticas de la empresa
- Condiciones laborales
- Seguridad laboral
- Salario
- Prestaciones
- Relaciones con supervisores y directivos
- Relaciones con los compañeros
- Relaciones con los subordinados

Según Herzberg, cuando la dirección proporciona los factores de higiene adecuados, los empleados no estarán insatisfechos con su trabajo, pero tampoco estarán motivados para rendir al máximo. Para motivar a los trabajadores, la dirección debe ofrecer algunos factores de motivación.

La teoría de los dos factores tiene dos implicaciones en el diseño del puesto de trabajo: (1) los puestos de trabajo deben estar diseñados para ofrecer el máximo número de factores de motivación posible y (2) los cambios (externos) en los factores de higiene, tales como la paga o las condiciones laborales, no mejorarán de forma sostenida la motivación de los trabajadores a largo plazo, salvo que vayan acompañados de cambios (internos) en el propio puesto de trabajo.

La teoría del ajuste laboral

Cada trabajador tiene cualidades y necesidades exclusivas. La *teoría del ajuste laboral* sugiere que la motivación y la satisfacción laboral de los empleados dependen del ajuste entre sus necesidades y cualidades y las características del puesto de trabajo y de la organización[42]. Un mal ajuste entre las características individuales y el entorno laboral puede provocar baja motivación. La teoría del ajuste laboral propone que:

- El diseño del puesto laboral puede hacer que un empleado se vea motivado y retado, pero no conseguir los mismos efectos en otro trabajador. Por ejemplo, un trabajador con una minusvalía psíquica puede encontrar motivador un trabajo repetitivo en un restaurante de comida rápida, pero un licenciado universitario puede considerar que este trabajo es muy aburrido.
- No todos los empleados quieren verse implicados en la toma de decisiones. Los empleados con poca motivación para participar pueden adaptarse mal a un equipo autogestionado porque pueden resistirse a dirigir a otros miembros del equipo y a aceptar la responsabilidad de las decisiones del equipo.

La teoría del establecimiento de objetivos

La *teoría del establecimiento de objetivos*, desarrollada por Edwin Locke, sugiere que los objetivos del empleado permiten explicar la motivación y el rendimiento laboral[43]. El razonamiento es el siguiente: puesto que la motivación es un comportamiento dirigido a objetivos, los objetivos claros y difíciles tendrán como resultado una mayor motivación para el empleado que aquellos objetivos fáciles y ambiguos.

La teoría del establecimiento de objetivos tiene algunas consecuencias importantes para los directivos, puesto que sugiere que éstos pueden aumentar la motivación de los empleados dirigiendo el proceso de establecimiento de objetivos[44]. Entre estas consecuencias consideramos las siguientes:

- Los empleados estarán más motivados para rendir cuando tienen objetivos claros y específicos. Un director de una tienda cuyo objetivo específico sea "aumentar la rentabilidad de la tienda en un 20 por ciento en los próximos seis meses" realizará más esfuerzos que otra al que se le diga "hazlo lo mejor que puedas".
- Los empleados estarán más motivados para lograr objetivos difíciles. Por supuesto, los objetivos deben ser alcanzables, puesto que de no ser así el empleado se acabará sintiendo frustrado. Por ejemplo, una programadora informática sin experiencia puede prometer entregar un programa en un tiempo imposible de conseguir. Su director puede ayudarle a establecer una fecha tope, que continúe siendo difícil de alcanzar, pero más realista.
- En algunos casos, aunque no en todos, la participación de los empleados en el establecimiento de los objetivos es más motivadora que si los objetivos son establecidos por

los directivos. Los directivos pueden establecer objetivos consensuados con los empleados y con un planteamiento de dirección por objetivos (*management by objectives; MBO;* analizado en el Capítulo 7), o creando equipos autogestionados que acepten la responsabilidad de establecer sus propios objetivos.

- Los empleados que reciben con frecuencia una retroalimentación sobre los progresos que están teniendo para alcanzar sus objetivos pueden tener un mayor grado de motivación y de rendimiento que los empleados que no reciben esa información o la reciben con poca frecuencia. Por ejemplo, un director de un restaurante puede motivar a los camareros para que pidan la opinión de los clientes sobre la calidad del servicio, con la intención de trasladar esta información a todos los empleados para que mejoren esa prestación.

La teoría de las características del trabajo

Desarrollada por Richard Hackman y Greg Oldham, la *teoría de las características del trabajo* afirma que los empleados estarán más motivados y más satisfechos con su trabajo en tanto en cuanto el trabajo tenga determinadas características esenciales[45]. Tales características contribuyen a crear las condiciones que permiten a los empleados experimentar estados psicológicos críticos relacionados con resultados laborales beneficiosos, incluyendo una gran motivación laboral. La fortaleza de este vínculo entre características del trabajo, estados psicológicos y rendimiento laboral está determinada por la intensidad de la necesidad de crecimiento individual del empleado.

Existen cinco características esenciales del trabajo que activan tres estados psicológicos críticos. Las características esenciales del empleo son las siguientes[46]:

1. **Variedad en la cualificación.** El grado en que un trabajo requiere que una persona haga cosas distintas y utilice diversas cualidades, habilidades y talentos.
2. **Identidad de la tarea.** El grado en que una persona puede hacer el trabajo de principio a fin con un resultado visible.
3. **Relevancia de la tarea.** El grado en que el trabajo tiene un impacto significativo sobre los demás, tanto de dentro como de fuera de la organización.
4. **Autonomía.** La cantidad de libertad, independencia y discreción que el empleado ha de tener en áreas tales como la programación del trabajo, la toma de decisiones o la decisión de cómo realizar el trabajo.
5. **Retroalimentación.** El grado en que el trabajo ofrece al empleado una información clara y directa sobre su rendimiento y sus resultados.

Los tres estados psicológicos críticos que se ven afectados por las anteriores características esenciales del trabajo son las siguientes[47]:

1. **Significatividad experimentada.** El grado en que el empleado siente que su trabajo es importante, valioso y que merece la pena.
2. **Responsabilidad experimentada.** El grado en que el empleado se siente personalmente responsable de los resultados de su trabajo.
3. **Conocimiento de los resultados.** El grado en que el empleado entiende normalmente si está haciendo su trabajo de forma eficaz o no.

La variedad de la cualificación, la identidad de la tarea y la relevancia de la misma están vinculadas con la significatividad experimentada del trabajo, como muestra la Figura 2.3. La autonomía se relaciona con la responsabilidad experiemtada y la retroalimentación con el conocimiento de los resultados.

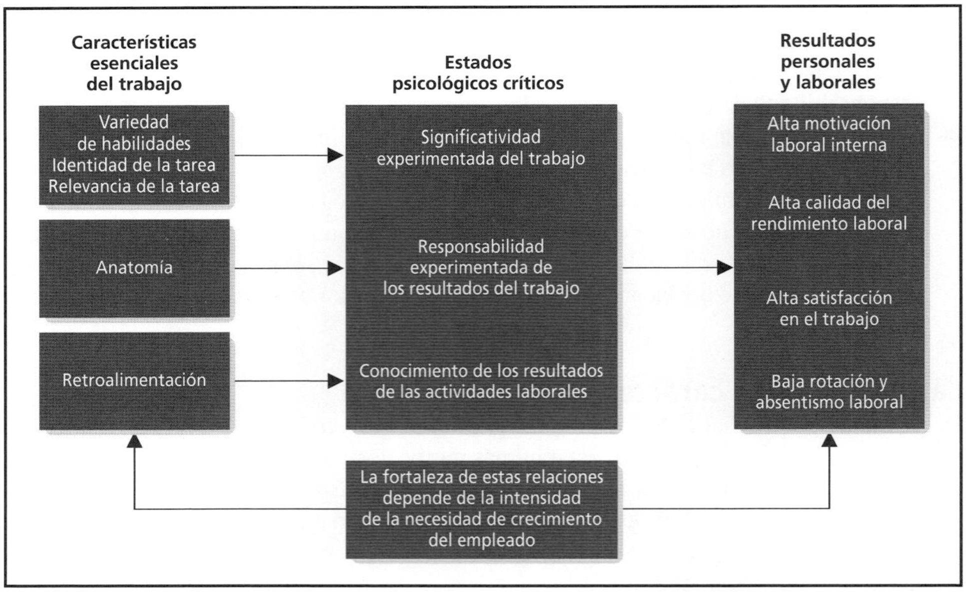

Figura 2.3 ■ La teoría de las características del trabajo como motivadoras laborales.

Un trabajo que tenga unas características que permitan a un empleado experimentar los tres estados psicológicos críticos genera recompensas internas que mantienen la motivación[48]. Estas recompensas provienen del hecho de tener un trabajo en el que la persona puede aprender (conocimiento de los resultados), puede ver que ha realizado bien su trabajo (responsabilidad experimentada) y que, además, se preocupa (significatividad experiemtada)[49]. Lógicamente, esta situación deriva en determinados resultados que son beneficiosos para el empresario: rendimiento de alta calidad, mayor satisfacción del trabajador y menor absentismo y rotación de trabajadores. La teoría de las características del trabajo sostiene que los trabajos deben diseñarse teniendo en cuenta las características que los empleados consideran gratificantes o motivadoras.

EL DISEÑO DEL PUESTO DE TRABAJO Y EL ANÁLISIS DE LA TAREA

Todas las teorías de la motivación de los empleados sugieren que los trabajos pueden diseñarse de tal manera que aumenten los rendimientos y la motivación. El diseño del trabajo es el proceso mediante el cual se organiza el trabajo en las tareas necesarias para realizarlo.

DISEÑO DEL PUESTO DE TRABAJO

Diseño del puesto de trabajo
El proceso de organizar el trabajo en las tareas necesarias para desempeñar un determinado trabajo.

El diseño propuesto del trabajo recibe tres influencias importantes. Una es el análisis del flujo del trabajo que, como sabemos, intenta asegurarse de que cada tarea de la organización recibe el trabajo como un *input*, añade valor a ese trabajo y después lo pasa a otro trabajador. Las otras dos influencias son la estrategia empresarial y la estructura organizativa que mejor se ajusta a esa estrategia. Por ejemplo, puesto que las organizaciones burocráticas giran en torno a la división del trabajo, es de esperar que la atención se centre en trabajos muy especializados.

A continuación, vamos a analizar los siguientes cinco enfoques del diseño del puesto de trabajo: simplificación del trabajo, ampliación del trabajo, rotación del trabajo, enriquecimiento del trabajo y diseño del trabajo en función de equipos.

Simplificación del trabajo

La *simplificación del trabajo* supone que el trabajo puede dividirse en tareas simples y repetitivas que maximizan la eficiencia. Este enfoque del diseño del puesto de trabajo asigna la mayor parte de los aspectos de reflexión sobre el trabajo (como la planificación y la organización) a los directivos y supervisores, mientras que otorga al trabajador una tarea a realizar muy bien definida. La simplificación del trabajo puede utilizar la mano de obra eficazmente para producir una gran cantidad de productos estandarizados. La cadena de montaje de automóviles, en la que los trabajadores realizan tareas mecánicas muy repetitivas, es un ejemplo del enfoque de la simplificación del trabajo.

Aunque la simplificación del trabajo puede ser eficiente en un entorno estable, es menos eficaz en un entorno de cambios, en el que los consumidores demandan productos personalizados de alta calidad. Además, la simplificación del trabajo, a menudo, lleva a altos niveles de rotación de trabajadores y a bajos niveles de satisfacción (de hecho, cuando se utiliza la simplificación del trabajo, los empleados pueden sentir la necesidad de crear sindicatos para obtener algún control sobre su trabajo). Finalmente, los profesionales de niveles superiores sujetos a la simplificación del trabajo pueden acabar estando tan especializados en sus tareas que no alcanzan a ver cómo afecta su trabajo al producto o servicio total de la organización. Como resultado, podemos encontrarnos con trabajos muy bien hechos que no tengan ningún valor para el consumidor. Muchos empleados con tareas muy especializadas han padecido las restricciones de plantilla de las reestructuraciones empresariales de la última década porque las organizaciones se dieron cuenta de que su trabajo no daba ningún valor a los consumidores.

La simplificación del trabajo no debe confundirse con la eliminación de un trabajo. Las empresas que intentan suprimir trabajos ponen en duda cada tarea y cada uno de los pasos que se dan para realizar una tarea, con el fin de encontrar la mejor forma de realizar el trabajo. Incluso, cuando hay partes de un trabajo que no pueden eliminarse, se busca la forma de simplificar o combinar alguna de las fases que el trabajo comprende. Oryx, un productor de productos petrolíferos y de gas de Dallas, ahorró 70 millones de dólares de costes operativos en un año tras crear equipos para analizar con un punto de vista fresco todas sus operaciones. Los equipos descubrieron muchos procedimientos, revisiones, informes y autorizaciones que tenían poco que ver con los negocios de Oryx y que podían eliminarse fácilmente. La eliminación de trabajos es parecida a la reestructuración de los procesos empresariales, aunque difiere en el sentido de que la eliminación del trabajo normalmente se centra en tareas y procesos determinados y no en revisar toda la empresa[50].

Ampliación y rotación del trabajo

La ampliación y la rotación del trabajo se utilizan para volver a diseñar los puestos de trabajo y reducir la fatiga y el aburrimiento de los trabajadores que realizan un trabajo simplificado y altamente especializado. La **ampliación del trabajo** aumenta las tareas de un trabajo. Por ejemplo, los trabajadores del automóvil cuyo trabajo especializado consiste en poner las alfombras en el suelo del coche pueden ampliar su trabajo para incluir tareas adicionales como la instalación de los asientos o del cuadro de mandos[51].

Ampliación del trabajo
El proceso de ampliación de las obligaciones de un puesto de trabajo.

Rotación en el trabajo
El proceso de rotación de trabajadores entre tareas estrechamente definidas, sin interrumpir el flujo de trabajo.

La **rotación del trabajo** hace que los trabajadores se turnen en distintas tareas bien definidas sin que se interrumpa el flujo de trabajo. En una cadena de montaje de automóviles, por ejemplo, un trabajador cuyo trabajo consista en instalar alfombras puede cambiar de tarea periódicamente a otro módulo donde sólo instalará los asientos en el coche. En un período posterior, puede que pase a otro módulo en el que instalará el cuadro de mandos. A lo largo de un día de trabajo en la cadena de montaje el trabajador ha cambiado de tarea a intervalos de dos horas.

Tanto la ampliación como la rotación de trabajos tienen limitaciones porque estos planteamientos se centran fundamentalmente en eliminar los aspectos menos motivadores del trabajo y en mejorar tan sólo una de las cinco características esenciales del trabajo que motivan a los trabajadores: la variedad de cualificación.

Enriquecimiento del trabajo

El enriquecimiento del trabajo es un enfoque del diseño del puesto de trabajo que aplica directamente la teoría de las características del trabajo (*véase* la Figura 2.3) para hacer que los trabajos sean más interesantes y mejorar la motivación de los trabajadores. El **enriquecimiento del trabajo** une tareas especializadas de forma que una persona sea la responsable de la producción de un servicio o producto completo[52].

Enriquecimiento del trabajo
El proceso por el que se reúnen tareas especializadas de forma que una sola persona es responsable de producir todo un producto o servicio.

El enriquecimiento del trabajo amplía tanto la dimensión horizontal como la vertical de un trabajo. En lugar de que la gente trabaje en uno o más módulos de una cadena de montaje, se abandona todo el proceso de la cadena para permitir que cada trabajador desarrolle todo el producto, como la fabricación de un electrodoméstico o una radio[53]. Por ejemplo, en el departamento de comunicaciones de Motorola, los trabajadores individuales son responsables del montaje, la verificación y el empaquetado de las radios de bolsillo de la empresa. Anteriormente, estos productos se fabricaban en una cadena de montaje que dividía el trabajo en 100 pasos distintos y utilizaba ese mismo número de trabajadores[54].

El enriquecimiento del trabajo ofrece más oportunidades de autonomía y retroalimentación a los trabajadores. También les da más responsabilidades para tomar decisiones, tales como la programación del trabajo, la determinación de los métodos y la valoración de la calidad[55]. Sin embargo, la aplicación con éxito del enriquecimiento del trabajo está limitada por la tecnología productiva disponible y la capacidad de los empleados que fabrican el producto o servicio. Algunos productos son muy complejos y requieren demasiados pasos para que un único individuo pueda fabricarlos eficazmente. Otros productos exigen la aplicación de tantas cualidades distintas que no es factible formar a los empleados para que las realicen todas. Por ejemplo, podría tardarse toda una vida en dominar las cualidades necesarias para fabricar un avión Boeing 777.

Diseño del trabajo en función de los equipos

En este caso, el trabajo se diseña para un equipo, no para una persona. Se trata de que un equipo realice una tarea completa[56]. Los miembros del equipo tienen la capacidad de decidir entre ellos cómo van a realizar el trabajo[57]. Normalmente, los miembros del equipo tienen una formación completa en las distintas tareas y se turnan en la realización de las mismas. El diseño del trabajo en función de equipos se ajusta mejor a estructuras organizativas planas y sin fronteras.

Una empresa que utiliza el diseño del trabajo en función de equipos es el departamento Saturn de GM, localizado en Spring Hill, Tennessee. El proceso de ensamblaje del coche Saturn es realizado por equipos autogestionados de entre ocho y 15 trabajadores. Cada equipo asume la responsabilidad de dirigirse a sí mismo. Entrevista y contrata a nuevos miembros del equipo, gestiona su propio presupuesto y recibe informes sobre la cantidad de desechos que genera de forma que puede desarrollar planes para utilizar sus materiales de forma más eficaz[58].

ANÁLISIS DEL PUESTO DE TRABAJO

Tras haber realizado un análisis del flujo de trabajo y haber diseñado el trabajo, el empresario tiene que definir y comunicar las expectativas laborales a los empleados. Esto se hace mejor a través de un **análisis del puesto de trabajo**, que consiste en la recopilación sistemática y la organización de la información relativa a los trabajos. El análisis del trabajo supone un estudio meticuloso que revele detalles importantes. Concretamente, identifica tareas, obligaciones y responsabilidades de un determinado trabajo.

Análisis del puesto de trabajo
El proceso sistemático de recopilación de información para tomar decisiones relativas al trabajo. El análisis del puesto de trabajo identifica tareas, obligaciones y responsabilidades de un determinado trabajo.

- Una *tarea* es el elemento básico del trabajo que consiste en dar un paso lógico y necesario a la hora de realizar el mismo.
- Una *obligación* está formada por una o más tareas que constituyen una actividad significativa en la realización de un trabajo.
- Una *responsabilidad* está definida por una o varias obligaciones que identifican y describen el fin principal o la razón de ser del trabajo.

De esta forma, para el trabajo de ayudante de administración, una tarea puede ser la cumplimentación de un formulario de dietas, que está comprendida dentro de la obligación de mantener un control sobre los gastos de viaje del departamento que, a su vez, es parte de la responsabilidad de gestionar el presupuesto del departamento.

El análisis del puesto de trabajo proporciona la información necesaria para responder a las siguientes preguntas: ¿De dónde proviene el trabajo? ¿Qué máquinas y equipos especiales deben utilizarse? ¿Qué conocimientos, habilidades y aptitudes (CHAs) (*knowledge, skills and abilities (KSA)*) debe poseer el responsable de realizar el trabajo? ¿Qué grado de supervisión es necesario? ¿Bajo qué condiciones laborales debería realizarse este trabajo? ¿Qué expectativas de rendimiento se tienen respecto al trabajo? ¿De quién deben depender los trabajadores para realizar sus tareas? ¿Con quiénes se tienen que relacionar? El análisis del trabajo puede contestar a estas preguntas ofreciendo a los directivos una valiosa información que les puede ayudar a desarrollar políticas y programas de Gestión de RRHH más eficaces, como se describe en los restantes capítulos de este libro.

¿Quién realiza el análisis del puesto de trabajo?

En función de la técnica seleccionada, el análisis del puesto de trabajo lo realiza, o bien un miembro del departamento de RRHH, o bien la persona a la que le *incumbe* (la persona que actualmente está asignada al puesto de trabajo en cuestión). En algunas empresa el director puede llevar a cabo el análisis del puesto de trabajo.

Métodos para recopilar información sobre el puesto de trabajo

Las empresas utilizan diversos métodos para recopilar información: entrevistas, observaciones, diarios y cuestionarios. Los factores, como el coste y la complejidad del trabajo, influirán sobre la elección del método.

- **Entrevistas.** El entrevistador, normalmente un miembro del departamento de RRHH, define una muestra representativa de trabajadores afectados y recaba información mediante una entrevista estructurada que se presenta en el mismo orden a todos los entrevistados y que incluye una serie de preguntas relativas al trabajo.

- **Observación.** Un individuo observa al trabajador afectado que realiza el trabajo y registra las características esenciales del trabajo a partir de sus observaciones. Este método se utiliza en casos en los que el trabajo es bastante rutinario y el observador puede identificar las partes esenciales del trabajo en un tiempo razonable. El analista del trabajo puede grabar en vídeo al trabajador con el fin de estudiar el trabajo con más detalle.
- **Diarios.** Se puede pedir a varios trabajadores que escriban un diario o un *log* de sus actividades cotidianas y registren la cantidad de tiempo que dedican a cada actividad. Al analizar estos diarios durante un periodo de tiempo representativo (tal vez varias semanas) el analista del trabajo es capaz de identificar las características esenciales del trabajo.
- **Cuestionarios.** El trabajador cumplimenta una serie de preguntas sobre las necesidades del trabajo en cuanto a conocimientos, habilidades, aptitudes, obligaciones y responsabilidades. Cada pregunta está asociada a una escala cuantitativa que mide la importancia del factor trabajo o su frecuencia. Una computadora puede recoger la puntuación de los cuestionarios y crear un informe que resuma las características del trabajo. Este método informatizado de recopilación de información sobre el trabajo con cuestionarios es el método más caro.

Los usos del análisis del puesto de trabajo

El análisis del puesto de trabajo mide el contenido en el trabajo y la importancia relativa de las distintas obligaciones y responsabilidades del mismo. Poseer esta información ayuda a las empresas a cumplir con normativas gubernamentales y a defender sus actuaciones ante acciones legales por ofensas o discriminaciones laborales. Como veremos en el Capítulo 3, la defensa genérica contra una acusación de discriminación es que la decisión que se pone en duda (sobre contratación, promoción o despido) se hizo por razones laborales. El análisis del puesto de trabajo ofrece la documentación necesaria para realizar esta defensa. Por ejemplo:

- Una empresa puede defender su política de exigir que los representantes de ventas tengan permiso de conducir si es capaz de demostrar, mediante el análisis del puesto de trabajo, que saber conducir un vehículo es esencial para realizar este tipo de trabajo. En caso contrario, según la ley de Minusvalía Norteamericana (*véase* el Capítulo 3), el empresario tendría que acomodarse a las exigencias de un candidato ciego que afirma tener derecho a realizar ese trabajo.
- El propietario de un restaurante de comida rápida que paga a una ayudante de dirección un salario semanal (sin horas extras) podría necesitar defenderse de los cargos de una violación del horario laboral mediante un análisis del puesto de trabajo que demuestre que el trabajo de un ayudante de dirección está exento de las cláusulas establecidas en la Ley de Estándares Laborales Justos (*véase* el Capítulo 10). El propietario puede probar esto mostrando que la mayor parte de las obligaciones y responsabilidades de este trabajo suponen la supervisión y dirección de otros en lugar de preparar y servir comida a los clientes.

Además de permitir demostrar las exigencias del trabajo con fines jurídicos, el análisis del puesto de trabajo también resulta útil para las siguientes actividades de RRHH:

- **Contratación.** El análisis del puesto de trabajo puede ayudar al departamento de RRHH a preseleccionar un grupo de candidatos para un puesto de trabajo, simplemente facilitando la descripción del puesto de trabajo en los anuncios de un periódico, de forma que pueda identificar a los candidatos cualificados. El análisis del puesto de trabajo también ayuda a los que realizan la contratación a filtrar las solicitudes, porque les dice qué tareas, obligaciones y responsabilidades tiene cada puesto.

- **Selección.** El análisis del puesto de trabajo se puede utilizar para determinar si un candidato a un determinado puesto debería pasar un test de personalidad o cualquier otro tipo de prueba. Por ejemplo, los test de personalidad que miden la extroversión de una persona (el grado en que una persona es más habladora, sociable, activa, agresiva o excitable) pueden estar justificados a la hora de seleccionar a un representante de ventas de seguros de vida (este tipo de trabajos requieren contacto con el cliente, e incluye hacer llamadas "a puertas desconocidas" para captar cuentas potenciales). El análisis del trabajo también puede revelar que el test de personalidad que mide la extroversión tiene una relación débil con el contenido del trabajo de otros puestos (por ejemplo, un técnico de laboratorio) y que no debería utilizarse en el proceso de selección de este tipo de puestos.
- **Evaluación del rendimiento.** Los estándares de rendimiento utilizados para juzgar el rendimiento de los trabajadores con fines de promoción, recompensas, disciplinas o despidos debe estar relacionado con el trabajo. Según las leyes federales de EE.UU., una empresa tendrá que defender su sistema de evaluación ante una demanda legal para demostrar que los criterios utilizados para evaluar el rendimiento están relacionados con el trabajo.
- **Remuneración.** La información obtenida mediante el análisis del trabajo puede utilizarse para comparar el valor relativo de la contribución de cada puesto al rendimiento global de la empresa. El valor de la contribución de cada trabajo es un determinante importante del salario de cada puesto. En una estructura salarial típica, los puestos de trabajo que exigen dominar cualidades más complejas o que tienen un mayor nivel de responsabilidad reciben un salario superior que aquellos otros que sólo requieren tener cualidades básicas o un bajo nivel de responsabilidad.
- **Formación y carrera profesional.** El análisis del trabajo es un factor importante para determinar las necesidades de formación. Al comparar los conocimientos, las habilidades y las aptitudes que los empleados aportan a un trabajo con los identificados mediante el análisis del trabajo, los directivos pueden identificar cuáles son las carencias de cualificación de sus empleados. De esta forma, pueden aplicarse programas de formación del personal para mejorar el rendimiento laboral.

Las técnicas del análisis del puesto de trabajo

La Figura 2.4 muestra una lista de las ocho principales técnicas del análisis del puesto. Las descripciones detalladas de estas técnicas están fuera del alcance de este libro. Sin embargo, describimos sucintamente cuatro de ellas para ofrecer, en términos generales, las implicaciones del análisis del puesto de trabajo. Estas cuatro técnicas son las siguientes: análisis del inventario de tareas, la técnica de los incidentes críticos, el cuestionario de análisis de posición y el análisis funcional del trabajo. Las directrices generales para llevar a cabo eficazmente un análisis del puesto de trabajo se recogen en el Cuaderno del Director titulado "Directrices para realizar el análisis de puestos".

Análisis del inventario de tareas. El *análisis del inventario de tareas* es realmente una recopilación de métodos derivados del método del inventario de tareas de las fuerzas aéreas estadounidenses[59]. La técnica se utiliza para definir los conocimientos, habilidades y aptitudes **(CHAs)** necesarias para realizar correctamente un trabajo. El análisis consta de tres etapas: (1) entrevistas, (2) encuestas y (3) generación de una tarea mediante la matriz CHAs.

CHAs
Los conocimientos, habilidades y aptitudes necesarias para realizar con éxito un trabajo.

La etapa de la entrevista consiste en desarrollar listados de tareas que forman parte del trabajo. Las entrevistas se realizan tanto a los trabajadores que actualmente realizan el tra-

Técnica	Grupo de Empleados Centrados en	Método de Recopilación de Datos	Resultados del Análisis	Descripción
1. Análisis del Inventario de Trabajo	Un gran número de trabajadores	Cuestionario	Clasificación de tareas	Las tareas se clasifican en función de la persona implicada* en el trabajo, el supervisor o el analista. Las clasificaciones pueden ser en función de características tales como la importancia de la tarea o el tiempo empleado en realizarla.
2. Técnica de las Incidencias Críticas	Cualquiera	Entrevista	Descripción de comportamientos	Para cada dimensión del trabajo, se identifican los incidentes de comportamiento que son malos para un rendimiento excelente.
3. Cuestionario del Análisis de Posiciones (CAP)	Cualquiera	Cuestionario	Clasificación de 194 elementos de trabajo	Los elementos se clasifican según seis escalas (por ejemplo, grado de utilización, importancia del trabajo). Las clasificaciones son analizadas por una computadora.
4. Análisis del Trabajo Funcional (ATF)	Cualquiera	Entrevista de grupo/ Cuestionario	Clasificación del afectado y su relación con la gente, los datos y las cosas	Originalmente diseñado para mejorar la asesoría y el empleo de los inscritos en la oficina local de empleo. Se generan definiciones de los trabajos y se presentan a los involucrados para que cualifiquen dimensiones tales como la frecuencia y la importancia.
5. Análisis de Métodos (estudio de movimientos)	Manufacturas	Observación	Tiempo por unidad de trabajo	Medio sistemático para determinar el tiempo estándar de diversas tareas laborales. Basado en la información y cronometraje de las tareas.
6. Análisis del Trabajo Orientado por Líneas Directrices	Cualquiera	Entrevista	Calificación y conocimientos necesarios	Los involucrados en un trabajo identifican las obligaciones, así como los conocimientos, cualificación, habilidades físicas y otras características necesarias para realizar el trabajo.
7. Cuestionario de Descripción de la Posición Directiva (CDPD)	Dirección	Cuestionario	Lista de 197 elementos	Los directivos comprueban cuestiones descriptivas de sus responsabilidades.
8. Plan Hay	Dirección	Entrevista	Impacto del trabajo sobre la organización	Se entrevista a los directivos en cuestiones relacionadas con su responsabilidad. Las respuestas se analizan en función de cuatro dimensiones: objetivos, dimensiones, naturaleza y alcance y responsabilidad.

*El término involucrado hace referencia a la persona que ocupa el trabajo en cuestión.

Figura 2.4 ■ Las técnicas del análisis del trabajo.

bajo como a sus superiores. El objetivo de las entrevistas consiste en crear descripciones específicas para cada tarea particular, para después utilizarlas en la encuesta para el inventario de las tareas.

La segunda etapa implica la creación y explotación de una encuesta que se compone de definiciones de tareas y escalas de clasificación. La encuesta puede pedir a los encuestados –los que realizan el trabajo actualmente– que clasifiquen, en función de la importancia, la frecuencia y el tiempo de formación necesario, cada tarea. El que la encuesta se envíe a una muestra de trabajadores o a todos ellos dependerá del número de trabajadores y de las restricciones económicas del análisis del puesto de trabajo.

La etapa final consiste en crear una tarea a través de una matriz CHAs, que se utiliza para calificar en qué medida es importante la variedad de CHAs para realizar con éxito cada tarea. En la Figura 2.5 se representa un breve ejemplo de la matriz de clasificación CHA. Las clasificaciones de la matriz suelen venir determinadas por expertos en la materia, que pueden ser supervisores, directivos, asesores y los propios trabajadores.

Escala de Clasificación Importancia de las características para realizar satisfactoriamente una tarea				
1 Muy Baja	2 Baja	3 Media	4 Alta	5 Muy Alta

Tarea	Características del Trabajador									
	Razonamiento matemático	Habilidad analítica	Habilidad para seguir indicaciones	Memoria	Comprensión-oral	Comprensión-escrita	Expresión-oral	Expresión-escrita	Capacidad para resolver problemas	Precisión
1. Revisa los plazos de producción para determinar la sucesión correcta										
2. Identifica los trabajos problemáticos y emprende las acciones correctivas										
3. Determina la necesidad de trabajo y genera peticiones específicas de trabajo										
4. Mantiene el libro de registros y realiza tareas asignadas										
5. Negocia con los capataces para determinar las fechas críticas en situaciones de emergencia										
6. Analiza la disponibilidad de material y mantiene al día los pedidos										
7. Prepara los paquetes de tareas										
8. Mantiene al día los archivos de pedidos por clientes										
9. Negocia con compras para garantizar la disponibilidad de materiales										
10. Fija la disponibilidad de productos en función de los futuros pedidos de los clientes										
11. Determina las fechas límites y las comunica al cliente										
12. Fija la necesidad de materiales dadas las previsiones de documentos										

Figura 2.5 ■ Matriz CHA de una tarea sencilla.

El análisis del inventario de tareas presenta dos grandes ventajas. En primer lugar, es un medio sistemático para analizar las tareas en una determinada situación. En segundo lugar, utiliza cuestionarios personalizados en vez de cuestionarios genéricos. Los directivos pueden utilizar esta técnica para desarrollar descripciones de los trabajos y formularios de evaluación del rendimiento, así como para desarrollar e identificar las pruebas de selección adecuadas.

Técnica de los incidentes críticos. La *técnica de los incidentes críticos (TIC)* se utiliza para desarrollar descripciones del comportamiento en un trabajo[60]. Con la TIC los supervisores y trabajadores crean incidentes de comportamiento en el desarrollo de un trabajo. La técnica se compone de los siguientes cuatro pasos: (1) creación de dimensiones, (2) creación de incidentes, (3) traslado de incidentes y (4) asignación de valores de eficacia. En el paso de creación de dimensiones los supervisores y trabajadores identifican las principales dimensiones de un trabajo. Las "dimensiones" son características sencillas del rendimiento. Por ejemplo, la relación con los clientes, la petición de productos y el arqueo de caja serían las principales dimensiones de un trabajo de vendedor minorista. Una vez alcanzado el acuerdo sobre cuáles son las dimensiones principales, los supervisores y trabajadores crean los "incidentes críticos" del comportamiento que representan, para cada dimensión, un rendimiento alto, moderado y bajo. Un ejemplo de incidente crítico de rendimiento elevado en la dimensión "relación con los clientes" podría ser:

> Cuando un cliente se quejó a un cajero por no haber encontrado un determinado artículo, al ver que no había nadie más, el cajero se levantó y volvió a la estantería en cuestión con el cliente para localizar el artículo.

Un ejemplo de rendimiento bajo en la misma dimensión podría ser:

> Cuando un cliente entregó a la cajera un montón de vales de descuento, la cajera se quejó en voz alta a su compañera diciendo que odiaba todo el trasiego de vales.

Los dos últimos pasos, el traslado de incidentes y la asignación de valores de eficacia, implican asegurarse de que los incidentes críticos identificados en los dos pasos anteriores reciben normalmente la misma consideración por parte de los demás trabajadores.

La TIC proporciona una descripción detallada del comportamiento en el trabajo. Suele utilizarse como punto de partida de los sistemas de evaluación del rendimiento y para los programas de formación, así como para desarrollar preguntas de evaluación del comportamiento en las pruebas de selección. El apéndice del Capítulo 7 le ofrece la oportunidad de crear incidentes críticos.

Cuestionario de análisis de posición (CAP). El *CAP* es un cuestionario de análisis del trabajo que contiene 194 elementos distintos. Utilizando una escala de cinco puntos, el CAP intenta determinar el grado en el que cada uno de los distintos componentes, o elementos del trabajo, están implicados a la hora de realizar una determinada tarea[61]. Los 194 componentes se organizan en torno a seis apartados:

1. **Entrada de información.** Dónde y cómo obtiene el trabajador la información necesaria para realizar el trabajo.
2. **Procesos mentales.** El razonamiento, la toma de decisiones, la planificación y las actividades de procesamiento de información necesarios para realizar el trabajo.
3. **Producción de trabajo.** Las actividades físicas, las herramientas y los instrumentos utilizados por un trabajador para realizar el trabajo.
4. **Relaciones con otras personas.** Las relaciones con otras personas necesarias para realizar el trabajo.
5. **Contexto del trabajo.** Los contextos sociales y físicos en los que el trabajo se lleva a cabo.
6. **Otras características.** Las demás actividades, condiciones y características relevantes para hacer el trabajo.

CUADERNO DEL DIRECTOR

GRH: EL EMPLEADO COMO CLIENTE INTERNO

Directrices para realizar el análisis de puestos de trabajo

Para realizar un análisis del puesto de trabajo es necesario que los directivos realicen cinco pasos:

1. **Determinar las aplicaciones deseadas del análisis del puesto de trabajo.** Por ejemplo, si se va a utilizar como punto de partida de una evaluación del rendimiento, el análisis del puesto de trabajo debería recopilar datos representativos de los distintos grados de rendimiento. Si se utiliza como punto de partida para determinar las necesidades de formación, el análisis del puesto debería recopilar información de los conocimientos, habilidades y aptitudes necesarias para un rendimiento eficaz en el trabajo.
2. **Selección de los trabajos a analizar.** Los factores que hacen que determinados trabajos sean adecuados para el análisis del puesto de trabajo incluyen la estabilidad u obsolescencia del contenido del trabajo (los trabajos que cambian rápidamente necesitan un análisis del puesto de trabajo más frecuente). Los niveles de entrada en un puesto de trabajo (que exigen una selección de las herramientas para determinar a quién se contrata y a quién se rechaza) también se analizan de forma regular.
3. **Recopilación de la información del puesto de trabajo.** La recopilación de la información deseada utilizando la técnica de análisis del trabajo más adecuada, en función de las restricciones presupuestarias.
4. **Verificación de la precisión de la información del puesto de trabajo.** Tanto los que realizan el trabajo como sus supervisores inmediatos deberían revisar la información del trabajo para garantizar que es representativa del trabajo que de hecho se realiza.
5. **Documentación del análisis del puesto de trabajo mediante una descripción por escrito del mismo.** La documentación de la información del análisis del puesto de trabajo es una descripción del mismo que resume las obligaciones y responsabilidades esenciales, así como el conocimiento, las habilidades y las aptitudes necesarias para realizar el trabajo. Este documento permite a los directivos comparar los distintos trabajos en diferentes dimensiones y es una parte importante de muchos programas de RRHH.

Fuente: Adaptado de Gatewood, R. D. y Feild, H. S. (2001). *Human resource selection* (5ª edición). Fort Worth, TX: Harcourt College Publishers.

Una computadora analiza el CAP realizado y genera una puntuación para el trabajo y un perfil de sus características.

Análisis funcional del trabajo. El *análisis funcional del trabajo* es una técnica utilizada en el sector público que puede hacerse mediante una entrevista o un cuestionario[62]. Esta técnica recopila información sobre los siguientes aspectos del trabajo[63]:

1. Qué hace el trabajador respecto a las personas, los datos y las cosas.
2. Los métodos y técnicas que utiliza el trabajador para realizar su trabajo.
3. Las máquinas, herramientas y equipos que utiliza.
4. Los materiales, proyectos o servicios producidos por el trabajador.

Los resultados del análisis funcional del trabajo son publicados por el gobierno federal de EE.UU. en el *Dictionary of Occupational Titles (DOT)*[64]. El DOT incluye descripciones completas y estándares de unos 20.000 trabajos y ha ayudado a dar más uniformidad a los puestos en distintas secciones del país. Las listas del DOT también facilitan el intercambio de información estadística sobre los distintos trabajos.

Análisis del trabajo y entorno legal

Puesto que el análisis del trabajo puede ser el punto de partida para que una empresa gane o pierda un juicio sobre la forma de seleccionar o evaluar a sus empleados, es importante que las organizaciones se esfuercen en documentar cuidadosamente el análisis de los trabajos.

Hay dos cuestiones importantes relativas al análisis del puesto de trabajo. La primera: ¿qué método de análisis del puesto de trabajo es el mejor? Aunque existen muchas técnicas de análisis del puesto de trabajo, no hay una elección clara respecto a cuál es la mejor. Algunas, como el énfasis del inventario de tareas o el análisis del puesto de trabajo orientado por directrices, fueron desarrolladas para satisfacer requisitos legales, pero no hay una razón, desde el punto de vista estrictamente legal, por la cual una técnica sea preferible a otra. Las Directrices Uniformes, publicadas por la Comisión de Igualdad de Oportunidades en el Empleo, afirma que el análisis del puesto de trabajo debería realizarse siempre, pero no especifica una técnica mejor que el resto.

Como regla general, podemos establecer que cuanto más concreta y observable sea la información tanto mejor. De esta forma, pueden resultar bastante útiles tanto los enfoques del análisis del trabajo, que ofrecen definiciones específicas sobre el comportamiento o las tareas como el análisis de inventario de tareas, o el TIC. Sin embargo, el TIC puede resultar muy caro, dado el tiempo que tienen que dedicarle los supervisores y trabajadores.

La inexistencia de una única técnica que sea superior hace que la elección de la misma, naturalmente cumpliendo con las restricciones económicas, dependa del objetivo del análisis. Por ejemplo, si el objetivo principal del análisis consiste en volver a diseñar el trabajo, entonces, probablemente, el análisis que se centra en las tareas sea el mejor. Pero si el principal objetivo es el desarrollo de un programa de formación, probablemente sea mejor la técnica que se centra en los distintos comportamientos.

Análisis del puesto de trabajo y flexibilidad organizativa

La segunda cuestión relativa al análisis del puesto de trabajo se centra en responder a la siguiente pregunta: ¿cómo se ajusta la información detallada del análisis del puesto de trabajo a las organizaciones actuales que tienen que ser flexibles e innovadoras para seguir siendo competitivas?

Sea cual fuere la técnica utilizada, el análisis del puesto de trabajo, tal y como existe actualmente, ofrece una visión bastante estática del trabajo y esta visión estática está en desacuerdo con las tendencias actuales de la organización que resaltan la flexibilidad y la innovación. Por ejemplo, America West Airlines intenta mantener reducidos sus costes laborales haciendo que los empleados desempeñen una diversidad de tareas. La misma persona puede ser azafata, vendedora de billetes y encargada de las maletas en una misma semana. Y casi todos los trabajos están afectados, hoy en día, por los continuos avances de las tecnologías de la información y la comunicación. Estos factores pueden hacer que incluso el más exhaustivo análisis del puesto de trabajo sea inútil transcurrido muy poco tiempo.

En un entorno organizativo de cambio e innovación es más adecuado centrar los análisis del puesto de trabajo en las características del *trabajador* que en las del *trabajo*. Las tareas que se realizan en un análisis del trabajo pueden cambiar, pero las características del empleado, como la innovación, la capacidad de trabajar en equipo, su capacidad de relacionarse y sus cualidades de comunicación, seguramente seguirán siendo esenciales para el éxito de la organización. Por desgracia, la mayoría de las técnicas de análisis del trabajo no se centran en descubrir las características del trabajador, a no ser que las características estén directamente relacionadas con las tareas inmediatas. No obstante, dado que la importancia del ajuste a la organización se considera cada vez más un factor a tener en cuenta a la hora de seleccionar la técnica[65], el análisis del trabajo puede que empiece a centrarse más en los factores subyacentes al trabajador[66]. Sun Microsystems, Toyota (EE.UU.) y AFG Industries, son algunas organizaciones que han ampliado el análisis del puesto de trabajo para resaltar más el ajuste entre los trabajadores potenciales y la organización.

DESCRIPCIONES DEL PUESTO DE TRABAJO

Descripción del puesto de trabajo
Un documento escrito que identifica, describe y define un puesto de trabajo en función de sus obligaciones, responsabilidades, condiciones laborales y especificaciones.

Una **descripción del puesto de trabajo** es una definición resumida de la información recopilada en el proceso de análisis del puesto de trabajo. Es un documento escrito que identifica, define y describe un trabajo a partir de sus obligaciones, responsabilidades, condiciones laborales y especificaciones. Existen dos tipos de descripciones del trabajo: descripciones específicas del trabajo y descripciones generales del mismo.

Una *descripción específica del puesto de trabajo* es un resumen detallado de las tareas, obligaciones y responsabilidades de un trabajo. Este tipo de descripción del puesto de trabajo se asocia con estrategias del flujo de trabajo que destacan la eficiencia, el control y la planificación detallada del trabajo. Se ajusta mejor a una estructura burocrática, con fronteras bien definidas que separan las distintas funciones y los distintos niveles de dirección. La Figura 2.6 muestra un ejemplo de descripción detallada de un trabajo de supervisión de servicios y seguridad. Obsérvese que esta descripción del trabajo especifica nítidamente el trabajo que es exclusivo de la persona que supervisará a los empleados de *seguridad*. El conocimiento específico de las normativas de seguridad y de los procedimientos de primeros auxilios de la Cruz Roja, incluidos en esta descripción del trabajo, hacen que la descripción no sea válida para cualquier otro tipo de supervisor (por ejemplo, un supervisor en un supermercado local).

La *descripción general del puesto de trabajo*, una descripción bastante nueva, se asocia con estrategias del flujo de trabajo que destacan la innovación, la flexibilidad y una planificación amplia del trabajo. Este tipo de descripción del puesto de trabajo se adecua mejor a una estructura plana o sin fronteras, en la que los límites entre funciones y niveles de dirección están difusos[67].

En una descripción general del trabajo sólo se documentan las obligaciones y responsabilidades más genéricas para un puesto[68]. La Figura 2.7 en la página 87 muestra una descripción general del trabajo para el puesto de "supervisor". Obsérvese que todas las obligaciones y responsabilidades del puesto que se muestran en la Figura 2.7 responden al puesto de cualquier supervisor: supervisor de contabilidad, de ingeniería o, incluso, el supervisor de seguridad al que responde la descripción de la Figura 2.6.

Los programas de calidad total o de reestructuración comercial pueden constituirse en la fuerza motriz para afianzar la tendencia hacia la utilización de descripciones generales del puesto de trabajo[69]. Por ejemplo, Arizona Public Service (APS), una empresa de servicios públicos, se pasó a las descripciones generales tras descubrir que tenía 1.000 descripciones específicas para sus 3.600 trabajadores[70]. Este gran número de descripciones específicas generaba barreras artificiales entre las funciones laborales, limitaba la posibilidad de cambio e impedía que APS pudiera ofrecer una alta calidad de servicio a los consumidores. Al utilizar descripciones generales del trabajo, APS fue capaz de reducir el número de descripciones a 450.

Una aplicación todavía más impresionante de las descripciones generales de los puestos es la de Nissan, el productor japonés de automóviles. Nissan sólo tiene una descripción general para todos sus empleados de producción que trabajan por horas[71]. Como contraposición, alguna de las divisiones de General Motors tiene cientos de descripciones específicas para sus trabajadores de la producción que trabajan por horas. Este hecho se explica, en parte, por la vigilancia del sindicato United Auto Workers (UAW) a la hora de defender los derechos de sus miembros a trabajar en puestos específicos.

Elementos de una descripción del puesto de trabajo

Las descripciones del puesto de trabajo tienen cuatro elementos clave: información de identificación, descripción del puesto, obligaciones y responsabilidades del puesto y espe-

Puesto de trabajo: Supervisor de Servicios y Seguridad
DIVISIÓN: Plásticos
DEPARTAMENTO: Producción
FUENTE(S): John Doe — CATEGORÍA SALARIAL: Exento
ANÁLISIS DEL PUESTO DE TRABAJO: John Smith — VERIFICADO POR: Bill Johnson
FECHA ANALIZADA: 12/26/00 — FECHA REVISIÓN: 1/5/01

Resumen del puesto de trabajo

El SUPERVISOR DE SERVICIOS Y SEGURIDAD trabaja bajo la dirección del DIRECTOR DE IMPREGNACIÓN Y LAMINACIÓN: **planifica** los equipos laborales de trabajadores; **supervisa** el trabajo de jardineros, personal de limpieza, personal de seguridad de la fábrica y desechos; **coordina** los programas de seguridad de la fábrica; **mantiene al día** los registros diarios sobre personal, equipos y desechos.

Obligaciones y responsabilidades del puesto de trabajo

1. **Programa** la asistencia de trabajadores para tener personal de repuesto en todos los departamentos productivos; **prepara** la planificación de las asignaciones y **asigna** los distintos individuos a los departamentos en función de las rutinas así como de las necesidades especiales con el fin de mantener una plantilla adecuada en toda la fábrica; **notifica** semanalmente al Departamento de Relaciones Industriales los despidos y disponibilidad de puestos de trabajo, los problemas contractuales y otras cuestiones relacionadas con los empleados.
2. **Supervisa** el trabajo de los jardineros, limpiadores y del personal de seguridad y de control de residuos; **planifica** los almacenes, la limpieza y las actividades relacionadas con la seguridad en función de las necesidades semanales; **asigna** tareas y responsabilidades diariamente a los empleados, **controla** el progreso o el estado de las tareas asignadas; **disciplina** a los empleados.
3. **Coordina** los programas de seguridad de la fábrica; **enseña** los procedimientos básicos de primeros auxilios al personal de seguridad, supervisión y subcontratado con el fin de mantener una cobertura adecuada de las emergencias médicas; **forma** a los empleados en la lucha contra incendios y procedimientos de gestión de materiales peligrosos; **verifica** el cumplimiento de las normativas relativas a seguridad en la fábrica; **representa** a la división en las reuniones y programas de seguridad de toda la empresa.
4. **Mantiene** registros diarios sobre personal, equipos y desechos; **informa** sobre los residuos y desechos al departamento de costes; **actualiza** los datos de personal cuando es necesario; **revisa** las listas de mantenimiento.
5. **Realiza** otras tareas diversas a medida que le son asignadas.

Requisitos del puesto de trabajo

1. Capacidad para aplicar principios y técnicas básicas de supervisión.
   a. Conocimiento de los principios y técnicas de supervisión.
   b. Capacidad de planificar y organizar las actividades de los demás.
   c. Capacidad de conseguir que se acepten sus ideas y para guiar a un grupo o individuo a que realice una tarea.
   d. Capacidad para modificar el estilo de liderazgo y el planteamiento de la dirección para alcanzar el objetivo.
2. Capacidad para expresar ideas con claridad, tanto en comunicación escrita como oral.
3. Conocimiento de las actuales prácticas de primeros auxilios de la Cruz Roja.
4. Conocimiento de las normativas sobre seguridad y de cómo afectan éstas a las actividades de la fábrica.
5. Conocimiento de los equipos de trabajo, de las políticas de la empresa y de los contratos laborales.

Cualificación mínima

12 años de educación general o equivalente; un año de experiencia en supervisión y certificado de Instructor de Primeros Auxilios.

O

Formación de supervisión de 45 horas para la experiencia de supervisión.

Fuente: Jones, M. A. (mayo de 1984). Job descriptions made easy. *Personnel Journal.* Copyright mayo de 1984. Reimpreso con autorización de *Personnel Journal.* ACC Communications, Inc., Costa Mesa, California. Todos los derechos reservados.

Figura 2.6 ■ Ejemplo de descripción específica del puesto de trabajo.

cificaciones y cualificaciones mínimas[72]. Las figuras 2.6 y 2.7 muestran cómo se organiza esta información en una descripción del puesto.

Para cumplir las leyes federales, es importante que las descripciones del puesto documenten únicamente los aspectos esenciales del puesto. De lo contrario, las mujeres cuali-

Puesto de trabajo: Supervisor
DIVISIÓN: Plásticos
DEPARTAMENTO: Producción
FUENTE(S): John Doe, S. Lee
ANÁLISIS DEL PUESTO DE TRABAJO: John Smith
FECHA ANALIZADA: 12/26/00
CATEGORÍA SALARIAL: Exento
VERIFICADO POR: Bill Johnson
FECHA REVISIÓN: 1/5/01

Resumen del puesto de trabajo

El SUPERVISOR trabaja bajo la dirección del DIRECTOR: **planifica** objetivos; **supervisa** el trabajo de los empleados; **desarrolla** a los empleados a través de la comunicación y el entrenamiento; mantiene registros precisos; **coordina** su trabajo con el de otros para lograr el uso óptimo de los recursos de la organización.

Obligaciones y responsabilidades del puesto de trabajo

1. **Planifica** objetivos y asigna recursos para lograrlos; **controla** el progreso hacia los objetivos y ajusta los planes según sea necesario para alcanzar los primeros; **asigna y programa** los recursos para garantizar su disponibilidad en función de las distintas prioridades.
2. **Supervisa** el trabajo de los empleados; **proporciona** instrucciones y explicaciones claras a los empleados cuando asigna las tareas; **programa y asigna** el trabajo entre los trabajadores para lograr la máxima eficiencia; **controla** el rendimiento de los empleados con el fin de lograr los objetivos asignados.
3. **Desarrolla** a los empleados a través de un entrenamiento para el trabajo y una retroalimentación sobre el rendimiento; realiza evaluaciones del rendimiento con cada empleado de forma regular; **proporciona** a los empleados elogios y reconocimiento cuando el rendimiento es excelente; **corrige** con prontitud a los empleados cuando su rendimiento no alcanza el nivel esperado.
4. Mantiene registros precisos y documenta las actividades; **procesa** el papeleo a tiempo, prestando estrecha atención a los detalles, **documenta** los aspectos importantes de sus decisiones y acciones.
5. **Coordina** su trabajo con el de otros para lograr el uso óptimo de los recursos de la organización; **mantiene** buenas relaciones laborales con sus colegas en otras unidades de la organización; **representa** a los integrantes de la unidad durante las reuniones de toda la empresa o división.

Requisitos del puesto de trabajo

1. Capacidad para aplicar principios y técnicas básicas de supervisión.
   - **a.** Conocimiento de los principios y técnicas de supervisión.
   - **b.** Capacidad de planificar y organizar las actividades de los demás.
   - **c.** Capacidad de conseguir que se acepten sus ideas y para guiar a un grupo o individuo a que realice una tarea.
   - **d.** Capacidad para modificar el estilo de liderazgo y el planteamiento de la dirección para alcanzar el objetivo.
2. Capacidad para expresar ideas con claridad, tanto en comunicación escrita como oral.

Cualificación mínima

12 años de educación general o equivalente; un año de experiencia en supervisión.

O

Formación de supervisión de 45 horas para la experiencia de supervisión.

Fuente: Jones, M. A. (mayo de 1984). Job descriptions made easy. *Personnel Journal.* Copyright mayo de 1984. Reimpreso con autorización de *Personnel Journal.* ACC Communications, Inc., Costa Mesa, California. Todos los derechos reservados.

Figura 2.7 ■ Ejemplo de descripción general del puesto de trabajo.

ficadas, las minorías y las personas con alguna minusvalía podrían quedar discriminadas involuntariamente al no satisfacer los requisitos especificados para el puesto. Por ejemplo, el requisito de tener un permiso de conducir en regla no debería ponerse en la descripción del puesto de trabajo si éste puede modificarse de forma que una persona con una minusvalía física pueda realizar el trabajo sin tener el permiso de conducir.

Información de identificación. La primera parte de la descripción del puesto de trabajo identifica el puesto, el lugar y la fuente de información del análisis del puesto de trabajo; quién ha escrito la descripción del puesto; las fechas del análisis del trabajo y de la verificación de la descripción del puesto; y si el trabajo está exento de la cláusula de horas extraordinarias del *Fair Labor Standards Act* o si está sujeto al pago de horas extraordinarias. Para asegurarse de que la información de identificación garantiza igualdad de oportunidades en el empleo, el personal de RRHH debería tener en cuenta lo siguiente:

- Asegurarse de que los puestos no hacen referencia a un determinado género. Por ejemplo, habrá que utilizar el término "representante de ventas" en lugar de "vendedor".
- Asegurarse de que las descripciones del trabajo son actualizadas regularmente, de forma que la fecha de la descripción del puesto sea actual. Las descripciones de un trabajo con más de dos años tienen poca credibilidad y pueden ofrecer información sesgada.
- Garantizar que el supervisor del que realiza el trabajo verifica la descripción del mismo. Ésta es una buena forma de garantizar que la descripción no representa inadecuadamente las obligaciones y responsabilidades del puesto (un directivo que esté familiarizado con el trabajo también puede verificar la descripción del mismo).

Resumen del puesto de trabajo. El resumen del puesto de trabajo es una breve definición que resume las obligaciones, responsabilidades y el lugar que ocupa en la estructura de la organización.

Obligaciones y responsabilidades del puesto. Las obligaciones y responsabilidades del puesto explican qué es lo que hay que hacer en el trabajo, cómo se hace y por qué se hace[73].

Cada descripción del puesto de trabajo suele mostrar una lista que contiene de tres a cinco responsabilidades importantes. Cada definición de una responsabilidad se inicia con un verbo de acción. Por ejemplo, el puesto de supervisor de la Figura 2.7 tiene cinco responsabilidades que empiezan con los siguientes verbos de acción: planificar, supervisar, desarrollar, mantener y coordinar. Cada responsabilidad está asociada a una o más obligaciones del puesto, que también empiezan con verbos de acción. Por ejemplo, el puesto de supervisor en la Figura 2.7 tiene dos obligaciones asociadas con la responsabilidad de "planificar objetivos": (1) controlar el progreso hacia los objetivos y (2) asignar y programar recursos. La definición de las obligaciones y responsabilidades de un puesto es probablemente el apartado más importante de una descripción de un puesto de trabajo porque influye sobre todos los demás apartados de la descripción. Por tanto, debe ser completa y precisa.

Especificaciones del trabajo
Las características necesarias que debe tener un trabajador para desempeñar con éxito un puesto de trabajo.

Especificaciones del puesto y cualificación mínima. El apartado de **especificaciones del puesto de trabajo** incluye una lista con las características necesarias (CHAs) del trabajador para poder realizar satisfactoriamente el trabajo. Las CHAs representan aquellas cosas que un empleado que ha dominado el puesto puede realizar.

A la hora de documentar las CHAs es importante hacer una lista con sólo las características relacionadas con un rendimiento excelente en el trabajo. Por ejemplo, un programador informático actualmente puede dominar ciertos lenguajes de programación que no son necesarios para realizar el trabajo. Estos programas no deberían incluirse en la descripción.

Las *cualificaciones mínimas* son los estándares básicos que debe haber superado un candidato para poder ocupar el puesto. Estas cualificaciones pueden utilizarse para descartar a candidatos durante el proceso de selección y contratación. Los requisitos mínimos deben especificarse cuidadosamente para evitar la discriminación entre los distintos candidatos. A continuación, se muestran algunas cuestiones que deben tenerse en consideración a la hora de documentar las cualificaciones mínimas.

- Sólo debería utilizarse como requisito mínimo la obtención de un título universitario si su posesión está directamente relacionada con la posibilidad de desempeñar el puesto de trabajo con éxito. Por ejemplo, para una gran empresa de contabilidad puede ser necesario tener un licenciado universitario, pero esto no tiene por qué ser así para ser supervisor de turnos de un restaurante de comida rápida.
- Las cualificaciones relativas a la experiencia laboral deberían especificarse cuidadosamente para que no exista discriminación a las minorías o a las personas con minusvalías. Por ejemplo, la descripción del puesto de trabajo de la Figura 2.7 ofrece la posibilidad de sustituir la experiencia de un año por un cursillo de 45 horas. Esta cláusula permite que la gente que ha sido excluida anteriormente y no ha obtenido la oportunidad laboral, pueda tener opciones al puesto. Esta flexibilidad permite que la empresa tenga en cuenta a determinados candidatos que probablemente no tengan la posibilidad de demostrar experiencia en el puesto de trabajo.

LOS TRABAJADORES FLEXIBLES

Hemos visto cómo se pueden estructurar las organizaciones y cómo se pueden diseñar los trabajos para maximizar esta flexibilidad. En este apartado examinaremos dos estrategias adicionales para garantizar la flexibilidad: trabajadores eventuales y programas flexibles de trabajo.

TRABAJADORES EVENTUALES

Existen dos tipos de trabajadores: los trabajadores de plantilla y los trabajadores eventuales. Los **trabajadores de plantilla** de una empresa tienen trabajos a tiempo completo y disfrutan de privilegios de los que no disponen los **trabajadores eventuales**. Muchos trabajadores de plantilla esperan mantener una relación a largo plazo con el empresario, lo que supone hacer carrera en el seno de la organización, una amplia gama de prestaciones y seguridad laboral. Por el contrario, el trabajo de los trabajadores eventuales depende de las necesidades y exigencias del empresario en cada momento. Las empresas contratan a trabajadores eventuales para que les ayuden a solucionar aumentos eventuales de trabajo o para hacer trabajos que no forman parte de su conjunto central de capacidades. Los trabajadores eventuales se despiden con facilidad cuando la organización ya no necesita sus servicios. Cuando el ciclo económico es descendente los trabajadores eventuales son los primeros a los que se despide. De esta forma, se establece una franja de protección para los trabajadores de plantilla. Por ejemplo, en algunas grandes empresas japonesas los cargos de los trabajadores de plantilla están protegidos por un gran número de trabajadores eventuales que pueden ser despedidos rápidamente cuando las condiciones económicas cambian.

Trabajadores de plantilla
Los trabajadores fijos a tiempo completo de una organización.

Trabajadores eventuales
Trabajadores contratados para resolver las necesidades temporales de trabajo de una organización o para hacer trabajos que no forman parte de sus actividades centrales

Los trabajadores eventuales pueden ser trabajadores temporales, a tiempo parcial, contratados externos o subcontratados y estudiantes en prácticas. Según la oficina estadounidense de estadísticas laborales *(Bureau of Labor Statistics),* los trabajadores eventuales alcanzaron el 24 por ciento de la mano de obra en 2001. Esta cifra engloba aproximadamente 22 millones de trabajadores con contrato temporal, nueve millones contratados por obra/proyecto y 1,2 millones de temporeros. Los cargos ocupados son diversos, desde secretarias, guardas de seguridad, dependientes, cajeros y trabajadores de la cadena de producción, hasta médicos, profesores de universidad, ingenieros, directivos e incluso directores generales.

Trabajadores temporales

Las agencias de trabajo temporal ofrecen a las empresas trabajadores temporales para trabajos a corto plazo. Los trabajadores temporales que trabajan para una agencia de trabajo temporal se asignan sencillamente a otro empresario cuando su cargo actual finaliza. Manpower, la mayor empresa de trabajo temporal de las 7.000 que existen en EE.UU., también es la empresa que más contrata en el país, con más de 750.000 empleados contratados[74].

Los trabajadores temporales pueden aportar dos grandes ventajas al empresario:

- Los trabajadores temporales reciben un salario medio menor que los trabajadores de plantilla. Estos trabajadores no suelen recibir seguros médicos, planes de pensiones, o vacaciones pagadas por parte de la empresa que utiliza sus servicios. Por lo general, tampoco reciben estas prestaciones de la agencia de trabajo temporal porque deben cumplir con un mínimo de servicios durante varios meses o más de forma continuada para tener derecho a recibir esos beneficios. Por ejemplo, en la década de los 90, a medida que los despidos se multiplicaron, la remuneración total de los profesionales y directivos de la empresa de trabajo temporal se elevó a más del triple[75]. Sin embargo, muchos de los directivos que trabajaban en puestos temporales ganaron hasta un 50 por ciento menos que los trabajadores de plantilla[76].
- Los trabajadores temporales pueden ser trabajadores con una elevada motivación puesto que los empresarios pueden decidir contratar indefinidamente a los trabajadores de mayor rendimiento. Además, la contratación de temporales ayuda al empresario a reducir el riesgo de seleccionar empleados que no son adecuados, puesto que se puede evaluar el potencial a largo plazo de estos empleados y ser despedidos fácilmente si la empresa piensa que tienen poco potencial.

Los empresarios deben comprender los límites legales de la utilización de trabajadores temporales a largo plazo. Varios miles de trabajadores temporales de Microsoft, que ocupaban un puesto de trabajo a largo plazo pero que estaban contratados a través de una agencia de trabajo temporal ("Permatemps"), pusieron una denuncia conjunta, afirmando que Microsoft les trataba como a trabajadores de plantilla en todos los sentidos, menos en lo relativo a la remuneración y prestaciones sociales. Un tribunal federal de apelaciones dictaminó que los trabajadores que habían sido contratados por Microsoft durante más de varios meses –aunque proviniesen de agencias de trabajo temporal– deberían ser considerados trabajadores fijos con las mismas prestaciones sociales que los trabajadores de plantilla[77].

Los trabajadores temporales se utilizan cada vez más con mayor regularidad en todo el mundo. En Francia, uno de cada cinco trabajadores tiene un contrato temporal o a tiempo parcial y en Gran Bretaña más del 25 por ciento de los trabajadores son a tiempo parcial. Casi el 33 por ciento de los nuevos puestos de trabajo creados en España fueron para trabajadores temporales[78].

Trabajadores a tiempo parcial

Los *trabajadores a tiempo parcial* trabajan menos tiempo que los trabajadores de plantilla a tiempo completo y reciben muchas menos prestaciones sociales que los puestos de trabajo a tiempo completo, lo cual le supone al empresario ahorros sustanciales. Tradicionalmente, los trabajadores a tiempo parcial han sido empleados del sector servicios, porque tiene una alta variación de la demanda entre los momentos álgidos de trabajo y los momentos bajos. Por ejemplo, los restaurantes y supermercados contratan a muchos trabajadores a tiempo parcial para servir a sus clientes durante los momentos álgidos (normalmente noches y fines de semana).

Las empresas están descubriendo nuevas aplicaciones para los trabajadores a tiempo parcial. Por ejemplo, UPS ha creado puestos de trabajo de 25 horas semanales para oficinistas y supervisores para clasificar los envíos en sus centros de distribución. Las empresas que hacen reducciones de plantilla para reducir sus costes laborales se caracterizan por haber reestructurado sus puestos de trabajo cambiando a trabajadores de plantilla a tiempo completo por puestos de trabajo a tiempo parcial.

Un tipo especial de trabajo a tiempo parcial es el conocido como **trabajo compartido**, un puesto de trabajo a tiempo completo que se divide entre dos o más personas para crear dos o más puestos de trabajo a tiempo parcial. Durante una reestructuración de su plantilla, Du Pont utilizó el trabajo compartido entre empleados de la dirección, del área de investigación y de secretariado para evitar, de esta forma, despedir a sus trabajadores[79].

Trabajo compartido
Un acuerdo laboral por el que dos o más empleados se dividen las responsabilidades, las horas y las prestaciones de un trabajo.

Las empresas cada vez utilizan más el trabajo a tiempo parcial para evitar la "huida de cerebros" por parte de profesionales mujeres altamente cualificadas que necesitan una mayor conciliación de la vida laboral y personal para poder dedicar más tiempo a sus familias. Johnson & Johnson, la mayor compañía de productos de asistencia médica, permite a las profesionales mujeres con experiencia sustancial en su trabajo reducir la jornada para no perderlas. Pfizere, el gigante farmacéutico, ofrece trabajos a tiempo parcial a los profesionales de ventas de productos farmacéuticos que están muy formados en cuanto al conocimiento del producto y han desarrollado relaciones valiosas con médicos que son sus clientes. Los representantes de ventas que eligen la opción de trabajar a tiempo parcial trabajan el 60 por ciento de las horas que trabajan los empleados a tiempo completo y pueden organizar su día de trabajo en función de las horas de colegio de sus hijos. El 93 por ciento de aquellos que optan por trabajar a tiempo parcial en Pfizer son madres trabajadoras, las cuales son tenidas en cuenta de cara a la promoción y pueden volver a trabajar a tiempo completo cuando lo consideren conveniente[80].

Contratación externa *(outsourcing)*/subcontratación

Como vimos en el Capítulo 1, la contratación externa (a veces denominada *subcontratación)* es el proceso mediante el cual los empresarios transfieren trabajos rutinarios o periféricos a otra organización que se especializa en ese trabajo y que puede realizarlo más eficientemente. Los empresarios que acuden a la contratación externa para realizar parte de un trabajo que no es esencial para la empresa mejoran la calidad y ahorran costes. Los acuerdos de contratación externa pueden derivar en relaciones a largo plazo entre el empresario y el subcontratista, aunque es el empresario el que tiene la posibilidad de renovar o terminar la relación a su conveniencia[81].

Considerando que cada vez cobra más fuerza la "empresa virtual" como modelo organizativo, parece lógico que la contratación externa sea la tendencia de futuro[82]. Una *empresa virtual* es aquella que posee unos pocos empleados clave permanentes y una mano de obra que cambia continuamente, formada por trabajadores eventuales.

De forma consistente con la tendencia de la contratación externa, las actividades de RRHH también están siendo subcontratadas por las empresas. Por ejemplo, las nóminas, las prestaciones, la formación y la contratación se suelen subcontratar a proveedores externos de servicios[83]. Antes, estas actividades se realizaban dentro de la propia empresa. De hecho, la subcontratación de los RRHH es un sector de ochenta mil millones de dólares en gran crecimiento y con unos ingresos que recientemente han aumentado un 33 por ciento[84]. No obstante, aunque externalizar determinadas actividades rutinarias de RRHH como la gestión de nóminas aumenta la eficiencia, la externalización de funciones clave de los sistemas de RRHH, tales como la formación o la evaluación del desempeño, puede producir la pérdida de control de sistemas importantes o de oportunidades de aprender de las mejores prácticas de RRHH que podrían producir importantes mejoras en otras actividades de RRHH.

Una cuestión de ética

Muchos empleados y representantes sindicales se quejan amargamente de la práctica de contratar el trabajo en el exterior, sobre todo en otros países. Parte de esta queja deriva del hecho de que las empresas hacen esto para evitar pagar salarios justos y conceder prestaciones a sus empleados. ¿Es esto una cuestión de ética? Si es así, ¿en qué deberían fundamentar las empresas sus decisiones de contratación externa?

Para las empresas que recurren a la contratación externa es muy importante establecer relaciones adecuadas con los proveedores de servicios. Si bien es cierto que algunas empresas consideran a sus proveedores como socios estratégicos, otras afirman que, en última instancia, la empresa y el proveedor no tienen los mismos intereses. Por ejemplo, UOP, una empresa de ingeniería con sede en Illinois que desarrolla la tecnología que se utiliza para construir refinerías de petróleo, puso una demanda judicial contra Andersen Consulting, la empresa de tecnología de la información que había contratado UOP para mejorar y racionalizar alguno de sus procesos. UOP exigía 100 millones de dólares por incumplimiento de contrato. El presidente y director general de UOP alegaba que "la diferencia entre lo que nos prometió Andersen [...] y lo que de hecho hizo era asombrosa"[85]. La moraleja de este caso nos enseña que merece la pena comunicarse con claridad y en términos específicos con los proveedores desde el primer momento[86].

Una de las empresas que basa su ventaja competitiva en la contratación externa es Benetton, la empresa multinacional italiana que fabrica ropa que se vende en 110 países. Benetton se considera a sí misma como una empresa de "servicios de ropa" más que como un minorista o un productor de ropa"[87]. La empresa contrata con proveedores locales la producción de ropa, pero se asegura de que sus subcontratas posean la cualidad de fabricar la ropa con los estándares que Benetton considera cruciales para mantener su propia calidad y su eficiencia en costes[88].

El Cuaderno del Director "Ventajas y desventajas de externalizar las actividades de RRHH", ofrece alguna información útil sobre los factores a considerar antes de externalizar.

Externalización lejos del país de origen *(Offshore Outsourcing).* El espectacular crecimiento económico de China e India durante la primera década del siglo XXI ha originado oportunidades lucrativas para empresas de Norte América, Europa y Asia que se aprovechan de la alta cualificación profesional y los bajos costes salariales que consiguen las empresas que subcontratan sus actividades en esos dos países[89]. El ahorro de costes laborales que esta externalización puede ofrecer es impresionante. Por ejemplo, un profesional de la tecnología de la información con de tres a cinco años de experiencia podría ganar un salario anual de unos 26.000 dólares comparado con los 75.000 dólares que gana en los EE.UU. Un empleado de un centro de atención de llamadas (*call-center*) en India podría ganar alrededor de 2.000 dólares al año, comparado con los 20.000 dólares que gana en Gran Bretaña[90]. A la externalización lejos del país de origen, que algunas veces se conoce como *offshoring,* se la define como la externalización a nivel internacional para conseguir ventaja competitiva en el mercado[91].

Los proveedores de servicios en la India para las empresas que deciden llevara a cabo *offshoring* son especialmente competitivos ofreciendo servicios tales como los centros de atención de llamadas, consultoría de tecnologías de la información y desarrollo de software. Por ejemplo, los centros de llamadas de la India se encargan de llamadas de servicio de atención al cliente y procesos de reclamaciones de seguros, préstamos, reservas de viajes y cuentas de tarjetas de crédito [92].

China ha desarrollado un alto nivel de experiencia en la manufactura. Las empresas subcontratadas chinas fabrican una amplia variedad de productos para los clientes, desde electrónica de consumo, como los aparatos de televisión y los DVDs, a chips de memoria, bienes de consumo, tales como hornos microondas, lavavajillas y juguetes para niños, así como automóviles y camiones. Actualmente, una gran parte del inventario de bienes de vendidos en Wal-Mart, la tienda de venta al por menor más grande del mundo, provienen de los proveedores chinos que se han asociado con Wal-Mart. Información adicional sobre

CUADERNO DEL DIRECTOR

NUEVAS TENDENCIAS

Ventajas y desventajas de externalizar las actividades de RRHH

Externalizar las actividades de RRHH a una empresa especializada en ofrecer servicios de RRHH a los clientes tiene tanto ventajas como inconvenientes. Estos son algunos de los factores importantes a considerar:

Ventajas de externalizar

- Una empresa subcontratada puede proporcionar gente más cualificada y las prácticas y la información relativa a cada actividad o tarea más actual. Dado que las actividades de RRHH constituyen la misión central de la empresa subcontratada, ésta se especializará en hacerlo bien. Por ejemplo, una empresa especializada en formar empleados en el uso de un software procesador de texto es probable que instruya a los empleados para que sean capaces de utilizar las actualizaciones más recientes del software que contiene las últimas características y aplicaciones.
- Subcontratar ciertas tareas puede conllevar una reducción de los costes administrativos porque la empresa subcontratada puede realizar la tarea de forma más eficiente y generar economías de escala gracias a la gran red de clientes con la que cuenta.
- La externalización de actividades específicas y de empleados que no encajan con la cultura de la empresa puede ser útil para mantener una sólida cultura o la moral del empleado. Un ejemplo es la subcontratación de las actividades de administración de las prestaciones en un bufete de abogados, donde la cultura de despacho de abogado es compartida por las personas formadas como abogados.

Desventajas de externalizar

- Encargar las actividades de RRHH a una empresa externa puede conllevar la pérdida de control de una actividad importante, lo cual puede ser un problema costoso. Por ejemplo, subcontratando la contratación de personal, la empresa cliente puede sufrir incumplimientos de plazos en proyectos sensibles al tiempo si la empresa con la que hemos externalizado la actividad tiene otros clientes más importantes a los que atender.
- Subcontratar las actividades de RRHH puede resultar la pérdida de la oportunidad de adquirir conocimientos e información que podrían beneficiar a otros procesos y actividades de la empresa. Por ejemplo, la contratación externa de formación de los ejecutivos y el desarrollo de la empresa que proporciona un paquete de formación estandarizado puede originar una pérdida de oportunidades para aprender acerca de los aspectos peculiares de la empresa en cuanto a las formas de liderazgo con respecto a su propia cultura.

Fuente: Smith, S. (9 de mayo de 2005). Look before you leap into HR outsourcing. *Canadian HR Reporter*, 13; Kaplan, J. (14 de enero de 2002). The realities of outsourcing. *Network World*, 33; y Baron, J. y Kreps, D. (1999). *Strategic human resources: Frameworks for general managers*. New York: John Wiley & Sons.

externalización lejos del país de origen se puede encontrar en el Capítulo 17 (Las exigencias de la gestión internacional de los RRHH).

Trabajadores autónomos

Los *trabajadores autónomos* son empleados que desarrollan relaciones laborales directamente con el empresario (en lugar de con un subcontratista a través de un acuerdo de contratación externa) para un determinado período de tiempo o trabajo a realizar[93]. Los trabajadores autónomos poseen sus propias herramientas y determinan sus horas de contratación. A veces, los trabajadores autónomos se denominan asesores o trabajadores independientes (*freelancers*).

Muchos profesionales con cualificación especializada pueden convertirse en trabajadores autónomos[94]. Los hospitales, por ejemplo, utilizan a médicos que son trabajadores independientes para los servicios de urgencias; las universidades utilizan profesores asociados para cubrir cursos básicos. Qwest, una de las empresas de telecomunicaciones de Baby Bell, utiliza trabajadores autónomos para muchos de sus puestos de RRHH. Las pequeñas empresas también suelen recurrir a trabajadores autónomos. En Hipólita, un fabricante de joyería de Nueva York, cuando el trabajo es demasiado para sus 30 empleados a tiempo completo, contrata a un pequeño grupo de trabajadores independientes –expertos en moda, escultores de modelos en miniatura, diseñadores y vendedores–. El desafío más grande es gestionar la relación entre los trabajadores autónomos y los empleados a tiempo completo. A la dirección le ha resultado muy beneficioso escribir las descripciones de los puestos de trabajo tanto para los empleados de la empresa a jornada completa como para los trabajadores autónomos, de modo que cada uno sabe cuál es su misión específica[95].

Los trabajadores autónomos pueden ser más productivos y eficientes que los trabajadores de plantilla porque el trabajo de un *freelancers* no se ve afectado por las inevitables reuniones y por los trámites burocráticos de la empresa. Estos trabajadores, además, pueden aportar a la empresa una perspectiva externa fresca. Sin embargo, no siempre resulta fácil motivar a un *freelancers*, puesto que para estos trabajadores la empresa es uno más de sus múltiples clientes, todos ellos con proyectos urgentes y fechas límites que cumplir.

Estudiantes en prácticas

Una de las facetas más nuevas del área de la mano de obra eventual es la utilización de *estudiantes en prácticas*, que trabajan a tiempo completo o a tiempo parcial durante un período corto de tiempo (normalmente un semestre académico o durante el verano) para adquirir experiencia laboral. Algunos estudiantes en prácticas reciben un salario, otros no. Los empresarios emplean a estos estudiantes para ayudar al personal profesional. Algunas veces, los estudiantes en prácticas trabajan a prueba para conseguir un contrato estable cuando acaben sus estudios superiores. Las grandes empresas que utilizan estudiantes en prácticas son, entre otras, IBM y General Electric (que tiene a estudiantes de ingeniería en prácticas), las cuatros grandes empresas de asesoría contable (que utilizan estudiantes en prácticas para contratos de auditoría con clientes) y Proctel & Gamble (que utiliza a estudiantes en prácticas en sus áreas de marketing y ventas).

Los estudiantes en prácticas también se utilizan mucho en empresas pequeñas que quieren contratar a empleados que desarrollarán su carrera profesional en la empresa. Por ejemplo, en Seal Press, una pequeña empresa editora en Seattle, Washington, una mujer que empezó en prácticas en el departamento de marketing pasó a ser ayudante de marketing y actualmente es la directora del departamento. Los estudiantes en prácticas en una editorial revisan y leen manuscritos, redactan informes detallados para los lectores y algunas veces asisten a las reuniones de personal. Puesto que el trabajo es una gran oportunidad, hay una larga lista de espera de candidatos.

HORARIOS DE TRABAJO FLEXIBLES

Los horarios de trabajo flexible modifican la programación del trabajo, a la vez que dejan intactos el diseño del trabajo y la relación laboral. Los empresarios pueden lograr niveles de productividad superiores y una mayor satisfacción en el trabajo[96]. De esta forma, los empleados pueden percibir que la dirección confía en ellos, lo que puede mejorar la calidad de las relaciones laborales (*véase* el Capítulo 13)[97]. Los empleados con horarios de trabajo flexible además tienen menos estrés, puesto que evitan las horas punta de tráfico.

Los tres tipos más comunes de horarios flexibles son: las horas de trabajo flexibles, la semana laboral comprimida y el teletrabajo.

Horas de trabajo flexibles

Las horas de trabajo flexibles permiten a los empleados determinar su hora de entrada y de salida a la empresa. Estos empleados tienen que realizar 40 horas semanales en su puesto de trabajo, pero pueden elegir las horas que van a trabajar. Las **horas de trabajo flexibles** dividen los horarios entre **tiempo principal**, en el que todos los empleados tienen que estar en el trabajo y **tiempo flexible**, en el que los empleados pueden elegir la forma de organizar las rutinas laborales en función de sus actividades personales.

La política de Hewlett-Packard otorga a los trabajadores la flexibilidad de entrar a trabajar entre las 6:30 a.m. y las 8:30 a.m. y de abandonar el trabajo una vez cumplidas las ocho horas. Por lo tanto, el tiempo principal en Hewlett-Packard está comprendido entre las 8:30 a.m. y las 2:30 p.m.[98]. De esta forma, las reuniones y las actividades en equipo se desarrollan en este horario.

Horas flexibles
Un acuerdo laboral que otorga a los empleados el control de su horario laboral diario.

Tiempo principal
El horario en el que todos los empleados deben estar en el trabajo. Parte del acuerdo de horas flexibles.

Tiempo flexible
El tiempo en el que los empleados pueden elegir no estar en su puesto de trabajo. Parte del acuerdo de horas flexibles.

Semanas laborales comprimidas

Las *semanas laborales comprimidas* alteran el número de días laborales por semana aumentando el número de horas trabajadas por día laboral a diez horas o más. Un tipo de horario de semana laboral comprimida consiste en dedicar al trabajo cuatro días de diez horas. Otra modalidad consiste en trabajar cuatro días de 12 horas, lo que permite que los trabajadores tengan cuatro días de descanso. Este horario permite dos bloques de cuatro días libres cada 16 días[99].

La semana laboral comprimida supone menos interrupciones potenciales en las actividades empresariales que necesariamente tienen que ofrecer sus servicios las 24 horas, como los hospitales y las fuerzas de seguridad. En segundo lugar, reduce el absentismo y los retrasos en empresas cuyos centros de trabajo están alejados (por ejemplo, las plataformas petrolíferas en alta mar).

La principal ventaja es que otorgan a los empleados fines de semana de tres y cuatro días para que estén con sus familias o se ocupen de sus asuntos personales. Sin embargo, los empleados que trabajan con semanas laborales comprimidas pueden padecer más estrés y fatiga[100].

La Figura 2.8 muestra la duración de la semana laboral de empleados a tiempo completo en diferentes países. Fíjese que la duración se mueve en un rango desde 35 horas en Francia a 48 en Hong Kong.

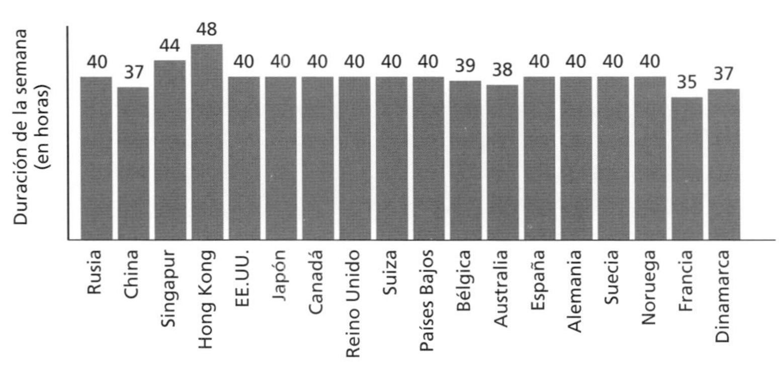

Fuente: Briscoe, D. y Schuler, R. 2004. *International human resource management* (2ª ed.) New York: Routledge.

Figura 2.8 ■ La duración de la semana laboral en países seleccionados.

Teletrabajo

Teletrabajo
Un acuerdo laboral que permite a los empleados trabajar en sus casas a tiempo completo, manteniendo el contacto con la oficina a través del teléfono, el fax o la computadora.

Las computadoras personales, los módems, los faxes, el correo electrónico e Internet (que conecta las computadoras personales entre distintos lugares de trabajo) han creado la oportunidad, para millones de personas en EE.UU., de trabajar fuera de una oficina o **teletrabajar**[101]. El teletrabajo permite a los empleados cultivar un estilo de vida personalizado, sin renunciar a un empleo a tiempo completo[102].

El teletrabajo ofrece a los empresarios la flexibilidad de contratar a empleados cualificados que de otra manera no podrían ofrecer sus servicios. Además, con el teletrabajo no es necesario montar oficinas, lo que supone un ahorro de costes en este sentido. Sin embargo, el teletrabajo conlleva varios retos para los directivos. Los discutiremos en detalle en el Capítulo 13.

CUADERNO DEL DIRECTOR

TENDENCIAS GLOBALES

Francia establece la semana laboral de 35 horas

En 2000, Francia implantó la semana laboral de 35 horas, diseñada para incentivar a los empresarios a crear más puestos de trabajo para los desempleados. Las novedades de la legislación laboral supusieron una reducción de cuatro horas en el número de horas laborables que los empleados contratados a tiempo completo tenían que cumplir. Esta nueva ley además exigía que las empresas francesas pagaran 39 horas de sueldo por 35 horas de trabajo, lo que significaba que los empleados no serían penalizados con una reducción en su salario con la implantación de la semana laboral de 35 horas. La lógica económica de esta ley fue controvertida, ya que se presuponía que existía una cantidad de trabajo a disposición de los trabajadores franceses y que reduciendo la duración de la semana laboral habría horas de trabajo disponibles para compartir con aquellos que tenían dificultades para encontrar un trabajo. La ley ofrecía a los empleados mayor flexibilidad para conciliar el trabajo con la vida privada. Sin embargo, esto también hizo que Francia fuera vista desde una perspectiva empresarial como menos competitiva a nivel internacional, porque la jornada de trabajo francesa era la más corta en el mundo.

Por lo tanto, en 2005, a pesar de la popularidad de la semana laboral de 35 horas en algunos sectores, los legisladores franceses votaron para revisar la semana laboral de 35 horas y se les dio a los empresarios la flexibilidad para permitir que los trabajadores puedan trabajar hasta las 48 horas semanales permitidas en las directrices jurídicas de la Unión Europea. Una de las razones fue que la tasa de desempleo en Francia se mantuvo alta, alrededor del diez por ciento durante los cinco años que estuvo vigente la semana laboral de 35 horas, en contra de la suposición de que los empresarios tienen una cantidad fija de trabajo a asignar entre los trabajadores. El experimento francés con la semana laboral de 35 horas sugiere que en una economía global los empresarios tienen otras opciones en vez de recurrir a los trabajadores nacionales para cubrir los puestos de trabajo; pueden decidir contratar a empleados de otros países externalizando en países de bajo coste. Por lo tanto, el choque económico de la semana laboral de 35 horas en Francia puede haber proporcionado un incentivo para que algunos empresarios encuentren sustitutos de bajo coste de los trabajadores nacionales, en vez de ofrecer más puestos de trabajo a los trabajadores franceses.

Fuente: Bennhold, K. (23 de marzo de 2005). France votes overhaul 35-hour workweek. *International Herald Tribune*, 3; Smith, C. (10 de enero de 2003). Shortend workweek shortens French tempers. *New York Times*, A3; *The Economist* (15 de junio de 2002). France's 35-hour work-week in fine, so long as it is voluntary, 78.

Sistema de Información de RRHH (SIRH)
Un sistema utilizado para recopilar, grabar, analizar y recuperar datos relativos a los RRHH de la organización.

SISTEMAS DE INFORMACIÓN DE RRHH

Los **sistemas de información de RRHH (SIRH)** son sistemas utilizados para recopilar, registrar, almacenar, analizar y recuperar datos relativos a los RRHH de la organización[103]. La mayoría de los SIRH actuales están informatizados; analizaremos brevemente dos cuestiones relevantes: las aplicaciones de los SIRH y la gestión de los aspectos de seguridad y privacidad relacionadas con los SIRH.

APLICACIONES DE LOS SIRH

Un SIRH informático contiene hardware informático y aplicaciones de software que contribuyen a ayudar a los directivos a tomar decisiones sobre RRHH[104]. El software puede ser un programa personalizado o un programa estándar.

La Figura 2.9 muestra algunas aplicaciones de software de los SIRH que actualmente están disponibles en el mercado. Estos programas incluyen:

- *Un programa de información sobre empleados:* crea una base de datos que ofrece información básica sobre los empleados: nombre, género, dirección, número de teléfono, fecha de nacimiento, raza, estado civil, puesto de trabajo y salario. Algunos programas tienen aplicaciones que pueden proporcionar bases de datos sobre empleados para usos de RRHH más especializados.
- *Un programa para el seguimiento de los candidatos:* puede automatizar algunas de las actividades intensivas en trabajo relacionadas con la contratación de candidatos para los puestos de trabajo. Estas actividades incluyen el almacenamiento de información sobre los candidatos que permite a los usuarios el acceso a ella para evaluar al candidato; programar entrevistas con los distintos directivos; actualizar los datos del candidato; generar correspondencia (por ejemplo una oferta laboral o una carta de rechazo) y producir los registros necesarios de igualdad de oportunidades en el empleo exigidas por el gobierno de los EE.UU.
- *Un inventario de cualificación:* permite hacer un seguimiento de la cualificación de los trabajadores de la empresa y buscar la oferta interna de cualificación que encaje con la demanda de destrezas de la empresa.

- Localización de candidatos
- Información básica sobre el empleado
- Administración de las prestaciones
- Gestión de primas e incentivos
- Desarrollo/planificación de la carrera profesional
- Presupuesto de las retribuciones
- Cumplimiento de la legislación laboral
- Historia del empleo

- Sistema de fijación de objetivos
- Salud y seguridad
- Utilización de seguros médicos
- Procedimientos de contratación
- Planificación y previsión de RRHH
- Análisis/descripción de puestos de trabajo
- Evaluación del puesto de trabajo
- Asignación de puestos de trabajo

- Planificación de las relaciones laborales
- Nómina
- Pensiones y jubilaciones
- Gestión del rendimiento
- Incapacidad temporal a corto o largo plazo
- Inventario de cualificaciones
- Planificación de la sucesión de puestos de trabajo
- Tiempo y asistencia
- Costes de viajes
- Análisis de rotación del personal

Fuente: Dzamba, A. (2001, Enero). What are your peers doing to boost HRIS Performance? *HR Focus*, 5-6; Kavanagh, M., Gueutal, H. y Tannenbaum, S. (1990). *Human resource information systems: Development and application,* 50. Boston: PWS-Kent. Reproducido con el permiso de South-Western College Publishing. Copyright 1990 by PWS-Kent. Todos los derechos reservados.

Figura 2.9 ■ Selección de aplicaciones del sistema de información de RRHH.

- *Un programa de nóminas:* calcula el sueldo bruto, los impuestos, las cotizaciones a la seguridad social, otros impuestos y el sueldo neto. También se puede configurar para realizar otras deducciones del sueldo, como pagos a seguros médicos, planes de jubilación y cuotas a sindicatos.
- *Un programa de administración de prestaciones:* permite automatizar el mantenimiento de los historiales de prestaciones, administrar programas de prestaciones, o asesorar sobre opciones de prestaciones. El software de prestaciones puede proporcionar también un resumen anual de prestaciones por empleado.
- *Un programa de gestión del tiempo del empleado:* registra la forma en la que cada empleado utiliza el tiempo en el puesto de trabajo. El programa controla la asistencia, el absentismo y las llegadas tarde del empleado[105].

SEGURIDAD Y PRIVACIDAD DE LOS SIRH

El departamento de RRHH debe desarrollar políticas y directrices para proteger la integridad y la seguridad de los SIRH. Los usuarios no autorizados de los SIRH pueden causar estragos. En una ocasión, una ejecutiva que trabajaba para una empresa de correduría accedió a los SIRH de su empresa para conseguir información para su marido, agente de seguros de vida, que utilizó la información para enviar solicitudes por correo a los colegas de su mujer. Los empleados interpusieron una demanda colectiva de un millón de dólares contra la empresa por violación de su intimidad[106]. En otra ocasión, un programador informático entró en los SIRH de su empresa, localizó los salarios de una serie de empleados (incluyendo altos directivos y ejecutivos) y reveló esta información a los demás empleados. Esta situación fue muy perturbadora, puesto que los trabajadores enfadados exigieron conocer las causas que motivaban tales discrepancias remunerativas[107].

Para mantener la seguridad y la confidencialidad de los registros de los SIRH, las empresas deberían:

- Limitar el acceso a los SIRH controlando el acceso a la computadora y a sus archivos de datos, cerrando con llave las salas donde están estas computadoras y codificando los datos.
- Permitir el acceso limitado a distintas partes de la base de datos mediante palabras clave y códigos especiales.
- Otorgar permisos para acceder a información sobre empleados sólo cuando es necesario acceder a dicha información.
- Desarrollar políticas y directrices sobre la utilización de la información de empleados y notificar a los empleados el funcionamiento de estas políticas.
- Permitir a los empleados verificar y corregir sus registros personales.

Resumen y conclusiones

El trabajo desde la perspectiva de la organización

La estrategia empresarial de una empresa determina la estructura de su trabajo. Con una estrategia defensiva, el trabajo se puede organizar eficazmente en una estructura funcional basada en la división del trabajo, con jerarquías de trabajos asignados a unidades funcionales. Con una estrategia exploradora resultan más adecuadas la descentralización y la menor división del trabajo. La estructura organizativa burocrática es la más eficaz cuando la organización opera en un entorno estable. Las estructuras organizativas planas y sin fronteras son más eficaces cuando las organizaciones operan en entornos de incertidumbre que exigen flexibilidad.

El análisis del flujo de trabajo estudia cómo crea o añade valor el trabajo en los procesos empresariales existentes. Ayuda a los directivos a determinar si el trabajo se está realizando con toda la eficacia posible. El análisis del flujo de trabajo puede resultar muy útil en programas de Calidad Total (TQM) y en los procesos de reingeniería empresarial.

El trabajo desde la perspectiva del grupo

Las estructuras organizativas planas y sin fronteras se centran en la utilización de equipos autogestionados y en las pequeñas unidades de trabajo (entre seis y 18 empleados) responsables de la producción de un producto completo, un componente o un servicio. Las empresas también utilizan otros dos tipos de diseño de equipos. Los equipos de resolución de problemas que se componen de voluntarios de una unidad o departamento que se reúnen una o dos horas a la semana para analizar la mejora de la calidad, la reducción de costes o la mejora del entorno laboral. Los equipos con objetivo específico que se componen de miembros de diversas áreas funcionales o fronteras organizativas, cuyo objetivo consiste en analizar cuestiones complejas. Los equipos virtuales permiten que empleados separados geográficamente colaboren en proyectos o problemas especiales, relacionándose informáticamente o mediante otro tipo de tecnología.

El trabajo desde la perspectiva individual

La teoría de la motivación intenta explicar cómo afecta el diseño del puesto de trabajo a la motivación de los trabajadores. Las cuatro teorías más importantes sobre la motivación en el trabajo son: la teoría de los dos factores, la teoría del ajuste laboral, la teoría de la fijación de los objetivos y la teoría de las características del puesto de trabajo.

Diseño y análisis del puesto de trabajo

El diseño del puesto de trabajo es el proceso de organización del trabajo en tareas necesarias para llevarlo a cabo. Hay distintos enfoques del diseño del trabajo: la simplificación del trabajo, la ampliación del trabajo, la rotación entre trabajos, el enriquecimiento del trabajo y el diseño del trabajo en función de los equipos.

El análisis del puesto de trabajo es el proceso sistemático de recopilación y organización de la información relativa a las tareas, obligaciones y responsabilidades de los trabajos. Constituye el bloque básico de muchas actividades importantes de RRHH. El análisis del trabajo puede utilizarse con los siguientes objetivos: cumplir con los requisitos legales; favorecer la contratación y la selección; permitir la evaluación del rendimiento; definir la remuneración; precisar la formación y desarrollo de la carrera profesional. Puesto que no existe una técnica mejor que otra para el análisis del trabajo, la elección debe depender de los objetivos del análisis.

Las descripciones del trabajo son definiciones de las obligaciones, responsabilidades, condiciones laborales y especificaciones esenciales de un puesto de trabajo. Se derivan del análisis del trabajo. Las descripciones del puesto de trabajo, que pueden ser específicas o genéricas, tienen cuatro elementos esenciales: información sobre la identificación; resumen del trabajo; obligaciones y responsabilidades del cargo; y especificaciones y cualificaciones mínimas.

La plantilla flexible

Los diseños flexibles del puesto de trabajo ayudan a los directivos a solucionar las necesidades imprevistas del entorno y a acomodarse a las necesidades de una mano de obra diversa. Para mantener la flexibilidad de la mano de obra los empresarios pueden utilizar trabajadores eventuales (trabajadores temporales, trabajadores a tiempo parcial, subcontratistas, trabajadores autónomos y estudiantes en prácticas). También se puede modificar el trabajo estableciendo horarios de trabajo flexibles (horas flexibles, semanas comprimidas y teletrabajo).

Los sistemas de información de RRHH

Los sistemas de información de RRHH (SIRH) son los sistemas utilizados para recopilar, grabar, almacenar, analizar y recuperar datos relevantes sobre los RRHH. Los datos de los SIRH, junto con los programas informáticos adecuados, tienen muchas aplicaciones para respaldar las actividades de RRHH. Entre estos programas están los de seguimiento de candidatos, inventarios de cualificaciones, gestión de nóminas y administración de prestaciones. Es importante que el departamento de RRHH desarrolle políticas para proteger la seguridad de los datos de los SIRH y los derechos de confidencialidad de los empleados.

Términos clave

ampliación del trabajo
análisis del flujo de trabajo
análisis del puesto de trabajo
conocimientos, habilidades y aptitudes (CHA)
descripción del puesto de trabajo
diseño del puesto del trabajo
enriquecimiento del trabajo
equipo
equipo con objetivo específico
equipo de resolución de problemas
equipos autogestionados, o equipos de tareas
equipos virtuales
especificaciones del puesto de trabajo
estructura organizativa
estructura organizativa burocrática
estructura organizativa plana
estructura organizativa sin fronteras
flujo de trabajo
horario flexible
horario principal
horas flexibles
motivación
reingeniería de los procesos empresariales
rotación del trabajo
sistemas de información de RRHH (SIRH)
teletrabajo
trabajadores de plantilla
trabajadores eventuales
trabajo compartido

Preguntas para el debate

1. ¿Las descripciones de los puestos de trabajo son realmente necesarias? ¿Qué ocurriría si una empresa decide no utilizar ningún tipo de descripción de los puestos de trabajo?
2. ¿Es probable que los directivos pongan en duda el compromiso de sus trabajadores eventuales? ¿Cuáles podrían ser las consecuencias, para los directivos, cuando la mayoría de la mano de obra de una empresa se compone de trabajadores temporales y trabajadores autónomos?
3. ¿Cuáles son los inconvenientes de utilizar horarios flexibles desde el punto de vista de la organización? ¿Semanas laborales comprimidas? ¿Teletrabajo? ¿Cómo debería resolver estas cuestiones el departamento de RRHH?
4. Algunos expertos en dirección de empresas no están de acuerdo en que un equipo virtual sea realmente un equipo. A partir de la definición de equipo, ¿qué propiedades de un equipo virtual coinciden con la definición de equipo? ¿Algún aspecto del equipo virtual suscita dudas sobre si éste cumple la definición de un verdadero equipo? Suponga que necesita organizar un equipo virtual de consultores que trabajan en ciudades diferentes para realizar un importante proyecto para un cliente. ¿Qué prácticas de dirección de RRHH pondría en marcha para conseguir que los miembros del equipo virtual se comportaran como si fueran un verdadero equipo, como un equipo autodirigido o un equipo de resolución de problemas?
5. Recientemente, cada vez más empresas están llevando a cabo la externalización de todas o la mayor parte de las actividades de RRHH. ¿Está de acuerdo o en desacuerdo con esta tendencia? ¿Qué riesgos asume la empresa cuando decide subcontratar todas sus actividades de RRHH? Trate de describir una situación en la cual resulte más beneficioso mantener la mayor parte de las actividades de RRHH dentro de la empresa de forma que la gestión de los RRHH la realice el departamento de RRHH.
6. En los últimos años, ha aumentado el número de empresas que erróneamente han clasificado un "empleado" como "empleado autónomo" y, en consecuencia, han sido llevadas a los tribunales por trabajadores que consideraban que tenían derecho a ciertos derechos y privilegios disfrutados por los individuos que tenían el status de "empleado" en la empresa. ¿Cuáles son algunos de esos derechos y privilegios que tienen los empleados y no tienen los contratados autónomos? ¿Qué ventajas consiguen los empresarios con los trabajadores autónomos frente a los empleados normales? ¿Cómo podría un empleado autónomo demostrar ante los tribunales que él o ella es en realidad un empleado y fue clasificado incorrectamente como empleado autónomo?

7. ¿Qué es el diseño de puestos de trabajo basado en el equipo? ¿Utilizar diseño de puestos de trabajo basado en el equipo podría influir en el tipo de descripción (específica o general) y en la variedad de tareas, obligaciones y responsabilidades enumeradas por escrito en una descripción de puesto de trabajo?
8. Grandes empresas estadounidenses como Accenture, America Online y Dell han subcontratado los centros de atención de llamadas de servicio al cliente en la India. Los clientes utilizan estos centros de atención de llamadas para solicitar ayuda cuando se les presentan dificultades utilizando servicios proporcionados por dichas empresas. Muchos de los trabajos subcontratados en los centros de atención de llamadas eran trabajos básicos que tenían el potencial de llegar a convertirse en trabajos de mayor cualificación en esas empresas. ¿Se le ocurre alguna cuestión ética que debería preocupar a los directivos que subcontratan actividades con proveedores en la India o en otros países de mano de obra barata? De ser así, ¿cuáles son esas cuestiones?

Existe material adicional disponible en la página web que acompañaa este libro. Puede acceder a esta información visitando la página web ***www.prenhall.com/gomez.***

¡DECIDA USTED!

TENDENCIAS EMERGENTES — Caso 2.1

¿Están los trabajadores americanos sobrecargados de trabajo?

Como los límites entre las horas de oficina y las horas libres son cada vez más ambiguos, uno de cada tres empleados americanos dicen estar de forma crónica sobrecargados de trabajo, según *Overwork in America*, un informe publicado por la organización no lucrativa Instituto de las Familias y el Trabajo *(Families and Work Institute)*. En el informe se indica que los mismos factores con los que las empresas consiguen una ventaja competitiva –tecnología, multitarea y globalización– pueden socavar el bienestar físico y emocional de los trabajadores. Además, el informe señala que uno de cada tres trabajadores pierde parte de su tiempo de vacaciones pagadas y dos de cada cinco trabajan durante las vacaciones, en parte porque no pueden escapar de sus agotadores puestos de trabajo.

"La tecnología ha permitido estar mucho más disponible instantáneamente. Esto crea la expectativa de una respuesta inmediata", señala Ellen Galinsky, presidenta del instituto. "¿Cuántas veces hemos visto a gente en las fiestas con su *BlackBerry*? ¿O sentados en la iglesia también con sus *BlackBerry*?" Es probable que estas personas frecuentemente estén respondiendo a correos electrónicos del trabajo.

Hace un año y medio, cuando Albert So era el ingeniero principal en Silicon Valley –como diseñador de juegos con 15 empleados–, él habitualmente se saltaba la cena y no llegaba a casa a tiempo para meter en la cama a su hijo recién nacido. Su jefe le llamaba a casa por las noches y en los fines de semana, instándole a dejar lo que estaba haciendo, incluyendo la celebración del cumpleaños de su padre, para solucionar un problema técnico. Él no tenía que salir de casa para cumplir, pero él dice que "eso escondió el problema". Albert So está más contento ahora que trabaja en otro sitio. Pero otros continúan deprimidos. Los empleados que trabajan duramente sin suficiente tiempo para descansar y recuperarse cometen más errores, tienen peor salud y muestran más síntomas de depresión clínica, según el informe.

Aunque los empleados ordinarios no tienen muchas opciones, los ejecutivos también pueden sucumbir a la sobrecarga de trabajo, aunque puedan negarse. Rand Marimoto, presidente de Convergent Computing en Oakland, California, gasta más de 100 horas a la semana en reforzar la imagen de su empresa de seguridad de Internet, que cuenta con 65 empleados. Aunque tiene 30 días de vacaciones al año, él solo utiliza cinco –para navidades y algunas otras ocasiones especiales–. "La parte dura de las vacaciones es que trabajo el doble de horas antes de irme de vacaciones para preparar la ida", señala él, "Y cuando regreso, trabajo el doble de horas para ponerme al día."

A pesar de trabajar sin parar, Morimoto no considera que esté sobrecargado de trabajo. "Trabajo para mi y elijo trabajar tan duro como puedo", dice Morimoto. "En esta economía, uno tiene que trabajar duro para mantener su puesto de trabajo."

Preguntas para reflexionar

1. ¿Por qué los empresarios deberían preocuparse de la sobrecarga de trabajo de sus empleados? ¿Las empresas

no deberían alentar a sus empleados a la sobrecarga de trabajo?

2. El caso sugiere que la tecnología facilita a los empleados estar disponibles fuera del trabajo de tal forma que los límites entre el trabajo y el tiempo de ocio quedan menos definidos. ¿Por qué los empleados no pueden decidir no responder los correos electrónicos en su agenda electrónica o los mensajes de voz de su teléfono móvil hasta el día siguiente cuando lleguen a trabajar?

Trabajo en equipo

Forme grupos pequeños con varios de sus alumnos y desarrolle algunas de las "mejores prácticas" que reducirán la necesidad de que los empleados se sientan obligados a sobrecargarse de trabajo, de tal forma que permitan mantener un equilibrio saludable entre la vida personal y la vida laboral. Estas son algunas posibles áreas a explorar para hacer una lista de las mejores prácticas: (1) uso de la tecnología; (2) adaptación de horarios de trabajo flexibles; (3) educación de los empleados respecto a estilos de vida; y (4) hacer frente a las expectativas relacionadas con las horas libres de los empleados. Estad preparados para presentar vuestras mejores prácticas a otros estudiantes de la clase.

Ejercicio basado en la experiencia

En este ejercicio se necesita recoger información previa de los otros estudiantes para determinar si ellos parecen estar sobrecargados de trabajo. Entreviste a algunos compañeros y amigos en relación a sus horarios de trabajo. Descubra cuántas horas por semana: (1) asisten a clase; (2) estudian; (3) trabajan en empleos a tiempo parcial; (4) responden correos electrónicos y otras formas de comunicación con el resto de compañeros de clase. ¿Qué conclusiones puede extraer? ¿Los estudiantes de su universidad o escuela están sobrecargados de trabajo? ¿Cuándo está desequilibrado el horario de trabajo de un estudiante? ¿Qué recomienda a los estudiantes para conseguir un equilibrio saludable en sus vidas?

Fuente: Wong, N. (16 de marzo de 2005). Overworked-and angry about it. *www.siliconwalley.com/mld/siliconvalley/business/columnist/.*

¡Decida usted!

GRH: EL EMPLEADO COMO CLIENTE INTERNO — Caso 2.2

Los empleados escriben sus propias denominaciones de puestos de trabajo para los clientes

La ruptura de jerarquías y barreras dentro de la empresa debido a Internet y la necesidad de centrarse más en el cliente han influido en la práctica de utilizar denominaciones de los puestos de trabajo. La última idea es dar dos denominaciones de un puesto de trabajo a un empleado: una refleja el papel interno del empleado dentro de la empresa y la otra está más centrado en el cliente. La última es descriptiva e individualista y permite a los empleado divertirse y ser creativos diseñando la denominación de su puesto de trabajo. Estos son algunos ejemplos creativos de denominaciones de puestos de trabajo centradas en los clientes:

- **Jefe Cazador de Talentos.** Xcelerate, una empresa de Fort Lauderdale, Florida, que utiliza esta denominación para la persona encargada de la contratación.
- **Director de Privacidad.** Esta denominación la utiliza DoubleClick, una empresa de servicios de Internet, para la persona responsable de proteger la privacidad de los clientes así como la propiedad intelectual de la empresa, por ejemplo, los códigos del software de derechos de autor.
- **Director de Placer y Lealtad al Cliente.** La empresa Relect.com, situada en San Francisco, utiliza esta denominación para los empleados que se encargan de la comercialización de nuevos productos y servicios.
- **Vicepresidente Senior de la Gran Gente.** Esta denominación se ha utilizado en varias empreaas para el alto ejecutivo responsable de los RRHH.
- **Sultán de Información Importante.** Esta denominación se ha utilizado en una gran empresa que cotiza en bolsa para la persona encargada de comunicar información a los inversores sobre los resultados de la empresa y las perspectivas futuras de negocios.

Preguntas para reflexionar

1. ¿Qué importancia tienen las denominaciones de los puestos de trabajo? ¿Qué ocurriría si no existiesen denominaciones de los puestos de trabajo? ¿Qué pasaría si todos en una empresa tuviesen la misma denominación de su puesto de trabajo, por ejemplo "asociado"?
2. ¿Qué problemas prevé cuando una empresa adopta una política de denominaciones de puestos de trabajo centradas en los clientes y permite a los empleados desarrollar sus denominaciones únicas? ¿Cómo debería gestionarse el

proceso de desarrollo de denominaciones de puestos de trabajo centradas en los clientes?

Trabajo en equipo

Suponga que usted es el director de ingeniería en una empresa de telecomunicaciones y un grupo de ingenieros le piden que les permita utilizar denominaciones de puestos de trabajo centradas en los clientes. Algunos ejemplos de las denominaciones que ellos proponen incluye "líder de pensamiento", "zar de depuración" e "inventor extraordinario". Discuta esta propuesta con los miembros de su equipo y desarrolle un enfoque para abordar esta solicitud de los empleados. Determine primero si usted animará o desanimará a los empleados respecto al uso de denominaciones de puestos de trabajo centradas en los clientes y explique la base de su decisión. Después, decida qué directrices utilizará para dirigir la adopción de denominaciones de los puestos de trabajo si usted ha decidido que tiene sentido utilizar denominaciones centradas en el cliente.

Ejercicio basado en la experiencia

Piense en un puesto de trabajo o de prácticas que usted tenga o haya tenido. Desarrolle una denominación centrada en el cliente para este puesto de trabajo o de prácticas. Trate de proponer una denominación única y creativa del puesto de trabajo que describa qué valor le aporta a los clientes el trabajo que usted realiza. Los clientes pueden ser internos (directivos o empleados), externos (clientes de la empresa), o ambos. Después, encuentre un compañero e intercambie las denominaciones de los puestos de trabajo centrados en el cliente para sus respectivos trabajos. Túrnense y cuente a su compañero lo que significa para usted la denominación de su puesto de trabajo centrado en el cliente y viceversa. ¿Qué dice la denominación del puesto de trabajo basado en el cliente que usted usaba sobre su experiencia en el puesto de trabajo o de prácticas? ¿Qué dice acerca de la experiencia de trabajo de su compañero? ¿Qué piensa que ocurrirá si las empresas utilizan denominaciones basadas en el cliente para todos sus puestos de trabajo?

Fuente. Conlin, M. (28 de agosto de 2000). Write your own job title. *Business-Week*, 148.

¡DECIDA USTED!

TENDENCIAS GLOBALES — Caso 2.3

El dilema de externalizar lejos del país de origen

Cuando Michael Calderone comenzó su negocio de café por Internet en 2002, un departamento de servicio al cliente interno no era factible. No tenía experiencia en centros de atención de llamadas y su empresa de nueva creación SmilesCoffee.com, situada en Henderson, Nevada, no podía permitirse uno. Así, Calderone decidió subcontratar un centro de atención de llamadas.

Una experiencia local de subcontratación de un centro de atención de llamadas en Utah fue un desastre. El atractivo comercial de SmilesCoffee es la frescura. Los granos de café se mandan tostados un 95 por ciento y los clientes completan el proceso en sus hornos microondas, lo que hace que la bebida sea más sabrosa. Sin embargo, a veces a los nuevos clientes el proceso les resulta poco claro y necesitan que alguien les echara una mano. Los clientes tenían dificultades para acceder al centro de atención de llamadas subcontratado y cuando lo conseguían, parte de la información que recibían de los representantes del servicio era imprecisa.

Calderone encontró otro proveedor para externalizar el servicio –uno en Filipinas–. Ahora, nueve representantes amables y entregados ayudan a los clientes de SmilesCoffee con las cuestiones relativas al tueste del café, envío e información de las cuentas. Mejor aún, el servicio mejorado se produce a un menor coste. El centro de atención de llamadas de Filipinas paga a los representantes entorno a los 3.600 dólares al año, una parte muy pequeña del coste de los empleados del centro de atención de llamadas en UTA. A pesar del éxito con el centro de llamadas en Filipinas, Calderone tiene sentimientos encontrados sobre el uso de mano de obra subcontratada en países lejanos. Pero él sabe que si SmilesCoffee quiere continuar siendo competitiva, probablemente tiene pocas alternativas.

Externalizar lejos del país de origen es una tendencia que afecta tanto a empresas grandes como a pequeñas en EE.UU. y en otros países desarrollados. En 2004, cerraron sus puertas las dos últimas plantas de Levi Strauss en EE.UU. La mayor parte de los pantalones vaqueros son fabricados por proveedores que se encuentran en otros 50 países de Asia y el Caribe. Es el fin de una era para un icono americano –los pantalones vaqueros Levi se han fabricado en EE.UU. desde 1893.

Sin ninguna duda, la India es el principal destino en el mundo para externalizar servicios de las empresas con sede en el Norte de América, Europa y Asia. La industria de subcontratación de la India, que incluye los centros de atención de llamadas, supuso en ventas 3,6 billones de dólares en 2003 y se prevén de 21 a 24 billones de dólares en 2008. Las ventajas más claras de externalizar en el extranjero son el ahorro en costes y, frecuentemente, la mejora en la calidad.

Preguntas para reflexionar

1. ¿Cuáles son los inconvenientes para el empresario de externalizar en un país lejano del de origen?
2. ¿Por qué cree que Michael Calderone tuvo sentimientos encontrados respecto a la subcontratación en Filipinas?

Trabajo en equipo

Forme un grupo pequeño de cuatro o cinco estudiantes y discuta las cuestiones éticas relacionadas con la decisión de Michael Calderone de utilizar un centro de atención de llamadas en Filipinas. Compare la elección de Calderon con la de Levi Strauss de localizar todas sus fábricas de pantalones vaqueros fuera de EE.UU. ¿Debería importar si la empresa es grande o pequeña cuando decide subcontratar en otro país que ofrece sueldos más baratos? ¿Hay otros factores que influyan en la decisión de externalizar lejos del país de origen? Esté preparado para presentar sus conclusiones a la clase.

Ejercicio basado en la experiencia

Encuentre un compañero para representar la siguiente situación relacionada con la decisión de externalizar. Uno hace el papel del propietario de una pequeña empresa. El otro es el empleado de un centro de atención de llamadas que trabaja para el propietario de la empresa. El propietario de la empresa ha concertado una reunión con el/la empleado/a del centro de atención de llamadas para informarle/a de que todos los puestos de trabajo del centro de atención de llamadas se van a subcontratar a una empresa en la India. El dueño de la empresa trata de plantear el fundamento lógico de la externalización de los puestos de trabajo y espera que el empleado del centro de atención de llamadas entienda que su trabajo vaya a desaparecer. El empleado/a del centro de atención de llamadas reacciona ante esta decisión de eliminar su puesto de trabajo. Ambos estudiantes deben interpretar sus papeles según vivirían la situación si les ocurriera a ellos. El juego de rol debe continuar durante cinco minutos parándolo o terminándolo antes si se alcanza una resolución. Los alumnos deben estar preparados para contar a la clase lo que han aprendido sobre la externalización lejos del país de origen a partir de la experiencia del juego de rol.

Fuente: Wahlgren, E. (abril de 2004). The outsourcing dilemma. *Inc. Magazine,* 41-42; Doh, j. (2005). Offshore outsourcing: Implications for international business and strategic management theory and practice. *Journal of Management Studies*, 695-704; Strankowski, D. (marzo/abril de 2004). 1-800-Offshoring: White-collar outsourcing wave crashes hard on foreign shores. *Colorado Company,* 58-59; *The Economist* (13 de noviembre de 2004). A world of work: A survey of outsourcing, 10.

¡DECIDA USTED!

GRH: EL EMPLEADO COMO CLIENTE INTERNO — Caso 2.4

Redacción de una descripción del puesto de trabajo

Las descripciones del puesto de trabajo son herramientas útiles que documentan el contenido de un puesto de trabajo y pueden servir de ayuda para la toma de decisiones relativas a el reclutamiento, la selección, la formación, la remuneración y la planificación de los RRHH. El objetivo de este bloque de creación de cualidades directivas consiste en ofrecerle la experiencia de redactar una descripción de un puesto de trabajo. Para prepararse para la redacción de una descripción del puesto de trabajo sería de utilidad que leyera detenidamente el apartado de este capítulo titulado “Descripciones del puesto de trabajo” y que mirara las figuras de dicho apartado que ofrecen ejemplos de descripciones específicas y generales.

A continuación, seleccione un puesto de trabajo y redacte la descripción del mismo. Lo ideal sería que su descripción sea de un puesto de trabajo con el que esté familiarizado (si está trabajando actualmente o si ha trabajado recientemente, su puesto sería el candidato ideal para este ejercicio). Puede ser un trabajo a tiempo parcial o un trabajo a tiempo completo. Si no tiene experiencia laboral en la que basarse para hacer este ejercicio pregunte a un amigo o a un familiar para que le den la información detallada de su trabajo.

Una vez elegido el puesto de trabajo para este ejercicio está preparado para empezar.

Preguntas para reflexionar

1. ¿Cuáles considera que son las principales diferencias entre una descripción específica y una descripción general del puesto de trabajo?
2. Suponga que diversas personas realizan el mismo trabajo. ¿Sería necesario redactar distintas descripciones para cada una de las personas que desempeñan ese puesto?

3. Siga de cerca el formato del ejemplo "Descripción específica del puesto de trabajo" de la Figura 2.6 de este capítulo cuando redacte la descripción del puesto que ha elegido. Asegúrese de incluir los siguientes elementos: (1) título del trabajo e información de identificación, (2) resumen del trabajo, (3) obligaciones y responsabilidades, (4) requisitos laborales y (5) cualificación mínima. Verifique su trabajo para asegurarse de que el estilo de su descripción del puesto de trabajo se ajusta al ejemplo del texto en la medida de lo posible.

Trabajo en equipo

Colabore con un compañero o un pequeño grupo de tres o cuatro personas e intercambie las descripciones del puesto de trabajo. Lea las descripciones de los otros y sugiera mejoras a partir del ejemplo proporcionado en el texto. A continuación, discuta por turnos las revisiones sugeridas de forma que todos reciban una crítica constructiva sobre su descripción. Haga las revisiones necesarias para mejorar su propia descripción. Es normal que la descripción de un puesto de trabajo atraviese diversas revisiones antes de que el documento se pueda dar por terminado. Ahora examine la descripción del puesto de trabajo que acaba de redactar y revisar. Discuta con su compañero o grupo cómo podría aplicarse esta descripción del puesto de trabajo para tomar decisiones en una empresa que ofrece el puesto de trabajo en cuestión. A continuación, discuta qué más pasos se necesitarían para finalizar la descripción del puesto de trabajo antes de que éste se utilice realmente como base para las decisiones de contratación en una empresa.

Ejercicio basado en la experiencia

El objetivo de este ejercicio es aprender el modo en el que los directivos realmente utilizan las descripciones de los puestos de trabajo en sus organizaciones. Primero, necesita conseguir los nombres e información de contacto de tres o cinco directivos que conozca a partir de su experiencia en el trabajo o por contactos personales. También puede preguntar a su profesor o a alguien de la oficina de desarrollo de carreras de su escuela nombres de directivos. Puede contactar con los directivos en persona, por correo electrónico, o por teléfono. Pregúntele a cada uno el uso que hacen de las descripciones de los puestos de trabajo en sus empresas. Además, pregunte a cada directivo la importancia de la descripción de los puestos de trabajo para tomar decisiones de RRHH en sus organizaciones –y pídale que le explique por qué piensa que son importantes (o no)–. Tome nota de las respuestas y resuma sus conclusiones. Esté preparado para compartir sus conclusiones con otros miembros de la clase. ¿Encontró diversidad de opiniones entre los directivos respecto al uso que hacen de las descripciones de los puestos de trabajo y lo importantes que consideran que son? Si encontró un conjunto de respuestas diversas, ¿qué cree usted que determina esa variedad de opiniones?

NOTAS

ADAPTACIONES PARA ESPAÑA — Nota 2.1

Cómo sacar partido a la jornada laboral

Uno de los retos a los que se enfrentan las empresas españolas es racionalizar los horarios de trabajo. La cuestión fundamental es cómo sacar más partido a la jornada laboral.

Ignacio Buqueras y Bach, presidente de la comisión nacional y de la asociación para racionalizar los horarios españoles, da alguna pista. A continuación se enumeran sus recomendaciones:

- Jornada continua o intensiva.
- Reducción de la pausa de la comida para poder salir antes (por ejemplo, de 45 a 60 minutos).
- Flexibilidad en los horarios: entrada entre las 7:50 a 9:00 horas y salida entre 16:30 y 18:00 horas.
- Flexibilidad personalizada, a la carta, para cada trabajador.
- Semana laboral comprimida: trabajar más horas diarias a cambio de un día o medio libre, suele ser el viernes completo o por la tarde.
- Norma de las *luces apagadas*, que impide que los trabajadores permanezcan en la oficina más allá de determinada hora de la tarde.
- Trabajo a tiempo parcial, sobre todo cuando no supone una reducción salarial.
- Puestos compartidos: dos personas por puesto, de manera que uno pueda cubrir el trabajo del otro si éste tiene que ausentarse.
- Opción del teletrabajo.
- No convocar reuniones después de las primeras horas de la tarde.
- Prolongación de baja de maternidad y paternidad.
- Aumentar los días de vacaciones que marca el Estatuto de los Trabajadores.

Fuente: Adaptado de Mateos, M. (17 de septiembre de 2007). Cómo aprovechar el tiempo. www.expansionyempleo.com.

CAPÍTULO

3 IGUALDAD DE OPORTUNIDADES Y ENTORNO LEGAL

OBJETIVOS

Tras leer este capítulo, el lector estará en condiciones de abordar los siguientes temas:

1. **Explicar** las razones por las cuales el cumplimiento de la legislación sobre RRHH es una parte importante de la actividad empresarial.
2. **Hacer un seguimiento** de los cambios de la legislación, normativas y decisiones judiciales sobre RRHH.
3. **Dirigir** cumpliendo la legislación sobre igualdad de oportunidades laborales y entender la racionalidad y los requisitos de una discriminación positiva.
4. **Tomar** decisiones directivas que eviten responsabilidades jurídicas.
5. **Conocer** el momento en el que se hace necesario buscar asesoría jurídica en cuestiones relativas a los RRHH.

¿Para qué empresa preferiría trabajar?

Empresa A

Una empleada de una gran empresa de sistemas informáticos de Silicon Valley ha presentado una demanda contra su jefe por acoso sexual afirmando que en repetidas ocasiones la acosó y le negó un aumento de sueldo porque ella no aceptaba sus propuestas románticas. En la demanda se alega que la mujer fue acosada por su jefe en varios lugares y a través de mensajes de correo electrónico. Al resistirse, el jefe alegó que ella realizaba su trabajo mal y la amenazó con despedirla. Cuando se quejó al departamento de RRHH, la empresa no investigó adecuadamente su queja e hizo muy poco para ayudarla[1].

Empresa B

Una empleada en una empresa que se encarga de organizar convenciones sufrió los comentarios y gestos ofensivos del vicepresidente. Cuando le pidió al vicepresidente que abandonara esa actitud, éste tomó represalias y criticó abiertamente su trabajo. Tras informar del acoso al director de RRHH, se llevó a cabo una investigación y el director consideró que la queja tenía sentido. La empresa reprochó por escrito la actitud del vicepresidente y le suspendió de empleo y sueldo durante siete días. El empresario prometió a la empleada que nunca más tendría que trabajar con el vicepresidente y le ofreció pagarle toda la asistencia que pudiera necesitar en relación con este incidente[2].

EL ENFOQUE DIRECTIVO

Los directivos deben comprender las cuestiones legales que afectan a la práctica de la gestión de RRHH porque muchas decisiones están limitadas en cierta medida por ley:

- Qué trabajadores deben contratar.
- Cómo remunerar a los empleados.
- Qué prestaciones sociales deben ofrecer.
- Cómo tratar a los empleados con hijos.
- Cómo y cuándo despedir a trabajadores.

Las limitaciones legales a las prácticas de RRHH son cada vez más complejas, en gran medida debido a las nuevas leyes sobre empleo y a las recientes decisiones judiciales que interpretan la legislación vigente. Las nuevas leyes laborales afectan principalmente a las personas con discapacidades y a aquellos que solicitan una baja médica. Las decisiones judiciales abarcan numerosas cuestiones, como la seguridad laboral y el acoso sexual. Los cambios legales han hecho que las decisiones de RRHH sean más difíciles y arriesgadas, aumentando el coste correspondiente a las malas decisiones.

Los responsables de RRHH asesoran y aconsejan a los directivos sobre las cuestiones legales que afectan a las decisiones de personal. Estas cuestiones no son la única prioridad de las decisiones de empleo, pero tienen que ser tenidas muy en cuenta junto con otros factores como las restricciones temporales, la calidad de los productos y la eficiencia económica. El dinamismo del entorno legal implica que los directivos tienen que solicitar la asesoría de los especialistas en RRHH quienes, a su vez, añaden valor a las decisiones directivas con su conocimiento de la legislación y la normativa sobre empleo.

En este capítulo estudiamos las diversas facetas de la legislación y normativa sobre RRHH. En primer lugar, analizamos las razones que llevan a los directivos a tener que entender el entorno legal de RRHH. A continuación analizamos diversos retos que deben superar cuando tratan de cumplir la normativa. Después analizamos la legislación relativa a la *igualdad de oportunidades laborales*, los mecanismos de aplicación y otras leyes que afectan a la gestión de RRHH. Finalmente, describimos distintas formas de evitar posibles demandas judiciales.

Tenemos que empezar con una advertencia. Al igual que cualquier otra cuestión legal, para resolver los problemas legales específicos en la GRH se debería buscar la asesoría de un abogado especializado en derecho laboral. Sin embargo, tampoco hay que pensar que no se puede tomar una decisión sin una asesoría laboral específica, siendo un error dejar que las consideraciones legales sean tan importantes que al final se tomen malas decisiones empresariales. Uno de los objetivos de este capítulo es ofrecer suficiente información como para conocer el momento en el que hay que pedir asesoría jurídica.

¿POR QUÉ ES IMPORTANTE COMPRENDER EL ENTORNO LEGAL?

La comprensión y el cumplimiento de la legislación relativa a RRHH son importantes por tres razones. Ayudan a hacer lo correcto, a conocer las limitaciones de los departamentos jurídicos y de RRHH de la empresa y a minimizar las responsabilidades legales potenciales de la misma.

HACER LO CORRECTO

En primer lugar, el cumplimiento de la legislación es importante porque eso es lo correcto. Aunque podrá estar en desacuerdo con alguna aplicación específica que vamos a analizar, el principal requisito de las leyes consiste en obligar a desarrollar buenas prácticas directivas. La primera ley de igualdad de oportunidades laborales exige que los empleados, hombres y mujeres, que desarrollan el mismo trabajo para la misma organización reciban el mismo sueldo. Esto es lo correcto. La ley más reciente relativa a la igualdad de oportunidades exige que los candidatos o empleados que son capaces de realizar un trabajo no sean discriminados por motivo de una discapacidad. Esto, también, es lo correcto.

El cumplimiento de estas leyes tiene ventajas, más allá del mero cumplimiento legal de las mismas. Las prácticas remunerativas que discriminan a las mujeres dan lugar a una responsabilidad legal potencial, provocan una baja satisfacción laboral y pueden empeorar el rendimiento. La discriminación de los trabajadores cualificados con alguna discapacidad no tiene sentido; al discriminar, la organización se perjudica a sí misma al no contratar y conservar a los mejores empleados. McDonald's está a la cabeza en contratación de jóvenes discapacitados. Se trata de una responsabilidad social, creando una impresión positiva entre muchos consumidores[3].

CONOCER LAS LIMITACIONES DE LOS DEPARTAMENTOS Y DE RRHH

El departamento de RRHH de una empresa tiene importantes responsabilidades en relación con la legislación sobre RRHH. Entre estas responsabilidades cabe destacar el mantenimiento de registros, la redacción y aplicación de buenas prácticas de RRHH y el control de las decisiones de RRHH de la empresa. Sin embargo, si los directivos toman malas decisiones, el departamento de RRHH no siempre será capaz de resolver los problemas ocasionados. Por ejemplo, si un directivo hace una excelente valoración de un mal empleado, el departamento de RRHH no puede deshacer el error y aportar la información necesaria para respaldar una decisión de despido.

El departamento jurídico de una empresa tampoco puede resolver por arte de magia los problemas creados por los directivos. Una de las funciones clave de la asesoría legal, ya sea interna o externa, consiste en intentar limitar los daños una vez producidos. Los directivos deberían prevenir los errores para que no lleguen a producirse.

Los miembros del departamento de RRHH respaldan las decisiones de personal que tienen consecuencias legales y que son tomadas por los directivos, las controlan o ejercen de asesores. Por ejemplo:

- Un supervisor quiere despedir a un empleado por ausencias injustificadas y consulta al departamento de RRHH para determinar si hay pruebas suficientes –"causa justificada"– para ello. El departamento de RRHH puede ayudar al directivo y a la empresa a evitar una demanda judicial por "despido improcedente".

- Un directivo recibe una llamada telefónica de una empresa que solicita información sobre la cualificación de un antiguo empleado. El directivo no está seguro de la información sobre el historial del trabajador que puede revelar, por lo que solicita la asesoría del departamento de RRHH para evitar una demanda legal por difamación (daño efectuado a la reputación de un empleado por proporcionar información errónea a un tercero).

LIMITACIÓN DE LA RESPONSABILIDAD LEGAL

Se puede incurrir en importantes responsabilidades financieras cuando no se cumplen las leyes sobre RRHH o cuando se percibe su incumplimiento. Las indemnizaciones medias recibidas por víctimas de discriminación por edad, sexo, raza o discapacidad oscilan entre los 50.000 y los 300.000 dólares, dependiendo del tamaño de la empresa. Sin embargo, las indemnizaciones pueden ser muy superiores. En 2001, los tribunales federales estadounidenses ratificaron el veredicto de un jurado indemnizando a Troy Swinton con 1,03 millones de dólares por daños y perjuicios, atrasos en el pago del sueldo y estrés emocional producidos por discriminación racial en Woodinville, Washington. El único afroamericano de 140 empleados, Swinton, fue sometido a un flujo constante de "chistes" raciales e insultos durante seis meses de empleo[4].

Las empresas también se pueden enfrentar a una pesadilla cuando las demandas por discriminación salen a la luz. Hay casos que fueron muy populares a principios de los 90. Diversos directivos y empleados de la cadena de restaurantes Denny's fueron acusados de discriminar a los clientes afroamericanos. La empresa no sólo tuvo que pagar 46 millones de dólares en concepto de indemnización y 8,7 millones de dólares de honorarios de sus abogados para resolver estas demandas, sino que además la imagen de la empresa quedó muy dañada[5]. Sin embargo, en los últimos años, Denny's ha dado grandes pasos hacia delante: en 2005 las minorías eran propietarias del 45 por ciento de los 1.011 restaurantes franquiciados de la empresa. Los afroamericanos de 33, los latinos de 66 y los asiáticos de 354. En 1993 tan sólo un restaurante de la franquicia era propiedad de un afroamericano. Además, la revista *Fortune* ha reconocido consistentemente a Denny's en los primeros puestos del ranking de "America's 50 Best Companies for Minorities". Denny's ocupó el primer puesto en 2000 y en 2001, el tercer puesto en 2002 y el quinto en 2004[6].

Un caso que aún no se ha resuelto es el que incluye las demandas de 1,6 millones de mujeres que han trabajado en Wal-Mart desde 1998. La demanda alega que las mujeres han estado peor pagadas y promocionadas que sus compañeros masculinos. Esto podría costarle a Wal-Mart miles de millones de dólares. Actualmente, la empresa está luchando con las alegaciones[7].

LAS DIFICULTADES PARA CUMPLIR LA LEY

Los directivos tienen que superar diversas dificultades para poder cumplir la legislación sobre RRHH: un marco legal dinámico, la complejidad de las normativas, las estrategias en conflicto para lograr un empleo justo y las consecuencias imprevistas.

UN MARCO LEGAL DINÁMICO

Una ojeada rápida del Apéndice de este capítulo muestra que hay muchas leyes que afectan a la práctica de la GRH. Varias han sido aprobadas en la última década.

Las opiniones emitidas en las causas judiciales se suman al dinamismo del entorno. Por ejemplo, en 1971, el Tribunal Supremo (*Supreme Court*) de EE.UU. sentó un precedente en derechos civiles en el caso denominado *Grigg vs. Duke Power*[8]. Entre otras cosas, en un caso de discriminación en el empleo, el peso de la prueba recayó sobre el empresario. Normalmente, las decisiones del Tribunal Supremo sientan un precedente que el tribunal suele ser muy reacio a cambiar. Sin embargo, en un caso de 1989, el tribunal revisó la sentencia en el caso *Griggs*, dificultando que un empleado pudiera ganar un caso por discriminación[9]. Después, en 1991, el Congreso aprobó una larga enmienda a la Ley de Derechos Civiles de 1964 (que se analiza más adelante), recayendo de nuevo el peso de la prueba sobre el empleado, de acuerdo con la sentencia *Griggs*.

Estos cambios rápidos no están limitados a las cuestiones que se resuelven de acuerdo a procedimientos judiciales. Las normativas sobre acoso sexual se adoptaron a principios de la década de los 80 por parte de la Comisión de Igualdad y Oportunidades en el Empleo (CIOE) (*Equal Employment Opportunity Comisión (EEOC)*) y fue aceptada por el Tribunal Supremo en 1986. Desde entonces, las empresas, los abogados y los jueces han estado intentando interpretar su significado y exigencias. Las opiniones sobre estas cuestiones son muy diferentes y los distintos tribunales han tomado decisiones muy diferentes en torno a lo que constituye acoso sexual. Hasta que el Tribunal Supremo dicte nuevas sentencias, o el Congreso clarifique la ley, los directivos tendrán que prestar una estrecha atención a los desarrollos en curso.

LA COMPLEJIDAD DE LAS LEYES

La ley sobre RRHH, como la mayoría de las leyes, es muy compleja. Cada ley particular está acompañada de una serie de reglamentos que pueden ser muy largos. Por ejemplo, la Ley sobre Americanos con Discapacidades (1990) (*American with Disabilities Act*) se desarrolla en un manual técnico de varios cientos de páginas. Además, un análisis ha llegado a la conclusión de que puede haber al menos 1.000 minusvalías distintas que afectan a más de 43 millones de americanos[10]. Resulta muy difícil para un experto en RRHH y todavía más para un directivo comprender todas las posibles consecuencias de una determinada ley.

No obstante, la esencia de la mayor parte de la legislación sobre RRHH es bastante clara. Los directivos deberían ser capaces de entender sin demasiada dificultad la intención básica de todas estas leyes, pudiendo obtener fácilmente el conocimiento necesario para cumplir con ellas en la mayor parte de las situaciones.

ESTRATEGIAS EN CONFLICTO RESPECTO AL EMPLEO JUSTO

La mayoría de la sociedad, los representantes políticos, los funcionarios y los jueces tienen puntos de vista diferentes en cuanto a la mejor forma de elaborar leyes equitativas sobre RRHH. Uno de los principales debates en este ámbito se centra en las estrategias en conflicto utilizadas para avanzar hacia el objetivo del **trabajo justo**, la situación en que las decisiones sobre empleo no se ven afectadas por una discriminación ilegal. La mayoría de las leyes sobre derechos civiles prohíben a los empresarios tomar decisiones sobre los empleados (de contratación, evaluación del rendimiento, remuneración, etc.) en función de la raza, el sexo o la edad. Así, una estrategia para alcanzar el objetivo del trabajo justo plantea que las decisiones sobre empleo se hagan sin tener en cuenta estas características. Otra estrategia, la **discriminación positiva**, intenta lograr el objetivo del empleo justo animando a los empresarios a contratar a ciertos grupos de personas discriminados en el pasado, en función de características como la raza, el sexo o la edad. Obviamente, existe un conflicto entre estas dos estrategias: la primera propone que las prácticas de contratación "ciegas" son justas, mientras la segunda entiende que la justicia requiere que las organizaciones hagan un esfuerzo por emplear a ciertas categorías de personas (Figura 3.1).

Empleo justo
El objetivo de la legislación y las normativas sobre igualdad de oportunidades en el empleo: una situación en la que las decisiones de empleo no se ven afectadas por una discriminación ilegal.

Discriminación positiva
Una estrategia cuya intención es lograr el empleo justo instando a los empresarios a contratar a ciertos grupos de personas que han sido discriminados anteriormente.

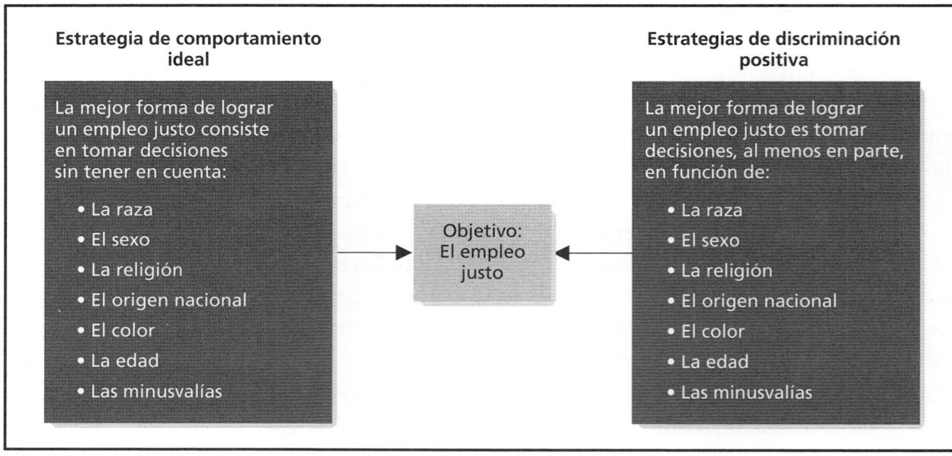

Figura 3.1 ■ Estrategias que compiten por un empleo justo.

Aunque el enfrentamiento, derivado de estas dos estrategias en conflicto, está teniendo lugar en toda la sociedad, la principal confrontación legal se produce en el Tribunal Supremo. A partir de una serie de decisiones del Tribunal Supremo, las siguientes conclusiones parecen garantizadas:

Una cuestión de ética

¿Es ético negarse a dar un trato preferente a minorías y mujeres que han sido generalmente discriminadas en el pasado?

- La estrategia de discriminación positiva ha encontrado respaldo. Específicamente, se permite a los empresarios tomar sus decisiones de empleo a partir, en parte, de la raza, el sexo, la edad y otras características de la persona.
- Para que sea aceptable, la decisión de emplear a alguien no se puede realizar únicamente en función de estas características. Además, las personas que puedan ocupar un cargo deberían contar con "una cualificación básicamente igual" en cuanto a exigencias del puesto, antes de que estas otras características puedan desempeñar un papel fundamental en la decisión de contratar.
- La única situación en donde no se permite la discriminación positiva es en el despido. Por ejemplo, no se debería despedir a un profesor blanco par poder conservar a un profesor latino, incluso cuando esta situación implique que las minorías no estarán suficientemente representadas tras el despido.
- Los tribunales podrán ordenar que se ponga en marcha un programa de discriminación positiva si una organización cuenta con un historial evidente de discriminación.

CONSECUENCIAS IMPREVISTAS

Es muy común que una ley, un programa gubernamental o una política de una empresa tengan numerosas consecuencias imprevistas, algunas de las cuales pueden resultar negativas. La ley sobre RRHH no es inmune a este fenómeno. Por ejemplo, la Ley de Americanos con Minusvalías tenía inicialmente la intención de aumentar la posibilidad de encontrar un empleo para aquellas personas con minusvalías físicas o psíquicas. Sin embargo, desde que la ley entró en vigor, pocos candidatos a un empleo han interpuesto una demanda relacionada con esta ley. Al contrario, son los trabajadores en activo que sufren un accidente los que han interpuesto la mayoría de las demandas. Tradicionalmente, las leyes de compensación estatal a los trabajadores (*véase* el Capítulo 12) regulan las prestaciones que se deben otorgar a los trabajadores lesionados en el ejercicio de su empleo, incluida la continuidad de la remuneración. Nadie tiene la intención de que la Ley de Americanos con Minusvalías se convierta en una ley nacional de indemnización de los trabajadores, pero aparentemente eso es precisamente lo que está ocurriendo. El reto para los directivos consiste en anticipar y resolver tanto las consecuencias previstas como las imprevistas de una ley.

LEYES DE IGUALDAD DE OPORTUNIDADES EN EL EMPLEO

Las leyes que afectan a las cuestiones relativas a los RRHH pueden dividirse en dos grandes categorías: (1) leyes de igualdad de oportunidades en el empleo y (2) todo lo demás. Emplearemos la mayor parte de este capítulo a estudiar las leyes de igualdad de oportunidades, puesto que son las que más afectan al comportamiento cotidiano del directivo y a casi todas las demás cuestiones que se estudian en este texto. Las otras leyes tienden a estar más especializadas y las estudiaremos en cada contexto concreto. Por ejemplo, estudiaremos las leyes relativas a las actividades sindicales en el Capítulo 15 y la Ley de Seguridad e Higiene en el Trabajo en el Capítulo 16.

Las principales leyes relativas a la igualdad de oportunidades en el empleo son la Ley de Igualdad Salarial estadounidense de 1963 (*Equal Pay Act*), el Título VII de la Ley de Derechos Civiles de 1964 (*Title VII of the Civil Rights Act*), la Ley de Discriminación en el Empleo por Edad de 1967 (*Age Discrimination in Employement*) y la Ley de Americanos con Minusvalías de 1990. A lo largo de los años, se han hecho enmiendas a la Ley de Derechos Civiles de 1964; la última es de 1991. El punto en común con todas estas leyes es simple: las decisiones de empleo no deben partir de características tales como la raza, el sexo, la edad o las minusvalías.

LA LEY DE IGUALDAD SALARIAL DE 1963

Ley de Igualdad Salarial (1963)
La ley exige que se pague lo mismo a los hombres y mujeres que realizan el mismo trabajo en la misma organización.

La primera de las leyes de derechos civiles fue la **Ley de Igualdad Salarial** que entró en vigor en 1963. Obliga a que los hombres y mujeres que desempeñan el mismo trabajo en una misma organización reciban el "mismo sueldo", es decir, no es aceptable ninguna diferencia.

Puede resultar difícil determinar si dos empleados están realizando el mismo trabajo. La ley especifica que los trabajos son los mismos si requieren la misma cualificación, esfuerzo, responsabilidad y condiciones laborales. Así, es aceptable pagar a un empleado mucho más que a otro si el primero tiene importantes obligaciones adicionales, como la responsabilidad de supervisión. El sueldo puede también diferir en función de los turnos de trabajo. La ley también especifica que sólo se exige la igualdad salarial para los trabajos que se desarrollan en la misma región geográfica. Esto permite que una organización ofrezca primas en función del coste de la vida local y del hecho de que puede resultar más difícil encontrar a trabajadores cualificados en ciertas áreas.

La ley incluye explícitamente varias excepciones. La primera, no prohíbe la utilización de primas por méritos. Es decir, un empresario puede pagar más a un hombre si realiza mejor su trabajo que su compañera mujer. Además, las empresas pueden pagar en función de las diferencias en cantidad y calidad de la producción. Asimismo, una empresa que vincula el salario a la antigüedad puede pagar más a un hombre si ha estado más tiempo en la empresa que su colega mujer. Finalmente, la ley indica que cualquier otro factor distinto al sexo puede ser utilizado para justificar diferentes niveles salariales[11].

Cuando se aprobó la Ley de Igualdad Salarial, la empleada media ganaba sólo 59 centavos por cada dólar que ganaba el trabajador medio. Aunque esta brecha se ha reducido en los años siguientes, hasta 77 centavos en 2004[12], la diferencia media sigue siendo preocupante y en algunos trabajos es mucho mayor. Por ejemplo, un vendedor de 30 años ganó en 2001 60.000 dólares, mientras que una vendedora de la misma edad, haciendo el mismo trabajo y en la misma cantidad, ganó sólo 36.000 dólares[13]. Algunos estados como el de Washington y el de Illinois, han reaccionado ante esta cuestión exigiendo que todos sus funcionarios reciban el mismo salario por trabajos de igual valor[14]. Entender el significado de un salario igual por un trabajo de igual valor requiere más conocimientos sobre las decisiones de remuneración, por lo que volveremos a estas cuestiones en el Capítulo 10.

TÍTULO VII DE LA LEY DE DERECHOS CIVILES DE 1964

Título VII
Apartado de la Ley de Derechos Civiles de 1964 que se aplica a las decisiones de empleo; obliga a que las decisiones de empleo no se hagan a partir de consideraciones de raza, color, religión, sexo u origen nacional.

Aunque no es la ley más antigua sobre derechos civiles, el **Título VII de la Ley de Derechos Civiles de 1964** está considerada por todo el mundo como la más importante hasta la fecha. Esta ley fue aprobada en mitad de los conflictos sobre derechos civiles de mediados de los años 60, un año después de la marcha en Washington en la que el Dr. Martin Luther King Jr. hizo su discurso empezando con "Tengo un sueño".

Antes de la aprobación de la Ley de Derechos Civiles de 1964, la discriminación abierta y explícita en función de la raza, especialmente en contra de los afroamericanos, era algo habitual. Las *leyes de Jim Crow* legalizaron la segregación racial en muchos estados sureños. La ley en sí cuenta con diversos apartados, o títulos, que tienen como objetivo la prohibición de la discriminación en diversas partes de la sociedad. Por ejemplo, el Título IX se aplica a las instituciones educativas. El Título VII es de aplicación para los empresarios que tienen contratados a 15 o más trabajadores, así como a las agencias de contratación y a los sindicatos.

Aspectos generales

El Título VII prohíbe a los empresarios que basen sus decisiones sobre empleo en la raza, color, religión, sexo u origen nacional de la persona. El punto central de la ley, en el Apartado 703(a) aparece en la Figura 3.2. Obsérvese que las decisiones sobre el empleo incluyen la "remuneración, los términos, las condiciones o los privilegios de un empleo".

Clase protegida
Un grupo de personas que ha sufrido la discriminación en el pasado y que tiene una protección especial en el sistema jurídico.

El Título VII claramente afecta a las personas de cualquier raza, color, religión, ambos sexos y cualquier origen nacional. Sin embargo, a medida que surgían sentencias judiciales y normativas derivadas de esta ley, también surgía la teoría legal de una **clase protegida**. Esta teoría afirma que los grupos de personas que han padecido en el pasado discrimi-

Apartado 703. (a) Constituirá una práctica ilegal de empleo que el empresario

(1) Se niegue a contratar o a despedir a cualquier individuo, o que discrimine de cualquier otra manera a un individuo en relación con su remuneración, términos, condiciones, o privilegios del empleo, por razones de color, raza, religión, sexo u origen nacional de dicho individuo; o

(2) Limite, segregue o clasifique a sus empleados o candidatos a trabajar de cualquier forma que les prive o tendiera a privarles de cualquier oportunidad de empleo, o que podría afectar de cualquier otra manera a su estatus de empleado, debido a la raza, el color, la religión, el sexo o el origen nacional de dicho individuo.

Figura 3.2 ■ Título VII de la Ley de Derechos Civiles de 1964.

nación deberían recibir una protección especial por parte del sistema judicial. Según el Título VII, las clases protegidas son los afroamericanos, los americanos asiáticos, los latinos, los indios nativos americanos y las mujeres. Es poco habitual, aunque no es imposible, que un demandante que no pertenezca a estas clases protegidas gane un juicio en relación con el Título VII.

Definiciones de discriminación

A pesar de la connotación negativa que ha adquirido el término, la **discriminación** significa sencillamente hacer distinciones –en el contexto de los RRHH, distinciones entre las personas–. Por tanto, incluso en las empresas más avanzadas en esta materia, se produce continuamente una discriminación cuando deciden quién deber ser promocionado, quién debe recibir un aumento por méritos y a quién hay que despedir. Lo que prohíbe el Título VII es hacer discriminaciones entre las personas en función de su raza, color, religión, sexo u origen nacional. Concretamente, considera ilegales dos tipos de discriminación.

Discriminación
Hacer distinciones. En el contexto de los RRHH, hacer distinciones entre personas.

El primer tipo de discriminación, el **tratamiento preferente**, se produce cuando un empresario trata a un empleado de forma distinta por pertenecer a una clase protegida. Este es probablemente el primer tipo de trato en el que uno piensa al hablar de discriminación. Por ejemplo, Robert Frazier, un peón de albañil afroamericano, fue despedido tras una disputa con un albañil blanco. Sin embargo, el empresario de Frazier no tomó ninguna medida contra el albañil blanco, a pesar de que había herido a Frazier arrojándole un ladrillo roto. Un tribunal federal dictaminó que a Frazier se le había tratado peor que al otro empleado por su raza y que, por lo tanto, había sufrido una discriminación por tratamiento preferente [15].

Tratamiento preferente
Discriminanción que se produce cuando se trata de forma distinta a los individuos por su pertenencia a una clase protegida.

El segundo tipo de discriminación, el **efecto no deseado** (también llamado *impacto dispar* o *adverso*), se produce cuando se aplica el mismo estándar a todos los candidatos o empleados, pero el estándar afecta más negativamente (adversamente) a la clase protegida. Por ejemplo, la mayoría de los cuerpos de policía de EE.UU. ha eliminado el requisito de que los oficiales tengan una estatura mínima porque la aplicación por igual de este estándar tiene un efecto no deseado sobre las mujeres, los latinos y los americanos asiáticos (es decir, cualquier estándar de altura eliminaría a más mujeres que a hombres y a más latinos y americanos asiáticos que a afroamericanos e individuos no pertenecientes a ninguna minoría). La Figura 3.3 resume las distinciones entre tratamiento preferente y efecto no deseado.

Efecto no deseado
Discriminación que se produce cuando la aplicación de un mismo criterio para el empleo tiene un efecto desigual sobre una o más clases protegidas. También llamado "impacto dispar o adverso".

Tratamiento preferente	Efecto no deseado
Discriminación directa	Discriminación indirecta
Tratamiento desigual	Consecuencias o resultados desiguales
Reglas de decisión con una premisa o causa racial/sexual	Reglas de decisión con consecuencias o resultados raciales/sexuales
Discriminación intencionada	Discriminación no intencionada
Acciones con prejuicios	Acciones neutras
Diferentes estándares para grupos diferentes	Estándares iguales, pero consecuencias distintas para los distintos grupos.

Fuente: Adaptado de Ledvinka, J. Y Scarpello, V. G. (1991). *Federal regulation of personnel and human resource management* (2ª ed.) Boston: PWS-Kent. Reproducido con autorización de South-Western College Publishing. Copyright 1991 by PWS-Kent. Todos los derechos reservados.

Figura 3.3 ■ Dos tipos de discriminación.

La definición de discriminación por un efecto no deseado fue confirmada por una sentencia muy importante de 1971 del Tribunal Supremo que ya hemos visto, el caso *Griggs vs. Duke Power*[16]. Griggs era un empleado afroamericano de la empresa Duke Power Company en Carolina del Norte. A él y a otros empleados afroamericanos se les denegaron sus promociones porque Duke Power, el día que entró en vigor el Título VII, puso en marcha unas pautas para la promoción que incluían la necesidad de tener un certificado de educación secundaria y pasar dos pruebas, una de capacidad intelectual general y otra de capacidad mecánica. El Tribunal Supremo dictaminó que dichas pautas, aunque se aplicaban de igual manera a todos los empleados, eran discriminatorias porque (1) tenían un efecto no deseado sobre una clase protegida (en este caso, los afroamericanos) y (2) porque Duke Power era incapaz de demostrar que estos estándares estuvieran relacionados con el posterior rendimiento laboral.

El caso *Griggs vs. Duke Power* tiene algunas consecuencias importantes. Según la sentencia de *Griggs*, los tribunales pueden considerar que una empresa está actuando de forma discriminatoria incluso si intenta garantizar al máximo que sus procesos de toma de decisiones sobre RRHH se apliquen con igualdad a todos los empleados. Si el resultado es que una clase protegida padece una discriminación con un efecto no desado, entonces se puede exigir a la organización que demuestre que los estándares que utiliza en sus procesos de toma de decisiones están relacionados con el trabajo. En octubre de 1993, Domino's Pizza perdió un caso en el que pretendía defender una "política en contra de la barba". El tribunal de apelaciones dictaminó que la política tenía un efecto no deseado sobre los afroamericanos porque casi la mitad de estos varones tienen una característica genética que hace muy doloroso, o imposible, el afeitado. Casi ningún varón blanco sufre esta enfermedad. Por tanto, los afroamericanos se veían discriminados en relación con los blancos debido a esta exigencia[17]. Domino's habría ganado este caso si hubiera demostrado que no llevar barba era necesario para un buen rendimiento laboral pero, al no hacerlo, el tribunal dictaminó que la política en contra de la barba constituía una violación del Título VII.

En un caso anterior (1975) *Albermarle Paper Company vs. Moody*, el Tribunal Supremo estableció procedimientos para ayudar a los empresarios a determinar cuándo resulta adecuado utilizar pruebas como punto de partida para contratar o promocionar a los empleados. El tribunal dictaminó que los empresarios pueden utilizar estas pruebas únicamente cuando pueden demostrar que la prueba es un elemento válido para predecir el rendimiento laboral. Así, *Albermarle* establece que el peso de la prueba debe caer sobre el empresario, para demostrar que una prueba en discordia (por ejemplo, una prueba que tenga un impacto negativo sobre una clase protegida) u otra herramienta de selección constituye un elemento válido para predecir el éxito en el trabajo[18].

Defensa contra acusaciones por discriminación

Cuando un caso de discriminación llega a los tribunales, es responsabilidad del demandante (la persona que interpone la demanda) demostrar que existen evidencias razonables de que la discriminación se ha producido. El término legal para este tipo de evidencias es *prima facie,* que significa "en la cara". En una demanda por tratamiento preferente, el demandante sólo tiene que demostrar que la organización no le contrató, que tenía la cualificación necesaria para el cargo y que la empresa siguió intentando contratar a otra persona tras rechazarlo. Este conjunto de requisitos, que surgió a partir de la demanda judicial contra McDonnell-Douglas Corporation, se denomina a menudo la prueba McDonnell-Douglas[19]. En una demanda de discriminación por efecto no deseado, el demandante sólo tiene que demostrar que está en vigor una política restrictiva, es decir, que un número desproporcionado de individuos pertenecientes a una clase protegida se ven afectados por estas decisiones sobre empleo.

Una importante aportación de la Comisión para la Igualdad de Oportunidades en el Empleo (CIOE) para establecer la evidencia *prima facie* de la práctica de RRHH discriminatoria y con efecto no deseado es la **regla de los cuatro quintos**. Esta regla proviene de las Directrices Uniformes para los Procedimientos de Selección de Empleados, un importante documento que informa a los empresarios sobre la forma de establecer procedimientos de selección válidos y, por tanto, legales[20].

Regla de los cuatro quintos
Una disposición de la CIOE para establecer un caso prima facie según el cual una práctica de RRHH es discriminatoria y tiene un efecto no deseado. Una práctica tiene un efecto no deseado si la tasa de contratación de una clase protegida es inferior a las cuatro quintas partes de la tasa de contratación de un grupo mayoritario.

La regla de los cuatro quintos compara las tasas de contratación de las clases protegidas con las de los grupos mayoritarios (como los hombres blancos) en una organización. Supone que una práctica de RRHH tiene un efecto no deseado si la tasa de contratación de una clase protegida es inferior a las cuatro quintas partes de la tasa de contratación de un grupo mayoritario. Por ejemplo, suponga que una empresa de contabilidad contrata el 50 por ciento de todos los candidatos varones blancos que entran en cargos contables básicos. Suponga también que sólo el 25 por ciento de los candidatos varones afroamericanos es contratado para el mismo puesto. Aplicando la regla de los cuatro quintos, existe evidencia *prima facie* de que la empresa de contabilidad tiene prácticas discriminatorias de contratación porque 50 por ciento ×4/5 = 40 por ciento, este 40 por ciento es mayor que el 25 por ciento de la tasa de contratación de varones afroamericanos.

Una vez que el demandante aporta la evidencia *prima facie*, el peso de la prueba recae sobre la organización, es decir, en ese momento el empresario se encuentra en la posición de tener que demostrar que no se ha producido una discriminación ilegal, tarea que puede resultar difícil. Suponga que un director de ventas entrevista a dos candidatos para ser representantes de ventas, un hombre y una mujer. Sobre el papel, su cualificación es más o menos la misma. Sin embargo, en la entrevista el hombre parece estar mucho más motivado. Contratan al hombre y la mujer rechazada interpone una demanda judicial por discriminación por trato desigual. Puede, casi automáticamente, aportar una evidencia *prima facie* (estaba cualificada, no ha sido contratada y la empresa ha contratado a otra persona). Ahora, el director de ventas tiene que demostrar que la decisión se hizo en función de la motivación del candidato y no de su sexo.

Aunque estos casos pueden resultar difíciles, los empresarios ganan una parte de ellos, existiendo cuatro defensas básicas que pueden utilizar:

- **Cuestiones laborales.** El empresario tiene que demostrar que la decisión se tomó por cuestiones laborales. Esto es mucho más fácil si el empresario tiene documentación por escrito para respaldar y explicar la decisión. En nuestro ejemplo, se pedirá al director que da razones específicas relacionadas con el trabajo para respaldar la decisión de contratar al hombre como representante de ventas. Como hemos señalado en el Capítulo 2, las descripciones del puesto de trabajo resultan particularmente útiles para documentar las cuestiones laborales relacionadas con cualquier decisión concreta sobre RRHH.
- **Cualificación profesional mínima para un puesto de trabajo.** Una cualificación profesional mínima es una característica que debe estar presente en todos los empleados contratados para un determinado puesto de trabajo. Por ejemplo, un director de películas puede considerar sólo a mujeres para papeles que exijan ser desempeñados por una actriz.

Cualificación profesional mínima para un puesto de trabajo
Una característica que debe estar presente en todos los empleados que soliciten un determinado puesto de trabajo.

- **Antigüedad.** Las decisiones sobre empleo que se toman en el marco de un sistema formal basado en la antigüedad son aceptadas, incluso aunque discriminen a algunos individuos de clases protegidas. Sin embargo, esta defensa exige que el sistema de antigüedad esté bien establecido y que se aplique a todos los trabajadores, no sólo en algunas circunstancias.
- **Necesidad empresarial.** El empresario puede utilizar esta defensa cuando la práctica de empleo es necesaria para el funcionamiento seguro y eficiente de la organización y,

además, existe un claro objetivo empresarial para la práctica discriminatoria. Por ejemplo, una prueba de drogas a un empleado puede tener un efecto no deseado sobre un grupo minoritario marginal, pero la necesidad de seguridad (proteger a otros empleados y a los clientes) puede justificar este procedimiento.

De las cuatro defensas básicas, la defensa por cuestiones laborales es la más habitual dadas las estrictas restricciones que han puesto los tribunales a las otras tres defensas.

Cuando el empresario pide que los empelados hablen sólo inglés en todo momento en el trabajo, esto también puede violar la ley de la Comisión de Igualdad de Oportunidades en el Trabajo, a no ser que el empresario pueda demostrar que esta regla es necesaria para que la empresa sea eficiente[21]. Igualmente, un empresario no puede negar a un empleado una oportunidad en el trabajo, por ejemplo una promoción, porque el empleado hable con acento, a no ser que el empresario pueda demostrar que hablar con acento perjudica al rendimiento en el trabajo.

Título VII y embarazo

En 1978 el Congreso presentó una enmienda al Título VII para afirmar explícitamente que las mujeres están protegidas de la discriminación debido, o bien a su capacidad para quedarse embarazadas, o bien a su embarazo. La Ley de Discriminación por Embarazo de 1978 (*Pregnancy Discrimination Act*) exige a los empresarios tratar a una empleada embarazada de la misma manera que a cualquier otro empleado que tenga un problema médico[22]. Por ejemplo, el empresario no puede negar una baja por enfermedad relacionada con el embarazo, por ejemplo por mareos, si él mismo permite bajas médicas por otros problemas como puedan ser las migrañas. La ley también afirma que una empresa no puede diseñar un plan de prestaciones sanitarias que no ofrezca cobertura por embarazo. Estos requisitos son muy estrictos, como demuestran los siguientes casos.

En uno de los casos que se aplicó la Ley de Discriminación por Embarazo, una mujer que trabajaba en el Servicio de Correo Postal estadounidense interpuso una demanda porque fue discriminada por estar embarazada al no renovársele el contrato después de llevar trabajando un año. La empresa hizo referencia a sus ausencias en el trabajo y el hecho de que ella fuera considerada una embarazada de alto riesgo que sólo podría realizar trabajo liviano. Sin embargo, la Comisión de Igualdad de Oportunidades en el Trabajo consideró que la empleada estaba siendo discriminada respecto del resto de empleados por su embarazo. La resolución de la Comisión se basa en que la ley requiere que el empresario trate a las empleadas embarazadas del mismo modo que al resto de empleados con discapacidades temporales[23].

Una mujer oficial de policía en Pinellas Park, Florida, interpuso una demanda porque sufrió discriminación por estar embarazada al ser degradada a despachadora tras quedarse embarazada y solicitar trabajos livianos. Ella mostró pruebas de que su supervisor la había informado de que le obligaban a contratar mujeres y él les daba los turnos y los días de descanso menos deseables para castigarlas si se quedaban embarazadas. La sentencia fue favorable para la demandante que además fue readmitida como policía[24].

Acoso sexual

La prohibición del Título VII de la discriminación en función del sexo también ha sido interpretada para prohibir el acoso sexual. A diferencia de la protección del embarazo, la protección contra el acoso sexual no constituyó una enmienda a la ley, sino más bien una interpretación de la ley realizada en 1980 por la Comisión para la Igualdad de Oportunidades en el Empleo[25]. La definición de la CIOE de acoso se muestra en la Figura 3.4. Tam-

Definición de acoso sexual de 1980

Las propuestas sexuales no bien recibidas, las peticiones de favores sexuales y otras conductas físicas o verbales de naturaleza sexual constituirán acoso sexual cuando:

1. El someterse a dicha conducta se convierta explícita o implícitamente en una condición para el empleo de un individuo.
2. El someterse o rechazar dicha conducta por parte de un individuo se utilice como fundamento de las decisiones de empleo que afectan al mismo; o
3. Dicha conducta tenga como objetivo o efecto interferir de forma irracional en el rendimiento laboral del individuo o cree un entorno laboral de intimidación, hostil u ofensivo.

Definición de acoso de 1993

El acoso ilegal es una conducta física o verbal denigrante, hostil o negativa para un individuo debido a su raza, color, religión, género, origen nacional, edad o minusvalía, o al de sus familiares, amigos o asociados y que:

1. Tiene por objetivo o efecto crear un entorno laboral de intimidación, hostil u ofensivo.
2. Tiene por objetivo o efecto intervenir de forma irracional en el rendimiento laboral del individuo; o
3. Afecta negativamente, de cualquier otra manera, a las oportunidades de empleo del individuo.

Figura 3.4 ■ Definiciones de acoso de la CIOE.

bién se muestra en la figura la definición de acoso en términos generales de la CIOE en 1993. La mayoría de los casos por acoso interpuestos hasta la fecha son de tipo sexual, pero esto podría cambiar en el futuro[26]. Los tribunales parecen estar ampliando las definiciones de acoso sexual para proteger a otras clases, en función de la raza, la edad o una discapacidad.

Existen dos grandes categorías de acoso sexual. El primero, el acoso sexual ***quid pro quo***, que abarca los dos primeros puntos de las definiciones de la CIOE. Se produce cuando la actividad sexual es demandada a cambio de lograr o mantener un puesto de trabajo o una prestación laboral[27]. Por ejemplo, una encargada de compras del Centro Médico de la Universidad de Massachussets recibió un millón de dólares, como indemnización en 1994, tras testificar que su supervisor la había obligado a tener relaciones sexuales, una o dos veces por semana, durante un periodo de 20 meses, como condición para mantener el empleo[28].

Acoso sexual *quid por quo*
Acoso que se produce cuando se solicita una relación sexual a cambio de conseguir o mantener un puesto de trabajo o por conseguir mejoras en el trabajo.

La segunda categoría, el **acoso sexual por entorno laboral hostil**, se produce cuando el comportamiento de los compañeros, supervisores, consumidores o de cualquier otra persona en el trabajo es de naturaleza sexual y el empleado percibe que dicho comportamiento es ofensivo e indeseable[29]. Considérese este ejemplo de una sentencia del Tribunal Supremo en 1993[30].

Entorno laboral hostil por acoso sexual
Acoso que se produce cuando el comportamiento de cualquier persona en el lugar de trabajo es de naturaleza sexual y es percibido por un empleado como un comportamiento ofensivo y no deseable.

Teresa Harris era una directora en Forklift Systems, Inc., una empresa de alquiler de equipos en Nashville, Tennessee. Su jefe era Charles Ardy, el presidente de la empresa. Durante los dos años y medio que Harris trabajó en Forklift, Hardy le hacía comentarios del tipo “Usted es una mujer, ¿qué sabrá usted?” y “Necesitamos a un hombre como director de alquileres”. Sugirió delante de otros empleados que los dos “vamos a ir al Holiday Inn a negociar su aumento”. Cuando Harris pidió a Hardy que parase, éste mostró sorpresa ante su enfado, pero no se disculpó. Casi un mes más tarde, tras la negociación de un contrato con un cliente por parte de Harris, Hardy le preguntó delante de otros empleados, “¿Qué hizo, le prometió al tipo… algo [de sexo] el sábado por la noche?” Harris abandonó su trabajo al finalizar ese mes.

El Tribunal Supremo hizo una lista con las siguientes preguntas para ayudar a los jueces y a los jurados a decidir si un comportamiento verbal o no físico, de naturaleza sexual, crea un entorno laboral hostil.

- ¿Con qué frecuencia se produce la conducta discriminatoria?
- ¿Cuál es el grado de gravedad de dicha conducta?
- ¿Es una conducta humillante o físicamente amenazadora?
- ¿Infiere en el rendimiento laboral del empleado?

Figura 3.5 ■ ¿Está usted en un entorno laboral hostil?

Una cuestión de ética

Algunas empresas fomentan los temas sexuales. Por ejemplo, "Hooters" atrae a sus clientes vendiendo un entorno sexual. Muchas campañas publicitarias tienen temas sexuales explícitos. ¿Son éticas estas prácticas de marketing?, ¿qué efecto podrían tener estas imágenes públicas sobre el entorno laboral de la empresa que las utiliza?

La cuestión que tenía que resolver el tribunal era si Hardy había violado la normativa sobre acoso sexual derivada del Título VII. Los tribunales de instancias inferiores habían dictaminado que el comportamiento de Hardy era ciertamente reprochable, pero que Harris no había sufrido ningún daño psicológico serio y que Hardy no había creado un ambiente laboral hostil. El Tribunal Supremo mostró una postura diferente, sosteniendo que el comportamiento crea un entorno laboral hostil o abusivo cuando una "persona razonable" así lo considere. La Figura 3.5 muestra una lista de las pruebas que el Tribunal Supremo dijo que podrían ser consideradas, por los jueces y los jurados, para decidir si determinada conducta crea un "entorno laboral hostil" y que, por tanto, quedan prohibidas por el Título VII.

Algunos casos de acoso sexual son de grupos de empleados que han interpuesto demandas por entorno laboral hostil. En 1998, Mitshubishi Motor Manufacturing of America pagó 34 millones de dólares para resolver una demanda de acoso sexual interpuesta por la CIOE en nombre de más de 300 empleadas. Entre las quejas, las empleadas citaban haber sido tocadas, haber sido obligadas a revelar sus preferencias sexuales y haber sido expuestas a fotos explícitamente sexuales[31]. En 1999 Ford Motor Company llegó a un acuerdo con mujeres de dos fábricas en el área de Chicago por demandas sobre acoso sexual. Las empleadas interpusieron demanda porque desde hacía mucho tiempo estaban sometidas a tocamientos e insultos y consideradas como *strippers* y prostitutas. El fabricante estuvo de acuerdo en destinar 7,5 millones de dólares a indemnizar a las víctimas de acoso y diez millones de dólares más a formar en la diversidad a los directivos y a los trabajadores hombres[32]. Mitsubishi ha cambiado su imagen pasando de ser un líder en el perdón corporativo del acoso sexual en 1998 a un modelo de ciudadano corporativo cuatro años después en 2002. Mitsubishi introdujo mejoras que incluyeron una política de tolerancia cero al acoso sexual y proporcionó a los empleados formación acerca de la ilegalidad del acoso y la forma de investigar las demandas que surgen[33].

Los casos de acoso sexual no sólo son caros, sino que además alteran la normalidad en las organizaciones empresariales y políticas. Considérese la situación para el poder ejecutivo del gobierno estadounidense cuando Paula Jones demandó al presidente Clinton por acoso sexual. Alegaba que el presidente le había hecho insinuaciones sexuales no deseadas en 1991, cuando él era gobernador de Arkansas y ella una funcionaria del Estado. En 1999, el presidente Clinton tuvo que pagar 850.000 dólares para parar la demanda[34].

Aunque muchos de los casos de acoso sexual son sufridos por mujeres, el número de situaciones en donde las víctimas son hombres está aumentando[35]. En 1995 un juez federal concedió a un hombre una indemnización de 237.257 dólares por haber sido acosado sexualmente por su supervisora en un restaurante de Domino's Pizza. La supervisora había hecho insinuaciones sexuales no deseadas a su subordinado, creando un entorno laboral hostil. El hombre fue despedido cuando amenazó con informar de la conducta de la supervisora a la alta dirección[36].

Los tribunales también consideran que el acoso sexual entre el mismo sexo es un comportamiento laboral inadecuado. Joseph Oncale, un trabajador de una plataforma petrolífera, alegó que sus compañeros de trabajo abusaban de él física y verbalmente, con insultos y amenazas sexuales, y se le permitió que interpusiera una demanda por acoso sexual contra su empresario. A pesar de los argumentos en contra, un tribunal que revisó el caso Oncale dictaminó, en 1998, que el acoso entre el mismo sexo, y no sólo entre sexos distintos, puede ser objeto de una demanda por acoso sexual[37].

Como indica la Figura 3.6, el acoso sexual es una de las principales cuestiones que los empresarios deben tener en cuenta en relación con la igualdad de oportunidades en el empleo. Una encuesta reciente de Harris concluyó que el 31 por ciento de las mujeres informaron que habían sido acosadas sexualmente en su trabajo[38]. Según la CIOE, los demandantes interpusieron 13.136 casos de acoso sexual en instituciones federales y esta-

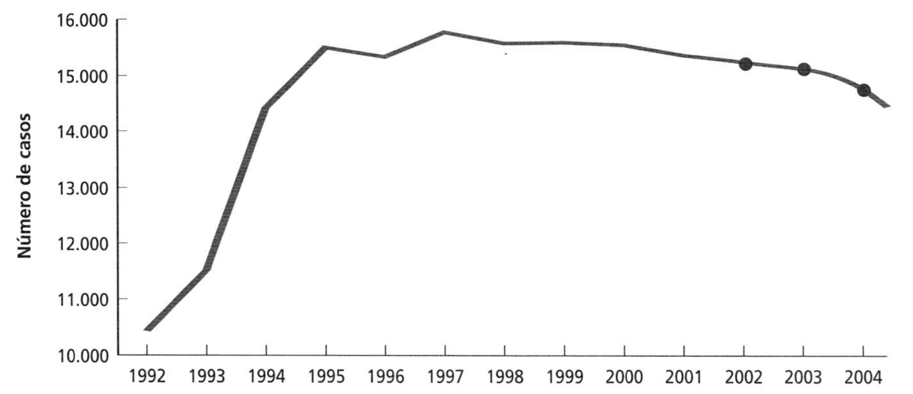

Fuente: La Comisión de Igualdad de Oportunidades en el Empleo de EE.UU. (2005). http://www.eeoc.gov/stats/harass.html.

Figura 3.6 ■ Número de demandas por acoso sexual en EE.UU. entre 1992 y 2004.

CUADERNO DEL DIRECTOR

GRH: EL EMPLEADO COMO CLIENTE INTERNO

Reducción de la responsabilidad potencial por acoso sexual

Para reducir la responsabilidad potencial por demandas por acoso sexual, los directivos deberían:

- Establecer una política por escrito que prohíba el acoso.
- Comunicar esta política y formar a los empleados sobre aquello que constituye acoso.
- Establecer un procedimiento de quejas eficaz.
- Investigar rápidamente todas las quejas.
- Emprender acciones para corregir los acosos anteriores.
- Garantizar que la persona que se ha quejado no termina en una posición peor si debe ser transferido.
- Realizar un seguimiento para evitar que se sigan produciendo acosos.

Fuente: Comerse Clearing House. (1991). *Sexual harassment manual for managers and supervisors*. Chicago: Comerse Clearing House.

tales en 2004 (Figura 3.6). Los hombres interpusieron aproximadamente el 15 por ciento de dichas demandas.

El Cuaderno del Director titulado "Reducción de la responsabilidad potencial por acoso sexual" muestra algunas formas para prevenir o corregir situaciones de acoso sexual.

Un fallo reciente del Tribunal Supremo de los EE.UU. afecta directamente a la responsabilidad del empresario en los casos de acoso sexual. Primero, el empresario es responsable de las acciones de los supervisores con sus subordinados, incluso aunque a la alta dirección no se le informe de las ofensas. Segundo, el Tribunal Supremo establece la defensa del empresario frente a una acusación de acoso sexual. El empresario debe probar dos cuestiones: (1) que adoptó, a tiempo, medidas razonables para prevenir y corregir los problemas derivados del acoso sexual[39] y (2) que el demandante no utilizó los procedimientos internos para informar sobre el acoso sexual[40].

Si el empleado cree, de forma razonable, que informar sobre la conducta ofensiva no es una opción viable, el empresario no podrá beneficiarse de este tipo de defensa. Por lo tanto, los procedimientos internos deben consistir en investigaciones imparciales[41]. El Cuaderno del Director titulado "Cómo llevar a cabo una investigación sobre acoso sexual" ofrece algunas directrices.

Para salvaguardarse de las demandas por acoso sexual, los expertos aconsejan que los empleados desarrollen políticas de tolerancia cero con el acoso sexual, que comuniquen esta política a sus empleados y que se aseguren de que las víctimas pueden informar de los abusos sin temor a las represalias[42].

CUADERNO DEL DIRECTOR

GRH: EL EMPLEADO COMO CLIENTE INTERNO

Cómo llevar a cabo una investigación sobre acoso sexual

El hecho de no investigar una denuncia por acoso sexual puede hacer que el empresario sea responsable en caso de ir a los tribunales. Aquí se presentan algunas directrices para la realización de una investigación de acoso sexual:

- **Puntualidad.** Los directivos deben responder con rapidez, entre las 24 y 48 horas tras la queja por acoso sexual. Reaccionar más tarde aumenta el riesgo de responsabilidad por negligencia.
- **Documentación.** Los directivos deben hacer preguntas abiertas para conseguir información del acoso tan detallada como sea posible. Las notas tomadas durante la entrevista deberían ser rescritas o mecanografiadas después de terminar la reunión. El directivo debe escribir el informe a partir de los apuntes de la entrevista con el denunciante.
- **Acuerdo con el empleado.** Después de documentar los hechos en el informe, el directivo debería revisar dicho informe con el denunciante y ver si éste está de acuerdo con él.
- **Resolución.** Los directivos deberían preguntar cuál es el resultado final que busca el empleado. Aquellos con una queja sincera normalmente dicen que sólo quieren que el acoso termine. Los que buscan venganza personal esperan conseguir que el presunto responsable sea despedido.
- **Descubrimiento de los hechos.** Los directivos deben entrevistar a testigos que corroboren o desacrediten las alegaciones de acoso sexual. El directivo debería entonces entrevistar al presunto acosador. Los acusados deben tener la oportunidad de defenderse. Un documento de "descubrimiento de hechos" debe registrarse y contener todos los hechos relacionados con la denuncia; cuando este documento se completa, la investigación se considera finalizada.
- **Remedio.** El empresario sólo está obligado a tomar medidas con las que de forma razonable se debería parar el acoso y tiene el derecho de determinar un curso de acción apropiado. Una política efectiva de acoso sexual proporciona a los directivos flexibilidad para elegir entre varias sanciones, desde un aviso por escrito al acosador para que pare, un traslado o degradación, o el despido del acosador.

Fuente: Covey, A. (Julio, 2001). How to andel harassment complaints. *HR Focus*, 5-6; Segal, J. (Octubre, 2001). HR as judge, jury, prosecutor and defender. *HRMagazine*, 141-154

La Ley de Derechos Civiles de 1991

En 1991, al considerar que el Tribunal Supremo estaba diluyendo el Título VII, el Congreso aprobó toda una serie de enmiendas al mismo. En conjunto, estas enmiendas se conocen como la *Ley de Derechos Civiles* de 1991. Aunque las cuestiones legales de estas enmiendas son bastantes técnicas, su efecto para muchas organizaciones es muy real. Entre los efectos más importantes cabe destacar:

- **Peso de la prueba.** Como señalábamos antes, el peso de la prueba, en un caso de discriminación, recae sobre el empresario. Cuando el candidato o el empleado interpone una demanda por discriminación y demuestra que está justificada, la organización tiene que defenderse demostrando que tenía una razón laboral para tomar la decisión que tomó. Este planteamiento fue inicialmente establecido en la decisión de 1971 relativa al caso *Grigg vs. Duke Power*. Después, un caso del Tribunal Supremo de 1989, *Wards Cove Parking Co. vs. Antonio*, tuvo el efecto de desplazar parte del peso de la prueba hacia el demandante[43]. La ley de 1991 vuelve al procedimiento *Griggs*.
- **Cuotas.** Para evitar el efecto no deseado, muchas organizaciones han desarrollado una política de cuotas que hacen los empresarios en sus decisiones de contratación para garantizar que un cierto número de personas de determinada clase protegida sea contratado. La ley de 1991 que enmienda el Título VII prohíbe las cuotas de forma expresa. Los empresarios que disponen de un programa de discriminación positiva, que otorga preferencia a los candidatos de clases protegidas, tienen que hacer malabarismos sobre una fina línea, moviéndose en situaciones que van desde "dar preferencia" (lo cual está permitido) hasta "hacer cuotas" (que está prohibido).
- **Indemnizaciones y juicios con jurado.** La ley inicial del Título VII permitía que los demandantes que ganaran un juicio pudieran cobrar los atrasos. Sin embargo, las minorías raciales también podían utilizar una ley de 1866 para conseguir indemnizaciones punitivas y/o compensatorias. Las **indemnizaciones punitivas por daños y perjuicios** son multas que cobra el demandante y que castigan al demandado. Las **indemnizaciones compensatorias** son multas que cobra el demandante para compensar los daños financieros y psicológicos que ha sufrido debido a la discriminación. La ley de 1991 ampliaba la posibilidad de recibir indemnizaciones punitivas y compensatorias para aquellas personas que hubieran padecido una discriminación por sexo, religión o minusvalía. Estos daños tienen como límite entre 50.000 y 300.000 dólares, en función del tamaño de la empresa[44]. Además, la ley permite al demandante exigir que el juicio se realice con jurado.

Cuotas
Las cuotas que realiza el empresario en sus decisiones de contratación para garantizar que se contrata a cierto número de personas de determinada clase protegida.

Indemnizaciones punitivas por daños y perjuicios
Indemnización que cobra el demandante con el fin de castigar al demandado.

Indemnización compensatoria
Indemnización que recibe el demandante como compensación del daño financiero o psicológico que ha sufrido.

Algunos creen que al prohibir expresamente las cuotas, la Ley de Derechos Civiles de 1991 ha eliminado un mecanismo muy útil para reducir la discriminación en las decisiones de contratación. Muchas organizaciones consideran que la mejor forma de evitar la discriminación por efecto no deseado era utilizar una combinación de cuotas y pruebas de habilidad cognitiva. Es decir, el empresario seleccionaría un determinado porcentaje de candidatos de varios grupos y después elegiría a los mejores en función de la prueba de habilidad cognitiva efectuada a cada grupo. Esta estrategia de contratación permitía mantener la calidad de la mano de obra al tiempo que una mayor participación de las minorías. Sin embargo, al prohibir las cuotas, la Ley de Derechos Civiles de 1991 ha eliminado esta opción[45].

Orden ejecutiva
Una directiva presidencial que tiene orden de ley. En el contexto de los RRHH, la política que deben cumplir todas las agencias federales y las organizaciones que trabajan para el gobierno federal.

Orden Ejecutiva 11246

Las **órdenes ejecutivas** son políticas que establece el presidente para el gobierno federal y para aquellas organizaciones que realicen contratos con dicho gobierno. La Orden

Ejecutiva 11246 (tal y como queda después de la enmienda de la Orden Ejecutiva 11375), emitida por el Presidente Johnson en 1965, *no* forma parte del Título VII. Sin embargo, si prohíbe la discriminación en contra de las mismas categorías de personas que quedan al amparo de la protección del Título VII. Además, va más allá del requisito del Título VII de no discriminar, al exigir a las organizaciones afectadas (empresas con contratos gubernamentales de más de 50.000 dólares y 50 o más empleados) que desarrollen programas de discriminación positiva para fomentar el empleo de miembros de las clases protegidas. Por ejemplo, los contratistas gubernamentales como Northrop Grumman y Lockheed Martin tienen que contar con programas de discriminación positiva.

LA LEY DE DISCRIMINACIÓN EN EL EMPLEO POR RAZÓN DE EDAD DE 1967

Ley de Discriminación en el Empleo por Razón de Edad (1967)
La ley que prohíbe discriminar a las personas de 40 o más años.

La **Ley de Discriminación en el Empleo por razón de Edad** (*Age Discrimination in Employment Act*) prohíbe la discriminación en contra de las personas de 40 o más años. Cuando se aprobó por primera vez, en 1967, protegía a las personas con edades comprendidas entre los 40 y los 65 años. Posteriormente, fue enmendada para aumentar la edad hasta los 70 y en 1986 se suprimió por completo el límite superior de edad.

Muchas de las demandas por violación de esta ley son interpuestas por empleados que han sido despedidos. Por ejemplo, un vendedor de sistemas de control informático, de 57 años, que trabajaba para GE Fanuc Automation, fue el único empleado despedido durante una "reestructuración de plantilla". Fue sustituido por seis representantes de ventas más jóvenes. Interpuso una demanda, afirmando que había sido despedido por razón de su edad y un jurado de Detroit le concedió 1,1 millones de dólares como indemnización y salarios no percibidos[46]. Los empresarios también pueden perder demandas de discriminación por edad en el trabajo si los empleados despedidos demuestran que los supervisores habían hecho bromas de mal gusto relativas a la tercera edad[47].

Una importante enmienda de la Ley de Discriminación en el Empleo por Edad es la *Ley para la Protección de los Trabajadores Mayores*, de 1990 (*Older Workers Protection Act*) que prohíbe que los empresarios discriminen ofreciendo prestaciones a sus trabajadores en función de la edad. Por ejemplo, sería ilegal que los empresarios ofrecieran ayudas por minusvalías sólo a los empleados que tengan menos de 60 años o que obliguen a los empleados minusválidos más mayores a que se jubilen anticipadamente. Otra disposición de esta ley pone obstáculos a las empresas para que pidan a sus trabajadores más mayores, en situaciones de reducción de plantilla, que firmen documentos renunciando a interponer una demanda futura por discriminación de edad a cambio del pago de una cantidad determinada[48].

LA LEY DE AMERICANOS CON MINUSVALÍAS DE 1990

Ley de Americanos con Minusvalías (1990)
La ley que prohíbe discriminar en el empleo a las personas con minusvalías que son capaces de realizar las funciones esenciales de un puesto de trabajo, con o sin adaptación razonable del entorno del trabajo.

La más reciente de las más importantes leyes sobre igualdad de oportunidades en el empleo es la **Ley de Americanos con Minusvalías**. Aprobada como ley en 1990 y aplicada paulatinamente desde entonces, esta ley tiene tres grandes apartados. El Título I contiene las disposiciones sobre empleo; los Títulos II y III tratan del funcionamiento de los gobiernos estatales y locales y los lugares públicos, como hoteles, restaurantes y centros comerciales. Las disposiciones sobre empleo empezaron a aplicarse el 26 de julio de 1992, a aproximadamente 264.000 empresarios estadounidenses con 25 o más empleados y el 26 de julio de 1994, a aproximadamente 666.000 empresarios estadounidenses con 15 o más trabajadores[49].

El requisito principal del Título I de esta ley afirma lo siguiente:

> Se prohíbe la discriminación con el empleo en contra de *individuos con minusvalías* que son capaces de realizar las *funciones esenciales del trabajo* con o sin una *adaptación específica.*

Hay tres fragmentos de este requisito que exigen una definición.

Individuos con minusvalías

A efectos de esta ley, los **individuos con minusvalías** son personas que tienen una deficiencia física o mental que afecta en gran medida a una o más de sus funciones vitales principales, como, por ejemplo[50]:

Individuos con discapacidades
Personas que tienen una minusvalía física o mental que afecta de forma sustancial a una o más de sus funciones vitales fundamentales.

- Andar
- Hablar
- Respirar
- Realizar trabajos manuales
- Sentarse
- Levantar peso
- Ver
- Oír
- Aprender
- Cuidar de sí mismo
- Trabajar
- Leer

Las personas invidentes, las que tienen problemas de audición o que necesitan una silla de ruedas son personas con una minusvalía. Pero la categoría también incluye a personas con una discapacidad parcial. Por ejemplo, una persona con epilepsia tiene una discapacidad incluso aunque su enfermedad esté controlada con medicación. La minusvalía debe ser física o mental y no fruto de desventajas económicas, culturales o del entorno. Por ejemplo, una persona que tiene dificultades para la lectura debido a la dislexia se considera minusválida, pero una persona que no puede leer porque es analfabeta no lo es. Las personas con enfermedades contagiosas, incluyendo a los seropositivos (infectados con el virus que provoca el SIDA), quedan incluidos en la definición de individuos con minusvalías.

La cobertura de esta ley se extiende solo a personas con discapacidades que perjudican en gran medida a sus funciones vitales. No ofrece remedio a las personas cuyas minusvalías afectan sólo a una actividad laboral concreta. La limitación de la cobertura de esta ley la decidió en 2002 el Tribunal Supremo cuando una empleada de una fábrica de Toyota en Kentucky, con el síndrome del túnel carpiano que le restringía su capacidad para utilizar herramientas neumáticas en el trabajo, buscó remedio al amparo de esta ley. El Tribunal se lo denegó[51].

Además, la ley protege a las personas que son *percibidas* como minusválidas. Por ejemplo, un empleado que puede sufrir un ataque al corazón. Cuando trate de volver a su trabajo, el jefe puede temer que la carga laboral sea "excesiva" y se niegue a que regrese. El empresario estaría violando la ley porque percibe que su empleado es minusválido y está discriminándolo debido a su percepción.

Hay dos tipos de personas que *no* se consideran explícitamente minusválidos: los individuos que por beber alcohol en un momento dado ven su rendimiento laboral alterado y aquellos que consumen drogas ilegales (sean o no adictos a ellas). Sin embargo, aquellos que se están recuperando de su adicción anterior al alcohol o a las drogas quedan al amparo de esta ley.

Una sentencia de 1999 del Tribunal Supremo aclaraba el tema relativo a las personas que quedan al amparo de la protección de esta ley. El tribunal dictaminó que una persona no es considerada minusválida según esta ley si su deficiencia está corregida y no limita de forma sustancial una función vital principal. Por ejemplo, sostenía que dos candidatas a piloto de avión en la compañía United Airlines no podían pedir la protección de esta ley por su mala visión. El grado de visión de las mujeres, sin corrección, estaba por debajo del requisito de visión 20/100 no corregida que se exige a los pilotos; su visión corregida con gafas era de 20/20. El tribunal consideró que, puesto que la visión de las mujeres podía corregirse con gafas, no eran minusválidas en los términos establecidos por la ley, negándoles una indemnización[52]. Esta sentencia probablemente afectará a la protección legal de otras deficiencias que pueden corregirse, como la pérdida de oído, una alta presión sanguínea o el asma.

Discapacidades intelectuales. En 2005, la CIOE proporcionó una serie de pautas para dirigir los retos a los que se enfrentan los empresarios en la contratación, adaptación y prevención de acoso de empleados con discapacidades intelectuales. La CIOE estima que dentro de los EE.UU. cerca de 2,5 millones de personas tienen *discapacidades intelectuales* que se dan cuando: (1) el nivel intelectual de la persona (IQ) está por debajo de 70-75; (2) la persona tiene limitaciones significativas en el área de las habilidades de adaptación tales como las expresadas en habilidades adaptativas conceptuales, sociales y prácticas; y (3) la discapacidad se produjo antes de los 18 años. Las *habilidades adaptativas* son las habilidades básicas que se necesitan en la vida cotidiana. Se incluye la comunicación, cuidar de uno mismo, la vida doméstica, las habilidades sociales, el don de gentes, el ocio, la salud y la seguridad, la autodeterminación, las reglas básicas (leer, escribir y matemáticas básicas) y trabajar[53].

La ley de Americanos con Minusvalía no cubre a todos aquellos que tienen una discapacidad intelectual. La discapacidad intelectual debe limitar sustancialmente al menos una de las funciones vitales principales, por ejemplo andar, ver, oír, pensar, hablar, aprender, concentrarse, realizar tareas manuales, cuidar de uno mismo y trabajar. Lo siguiente es un ejemplo de alguien que tiene una discapacidad intelectual que podría tener cobertura bajo esta ley.

> Bob tiene una discapacidad intelectual y es capaz de vivir por sí mismo pero necesita ayuda frecuente de su familia, amigos y vecinos en cuanto a la limpieza de su apartamento, hacer compras, conseguir citas para el médico y cocina. Él no es capaz de leer a un nivel superior del tercer grado, por lo que necesita que alguien lea su correo electrónico y le ayude a pagar sus facturas. Bob se encuentra considerablemente limitado para cuidar de sí mismo por lo que tiene una discapacidad que cumple los requisitos para tener cobertura por la ley de Americanos con Minusvalía.

Funciones esenciales

La CIOE distingue las obligaciones y tareas de un empleo entre dos grandes categorías: esenciales y marginales. Las **funciones esenciales** son obligaciones del puesto de trabajo que todo empleado debe cumplir o ser capaz de cumplir para ser eficaz. Las *funciones marginales* son obligaciones del puesto de trabajo que sólo se exigen a algunos empleados y no son críticas para el desempeño del trabajo. Los siguientes ejemplos ilustran las diferencias entre funciones esenciales y marginales:

Funciones esenciales Obligaciones laborales que toda persona, en determinado cargo, debe hacer o ser capaz de hacer para ser un empleado eficaz.

- Una empresa anuncia un cargo de supervisor "temporal" para sustituir a los supervisores normales de los turnos de día y noche cuando están ausentes. La capacidad de trabajar a cualquier hora del día o de la noche es una función esencial del empleo.
- Una empresa quiere ampliar su negocio en Japón. Además, de su experiencia en ventas, exige que todos los nuevos contratados hablen correctamente japonés. El conocimiento de este idioma es una función esencial para ejercer el empleo.
- Un grupo de químicos, que trabajan en equipo en un laboratorio, puede tener que responder al teléfono en algunas ocasiones. Contestar al teléfono se considera una obligación marginal, si uno no puede, los demás sí.

La Ley de Americanos con Minusvalías exige que los empresarios tomen decisiones sobre los candidatos con minusvalías únicamente en función de su capacidad para realizar funciones esenciales en el trabajo.

Adaptación/adecuación específica razonable

Las organizaciones deben emprender acciones razonables para permitir que los empleados discapacitados trabajen en ellas. Los principales aspectos de este requisito son:

- Los empresarios deben permitir una **adaptación razonable** para las minusvalías conocidas de los candidatos o empleados, de forma que las personas minusválidas disfruten de igualdad de oportunidades en el empleo[54]. Por ejemplo, un candidato que utiliza una silla de ruedas puede necesitar que se adecue el lugar de la entrevista si no es accesible con una silla de ruedas.
- Los empresarios no pueden negar un empleo a una persona minusválida para evitar las adaptaciones necesarias en la empresa, a no ser que constituyan una "carga excesiva". El concepto de carga excesiva es sumamente subjetivo, que depende del coste de la adaptación y de los recursos del empresario. Por ejemplo, las posibilidades de adaptación que proporcionan de forma rutinaria las grandes empresas (como las especializadas en equipos informáticos) pueden no ser factibles para las pequeñas empresas por carecer de los recursos financieros necesarios.
- No se exige ninguna adaptación si el individuo no está cualificado para ocupar el cargo.
- Suele ser obligación del individuo minusválido pedir la adaptación.
- Si el coste de la adaptación constituye una carga excesiva para el empresario, se debería ofrecer al individuo minusválido la opción de que él mismo proporcione dicha adaptación. Por ejemplo, una persona con visión deficiente pide trabajo como operador informático en una pequeña empresa que no puede cubrir los costes para acomodar al candidato: el candidato debería contar con la opción de aportar él mismo la tecnología pertinente; hay que señalar, sin embargo, que el Comité sobre Empleo de Personas con Minusvalías (*Committee on Employemnt of People with Disabilities*) informa de que el 20 por ciento de las ocasiones en que es necesaria la adaptación no suponen coste alguno y que menos del cuatro por ciento representan un coste superior a los 5.000 dólares[55].

Adaptación razonable
Una acción emprendida para adaptar el lugar de trabajo a las minusvalías conocidas de los candidatos o empleados, de forma que las personas con discapacidades disfruten de igualdad de oportunidades en el empleo.

Es posible realizar una amplia variedad de adaptaciones, que pueden surgir de fuentes sorprendentes. Por ejemplo, Kreonite Inc., una pequeña empresa familiar –con unos 250 trabajadores– que produce película fotográfica especializada, se ha comprometido con el empleo de personas minusválidas. Varios empleados de Kreonite son sordos. Kreonite acudió a un centro de formación sin ánimo de lucro para encontrar a un profesor que enseñara a sus empleados el lenguaje de los signos. La formación es gratuita y 30 empleados de Kreonite se ofrecieron voluntarios para acudir a los cursillos[56].

Algunos ejemplos adicionales de potenciales adaptaciones razonables, sugeridas por la CIOE, son reasignación de obligaciones marginales, modificación de los horarios laborales, modificación de los materiales de formación, proporcionar intérpretes o asistentes cualificados, permitir una baja, con sueldo o sin sueldo, para recibir tratamiento[57].

Como señalamos anteriormente en este capítulo, el principal centro de atención de la Ley de Americanos con Minusvalías y su normativa es el proceso de contratación. Sin embargo, la mayor parte de las demandas interpuestas hasta la fecha hacen referencia a situaciones en las que los actuales empleados quedaron minusválidos en el trabajo. Según la CIOE, la cifra total de casos de minusvalía interpuestos al amparo de esta ley, en 2004, fue de 15.346. Las dos grandes categorías de demandas fueron discapacidades emocionales y psiquiátricas y afecciones de espalda que son, en ambos casos, muy difíciles de diagnosticar y tratar[58]. Los directivos tienen que estar preparados para resolver una serie de cuestiones no anticipadas por los legisladores y reguladores que crearon y aprobaron la ley.

La Ley de Rehabilitación Profesional de 1973

La Ley de Rehabilitación Profesional (*Vocational Rehabilation Act*) constituye el antecedente inmediato de la Ley de Americanos con Minusvalías. Sin embargo, esta ley era de aplicación únicamente para el gobierno federal y sus contratados. Como la Orden Ejecutiva 11246, la Ley de Rehabilitación Profesional no sólo prohíbe la discriminación (en este caso, en función de una minusvalía), sino que además exige que las organizaciones afectadas tengan un plan de discriminación positiva para promover el empleo de los individuos minusválidos. Para las organizaciones resulta útil estar familiarizados con esta ley porque ha generado jurisprudencia durante 20 años a partir de la prohibición de la discriminación por minusvalía.

LA LEY DE INTEGRACIÓN DE VETERANOS DE LA ERA VIETNAM DE 1974

Hay otra ley relativa a la igualdad de oportunidades en el empleo que merece una breve reseña. La Ley de Integración de Veteranos de la Era Vietnam, de 1974 (*Vietnam Era Veterans Readjustment Act*) prohíbe la discriminación en contra de los veteranos de la era Vietnam (aquellos que sirvieron en el ejército entre el 5 de agosto de 1964 y el 7 de mayo de 1975) por parte de los contratistas federales. También exige a los contratistas federales la discriminación positiva para contratar a veteranos de la era Vietnam.

APLICACIÓN Y CUMPLIMIENTO DE LA IGUALDAD DE OPORTUNIDADES EN EL EMPLEO

La aplicación de las leyes de igualdad de oportunidades en el empleo es responsabilidad del poder ejecutivo del gobierno, presidido por el Presidente. En este apartado describimos las agencias reguladoras que aplican las diversas leyes de igualdad de oportunidades, así como algunos planes que se han aplicado para cumplir con los requisitos de discriminación positiva.

AGENCIAS REGULADORAS

Dos agencias son las principales responsables de la aplicación de las leyes sobre igualdad de oportunidades: la Comisión para la Igualdad de Oportunidades en el Empleo (CIOE) y la Oficina de Programas para el Cumplimiento de Contratos Federales (OPCCF) (*Office of Federal Contract Compliance Programs (OFCCP).*

Comisión para la Igualdad de Oportunidades en el Empleo (CIOE)

Comisión para la Igualdad de Oportunidades en el Empleo (CIOE)
La agencia federal encargada de aplicar las leyes sobre igualdad de oportunidades en el empleo.

La **Comisión para la Igualdad de Oportunidades en el Empleo (CIOE)**, creada bajo el Título VII, tiene tres funciones principales. La primera es el procesamiento de las demandas por discriminación. La segunda es la de reclutar normativas por escrito. Por último, la tercera consiste en recopilar y divulgar información[59].

Al procesar las demandas por discriminación, la CIOE aplica un proceso en tres etapas:

- **Investigación.** Un candidato o empleado que considera que ha sido discriminado inicia el proceso interponiendo una demanda ante la CIOE. La CIOE notifica a la empresa que se ha interpuesto una demanda y ésta debe garantizar que se conserve cualquier registro relacionado con la demanda. La CIOE suele tener mucho trabajo atrasado, por lo que suele tardar hasta dos años en empezar a investigar una demanda. En 2004, 79.432 casos fueron interpuestos ante la CIOE, frente a los 62.100 de 1990.

De los 79.432 casos interpuestos ante la CIOE en 2004, los tipos de discriminación más comunes fueron[60]:

- Raza: 27.696 (34,9%)
- Sexo/Género: 24.249 (30,5%)
- Edad: 17.837 (22,5%)
- Discapacidad: 15.346 (19,4%)
- Origen nacional: 8.361 (10,5%)
- Religión: 2.466 (3,1%)
- Igualdad en la remuneración: 1.001 (1,3%)

El plazo medio de tramitación de solicitudes de demandas al sector privado en la CIOE fue de 165 días en 2004, lo que supone una mejora de cinco días con respecto al año anterior.

Tras realizar la investigación, la CIOE determina si es probable que la empresa haya violado realmente una o más leyes relacionadas con la igualdad de oportunidades. Los demandantes tienen el derecho de interponer una demanda judicial, pero es improbable que, sin el respaldo de la CIOE, la sentencia les sea favorable.

- **Conciliación.** Si la CIOE considera que se ha violado una ley relativa a la igualdad de oportunidades, intentará resolver el caso a través de un **acto de conciliación**. El acto de conciliación consiste en una negociación entre las tres partes implicadas, el demandante, el empresario y la CIOE, logrando un acuerdo justo sin acudir a los tribunales.
- **Litigio**. Si la conciliación no es posible, la CIOE puede elegir entre dos cursos de acción. La CIOE no tiene el poder de obligar al empresario a pagar una indemnización u otro tipo de daños; esto sólo puede hacerse con una sentencia judicial. Puesto que un juicio es un trámite muy caro, la CIOE sólo adoptará este curso de acción en un porcentaje relativamente reducido de casos. Si la CIOE decide no interponer una demanda judicial, emite una carta de autorización de interposición de demanda judicial al demandante, que puede entonces emprender acciones con el permiso (pero sin el apoyo financiero o legal) de la CIOE.

Acto de Conciliación
Un intento por alcanzar un acuerdo negociado entre el empresario y el empleado o candidato en un caso de igualdad de oportunidades.

Además de resolver las demandas, la CIOE se encarga de redactar normativas y directrices. Estos documentos "sirven de complementos" a las leyes particulares. Por ejemplo, cuando la CIOE decidió que el acoso sexual quedaba prohibido por el Título VII, emitió una normativa definiendo lo que es el acoso sexual (*véase* Figura 3.4) y lo que espera que hagan los empresarios ante una acusación de acoso por parte de un empleado. De igual forma, cuando se aprobó la Ley de Americanos con Minusvalías en 1990, la CIOE pasó a ser la responsable de emitir normas que informaran a los empresarios de lo que se espera (y no se espera) que hagan para cumplir la ley. La página web de la CIOE (www.EEOC.gov) también proporciona una lista de estas normativas. La Figura 3.7 muestra una lista de algunas de las normativas más importantes de la CIOE.

La CIOE también recopila información para controlar las prácticas de contratación de las organizaciones. Para ello, pide a las empresas con 100 o más empleados que redacten un informe anual (EEO-1) indicando el número de mujeres y minorías que tienen cargos en nueve categorías laborales distintas. La CIOE examina esta información para identificar los patrones de discriminación que puedan existir en las organizaciones.

Directrices sobre discriminación por razón de sexo Preguntas y respuestas sobre embarazos y problemas por reproducción Directrices sobre discriminación por razón de religión Directrices sobre discriminación por razón de origen nacional Interpretaciones sobre la ley de discriminación en el empleo por razón de edad Directrices para la selección de empleados Preguntas y respuestas sobre las directrices para la selección de empleados Directrices sobre el acoso sexual Conservación de registros e informes	Directrices sobre discriminación positiva Igualdad de oportunidades en el Empleo en el gobierno federal Interpretación de la ley de Igualdad Salarial Definiciones de la política sobre prestaciones por maternidad Definiciones de la política sobre la relación del Título VII con la ley de Control y Reforma de la Inmigración Definición de la política sobre daños al feto y en la reproducción Definición de la política sobre adaptación religiosa según el Título VII Directrices de discriminación por discapacidad

Fuente: Adaptado de Ledvinka, J. y Scarpello, V. G. (1991). *Federal regulation of personnel and human resource management* (2.ª ed.) Boston: PWS-Kent. Reproducido con autorización de South-Western College Publishing. Copyright 1991 de PWS-Kent. Todos los derechos reservados.

Figura 3.7 ■ Principales normativas de la CIOE.

Finalmente, la CIOE distribuye pósteres entre los empresarios en donde se explica a los trabajadores las formas para protegerse de discriminaciones en el empleo y para interponer una demanda. La CIOE exige que los empresarios pongan estos pósteres en un lugar visible (como la cafetería de la empresa).

Oficina de Programas para el Cumplimiento de Contratos Federales (OPCCF)

Oficina de Programas para el Cumplimiento de Contratos Federales (OPCCF)
La agencia federal encargada de controlar y aplicar las leyes y órdenes ejecutivas de aplicación al gobierno federal y a sus contratistas.

La **Oficina de Programas para el Cumplimiento de Contratos Federales (OPCCF)** es responsable de aplicar las leyes y órdenes ejecutivas al gobierno federal y a sus contratistas. Concretamente, aplica la Orden Ejecutiva 11246 y la Ley de Rehabilitación Profesional, que van más allá de la prohibición de la discriminación, exigiendo que se apliquen programas de discriminación positiva.

Muchas normativas redactadas por la OPCCF son muy parecidas a las redactadas por la CIOE. Sin embargo, existen dos diferencias importantes entre las actividades de las dos agencias. En primer lugar y a diferencia de la CIOE, la OPCCF controla activamente el cumplimiento de sus normativas. Es decir, no espera a que un empleado o candidato interponga una demanda. Al contrario, exige que los empresarios afectados remitan informes anuales sobre el estado de sus programas de discriminación positiva. En segundo lugar, también a diferencia de la CIOE, la OPCCF tiene bastante poder para obligar a que se apliquen sus normativas. Se considera que ser un contratista del gobierno es un privilegio, no un derecho. La OPCCF puede retirar dicho privilegio si considera que un empresario no está cumpliendo la ley. También puede imponer multas y otras sanciones.

PLANES DE DISCRIMINACIÓN POSITIVA

Un plan de discriminación positiva es necesario en todas las agencias gubernamentales y en las empresas que realizan importantes encargos para el gobierno. Existen tres etapas para desarrollar un plan de discriminación positiva: la realización de un análisis del tipo de empleo, el establecimiento de objetivos y plazos temporales y la determinación de las opciones de actuación.

Determine el porcentaje de miembros de clase protegida para cada uno de los siguientes grupos de personas:

- Población local
- Trabajadores locales en paro
- Mano de obra local
- Trabajadores cualificados en el mercado laboral local
- Trabajadores cualificados en el mercado laboral en el que se está contratando
- Empleados que puedan ser promocionados a esa categoría laboral
- Diplomados en programas de formación y educación locales que preparan a estas personas para esa categoría laboral
- Participantes en programas de formación patrocinados por el empresario

Figura 3.8 ■ Elementos de un análisis de disponibilidad de ocho factores.

Análisis del tipo de empleo

El primer paso para desarrollar un plan de discriminación positiva consiste en realizar un *análisis del tipo de empleo* para descubrir la mano de obra actual de la organización respecto a un conjunto de trabajadores cualificados. Existen dos partes en la realización de este análisis. La primera implica determinar la composición demográfica de la actual mano de obra dividiendo todos los puestos de trabajo de la organización en distintas categorías. Por ejemplo, todos los puestos directivos se incluyen en una categoría, todos los puestos de secretariado y oficinas en una segunda, todos los puestos de ventas en una tercera, etc. Se puede estimar el porcentaje de personas de cada clase protegida que trabaja en cada una de estas categorías.

La segunda parte consiste en determinar el porcentaje, de esas mismas clases protegidas, disponible en el mercado laboral. Al recopilar esta información, las organizaciones tienen que tener en cuenta los ocho elementos que se muestran en la lista de la Figura 3.8. Por ejemplo, ¿qué porcentaje de directivos cualificados y disponibles son mujeres?, ¿qué porcentaje hay de afroamericanos?, ¿qué porcentaje hay de americanos asiáticos? La OPCCF ofrece líneas directrices para calcular estos porcentajes. Si las cifras disponibles son significativamente mayores a las que actualmente son empleadas en cualquier categoría, se dice que los grupos protegidos están siendo infrarrepresentados en esa categoría laboral.

Objetivos y plazos temporales

Un segundo paso consiste en establecer objetivos y plazos temporales para corregir la infrarrepresentación. La OPCCF exige explícitamente que *no* se establezcan cuotas numéricas rígidas. Al contrario, el empresario debería tener en cuenta el grado de infrarrepresentación, el ritmo de rotación de la mano de obra y si ésta está creciendo o reduciéndose. Otra consideración a la hora de establecer objetivos y plazos temporales es la de los tipos de acciones que el empresario tiene que adoptar.

Planes de acción

El paso final para desarrollar un plan de discriminación positiva consiste en decidir exactamente las acciones que se van a adoptar. La OPCCF sugiere las siguientes directrices:

- Contratación de miembros de las clases protegidas.
- Nuevo diseño de los puestos de trabajo de forma que los trabajadores poco representados tengan más posibilidades de ser contratados.

- Proporcionar sesiones de formación especializada para los candidatos con mala preparación.
- Suprimir cualquier barrera innecesaria. Por ejemplo, una empresa, localizada en un área que no disfruta de transporte público, podría pensar en ofrecer un servicio de transporte en furgoneta, desde ciertas zonas, para que los candidatos potenciales que no tienen un medio de transporte puedan ser contratados.

La principal preocupación de las organizaciones consiste en determinar el grado de preferencia (si es que tienen que dar alguno) que deberían ofrecer a los candidatos pertenecientes a clases protegidas infrautilizadas. Por ejemplo, hace algunos años se abrió un proceso de contratación en un departamento de transporte del condado de Santa Clara, California. Tras pasar por el proceso de selección normal, los candidatos fueron clasificados en función de los resultados que habían obtenido en las pruebas y en una entrevista. La normativa del condado permitía que se eligiera a cualquiera de los siete primeros candidatos. Los supervisores estaban decididos a elegir al segundo clasificado, Paul Johnson, un hombre blanco. Diana Joyce, una mujer blanca que ocupaba el cuarto puesto, acudió al concejal encargado de la discriminación positiva y consiguió el trabajo.

Johnson interpuso una demanda. Su argumento era muy claro: el TítuloVII prohíbe la discriminación por razón de sexo y no se le concedió el trabajo por ser un hombre. Este es un caso típico de **discriminación inversa,** la discriminación que se produce debido al intento de contratar a más personas de las clases protegidas. En este caso, la clasificación laboral a la que la persona había sido promocionada constaba de 238 puestos, ninguno de los cuales estaba cubierto por una mujer. Johnson llevó su caso hasta el Tribunal Supremo de EE.UU. En 1987, la sentencia del alto tribunal afirmó que la decisión del condado de Santa Clara era aceptable[61].

Discriminación inversa
Discriminación contra los miembros de una clase no protegida fruto de los intentos de contratar a los miembros de las clases protegidas.

El Tribunal Supremo, en más de una docena de casos, ha emitido sentencias de discriminación inversa, desde que se interpuso el primer caso en 1977[62]. Aunque el tribunal ha favorecido la estrategia de discriminación positiva destacada en la Figura 3.1, casi todos estos casos fueron decididos por un margen de 6 a 3 o de 5 a 4. Puesto que al Tribunal Supremo se van añadiendo nuevos jueces con cierta regularidad, la resolución en el futuro de este tipo de casos sigue siendo un tema abierto.

EE.UU. no es el único país con discriminación positiva. Otros países han creado políticas análogas para ofrecer oportunidades de empleo o de educación a grupos de personas menos favorecidas. Por ejemplo, en la India se ha intentado mejorar el estatus de los intocables, la clase más baja de la sociedad, ofreciéndoles un trato preferente en el empleo y la educación. Esta política tiene resultados contradictorios, enfureciendo a algunos miembros de las castas superiores. Malasia ha favorecido a los malasios islámicos sobre los chinos (que son, en media, más ricos y han recibido mejor educación) para puestos de trabajo y posibilidades educativas. Un número significativo de malasios de origen chino reaccionó ante esta política emigrando a Asia y América del Norte[63]. Otros países tienen grupos menos favorecidos entre su población, pero han decidido no crear políticas de empleo que los favorezcan. Por ejemplo, Francia tiene una amplia población de argelinos, históricamente menos favorecidos, pero ha evitado resolver el problema de la elevada tasa de desempleo de este grupo con una política análoga a la de la discriminación positiva de EE.UU. En Gran Bretaña, la Comisión para la Igualdad Racial concluyó que la mayoría de las empresas británicas adoptan pocas medidas para garantizar la igualdad de oportunidades en el empleo, más allá de lo que es un mero respaldo verbal a la idea[64].

OTRAS LEYES IMPORTANTES

En este capítulo nos hemos centrado en las leyes de igualdad de oportunidades en el empleo porque tienen un amplio efecto sobre casi todas las cuestiones relativas a los RRHH y, por tanto, es muy probable que influyan sobre el comportamiento de los directivos. Las demás leyes de RRHH, que aparecen en una lista en el apéndice de este capítulo y que se discuten en otras partes del libro, tienen un enfoque más limitado. Entre estas leyes se incluyen las que afectan a los planes de remuneración y prestaciones (leyes estatales de remuneración de los trabajadores (*state workers' compensation laws*), la Ley de la Seguridad Social (*Social Security Act*), la Ley de Estándares Laborales Justos (*Fair Labor Satndards Act*), la Ley de Renta Mínima y Jubilación (*Employee Retirement and Income Security Act*), la ley *Consolidated Omnibus Budget Reconciliation*, la Ley de Baja Médica y por Maternidad (*Family and Medical Leave Act*), a las relaciones patronal-sindicatos (las leyes Warner, Taft-Hartley y Landrum-Friffin), a cuestiones de seguridad y sanidad (la Ley de Seguridad y Sanidad en el trabajo *(Occupational Safety and Health Act)*) y a los despidos (la Ley de Readaptación e Integración del Trabajador (*Worker Adjustment and Retraining Act*).

Una cuestión de ética

¿Es ético que un empresario estadounidense pida a todos sus empleados que en el trabajo sólo hablen en inglés?

Merecen una breve reseña cuatro leyes que no se tratan en el resto del libro. La Ley de Reforma y Control de la Inmigración (*Immigration Reform and Control Act*) de 1986 tenía la intención de reducir el flujo de inmigrantes ilegales en EE.UU. La ley tenía una disposición que afecta a los empresarios. Para desalentar la contratación de inmigrantes ilegales, la ley obliga a que los empresarios sólo contraten a personas que pueden demostrar con documentos que están autorizadas legalmente a trabajar en EE.UU. Hay un formulario (*Employment Eligibility Verification*) *(I-9)* que especifica los documentos que tienen que ver los empresarios de cualquier trabajador nuevo. Parece ser que el principal efecto que ha tenido esta ley ha sido el crear un mercado de documentación falsa.

La *Ley de Inmigración (Inmigration Act)* de 1990 se aprobó para facilitar la entrada a EE.UU. de inmigrantes cualificados. Esta ley constituye una modificación de la anterior política de inmigración estadounidense que favorecía a inmigrantes (1) con miembros de su familia ciudadanos estadounidenses o (2) que provenían de un país que, debido a las tendencias históricas, contaban con una cuota elevada de inmigrantes a EE.UU. [65].

La *Ley del Trabajo sin Drogas* (*Drug-Free Workplace Act)* de 1988 exige que los contratistas del gobierno intenten garantizar que en sus lugares de trabajo los empleados no consumen drogas. Se pide a los empresarios prevenir el consumo de drogas ilegales en el trabajo y que eduquen a sus empleados sobre los riesgos del consumo de tales sustancias. Aunque la ley no obliga a que se hagan pruebas sobre el uso de drogas, ha provocado en todo EE.UU., junto con otras leyes y normativas más estrictas, una aceptación general de tales pruebas, tanto para los empleados actuales como para los candidatos[66]. Aproximadamente el 98 por ciento de las 200 empresas de *Fortune* realizan actualmente algún tipo de prueba sobre consumo de drogas[67].

La *Ley de Derechos de Empleo por Servicios Prestados* (*Uniformed Services Employment and Reemployment Rights Act*) de 1994 protege los derechos de las personas que solicitan bajas temporales en un empleo en el sector privado para realizar un servicio militar (como cumplir con sus obligaciones por pertenecer a la reserva). La ley protege los derechos y prestaciones por antigüedad de estos empleados. También los protege de la discriminación del empresario en sus decisiones de contratación, promoción y despidos. Algunos empresarios han estado dando a militares de reserva que regresaron de combatir en Irak ventajas y beneficios que van más allá de lo establecido por ley, tal y como se describe en el Cuaderno del Director titulado "Los militares de reserva que regresan de Irak están muy demandados".

CUADERNO DEL DIRECTOR

NUEVAS TENDENCIAS

Los militares de reserva que regresan de Irak están muy demandados

Los militares de reserva conforman el 40 por ciento de las tropas en activo sirviendo en Irak –la reserva más grande desde la Segunda Guerra Mundial—. La edad media es de 32 años, cuatro más que la edad media de un soldado.

Los empresarios se están encontrando con que los reservistas regresan de Irak con habilidades veteranas de gestión, de trato con la gente y de comunicación. También regresan con capacidad de liderazgo que ha sido perfeccionada en los combates. El Comandante del ejército David Wood, un reservista de 42 años, estuvo al cargo de un escuadrón de helicópteros en Irak y Afganistán. Wood dice que sus soldados siempre eran más entusiastas con la misión si sabían que un oficial de más rango participaba. Regresó a casa como vicepresidente de Jay Group, una empresa de embalaje en Pensilvania. Wood señala que ahora suele bajar a la planta de producción para empaquetar y enviar los productos al lado de los trabajadores. "No puedes ser lo que se conoce como un comandante de *coffee-cup* dice Wood. "Tienes que estar en el campo, dirigiendo desde el frente".

Al reconocer el valor de las capacidades adquiridas en un contexto de lucha militar, los empresarios se alejan de su forma tradicional de contratación y tratan de retener a militares de reserva. Aunque los empresarios están obligados por ley a garantizar que los reservistas recuperen sus puestos con la misma responsabilidad y sueldo, algunos empresarios, incluso van más allá de lo que exige la ley y les ofrecen algunos privilegios tales como continuidad en la remuneración y en las prestaciones sociales mientras que prestan servicios militares. Estos son algunos ejemplos:

- Adolph Coors paga la diferencia entre el salario normal de un soldado de reserva y el salario militar por un año de servicio activo. Una organización de voluntariado interno trabajó con las familias de los reservistas, empaquetando y enviando artículos donados a las tropas.
- American Express ofrece el salario completo y las prestaciones durante hasta cinco años así como aportaciones monetarias al plan de jubilación del empleado.
- General Electric paga un mes de sueldo completo y compensa la diferencia en el salario durante hasta tres años. GE tienen una división de contratación de militares y programas de liderazgo para militares que están pasando al mundo empresarial.

Fuente: Palmeri, C. (13 de diciembre de 2004). Served in Iraq? Come work for us. *BusinessWeek*, 78-80.

FORMAS PARA EVITAR LOS ASPECTOS NEGATIVOS DE LAS LEYES SOBRE IGUALDAD DE OPORTUNIDADES

En EE.UU., la gran mayoría de los empleados y candidatos a un puesto de trabajo pertenecen a una o más clases protegidas. Esto significa que cualquier decisión que toma un directivo sobre la situación laboral de un trabajador puede ser llevada ante los tribunales. En la mayoría de los casos, las buenas prácticas directivas no sólo evitan demandas relacionadas con la igualdad de oportunidades, sino que además ayudan en los resultados de la empresa. Se recomiendan cinco prácticas directivas específicas: ofrecer formación, crear un procedimiento de resolución de quejas, fundamentar con documentos todas las decisiones, ser honrado y solicitar a los candidatos únicamente la información realmente necesaria.

OFRECER FORMACIÓN

Es una de las mejores formas para evitar problemas relacionados con la igualdad en el empleo. Hay dos tipos adecuados de formación. Primero, el departamento de RRHH debería pensar en actualizar los conocimientos de los supervisores, directivos y ejecutivos sobre cuestiones laborales y de igualdad de oportunidades, puesto que esta parte del derecho está modificándose continuamente[68]. El Tribunal Supremo decide sobre casos que afectan a la práctica de RRHH. Aunque los directivos pueden intentar leer revistas especializadas o buscar en Internet para encontrar información actualizada, muchas son las actividades que diariamente deben realizar para poder hacer esto con cierta regularidad. Las sesiones de formación especializada, realizadas por el departamento de RRHH, son el método más eficaz para comunicar esta información a los directivos.

Segundo, los empresarios deberían centrarse en comunicar a sus empleados su compromiso por crear un entorno laboral sin discriminaciones. Por ejemplo, todos los empleados tienen que saber responder a los siguientes interrogantes: qué constituye acoso sexual, cómo se para antes de que se convierta en un problema y qué hay que hacer cuando es un problema. Honeywell tiene un Consejo de empleados con minusvalías y una de sus funciones es la de concienciar sobre los problemas de este tipo de personas en la empresa[69].

ESTABLECER UN PROCEDIMIENTO PARA RESOLVER LAS QUEJAS

Toda organización debería contar con un procedimiento para la resolución interna de quejas de todo tipo y, en especial, sobre igualdad de oportunidades de los empleados. Resulta mucho más fácil resolver estas cuestiones si no se implica al CIOE, a la OPCCF o a consejeros legales. Lo más importante es que se pueda mejorar la satisfacción de los empleados cuando ellos son capaces de comunicar sus preocupaciones a los niveles de dirección (en los capítulos 13 y 15 describimos con detalle los sistemas de resolución de quejas).

Una vez creado, el procedimiento para la resolución de quejas debe ser aplicado correctamente. AT&T eludió su responsabilidad en un caso de acoso sexual porque fue capaz de demostrar que había actuado con rapidez en el momento en que se informó a la dirección[70]. El Recuadro 3.1, "Métodos alternativos de resolución de conflictos en Marriot y la CIOE", describe la posición de líder conseguida por Marriot y la CIOE al experimentar nuevos métodos para resolver las quejas de los empleados relativas a la igualdad de oportunidades en el empleo.

RECUADRO 3.1

MÉTODOS ALTERNATIVOS DE RESOLUCIÓN DE CONFLICTOS EN MARRIOTT Y LA CIOE

Ron Wilensky, vicepresidente de relaciones con los empleados de Marriott International, no estaba satisfecho con el programa de la empresa "Garantías para un determinado tratamiento justo", que ordenaba a los empleados que tuvieran quejas que acudieran primero a su supervisor inmediato, después al jefe del supervisor y, finalmente, más arriba si era necesario. A partir de su experiencia con tres empresas de las 500 de *Fortune* que tenían políticas similares, estimaba que el 75 por ciento de los empleados no aplicaban la política y consultaban con un abogado. Para comprobar estas estimaciones, creó un comité para analizar la satisfacción de los empleados con el programa cuyos resultados indicaron que los trabajadores no confiaban en esta política. En su lugar, querían un sistema que permitiera a los afectados airear sus problemas ante personas imparciales y que se resolvieran con cierta rapidez, sin miedo a represalias.

Para conceder a los empleados lo que querían, Wilensky y su comité han estado experimentando con tres sistemas de resolución de conflictos.

1. **Acuerdo mutuo a través de la mediación.** Una persona neutral, normalmente un experto en resolución de conflictos, se reúne con ambas partes e intenta negociar un acuerdo. Puesto que entre el 80 y el 90 por ciento de los conflictos se resuelven de todas formas fuera de los tribunales, el objetivo consiste en reducir los honorarios por abogados y otros costes relacionados.
2. **Una línea de ayuda.** Wilensky descubrió que era difícil hacer un seguimiento de los agravios sufridos por los empleados, en tantas localizaciones geográficas diferentes, por lo que Marriott

utiliza una línea gratuita. Disponible 24 horas al día, los siete días de la semana, la línea telefónica debe utilizarse únicamente para informar sobre casos de despidos improcedentes, discriminación y acoso. Marriott promete que iniciará una investigación en los tres días siguientes a la recepción de la queja.

3. **Un grupo de colegas.** En 50 localizaciones de Marriott los empleados tienen la oportunidad de dar a conocer sus quejas ante un grupo de colegas. El grupo se elige al azar entre un grupo de voluntarios especialmente formados y tiene autoridad para tomar una decisión final vinculante[A].

La CIOE también utiliza sistemas alternativos de resolución de conflictos y confía en un mediador para lograr un resolución rápida en todos los casos que tiene en lista de espera. La presidenta de la CIOE, Ida L. Castro, se comprometió recientemente con estas medidas aumentando el presupuesto para mediación en 13 millones de dólares en 1999, ampliando la utilización de este método en cada oficina de distrito de la CIOE[B].

Fuentes: [A]Wilensky, R. y Jones, K. M. (marzo, 1994). Quick response key to resolving complaints. *HRMagazine*, 42-47. Reproducido con la autorización de *HRMagazine*, publicado por la Society for Human Resource Mnagement, Alexandria, VA; [B]Leonard, B. (febrero de 1999). A new era at the EEOC, *HRMagazine*, 54-62.

DECISIONES FUNDAMENTADAS CON DOCUMENTOS

Las decisiones y transacciones financieras tienen que estar fundamentadas en documentos para que se puedan resumir y auditar, para que se puedan identificar las áreas con problemas y aplicar soluciones[71]. El mismo razonamiento puede aplicarse a las decisiones respecto a los empelados. La naturaleza y racionalidad de cualquier decisión sobre RRHH debería fundamentarse en documentos. Tanto la CIOE como la OPCCF tienen algunos criterios para informar. Los empresarios que aplican un sólido sistema de información sobre RRHH no tienen problemas para cumplir estos criterios.

SER HONRADO

Normalmente, los candidatos y los empleados no interpondrán una demanda relacionada con la igualdad de oportunidades en el empleo salvo que crean que han recibido un trato injusto. La percepción de la injusticia surge a menudo de situaciones en donde no se han satisfecho las expectativas del empleado o el candidato. Imagínese la siguiente situación: un empleado de 50 años de edad ha obtenido excelentes evaluaciones de rendimiento durante 20 años. De repente, su director le despide por tener un mal rendimiento laboral. Este empleado probablemente interpondrá una demanda porque a lo largo del tiempo se ha creado la expectativa de que es un empleado valorado y ahora cree que la única razón de su despido es su edad. Aunque pueda resultar doloroso a corto plazo, ser sinceros con los empleados constituye una buena práctica directiva que puede reducir los problemas legales a largo plazo.

SOLICITAR LA INFORMACIÓN NECESARIA

Las empresas sólo deberían solicitar la información relativa al rendimiento laboral. Por ejemplo, no se debería preguntar a un candidato sobre su religión, aunque se puede pedir a una persona que trabaje determinados días de la semana. De igual forma, se puede preguntar al candidato si es capaz de llevar a cabo las tareas físicas del trabajo (sobre todo, aquellas que estén en una lista específica), pero las preguntas generales sobre su salud probablemente serían interpretadas como una violación de la Ley de Americanos de Minusvalías. La Figura 3.9 ofrece varios ejemplos de preguntas adecuadas e incorrectas que se pueden poner en un formulario de solicitud de empleo o que se pueden hacer en una entrevista de trabajo.

Tema de la pregunta	Ejemplos de preguntas aceptables	Ejemplos de preguntas inaceptables	Comentario
Nombre	"¿Cómo se llama?" "¿Ha trabajado para esta empresa utilizando otro nombre?"	"¿Cuál era su nombre de soltera?"	Deberían evitarse preguntas sobre el nombre de un candidato que pueda indicar el estado civil u origen nacional.
Edad	"¿Tiene al menos 18 años de edad?" "Para ser contratados, todos los empleados deben entregar un certificado que justifique que es mayor de edad. ¿Puede aportarlo?"	"¿Cuál es su fecha de nacimiento?" "¿Qué edad tiene?"	La solicitud de datos relativos a la edad puede desanimar a los trabajadores de más edad.
Raza, etnia y características físicas	"Tras ser contratado, la empresa tiene que tener una fotografía de todos sus empleados. Si es contratado, ¿puede aportar una fotografía?" "¿Lee, habla o escribe otro idioma?"	"¿A qué raza pertenece?" "¿Cuánto mide y pesa?" "¿Podría incluir una fotografía junto con su solicitud para poder identificarle?" "¿Qué idioma emplea normalmente?"	La información relativa a las características físicas puede asociarse con la pertenencia a grupos raciales o por sexo.
Religión	El empresario puede establecer los días, horarios y turnos de trabajo.	"¿Cuál es su religión?" "¿Le impide su religión trabajar los fines de semana?"	Las preguntas sobre la disponibilidad del candidato tienen un efecto de exclusión debido a las prácticas religiosas de algunas personas.
Género, estado civil y familia	"Si es menor de edad, por favor dé el nombre y la dirección de los padres o tutores" "Por favor, dé el nombre, la dirección y el número de teléfono de la persona a contactar en caso de emergencia"	"¿A qué sexo pertenece?" "Indique su estado civil actual" "Indique si tiene hijos y de qué edades" "Si tiene hijos, ¿cómo hace para que los cuiden mientras trabaja?" "¿Con quién vive?"	
Condiciones físicas	"¿Está dispuesto a pasar un examen médico si la naturaleza del puesto de trabajo que solicita lo requiere?"	"¿Tiene algún tipo de minusvalía, defecto o deficiencia física?" "¿Cómo describiría su estado de salud?" "¿Cuándo pasó el último examen médico?"	Una política genérica que excluya a los discapacitados es discriminatoria. Cuando la buena condición física sea necesaria para el empleo, el empresario tiene que poder justificar tal necesidad como empresarial para poder incluir preguntas relacionadas con la forma física.

Figura 3.9 ■ Ejemplos de preguntas aceptables e inaceptables en los formularios de solicitud de empleo o en la entrevista de trabajo.

(continúa)

Tema de la pregunta	Ejemplos de preguntas aceptables	Ejemplos de preguntas inaceptables	Comentario
Servicio militar	"Por favor, indique cualquier experiencia o formación específica que haya recibido durante su servicio militar y que crea que sería útil para el puesto de trabajo que solicita"	"Por favor, indique los motivos por los que no realizó el servicio militar y en qué fechas"	Los miembros de las minorías se liberan más del servicio militar por razones diversas. Una política que rechace a los que se han liberado por determinados motivos puede ser discriminatoria.
Hobbies, clubes y organizaciones	"¿Tiene algún hobby que esté relacionado con el trabajo que solicita?" "Por favor, indique cualquier club u organización a la que pertenezca y que tenga relación con el puesto que solicita"	"Por favor, indique cualquier hobby que tenga" "Por favor, indique cualquier club u organización a la que pertenezca"	Si se hacen preguntas sobre pertenencia a clubes y organizaciones, debería añadirse un comentario permitiendo que los candidatos omitan aquellas organizaciones relacionadas con la edad, la raza, el sexo o la religión.
Créditos disponibles	Ninguna.	"¿Tiene usted coche? ¿Su casa es en propiedad o en alquiler?"	La utilización de preguntas para conocer la situación financiera suele tener un impacto negativo sobre los candidatos de los grupos minoritarios y se consideran ilegales. A no ser que se demuestre que tienen relación con el puesto, las preguntas relativas a la propiedad de un coche, una casa, lejanía de la residencia, pagos en especie, etc., podrían constituir una violación del Título VII.
Historial penal	"¿Ha sido condenado por algún crimen relacionado con el puesto de trabajo que tendrá que realizar?". Ejemplo: Una condena por malversación de fondos estaría relacionada con trabajar en un banco.	"¿Ha sido arrestado por cualquier crimen?"	La pregunta relativa a si uno ha sido arrestado alguna vez viola los derechos del Título VII porque estas preguntas afectan negativamente a los candidatos pertenecientes a minorías.

Fuente: Adaptado de Gatewood, R. D. y Feild, H. S. (2001). *Human resource selection*, 5.ª ed. Fort Worth, TX: Harcourt College Publishers. Copyright 2001, de Harcourt College Publishers, reproducido con autorización del editor y Bland, T. y Stalcup, S. (marzo, 1999). Build a legal employement application. *HRMagazine*, 129-133.

Figura 3.9 ■ *(continuación)*

Las reglas de la CIOE respecto al tipo de información que se pregunta a los candidatos durante el proceso de contratación no se aplican fuera de los EE.UU. Tal y como muestra el Cuaderno del Director titulado "Fuera de los EE.UU. las reglas para proporcionar información de los empleados son más permisivas", los empresarios europeos pueden pedir a los candidatos que les proporcionen más información personal de la que sería posible dentro de EE.UU.

CUADERNO DEL DIRECTOR

TENDENCIAS GLOBALES

Fuera de EE.UU. las reglas para proporcionar información de los empleados son más permisivas

Mientras que las leyes de la Comisión para la Igualdad de Oportunidades en el Empleo imponen restricciones sobre el uso de ciertos tipos de información como la edad, el estado civil y el género dentro del currículo, tales limitaciones no se aplican fuera de EE.UU. Esas restricciones impiden que los empresarios utilicen información de manera inapropiada, lo cual puede terminar en una demanda por parte del trabajador que puede alegar que él o ella ha sufrido discriminación en una decisión de empleo tomada por la empresa. En Europa, sin embargo, muchos empresarios esperan que el empleado aporte información sobre su fecha de nacimiento, género, nacionalidad y una fotografía como parte del proceso de solicitud de empleo. Algunos empresarios europeos además esperan que el empleado enumere los idiomas que habla y su nivel en cada uno de ellos. Por ejemplo, en Suiza, donde oficialmente se reconocen tres idiomas –alemán, francés e italiano–, el empresario necesita saber qué idiomas domina el solicitante.

Aunque las normas que determinan el tipo de información sobre el solicitante es de esperar que varíen de unos países europeos a otros, ninguno de los países sigue las mismas reglas que EE.UU. ya que no existe en Europa ningún equivalente a las leyes de la Comisión para la Igualdad de Oportunidades en el Empleo. Actualmente, la Unión Europea está tratando de estandarizar el tipo de información que permite que se revele dentro de un currículo en cualquier proyecto de los que patrocina.

Fuente: Fuller, T. (1 de diciembre de 2004). Defining a standard in résumés. *International Herald Tribune*, 11.

Resumen y conclusiones

La importancia de entender el entorno legal

La comprensión y el cumplimiento de la legislación sobre RRHH es importante porque (1) es lo correcto (2) ayuda a conocer las limitaciones de los RRHH de la empresa y de los departamentos jurídicos y (3) ayuda a minimizar la responsabilidad potencial de la empresa.

Los retos del cumplimiento de la ley

La legislación de RRHH plantea retos por cuatro razones. Las leyes, las normativas y las decisiones judiciales forman parte de un panorama legal dinámico. Las leyes y normativas son complejas. Las estrategias para un empleo justo requerido por estas leyes y normativas son, a veces, contradictorias entre sí, en lugar de reforzarse mutuamente. Además, las leyes a menudo tienen consecuencias imprevistas o no deseadas.

Leyes sobre igualdad de oportunidades en el empleo

Las siguientes leyes son las más importantes para la igualdad de oportunidades en el empleo: (1) La Ley de Igualdad Salarial de 1963: prohíbe la discriminación salarial entre hombres y mujeres que desempeñan el mismo puesto en la misma organización. (2) El Título VII de la Ley de Derechos Civiles de 1964: prohíbe que los empresarios basen sus decisiones de empleo en la raza, el color, la religión, el sexo o el origen nacional de una persona. Ha recibido enmiendas o interpretaciones para prohibir la discriminación por embarazo (la Ley de Discriminación por Embarazo de 1978) o por acoso sexual. Más recientemente, ha recibido enmiendas por la Ley de Derechos Civiles de 1991, que coloca el peso de la prueba de un caso de discriminación en el demandado (el empresario), prohíbe la utilización de cuotas y autoriza las indemnizaciones punitivas y compensatorias, así como los juicios con jurado. La Orden Ejecutiva 11246 prohíbe la discriminación en contra del mismo tipo de personas que protege el Título VII, pero también exige que las agencias gubernamentales y los contratistas públicos emprendan discriminaciones positivas para fomentar el empleo de las personas pertenecientes a las clases protegidas. (3) La Ley de Discriminación en el Empleo por razón de Edad de 1967: prohíbe la discriminación en contra de las personas mayores de 40 años. (4) La Ley de Americanos con Minusvalías de 1990: prohíbe la discriminación de individuos con minusvalías que puedan realizar las funciones esenciales de un empleo con o sin una adaptación razonable en el trabajo. La Ley de Rehabilitación Profesional de 1973, antecedente de la Ley de Americanos con Minusvalías, se aplica sólo a las agencias y contratistas gubernamentales. (5) La Ley de Integración de Veteranos de la Era Vietnam de 1974: prohíbe a los contratistas federales discriminar a los veteranos del Vietnam y exige que los contratistas federales emprendan discriminaciones positivas para contratar a veteranos del Vietnam.

Aplicación y cumplimiento de las leyes de igualdad de oportunidades en el empleo

Hay dos agencias que son las responsables principales en la aplicación de estas leyes. La Comisión para la Igualdad de Oportunidades en el Empleo (CIOE) procesa las quejas por discriminación, redacta normativas y recopila y divulga información. La Oficina de Programas para el Cumplimiento de los Contratos Federales (OPCCF) aplica las leyes y órdenes ejecutivas en relación con el gobierno federal y sus contratistas. Esta oficina también controla la eficacia y calidad de los planes de discriminación positiva.

Otras leyes de importancia

La *Ley de Reforma y Control de la Inmigración* de 1986 exige que los empresarios justifiquen el estatus laboral de sus empleados. La *Ley de Inmigración* de 1990 facilita la inmigración a EE.UU. de trabajadores cualificados. La *Ley del Trabajo Sin Drogas* de 1988 exige que los contratistas del gobierno traten de garantizar que en sus puestos de trabajo los empleados no recurren al consumo de drogas. La *Ley de Derechos de Empleo por Servicios Prestados* de 1964 protege los derechos de los empleados del sector privado que tienen que tomarse una baja temporal para cumplir con sus obligaciones militares.

Formas para evitar los aspectos negativos de las leyes sobre igualdad de oportunidades

Los empresarios pueden evitar muchos efectos negativos derivados de la legislación sobre RRHH realizando buenas prácticas directivas. Entre las más importantes cabe destacar la formación, la creación de un sistema de resolución de quejas de los empleados, fundamentar las decisiones con documentos, comunicarse con sinceridad con los empleados y solicitar a los candidatos sólo la información que necesita el empresario.

Términos clave

acoso sexual quid pro quo
acto de conciliación
adaptación razonable
clase protegida
comisión de igualdad de oportunidades en el empleo (CIOE)
cualificación profesional mínima para un puesto de trabajo
cuotas
discriminación inversa
entorno laboral hostil por acoso sexual
discriminación
discriminación positiva
efecto no deseado
empleo justo
funciones esenciales
indemnizaciones compensatorias
indemnizaciones punitivas
individuos con minusvalías
Ley de Americanos con Minusvalías (1990)
Ley de Discriminación en el Empleo por Razón de Edad (1964)
Ley de Igualdad Salarial (1963)
Oficina de Programas para el Cumplimiento de Contratos Federales (OPCCF)
orden ejecutiva
regla de los cuatro quintos
Título VII (Ley de Derechos Civiles de 1964)
tratamiento preferente

Preguntas para el debate

1. Explique las razones por las que están tan reguladas las decisiones sobre RRHH. A partir de su propio análisis de las actuales fuerzas sociales, ¿qué nuevas leyes o normativas cree usted que se aprobarán en los próximos años?
2. Es usted propietario de una pequeña empresa de construcción. Uno de sus trabajadores tiene 55 años y ha sufrido una operación de corazón hace seis meses. Quiere volver a trabajar, pero a usted le preocupa que no sea capaz de hacer los trabajos físicos. ¿Qué haría?, ¿qué tiene prohibido hacer?, ¿qué leyes se aplicarían en este caso?
3. ¿En qué consiste el efecto no deseado? ¿En qué se distingue del tratamiento no deseado?
4. ¿Los empresarios deberían tener una política que prohíba que los empleados salgan unos con otros?, ¿sería legal esta política?, ¿sería ética?
5. ¿Cómo puede un individuo aportar *prima facie* de una discriminación por efecto no deseado?, ¿cómo podría el empresario defenderse ante esta evidencia?
6. ¿En qué consisten las cualificaciones profesionales mínimas para el empleado?, ¿qué es una necesidad empresarial?, ¿podría la raza ser una cualificación profesional mínima para el empleo?, ¿podría ser una necesidad empresarial?, ¿por qué?
7. Recientemente, muchas empresas en EE.UU. han dejado de hacer la fiesta anual de Navidad para los empleados debido a las quejas recibidas por parte de empleados que no comparten la religión o los valores cristianos y que consideran que esta fiesta es discriminatoria. Estos empleados argumentaron que los empresarios que celebran esta fiesta pagándola favorecen el cristianismo sobre otras religiones y sistemas de creencias. ¿Cree usted que los empleados que no son cristianos son tratados ilegalmente o de forma poco ética cuando el empresario decide dar una fiesta de navidad para todos los empleados?, ¿por qué?, ¿qué adaptación razonable podría hacer el empresario para satisfacer tanto al empleado cristiano como al que no lo es?
8. Kate sufre una diabetes muy grave que limita seriamente lo que puede comer; incluso con el tratamiento de insulina que le ayuda a controlarla. Kate debe medir su nivel de azúcar en la sangre varias veces al día y vigilar estrictamente la disponibilidad de alimentos, el tiempo que ella come y el tipo y cantidad de los alimentos que come para evitar consecuencias médicas graves. ¿Tiene Kate una discapacidad bajo la Ley de Americanos con Minusvalías? Explique su respuesta.

Existe material adicional disponible en la página web que acompaña a este libro. Puede acceder a esta información visitando la página web ***www.prenhall.com/gomez.***

¡DECIDA USTED!

TENDENCIAS EMERGENTES Caso 3.1

La importancia de la tolerancia en el lugar de trabajo

La Comisión para la Igualdad de Oportunidades en el Empleo ha informado de un incremento significativo en el número de demandas por presunta discriminación en base a la religión y/o al origen nacional. Muchas de las demandas han sido interpuestas por individuos que se percibe que son musulmanes, árabes, del sur de Asia o sikhs.

El Título VII de la Ley de Derechos Civiles de 1964 prohíbe la discriminación en el lugar de trabajo en base a la religión, origen étnico, país de origen, raza y color. Tal discriminación se prohíbe en cualquier faceta del empleo, incluyendo reclutamiento, contratación, promoción, prestaciones, formación, responsabilidades del puesto de trabajo y despidos. El Título VII además prohíbe el acoso en el puesto de trabajo. Igualmente, un empresario debe proporcionar una adaptación razonable para las prácticas razonables, a menos que hacer eso suponga una carga excesiva.

Lea las siguientes situaciones relacionadas con decisiones de contratación y empleo y responda a las preguntas que se plantean a continuación:

Incidente 1. Llevar un velo en la cabeza en una tarea temporal

Susan es una oficinista que lleva un hijab (velo islámico) de acuerdo con sus creencias musulmanas. ABC Temps colocó a Susan en un trabajo para un largo plazo de tiempo con uno de sus clientes. El cliente contactó con ABC y le solicitó que ordenara a Susan que se quitara el hijab mientras está trabajando en la recepción, o ABC tendría que proporcionarles otra persona que no necesite llevar velo en el trabajo y la sustituyera. Según el cliente, el atuendo religioso de Susan viola el código de vestimenta de la empresa y ofrece una "mala imagen" porque es una empresa muy conservadora. ¿ABC debería acceder a la solicitud de su cliente?

Incidente 2. ¿Es acoso o una broma?

Muhammad, un árabe americano, trabaja para Friendly Motors, una gran empresa de coches de segunda mano. Muhammad se reúne con su jefe y se queja de que Bill, uno de sus compañeros, con regularidad le llama "el ayatolá", "el terrorista de la zona" y "jinete de camellos" y le ha avergonzado intencionadamente delante de clientes diciendo que es un incompetente. Cuando se enfrentó a estas alegaciones, Bill dijo que sólo bromeaba con Muhammad y que él ha puesto apodos como "enano", "tipo" y "apestoso" a sus compañeros de trabajo y ninguno se ha quejado nunca. Al contrario, encuentran divertidos los nombres coloridos que les da Bill. ¿Cómo debería el directivo tratar esta situación?

Preguntas para reflexionar

1. En el incidente 1, ¿es diferente si es ABC Temps o el cliente quien pide a Susan que se quite el velo de la cabeza? ¿Qué debería hacer ABC Temps si el cliente se niega a retirar su petición de que Susan no lleve el hijab en la oficina?
2. En el incidente 2, ¿debería el directivo aceptar la defensa de Bill y creer que él sólo bromeaba y que Muhammad necesita tranquilizarse y aprender a apreciar el sentido del humor americano, donde los apodos son parte de lo que significa divertirse en el lugar de trabajo? ¿Cuándo un chiste deja de ser gracioso y se convierte en un caso de acoso?

Trabajo en equipo

Suponga que es un directivo en una empresa y detecta un incremento significativo en las quejas de los empleados musulmanes y árabes de que están siendo acosados y rechazados por el resto de empleados. Con tres o cuatro de sus compañeros de clase desarrolle un enfoque para tratar este modelo de comportamiento de empleado hostil hacia empleados musulmanes y árabes. ¿Se debería tratar el acoso como un "caso especial" como consecuencia de la guerra del presidente de EE.UU. contra al terrorismo, o debería tratarse como cualquier otro caso de acoso? Asegúrese de poder defender su enfoque.

Ejercicio basado en la experiencia

Con un compañero, represente una situación de juego de rol de cinco minutos basado en el incidente 2. Suponga que a Bill y a Muhammad les ha pedido su jefe que tengan una reunión para tratar de sacar sus diferencias y alcanzar un mejor entendimiento entre ellos. Permita que Bill comience el juego de rol tratando de explicar su comportamiento chistoso y el uso de apodos con Muhammad. Muhammad debe escuchar a Bill y después tratar de explicar por qué considera que los apodos son irrespetuosos y una forma de acoso. Después del juego de rol, los participantes deberían discutir las conclusiones que han sacado de esta experiencia. ¿Quién tiene razón, Bill o Muhammad? ¿Está siendo Bill insensible desde un punto de vista cultural? ¿Está Muhammad malinterpretando los gestos amistosos de Bill con los apodos, porque no entiende la cultura americana? (por ejemplo, el Presidente Bush le pone apodos a muchos de sus colaboradores). Los participantes en el juego de rol deben estar preparados para compartir sus respuestas con la clase.

Fuente: The U.S. Equal Employment Opportunity Comisión (14 de mayo de 2002). Questions and answers about employer responsabilities concerning the employment of Muslims, Arabs, South Asian, and Sikhs. www.eeoc.gov/facts/backlash-employer.html; *HR Focus*. (noviembre de 2001). The growing importante of tolerante in the workplace, 3-5.

¡Decida usted!

TENDENCIAS GLOBALES Caso 3.2

La "discriminación positiva" en la India provoca controversia

Una forma de acción positiva se ha utilizado en la India desde la década de los 50 para proporcionar puestos de trabajo en el sector público y plazas en los colegios y universidades a los miembros más desfavorecidos de la sociedad india, entre los que se incluyen los miembros de clases más bajas, llamados *dalits* o intocables y otros miembros de niveles bajos del sistema de clases indio. En la India, la acción positiva es llamada "discriminación positiva" y se lleva a cabo por medio de cuotas para los puestos de trabajo y para las admisiones en las escuelas. Estas cuotas se formalizaron de manera que el 15 por ciento de los puestos se reservan a los *dalits* y un 7,5 por ciento adicional a las "tribus desfavorecidas reconocidas". A principios de la década de los 90, el intento de tratar de ampliar esta cobertura al 25 por ciento de la población considerada se encontró con una oposición violenta por parte de "otras clases desfavorecidas". Hasta hacía poco, se consideraba que las empresas privadas estaban exentas de la discriminación positiva. Sin embargo, en 2005, con el auge del sector privado, los políticos indios han estado discutiendo la posibilidad de extender las reglas de la discriminación positiva a las empresas del sector privado.

Las empresas en la India se oponen fuertemente a estas cuotas obligatorias. Temen que tales reglas debiliten las ventajas competitivas que les han permitido prosperar a nivel mundial recientemente. El gobierno de Maharashtra, el estado más rico de la India, ha preparado ya un borrador de una ley que "reserva" más de la mitad de los puestos de trabajo en algunas empresas para las tribus reconocidas, los *dalits* y "otras tribus desfavorecidas". En respuesta, algunas empresas han amenazado con abandonar el estado si la ley alguna vez se pone en práctica.

Muchos analistas creen que la práctica de reservar en el sector público puestos de trabajo para individuos de clases bajas ha sido generalmente abusiva; algunos funcionarios locales incluso han vendido fraudulentamente certificados de clase social. A pesar del abuso, los políticos en la India consideran que la discriminación positiva en el sector público es un voto ganador y algunos políticos lo utilizan para ganar votos y poder.

Preguntas para reflexionar

1. ¿Cómo difiere la discriminación positiva en la India de la discriminación positiva en EE.UU.? ¿Por qué cree que la acción positiva en la India se llama "discriminación positiva"?
2. En EE.UU., muchas empresas privadas grandes como IBM, Xerox y PepsiCo apoyan acciones positivas. ¿Qué beneficios obtienen estas empresas de las acciones positivas, tal y como se producen en EE.UU.? Asumiendo que estas empresas tienen unidades de negocio en la India, ¿cree usted que podrían apoyar la discriminación positiva en la India si la ley se amplía a las empresas privadas? ¿Por qué o por qué no?

Trabajo en equipo

Forme un grupo de cuatro o cinco estudiantes y recopile información sobre las prácticas de discriminación positiva en otros países. Puede utilizar un buscador para encontrar artículos sobre este tema utilizando como palabras de búsqueda "acción positiva", "discriminación positiva" y el nombre de un país específico. Compare las prácticas de discriminación positiva en cada país con lo que ocurre en EE.UU. ¿Qué es único del sistema de acciones positiva de EE.UU.? ¿Hay otros países que utilicen el término "discriminación positiva" además de India? ¿Cuáles? ¿Qué grupos desaventajados son los beneficiarios de la discriminación positiva fuera de EE.UU.? Permita que cada miembro del grupo se convierta en un experto de un país que utiliza la discriminación positiva para mejorar las oportunidades de los grupos desfavorecidos dentro de ese país. Esté preparado para compartir sus hallazgos con el resto de la clase.

Ejercicio basado en la experiencia

La mayoría de las instituciones de educación superior reciben dinero del gobierno federal para investigación y otras actividades. La posibilidad de ser elegidas depende de las políticas de acciones positivas que implanten.

Entreviste a algunos estudiantes de licenciatura y de posgrado y a profesores sobre la discriminación positiva. Trate de hacer cinco entrevistas que recojan estos tres grupos, por ejemplo con estudiantes de otras clases que usted no conozca muy bien, profesores que le hayan dado clases, o profesores que le sugiera su asesor. Si usted no conoce a ningún estudiante de posgrado, puede dirigirse a uno de los programas de posgrado de su campus, por ejemplo el de la facultad de derecho o medicina y preguntar a un estudiante si a él o a ella no le importaría que le hiciera una entrevista. Haga a sus entrevistados una cuantas preguntas sobre las ventajas y desventajas que perciben de tener una política de discriminación positiva en la contratación y en las decisiones de admisión de la facultad de su universidad.

Después de revistar las notas tomadas en las entrevistas, extraiga algunas conclusiones sobre la discriminación positiva en el contexto de la educación superior. ¿Se encontró con alguna sorpresa? ¿Qué aspectos, si es que hay algunos, encontraron controvertidos sus entrevistados? ¿Qué ocurriría si la discriminación positiva no se utilizara más en las universidades? ¿Cómo ha influido la información que ha reunido en su propia opinión sobre la discriminación positiva?

Fuente:The Economist (13 de noviembre de 2004). Job-preferment in India: A backward cast of mind?, 47.

¡DECIDA USTED!

TENDENCIAS EMERGENTES — Caso 3.3

¿Las mujeres están rompiendo el "techo de cristal"?

El "techo de cristal" se refiere a unas barreras invisibles o artificiales que impiden que las mujeres y la gente de color avance por encima de cierto nivel en una empresa. En EE.UU., las mujeres representan el 30 por ciento de todos los directivos pero menos del cinco por ciento de los de alta dirección.

El "techo de cristal" no es la forma típica de discriminación que consiste en barreras de entrada a las mujeres y minorías dentro de las empresas. Más bien, representa una forma sutil de discriminación que incluye los estereotipos de género, la falta de oportunidades de las mujeres para conseguir la experiencia necesaria en un puesto de trabajo para avanzar y la falta de compromiso, por parte de la alta dirección, en proporcionar recursos para promover iniciativas que apoyen un entorno que permita que las mujeres progresen hasta los niveles mas altos en la empresa.

Dado que es una barrera invisible, el "techo de cristal" resulta difícil de romper mediante leyes. Las redes informales y el *mentoring* se suelen considerar frecuentemente como formas de mejorar las oportunidades de las mujeres para llegar a ser ejecutivas. Sin embargo, las relaciones entre diferentes sexos, entre un mentor hombre y una empleada mujer pueden ser desalentadas por la tensión sexual que surge en estas relaciones que pueden pasar a ser muy estrechas, difuminándose la distinción entre la vida profesional y personal. En algunos casos, una relación de *mentoring* con una mujer joven puede poner en peligro a un hombre establecido con potenciales alegaciones de acoso sexual para destrozar su carrera. En este caso, la mujer es vista como la víctima, porque se encuentra más abajo en la jerarquía. Aunque es menos probable que las relaciones de *mentoring* entre personas del mismo sexo den problemas, éstas dependen de la disponibilidad de altas ejecutivas con capacidad y deseo de promover a mujeres con alto potencial.

A pesar del "techo de cristal", en 2005 el número de mujeres que llegaron a ser directoras generales o presidentas de alguna de las mayores empresas de *Fortune* 500 en EE.UU. fue mucho mayor que el número de mujeres que lo fueron en 1997. Estos son algunos ejemplos de mujeres ejecutivas que claramente han roto el "techo de cristal", a partir de 2005:

- Andrea Jung, Directora General de Avon, una gran empresa de cosméticos.
- Charlotte Beers, presidenta de J. Walter Thompson, una de las mayores empresas del mundo de la publicidad.
- Patricia Russo, directora general de Lucent Technologies.
- Anne Mulcahy, directora general y presidenta de Xerox.
- Oprah Winfrey, presidenta de Harpo Entertainment Group.
- Marjorie Scardino, directora general de Pearson.

Preguntas para reflexionar

1. Visite las páginas web de Avon (www.Avon.com), Lucent Technologies (www.lucent.com) y Xerox (www.xerox.com) y explórelas para enterarse de más cosas acerca de las mujeres que son directoras generales o presidentas de estas empresas. Varias de las páginas web tienen "biografías de los ejecutivos" y están preparadas para hacer clic con el ratón encima y poder conocer más información del director general y de otros altos directivos. Otra posibilidad es usar un motor de búsqueda como Yahoo! y buscar el nombre de la empresa y el nombre de la directora general o de la presidenta para recopilar información sobre las carreras de estas mujeres ejecutivas. En base a la información que recoja, desarrolle un fundamento para explicar cómo estas mujeres han superado el "techo de cristal" y alcanzado el puesto de altas ejecutivas en una de las mayores empresas estadounidenses.
2. Algunos hombres altos directivos evitan convertirse en mentores de mujeres jóvenes por el miedo a una posible demanda de acoso sexual contra ellos (como castigo por una relación amorosa que termina mal) o por los cotilleos de la oficina que sugieren que tienen un romance. ¿Cree usted que es razonable que los ejecutivos hombres teman por lo que pueda ocurrir o lo que se pueda sugerir sobre la relación profesional con directoras? ¿Cómo podría una mujer que busca un mentor cultivar una relación de *mentoring* con un ejecutivo hombre, siendo consciente de que algunos hombres tienen sus reservas en cuanto a establecer una relación profesional cercana con una mujer debido a los cotilleos en la oficina o a la posibilidad de una relación amorosa que puede terminar en que el hombre tenga que defenderse de una demanda de acoso sexual?

Trabajo en equipo

Con un equipo de cuatro o cinco estudiantes, desarrolle un plan de RRHH para romper algunas de las barreras del "techo de cristal" en una empresa que está dominada por hombres en los rangos superiores. Algunos ejemplos de industrias dominadas por hombres son las altamente tecnológicas (Intel, Texas Instruments y Cisco Systems, por ejemplo), defensa (Boeing, Lockheed Martin y General Dynamics, por ejemplo) y energía (Exxon, BP-Amoco y Chevron, por ejemplo). Piense en actividades específicas de RRHH que puedan "añadir valor" a la empresa rompiendo barreras para mujeres que pretenden llegar a ser directivos de la empresa. Algunas funciones de RRHH que podrían proporcionar fuentes fructíferas son la formación, el reclutamiento y la selección, la remuneración, las prestaciones sociales, los sistemas de trabajo, la planificación de los RRHH, la evaluación del desempeño, las relaciones con los empleados y la disciplina. Esté preparado para presentar y defender su plan a otros miembros de la clase.

Ejercicio basado en la experiencia

Algunas mujeres evitan el "techo de cristal" convirtiéndose en empresarias. Contacte con tres mujeres emprendedoras o propietarias de su propia empresa y hágales algunas preguntas sobre el hecho de ser dueñas de su propio negocio. Empiece con su red de familia y amigos y el centro de creación empresarial que había en su universidad o el profesor que le enseñó creación empresarial. También podría contactar con la Cámara de Comercio de su ciudad.

Estas son algunas preguntas a plantear en su entrevista: ¿Por qué decidió crear su propio negocio? ¿Qué ha aprendido de la experiencia de ser una emprendedora? ¿Cuándo es el mejor momento en la carrera de uno para crear un negocio? ¿Por qué cree usted que hay una tendencia creciente entre las mujeres de crear su propio negocio? Ahora que muchas mujeres se están convirtiendo en directoras generales de grandes empresas, cree usted que hay menos obstáculos para que las mujeres alcancen puestos altos en las empresas?

Tras completar las entrevistas, resuma los resultados. ¿Cuáles parecen ser las principales ventajas de tener un negocio propio? ¿Cree usted que los emprendedores hombres hubieran respondido lo mismo a las preguntas? ¿Alguna de las mujeres con las que habló planteó que cuestiones de género relacionadas con su antiguo jefe fueran la motivación para cambiar su carrera? Esté preparado para compartir sus hallazgos con otros miembros de la clase.

Fuente: Morris, B. (10 de enero de 2005). How corporate America is betraying women. *Fortune*, 64-74; Bell, M., McLaughlin, M. y Sequeira, J. (abril de 2002). Discrimination, harassment, and the glass ceiling: Women executives as change agents. *Journal of Business Ethics*, 65-76; y Haben, M. (abril/mayo de 2001). Shattering the glass ceiling. *Executive Speeches, 4-10.*

NOTAS

ADAPTACIONES PARA ESPAÑA — Nota 3.1

Más flexibilidad para la mujer trabajadora

Gregorio Marañón afirmaba: "La historia está hecha por hombres. Las mujeres tienen reservada la misión de hacer al hombre padre de la historia". Esta frase ha dejado de ser indiscutible. Ahora, las mujeres tienen la oportunidad de ser madres y de hacer carrera al mismo tiempo.

Pero no sólo porque se haya implantado una Ley de Igualdad cuya capacidad y desarrollo algunos expertos ponen en duda, sino porque la propia sociedad ha evolucionado de tal forma que, ahora, no se puede permitir el lujo de desperdiciar el talento femenino en el ámbito laboral.

Arturo Fernández Álvarez, vicepresidente de Ceim, afirma que "para conseguir las máximas cuotas de desarrollo económico, es imprescindible contar con las mujeres en el mundo empresarial".

El pasado 24 de marzo de 2007 se aprobó la ley de Igualdad en España y Arturo Fernández Álvarez quiso dejar constancia de que "hay que adecuarse a ella, pero el abuso de imposición y la falta de negociación están presentes en las medidas". En su opinión, "para evitar cualquier tipo de discriminación en el futuro, lo primero que hay que hacer es concienciar a los niños desde la educación primaria".

El problema es que por este déficit de RRHH el talento femenino no puede verse excluido del mercado laboral. "Hoy en día, es necesario garantizar una mayor flexibilidad a la mujer y evitar desincentivarla sólo por el hecho de ser mujer", comenta Juan José Güemes, Consejero de Empleo y Mujer de la Comunidad de Madrid,

Pero, ¿cómo se consigue que estas profesionales no abandonen sus puestos de trabajo cuando son madres? Hay una solución sencilla: incorporar medidas de flexibilidad, señala Isla Ramos Chaves, directora de Estrategia y Proyectos del Centro de Excelencia Lenovo (Emea).

"En la actualidad, gracias al teletrabajo, no existe la necesidad de estar en la oficina; incluso en muchos casos, se produce más". Asimismo, insistió en que "si se implanta el trabajo por objetivos, no sólo se ayuda a esta tolerancia, sino que también se potencia la igualdad en el salario contributivo entre hombres y mujeres".

En este sentido, es consciente de que "este problema no se puede solucionar de un día para otro, pero sí es necesario recalcar que las mujeres profesionales de hoy serán las directivas del mañana", plantea Ramos.

Otra de las soluciones que sugiere Margarita Mayo, del Instituto de Empresa, fue introducir a la mujer en programas *coaching*. "Con ello, conseguiremos asignar a estas mujeres tareas donde puedan maximizar su talento".

Fuente: Ciriza, M. y Saiz, S. (23 de octubre de 2007). Más flexibilidad para la mujer trabajadora. www.expansionyempleo.com.

Apéndice del Capítulo 3

LEGISLACIÓN RELATIVA A LOS RECURSOS HUMANOS ANALIZADA EN ESTE LIBRO

Las leyes se muestran en orden cronológico

Ley	Año	Descripción	Capítulo(s)
Ley sobre Compensaciones a Trabajadores	Varios	Leyes de cada estado que establecen los planes de seguros para compensar a los trabajadores heridos en el lugar de trabajo	12, 15, 16
Ley sobre Seguridad Social	1935	Retención sobre el salario para financiar las prestaciones por jubilación, incapacidad laboral y prestaciones por desempleo	12
Ley Wagner	1935	Sindicatos legalizados y Junta Nacional de relaciones laborales	14, 15
Ley de Estándares Laborales Justos	1938	Salario mínimo y salario por horas extraordinarias	10, 15
Ley Taft-Hartley	1947	Otorga ciertas protecciones a empresarios y limita el poder de los sindicatos; estados autorizados para promulgar leyes de derecho al trabajo	15
Ley Landrum-Grioffin	1959	Protección de los derechos de los miembros de los sindicatos para participar en sus actos	15
Ley de Igualdad Salarial	1963	Prohíbe la desigualdad salarial para el mismo trabajo	3, 10
Título VII de la Ley de Derechos Civiles	1964 1964	Prohíbe diferencias salariales en el mismo puesto de trabajo. Prohíbe que las decisiones de empleo dependan de cuestiones relativas a la raza, el color, la religión, el sexo y el origen nacional	3, 4, 5, 7, 14, 16, 17
Orden Ejecutiva 11246	1965	Igual que el Título VII pero también exige la discriminación positiva	3
Ley sobre Discriminación en el Empleo por razón de Edad	1967	Prohíbe que las decisiones de empleo se tomen a partir de la edad de la persona cuando ésta es mayor de 40 años	3, 5
Ley de Seguridad e Higiene en el Trabajo	1970	Establece los estándares de seguridad e higiene en las organizaciones para proteger a los empleados	14, 16
Ley sobre Seguridad de Ingresos para Empleados Jubilados	1974	Regula la estabilidad financiera de las prestaciones a empleados y los planes de pensiones	12, 16
Ley de Integración de Veteranos de la Era Vietnam	1974	Prohíbe que los contratistas federales discriminen a los veteranos del Vietnam y fomenta los planes de discriminación positiva para contratar a estos veteranos	8
Ley sobre Discriminación por Embarazo	1978	Prohíbe que los empresarios discriminen a las mujeres embarazadas	3
Ley de Formación Profesional	1982	Proporciona subvenciones a los estados, para que las concedan a los gobiernos locales y a las entidades privadas que ofrezcan formación en el lugar de trabajo	3, 16
Consolidated Omnibus Budget Reconciliation Act	1985	Exige una cobertura médica continuada (pagada por el empleado) tras el final del contrato	12
Ley de Reforma y Control de la Inmigración	1986	Prohíbe la discriminación en función del estatus de ciudadanía de la persona; exige a los empresarios que se documenten sobre la situación legal de sus empleados	3, 17
Ley de Readaptación e Integración del Trabajador (WARN)	1988	Se exige a los empresarios que informen a los trabajadores sobre reducciones pendientes de plantilla	6
Ley del Trabajo sin Drogas	1988	Los empresarios afectados deben aplicar ciertas políticas para evitar el consumo de drogas por parte de los empleados	3, 16
Ley de Americanos con Minusvalías	1990	Prohíbe la discriminación de los minusválidos	3, 4, 5, 14, 16
Ley de Derechos Civiles	1991	Enmienda el Título VII: prohíbe las cuotas, autoriza las indemnizaciones punitivas	3, 5
Ley de Baja Médica y por Maternidad	1993	Los empresarios deben conceder la baja sin remunerar por maternidad, adopción o enfermedad	12, 15

Ley de Derechos de Empleo por Servicios Prestados	1994	Los empresarios no deben discriminar a los individuos que se acogen a una baja para cumplir con sus obligaciones del servicio militar	3
Health Insurance Portability and Accountability Act	1996	Se permite a los empleados que transfieran su cobertura de enfermedades al nuevo plan de seguros del empresario	12

Leyes mencionadas brevemente:

Ley *Byrnes Antistrikebreaking*. Capítulo 15
Ley *Coal Mine Health and Safety*. Capítulos 4, 16
Ley *Employee Polygraph Protection*. Capítulo 5
Ley de Inmigración de 1990. Capítulo 3
Ley *Norris-LaGuardia*. Capítulo 15
Ley de Protección de los Trabajadores Mayores de 1990. Capítulo 3
Ley *Railway Labor*. Capítulo 15

CAPÍTULO

4 GESTIÓN DE LA DIVERSIDAD

OBJETIVOS

Tras leer este capítulo, el lector estará en condiciones de abordar los siguientes temas:

1. **Vincular** los programas de acción afirmativa o discriminación positiva con los programas de diversidad de empleados para garantizar la coherencia entre ellos.
2. **Identificar** los factores que contribuyen a la buena gestión de la diversidad dentro de la empresa.
3. **Reducir** el conflicto potencial entre los empleados, derivado de los choques y malentendidos culturales.
4. **Trazar** el perfil de los grupos de empleados que tienen menos probabilidades de pertenecer al grupo principal de la empresa y desarrollar políticas destinadas específicamente a las necesidades de estos grupos.
5. **Implantar** sistemas de RRHH que ayuden a la empresa a gestionar con éxito la diversidad.

Una profesora de segundo de primaria plantea un sencillo problema a la clase: "Hay cuatro gorriones en la rama de un árbol. Con un tirachinas matáis a uno de ellos. ¿Cuántos quedan?".

"Tres" contesta con seguridad un niño europeo de siete años. "Cuatro menos uno son tres".

"Cero" contesta con la misma seguridad el niño africano de siete años. "Si disparas a un pájaro, los demás se irán volando".

¿Quién tiene razón? Evidentemente la respuesta depende de la perspectiva cultural. Para el primer niño, los pájaros del problema representan una situación hipotética que requiere una respuesta directa. Para el segundo niño, los pájaros del problema tienen relación con un problema conocido que se espera que se produzca[1].

EL ENFOQUE DIRECTIVO

Para ser un directivo de éxito en el siglo XXI se debe trabajar con personas distintas. La mano de obra es cada vez más diversa y las fuentes de la diversidad son múltiples: etnias, razas, sexo, orientación sexual, discapacidades y otros factores culturales. El reto para los directivos consiste en sacar provecho a esta diversidad al tiempo que fomentan la cooperación y la cohesión entre empleados diferentes. El departamento de RRHH puede ayudar a superar este reto desarrollando programas de formación, ofreciendo apoyo y asesoría, estableciendo procesos justos de selección y utilizando otras técnicas similares. Pero al final, el directivo de línea es la persona que se relaciona directamente con los diferentes empleados en el día a día. En este capítulo, analizaremos las cuestiones relativas a la diversidad y las cualidades que necesitan los directivos para conseguir que sea una fuente de ventaja competitiva.

La historia del gorrión ilustra claramente una de las mayores verdades de la GRH: personas con distintas experiencias en la vida pueden interpretar la realidad de forma muy diferente. Cuando una persona entra a formar parte de una organización, su *estructura cognitiva*, la manera en que percibe y reacciona ante el mundo que la rodea, está en gran medida determinada. Esta estructura cognitiva está constituida tanto por sus experiencias personales (con la familia, los compañeros, el sistema educativo) como por las influencias sociales de la cultura de la persona, que se reflejan tanto en casa como en el lugar de trabajo.

¿QUÉ ES LA DIVERSIDAD?

Diversidad
Características humanas que hacen que las personas sean distintas entre sí.

Aunque las definiciones pueden variar, la **diversidad** se refiere a las características humanas que hacen que la gente sea distinta entre sí. El inglés tiene más de 23.000 palabras para describir la personalidad[2] (como "fuerte", "inteligente", "amistosa", "leal", "paranoica", o "rara"). Las fuentes de la heterogeneidad son complejas pero normalmente, pueden agruparse en dos categorías: aquellas sobre las cuales la gente tiene poco/ningún control frente aquellas sobre las que tiene cierto control[3].

En la primera categoría se incluyen características determinadas de forma biológica como la raza, el sexo, la edad y algunos atributos físicos, así como la familia y la sociedad donde se nace. Estos factores ejercen una gran influencia sobre la identidad individual y sobre la forma de relacionarse una persona con las demás.

En la segunda categoría se incluyen características que las personas pueden adoptar, abandonar o modificar a lo largo de sus vidas a través de una elección consciente y esfuerzos deliberados. Entres estas se incluyen los antecedentes laborales, los ingresos, el estado civil, la experiencia militar, las creencias políticas, la ubicación geográfica y la educación.

Es importante diferenciar entre el concepto de diversidad y sus fuentes. Sin esta distinción se suele tender a los estereotipos. En esencia, un estereotipo consiste en suponer que las tendencias de un grupo son ciertas para cada uno de los miembros del mismo. Por ejemplo, los empleados que han tenido una amplia experiencia militar suelen aceptar más un estilo de dirección autoritaria que aquellos que no la han tenido. Sin embargo, uno puede incurrir en un error si llega a la conclusión de que *todos* los veteranos están a favor de un liderazgo autoritario. Aunque los veteranos, *en media*, aceptan mejor la autoridad, puede haber, como muestra la Figura 4.1, importantes diferencias entre ellos. Es cierto, los veteranos, *en conjunto*, muestran más esta característica que los no veteranos, pero las diferencias *dentro* de cada grupo son mucho mayores que la diferencia media entre los dos grupos. De hecho, muchos veteranos terminan detestando la dirección autoritaria *debido* a su experiencia militar y muchos no veteranos prefieren el estilo de liderazgo autoritario.

Si se toma este ejemplo y se sustituye con otros dos grupos (varón-mujer, joven-mayor, etc.) y cualquier característica individual (agresividad, flexibilidad, nivel educativo), se verá que, en la gran mayoría de los casos, el principio ilustrado en la Figura 4.1 sigue siendo cierto. De hecho, es muy difícil identificar características individuales que *no*

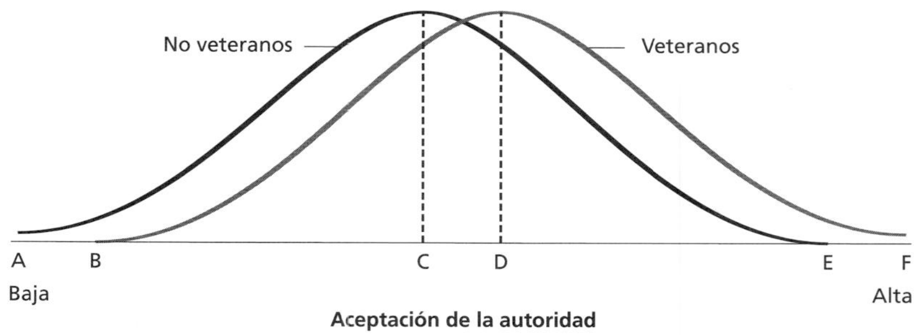

Figura 4.1 ■ Las diferencias del grupo frente a las diferencias individuales en la aceptación de un liderazgo autoritario.

se solapen entre los dos grupos. La clave radica en que, aunque los empleados sean distintos, una parte relativamente pequeña de esta diversidad se explica por su pertenencia a un grupo.

¿POR QUÉ HAY QUE GESTIONAR LA DIVERSIDAD DE LOS EMPLEADOS?

Para sobrevivir y prosperar en una sociedad cada vez más heterogénea, las organizaciones deben gestionar la diversidad de sus empleados como una fuente de ventaja competitiva. Por ejemplo, Computer Associates International contrata a programadores de software de muchas nacionalidades, que ocupan puestos para los que hay una importante necesidad de personal[4]. Puesto que muchos de estos empleados no hablan inglés, Computer Associates ofrece cursos gratuitos de inglés como segundo idioma[5]. Avon Products proporciona otro ejemplo utilizando la información que obtiene de su fuerza de trabajo para adaptarse rápidamente y con éxito al cambio en las necesidades de las mujeres. La información proviniente de los empleados de minorías de Avon, casi la tercera parte de su plantilla, ayuda a la empresa a encontrar un nicho en una industria que tiende a ignorar las necesidades estéticas de las mujeres de color[6]. ATT ofrece un reconocimiento formal y apoyo a los redes de empleados formadas a partir de una característica de diversidad (por ejemplo, el Grupo de Recursos Empresariales de los Isleños del Pacífico Asiático) si la red presenta un plan de gestión de un negocio y muestra el valor que aportará a la empresa[7].

ACCIÓN AFIRMATIVA O DISCRIMINACIÓN POSITIVA FRENTE A GESTIÓN DE LA DIVERSIDAD DE LOS EMPLEADOS

Mucha gente percibe la *gestión de la diversidad* como una nueva etiqueta para hablar de discriminación positiva[8]. En realidad, son dos conceptos muy diferentes. La *discriminación positiva* surgió de las presiones gubernamentales a las empresas para que ofrecieran mayores oportunidades a las mujeres y a las minorías. La **gestión de la diversidad**, por el contrario, reconoce que las empresas tradicionales, en las que los hombres blancos constituían la mayoría, están pasando a ser cosa del pasado. Cada vez más gente es consciente de que la integración plena de los empleados no tradicionales, como las mujeres y las minorías, y el trabajo eficaz de estos realizado entre ellos y junto con sus compañeros blancos es un factor clave para el buen rendimiento de las empresas. Por esta razón, muchas

Gestión de la diversidad El conjunto de actividades implicadas en la integración de los empleados no tradicionales (mujeres y minorías) en la plantilla y el uso de su diversidad para lograr la ventaja competitiva de la empresa.

empresas (por ejemplo, la Society for Human Resource Management, Microsoft, Texas Instruments y Computer Sciences Corporation) concretan la diversidad en la capacidad de utilizar de forma efectiva el talento de personas con diferentes historiales, experiencias y perspectivas[9].

Tendencias demográficas

En la próxima década veremos que la tasa de crecimiento de las personas de 55 o más años aumentará drásticamente (46,6 por ciento). Los americanos asiáticos, los hispanoamericanos y otras minorías étnicas han contado con tasas de crecimiento grandes desde 1990 y se prevé que continúen creciendo, con mayor fuerza, hasta el final de la década. En 2006, aproximadamente el 14 por ciento de la población de EE.UU. era hispana, superando el porcentaje de afroamericanos (12,0 por ciento), de americanos asiáticos (4,7 por ciento) y de otros grupos minoritarios (2,0 por ciento). Todos estos grupos han registrado crecimiento en su participación en la población en los últimos años y se espera que esto continúe. Los americanos blancos continúan siendo la mayoría de la población en 2006 (68 por ciento), pero en menor medida que en 1990 (79,1 por ciento). Considerando las tasas de crecimiento actuales, en 25 años, más o menos, los americanos blancos serán la minoría (menos del 50 por ciento del total de la población de EE.UU.). La tasa de participación de las mujeres (actualmente 47 por ciento frente al 53 por ciento de los hombres) se espera que continúe creciendo y la de los hombres disminuyendo.

Téngase en cuenta que los datos descritos son para el conjunto de EE.UU. Si nos centramos en las grandes áreas metropolitanas, en donde se sitúan la mayoría de las empresas, los cambios incluso han sido más drásticos. De los 25 mayores mercados, las "minorías" constituyen ahora la mayoría de la población en 18[10] de ellos. La mayor parte de las empresas están localizadas en estas áreas metropolitanas, o cerca de ellas, y depende en gran medida de la oferta de mano de obra local, no blanca, para satisfacer sus necesidades[11]. En algunos estados, como en el de California, en donde los no blancos representan más de la mitad de la población, el futuro ya ha llegado.

De los más de 20 millones de puestos de trabajo que se estima que se crearán durante la próxima década, el 75 por ciento será ocupado por mujeres y minorías. Esto significa que las empresas deben competir activamente para atraer y retener a trabajadores formados y valiosos dentro de estos grupos. La mayoría de las grandes empresas de las distintas industrias están intentando crear entornos receptivos para los empleados no tradicionales. Por ejemplo, Lucent Technologies, Chase Manhattatan, Marriott International, FedEx, Xerox, Sun Microsystems, Colgate, Palmolive, Merck y DuPont, entre otras, cuentan como mínimo con un miembro de una minoría en su consejo de administración y cerca de una quinta parte de los directivos pertenecen a algún grupo minoritario[12]. En conjunto, estos cambios geográficos obligan a que los empresarios piensen en planificar el papel clave de la gestión de la diversidad en el siglo XXI. En IBM, la diversidad impregna todos los aspectos de la gestión y de las operaciones técnicas. Por ejemplo, durante 2004-2005, IBM recibió 110 premios por sus iniciativas en temas de diversidad, de un amplio espectro de prestigiosas organizaciones y publicaciones[13]. Entre estos se incluyen el *Top Ten Best Companies para americanos asiáticos* de la revista *Asian Enterprise*, el *Nacional Society of Black Engineers Employer of Choice*, *Top Employer for Minority MBA Graduates* de *Fortune*, *Number One Among Fortune 100 companies* para hispanos de la Asociación Hispánica de Responsabilidad Corporativa y el *Freedom to Compete Award for Innovation and Dedication to Recruiting Underrepresented University Minories, Women, and Persons with Disabilities* de la Comisión de Igualdad de Oportunidades en el Empleo de EE.UU. Miembros del Consejo Ejecutivo Mundial de IBM guían las iniciativas específicas de diversidad de la empresa a nivel mundial. El Consejo se encarga de la contratación, retención y promoción de todos los talentos y, lo que es más importante, de vincular las iniciativas de diversidad de IBM con el mercado global[14].

La diversidad como activo

La diversidad de los empleados puede mejorar el funcionamiento de las empresas al fomentar una mayor creatividad, una mejor resolución de los problemas y una mayor flexibilidad de los sistemas[15]. Rosabeth Kanter, una conocida asesora de empresas formada en la Universidad de Harvard, señala que las empresas más innovadoras crearon a propósito grupos de trabajo heterogéneos "para generar un mercado de ideas, al reconocer que para afrontar un problema era necesario disponer de una variedad de puntos de vista"[16].

- **Mayor creatividad.** La diversidad de los empleados puede estimular la consideración de alternativas menos evidentes. Considere la siguiente historia real:

> Un hispano y una mujer blanca eran miembros de un equipo especial que asesoraba al director general sobre una posible reducción de plantilla. Estas dos personas sugerían que la recomendación del equipo de despedir al diez por ciento de la plantilla devastaría la moral del resto. Tras nuevas reflexiones, el director general decidió no despedir a los empleados y optó, sin embargo, por el plan propuesto por los dos disidentes. Para reducir los costes laborales, el plan proponía ofrecer a los empleados jubilaciones anticipadas, vacaciones sin paga, y un cinco por ciento de reducción salarial. La mayoría de los empleados reaccionaron muy positivamente ante el plan y muchos afirmaron que habían aumentado su lealtad y compromiso con la empresa[17].

- **Mejor resolución de problemas.** En los grupos homogéneos es habitual un fenómeno denominado *pensamiento de grupo*, en el que todos los miembros convergen rápidamente hacia una solución equivocada porque tienen la misma mentalidad y ven el problema desde la misma óptica[18]. En un grupo heterogéneo, con experiencias y perspectivas culturales diferentes, la posibilidad de que se produzca un pensamiento de grupo es menor.
- **Mayor flexibilidad del sistema.** En los entornos empresariales cambiantes como los de hoy en día, la flexibilidad es una característica importante de las empresas de éxito. Si está bien gestionada, la diversidad de los empleados puede dotar de más flexibilidad a la empresa. En general, la existencia de diversidad en los distintos niveles favorece una mayor apertura a nuevas ideas y una mayor tolerancia hacia distintas formas de hacer las cosas.
- **Información mejor.** Una plantilla más diversa proporciona a la empresa más información y un conjunto de capacidades que pueden aplicarse en diversas situaciones. Por ejemplo, *véase* el Cuaderno del Director "La policía peina sus filas en busca de los que hablan lenguas extranjeras para aumentar su control".

Cuestiones de marketing

Las empresas de más éxito son conscientes de que la gestión eficaz de una plantilla diversa puede conducir a mejores estrategias de marketing para una población multiétnica y multicultural. Por ejemplo:

- Colgate alcanza el primer puesto en el mercado del cuidado bucal con el dentífrico Colgate Total, que fue diseñado por un equipo dirigido por científicos de más edad que pretendían elaborar un dentífrico para una población madura. Ellos descubrieron el Triclosan (un ingrediente de Colgate Total), un antibiótico de amplio espectro usado para luchar contra la gingivitis, una enfermedad que produce el sangrado de las encías y que suele aparecer en las personas a medida que son más mayores[19].

- La aparición de un mayor número de mujeres que utilizan Internet es una gran oportunidad para el comercio electrónico. Las mujeres influyen directamente en más del 80 por ciento de todos los gastos de venta al por menor, de acuerdo con BIGresearch LLC, una consultora de análisis de mercados que se encuentra en Worthington, Ohio. Cuando a mediados de 1998 surge en Nueva York Bluefly Inc., una firma de ropa de alta costura de liquidación en Internet, el mercado del comercio electrónico era un lugar predominantemente masculino, por lo que un negocio nuevo de ropa parecía un perdedor seguro. Sin embargo, la empresa miró hacia el futuro en el que Internet atraería más mujeres. "Perseguimos esta categoría concreta en base a las expectativas de cambio", señala Jonathan Morris, vicepresidente ejecutivo. "Nosotros pensamos que es una de las razones por las que todavía estamos aquí, después de la quiebra de las .com"[20].

LOS DESAFÍOS DE LA GESTIÓN DE LA DIVERSIDAD DE LA PLANTILLA

Aunque la diversidad ofrece oportunidades que pueden contribuir a mejorar el rendimiento de la organización, también plantea un nuevo conjunto de retos para los directivos. En otras palabras, una mayor diversidad por sí misma no asegura buenos resultados. Una serie de estudios han tratado de cuantificar los efectos de la diversidad[21]. Entre estos retos se incluye la adecuada valoración de la diversidad de los empleados, el equilibrio entre las

CUADERNO DEL DIRECTOR

GRH: EL EMPLEADO COMO CLIENTE INTERNO

La policía peina sus filas en busca de los que hablan lenguas extrajeras para aumentar su control

Andy Sipowicz, el detective con modales ásperos de Nueva York de la serie televisiva "NYPD Blue" se dio a conocer por ser un xenófobo. El departamento de Policía de Nueva York (NYPD) real, sin embargo, está llegando a los inmigrantes para impedir el terrorismo.

En un momento en que las agencias federales tienen una gran acumulación de documentos sin traducir y datos de la guerra contra el terror, el NYPD ha desarrollado un programa de lengua extranjera mediante el cual los oficiales secretos consiguen información sobre posibles complots terroristas, así como la traducción de acontecimientos recientes y de documentos provenientes de países a miles de millas de distancia. La Agencia de Inteligencia y Defensa del Pentágono, en reconocimiento de las habilidades del NYPD, ha tomado prestado 17 oficiales con fluidez en lengua árabe para que les ayuden con traducciones e interpretaciones.

El NYPD decidió "poner a la diversidad a trabajar" registrando los archivos de los casi 50.000 empleados del departamento, acercándose a aquellos que habían indicado que tenían habilidades lingüísticas y preguntándoles si voluntariamente querían someterse a unas pruebas realizadas por Berlitz International Inc., la empresa que enseña idiomas y traducción. Hasta el momento, 470 empleados, en su mayoría agentes de policía, han pasado las pruebas en más de 45 idiomas considerados críticos, entre los que se incluye árabe, urdu, hindi, pashto, farsi, dari y punjabi.

El programa no incluye a los más de 10.000 miembros de otros departamentos que hablan italiano o español. Un informe reciente del inspector general del Departamento de Justicia de EE.UU. mostró que las agencias federales, como el FBI, tenían miles de horas de comunicaciones sin traducir y que el programa de NYPD podría servir como modelo para reducir este trabajo atrasado.

Fuente: Adatado con permiso de Fields, G. (2 de marzo de 2005), New York teaches lesson on fighting terror. *Wall Street Journal*, A-4.

necesidades individuales y la justicia con el grupo, la superación de la resistencia al cambio, garantizar la coherencia del grupo y las comunicaciones abiertas, evitar el resentimiento de los empleados y las reacciones, conservar a los empleados valiosos y maximizar las oportunidades para todos.

VALORACIÓN DE LA DIVERSIDAD DE LOS EMPLEADOS

El debate sobre cómo tratar la diversidad está muy cargado de contenido político. Los que se oponen a la diversidad afirman que EE.UU. está perdiendo la base común necesaria para una sociedad viable, mientras que los que defienden la diversidad afirman que la asimilación asume erróneamente una jerarquía de cualidades y comportamientos con los hombres blancos en la cúspide y las mujeres y las minorías debajo. Las organizaciones se suelen encontrar entre ambos bandos y ven frustrados sus intentos de gestionar eficazmente la diversidad de sus empleados. Como afirma un director de una división de una gran empresa:

> Como empresa siento que estamos andando todo el tiempo sobre ascuas. No importa lo que hagamos, alguien lo encontrará ofensivo. Si utilizamos el término "diversidad" algunas personas nos acusan de intentar forzar lo políticamente correcto. Si no celebramos abiertamente la diversidad, otros nos acusarán de ser sexistas y racistas. Es una situación en la que no se puede ganar[22].

Una cuestión de ética

Muchas organizaciones tienen políticas que exigen que los miembros de determinados grupos demográficos (como por ejemplo, mujeres y afroamericanos) pertenezcan a algunos (o todos) de sus comités. ¿Existen peligros asociados con esta política? ¿Podrían los beneficios potenciales compensar los costes potenciales?

No obstante, los prejuicios siguen estando candentes, por lo que las empresas y sus personas tienen que progresar para valorar realmente las contribuciones de las mujeres y minorías. Por ejemplo, un análisis reciente de los datos de la Comisión para la Igualdad de Oportunidades en el Empleo, realizado por la Facultad de Derecho de la Universidad de Rutgers, muestra que, aunque la discriminación ha disminuido en su conjunto, los empleados en algunas regiones siguen sufriéndola. Los investigadores muestran que, por ejemplo, en el estado de Washington el 25 por ciento de los empresarios con más de 50 trabajadores siguen discriminando intencionadamente a las mujeres. Y en Georgia, casi el 40 por ciento de los grandes empresarios discriminan por razón de raza, mientras que el 30 por ciento discriminan a las mujeres[23].

JUSTICIA INDIVIDUAL FRENTE A JUSTICIA DE GRUPO

Una cuestión sumamente compleja es la relativa al grado en que debería sustituirse el **concepto universal de dirección,** según el cual existen prácticas directivas estandarizadas, por un **concepto de dirección relativa en función de la cultura,** que sugiere que las prácticas directivas se deben moldear en función de los distintos conjuntos de valores, creencias, actitudes y patrones de comportamiento. Los defensores de la dirección universal creen que el ajuste de las prácticas directivas a una plantilla diversa planta la semilla de un choque cultural permanente en el que las injusticias percibidas provocarán un importante conflicto en el trabajo. Por ejemplo, cuando la empresa de software Lotus amplió sus prestaciones sociales a las parejas homosexuales, los empleados heterosexuales que no estaban casados pero vivían con sus parejas sintieron que se les había excluido injustamente. Análogamente, los defensores de la dirección relativa afirman que si no se consigue adaptar las prácticas de RRHH a las necesidades de una población diversa, se terminará alienando a gran parte de los trabajadores y reduciendo sus contribuciones potenciales.

Concepto de dirección universal
El concepto de dirección que sostiene que todas las prácticas de dirección deberían estar estandarizadas.

Concepto de dirección relativo en función de la cultura
El concepto de dirección que sostiene que las prácticas directivas deberían adaptarse a los distintos valores, creencias, actitudes y comportamientos de una forma de trabajo diversa.

RESISTENCIA AL CAMBIO

Aunque la diversidad de los empleados es un hecho, los grupos dominantes en las organizaciones siguen estando compuestos por hombres blancos. Algunos afirman que una cultura corporativa sólidamente establecida es muy resistente al cambio y que esta resistencia es un gran obstáculo para las mujeres y las minorías que quieren sobrevivir y prosperar en una empresa.

COHERENCIA DEL GRUPO Y CONFLICTO ENTRE PERSONAS

Aunque la diversidad de los empleados puede contribuir a una mayor creatividad y una mejor resolución de los problemas, también puede provocar un conflicto abierto si hay desconfianza y falta de respeto entre los grupos. Esto significa que, a medida que las organizaciones van siendo más diversas, se enfrentan a situaciones de mayor riesgo por el hecho de que los empleados no trabajen bien juntos. Los roces entre las personas, en vez de la cooperación, podrían ser la norma.

REDES DE COMUNICACIÓN FRAGMENTADAS

Una cuestión de ética

Muchos directivos y ejecutivos utilizan el golf como una oportunidad para combinar negocios y placer. ¿Cómo podría esta práctica afectar negativamente a los esfuerzos de diversidad de una organización? ¿Hay alguna actividad de ocio que podría mejorar los esfuerzos de diversidad?

Las experiencias compartidas pueden verse frecuentemente reforzadas por *canales de comunicación fragmentados* en el lugar de trabajo. Un estudio descubrió que la mayor parte de la comunicación dentro de las organizaciones se produce entre miembros de la misma raza y sexo. Esto resultó ser cierto para todas las categorías profesionales, incluso en la cúspide, donde el número de mujeres y minorías es muy pequeño[24].

La existencia de una comunicación fragmentada plantea tres problemas principales a las empresas. En primer lugar, la organización no puede explotar las ventajas que ofrece la diversidad si los empleados permanecen confinados en sus propios grupos. En segundo lugar, la comunicación fragmentada dificulta el establecimiento de puntos comunes entre los distintos grupos[25]. En tercer lugar, las mujeres y las minorías a menudo pierden oportunidades o se ven penalizadas involuntariamente al no formar parte de las redes de comunicación principales.

RESENTIMIENTO

La igualdad de oportunidades en el empleo fue impuesta por el gobierno, en vez de ser por iniciativa de las empresas. En la gran mayoría de las empresas estadounidenses fue un cambio forzado, no voluntario. Un efecto secundario del cumplimiento forzoso ha sido la creencia, entre algunos directivos y la mayoría de los empleados, de que las organizaciones tienen que comprometer sus estándares para cumplir las leyes relativas a la igualdad de oportunidades. Algunos consideran que estas leyes legislan una "diversidad forzada" que favorece soluciones políticas frente a resultados y/o competencia.

Dados estos antecedentes, tal vez no resulte sorprendente que el doble de hombres blancos que de mujeres y minorías considere que las promociones de estos últimos grupos pueden atribuirse a la discriminación positiva[26]. Esta creencia plantea dos problemas. Primero, las mujeres y las minorías en puestos de autoridad y responsabilidad pueden no ser tomados en serio, mientras que los hombres blancos sí. Segundo, la creencia de que los hombres blancos están recibiendo sólo los restos puede hacer que algunos de ellos muestren su frustración en contra de aquellos empleados (mujeres y minorías) que consideran que están disfrutando de una ventaja injusta.

Es importante que los directivos resuelvan estas cuestiones porque la discriminación positiva no va a desaparecer. En 2006, las encuestas confirman que el compromiso de las grandes empresas con la discriminación positiva sigue siendo fuerte, aunque ahora la mayoría de las empresas prefieren utilizar el término "diversidad"[27].

REACCIONES

Algunos hombres blancos consideran que se les ha convertido en la cabeza de turco de las enfermedades de la sociedad y que tienen que defenderse de los abusos de aquellos que utilizan su género o su etnia para reclamar recursos de la organización (como promociones, salarios y seguridad laboral). Así, mientras que las mujeres y las minorías pueden considerar la "política de diversidad cultural" de la empresa como un compromiso para mejorar sus oportunidades de promoción, los hombres blancos pueden considerarla como una amenaza. Claramente, las empresas se enfrentan a un gran reto al intentar evitar estas reacciones, que además pueden estar injustificadas ya que los hombres blancos siguen disfrutando de considerables ventajas[28].

RETENCIÓN

La principal queja entre las mujeres y las minorías es que carecen de oportunidades de promoción profesional. La percepción de que su ascenso está limitado es más fuerte en los niveles superiores, a medida que las mujeres y las minorías chocan con una barrera intangible en la organización que les impide ascender a cualquier posición superior, el **techo de cristal**. La menor satisfacción laboral se traduce en mayores tasas de dimisión, con la consiguiente pérdida de talentos e incrementos de los costes de formación resultado de la mayor rotación de los trabajadores.

Techo de cristal
La barrera intangible en una organización que impide que las mujeres y las minorías alcancen posiciones por encima de determinado nivel.

COMPETENCIA POR LAS OPORTUNIDADES

A medida que las minorías crezcan, tanto en términos relativos como absolutos, en la población estadounidense, la competencia por las oportunidades y los puestos de trabajo será probablemente mucho más fuerte. Ya se producen importantes tensiones entre las minorías que intentan progresar. Los empresarios se encuentran en una posición incómoda al tener que elegir a qué minoría van a favorecer[29]. Considérense los siguientes ejemplos:

Una cuestión de ética

¿Qué problemas éticos pueden surgir al dar un trato preferente a determinados empleados en función de su pertenencia a un grupo?

- "Los negros han tenido demasiado éxito a costa de los demás", protesta Peter Rogbal, un capitán americano de origen mejicano del Departamento de Bomberos de San Francisco. "Para apaciguar a la comunidad negra otros grupos han sido totalmente ignorados".
- Un experto en diversidad señala que "los afroamericanos, que sufrieron enormemente para conseguir sus éxitos políticos, están preocupados porque los hispanos podrían saltar sobre ellos en su ascenso. Los latinos se preguntan si los negros les dejarán sitio"[30].
- Los afroamericanos temen que los negros recién llegados de lugares como Nigeria, Etiopía, Somalia, Ghana y Kenia quiten oportunidades a los negros nacidos en EE.UU. En palabras de Eric Fosner, historiador de la Universidad de Columbia " Históricamente, todos los grupos de inmigrantes han saltado por encima de los negros nacidos en América. Sería irónico si los inmigrantes africanos lo hicieran también"[31].

No existen técnicas infalibles para superar con éxito estos retos. Sin embargo, hay un principio que los directivos deberían recordar siempre: tratar a los empleados como individuos y no como miembros de un grupo. Teniendo presente este principio, muchos de esos retos serán más fáciles de superar.

LA DIVERSIDAD EN LAS ORGANIZACIONES

Las fuentes de la diversidad –como la raza, la etnia o el sexo– tienen importantes efectos en la forma en que se relacionan las personas. En este apartado hablaremos (por orden alfabético) sobre los grupos que tienen más probabilidades de "quedar relegados" de la corriente principal de una empresa. Por supuesto, un individuo puede pertenecer a varios de estos grupos. Por esta razón, la Oficina del Censo (*Census Bureau*) permitió en el año 2000 que los americanos se clasificaran ellos mismos en las múltiples categorías raciales. Sin embargo, la distinción entre blanco y negro, asiático o hispano todavía perdura en EE.UU., si una persona tiene ascendencia mezclada o en el modo en que un individuo opte por clasificarse a sí mismo.

AFROAMERICANOS

Los afroamericanos constituyen aproximadamente el 12 por ciento de la mano de obra estadounidense. Desde la aprobación de la Ley de Derechos Civiles en 1964, el número de funcionarios, directivos, técnicos y artesanos cualificados afroamericanos se ha triplicado, mientras que el número de empleados en cargos administrativos se ha cuadriplicado, duplicándose el de profesionales[32]. Sin embargo, un porcentaje significativo de afroamericanos (tal vez tan alto como un 15 por ciento) sigue entre los desempleados de larga duración.

Los afroamericanos se enfrentan a dos grandes problemas en las empresas. En primer lugar, sigue existiendo un racismo explícito e intencionado, casi 40 años después de los primeros logros en derechos humanos[33]. Los afroamericanos no son el único grupo que padece un racismo claro, pero se puede decir con seguridad que es el grupo que más lo sufre. La persistencia del Ku Klux Klan y otras organizaciones que defienden la supremacía de la raza blanca sirve de constante recordatorio, tanto a los afroamericanos como a la sociedad estadounidense en su conjunto, de que la lucha por los derechos civiles no ha terminado. Los directivos necesitan ser cuidadosos a la hora de asegurar a sus empleados afroamericanos y a toda la organización, que los puntos de vista racistas no serán tolerados en el trabajo.

El segundo problema al que se enfrentan los afroamericanos es que, como grupo, tienen una menor preparación que los blancos[34]. Esta no es una cuestión exclusiva de los negros. Los negros junto con los hispanos consiguen aproximadamente la mitad de titulaciones universitarias que los blancos. Dada la creciente importancia de la tecnología y la información en la economía estadounidense, la diferencia entre las tasas salariales de los trabajadores con educación superior y los que no la tienen está creciendo. Por tanto, el diferente nivel de formación académica de afroamerianos (y americanos hispanos) y los blancos sitúa a los primeros con una importante desventaja en el mercado laboral.

Queda lugar, sin embargo, para el optimismo. Un análisis reciente de 291 áreas metropolitanas mostró que tan sólo 19 de ellas no estaban más integradas que en 1990. Datos recientes del censo reflejan que la tasa de pobreza de los negros ha alcanzado su récord más bajo (22 por ciento frente al 36 por ciento 20 años antes) y los ingresos medios de una familia negra han alcanzado su récord más alto (30.000 dólares, aproximadamente un 20 por ciento más alto que 20 años atrás, controlando el efecto de la inflación). Durante las tres últimas décadas, los ingresos de una familia negra han aumentado casi el doble que los de una familia blanca. Controlando la inflación, en los hogares formados sólo por el matrimonio, cerca del 51 por ciento de los afroamericanos obtuvieron ingresos de 50.000 dólares o más. En 1980, apenas uno de cada dos negros de unos 25 años conseguía terminar el instituto. En 2005, lo consiguieron casi cuatro de cinco, o casi el 80 por ciento; y en cuanto a los negros de edades comprendidas entre 25 y 29 años, el 86 por ciento, que es el mismo porcentaje que de blancos. Y en menos de 20 años, el número de negros graduados en la universidad se ha duplicado[35]. La presencia de afroamericanos en puestos de dirección se ha quintuplicado desde 1966[36].

Una tendencia interesante que se ha producido desde 1990 es el número relativamente grande de negros procedentes de África y del Caribe que se han establecido en EE.UU.

Actualmente, la proporción de negros nacidos en el extranjero es del 7,3 por ciento, pero este número es casi un 70 por ciento mayor que en 1990. En algunas ciudades grandes del Este los datos son más espectaculares. Por ejemplo, en Nueva York casi uno de cada tres negros ha nacido en el extranjero. Por primera vez (con cifras de 2005), están llegando a EE.UU. desde África más negros que durante la trata de esclavos. Según un informe reciente del *New York Times*, "Nuevas llegadas están redefiniendo lo que significa ser afroamericano. La caída constante en el porcentaje de afroamericanos con antepasados que sufrieron directamente el 'pasaje medio o pasillo intermedio' (*middle passage)* y a Jim Crow está redefiniendo el debate sobre discriminación positiva, programas de diversidad y otras iniciativas que pretenden poner remedio al legado de la esclavitud"[37].

AMERICANOS ASIÁTICOS

Los americanos descendientes de asiáticos constituyen aproximadamente el 4,1 por ciento de la mano de obra en EE.UU. Su representación ha aumentado aproximadamente un 60 por ciento de 1990 a 2006 y se estima que aumente un 20 por ciento más en 2010. Al igual que el término "hispanos" se aplica a un colectivo de personas, el término "americanos asiáticos" incluye una amplia variedad de razas, grupos étnicos y nacionalidades (por ejemplo, japoneses, chinos, coreanos, indios y pakistaníes)[38]. Aunque los americanos asiáticos se desenvuelven bien en los campos técnicos y están muy bien representados en las instituciones de educación superior, no ocurre lo mismo con los altos cargos de dirección. La discriminación de los empresarios probablemente explica en cierta medida este hecho, puesto que el estereotipo indica que son demasiado precavidos y reservados como para ejercer de líderes[39]. También se ven perjudicados por la creencia de algunos de que, debido a su buena preparación, son un grupo aventajado y no merecen, por tanto, una consideración especial en las decisiones de contratación y promoción. El resultado es que tienen menos probabilidades de aprovechar los programas para mejorar las condiciones en el empleo de las mujeres y otras minorías. Finalmente, una encuesta descubrió que el 40 por ciento de los afroamericanos y los hipanoamericanos y el 27 por ciento de los blancos consideran a los americanos asiáticos como "gente sin escrúpulos, retorcidos y astutos en los negocios"[40]. Por todas estas razones, algunos americanos asiáticos quedan relegados a puestos técnicos y de apoyo que requieren relaciones personales mínimas y con pocas oportunidades de promoción.

John Yang, un vicepresidente de Hewlett-Packard, observa que, aunque los asiáticos están bien representados en la industria de alta tecnología, pocas veces ascienden a los niveles superiores. Aquellos asiáticos que se encuentran en las cúpulas directivas de las empresas de alta tecnología a menudo crearon sus propias empresas, como Charles Wang, fundador y exdirector general de New York's Computer Associates[41].

La mayoría de los inmigrantes asiáticos en EE.UU. provienen actualmente de Filipinas, Indonesia, Sri Lanka y Tailandia. Al menos la mitad son mujeres, muchas de las cuales terminan trabajando por salarios muy bajos en industrias con mucha presión, como la industria textil[42]. Desde los ataques terroristas del 11 de septiembre de 2001, los americanos surasiáticos, incluyendo los americanos indios y los americanos pakistaníes y, especialmente, los americanos sikhs, han informado de diversos casos de acoso y discriminación en el trabajo[43].

PERSONAS CON DISCAPACIDADES

Existen aproximadamente 43 millones de personas con discapacidades en EE.UU., de los cuales 15 millones tienen empleo y seis millones subsisten gracias a las prestaciones de la seguridad social y de los seguros por incapacidad[44]. Al menos 3,7 millones de personas con minusvalías graves trabajan[45]. El resto están desempleados (probablemente mantenidos por sus familias) o no tienen edad para trabajar. Las personas con discapacidades físicas se enfrentan a cuatro grandes problemas en el trabajo.

Primero, la aceptación social de los minusválidos no ha mejorado mucho desde la época oscura[46]. Mucha gente sigue viendo a los minusválidos con recelo, incluso con sorna y creen que la gente con discapacidades físicas deberían quedarse fuera del mundo laboral, dejando a la gente "normal" que cumpla con sus obligaciones. A un nivel más sutil, los compañeros de trabajo pueden comportarse con desprecio hacia los empleados con minusvalías porque simplemente no saben de qué forma relacionarse con ellos. Incluso los más extrovertidos pueden comportarse tímidamente delante de una persona discapacitada.

Segundo, se suele considerar que las personas con minusvalías están menos capacitadas que las demás. Este error persiste incluso cuando personas que son invidentes o sordas pueden realizar muchas tareas igual de bien que los que tienen la vista o el oído normal ya que, por ejemplo, las modernas tecnologías permiten que muchas personas con parálisis puedan utilizar un PC.

Tercero, muchos empresarios temen contratar a personas minusválidas o colocarlas en cargos de responsabilidad por miedo a que dimitan si la presión laboral crece. Este mito persiste a pesar de que el absentismo y la rotación de este tipo de empleados son inferiores que la del resto de empleados. Por ejemplo, Marriott International afirma que la rotación de los empleados con minusvalías es sólo del ocho por ciento anual, comparado con el 105 por ciento de los trabajadores en general[47]. Pizza Hut también ha encontrado una tremenda diferencia entre las tasas de rotación: 20 por ciento para los empleados con minusvalía frente al 200 por ciento de los empleados sin minusvalías[48].

Cuarto, desde que se aprobó la Ley de Americanos con Minusvalías en 1990, muchos empresarios sobrestiman los costes de acomodar a los empleados discapacitados. De hecho, los empresarios han descubierto que acomodar a estos empleados suele ser fácil y barato, costando de media entre 200 y 500 dólares según las empresas[49]. Por ejemplo, Griener Engineering Inc., de Irving, Texas, instaló una puerta ligera en el servicio de señoras y elevó una mesa de diseño poniendo sencillamente ladrillos bajo las patas.

El Tribunal Supremo de EE.UU. ha establecido una clara distinción entre incapacidad física e incapacidad según la Ley de Americanos con Minusvalías. Por ejemplo, Ella Williams, una trabajadora en la cadena de montaje de una fábrica de Toyota, no era capaz de trabajar con herramientas eléctricas debido a que los movimientos repetitivos le produjeron un dolor en las muñecas, el cuello y los hombros que la paraliza. El *Sixth Circuit Court of Appeals* en Cincinnati consideró que su lesión era comparable a tener "las extremidades dañadas o deformadas" y dictaminó que Toyota debía acomodarla en la empresa dándole el trabajo de inspector. Toyota apeló al Tribunal Supremo de EE.UU. Haciendo referencia a la llamada "prueba del cepillo de dientes", el Tribunal Supremo estableció que para ser considerada discapacitada, debía tener dificultades para realizar las tareas diarias. Según la juez O'Connor, "Incluso después de que el estado de William empeorara, ella continúo pudiendo cepillarse los dientes, lavarse la cara, bañarse, cuidar su jardín de flores, preparar el desayuno, hacer la colada y recoger la casa". Esto sugiere que Williams no tenía una discapacidad real sino más bien un impedimento físico. Por lo tanto, no tuvo derecho a la protección contra la discriminación de la Ley de Americanos con Minusvalías[50].

Es probable que el Tribunal Supremo tenga que solucionar más de estas cuestiones en los próximos años intentando realizar una interpretación sensata de la Ley de Americanos con Minusvalías[51]. Al hacerlo tiene que conseguir un equilibrio entre las preocupaciones de los empleados discapacitados, los costes para el empresario y formas sutiles de discriminación que pueden sobrevenirse si las empresas creen que contratando personas discapacitadas pueden estar más expuestos a problemas jurídicos, lo cual desincentivaría su contratación.

LOS NACIDOS EN EL EXTRANJERO

Aproximadamente el 11 por ciento de la población de EE.UU. nació fuera del país, aunque en algunas áreas, como California, el sur de Texas, el sur de Florida y Nueva York, la proporción se acerca a un cuarto de la población[52]. Es difícil encontrar estadísticas fiables debido a la inmigración ilegal y a las limitaciones de los censos (al temer represalias legales, muchos trabajadores indocumentados prefieren permanecer de incógnito), pero al menos 30 millones de inmigrantes han llegado a EE.UU. durante los últimos 30 años[53]. Además, medio millón de estudiantes extranjeros con visados temporales acuden a universidades estadounidenses en cualquier momento, gastándose unos 11.000 millones de dólares al año en matrícula y gastos de susbsistencia[54]. Muchas de estas personas se quedan en EE.UU. cuando terminan sus estudios. Independientemente de la nacionalidad de los padres, todos los niños nacidos en EE.UU. son considerados automáticamente ciudadanos estadounidenses de acuerdo con la Constitución de este país.

Los niños americanos nacidos en EE.UU. de inmigrantes indocumentados se enfrentan a un futuro incierto[55]. Como mostró un analista, "Mientras que el gobierno intensifica la aplicación de las leyes de inmigración, el futuro de los niños americanos se suele dejar para último lugar"[56]. Según cifras de la Oficina del Censo publicadas en 2005 (que muchos creen que están subestimadas), hay cerca de 11 millones de inmigrantes indocumentados en EE.UU., comparado con los 8,4 millones que había en 2000 y los 3,5 millones en 1990. Los mejicanos representan alrededor del 57 por ciento de los inmigrantes indocumentados y un 24 por ciento adicional es de gente proveniente de Latinoamérica[57]. Una alta proporción de estos trabajadores indocumentados se encuentran en edad fértil. Esto significa que un porcentaje cada vez mayor de niños americanos son hijos de padres con escasos derechos legales y que podrían ser deportados.

Por una parte, debido a la preocupación por la seguridad después del 11 de septiembre y, por otra, debido a la creencia cada vez más frecuente de que nuestras "fronteras están fuera de control", la política pública ha tendido a hacer más estrictas las leyes de inmigración, dificultando, por ejemplo, a los extranjeros ilegales obtener el carné de conducir o limitando el tope anual de trabajadores poco cualificados no agrícolas a 66.000 al año[58]. El número de deportaciones ha aumentado casi un 50 por ciento de 2001 a 2006, aunque el número total de deportados (cerca de 160.000 anualmente) es un minúsculo porcentaje del número total de trabajadores indocumentados[59]. A pesar de estas restricciones, parece que los trabajadores indocumentados (aquellos que, por definición, no pueden considerarse legales) continuarán entrando en EE.UU. mientras haya demanda para sus servicios. En el pasado, obtener una "tarjeta de residencia" (residencia permanente legalmente) suponía un proceso arduo y para los trabajadores sin cualificación era un sueño casi imposible. En el momento de escribir este libro hay muchas propuestas en los más altos niveles gubernamentales para hacer frente a la realidad de los muchos millones de trabajadores indocumentados y sus familias que viven y trabajan en EE.UU. Claramente, esta cuestión formará parte del debate público en los próximos años, no sólo en EE.UU., sino en muchos países de todo el mundo. No obstante, es justo decir que (tal vez debido a su larga historia en la integración de recién llegados), EE.UU. continúa siendo el líder en la introducción de los nuevos inmigrantes (tanto legales como ilegales) en el tejido social.

HOMOSEXUALES

Aunque la primera investigación, realizada en la década de los 40, sugería que en torno al diez por ciento de la población era homosexual, existe un importante debate sobre la realidad de este porcentaje ya que las estimaciones lo sitúan desde el uno o dos hasta el diez

CUADERNO DEL DIRECTOR

TENDENCIAS GLOBALES

El aumento de la tolerancia para la diversidad global en cuanto a la orientación sexual donde menos se esperaba: en el ejército

Los militares británicos se han atormentado durante años con esta cuestión y siempre habían llegado a la conclusión de que permitir a los gays y lesbianas servir al ejército resultaría en una disciplina y una cohesión ruinosa y perjudicial que está prohibida. Pero después de que un tribunal europeo dictaminase en 1999 que la prohibición británica sobre los gays en el ejército violaba las leyes de RRHH europeos, a Gran Bretaña no le quedó otra opción que cambiar totalmente su política. A principios de 2000, los militares dijeron que los gays ya no tendrían su acceso prohibido al ejército. Además, dejaron de vigilar las vidas sexuales de los reclutados, diciendo que en la medida en que no se inmiscuyera en su trabajo, la sexualidad no sería una cuestión a tener en cuenta.

"La gente estaba que se subía por las paredes con esto: los almirantes, generales y los mariscales del aire estaban realmente preocupados", añadió. "Estoy bastante seguro de que esta gente mira ahora y piensa, ¿sobre qué fue todo aquel alboroto?"

Fuente: Adaptado con permiso de Lyall, A. (22 de febrero de 2005). New course by Royal Navy: A campaign to recruit gays. *New York Times*, A1.

por ciento[60]. En los últimos años, los grupos de defensa de los homosexuales han empezado a reivindicar sus derechos afirmando que la preferencia sexual no debería ser un criterio para tomar decisiones sobre el personal. Pero la homosexualidad sigue siendo tabú en muchos trabajos.

Los homsexuales tienen actualmente poca protección legal. No hay ninguna ley federal que los proteja de una discriminación abierta y sólo seis estados (Connecticut, Massachussets, Minnesota, New Jersey, Wisconsin y Hawai) cuentan con este tipo de leyes antidiscriminación. Actualmente, el ejército estadounidense tiene una política controvertida, "no preguntes, no digas", evitando que los soldados homosexuales hablen abiertamente de su orientación sexual y prohibiendo que se pregunte sobre ella a los nuevos soldados o a los ya alistados. Muchas otras organizaciones tienen políticas explícitas o implícitas en contra de la contratación o la retención en el cargo de homosexuales, incluso cuando no hablen de su condición sexual.

Los homosexuales se enfrentan a tres grandes problemas en el lugar de trabajo[61]. El primero es el rechazo rotundo a contratar o retener empleados homosexuales (lo cual, en muchos estados, no es ilegal). El segundo es la intolerancia de trabajadores o directivos en empresas que no tienen políticas explícitas que prohíban la discriminación de los homosexuales. El tercero es que el SIDA ha añadido el miedo al prejuicio. Estos problemas tienen un efecto aterrorizador que hace que la gente homosexual no declare abiertamente su homosexualidad por temor a ser despedidos o marginados en el trabajo.

Un estudio reciente del Congreso llegó a la conclusión de que el ejército se ha gastado en la última década más de 200 millones de dólares en contratar y formar a personal para reemplazar a más de 10.000 soldados despedidos por declarar abiertamente su homosexualidad[62]. La mayoría de los países europeos tenían leyes similares basadas en "no preguntes, no digas" hasta la década de los 90, que fueron abolidas por el Tribunal Europeo por considerar que violaban las leyes europeas de derechos humanos. Al parecer, los peores temores de los altos mandos militares en Europa de un desbaratamiento general por el levantamiento de la prohibición de los homosexuales no se ha materializado (*véase* el Cuaderno del Director, "El aumento de la tolerancia para la diversidad global en cuanto a la orientación sexual donde menos se esperaba: en el ejército").

LATINOS (HISPANOAMERICANOS)

La gente de Latinoamérica tradicionalmente ha utilizado su autodefinición cultural para distinguir su cultura de la de los norteamericanos que no son latinos. La etiqueta de *hispano*, denominación oficial utilizada por el gobierno estadounidense, es "esencialmente un término de conveniencia para los organismos públicos e investigadores"[63].

Entre los latinos se incluye a gente que desciende de europeos (hay al menos 70 millones en América Latina) y de africanos (al menos 25 millones que viven en las Antillas de habla hispana y en la cuenca del Caribe), así como los indios latinos (que representan una gran proporción de la población mexicana y andina), asiáticos (probablemente hay 10 millones de asiáticos que descienden de hispanos) y un gran número de personas de origen mestizo.

Hay al menos 35 millones de latinos en EE.UU., con estimaciones de hasta 45 millones[64]. Los inmigrantes latinos tienen una tasa de natalidad dos veces más alta que la del resto de la población estadounidense. Entre 2006 y 2020, se espera que los latinos representen aproximadamente la mitad del crecimiento de la mano de obra en EE.UU.[65]. Según las estimaciones más recientes (2006), los hispanos suponen el 14 por ciento de la población de los EE.UU.; aproximadamente el ocho por ciento son nacidos allí y el seis por ciento nacidos fuera[66]. Muchos latinos son profesionales y empresarios; otros son trabajadores sin cualificación y agricultores. En el extremo superior de la escala están los cubanos de clase media y alta que llegaron a EE.UU. tras la revolución cubana de 1959; en el extremo inferior están los trabajadores migratorios, asignados temporalmente a puestos de trabajo[67].

Los latinos se enfrentan a una serie de problemas en el mercado laboral estadounidense. Primero el idioma[68]. Segundo, se pueden producir choques culturales por los distintos valores que se tienen. Algunos latinos consideran que los norteamericanos no latinos no tienen emociones, están centrados en sí mismos, son rígidos y ambiciosos. Al mismo tiempo, los no latinos se quejan a menudo de que con los latinos "la puntualidad, el absentismo, la planificación y los plazos temporales pueden relajarse más allá de lo que uno podría imaginar"[69].

Tercero, los latinos que descienden de africanos o de indios americanos (muchos de los cuales emigraron a EE.UU. por la pobreza de su país) se enfrentan a menudo a un problema adicional: la discriminación racial por el color de su piel.

A pesar de todos estos problemas, es innegable el importante progreso que han hecho los latinos en los últimos años. Las 500 mayores empresas propiedad de latinos en EE.UU. exportan más de 1.000 millones de dólares cada año, creando muchos puestos de trabajo en el proceso en EE.UU.[70]. Casi un cuarto de las 1.000 empresas de *Fortune* tienen algún alto ejecutivo latino, siendo consejeros delegados 70 latinos. Los latinos ocupan 181 puestos en consejos de administración de estas empresas, el doble que en 1993. Los hogares hispanos de clase media (aquellos que ganan entre 40.000 y 140.000 dólares al año) han crecido un 71 por ciento durante los últimos 20 años, con un 13 por ciento de familias latinas con ingresos de más de 75.000 dólares. El poder adquisitivo total de los hispanos ha alcanzado casi los 500 mil millones de dólares. La proporción de latinos licenciados universitarios es ahora del 20 por ciento lo que supone un incremento del 43 por ciento durante más de dos décadas[71].

Para calmar los miedos de aquellos que creen que los latinos no se integran tan bien como los primeros inmigrantes europeos, la evidencia muestra que la primera generación es prácticamente bilingüe y en la segunda el inglés se ha convertido en el idioma dominante[72]. Además, la mayoría de los hispanos no viven en comunidades hispano-hablantes muy homogéneas y densamente pobladas. Más bien, la mayoría vive en barrios en los que la mayoría no son latinos[73].

TRABAJADORES MAYORES

La mano de obra estadounidense se está haciendo mayor. La edad media del trabajador estadounidense es de 38 años y se espera que esté próximo a los 42 en 2010. El 45 por ciento de los empleados tiene actualmente más de 40 años. Los trabajadores mayores se enfrentan a importantes problemas en el trabajo. EE.UU. tiene una cultura orientada hacia la juventud y todavía no ha asumido su cambio demográfico[74]. A partir de los 40, pero sobre todo tras cumplir los 50, los empleados se enfrentan a una serie de estereotipos que pueden bloquear su carrera profesional. En parte debido a esta razón, el 22 por ciento de las demandas por discriminación en un año dado interpuestas contra empresarios del sector privado y presentadas con la Comisión de Igualdad de Oportunidades en el Empleo son de discriminación por edad[75]. En 2005, el Tribunal Supremo de EE.UU. abrió una nueva puerta para que los trabajadores mayores pudieran demandar en caso de discriminación por edad. El Tribunal reguló que los trabajadores con más de 40 años podrían denunciar cuando las acciones de la empresa tuvieran "un impacto negativo dispar" sobre el grupo de su edad; no tienen que cumplir estándares estrictos para probar que el empresario realmente tenía la intención de discriminar[76]. Aparte de estas consideraciones legales, una de las cuestiones éticas que está ganando importancia en la gestión de los RRHH es el grado en el que los trabajadores mayores se han convertido en un objetivo fácil para reducir los sueldos y los gastos por seguros médicos.

Entre los supuestos negativos más comunes sobre los trabajadores mayores se encuentra el hecho de que éstos están menos motivados a trabajar duro, están obsoletos, se resisten al cambio, no son capaces de aprender nuevos métodos y no están a "prueba de fuego"[77].

Estas características negativas no están respaldadas por las investigaciones. De hecho, uno de los más sorprendentes logros económicos en las empresas estadounidenses durante la última década (la productividad y el crecimiento de las manufacturas) se ha conseguido en fábricas cuyo personal está predominantemente compuesto por trabajadores mayores en la cadena de montaje[78]. Además, algunos estudios recientes muestran que la tasa de absentismo de los mayores de 55 años (4,2 días al año) es casi idéntica a la de otros grupos de edades (3,9)[79]. Investigaciones recientes también muestran que los trabajadores mayores se comprometen con su trabajo más que los trabajadores jóvenes[80]. Muchas empresas de éxito han implantado programas para utilizar el conocimiento y la sabiduría de los trabajadores mayores mediante el *mentoring*. En palabras de un consultor de RRHH, "Estas empresas están encontrado oro en una mina de plata apoyándose en los trabajadores mayores como ganadores del conocimiento"[81].

Segundo, pueden producirse *conflictos generacionales*. Los trabajadores mayores a veces consideran que su posición y estatus se ven amenazados por "jóvenes" ávidos de quitar de en medio a los empleados "antiguos". Esta tensión puede afectar negativamente a la cohesión de los equipos y las unidades de trabajo. También puede enturbiar la relación entre el jefe y el subordinado.

Tercero, incluso cuando gozan de buena salud, este grupo es más susceptible de padecer problemas físicos. A menudo, los trabajadores mayores se ven forzados a dejar sus puestos porque la empresa no puede y/o no quiere darles oportunidades para utilizar su conocimiento, sabiduría y habilidad sirviendo de mentores de los nuevos trabajadores. Aunque es una práctica ilegal difícil de demostrar en un juicio, los trabajadores mayores suelen ser el objetivo de las reducciones de plantilla porque ganan más dinero[82].

MINORÍAS RELIGIOSAS

Aunque la población judía como porcentaje de la población total ha permanecido relativamente estable tanto en EE.UU. como en Europa, otras minorías no cristianas han crecido rápidamente. En EE.UU., aproximadamente cuatro millones de americanos profesan el islamismo, el hinduismo, el taoísmo y otras creencias no cristianas. En el oeste de Europa la población musulmana representa el grupo minoritario más grande alcanzando entre el seis y el 15 por ciento de la población en países como Francia, Holanda, España, Alemania y Reino Unido.

Los trágicos acontecimientos del 11 de septiembre en Nuevas York y en Washington D.C. y los atentados posteriores en Madrid y Londres, han supuesto una dura prueba de la tolerancia hacia personas de ciertas religiones. Una encuesta reciente de la Sociedad de la Gestión de los Recursos Humanos (*Society for Human Resource Management*) reveló que las llamadas "religiones étnicas", como el Islam, actualmente se sitúan detrás de la raza y el sexo en las percepciones en EE.UU. de "los otros"[83]. En Europa, con una representación mucho mayor de musulmanes y una historia de inmigración más corta, es frecuente culpar a las minorías arábes del crimen, del desempleo y del déficit presupuestario del gobierno[84].

En Europa, la mayoría de los inmigrantes árabes ocupan puestos de trabajo sin cualificación en la construcción, en la agricultura y en la manufactura, mientras que en EE.UU. la descendencia de los árabes suelen tener mejor educación y más riqueza que otros americanos[85]. Los árabes tienen casi el doble de posibilidades de tener un título universitario frente a un residente típico estadounidense, con unos ingresos por familia medios 2.300 dólares mayores que la media de una familia americana. El 42 por ciento de los americanos árabes trabajan en puestos de gestión, frente al 34 por ciento del resto de la población. Desafortunadamente, como señala Helen Sanhan, directora ejecutiva de la Fundación del Instituto Árabe-Americano (*Arab-American Institute Foundation*), "por lo general la comunidad árabe sólo sale en los medios de comunicación por cuestiones negativas"[86].

Los miedos en cuanto a seguridad debido a las amenazas terroristas en EE.UU. y en Europa han dado lugar a muchas quejas de carácter racial y de discriminación por parte de personas de ascendencia árabe, así como por los que se les puede confundir con musulmanes, como algunas personas de la India Oriental. Muchas empresas presenten en ambos lados del Atlántico se encuentran luchando con políticas para abarcar cuestiones tales como la vestimenta permitida en el trabajo, las fiestas religiosas, el posible acoso o la ridiculización en base a la fe y la exhibición de símbolos religiosos en los establecimientos de la empresa[87].

MUJERES

Se estima que la tasa de participación prevista de las mujeres en el mundo laboral alcance el 48 por ciento en 2010[88]. Por desgracia, los ingresos de las mujeres no han seguido la misma tendencia en su participación. Tras caer hasta un mínimo del 59 por ciento de los ingresos de los hombres en 1975, la relación de los ingresos de las mujeres respecto a los hombres ha aumentado lentamente y ahora alcanza el 73 por ciento, sólo diez puntos por encima de su nivel en 1920, cuando sólo el 20 por ciento de las mujeres trabajaba[89].

Sin embargo, hay muchas razones para ser optimistas. Una encuesta reciente demostraba que la participación de las mujeres en puestos directivos ha aumentado al menos tres veces durante las últimas tres décadas[90]. Ejemplos recientes de mujeres que han alcanzado puestos de alta dirección son el nombramiento de Patricia Russo como CEO de Kodak, Carole Black como CEO de Lifetime Entertainment Services, Ann Mulcahy como CEO de Xerox, Margaret Whitman como CEO de eBay y Abigail Johnson como CEO de Fidelity[91]. Además, el 55 por ciento de las mujeres empleadas aportan la mitad o más de sus ingresos familiares[92].

Las diferencias de género en la formación educativa están siendo erradicadas con rapidez. En la última generación, se ha disparado el porcentaje de mujeres con licenciaturas,

CUADERNO DEL DIRECTOR

TENDENCIAS EMERGENTES

Las mujeres están entrando en campos que antes sólo eran de hombres

Hace unos 30 años, muy pocas mujeres estudiaban ciencias, de modo que había poco misterio acerca de por qué la mayoría de la gente en esas profesiones eran hombres. En la última generación, sin embargo, se ha producido un cambio verdaderamente impresionante. Como un ejemplo de los logros de las mujeres en disciplinas tradicionalmente masculinas, considere la forma en que los porcentajes de mujeres que obtienen títulos universitarios en ciencias han aumentado durante las tres últimas décadas.

Los logros de las mujeres son evidentes en muchas otras profesiones que requieren de educación superior. A principios de los 70, las mujeres obtenían menos del diez por ciento de los títulos universitarios en Derecho, Medicina, Odontología y Veterinaria y menos del 20 por ciento en Farmacia. Sin embargo, hoy en día las mujeres consiguen dos tercios de los títulos universitarios en Veterinaria y en Farmacia. Están llegando al 50 por ciento en Derecho y han alcanzado el 40 por ciento en Medicina. Más de un tercio de los nuevos dentistas son mujeres.

Licenciados	**Mujeres receptoras como un porcentaje hace 30 años**	**Mujeres receptoras como un porcentaje en 2005**
Ingeniería	0,8	18,9
Física	6,7	22,6
Geología	11,0	44,7
Informática	13,6	27,6
Química	18,4	48,4
Ciencias biológicas	29,1	60,8
Matemáticas	37,8	46,7
Ciencias de la salud	77,1	85,5
Masteres		
Ingeniería	1,1	21,4
Física	6,9	20,9
Geología	9,7	39,7
Informática	10,3	33,2
Química	21,4	45,6
Ciencias biológicas	33,6	57,8
Matemáticas	27,1	42,4
Ciencias de la salud	55,4	77,5
Doctorados		
Ingeniería	0,6	17,3
Física	2,9	15,5
Geología	3,4	28,5
Informática	2,3	22,8
Química	8,0	33,9
Ciencias biológicas	16,3	44,3
Matemáticas	7,6	29,0
Ciencias de la salud	16,5	63,3

Igualmente, la participación de las mujeres en masteres de escuelas de negocios aumentó del 3,6 en 1970 al 41,0 por ciento en 2005. Las mujeres además han aumentado mucho su presencia en las ciencias sociales, incluyendo económicas, ciencias políticas y sociología. En general, las mujeres consiguieron el 46,3 por ciento de los doctorados en 2005 frente al 13,3 por ciento tres décadas antes.

Fuente: Adaptado con permiso de Cox, M. W. y Alm, R. (28 de febrero de 2005). Scientists are made, not born. *New York Times*, A10.

masteres y doctorados en las ciencias duras (*véase* el Cuaderno del Director, "Las mujeres están entrando en campos que antes sólo eran de hombres"). Los poseedores de títulos profesionales (de Medicina, Administración y Dirección de Empresas y Derecho) se encuentran ahora divididos casi por igual entre géneros.

Sin embargo, no hay duda de que las mayoría de las mujeres seguirán ganando bastante menos que sus compañeros varones. Además de la discriminación sexual abierta (que por supuesto es ilegal), diversos factores pueden ser los responsables de las diferencia de ingresos entre hombres y mujeres, así como de la falta de ascensos entre las mujeres. Entre estos factores se incluyen restricciones biológicas y papeles sociales a desempeñar por la mujer, una cultura empresarial dominada por los hombres, redes que excluyen a la mujer y el acoso sexual.

Restricciones biológicas y papeles sociales

Tras tres décadas de feminismo, las mujeres siguen enfrentándose a un conjunto de expectativas bastante rígidas respecto a su papel y comportamiento que van mucho más allá de las restricciones biológicas. Las mujeres siguen siendo las principales responsables del cuidado de los hijos y de las tareas domésticas. Un estudio realizado a finales de los 90 estimó que las mujeres que trabajan a tiempo completo siguen empleando el triple de tiempo que los hombres en las tareas domésticas[93].

Tal vez como reflejo de estas normas sociales, sólo una pequeña proporción de empresas ofrecen servicios de guardería diarios y otras funciones de apoyo (como el trabajo compartido y la reducción del horario laboral para los empleados con niños pequeños). Por esta razón, muchas mujeres con estudios se ven forzadas a limitar sus aspiraciones profesionales y/o dejar la empresa al llegar a –o a mediados de– los 30 años (años cruciales en la carrera de una persona) si quiere tener familia. Prácticamente todos los altos directivos varones están casados y tienen hijos, mientras que la mayoría de las mujeres que llegan a altos cargos son solteras y sin hijos.

Una cultura empresarial dominada por los hombres

La mayoría de las diferencias por sexo no están relacionadas con el rendimiento, sobre todo en los puestos de oficina, en donde rara vez es necesaria la fortaleza física.

Una serie de estudios han demostrado que los hombres tienden a ocupar las posiciones de liderazgo en la cultura estadounidense porque es más probable que tengan los rasgos que se consideran que van unidos a las posiciones de autoridad: (1) comportamientos y tendencias más agresivas, (2) disposición al enfrentamiento verbal, (3) centran sus comentarios en cuestiones relativas a "resultados" (en lugar de "procesos"), (4) muestran menos predisposición a revelar información y a descubrir sus puntos débiles, (5) manifiestan una orientación hacia las tareas (y no a cuestiones sociales) y (6) son menos sensibles, lo que supuestamente les permite realizar elecciones difíciles más rápidamente[94]. Por lo tanto, según las expectativas culturales comentadas, los individuos que muestren "rasgos femeninos" centrándose en el proceso, con una orientación social, etc., es más probable que sean relegados a puestos operativos subordinados.

Redes excluyentes

Muchas mujeres se sienten frenadas en el trabajo por no tener acceso a la **red social masculina**, las relaciones informales entre directivos y ejecutivos varones. Puesto que las posiciones más altas están ocupadas por hombres, las mujeres suelen quedarse fuera de las conversaciones en donde se permite que los hombres avancen[95].

Redes sociales masculinas
Una red social y empresarial informal de ejecutivos varones de alto nivel que, normalmente, excluye a las mujeres y a las minorías. Tener acceso a esta red suele ser un factor importante para el desarrollo de la carrera profesional.

Acoso sexual

Las mujeres tienen que hacer frente al acoso sexual en mayor medida que los hombres. Por ejemplo, un grupo de 23 mujeres de la sucursal de Salomón Smith Barney en Garden

City, Nueva York, alegó que la sucursal tenía una habitación de "magreo" en los sótanos, en la que los agentes de bolsa y los directivos varones se juntaban para participar en sus antiguas tradiciones de las hermandades universitarias, que sus compañeras femeninas encontraban ofensivas y consideraban un acoso[96]. Unos cuantos años después de que se resolviera este caso, otro grupo de mujeres interpusieron una demanda contra Smith Barney en 2005, acusándole de que en la empresa permanecía una cultura sexista. En un caso reciente que afecta a Wal-Mart, que todavía está pendiente, una empleada de 36 años que lleva diez años en la empresa, Kim Miller, demanda a sus supervisores varones por referirse a ella como una "perra" y contarle con qué clientas les gustaría irse a la cama. La supuesta charla sexual se tornó hacia ella incluyéndose proposiciones de dejarla embarazada[97]. Aproximadamente una de cada cinco demandas civiles interpuestas son por acoso o discriminación, comparado con una de cada 20 hace 15 años. Los litigios por acoso sexual también se están produciendo en Europa[98]. Actualmente, más de 100 compañías de seguros en EE.UU. ofrecen seguros de responsabilidad en el trabajo, que cubren los costes legales de los empresarios, los daños y acuerdos en las demandas por discriminación y acoso[99].

Las empresas se están concienciando cada vez más con esta cuestión, diseñando políticas más duras en contra del acoso sexual y creando seminarios intensivos para los empleados. Estos esfuerzos educativos son particularmente importantes porque los hombres y las mujeres a menudo tienen un concepto distinto del tipo de comportamiento que constituye acoso sexual.

MEJORAR LA GESTIÓN DE LA DIVERSIDAD

Las empresas que más se han esforzado en gestionar con éxito la diversidad tienden a compartir una serie de características. Estos factores son el compromiso de la alta dirección por valorar la diversidad, los programas de formación sobre diversidad, los grupos de apoyo de empleados, la adaptación a las necesidades familiares, los programas de aprendizaje y la utilización de mentores, los estándares de comunicación, las actividades especiales organizadas, las auditorías de la diversidad y una política que responsabiliza a la dirección del éxito de los esfuerzos realizados para gestionar la diversidad.

En los últimos años, *Fortune* ha publicado una lista de las "50 mejores empresas para los asiáticos, negros e hispanos"[100]. Los jueces consideran muchos de los factores que acabamos de mencionar. Esta es una muestra de algunas de las prácticas de diversidad eficaces realizadas por las empresas que están en la cima:

- McDonalds hace un esfuerzo conjunto para abastecerse de las minorias, que actualmente representan la mitad de sus empleados.
- Nordstrom considera la tasa de retención de las minorías como un factor clave en la evaluación del rendimiento del director. La empresa además tiene un programa de difusión que trata de conseguir la participación de empresas de las que son propietarios las minorías en la construcción de nuevas tiendas.
- General Motors ha celebrado un día de Inmersión en la Diversidad, al que han asistido 300 altos ejecutivos.

COMPROMISO DE LA ALTA DIRECCIÓN PARA VALORAR LA DIVERSIDAD

Es bastante improbable que los directores de división, los directivos intermedios, los supervisores y otras personas que ocupan puestos de autoridad favorezcan la diversidad si piensan que el director general y sus subordinados directos no están totalmente comprometidos con la valoración de la diversidad. Xerox, DuPont, Corning, Procter & Gamble, Avon, the *Miami Herald*, Digital Equipment Corporation, U.S. West y otros innovadores en la gestión con éxito de la diversidad, tienen unos directores generales que están totalmente dedicados a poner en práctica sus ideales. Por ejemplo, Avon ha creado un consejo de participación multicultural (que incluye al director general) que se reúne con regularidad. De igual forma, en un sorprendente folleto de diez páginas a todo color, el Director General de Corning anunció que la gestión de la diversidad era una de las tres principales prioridades de la empresa, junto con la gestión de la calidad total y un alto rendimiento para los accionistas[101].

PROGRAMAS DE FORMACIÓN EN DIVERSIDAD

Los supervisores tienen que desarrollar nuevas capacidades que les permitan dirigir y motivar a una plantilla diversa. Ortho-McNeil Pharmaceutical, Hewlett-Packard, Wells Fargo, Kaiser Permanente y otras empresas han desarrollado amplios **programas internos de formación en diversidad** que preparan y conciencian, incluyendo seminarios para educar a los directivos y a los empleados en las diferencias específicas culturales y por sexos y en la manera de responder a estas diferencias en el trabajo[102].

Programa de formación en diversidad
Los programas que ofrecen formación para la concienciación sobre la diversidad, que educan a los empleados respecto a las diferencias culturales y sexuales específicas y la forma de reaccionar ante ellas en el trabajo.

Gran parte de los experimentos que se están llevando a cabo con este tipo de programas se realizan en EE.UU.[103]. DuPont ha patrocinado una conferencia, con todos los gastos pagados, para que los directivos afroamericanos discutan los problemas a los que se enfrentan y la forma en que podrían contribuir mejor a la empresa. AT&T ha ofrecido seminarios diseñados para ayudar a los empleados más tradicionales a sentirse cómodos trabajando con empleados homosexuales y para suprimir las bromas e insultos ofensivos en el trabajo[104]. Corning ha introducido un programa de formación, obligatorio y de cuatro días de duración, para 7.000 empleados asalariados: un día y medio para la concienciación sexual y dos días y medio para la concienciación étnica[105].

Según la Sociedad para la Gestión de los Recursos Humanos (*Society for Human Resource Management* (SHRM), la formación en la diversidad "es un componente fundamental de las iniciativas de diversidad y representa una oportunidad para las empresas para informar y educar a la dirección y a la plantilla en temas de diversidad"[106]. SHRM sugiere que los programas de formación en diversidad eficaces necesitan enfrentarse con cuestiones complejas que tienen más que ver con el comportamiento humano que con la raza, el género, la edad y similares (*véase* la Figura 4.2, "Cuestiones a considerar en la formación en la diversidad"). No obstante, este informe además señala que frecuentemente estos programas no cumplen las expectativas. Varios factores determinan la eficacia de estos programas[107].

En primer lugar, la formación puede que se haya producido en un momento en el que los empleados estaban preocupados por prioridades más urgentes (como una reducción de plantilla, un aumento en el nivel del trabajo, o el lanzamiento de un nuevo producto con plazos estrictos). En segundo lugar, si los empleados perciben que derterminadas fuerzas externas, como por ejemplo una orden judicial o un decreto gubernamental, han provocado la formación, se pueden resistir. En tercer lugar, si la formación posiciona a unos como culpables y a otros como víctimas, aquellos que se sienten acusados pueden adoptar una postura defensiva. Por último, si la diversidad se considera de dominio de unos pocos grupos (gente de color y mujeres, por ejemplo), cualquier otro puede sentirse fuera y ver la iniciativa como de otros, no para él.

Para evitar estos cuatro problemas, la SHRM ofrece recomendaciones como crear grupos formados por gente que se encargue de encontrar errores en la formación; formar un

- La diversidad tiene que ver con el hecho de que cada uno tolere las aptitudes, creencias y expectativas del resto y se sienta cómodo con las diferencias.
- La diversidad debe ser lo suficientemente grande para incluir a todos: jóvenes y majores, sin techo y ricos, inmigrantes y nativos, blancos y negros e ir más allá de la raza y el género.
- A nadie se le debería culpar de las desigualdades pasadas o presentes. Todos los seres humanos hemos sido socializados para comportarnos de determinadas maneras y todos en algún momento podemos ser culpables y en otro víctimas de la discriminación y los estereotipos.
- Los seres humanos son etnocéntricos –ven el mundo desde su perspectiva y juzgan al mundo a partir de lo que les es familiar a ellos.
- La especie humana se resiste al cambio. Esto hace que la constante adaptación requerida para la diversidad sea difícil para la gente que ya está abrumada por las asombrosas transiciones que se producen en las organizaciones de hoy en día.
- Los seres humanos consideran que comodidad y confianza son conceptos similares. Hay una tendencia a buscar la empresa de aquellos que sean más parecidos a nosotros.
- A la gente le resulta difícil compartir el poder; la historia muestra que raras veces se ha hecho de forma voluntaria y sin una razón que de algún modo beneficie a aquellos que dominan la riqueza.

Fuente: Society for Human Resource Management (2006). HR resources. *www.shrm.org/diversity.*

Figura 4.2 ■ Cuestiones a considerar en la formación en la diversidad.

consejo de la diversidad que tenga una representación transversal de empleados con una amplia variedad de puntos de vista y aptitudes; explorar formas de transmitir la formación que no sea el formato típico de la clase (por ejemplo el *coaching* uno a uno para ayudar a los directivos a resolver los problemas de la diversidad o intervenciones en reuniones del equipo cuando así lo soliciten)[108].

GRUPOS DE APOYO

Algunos empleados perciben que la vida empresarial está de espaldas a su cultura y a sus antecedentes, incluso les es hostil. La percepción de una actitud como "No perteneces a este lugar" o "Estás aquí porque tenemos que cumplir la normativa" es en gran parte la razón que justifica, en muchas empresas, la alta rotación de empleados pertenecientes a minorías.

Para contrarrestar estos sentimientos de marginación, la alta dirección de muchas empresas (como FedEx, Bank of America, Allstate Insurance, DuPont, Marriott y Ryder) ha creado **grupos de apoyo**. Estos grupos están diseñados para proporcionar un clima acogedor a los empleados de grupos minoritarios que, de otra forma, se sentirían rechazados. Microsoft, por ejemplo, enumera los siguientes grupos de recursos para los empleados en su página web: Negros en Microsoft, Árabes en Microsoft, Germano Parlantes en Microsoft, Trastorno de Déficit de Atención en Microsoft, Papás en Microsoft, Padres Trabajadores en Microsoft, Militares Veteranos de EE.UU. en Microsoft y al menos 30 grupos más. Como puede verse, estos grupos son realmente diversos y no se encuentran restringidos a las categorías tradicionales de género, raza o sexo.

Grupos de apoyo
Un grupo establecido por el empresario para ofrecer un ambiente acogedor a los empleados que, de lo contrario, se sentirían aislados.

ADAPTACIÓN A LAS NECESIDADES FAMILIARES

Las empresas pueden reducir drásticamente la tasa de rotación de las empleadas si les ayudan a que simultáneamente saquen adelante a su familia y su carrera profesional. Las empresas pueden utilizar las opciones que explicamos a continuación para ayudarlas en esta labor. Desafortunadamente, la mayoría de las empresas no ofrecen todavía estos servicios[109].

Una cuestión de ética
¿Hasta qué punto los empresarios deberían responsabilizarse del cuidado adecuado de los hijos de sus empleados?

Servicio de guardería

Aunque el número de empresas estadounidenses que ofrecen servicio de guardería está aumentando, la mayoría de las empresas no consideran que este servicio sea responsabilidad de la empresa[110]. El gobierno de EE.UU. tiene una política pasiva en este asunto. Esto contrasta con la mayoría del resto de países industrializados donde el gobierno adopta un papel activo en la provisión de estos servicios (para más detalles, *véase* Recuadro 4.1).

Patrones laborales alternativos

Las empresas como Quaker Oats, IBM, Ciba-Geigy y Pacific Telesis Group han querido experimentar con nuevas formas de ayudar a las mujeres a encontrar el equilibrio entre sus objetivos profesionales y su maternidad, consiguiendo así conservar muchas de sus mejores empleadas[111]. Como vimos en el Capítulo 2, estos programas adoptan formas diversas, como los horarios flexibles, el teletrabajo y los trabajos compartidos. Una

RECUADRO 4.1

¿QUÉ HACEN LOS PAÍSES EUROPEOS POR MAMÁ, MUM, MÜTTER, ETC.?

Lo que separa a las empresas europeas de las estadounidenses a la hora de crear un trabajo favorable para la familia es algo más que un océano. A diferencia de EE.UU., muchos países europeos, desde hace muchos años, cuentan con disposiciones a favor de una baja por maternidad, servicios de guardería y horarios flexibles. Por ejemplo:

- Alemania aprobó su ley de baja por maternidad ya en 1878. Las mujeres alemanas reciben una baja de seis semanas antes del parto y otra de ocho semanas después del parto, recibiendo el sueldo completo en ambos casos. Cuando las mujeres vuelven al trabajo, disponen de tiempo libre para amamantar a sus hijos. Además, existe una baja por paternidad de tres años para todos los progenitores que trabajan ya sean hombre o mujer.
- Suecia fue la primera nación que amplió la baja por maternidad a una "baja por paternidad" ya sea para la madre, el padre, o ambos de manera alternativa. Hoy en día, los padres suecos tienen garantizado un año de baja por nacimiento de un hijo. La primera mitad está reservada para la madre, que reciben el 90 por ciento de su salario de la Seguridad Social.
- Dinamarca, con el mayor nivel de servicios financiados por el sector público en Europa, ofrece a las mujeres una baja por maternidad de 18 semanas, cuatro antes del nacimiento y 14 después. Los hombres pueden tener 10 días de baja tras el nacimiento del hijo y la política de baja por maternidad permite que, o bien la madre o bien el padre, dispongan de diez semanas adicionales de baja tras el nacimiento.
- Francia lidera el grupo en lo que respecta a los servicios de guardería. Además de recibir una baja por maternidad de al menos 16 semanas, recibiendo el 84 por ciento del salario, las madres trabajadoras pueden llevar a sus hijos a guarderías públicas, llamadas *crèches*, que están abiertas 11 horas al día y cuesta entre tres y 17,5 dólares diarios.
- Algunas empresas europeas como Nacional Westminster Bank (NWB) en Londres tienen políticas de interrupción de la carrera profesional que permiten a los empleados tomarse una baja de varios años tras el nacimiento de un hijo. Durante ese periodo, el empleado se mantiene en contacto con la empresa, sustituye a empleados en vacaciones y participa en sesiones de formación. En NWB, la interrupción laboral varía entre seis meses y siete años, para todos los empleados de todos los niveles.

"Lo que solemos encontrar en Europa" afirma un coordinador de Daycare Trust en Londres, "es que, cuanto mayor es la intervención del gobierno en estas cuestiones, más probable será la participación de los empresarios". En EE.UU., disponer de programas que sean favorables para la familia depende de cada empresa particular, pero no existe una tendencia nacional que ofrezca este tipo de servicios.

opción cada vez más frecuente es compartir el puesto de trabajo, cuando dos personas se dividen, lo que normalmente es hecho por una persona a tiempo completo. Un estudio de más de 1.000 empresas realizado por la consultora Hewitt Associates descubrió que el 28 por ciento de las empresas ofrecen esta opción, frente al 12 por ciento en 1990[112]. Otra opción es la **baja ampliada**. Esta opción poco frecuente permite a los empleados tomarse un periodo sabático, a veces incluso hasta tres años, con prestaciones sociales y la garantía de obtener un puesto parecido a su vuelta. Algunas empresas exigen que los trabajadores que se acojan a esta baja estén disponibles para trabajar a tiempo parcial durante su periodo sabático[113].

Baja ampliada
Una prestación que permite que un empleado se tome una baja de larga duración, conservando sus prestaciones sociales y la garantía de un puesto parecido cuando vuelva.

PROGRAMAS DE *MENTORING*

Mentoring
Un programa de apoyo en el que los directivos con más antigüedad identifican a mujeres y minorías prometedoras y desempeñan un papel importante en el desarrollo de sus carreras.

Algunas empresas promueven **programas de *mentoring***, en los que antiguos directivos identifican a mujeres o trabajadores pertenecientes a minorías prometedores y juegan un importante papel dirigiendo sus progresos profesionales[114]. En Marriott, por ejemplo, los empleados discapacitados recién contratados trabajan en equipo con directivos que les sirven de entrenadores. Honeywell y 3M juntan a ejecutivos experimentados con mujeres jóvenes y empleados de minorías para asesorarles en cuanto a sus estrategias profesionales y las políticas de la empresa, al igual que Xerox y DQE Corporation, una empresa de electrodomésticos en Pittsburg[115].

PROGRAMAS DE APRENDIZAJE

Programas de aprendizaje
Un programa en el que los empleados prometedores son formados antes de ser contratados indefinidamente.

Los **programas de aprendizaje** son parecidos a los de los mentores, salvo que, en este caso, se forma a los posibles empleados prometedores antes de contratarlos indefinidamente. Al igual que con los mentores, se anima a los directivos de la empresa a participar activamente en estos programas de aprendizaje. Por ejemplo, Sears ha establecido un programa de aprendizaje que ofrece a los estudiantes formación práctica en cuestiones como electrónica básica y reparación. Los mejores estudiantes son contratados diez horas a la semana para trabajar en el Centro de Servicios de Sears. Esta formación práctica se incluye en el currículo académico y los mejores estudiantes son contratados cuando acaba el programa.

ESTÁNDARES DE COMUNICACIÓN

Algunos estilos de comunicación pueden resultar ofensivos para las mujeres y los empleados pertenecientes a minorías. Entre los ejemplos cabe destacar el empleo de "él" cuando se habla de un cargo directivo y "ella" cuando se habla de un cargo de secretaria, la inadecuada presentación o ausencia de las minorías en los informes anuales, el fracaso de alfabetizar los títulos de los grupos étnicos (asiáticos, latinos, etc.) y la utilización de términos como *clases protegidas*, que pueden tener un significado legal preciso pero que resultan ofensivos para las personas a las que hacen referencia. Para evitar estos problemas, las organizaciones deberían establecer *estándares de comunicación* que sean sensibles a una población de empleados heterogénea.

AUDITORÍAS DE LA DIVERSIDAD

Auditorías de la diversidad
Una revisión de la eficacia del programa de gestión de la diversidad de la organización.

A menudo, la raíz de un problema relacionado con la diversidad (como la elevada rotación de los empleados pertenecientes a minorías) no resulta evidente de forma inmediata. En estas circunstancias, la investigación, en forma de una **auditoría de la diversidad**, puede ser necesaria para descubrir las posibles causas. Desafortunadamente, algunas empresas son reacias a realizar una auditoría de la diversidad oficial por temor a que la información descubierta pueda ser utilizada después en una demanda contra la empresa. El caso de Johnson & Johnson (J&J), la mayor empresa fabricante de productos de droguería, es un buen ejemplo reciente. Una auditoría de diversidad voluntaria llevada a cabo por J&J (escrita en un documento formal y confidencial) recogió las preocupaciones acerca del adecuado sistema de promociones, los salarios desiguales y el alcance insuficiente en la contratación de mujeres y minorías. El informe de diversidad se terminó usando como un arma legal imprevista contra J&J cuatro años después cuando fue descubierta. Varios empleados afroamericanos e hispanoamericanos que argumentaron que "los ejecutivos sabían desde hacía años que no se estaban cumpliendo los objetivos de promoción de dichos empleados y no habían hecho nada para resolverlo", la enviaron a un tribunal federal en Nueva Jersey. Un portavoz de la empresa, Marc Monseau, enfatizó que el informe de la auditoría de la diversidad "debería considerarse en un contexto más amplio de auto-examen continuo en Johnson & Johnson. Nosotros realizamos un autoanálisis crítico porque siempre estamos tratando de mejorar nuestros procesos y nuestros resultados. Esto alcanza a todos los aspectos de nuestro negocio, incluyendo la diversidad"[116]. Cuando se escribe este libro, la demanda está todavía pendiente.

GESTIÓN RESPONSABLE Y RESPONSABILIDAD

La gestión de la diversidad no será una prioridad ni un objetivo empresarial formal a no ser que los directivos y supervisores sean responsables de su aplicación y recompensados si lo consiguen. Como mínimo, la buena gestión de la diversidad debería ser una de las variables a considerar en el sistema de evaluación del rendimiento por parte de aquellos que ostentan posiciones de autoridad. Por ejemplo, en Garrett Company, un fabricante de motores de aviones supersónicos, las primas dependen del historial de gestión de la diversidad del supervisor.

ALGUNAS ADVERTENCIAS

Se deben evitar dos inconvenientes potenciales en los programas de gestión de la diversidad: (1) que surja el "síndrome del blanco apaleado" y (2) el fomento de los estereotipos.

EVITAR QUE APAREZCA EL "SÍNDROME DEL BLANCO APALEADO"

Para que los programas de gestión de la diversidad tengan éxito es fundamental no aceptar que la gestión de la diversidad sólo es otra frase pegadiza para ofrecer oportunidades a las mujeres y a las minorías *a costa del hombre blanco*. De lo contrario, estos programas probablemente generarán resentimientos, aumentarán la ansiedad e incrementarán los prejuicios por parte de los que se sienten amenazados. La dirección debería destacar continuamente los aspectos positivos de la diversidad de los empleados enfocándolo como algo que (1) debe hacerse para lograr una ventaja competitiva y (2) se hace en beneficio de todos. Los programas de formación, si están diseñados correctamente, pueden utilizarse como vehículos eficientes para transmitir estos mensajes. Otra opción es utilizar el sistema de recompensas. Por ejemplo, Whirpool distribuyó 2.700 dólares adicionales a cada empleado de su fábrica de Benton Harbor Michigan, en un solo año, como recompensa por las mejoras de calidad y productividad. La fábrica contaba con una amplia población que pertenecía a minorías y el incentivo al grupo indujo a todos sus empleados a colaborar más estrechamente en lo que consideraban un esfuerzo que siempre daría resultado[117].

Lo ideal sería que las empresas adoptaran una definición amplia de diversidad que considere todos los tipos de diferencias entre los empleados, incluyendo (aunque no limitándose a) la raza y el género. Una definición amplia de diversificación invitará a la participación y disminuirá la resistencia.

EVITAR FOMENTAR LOS ESTEREOTIPOS

Determinismo cultural
La idea de que se pueden inferir fácilmente las motivaciones, intereses, valores y comportamientos de un individuo a partir de su pertenencia a un determinado grupo.

Como veíamos antes, un peligro inherente a los programas de diversidad lo encontramos en el hecho de que uno puede sacar conclusiones de una determinada persona a partir únicamente de sus características dentro de un grupo. Recuérdese que las diferencias entre los individuos *dentro de* cualquier grupo determinado son casi siempre mayores que las diferencias "medias" o típicas entre dos grupos cualquiera. El **determinismo cultural** –promover la idea de que se pueden inferir las motivaciones, los intereses, los valores y los patrones de comportamiento de un individuo a partir del grupo al que pertenece– crea una mentalidad de división de "nosotros contra ellos".

Por desgracia, los programas de concienciación cultural y otras actividades de formación en diversidad tienden (involuntariamente) a dramatizar demasiado el tema. Esto puede llevar a los participantes a extraer conclusiones sobre los grupos que son totalmente erróneas (y probablemente ofensivas) cuando se aplican a un determinado empleado[118]. Algunas empresas han empezado a utilizar el término formación amplia *(inclusiveness training)* para promover la idea de que tal formación pretende unir a la gente más que tratarla como miembros de una clase concreta.

Resumen y conclusiones

¿Qué es la diversidad?

La diversidad hace referencia a las características humanas que hacen que las personas difieran unas de otras. La plantilla actual es muy diversa. Si se gestiona eficazmente, esta diversidad puede ofrecer a la empresa una importante fuente de ventaja competitiva porque estimula la creatividad, incrementa la capacidad de resolución de problemas al ofrecer perspectivas más amplias y transmite flexibilidad a la empresa.

Retos para la gestión de la diversidad de los empleados

Una organización se enfrenta a importantes retos para conseguir que la diversidad de sus empleados se convierta en una ventaja. Entre éstos, cabe destacar (1) valorar realmente la diversidad de los empleados, (2) equilibrar las necesidades de los individuos con la justicia para el grupo, (3) superar la resistencia al cambio, (4) fomentar la cohesión del grupo, (5) garantizar una comunicación abierta, (6) conservar a los mejores empleados y (7) gestionar la competencia por las oportunidades.

Diversidad en las organizaciones

Algunos grupos tienen más probabilidad de quedar fuera de la corriente principal de la empresa. Los afroamericanos siguen enfrentándose a cierto racismo explícito y tienden a tener una menor preparación de base para el trabajo. Los americanos asiáticos afrontan dos estereotipos (uno que afirma que son demasiado precavidos y reservados para poder convertirse en líderes y otro que afirma que carecen de escrúpulos en los negocios) y la idea de que tienen demasiada educación para merecer una consideración especial como minoría. La aceptación social total sigue sin existir para las personas con discapacidades, que a menudo son percibidas como menos capaces que otras, con mayor probabilidad de dejar su trabajo cuando aumenta la presión y generadoras de mayores costes para poder acomodar el lugar de trabajo a sus necesidades.

Los trabajadores nacidos en el extranjero se enfrentan a barreras culturales y lingüísticas y a veces a prejuicios raciales o étnicos. A menudo son rechazados por los americanos de todas las razas que creen que les están quitando su trabajo.

Los homosexuales se enfrentan a veces a una importante discriminación por parte de sus compañeros o los directivos (no les contratan o no les renuevan). Los latinos se enfrentan a dificultades lingüísticas y culturales y, en algunas ocasiones, a una discriminación racial.

Los trabajadores más mayores se enfrentan a estereotipos negativos sobre su capacidad, su energía y su capacidad de adaptación, así como a algunos problemas físicos y al rechazo por parte de los trabajadores más jóvenes. Las mujeres sufren a menudo en culturas empresariales dominadas por el hombre que muestran comportamientos de liderazgo masculino y se enfrentan con redes sociales masculinas que excluyen a las mujeres. También padecen acoso sexual en mucha mayor medida que los hombres.

Mejorar la gestión de la diversidad

Las organizaciones que mejor han gestionado la diversidad de sus RRHH para obtener una ventaja competitiva tienden a contar con una alta dirección comprometida con la valoración de la diversidad, programas de formación sobre diversidad continuos y sólidos, grupos de apoyo para los empleados no tradicionales y políticas para acomodarse a las necesidades familiares de los empleados. También cuentan con programas de *mentoring* y de aprendizaje para fomentar el progreso profesional de los empleados, crean estándares de comunicación que desanimen la discriminación, celebran la diversidad con actividades organizadas, utilizan auditorías de diversidad para descubrir errores y hacen que sus directivos sean responsables de la implantación eficaz de las políticas sobre diversidad.

Algunas advertencias

Hay dos inconvenientes de los programas de gestión de la diversidad que los directivos deben evitar: (1) el síndrome del varón blanco apaleado y (2) el fomento involuntario de los estereotipos.

Términos clave

auditoría de diversidad
baja ampliada
concepto de dirección relativo en función de la cultura
concepto de dirección universal
determinismo cultural
diversidad
gestión de la diversidad
grupos de apoyo
mentoring
programa de aprendizaje
programas de formación sobre la diversidad
redes sociales masculinas
techo de cristal

Preguntas para el debate

1. ¿Por qué muchas empresas esperan hasta que se enfrentan a una demanda legal para responder a los temas de diversidad en vez de encargarse de ellos de forma proactiva?
2. Desde hace 20 años (desde el pasaje de la Ley de Control de la Inmigración de 1986) es un delito contratar a extranjeros ilegales. En teoría, los empresarios pueden ser multados con 10.000 dólares por cada extranjero ilegal que contraten y si se repite pueden ir a la cárcel. Sin embargo, prácticamente no existe una implantación real de la ley (las estadísticas más actuales muestran que solo se pusieron 13 multas a empresarios por violar las leyes de inmigración)[119]. ¿Por qué cree usted que no se imponen las leyes relacionadas con la contratación de empleados indocumentados? Algunas personas equiparan estas leyes de inmigración con la ley federal seca de principios de los años 30 (que prohibía el uso de alcohol y sin embargo fue ampliamente ignorada). ¿Está usted de acuerdo? ¿Qué propuestas haría para remediar esta incongruencia legal (es decir, que las leyes no se apliquen en la práctica)? Explique su respuesta.
3. Las mujeres y las minorías étnicas suelen agruparse en una única clase. ¿Qué tienen en común estos dos grupos? ¿En qué se diferencian? Explique su respuesta.
4. Según Laura D'Andrea Tyson, Decana de la Facultad de Administración de Empresas en la London University School, tanto en EE.UU. como en Europa las

mujeres eligen no optar a puestos de trabajo de alto nivel. Según ella: "La hipótesis de no optar podría explicar el motivo por el que, según un estudio reciente de EE.UU., una de cada tres mujeres con un MBA no trabaja a tiempo completo, frente a uno de cada 20 hombres con la misma formación. Hoy en día, muchas empresas contratan a mujeres con MBA en casi la misma proporción que hombres con MBA, pero se están encontrando con que un porcentaje sustancial de las mujeres que contratan abandonan en los tres o cinco años siguientes. El problema para los negocios no es encontrar mujeres con talento sino retenerlas"[120]. En su opinión, ¿qué amplitud tiene este fenómeno?, ¿cuáles son las causas? y ¿qué pueden hacer las empresas para retener a las empleadas con talento?

5. Algunas personas siguen creyendo que la mejor forma (y tal vez la única justa) de dirigir es tratar a todos los empleados de la misma manera, independientemente de su sexo, su raza, etnia, minusvalía física y otras características personales. ¿Está usted de acuerdo? Explique su respuesta.

6. Cuando un empleado blanco que llevaba mucho tiempo contratado en Pacific Gas & Electric, en Tracy, California, fue el primero despedido de su unidad, afirmó que los demás (una mujer afroamericana y un hombre descendiente de indios) habían sido renovados en su puesto (incluso teniendo menor cualificación que él) porque PG&E estaba empeñada en crear un lugar de trabajo diverso. "Siento que me han dado de lado" decía. PG&E afirmó que ni su raza ni su sexo habían influido en su despido. ¿Qué pueden hacer las empresas para evitar que los hombres blancos se sientan víctimas de los esfuerzos en pro de la diversidad y de los programas de formación, en vez de sentirse valorados como empleados "diversos"?

7. Muchas empresas de informática en EE.UU. temen que si ellos no contratan a talentos extranjeros, entonces sus competidores de otros países lo harán. ¿Cuál es su opinión a este respecto? Explique su respuesta.

8. Doug Dokolosky, un antiguo ejecutivo de IBM especializado en formar a mujeres, afirma que "para alcanzar la cima son necesarios sacrificios y muchas horas. Si esa es tu ambición, olvídate de cosas como conciliar el trabajo y la vida familiar..." ¿Está usted de acuerdo con Dokolosky en que la mayoría de las empresas estadounidenses no se esfuerzan en sus políticas de adaptación a la familia? ¿Puede pensar en alguna excepción?

Existe material adicional disponible en la página web que acompaña a este libro. Puede acceder a esta información visitando la página web ***www.prenhall.com/gomez.***

¡DECIDA USTED!

DISCUSIÓN — Caso 4.1

Sacar tiempo para un bebé

A los 20 años, el riesgo de aborto espontáneo es de aproximadamente un nueve por ciento, que se duplica a los 35 y se duplica otra vez cuando la mujer alcanza los cuarenta y pocos. Puesto que muchas mujeres se han dedicado a sus carreras profesionales –aplazando el tener hijos para centrarse en el trabajo– se ha producido un aumento del 100 por cien en los últimos 20 años de mujeres sin hijos entre los 40 y los 44. La economista Sylvia Ann Hewlett expone en su libro, *Creating a Life: Professional Women and the Quest for Children* (Talk Miramax Books), que muchas mujeres jóvenes ambiciosas que esperan tener hijos van por mal camino si creen que pueden dedicar toda una década a establecer sus carreras profesionales y esperar a los 35 o más para crear una familia.

Hewlett argumenta que muchas mujeres están adoptando un "modelo masculino" centrado exclusivamente en la carrera profesional y el resultado de esto es "una epidemia de falta de niños" entre las mujeres profesionales. Ella realizó un estudio a nivel nacional con 1.647 "mujeres de alto rendimiento a nivel profesional" de las cuales 1.168 se encontraban entre el diez por ciento que más ganan dentro de su edad o eran licenciadas en Derecho o Medicina y 479 tenían formación universitaria pero ya no estaban trabajando. Los resultados le sorprendieron. Encontró que el 42 por ciento de las mujeres de alto rendimiento a nivel profesional en las grandes empresas americanas –empresas con 5.000 o más empleados– estaban aún sin hijos después de los 40. Ese ratio lo formaban un 49 por ciento de mujeres que ganan 100.000 dólares o más. Muchas otras mujeres sólo pudieron tener un hijo porque empezaron a tener familia muy tarde. "Han hecho mucho dinero", dice Dr. David Adamson, un especialista en fertilidad destacado de la Universidad de Stanford, "pero no pueden comprar la vuelta atrás en el tiempo".

Hewlett sostiene que muchas mujeres realmente no eligieron no tener hijos. Cuando pidió a las mujeres que recordaran sus intenciones cuando terminaron la facultad, Hewlett encontró que sólo un 14 por ciento dijeron que definitivamente no querían tener hijos.

Para la mayoría de las mujeres que entrevistó Hewlett, la opción de no tener hijos fue lo que se llama "sin elección progresivamente". El tiempo pasa y el trabajo es implacable. Los viajes, las horas –las relaciones son difíciles de mantener–. Cuando una mujer se casa y se siente lo suficientemente asentada en su carrera para pensar en formar una familia suele ser demasiado tarde. "Van al médico, les hace un análisis de sangre y les dicen que el juego ha terminado antes de empezar", señala I.A.'s Madnen. "Se sienten conmocionadas, desoladas y enfadadas". Las mujeres en general saben que su fertilidad va disminuyendo con la edad, pero no se dan cuenta de en qué medida y con qué rapidez.

Según Hewllet, "En sólo 30 años hemos pasado de temer nuestra fertilidad a desperdiciarla –y sin darnos cuenta".

Unos años más tarde después de la publicación de este libro Lawrence H. Summer, director de la Universidad de Harward, creó furor en 2005 al argumentar que esta tendencia no podía explicar completamente la falta de diversidad de género en las ciencias. Según él, "lo que está detrás de todo esto (disparidad en la representación por género) es el enfrentamiento entre el deseo legítimo de las personas (léase mujeres) de formar una familia y el deseo habitual de los empresarios de alto rendimiento e intensidad". Él además señaló que el alto rendimiento e intensidad son intrínsecos o innatos a los hombres (para los cuales presumiblemente la vida familiar es menos importante) y, por lo tanto, la discriminación por género por parte de los empresarios es un factor menos importante a la hora de explicar la escasez de mujeres en ciertas profesiones. En el verano de 2006 dimitió bajo una intensa presión por parte de los profesores y los alumnos de Harvard.

Preguntas para reflexionar

1. Hewlett sugiere que existe un problema cuando las mujeres tienen veintitantos: los mejores años para tener hijos coinciden con los mejores años para establecer la carrera profesional. ¿Cómo cree que las mujeres podrían tratar esta situación? ¿Qué papel deberían jugar los hombres cuando sus parejas se enfrentan a este apuro? Explique su respuesta.
2. Algunas personas creen que las empresas deberían compartir algunas de las responsabilidades en el cuidado de los hijos, lo cual es absolutamente necesario para la supervivencia de una sociedad. Se proponen conceptos tales como "el camino de mamá", "el bebé pagó el año sabático" y "cuidado de niños en el trabajo" para que las empresas cumplan esta responsabilidad. ¿Está usted de acuerdo? ¿Creé usted que las empresas deberían hacerlo voluntariamente sin un mandato gubernamental? Explique su respuesta.
3. Muchos directivos valoran negativamente un "intervalo en blanco en el currículo" –el tiempo que una persona no ha trabajado–. Aunque pocos directivos lo admitirían, no contratarían a una mujer en edad fértil ni tampoco la promocionarían a un puesto de más responsabilidad por miedo a que se quede embarazada. ¿Cómo puede una empresa tratar estos posibles prejuicios? Explique su respuesta.

Trabajo en equipo

Suponga que a la alta dirección de una empresa de alta tecnología le gustaría ofrecer a las mujeres más oportunidades para conciliar su carrera profesional y la vida familiar. Estos ejecutivos creen que atrayendo y reteniendo mujeres con talento la empresa conseguirá una ventaja competitiva. Los estudiantes se dividen en grupos de seis, preferiblemente tres mujeres y tres hombres, para representar esta situación y desarrollar algunas recomendaciones para la alta dirección. El profesor puede representar el papel del director general.

Ejercicio basado en la experiencia

Un estudiante representará a Sylvia Ann Hewlett: de uno a tres estudiantes representarán a hipotéticas mujeres estudiantes de 22 años de edad que se acaban de licenciar en la universidad en Administración y Dirección de Empresas. Ambos bandos intercambiarán puntos de vista respecto a lo que las mujeres recién licenciadas deberían hacer en los próximos 20 años para conciliar la vida familiar y laboral. La representación debería durar aproximadamente 15 minutos. Al final del juego de rol, toda la clase discutirá las cuestiones planteadas por ambas partes, con el profesor como moderador.

Fuente: Adaptado con permiso de Horowitz, J. M., Rawe, J. y Song, S. (15 de abril de 2002). Making time for a baby. *Time*, 49-58. Para artículos en relación con los comentarios de Summer *véase* Tyson, L. D. (28 de marzo de 2005). What Larry Summers got right. *BusinessWeek*, 24; Atlas, J. (27 de febrero de 2005). The battle behind the battle at Harvard. *New York Times*, A14; Healy, P.D. y Riner, S. (18 de febrero de 2005). Furor lingers as Harvard chief gives detail of talk on women. *New York Times*, A1, Riner, S. (16 de marzo de 2005). Professors, in close vote, censure Harvard leader. *New York Times*, A11.

¡DECIDA USTED!

TENDENCIAS EMERGENTES Caso 4.2

¿Cuándo se es demasiado mayor para ser piloto de líneas aéreas?

Determinar la edad a la que se es demasiado mayor para transportar en un avión a cientos de pasajeros es desde hace mucho tiempo una cuestión difícil. Los pilotos más mayores pueden correr un mayor riesgo de sufrir una incapacitación repentina, reaccionar de forma más lenta o que disminuyan sus facultades mentales. Aunque los estudios médicos no han alcanzado aún una respuesta clara, muchos de ellos muestran que las capacidades se deterioran con la edad.

En EE.UU., los pilotos de aerolíneas comerciales deben abandonar la cabina del piloto antes de cumplir los 60 años. Pero esto puede cambiar. Los viajeros pueden empezar a ver pilotos más mayores en los próximos años. Otros países se están moviendo en esa dirección (o ya lo han hecho) y en el Congreso los legisladores han introducido nueva legislación que podría aumentar la edad de jubilación obligatoria. Incluso la Asociación de Pilotos de Aerolíneas, que en el pasado bloqueó con éxito los intentos de aumentar la edad, ahora dice que está estudiando si un cambio tendría sentido. Es una cuestión espinosa. Los pilotos con canas tienen la ventaja de una amplia experiencia con los mandos, lo que les hace expertos y les permite tomar decisiones bien informadas; que es precisamente lo que los pasajeros quieren en caso de que se produzca algún problema en el vuelo. Considere que en 1989, el Capitán de United Airlines David Cronin condujo un Boing 747 de vuelta a Honolulu después de que una sección grande del fuselaje se apagara, llevando a nueve pasajeros a la muerte. Dos de los cuatro motores dejaron de funcionar y las alas resultaron dañadas, pero las habilidades de vuelo del Capitán Cronin permitieron salvar la vida de 327 pasajeros. Sin embargo, un mes después, se consideró que era demasiado mayor para volar. Aquel mismo año, el Capitán Al Haynes llevó un DC-10 destrozado de United a la ciudad de Sioux, Iowa, utilizando diferentes empujes del motor derecho e izquierdo para conducir el avión tras fallar sus sistemas hidráulicos. Fue una hazaña extraordinaria de un piloto y 184 personas sobrevivieron al vuelo 232. Dos años más tarde, el Capitán Haynes se tuvo que jubilar.

La Administración Federal de Aviación (FAA) defiende que los 60 años es un estándar seguro y que cambiar esa edad podría ser arriesgado. "Hasta el momento, no hemos visto ninguna investigación que asegure que subir la edad de jubilación podría mantener o aumentar la seguridad" afirma Alison Duquette, portavoz de FAA. Un gran impulsor de la propuesta de cambio es el dinero. En varias compañías aéreas las pensiones se han reducido drásticamente, incluso algunas han suspendido el sistema de pensiones. Por ello, ahora a muchos pilotos les gustaría poder seguir trabajando. Tal y como está, se tienen que jubilar cinco años antes de poder cobrar la pensión de la Seguridad Social.

Preguntas para reflexionar

1. ¿Qué cree usted que está impulsando a aumentar la edad de jubilación de los pilotos por encima de los 60 años? ¿Cuál cree usted que será la reacción de los pilotos más jóvenes, de los futuros pilotos y de la dirección de las compañías aéreas? Explique su respuesta.
2. Si usted estuviera planeando un viaje y tuviera que elegir con qué compañía va a volar, al mismo precio, ¿le importaría si alguna de las compañías aéreas permitiera que hubiese pilotos de más de 60 años? Explique su razonamiento.
3. Piense en otros tres o cuatro trabajos que puedan tener la edad de jubilación obligatoria por debajo de la edad tradicional de 65 años. ¿Qué tienen en común todos ellos? ¿En qué difieren los trabajos que ha nombrado del caso de los pilotos? Explique su respuesta.

Trabajo en equipo

La clase se divide en grupos de tres a cinco estudiantes. Algunos equipos tienen la tarea de justificar la edad de jubilación obligatoria a los 60 años de los pilotos; otros equipos tienen que hacer una argumentación a favor de la jubilación con mayor edad. Ambos grupos, el de "a favor" y el de "en contra" deben presentar sus recomendaciones con el profesor actuando como moderador. Al final de la discusión, el profesor decidirá destacar qué grupo ha tenido unos argumentos más persuasivos y presentará su punto de vista sobre esta cuestión.

Ejercicio basado en la experiencia

Se pide a dos o tres alumnos que representen a pilotos de aviones de pasajeros que están próximos a los 60 años, que tienen buena salud y que quieren trabajar pasada la edad de jubilación obligatoria. Los estudiantes que representan a los pilotos deben hacer una petición a un funcionario de la FAA para pasar la edad obligatoria de jubilación al menos a los 65 años. Un estudiante representará al funcionario de la FAA. El juego de rol debería durar aproximadamente 15 minutos. La clase discutirá entonces las cuestiones que han surgido durante la representación, haciendo el profesor de moderador.

¡DECIDA USTED!

CASO DE DISCUSIÓN Caso 4.3

Conflicto en Northern Sigma

Northern Sigma, una empresa ficticia de alta tecnología con sede en Nueva York, desarrolla y fabrica equipos electrónicos avanzados. La empresa tiene 20 fábricas en EE.UU. y 22.000 empleados de los cuales 3.000 trabajan en unas oficinas de Chicago dedicadas a la investigación y al desarrollo. Aproximadamente la mitad de esos empleados son científicos e ingenieros. La otra mitad es personal de apoyo, directivos y personal de investigación de mercados. Los ejecutivos de la empresa están muy comprometidos con la contratación de mujeres y minorías en toda la organización, pero sobre todo en Chicago. La empresa ha adoptado esta política por dos razones: las mujeres y las minorías están muy poco representadas en la fábrica de Chicago (sólo el 13 por ciento del personal) y cada vez resulta más difícil encontrar talentos en el cada vez más reducido grupo de candidatos blancos.

Philip Wagner es el director general de la fábrica de Chicago. En su última evaluación del rendimiento, ha sido severamente criticado por no hacer todo lo que está en sus manos para retener a las mujeres y a las minorías. Durante los dos últimos años, la tasa de rotación de estos grupos ha sido tres veces superior a la de los demás empleados. Los ejecutivos de la empresa consideran que esta elevada tasa de rotación está costando al menos un millón de dólares anuales en costes de formación, tiempo de producción perdido, gastos de contratación, etc. Además, se han interpuesto más de 70 demandas por discriminación ante la CIOE tan sólo en los tres últimos años, un número de quejas mucho más elevado de lo esperado dada la dimensión de la fábrica y la composición demográfica.

Presionado desde la sede, Wagner ha situado la rotación y los problemas por discriminación entre sus principales prioridades para este año. Como primer paso, ha contratado a un equipo asesor para entrevistar a una muestra representativa de los empleados con el fin de averiguar: (1) ¿por qué la tasa de rotación de mujeres y minorías es tan elevada? y (2) ¿qué es lo que está provocando tantas demandas por parte de estos grupos? Las entrevistas se han realizado a grupos separados de 15 personas cada uno. Cada grupo se compone o bien de hombres blancos, o bien de una mezcla de mujeres y minorías. A continuación, se muestra un resumen del informe preparado por los asesores.

Mujeres y grupos minoritarios

Una gran proporción de mujeres y empleados pertenecientes a minorías mostraron su insatisfacción con la empresa. Muchos consideraban que habían sido engañados cuando aceptaron el empleo en Northern Sigma. Entre sus quejas más comunes destacan:

- Se les deja fuera de los equipos importantes.
- Sus aportaciones no suelen ser requeridas y, cuando se les requiere, sus sugerencias e ideas suelen ser ignoradas.
- Sus contribuciones no son tomadas en serio por sus colegas en los equipos o grupos de proyectos.
- Para ser promocionados tienen que ser diez veces mejores que los hombres blancos.
- Existe un entorno negativo que desanima la discusión abierta de alternativas.
- Se utilizan con frecuencia chistes o apodos denigrantes en función de la etnia o el sexo.

Grupos de varones blancos

La mayoría de los hombres blancos, sobre todo los supervisores, insistían firmemente en que sólo estaban interesados en el rendimiento y que ni el sexo ni la raza tenían nada que ver con su trato al personal laboral o a los compañeros. Solían utilizar términos como igualdad, justicia, competencia e independencia racial para describir sus criterios a la hora de establecer las promociones, asignar tareas, seleccionar al personal de los equipos de proyectos y de los equipos de trabajo. Muchos de estos hombres consideraban que estaban siendo penalizados y que las mujeres y las minorías recibían "todos los apoyos imaginables".

El equipo asesor le hizo preguntas concretas a este grupo de hombres blancos relativas a ciertos problemas que podían haber tenido al trabajar con las mujeres y los tres principales grupos minoritarios de la fábrica (afroamericanos, americanos asiáticos y latinos). Los comentarios más comunes respecto a cada grupo se muestran a continuación:

Afroamericanos

- Suelen reaccionar con frecuencia de manera desproporcionada.
- Esperan recibir un trato especial por su raza.
- No quieren trabajar en equipo, incluso cuando sus compañeros blancos intentan que se sientan cómodos.

Americanos asiáticos

- Son muy listos para los números, pero tienen problemas a la hora de expresar sus ideas.
- Son estoicos y precavidos; no pondrán en tela de juicio a otra persona auque esté totalmente equivocada.
- Muestran su acuerdo o compromiso con una idea o acción, aun cuando no están de acuerdo.

Latinos

- Están más preocupados por su familia numerosa que por el trabajo.

- Suelen tener dificultades para realizar tareas estructuradas como empleados, pero se vuelven dogmáticos y autoritarios cuando alcanzan posiciones de supervisión.
- Les resulta difícil trabajar con mujeres, puesto que esperan que sean pasivas y sumisas.
- Son poco estrictos en cuanto a puntualidad y plazos de ejecución.

Mujeres

- La mayoría no se sienten comprometidas con su trabajo y tienden a abandonar cuando las cosas no van como ellas quieren.
- A menudo están más centradas en sus relaciones personales que en el rendimiento laboral.
- Reaccionan de una manera sentimental cuando se ven frustradas por problemas menores, por lo que no están capacitadas para asumir más responsabilidades.
- Tienden a confundir la caballerosidad con insinuaciones sexuales.
- No pueden guardar un secreto y les encanta cotillear.

Phillip Wagner se sorprendió ante tantos comentarios. Siempre pensó que su fábrica era un entorno agradable, fácil de llevar, abierto, liberal e intelectual, porque sus empleados gozan de educación superior (la mayoría tienen formación profesional superior y un elevado porcentaje estudios universitarios). Ahora tiene que decidir lo que va a hacer.

Preguntas para reflexionar

1. ¿Qué consecuencias tendrán probablemente los problemas de las fábrica de Northern Sigma? Explique su respuesta.
2. ¿Debería Wagner ser considerado responsable de estos problemas? Explique su respuesta.
3. ¿Qué recomendaciones específicas ofrecería a Wagner para mejorar la gestión de la diversidad en la fábrica de Chicago?

Trabajo en equipo

La clase se divide en grupos de tres a cinco estudiantes. Cada estudiante debe discutir las recomendaciones que daría a Wagner. Tras diez o 15 minutos, cada grupo presentará sus recomendaciones a la clase. ¿Hasta qué punto son diferentes las recomendaciones de cada grupo? ¿Qué principios del capítulo pudieron aplicar a este problema?

Ejercicio basado en la experiencia

De uno a tres estudiantes representarán a un consultor que entreviste a Phillip Wagner (representado por otro estudiante) y pregunte los motivos por los que se han producido estos problemas de diversidad en Northern Sigma. En función de las razones dadas por Wagner durante la representación de la entrevista, los consultores ofrecerán recomendaciones para ayudar a resolver el problema. El juego de rol debería durar aproximadamente 15 minutos, después de lo cual la clase discutirá las cuestiones que han surgido, con la mediación del profesor.

¡Decida usted!

TENDENCIAS GLOBALES — Caso 4.4

¿Discriminación inversa o un malentendido cultural?

Marubeni America Corp., la filial en Nueva York de una gran empresa japonesa de comercio exterior, estaba buscando un comercial para su unidad textil. El vicepresidente de la empresa les comunicó a la división de RRHH en un correo electrónico que él prefería un hombre asiático para el trabajo porque "una vez que [los americanos] consiguen ingresos altos, de repente dejan de trabajar". El mail fue citado como uno de los muchos ejemplos destacables de presunta discriminación inversa en una demanda interpuesta contra la empresa.

"Esta cuestión es nueva para nosotros. Tendemos a ver más del caso contrario", señala Sarah Crawford, una experta en discriminación en el trabajo del Comité de Abogados de los Derechos Civiles en Virtud de la Ley, que es una organización sin fines de lucro y no partidista. "Por lo que he visto, cada vez es más preocupante, debido a la creciente presencia de empresas multinacionales en este país".

Aunque el caso de Marubeni no es que no tenga precedentes, los correos electrónicos y otras pruebas citadas ofrecieron una perspectiva interna de las prácticas de empleo de esta empresa extrajera que opera en EE.UU. Los demandantes –dos ejecutivos caucásicos– demandaron esta discriminación contra los americanos, las minorías que no eran asiáticas y las mujeres. La demanda sostiene que los trabajadores que no son asiáticos cobran menos, son menos contratados por la empresa y promocionados con menor frecuencia. Según esta demanda, entre los 200 trabajadores de la empresa no había ningún afroamericano ni ninguna mujer y sólo un hispano entre 121 altos ejecutivos y directivos y sólo tres empleados negros. La demanda también dice que la reunión semanal se hacía en japonés, lógicamente excluyendo a todos aquellos empleados que no hablaban japonés y que algunos ejecutivos frecuentemente utilizaban insultos raciales y étnicos. La demanda también señala que la empresa violó las leyes de la inmigración, cometió fraude fiscal y permitió a los ejecutivos abusar de sus cuentas de gastos.

La demanda fue interpuesta por Kevin Long, un empleado antiguo de RRHH y por Ludvic Presto, auditor interno de la empresa. A ambos se les dio un permiso administrativo con derecho a sueldo –un movimiento que sus abogados lo consideraron como represalia por quejarse por la discriminación–. Los dos hombres piden un mínimo de cuatro millones de dólares en indemnizaciones, además de las pensiones y otras prestaciones sociales y 55 millones de dólares por daños y perjuicios y gastos judiciales. Dos mujeres empleadas en el departamento de RRHH presentaron quejas similares con la EEOC.

Preguntas para reflexionar

1. ¿Qué haría si le pidieran que investigara si las alegaciones en un caso son ciertas? Explique su respuesta.
2. Si usted fuera el alto ejecutivo japonés de la empresa de comercio exterior, qué pasos seguiría para evitar los comportamientos supuestos o reales que están teniendo lugar en la filial de EE.UU. (Marubeni America Corp.)? Explique su respuesta.
3. ¿Qué prácticas de diversidad podría usted poner en práctica para evitar los presuntos comportamientos de este caso? Explique su respuesta.

Trabajo en equipo

La empresa japonesa de comercio exterior le ha elegido a usted para formar parte de una comisión responsable de investigar las alegaciones que los directivos de las subsidiarias en EE.UU. han dado respecto a su compromiso con las prácticas de empleo que son inconsistentes con las normas legales y culturales en EE.UU. La clase se divide en grupos de cinco alumnos, a cada uno de los cuales se les pide que desarrolle un conjunto de procedimientos para investigar dichas alegaciones y tratar de evitar que la situación se vuelva a producir en el futuro.

Ejercicio basado en la experiencia

En un juego de rol, a uno de los estudiantes se le pide que represente al director general de una empresa japonesa que plantea abrir una filial en EE.UU. Este director general había oído de los problemas a los que se enfrentó Marubeni America Corp. Se le pide a tres estudiantes que representen a asesores americanos para el director general japonés y que le ofrezcan un conjunto claro de directrices para evitar la clase de problemas recogidos en este caso. Los estudiantes representarán esto durante aproximadamente 15 minutos enfrente de la clase. A continuación, la clase discutirá sobre las cuestiones surgidas, actuando el profesor de moderador.

Fuente: Adaptado con permiso de Scannell, K. (20 de enero de 2005). Lawsuit charges U.S. unit of Japanese company with bias. *Wall Street Journal*, B1.

NOTAS

ADAPTACIONES PARA ESPAÑA — Nota 4.1

Una de cada diez compañías europeas tienen políticas de diversidad

Los cambios que ha experimentado la sociedad repercuten en las empresas, que deben gestionar una plantilla heterogénea. La gestión de la diversidad es uno de los aspectos más difíciles de cuantificar. El Libro Blanco sobre la *Gestión de la Diversidad en las Empresas Españolas* señala que mientras que el 41 por ciento de las empresas europeas tiene implantadas políticas medioambientales, sólo el 13 por ciento hace lo propio con la diversidad. Sin embargo, Pilar García Lombardía, investigadora asociada del IESE y coordinadora del libro, señala que muchas empresas –como el Grupo VIPS– son pioneras en la aplicación de determinadas políticas, pero carecen de programas específicos de diversidad. En el caso de Grupo VIPS, obedece a que prefieren fijar su atención directamente en la persona. Otras firmas que han participado en el libro –Repsol YPF, Hewlett-Packard, IBM y NH– sí implantan políticas concretas.

Otro aspecto complejo es establecer el beneficio que supone a la empresa la aplicación de políticas de diversidad. De entrada, explica García Lombardía, los beneficios entroncan con "determinados parámetros intangibles, no con la cuenta de resultados". En concreto, se señala que los beneficios más importantes de las políticas de diversidad son: la consolidación de los valores culturales, la mejora de la reputación y la mayor capacidad para atraer y retener personal muy cualificado, entre otros.

Si comparamos lo que se hace en materia de diversidad en EE.UU. y en Europa nos encontramos con realidades muy distintas, según la investigadora del IESE. "En EE.UU. hay muchos dientes de sierra; se cometen las mayores salvajadas porque hay menos normativa, pero a la vez, contemplan la gestión de la diversidad con pragmatismo y experiencia y como un factor de creación de sinergias y obtención de resultados". En Europa, sin embargo, "estamos más en la línea de ver qué hacer con el papelón de la norma que insta a tener un 2 por ciento de discapacitados en la plantilla, en mínimos que se consideran filantrópicos".

En EE.UU. son habituales las páginas de ofertas de trabajo orientadas a la diversidad, a la vez que existen numerosos estudios que explican qué nacionalidades es mejor no mezclar en un equipo, por ejemplo. Además, apostilla la investigadora, "la diversidad por la diversidad puede ser peligrosa", lo que hay que implantar son "políticas de gestión de la diversidad".

Fuente: Adaptado de Serraller, M. (23 de noviembre de 2007). Una de cada diez compañías europeas tiene políticas de diversidad. www.expansionyempleo.com.

PARTE III: CONTRATACIÓN

CAPÍTULO

5 RECLUTAMIENTO Y SELECCIÓN DE EMPLEADOS

OBJETIVOS

Tras leer este capítulo, usted estará en condiciones de abordar los siguientes temas:

1. **Comprender** las alternativas que existen para ajustar la oferta y la demanda de trabajo.
2. **Ponderar** las ventajas e inconvenientes del reclutamiento interno y externo.
3. **Distinguir** entre los principales métodos de selección y utilizar de entre ellos el que sea más fácil de defender legalmente.
4. **Tomar** decisiones de personal que maximicen la contratación y promoción de los mejores.
5. **Comprender** las limitaciones legales del proceso de contratación.

Specialty Cabinets Company ha pasado rápidamente de ser un negocio con dos personas a una pequeña empresa con 28 empleados. Este floreciente negocio de ebanistería trabaja para los que necesitan armarios con un excelente acabado, en casas construidas a medida o en oficinas. Specialty ha sido capaz de atraer a carpinteros con buena formación gracias a sus sueldos y al buen ambiente de trabajo. Sin embargo, la presidenta de la empresa se dio cuenta de que tenía que contratar a otro directivo para poder hacer frente a una mayor número de proyectos y empleados. Dejó en manos de George Zoran, un supervisor con antigüedad y mucha habilidad para las relaciones personales, la responsabilidad de contratar al nuevo directivo.

George puso un anuncio en el tablón de la empresa y otro en el apartado de "Empleo" de la sección de anuncios clasificados del periódico local. Enseguida recibió numerosas solicitudes de candidatos de dentro y fuera de la empresa. George hizo algunas llamadas telefónicas para tener conocimiento de los candidatos a los que tenía que entrevistar personalmente, pasando, a continuación, diversas entrevistas.

George quedó bastante impresionado con un candidato, Tim Wells. Tim nunca había trabajado en carpintería, pero George pensaba que tenía un trato muy agradable y suficiente experiencia directiva y ambición para poder hacer bien el trabajo. Además, George descubrió que Tim era el hijo de un viejo amigo del colegio y disfrutó contándole las salidas de caza con su padre.

En la siguiente ronda de entrevistas, George llevó a Tim a dar una vuelta por la empresa y le ofreció el cargo, confiando en que sería una persona muy rentable para la empresa. Por desgracia, sus expectativas fueron demasiado optimistas.

Otros trabajadores se quejaron de Tim por su falta de experiencia en ebanistería y porque no les pedía su opinión cuando era necesario. Por ejemplo, Tim no tenía los conocimientos necesarios para planificar y garantizar el cumplimiento, a tiempo, de los proyectos, pero no pidió consejo. Sus empleados tuvieron que trabajar muchas horas durante un fin de semana para poder cumplirlos. Los trabajadores se preguntaban por las razones que llevaron a George a contratar a Tim, y Tim se preguntaba por qué George le hizo creer que podría hacer bien el trabajo.

EL ENFOQUE DIRECTIVO

Aunque los directores de RRHH podrían ser responsables del diseño de los sistemas de reclutamiento y selección de los empleados en muchas organizaciones, todos los directivos necesitan comprender y emplear estos sistemas. Después de todo, atraer y contratar a las personas con el tipo y nivel de talento adecuado son elementos críticos de la eficacia empresarial. Hacerse con los empleados de mayor talento ha sido descrito como el trabajo más importante de la dirección[1]. La capacidad de atraer y contratar a empleados eficaces es también un elemento clave para el éxito en la carrera directiva. Como demuestra el ejemplo de Specialty Cabinets, los directivos podrían encargarse de reclutar o tener un papel clave en el proceso. Si no atraen y contratan a las personas adecuadas, pueden dañar a la organización.

El centro de atención de este capítulo se sitúa en la comprensión y el desarrollo de un reclutamiento y una selección eficaces. Mientras piensa de nuevo en la situación en Specialty Cabinets, considere estos importantes interrogantes:

- ¿Quién debería tomar las decisiones de contratación?
- ¿Qué características deberían tenerse en cuenta cuando se decide a quién contratar, y cómo deberían medirse estas características?
- ¿Deberían los directivos considerar en qué medida el posible empleado "encaja" con la cultura de la empresa además de su nivel de habilidades?

En este capítulo, analizamos el modo en que los directivos planifican los esfuerzos de reclutamiento eficazmente valorando la oferta y la demanda de RRHH. Después examinamos el proceso de contratación en detalle, los retos a los que los directivos se enfrentan en la contratación y promoción, y las recomendaciones para afrontar estos retos. Finalmente, evaluamos métodos específicos para tomar decisiones de contratación y las cuestiones legales que afectan a estas decisiones.

OFERTA Y DEMANDA DE RRHH

Oferta de trabajo
La disponibilidad de trabajadores con las habilidades requeridas para satisfacer la demanda de trabajo de la empresa.

Demanda de trabajo
Número de trabajadores que la organización necesitará en el futuro.

La **oferta de trabajo** es la disponibilidad de trabajadores que poseen las habilidades requeridas que un empresario podría necesitar. La **demanda de trabajo** es el número de trabajadores que una organización necesita. Estimar la oferta y la demanda de trabajo en el futuro y seguir los pasos para equilibrarlas requiere de planificación.

La **planificación de RRHH (PRH)** es el proceso que emplea una organización para asegurarse de que tiene la cantidad y la clase de personas adecuadas para suministrar un nivel determinado de productos o servicios en el futuro. Las empresas que no realizan una PRH podrían no ser capaces de cubrir sus necesidades de trabajo futuras (una limitación de trabajadores) o podrían tener que recurrir a despidos (en el caso de exceso de trabajadores).

No planificar puede conducir a costes financieros significativos. Por ejemplo, las empresas que despiden a muchos empleados tienen que pagar impuestos más elevados al sistema de prestaciones por desempleo, mientras que las empresas que piden a sus trabajadores que hagan horas extraordinarias tienen que pagarles una prima salarial. Además, las empresas a veces necesitan hacer una PRH para responder a las necesidades que se plantean, por imperativo legal, en determinados programas de discriminación positiva (*véase* el Capítulo 4). En las organizaciones grandes la PRH generalmente la hace personal de RRHH especialmente formado.

Planificación de RRHH (PRH)
El proceso al que recurre una organización para garantizar que tiene la cantidad de personal adecuada, y el personal adecuado, para ofrecer un determinado nivel de productos o servicios en el futuro.

La Figura 5.1 resume el proceso de PRH. La primera actividad en la PRH implica hacer una previsión de la demanda de trabajo. La demanda de trabajo es probable que se incremente a medida que la demanda de productos o servicios de la empresa se incrementa y que decrezca a medida que la productividad laboral se incrementa (porque se puede producir más con menos trabajadores, generalmente por la introducción de nueva tecnología).

La segunda parte del proceso de PRH implica estimar la oferta de trabajo. La oferta de trabajo podría proceder de empleados actuales (el mercado de trabajo *interno*) o de fuera de la organización (el mercado de trabajo *externo*).

Después de estimar la demanda y la oferta de trabajo para un período futuro, la empresa se enfrenta a una de estas tres situaciones, cada una de las cuales requiere de un conjunto de respuestas distintas. En el primer escenario, la empresa necesitará más trabajadores de los que estarán disponibles. En este caso se pueden emplear distintos enfoques para incrementar la oferta de trabajo disponible para una determinada empresa. Estos enfoques

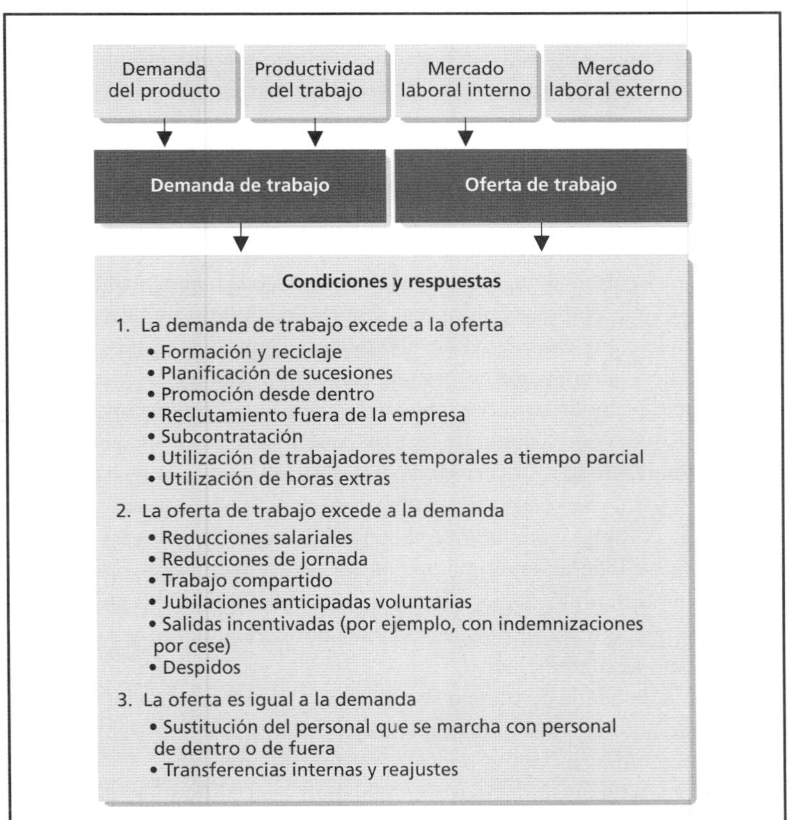

Figura 5.1 ■ Planificación de los RRHH.

CUADERNO DEL DIRECTOR

TENDENCIAS GLOBALES

¿Escasez de empleo? ¿En China?

China tiene una población de más de un billón de personas, pero los empresarios chinos no pueden reclutar suficientes trabajadores. Muchos consideran que la oferta de trabajo en China es inagotable, pero la demanda está empezando a aventajar a la oferta, incluso para trabajadores de las fábricas y los artesanos.

Muchos planes de negocio que incluyen la subcontratación en China o la expansión en China no tienen en cuenta la dificultad y el coste de reclutar y retener a los trabajadores chinos. Es importante reconocer estos costes y darse cuenta de que China no es ya la tierra de la mano de obra barata e inagotable. A continuación se muestran algunos de los efectos de la escasez de trabajadores chinos:

- El reclutamiento y la retención son la prioridad para las empresas en China.
- La tasa de rotación en China se está incrementado y se sitúa por encima del 11 por ciento, lo que supone un incremento de aproximadamente el ocho por ciento en tres años.
- Los niveles salariales y de prestaciones están subiendo rápidamente.
- Los incentivos se están convirtiendo en algo habitual. Por ejemplo, aproximadamente el 33 por ciento de empresas multinacionales que hacen negocios en China están ofreciendo coches de empresa. Otra ventajas habituales son los teléfonos móviles, las comidas gratis y las vacaciones extra.

Fuente: The Economist (2005, abril 16). China´s people problem: Human resources, Business sectoin; Yang, D. L. (2005). China´s looming labor shortage. *Far Eastern Economic Review*, 168, 19-24.

incluyen la formación y reciclaje de los actuales empleados, la promoción de los empleados actuales a los puestos vacantes (*planificación de sucesiones*), la promoción interna, el reclutamiento de nuevos empleados de fuera de la empresa, la subcontratación de parte del trabajo a otras empresas, la contratación de trabajadores a tiempo parcial o temporales y pagar horas extraordinarias a los empleados actuales.

La limitación de trabajadores puede ser un problema a largo plazo que afecta a muchas empresas. Tal y como se describe en el Cuaderno del Director, "¿Escasez de empleo? ¿En China?", la limitación de trabajadores puede afectar a todo un país.

En el segundo escenario, la oferta de trabajo se espera que exceda a la demanda de trabajo. Este exceso significa que la empresa tendrá más empleados de los que necesita. Las empresas podrían emplear diversas medidas para abordar esta situación. Estas medidas incluyen los recortes salariales, la reducción en el número de horas trabajadas y el trabajo compartido (todas estas medidas podrían salvar puestos). Además, la empresa podría eliminar posiciones a través de una combinación de tácticas, que incluyen los incentivos a la jubilación anticipada, indemnizaciones por ceses o despidos. (Explicamos estas cuestiones en detalle en los capítulos 6 y 13.) Si se espera que el exceso de trabajadores sea pequeño, lo mejor que podría hacer la empresa es reducir el número de horas trabajadas en lugar de despedir empleados. Bajo la ley federal, la última opción forzaría a la empresa a pagar más en el programa de seguro por desempleo. Además, reducir las horas trabajadas en lugar de despedir a los trabajadores puede evitar costes adicionales de reclutamiento y formación cuando la demanda de trabajo se incremente[2].

En el tercer escenario, la demanda de trabajo se espera que encaje con la oferta de trabajo. La organización puede abordar esta situación reemplazando a los empleados que se marchan con personas promocionadas desde dentro o contratadas de fuera. La empresa también podría transferir o reasignar empleados internamente, con programas de formación y de desarrollo de carreras diseñados para dar soporte a estos movimientos.

UN EJEMPLO SIMPLIFICADO DE PREVISIÓN DE DEMANDA Y OFERTA DE TRABAJO

La Figura 5.2 muestra el modo en que una gran cadena hotelera nacional con 25 hoteles prevé su demanda de trabajo para dos años de 16 puestos clave. La columna A indica el número de empleados que actualmente ocupan cada uno de estos puestos. La columna B calcula el ratio actual de empleados por hoteles –esto es, el número de empleados actuales dividido por el número actual de hoteles (25)–. La cadena hotelera espera añadir siete hoteles más para el año 2008 (hasta un total de 32). En la columna C, el número esperado de empleados para cada puesto en 2008 se calcula multiplicando el ratio actual de empleados por hoteles (columna B) por 32. Por ejemplo, en 2005 había nueve directores residentes para 25 hoteles, o un ratio de 0,36 (9:25). Cuando el número de hoteles llegue a 32 en 2008, se prevé que serán necesarios 12 directores residentes (0,36 × 32 = 11,52 o 12 redondeando).

La misma previsión de oferta de trabajo de la cadena hotelera aparece en las columnas de la A a la D de la Figura 5.3 en la página 188. La columna A muestra el porcentaje de empleados en cada uno de los 16 puestos clave que dejaron la empresa durante los dos últimos años (2003 a 2005). Multiplicando este porcentaje por el número actual de empleados en cada uno de estos puestos clave se obtiene una estimación de cuántos empleados actuales se habrán marchado cuando llegue 2008. Por ejemplo, el 38 por ciento de los directores generales se marchan entre 2003 y 2005. Puesto que hay ahora 25 empleados en

	A Número de empleados (2005)	B Ratio de empleados/hoteles (calculado como columna A: 25)	C Demanda de trabajo estimada para 2006 para los 32 hoteles (calculado como columna B x 32)*
Puestos clave			
Director general	25	1,00	32
Director residente	9	0,36	12
Director alimentación	23	0,92	29
Controlador	25	1,00	32
Asistente controlador	14	0,56	18
Ingeniero jefe	24	0,96	31
Director de ventas	25	1,00	32
Jefe de ventas	45	1,80	58
Jefe de convenciones	14	0,56	18
Director de catering	19	0,76	24
Jefe de banquetes	19	0,76	24
Director de personal	15	0,60	19
Jefe de restaurante	49	1,96	63
Chef ejecutivo	24	0,96	31
Ayudante del chef	24	0,96	31
Maitre	25	1,00	32
Total	379		486

*Estas cifras han sido redondeadas.

Figura 5.2 ■ Ejemplo de predicción de la demanda de trabajo para una cadena de hoteles con 25 establecimientos.

	Análisis de la oferta				Comparación oferta-demanda	
	A	B	C	D	E	F
	% que abandonan* (1998-2000)	Número de empleados actuales (*véase* Figura 5.2, columna A)	Rotación prevista para 2006 (columna A x columna B)	Empleados que quedan en 2006 (columna B — columna C)	Demanda de trabajo estimada en 2006 (*véase* la Figura 5.2, columna C)	Nuevas contrataciones previstas para 2006 (columna E — columna D)
Puestos clave						
Director general	38	25	10	15	32	17
Director residente	77	9	7	2	12	10
Director alimentación	47	23	11	12	29	17
Controlador	85	25	21	4	32	28
Asistente controlador	66	14	9	5	18	13
Ingeniero jefe	81	24	16	8	31	23
Director de ventas	34	25	9	16	32	16
Jefe de ventas	68	45	30	15	58	43
Jefe de convenciones	90	14	13	1	18	17
Director de catering	74	19	14	5	24	19
Jefe de banquetes	60	19	12	7	24	17
Director de personal	43	15	6	9	19	10
Jefe de restaurante	89	49	44	5	63	58
Chef ejecutivo	70	24	17	7	31	24
Ayudante del chef	92	24	22	2	31	29
Maitre	63	25	16	9	32	23
Total		379	257	122	486	364

*Estas cifras han sido redondeadas.

Figura 5.3 ■ Ejemplo de estimación de la oferta de trabajo y de las nuevas contrataciones para una cadena de hoteles.

este puesto, se prevé que para 2008, el diez por ciento de ellos habrán dejado la empresa (0,38 × 25 = 9,5, redondeando 10).

La rotación prevista para cada puesto se muestra en la columna C. Esto significa que para 2008, el 15 por ciento de los directores generales actuales (25 menos 10; *véase* la columna D) todavía estarán trabajando para la empresa. Puesto que la demanda de trabajo prevista para los directores generales en 2008 es 32 (*véase* la Figura 5.2), 17 nuevos directores general (32 menos 15) tendrán que ser contratados para 2008.

En el pasado, muchas empresas evitaban la PRH, simplemente porque su personal estaba demasiado preocupado con su papeleo diario como para gestionar el proceso de planificación de forma eficaz. Por ejemplo, FedEx solía confiar en una solicitud de empleo de 20 páginas. Imagine el trabajo y el papeleo que requiere este proceso cuando FedEx contrata 25.000 trabajadores cada año. Estos excesos finalizaron cuando FedEx se pasó a un sistema basado en la red y sin papeleo que detectaba inmediatamente los errores cuando un candidato al puesto estaba cumplimentando el formato de aplicación y reducía en más del 50 por ciento el tiempo necesario para cumplimentar el formato de aplicación y los reclutadores para examinarlo[3]. Además, el sistema de solicitud basado en la red se integró al sistema de información de RRHH (SIRH) de manera que los datos de oferta y demanda de RRHH podrían actualizarse automáticamente. Muchas empresas de software, como PeopleSoft, Lawson, SAP y Oracle ofrecen actualmente programas de PRH informatizados[4].

TÉCNICAS DE PREVISIÓN

Existen dos categorías básicas de técnicas de previsión, cuantitativas y cualitativas. El ejemplo descrito en la Figura 5.2 es una versión muy simplificada de una *técnica cuantitativa*. Se ha desarrollado toda una gama de técnicas cuantitativas para estimar la oferta y demanda de trabajo, técnicas muy sofisticadas desde un punto de vista matemático[5].

Los modelos de previsión cuantitativa, aunque son utilizados con más frecuencia, tienen dos grandes limitaciones. En primer lugar, la mayoría depende demasiado de los datos históricos o de las relaciones anteriores entre la cantidad de empleados y las demás variables, como la producción o los ingresos. Estas relaciones podrían no mantenerse en el futuro, resultando más conveniente cambiar las anteriores prácticas de personal que perpetuarlas.

En segundo lugar, la mayoría de estas técnicas de previsión se crearon durante las décadas de los años 50, 60 y principios de los 70, resultando adecuadas para las grandes

Técnicas cuantitativas

- **Análisis de regresión.** Identifica predictores históricos relacionados con el tamaño que tendrá la empresa en el futuro. Se predice la demanda futura de RRHH empleando una ecuación.
- **Análisis de ratios.** Examina rat os históricos relacionados con el tamaño de la plantilla (como el número de clientes en relación al número de empleados) y emplea ratios para predecir la demanda futura de RRHH.

Técnicas cualitativas

Se recoge y pondera de forma subjetiva información para predecir la demanda de RRHH.

- **Enfoque de arriba abajo.** La previsión la realiza la alta dirección.
- **Enfoque de abajo arriba.** Los directivos de menor nivel hacen su propia estimación inicial, que después se consolida y el proceso continúa hacia arriba a través de los niveles superiores de dirección. La alta dirección hace la estimación final.

Métodos de previsión de la oferta

Técnicas cuantitativas

- **Análisis Markov.** Estima la oferta de trabajo interna convirtiendo los movimientos laborales en probabilidades de transición.

Técnicas cualitativas

- **Revisiones de la alta dirección.** Los altos directivos emiten juicios acerca de quién debería ser promovido, recolocado o a quién se debería dejar marchar. El proceso puede clarificar si podría haber un exceso o una escasez de directivos.
- **Planificación de sucesiones.** Identifica trabajadores que están preparados o pronto estarán cualificados para reemplazar a los directivos actuales. Puede poner de manifiesto las necesidades de desarrollo y las áreas donde podría existir una escasez de trabajadores a nivel directivo.
- **Análisis de vacantes.** Se emiten juicios acerca de la probabilidad de que haya movimientos de empleados. Se puede anticipar la escasez o exceso de trabajadores comparando estos juicios con las estimaciones de la demanda.

Fuente: Adaptado De Heneman, H. G. y Heneman, R. L. (1994). *Staffing organizations*. Middleton, WI: Mendata House.

Figura 5.4 ■ Métodos de previsión de la demanda.

empresas de aquella época, con entornos y una fuerza de trabajo estables. Hoy en día resultan menos apropiadas, ya que las empresas están luchando contra fuerzas desestabilizadoras como el rápido cambio tecnológico y la fuerte competencia global.

A diferencia de las técnicas cuantitativas, las *técnicas cualitativas* dependen de la valoración cualitativa de expertos o de estimaciones subjetivas de la demanda o de la oferta de trabajo. Los expertos podrían incluir a los altos directivos, cuya participación y respaldo al proceso de la PRH es un objetivo válido en sí mismo. Una ventaja de las técnicas cualitativas es que son lo suficientemente flexibles como para incorporar cualquier factor o condición que el experto considere que sería necesario tener en cuenta. No obstante, una posible limitación de estas técnicas es que el juicio subjetivo podría ser menos preciso o conducir a aproximaciones más toscas de las que se obtienen a través de métodos cuantitativos.

Para aquellos que estén interesados en aprender más acerca de la previsión cuantitativa y cualitativa, la Figura 5.4 destaca algunas técnicas importantes y sus principales ventajas e inconvenientes.

Como se describió antes, la previsión de la oferta y la demanda a menudo se obtiene como una función separada y bastante especializada. Además, de alguna manera es similar a obtener una foto fija del pasado para predecir el futuro. Una limitación de este enfoque es la velocidad a la que se producen los cambios en muchos lugares de trabajo hoy en día. La oferta y la demanda de trabajo podrían cambiar con frecuencia debido a cambios en los proyectos, los productos, la tecnología, la competencia, etc. Lo que se necesita es un enfoque en tiempo real para prever la oferta y la demanda que proporcione actualizaciones continuas. El Caso 5.1 al final de este capítulo le pide que considere un enfoque de este tipo.

EL PROCESO DE CONTRATACIÓN

Reclutamiento
El proceso por el que se genera un conjunto de candidatos cualificados para un determinado puesto de trabajo; el primer paso del proceso de contratación.

Selección
El proceso por el que se toma la decisión de "contratar" o "no contratar" a cada uno de los candidatos a un puesto de trabajo; el segundo paso del proceso de contratación.

Socialización
El proceso por el que se orienta a los nuevos empleados acerca de la organización o la unidad en la que trabajarán; el tercer paso del proceso de contratación.

Una vez que la empresa ha determinado sus necesidades de personal tiene que contratar a los mejores empleados para ocupar los puestos disponibles. Como muestra la Figura 5.5, el proceso de contratación se compone de tres elementos: reclutamiento, selección y socialización.

El **reclutamiento** es el proceso por el que se genera un grupo de candidatos cualificados para un determinado puesto. La empresa debe anunciar la disponibilidad de puestos en el mercado (dentro y fuera de la organización) y atraer a candidatos cualificados que soliciten el puesto.

La **selección** es el proceso por el que se toma la decisión de "contratar" o "no contratar" a cada uno de los candidatos a un puesto. El proceso normalmente requiere determinar las características necesarias para realizar con éxito el trabajo y, a continuación, valorar a cada candidato en función de esas características, generalmente basadas en el análisis de puestos (*véase* el Capítulo 2). En función de la puntuación de cada candidato en diversas pruebas y/o de la impresión que han causado en las entrevistas, los directivos determinan a la persona a la que se ofrecerá el puesto. Este proceso de selección suele requerir el establecimiento de puntuaciones mínimas; los candidatos que no superan estos niveles no serán aceptados.

El proceso de contratación de personal no está completo, o no debería estarlo, una vez que se ha contratado o promocionado a los candidatos. Para mantener y maximizar los RRHH que tan cuidadosamente han sido seleccionados, las organizaciones deben prestar una atención especial a su socialización. La **socialización** implica orientar a los nuevos empleados en la organización y en las unidades en las que trabajarán. La socialización puede ser la diferencia entre un nuevo trabajador que se siente extraño a la empresa o uno que se siente miembro de un equipo. Discutimos con más detalle el proceso de socialización en el Capítulo 8.

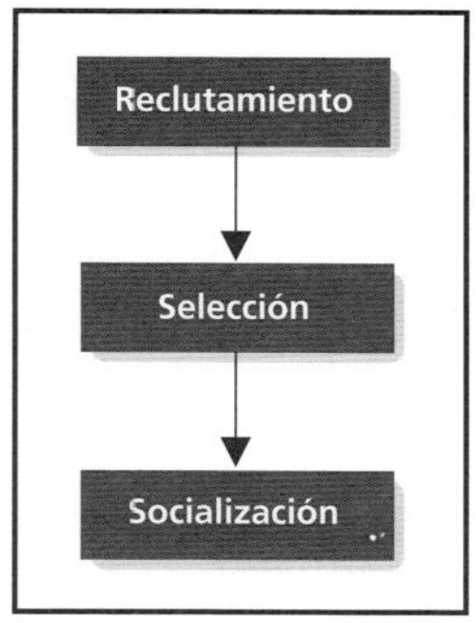

Figura 5.5 ■ El proceso de contratación.

RETOS EN EL PROCESO DE CONTRATACIÓN

Se ha estimado que los empleados que están por encima de la media valen para la organización un 40 por ciento más de su salario que los empleados medios[6]. Así, un nuevo contratado que esté por encima de la media en un puesto de ventas, con un salario de 40.000 dólares, valdría 16.000 dólares más para la organización que un empleado medio contratado para el mismo puesto. En diez años, el empleado con un rendimiento superior a la media habrá añadido a la empresa un valor total de ¡160.000 dólares más!

Las malas decisiones sobre contratación probablemente causen problemas desde el primer día[7]. Los trabajadores no cualificados o no motivados requerirán probablemente una dirección y supervisión más estrechas. Podrían necesitar formación adicional sin llegar nunca a alcanzar el nivel de rendimiento necesario. También podrían dar a los clientes información imprecisa o una razón para irse a la competencia.

¿Qué coste tiene una rotación de empleados? Una estimación reciente proporcionada por el Consejo de Investigación de Coca-Cola establece que cuesta 4.000 dólares reemplazar un trabajador del comercio minorista[8]. A medida que el nivel y el sueldo de un trabajador sube, también lo hace este coste. La siguiente lista describe las principales categorías de costes, que pueden sumar una cantidad significativa[9]. Algunos podrían ser difíciles de estimar, pero son costes reales igualmente. Por ejemplo, ¿cuál es el coste por el desbaratamiento para los compañeros y para el proceso de trabajo cuando alguien deja su puesto de trabajo?

Principales costes de la rotación[10]

Separación: entrevista de salida, papeleo.
Reclutamiento: publicidad, honorarios para reclutar.
Selección: pruebas previas al empleo, entrevistas.
Contratación: orientación, formación.
Productividad: coste de la vacante, período de transición.

Conseguir y mantener a los mejores no sólo tiene sentido en términos de tratar a los empleados como clientes del proceso de dirección, sino que también tiene un sentido económico.

Resulta esencial que los directores de línea y posiblemente otros trabajadores de línea se impliquen en el proceso de contratación. Aunque el departamento de RRHH tiene un papel activo que jugar en el reclutamiento, la selección y la socialización de los nuevos empleados, el personal de línea estará supervisando activamente a los nuevos contratados y estos directivos a menudo pueden aportar un mejor conocimiento relacionado con el puesto, del que los miembros del departamento de RRHH podrían carecer.

El proceso de contratación se enfrenta a diversos retos. Los más importantes son:

- Determinar las características del personal que son más importantes para el rendimiento.
- Medir estas características.
- Evaluar los niveles de motivación de los candidatos.
- Decidir quién debería tomar la decisión de selección.

Analizaremos cada uno de estos retos a continuación.

DETERMINAR LAS CARACTERÍSTICAS QUE SON IMPORTANTES PARA EL RENDIMIENTO

Por diversas razones, las características necesarias para que una persona haga bien un trabajo no son tan obvias como pudieran parecer. Primero, el propio puesto suele tener características variables. Por ejemplo, los conocimientos, habilidades y aptitudes (CHAs, *véase* el Capítulo 2) necesarias para ser, en la actualidad, un buen programador informático seguramente cambiarán a medida que el hardware y el software sigan evolucionando. Segundo, es posible que haya que tener en cuenta la cultura de la organización. Outback Steakhouse, Inc. incluye una valoración de personalidad completa como parte del proceso de selección de sus empleados[11]. Centrar la atención en el encaje entre el candidato y la cultura de la organización da como resultado una actitud de los empleados y un servicio al cliente similar entre los restaurantes Outback. Outback disfruta de las tasas de rotación más bajas de su sector, aproximadamente del dos por ciento al año[12].

Tercero, las distintas personas de una organización suelen querer distintas características en un nuevo contratado. Por ejemplo, los altos directivos podrían querer que el nuevo director de un grupo de ingeniería sea bueno en asuntos financieros, mientras que los ingenieros del grupo pueden querer que el directivo tenga experiencia técnica.

MEDIR LAS CARACTERÍSTICAS QUE DETERMINAN EL RENDIMIENTO

Suponga que la capacidad matemática se considera esencial para el rendimiento en el puesto. No se puede inferir, mirando a alguien, su capacidad matemática. Habrá que someterle a algunas pruebas de habilidad matemática. Algunas pruebas son mejores que otras para predecir el rendimiento en un puesto y pueden variar mucho en cuanto a su coste.

EL FACTOR MOTIVACIÓN

La mayoría de las medidas utilizadas en decisiones de contratación se centra en la *capacidad* más que en la *motivación*. Hay innumerables pruebas para evaluar la capacidad para las matemáticas, la capacidad verbal y la mecánica. Pero, como ilustra la siguiente ecuación, la motivación también resulta esencial para lograr un buen rendimiento.

$$\text{Rendimiento} = \text{Capacidad} \times \text{Motivación}$$

Esta ecuación muestra que un alto nivel de capacidad puede redundar en un mal rendimiento si se combina con una baja motivación. De la misma manera, un alto nivel de motivación no puede compensar la falta de capacidad. (Discutimos otros factores que afectan al rendimiento, los factores del sistema, en el Capítulo 7.) La ecuación del rendimiento tiene una base conceptual, y las recientes investigaciones empíricas respaldan la importancia tanto de la capacidad como de la motivación para lograr un buen rendimiento. Por ejemplo, el éxito, al principio de la carrera, de las personas con un M.B.A. se debe tanto a su habilidad como a su nivel de motivación [13].

Por desgracia, es muy difícil medir la motivación. Muchos empresarios intentan valorar la motivación durante la entrevista de trabajo, pero (como veremos más adelante en este capítulo) existen numerosos problemas asociados a este método. Además, la motivación parece depender mucho más del contexto que la capacidad. Si es usted un estudiante normal, su motivación para trabajar en clase depende en gran medida de si le gusta el contenido de la asignatura, si le gusta y respeta a su profesor y del método de evaluación. Su capacidad académica es bastante más estable entre curso y curso que su grado de motivación. Las situaciones laborales son igual de variables: su nivel de esfuerzo se verá afectado por cuánto le gusten sus responsabilidades, cómo se lleve con su jefe y cómo es recompensado.

¿QUIÉN DEBERÍA TOMAR LA DECISIÓN?

Existen dos buenas razones para dejar que el departamento de RRHH se ocupe del proceso de contratación. La primera (y más importante) es que la organización debe asegurarse de que sus prácticas de empleo cumplen todos los requisitos legales descritos en el Capítulo 3, por lo que, si se hace responsable al personal de RRHH de todas las decisiones de contratación, se pueden evitar problemas de tipo legal. La segunda razón es una cuestión de conveniencia. Puesto que el personal de RRHH normalmente es responsable de procesar los contactos iniciales con los candidatos y suele ser el depositario de toda esta información, muchas organizaciones encuentran que es más fácil que sea el mismo departamento el que lleve a cabo todo el proceso y tome las decisiones de contratación.

Sin embargo, este sistema deja al personal de línea fuera de un proceso que es esencial para la eficacia de las operaciones. Si una organización decide involucrar a los empleados de línea en las decisiones de contratación, ¿a quién habría que consultar? Lo primero, y más obvio, es a los directivos que supervisarán al nuevo contratado. El segundo grupo se compone de los compañeros del nuevo contratado. El tercer grupo, en su caso, es el de los subordinados del nuevo contratado. Como vimos en el ejemplo de Specialty Cabinets Company con el que se abría este capítulo, estos grupos no comparten necesariamente el mismo punto de vista sobre las características que son importantes en el nuevo empleado.

ENFRENTARSE A LOS RETOS DE UNA CONTRATACIÓN EFICAZ

Cada paso del proceso de contratación –reclutamiento, selección y socialización– debe gestionarse con cuidado. Discutimos los dos primeros pasos a continuación.

RECLUTAMIENTO

El proceso de reclutamiento es realmente una actividad de venta. Su cliente cuando está intentando vender el puesto es un candidato cualificado. En el Cuaderno del Director "El reclutamiento como una venta", presenta algunas claves para el éxito de un reclutamiento entendido como una actividad de venta.

Fuentes de reclutamiento

Existen numerosas fuentes de reclutamiento a disposición de las organizaciones[14]. Las más importantes son:

- **Empleados actuales.** Muchas empresas tienen una política consistente en informar a los actuales empleados sobre la disponibilidad de puestos antes de intentar reclutar de otras fuentes. La contratación interna da a los empleados actuales la oportunidad de pasar a los puestos más deseables de la empresa. Sin embargo, la promoción interna crea de forma automática otro puesto libre que hay que ocupar.
- **Referencias de los empleados actuales.** Los estudios han demostrado que los empleados contratados a través de referencias dadas por los empleados actuales tienden a quedarse más tiempo en la organización y muestran una mayor lealtad y satisfacción

CUADERNO DEL DIRECTOR

GRH: EL EMPLEADO COMO CLIENTE INTERNO

El reclutamiento como una venta

Al igual que sucede con la compra de un producto o servicio, el reclutamiento requiere candidatos que hagan una decisión de compra sobre su oferta de trabajo. El reclutamiento es su oportunidad para vender a los candidatos al puesto la organización y el propio puesto, quizás incluso la comunidad. Tratar a los candidatos como clientes le ayudará a maximizar las oportunidades de que valoren y elijan su puesto y organización.

A continuación se muestran las preguntas clave que le pueden ayudar a adoptar un enfoque de reclutamiento más orientado al cliente.

Preparación

- ¿Por qué trabaja para su organización?
- ¿Cuáles son las ventajas de trabajar aquí?
- ¿Qué es lo mejor de trabajar para esta organización?
- ¿Cuáles son aquí las oportunidades de carrera?
- ¿Qué se reconoce y se recompensa?
- ¿Cuáles son los aspectos positivos de vivir en la comunidad?

Proceso

- ¿Trata a sus candidatos como clientes?
- ¿Se programan las entrevistas de acuerdo con las preferencias de los candidatos?
- ¿Describirían los candidatos su visita como positiva y agradable o como una carrera de obstáculos?
- ¿Da la bienvenida a cada candidato?
- ¿Se trata a los candidatos como invitados o como algo que hay que tramitar?
- ¿Se explican las evaluaciones, como pruebas o entrevistas, de manera que los candidatos entienden el propósito y la razón de su existencia?
- ¿Hay gastos de entrevista que no son pagados porque quiere reducir costes?

Encuentro

- ¿Qué es lo más importe que el candidato busca en un puesto?
- ¿Qué es lo más importante que el candidato busca en una organización?
- ¿Qué es lo más importante que el candidato busca en una comunidad?
- Si el candidato pudiera cambiar algo de su empleo actual, ¿qué sería?

Una vez que comprende las necesidades y preferencias del candidato a partir de las respuestas a preguntas como las mostradas, piense acerca del modo en que estas necesidades y preferencias se pueden cubrir. Responder de forma eficaz a las necesidades y preferencias de cada candidato requiere una comprensión en profundidad de lo que el puesto, la organización y la comunidad pueden ofrecer.

Al percibirse como clientes del proceso de reclutamiento, incluso los candidatos que no son contratados tendrán una impresión positiva de la organización. Podrían convertirse en clientes de los productos o servicios de la organización así como recomendar la organización a otros como posible empresa en la que trabajar. Las impresiones positivas pueden ser el resultado directo de un enfoque de reclutamiento orientado al cliente.

Fuente: Adaptado parcialmente con permiso de Bozell, J. (2002). Cut to the chase. *Nursing Management*, 33, 39-40.

con el puesto que los empleados contratados por otros medios[15]. Red Lobster, la cadena de restaurantes de marisco, recompensa a cualquier empleado cuyas referencias den como resultado una contratación de éxito con 1.000 dólares en una tarjeta regalo[16]. Algunos hospitales que se enfrentan a escasez de trabajadores están empleando las iniciativas de referencias de los empleados como una herramienta de reclutamiento eficaz desde el punto de vista del coste[17]. Por ejemplo, el hospital Universitario George Washington recompensa con 5.000 dólares a los empleados que dan referencias de enfermeras. El empleado que da referencias recibe 1.500 dólares después de que la nueva enfermera completa tres meses de empleo y otros 3.500 después del primer año de trabajo. Las referencias de los empleados pueden resultar una herramienta de reclutamiento eficaz, pues los empleados tienen un buen conocimiento de lo que hay que tener para ser un buen empleado y miembro de la organización. Sin embargo, puesto que los empleados actuales tienden a dar referencias de personas con características

CUADERNO DEL DIRECTOR

TENDENCIAS EMERGENTES

Acudir al ejército

Muchas organizaciones están reclutando de forma activa a antiguos soldados. Podría ser una cuestión de patriotismo, pero estas organizaciones ven el historial de un militar como una cualificación positiva que a menudo incluye habilidades de liderazgo, fiabilidad, disciplina, capacidades de resolución de problemas y experiencia en gestión.

Hay aproximadamente 5.000 empresas que se han registrado en el programa "Marines for Life", diseñado para ayudar a los soldados licenciados a encontrar un puesto en la vida civil. Los Tres Grandes fabricantes de automóviles actualmente emplean a 47.000 militares veteranos, y aproximadamente 250.000 militares pasan al sector privado cada año. Maytag Corp. recluta a soldados recientemente licenciados para ocupar posiciones técnicas. Toyota North America tiene un programa de reclutamiento de antiguos militares que se denomina "Contrata un héroe". Home Depot es, quizás, la empresa más ampliamente reconocida como reclutador de personal que antes era miliar. El programa de reclutamiento de Home Depot se denomina "Operation Career Front", y la organización contrató a 10.000 veteranos en 2003 y a 13.000 en 2004.

demográficas similares a las que ellos tienen, se pueden crear problemas relacionados con la igualdad de oportunidades en el empleo.

- **Antiguos empleados.** Una empresa podría decidir reclutar a empleados que han trabajado con anterioridad para la organización. Normalmente, estas personas fueron despedidas, aunque también podrían ser trabajadores estacionales (que trabajan durante las vacaciones de verano o la temporada de impuestos, por ejemplo). Crear una red de alumnos online podría ser una forma simple y de bajo coste de mantener una base de candidatos competentes para la contratación[18]. Además, una red de antiguos empleados puede ser una fuente de referencias de empleados, pues están familiarizados con la empresa, su cultura y sus valores.
- **Antiguos militares.** Desde que hay terrorismo, los empleados han tenido la opción de contratar a soldados licenciados. No es solo una cuestión de patriotismo. Como se presenta en el Cuaderno del Director, "Acudir al ejército", las organizaciones ven beneficios reales en el rendimiento con la contratación de antiguos militares.
- **Anuncios en prensa y radio.** Los anuncios se pueden utilizar cuando se hace un reclutamiento local (periódicos) o para búsquedas regionales, nacionales o internacionales (revistas profesionales). Por ejemplo, los psicólogos clínicos suelen encontrar trabajos en la sección de anuncios del periódico mensual de la Asociación de Psicología Americana (American Psychological Association).
- **Anuncios en Internet y en páginas web especializadas.** Cada vez más, los empresarios están acudiendo a la red como herramienta de contratación porque los anuncios son relativamente baratos, más dinámicos y, a menudo, pueden dar resultado más rápido que los anuncios de periódicos.

La red no sólo resulta un medio de reclutamiento económico y eficiente, sino que, además, es una herramienta útil para los que buscan trabajo. Existen miles de páginas web especializadas en búsquedas de empleo y la mayoría son gratis. Una de las páginas web más conocidas es Monster.com. Quienes buscan trabajo pueden buscarlo por sector, ubicación geográfica y, en algunos casos, descripción del puesto. La práctica común de acudir, rotulador en mano, a la sección de anuncios clasificados del periódico dominical se está convirtiendo en algo del pasado. La Figura 5.6 muestra algunas de las páginas web que podrían serle útiles cuando busque trabajo.

www.careerbuilder.com	Permite acceder a más de dos millones de anuncios de trabajo en diversas páginas web
www.ajb.dni.us	La base de datos de puestos de trabajo del Departamento de Trabajo de EE.UU.
www.careermosaic.com	Anuncios de trabajo e información sobre la industria, como asociaciones profesionales
www.careerpath.com	Listados semanales de aproximadamente 90 periódicos y de páginas web de las empresas
www.monster.com	Página web muy popular con anuncios y resúmenes de trabajos

Figura 5.6 ■ Una muestra de páginas web de búsqueda de empleo.

- **Agencias de contratación.** Muchas organizaciones utilizan a agentes externos para reclutar y seleccionar a los candidatos a un puesto. Normalmente, las agencias de contratación reciben unos honorarios en función del salario que se ofrece al nuevo empleado. Las agencias pueden ser muy útiles cuando la empresa está buscando a un empleado con unas cualidades específicas.
- **Empleados temporales.** De acuerdo con la Oficina de Estadísticas Laborales (U.S. Bureau of Labor Statistics), en marzo de 2005 aproximadamente 2,4 millones de trabajadores tenían un empleo temporal[19]. Se prevé un incremento en la demanda de trabajadores temporales[20]. Un creciente número de organizaciones está acudiendo a trabajadores temporales como fuente de trabajo. Los trabajadores temporales proporcionan a los empresarios flexibilidad para cubrir rápidamente fluctuaciones en la demanda. Contratar empleados temporales permite a los empresarios evitar el coste de tiempo de un proceso de contratación con entrevistas y pruebas de conocimiento. Como se muestra en el Cuaderno del Director, "Período de prueba: pruebe antes de contratar", el empleo temporal puede ser utilizado por un periodo de prueba para comprobar si los trabajadores son adecuados para un contrato fijo. Algunas empresas también encuentran que los hijos mayores de los empleados pueden ser una buena fuente de trabajadores temporales[21]. Bryer´s Ice Cream, por ejemplo, contrata a los hijos de sus empleados que están en la universidad para que ayuden durante el verano. Si los estudiantes trabajan durante diez semanas sin ningún accidente y no más de un día de ausencia, consiguen una gratificación –aproximadamente 1.500 dólares en dinero escolar pagado directamente a sus universidades.

Además de la flexibilidad que ofrecen, el aumento en la demanda de trabajadores temporales podría deberse también a que los empresarios lo están utilizando para evitar hacerse cargo de las prestaciones sociales. Sin embargo, esta práctica puede llevar a ciertos abusos, tratos injustos y, como vimos en el Capítulo 3, posibles responsabilidades legales. Las encuestas indican que más de la mitad de los trabajadores temporales preferirían la seguridad en el puesto y los beneficios que aporta un empleo fijo[22]. Sin embargo, después de trabajar para la organización como trabajadores temporales, muchos son contratados como empleados fijos.

- **Reclutamiento en centros de formación superior.** Los centros de formación superior suelen tener una oficina de contratación que ayuda a los estudiantes a contactar con los empresarios. Los estudiantes de Contabilidad, Ingeniería, Programación Informática y Sistemas de Información, y los licenciados en Dirección de Empresas y en

CUADERNO DEL DIRECTOR

ÉTICA

Período de prueba: pruebe antes de contratar

Una nueva moda del trabajo temporal es la *contratación a prueba*. Con la contratación a prueba el candidato a un puesto es contratado por una empresa pero trabaja en otra compañía. Después de un período de prueba (generalmente 90 días), la empresa decide si contratar al trabajador como un empleado fijo. La empresa puede aprovecharse de diversos beneficios:

- La empresa que contrata gestiona el reclutamiento y paga el sueldo y los beneficios.
- La empresa puede hacerse una mejor idea de quién encajará menor en la organización que con una simple entrevista o un test.
- El período de prueba ayuda a los empresarios a evitar tomar malas decisiones de contratación.

Sin embargo, la contratación a prueba plantea algunos dilemas éticos:

- ¿Es justo no saber si usted va a tener un puesto fijo durante 90 días?
- ¿Qué sucedería si el período de prueba se extendiera a dos años, en lugar de 90 días?, ¿seguiría siendo justa esta situación? (Honda, por ejemplo, garantiza una entrevista después de un período de evaluación de dos años).
- Dado que una alternativa podría ser contratar a trabajadores temporales (para cubrir, por ejemplo, períodos de pico en la demanda), ¿resulta la contratación a prueba una alternativa más ética?

Fuente: Matthews, T. (2005, mayo 13). Once around the block: Employment agency lets companies "test drive" prospective workers. *The Columbus Dispatch*, Business section, 1.

Derecho, suelen ser considerados los candidatos más deseables, debido a la formación aplicada que han recibido.

El reclutamiento en centros de formación superior puede realizarse de formas muy diferentes, desde encuentros cara a cara hasta interacciones a través de la web. Por ejemplo, Hewlett-Packard tiene un página web específicamente centrada en el reclutamiento en centros de formación superior, www.jobs.hp.com. Sin embargo, las organizaciones inteligentes reconocen que Internet no puede ocuparse del proceso completo de reclutamiento[23]. Existe un gran valor añadido en la interacción con los estudiantes, el desarrollo de relaciones y la generación de interés en los candidatos de los centros de formación superior. Las visitas de las empresas a los campus, las ferias de empleo y las prácticas en empresas es probable que se sigan realizando por mucho tiempo.

- **Clientes.** Una fuente innovadora de reclutamiento es la constituida por los clientes de la empresa, que ya están familiarizados con la organización y con lo que ésta ofrece[24]. Los clientes pueden resultar valiosos no solo como compradores y consumidores de un producto o servicio[25]. Estas personas, que deben estar contentas con el producto o servicio de la organización puesto que siguen siendo clientes, pueden traer más entusiasmo al lugar de trabajo que otros candidatos y, como receptores de los productos o servicios de la empresa, podrían tener ideas interesantes a la hora de realizar mejoras.

Encontrar trabajadores cualificados y motivados es una preocupación clave de las pequeñas empresas, de las que dos terceras partes afirman tener dificultades para encontrar empleados cualificados[26]. Una mala contratación puede resultar fatal para una pequeña empresa, que no se puede permitir el lujo de reasignar a los trabajadores si no se ajustan bien a su actual puesto[27].

Fuente	Número de ofertas de empleo	Número de aceptaciones	Coste total	Rotación un año	Valoración del rendimiento medio tras un año
Referencias					
Anuncios impresos					
Anuncios en Internet y páginas web					
Agencias					
Reclutamiento en centros de formación					
Clientes					

Figura 5.7 ■ Un ejemplo de criterios para la valoración de la eficacia de las fuentes de reclutamiento.

¿Cómo evalúan los empresarios la eficacia de las distintas fuentes de contratación? Una forma consiste en ver cuánto tiempo permanecen en el puesto los empleados contratados por las distintas fuentes. Los estudios demuestran que los empleados que saben más sobre la organización y tienen expectativas realistas sobre el puesto de trabajo, tienden a quedarse más tiempo que otros candidatos[28]. Los empleados actuales, los que vienen referenciados y los antiguos empleados es probable que tengan expectativas realistas sobre el puesto.

Otra forma de evaluar las fuentes de reclutamiento es en función de su coste. Existen importantes diferencias de coste entre poner anuncios y ofrecer primas a los empleados para que den referencias, o entre la contratación en el ámbito local y la contratación más allá de este ámbito (que implica alojar al nuevo empleado).

Comparar la eficacia de diversas fuentes es más fácil con el empleo de un simple cuadro. Como se muestra en la Figura 5.7, el cuadro podría tener las fuentes de contratación en las filas y las medidas de eficacia (en una escala de 1 a 10 por ejemplo) en las columnas. Las columnas podrían mostrar los diversos resultados obtenidos con cada fuente de reclutamiento, como el número de ofertas de empleo, el número de aceptaciones, la rotación en un año y las evaluaciones de desempeño de los empleados en un año.

Reclutamiento no tradicional

El reclutamiento de nuevos trabajadores es una preocupación central de los directivos en las organizaciones estadounidenses cuando las tasas de paro son bajas. Independientemente de las condiciones actuales, la perspectiva a largo plazo conduce a esperar una escasez de mano de obra debido a que la generación del *baby boom* está próxima a la jubilación y una cantidad relativamente pequeña de jóvenes están entrando al mercado de trabajo[29]. Además, incluso en momentos en los que no escasea la mano de obra, pueden existir carencias de trabajadores con habilidades particulares o en áreas determinadas.

Las empresas, cuando se enfrentan a una escasez de mano de obra, gastan más en anunciar sus vacantes a través de la radio, la red, los anuncios, la televisión, los medios escritos y las ferias de empleo. Muchas empresas también utilizan agencias de contratación y de empleo temporal para contratar nuevos trabajadores. Además, muchas empresas reclutan en mercados no tradicionales y utilizan métodos innovadores para atraer a nuevos empleados.

Los mercados laborales no tradicionales incluyen a presidiarios, beneficiarios de prestaciones sociales, personas mayores y trabajadores de otros países. Un ejemplo innovador e ilusionante de una organización que se dirige a un mercado laboral no tradicional es Greyston Bakery en Yonker, Nueva York (*véase* www.greystonbakery.com). Greyston, una panadería gourmet, ha suministrado pasteles y tartas a la Casa Blanca y hace los *brownies* y *blondies* que se utilizan en el helado y el yogurt Ben & Jerry´s. Greyston elabora todos sus productos con empleados que han estado desempleados de forma continuada. Greyston Bakery está comprometido con dar oportunidades a las personas *sin techo* o drogadictos. Actualmente, la panadería da empleo a 55 personas y genera anualmente más de 3,5 millones de dólares de ingresos. Su elección de orientarse hacia un mercado de trabajo no tradicional ayuda a la gente a dejar las calles e incorporarse al mercado de trabajo.

La asociación entre Binding Together, un programa dirigido por un grupo no lucrativo, y el Darvin Group, una imprenta de Nueva York, ayuda a los empleados no tradicionales a tener éxito[30]. Al igual que Greyston Bakery, Binding Together proporciona formación a adultos *sin techo* y a personas con un historial de drogadicción. Darvin recluta de forma activa a personas que se han graduado en el programa Binding Together. De hecho, el 50 por ciento de sus empleados de producción –desde operadores de máquina a directivos- son graduados del programa.

Candidatos externos frente a candidatos internos

La contratación externa otorga a la empresa la ventaja de contar con perspectivas frescas y planteamientos diferentes. Algunas veces resulta rentable buscar a especialistas externos en lugar de soportar los gastos de formar a los actuales trabajadores para realizar nuevos procesos o manejar nuevas tecnologías.

En el lado negativo, los actuales empleados podrían considerar como "infiltrados" a los contratados en el exterior y, por tanto, no tener en cuenta sus ideas o planteamientos, limitando su impacto. Otro inconveniente es que podrían pasar semanas hasta que el nuevo empleado aprenda su trabajo. Contratar a alguien de fuera también puede causar problemas si los actuales trabajadores creen que el nuevo contratado está ocupando un puesto que podría haber sido ocupado por un trabajador cualificado de la empresa.

La contratación interna, normalmente a través de promociones y transferencias, también tiene sus ventajas e inconvenientes. En el lado positivo, normalmente es más barato que el reclutamiento externo. Ofrece una señal clara a los empleados actuales de que la organización ofrece oportunidades de promoción. Y los reclutados dentro de la empresa ya están familiarizados con las costumbres, las políticas y los procedimientos de la organización.

MedLife, por ejemplo, emplea su intranet para su programa de reclutamiento interno. El programa Carreras en Movimiento, facilita que los directivos anuncien vacantes de puestos y permite a los empleados buscar vacantes en MetLife en todo el país. Los empleados pueden acceder a oportunidades de empleo anunciadas en privado y en cualquier momento[31].

Un inconveniente de la contratación interna es que reduce la probabilidad de introducir innovación y perspectivas nuevas. Otra es que los trabajadores promocionados a puestos más elevados pueden ver reducida su autoridad si, por ejemplo, los antiguos compañeros esperan un trato especial de un supervisor o un directivo que antes era un colega suyo.

Reclutamiento de clases protegidas

Una parte esencial de los esfuerzos de reclutamiento, tanto internos como externos, de muchas organizaciones consiste en atraer a mujeres, minorías, personas con minusvalías y otros empleados pertenecientes a clases protegidas. Aunque las líneas directrices de la Comisión para la Igualdad de Oportunidades en el Empleo estipulan que sólo los contratistas del gobierno, y el propio gobierno, deben tener políticas por escrito de discriminación positiva, muchos empresarios del sector privado consideran que estas políticas son válidas para ellos. Es obvio, por ejemplo, que aquellos periódicos que tengan lectores muy diversos querrán aumentar la diversidad de su personal de redacción y editorial.

Una regla general es dirigirse a los potenciales candidatos a través de medios de comunicación o métodos de reclutamiento que se centren en las minorías. Por ejemplo, los esfuerzos de reclutamiento podrían incluir universidades para minorías étnicas y organizaciones de hispanos[32]. Cuando la empresa resalta demasiado en sus anuncios que quiere contratar a miembros de minorías, los candidatos podrían sentirse molestos o pensar que se les quiere contratar únicamente para cumplir una cuota. Los expertos en contratación afirman que los candidatos pertenecientes a minorías deberían ser tratados de la misma manera que todos los demás candidatos[33]. Hom Depot, Inc., la tienda de hogar más grande de EE.UU., se está asociando con cuatro organizaciones de hispanos para reclutar más empleados que hablen español[34]. El esfuerzo de reclutamiento es parte de la estrategia de Home Depot para mejorar el servicio a los clientes hispanos.

Planificación del esfuerzo en reclutamiento

Para ser eficaz, el reclutamiento debería estar relacionado con la PRH[35]. Como vimos en este capítulo, la PRH compara las capacidades de la actual fuerza de trabajo con las demandas futuras. El análisis podría indicar, por ejemplo, la necesidad de tener a diez trabajadores más de personal administrativo dados los planes de expansión de la empresa y las condiciones esperadas del mercado. Esta información debería jugar un papel clave en la determinación del nivel de esfuerzo en reclutamiento necesario.

¿Cuántos candidatos hay que intentar atraer para cada puesto? La respuesta depende de *ratios de rendimiento*, que relacionan la demanda de reclutamiento con los contratados. Por ejemplo, si una empresa tiene que hacer dos ofertas para lograr un contrato, la relación ofertas-contratos indica que para cubrir 100 puestos habrá que hacer unas 200 ofertas. Tal vez la relación de entrevistas por oferta es de tres a uno, indicando que la empresa tendrá que realizar unas 600 entrevistas para hacer 200 ofertas. En otros casos se considera el número de invitaciones a una entrevista y el número de anuncios o la relación de contactos por candidato.

Fuente	Descripción
The Career Guide: Dun's Employment Opportunities Directory	Una lista de empresas por áreas geográficas, industrias y disciplinas contratadas, también muestra los requisitos de educación y experiencia
Standar & Poor's Register of of Corporations, Directors and Executives	Una lista con más de 50.000 grandes empresas, la mayoría de propiedad privada
Moody's Investment Services Manuals	Presenta información sobre los informes de las empresas y otras fuentes
The Dictionary of Occupational Titles	Ofrece información sobre las responsabilidades de un cargo y la educación y experiencia necesarias

Fuente: Walberg, M. (20 de mayo de 1995). Job hunters find library offers company data, search assistance. *Arizona Republic*, E5.

Figura 5.8 ■ Una muestra de fuentes de búsqueda de empleo en una biblioteca.

Planificación de su búsqueda de empleo

El otro lado del reclutamiento es el proceso de búsqueda de empleo en que las personas buscan la mejor empresa. ¿Está usted buscando su primer empleo o un cambio en su carrera profesional? Además de las fuentes online de la lista de la Figura 5.6, un lugar para empezar a buscar un trabajo es la biblioteca local. La Figura 5.8 muestra una lista y describe brevemente algunas de las principales fuentes de información para ayudarle en su búsqueda. Además, desde muchas bibliotecas se pueden realizar búsquedas por Internet y CD-ROM.

SELECCIÓN

La selección determina la calidad total de los RRHH de una organización. Considere lo que ocurre cuando se contrata o promociona a la persona equivocada. ¿Cómo se siente usted, como cliente, cuando es atendido por un alguien lento e inepto?, ¿cómo se sentiría, como supervisor de línea, cuando tiene que resolver los problemas provocados por un trabajador que no puede hacer las tareas de la cadena de producción? La contratación de la persona equivocada puede también provocar roces entre el personal, pues los demás trabajadores se sienten molestos porque tienen que resolver los errores de los empleados ineptos. Las contrataciones inadecuadas incluso pueden provocar que los mejores empleados busquen trabajo en otra empresa. Todos estos efectos tienen derivaciones económicas.

De hecho, el valor económico de los buenos procedimientos de selección es mayor de lo que la mayoría de la gente cree. Por ejemplo, se estima que la utilización, por parte del gobierno, de pruebas de capacidad para los nuevos contratados permite ahorrar 15.000 millones de dólares anuales[36]. Esta sorprendente cifra se deriva de los efectos acumulados de pequeñas mejoras del rendimiento en el trabajo de las personas contratadas porque obtuvieron una puntuación mayor que la media en las pruebas de selección. La contratación continua de personas que rinden, digamos un 20 por ciento más que la media, puede constituir una diferencia abismal para una organización que contrata a muchos trabajadores.

Se puede utilizar toda una variedad de herramientas en el proceso de selección. Antes de considerar estas técnicas, no obstante, debería conocer dos conceptos importantes para las herramientas de selección: la fiabilidad y la validez.

FIABILIDAD Y VALIDEZ

La **fiabilidad** hace referencia a la consistencia de la medida, normalmente a lo largo del tiempo, pero también entre distintos evaluadores. Si una medida produce resultados perfectamente consistentes, la medida es totalmente fiable. Por ejemplo, si se somete a un examen de matemáticas una vez a la semana durante cinco semanas seguidas y siempre obtiene la misma puntuación, entonces esa medida de su capacidad para las matemáticas sería considerada totalmente fiable. De la misma manera, si cinco entrevistadores distintos juzgan que usted tiene el mismo nivel de habilidad social, la fiabilidad del juicio de los entrevistadores sería total.

Fiabilidad
La consistencia de la medida, normalmente a lo largo del tiempo, pero también entre entrevistadores distintos.

Sin embargo, rara vez se consigue una fiabilidad total. Las medidas casi siempre contienen errores y estos errores producen "ruido" o falta de fiabilidad. Cuanto mayor sea el ruido en una medida, más difícil es determinar la verdadera señal que esa medida está intentando detectar. La fiabilidad es un índice de cuánto error se ha cometido con las medidas.

El error que se comete al medir algo puede dividirse en dos tipos: error por defecto y error por contaminación[37]. El *error por defecto* se produce cuando un elemento de la variable que se está midiendo no se incluye en la medida. No incluir pruebas de restas en un examen de matemáticas básicas provocaría una medida por defecto: aquella que no es capaz de valorar el nivel de habilidad para las matemáticas básicas real.

El *error por contaminación* se produce cuando una medida incluye influencias no deseadas. Por ejemplo, un entrevistador podría encontrarse presionado por falta de tiempo debido a otras obligaciones y no tomarse el tiempo necesario para valorar con precisión al candidato. O, un entrevistador podría valorar a un candidato medio por debajo de la media porque justo antes ha entrevistado a un candidato excepcional.

Validez
El grado en que una técnica mide los conocimientos, capacidades y habilidades pretendidos. En el contexto de la selección, el grado en que la puntuación en una prueba o en una entrevista se corresponde con el rendimiento real en el puesto de trabajo.

La **validez** es el grado en que una técnica mide el conocimiento, las habilidades o la capacidad deseados. En el contexto de la selección, esto significa que la validez es el grado en que las puntuaciones en un test o la entrevista se corresponden con el rendimiento real en el puesto. Una técnica que no es válida no es útil y podría incluso presentar problemas legales. Cuando se acusa de discriminación en las prácticas de contratación, la evidencia crítica será la validez de la técnica de selección. Representa la buena adecuación de una técnica utilizada para evaluar a un candidato para un puesto con el rendimiento en ese puesto. De hecho, la documentación sobre la validez de una técnica de selección resulta esencial para defenderse legalmente de una demanda judicial. Cuando se acusa a una empresa de tener prácticas de contratación discriminatorias, la evidencia será la relación de la técnica de selección con el puesto (validez)[38]. La documentación de la validez es esencial.

Normalmente hay dos estrategias básicas para demostrar la validez de los métodos de selección: contenido y empírica. Una estrategia de *validez de contenido* evalúa el grado en que el contenido del método de selección (por ejemplo una entrevista o un test) es representativo del contenido de un trabajo. Por ejemplo, los candidatos a ser pilotos comerciales tienen que hacer una serie de exámenes ante la Administración Federal de Aviación (Federal Aviation Administration). Estos exámenes valoran si los candidatos tienen los conocimientos necesarios para pilotar de forma segura y con eficacia. Sin embargo, aprobar estos exámenes no garantiza que el candidato tenga otras habilidades que son necesarias para ser un buen piloto.

Una estrategia de *validez empírica* demuestra la relación entre el método de selección y el rendimiento en el trabajo. Las puntuaciones obtenidas en el método de selección (por ejemplo, en la entrevista o en los test), se comparan con las evaluaciones sobre el rendimiento en el trabajo. Si los candidatos que obtienen las mejores puntuaciones en el método de selección también son los que más rinden, entonces se ha establecido la validez empírica.

Validez concurrente
Grado de correlación entre las puntuaciones de selección y de rendimiento, medidas en el mismo momento.

Existen dos tipos de validez empírica (también conocida como relacionada con el criterio): concurrente y de predicción[39]. La **validez concurrente** indica el grado en que las puntuaciones en una medida de selección están relacionadas con el nivel de rendimiento en el trabajo, cuando ambas están medidas más o menos en el mismo momento. Para ilustrar este punto, pongamos por caso una empresa que pone un examen para contratar a nuevos trabajadores. Para ver en qué medida el examen podría indicar niveles de rendimiento en el trabajo, la empresa entrega el examen a sus empleados actuales. La empresa después analiza la relación de las puntuaciones en el examen con las puntuaciones en la evaluaciones del desempeño que los supervisores acaban de completar. La correlación entre ambas puntuaciones indica la validez concurrente del examen, porque tanto las puntuaciones en el examen como en la evaluación de desempeño se han obtenido en el mismo momento.

Validez de predicción
Grado en que las puntuaciones de selección se correlacionan con las puntuaciones de rendimiento, medido éste en un momento posterior.

La **validez de predicción** indica el grado en que las puntuaciones en una medida de selección están relacionadas con el rendimiento futuro en el trabajo. Por ejemplo, la empresa pone un examen a todos los candidatos y comprueba su rendimiento en el trabajo al cabo de 12 meses. La correlación entre la puntuación del examen y el rendimiento en el trabajo en este caso indica la validez de predicción del examen, porque la medida de selección precedió a la valoración del rendimiento en el trabajo.

Incluso si la validez empírica es el objetivo que se persigue al desarrollar o elegir una medida de selección, todas las medidas tendrían que tener una validez de contenido[40]. Es decir, lo que se mide para apoyar la decisión de contratación tendría que estar relacionado con el puesto de trabajo. El punto de partida para establecer la relación con el puesto de trabajo es el análisis de puestos (*véase* el Capítulo 2). Sin embargo, la validez de contenido no garantiza necesariamente la validez empírica. Por ejemplo, una medida que es válida en cuanto a contenidos, pero tan difícil que nadie puede obtener una puntuación de aprobado, probablemente no tenga validez empírica. Además, si se establece la validez empírica, las dos formas, la concurrente y la de predicción, tienen sus ventajas e inconvenientes.

La validación concurrente puede conseguirse relativamente rápido y con facilidad. Sin embargo, la validez obtenida a través del enfoque concurrente podría no ser una buena estimación de la validez de una medida cuando se utiliza para evaluar a los candidatos a un trabajo. Para ilustrar este punto, los trabajadores actuales podrían no ser representativos de los candidatos a un puesto, porque pueden ser mayores y hombres blancos. Vemos, pues, que la validez concurrente podría no ser una buena estimación de la validez de una medida de selección en la práctica.

Por el contrario, la validación predictiva puede ajustarse más al problema de contratación cuando se trata de predecir la persona que tendrá el mejor rendimiento en la organización. Sin embargo, determinar la validez de predicción de una medida exige involucrar a un número bastante grande de personas, al menos 30, de las que se disponga tanto de puntuaciones de selección como de rendimiento en el trabajo. Además, la validez de predicción no se puede determinar hasta que no se mida el rendimiento en el trabajo, tal vez seis o 12 meses más tarde.

Los métodos de selección pueden ser fiables pero no válidos; sin embargo, los métodos de selección que no son fiables no son válidos. Este hecho tiene una gran relevancia práctica. El que alguien tenga o no un M.B.A. puede medirse con una fiabilidad perfecta. Pero si tener un M.B.A. no está asociado con un mayor rendimiento en el trabajo, lograr un M.B.A. no es un criterio de selección válido para ese trabajo. Parece claro que unos candidatos más motivados serán unos empleados mejores, pero si el método de selección utilizado para medir la motivación está lleno de errores (no es fiable), no podrá ser un indicador válido del rendimiento en el trabajo.

HERRAMIENTAS DE SELECCIÓN COMO PREDICTORES DEL RENDIMIENTO EN EL TRABAJO

En este apartado nos fijamos en los métodos de selección más utilizados, sin ningún orden en particular. Cada uno de estos métodos tiene tanto ventajas como inconvenientes.

Una cuestión de ética

Suponga que se le pide que redacte una carta de recomendación para un amigo del que considera que no es de fiar. ¿Sería ético que escribiera una referencia positiva aunque sabe que su amigo no será un buen empleado? Si la respuesta es no, ¿sería ético aceptar redactar la carta sabiendo que no hará una valoración muy positiva de las habilidades de su amigo?

Cartas de recomendación

Por lo general, las cartas de recomendación no están muy relacionadas con el rendimiento en el trabajo porque la mayoría son muy positivas[41]. Esto no significa, sin embargo, que *todas* las cartas de recomendación sean malos indicadores del rendimiento. Una mala carta de recomendación debería tener un gran poder de predicción y, por tanto, no debería ignorarse.

La consideración del contenido de las cartas de recomendación, más que el grado en que son positivas, puede aumentar la validez de esta herramienta de selección[42]. La valoración se hace en función de los rasgos de personalidad que la persona que ha escrito la carta atribuye al candidato[43]. Por ejemplo, dos candidatos podrían tener cartas de recomendación igual de positivas, pero la carta del primer candidato podría describir a una persona detallista, mientras que la segunda a una persona extrovertida y dispuesta a ayudar. El puesto a cubrir podría requerir de un tipo de persona más que de otro. Por ejemplo, un puesto de trabajo que suponga relacionarse con los clientes requiere una persona extrovertida y dispuesta a ayudar, mientras que un trabajo administrativo requiere que la persona sea detallista.

Una alternativa más proactiva para incrementar la validez y la utilidad de las cartas así como de las referencias verbales (*véase* "Comprobación de referencias", p. 212) consiste en centrar las referencias en las competencias clave. En lugar de pedir referencias con preguntas amplias, tales como "Dígame qué piensa de este candidato al puesto" pida referencias sobre las habilidades específicas del candidato en áreas relevantes para el puesto vacante[44].

Impresos de solicitud

Las organizaciones utilizan frecuentemente impresos de solicitud como un medio para determinar si un candidato satisface los requisitos mínimos de un trabajo, particularmente para puestos de nivel básico. Estas solicitudes normalmente piden información sobre trabajos anteriores y la situación laboral actual.

Una variante reciente de los impresos de solicitud tradicionales es el *impreso de biodatos*[45]. Se trata de una versión más detallada de la solicitud, en la que los candidatos contestan a una serie de preguntas sobre sus antecedentes, experiencias y preferencias. A continuación se puntúan las respuestas a estas preguntas. Por ejemplo, a los candidatos se les puede preguntar sobre su disponibilidad a viajar, las actividades de ocio que prefieren y su experiencia con los PCs. Al igual que cualquier otra herramienta de selección, los biodatos más relevantes para el puesto deberían identificarse mediante el análisis del puesto de trabajo antes de elaborar el impreso de solicitud. Los biodatos tienen una validez moderada a la hora de predecir el rendimiento en el trabajo.

Test de capacidad

Diversas pruebas miden una amplia gama de capacidades, desde la verbal y cualitativa hasta la rapidez de percepción. Los *test de capacidad cognitiva* miden la capacidad de un candidato en un área determinada, como las matemáticas, y son predictores válidos del rendimiento en el trabajo cuando las capacidades medidas se basan en el análisis de puestos.

Muchos estudios han examinado la validez de la *capacidad cognitiva general* (*g*) como predictor del rendimiento en el trabajo. La capacidad cognitiva general generalmente se mide sumando las puntuaciones de pruebas sobre habilidad verbal y cuantitativa. Básicamente, *g* mide la inteligencia general. Un *g* elevado indica que se trata de una persona que puede aprender más y más deprisa y que puede adaptarse rápidamente a condiciones cambiantes. Se ha demostrado que la gente con mayores *g* son mejores trabajadores, al menos en parte porque hoy en día pocos puestos de trabajo son estáticos[46].

Algunas pruebas más específicas miden la capacidad física o mecánica. Por ejemplo, los t*est de capacidad física* utilizados por la policía y los cuerpos de bomberos miden la fortaleza y la resistencia. Los resultados de estas pruebas se consideran estimadores de la productividad y seguridad con que una determinada persona puede realizar las tareas físicas de un trabajo. Sin embargo, las empresas pueden, a menudo, obtener una medición más directa de la capacidad del candidato de obtener un buen rendimiento observándole realizar las tareas del puesto de trabajo. Este tipo de pruebas de rendimiento directo, denominadas *test de práctica laboral*, piden a los candidatos que realicen exactamente las mismas tareas que tendrán que desarrollar cuando obtengan el trabajo. Por ejemplo, una de las pruebas de práctica laboral de Levi Strauss pide a los candidatos a puestos de mantenimiento y reparaciones que desmonten y vuelvan a montar un componente de una máquina de coser[47]. Los test de práctica laboral tienen una elevada fiabilidad y validez, ingredientes esenciales de una herramienta de selección eficaz y legal[48].

Las pruebas de práctica laboral se consideran medidas válidas y justas del rendimiento en el trabajo siempre y cuando la práctica laboral integre la variedad y complejidad de las tareas del puesto. Las puntuaciones obtenidas en estas pruebas han sido utilizadas incluso como criterios para evaluar la validez de las medidas de selección de la capacidad mental general[49]. Sin embargo, se ha demostrado que las medidas de capacidad física excluyen más a mujeres y minorías que a hombres blancos. Se ha demostrado que la preparación física antes de la prueba reduce este impacto adverso de forma significativa[50].

Otro tipo de capacidad, la inteligencia emocional, se ha convertido en algo que habitualmente se mide. La inteligencia emocional ha sido definida de diversas formas por los investigadores[51], pero puede ser descrita como la capacidad de percibir y gestionar las emociones de uno mismo y de los demás[52]. Aunque el concepto se ha popularizado, su validez todavía debe ser probada de forma convincente[53]. Por ejemplo, un estudio encontró que no había correlación entre una medida de inteligencia emocional y la nota media final. Sin embargo, las medidas de capacidad cognitiva general y personalidad sí se encontraron correlacionadas con la nota media final. Otros resultados similares para el rendimiento en el trabajo han conducido a los investigadores a cuestionar si la inteligencia emocional realmente añade algo a nuestra capacidad de predecir el rendimiento más allá de las medidas de capacidad e inteligencia general[54].

Test de personalidad

Los test de personalidad evalúan rasgos, características de cada trabajador que tienden a ser consistentes y duraderas. Las pruebas de personalidad se utilizaron ampliamente para tomar decisiones de selección de empleados durante las décadas de los 40 y 50[55], pero hoy en día se utilizan en contadas ocasiones para predecir el comportamiento en el trabajo[56]. Los argumentos en contra de estas pruebas giran en torno a cuestiones de fiabilidad y validez. Se ha argumentado que los rasgos de personalidad son subjetivos y poco fiables[57], no están relacionados con el rendimiento en el puesto de trabajo[58] y no son aceptables desde un punto de vista legal[59]. Hoy en día, sin embargo, aproximadamente el 30 por ciento de las empresas utilizan test de personalidad como parte de su proceso de selección[60].

Muchos rasgos de personalidad pueden medirse de diversas maneras y esta falta de consistencia provoca problemas de fiabilidad y validez. Sin embargo, las últimas investigaciones sobre la medida de la personalidad han demostrado que la personalidad puede medirse de forma fiable[61] y resumirse en función de cinco dimensiones[62]. Los "cinco grandes" factores, ampliamente aceptados actualmente en el campo de la psicología de la personalidad, son los siguientes[63]:

- **Extroversión.** El grado en que una persona es habladora, sociable, activa, dinámica y entusiasta.
- **Simpatía.** El grado en que una persona se fía de la gente, es amigable, generosa, tolerante, honrada, cooperativa y flexible.
- **Diligencia.** El grado en que una persona es formal y organizada y se ajusta y persevera en sus tareas.
- **Estabilidad emocional.** El grado en que una persona es segura, tranquila, independiente y autónoma.
- **Abierta a la experiencia.** El grado en que una persona es intelectual, filosófica, intuitiva, creativa, artística y curiosa.

De los cinco factores, la diligencia parece ser el que está más relacionado con el rendimiento en el trabajo[64]. Es difícil encontrar una medida del rendimiento en el trabajo que no exija la perseverancia, o una organización que no se beneficie de contratar a empleados diligentes. La diligencia es pues el estimador de personalidad más válido en términos generales, en cuanto a rendimiento en el trabajo. La diligencia también se ha demostrado que está relacionada con la seguridad en el trabajo[65]. Por ejemplo, las personas con bajos niveles de diligencia tienden a ignorar las normas y los reglamentos de seguridad y, por tanto, tienden a sufrir más accidentes y daños que las personas con elevados niveles de diligencia.

La validez de los demás factores de personalidad parece ser más dependiente del trabajo en cuestión, lo que nos lleva a realizar dos advertencias sobre los test de personalidad. En primer lugar, el que las características de personalidad sean estimadores válidos del rendimiento en el trabajo depende tanto del puesto como de los criterios utilizados para medir el rendimiento. Debería hacerse primero un análisis del puesto para identificar los factores de la personalidad que mejoran el rendimiento. En segundo lugar, la personalidad podría desempeñar un pequeño papel o ninguno a la hora de predecir el rendimiento en ciertas medidas, como el número de piezas producidas en una fábrica (que podría depender en gran medida de factores como la velocidad de la cadena de montaje). Sin embargo, los factores de la personalidad podrían desempeñar un papel crítico en trabajos que están menos regulados y exigen trabajar en equipo y ser flexible. En este caso, los procedimientos de selección deberían tener en cuenta tanto la personalidad como la situación laboral[66]. Algunos tipos de personas podrían encajar mejor en algunas situaciones que en otras. El Recuadro 5.1. subraya una característica individual que podría marcar una importante diferencia en un contexto internacional. Los estudios recientes han demostrado que la personalidad puede ser un estimador preciso del rendimiento no sólo de los candidatos a un puesto[67], sino también de los estudiantes[68].

Test de honestidad

Una empresa típica pierde aproximadamente el seis por ciento de sus ingresos anuales debido a robos de los empleados[69]. Los resultados de una encuesta indican que los robos de los empleados suponen casi la mitad de la disminución de todo el inventario, con un coste anual de cerca de 16 billones de dólares[70]. Dada esta situación, no es extraño que los empresarios quieran asegurarse de que están contratando a trabajadores honestos. El test del polígrafo mide el pulso del entrevistador, su respiración y su transpiración mientras se le hacen una serie de preguntas. En teoría estas medidas fisiológicas cambiarán cuando el entrevistado no diga la verdad. Sin embargo, la tramitación de la Ley federal de Protección al Polígrafo de los Empleados (*Employee Polygraph Protection Act*) de 1988 supuso la eliminación del uso del polígrafo.

Los test de honestidad e integridad están diseñados para identificar los candidatos a un puesto de trabajo que es probable que se impliquen en robos y otros comportamientos indeseables. Los test de integridad pueden administrarse actualmente en una variedad de formas, lo que incluye lápiz y papel, teléfono o vía Internet, entre otras. El test típico mide las actitudes hacia la honestidad, particularmente si el candidato considera normal y no criminal un comportamiento deshonesto[71]. Por ejemplo, el test podría medir la tolerancia de un candidato al robo realizado por otras personas y el grado en que el candidato cree que la mayoría de las personas roban regularmente.

Un estudio realizado por investigadores independientes parece confirmar la validez de los test de honestidad[72]. Este estudio demostró que aquellos que obtenían menos puntuación en el test de honestidad era menos probable que robaran a su empresa. Un estudio reciente realizado por la principal editorial de test de honestidad respalda la validez de la

RECUADRO 5.1

TRABAJAR EN EL EXTRANJERO: UNA OPORTUNIDAD PARA APRENDER

La economía global ha obligado a los directivos a tratar con culturas y prácticas empresariales de otros países. Para los individuos, la adaptación cultural más extrema se produce cuando se les envía a trabajar y vivir en otro país. Pero, ¿qué es lo que determina el éxito de estas personas en la cultura y en el entorno a los que se les envía? Incluso las organizaciones con experiencia en enviar a trabajadores al extranjero no tienen un historial maravilloso en cuanto a selección con éxito o preparación de los expatriados (aquellos que viven y trabajan en un país extranjero). Sin embargo, parece haber cierto consenso entre los directivos en cuanto a lo que es necesario para lograr los objetivos empresariales en un contexto internacional: la capacidad de adaptación. Afortunadamente, la capacidad de aprendizaje es un estimador de la capacidad de adaptación de una persona y ambas pueden medirse y desarrollarse.

La capacidad de aprendizaje parte de la creencia de que las características personales pueden desarrollarse y mejorarse. Para una persona con una elevada capacidad de aprendizaje, la realización de una tarea constituye una oportunidad para aprender y mejorar, no un estimador de su habilidad. La capacidad de aprendizaje puede venir dada por una persona que está muy de acuerdo con una afirmación del tipo "Estoy dispuesto a elegir un trabajo difícil del cual puedo aprender mucho" y muy en desacuerdo con una afirmación del tipo "Estoy mucho más satisfecho cuando trabajo en cosas que sé hacer bien que cuando lucho por hacer aquellas cosas que pueden ir más allá de mis habilidades".

La capacidad de aprendizaje es esencial para un directivo expatriado. Trabajar en otra cultura supondrá múltiples experiencias que pueden no resultar bien al primer intento. Sin embargo, poder alcanzar los objetivos de la organización respondiendo a las condiciones sociales, legales y de mercado de otro país, exige que el directivo comprenda y aprecie cada vez más el nuevo entorno. Las dificultades iniciales deben afrontarse como oportunidades para aprender. Si el directivo se retrae tras unos problemas iniciales es improbable tanto que aprenda como que tenga éxito.

Una serie de estudios ha demostrado la importancia de la capacidad de aprendizaje en el entorno nacional de la organización, pero hay una buena razón para pensar que es al menos igual de importante en un contexto internacional. La capacidad de aprendizaje puede medirse fácilmente y con pocos costes, con cuestionarios y situaciones prácticas. La utilización de la capacidad de aprendizaje podría otorgar a un programa de directivos expatriados una ventaja competitiva.

Fuente: Porter, G. y Tansky, J. W. (1999). Expatriate success may dependo n a "learning orientation": Considerations for selection and training. *Human Resource Management*, 8, 47-60.

medida. De forma más específica, una tienda empezó a utilizar el test de integridad en 600 de sus 1.900 establecimientos. En un año la tasa de reducción del inventario se redujo en un 35 por ciento en las tiendas en las que se empleó el test, mientras que se incrementó en un diez por ciento en las tiendas donde no se empleó[73].

En cualquier caso, los test de honestidad son controvertidos. La mayoría de los argumentos en contra de los test de integridad se centran en el tema de los resultados falsos positivos: personas que son honestas pero puntúan bajo en los test. Generalmente, al menos el 40 por ciento de quieres responden a los test reciben malas notas[74]. Para ver la puntuación que usted podría tener en un test de este tipo, responda a la muestra de preguntas del test de honestidad que se muestran en el Cuaderno del Director, "Sus respuestas podrían llevarle a ganar su puesto o perderlo".

Entrevistas

Aunque la entrevista de trabajo es probablemente la herramienta de selección más común, a menudo ha sido criticada por su escasa fiabilidad y reducida validez[75]. Innumerables

CUADERNO DEL DIRECTOR

ÉTICA

Sus respuestas podrían llevarle a ganar su puesto o perderlo

Las siguientes preguntas son las típicas empleadas en los test de integridad que prepara la editorial Reid Psychological Systems con sede en Chicago.

- ¿Cree que una persona que entrega un cheque sin fondos debería ser descartado para un puesto en el que la honestidad es importante?
- ¿Cree que una empresa debería contratar a una persona si se averigua que ayudó a los empleados a robar a la empresa al menos una vez?
- Si encontrara 100 dólares que se perdieron en una furgoneta de transporte de fondos en la calle ayer, ¿devolvería el dinero al banco, aunque usted estuviera seguro de que no iba a ser recompensado?
- ¿Cree que está bien que un empleado haga un descuento a otro aunque la empresa no lo permita?
- ¿Cree que un empleado que toma prestadas regularmente pequeñas cantidades de dinero en el lugar donde trabaja, sin permiso, aunque siempre lo devuelve, es honesto?
- ¿Cree que la manera en que se dirige una empresa tiene una mayor responsabilidad en los robos que los empleados pueden cometer que las actitudes y tendencias de éstos?
- El 20 de cada mes, un antiguo empleado toma dinero de la empresa para pagar su hipoteca. El 30 de cada mes –el día en que se cobra– lo devuelve. Después de 15 años, el jefe finalmente ve al hombre devolver el dinero. No faltaba nada, pero el jefe lo despidió. ¿Cree que el jefe hizo lo correcto?
- ¿Se plantearía alguna vez comprar algo a alguien si sabe que ha sido robado?

Fuente: Adaptado de Budman, M. (1993, noviembre-diciembre). Your answers could win –or cost- you your job. *Across the Board*, 35.

estudios han demostrado que los entrevistadores no están de acuerdo en sus valoraciones de los candidatos. Otras críticas incluyen las limitaciones del juicio humano y los sesgos de cada entrevistador. Por ejemplo, uno de los primeros estudios demostró que la mayoría de los entrevistadores toma sus decisiones sobre los candidatos en los dos o tres primeros minutos de la entrevista[76]. Las decisiones precipitadas pueden afectar negativamente a la validez de la entrevista porque se hacen sobre la base de una información limitada. Sin embargo, las investigaciones más recientes indican que los entrevistadores no toman decisiones tan precipitadamente[77].

Otra crítica es que las entrevistas tradicionales se realizan de tal manera que la experiencia de la entrevista es muy diferente para cada entrevistado. Por ejemplo, es muy frecuente que el entrevistador abra la conversación con la siguiente frase: "Hábleme de usted". La entrevista transcurre a continuación de diversas maneras, en función de la respuesta del candidato a esa primera pregunta. En esencia, cada candidato experimenta un método de selección diferente.

Entrevista estructurada Entrevista de trabajo basada en un análisis exhaustivo del puesto de trabajo, que plantea preguntas relacionadas con el trabajo, con respuestas prefijadas, que se plantean a todos los candidatos al puesto de trabajo.

La insatisfacción con la entrevista tradicional no estructurada ha conducido a un enfoque alternativo denominado entrevista estructurada[78]. La **entrevista estructurada** parte directamente del análisis de puestos. Plantea una serie de preguntas relacionadas con el puesto de trabajo, con respuestas predeterminadas, que se realizan en todas las entrevistas para cubrir un determinado puesto[79].

La Figura 5.9 muestra ejemplos de los tres tipos de preguntas que se utilizan normalmente en las entrevistas estructuradas[80]:

- Las **preguntas de situación** intentan obtener de los candidatos información sobre el modo en que responderían ante determinadas situaciones. Estas preguntas se pueden desarrollar a partir de la técnica de los incidentes críticos del análisis de puestos: los supervisores y trabajadores vuelven a redactar los incidentes críticos del comporta-

Tipo de pregunta	Ejemplo
De situación	Se encuentra usted metiendo cosas en su coche y preparándose para sus vacaciones familiares cuando recuerda que había prometido a un cliente verle esa misma mañana. No había anotado la reunión en su agenda y se le había olvidado hasta ahora mismo. ¿Qué hace?
De conocimiento del trabajo	¿Cuál es el procedimiento correcto para determinar la temperatura adecuada del horno cuando se va a introducir un nuevo lote de acero?
De requisitos del trabajador	Algunos períodos de tiempo son especialmente intensos en su trabajo. ¿Cómo se siente usted cuando tiene que trabajar horas extraordinarias?

Figura 5.9 ■ Ejemplos de preguntas de una entrevista estructurada.

miento como preguntas de situación para la entrevista, a continuación generan y puntúan las posibles respuestas[81].

- Las **preguntas sobre conocimiento del trabajo** valoran si los candidatos tienen los conocimientos básicos necesarios para realizar el trabajo.
- Las **preguntas sobre los requisitos del trabajador** valoran la voluntad del candidato de realizar el trabajo en las condiciones establecidas.

Las entrevistas estructuradas son estimadores válidos del rendimiento en el trabajo[82]. En primer lugar, el contenido de la entrevista estructurada está, por su diseño, limitado a los factores relacionados con el puesto. Segundo, las preguntas que se plantean se hacen a todos los entrevistados. Tercero, todas las respuestas se puntúan de la misma manera. Finalmente, puesto que normalmente hay un grupo de entrevistadores que llevan a cabo las entrevistas estructuradas, se limita el efecto de la idiosincrasia y el sesgo de cada entrevistador.

Las entrevistas estructuradas se han utilizado con mucho éxito en muchas empresas. Los paneles de entrevistadores van de dos a seis miembros y generalmente incluyen un profesional de RRHH, el director que contrata y la persona que será el supervisor del candidato. Los paneles a menudo también incluyen a personas clave de otros departamentos que tienen que colaborar estrechamente con el nuevo contratado.

La práctica habitual consiste en entrevistar a todos los candidatos en un período de entre uno y dos días. Esto facilita el recordar las respuestas de los entrevistados y poder compararlas. Inmediatamente después de la entrevista, los miembros del panel evalúan a los entrevistados utilizando una hoja de una o dos páginas en el que aparece una lista de dimensiones importantes del trabajo así como una escala de puntuación de cinco puntos. Una vez que cada entrevistador ha calificado al candidato, un miembro del panel, normalmente el profesional de RRHH o el director encargado de la contratación, conduce la discusión fruto de la cual el panel alcanza una calificación conjunta del candidato. Cuando todos los candidatos han sido entrevistados, el panel establece un ranking de candidatos aceptables para el puesto[83].

Si la entrevista estructurada es tan eficaz, ¿por qué siguen siendo mucho más populares las entrevistas tradicionales? Una razón es que muchos equiparan el formato del panel de las entrevistas estructuradas con una prueba de estrés. Otra es que las organizaciones consideran que las entrevistas tradicionales son bastante útiles, probablemente porque sirven para más funciones que la exclusiva de selección[84]. Por ejemplo, puede ser una herramienta eficaz de relaciones públicas en la que el entrevistador da una imagen positiva de la organización. Además, la entrevista no estructurada podría ser un estimador válido del grado en que un candidato encaja con la organización.

Finalmente, las entrevistas no estructuradas podrían ser mejores que las entrevistas estructuradas para identificar a los candidatos no adecuados[85]. Muchas veces, un candidato que parecía "perfecto" sobre el papel muestra cualidades no deseadas durante una entrevista no estructurada (Figura 5.10).

Independientemente de que los empresarios elijan entre una entrevista estructurada o una no estructurada, tienen que asegurarse de que sus preguntas no son ilegales. Las empresas que hacen determinadas preguntas a los candidatos (por ejemplo, sobre raza, credo, sexo, nacionalidad, estado civil o número de hijos), ya sea en los impresos de solicitud o en el proceso de la entrevista, corren el riesgo de ser demandadas.

Para operar dentro de los límites impuestos por la ley, los entrevistadores deberían recordar nueve cosas que no deben preguntar durante la entrevista[86]:

1. No se puede preguntar a los candidatos si tienen niños, piensan tener niños o cómo cuidan de sus hijos durante la jornada laboral.
2. No se puede preguntar la edad del candidato.

La impresión que da con su comportamiento en una entrevista de trabajo resulta esencial para ser considerado para el puesto. No importa lo impresionante que sea su currículo, un comportamiento inapropiado durante la entrevista puede arruinar sus oportunidades de que le ofrezcan un trabajo. A continuación se muestran algunas situaciones reales que indican lo poco habitual (incluso raro) que puede ser el comportamiento de algunas personas que buscan empleo.

- El candidato llevaba un Walkman y dijo que podía escucharme a mí y a la música al mismo tiempo.
- Un candidato calvo de pronto se excusó y volvió al despacho unos minutos después con una peluca.
- El candidato pidió ver el currículo del entrevistador para determinar si estaba cualificado para juzgar sus capacidades para el puesto.
- El entrevistado dijo que no había comido y empezó a comer una hamburguesa y patatas fritas en el despacho del entrevistador –mientras se limpiaba el ketchup que tenía en la manga.

- Cuando pregunté al candidato sobre sus aficiones, se puso en pie y empezó a bailar claqué por el despacho.
- Al llegar a la entrevista por la mañana, la candidata pidió usar el teléfono de la empresa. Llamó a su actual empresa, se puso a toser y dijo a su jefe que estaba enferma.
- En respuesta a la petición del entrevistador de responder a algunas preguntas, una persona que estaba buscando trabajo contestó, "¿Qué pasa si me levanto por la mañana y no me apetece ir a trabajar?".

- Un candidato interrumpió una discusión sobre los horarios de trabajo y temas relacionados con la oficina para decir que aceptaría el puesto únicamente si le permitían mover su mesa al jardín exterior.
- A la pregunta de qué le gustaría hacer en su próximo puesto, un candidato replicó, "Le contaré lo que no quiero hacer –acudir a reuniones aburridas, hacer el trabajo que nadie quiere hacer y tener que ser amable con la gente todo el día".
- Pregunta: "¿Por qué quiere este puesto?" Respuesta: "Tengo una gran casa, un gran coche y un gran saldo positivo en la tarjeta de crédito. Págueme y seré feliz".

Figura 5.10 ■ Comportamientos poco habituales en una entrevista de trabajo.

3. No se puede preguntar al candidato si tiene una minusvalía física o mental que pudiera interferir en el desempeño del cargo. La ley permite que los empresarios analicen la cuestión de las minusvalías sólo tras haber hecho una oferta de trabajo condicionada a la superación satisfactoria de una prueba física, médica o de requisitos del trabajo.
4. No se puede preguntar por características relacionadas con la estatura o el peso del candidato.
5. No se puede preguntar a una mujer el nombre de soltera. Algunos empresarios han hecho esta pregunta para averiguar el estado civil, otro tema que está fuera de los límites de la entrevista tanto a hombres como mujeres.
6. No se puede preguntar a los candidatos sobre su nacionalidad.
7. No se puede preguntar a los candidatos sobre su historial delictivo. Sin embargo, sí se puede preguntar a un candidato si ha sido condenado por algún crimen.
8. No se puede preguntar al candidato si fuma. Puesto que hay muchas ordenanzas locales y estatales que prohíben fumar en ciertos edificios, la pregunta más adecuada es si el candidato es consciente de estas normativas y si está dispuesto a cumplirlas.
9. No se puede preguntar al candidato si tiene el SIDA o si es seropositivo.

La cuestión clave a recordar es que no se pueden hacer preguntas no vinculadas con el propio trabajo. En su lugar, los entrevistadores deberían centrarse en el objetivo de contratar a alguien que esté cualificado para realizar las tareas que requiere el puesto de trabajo.

Centros de evaluación

Un **centro de evaluación** es un conjunto de tareas o ejercicios simulados que se pide que realicen los candidatos (normalmente a posiciones directivas). Los observadores califican la realización de las tareas y de ahí infieren las habilidades y capacidades directivas del candidato. Muchas organizaciones utilizan centros de evaluación para el reclutamiento externo y la promoción interna[87]. Las respuestas a una encuesta a escala europea indicaron que más de la mitad de las grandes organizaciones (con más de 1.000 empleados) utilizan los centros de evaluación[88].

Centro de evaluación
Un conjunto de tareas simuladas o ejercicios que se pide que realicen los candidatos (generalmente para puestos directivos).

Aunque caros, los centros de evaluación parecen ser estimadores válidos del rendimiento en un puesto de dirección[89]. Los centros de evaluación también parecen ser una técnica eficaz para juzgar competencias de liderazgo clave[90]. Los centros de evaluación podrían resultar rentables cuando los costes de una mala decisión sobre contratación o promoción son elevados[91]. Sin embargo, si se cuenta con un presupuesto restringido, el coste de un centro de valoración puede resultar prohibitivo. Por ejemplo, el estado de Maryland solía obligar a utilizar centros de evaluación para la contratación de directores de escuelas, pero este requisito tuvo que ser abandonado porque el gasto de entre 1.200 y 1.500 dólares por candidato resultaba excesivamente elevado[92].

Los centros de evaluación suelen estar fuera de las instalaciones de la empresa, duran de uno a tres días y pueden llegar a incluir hasta seis candidatos al mismo tiempo. La mayoría evalúan las habilidades de los candidatos en cuatro áreas: organización, planificación, toma de decisiones y liderazgo. Sin embargo, existe una importante variedad de ejercicios posibles, de formas de realizarlos y de puntuar los resultados[93]. Los candidatos que son capaces de dejar atrás una actividad y centrarse en el siguiente reto es probable que tengan mejores resultados en el centro de evaluación[94]. Además, los candidatos que no son muy dominantes o muy tímidos pero que pueden interactuar bien con otros es probable que tengan mejores resultados.

El *ejercicio de la agenda* es probablemente el más asociado a los centros de evaluación. Incluye el tipo de problemas, mensajes, informes, etc., que se pueden encontrar en la agenda de trabajo de un directivo. Se pide a los candidatos que resuelvan estas cuestiones como crean conveniente y después se les valora en cuanto a la fijación de prioridades, su grado de creatividad y capacidad de reacción cuando resuelven cada cuestión, la calidad de sus decisiones y otros factores. El resultado en uno de estos ejercicios puede ser muy revelador. A menudo puede resaltar las habilidades de un candidato que, de lo contrario, hubieran pasado desapercibidas[95].

Test de drogas

Una cuestión de ética

Algunos expertos defienden que el análisis de orina es una invasión de la intimidad y, por tanto, debería prohibirse a no ser que exista una sospecha razonable de que un empleado consume drogas. ¿Es ético que las empresas insistan en que los candidatos se sometan a análisis de orina? Suponga que una empresa que quiere ahorrar costes en seguros médicos decide hacer pruebas sobre el nivel de colesterol de todos los candidatos a un puesto para rechazar a todos los que sean susceptibles de padecer un ataque cardíaco. ¿Sería ética esta práctica? ¿Sería legal?

El análisis de drogas previo al empleo normalmente consiste en pedir a los candidatos que pasen un análisis de orina como parte de los procedimientos rutinarios de selección. Los candidatos cuyos test den positivo son generalmente eliminados de posteriores consideraciones. Como alternativa, se les puede dar la opción de pasar otro análisis, pagado de su bolsillo, si no están de acuerdo con el primer resultado[96].

El objetivo de estos análisis de drogas es evitar la contratación de personas que pueden convertirse en trabajadores problemáticos. El número de empleados que dan positivo y el número de empresarios que conducen test de drogas se ha reducido. En 1988, el porcentaje de trabajadores estadounidenses que dieron positivo por drogas ilegales fue del 13,6 por ciento. Este porcentaje se ha reducido, alcanzando en 2004 el 4,5 por ciento[97]. Un estudio reciente de la Asociación Americana de Dirección de Empresas (*American Management Association*) encontró que el 62 por ciento de las empresas hacen un test de drogas ilegales, lo que supone una reducción del 81 por ciento en 1996[98].

¿Están correlacionados los resultados del test de drogas con el rendimiento posterior en el trabajo de un candidato? La respuesta es sí. En un estudio realizado por el servicio postal de EE.UU. se tomaron muestras de orina de 5.000 candidatos a un puesto de trabajo, pero los resultados no fueron utilizados con fines de contratación. Entre seis meses y un año después, se encontró que los candidatos que habían dado positivo en los análisis se ausentaban del trabajo un 41 por ciento más y fueron despedidos en un 38 por ciento más que aquellos que no dieron positivo. Parece que el análisis de drogas es un estimador válido del rendimiento en el trabajo[99].

Comprobación de referencias

Uno de los mejores métodos para predecir el éxito futuro de los posibles empleados consiste en comprobar su historial laboral anterior. El temor a ser demandadas por difamación ha provocado que las empresas, a menudo, no ofrezcan información laboral sobre sus antiguos empleados. Sin embargo, la comprobación de las referencias es la mejor táctica que puede utilizar un empresario para evitar demandas por negligencia en la contratación, en las que el empresario es responsable de los accidentes que tengan sus empleados en el trabajo. ¿Qué tendrían que hacer las empresas?

Los tribunales de casi todos los estados han afirmado que los empresarios (tanto anteriores como futuros) tienen un "importante privilegio" para discutir el rendimiento laboral anterior de un empleado. Pero, para poder disfrutar de ese privilegio, la empresa tiene que seguir tres reglas. La primera, debe determinar que el que pregunta tiene la necesidad de saber por motivos del puesto. La segunda, el empresario anterior tiene que dar, únicamente, información veraz. La tercera, la información relativa a la igualdad de oportunidades en el empleo (como la raza o edad del empleado) no debería ser revelada[100].

Comprobación del historial

Las comprobaciones del historial son distintas a las comprobaciones de referencias y pueden incluir, dependiendo del puesto a cubrir, comprobaciones del historial criminal, verificaciones de logros académicos, comprobaciones de antecedentes en la conducción, comprobaciones de la situación de inmigración y comprobaciones de la seguridad social. La principal motivación de una organización para realizar comprobaciones de historiales es evitar una demanda por contratación negligente. Sin embargo, después del ataque terrorista del 11 de septiembre de 2001, las organizaciones están ampliando sus esfuerzos por una cuestión de seguridad. La Ley de Patriotismo (*Patriot Act*), aprobada en noviembre de 2001, requiere que se compruebe el historial de las personas que trabajan con determinadas toxinas y sustancias prohibidas e ilegales[101]. La necesidad de una comprobación del historial también viene determinada por la frecuencia con la que se encuentra desinformación en las solicitudes. HireRight, una empresa que realiza comprobaciones de historiales, ha estimado que el 34 por ciento de los formularios de solicitud contienen mentiras descaradas en relación con la experiencia en el trabajo, la educación y las habilidades requeridas. HireRight también encuentra que cerca del nueve por ciento de los candidatos falsifican sus notas de la universidad y enumeran puestos y empresas que no existen[102].

Análisis grafológico

La grafología, el estudio de la grafía con el objetivo de evaluar la personalidad y otras características individuales, se utiliza de forma habitual para evaluar candidatos a un puesto en Europa, origen de esta técnica. El análisis puede implicar la valoración de más de 300 aspectos distintos de la escritura, incluyendo la pendiente de las letras, la altura a la que se cruza la letra *t* y la presión ejercida al escribir. Aunque en EE.UU. no se utiliza la grafología tanto como en Europa, se estima que más de 3.000 organizaciones estadounidenses recurren a este procedimiento como parte de su proceso de selección. Además, el uso ocasional y encubierto de la grafología puede ser cada vez más común y podría estar incrementándose[103]. La cuestión importante, por supuesto, es saber si la escritura es un estimador válido del rendimiento en el trabajo. La investigación al respecto indica que la respuesta es no.

Un estudio recopiló muestras de escritura de 115 asesores inmobiliarios y los entregó a 20 grafólogos, que puntuaron cada muestra en relación con una variedad de rasgos, como la confianza, la orientación a vender y la capacidad de tomar decisiones[104]. Posteriormente, estos resultados fueron comparados con las puntuaciones de rendimiento reales de los sujetos, así como con las medidas objetivas de rendimiento, como el volumen de ventas total. Las conclusiones de los grafólogos fueron bastante consistentes (fiabilidad). Sin embargo, ninguna de las conclusiones estaba correlacionada con ninguna de las medidas de rendimiento, por lo que la grafología no puede ser considerada como una medida válida. Esta conclusión está respaldada por otras investigaciones sobre la grafología[105]. Así pues, no debería utilizarse como instrumento de selección y hay que estar alerta cuando se ve en una revista o periódico que la grafología se considera una herramienta válida de selección[106].

COMBINACIÓN DE PREDICTORES

Las organizaciones utilizan a menudo múltiples métodos para recopilar información sobre los candidatos. Por ejemplo, los directivos podrían ser seleccionados sobre la base de su rendimiento pasado, la evaluación en un centro de valoración y una entrevista con quien será su superior.

¿Cómo habría que combinar estas informaciones para tomar una buena decisión de selección? Existen tres estrategias básicas. La primera exige tomar una decisión de selección preliminar tras finalizar cada método. Este enfoque se denomina *estrategia de múlti-*

ples obstáculos o salto de vallas, porque el candidato tiene que superar cada obstáculo antes de pasar al siguiente. Aquellos que no superan un obstáculo quedan eliminados de consideraciones posteriores.

Los dos planteamientos restantes exigen recopilar toda la información antes de tomar cualquier decisión; la diferencia estriba en la forma de combinar la información. En una *estrategia clínica*, el que toma la decisión evalúa de forma subjetiva toda la información para formarse un juicio general. En una *estrategia estadística*, las diversas informaciones se combinan con una fórmula matemática y el trabajo se ofrece al candidato con mejor puntuación.

La estrategia de salto de vallas suele utilizarse cuando hay que elegir entre una gran número de candidatos. Normalmente, el procedimiento consiste en utilizar los métodos menos caros al principio, para desechar a los candidatos que claramente carecen de la cualificación necesaria. Los estudios de investigación indican que la estrategia estadística normalmente es más fiable y válida que la estrategia clínica[107], pero mucha gente (y probablemente la mayoría de las organizaciones) prefieren la estrategia clínica.

SELECCIÓN Y AJUSTE PERSONA-ORGANIZACIÓN

Muchas empresas han utilizado con éxito las diversas herramientas de selección para contratar a empleados superiores a la media, que han contribuido en gran medida a los resultados de la empresa[108]. Sin embargo, para un creciente número de organizaciones el enfoque tradicional de selección podría no ser suficiente. En muchas empresas, las actividades y las decisiones están descentralizadas y los trabajadores trabajan en equipos multi-funcionales[109]. En estas situaciones, las habilidades de los candidatos en el trabajo (medidas por las pruebas de selección) podrían no ser tan importantes como su capacidad para trabajar en un entorno de alta participación y responsabilidad.

Por ello, algunas empresas han estado buscado la manera de medir el grado de "ajuste" entre los candidatos a un trabajo y la organización[110]. Sin embargo, al menos existen dos preocupaciones en relación a las medidas de ajuste en el proceso de selección. Primero, no está claro que una organización pueda defender una demanda por discriminación con el argumento de una "falta de ajuste", en lugar de una "carencia de habilidades necesarias para el trabajo". Segundo, la mayor parte de la investigación ha validado los métodos de selección utilizando la valoración de los supervisores sobre el rendimiento en el trabajo en relación con características específicas relevantes para el mismo. Así pues, aunque conocemos las herramientas de selección que predicen mejor el rendimiento laboral, no sabemos hasta qué punto predicen el ajuste a la organización.

REACCIONES A LOS INSTRUMENTOS DE SELECCIÓN

En las últimas páginas hemos discutido la predicción del rendimiento en el trabajo a partir de las diversas herramientas de selección. A continuación, consideramos las reacciones a esas herramientas de selección. ¿Cómo reaccionan los candidatos y los directivos ante los métodos de selección que hemos analizado? La respuesta es importante porque estas reacciones pueden constituir el factor determinante de una decisión por la cual se archive una demanda legal.

1. **Reacciones de los candidatos a los instrumentos de selección.** Los candidatos son los destinatarios principales de los sistemas de selección; quieren y pueden exigir instrumentos justos de selección. Además, sus reacciones hacia los métodos de selección pueden influir en las opiniones que tienen de la organización y en su decisión de aceptar o rechazar una oferta de empleo[111]. Las reacciones de los candidatos hacia las

herramientas de selección también influyen en su deseo de comprar los productos de la empresa[112].

¿Cuáles son las pruebas de selección ante las cuales los candidatos reaccionen más y menos favorablemente? Han surgido varias conclusiones interesantes. Por ejemplo, a pesar del creciente uso de las pruebas de valoración de la personalidad como estimadores del rendimiento, muchos candidatos consideran que las características de la personalidad pueden "disimularse" y que no son relevantes para el trabajo. Además, los candidatos perciben que los biodatos, que tienen una validez importante, son irrelevantes y agreden su intimidad; también suelen reaccionar negativamente ante medidas de capacidad cognitiva. Reaccionan más favorablemente a las simulaciones del trabajo (por ejemplo, los ejercicios en un centro de evaluación) y a las entrevistas.

2. **Reacciones de los directivos a los sistemas de selección.** Los directivos necesitan contar con sistemas de selección rápidos, fáciles de administrar y que ofrezcan resultados fáciles de entender. Sin embargo, pocas investigaciones han considerado las reacciones de los directivos a los sistemas de selección. Un estudio encuestó a 635 directivos de 38 agencias gubernamentales[113]. El estudio valoraba la percepción de los directivos sobre diversos factores relacionados con el proceso de selección, incluyendo los métodos de selección. Estas conclusiones se utilizaron para revisar los sistemas de selección y otras prácticas de RRHH en estas agencias.

Una cuestión importante es el grado en que una organización debería equilibrar las medidas tradicionales de fiabilidad y validez con las medidas de las reacciones de los candidatos y los directivos en la determinación de los métodos de selección que se utilizarán. Claramente, la fiabilidad y la validez no pueden descartarse por completo. Es necesario mantener un equilibrio razonable entre los criterios tradicionales de fiabilidad y validez y los criterios cualitativos sobre las reacciones de candidatos y directivos.

CUESTIONES LEGALES EN CUANTO A CONTRATACIÓN

Las cuestiones legales pueden jugar un papel excepcionalmente importante en la contratación, especialmente en la selección. Una serie de restricciones legales, las más destacables de la legislación federal y su definición de discriminación ilegal, afectan a la selección.

LEYES SOBRE DISCRIMINACIÓN

La Ley de Derechos Civiles (*Civil Rights Act*) de 1964 y su ampliación, la Ley de Derechos Civiles (*Civil Rights Act*) de 1991, prohíben la discriminación por raza, color, sexo, religión y nacionalidad. Estas leyes, que afirman que esta discriminación *en cualquier término y condición* del empleo es ilegal, afectan a la selección, así como a otros muchos programas de la organización, incluyendo la evaluación del desempeño y la formación.

Para reducir la probabilidad de que se interpongan demandas judiciales por discriminación, las empresas deben asegurarse de que las técnicas de selección están relacionadas con el trabajo. En otras palabras, la mejor defensa es la evidencia de la validez del proceso de selección. Por ejemplo, si un miembro de un grupo minoritario interpusiera una demanda por discriminación en el trabajo, la organización debería contar con evidencias para documentar la relación entre el proceso de selección y el trabajo. Esta evidencia debería incluir la información del análisis del puesto de trabajo y de que las puntuaciones en las pruebas son estimadores válidos del rendimiento.

La Ley de Discriminación en el Empleo por Razón de Edad (*Age Discrimination in Emmployment Act*) de 1967 y las enmiendas de 1978 prohíben la discriminación en contra de las personas mayores de 40 años. De nuevo, la organización necesita pruebas de la validez del proceso de selección si se rechaza a los candidatos más mayores, sobre todo si se contrata a un candidato similar pero más joven.

La Ley de Americanos con Minusvalías (*Americans with Disabilities Act, ADA*) de 1991 amplía la Ley de Rehabilitación Profesional (*Vocational Rehabilitation Act*) de 1973 y proporciona protección legal a las personas con minusvalías psíquicas o físicas. Esta ley exige que los empresarios ofrezcan acomodo razonable a las personas cuyas minusvalías pueden impedirles realizar correctamente funciones fundamentales del trabajo, a no ser que este acomodo suponga una carga excesiva para la empresa. Así, los empresarios tienen que determinar las funciones esenciales del trabajo. Aunque la ley no define con claridad lo que constituye un "acomodo razonable", los tribunales pueden considerar que son razonables acciones tales como la modificación de los horarios, los equipos y las instalaciones. En cuanto a la selección, esta ley impide que el empresario pregunte al candidato si tiene alguna minusvalía y prohíbe que se exija pasar un examen médico antes de ofrecer el puesto. Sin embargo, un empresario puede preguntar a los candidatos si son capaces de realizar las funciones básicas del puesto. Además, las ofertas de trabajo pueden quedar condicionadas a los resultados de un examen médico.

DISCRIMINACIÓN POSITIVA

También debe tenerse en cuenta la discriminación positiva. La Orden Ejecutiva Federal 11246 exige a las organizaciones que realizan contratos o subcontratos para el gobierno que pongan en marcha programas de discriminación positiva. Estos programas están diseñados para eliminar cualquier infrautilización que se pueda producir en cuanto a las prácticas de empleo de la organización (*véase* el Capítulo 3). La discriminación positiva no es lo mismo que la exigencia de igualdad de oportunidades en el empleo del Título VII de la Ley de Derechos Civiles y la normativa derivada de ésta. La fijación de objetivos de contratación no es lo mismo que emplear procedimientos que no discriminen a distintos grupos. Sin embargo, las organizaciones que no son contratistas o subcontratistas del gobierno pueden perder el privilegio de seleccionar a los empleados en función únicamente del rendimiento laboral esperado si se las considera culpables de discriminación. En este caso, se les puede ordenar que pongan en marcha un programa de discriminación positiva.

CONTRATACIÓN NEGLIGENTE

La última cuestión legal sobre contratación es la relativa a la *contratación negligente*. La contratación negligente hace referencia a una situación en la que el empresario no toma las medidas razonables necesarias para contratar a un empleado que, a continuación, comete un delito utilizando su posición en la organización. Puesto que las demandas por contratación negligente han aumentado con los años[114], los directivos tienen que prestar un especial cuidado a esta cuestión. Por ejemplo, Avis Rent A Car contrató a un hombre sin comprobar exhaustivamente sus antecedentes; el hombre, posteriormente, violó a una compañera de trabajo. Avis fue condenada por contratación negligente y tuvo que pagar una indemnización de 800.000 dólares. Si la empresa hubiera verificado cuidadosamente la información ofrecida por este hombre cuando solicitó el puesto, hubiera descubierto que había estado en prisión cuando decía que había estado en el instituto y en la facultad. Los empresarios son responsables de realizar una investigación en profundidad sobre los antecedentes de los candidatos. Los períodos sin empleo o admitir que se tienen antecedentes penales deberían conducir a una investigación más detallada. Par evitar las responsabilidades derivadas de la contratación negligente, los empresarios deberían[115]:

- Desarrollar políticas de contratación claras, así como también sobre disciplina y despido de los empleados. La política de contratación debería incluir una investigación en profundidad de los antecedentes de los candidatos, incluyendo la verificación de la información sobre estudios, empleos anteriores y residencia.
- Comprobar las leyes estatales sobre contratación de candidatos con antecedentes penales. Lo que es legal e ilegal varía mucho entre estados.
- Saber, cuanto más mejor, sobre el comportamiento laboral anterior de los candidatos, incluyendo situaciones de violencia, amenazas, mentiras, abuso de alcohol o drogas, tenencia de armas y otros problemas. Hay que recordar que las leyes sobre intimidad y discriminación prohíben preguntar sobre cuestiones personales del candidato no relacionadas con el trabajo. Los problemas de comportamientos sólo pueden investigarse en el contexto de sus posibles efectos sobre el rendimiento en el trabajo.

Resumen y conclusiones

Oferta y demanda de RRHH

La PRH es el proceso que utiliza una organización para garantizar que tiene la clase y cantidad de personas necesarias para ofrecer un determinado nivel de productos o servicios en un momento futuro. La PRH implica utilizar una variedad de métodos cuantitativos y cualitativos para prever la demanda y oferta de trabajo y después emprender las acciones oportunas a partir de dichas estimaciones.

El proceso de contratación

El proceso de contratación consta de tres actividades: reclutamiento, selección y socialización.

Retos en el proceso de contratación

El proceso de contratación se enfrenta a diversos retos. Entre ellos, cabe destacar: (1) la determinación de las características más importantes para el rendimiento; (2) la medida de estas características; (3) la evaluación de la motivación de los empleados; y (4) decidir quién debería tomar las decisiones de contratación.

Enfrentarse a los retos de una contratación eficaz

Puesto que la elección de la persona adecuada para un trabajo puede tener un efecto tremendamente positivo sobre la productividad y la satisfacción del cliente, es importante que cada paso del proceso de contratación sea gestionado con cuidado.

El proceso de reclutamiento

El reclutamiento debería centrarse en atraer a candidatos cualificados, desde el exterior y/o desde el interior de la empresa. Los esfuerzos de reclutamiento deberían vincularse a los esfuerzos de la PRH de la empresa. Para garantizar un ajuste adecuado entre los contratados y sus puestos y evitar problemas legales, las empresas deberían desarrollar análisis de puestos de trabajo.

El proceso de selección

Existen muchas herramientas de selección. Entre éstas, cabe destacar las cartas de recomendación, los formularios de solicitud, los test de capacidad, los test de personalidad, los test psicológicos, las entrevistas, los centros de valoración, los test de drogas, los test de honradez, la comprobación de referencias y el análisis grafológico. La mejor herramienta de selección (y más defendible desde el punto de vista legal) debe ser tanto fiable como válida.

Cuestiones legales en cuanto a contratación

Diversas leyes federales afectan a las prácticas de contratación. La Ley de Derechos Civiles, la Ley de Discriminación por Edad y la Ley de Americanos con Minusvalías prohíben diversas formas de discriminación. La Orden Ejecutiva 11246 establece las políticas de discriminación positiva. Los empresarios también deben emprender acciones para protegerse de una demanda por contratación negligente.

Términos clave

Centro de evaluación	Oferta de trabajo	Selección
Validez concurrente	Validez de predicción	Socialización
Planificación de RRHH (PRH)	Reclutamiento	Entrevista estructurada
Demanda de trabajo	Fiabilidad	Validez

Preguntas para el debate

1. Smith & Nephew DonJoy, Inc., es un productor de instrumental médico de pequeño tamaño pero rápido crecimiento situado en el extremo norte del condado de San Diego. Debido a la reciente reducción del tamaño empresarial del sector aeroespacial y de defensa en el sur de California, cada oferta de trabajo de DonJoy atrae a cinco veces más candidatos que hace unos pocos años. Sin embargo, los despidos selectivos que se realizaron durante los procesos de reducción del tamaño empresarial y la necesidad que tiene la gente de abrirse nuevas perspectivas laborales han creado un grupo de candidatos que no tienen la cualificación necesaria. ¿Qué herramienta(s) de selección podría utilizar DonJoy para conseguir a los empleados más cualificados de este gran grupo de candidatos? Por lo general, ¿qué herramienta(s) de selección cree usted que son los mejores estimadores del rendimiento en el trabajo?
2. ¿Deberían seleccionarse los candidatos a un puesto de trabajo principalmente por su capacidad o por su ajuste/personalidad? ¿Cómo puede valorarse este ajuste?
3. Desde agosto de 1993, la única manera de que un hombre blanco consiga un puesto en el LAPD (el Departamento de Policía de los Ángeles) es conseguir una puntuación de 100 en la parte oral del examen de acceso. La puntuación más baja para que un hombre latino acceda es 96, para una hombre afroamericano 95 y para las mujeres un 94. Estos marcadores se establecieron cuando el ayuntamiento se puso de acuerdo en establecer objetivos de reclutamiento para minorías y mujeres. ¿Cree usted que hay otras maneras de conseguir que la LAPD pueda reclutar empleados cualificados entre las minorías y mujeres que no afecte negativamente a los hombres blancos? Explique su respuesta. En general, ¿cómo diseñaría usted un proceso de selección para lograr una fuerza de trabajo diversa y contratar a los trabajadores más cualificados?
4. Julie Watkins trabaja en su nuevo puesto recopilando documentación sobre programas informáticos durante tres meses. No deja de oír lo importante que resulta su trabajo para la empresa, pero no entiende cómo su trabajo puede contribuir al conjunto de la empresa. Su relación con la empresa está limitada a sus colegas de departamento (otros redactores técnicos), la cafetería de los empleados y la oficina de personal. ¿Qué podría haber hecho la empresa de Watkins para que tuviera una visión de conjunto y entendiera mejor y se comprometiera más con el funcionamiento de la empresa?
5. La realización de entrevistas a candidatos no cualificados puede resultar frustrante para los directivos, los colegas o cualquiera que tenga que realizar la entrevista. ¿Cómo puede el departamento de RRHH minimizar o suprimir este problema?
6. Usted trabaja para una empresa de alta tecnología, de tamaño medio, que se enfrenta a diario a una fuerte competencia. El cambio parece ser la única constante en su trabajo y las responsabilidades de cada trabajador cambian con cada proyecto. Suponga que es usted el principal responsable de encontrar a los trabajadores para cada puesto que ofrece su empresa. ¿Cómo reclutaría y seleccionaría a los mejores?, ¿cómo identificaría a los mejores para trabajar en este entorno?

Existe material adicional disponible en la página web que acompaña a este libro. Puede acceder a esta información visitando la página web ***www.prenhall.com/gomez.***

¡DECIDA USTED!

TENDENCIAS EMERGENTES — Caso 5.1

Optimizando el encaje entre la oferta y la demanda: poniendo a las personas adecuadas con las competencias adecuadas en el lugar adecuado en el momento adecuado

Para encajar la oferta con la demanda de trabajo se confía en técnicas de previsión que examinan la necesidad de empleados y la disponibilidad de trabajadores. Sin embargo, los trabajadores no son fácilmente intercambiables: tienen un historial distinto y habilidades e intereses diferentes. Además, la demanda de trabajo de habilidades particulares cambia todo el tiempo. Lo que los directivos necesitan es una manera da asignar el trabajo de manera que las competencias encajen con las diversas demandas. Los conocimientos actuales prometen hacer realidad este encaje.

En una nueva tendencia, el trabajo es visto desde la perspectiva de la oferta, desde la que se ajusta la demanda de diversos clientes, proyectos o tareas con los trabajadores que tienen las habilidades adecuadas. Por ejemplo, el Departamento de Defensa de EE.UU. está trabajando con el software de GRH PeopleSoft (actualmente propiedad de Oracle) en el desarrollo de un sistema integrado que abarcará todas las ramas del ejército. El sistema incluirá información acerca de las habilidades, conocimientos y experiencias de todos los militares a la que el departamento podrá acceder inmediatamente para ajustar los miembros disponibles a diversos puestos. El plan pretende conseguir una asignación eficiente de cerca de 1,5 millones de personas dispersas por todo el mundo para 2007. La demanda de militares puede cambiar en el momento del anuncio, pero si se desarrolla el software, el Departamento de Defensa debería ser capaz de asignar las mejores personas a los lugares o proyectos adecuados en el momento oportuno.

IBM es otro ejemplo de una organización que ha desarrollado un software para gestionar la oferta de trabajo. El sistema de IBM también cataloga las competencias y experiencias de los empleados. Ha permitido a IBM reducir la cantidad de tiempo medio que sus consultores dedican a sus clientes en aproximadamente un cuatro por ciento, pues IBM ahora es capaz de asignar el talento que mejor encaja con las necesidades del cliente. El sistema ha tenido tanto éxito que IBM está ahora comercializándolo a otras empresas.

Preguntas para reflexionar

1. ¿De qué manera la perspectiva de la oferta de trabajo difiere de las perspectivas de previsión tradicionales? ¿Es preferible la perspectiva de la oferta? ¿Por qué o por qué no?
2. La perspectiva de la oferta de trabajo se basa en la idea de que el mejor encaje es el de las personas con las habilidades y experiencias que mejor se corresponden con las tareas que tienen que realizarse. ¿Puede pensar en situaciones en las que este supuesto podría ser falso? (Por ejemplo, ¿podría mejorarse la innovación cuando existe una diversidad de conocimientos y habilidades que podrían no encajar bien con las tareas?)

Trabajo en equipo

Probablemente no tiene sentido utilizar software de oferta de trabajo si sólo tienen unos pocos empleados. Identifique, con su equipo, los factores que deberían guiar la decisión sobre el empleo de software de oferta de trabajo. (¡El tamaño de la organización podría ser un primer factor a considerar!). Resuman sus factores al resto de la clase.

Ejercicio basado en la experiencia

La lógica del enfoque de la oferta de trabajo resulta convincente: encajar eficientemente las habilidades de los trabajadores con las demandas resulta rentable. Sin embargo, considere lo que significa este enfoque para los trabajadores. Como trabajador que tiene determinadas cualidades, podría ser asignado a una variedad de lugares y proyectos. Dependiendo de las necesidades, podría ser parte de un equipo virtual o físico, y podrían moverle temporalmente a otro lugar geográfico, hasta que la demanda fluctúe de nuevo. ¿Ve aquí algún posible problema? Podría llevar tiempo aprender a trabajar de forma eficaz con nuevas personas. Un traslado a un nuevo lugar puede resultar perturbador. En otras palabras, los RRHH son más que un conjunto de cualidades que pueden asignarse de forma eficiente. El sentido de equipo, la confianza, una cultura común, las relaciones interpersonales, etc., son importantes componentes del rendimiento.

Divida la clase en dos equipos, uno a favor y otro en contra del software de oferta de trabajo. Esbocen sus argumentos básicos y preséntenlos a la clase. Una vez que se hayan considerado los pros y los contras, toda la clase debe identificar formas de contrarrestar los inconvenientes del enfoque de la oferta de trabajo.

Fuente: Adaptado de Malykhina, E. (2005, 21 de marzo). Supplyinig labor to meet demand. *Information Week*, 69-72.

¡DECIDA USTED!

GRH: EL EMPLEADO COMO CLIENTE INTERNO — Caso 5.2

Mujeres: mantener abierta la oferta de trabajo

Las mujeres abandonan el trabajo más que los hombres. En parte, esto podría ayudar a explicar por qué sólo cerca del dos por ciento de los puestos de CEO los ostentan mujeres. Pero, ¿por qué dejan el trabajo las mujeres? Y, ¿se incorporan después al mercado de trabajo? ¿Pueden hacerlo, después de haberlo dejado? Consideremos estas cuestiones.

Primero, no existen dudas acerca de que es más probable que las mujeres dejen el trabajo que los hombres. Por ejemplo, una reciente encuesta a nivel nacional se centró en un grupo representativo de mujeres licenciadas, profesionales o con altos honores en la universidad. La encuesta incluía a más de 2.400 mujeres. Uno de los resultados más destacados de la encuesta fue que el 24 por ciento de los hombres habían dejado su puesto de manera voluntaria, frente a cerca del 40 por ciento de mujeres. Estas mujeres invirtieron en educación para tener una carrera de éxito, pero muchas decidieron dejar el trabajo.

¿Por qué eligen las mujeres dejar el trabajo? No hay, desde luego, una única respuesta. La familia y el cuidado de los niños ciertamente pueden "sacar" a las mujeres del trabajo. Sin embargo, un número sorprendente de mujeres indican que dejan sus trabajados por aburrimiento y frustración. En resumen, para tener nuevos retos e incrementar sus oportunidades de crecimiento, las mujeres sienten que tienen que dejar su actual empresa.

Los factores que pueden "empujar" a las mujeres a dejar sus puestos parecen más manejables para las organizaciones. GE, por ejemplo, ha establecido una red donde pueden contactar unas mujeres con otras, programas de *coaching* y *mentoring* y políticas de conciliación de la vida familiar y laboral. Aunque no es posible extraer una conclusión sobre las causas, desde que GE ha establecido estos programas el porcentaje de mujeres en puestos de jefatura se ha incrementado desde el nueve por ciento de 1997 hasta el 15 por ciento actual.

Preguntas para reflexionar

1. ¿Por qué la salida de mujeres es una cuestión clave para las organizaciones?
2. Cuando intentan volver al mercado de trabajo, las mujeres a menudo se encuentran con que tienen que aceptar una retribución inferior "para volver al juego". ¿Piensa usted que esto es justo? ¿Por qué o por qué no?
3. Si una retribución inferior desincentiva la vuelta de las mujeres, ¿qué se puede hacer, si es que se puede hacer algo?

Trabajo en equipo

Los factores "pull" son circunstancias o características que apartan a la mujer de su puesto. Los factores "push" son características que no le gustan a una mujer de su actual puesto. Forme grupos en su clase e identifiquen las razones por las que las mujeres dejan sus puestos de trabajo. Clasifiquen cada una de ellas como factor "pull" o "push" y juzguen el grado en que cada factor tiende a afectar a las mujeres en lugar de a los hombres (pueden emplear la siguiente escala para hacer sus valoraciones).

1	2	3	4	5	6	7
Afecta principalmente a los hombres			Afecta a los hombres y a las mujeres por igual			Afecta principalmente a las mujeres

Ejercicio basado en la experiencia

Reúnase con los miembros de su equipo e investiguen qué están haciendo las empresas para retener a las mujeres. Clasifiquen estas iniciativas en dos grupos, las que tratan de hacer frente a los factores "push" y las que tratan de hacer frente a los factores "pull". ¿Hay alternativas que crea que resultarían eficaces para retener a las mujeres pero que no están empleando las organizaciones? Hagan un listado y describan las alternativas que consideren mejores. Prepárense para discutir los costes y beneficios esperados y justificar sus recomendaciones.

Fuente: Deutsch, C. H. (2005, 3 de mayo). Boredom is the culprit: Exodus of women executives has a cure. *Arizona Republic*, D-4; Hewlett, S. A. y Luce, C. B. (2005). Off-ramps and on-ramps: Keeping talented women on the road to success. *Harvard Business Review*, 83, 43-54.

¡DECIDA USTED!

ÉTICA Caso 5.3

Busque el equilibrio entre mantener a los empleados y aumentar el rendimiento

El conflicto entre los compromisos del trabajo y la familia a menudo es una fuente de insatisfacción en la vida y en el trabajo y puede conducir a problemas de ansiedad, hipertensión y abuso de alcohol/drogas. También puede incrementar el absentismo y la rotación. La conciliación de la vida laboral y familiar se ve cada vez más como algo clave para retener a los empleados valiosos. Los programas de conciliación presentan distintas alternativas, como acuerdos para flexibilizar la jornada, programas de bienestar, alternativas para el cuidado de los niños, gimnasios y programas para reducir el estrés. El objetivo es reducir el conflicto y el estrés que puede producirse entre el trabajo y la familia. Por ejemplo, ofrecer a los empleados un cuidado de sus hijos durante el día puede reducir el nivel de estrés de muchos empleados. Las jornadas de trabajo flexibles permiten a los trabajadores tener cierto control en cuanto a cuándo realizarán las tareas relacionadas con el puesto. Las clases de reducción de estrés y los gimnasios ayudan a asegurar que el tiempo de descanso es realmente útil y reparador.

La dirección clásica, caracterizada por su inflexibilidad, cuestionaría los programas de conciliación. El tiempo fuera del trabajo se considera que genera una menor cantidad de trabajo hecho. Además, las inversiones en iniciativas no relacionadas con el trabajo, como una guardería infantil, serían simplemente un coste perdido. Sin embargo, las encuestas actuales indican que tales iniciativas no sólo reducen el estrés, sino que además incrementan el rendimiento en el trabajo. Por ejemplo, la jornada comprimida en Hewlett-Packard y el teletrabajo en Illinois Bell condujeron a mejoras sustanciales en la productividad. Cuando los compromisos del trabajo y la familia no están equilibrados, la creatividad y la productividad pueden caer debido al incremento en el estrés.

Preguntas para reflexionar

1. ¿Considera los programas de conciliación de la vida laboral y familiar un coste o una inversión? ¿Por qué? Explique la diferencia entre estas dos posiciones.
2. ¿Cree que los programas de conciliación de la vida laboral y familiar pueden incrementar la retención de trabajadores? ¿Por qué o por qué no? ¿De qué manera podría valorarse si un programa de este tipo es una buena inversión?

Trabajo en equipo

Con su equipo, identifiquen programas de conciliación de la vida laboral y familiar que implantan las organizaciones. Si es posible, utilicen Internet o los recursos de la biblioteca para identificar qué están haciendo las organizaciones en el terreno de la conciliación. ¿Encuentran información acerca de la eficacia de estos programas? Compartan sus averiguaciones con el resto de la clase.

Ejercicio basado en la experiencia

El equilibrio entre dos intereses en competencia podría no captar lo que es realmente importante para retener a los trabajadores y maximizar el rendimiento. Lo que podría resultar crítico es el ajuste entre los valores de un trabajador y el trabajo que desarrolla. Si el trabajo no tiene sentido, el equilibrio no va a incrementar la satisfacción o la felicidad del empleado.

Desarrolle, con su equipo, un medio para valorar la orientación hacia el trabajo, la familia o el trabajo-familia de los trabajadores. Por ejemplo, ¿existen preguntas de encuestas o entrevistas que podrían emplearse para valorar la orientación de los empleados? Identifiquen políticas y programas de gestión que piensen que serían eficaces para cada una de las tres orientaciones básicas. Para ayudarles a empezar, consideren lo siguiente. A veces, implicarse en actividades distintas al trabajo puede recargar a las personas orientadas al trabajo y ser una distracción bien recibida. Los empleados cuyos valores centrales residen en su vida fuera del trabajo podrían ver su empleo como algo que les permite hacer lo que quieren fuera del trabajo. Para la categoría trabajo-vida, un programa de dirección que ponga el énfasis en la implicación en la familia y en compartir aficiones podría resultar eficaz.

¿Qué programas y políticas puede sugerir su equipo para cada categoría? Compartan y expliquen sus sugerencias al resto de la clase.

Fuentes: Taylor, C. (2005, enero). Live in the balance. *Incentive*; Thompson, C. (2005). Work-life: Organizations in denial. *Journal of Employee Assistance*, 35, 7; Krysti, W. (2005, 14 de marzo). Life and work in the right measure: Flexibility in the workplace key to keeping staff. *The Daily News* (New Plymouth New Zealand), 8; Michael, N. (2005, 14 de febrero). Whatever makes you happy: Success of value-based practices. *The Dominion Post* (Wellington, New Zealand), Business, 4.

¡DECIDA USTED!

TENDENCIAS EMERGENTES Caso 5.4

Gestionar con escasez

Algunos trabajos no son nada atractivos pero son esenciales para nuestra supervivencia como comunidad y como nación. Desgraciadamente, no hay muchos trabajadores que se sientan atraídos por estos puestos de trabajo.

Considere, por ejemplo, el trabajo de mecánico. La escasez de mecánicos constituye una preocupación tal que el comité técnico y de mantenimiento de la Asociación Americana de Transportistas (*American Trucking Association*) ha iniciado un programa diseñado para incrementar la toma de conciencia de la necesidad de mecánicos muy cualificados. El programa incluirá una competencia de habilidades diseñada para subrayar las capacidades de diagnóstico de los mecánicos. Recibirá publicidad nacional y será un escaparate que ponga de manifiesto las oportunidades de trabajo en el sector. Sin embargo, el sector es consciente de que será difícil modificar la percepción que se tiene de que la formación profesional está destinada a las personas que no son "suficientemente buenas" para ir a la universidad.

Para la mayoría de nosotros la amenazante escasez de mecánicos no parece un problema inmediato. Considere, sin embargo, que usted fuera un camionero y no pudiera encontrar un mecánico que pudiera arreglarle alguna pieza de su camión a tiempo o tuviera que pagar una cantidad desorbitada por la reparación. O, veamos el problema un poco más de cerca. ¿Qué sucedería si no pudiera conseguir que le arreglaran su coche o tuviera que pagar mucho dinero por la reparación debido a la escasez de mecánicos?

Se está produciendo un problema similar de escasez de trabajadores en el sector de la minería. El carbón aporta más de la mitad de la energía necesaria en EE.UU. Sin embargo, la escasez de trabajadores está dando como resultado una reducción en la productividad de la minería y se considera que es la culpable de los inventarios cada vez más bajos de carbón almacenado. La mayor escasez de trabajadores se produce en Central Appalachia, el precio del carbón en la región se ha incrementado de 30 a 50 dólares por tonelada en dos años. Muchos trabajadores en el sector de la minería se acercan a la edad de jubilación. El trabajo está bien pagado, pero es difícil y no hay suficientes trabajadores jóvenes en las minas.

Preguntas para reflexionar

1. ¿Cree que la escasez de trabajadores, como en las situaciones descritas en este caso, es un problema a corto o a largo plazo?
2. ¿Un incremento salarial resolvería el problema de escasez? ¿Por qué o por qué no?

Trabajo en equipo

Una empresa de carbón está pagando a los electricistas (un puesto importante en este sector) 27 dólares por hora y 90.000 dólares al año con horas extra como forma de atraer y retener a los trabajadores necesarios. Considere, con su equipo, este nivel de retribución y posiciónense en cuanto a si resulta demasiado elevado para este tipo de puesto. Discutan su posición con el resto de la clase. Además, identifiquen qué más podría hacerse para gestionar la escasez.

Ejercicio basado en la experiencia

Junto con los miembros de su equipo, identifique los pasos que podrían seguirse, como en el caso de los mecánicos y los mineros, para aliviar la escasez de trabajadores. Asegúrense de adoptar un enfoque con distintas alternativas. Deberían considerar las actividades externas que podrían conducir a que más personas decidieran ejercer la profesión. Por ejemplo, la competencia técnica es, en gran medida, un programa centrado externamente en el cambio de las conciencias y las actitudes. Deberían incluir también actividades internas diseñadas para atraer y retener a trabajadores en el sector. Por ejemplo, la formación transversal se está empleando en el sector del acero para que los trabajadores sean expertos en más de un área, lo que incrementa la oferta de trabajadores cualificados. Presenten su programa al resto de la clase.

Fuente: Dorn, R. (2005). Beating the technician shortage. *Fleet Equipment*, 31, 3; Maher, K. (2005, 5 de mayo). Coal companies are slowed by severe shortage of workers: Mines can´t boost output, so utilities´ low stock piles may lift electricity proces. *Wall Street Journal*, A-2; Maher, K. (2005, 3 de mayo). Skills shortage gives training programs new life. *Wall Street Journal*, A-2.

¡DECIDA USTED!

TENDENCIAS EMERGENTES Caso 5.5

¿Qué buscar en un equipo: Clones o complementarios?

En muchas organizaciones que han pasado a una estructura de trabajo en equipo, el equipo es la unidad principal de trabajo. Sin embargo, la mayoría de las organizaciones reclutan y contratan como cuando había una descripción del puesto y el equipo no existía. La realidad es que las personas tienen unas fortalezas o tendencias naturales y, por tanto, acaban jugando diferentes papeles dentro de un equipo. Por ejemplo, algunas personas tienen una empatía natural y se centran en las cuestiones interpersonales. Otros se centran y están más cómodos con los aspectos técnicos. A otros les gusta la emoción de identificar nuevos conceptos y soluciones pero no quieren tratar con los detalles operativos necesarios para implantarlos. Las investigaciones recientes han encontrado que permitir a las personas que jueguen con sus fortalezas puede conducir al rendimiento máximo y la satisfacción.

Preguntas para reflexionar

1. Si hay distintos papeles que desempeñar en un equipo, ¿qué haría para reclutar y seleccionar a quienes van a desempeñar cada uno de ellos?
2. Las características necesarias de los individuos que componen un equipo dependen del equipo y de las fortalezas y debilidades de los otros miembros del equipo. En otras palabras, la situación es mucho más dinámica que asumir que existe un puesto estático con un conjunto único de cualidades necesarias. ¿De qué manera modelaría o incluiría esta naturaleza dinámica e interactiva en el proceso de reclutamiento y selección?

Trabajo en equipo

Identifique, con los miembros de su equipo, los papeles que piensa que son importantes para los equipos en el lugar de trabajo.

1. Identifique las habilidades necesarias para desempeñar cada papel.
2. Además de las habilidades, puede resultar esencial para desempeñar un tipo de puesto en particular tener una tendencia o motivación natural. ¿Cómo podrían medir la motivación necesaria para cada papel?
3. ¿Cómo podrían medir las habilidades necesarias para cada puesto?
4. ¿Cómo podrían reclutar de forma eficaz a personas para los diversos puestos o papeles?
5. Presenten su plan de reclutamiento y selección al resto de la clase.

Fuente: Black, B. (2002). The road to recovery. *Gallup Management Journal*, 1, 10-12.

NOTAS

ADAPTACIONES PARA ESPAÑA Nota 5.1

Discriminación por edad

Recientemente el Tribunal Superior de Justicia de Cataluña ha confirmado la condena a una empresa eléctrica por discriminar a los candidatos de una oferta de empleo por su edad. La sentencia ha desestimado el recurso presentado por la compañía contra la sanción del Departamento del trabajo.

La empresa eléctrica había publicado una oferta de trabajo donde buscaba a personas de entre 35 y 45 años de edad. La empresa alegó que tal criterio respondía a que se buscaba una persona con madurez, estabilidad emocional y trayectoria profesional. La Generalitat de Cataluña consideró que dicho argumento no era justificativo para limitar la franja de edad y pidió la desestimación del recurso presentado por la empresa. El Tribunal Superior de Justicia de Cataluña decidió desestimar el recurso de la empresa contra la sanción impuesta por el Departamento de Trabajo de la Generalitat al estimar que no existen razones objetivas y razonables que justifiquen tales condiciones que supongan la exclusión de una determinada franja de edad para el puesto descrito.

La constitución española de 1978 prohíbe, en su artículo 14, cualquier forma de discriminación por razón de nacimiento, raza, sexo, religión, opinión o cualquier otra condición o circunstancia personal o social, al establecer que los españoles son iguales ante la ley.

De forma más explícita, el artículo 17 del Estatuto de los Trabajadores impide la discriminación por edad en las relaciones laborales, al establecer la nulidad de los convenios colectivos, pactos o decisiones del empresario que contengan diferencias desfavorables por razón de la edad.

CAPÍTULO

6 GESTIÓN DEL DESPIDO DE TRABAJADORES, REDUCCIÓN DEL TAMAÑO EMPRESARIAL Y COLOCACIÓN EXTERNA

OBJETIVOS

Tras leer este capítulo, usted estará en condiciones de abordar los siguientes temas:

1. **Identificar** los costes y beneficios asociados a la ruptura laboral.
2. **Comprender** la diferencia entre rupturas voluntarias e involuntarias.
3. **Evitar** los problemas en el diseño de las políticas de jubilación anticipada.
4. **Diseñar** políticas de GRH para reducir el tamaño de la organización, alternativas a los despidos y, cuando todo lo demás fracasa, desarrollar un programa de despidos que sea eficaz y justo para los grupos de interés de la empresa.
5. **Comprender** la importancia y el valor de los programas de colocación externa.

Póngase en la siguiente situación:

Usted es un miembro del equipo directivo de Storage Way, una empresa de almacenamiento y recuperación de datos de Internet. El CEO de la compañía, Kim Fennell, acaba de hacer un anuncio de despidos, el cuarto en los últimos 12 meses. La empresa anda mal por la situación económica que no es buena y la mayoría de sus competidores han abandonado o están abandonando el negocio. Estos despidos reducirán el número de empleados de Storage Way en otro 40 por ciento, suponiendo los cuatro recortes de plantilla una reducción total del 38 por ciento del número inicial de trabajadores. El vicepresidente de ventas y marketing acaba de dejar la empresa y algunos miembros del equipo directivo también se marcharon en el último par de meses. A pesar de ello, el CEO mira al futuro de la empresa de forma positiva. Dice que no hay problemas de liquidez y que a pesar de los despidos la empresa será capaz de prestar sus servicios a los clientes en el momento presente y en el futuro.

Los despidos van a afectar especialmente a marketing y ventas, aunque ingeniería también se verá afectada. Depende de usted desarrollar e implantar una política de despidos inmediatamente. Para realizar la propuesta, considere las siguientes preguntas:

- **¿Qué criterios debería utilizar para determinar quién será despedido?** ¿Debería basar su decisión de despidos en la antigüedad? Si es así, ¿perdería la empresa a los mejores empleados? Pero si los despidos se basan en el mérito, ¿tiene un sistema preciso para medir el rendimiento? ¿Podrá defender este sistema en caso de que los empleados enfadados le lleven a los tribunales?

- **¿Cuánta información debería darse a los empleados que serán despedidos?** ¿Tanta como sea posible? ¿O dar una notificación por anticipado crearía problemas en el rendimiento pues los empleados actuales empezarán a buscar un nuevo empleo?
- **¿Cómo se proporcionará seguridad a los empleados que se queden y se protegerá el negocio de sabotajes o robos de los empleados que pierden sus puestos?** ¿Debería contratar vigilantes de seguridad para escoltar a los empleados despedidos fuera del edificio? ¿Qué mensaje transmitiría esto a los empleados que se quedan y a los medios?
- **¿De qué manera debería comunicarse el despido a los empleados que se marcharán?** ¿Deberían recibir la información del despido a través de una carta? ¿Debería mantenerse una reunión general? ¿Quién será el responsable de contar a los empleados que han sido seleccionados para ser despedidos?
- **¿Cuándo deberían ser informados los medios de los despidos?** ¿Cómo pueden controlarse los rumores que podrían aparecer en los medios? ¿Cómo pueden los inversores, proveedores y clientes ser informados acerca de que los despidos no dañarán su relación con la empresa?
- **¿Cómo se sentirán los trabajadores que se quedan en la empresa, los "supervivientes", después del despido?** ¿Seguirán motivados? ¿Cómo se puede abordar el miedo y el enfado que sentirán?
- **¿Qué clase de servicios se puede proporcionar a los empleados despedidos para ayudarles a encontrar otro empleo?** ¿Debería contratarse a una empresa para que ofrezca este servicio? ¿Se puede ofrecer a los trabajadores despedidos beneficios durante un determinado período de tiempo para ayudarles?

EL ENFOQUE DIRECTIVO

Como sugiere el recuadro anterior, las relaciones entre empresarios y empleados están sujetas a cambios constantes en el entorno laboral de hoy en día. La competencia global y las nuevas tecnologías, como Internet, han cambiado las reglas de la competencia, forzando a las empresas a ser cada vez más productivas con menos trabajadores. Además, a principios de la década de 2000, aumentó el número de trabajadores estadounidenses que dejaban voluntariamente su trabajo, ya que los empleados buscaban, y encontraban, mejores oportunidades en un mercado laboral más tensionado.

Los directivos no sólo tienen que desarrollar habilidades para ayudar a un empleado que deja la empresa voluntariamente, sino que también tienen que ayudar a los empleados que han sido despedidos por razones económicas. Una finalización mal llevada de una relación laboral puede dañar la reputación de la empresa en su sector o comunidad, y limitar su capacidad de atraer a empleados con talento, escasos, que podría necesitar en el futuro.

Este capítulo se ocupa de la poco placentera tarea de gestionar la salida de RRHH de la organización. Analizamos el proceso que lleva a la salida de un empleado de la empresa, y el modo de gestionar este proceso eficazmente.

¿QUÉ ES LA RUPTURA LABORAL?

La **ruptura laboral** tiene lugar cuando un empleado deja de ser miembro de una organización[1]. La **tasa de rotación** es la medida de la tasa a la que los empleados dejan la empresa. Las empresas bien gestionadas intentan hacer un seguimiento de su tasa de rotación e identificar y gestionar sus causas. El objetivo es minimizar la rotación y los costes que supone reemplazar a los empleados. Los costes de sustitución, en particular para los puestos muy cualificados, pueden ser sorprendentemente altos. Por ejemplo, reemplazar a un piloto de aviones de la marina estadounidense puede costar más de 1.000.000 de dólares[2]. Sin embargo, se pueden calcular múltiples tasas de rotación, y es importante centrarse en los números correctos. El Recuadro 6.1 presenta lo básico para calcular tasas de rotación. Una tasa de rotación excesiva en comparación con el estándar del sector suele ser un síntoma de que existen problemas dentro de la organización.

La ruptura laboral puede y debe ser gestionada. Antes de analizar la gestión de la ruptura laboral, sin embargo, analizamos tanto los costes como los beneficios de las rupturas.

Ruptura laboral
La finalización de la pertenencia de un empleado a una organización.

Tasa de rotación
La tasa a la que abandonan los trabajadores una organización.

RECUADRO 6.1

UN VISTAZO RÁPIDO A LOS NÚMEROS: UNA TASA DE ROTACIÓN ELEMENTAL

La rotación se produce en todas las organizaciones. La tasa de rotación puede variar a lo largo del tiempo y entre empresas y sectores. Antes de determinar si la tasa de rotación es elevada en comparación con otros momentos del tiempo o con otra organización, asegúrese de que la calcula con precisión.

Necesita el número de empleados que hay cada mes y el número de empleados en plantilla durante cada uno de esos meses. La siguiente fórmula calcula esta tasa:

$$\text{Rotación} = \frac{\text{Número de empleados que abandonan el puesto}}{\text{Número medio de empleados durante el período}} \times \frac{12}{\text{Número de meses en el período}}$$

Considere la siguiente situación. A lo largo de seis meses, 12 empleados han abandonado un departamento. El nivel medio de empleados en el departamento es de 50. Dadas estas cifras, su tasa de rotación es:

$$12 / 50 \times 12 / 6 = 0{,}48$$

Durante los seis meses su tasa de rotación ha sido del 24 por ciento; sin embargo, la fórmula indica que esta tasa es del 48 por ciento sobre una base anual.

Conocer la tasa de rotación global puede proporcionarle una referencia para la comparación más precisa. Sin embargo, dividir la tasa global en diversos componentes puede ayudarle a entender las fuentes de la rotación y ayudarle a determinar si tiene un problema. Una manera fácil de dividir la tasa global es emplear las categorías de la Figura 6.1.

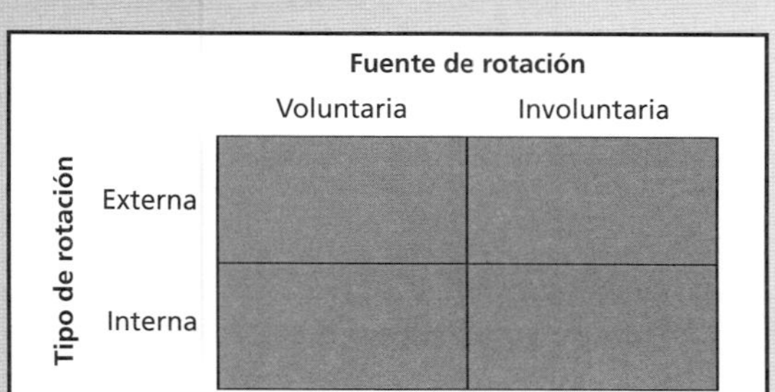

Figura 6.1 ■ Fuente y tipo de rotación.

(continúa)

(continuación)

"Fuente de rotación" se refiere a si el empleado decidió abandonar la organización (voluntariamente) o la dirección tomó la decisión de terminar la relación contractual con él (involuntariamente). "Tipo de rotación" puede dividirse en personas que dejaron la organización (externa) y empleados que dejan el puesto pero asumen otro en la organización (interna).

Puede calcular las tasas de rotación para cada una de las cuatro celdas en una matriz fuente X tipo. Una elevada tasa de rotación que es voluntaria y externa podría suponer una preocupación importante y ser un síntoma de problemas de la organización.

Fuente: Cleveland, B. (1 de junio de 2005). Tackling Turnover. *Call Center,* 16.

LOS COSTES DE LA RUPTURA LABORAL

Al suprimir puestos de trabajo, la empresa puede ahorrar costes a largo plazo. Sin embargo, si no se hace correctamente, los despidos aparentemente proporcionan un arreglo económico a corto plazo pero causan problemas a la organización a largo plazo. Es más, incluso cuando los puestos son eliminados, los costes de la ruptura pueden ser considerables. Por ejemplo, como muestra la Figura 6.2, entre 1993 y 1998 AT&T anunció cinco reducciones de plantilla para racionalizar sus operaciones. Los costes de la ruptura laboral ascendieron a miles de millones de dólares. Además del coste monetario, AT&T perdió a personas con talento, y la moral de la empresa se hundió. Para levantarla, los ejecutivos de AT&T adoptaron un planteamiento generoso para la ronda de recortes de 1998, ofreciendo importantes incentivos para atraer a voluntarios. Como explicaba el portavoz de AT&T, Adele Ambrose: "Queríamos transmitir el mensaje correcto a nuestros empleados, que necesitamos ser competitivos en costes, pero que queremos ser generosos con ellos y mostrarles que nos importan"[3].

El coste de la rotación puede diferir entre organizaciones, y algunos costes asociados a la rotación pueden ser difíciles de estimar. Por ejemplo, una localización geográfica de la organización podría necesitar un coste de reclutamiento de nuevos empleados particularmente elevado. El efecto de la pérdida de talento en las ventas, la productividad o la investigación y el desarrollo podría ser tremendo pero difícil de estimar. Es habitual estimar el coste de la rotación desde un conservador 25 por ciento[4] hasta un 150 por ciento de la pér-

Fecha del anuncio	Objetivo de la reducción	Número de empleados a 1 de enero de cada año	Costes soportados en miles de millones
Agosto 1993	4.000	313.000	Sin gastos
Febrero 1994	15.000	309.000*	Sin gastos
Septiembre 1995	8.500	302.000	$1,6***
Enero 1996	40.000	301.000	$6,0***
Enero 1998	18.000	128.000**	$1,0 (estimación)

*Adquirió McCaw Cellular Communications en 1993.
**Tras reestructurar Lucent Technologies y NCR en 1997.
***Los gastos totales incluyen la reestructuración y la consolidación.

Fuente: Schiesel, S. (8 de febrero de 1998). AT&T: A leaner company without a crash diet. *New York Times*, www.nytimes.com/libray/financial/Sunday/archive/.

Figura 6.2 ■ Ruptura laboral en AT&T: de 1993 a 1998.

Costes de reclutamiento	Costes de selección	Costes de formación	Costes de la ruptura laboral
■ Anuncios ■ Visitas a campus ■ Tiempo del evaluador ■ Honorarios de empresas de búsqueda	■ Entrevistas ■ Pruebas ■ Comprobación de referencias ■ Reasignación	■ Orientación ■ Costes de formación directa ■ Tiempo del formador ■ Productividad perdida durante la formación	■ Finiquito ■ Prestaciones ■ Costes del seguro de desempleo ■ Entrevista de salida ■ Recolocación ■ Puesto vacante

Figura 6.3 ■ Costes de sustitución de RRHH.

dida de compensación anual de los empleados [5]. Observando el lado más conservador del rango, para un salario medio de 30.000 dólares, el coste de una rotación sería de 6.000 dólares. Para una empresa con 1.000 empleados y un 20 por ciento de tasa de rotación, el coste anual de la rotación sería al menos de 1.200.000 dólares –no es un coste trivial, y puede ser mucho mayor dependiendo de la situación–. La Figura 6.3 muestra algunos costes relacionados con la sustitución de un empleado. Estos costes pueden clasificarse como *costes de reclutamiento*, *costes de selección*, *costes de formación* y *costes de la ruptura laboral.*

Costes de reclutamiento

Los costes asociados con el reclutamiento de un sustituto pueden incluir el anunciar el puesto vacante y la utilización de un reclutador profesional que viaje a diversos lugares (incluyendo campus universitarios). Para cubrir puestos ejecutivos o complejos por el empleo de una determinada tecnología, puede ser necesario contratar una empresa de búsqueda que localice a individuos cualificados, que probablemente ya estén empleados. Normalmente, la empresa de búsqueda cobra a la empresa unos honorarios de en torno al 30 por ciento del salario anual del empleado.

Costes de selección

Los costes de selección están asociados a la selección, contratación y colocación de un nuevo empleado en un puesto de trabajo. La entrevista del candidato a un puesto de trabajo supone costes asociados con el desplazamiento al lugar de la entrevista y la pérdida de productividad derivada de la organización de las entrevistas y de las reuniones necesarias para tomar las decisiones de selección. Por ejemplo, la decisión de contratación de un nuevo socio en un despacho de abogados podría requerir la participación de muchos socios *junior* así como de los socios *senior* del despacho, que pueden cobrar a sus clientes cientos de dólares por hora de trabajo.

Otros costes de selección incluyen la realización de pruebas a los empleados y la comprobación de sus referencias para garantizar que la cualificación del empleado es veraz. Finalmente, la empresa podría tener que pagar costes de reasignación, que incluyen los costes de trasladar las propiedades privadas del empleado, los costes de desplazamiento, y a veces incluso los costes de vivienda habitual. Éstos últimos podrían incluir los costes de vender la antigua casa del empleado y los costes de transacción de comprar una casa en un mercado más caro.

Costes de formación

La mayoría de los nuevos empleados necesita cierta formación específica para desempeñar su puesto. Los costes de formación también incluyen los costes asociados con la orientación del empleado a los valores y la cultura de la empresa. También son importantes los costes directos de formación –de forma más específica, el coste de la instrucción, los libros y los materiales para los cursos de formación–. El coste de formar a una persona para utilizar un determinado programa informático, por ejemplo, puede alcanzar los 30.000 dólares, o más[6]. Finalmente, mientras se está formando a los nuevos empleados, éstos no están teniendo un rendimiento análogo al de los empleados que ya han sido formados, por lo que hay cierta pérdida de productividad.

Costes de la ruptura laboral

Una empresa incurre en costes de ruptura laboral cada vez que un empleado se va, independientemente de si va a ser sustituido o no. El principal coste de la ruptura incluye el finiquito en cuanto a salario y prestaciones. La mayoría de las empresas ofrece una *indemnización por despido* para los empleados que se van. La indemnización por despido puede representar el salario de varios meses en el caso de un empleado con mucha experiencia. Por ejemplo, IBM redujo 170 puestos de trabajo en su fábrica de disqueteras de San José, en California. Los trabajadores afectados recibieron una indemnización de entre ocho y 26 semanas de paga, en función de su antigüedad en la empresa. Sin embargo, encuestas recientes indican que los empleados técnicos y profesionales reciben una media de tres semanas de paga y los empleados "no exentos" (existe obligación de pagarles horas extraordinarias) generalmente dos semanas[7]. Cerca del 80 por ciento de las 1.000 empresas incluidas en una encuesta indicaron que tenían un plan de indemnizaciones. Aunque la antigüedad es el principal factor en la determinación de la indemnización por despido, muchas empresas también emplean fórmulas que tienen en cuenta factores como el salario, la categoría y el cargo.

Con menor frecuencia, los empleados siguen recibiendo prestaciones médicas hasta que encuentran otro puesto de trabajo. Además, los empresarios que han reducido sus plan-

CUADERNO DEL DIRECTOR

TENDENCIAS GLOBALES

La rotación está aumentando en Hong Kong: un signo positivo de la economía, pero un sufrimiento para los empleados

De acuerdo con Jim Tak-Hing, el director de RRHH para el norte de Asia de Dairy Farm, la tasa de rotación de empleados es un barómetro inmediato y preciso de la economía de Hong Kong. Cuando estalló el síndrome de las vacas locas en 2003, la tasa de rotación en Hong Kong era del diez por ciento. La economía comenzó a mejorar, y la tasa en 2005 era del 15 por ciento. De acuerdo con Tak-Hing, las prioridades de los trabajadores están menos centradas en la seguridad en el trabajo y más en asumir riesgos y perseguir oportunidades. La tasa de rotación podría ser una señal positiva si se considera desde la perspectiva amplia de la economía, ¿pero qué significa para los empleados?

Dairy Farm está tratando de resolver el problema del crecimiento de la tasa de rotación en Hong Kong. Dairy Farm es un gran comercio minorista, con 243 supermercados y cientos de pequeños establecimientos. Con 12.000 trabajadores, su tasa de rotación del 15 por ciento se traduce en vacantes al año. Para mejorar su tasa de retención, Dairy Farm está buscando algo más que una simple subida salarial. La organización está intentando combatir la rotación con políticas de promoción desde dentro y desarrollando a sus trabajadores con diversos programas de formación. Sus directivos reconocen que el crecimiento de la tasa de rotación podría ser una buena noticia para la economía, pero puede causar dificultades a los empleados.

Fuente: Adaptado de Metcalfe, T. (2005, 5 de febrero). Turno ver a new leaf to retain staff: Dairy Farm finds that keeping skilled staff involves more than just boosting salaries. *South China Morning Post*, Human Resources Trends, 4.

tillas tienen que pagar más a sus seguros por desempleo. Las empresas son penalizadas con mayores impuestos si sus empleados despedidos se acogen al fondo de desempleo en los estados en los que operan.

Otros costes de la ruptura laboral están asociados con la administración de la propia ruptura. La administración de la ruptura suele incluir una **entrevista de salida**, que tiene como fin encontrar los motivos por los que el trabajador se va (averiguar si se va de forma voluntaria) o para ofrecer asesoría y apoyo para encontrar un nuevo trabajo. Actualmente, es una práctica común en las grandes empresas la oferta de **asistencia para la recolocación**, que ayuda a los empleados despedidos a encontrar otro trabajo más deprisa, ofreciéndoles formación en habilidades para la búsqueda de trabajo. Finalmente, los empresarios incurren en costes si un puesto permanece vacante y no se realiza el trabajo. El resultado puede ser una reducción de la producción o de la calidad del servicio de la empresa para sus clientes o consumidores.

Entrevista de salida
La entrevista final a un empleado tras la ruptura laboral con la empresa. El objetivo de esta entrevista consiste en descubrir los motivos por los que el empleado se va (si se trata de una ruptura laboral voluntaria) o para ofrecer asesoría o apoyo para encontrar un nuevo puesto de trabajo.

Recolocación
Un programa con el que las empresas ayudan a los empleados que se van a encontrar más rápidamente un trabajo formándoles en búsqueda de trabajo.

¿Quién realiza la entrevista de salida? El director del trabajador que se va es una mala elección. La persona que realice la entrevista debería tener muy buenas habilidades de comunicación y ocupar una posición neutral en cuanto a la salida del empleado. Algunas organizaciones están pasando a realizar estas entrevistas a través de la web, asumiendo que las personas podrían abrirse más a contar sus razones para dejar la empresa si no hay una interacción cara a cara[8]. Sin embargo, algunos trabajadores encuentran que la interacción humana y la realización de una buena entrevista les permite abrirse más que la interacción a través de la web.

LOS BENEFICIOS DE LA RUPTURA LABORAL

Aunque mucha gente ve la ruptura laboral como algo negativo, la ruptura también aporta algunos beneficios. Cuando las tasas de rotación son demasiado bajas, se contratarán pocos empleados nuevos, y las oportunidades de promoción se verán muy reducidas. Una tasa de rotación persistentemente baja puede tener un efecto negativo sobre el rendimiento si la fuerza laboral se hace complaciente y no consigue generar ideas innovadoras. Tal y como se presenta en el Cuaderno del Director, "La rotación está aumentando en Hong Kong: un signo positivo de la economía, pero un sufrimiento para los empleados", la rotación puede incluso verse como un indicador económico positivo. Un cierto número de rupturas laborales es una parte buena y necesaria de hacer negocios.

Los empleados también podrían recibir algunos beneficios de la ruptura laboral. La ruptura puede permitir que un individuo salga de una situación laboral desagradable y tal vez encontrar otro trabajo menos estresante o que le satisfaga más, personal y profesionalmente.

Reducción de costes laborales

Una organización puede reducir sus costes laborales totales reduciendo su plantilla. Aunque los costes de la ruptura laboral en una reducción de plantilla pueden resultar considerables, los ahorros salariales derivados de la supresión de algunos puestos pueden compensar fácilmente las indemnizaciones por despido y otros costes asociados con la reducción de plantilla.

Sustitución de empleados poco rentables

Una parte inherente a la dirección empresarial consiste en identificar a empleados poco rentables, y ayudarles a mejorar su rendimiento laboral. Si un empleado no responde a este apoyo, puede ser mejor sustituirle de forma que se pueda contratar a un nuevo empleado (presumiblemente, mejor cualificado).

Mayor innovación

Las rupturas laborales crean oportunidades de promoción para los individuos de alto rendimiento. También generan puestos para principiantes, a medida que los empleados son promocionados dentro de la empresa. Una importante fuente de innovación en las empresas son los nuevos contratados que proceden del exterior, que pueden ofrecer una perspectiva más fresca.

La oportunidad de disponer de mayor diversidad

La ruptura laboral crea nuevas oportunidades para contratar a empleados con antecedentes diversos, y para volver a distribuir la composición cultural y de género de la fuerza laboral al tiempo que se mantiene el control sobre las prácticas de contratación y se cumple con las políticas gubernamentales de la Comisión para la Igualdad de Oportunidades en el Empleo.

TIPOS DE RUPTURA LABORAL

Las rupturas laborales pueden dividirse en dos categorías. Las rupturas laborales voluntarias son iniciadas por los empleados. Las rupturas involuntarias son iniciadas por el empresario. Para protegerse de los problemas legales con antiguos empleados, los empresarios deben gestionar las rupturas involuntarias con mucho cuidado, y siempre documentando por escrito el proceso.

RUPTURAS VOLUNTARIAS

Ruptura voluntaria
Una ruptura laboral que se produce cuando un empleado decide, por razones personales o profesionales, finalizar su relación con el empresario.

Las **rupturas laborales voluntarias** se producen cuando un empleado decide, por motivos personales o profesionales, finalizar la relación con el empresario. Esta decisión puede surgir porque el empleado haya encontrado un trabajo mejor, quiera cambiar de profesión, o más tiempo para su familia o su propio ocio. Alternativamente, la decisión podría deberse a que el empleado encuentre poco atractivo el trabajo actual, debido a las malas condiciones laborales, a un salario bajo, a que recibe pocas prestaciones, a que tiene una mala relación con un superior, etc. En la mayoría de los casos, la decisión de irse es una combinación de tener alternativas atractivas y de no estar satisfecho con ciertas facetas del actual puesto de trabajo.

Las rupturas voluntarias pueden ser *evitables* o *inevitables*. Las rupturas laborales voluntarias inevitables se deben a decisiones vitales del empleado que van más allá del control del empresario, como la decisión de la esposa de desplazarse a otro lugar que exige que el empleado busque otro puesto. Sin embargo, los últimos estudios demuestran que aproximadamente el 80 por ciento de las rupturas laborales voluntarias se pueden evitar, y muchas se deben a errores en la contratación. Invirtiendo en una GRH de calidad en el reclutamiento, la selección, la formación y los programas de desarrollo (*véase* los capítulos 5 y 8), las empresas pueden evitar muchos errores que implican un mal ajuste entre el empleado y el puesto de trabajo[9].

Existen dos tipos de rupturas laborales voluntarias: las dimisiones y las jubilaciones.

Dimisiones

La decisión de *dimitir* depende de (1) el grado de insatisfacción del empleado en su puesto de trabajo y (2) el número de alternativas atractivas que tiene el empleado fuera de la organización[10]. El empleado puede estar insatisfecho con el propio puesto de trabajo, con el entorno laboral, o con ambos.

En los últimos años, algunos empresarios han estado utilizando incentivos pecuniarios para animar a los empleados a irse voluntariamente. Los empresarios que utilizan *planes de ceses voluntarios*, o *bajas voluntarias*, para reducir el tamaño de su fuerza laboral evitan al mismo tiempo los factores negativos asociados a un despido. Los incentivos pecuniarios pueden ser una importante cantidad de dinero en efectivo de entre seis meses y dos años de salario, en función de la antigüedad del empleado en la empresa y del diseño del plan de incentivos. Por ejemplo, en 2005 más de 180 empleados han aceptado la baja voluntaria ofrecida por el Centro de Investigación Langley de la NASA en Virginia[11]. Al enfrentarse a restricciones presupuestarias, el centro ofreció a los empleados incentivos, hasta 25.000 dólares para los más experimentados, por dimitir o jubilarse anticipadamente. Ford Motor Co. estaba también intentando deshacerse de 1.000 trabajadores asalariados ofreciéndoles un programa de bajas voluntarias[12].

Jubilaciones

Una *jubilación* difiere de una dimisión en una serie de aspectos. En primer lugar, la jubilación suele producirse al final de la carrera de un empleado. La dimisión puede producirse en cualquier momento (de hecho, es más probable que un empleado cambie de trabajo en las primeras etapas de su carrera profesional). Segundo, las jubilaciones suelen tener como resultado el que la persona reciba prestaciones de la organización. Entre estas prestaciones pueden incluirse pagos por jubilación que complementan sus ahorros personales y las prestaciones de la seguridad social. La gente que dimite de un trabajo no recibe estas prestaciones. Por último, la organización normalmente planifica las jubilaciones con antelación. El personal de RRHH puede ayudar a los empleados a planificar su jubilación, y los directivos pueden planificar con antelación si sustituyen a los jubilados de entre los empleados actuales o si contratan a otros nuevos. Resulta mucho más difícil planificar las dimisiones en este sentido.

La mayoría de los empleados pospone su jubilación hasta que se acercan a los 65 años de edad, porque ésta es la edad en la que pueden recibir todas las prestaciones médicas y de la seguridad social del gobierno (*véase* el Capítulo 12)[13]. Sin estas prestaciones, muchos trabajadores tendrían problemas para jubilarse. En EE.UU. es ilegal que un empresario obligue a un trabajador a jubilarse por razón de su edad.

Muchas empresas de las clasificadas en *Fortune* 500 consideran que los *incentivos a la jubilación anticipada* son una forma eficaz de reducir su fuerza laboral. Estos incentivos hacen que la jubilación anticipada sea financieramente atractiva para los empleados más antiguos que quieren jubilarse anticipadamente. Junto con los planes de cese voluntario, se utilizan como alternativas a los despidos porque se consideran una forma más suave para reducir el tamaño empresarial. Analizamos la gestión de las jubilaciones anticipadas con más detalle más adelante en este mismo capítulo.

RUPTURAS INVOLUNTARIAS

Una **ruptura laboral involuntaria** se produce cuando la dirección decide acabar una relación laboral con un empleado por (1) necesidad económica o (2) un mal ajuste entre el empleado y la organización. Las rupturas laborales involuntarias suponen el resultado de decisiones muy difíciles y dolorosas, que tienen un profundo impacto sobre toda la organización y, sobre todo, sobre el empleado que pierde su puesto de trabajo.

Ruptura involuntaria
Una ruptura laboral que se produce cuando un empresario decide finalizar su relación con un empleado debido a (1) necesidades económicas o (2) un mal ajuste entre el empleado y la organización.

Aunque son los directivos los que toman la decisión de despedir a un empleado, el personal de RRHH tiene que asegurarse de que el empleado despedido recibe el "trato debido", y que el despido se realiza cumpliendo la letra y el espíritu de la política de empleo de la empresa. La cooperación y el trabajo de equipo entre directivos y personal de RRHH son esenciales para gestionar eficazmente el proceso de despido. El personal de RRHH puede actuar como asesores valiosos para los directivos en este campo, ayudándoles a evitar errores que pueden provocar demandas judiciales por despido improcedente. También pueden ayudar a proteger a los empleados cuyos derechos han sido violados por los directivos. Existen dos tipos de ruptura laboral involuntaria: despidos y reducciones de plantilla.

Despidos

Un *despido* se produce cuando la dirección decide que hay un mal ajuste entre el empleado y la organización. El despido es el resultado, o bien de un mal rendimiento, o bien del fracaso del empleado a la hora de cambiar un comportamiento inaceptable que la dirección ha tratado de corregir en repetidas ocasiones. Algunas veces, los empleados tienen una seria mala conducta, como un robo o una falta de honradez, que puede derivar en un despido inmediato.

Los directivos que deciden despedir a un empleado tienen que asegurarse de que siguen los procedimientos disciplinarios establecidos por la empresa. La mayoría de las empresas sin un sindicato, y todas las empresas que tienen un sindicato propio, disponen de un *procedimiento disciplinario progresivo* que otorga a los empleados la oportunidad de corregir su comportamiento antes de ser penalizados seriamente. Por ejemplo, un empleado que viola una norma de seguridad puede recibir una advertencia verbal, seguida de una advertencia por escrito tras cierto período de tiempo. Si el empleado no deja de infringir la norma de seguridad, el empresario puede decidir despedirle. Los directivos tienen que documentar las incidencias de violación, u ofrecer pruebas de que el empleado conocía la norma y que había sido advertido de que su violación podría provocar su despido. Así, los directivos pueden demostrar que el empleado fue despedido por causa justa. El Capítulo 14 detalla los criterios que pueden utilizar los directivos para determinar si el despido satisface el estándar de causa justa[*].

Un ejemplo ilustra lo caro que puede resultar despedir a un trabajador si se hace mal y sin seguir los procedimientos adecuados. Sandra McHugh ganó 1,1 millones de dólares en concepto de indemnización en una demanda por discriminación por razón de edad contra su empresario[14]. McHugh fue despedida debido a su edad, tenía 42 años cuando fue despedida de la empresa.

Reducciones de plantilla

Las *reducciones de plantilla* son una manera de reducir costes en una organización. Por ejemplo, se estima que la reducción de plantilla masiva de 25.000 empleados de cuello azul en General Motors supone un ahorro anual de 2.500 millones de dólares [15]. GM ha visto cómo se erosionaba su cuota de mercado en EE.UU., pasando de cerca del 50 por ciento de ventas de coches en los 70 a alrededor de un 25 por ciento. A la empresa le gustaría hacer tantos despidos como sea posible a través de bajas voluntarias y jubilaciones anticipadas, pero su objetivo es llegar a una reducción de un 22 por ciento de sus trabajadores en 2008[16]. Es importante entender que GM está implicada en una reducción de plantilla; no está despidiendo trabajadores. Una reducción de plantilla difiere de un despido en muchas cosas. En una reducción de plantilla, los empleados pierden su trabajo debido a un cambio del entorno de la empresa, o de la estrategia, que fuerza la reducción del personal. La competencia global, las reducciones de la demanda del producto, las cambiantes tecnologías que reducen la necesidad de trabajadores, y las fusiones y adquisiciones son los factores principales subyacentes a la mayoría de las reducciones de plantilla[17]. Por el contra-

*En algunas jurisdicciones es posible que la dirección despida a un empleado a partir de pruebas que no satisfacen el estándar de causa justa. Sin embargo, los autores recomiendan que se cumpla este estándar como buena práctica empresarial.

rio, las acciones de la mayoría de los empleados despedidos han sido habitualmente la causa directa de su ruptura laboral. Aunque podemos hacer estas distinciones conceptuales entre una reducción de plantilla y un despido, los trabajadores de GM que se enfrentan a un recorte de la plantilla simplemente saben que pierden su puesto, se llame como se llame el proceso.

Las reducciones de plantilla tienen un fuerte impacto sobre la organización. Pueden afectar a la moral de los empleados que se quedan en la organización, que podrían temer perder sus trabajos en el futuro. Además, las reducciones de plantilla pueden afectar a la vitalidad económica de una región, incluyendo a los comerciantes que dependen del patrocinio de los trabajadores que respaldan sus negocios. Una reducción de plantilla en Dell en 2001 tuvo un impacto muy grande en una comunidad. Dell despidió a 1.700 empleados en la que fue la primera gran reducción de plantilla en la historia de la empresa[18]. Tres meses después, se eliminaron otros 4.000 puestos. Casi todos los despidos se realizaron en la instalación central de Dell en Texas, en Round Rock, una ciudad al norte de Austin. Un directivo de ventas de DELL, cuyo salario anual superaba los 100.000 dólares, recibió menos de 1.200 dólares por mes por subsidio de desempleo, y pasaron cuatro meses hasta que encontró un puesto como camarero. Miles de los trabajadores de Round Rock despedidos encontraron muy difícil reemplazar sus ingresos. El mercado de trabajo local estaba saturado con miles de personas en circunstancias similares. El mercado de calidad en Round Rock está compuesto casi por completo de empleados de Dell. En 2002, el número de casas en venta con valor superior a 250.000 dólares se multiplicó por diez[19]. Incluso las ventas de sándwiches se redujeron un 25 por ciento. Cuanto más depende una economía local de una empresa, más devastadora puede ser una reducción de plantilla para una comunidad.

Una cuestión de ética

¿Qué puede hacer una empresa para ayudar a una comunidad cuando decide cerrar una planta que es importante para su prosperidad económica?

Los inversores también podrían verse afectados por las reducciones de plantilla. La comunidad inversora puede interpretar una reducción de plantilla como un indicador de que la empresa está atravesando serios problemas. Esto, a su vez, podría reducir el precio de las acciones de la empresa en los mercados de valores. Finalmente, las reducciones de plantilla pueden cambiar la imagen de la empresa. Pueden dañar la consideración de que la empresa es un buen lugar para trabajar, y hacer que sea más difícil reclutar a empleados muy cualificados que pueden elegir entre numerosos empresarios. Por ejemplo, Northwest y otras importantes líneas aéreas solían percibirse como lugares buenos para trabajar que ofrecían una buena retribución. Sin embargo, las compañías aéreas se están enfrentando a una mayor presión competitiva y un ascenso de los costes. Como parte de su intento de reducir costes, Northwest ha reducido su plantilla en más de 14.000 puestos en cuatro años, y se esperan más reducciones[20]. Las reducciones de plantilla y la inseguridad que producen pueden influir en la capacidad de un sector de atraer a los mejores trabajadores.

Reducciones de plantilla, reducción del tamaño empresarial y ajuste del tamaño empresarial

Resulta adecuado en este punto clarificar la diferencia entre reducción de plantilla, reducción del tamaño empresarial (*downsizing*) y ajuste del tamaño empresarial (*rightsizing*). Una empresa que adopta una estrategia de **reducción del tamaño empresarial** reduce la escala (tamaño) y alcance de su negocio para mejorar su rentabilidad financiera[21]. Cuando una empresa decide reducir su tamaño empresarial, puede elegir la reducción de plantilla como uno de los diversos medios para reducir sus costes o mejorar su rentabilidad[22]. En los últimos años, muchas empresas han hecho esto, pero queremos resaltar que las empresas pueden adoptar otras muchas medidas para aumentar la rentabilidad sin recurrir a las reducciones de plantilla[23]. Discutimos estas medidas más adelante en este capítulo.

Reducción del tamaño empresarial
Una estrategia empresarial que consiste en reducir la escala (tamaño) y el alcance del negocio con el fin de mejorar la rentabilidad financiera de la empresa.

Ajuste del tamaño empresarial
El proceso de reorganización de los empleados de una empresa para mejorar su eficiencia.

El **ajuste del tamaño empresarial** implica reorganizar a los empleados de la empresa para mejorar su eficiencia[24]. Una organización tiene que ajustar su tamaño empresarial cuando se ve obstaculizada por demasiados niveles de dirección o por demasiados procesos burocráticos que no añaden valor a su producto o servicio. Por ejemplo, las empresas que pueden volver a configurar sus empleados de línea en equipos de trabajo autogestionados pueden descubrir que tienen demasiados empleados, y que tienen que reducir su personal para aprovechar las eficiencias derivadas de la estructura por equipos. El resultado podría ser una reducción de plantilla, pero no siempre es necesario recurrir a esta medida. Al igual que en la estrategia de reducción del tamaño empresarial, la dirección puede disponer de diversas alternativas a la reducción de plantilla para ajustar su personal. En el caso del recorte de empleo en GM, la perspectiva de los sindicatos es que la disminución del tamaño no es la respuesta a largo plazo a los problemas de la empresa. El Sindicato Unificado de Trabajadores del Automóvil (*United Auto Workers,* UAW son las siglas en inglés) entiende que lo que se necesita son mejoras en la gama del producto y su calidad[25]. La postura de GM es que la adaptación a una cuota de mercado más pequeña es simplemente la realidad del futuro. En otras palabras, ¿debería GM implicarse en una reducción o en un ajuste del tamaño empresarial? La respuesta a esta pregunta podría obtenerse únicamente después de una negociación larga entre GM y la UAW. Sea cual sea la denominación, el resultado de la reducción o el ajuste es que hay personas que van a perder su puesto de trabajo.

La gestión de una reducción de plantilla es un proceso sumamente complejo. Antes de examinar sus especificidades, sin embargo, resulta útil analizar una importante alternativa a la reducción de plantilla: las jubilaciones anticipadas.

GESTIÓN DE LAS JUBILACIONES ANTICIPADAS

Cuando una empresa decide reducir el tamaño de sus operaciones, su primera tarea consiste en analizar las alternativas a las reducciones de plantilla. Como hemos mencionado anteriormente, uno de los métodos más populares es la jubilación anticipada. En los últimos años, empresas como IBM, ExxonMobil, DuPont, AT&T, Hewlett-Packard[26], Bell Atlantic[27] y GTE[28] han utilizado las jubilaciones anticipadas para reducir el tamaño de su fuerza laboral.

LAS CARACTERÍSTICAS DE LAS POLÍTICAS DE JUBILACIÓN ANTICIPADA

Las políticas de jubilación anticipada tienen dos características: (1) son un paquete de incentivos financieros que hacen que a los empleados con más antigüedad les resulte atractiva la jubilación antes de lo que habían planificado y (2) son una *ventana abierta* que limita la posibilidad de ser elegido para salir de la empresa durante cierto período de tiempo. Cuando la ventana se cierra, los incentivos ya no están disponibles[29].

Los incentivos financieros suelen partir de una fórmula que acelera la posibilidad de ser elegido para jubilarse, cuando se es un empleado mayor, y aumenta la renta de los jubilados. No es inusual que las empresas ofrezcan importantes cantidades monetarias para incentivar la salida de la empresa. Muchas empresas también ofrecen prolongar las prestaciones médicas de forma que los jubilados anticipadamente sigan disfrutando la cobertura médica hasta que puedan acceder a los programas para jubilados mayores de 65 años. Sin embargo, puesto que las empresas han abierto la ventana de la jubilación anticipada a cada vez más empleados en los últimos años, han tenido que reducir lo que antaño eran generosos paquetes de indemnización financiera. Por ejemplo, cuando IBM anunció su política de jubilación anticipada a principios de 1991, permitió que cualquier empleado con 30 años de servicio se jubilara con todas las prestaciones de jubilación, independientemente de su edad. Los empleados que aceptaron la oferta recibieron una importante suma de dinero, un año de salario. En 1993, los empleados que se iban obtuvieron un máximo de 26 semanas de salario más, únicamente, seis meses de cobertura médica pagada[30].

Las políticas de jubilación anticipada pueden reducir sustancialmente el tamaño de la fuerza laboral de la empresa. Por ejemplo, una empresa pública con sede en Raleigh, Carolina del Norte, Progress Energy, tuvo una respuesta mayor de la que esperaba a un programa de jubilación anticipadas[31]. Como resultado, la empresa podría tener que contratar a 1.000 personas para cubrir los puestos vacantes.

CÓMO EVITAR LOS PROBLEMAS DERIVADOS DE LAS JUBILACIONES ANTICIPADAS

Cuando no se gestionan adecuadamente, las políticas de jubilación anticipada pueden causar muchos problemas. Demasiados empleados jubilándose anticipadamente, empleados que se van y no deberían, y empleados que consideran que se les ha obligado a irse, pueden dar lugar a demandas por discriminación por razón de edad.

Una forma de evitar un exceso de renuncias es restringir el programa a las divisiones que tienen empleados redundantes con elevados niveles de antigüedad (en lugar de hacer una política a disposición de todos los empleados de la empresa). Otra forma es preguntar a los empleados de mayor antigüedad cómo responderían a un plan específico de jubilación anticipada. Si son muchos los dispuestos a acogerse a este plan, los incentivos podrían ajustarse para controlar el número de empleados dispuestos a acogerse a la jubilación anticipada.

Algunas veces los empleados con más posibilidades de colocarse en el mercado, con la mejor cualificación, pueden considerar que es fácil encontrar otro trabajo y decidir "tomar el dinero y salir corriendo". Para evitar esta situación, y conservar a las personas más valiosas, la empresa puede desarrollar cláusulas para volver a contratar a empleados jubilados como asesores temporales hasta que se tenga a los sustitutos adecuados que puedan ser promocionados, contratados o formados.

Los programas de jubilación anticipada deben ser gestionados de forma que los empleados que pueden acceder a ellos no perciban que se les fuerza a jubilarse e interpongan por ello una demanda por discriminación por razón de edad. Las situaciones que podrían ser interpretadas como coercitivas incluyen las siguientes:

- Un empleado con contrato indefinido que ha tenido un buen rendimiento durante muchos años y, de repente, recibe una evaluación del desempeño negativa.
- Un directivo que señala que los empleados más mayores que no se acojan a la jubilación anticipada podrán ser despedidos de todas formas porque se producirá una reducción de plantilla en un futuro cercano.
- Los empleados más mayores se dan cuenta de que sus últimas subidas salariales son un poco menores que las de otros trabajadores más jóvenes que no pueden acceder a la jubilación anticipada.

Un antiguo empleado que demandó a IBM por una discriminación por razón de edad recibió una indemnización compensatoria de 315.000 dólares porque convenció al jurado de que le habían obligado a jubilarse anticipadamente[32]. El empleado aportó pruebas que demostraban que su puesto había sido reclasificado cuando verbalizó sus reservas respecto a la jubilación anticipada. Poco después, afirmaba, recibió una advertencia de que su próxima evaluación del desempeño sería negativa.

Los directivos pueden evitar las demandas legales siguiendo una simple línea directriz: todos los directivos que tengan empleados mayores a su cargo deben asegurarse de que no les tratan de forma distinta al resto de los empleados. Los miembros del departamento de RRHH desempeñan un papel importante aquí al hacer que los directivos sean conscientes de la letra y el espíritu de la política de jubilación anticipada, de forma que no fuercen (consciente o inconscientemente) a los empleados más mayores durante el período en que la ventana está abierta.

GESTIÓN DE LAS REDUCCIONES DE PLANTILLA

Normalmente, una organización decidirá realizar una reducción de plantilla cuando no pueda reducir sus costes laborales de ninguna otra forma. La Figura 6.4, que presenta un modelo de toma de decisión de reducción de plantilla, y sus alternativas, muestra que los directivos primero deberían intentar reducir sus costes laborales utilizando alternativas a la reducción de plantilla, como las jubilaciones anticipadas y otras reducciones voluntarias de la fuerza laboral. Cuando los directivos han tomado la decisión de realizar una reducción de plantilla, tienen que preocuparse de colocar fuera a sus antiguos empleados.

Una importante influencia sobre la posibilidad de una reducción de plantilla es la estrategia de RRHH de una empresa (*véase* el Capítulo 1). Las empresas que tienen una estrategia de RRHH de empleo de por vida tienen menos posibilidades de reducir sus plantillas porque han desarrollado políticas alternativas para proteger la seguridad laboral de sus trabajadores permanentes. Los ejemplos mejor conocidos de empresas con políticas de empleo de por vida son las grandes corporaciones japonesas, que emplean a aproximadamente la tercera parte de los trabajadores japoneses. En EE.UU., algunas empresas (como FedEx) tienen políticas contrarias a la reducción de plantilla. FedEx nunca ha tenido una reducción de plantilla en sus actividades en EE.UU., que implican a 124.000 empleados[33]. Su política de no reducción de plantilla significa que la organización está comprometida con la preservación de los puestos de trabajo y las prestaciones tanto como sea posible. FedEx ha afrontado la recesión económica confiando en las

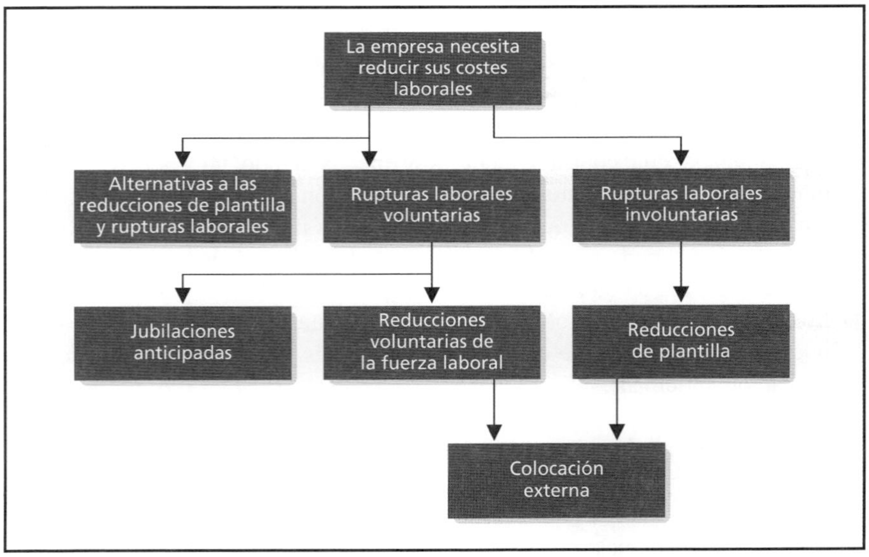

Figura 6.4 ■ La decisión de reducir la plantilla y sus alternativas.

bajas vegetativas, que reducen el tamaño de la fuerza de trabajo pues los empleados que se marchan no son reemplazados, en el aplazamiento de las compras, la congelación de la contratación, la limitación de los viajes de los empleados y el aplazamiento del pago de primas. La mayoría de los trabajadores, en FedEx o cualquier otro lugar, probablemente estarían de acuerdo en que estos recortes son mejores que perder sus puestos. La mayoría de las empresas, sin embargo, tienen estrategias de RRHH orientadas al mercado que permiten las reducciones de plantilla cuando no hay otras alternativas.

Bajas vegetativas
Una política de empleo diseñada para reducir la fuerza laboral de una empresa que consiste en no volver a cubrir las vacantes que genera la rotación.

ALTERNATIVAS A LA REDUCCIÓN DE PLANTILLA

La mayoría de las organizaciones buscan métodos alternativos de reducción de costes antes de optar por una reducción de plantilla. Una encuesta reciente encontró que la estrategia más común es la de las bajas vegetativas[34]. Otras alternativas son congelar las contrataciones, no renovar el contrato a los empleados y animar a los empleados a que voluntariamente tomen excedencias. La Figura 6.5 muestra las principales alternativas a las reducciones de plantilla. Entre éstas se incluyen: las políticas de empleo; los cambios en el diseño del puesto de trabajo; las políticas de pagas y prestaciones; y la formación. Los directivos pueden utilizar estas alternativas tanto para reducir los costes laborales como para proteger los puestos de trabajo de los empleados a tiempo completo.

Políticas de empleo

Las primeras alternativas a las reducciones de plantilla que probablemente tengan en cuenta los directivos son las que interfieren lo menos posible en la gestión cotidiana de la empresa. Estas alternativas normalmente se centran en ajustes de las políticas de empleo.

La forma de reducir los costes laborales que menos interfiere en la gestión cotidiana consiste es la derivada de la bajas vegetativas. Al no volver a ocupar las vacantes que se producen debido a la rotación de trabajadores, la empresa puede mejorar su cuenta de resultados. Tras las negociaciones de contratación con el Sindicato Unificado de Trabajadores del Automóvil en EE.UU., DaimlerChrysler dejó claro su plan de reducir su fuerza laboral mediante bajas vegetativas y trabajadores que accederían a paquetes de jubilación anticipada[35].

Cuando se necesitan mayores reducciones de costes, se puede aplicar una **congelación de la contratación**. Por ejemplo, Sacred Herat Medical Center, una empresa líder en Spokane, Washington, empleó recientemente una congelación temporal de la contratación para

Congelación de la contratación
Una política de empleo diseñada para reducir la fuerza laboral de la empresa que consiste en no contratar a nuevos empleados.

Políticas de empleo	Cambios del diseño el puesto de trabajo	Políticas de paga y prestaciones	Formación
■ Reducción mediante bajas vegetativas ■ Congelación de la contratación ■ Reducción de los empleos a tiempo parcial ■ Supresión de estudiantes en prácticas ■ Dar el trabajo subcontratado a los empleados de la empresa ■ Bajas temporales voluntarias ■ Bajas temporales ■ Reducción del horario laboral	■ Transferencias ■ Reasignación ■ Compartir el puesto ■ Degradación	■ Congelación salarial ■ Reducción de las pagas por horas extra ■ Utilizar los días de vacaciones y libres ■ Reducciones salariales ■ Reparto de beneficios o paga variable	■ Reciclaje

Figura 6.5 ■ Alternativas a las reducciones de plantilla.

superar una serie de dificultades financieras[36]. También podrían eliminarse puestos temporales, a tiempo parcial, de estudiantes en prácticas o de empleados subcontratados para proteger los puestos de los empleados a tiempo completo y con contrato indefinido.

Otras políticas de empleo pretenden disminuir el número de horas trabajadas y, por tanto, el número de horas que la empresa tiene que pagar a sus empleados. Los trabajadores podrían ser animados a tomarse bajas o vacaciones voluntarias (sin paga), o se les podría pedir que asistan en un horario semanal reducido (por ejemplo, 35 horas en lugar de 40).

La aplicación estratégica de las políticas de empleo que ofrecen seguridad laboral a los empelados a tiempo completo se conoce como el enfoque de los *anillos protectores* para la seguridad laboral. Según este planteamiento, el número de empleados a tiempo completo se mantiene intencionadamente bajo. Un incremento en la demanda de trabajo será satisfecha mediante la contratación de empleados temporales y a tiempo parcial o subcontratando a trabajadores por cuenta propia. Por ejemplo, Axcelis es un fabricante de herramientas para el sector de los semiconductores. Tiene un núcleo central de 2.000 empleados permanentes a tiempo completo, pero emplea trabajadores temporales y contrata empleados para hacer frente a cambios en las condiciones del mercado[37]. Cuando la empresa se enfrenta a un descenso de demanda, reduce el número de empleados que no forman parte del núcleo central de 500 a aproximadamente 50. La ventaja de esta decisión es que proporciona cierta estabilidad y seguridad, al menos para los empleados del núcleo central de la empresa. Esta seguridad puede generar en los trabajadores un sentimiento de confianza y, por tanto, hacer que sean más innovadores –una característica competitiva muy importante en muchos sectores–. Sin embargo, la utilización creciente de empleados temporales, o contratados para afrontar una determinada situación de mercado, como estrategia para suavizar las variaciones en la demanda de trabajo significa que hay más trabajadores vulnerables y prescindibles por parte de las empresas.

Cambios del diseño del puesto de trabajo

Los directivos pueden utilizar sus RRHH con una mayor eficacia en cuanto a costes cambiando el diseño del puesto de trabajo y transfiriendo personas a distintas unidades de la empresa. Alternativamente, pueden reasignar personas a puestos de trabajo en otras partes del país donde el coste de la vida y los salarios son menores. El coste de la reasignación de trabajadores, añadido al hecho de que algunos empleados no quieren mudarse, hace que esta alternativa sea problemática en algunas ocasiones. Otra práctica, común en las empresas con un sindicato propio, permite a los empleados más antiguos, cuyo puesto de trabajo queda suprimido, tomar otro puesto en una unidad distinta de la empresa de un empleado con menor antigüedad. Esta práctica se conoce en inglés como *bumping*.

Las empresas también pueden utilizar el *trabajo compartido* (como vimos en el Capítulo 2), cuando es posible volver a configurar un puesto de trabajo de forma que se transforme en dos puestos a tiempo parcial. La dificultad aquí estriba en encontrar a dos personas que quieran compartir el horario laboral y el salario. Finalmente, como último recurso, los trabajadores que perciben un salario elevado pueden ser degradados a puestos de trabajo con un salario menor.

Una cuestión de ética

¿Es ético que los altos directivos reciban primas en efectivo cuando al mismo tiempo se pide a los empleados de nivel inferior que acepten una congelación de su sueldo?

Políticas salariales y de prestaciones

Como método para reducir los costes, los directivos pueden forzar una *congelación salarial*, durante la cual no se suben ni los sueldos ni los salarios. Las congelaciones salariales deberían hacerse para todo el personal, para evitar acusaciones de discriminación. Estas políticas pueden realizarse mediante reducciones de las pagas de horas extraordinarias y políticas que piden a los empleados que utilicen sus vacaciones y días libres. Muchos gobiernos estatales han forzado congelaciones salariales anuales a sus empleados. Por desgracia, las congelaciones salariales suelen provocar que los empleados con muchas posibilidades de encontrar otro trabajo en el mercado dejen la empresa.

Una política salarial más radical dirigida a la reducción de los costes laborales es el *recorte salarial*. Esta acción puede desmoralizar aún más a la plantilla que la congelación salarial, y sólo debiera utilizarse si los empleados están dispuestos a aceptarla de forma voluntaria como una alternativa a la reducción de plantilla. Los sindicatos de diversas industrias estadounidenses han aceptado reducciones salariales a cambio de seguridad laboral. Comair, una subsidiaria de Delta Airlines, empleó recientemente tanto la congelación como el recorte salarial en un intento de seguir siendo una línea área regional competitiva[38]. La aerolínea no pudo afrontar la compra de nuevos aviones que decían los directivos que eran necesarios para mantener su posición competitiva. El sindicato de pilotos estuvo de acuerdo en la congelación salarial, de manera que la empresa pudiera comprar nuevos aviones. Además, los oficiales de la compañía de mayor nivel asumieron un recorte salarial del diez por ciento.

Una política salarial a largo plazo que puede proteger a los trabajadores de las reducciones de plantilla consiste en estructurar la remuneración de forma que los beneficios compartidos (los empleados participan en los beneficios de la empresa) o el salario variable (un salario que depende de que se alcancen determinados objetivos de rendimiento) constituyan una parte importante de la remuneración total del empleado (en torno al 15 o 20 por ciento). Cuando el ciclo económico alcanza un mínimo, la empresa puede ahorrarse en torno al 20 por ciento de las nóminas al no pagar los beneficios compartidos o el salario variable, pero sigue conservando a los empleados pagándoles la parte fija de su remuneración total. Pocas empresas estadounidenses adoptan este planteamiento, pero es muy frecuente en Japón.

Formación

Al volver a formar a los empleados cuya cualificación ha quedado obsoleta, la empresa puede ser capaz de colocar a estos empleados en vacantes. Sin esta nueva formación, es posible que hubiera que haber despedido a los trabajadores. Por ejemplo, IBM ha formado de nuevo a varios trabajadores de la línea de producción, enseñándoles programación informática, y les ha situado en puestos que requerían esta cualificación.

IMPLANTACIÓN DE UNA REDUCCIÓN DE PLANTILLA

Una vez tomada la decisión de realizar una reducción de plantilla, los directivos tienen que aplicarla cuidadosamente. Una reducción de plantilla puede ser un acontecimiento traumático que afecta a la vida de miles de personas. Las cuestiones clave que tienen que resolver los directivos consisten en la notificación a los empleados, el desarrollo de los criterios para la reducción de plantilla, la comunicación de la decisión a los empleados que se va a despedir, la coordinación de las relaciones con los medios de comunicación, el mantenimiento de la seguridad y tranquilizar a los trabajadores que sobreviven a la reducción.

Ley de Reciclaje y Preaviso en las situaciones de Despido (*Worker Adjustment Retraining Notification Act,* WARN) de 1988
Una ley federal que obliga a los empresarios estadounidenses con más de 100 trabajadores a dar una notificación con una antelación de 60 días antes de realizar una reducción de plantilla debido al cierre de una fábrica o a una reducción de plantilla que afecte a 50 o más trabajadores.

Notificación a los empleados

La ley estadounidense llamada de Reciclaje y Preaviso en las situaciones de Despido (*Worker Adjustment and Retraining Notification Act,* WARN son las siglas en inglés) exige que los empresarios estadounidenses que tengan 100 o más empleados notifiquen con una antelación de 60 días a los empleados la reducción de plantilla debida al cierre de una fábrica o a la supresión de 50 o más puestos de trabajo[39]. Esta ley, aprobada en 1988, fue diseñada para que los trabajadores tuvieran más tiempo para buscar otro trabajo. Los empresarios que no notifiquen la reducción a sus empleados les tendrán que pagar el equivalente a 60 días de trabajo. Los empleados que vayan a suprimir menos de 50 puestos de trabajo tienen más flexibilidad en cuanto a la notificación a los empleados afectados.

Existen diversos argumentos a favor de notificar con al menos varias semanas la reducción laboral. Es social y profesionalmente correcto tener esta cortesía con los empleados. Además, este tratamiento tranquiliza a los empleados que se van a quedar en la empresa. Pero también existen argumentos a favor de no notificar la reducción. Si el ambiente de las relaciones laborales no es bueno, existe la posibilidad de que se produzcan robos o sabotajes a los equipos de la empresa. Además, la productividad de los empleados que van a perder su puesto de trabajo podría decaer durante el período de notificació[40].

Los requisitos de notificación suelen ser más restrictivos en los países europeos que en EE.UU. Por ejemplo, los directivos suecos tienen que notificar con 60 días de antelación los despidos de cinco o más trabajadores, mientras que en Francia basta con que se vaya a despedir a dos trabajadores para que se tenga que dar una notificación con al menos 45 días de antelación[41]. La Figura 6.6 muestra una lista de la antelación con que hay que notificar las reducciones de plantilla en varios países europeos.

Una cuestión de ética

¿Con cuánta anticipación estaría obligada una compañía a notificar una reducción de plantilla?

Desarrollo de los criterios para la reducción de plantilla

Los criterios para el despido deben estar claros. Cuando los criterios han sido claramente establecidos, los directivos responsables de determinar a quién se va a despedir pueden tomar decisiones coherentes y justas. Los dos criterios más importantes utilizados para tomar las decisiones de una reducción de plantilla son la antigüedad y el rendimiento de los empleados.

La *antigüedad*, la cantidad de tiempo que ha permanecido en la empresa un empleado, es, con diferencia, el criterio de despido más utilizado en una reducción de plantilla. Tiene dos grandes ventajas. Primera, que el criterio de antigüedad resulta de fácil aplicación; los directivos sólo tienen que analizar las fechas de contratación de todos los empleados para determinar la antigüedad de cada uno de ellos (en años y días). Segunda, muchos empleados consideran que el sistema de antigüedad es justo porque (1) los directivos no

País	Requisitos de aviso
Bélgica	30 días
Dinamarca	30 días
Alemania	30 días
Grecia	30 días
Irlanda	30 días
Italia	22 a 32 días
Luxemburgo	60 a 75 días
Países Bajos	2 a 6 meses
Reino Unido	30 a 90 días (si al menos hay 10 trabajadores implicados)

Fuente: Ehrenberg, R. G. y Jakubson, G. H. (1988). *Advance notice provisions in plant closing legislation*. Kalamazoo, MI: W. E. Upjohn Institute for Employment Research.

Figura 6.6 ■ Plazo de notificación previa para los despidos colectivos en distintos países europeos.

pueden tener "favoritismos" con este sistema y (2) los empleados con mayor antigüedad tienen la mayor inversión en la empresa en cuanto a derechos laborales y privilegios (han acumulado más vacaciones y días libres y tienen horarios laborales más atractivos, por ejemplo).

Sin embargo, existen ciertas desventajas a la hora de utilizar éste método "el último en entrar, el primero en salir". La empresa podría perder a algunos de sus mejores trabajadores, así como una cantidad desproporcionada de mujeres y personas pertenecientes a minorías –que tienen más probabilidades de haber sido contratados recientemente en algunos puestos–. No obstante, los tribunales han realzado la antigüedad como criterio de despido en una reducción de plantilla siempre que todos los empleados tengan las mismas oportunidades de obtener la antigüedad.

A pesar de los esfuerzos para mantener a los empleados con más antigüedad durante la reducción de plantilla, muchos escogen irse. A finales de la década de los 90, olas de directivos y ejecutivos experimentados con mucho talento dejaron sus empresas porque el mercado de valores al alza les permitía ser lo suficientemente ricos como para jubilarse anticipadamente. Para evitar esta tendencia a una "fuga de cerebros" experimentados, Deloitte Consulting puso en marcha un programa de Líderes Experimentados que permitía a los socios con más antigüedad en la empresa trabajar a tiempo parcial en vez de a tiempo completo, como asesores o mentores. De esta manera, la empresa puede retener el talento y los conocimientos de estos socios con una elevada cualificación, y los empleados disponen de la flexibilidad suficiente para dedicarse a otras tareas[42].

Cuando el personal de la empresa está sindicado, las decisiones de reducción de plantilla suelen tomarse en función de la antigüedad. Esta cláusula está incluida en el contrato laboral. Sin embargo, si el personal no está sindicado, y sobre todo si las reducciones deben realizarse en escalafones de profesionales y directivos, no es infrecuente que las empresas tomen la decisión en función de criterios de rendimiento, o en función de una combinación de rendimiento y antigüedad. La utilización del criterio de rendimiento para tomar las decisiones de despido permite a la empresa conservar a los mejores en cada unidad y eliminar a los peores. Por desgracia, no siempre se tiene claramente documentado el nivel de rendimiento, y la empresa queda expuesta a demandas por despido improcedente si el empleado puede demostrar que la dirección le ha discriminado o ha actuado arbitrariamente a la hora de valorar el rendimiento. Dados estos riesgos legales, muchas empresas evitan utilizar este criterio para tomar este tipo de decisiones.

Si una empresa se ha tomado el tiempo necesario para desarrollar un sistema válido de evaluación del desempeño, que lo mide con precisión y satisface las líneas directrices gubernamentales, no hay ninguna razón por la que no se puedan utilizar estos datos de valoración como punto de partida para las decisiones de despido en una reducción de plantilla. Por ejemplo, IBM utilizó el rendimiento para tomar estas decisiones en cuanto a sus problemas, cuando intentaba reducir su tamaño empresarial en la década de los 90[43]. Al utilizar este criterio, los directivos tienen que tener en cuenta el rendimiento total de un empleado durante un largo período de tiempo. Los directivos que se fijan en un período de valoración negativa, e ignoran los períodos satisfactorios o excepcionales, podrían ser acusados de actuar arbitraria e injustamente. Analizaremos este tema con detalle en el próximo capítulo.

Comunicación a los empleados que van a ser despedidos

Es esencial comunicarse lo más humana y sensiblemente posible con los empleados a los que se va a despedir. A ningún empleado le gusta que le digan que va a ser despedido, por lo que la forma en que el directivo trata esta desagradable cuestión puede afectar a la forma en que el empleado, y los demás de la organización, van a aceptar la decisión.

Los empleados redundantes deben saber que van a ser despedidos a través de su supervisor, en una conversación privada cara a cara. Los empleados que se enteran de que van a ser despedidos de una forma menos personal (por ejemplo, por un colega o en un informe de la empresa) probablemente se sientan heridos y furiosos. La sesión de información entre el supervisor y el empleado debería ser breve e ir directamente al grano. El directivo debería expresar su apreciación de la contribución que ha hecho el empleado, si resulta pertinente, y explicar qué prestaciones y retribuciones va a percibir por su despido, y durante cuánto tiempo. Esta información puede repetirse con más detalle en una reunión con un grupo de empleados a los que se va a despedir, y debería estar documentada en un boceto escrito que se entregará en dicha reunión.

El mejor momento para tener la entrevista para el despido es a mitad de la semana laboral. Es mejor evitar comunicar esta decisión a los empleados durante sus vacaciones, o justo antes de un fin de semana, en que tendrán mucho tiempo para pensar[44].

Un ejemplo de cómo *no* hay que comunicar el despido es el siguiente: una empresa petrolífera reunió a una serie de empleados. Cada empleado tenía un sobre con la letra A o B escrita en él. Se pidió a los que tenían la letra A que se quedaran sentados, y se hizo pasar a los de la letra B a la habitación contigua. Ahí, se les comunicó en masa que iban a ser despedidos.

Coordinación de las relaciones con los medios

Los rumores de una posible reducción de plantilla pueden ser muy peligrosos para la moral de los trabajadores, así como para las relaciones de la organización con sus clientes, proveedores y la comunidad en que está establecida. Los altos directivos, junto con los miembros del departamento de RRHH, deberían desarrollar un plan para proporcionar información precisa sobre la reducción de plantilla a sus clientes externos (a través de los medios de comunicación), así como a sus trabajadores (mediante comunicaciones internas)[45]. De esta manera, los directivos pueden controlar y frenar los rumores que podrían exagerar el grado en que la empresa va a reducir su tamaño. También es importante que se produzca una comunicación directa con los empleados que se ven directamente afectados por la reducción de plantilla *y* con los empleados supervivientes, y que todas las comunicaciones se coordinen con comunicados de prensa a los medios de comunicación. Además, el personal de RRHH debe estar preparado para contestar a cualquier pregunta de los empleados o los medios de comunicación en cuanto a colocaciones externas, pagos por despido, o mantenimiento de prestaciones.

Mantenimiento de la seguridad

El algunas situaciones, una reducción de plantilla puede amenazar las propiedades de la empresa. Los empleados despedidos podrían verse expulsados apresuradamente del edificio, escoltados por vigilantes de seguridad, y recibir posteriormente sus enseres personales. Aunque este trato podría parecer tosco, podría resultar necesario en ciertos sectores (como banca y programas informáticos) en las que el sabotaje podría provocar importantes daños.

Por ejemplo, Timothy Lloyd trabajaba para Omega Engineering, Inc., una empresa que diseña y fabrica instrumentos y herramientas de control de procesos. Cuando se le despidió, pero antes de su último día en la empresa, Lloyd supuestamente puso un "programa bomba" en el sistema informático de la empresa. Unas dos semanas después de su último día, la bomba borró archivos clave de la base de datos de Omega, provocando unos daños por valor de diez millones de dólares. Al DiFrancesco, el director de RRHH de Omega, observó que la empresa podría haber evitado el problema con una mejor seguridad pero "las cosas *a posteriori* siempre se ven claras...". Debido a este problema, Omega reforzó sus procedimientos y políticas de seguridad para protegerse de empleados descontentos[46].

En la mayoría de los casos, las precauciones de seguridad probablemente no son necesarias cuando se realiza una reducción de plantilla, y el recurso a vigilantes de seguridad y otras tácticas de este tipo sólo provocarán malos sentimientos y rencor. Cuando se trata a los empleados despedidos con dignidad y respeto normalmente se reduce la probabilidad de un sabotaje.

Tranquilizar a los supervivientes de una reducción de plantilla

Una organización podría perder los ahorros de coste de una reducción de plantilla si la productividad cae tras la reducción[47]. La moral baja y el estrés podrían empeorar si la reducción de plantilla no se gestiona bien. Como se presenta en el Cuaderno del Director, "Ansiedad del superviviente", los supervivientes a una reducción de plantilla podrían enfrentarse a varias dificultades.

CUADERNO DEL DIRECTOR

ÉTICA

Ansiedad del superviviente

Incluso cuando es necesaria y se gestiona bien, una reducción de plantilla puede dejar a la empresa en peor situación que antes. La empresa podría encontrarse mejor desde el punto de vista financiero, pero los supervivientes podrían estar buscando otras oportunidades y abandonar sus puestos. Las siguientes son algunas de las dificultades a las que se enfrentan los supervivientes de una reducción de plantilla que pueden causar problemas de rendimiento y compromiso:

- **Más trabajo.** La empresa podría haber reducido costes, pero los supervivientes podrían encontrase en la situación de tener que hacer más trabajo con los mismos recursos, o incluso menos.
- **Cambios inquietantes.** Las reducciones de plantilla pueden alterar los equipos y la manera en que las personas se relacionan unas con otras. El lugar de trabajo y el puesto podrían no ser los mismos, y podría llevar tiempo a los supervivientes adaptarse a las nuevas circunstancias.
- **Confianza en la contribución.** Los supervivientes podrían empezar a cuestionarse el grado en que contribuyen a la organización. Podrían cuestionarse si disponen de las habilidades necesarias para desempeñar su trabajo y el grado en que su puesto es necesario para la organización.
- **Culpabilidad.** Los supervivientes a menudo sienten preocupación por sus compañeros despedidos, y la preocupación por si podrán encontrar otro trabajo puede atormentarles. Los supervivientes podrían también preguntarse por qué no han sido despedidos ellos. Podrían pensar que fue por suerte y no por su competencia.

Fuente: Adaptado de Kennedy, M. M. (2005, 15 de mayo). Workplace survivors feel remarse. *Marketing News*, 50.

Para superar estas dificultades, los supervivientes pueden intentar "escapar". No es infrecuente ver un fuerte crecimiento del absentismo, así como de la rotación.

Las empresas pueden minimizar los problemas de este tipo desarrollando programas especiales para los supervivientes. Un paso simple pero esencial es informar a los empleados que se quedan acerca de la situación financiera de la empresa[48]. Si los trabajadores que se quedan comprenden las razones económicas de la reducción de plantilla, podrían posiblemente echar la culpa de los malos momentos a factores externos, en lugar de culpar a la dirección. Además, comprender las causas de una reducción de plantilla podría motivar a los trabajadores a ayudar a la organización a pasar el mal momento. Los supervivientes de la reducción de plantilla podrían también necesitar ayuda para mantener una actitud positiva hacia el trabajo. El Cuaderno del Director, "Mantener la moral alta (y el rendimiento)", presenta una aproximación con cuatro preguntas para ayudar a los directivos a mejorar la moral de los supervivientes de una reducción de plantilla y quedar bien con los empleados más comprometidos y leales.

CUADERNO DEL DIRECTOR

EL EMPLEADO COMO CLIENTE INTERNO

Mantener la moral alta (y el rendimiento)

Los supervivientes de una reducción de plantilla podrían enfrentarse a la incertidumbre, la culpabilidad y un incremento en la carga de trabajo. Este tipo de dificultades podrían acabar con el entusiasmo en el lugar de trabajo y causar un serio descenso en la moral. Los trabajadores podrían mostrar menos entusiasmo, el rendimiento podría reducirse y podría incrementarse el absentismo. Sin embargo, los directivos pueden seguir una serie de pasos para mejorar la situación. Las siguientes son algunas de las cuestionas clave que los directivos pueden utilizar para incrementar la moral así como el rendimiento y la productividad.

1. **¿Qué está bajo su control?** Usted no puede controlar las cuestiones económicas a las que se enfrenta su empresa. Usted probablemente no controle la decisión o el proceso de una reducción de plantilla. Sin embargo, usted controla el modo en que se relaciona con sus empleados. Usted controla la comunicación con sus empleados y tiene la responsabilidad de crear un clima de trabajo saludable y motivador.
2. **¿Muestra aprecio a sus empleados y hace del trabajo algo divertido?** Unos comentarios positivos o los cumplidos pueden permitir a los trabajadores saber que sus contribuciones son todavía importantes y apreciadas. Aportar algo de diversión al trabajo puede ayudar a los supervivientes de una reducción de plantilla a adaptarse y recuperar el sentimiento de confianza y espíritu de equipo.
3. **¿Está escuchando?** Es importante para los supervivientes de una reducción de plantilla saber que alguien escucha sus preocupaciones. Una reducción de plantilla es algo sobre lo que no tenían control y de lo que no se les había advertido. Esto hace todavía más importante el hecho de darles sensación de control a través de aportaciones al establecimiento de objetivos y procesos de trabajo en el nuevo entorno.
4. **¿Está usted ayudando a los empelados a ver la importancia de su trabajo?** Los supervivientes de una reducción de plantilla pueden cuestionar la importancia de lo que hacen. ¿Quizás sean los siguientes en ser despedidos? Como directivo, usted necesita quitarles ese miedo de la cabeza y conseguir que se centren en el modo en que sus esfuerzos marcan la diferencia. Recuerde a los supervivientes sus contribuciones. Incluso si son una pequeña parte de una gran empresa, lo que hacen es importante. ¿Quiénes son sus clientes? ¿Cómo ayudan a sus clientes? Conseguir que comprendan sus contribuciones puede aportar a los supervivientes un sentido a su trabajo y aumentar su motivación.

Fuente: Adaptado con permiso de Marshall, T. (2005, 1 de febrero). Management: Morale Maker, Incentive.

Windy City Fieldhouse es una empresa que organiza eventos de formación de equipos, algunos de los cuales son diseñados específicamente para mejorar la moral tras una reducción de plantilla[49]. Por ejemplo, para construir camaradería y confianza entre los supervivientes que podrían sentirse culpables, la empresa podría emplear un juego competitivo denominado "Puzzling Planks". El ejercicio es una competición de equipo que involucra una pila de piezas que encajan para hacer tres figuras tridimensionales. La clave del ejerció está en conseguir que la gente sienta que su contribución es importante y que son parte de un equipo y de una organización. Otros ejercicios de formación de equipos organizados por Windy City Fieldhouse podrían implicar ejercicios más físicos, como las carreras de obstáculos.

Además de estos eventos, hay ciertas sugerencias simples que pueden ayudar a crear un clima más divertido y dinámico entre los supervivientes a una reducción de plantilla[50].

Por ejemplo, mantener un simple desayuno al final de la semana –con bollería, queso, zumo y café–. Quedar para un almuerzo o un picnic. Hacer una rifa en la que se pueda conseguir un producto, una tarjeta regalo o una tarde libre. Incorporar algunos juegos, como acertar el número de peniques de una jarra. La cuestión es infundir energía y diversión en el lugar de trabajo que podría estar sufriendo por una reducción de plantilla y mandar el mensaje a los supervivientes de que la dirección se preocupa por ellos y los reconoce.

RECOLOCACIÓN

Como mencionamos al principio de este capítulo, la recolocación es un programa de RRHH creado para ayudar a los empleados despedidos a superar el estrés emocional producido por la pérdida de su trabajo y ofrecerles apoyo para encontrar uno nuevo[51]. Las actividades de recolocación suelen realizarlas consultoras contratadas por la organización, que paga unos honorarios en función del número de empleados que encuentran un nuevo empleo. Las empresas suelen estar dispuestas a pagar estos honorarios porque reduce algunos de los riesgos asociados con las reducciones de plantilla, como una publicidad negativa o la mayor probabilidad de que los sindicatos intenten atraer a trabajadores[52]. Los empresarios que ofrecen servicios de colocación externa tienden a otorgar al objetivo de responsabilidad social una elevada prioridad, como parte de su estrategia de RRHH.

LOS OBJETIVOS DE LA COLOCACIÓN EXTERNA

Los objetivos del programa de colocación externa reflejan la necesidad de la organización de controlar la salida de los trabajadores provocada por reducciones de plantilla y otros despidos. Los objetivos más importantes son: (1) reducir los problemas de moral de los empleados que van a ser despedidos para que sigan siendo productivos hasta el momento en que se vayan, (2) minimizar las demandas judiciales que puedan interponer los trabajadores despedidos y (3) ayudar a los empleados despedidos a encontrar un puesto de trabajo análogo lo antes posible[53].

SERVICIOS DE COLOCACIÓN EXTERNA

Los servicios más comunes de colocación externa son el apoyo emocional y la ayuda para buscar trabajo. Estos servicios están estrechamente vinculados a los objetivos de la colocación externa.

Apoyo emocional

Los programas de colocación externa suelen ofrecer consejos para ayudar a los empleados a superar los sentimientos asociados con la pérdida del puesto de trabajo: el *shock*, la furia, la negación y una menor autoestima. Puesto que la familia puede también sufrir si el que aporta el pan se queda en paro, algunas veces se incluye también a los familiares en el programa de apoyo[54]. La asesoría también beneficia al empresario porque ayuda a disipar parte de la hostilidad que sienten los empleados hacia la empresa.

Apoyo para encontrar un nuevo trabajo

Los empleados a los que se pretende colocar en el exterior a menudo no saben cómo empezar a buscar un nuevo trabajo. En muchos casos, estas personas no han tenido que buscar trabajo durante muchos años.

Un aspecto importante de este apoyo consiste en enseñar a los empleados despedidos la cualificación que van a necesitar para encontrar otro trabajo. Esta cualificación puede incluir la capacidad de redactar un currículo (CV), técnicas de entrevistas y de búsqueda de trabajo, planificación de la carrera profesional y habilidades de negociación[55]. Los empleados que se van a colocar en otras empresas reciben formación en estas cuestiones, ya sea de parte de un miembro de la empresa encargada de la colocación externa o del departamento de RRHH. Además, el antiguo empresario, a veces, ofrece respaldo administrativo en trabajos de oficina, respuestas telefónicas, acceso al correo electrónico y servicios de fax[56]. Estos servicios permiten a los empleados redundantes utilizar los equipos informáticos para preparar su CV, colgarlo en internet o enviarlo vía fax o correo electrónico, así como utilizar las fotocopiadoras para hacer copias de su CV.

La práctica de la colocación externa se ha convertido en una práctica directiva de RRHH global. Varias grandes empresas británicas han reestructurado recientemente sus actividades suprimiendo miles de puestos de trabajo. British Telecom ha reducido su plantilla en 40.000 puestos y Midland Bank ha suprimido 10.000 puestos de trabajo durante la última década[57]. Una parte importante de las estrategias de reducción del tamaño empresarial consiste en utilizar los servicios de colocación externa para suavizar la transición de los empleados afectados hasta que encuentren otro trabajo. De forma similar, las empresas japonesas acuden a empresas de colocación externa para encontrar trabajo para sus empleados redundantes[58].

Resumen y conclusiones

¿En qué consiste la ruptura laboral?

La ruptura laboral se produce cuando los empleados dejan de pertenecer a una organización. La ruptura laboral y la colocación externa pueden gestionarse eficazmente. Los directivos deben planificar el flujo de salida de sus RRHH con políticas bien pensadas. Las rupturas laborales tienen tanto ventajas como costes. Entre los costes cabe destacar: (1) costes de reclutamiento, (2) costes de selección, (3) costes de formación y (4) costes de la ruptura laboral. Las ventajas son (1) menores costes laborales, (2) sustitución de los que rinden menos, (3) mayor innovación y (4) oportunidades para tener una mayor diversidad.

Tipos de ruptura laboral

Los empleados pueden abandonar la empresa voluntaria o involuntariamente. Las rupturas laborales voluntarias incluyen las dimisiones y las jubilaciones. Las rupturas laborales involuntarias incluyen los despidos y las reducciones de plantilla. Cuando se fuerza a un trabajador a abandonar la empresa involuntariamente, es necesario tener mucha documentación disponible para demostrar que la decisión del directivo de despedir al empleado era coherente y justa.

Gestión de las jubilaciones anticipadas

Cuando se reduce el tamaño empresarial, los directivos pueden decidir utilizar las jubilaciones anticipadas voluntarias como alternativa a la reducción de plantilla. Los programas de jubilación anticipada deben ser gestionados de forma que los empleados que pueden utilizar el programa no perciban que se les está forzando a jubilarse.

Gestión de las reducciones de plantilla

Las reducciones de plantilla deberían utilizarse como último recurso tras haber agotado todas las demás alternativas para reducir costes. Para desarrollar una política de reducción de plantilla es importante tener en cuenta (1) la notificación a los empleados, (2) el desarrollo de los criterios para reducir la plantilla, (3) la comunicación a los empleados afectados, (4) la coordinación de las relaciones con los medios de comunicación, (5) el mantenimiento de la seguridad y (6) cómo tranquilizar a los supervivientes.

Recolocación

Independientemente de la política que se aplique para reducir la fuerza laboral, siempre es una buena idea que la organización utilice servicios de colocación externa para ayudar a los empleados a enfrentarse con sus emociones y minimizar el tiempo que permanecen desempleados.

Términos clave

Bajas vegetativas
Reducción del tamaño empresarial
Ruptura laboral
Entrevista de salida
Congelación de la contratación
Ruptura involuntaria
Apoyo a la recolocación
Ajuste del tamaño empresarial
Tasa de rotación
Ruptura voluntaria
Ley de Reciclaje y Preaviso en las situaciones de Despido (*Worker Adjustment and Retraining Notification Act,* WARN)

Preguntas para el debate

1. Tras pasar ocho años de ayudante de marketing para la oficina de Nueva York de un gran banco francés, Sarah Schiffler fue informada de que su puesto, en un departamento que no generaba ingresos, iba a ser suprimido. Las alternativas eran las siguientes: podrían despedirla en una reducción de plantilla (con una indemnización por despido equivalente a ocho meses de paga), o podía quedarse y hacer un cursillo para ser analista de créditos, una carrera profesional a la que ya había renunciado anteriormente. Angustiada por el pago de la hipoteca de su nuevo apartamento, Sarah decidió quedarse, pero tras seis meses de insatisfacción en su nuevo puesto dimitió. ¿Su ruptura laboral fue voluntaria o involuntaria? ¿Puede pensar en algunas situaciones en que una ruptura voluntaria sea realmente una ruptura involuntaria? ¿Cuáles son las consecuencias para la dirección de tales situaciones?
2. ¿Cuáles son las ventajas y las desventajas de utilizar la antigüedad como criterio de decisión para una reducción de plantilla? ¿Qué criterios de decisión alternativos existen para una reducción de plantilla?
3. ¿Cree usted que un empresario podría querer en algún momento aumentar la tasa de rotación de los trabajadores en la empresa? ¿Por qué o por qué no?
4. ¿Qué ventajas podría tener una organización si adopta un enfoque orientado al cliente para conducir las reducciones de plantilla?
5. En una época en que cada vez más empresas están reduciendo su tamaño, un concepto que gana importancia es el de la "empresa virtual". La idea es que la empresa debería componerse de una plantilla central de propietarios y directivos pero que, en la medida de lo posible, los trabajadores deberían ser eventuales o temporales, a tiempo parcial, o con contratos a corto plazo. Esto ofrece a la empresa un máximo de flexibilidad para cambiar de vendedores, reducir costes y evitar los compromisos laborales a largo plazo. ¿Cuáles son las ventajas y las desventajas de una empresa virtual, desde el punto de vista tanto del empresario como de los trabajadores?
6. ¿En qué circunstancias preferirían los directivos de una empresa utilizar los despidos en lugar de las jubilaciones anticipadas o los planes de bajas voluntarias para reducir el tamaño de su plantilla?
7. ¿En qué circunstancias debe la empresa despedir a los trabajadores sin notificar el despido con antelación?
8. "Las personas que tienen de hecho un contacto cara a cara con la persona a la que se va a despedir no son aquellas que han tomado la decisión. A menudo, ni siquiera participan en la toma de decisiones sobre quién se va a ir", afirma un técnico de una empresa que ha sufrido una importante reducción de plantilla. ¿Qué papel deben tener los directivos que tienen contacto "cara a cara" con los empleados a la hora de llevar a la práctica la reducción de plantilla? ¿Cree usted que los directivos y los miembros del departamento de RRHH siempre están de acuerdo en cómo se realiza el despido? ¿Por qué o por qué no?
9. El tratamiento que se da a los supervivientes de una reducción de plantilla es importante. Como directivo, ¿qué le preocuparía respecto a los supervivientes de una reducción de plantilla? ¿Cómo puede ayudar la dirección de RRHH para apoyar a los supervivientes?
10. ¿Por qué tiene que ser importante para los directivos el ayudar a los empleados a salir con éxito de la organización?
11. Las organizaciones han trabajado duro para desarrollar equipos al entender que facilitan cohesión y eficacia en el lugar de trabajo. ¿Qué efectos puede tener en este contexto una reducción de plantilla? ¿Qué podría hacer usted para gestionar estos problemas?

Existe material adicional disponible en la página web que acompaña a este libro. Puede acceder a esta información visitando la página web ***www.prenhall.com/gomez.***

¡DECIDA USTED!

TENDENCIAS GLOBALES — Caso 6.1

¡Reciclaje! Gran concepto, pero debe llevarlo a cabo

El reciclaje es una forma atractiva de hacer que el trabajo resulte útil de nuevo. Los trabajadores que podrían haber perdido sus puestos pueden mejorar o cambiar su conjunto de habilidades de manera que sean más relevantes y valiosos en el mercado con vistas a cambiar de lugar de trabajo. ¿Qué tal funciona el reciclaje en la práctica? Considere la siguiente historia sobre reciclaje en China.

En un esfuerzo para prevenir otro brote de gripe aviar, el gobierno chino compró su parte del negocio a más de 1.000 granjeros. Se ofreció a los trabajadores dos meses de cursos de reciclaje en áreas ocupacionales tales como la ayuda doméstica y la jardinería, con una subvención de 4.000 dólares al mes. Uno de los granjeros despedidos era la Sra. Lee. Ella y su marido habían empezado como granjeros mayoristas, y con una pocos socios habían construido un negocio multimillonario. Vendieron el negocio a finales de los 90 y entonces pasaron a gestionar un pequeño establo hasta que el gobierno se lo compró.

La Sra. Lee decidió seguir un curso de formación sobre servicio doméstico, pero estaba disgustada. Ella argumentaba que el curso cubría todo lo que se suponía que debían conocer acerca de cocina en tres mañanas. Desgraciadamente, eso no era mucho, y la Sra. Lee afirmó que ella y sus compañeros de clase sabían más que los profesores. Ella hace la misma observación acerca de otros temas de formación, como el cuidado de niños o la administración de una casa. Además, los cursos han recibido una respuesta pobre por parte de la mayor parte de los trabajadores; únicamente 45 personas han seguido el curso de reciclaje (dos de ellos abandonaron). La opinión de la Sra. Lee es que el gobierno actúa como si se hubiera deshecho de los trabajadores a través del programa de compra. La Sra. Lee y su marido no han sido capaces de encontrar trabajo desde que se cerró su granja.

Preguntas para reflexionar

1. ¿Por qué piensa usted que el programa de reciclaje no funcionó para la Sra. Lee?
2. ¿Piensa que el gobierno debería hacerse responsable del reciclaje, como en este ejemplo de China? ¿Por qué o por qué no? ¿Cuáles son las alternativas?
3. ¿Piensa usted que podrían resolverse las ineficacias del reciclaje? ¿Cómo?

Trabajo en equipo

Identifique, con su equipo, los principales factores que determinarían la eficacia de un esfuerzo de reciclaje. Para cada factor, describan qué debería hacerse para maximizar la eficacia del reciclaje. Por ejemplo, su equipo podría identificar el contenido de la formación y el modo en que se ofrece como dos factores importantes. Su siguiente tarea es describir qué debería hacerse con respecto a cada factor. Para cada factor, describan la manera en que debería determinarse el contenido y cómo debería ofrecerse.

Ejercicio basado en la experiencia

El objetivo del reciclaje es mejorar las habilidades de las personas de manera que puedan seguir siendo miembros de la fuerza de trabajo que hacen contribuciones. Junto con los miembros de su equipo identifique los principales factores que determinan la eficacia del reciclaje. Para cada factor en su "modelo" de eficacia del reciclaje, identifiquen los criterios de evaluación. Es decir, identifiquen medidas que podrían emplearse para evaluar la eficacia del reciclaje. Por ejemplo, si el contenido es uno de sus factores, una medida que podría emplearse para evaluar este factor podría ser la relevancia y calidad del contenido tal y como lo entienden los formadores.

Cada equipo identifica las medidas para valorar la eficacia de cada factor en su modelo y lo presenta al resto de la clase. Toda la clase intentará después construir un modelo integrador. Además, la clase tratará la cuestión de por qué podría resultar útil para los esfuerzos de reciclaje tener un modelo y unas medidas.

Fuente: Adaptado con permiso de Yeung, W. (2005, 6 de junio). Poultry workers blast retraining. *South China Morning Post*, 1.

¡DECIDA USTED!

ÉTICA Caso 6.2

Despido libre; ¿una política justa?

Como empleado, usted tiene el derecho de dejar su trabajo, ¿correcto? La política de despido libre (*véase* el Capítulo 14) proporciona un derecho similar a los empresarios para finalizar la relación laboral. El argumento detrás del despido libre es que si un empleado puede dejar en cualquier momento su trabajo y por cualquier motivo, de la misma manera, también, el empresario debería ser libre para finalizar una relación laboral en cualquier momento y por cualquier motivo. Una implicación práctica de esta doctrina basada en el derecho consuetudinario es que los empleados no pueden ser demandados por los empresarios por marcharse, incluso si su marcha desbarata el lugar de trabajo. Del mismo modo, el empresario no puede ser considerado responsable por despedir al empleado.

Sin embargo, hay excepciones a la política de despido libre. Por ejemplo, un empresario no puede despedir a un empleado porque se niegue a implicarse en actos ilegales o por su raza o género. Otra limitación es que el despido libre se aplica únicamente cuando no existe un acuerdo o contrato entre el empresario y el empleado acerca de la duración o mantenimiento del empleo. Por ejemplo, un empleado que tiene un contrato de empleo puede demandar a un empresario por romper el contrato si el despido viola los términos del mismo. Del mismo modo, un empleado despedido podría ser capaz de convencer al tribunal de que él o ella no era un empleado sobre el que se pudiera ejercer la libertad de despido debido a que existía un contrato con cláusulas en el manual del empleado. Por ejemplo, un manual podría ofrecer una cláusula en la que se establezca que en la medida en que el trabajador rinda, tendrá un puesto en la organización. Se podría entender que este tipo de cláusulas implican el mantenimiento de la relación laboral, al menos mientras el rendimiento sea satisfactorio.

Preguntas para reflexionar

1. ¿Está de acuerdo con el concepto de despido libre? ¿Por qué o por qué no?
2. Si pudiera elegir, ¿elegiría ser un empleado al que se pudiera despedir libremente o tener cierta protección en el empleo?
3. La mayoría de los trabajadores no están protegidos con contratos explícitos o implícitos y son empleados a los que se puede despedir libremente. Por tanto, un empresario podría despedir a estos trabajadores en cualquier momento y por cualquier razón. La realidad, en la práctica, sin embargo, es que si hay una acusación de discriminación como base para finalizar un contrato, ésta requiere una defensa. ¿De qué manera puede un empresario defenderse frente a una acusación de que la decisión de despido se basó en una discriminación? ¿Esto limita el derecho del empresario a despedir libremente? Explique sus respuestas.

Trabajo en equipo

Las excepciones al despido libre varían de un estado a otro. Trabajando en equipo, elijan un estado y utilice Internet para buscar las excepciones al despido libre que hay allí. Cuenten sus averiguaciones al resto de la clase. Toda la clase debe identificar qué estados parecen más y menos proclives a favorecer al empresario con respecto a estas excepciones.

Ejercicio basado en la experiencia

Se formarán dos grupos pequeños que defiendan las posiciones a favor y en contra del despido libre. Los dos grupos deberían debatir los méritos de la política de despido libre. Cada equipo tiene cinco minutos para elaborar sus principales argumentos a favor o en contra de la política. Los temas que podrían considerarse son el tratamiento ético, el equilibrio de poder entre empresario y empleado y el coste de las demandas. Cada equipo tiene la oportunidad de rebatir al otro y llegar a puntos de acuerdo. El profesor moderará el debate. Los temas y posiciones principales se resumirán en clase tras el debate.

Fuente: Grossenbacher, K. (2005, 11 de abril). What happened to "at Hill"? *Podium*, 26, 26; Kinght, D. (2005, 8 de abril). Understanding employment-at-will. *Kansas City Daily Record.*

¡DECIDA USTED!

GRH: EL EMPLEADO COMO CLIENTE INTERNO Caso 6.3

Reconocer la importancia de los trabajadores: reducciones de plantilla como último recurso

Los salarios de los trabajadores suponen un gran gasto en la mayoría de las organizaciones. Recortar empleos parecería una manera fiscalmente razonable de reducir gastos con rapidez y de forma significativa. Aparentemente las reducciones de plantilla podrían tener sentido en el corto plazo y sobre el papel, pero no en el mundo real y a largo plazo.

Considere los efectos negativos asociados a la mayor reducción de plantilla de Cisco Systems Inc. que puso en la calle a 8.500 trabajadores. Siguiendo esta medida de reducción de costes, la productividad de los trabajadores cayó y dio como resultado una cifra de ventas por empleado de 470.000 dólares en octubre de 2001, por debajo de los 710.000 dólares del año anterior. Algunas organizaciones se están dando cuenta de que las reducciones de plantilla pueden iniciar una espiral negativa y acarrear tremendos costes a la organización, tales como la reducción de la moral, la productividad y la lealtad y la posibilidad de que ocurran sabotajes y pérdidas de clientes. Estas empresas están buscando alternativas a la reducción del tamaño empresarial, creativas pero eficaces. Como el portavoz de FedEx, Gree Rossiter, ha afirmado, las personas son lo que diferencia a una empresa y son simplemente demasiado importantes como para ponerlas en riesgo.

Como alternativa a la reducción de plantilla, algunas empresas están buscando otras formas de recortar costes mientras que al mismo tiempo conservan su activo más importante –sus empleados–. Por ejemplo, compartir el puesto, jornadas laborales reducidas y recortes salariales están entre las estrategias para reducir o, con suerte, eliminar las reducciones de plantilla. Por ejemplo, Acxiom Corp., una compañía de gestión de la información y bases de datos con más de 5.000 empleados, utilizó los recortes salariales para evitar la necesidad de reducciones de plantilla. Como una iniciativa hacia la reducción de costes, Acxiom impuso un recorte obligatorio en el sueldo de un cinco por ciento para todos los empleados que ganaban menos de 25.000 dólares. A cambio, se dio opciones sobre acciones a los empleados en la misma cantidad que el salario había sido reducido. Se ofreció un recorte salarial voluntario un poco después con el que los trabajadores que aceptaran una reducción adicional del 15 por ciento del salario recibirían a cambio el doble de la cantidad en opciones sobre acciones. Más de una tercera parte de los empleados accedieron al recorte salarial adicional. Axciom estima que los recortes obligatorios y voluntarios permitieron a la empresa despedir a la mitad de empleados de los que tendría que haber despedido. Axciom terminó despidiendo 400 trabajadores –el siete por ciento de su fuerza de trabajo–. El directivo a cargo de la eficacia de la organización en Axciom, Jeff Standridge, afirmó, "El beneficio intangible es ese 85 por ciento de nuestros empleados que se convirtieron en accionistas en la empresa. Ahora participan en el juego, y el futuro de la compañía depende de personas con una gran implicación en la empresa". Cuando Acxiom aumente el empleo de nuevo, dará preferencia a los trabajadores despedidos, evitando algunos de los costes asociados al reclutamiento y formación de los nuevos empleados.

Accenture Ltd., una empresa consultora global de tecnología de la información, adoptó un planteamiento diferente para evitar despidos. La empresa ofreció un programa de un año sabático en el que los empleados recibirían el 20 por ciento de su sueldo y todos sus beneficios. Los empleados pueden hacer lo que quieran durante el año sabático –excepto trabajar para un competidor–. El programa de un año sabático resultó muy popular en los EE.UU. con 2.200 personas que se interesaron, ocupando todas las plazas en el programa de EE.UU. que actualmente está cerrado. Accenture ha extendido el programa a los empleados en el Reino Unido, Suecia, Alemania y Japón. El principal objetivo del programa es recortar costes a corto plazo mientras se mantiene el acceso a empleados con talento. Desafortunadamente, Accenture tuvo de todas formas que acudir a una reducción de plantilla, lo que afectó a 2.500 empleados.

Otras empresas, como FedEx y Lincoln Electric, tienen filosofías empresariales contrarias a los despidos. Algún día podrían ser necesarios los despidos en estas empresas, pero tendrán lugar sólo como última alternativa. La intención de estas empresas es crear una fuerza de trabajo profundamente leal y producltiva.

Preguntas para reflexionar

1. Además de los ejemplos que acabamos de mencionar, ¿qué más podrían hacer las organizaciones para evitar o limitar los despidos? Genere posibilidades a través de la lluvia de ideas, a la que nos referimos en este capítulo, así como encontrando ejemplos de otras empresas.
2. Priorice sus alternativas al despido. ¿Qué haría en primer lugar, en segundo lugar, etc.?
3. ¿Piensa usted que una estrategia de pasos podría resultar una herramienta de gestión eficaz? Explique su respuesta.

Trabajo en equipo

Junto con sus compañeros de equipo, discutan los pasos que seguirían para evitar los despidos. Poniéndose en la posición de un directivo de una organización, identifiquen el modo en que aportarían información sobre estos pasos a los empleados. Por ejemplo, ¿emplearían reuniones, cartas, etc.? Compartan sus alternativas a los despidos y sus enfoques para anunciarlo con el resto de la clase.

Tal y como se ha descrito en este caso, algunas empresas están convencidas de que los despidos deberían evitarse. Sin embargo, las reducciones de plantilla pueden ciertamente reducir costes a corto plazo y pueden recibir respuestas positivas por parte de los mercados de capitales en el caso de que las empresas coticen en bolsa. Por otra parte, perseguir alternativas a los despidos no está exento de riesgos. Por ejemplo, Acxion experimentó cierto rencor después de despedir a los trabajadores. ¿Le gustaría a usted, por ejemplo, aceptar una reducción salarial y después perder su puesto?

Ejercicio basado en la experiencia

Forme dos equipos que defiendan las posturas a favor y en contra de los despidos. Se conducirá un debate entre los dos equipos acerca de si una organización debería seguir pasos para evitar los despidos. El equipo a favor de los despidos debería identificar los beneficios de mantener un privilegio unilateral para decidir despedir a los empleados y los costes en los que se podría incurrir si se adoptan otras alternativas. El equipo en contra de los despidos debería identificar los costes asociados a los despidos y los beneficios de las alternativas a los mismos. Después de un tiempo de preparación, cada equipo tendrá de cinco a siete minutos para presentar sus principales argumentos. Cada equipo tendrá la oportunidad de rebatir al otro y de llegar a puntos en común. El profesor moderará el debate y ayudará a la clase a identificar los principales temas y conclusiones.

Fuente: Adaptado de King, J. (2002). Working alternatives to job cuts. *Computerworld*, 36, 24-25.

¡DECIDA USTED!

TENDENCIAS EMERGENTES Caso 6.4

Reducción de la tasa de rotación

La rotación puede tener un efecto abrumador en las organizaciones. Por ejemplo, la tienda de ultramarinos, Kroger, calcula que la tasa de rotación de empleados supuso un coste para la organización de 80 millones de dólares hace un par de años. Como sucede en otras empresas, Kroger se dio cuenta del coste que puede suponer la rotación y dio pasos para intentar controlarlo. Para reducir la tasa de rotación, Kroger comenzó un estudio piloto cuyo objetivo era contratar trabajadores que tuvieran una menor probabilidad de marcharse. Kroger puso puestos de Internet en algunas tiendas seleccionadas donde los que buscaban empleo pudieran rellenar una solicitud de manera electrónica. La solicitud podría también hacerse online vía Internet. El patrón de repuestas a las preguntas en la solicitud se analizó con un modelo informatizado diseñado para predecir la probabilidad de retención de cada candidato. Por ejemplo, se pidió a los candidatos que proporcionan el nombre de su superior de hace dos años. El supuesto era que si alguien puede proporcionar esta información con precisión, él o ella es más probable que tenga vínculos más fuertes en el lugar de trabajo y permanezca más tiempo en su puesto. El sistema de solicitud también cubría otras tareas de identificación de antecedentes, como comprobación de historiales.

Kroger se ha comprometido recientemente a ampliar el uso de este sistema de solicitud a todas sus divisiones. Aunque Kroger no ha hecho públicas las previsiones financieras, se espera una rentabilidad razonable del nuevo proceso mejorado dentro de los seis primeros meses.

Preguntas para reflexionar

1. El énfasis de Kroger en el proceso de solicitud se centra en las características de los trabajadores como un factor causal importante de la rotación. ¿Cree usted que este enfoque será eficaz? ¿Por qué o por qué no?
2. ¿Son las características del sistema las que podrían ser importantes determinantes de la retención y la rotación? En otras palabras, ¿qué factores relacionados con los puestos o con las organizaciones podrían ser importantes para determinar si alguien decide marcharse o quedarse en una empresa?
3. Para los factores del sistema que ha identificado en la pregunta 2, ¿qué recomendaría hacer a Kroger? ¿Hay algunos factores que podría ser difícil o imposible cambiar?

Trabajo en equipo

Reducir la rotación requiere una comprensión de sus causas y después hacer algo al respecto. El siguiente modelo puede guiar, de forma sencilla, sus esfuerzos para identificar y gestionar los factores que están detrás de las decisiones de rotación.

Tal y como pone de manifiesto el modelo, hay características del trabajador que podrían estar directamente relacionadas con la rotación. Considere el ejemplo de Kroger. Hay determinadas personas que simplemente tienden a permanecer más tiempo en un puesto que otras. Del mismo modo, podría haber características del puesto o de la organización que están directamente vinculadas a las decisiones de rotación. Sin embargo, además de estos efectos directos, las características del empleado y las características del sistema pueden ejercer una influencia conjunta sobre las decisiones de rotación a través de su grado de ajuste.

a. Junto a su equipo, identifiquen características del trabajador y del sistema que podrían influir en la rotación a través de su grado de ajuste (o desajuste). Además, identifiquen características del trabajador y del sistema que podrían tener una influencia directa sobre las decisiones de rotación.

b. Diseñen preguntas para una encuesta o una entrevista que puedan emplearse para medir cada una de las características que han enumerado en la pregunta anterior. Determinen el modo en que podrían medir la probabilidad de rotación en el modelo (una pista: consideren pedir a personas

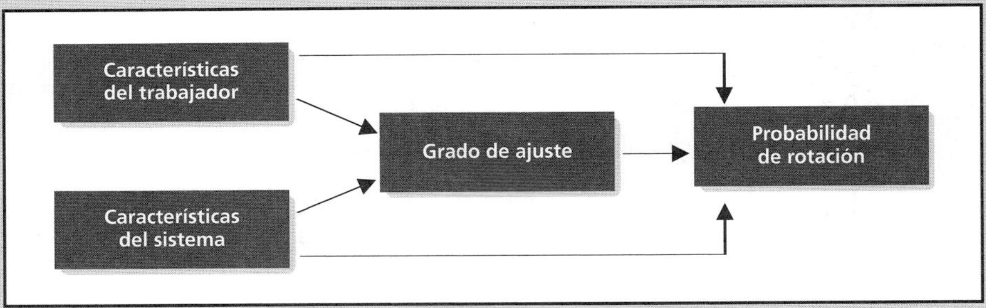

que juzguen el grado en que les gustaría dejar su puesto actual y pídales que consideren el momento en que dejaron el puesto).

c. ¿Cómo podría Kroger utilizar el modelo y la encuesta o la entrevista que han diseñado? De forma más concreta, diseñen un proceso sistemático para que lo siga la empresa con el propósito de identificar los factores causales de la rotación de Kroger (una pista: consideren utilizar entrevistas y encuestas de salida). Compartan el proceso propuesto con el resto de la clase.

Ejercicio basado en la experiencia

a. Si tiene acceso a una organización, pruebe su encuesta o entrevista. Considere pedir a miembros de su familia, amigos u otros estudiantes que cumplimenten la encuesta o la entrevista. ¿Qué tal se sostiene su modelo? Por ejemplo, ¿la rotación tuvo lugar o parece más probable que ocurra cuando están presentes las características del trabajador y del sistema que usted pensó que deberían relacionarse con la rotación? ¿La rotación parece más probable cuando hay poco encaje entre las características del trabajador y del sistema? Comparta sus averiguaciones con el resto de la clase.

b. Kroger parece estar adoptando la posición de que las características del trabajador podrían ser el factor más importante que afecta a la rotación. Divida su equipo en partidarios del trabajador y partidarios del sistema y debatan qué factor es más importante y cuál tiene un mayor impacto en las decisiones de rotación. ¿Cuáles parecerían más fáciles de gestionar? ¿Supone una ventaja incluir ambos factores, como en el modelo propuesto? ¿Supone alguna ventaja incluir el factor de encaje?

Fuente: Adaptado de Perotta, P. (2002). Kroger is piloting an electronic application. *Supermarket News*, 50, 17+; Business Wire. (2005, 14 de febrero). Unicrue identifies gr ocery industry as ledar in workforce seleccion systems adoption; Business Wire (2005, 31 de mayo). Kroger selects Unicrue as enterprise standar: *Fortune* 21, company to deply Unicrue´s workforce selection and optimization solution across an 20 banners.

¡DECIDA USTED!

GRH: EL EMPLEADO COMO CLIENTE INTERNO — Caso 6.5

Reducción de plantilla y seguridad

Un número sorprendente de americanos han perdido su trabajo. En octubre de 2001, 415.000 personas fueron despedidas, la cifra más grande en un mes en cuatro años. ¿Cómo se trató a estas personas? Las encuestas indican que la mayoría de la gente está descontenta con el modo en que se desarrolla el despido[a]. Este descontento va más allá de perder el trabajo. Tiene que ver con el modo en que es gestionado el despido. Las personas que han sido despedidas generalmente lo describen como una experiencia que les ha hecho sentirse como un criminal[b]. No es extraño que tengan este sentimiento cuando la práctica habitual de las empresas parece ser tratar a los empleados despedidos como amenazas. El procedimiento habitual de despido implica lo siguiente[c]:

1. Se mantiene una breve reunión con el empleado para contarle que se va a suprimir su puesto e informarle acerca de la existencia de beneficios e indemnizaciones, en su caso. En algunas empresas esta reunión la conduce un representante de RRHH con el que el trabajador no está familiarizado. De hecho, el trabajador es despedido como un extraño. De manera simultánea, se deniega el acceso del empleado al sistema informático de la empresa y al correo electrónico.
2. Inmediatamente después de concluir esta breve reunión, el empleado es escoltado hasta su lugar de trabajo don-

de debe retirar sus pertenencias y se le acompaña a la puerta.

El propósito de todo esto es mantener la seguridad. ¿Algunas personas roban datos o sabotean los equipos después de ser despedidos? Desde luego, ¡algunos lo hacen! Pero la probabilidad no es elevada. Por ejemplo, el director corporativo de personal de National Semiconductor Corporation estima que los empleados que son informados de su despido que podrían suponer una amenaza para la seguridad son uno de cada 300 ó 400 empleados[d].

Preguntas para reflexionar

1. ¿Qué mensaje se envía a los trabajadores que son despedidos cuando se sigue un procedimiento como el descrito?
2. ¿Qué efecto tendría esta manera de despedir a los trabajadores en los que se quedan en la empresa? Una encuesta reciente realizada a los supervivientes de una reducción de plantilla puso de manifiesto que más del 25 por ciento decían que el despido se gestionó mal y cerca del 50 por ciento que se enteraron del despido por rumores en lugar de a través de una comunicación oficial[e]. Estas condiciones pueden hacer a la organización vulnerable a robos y sabotajes de los supervivientes. Explique cómo el proceso por el que se gestiona el despido puede tener estos efectos negativos.
3. Se ha recomendado a los empresarios que adopten un enfoque más transparente y orientado al cliente en los despidos. Por ejemplo, se ha sugerido que las empresas establezcan redes. Estas redes permitirían a los antiguos trabajadores mantener contacto con la empresa y unos con otros[f]. Es más, la red podría proporcionar una fuente de nuevas contrataciones que limitaría los costes de reclutamiento y formación. Identifique las características de un enfoque orientado al cliente para gestionar los despidos. ¿Qué pasos implicaría? Identifique una guía y las características del proceso que propone.

Trabajo en equipo

Contar a alguien que su puesto va a ser eliminado puede resultar una tarea difícil y emocionalmente agotadora. Desarrolle un ejercicio de simulación de un despido a un trabajador con un miembro de su equipo que adopte el papel de directivo y otro el papel del trabajador. Los otros miembros del equipo deberían observar la interacción y proporcionar información a la persona que está desempeñando el papel de directivo sobre como le vieron y en qué podría mejorar. Desarrolle la simulación primero con el enfoque habitual y después utilizando un enfoque orientado al cliente, tal y como lo desarrolló en el apartado 3 de preguntas para reflexionar. ¿Qué enfoque parece que funcionó de forma más eficaz?

Ejercicio basado en la experiencia

Equilibrar la preocupación por la seguridad con un tratamiento orientado al cliente puede ser difícil. Divida su equipo por la mitad y debata las ventajas e inconvenientes de un enfoque orientado a la seguridad para gestionar los despidos y otro orientado al cliente. Comparta las ventajas e inconvenientes claves con el resto de la clase.

Fuente: [a]*HR Focus*. (2002, enero). If you must lay off workers: Consider the long-term consequences, 79, 8; [b]Jorgenson, B. (2002). Being shown the door: Management must weigh the pros and cons of this touchy layoff procedure. *Electronic Business*, 28, 38; [c]Doler, K. (2002). Layoffs have become a nasty business. *Electronic Business*, 28, 6; [d]Jorgenson (2002); [e]*Security Director´s Report*. (2002). Is your corporate climate breeding future thieves? January Newsletter, 6-7, 10-11; [f]*Human Resource Management Report*. (2002). What´s your departmant´s policy on rehiring laid-off employees? February Newsletter, 1, 13-14.

NOTAS

ADAPTACIONES PARA ESPAÑA — Nota 6.1

Despedir sin traumas

¿Existe un modelo establecido para desvincular a los trabajadores de la empresa sin que resulte traumático? Sin duda, despedir a un empleado es una experiencia muy dura para los profesionales de RRHH.

Leopoldo R. Kábana, presidente de Executive Drive considera que el reto está en realizar un despido justo, humano y profesional. En una de las tertulias organizadas por E&E en colaboración con Manpower, en la que también participaron responsables del área de gestión de personas de Loewe, Pedro Durán, Colt Telecom. y Teligent, se ofrecieron algunos consejos:

- Los procesos de desvinculación requieren cuidado, control y planificación.
- En las entrevistas de salida hay que hablar poco, y cuanto menos duren, mejor. No se debe permitir nunca que el empleado critique a la compañía.

- Los despidos pueden ser menos traumáticos si antes se conoce la situación emocional del empleado.
- El profesional de RRHH no debe implicarse emocional y afectivamente.
- La comunicación y la confianza son básicas en la elaboración de un protocolo de salida.
- Es importante implicar al responsable directo del empleado en el proceso de salida para que sea transparente y profesional. Para ello, es esencial la formación. Aunque no se pueda enseñar a despedir, sí se puede buscar que los profesionales encargados de desarrollar el proceso den una orientación más humana a la salida.
- En la desvinculación empresarial hay que aprender a convivir con la energía negativa del proceso.
- El proceso no conviene que dure más de dos días, porque el ambiente tiende a enrarecerse y lo normal es que la situación se desvirtúe puede resultar útil, siempre que sea posible, apostar por el *outplacement* –recolocación– y seguir la evolución profesional de los ex empleados.

Fuente: Expansión & Empleo, 16 de diciembre de 2006.

PARTE IV: DESARROLLO DE LOS EMPLEADOS

CAPÍTULO

7 EVALUACIÓN Y GESTIÓN DEL DESEMPEÑO

OBJETIVOS

Tras leer este capítulo, usted estará en condiciones de abordar los siguientes temas:

1 **Explicar** por qué la evaluación del desempeño es importante y describir sus elementos.

2 **Analizar** las ventajas y desventajas de los distintos sistemas de medición del desempeño.

3 **Reducir** el impacto de los errores y sesgos de medición en la evaluación del desempeño.

4 **Analizar** el papel potencial de las emociones en la evaluación del desempeño y el modo de gestionar su efecto.

5 **Identificar** los principales requisitos legales para la evaluación.

6 **Utilizar** las evaluaciones del desempeño para gestionar y mejorar el rendimiento de los empleados.

Se estaba acercando el momento de la evaluación anual del rendimiento en Milo Engineering y el director de uno de los departamentos no estaba especialmente contento. Todos los empleados enviaban un informe anual con un listado de sus actividades y logros individuales. Los informes eran entonces distribuidos a los 22 empleados del departamento. De esta forma, cada empleado calificaba a todos los demás miembros del departamento (excepto a sí mismo) en múltiples facetas del rendimiento del trabajo.

El jefe del departamento utilizaba las calificaciones de los compañeros como información adicional para su propia evaluación, pero normalmente no la variaba mucho en relación con la calificación media que realizaban los compañeros. Este año, el director general de Milo informó a los directivos de que las estrictas condiciones presupuestarias no permitían subidas salariales por méritos. Al jefe del departamento, estas malas noticias le habían aliviado. ¿Por qué? La ausencia de subidas por méritos significaba que las evaluaciones del desempeño no iban a ser tan importantes, por lo que a los empleados no les preocuparían demasiado. ¡No sabía hasta qué punto estaba equivocado!

Los empleados estaban especialmente dolidos porque las evaluaciones del desempeño no se iban a traducir en cambios salariales. Además, al menos un empleado había violado las reglas y se había valorado a sí mismo muy favorablemente. Es más, esta persona y otra habían evaluado negativamente a todos los demás empleados del departamento, supuestamente para quedar mejor en términos comparativos. El jefe del departamento suprimió las evaluaciones de estos dos empleados. Además decidió que, puesto que no había dinero en juego, en lugar de realizar las entrevistas habituales cara a cara, se limitaría a entregar a los empleados un resumen por escrito de la evaluación que sus compañeros habían realizado.

Tras la distribución de las evaluaciones, los empleados del departamento estaban decepcionados. Algunos incluso presentaron quejas formales sobre sus evaluaciones, argumentando que sus compañeros les habían evaluado injustamente y que el jefe del departamento no había hecho nada para rectificar este sesgo.

El jefe del departamento llegó a la conclusión de que la evaluación del desempeño es negativa en sí misma: incluso cuando no tiene importancia, la gente se siente furiosa y te hace perder el tiempo con quejas.

EL ENFOQUE DIRECTIVO

La situación de Milo Engineering (una organización real con un nombre ficticio) ilustra los problemas comunes de la evaluación del desempeño –el proceso por el que se evalúa a un empleado y se analizan y mejoran los problemas de rendimiento–. Mantener y mejorar su rendimiento y el de los demás empleados de la organización será una parte importante de su papel como directivo. Para realizar este proceso, usted podrá utilizar los formatos y sistemas de evaluación que normalmente son diseñados por el personal de RRHH. Sin embargo, aunque estos formatos y sistemas son elementos clave del proceso de evaluación, tan sólo son el punto de partida.

Para realizar una buena evaluación del desempeño, usted deberá además identificar los problemas relacionados con el rendimiento, proporcionar información constructiva y emprender acciones para mejorar. La medición y gestión del rendimiento son dos de las cuestiones más difíciles a las que se tiene que enfrentar un directivo. Sin embargo, los directivos tienen que medir el rendimiento y ofrecer una información relevante a los empleados si quieren que éstos mejoren, incluso si no está en juego el dinero. Todos necesitamos, queremos y merecemos saber cómo estamos rindiendo en el trabajo.

Nuestro primer objetivo en este capítulo es ofrecer los fundamentos, el diseño y la aplicación de los sistemas de medición del desempeño. Nuestro segundo objetivo es describir los principios de una gestión eficaz del rendimiento.

¿QUÉ ES LA EVALUACIÓN DEL DESEMPEÑO?

La **evaluación del desempeño**, como muestra la Figura 7.1, implica la *identificación*, *medida* y *gestión* del rendimiento de las personas de una organización[1].

Evaluación del desempeño
La identificación, medida y gestión del rendimiento de los RRHH de las organizaciones.

- La **identificación** significa determinar qué áreas del trabajo debería analizar el directivo cuando mide el rendimiento. Una identificación racional y defendible legalmente exige que el sistema de medición parta del análisis del puesto de trabajo, que estudiamos en el Capítulo 2. El sistema de evaluación, por tanto, debería centrarse en el rendimiento que afecta al éxito de la organización en lugar de en características irrelevantes para el rendimiento, tales como la raza, la edad o el sexo.
- La **medición**, punto central del sistema de evaluación, implica la realización de un juicio sobre la "bondad" o "maldad" del rendimiento del empleado. Una buena medida del rendimiento debe ser algo coherente en toda la organización. Es decir, todos los directivos de la organización deben mantener estándares de calificación comparables[2].
- La **gestión** es el objetivo general de cualquier sistema de evaluación. La evaluación debería ser algo más que una actividad retrospectiva que critica o alaba a los trabajadores por su rendimiento durante el año anterior. En lugar de ello, la evaluación debe adoptar una visión orientada al futuro respecto de lo que los trabajadores pueden hacer para alcanzar su potencial en la organización. Esto significa que los directivos deben ofrecer información a los trabajadores sobre su rendimiento anterior y ayudarles para alcanzar un rendimiento superior.

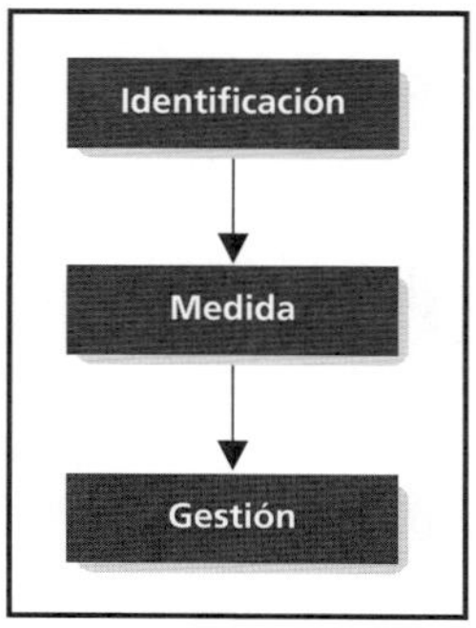

Figura 7.1 ■ Un modelo de evaluación del desempeño.

LAS APLICACIONES DE LA EVALUACIÓN DEL DESEMPEÑO

Las organizaciones suelen realizar evaluaciones con fines *administrativos* y/o de *desarrollo*[3]. Las evaluaciones del desempeño se utilizan administrativamente siempre que son la base para tomar una decisión sobre las condiciones laborales de un empleado, considerando como tales las promociones, los despidos y las recompensas, entre otras. Las evaluaciones con fines de desarrollo, que están dirigidas hacia la mejora del rendimiento del empleado y el fortalecimiento de sus capacidades laborales, incluyen proporcionar información a los empleados sobre su rendimiento, darles consejos sobre los comportamientos laborales eficaces y ofrecerles formación y otras oportunidades de aprendizaje.

Una encuesta reciente indica que más de la mitad de los directivos creen que la evaluación del desempeño es estratégica para su negocio[4]. Si se hace adecuadamente, la evaluación del desempeño puede ser la clave para desarrollar a los empleados y mejorar su rendimiento. Además, proporciona los criterios que sirven para validar los sistemas de selección y es la base sobre la que las decisiones sobre personal, tales como los despidos, se justifican legalmente. Además, la evaluación del desempeño hace operativa la estrategia de la organización. Por ejemplo, las medidas del desempeño que valoran la cortesía y la atención pueden convertir en tangible para los empleados una estrategia competitiva basada en el servicio al cliente.

Todavía, muchas compañías luchan por alcanzar todo el potencial de su sistema de evaluación del desempeño. Si los directivos no están detrás del sistema y están convencidos de su valor, es difícil que los empleados lo valoren. Una reciente encuesta indica que sólo tres de cada diez trabajadores norteamericanos piensan que su proceso de evaluación del desempeño mejora realmente el rendimiento[5]. Muchas compañías realizan revisiones del rendimiento más de una vez al año[6]. En 1997, los resultados de la encuesta estimaron que el 78 por ciento de las organizaciones realizaban evaluaciones del desempeño una vez al año. En 2003, ese porcentaje ha descendido al 50 por ciento, y el 40 por ciento de las organizaciones indicaron que estaban empezando a hacer revisiones del rendimiento al menos dos veces al año. Merck & Co., Inc., la empresa farmacéutica, ha pasado a hacer revisiones del rendimiento semestrales y los empleados indican que consiguen más y mejor retroalimentación y más oportunidades para mejorar. Aunque lo más frecuente es que la evaluación formal pueda ser positiva, la realidad en la práctica es que la evaluación informal, que incluye la retroalimentación y la discusión con los trabajadores, debería tener lugar sobre una base de continuidad.

Si la evaluación no se hace bien –si, por ejemplo, no se mide el rendimiento de forma precisa y la retroalimentación se da de forma pobre– los costes de realizar la evaluación podrían exceder a sus potenciales beneficios[7]. Desde un punto de vista económico, sólo tiene sentido implicarse en una práctica si los beneficios exceden los costes. Algunas personas opinan que la evaluación del desempeño no debería realizarse nunca[8]. Desde esta perspectiva, la evaluación del desempeño es vista como un método completamente defectuoso y humillante para intentar mejorar el rendimiento[9]. Por tanto, la evaluación del desempeño debería ser eliminada por los problemas y errores que se producen al evaluar el rendimiento[10]. La posición contraria a la realización de una evaluación del desempeño se basa principalmente en la idea[11] de que el desempeño es debido principalmente al sistema y a que cualquier diferencia de rendimiento entre trabajadores es aleatoria.

Aunque existe cierta oposición, la mayor parte de las organizaciones realizan evaluaciones del desempeño. La mayoría de las organizaciones reconoce que los empleados influyen en el rendimiento de manera importante y no aleatoria. (Para que los sistemas de selección resulten válidos, los empleados deben tener una influencia importante y consistente en el rendimiento.) Sin embargo, para mantener y mejorar su rendimiento, los empleados necesitan ser evaluados e informados.

Tanto si el rendimiento es en el lugar de trabajo, en la clase o en el campo de juego, usted debe saber cómo lo está haciendo para aprender cómo mejorar y, a continuación, evaluar si ha mejorado. La Figura 7.2 enumera diversas razones, tanto desde la perspectiva del empresario como del empleado, de por qué la evaluación es valiosa a pesar de las críticas que se han hecho en su contra.

Desde el punto de vista del empresario

1. A pesar de las imperfecciones de las técnicas para la medición, las diferencias individuales de rendimiento pueden marcar la diferencia en el rendimiento de la empresa.
2. La documentación e información sobre la evaluación del desempeño podrían ser necesarias para una defensa legal.
3. La evaluación ofrece una base racional para construir un sistema de primas o méritos.
4. Las dimensiones y estándares de evaluación pueden ayudar a implantar objetivos estratégicos y clarificar las expectativas de rendimiento.
5. Proporcionar información individual es parte del proceso de gestión del desempeño.
6. A pesar del enfoque tradicional sobre el individuo, los criterios de evaluación pueden incluir el trabajo en equipo y los equipos pueden ser el centro de atención de la evaluación.

Desde el punto de vista del empleado

1. La información sobre el rendimiento es necesaria y deseable.
2. La mejora en el rendimiento requiere evaluación.
3. Por justicia, es necesario que se midan las diferencias de rendimiento de los empleados y que éstas afecten a los resultados.
4. La evaluación y el reconocimiento de los niveles de rendimiento pueden motivar a los trabajadores a mejorar su desempeño.

Fuente: Cardy, R. L. y Carson, K. P. (1996). Total quality and the abandonment of performance appraisal: Taking a good thing too far? *Journal of Quality Management*, 193-206.

Figura 7.2 ■ Los beneficios de la evaluación del desempeño.

En los dos próximos apartados, explicamos las cuestiones y los retos relativos a los dos primeros pasos en la evaluación del desempeño: la identificación y la medida del rendimiento. Concluimos el capítulo discutiendo la manera en que los directivos pueden emplear los resultados de la evaluación para mejorar el rendimiento de sus empleados.

IDENTIFICACIÓN DE LAS DIMENSIONES DE DESEMPEÑO

El primer paso del proceso de evaluación del desempeño (*véase* la Figura 7.1) consiste en identificar qué es lo que hay que medir. Considere el siguiente ejemplo:

Como parte de su trabajo como jefe de equipo, Nancy tiene que asignar unas subidas salariales basadas en el rendimiento. Decide adoptar un enfoque participativo para establecer qué aspectos, o **dimensiones**, determinan un desempeño eficaz. En una reunión, ella y su equipo comienzan a proponer dimensiones de rendimiento. Una de las primeras dimensiones sugeridas es la *calidad del trabajo* realizado. Sin embargo, Nancy se da cuenta de que algunos de los trabajadores que supervisa tardan tres veces más que otros en completar las tareas asignadas, por lo que propone la *cantidad de trabajo* realizado como otra dimensión. Otro trabajador sugiere que el modo en que se interactúa con los compañeros y los "clientes" internos de la organización es muy importante. El equipo incluye la *eficacia interpersonal* como otra dimensión de desempeño.

Dimensión
Un aspecto del desempeño que determina un rendimiento eficaz en el trabajo.

La propuesta y consideración de otras dimensiones de rendimiento podría continuar hasta que Nancy y su equipo hubieran identificado quizás seis u ocho dimensiones que piensen que captan de forma adecuada el rendimiento. El equipo también podría decidir hacer las dimensiones más específicas añadiendo definiciones de cada una y descripciones sobre los comportamientos asociados a los distintos niveles de desempeño.

Como probablemente usted ya haya pensado, este proceso de identificación de las dimensiones del rendimiento es muy parecido al proceso de análisis de puestos de trabajo descrito en el Capítulo 2. De hecho, el análisis de puestos es el mecanismo que habría que utilizar para identificar las dimensiones de desempeño.

Los expertos en gestión apuntan la idea de que lo que se mide debería estar vinculado directamente con lo que la empresa intenta alcanzar[12], porque la medida debería ser vista como una herramienta de la dirección, no como un ejercicio de medida. Muchas organizaciones están ahora identificando dimensiones de desempeño basadas en sus objetivos estratégicos. Por ejemplo, Soutwest Washington Medical Center vincula los objetivos estratégicos corporativos con los objetivos de rendimiento de los empleados. Este enfoque asegura que todos trabajen juntos hacia los objetivos comunes[13].

Un enfoque cada vez más popular para identificar las dimensiones de desempeño se centra en las **competencias**, las características observables que las personas aportan para desempeñar su puesto con éxito[14]. Definir las competencias como características subyacentes y que no se pueden ver conduce a las mismas dificultades asociadas con la defensa y medida del rendimiento como rasgos de personalidad, tal y como se discute en el siguiente apartado. El conjunto de competencias asociado con el puesto de trabajo es a menudo denominado el **modelo de competencias**. Presentamos un ejemplo de modelo de competencias en el Cuaderno del Director, "Carrera profesional en un bufete estrella: competencias de los nuevos contratados".

Competencias
Características asociadas con un rendimiento eficaz.

Modelo de competencias
Conjunto de competencias asociadas a un puesto de trabajo.

MEDIDA DEL DESEMPEÑO

Para medir el desempeño de un empleado, los directivos pueden asignarle un número o una etiqueta del tipo "excelente", "bueno", "normal" o "malo"[15].

CUADERNO DEL DIRECTOR

TENDENCIAS EMERGENTES

Carrera profesional en un bufete estrella: competencias de los nuevos contratados

Las competencias que los nuevos asociados necesitan para tener éxito en el entorno de trabajo dinámico de un despacho de abogados. La Figura 7.3 muestra las competencias identificadas por un despacho de abogados como importantes para el éxito de los nuevos asociados. A cada descripción resumen, o conceptual, le siguen ejemplos ilustrativos de los comportamientos que suponen niveles de rendimiento malos o buenos. El despacho de abogados utiliza un marco de competencias para la evaluación del desempeño y también para el reclutamiento, la formación y la promoción. Ya ha establecido estándares de rendimiento claros para todos en la organización.

Fuente: Adaptado con permiso de Vaaler, B. (2005). Codifying competencias. *Law Firm Partnership & Benefits Report*, 10, 1.

Competencia	Ejemplo de comportamientos
Conocimiento: el asociado tiene un conocimiento sólido de los conceptos legales básicos. Demuestra curiosidad intelectual y compromiso. Se hace responsable de las tareas.	+ invierte tiempo en aprender la legislación relevante + pregunta cuestiones fundamentadas – recurre a otros para conocer la legislación
Habilidades y capacidades: el asociado demuestra fuertes habilidades básicas en comunicación escrita y oral, análisis, organización y resolución de problemas. Busca formación y oportunidades de trabajo para mejorar sus habilidades.	+ elabora trabajo escrito que un compañero puede enviar a un cliente o al juzgado sin apenas necesidad de revisión – elabora trabajo escrito que un compañero debe reescribir en gran medida
Gestión del trabajo: el asociado demuestra fuertes habilidades de gestión del trabajo, lo que incluye la gestión del tiempo y la distribución del producto a tiempo.	+ envía hojas de asistencia diariamente – no envía el trabajo en el momento prometido
Carácter y compromiso: el asociado demuestra integridad ética y juicio.	+ protege la confidencialidad del cliente y la información de la empresa – no presta cuidado al cliente y a la información de la empresa

\+ se refiere a comportamientos que indican fortalezas
– se refiere a comportamientos que indican áreas de desarrollo

Fuente: adaptado con permiso de Vaaler, B. (2005). Codifying competencias. *Law Partnership & Benefits Report*, 10, 1.

Figura 7.3 ■ Formatos para la evaluación.

A menudo resulta difícil cuantificar las dimensiones del rendimiento. Por ejemplo, la "creatividad" podría ser una parte importante del trabajo de un creativo de publicidad. Pero, ¿cómo se mide con exactitud la creatividad: por el número de anuncios imaginativos al año, por el número de anuncios que ganan un premio de la industria o siguiendo otro criterio? Cuestiones como éstas son las que tienen que resolver los directivos cuando intentan evaluar el rendimiento de un empleado.

HERRAMIENTAS DE MEDICIÓN

Hoy en día los directivos disponen de una amplia gama de formatos para elegir. Aquí analizamos los más comunes y más defendibles legalmente. Estos formatos pueden ser clasificados de dos formas: (1) según el tipo de juicio que se requiere (relativo o absoluto) y (2) según en qué se centra la medición (rasgos de personalidad, comportamientos o resultados).

Juicios relativos y absolutos

Los sistemas de evaluación que parten de un **juicio relativo** piden a los supervisores que comparen el rendimiento de los empleados con el de otros empleados que realizan las mismas tareas. La creación de un *orden de clasificación* de los trabajadores, del mejor al peor, es un ejemplo de enfoque relativo. Otro tipo de formato de juicio relativo clasifica a los empleados en distintos grupos, como los mejores, los que están en la media y los peores.

Juicio relativo
Un formato de evaluación que pide a los supervisores que comparen el rendimiento de un empleado con el rendimiento de los demás empleados que hacen el mismo trabajo.

Los sistemas de clasificación en términos relativos tienen la ventaja de obligar a los supervisores a distinguir entre los distintos trabajadores. En ausencia de este sistema, muchos supervisores tienden a clasificar a todos por igual, lo que destruye el valor del sistema de evaluación. Por ejemplo, un estudio que analizaba la distribución de las clasificaciones del rendimiento de más de 7.000 empleados profesionales y directivos en dos grandes empresas manufactureras, descubrió que el 95 por ciento de los empleados se agrupaban en tan sólo dos categorías.

La mayoría de los especialistas en RRHH piensa que las desventajas del sistema de clasificación en términos relativos superan a sus ventajas por diversas razones[16]. En primer lugar, los juicios relativos (como las clasificaciones) no dejan claro cómo de grandes o pequeñas son las diferencias entre empleados. En segundo lugar, estos sistemas no ofrecen ninguna información en términos absolutos, por lo que los directivos no pueden saber lo buenos o malos que son los empleados que se sitúan en los extremos de la clasificación. Por ejemplo, las clasificaciones relativas no revelan si el trabajador mejor clasificado en un equipo de trabajo es mejor o peor que el trabajador medio en otro equipo. Este problema queda ilustrado en la Figura 7.4, Marcos, Jill y Frank son los trabajadores mejor calificados en sus respectivos equipos de trabajo. Sin embargo, Jill, Frank y Julien son, de hecho, los que más rendimiento tienen globalmente.

En tercer lugar, los sistemas de clasificación en términos relativos obligan a los directivos a identificar diferencias entre trabajadores cuando realmente puede no existir ninguna[17]. Esto puede crear conflictos entre los trabajadores si se revela la clasificación de cada uno. Finalmente, los sistemas relativos normalmente exigen una evaluación del rendimiento global. La naturaleza de "marco general" de las clasificaciones relativas hace que la información que se ofrece sobre el rendimiento sea ambigua y de un valor cuestionable para aquellos trabajadores que se beneficiarían de una información específica sobre las diversas dimensiones de su rendimiento. Por todas estas razones, existe una creciente tendencia a utilizar sistemas de clasificación relativa sólo cuando existe una necesidad administrativa (por ejemplo, para tomar decisiones en cuanto a promociones, subidas salariales o despidos)[18].

Actual	Clasificación laboral	Clasificación laboral	Clasificación laboral
10 (alto)		Jill (1)	Frank (1)
9			Julien (2)
8		Tom (2)	Lisa (3)
7	Marcos (1)	Sue (3)	
6	Uma (2)		
5			
4	Joyce (3)	Greg (4)	
3	Bill (4)	Ken (5)	Jolie (4)
2	Richard (5)		Steve (5)
1 (bajo)			

Figura 7.4 ■ Clasificación y rendimientos entre equipos de trabajo.

Juicio absoluto
Un formato de evaluación que pide a los supervisores que emitan juicios acerca del rendimiento del empleado a partir únicamente de estándares de rendimiento.

A diferencia de los formatos de evaluación mediante juicios relativos, los formatos de **juicios absolutos** piden a los supervisores que hagan juicios sobre el rendimiento de un empleado a partir, únicamente, de estándares de rendimiento. No se hacen comparaciones con el rendimiento de los demás trabajadores. Normalmente, las dimensiones del rendimiento consideradas relevantes para el trabajo aparecen en una lista en el formulario de evaluación, y se pide al directivo que clasifique al empleado en cada dimensión. Se muestra un ejemplo de escala de evaluación con juicio absoluto en la Figura 7.5.

REVISIÓN DEL EMPLEADO

Tres meses (H&S) ☐ Anual (sólo H) ☐
Seis meses (H&S) ☐ Especial (H&S) ☐
H = por horas S = asalariado

________________ Nombre del empleado

☐☐☐☐☐☐☐☐☐ Seguridad Social # Por Horas ☐ Asalariado ☐

Para la revisión de empleados en prueba: ¿Recomienda conservar a este empleado? Sí☐ No☐

________________ Clasificación/Datos de la clasificación del contrato

Período de revisión de ________ a ________

________________ Departamento/División

Para cada área de rendimiento aplicable marque con una cruz la calificación que mejor refleja el rendimiento
1 = aceptable 2 = necesita mejorar 3 = satisfactorio 4 = superior a la media 5 = sobresaliente

ÁREA DE RENDIMIENTO	1	2	3	4	5
Capacidad para tomar decisiones relacionadas con el trabajo					
Acepta el cambio					
Acepta la dirección					
Acepta la responsabilidad					
Asistencia					
Actitud					
Cumplimiento de las normas					
Cooperación					
Consciente de los costes					
Fiable					

ÁREA DE RENDIMIENTO	1	2	3	4	5
Eficaz en situación de estrés					
Iniciativa					
Conocimiento del trabajo					
Liderazgo					
Utilización y cuidado del equipo					
Planificación y organización					
Calidad del trabajo					
Cantidad de trabajo aceptable					
Prácticas de seguridad					
VALORACIÓN GENERAL DEL SUPERVISOR					

Para las valoraciones superiores al nivel 1 0 2: ¿El empleado va a quedarse o se le situará en fase de prueba? Sí ☐ No ☐
Si se queda, ¿cuál es la fecha aproximada de la siguiente revisión? ________

FORTALEZAS LABORALES E INCIDENTES DE RENDIMIENTO SUPERIOR: ________

ÁREAS DE MEJORA: ________

PROGRESOS LOGRADOS EN CUANTO A OBJETIVOS ANTERIORES: ________

OBJETIVOS ESPECÍFICOS A REALIZAR ANTES DE LA PRÓXIMA REVISIÓN: ________

DE LA MEJORA DEL RENDIMIENTO LABORAL: ________

COMENTARIOS DEL SUPERVISOR: ________

COMENTARIOS DEL EMPLEADO ________

Utilice hojas separadas, si es necesario, para los comentarios adicionales del supervisor o del empleado. Por favor, apunte en esta hoja si utiliza otras hojas suplementarias
La firma de una revisión no implica estar de acuerdo con ella, tan sólo reconocer que se ha pasado la revisión

________ Firma del empleado ________ Fecha ________ Firma del supervisor que califica ☐☐☐☐☐☐☐☐☐ N.° de la Seguridad Social ________ Fecha

________ Firma del supervisor de nivel 2 ________ Fecha ________ Firma del jefe de departamento ________ Fecha

Figura 7.5 ■ Muestra de una escala de calificación de juicio absoluto.

En teoría, los formatos absolutos permiten a los empleados de distintos grupos de trabajo, evaluados por distintos directivos, ser comparados unos con otros. Si todos los empleados son excelentes trabajadores, todos pueden recibir una calificación excelente. Además, puesto que las calificaciones se realizan respecto a distintas dimensiones de desempeño, la información que recibe el empleado puede ser más específica y valiosa.

Aunque a menudo los sistemas de evaluación basados en juicios en términos absolutos son preferibles a los basados en juicios relativos, también tienen sus inconvenientes. Uno de ellos es que todos los trabajadores de un grupo pueden recibir la misma evaluación si el supervisor no quiere diferenciar entre trabajadores. Otro inconveniente es que los distintos supervisores pueden tener estándares de evaluación significativamente distintos. Por ejemplo, una calificación de 6 de un supervisor "blando" puede de hecho ser una calificación menor, en valor, que una de 4 dada por un supervisor "duro". Pero cuando la organización está decidiendo las promociones o las subidas salariales, el trabajador que reciba el 6 será el recompensado.

No obstante, los sistemas absolutos tienen una ventaja distintiva: evitan crear conflictos entre los trabajadores. Esto, además del hecho de que los sistemas relativos son más difíciles de defender cuando existen demandas judiciales, puede explicar la prevalencia de los sistemas absolutos en las organizaciones estadounidenses.

Es interesante destacar, no obstante, que la mayoría de la gente *sí* hace juicios comparativos entre personas y cosas. Un candidato político es mejor o peor que sus oponentes y no bueno o malo en sentido absoluto. Si los juicios comparativos son comunes y la forma natural de juzgar las cosas, puede ser que los supervisores sean más precisos cuando hacen calificaciones relativas que cuando éstas son absolutas[19].

Datos sobre rasgos de personalidad, comportamientos y resultados

Además de los juicios relativos y absolutos, los sistemas para medir el desempeño pueden clasificarse en función del tipo de datos de rendimiento sobre los que se centran: rasgos de personalidad, comportamientos o resultados.

Los **instrumentos de evaluación de rasgos de personalidad** exigen que el supervisor juzgue los rasgos de personalidad, las características del trabajador que tienden a ser consistentes y duraderas. La Figura 7.6 presenta cuatro rasgos que se encuentran habitualmente en las escalas de calificación basadas en rasgos: capacidad de decisión, fiabilidad, energía y lealtad. Aunque hay organizaciones que utilizan evaluaciones basadas en rasgos de personalidad, éstas han sido criticadas por ser demasiado ambiguas[20] y porque dejan abierta la puerta a sesgos conscientes o inconscientes. Además, las evaluaciones basadas en rasgos, dada la ambigüedad de su naturaleza, son menos defendibles ante un tribunal que otro tipo de evaluaciones[21]. Las definiciones de fiabilidad, por ejemplo, pueden diferir en gran medida entre supervisores y los tribunales parecen ser muy sensibles a la naturaleza "cambiante" de los rasgos. Otra dificultad de los formatos con rasgos de personalidad está en elegir, entre los cientos de rasgos posibles, aquellos que van a incluirse en el instrumento de evaluación.

Instrumento de evaluación basado en rasgos
Una herramienta de evaluación que pide a un supervisor que emita juicios acerca de las características del trabajador que tienden a ser consistentes y duraderas.

La evaluación de rasgos, además, se centra en la persona más que en el rendimiento, lo que puede hacer que el empleado se ponga a la defensiva. A partir de la limitada investigación realizada en esta área, parece que este tipo de planteamiento centrado en la persona no fomenta la mejora en el rendimiento. Los planteamientos de medición que se centran más directamente en el rendimiento, ya sea evaluando comportamientos o resultados, son generalmente mejor aceptados por los trabajadores y constituyen herramientas de desarrollo más eficaces.

Califique a cada trabajador utilizando la siguiente escala				
Capacidad de decisión				
1	2	3	4	5
Muy baja		Moderada		Muy alta
Fiabilidad				
1	2	3	4	5
Muy baja		Moderada		Muy alta
Energía				
1	2	3	4	5
Muy baja		Moderada		Muy alta
Lealtad				
1	2	3	4	5
Muy baja		Moderada		Muy alta

Figura 7.6 ■ Muestra de escalas de rasgos,

A pesar de estos problemas, las evaluaciones basadas en rasgos de personalidad podrían resultar más eficaces de lo que muchos creen. Al fin y al cabo, los rasgos de personalidad son simplemente un atajo para describir las tendencias en el comportamiento de una persona. Así, los juicios acerca de rasgos pueden partir de los comportamientos, lo que haría que fueran menos susceptibles de incurrir en errores de lo que los críticos sugieren. Habitualmente realizamos juicios sobre las características de los demás y es raro que alguien describa a una persona sin mencionar sus rasgos de personalidad. Si duda de esta última afirmación, haga el siguiente experimento.

Digamos que un compañero de clase le pide que describa a uno de sus profesores. Imagine también que este profesor hace trucos de magia para mantener el interés de la clase y resaltar las cuestiones que está enseñando, incita a una discusión acalorada y es conocido por vestir de forma extraña. ¿Cree usted que su respuesta inicial consistiría en dar a su compañero de clase una lista de comportamientos que ha visto del profesor? ¡No es probable! Es más probable que utilice términos como "enérgico", "apasionado", "entretenido", "comprometido", "loco", todos términos que describen sus rasgos de personalidad. Puede que continúe esta valoración con alguna descripción de su comportamiento, pero probablemente más con el fin de disfrutar de contar historias que por otra razón. La cuestión es que normalmente juzgamos las características de los demás; ésta es una forma muy potente de describir a la gente. Y, puesto que hacemos esto todo el tiempo, puede que también seamos bastante buenos haciéndolo. No obstante, puesto que los rasgos de personalidad se centran en la persona en lugar de en el rendimiento, muchos expertos no recomiendan su utilización con el fin de informar al trabajador. Además, como se mencionaba anteriormente, los juicios acerca de las características de las personas pueden ser ambiguos, por lo que plantean problemas a la hora de una defensa legal.

Instrumento de evaluación basado en comportamientos
Una herramienta de evaluación que pide a los directivos que evalúen los comportamientos de un trabajador.

Los **instrumentos de evaluación de comportamientos** se centran en valorar el comportamiento de los trabajadores. Es decir, en lugar de calificar la capacidad de liderazgo (una característica personal), se pide al evaluador que valore si el empleado muestra ciertos comportamientos (por ejemplo, si trabaja bien con sus compañeros, si llega puntual a una reunión). En un tipo de instrumento de evaluación de comportamientos, las Escalas de Observación del Comportamiento, los supervisores registran la frecuencia con que se producen diversos comportamientos que aparecen en el formulario de evaluación[22]. Sin embargo, son más comunes en las organizaciones las evaluaciones que cuantifican el valor y no la frecuencia de determinados comportamientos. Probablemente la escala de comportamiento más conocida es la Behaviorally Anchored Rating Scale (BARS). La Figura 7.7 es un ejemplo de escala BARS utilizada para la calificar la eficacia con la que el director del departamento supervisa a su personal de ventas. Las escalas de evaluación basadas en comportamientos se desarrollan con la *técnica de incidentes críticos*. Describimos esta técnica en el Apéndice a este capítulo.

La principal ventaja del enfoque basado en comportamientos es que los estándares de rendimiento son concretos. A diferencia de las características personales, que pueden tener muchas facetas, la escala de comportamientos incluye directamente toda la gama de comportamientos de una dimensión. Esta precisión hace del BARS y de otros instrumentos de evaluación de comportamientos, instrumentos más defendibles legalmente que las escalas basadas en rasgos de personalidad, que a menudo utilizan adjetivos tan difíciles de definir como "malo" y "excelente". Las escalas de comportamientos proporcionan a los empleados ejemplos específicos de los tipos de comportamientos deseables (y a evitar) si quieren que les vaya bien en la organización, y animan a los supervisores a que sean precisos cuando informan posteriormente a los empleados sobre su rendimiento. Finalmente, tanto los

Fuente: Campbell, J. P., Dunnette, M. D., Arvey, R. D. y Hellervick, L. V. (1973). The development and evaluation of behaviorally based rating scales. *Journal of Applied Psychology,* 15-22. © 1973 by the American Psychological Association. Rreprinted with permission.

Figura 7.7 ■ Muestra del BARS utilizado para calificar a un director de ventas.

trabajadores como los supervisores pueden participar en el proceso de creación de escalas de valoración del comportamiento[23]. Esto probablemente mejore la comprensión y aceptación del sistema.

No obstante, los sistemas de análisis del comportamiento tienen desventajas. Desarrollarlos puede requerir mucho tiempo, fácilmente puede llevar varios meses. Otra desventaja de estos sistemas es su especificidad. Los puntos, o anclas, de las escalas de comportamiento son claras y concretas, pero son sólo ejemplos de los comportamientos que un trabajador *podría* tener. Los empleados puede que no muestren nunca algunos de estos comportamientos, lo que puede dificultar la valoración que tienen que realizar los supervisores. Además, los cambios significativos en la organización pueden invalidar las escalas de comportamiento. Por ejemplo, la informatización de las operaciones puede alterar drásticamente el comportamiento que tienen que mostrar los trabajadores para tener éxito. Así, comportamientos conseguidos con gran dificultad y desarrollados para el sistema de valoración, podrían ser inútiles o, peor, impedir el cambio y la adaptación de la organización.

Otra posible dificultad está en que los supervisores podrían limitarse a transladar sus impresiones sobre características o rasgos de personalidad a juicios acerca de comportamientos. Por tanto, aunque el enfoque basado en comportamientos parece menos ambiguo, puede requerir una gimnasia mental que puede introducir errores en las evaluaciones. No se ha hecho ninguna investigación directa sobre esta cuestión, pero un estudio concluyó que, tanto los supervisores como los trabajadores, prefieren los sistemas que parten de los rasgos de personalidad que los que se fijan en el comportamiento[24]. La "falta de naturalidad" del enfoque basado en comportamientos podría explicar esta preferencia. Sin embargo, es una habilidad valiosa que podría aprenderse fácilmente.

Instrumentos de evaluación basados en resultados
Una herramienta de evaluación que pide a los directivos que evalúen los resultados alcanzados por los trabajadores.

Dirección por objetivos
Un enfoque dirigido a los objetivos para evaluar el desempeño en el que los trabajadores y sus supervisores establecen juntos los objetivos para un período de evaluación.

Los **instrumentos de evaluación de resultados** piden a los directivos que valoren los resultados conseguidos por los trabajadores, como las ventas totales o el número de productos fabricados. Los enfoques dominantes en cuanto a valoración de resultados son la dirección por objetivos o ***management by objectives*** **(MBO)**[25] y la medición del resultado normal obtenido. La dirección por objetivos es un planteamiento orientado a los objetivos, en el que los trabajadores y sus supervisores establecen juntos los objetivos para el período de evaluación. La evaluación consiste en decidir después hasta qué punto se han cumplido. Con el *resultado normal obtenido*, la medición del rendimiento no se discute tanto ni es algo sobre lo que haya que estar de acuerdo, sino que está a disposición de supervisores y trabajadores. Por ejemplo, un sistema de producción informatizado, utilizado para fabricar cajas de cartón, puede generar de forma automática datos respecto al número de piezas producidas, la cantidad de desechos y la tasa de cajas defectuosas.

El planteamiento basado en resultados ofrece criterios claros y sin ambigüedad por los que se puede juzgar el rendimiento del trabajador. También suprime la subjetividad y la posibilidad de incurrir en errores y sesgos. Además, el enfoque basado en resultados ofrece una mayor flexibilidad. Por ejemplo, un cambio del sistema productivo podría conducir a un nuevo conjunto de medidas de los resultados y, tal vez, a un nuevo conjunto de estándares de rendimiento. Con un planteamiento de MBO (dirección por objetivos), se pueden ajustar fácilmente los objetivos de un trabajador al principio de un nuevo período de evaluación, si los cambios de la organización exigen que cambie el centro de atención. Quizás lo más importante es que los resultados pueden vincularse fácilmente a los objetivos estratégicos[26].

¿Son, pues, los sistemas basados en los resultados la respuesta a los numerosos problemas discutidos anteriormente respecto a los sistemas de valoración subjetiva? Por desgracia, no. Aunque objetivas, las medidas de los resultados pueden dar una perspectiva seriamente deficiente y distorsionada del rendimiento del trabajador. Considérese una medida de los resultados definida de la siguiente manera: "el número de unidades producidas que cumplen determinados límites aceptables de calidad". Esta medida del rendimiento puede parecer justa y aceptable. Sin embargo, si la máquina no funciona correctamente, pueden tardarse varias horas (algunas veces un turno de trabajo completo) para localizar y resolver el problema. Si usted fuera un directivo, pondría a sus mejores trabajadores a resolver el problema. Pero considere qué es lo que ocurriría con los registros de rendimiento de esos trabajadores. Al final parecería que sus mejores trabajadores son los que peor producción han obtenido.

Esta situación es real y se produjo en una fábrica de componentes de automóviles[27]. Para resolver la cuestión, la dirección decidió que los juicios subjetivos que realizaban los supervisores respecto al rendimiento fueran superiores a las medidas objetivas de resultados. Las calificaciones subjetivas diferían radicalmente de las medidas de resultados. Pero en este caso, las calificaciones subjetivas estaban relacionadas con las puntuaciones obtenidas por los trabajadores en pruebas relacionadas con el trabajo, mientras que no se encontró esa relación con las medidas de resultados. Claramente, en algunas situaciones el juicio humano es superior a las medidas objetivas.

Otra posible dificultad relacionada con las medidas del rendimiento a partir de los resultados es el desarrollo de una mentalidad de "resultados a toda costa"[28]. La utilización de medidas objetivas tiene la ventaja de que los trabajadores se centren en determinados resultados, pero esta fijación tiene efectos negativos sobre otras facetas del rendimiento. Por ejemplo, una organización podría utilizar el número de unidades producidas como medida del rendimiento, porque es relativamente fácil de cuantificar. Los trabajadores, concentrados en la cantidad, podrían obviar la calidad y el servicio de seguimiento, lo que a largo plazo perjudicaría a la organización. Aunque las metas objetivas y otras medidas de resultados son eficaces para mejorar los niveles de rendimiento, estas medidas no reflejan todo el espectro del rendimiento[29].

Herramientas de medida: resumen y conclusiones

Nuestra discusión, hasta ahora, ha dejado claro que no hay un único formato de evaluación del desempeño que pueda ser considerado mejor que los demás. Cada enfoque tiene aspectos negativos y positivos. La Figura 7.8 resume las fortalezas y debilidades de cada enfoque en áreas como la administración, el desarrollo y la defensa legal. La elección del sistema de evaluación debería depender, en gran medida, del principal objetivo de la valoración.

Por ejemplo, digamos que su principal preocupación como directivo es obtener los resultados deseados. Un enfoque basado en resultados sería el mejor para este propósito. Sin embargo, cuando los resultados no se logran adecuadamente, sería necesaria más evaluación para diagnosticar el problema.

Una cuestión de ética

¿Es razonable que una empresa evalúe a sus empleados y los compense según los resultados obtenidos aun cuando estos no dependan únicamente de factores que ellos puedan controlar?

	CRITERIOS		
Formato de valoración	**Uso administrativo**	**Uso para el desarrollo**	**Defensa legal**
Absoluto	0	+	0
Relativo	+ +	–	–
Rasgos	+	–	– –
Comportamientos	0	+	+ +
Resultados	0	0	+

– – Muy malo – Malo 0 Mixto o no muy claro + Bueno + + Muy bueno

Figura 7.8 ■ Valoración de los principales formatos de evaluación.

La mayoría de los sistemas de evaluación fueron desarrollados a partir de la premisa de que las empresas podrían reducir o suprimir los errores del evaluador utilizando el formato de evaluación adecuado. Sin embargo, la evidencia empírica sugiere que el tipo de herramienta que se utiliza no cambia demasiado la precisión de las evaluaciones[30].

Si los formatos no tienen demasiado impacto sobre la calificación, ¿qué es lo que influye? Evidentemente, la persona que evalúa. Características como la inteligencia del evaluador, lo familiarizado que esté con el trabajo a evaluar[31] y su capacidad de discernir entre la información que es importante y la que no lo es[32], influyen sobre la calidad de la evaluación. Por tanto, la persona que evalúa es un determinante importante de la calidad de las evaluaciones.

La persona que evalúa es denominada normalmente la *fuente* de la evaluación. La fuente más habitual es el superior directo del trabajador. Sin embargo, otras fuentes pueden aportar perspectivas únicas y valiosas acerca del proceso de evaluación del desempeño. Uno mismo, los compañeros, los colaboradores e incluso los clientes son fuentes de evaluación cada vez más habituales.

Nombre: ____________________

En esta encuesta se pide su opinión sobre cuestiones específicas de los productos y servicios que recibe. Sus respuestas individuales serán confidenciales y se sumarán a las de otros clientes para mejorar el servicio al cliente. Por favor, utilice la siguiente escala para indicar hasta qué punto está usted de acuerdo con cada afirmación. Haga un círculo en torno al número que responde a cada pregunta.

1 = Muy en desacuerdo
2 = En desacuerdo
3 = Neutro
4 = De acuerdo
5 = Muy de acuerdo
? = No está seguro

Si no se siente capaz de valorar adecuadamente una determinada cuestión, por favor, déjela en blanco.

CALIDAD

Tuve que esperar un tiempo injustificado para que se atendiera mi petición .... 1 2 3 4 5 ?

Los productos que he recibido han cubierto mis expectativas .... 1 2 3 4 5 ?

Mis peticiones han sido satisfechas en la fecha acordada o antes .... 1 2 3 4 5 ?

Los productos que he recibido normalmente no han presentado errores .... 1 2 3 4 5 ?

SERVICIO/ACTITUD

Cuando me ha atendido, esta persona:

Fue de gran ayuda .... 1 2 3 4 5 ?

Colaboró para satisfacer mis demandas .... 1 2 3 4 5 ?

Habló conmigo para conocer lo que esperaba del producto .... 1 2 3 4 5 ?

No colaboró cuando pedí cambios/información adicional .... 1 2 3 4 5 ?

Me dijo cuándo atenderían mis pedidos .... 1 2 3 4 5 ?

Cuando fue necesario, me explicó por qué no podía satisfacer mis demandas .... 1 2 3 4 5 ?

Me mantuvo informado sobre la situación de mi pedido .... 1 2 3 4 5 ?

SATISFACCIÓN DEL CLIENTE

¿Cómo calificaría su nivel de satisfacción global con el *servicio* que ha recibido?

1 = Muy insatisfecho
2 = Insatisfecho
3 = Neutro
4 = Satisfecho
5 = Muy satisfecho

¿Qué se podría hacer concretamente para que estuviera más satisfecho con el *servicio*?

____
____
____
____

¿Cómo calificaría su nivel de satisfacción global con los *productos* que ha recibido?

1 = Muy insatisfecho
2 = Insatisfecho
3 = Neutro
4 = Satisfecho
5 = Muy satisfecho

¿Qué se podría hacer concretamente para que estuviera más satisfecho con los *productos*?

____
____
____
____

Fuente: Cardy, R. L. y Dobbins, G. H. (1994). *Performance appraisal: Alternative perspectives*. Cincinnati, OH: South-Western.

Figura 7.9 ■ Formato de evaluación por parte de un cliente.

La **autoevaluación**, en la que los trabajadores se evalúan a sí mismos, aporta información de los empleados al proceso de evaluación y puede ayudarles a comprender las causas de los problemas de rendimiento. Por ejemplo, podría haber una diferencia de opinión sustancial entre un superior y un empleado en relación con un área de evaluación del empleado. En tal caso se garantiza la comunicación y la posibilidad de investigación. En algunas situaciones, las personas pueden encontrarse en la situación de tener que confiar en las autoevaluaciones como guía para gestionar su desempeño.

Autoevaluación
Un sistema de evaluación del desempeño en el que los trabajadores se evalúan a sí mismos.

En una **evaluación de compañeros o iguales**, los trabajadores que se encuentran en el mismo nivel de la organización se evalúan unos a otros. Por ejemplo, la evaluación de compañeros jugaba un papel clave en el proceso de evaluación en Milo Engineering, el negocio al que hicimos referencia al inicio del capítulo. En la **evaluación de subordinados**, los trabajadores evalúan a sus superiores.

Evaluación de iguales o compañeros
Un sistema de evaluación del desempeño en el que los trabajadores del mismo nivel en la organización se evalúan unos a otros.

Evaluación de subordinados
Un sistema de evaluación del desempeño en el que los trabajadores evalúan a sus supervisores.

Además de la información procedente de la organización, las empresas buscan cada vez más a los clientes como fuente de evaluación valiosa. Los sistemas tradicionales de evaluación de arriba abajo podrían incentivar a los empleados a desarrollar únicamente aquellos comportamientos que los superiores ven o sobre los que prestan atención. Por tanto, los comportamientos que son críticos para la satisfacción del cliente podrían ser ignorados[33].

De hecho, los clientes están a menudo en una mejor posición para evaluar la calidad de los productos y los servicios que ofrece la empresa que los superiores. Los superiores podrían tener una información o una perspectiva limitadas, mientras que los clientes internos y externos a menudo tienen una visión más amplia o una mayor experiencia acerca de distintos ámbitos del negocio. La Figura 7.9 presenta un ejemplo de un formato de evaluación de un cliente.

Feedback 360º
La combinación de evaluaciones de iguales, subordinados y autoevaluaciones.

La combinación de compañeros, colaboradores y autoevaluaciones y en ocasiones clientes en el proceso de evaluación es denominada ***feedback* 360º**. Un sistema 360º pue-

CUADERNO DEL DIRECTOR

TENDENCIAS GLOBALES

Hacer la locura de los 360°

Yum Brands, Inc., utiliza un sistema de evaluación 360º para convertir a sus trabajadores en “maniáticos de los clientes”. Maniático del cliente es un término acuñado por la dirección de Yum para describir lo que cuidan la satisfacción del empleado. Yum emplea 850.000 trabajadores en sus franquicias de Pizza Hut, Taco Bell, KFC, A&W y Long John Silver. Yum tiene 33.000 restaurantes que sirven a 22 millones de clientes en todo el mundo cada día y planea abrir 1.000 restaurantes por año, poniendo especial atención en la expansión internacional. La empresa dispone actualmente de 350 restaurantes en China.

Para alcanzar su objetivo de convertir a sus trabajadores en maniáticos de los clientes, Yum ha identificado dimensiones orientadas al cliente tales como la rapidez, la limpieza y la hospitalidad.

Para implantar el sistema 360º desde Pekín a Los Ángeles, la empresa empleó un sistema 360º basado en la web en el lenguaje apropiado para la región. El sistema recoge las evaluaciones y la información sobre el rendimiento de los trabajadores de compañeros o iguales, directivos, subordinados o colaboradores y clientes. Los formatos basados en la web ponen el énfasis en la información escrita a los trabajadores y centran la atención en su desarrollo para convertirse en maniáticos de los clientes. El sistema no está vinculado actualmente a la retribución.

El sistema 360º de Yum está ayudando a clarificar sus expectativas de rendimiento a sus empleados en cualquier parte del mundo. Cuando el CEO de Yum, David Novak, preguntó por la información acerca de su propio rendimiento, respondieron 120 empleados y el informe de evaluación tuvo 65 páginas.

Fuente: Adaptado de Shuit, D. (2005). Former PepsiCo executives do a 360º in managing Yum Brand´s workforce. *Workforce Management*, 84, 4.

de ofrecer una imagen muy completa del rendimiento de un empleado, al desarrollarse desde múltiples perspectivas. Muchas organizaciones están ya empleando tecnología para conseguir que la evaluación 360º sea un sistema eficiente. Tal y como se ilustra en el Cuaderno del Director, "Hacer la locura de los 360º", un sistema 360º puede utilizarse en distintos países y culturas para implantar un conjunto común de valores en una organización.

RETOS PARA MEDIR EFICAZMENTE EL DESEMPEÑO

¿Cómo pueden los directivos garantizar una medida precisa del rendimiento de un trabajador? La principal forma de hacerlo es entender los obstáculos que hay que superar a lo largo del camino. Los directivos se enfrentan al menos a cinco retos:

- Los errores y el sesgo de la persona que realiza la evaluación.
- La influencia de los gustos.
- La política de la organización.
- El enfoque hacia el individuo o hacia el grupo.
- Las cuestiones legales.

Error del evaluador
Un error en las evaluaciones del desempeño que refleja sesgos consistentes por parte del evaluador

Errores y sesgo del evaluador

El **error del evaluador** es un error en la evaluación del desempeño que refleja sesgos constantes por parte de la persona que realiza la evaluación. Uno de los errores más destacados es el *error de halo*, la tendencia a calificar de la misma manera distintas dimensiones [34].

Existen al menos dos causas del error de halo[35]: (1) un supervisor podría hacer un juicio general sobre un trabajador y después ajustar las calificaciones de todas las dimensiones a ese juicio y/o (2) un supervisor podría hacer que todas las calificaciones fueran coherentes con el nivel de rendimiento de un trabajador en una dimensión que es importante para el supervisor. Si Nancy califica a Luis mal en las tres dimensiones de desempeño (calidad de los programas escritos, cantidad de programas y eficacia en las relaciones personales), incluso si su rendimiento en cuanto a cantidad y calidad es elevado, habrá cometido un error de halo.

Otro tipo de error del evaluador es el *error de restricción de escala*, que se produce cuando el directivo restringe todas sus calificaciones a una pequeña parte de la escala de calificación. Existen tres formas habituales de restricción de escala: *errores de indulgencia*, o restricción de la escala a la parte superior de la misma; *errores de tendencia central*, o utilización en exclusiva de los puntos intermedios de la escala; y *errores de severidad*, o utilización exclusivamente de la parte inferior de la escala.

Suponga que es usted un director de RRHH que está revisando las evaluaciones de desempeño otorgadas por los supervisores de la empresa a sus subordinados. La pregunta es la siguiente: ¿Cómo puede usted saber cómo de precisas son tales evaluaciones? La respuesta es que resulta muy difícil saberlo. Digamos que una supervisora ha otorgado a uno de sus subordinados la mejor calificación posible en cada una de las cinco dimensiones consideradas. Hay al menos tres posibles explicaciones. El empleado podría ser realmente muy bueno en una de las dimensiones y ha sido evaluado muy alto en todas las dimensiones por este motivo (error de halo). O el evaluador podría haber utilizado únicamente la parte alta de la escala (error de indulgencia). O el empleado podría ser muy bueno en todo (evaluación correcta). Aunque se han desarrollado sofisticadas técnicas estadísticas para investigar estas posibilidades, ninguna resulta práctica para la mayoría de las organizaciones y directivos. Además, la investigación actual indica que los "errores" en las evaluaciones pueden representar bastante bien los valores reales del rendimiento del evaluado (la posibilidad de evaluación "correcta" presentada anteriormente), de tal manera que los errores del evaluador no son buenos indicadores de la falta de precisión de la calificación[36].

El sesgo personal podría también provocar errores en la evaluación. Consciente, o inconscientemente, un supervisor podría calificar sistemáticamente a ciertos trabajadores por debajo o por encima de los demás en función de su raza, nacionalidad, sexo, edad u otros factores. El sesgo consciente es extremadamente difícil de suprimir, si no imposible. El sesgo inconsciente puede superarse cuando se llama la atención sobre él al evaluador. Por ejemplo, un supervisor podría haber estado haciendo inconscientemente evaluaciones muy elevadas a los empleados que acudieron a su mentor. Sin embargo, si toma conciencia de ello, podría corregirlo.

Los sesgos fragrantes, sistemáticamente negativos, deberían ser reconocidos y corregidos dentro de la organización. El sesgo negativo se convirtió en un problema en la agencia estadounidense de lucha contra la droga (*Drug Enforcement Agency,* DEA) a principios de la década de los 80 cuando una demanda legal, *Segar v. Civiletti*, estableció que los agentes afroamericanos eran calificados sistemáticamente por debajo de los agentes blancos y, por tanto, tenían menos posibilidades de recibir promociones y de elegir sus asignaciones laborales. La DEA no logró dar a los supervisores instrucciones por escrito para la evaluación del desempeño de los agentes y casi todos los supervisores que realizaban evaluaciones eran blancos[37].

La principal dificultad a la hora de medir el rendimiento es garantizar que las calificaciones de los distintos evaluadores sean comparables[38]. La **posibilidad de comparar** hace referencia al grado en que las evaluaciones del desempeño otorgadas por diversos supervisores de una organización son parecidas. En esencia, la cuestión de las comparaciones se refiere a si los supervisores utilizan o no las mismas varas de medida. Lo que un supervisor considera como rendimiento excepcional podría ser considerado por otro como un rendimiento medio.

Posibilidad de comparar
En las evaluaciones del desempeño, el grado en que las calificaciones del rendimiento dadas por diversos supervisores en una organización son similares.

Una de las formas más eficaces de resolver las cuestiones relativas a los errores y los sesgos consiste en desarrollar y comunicar estándares de evaluación a través de una **formación por marcos de referencia**[39], que utiliza ejemplos ficticios de comportamientos que pudiera tener un empleado.

Formación por marcos de referencia
Un tipo de formación que presenta a los supervisores distintos ejemplos de rendimiento de un trabajador (por escrito o en imágenes), pide a los supervisores que evalúen a los trabajadores de los ejemplos y a continuación les explica cómo deberían haber sido sus evaluaciones.

Tras calificar el rendimiento presentado en un vídeo o en papel, los evaluadores en formación que asisten a una sesión de formación por marcos de referencia conocen la calificación que tendrían que haber dado. A continuación, se discute el comportamiento del trabajador que representa cada dimensión (y por qué). Este proceso de calificación, información y discusión viene seguido de otro ejemplo. De nuevo, se califica, se informa sobre las calificaciones que se tenían que haber dado y se discute. El proceso continúa hasta que los supervisores desarrollan un marco de referencia común para la evaluación del rendimiento. En otras palabras, la formación por marcos de referencia pretende que todos sean evaluados en función de los mismos estándares de desempeño[40].

Se ha demostrado que la formación por marcos de referencia mejora la precisión de las evaluaciones de desempeño[41]. Y lo que tal vez sea aún más importante, permite desarrollar estándares de evaluación comunes entre todos los supervisores.

El procedimiento de formación por marcos de referencia tiene, no obstante, una serie de inconvenientes. Un problema evidente es su coste, que puede ser prohibitivo debido a la cantidad de tiempo necesario y al número de personas que participan. Otro inconveniente de este planteamiento es que únicamente se puede utilizar para sistemas de evaluación basados en comportamientos.

La influencia de los gustos

El *gusto* puede provocar errores en la evaluación del desempeño cuando los evaluadores permiten que lo que les gusta o disgusta de un individuo influya en su valoración del rendimiento. Los estudios han demostrado una correlación sustancial entre el gusto del evaluador y las calificaciones del rendimiento[42]. Estos resultados podrían indicar que las evaluaciones del desempeño están sesgadas por lo que le guste al evaluador. Sin embargo, los buenos evaluadores tienden a apreciar a los buenos empleados y a que no les gusten los malos.

La cuestión fundamental, por supuesto, consiste en saber si la relación entre el gusto y las evaluaciones es adecuada o está sesgada[43]. Es adecuada si a los supervisores les gustan los buenos empleados y no los malos. Está sesgada si a los supervisores les gustan o disgustan los empleados por razones distintas a su rendimiento y permiten que estos sentimientos contaminen sus calificaciones. A menudo resulta muy difícil separar estas dos posibilidades[44]. No obstante, la mayoría de los trabajadores parece creer que el gusto de sus supervisores influye sobre las evaluaciones del desempeño que obtienen[45]. La percepción del sesgo puede provocar problemas de comunicación entre trabajadores y supervisores y reducir la eficacia de los supervisores a la hora de gestionar el rendimiento.

Precauciones

Dado el posible impacto del sesgo debido al gusto, resulta esencial que los supervisores controlen sus reacciones emocionales ante los trabajadores. Deberían tener un diario del rendimiento del comportamiento observado de cada trabajador[46] que les sirviera como base para la evaluación y para otras acciones de dirección. Un registro externo del comportamiento del trabajador puede reducir drásticamente los errores y sesgos de las evaluaciones.

Los registros deberían hacerse de forma rutinaria, por ejemplo, diaria o semanalmente. El mantenimiento de registros sobre el rendimiento de los empleados es una costumbre profesional que vale la pena desarrollar, sobre todo para evitar demandas judiciales por evaluaciones injustas[47]. Para evitar los errores y sesgos, el registro debería reflejar lo que cada trabajador ha estado haciendo y no las opiniones o juicios sobre su comportamiento. Además, el registro debería presentar una imagen lo más completa y equilibrada que incluya todos los incidentes relacionados con el rendimiento, positivos, negativos o medios. En este sentido, una buena pregunta para la reflexión es si alcanzaría la misma conclusión sobre el nivel de rendimiento otra persona que leyera el registro.

En un estudio sobre estos registros, los supervisores informaron de que esta tarea requería cinco minutos, o menos, a la semana[48]. Y lo más importante, la mayoría de los supervisores afirmaba que preferían seguir y no dejar de registrar los incidentes de comportamiento. Al llevar un registro semanal, no tenían que depender de las impresiones generales o de los recuerdos, posiblemente sesgados, cuando hacían las evaluaciones. Además, esta práctica señalaba a los trabajadores que la evaluación no era una prueba de personalidad. Finalmente, la existencia de estos diarios ofrecía una justificación legal al proceso de evaluación: el supervisor podía citar ejemplos de comportamientos concretos que justificaban la evaluación.

Debemos hacer dos advertencias: la primera, que los diarios sobre el rendimiento no constituyen una garantía contra los sesgos derivados del gusto, porque los supervisores pueden estar sesgados cuando deciden qué tipos de incidentes van a registrar. Sin embargo, si no se produce un sesgo intencionado, el mantenimiento de estos registros debería reducir tanto el sesgo en sí, como la percepción del mismo.

En segundo lugar, algunos directivos utilizan los diarios sobre el rendimiento en lugar de intervenciones y discusiones porque es menos incómodo registrar un problema de rendimiento que discutirlo con el empleado. La documentación de los problemas es un buen sistema, e incluso útil, a la hora de defender legalmente una decisión de despido del trabajador. Sin embargo, no es justo mantener una lista secreta de "ofensas" y de repente revelarla al empleado cuando comete una infracción intolerable. El mensaje para los directivos es sencillo, si el comportamiento de un empleado merece ser discutido, entonces la discusión debe realizarse de inmediato[49].

A continuación se ofrece el ejemplo de una empresa que utilizó diarios sobre el rendimiento tanto para ayudar a evaluar el desempeño como para orientar a los empleados:

> En su intento por relanzar su sistema de evaluación del rendimiento, Azteca Foods, Inc., una empresa con 125 empleados, pidió a sus 25 directivos que mantuvieran un registro diario del rendimiento de cada empleado. Cada vez que un empleado hacía algo negativo (como llegar tarde al trabajo, o no cumplir un plazo) o algo positivo (como realizar una importante aportación a la empresa) el directivo tenía que escribirlo e informar inmediatamente al empleado. Aunque puede parecer que este procedimiento requiere mucho tiempo, la empresa descubrió que sus ventajas merecían el esfuerzo adicional. En el momento de la evaluación, los directivos podían dar ejemplos concretos de lo que habían hecho los empleados, en vez de decir "has hecho un buen (o mal) trabajo". El procedimiento también fomenta la comunicación entre los directivos y los subordinados y motiva a los trabajadores a mejorar continuamente su rendimiento[50].

La política de la organización

Hasta ahora hemos adoptado una perspectiva racional acerca de la evaluación[51]. En otras palabras, hemos supuesto que se puede estimar el valor del rendimiento de cada empleado. A diferencia del planteamiento racional, la perspectiva política supone que el valor del rendimiento de un trabajador depende de la agenda, u objetivos, del supervisor[52]. Considérese la siguiente cita de un ejecutivo con amplia experiencia en la evaluación de sus subordinados:

> Como director, utilizaré el proceso de revisión para hacer lo mejor para mi gente y la división... Tengo mucha libertad (llámelo discreción) para utilizar este proceso de esta manera... Lo he utilizado para que mi gente consiga mejores subidas salariales en años malos, para darle una patada en el trasero a un tipo que realmente lo necesitaba, para animar a uno que estaba deprimido, o incluso para decirle que ya no era bienvenido aquí... Creo que la mayoría de nosotros, consideramos las evaluaciones de esta forma[53].

Examinemos las diferencias entre los procesos racional y político en distintas facetas del proceso de evaluación del desempeño.

- El *objetivo* de la evaluación desde la perspectiva racional es la precisión. El objetivo de la evaluación desde la perspectiva política es la *utilidad*, la maximización de los beneficios sobre los costes a partir de la agenda y el contexto. El valor del rendimiento es relativo al contexto político y a los objetivos del supervisor. Por ejemplo, un supervisor podría calificar mal a un trabajador que no parece comprometido, con la esperanza de que el trabajador intente alcanzar un nivel de rendimiento aceptable.
- El planteamiento racional considera que los supervisores y los trabajadores son, en gran medida, agentes pasivos del proceso de evaluación: los supervisores simplemente observan y evalúan el rendimiento de los trabajadores. Así, la precisión de los supervisores es esencial. Por el contrario, el planteamiento político considera que tanto los supervisores como los trabajadores son participantes motivados en el proceso de medición. Los trabajadores tratan de influir de forma activa sobre sus evaluaciones, ya sea directa o indirectamente.

Las diversas técnicas de persuasión que utilizan los trabajadores para alterar la evaluación del supervisor son formas de influencia directa. Por ejemplo, igual que un estudiante le dice a su profesor que necesita una nota más alta para mantener su beca, un trabajador puede decir a su jefe que necesita una calificación superior a la media para conseguir una promoción. Las influencias indirectas son los comportamientos a través de los cuales los trabajadores influyen sobre la observación, interpretación y memoria de los acontecimientos de los supervisores[54], que abarcan desde los halagos a las excusas y las disculpas. La siguiente cita de un directivo de una consultora demuestra cómo los empleados de la organización utilizaron tácticas para impresionar a los directivos[55].

> Las llamadas telefónicas de los clientes, alabando el rendimiento de un consultor se recibían en contadas ocasiones, excepto durante los meses previos a la evaluación. Estas llamadas telefónicas solían ser instigadas por los propios consultores para destacar su importancia.

- Desde la perspectiva racional, el *enfoque* de la evaluación está dirigido hacia la medición. Los supervisores son instrumentos de carne y hueso[56], que deben ser formados cuidadosamente para medir el rendimiento de forma válida. Las evaluaciones se utilizan para tomar decisiones sobre subidas salariales, promociones, formación y despidos. La perspectiva política considera que el enfoque de la evaluación está dirigido a la gestión y no a una medición precisa. La evaluación no debería ser tanto una prueba que tiene que ser justa y precisa, sino una herramienta de gestión con la que recompensar o disciplinar a los trabajadores.
- Los *criterios de valoración*, los estándares utilizados para juzgar el rendimiento de un trabajador, también difieren entre el planteamiento político y el racional. El planteamiento racional sostiene que el rendimiento de un trabajador debe definirse con la mayor claridad posible. En el planteamiento político, la definición de lo que se está evaluando queda ambigua, de forma que puede adaptarse a la agenda actual. Así, la ambigüedad garantiza la flexibilidad necesaria del sistema de evaluación.
- Finalmente, el *proceso de toma de decisiones* que implica la valoración del rendimiento difiere en ambos planteamientos. En el planteamiento racional, los supervisores hacen valoraciones generales y por dimensiones, en función de los comportamientos concretos que han observado. Por ejemplo, Nancy debería calificar a cada programador en función de cada dimensión y después combinar todas las calificaciones de las dimensiones para obtener una evaluación global. En el planteamiento político, la valoración adecuada de cuestiones concretas se realiza después de haber hecho una valoración global. Así, Nancy debería decidir primero cuál de sus empleados debe obtener la mejor valoración (por la razón que sea) y después justificar esa valoración global haciendo las adecuadas calificaciones en función de las dimensiones.

Una cuestión de ética

La evaluación del desempeño es una herramienta para la dirección. Como tal, los directivos a menudo la utilizan en su propio beneficio o en el de la empresa. Por ejemplo, un directivo podría utilizar calificaciones del rendimiento exageradamente positivas como una manera de recompensar a quien se implique en un proyecto para aliviar el trabajo del director. Del mismo modo, un directivo podría utilizar calificaciones exageradamente duras como castigo a quien ponga objeciones a un proyecto que el directivo haya impulsado. ¿Piensa usted que este uso del sistema de evaluación es aceptable? ¿Por qué?

En la mayoría de las organizaciones la evaluación parece ser un ejercicio político más que racional[57]. Parece que se utiliza como una herramienta que sirve para diversas agendas que van cambiando; la valoración precisa rara vez es un objetivo real. Pero, ¿debería abandonarse el planteamiento racional porque la valoración normalmente es política? ¡No! La valoración política puede ser habitual, pero eso no significa que sea el mejor planteamiento para una valoración.

La precisión puede que no sea el objetivo principal de las organizaciones, pero es el ideal teórico de la evaluación[58]. La valoración precisa es necesaria si la información, el desarrollo y las decisiones sobre RRHH van a realizarse a partir de los niveles de rendimiento de los empleados. Si la información y el desarrollo dependen de la agenda de los directivos, se estará dando un trato injusto a los RRHH. Se habrán arruinado carreras, se habrá perdido la autoestima y se habrá empeorado la productividad debido a la utilización política de la evaluación. Además de estos efectos negativos, las evaluaciones políticas se asocian también con una mayor intención de abandono del puesto de trabajo por parte de los trabajadores[59]. Estos costes resultan difíciles de cuantificar y adscribir claramente a la política. No obstante, son muy reales e importantes para los trabajadores.

Enfoque hacia el individuo o hacia el grupo

Si la organización tiene una estructura por equipos, los directivos tienen que considerar la evaluación del desempeño a dos niveles; (1) la contribución individual al rendimiento del equipo y (2) el rendimiento del equipo como una unidad[60]. Para valorar adecuadamente las contribuciones individuales al rendimiento del equipo, los directivos y los empleados tienen que tener criterios de rendimiento claros sobre los rasgos, los comportamientos o los resultados. Las medidas de comportamientos normalmente son las más adecuadas para valorar las contribuciones individuales al rendimiento del equipo, porque se pueden observar más fácilmente y pueden ser comprendidas por los miembros del equipo y por las demás personas que se relacionan con el mismo.

Las medidas de contribución individual podrían desarrollarse con la información aportada por los miembros del equipo. Sin embargo, un buen punto de partida es el conjunto de competencias, identificado en las últimas investigaciones, que hacen que el individuo contribuya al rendimiento del equipo[61]. El siguiente ejemplo describe la utilización de estas competencias en Pfizer, una gran empresa farmacéutica. Los compañeros o iguales evalúan a los miembros del equipo a través de la red en el área financiera de Pfizer[62].

> La valoración parte de un modelo con cuatro dimensiones, colaboración, comunicación, autogestión y toma de decisiones. Los informes se utilizan como base para la discusión para mejorar el funcionamiento de los equipos. Con el tiempo, se ha producido una mejora significativa de las calificaciones medias dadas a los miembros del equipo.

El Cuaderno del Director, "Medir el rendimiento de los equipos", presenta un proceso en siete pasos recomendado por el consultor Jack Zigon. Tanto si las medidas ya existen o son desarrolladas para medir el rendimiento del equipo, hay algunos aspectos a tener en cuenta:

Primero, el sistema de medición tiene que ser equilibrado. Por ejemplo, aunque los objetivos financieros pueden resultar fáciles de desarrollar como criterios, puede que, por la forma en que se miden, no reflejen las preocupaciones de los clientes.

Otro aspecto a tener en cuenta es que puede resultar necesario complementar las medidas de resultados con medidas relacionadas con los procesos. Por ejemplo, lograr un resultado podía ser importante, pero también lo son las relaciones interpersonales. Con un empleo equilibrado de medidas, quedaría claro para los miembros del equipo que lograr resultados pasando por encima de compañeros o clientes no es aceptable.

Una consideración más es que las medidas deben reflejar criterios sobre los que los equipos puedan influir[63].

Evaluar el desempeño de un equipo como unidad implica que los directivos tienen que medir el rendimiento del grupo y no del individuo. Los miembros del equipo podrían ser la mejor fuente para identificar y desarrollar los criterios de evaluación del grupo. Acudir a los miembros del equipo para que ayuden a desarrollar estos criterios fomenta su participación para seleccionar las medidas sobre las que ellos creen que pueden influir.

Dos cuestiones finales: primera, los expertos recomiendan que se siga evaluando el rendimiento individual, incluso en un entorno de equipos, porque la sociedad estadouni-

CUADERNO DEL DIRECTOR

TENDENCIAS EMERGENTES

Medir el rendimiento de los equipos

1. Revise las medidas existentes para asegurarse de que el equipo es consciente de las medidas y está comprometido y se hace responsable de lograrlas.
2. Identifique momentos de evaluación intermedios en los que se pueda valorar el progreso o los logros del equipo.
3. Identifique lo que el equipo y los miembros del equipo deben hacer para alcanzar los resultados a nivel de equipo deseados.
4. Priorice los objetivos del equipo de acuerdo con su importancia relativa.
5. Desarrolle todas la medidas de rendimiento individual y de equipo que sean necesarias para momentos intermedios y para el final.
6. Desarrolle estándares de rendimiento individual y de equipo de manera que todos tengan claro las expectativas de rendimiento.
7. Determine cómo funcionaría el sistema de gestión del desempeño. ¿Quiénes serán los evaluadores? ¿Cómo se proporcionará información sobre el rendimiento?

Fuente: Adaptado de Denton, K. D. (2001). Better decisions with less information. *Industrial Management*, 43, 21.

dense está fuertemente centrada en el rendimiento individual[64]. Segunda, no hay un consenso en cuanto al tipo de instrumento de evaluación que debería utilizarse para evaluar a los equipos. El mejor planteamiento podría incluir el que consumidores, internos y externos, juzguen utilizando criterios tanto de comportamientos como de resultados[65].

Cuestiones legales

Los principales requisitos legales sobre los sistemas de evaluación del desempeño quedan establecidos en el Título VII de la Ley de Derechos Civiles (*Civil Rights Act*) de 1964 que prohíbe la discriminación en todos los términos y condiciones del empleo (*véase* el Capítulo 3). Esto significa que la evaluación del desempeño no debe ser discriminatoria, tanto desde el punto de vista individual como del grupo. Algunos tribunales también han defendido que los sistemas de evaluación del desempeño deberían satisfacer los mismos estándares de *validez* que las pruebas de selección (*véase* el Capítulo 5). Al igual que con las pruebas de selección, el *impacto adverso* puede producirse en una evaluación del desempeño cuando se promociona a los miembros de un grupo a una tasa superior que la de los miembros de otro grupo en función de sus evaluaciones.

Probablemente el caso más significativo de discriminación en la evaluación del desempeño es *Brito v. Zia Company*, un caso del Tribunal Supremo de EE.UU. de 1973. En esencia, el Tribunal dictaminó que la evaluación es una prueba legal y, por tanto, debe satisfacer los requisitos legales relativos a las pruebas en las organizaciones. Sin embargo, en la práctica, las decisiones de los tribunales desde la sentencia *Brito v. Zia* han empleado criterios menos duros al evaluar los cargos por discriminación en la evaluación.

Los casos en los tribunales relacionados con la evaluación desde *Brito v. Zía* sugieren que los tribunales no quieren definir reglas acerca de si los sistemas de evaluación se ajustan a todos los estándares profesionales aceptados (tales como si a los empleados se les permite participar en el desarrollo del sistema)[66]. En lugar de ello, simplemente quieren determinar si se produce una discriminación. La cuestión esencial es si los individuos que tienen situaciones de empleo similares son tratados de forma diferente.

Los tribunales consideran de forma favorable un sistema en el que un directivo supervisor revisa las evaluaciones para evitar que se produzca algún sesgo individual. Además, los tribunales tienen una visión positiva en cuanto a ofrecer información y asesoría a los empleados para mejorar los problemas relativos al rendimiento. Un análisis reciente de 295 casos planteados ante los tribunales, relativos a la evaluación del desempeño, concluyó que las decisiones de los jueces quedan influidas favorablemente por los siguientes factores adicionales[67]:

- Utilización del análisis del trabajo.
- Entrega de instrucciones por escrito.
- Permitir que los empleados revisen los resultados de su evaluación.
- Acuerdo entre diversos evaluadores (si se utiliza más de uno).
- La existencia de formación para los evaluadores.

En situaciones extremas, una evaluación negativa de un empleado puede provocar su despido. El derecho de la dirección a despedir a un empleado tiene sus raíces en una doctrina legal denominada *despido libre*. El despido libre es una cuestión legal muy compleja que depende de leyes y normativas que cambian de un estado a otro. Discutimos en detalle el despido libre en el Capítulo 14. Aquí, bastará con decir que los directivos se pueden defender de demandas legales aplicando buenas prácticas profesionales. Si informan a sus subordinados de forma honesta, precisa y justa sobre su rendimiento y toman decisiones coherentes con esta información no tendrán nada que temer de las preguntas relativas al despido libre.

GESTIÓN DEL DESEMPEÑO

La gestión eficaz del rendimiento de los RRHH en las organizaciones exige algo más que unos informes formales y calificaciones anuales. El proceso de evaluación completo incluye relaciones cotidianas informales entre los directivos y los trabajadores, así como entrevistas formales cara a cara. Aunque las calificaciones son de por sí importantes, es incluso más importante lo que hacen los directivos con ellas. En este apartado analizamos el tercer y último componente de la evaluación del desempeño: la gestión del rendimiento.

LA ENTREVISTA DE EVALUACIÓN

Cuando se ha finalizado la calificación del rendimiento, el supervisor suele realizar una entrevista con el trabajador para informarle sobre su rendimiento –una de las partes más importantes del proceso de evaluación–. Muchos directivos temen la evaluación del desempeño, sobre todo cuando no tienen buenas noticias que comunicar. El departamento de RRHH o un grupo externo, como una asociación empresarial o una consultora, pueden ayudar a los directivos ofreciéndoles formación para realizar entrevistas, proporcionándoles ejercicios de simulación y aconsejándoles sobre asuntos espinosos. La Figura 7.10 resume diversas "microcualidades" de comunicación que los directivos necesitan para realizar eficazmente una entrevista de evaluación.

La revisión del rendimiento se separa a veces en dos sesiones: una para analizar el rendimiento y la otra para discutir el salario[68]. (Esta práctica es común en Gran Bretaña, donde el 85 por ciento de las grandes empresas dividen en dos la entrevista de evaluación.) La lógica subyacente a este sistema parte de dos supuestos. El primero, los directivos no pueden simultáneamente dar apoyo y ser jueces. De esta forma, se pretende que el directivo desempeñe el papel de dar apoyo, durante la reunión destinada a desarrollar el rendimiento, y el papel de juez durante la reunión destinada a determinar el salario. Segundo, cuan-

La comunicación cara a cara durante la entrevista de evaluación del desempeño puede resultar más eficaz si los directivos aplican "microhabilidades": factores de comunicación que deben estar presentes para mantener una comunicación interpersonal eficaz. Se ofrecen varios ejemplos:

Habilidades	Ventajas	Descripción	Ejemplos
Atención no verbal	Sugiere interés y una escucha activa	El evaluador se sienta con una postura ligeramente inclinada hacia delante, con una postura confortable del tronco, mantiene el contacto visual y habla con una voz tranquila y apaciguadora	Cuando el evaluado está hablando, el evaluador mira a la persona y mueve la cabeza de forma afirmativa para mostrar su interés
Preguntas abiertas y cerradas	La adecuada utilización de preguntas abiertas y cerradas puede garantizar un flujo de comunicación eficaz durante una entrevista	Las preguntas abiertas fomentan compartir la información y son más apropiadas al principio de la entrevista o en situaciones complejas y ambiguas. Las preguntas cerradas evocan respuestas cortas y son útiles para centrar y clarificar la conversación	Las preguntas abiertas pueden empezar con palabras como "Podría", "Haría", "Cómo", "Qué" y "Por qué". Las preguntas cerradas empiezan con palabras como "Hizo", "Es" o "Son"
Uso de paráfrasis	Las paráfrasis pueden clarificar y transmitir al evaluado que se le está escuchando activamente	Una paráfrasis es una frase concisa en la que, con nuestras propias palabras, se dice lo que la otra persona acaba de decir. Deberían ser afirmaciones de hechos sin juicios de valor	Puede empezar diciendo "Si lo entiendo bien..." o "Lo que quiere decir es..." y terminar con "¿Es así?" o "¿Es eso lo que quiere decir?"
Reflejo de sentimientos	Muestra que usted está intentando comprender la parte emocional del trabajo. La empatía y la sensibilidad de este reflejo de sentimientos pueden abrir la comunicación y permitir que la entrevista pase más fácilmente a cuestiones relacionadas con las tareas	Parecido a las paráfrasis, un reflejo de los sentimientos es una afirmación acerca de las emociones que usted cree que tiene la otra persona. Tenga cuidado a la hora de utilizar esta técnica sin sinceridad o con aquellos que necesitan ayuda profesional	Empiece diciendo algo así como "Parece que usted siente que..." Termine como terminaría una paráfrasis ("¿Es eso lo que quiere decir?")
Sensibilidad cultural	La comunicación es más eficaz cuando usted es sensible a las posibles influencias de las distintas culturas	Preste atención a las diferencias culturales que pueden influir sobre la forma en que la otra persona se comunica y en cómo se comunica uno mismo con los demás	Cuando se está tratando con empleados de una cultura muy formal, evite tutearles en el lugar de trabajo. Si se les tutea, podrían considerarlo una falta de respeto

Fuente: Adaptado de Kiloski, J. F. (1998). Effective communication in the performance appraisal interview: Face-to-face communication for public managers in the culturally diverse corkplace. *Public Personnel Management*, 27, 491-513, y Ivey, A. B., Ivey, M. B., y Simek-Downing, L. (1987). *Counseling and psychotherapy: integrating skills, theory, and practice* (2 edición). Upper Saddle River, NJ: Prentice Hall.

Figura 7.10 ■ Habilidades de comunicación para la entrevista de evaluación.

do se juntan las discusiones sobre el rendimiento y el salario, los empleados probablemente no prestarán atención a la información que se les está dando sobre su rendimiento porque su interés se centrará en las decisiones salariales.

Sin embargo, la investigación ha descubierto que la discusión del salario en una sesión de evaluación tiene un efecto *positivo* en la percepción que tienen los empleados de la utilidad de la evaluación del desempeño[69]. Los directivos que tienen que justificar una pequeña subida salarial probablemente se tomen el tiempo de respaldar cuidadosamente sus evaluaciones del desempeño y esta información más detallada debería hacer que la sesión de evaluación sea más valiosa para los empleados. Segundo, la información proporcionada sobre el rendimiento, el establecimiento de objetivos y la creación de planes de acción pueden convertirse en un ejercicio vacío y sin significado cuando las consecuencias salariales se tratan en otra sesión.

En definitiva, parece ser que la mejor práctica directiva consiste en combinar la discusión sobre el rendimiento con la del salario en una sola revisión. La gestión informal del rendimiento durante el período de evaluación exige combinar juicio y asesoramiento.

MEJORA DEL DESEMPEÑO

Puesto que las entrevistas formales de evaluación suelen realizarse una vez al año[70], es posible que no siempre tengan un efecto significativo y duradero sobre el rendimiento del trabajador[71]. Mucho más importante que la entrevista anual es la gestión cotidiana e informal del rendimiento. Los supervisores que gestionan eficazmente el rendimiento suelen compartir cuatro características:

- Analizan las causas de los problemas de rendimiento.
- Prestan atención a las causas de los problemas.
- Desarrollan un plan de acción y capacitan a los trabajadores para alcanzar una solución.
- Orientan la comunicación hacia el rendimiento e informan sobre el mismo de forma eficaz[72].

Cada una de estas características resulta fundamental para mejorar y mantener el rendimiento.

Identificación de las causas de los problemas de rendimiento

El análisis de las causas de los problemas del rendimiento podría parecer una tarea sencilla, pero a menudo resulta bastante difícil de abordar. El rendimiento puede ser el resultado de múltiples factores, algunos de los cuales están más allá del control del trabajador. Sin embargo, en la mayoría de las situaciones laborales, los observadores tienden a atribuir las causas al trabajador cuando observan un mal rendimiento, mientras que los trabajadores tienden a culpar a factores externos[73]. Esta tendencia se conoce como el *sesgo actor-observador*[74]. La experiencia de los equipos de béisbol ofrece una analogía ilustrativa. Cuando un equipo está perdiendo, los jugadores (trabajadores/actores) apuntan a causas externas como lesiones, un calendario demasiado apretado o el mal tiempo. El entrenador (supervisor/evaluador) culpa a los jugadores de un mal comportamiento en el terreno de juego. El propietario del equipo y los periodistas deportivos (alta dirección/observadores superiores) culpan al entrenador de la responsabilidad del mal rendimiento del equipo.

Es importante que los directivos determinen con precisión las causas de las deficiencias del rendimiento por tres razones. La primera, porque la determinación de las causas puede influir en la forma de evaluar el rendimiento. Por ejemplo, un directivo seguramente evaluará un episodio de mal rendimiento de forma distinta si cree que se debe a una falta de esfuerzo que si cree que se debe a la mala calidad de los materiales. Segunda, la determinación de las causas puede ser una fuente de conflicto no explícito entre los supervisores y sus trabajadores. Los supervisores a menudo actúan sobre lo que creen que son las causas de los problemas de rendimiento. Esto es del todo racional. Pero cuando la percepción del supervisor es radicalmente distinta de la de los trabajadores esta diferencia puede crear tensiones. Tercera, la determinación de las causas afecta al tipo de solución que se escoge; lo que se cree que es la causa de un problema de rendimiento determina lo que se va a hacer al respecto.

¿Cómo se puede mejorar el proceso de determinación de las causas de los problemas de rendimiento? Una forma de empezar consiste en considerar las posibles causas consciente y sistemáticamente. Tradicionalmente, los investigadores han pensado que el rendimiento viene determinado por dos factores principales: la capacidad y la motivación[75]. Un problema esencial de este punto de vista es que los factores contextuales, externos al trabajador, como el grado de apoyo directivo, también afectan al rendimiento del trabajador[76].

Una versión más global de las causas del rendimiento incluye tres factores: capacidad, motivación y factores contextuales. El factor capacidad refleja el talento y las habilidades del trabajador, por lo que se refiere a características tales como la inteligencia, la capacidad de relación personal y el conocimiento del trabajo. La motivación puede verse afectada por una serie de factores externos (como las recompensas y el castigo) pero es, en última instancia, una decisión interna: es el trabajador el que decide cuánto esfuerzo va a dedicar a cada tarea. Los **factores contextuales** (o factores del sistema) incluyen una amplia gama de características de la organización que pueden afectar positiva o negativamente al rendimiento. Los factores del sistema incluyen la calidad de los materiales, la calidad del supervisor y otros factores que se muestran en la Figura 7.11[77].

Factores contextuales o de situación
Un amplio conjunto de características de la organización que influyen positiva o negativamente en el rendimiento.

El rendimiento depende de estos tres factores. La presencia de sólo una causa no es suficiente para que se produzca un rendimiento elevado; sin embargo, la ausencia, o el que un factor tenga un valor reducido, puede derivar en un mal rendimiento. Por ejemplo, hacer un gran esfuerzo no se traducirá en un rendimiento elevado si el trabajador no tiene la capacidad laboral necesaria ni el apoyo adecuado en el lugar de trabajo. Pero si el trabajador no se esfuerza, es inevitable que el rendimiento sea malo, independientemente de las buenas cualidades del trabajador o del apoyo que se le dé.

Para determinar las causas de los problemas de rendimiento, los directivos tienen que analizar cuidadosamente los factores contextuales. Los factores que se muestran en la Figura 7.11 son sólo el punto de partida; son demasiado genéricos para que se utilicen en determinadas situaciones. Involucrar a los trabajadores en la creación de una lista permitirá obtener ejemplos que los supervisores no han tenido en cuenta y enviar al mismo tiempo una señal de que los directivos se toman en serio el trabajo de sus empleados. El super-

- Mala coordinación de las actividades laborales entre los trabajadores
- Información o instrucciones incorrectas, necesarias para realizar el trabajo
- Materiales de mala calidad
- Falta de equipos necesarios
- Incapacidad para encontrar materias primas, componentes o bienes intermedios
- Recursos financieros inadecuados
- Mala supervisión
- Compañeros de trabajo que no cooperan y/o malas relaciones entre trabajadores
- Formación inadecuada
- Tiempo insuficiente para producir la cantidad o calidad de trabajo requerido
- Un mal entorno de trabajo (por ejemplo, frío, calor, ruidos, interrupciones frecuentes)
- Ruptura de los equipos

Figura 7.11 ■ Factores contextuales (o del sistema) a considerar en la determinación de las causas de los problemas de rendimiento.

visor y el trabajador (o el equipo de trabajo) pueden repasar juntos la lista para aislar las causas de cualquier dificultad relacionada con el rendimiento.

Los ejemplos de restricciones contextuales a los que pueden tener que hacer frente los directivos incluyen factores como el apoyo administrativo, demasiados requisitos de información y el rendimiento de los subordinados y de los compañeros de trabajo[78]. Sólo algunos de estos factores contextuales están bajo el control del directivo. Para determinar si un factor es realmente de la persona o del sistema, los directivos tienen que analizar el contexto de la organización.

Gestión de las causas de los problemas

Una vez que el supervisor y el trabajador han analizado y se han puesto de acuerdo respecto a las causas de los problemas de rendimiento, el siguiente paso consiste en emprender acciones para controlar dichos problemas. En función de si la causa de los problemas de rendimiento se debe a la capacidad, al esfuerzo o a las características contextuales, se buscarán distintas tácticas, como deja claro la Figura 7.12. Acudir a un remedio como la formación (una reacción frecuente) no resolverá un problema causado por falta de capacidad y será un desperdicio de los recursos de la organización[79].

Desarrollo de un plan de acción y capacitación de los trabajadores para alcanzar una solución

La gestión eficaz del desempeño exige capacitar a los trabajadores para mejorarlo. Al igual que en un equipo de deportes, el supervisor-entrenador asesora a los trabajadores para

Causa	Preguntas que hay que hacer	Posibles remedios
Capacidad	¿El trabajador ha sido capaz de tener un buen rendimiento alguna vez? ¿Pueden otros trabajadores hacer el trabajo adecuadamente, pero éste no?	Formación Transferencia Rediseño del trabajo Despido
Esfuerzo	¿Está disminuyendo el nivel de rendimiento del trabajador? ¿Es el rendimiento menor en todas las tareas?	Vínculo claro entre rendimiento y recompensas Reconocimiento del buen rendimiento
Situación	¿El rendimiento es irregular? ¿Los problemas de rendimiento afectan a todos los trabajadores, incluso a aquellos que disponen de los suministros y equipos adecuados?	Hacer más eficiente el proceso de trabajo Clarificar las necesidades a los proveedores Cambiar de proveedores Suprimir señales o demandas en conflicto Proporcionar herramientas adecuadas

Fuente: Adaptado de Schermerhorn, J. R., Gardner, W. I. y Martin, T. N. (1990). Management dialogues: Turning on the marginal performer. *Organizational Dynamics*, 18, 47-59; and Rummler, G. A. (1972). Human performance problems and their solutions. *Human Resource Management*, 19, 2-10.

Figura 7.12 ■ Cómo determinar y remediar las carencias de rendimiento.

CUADERNO DEL DIRECTOR

EL EMPLEADO COMO CLIENTE INTERNO

Eficacia del *coaching*

Cuando los directivos son reacios a ser buenos *coaches* para sus trabajadores, incluir una medida sobre el modo en que asesoran a sus trabajadores en su evaluación del desempeño puede cambiar la situación. Incluir el *coaching* como una dimensión en la evaluación de los directivos señala la importancia que la organización da al mismo y ayuda a asegurar que se hace lo mejor posible. A continuación se proponen algunos ejemplos de *ítems* empleados por una empresa que evalúa si la función de asesoramiento se está desarrollando bien. Las valoraciones de los trabajadores en estos *ítems* son empleadas por la empresa para recompensar las fortalezas de los directivos en *coaching* y para identificar áreas de mejora.

Utilice la escala mostrada a continuación para responder a cada una de las siguientes cuestiones:

1	2	3	4	5
Nunca	Rara vez	Algunas veces	Frecuentemente	Siempre

- Mis sesiones de asesoramiento se realizan cada mes.
- Mis sesiones de asesoramiento tienen una duración suficiente.
- Mi asesor me establece objetivos de rendimiento a alcanzar que suponen un reto pero que son alcanzables.
- Mi asesor me establece demasiados objetivos de rendimiento a alcanzar.
- Mi asesor comparte conmigo sus pensamientos y sentimientos, no sólo los hechos.
- Mi asesor me pide y aprecia mis ideas y sugerencias.
- Mis sesiones de asesoramiento son estimulantes y me ayudan a hacer mejor mi trabajo.
- Debido a la posición de mi asesor, no me atrevería a cuestionar sus decisiones.
- Debido a la personalidad de mi asesor, no me atrevería a cuestionar sus decisiones.
- Mi asesor incurre en favoritismos cuando resuelve conflictos.
- Cuando mi asesor delega trabajo en mí, revisa y vuelve a revisar hasta el menor detalle para mi frustración y fastidio.
- Mi asesor me proporciona las habilidades y el conocimiento para tener éxito.
- Mi asesor está ansioso por explorar mis oportunidades de carrera en la organización y lo que necesito hacer para alcanzarlas.
- Mi asesor me mantiene informado continuamente acerca de hacia dónde se dirige la organización y me mantiene al día sobre lo que otros departamentos y sucursales están haciendo.

Comentarios generales:

Fuente: Adaptado con permiso de O´Connor, T. J. (2002). Performance management via coaching: Good coaching can help guarantee profitable results and happy employees in an uncertain economy. *Electrical Wholesaling*, 83, 39 (3).

interpretar y reaccionar ante cada situación laboral. No se trata necesariamente de un papel de mentor, amigo o consejero. Es, más bien, un papel de facilitador. El supervisor-entrenador trabaja para garantizar que los recursos necesarios están disponibles y ayuda a los empleados a identificar un plan de acción para resolver los problemas de rendimiento. Por ejemplo, el supervisor puede sugerir formas de que el trabajador suprima, evite o rodee obstáculos circunstanciales para conseguir un buen rendimiento. Además de crear un entorno laboral que apoya y facilita las tareas, los entrenadores/supervisores clarifican las expectativas sobre el rendimiento; ofrecen información de inmediato e intentan eliminar todas las normativas, procedimientos y otras restricciones innecesarias[80]. Puede lograrse un rendimiento más eficaz siendo más específicos sobre los resultados deseados, pero evitando dar demasiados detalles sobre qué tiene que hacer el trabajador para alcanzar estos objetivos[81]. Dar demasiados detalles podría desmoralizar al empleado. El Cuaderno del Director, "Eficacia del *coaching*", proporciona un ejemplo de evaluación de la función de *coach* o asesor.

Dirigir la comunicación hacia el rendimiento

La comunicación entre el supervisor y el trabajador es esencial para una gestión eficaz del desempeño. La forma en que se comunica y lo que se comunica pueden ser determinantes para que el rendimiento mejore o empeore.

Es importante que la comunicación atienda directamente al rendimiento y no a la persona. Por ejemplo, ¡no se debería preguntar al empleado por qué es tan inepto! Normalmente da un mejor resultado preguntarle por qué su rendimiento no ha sido bueno últimamente. La comunicación abierta probablemente revelará la razón real del problema de rendimiento, abriendo así el camino para una solución eficaz.

Resumen y conclusiones

¿Qué es la evaluación del desempeño?

La evaluación del desempeño es la identificación, medida y gestión del rendimiento de los RRHH de las organizaciones. La evaluación debería ser una actividad orientada al futuro que ofrezca a los trabajadores una información útil y les apoye para lograr mejores niveles de rendimiento. La evaluación puede utilizarse con fines administrativos o de desarrollo.

Identificación de las dimensiones de desempeño

La evaluación del desempeño se inicia con la identificación de las dimensiones de desempeño que determinan un rendimiento eficaz en un trabajo. El análisis del puesto de trabajo es el mecanismo que habría que utilizar para identificar las dimensiones de desempeño.

Medida del desempeño

Los métodos utilizados para medir el rendimiento de un empleado pueden clasificarse de dos formas: (1) en función de si el juicio que se hace es relativo o absoluto y (2) en función de si la medida se centra en las características o rasgos de personalidad, el comportamiento o los resultados. Cada medida tiene sus ventajas e inconvenientes. Pero está claro que la calidad global de las calificaciones depende mucho más de la motivación y capacidad del evaluador que del tipo de instrumento elegido para medir el rendimiento.

Los directivos se enfrentan a cinco retos para gestionar el desempeño: los errores y sesgos del evaluador, la influencia de los gustos, la política de la organización, si el centro de atención es el individuo o el grupo y las cuestiones legales (incluyendo discriminación y despido libre).

Gestión del desempeño

El principal objetivo de cualquier sistema de evaluación del desempeño es la gestión del rendimiento. Para gestionar y mejorar el rendimiento de los empleados, los directivos tienen que analizar las causas de los problemas relativos al rendimiento, dirigir la atención del empleado y del directivo hacia esas causas, desarrollar planes de acción y capacitar a los empleados para que encuentren soluciones, así como utilizar una comunicación centrada en el rendimiento.

Términos clave

Evaluación del desempeño
Juicio absoluto
Instrumento de evaluación basado en comportamientos
Posibilidad de comparar
Competencias
Modelo de competencias
Dimensión
Formación en marcos de referencia
Dirección por objetivos
Instrumento evaluación basado en resultados
Evaluación de iguales o compañeros
Error del evaluador
Juicio relativo
Autoevaluación
Factores contextuales o del sistema
Evaluación de subordinados
Feedback 360º
Instrumento de evaluación basado en rasgos de personalidad

Preguntas para el debate

1. En ARCO Transportation, una división de Atlantic Richfield que factura 1.000 millones de dólares, los empleados son contratados, promocionados y evaluados en función de su rendimiento en las dimensiones más apreciadas por la empresa. Una de estas dimensiones es la "comunicación", concretamente, "escuchar y observar atentamente, permitiendo el intercambio de información" y "hablar y escribir clara y concisamente, siendo consciente de la audiencia a la que se quiere llegar". ¿Cree usted que ARCO valora el rendimiento a partir de los rasgos de personalidad, del comportamiento laboral o de los resultados alcanzados? ¿En cuál de estos tres aspectos del rendimiento cree usted que habría que evaluar a los empleados?
2. A primera vista, parece preferible utilizar datos de rendimiento objetivos (como datos de productividad), cuando se dispone de ellos, en lugar de calificaciones subjetivas de los supervisores para evaluar a los empleados. ¿Por qué los datos objetivos podrían ser medidas del rendimiento menos eficaces que las calificaciones subjetivas?
3. ¿Cuál es la importancia del formato de las evaluaciones para la calidad de las calificaciones del rendimiento? ¿Qué es lo que influye más sobre la calidad de las calificaciones?
4. ¿En qué consiste la posibilidad de comparar? ¿Cómo puede maximizarse en la evaluación del desempeño?
5. "A veces viene un empleado que necesita que se le recuerde quién es el jefe y la evaluación es un lugar adecuado para ese recordatorio". ¿Cree usted que este directivo adopta un planteamiento racional o político en la evaluación? Contraste ambos planteamientos. ¿Hasta qué punto se pueden separar?
6. ¿Cree usted que deberían desarrollarse evaluaciones del desempeño? ¿Resultan rentables?
7. ¿Qué criterios cree usted que deberían utilizarse para medir el rendimiento de un equipo? ¿Qué fuentes deberían utilizarse para la evaluación? ¿Debería seguir midiéndose el rendimiento individual? ¿Por qué o por qué no?
8. Es usted el propietario de una empresa con 25 empleados que acaba de terminar un año fantástico. Todo el mundo ha arrimado el hombro y ha trabajado duro para lograr aumentar los beneficios de la empresa. Por desgracia, tiene que utilizar la mayoría de esos beneficios para pagar a sus proveedores. Todo lo que puede permitirse es conceder un aumento del tres por ciento del salario a todo el personal. En el momento de realizar la evaluación, ¿cómo comunicaría sus alabanzas por un trabajo bien hecho al mismo tiempo que comunica que está muy limitado para recompensar un rendimiento tan sobresaliente? Suponga ahora que puede ofrecer generosas primas o subidas salariales. ¿Cuál sería la mejor forma de evaluar a los empleados cuando *todos* han realizado un trabajo excepcional?
9. ¿Diseñaría usted un sistema de evaluación del desempeño basado en comportamientos, en resultados o en ambos? ¿Por qué lo diseñaría de esa manera?

Existe material adicional disponible en la página web que acompaña a este libro. Puede acceder a esta información visitando la página web ***www.prenhall.com/gomez.***

¡DECIDA USTED!

ÉTICA — Caso 7.1

"Rank and Yank": ¿una herramienta legítima de mejora del rendimiento o ausente de reglas y ética?

La distribución forzada es un sistema de evaluación del desempeño que popularizó Jack Welch cuando fue CEO de General Electric. Es un sistema al que sus críticos han etiquetado como "rank and yank". El objetivo del sistema de distribución forzada es mejorar el nivel de desempeño de una operación identificando al diez por ciento de los evaluados con peor desempeño y sustituyéndolos por otros que tendrán un mejor rendimiento[a]. Los juicios relativos pueden hacerse de diversas maneras[b]. Por ejemplo, una distribución forzada puede asignar previamente un porcentaje de empleados que deben caer en categorías tales como "el más eficaz", "en la media" y "necesita mejorar". Por otro lado, puede utilizarse un simple listado de trabajadores ordenados del mejor al peor. Los trabajadores con mejor rendimiento podrían ser recompensados, promocionados o formados. Los trabajadores con peor rendimiento podrían ser avisados o despedidos.

La distribución forzada ha sido utilizada por muchas empresas, pero deben destacarse algunos de sus retos legales. Por ejemplo, Microsoft defendió con éxito diversas demandas por discriminación interpuestas por utilizar un sistema de distribución forzada. Conoco utilizó un sistema de distribución forzada y llegó a un acuerdo fuera de los tribunales por una demanda por discriminación. Ford Motor implantó un sistema de distribución forzada en enero de 2000 y acabó pagando 10,5 millones de dólares como resultado de demandas provocadas por el impacto distinto del sistema en distintos grupos de empleados. Ford no admitió la responsabilidad, y aunque sigue clasificando a los empleados en tres categorías de rendimiento, no ha vuelto a determinar que un porcentaje de trabajadores recaiga en cada una de ellas[c]. En conjunto, sin embargo, ha habido relativamente pocos problemas legales con los sistemas de distribución forzada. Continúa siendo una práctica de gestión controvertida.

Preguntas para reflexionar

1. ¿Cree usted que la distribución forzada es una buena herramienta de gestión del desempeño? ¿Por qué o por qué no?
2. En parte, la etiqueta de distribución forzada refleja el intento de forzar distinciones entre niveles de rendimiento de los trabajadores. En un sistema de evaluación en términos absolutos, todos podrían ser evaluados "por encima de la media". ¿Indica esta diferencia entre los enfoques de evaluación en términos absolutos y en términos relativos que los juicios absolutos están mal? Explique su respuesta.
3. Como directivo, ¿preferiría confiar en sistemas de evaluación absolutos o relativos, tales como la distribución forzada? ¿Por qué?
4. ¿Puede poner un ejemplo de sistema de evaluación en términos absolutos que garantice la diferencia entre empleados? ¿Por qué o por qué no?

Trabajo en equipo

Como equipo, analice la eficacia de un enfoque de distribución forzada para mejorar el nivel de rendimiento en una organización. Considere los resultados de un reciente estudio de simulación[d] hecho por computadora para examinar el impacto del despido de los empleados situados por debajo de la media en el ranking, con peor rendimiento. El modelo de simulación encontró que el sistema mejoró el nivel de rendimiento medio, pero el efecto se redujo hasta casi cero en los seis años siguientes.

Analice las siguientes cuestiones:

a. ¿Por qué funciona el sistema? Esto es, ¿por qué la simulación encontró una mejora en el rendimiento?
b. La lógica detrás del enfoque de distribución forzada y la simulación consiste en que el rendimiento en el puesto de trabajo se distribuye conforme a una distribución normal. ¿Cree que se trata de un supuesto acertado? ¿Por qué o por qué no?
c. Si el rendimiento en el puesto de trabajo no se distribuye de acuerdo a una normal, ¿cree que la distribución forzada mejoraría el rendimiento medio en la organización? Explique su respuesta.

Compartan sus juicios acerca de estas cuestiones con el resto de la clase.

Ejercicio basado en la experiencia

De las empresas que están de forma continuada entre las que obtienen mejores resultados (incrementos de beneficios de al menos el diez por ciento por año durante diez años), ninguna utiliza sistemas de distribución forzada. Los partidarios de las distribuciones forzadas ven el sistema como un medio para un rápido intercambio de personal de forma que se incremente el nivel de rendimiento medio de la organización. Los críticos ven que este sistema puede dañar la cultura de la organización y prefieren mantener a los empleados y desarrollar sus habilidades.

Seleccione personas que representen la postura a favor y en contra de los sistemas de distribución forzada, formando equipos. Cada equipo identificará sus supuestos acerca del modo en que se distribuye el rendimiento en el trabajo. A continuación ofrecerán razones por las que están a favor o en contra de la distribución forzada. Algunas de las cuestiones a tratar incluyen:

- ¿Cuál es el impacto esperado de la distribución forzada en los resultados de la organización?
- ¿La rotación tiene costes asociados con esta medida (vea el Capítulo 5 y el 6)? ¿Cómo afectan estos costes a su posición?
- ¿Cuál sería el impacto de la distribución forzada en la cultura de la organización? ¿Qué sucedería con la cultura sin este sistema?
- ¿Es preferible cambiar a un trabajador con pobre rendimiento o intentar desarrollarle y mejorarle?

En un formato de debate, cada equipo hace una presentación de su posición y argumentación y tiene la oportunidad de preguntar y rebatir y objetar al otro equipo. El profesor moderará este proceso. Al final del debate, el profesor conducirá a la clase a identificar las razones clave a favor y en contra del empleo de la distribución forzada. ¿Existe un consenso claro en la clase a favor y en contra del sistema?

Fuentes: [a]Beshur, A. (2005, abril 4). Survival of the fittest. *Corpus Christi Caller-Times. The Business Leader*, 06. [b]Amalfe, C. a. y Steiner, E. G. (2005). Forced ranking systems: Yesterday´s legal target. *New Jersey Law Journal*; [c]Jones, D. (2005, abril 2). Thinking the herd: Large companies use some version of forced rankings, also known as rank and yank. *Edmonton Sun* (Alberta, Canada), news section 81; [d]Scullen, S. E., Bergey, P. K. y Aiman-Simth, L. (2005). Forced distribution randing systems and the improvement of workforce potencial: A baseline simulation. *Personnel Psychology*, 58, 1-32; e. Marchetti, M. (2005). Letting go of low performers. *Sales and Marketing Management*, 157, 6.

¡DECIDA USTED!

TENDENCIAS EMERGENTES — Caso 7.2

Competencia cultural

Nuestra población se está haciendo cada vez más diversa. La capacidad de interactuar de forma eficaz con los clientes con diverso bagaje cultural puede afectar a las ventas. Por ejemplo, algunos consultores están advirtiendo a las empresas de que necesitan desarrollar competencias culturales para hacer un marketing eficaz y vender a los miembros de diferentes comunidades étnicas (Zolkos, 2005). La competencia cultural significa que usted no tiene sólo conocimientos de la cultura, sino también las habilidades necesarias para trabajar con un grupo étnico particular y la actitud para hacerlo eficazmente. ¡La justificación para una competencia cultural como una habilidad clave va más allá de las ventas y el marketing e incluye la vida y la muerte!

En marzo de 2005, el gobernador de New Jersey firmó una legislación que requería que los físicos completaran un programa de formación en "competencia cultural". El objetivo de la formación era proporcionar a los físicos una mejor comprensión de las creencias culturales relacionadas con la salud que las personas traen consigo a la consulta del doctor y el modo en que las enfermedades podrían afectar a diferentes subgrupos. Los legisladores en Arizona, Illinois y Nueva York están considerando también los requisitos de formación en competencia cultural para obtener la licencia de físicos. La razón es que se encuentra de manera repetida que las minorías reciben una atención peor. La peor atención podría no ser en absoluto intencionada; podría deberse a que los físicos no conocen el modo de interactuar con alguien de otra cultura. Como un ejemplo sencillo, un doctor ha encontrado que los filipinos tienden a contar al doctor que se sienten mareados cuando no se sienten bien. El doctor, sin embargo, no debería llegar a la conclusión de que el paciente está sufriendo de vértigo, porque el comentario, para las personas de Filipinas, es un indicador genérico de que no se encuentran bien.

Preguntas para reflexionar

1. ¿Existe alguna diferencia entre diversidad y competencia cultural, o son lo mismo? Explique su respuesta.
2. Un posible impacto negativo de la formación en competencia cultural es que se pueden generar estereotipos. Por ejemplo, el contenido de la formación podría retratar por igual a todas las personas de un determinado bagaje étnico y llevar, por tanto, a generalizaciones. ¿Piensa usted que se podría evitar este problema? ¿De qué modo?
3. ¿Cree usted que la competencia cultural debería incluirse como una competencia clave en la mayoría de las empresas? ¿Por qué o por qué no?

Trabajo en equipo

Junte a los miembros de su equipo para trabajar en la manera de hacer operativos los criterios de competencia cultural. De forma más específica, comience por identificar las dimensiones de competencia cultural. Por ejemplo, si se considera la competencia cultural como una obligación general o un área de responsabilidad, ¿qué aspectos conforman esta área? Quizás la comunicación es una dimensión. En otras palabras, parte de la competencia cultural podría ser la capacidad de expresarse en ese lenguaje. Comprender una cultura podría ser otro aspecto. Identifique tantas dimensiones como crea necesarias para captar el concepto general de competencia cultural.

Puede acudir al Apéndice de este capítulo donde se detalla la técnica de incidentes críticos. Utilizando el apéndice como guía, genere ejemplos de comportamientos para cada una de las dimensiones de competencia cultural que su equipo identifique (ve al paso 2 del Apéndice). Estos "incidentes críticos" deberían describir niveles buenos y malos de cada una de las dimensiones de competencia cultural.

Comparta las dimensiones identificadas por su equipo y los ejemplos de comportamientos con el resto de la clase. ¿Puede identificarse un conjunto común de dimensiones? Ahora toda la clase debe analizar la utilidad de estas dimensiones y de los incidentes de comportamientos. De forma más específica, ¿para qué podrían emplearse?

Ejercicio basado en la experiencia

Seleccione personas que representen la postura a favor y en contra de la competencia cultural, formando equipos. Cada equipo debe buscar argumentos para defender su posición. Estos argumentos pueden incluir, aunque no deberían limitarse a ello, los siguientes aspectos:

- ¿Qué está detrás de la tendencia a buscar una competencia cultural?
- ¿Qué papel cumple la competencia cultural en una empresa?
- Si es una competencia, ¿debería medirse? ¿De qué manera?
- ¿Qué puede esperarse de la cuenta de resultados? ¿Cabe esperar una rentabilidad positiva de la inversión?

En un formato de debate, cada equipo hará una presentación de su posición y sus argumentos y tendrá la oportunidad de preguntar y rebatir y objetar al otro equipo. El profesor moderará este proceso. Al final del debate, el profesor conducirá a la clase a identificar las razones clave a favor y en contra del empleo de formación en competencia cultural. ¿Existe un consenso claro en la clase a favor o en contra de este tipo de formación?

Fuente: Pelletier, S. (2005). N. J. mandates cultural-competency training. *Medical Meetings*, 12.

¡DECIDA USTED!

DISCUSIÓN Caso 7.3

¿Qué tal desempeña sus papeles?

Hoy en día, en muchos lugares de trabajo las personas no tienen un puesto de trabajo fijo, especialmente si trabajan en equipo. La evaluación tradicional basada en las descripciones del puesto resulta inadecuada. Las personas con el mismo puesto podrían estar desempeñando papeles muy diferentes. Como resultado, con la evaluación del desempeño tradicional podrían no captarse aspectos importantes del rendimiento.

Una manera de resolver esta deficiencia es evaluar a las personas en función de los papeles que desempeñan en el trabajo. La evaluación del desempeño basada en el puesto se emplea en muchas empresas y los resultados indican que el sistema capta importantes aspectos del rendimiento que no se miden con los sistemas tradicionales de evaluación. El personal de RRHH y los directivos desarrollan medidas para los papeles tales como "miembro del equipo", "innovador" y "trabajo". Se muestran a continuación unas breves descripciones de estos papeles y de los tipos de medidas empleados para cada uno.

Papel	Medida
Miembro del equipo	Responsable de las necesidades de otros en el equipo. Se asegura de que su grupo tiene éxito
Innovador	Diseña procedimientos mejores Aporta nuevas ideas
Trabajo	Cantidad de trabajo realizado Calidad del trabajo realizado

Preguntas para reflexionar

1. ¿Qué otros papeles y medidas adicionales piensa que serían útiles para una evaluación basada en el puesto?
2. Rafael quiere poner más énfasis en ser un miembro del equipo, mientras que Sarah quiere profundizar en las contribuciones creativas para el próximo período de evaluación. Sin embargo, ambos tienen que continuar desempeñando sus funciones del puesto de trabajo.
   a. Diseñe un sistema que permita a las personas elegir lo que quieren hacer y, por tanto, que sea flexible en cuanto a de lo que se les va a hacer responsables.
   b. ¿Cree usted que las personas deberían tener la oportunidad de dar mayor o menor peso a los diversos papeles que puedan desempeñar? ¿Por qué o por qué no?
3. ¿Qué ventaja podría tener un sistema de evaluación basado en el puesto para la organización? ¿Y para los trabajadores?

Trabajo en equipo

El enfoque basado en el puesto parece captar la realidad de muchos lugares de trabajo donde los trabajadores cambian sus responsabilidades dependiendo de las demandas y de quién está disponible y del equipo. Sin embargo, para que sea útil, los papeles necesitan hacerse operativos. Identifique, con sus compañeros de equipo, tres o más papeles en el lugar de trabajo que usted elija. Para cada papel, genere ejemplos de comportamientos (vea el paso 2 del Apéndice de este capítulo) que retraten buenos o malos niveles de rendimiento para cada papel. Si el rendimiento se ve a través del sistema basado en papeles, ¿podrían emplearse los incidentes críticos como medida del rendimiento? Comparta sus papeles y ejemplos de comportamientos con el resto de la clase. ¿Parece existir un conjunto de papeles comunes a partir de las aportaciones realizadas por los distintos equipos?

Ejercicio basado en la experiencia

El sistema basado en papeles permite una gran flexibilidad en el modo en que las personas desarrollan sus habilidades. Por ejemplo, las personas pueden elegir los papeles que mejor encajan con sus fortalezas e intereses. Los empleados deberían estar contentos con este sistema y el rendimiento debería maximizarse, dado que no todos se ven obligados a desempeñar las mismas tareas.

Trabajando en equipo, aplique el sistema de papeles al puesto de un profesor. Es habitual definir el trabajo de un profesor a partir de tres dimensiones o áreas: investigación, docencia y gestión. (Su profesor puede describirle cada una de estas dimensiones.) Si usted adopta un enfoque basado en papeles al puesto de profesor, ¿cómo podría esto cambiar el "trabajo" de profesor? ¿Cómo cambiaría la evaluación del desempeño para los profesores? ¿Sería bueno el cambio? Describa por qué o por qué no. Cada equipo debería adoptar el papel de consultores que presentan sus recomendaciones. Los equipos sintetizarán su descripción y valoración del enfoque de los papeles para el puesto de profesor.

Fuentes: Welbourne, T. M.; Johnson, D. E. y Erez, A. (1998). The role-based performance scale: Validity análisis of a theory-based measure. *Academy of Management Journal*, 41, 540-555; Stewart, G. L., Fulmer, I. S. y Barrick, M. R. (2005). An exploration of member roles as a multilevel mechanism for individual traits and team outcomes. *Personnel Psychology*, 58, 343-365.

¡DECIDA USTED!

GRH: EL EMPLEADO COMO CLIENTE INTERNO — Caso 7.4

Software para la evaluación del desempeño: ¿Hace más fácil un trabajo difícil o empeora el trabajo?

A muchos directivos no les gusta evaluar el desempeño de los trabajadores y, o lo descartan, o lo hacen mal. Sin embargo, todos queremos y necesitamos saber cómo estamos actuando. Cada vez más empresas ofrecen tecnología que promete resolver este problema. Actualmente, el software puede no sólo hacer la tarea de evaluar con menor papeleo y de forma tan sencilla como apretar los botones del ratón, sino que también puede generar información sobre el rendimiento y sugerencias para su mejora de forma completamente automática. Por ejemplo, PerformaWorks es una empresa que ofrece un paquete de software, denominado eWorkbech, que permite evaluaciones 360º de jefes, iguales, subordinados e incluso clientes[a]. El software está diseñado para evaluar a los empleados sobre objetivos vinculados a los objetivos de la organización. El software puede calcular el grado en que cada empleado ha contribuido al logro de tales objetivos y, por tanto, a la cuenta de resultados de la organización. El programa proporciona un medio electrónico para alinear a todos con la misma misión y asegurar que trabajen hacia los mismos objetivos de la organización. KnowledgePoint es otra compañía que ofrece una herramienta de evaluación electrónica. El software de KnowledgePoint está basado en la Web y se centra en los objetivos y las competencias que pueden ser genéricas o adaptadas al cliente (vea www.performancereview.com). Además, dependiendo de la evaluación, el software genera para el trabajador un resumen de desempeño que describe los niveles de rendimiento y competencias o los objetivos y sugiere acciones que el trabajador debería emprender para mejorar el rendimiento.

Preguntas para reflexionar

1. ¿Qué ventajas tendría utilizar los distintos tipos de software como los descritos para evaluar el desempeño de los trabajadores? ¿Tiene ventajas razonables, tales como la rapidez? ¿Tiene ventajas políticas, tales como que el directivo sea capaz de culpar de una evaluación del desempeño negativa al software?
2. ¿Qué desventajas podría tener el empleo de un enfoque electrónico en las evaluaciones del desempeño? Examine esta cuestión tanto desde la perspectiva de los directivos como de los empleados.
3. Algunos de los principales vendedores de sistemas de evaluación del desempeño online son KnowledePoint, Softscape, PerformaWorks y SuccessFactors.com. Estas aplicaciones pueden variar en el precio dependiendo del número de empleados y del grado de funcionalidad deseada. Sin embargo, lo normal es que cueste alrededor de 100.000 dólares para una empresa de mediano tamaño[b]. El enfoque electrónico ofrece un ahorro de tiempo y trabajo. Un enfoque tradicional (basado en el papeleo) de la evaluación del desempeño tiene un coste estimado de 1.500 dólares por empleado[c], siendo parte de las fuentes de este coste el tiempo empleado en (1) el establecimiento de objetivos, (2) la realización de evaluaciones, (3) el diseño, impresión, copia, cumplimentación y distribución de los formatos de evaluación, (4) la formación de los supervisores para realizar las evaluaciones y (5) el tratamiento de las quejas y recursos posteriores a la evaluación. Un enfoque electrónico podría eliminar los costes de diseño, impresión, etc, pero no podría afectar a las otras fuentes de coste. ¿Cree usted que los costes de un sistema de evaluación del desempeño online resultan rentables? ¿Por qué? Considere los costes y los beneficios esperados para proporcionar un argumento para su respuesta.

Trabajo en equipo

Examine los pasos involucrados en la evaluación del desempeño. Considere estos pasos como partes separadas de un conjunto de acciones de evaluación, ¿hay partes que tiene sentido que se hagan de forma electrónica y automática? ¿Hay otras partes que no deberían hacerse de esa manera? Vuelva a la lista de ventajas e inconvenientes que identificó en su respuesta a las preguntas 1 y 2 del apartado de preguntas para reflexionar. Examine estas ventajas e inconvenientes para ver si algunas están particularmente asociadas con hacer determinados pasos en el proceso de evaluación de forma electrónica y automática. Dado el patrón que encuentre en relación con las ventajas e inconvenientes asociados con determinados pasos, diseñe un sistema de evaluación del desempeño electrónico que piense que podría maximizar la eficacia (por ejemplo, trabajar eficientemente, ser aceptado, proporcionar información útil, etc). ¿Qué partes deberían hacerse de forma electrónica? ¿Qué pasos deberían hacerse de forma automática? ¿Cuáles no? Describa el sistema que propone y los argumentos para hacerlo así al resto de la clase.

Ejercicio basado en la experiencia

Divida a su equipo en partidarios y contrarios a adoptar un enfoque electrónico y automático para evaluar el desempeño. Debatan las ventajas e inconvenientes del enfoque electrónico. Estructuren el debate alrededor de las perspectivas de las partes implicadas (por ejemplo, directivos, trabajadores y clientes). También consideren un enfoque racional versus político en la consideración de las ventajas e inconvenientes. Asimismo, consideren los criterios clave (tales como la aceptación de información, facilidad de uso, impacto en el rendimiento, etc.).

¿Existe un resultado claro del debate? ¿Deberían las evaluaciones del desempeño ser electrónicas y automáticas o no? Describan el resultado del debate al resto de la clase y expliquen algunas de las conclusiones que conducen a este resultado.

Fuentes: [a]Parker, V. L. (2000, 31 de diciembre). Software for hard task: Job reviews/Raleigh company sells it. *The News & Observer*, E1; [b]*Managing HR Information Systems*. (2001). Latest software puts performance appraisal online and cuts costs. February Newsletter of the Institute of Mangement Adminsitration, 12-14; [c]Dutton, G. (2002). Making reviews more efficient and fair. *Workforce*, 80, 76. www.performancereview.com.

¡DECIDA USTED!

GRH: EL EMPLEADO COMO CLIENTE INTERNO Caso 7.5

De un sistema de evaluación formal a la información y el desarrollo informales: el poder del *coaching*

A menudo se ve la gestión del desempeño como una actividad de evaluación anual que se vincula a una suma de dinero esperada. Como tal, se ha vinculado con la tarea de pagar impuestos[a]: Nadie desea hacerlo, rellenar los formatos es pesado, pero todos esperamos que el resultado conduzca a un buen control. La gestión del desempeño puede y debería ser mucho más que un ejercicio vinculado a la retribución. La gestión del desempeño debería centrarse en la mejora del rendimiento y en ayudar a las personas a desarrollar su máximo potencial de rendimiento. Una manera de lograrlo es a través del asesoramiento a los trabajadores. Para que el potencial de rendimiento pueda alcanzarse, los directivos necesitan ser más que evaluadores y burócratas que cumplimentan formularios. Necesitan adoptar el papel de *coach.*

ABC Electrical Supply (nombre ficticio de una empresa real) proporciona un ejemplo de una organización que ha hecho del asesoramiento una prioridad y una parte clave del modo en que se gestiona el rendimiento[b]. ABC empleó su sistema de evaluación del desempeño como un medio para asegurar que el asesoramiento es una colaboración entre directivo y trabajador en que los objetivos a corto y largo plazo se discuten y establecen. En ese momento se intercambia información, evaluaciones y posibles soluciones. En resumen, el asesoramiento implica una relación centrada en el rendimiento. Hecho bien, el asesoramiento puede mejorar el rendimiento, conducir a un mayor aprendizaje y comprensión y mejorar la confianza y la lealtad. ABC considera el asesoramiento como un proceso continuo e informal; el programa de asesoramiento formal incluye una reunión mensual entre el directivo y el subordinado. Las reuniones mensuales se centran en compartir información relacionada con el negocio y la evaluación del progreso hacia el logro de los objetivos de rendimiento individuales. Estos objetivos de rendimiento se identifican primero considerando la estrategia global de la organización y los objetivos relacionados con el departamento. Los objetivos de rendimiento individual se generan entonces de manera que encajen y contribuyan a este contexto. Para asegurarse de que el asesoramiento se está realizando de forma eficaz, ABC tiene trabajadores que evalúan anualmente el rendimiento de los asesores. La encuesta de evaluación empleada por ABC se presenta en el Cuaderno del Director, "Eficacia del *Coaching*". Las valoraciones proporcionadas en esta encuesta son después utilizadas con cada director/asesor para identificar las necesidades de desarrollo del asesoramiento y reforzar sus fortalezas.

Preguntas para reflexionar

1. Una dificultad importante en la implantación de los programas de asesoramiento para obtener un rendimiento eficaz es la resistencia de los directivos a desempeñar el papel de asesor. ¿Por qué cree que los directivos podrían ser reacios a asumir este papel? ¿Cómo haría para implantar un programa de asesoramiento que elimine o reduzca la resistencia de los directivos?
2. Un dicho antiguo relativo a la evaluación del desempeño es "lo que se mide se hace". ¿Cree usted que el programa de asesoramiento de ABC, o de cualquier otra organización, podría funcionar sin hacerlo parte de la evaluación del directivo? ¿Cree usted que debería ser parte de la evaluación de los directivos? ¿Por qué o por qué no?
3. ¿Cómo resolvería el problema de que un directivo no asesore muy bien (por ejemplo, el directivo tiene pocas habilidades interpersonales y dificultad para proporcionar una información eficaz)?
4. ¿Cómo resolvería el problema de que un directivo piense que el asesoramiento en materia de rendimiento quita tiempo para tareas más importantes y es una pérdida de tiempo?

Trabajo en equipo

Desarrolle, por equipos, una tormenta de ideas acerca de los aspectos del asesoramiento que crea que son importantes. Pueden comenzar viendo la encuesta empleada por ABC Electrical Suply, pero céntrense más en las sesiones de asesoramiento real. ¿Qué quieren que haga un asesor? Una vez que hayan identificado estos aspectos, desarrollen escalas de calificación para poder ser utilizadas para valorar estos aspectos. ¿Qué tipo de escalas de calificación deberían emplearse? ¿Por qué?

Ejercicio basado en la experiencia

El desempeño es a menudo una cuestión a nivel de equipo, incluso aunque esté compuesto de rendimientos individuales. ¿Cómo recomendaría desarrollar el asesoramiento a nivel de equipo? ¿Tendría que modificar sus escalas de calificación para emplearlas con un equipo de trabajadores?

Comparta sus escalas de calificación y recomendaciones para su uso con el resto de la clase.

Designe a una persona en su equipo para que desempeñe el papel de trabajador y a alguien más para que desempeñe el papel de directivo/asesor. Utilice las escalas de calificación que desarrolló en el ejercicio anterior para evaluar el rendimiento del asesoramiento y como ayuda para ofrecer información a la persona que desempeñe este papel. ¿Cree usted que este proceso de evaluación y suministro de información podría conducir a un mejor asesoramiento? ¿Cómo recomendaría emplear sus escalas de calificación? Por ejemplo, ¿deberían emplear los observadores las escalas de calificación, o deberían ser completadas por el trabajador o el directivo?

Fuentes: [a]*Pay for Performance Report.* (2002). Performance management: Make it work, make it fun. March Newsletter of the Institute of Management Administration; [b]O´Connor, T. J. (2002). Performance management via coaching: Good coaching can help guarantee profitable results and happy employees in an uncertain economy. *Electrical Wholesaling*, 83, 39 (3).

Apéndice del Capítulo 7

LA TÉCNICA DE LOS INCIDENTES CRÍTICOS: UN MÉTODO PARA DESARROLLAR UN INSTRUMENTO DE EVALUACIÓN BASADO EN EL COMPORTAMIENTO

La técnica de los incidentes críticos (TIC) es uno de los muchos tipos de procedimientos de análisis del trabajo. La TIC se ha utilizado a menudo porque genera definiciones de comportamientos que dejan explícitos al empleado qué es lo que se le exige y en qué se va a basar su evaluación.

Pasos de la TIC

Para complementar el procedimiento TIC deben darse los siguientes pasos:

1. **Identificar las principales dimensiones de desempeño del puesto de trabajo.**
   Esto puede hacerse pidiendo a un grupo de evaluadores y evaluados que hagan una tormenta de ideas para definir las dimensiones de desempeño del puesto relevantes. Cada persona da, digamos, tres dimensiones. Los miembros del grupo comparten después sus sugerencias y eliminan las dimensiones redundantes.
2. **Definición de "incidentes críticos" de desempeño.**
   Para cada dimensión, los miembros del grupo deberían definir tantos incidentes como se les ocurran, que puedan representar niveles de rendimiento positivo, medio o ineficaz. Cada persona debería revisar los últimos seis a 12 meses en busca de ejemplos de comportamientos relacionados con el rendimiento. Cada incidente debería incluir las circunstancias o situación que lo han rodeado.

   Si tiene problemas para definir los incidentes, puede pensar en la siguiente situación:

   Suponga que alguien dijo que la persona A, de la que usted piensa que es la más eficiente en su trabajo, tiene un mal rendimiento. ¿Qué incidentes del comportamiento de la persona A citaría para hacer cambiar de opinión a quien le critica?

   Intente asegurarse de que los incidentes que ha dado son *comportamientos observables* y no *características de la personalidad* (rasgos).
3. **Compruebe que los incidentes representan una dimensión.**
   Este paso se conoce como *retraducción*. Con ello se intenta asegurar que existe un claro acuerdo en cuanto a qué incidentes representan qué dimensiones de desempeño. Si los miembros del grupo no están de acuerdo, es posible que sea necesario clarificar este incidente. Alternativamente, podría ser necesario añadir otra dimensión o fundir dos o más dimensiones en una sola.

   En el proceso de retraducción, se pide a cada persona del grupo que indique qué dimensión representa cada incidente. Si todo el mundo está de acuerdo, el grupo pasa al siguiente incidente. Cualquier incidente en el que no haya acuerdo debe dejarse aparte para analizarlo con más detalle al final del proceso. Para entonces, puede que haya sido eliminado o redefinido.
4. **Asigne eficacia a cada incidente.**
   Se asignan valores de eficacia a cada uno de los incidentes que han sobrevivido al paso anterior. ¿Cuál es el valor del incidente A en nuestra organización en una escala de, digamos, 1 (inaceptable) a 7 (excelente)? Todos los miembros del grupo deben calificar cada incidente. Si no hay acuerdo en cuanto al valor de un determinado comportamiento habrá que descartarlo por completo.

NOTA: el que no haya acuerdo en cuanto al valor de un incidente denota que hay diferencias en los estándares de valoración o falta de claridad en la política de la organización. Las diferencias en los estándares de valoración pueden constituir un problema fundamental en la evaluación. El procedimiento TIC puede ayudar a reducir estas diferencias.

A continuación, se muestran algunas hojas de trabajo de una TIC. Las dimensiones incluidas constituyen un subconjunto de las generadas en un proyecto de investigación realizado para un hospital que quería una herramienta de evaluación común para todos los empleados no médicos*.

Los cargos iban desde limpiador hasta administrativo, técnico de laboratorio y asistente social. Por supuesto, los estándares de comportamiento para cada dimensión variaban en función del cargo: un comporta-

*Goodale, J. G. y Burke, R. J. (1975). Behaviorally based rating scales need not be job specific. *Journal of Applied Psychology,* 60, 389-391.

miento excelente de un limpiador no es el mismo que el comportamiento excelente de un técnico de laboratorio. Las dimensiones incluidas en las hojas de trabajo parecen bastante genéricas y probablemente se pueden aplicar a los cargos de todas las organizaciones. Puede, no obstante, desarrollar dimensiones más específicas u otras dimensiones totalmente distintas.

Recuerde que, tras definir los incidentes, cada grupo debe alcanzar un acuerdo para cada dimensión y el valor de cada incidente. Una forma fácil de hacer esto es que una persona lea en alto la definición de un incidente y que cada miembro del grupo otorgue una dimensión y un valor. Este proceso puede hacerse de forma informal y verbal o formalmente y por escrito.

Hoja de trabajo de incidentes críticos
Cargo:
Dimensión laboral: conocimiento del trabajo. Comprensión del cargo y de las políticas, técnicas, normas, materiales y habilidades manuales del trabajo.
Instrucciones: dé al menos una definición de comportamiento para cada nivel de rendimiento.
1. Necesita mejorar:
2. Satisfactorio:
3. Excelente:
4. Sobresaliente:

Hoja de trabajo de incidentes críticos
Cargo:
Dimensión laboral: iniciativa. El entusiasmo con que se hacen las cosas, la energía aplicada, el deseo de aceptar responsabilidades y realizar las tareas asignadas; busca mejores métodos para obtener resultados.
Instrucciones: dé al menos una definición de comportamiento para cada nivel de rendimiento.
1. Necesita mejorar:
2. Satisfactorio:
3. Excelente:
4. Sobresaliente:

Hoja de trabajo de incidentes críticos
Cargo:
Dimensión laboral: relaciones personales. Actitud y respuesta a la supervisión, relaciones con los compañeros, flexibilidad para trabajar como parte de la organización.
Instrucciones: dé al menos una definición de comportamiento para cada nivel de rendimiento.
1. Necesita mejorar:
2. Satisfactorio:
3. Excelente:
4. Sobresaliente:

Hoja de trabajo de incidentes críticos
Cargo:
Dimensión laboral: fiabilidad. Atiende sus responsabilidades sin necesidad de supervisión. Cumple los plazos estipulados.
Instrucciones: dé al menos una definición de comportamiento para cada nivel de rendimiento.
1. Necesita mejorar:
2. Satisfactorio:
3. Excelente:
4. Sobresaliente:

NOTAS

ADAPTACIONES PARA ESPAÑA — Nota 7.1

¿Cómo diseñan el sistema de evaluación las grandes empresas españolas?

El diseño de un sistema de ED supone dar respuesta a cinco grandes interrogantes[a]: ¿para qué? ¿quién? ¿qué? ¿cómo? y ¿cuándo? Esto es, diseñar un sistema de evaluación implica definir el propósito al que servirá la evaluación, quién o quiénes evaluarán el desempeño, los indicadores de desempeño que se utilizarán, los instrumentos o formatos de evaluación y la frecuencia con la que se desarrollarán reuniones donde se suministre información al evaluado sobre su desempeño.

Los resultados de un estudio reciente[b] realizado sobre una muestra de 51 grandes empresas que operan en España ponen de manifiesto que la mayor parte (en torno a un 80 por ciento) utiliza la evaluación con fines tanto administrativos o de control (entre los que destaca la retribución) como de desarrollo, siendo el supervisor la fuente principal de evaluación, pues muy pocas incorporan en el proceso a los subordinados, compañeros, clientes internos o externos. Las empresas suelen emplear indicadores tanto de resultados (cuantitativos y cualitativos) como de comportamientos y la dirección por objetivos es para la mayoría el instrumento fundamental de evaluación, junto con las listas de chequeo. La retroalimentación que suministran las empresas suele ser semestral o anual.

Hay ciertas empresas (en torno al 20 por ciento) que prefieren no vincular la evaluación del desempeño con fines administrativos y la emplean únicamente para el desarrollo (con fines fundamentalmente de formación o desarrollo profesional). En estas empresas las evaluaciones se basan casi exclusivamente en el superior inmediato, y se emplean indicadores de comportamientos, no tanto de resultados (en este caso especialmente cualitativos). El principal instrumento de evaluación en estas empresas lo constituyen las listas de chequeo. Estas compañías no suelen desarrollar reuniones formales de evaluación.

Fuente: [a] Anthony, W. P., Kacmer, K. M. y Perrewe, P. L. (2002): *Human Resource Management. A Strategic Approach.* South-Western. Thomson Learning. [b] Vázquez Inchausti, E. (2007). "La evaluación del desempeño en las grandes empresas españolas". *Universia Business Review*, n.º 15, tercer trimestre.

CAPÍTULO

8 FORMACIÓN DE LOS TRABAJADORES

OBJETIVOS

Tras leer este capítulo, usted estará en condiciones de abordar los siguientes temas:

1. **Determinar** cuándo hay que formar a los empleados, así como el mejor tipo de formación dadas las circunstancias de la empresa.
2. **Reconocer** las características que hacen que un programa de formación tenga éxito.
3. **Ponderar** los costes y los beneficios de un programa de formación informatizado.
4. **Diseñar** ayudas laborales como complementos o alternativas a la formación.
5. **Comprender** cómo hay que socializar eficazmente a los nuevos empleados.

Johnson Controls es un líder en el mercado global de sistemas de automoción y de control y gestión de instalaciones. El negocio de la automoción de la empresa tiene su sede en Plymouth, Michigan, y la organización emplea a más de 57.000 personas en 275 instalaciones por todo el mundo. El grupo de desarrollo y formación de la empresa, el Leadership Institute, patrocina un acontecimiento que permite que los trabajadores aprendan los unos de los otros. El programa, denominado Team Rally, empezó en 1996 con la participación de 31 equipos norteamericanos. En 2003, compitieron 144 equipos en diez países en 15 semifinales. Los 15 equipos de trabajadores de la décima planta representaban 11 países. El Team Rally anual tiene lugar en Disney World, en Orlando, Florida.

En el Team Rally, los equipos representan entretenidas parodias para demostrar cómo han mejorado sus operaciones o servicios en Johnson Controls. Algunos de estos equipos parodian series de televisión (Gilligan's Island) o películas (La guerra de las galaxias) para entretener y mostrar los resultados de los proyectos de los equipos en mejora de la productividad o en calidad y en reducción de la cantidad de desechos. En el Team Rally de 2003, un equipo francés creó un vídeo llamado "La bruja malvada" para acompañar a su parodia basada en la historia de Blancanieves. Se estimó que el proyecto presentado por el equipo francés generó unos ahorros de 4,14 millones de dólares en dos años. Un equipo eslovaco recibió una gran ovación por su uso de la jardinería como analogía del modo en que se podrían ahorrar 726.805 dólares en Johnson Controls en un año. Los equipos son juzgados por sus resultados, la eficiencia en el modo en que comparten las mejoras con los demás empleados y otros factores.

Aunque es entretenido, el concurso entre equipos forma a los empleados para utilizar los sistemas existentes más eficazmente. El programa Team Rally no funcionaría en cualquier situación (por ejemplo, cuando se está cambiando un sistema y la gente tiene que aprender nuevas habilidades que serán necesarias), pero es una poderosa herramienta para formar a los empleados en la utilización de sus actuales sistemas.

Fuente: Adaptado de Roznowski, D. (19 de agosto de 1999). Johnson Controls employees help to deduce cost, waste and increase safety, quality through team rally event. *PR Newswire Association, Inc.*; Sawyer, C. A. (2005). Lights! Camera! Quality! At Johnson control's annual Team Rally, acting skills are nearly as important as the ability to explain Six Sigma. *Automotive Design and Production*, 116, 56; Winter, D. (2004). Productivity –Not pink slips. *Wards Auto World*, 40, 5.

EL ENFOQUE DIRECTIVO

Como sugiere el ejemplo anterior, los directivos y las organizaciones de éxito ven la formación como una inversión en su personal, no como un gasto. Como directivo, usted querrá que su personal tenga las mejores habilidades y comprensión de la organización y sus clientes. Este capítulo analiza las cuestiones clave relativas a la formación y al proceso que ésta implica, identifica los principales tipos de formación disponibles y estudia la manera de evaluar su eficacia.

CUESTIONES CLAVE RELATIVAS A LA FORMACIÓN

El programa de Johnson Controls ilustra algunas cuestiones importantes relativas a la formación a las que hacen frente las organizaciones hoy en día. Concretamente:

- **¿Cómo puede mantenerse el ritmo de formación con un entorno de la organización cambiante?** Johnson Controls se enfrenta a este desafío adoptando un planteamiento de formación en el que los equipos de empleados aprenden los unos de los otros. Sin embargo, a medida que los equipos y la tecnología cambian, los empleados podrían necesitar formación dirigida por los directivos (lo que se conoce como el planteamiento de formación de arriba abajo). Muchas organizaciones están acudiendo a opciones informatizadas como medio eficaz de formación. La formación informatizada puede no ser la respuesta para todas las situaciones. Por ejemplo, en una organización de servicios, la formación en habilidades de servicio al cliente podría ser más eficaz si se realiza cara a cara con personas que ofrecen al empleado una experiencia mucho más cercana a la realidad.
- **¿Debería hacerse la formación en una clase o en el lugar de trabajo?** La formación en clase podría carecer de realismo y no ser tan eficaz como la formación que se realiza en el propio trabajo. Sin embargo, la formación en el puesto puede ralentizar los procesos y reducir la producción o irritar a los clientes. Johnson Controls forma a sus empleados fuera del lugar de trabajo, en sus Team Rally, aunque la formación recibida es importante para el puesto.
- **¿Cómo puede ser eficaz la formación a escala mundial?** Muchas de las organizaciones de hoy en día tienen operaciones en todo el mundo. La consistencia de la calidad de los productos o servicios es esencial para la supervivencia de las organizaciones en los actuales mercados competitivos. Los Team Rally de Johnson Controls implican a empleados de todo el mundo. Por desgracia, resulta difícil conseguir la uniformidad a escala global. Las soluciones para las empresas que no se pueden permitir

una formación por realidad virtual pueden incluir formación informatizada, teleconferencia o vídeos.

- **¿Cómo debe realizarse la formación para que los empleados se sientan motivados?** Las clases magistrales y los libros de texto pueden tener un contenido sobresaliente, pero ser totalmente ineficaces si no motivan a los empleados para que aprendan. El formato entretenido y competitivo de los Team Rally de Johnson Controls motiva a los empleados para que aprendan técnicas de mejora del rendimiento. Otros medios interesantes para realizar la formación son la realidad virtual (RV), los vídeos y los dispositivos multimedia.

En este capítulo, distinguimos entre formación y desarrollo. Después analizamos los principales retos que deben afrontar los directivos para mejorar el rendimiento de los trabajadores mediante la formación. A continuación, ofrecemos algunas sugerencias para gestionar las tres etapas del proceso de formación, analizamos algunos tipos de formación y estudiamos la forma de maximizar y evaluar la eficacia de la formación. Cerramos el capítulo con un apartado sobre lo que se puede considerar la oportunidad más importante de la formación: la orientación de los nuevos empleados.

FORMACIÓN FRENTE A DESARROLLO

Aunque la formación suele utilizarse en combinación con el desarrollo, los términos no son sinónimos. La **formación** normalmente se centra en ofrecer a los empleados habilidades concretas o en ayudarles a corregir deficiencias en su rendimiento[1]. Por ejemplo, un nuevo equipo puede exigir que los trabajadores aprendan nuevas formas de hacer el trabajo, o un trabajador puede no entender correctamente un proceso laboral. En ambos casos, se puede utilizar la formación para corregir el déficit de habilidades. Por el contrario, el **desarrollo** (que abordaremos en el Capítulo 9) es un esfuerzo que consiste en ofrecer a los trabajadores las habilidades que la organización necesitará en el futuro.

Formación
El proceso por el que se proporciona a los empleados habilidades específicas o se les ayuda a corregir deficiencias en su rendimiento.

Desarrollo
Un esfuerzo para ofrecer a los empleados las habilidades que la organización necesitará en el futuro.

La Figura 8.1 resume las diferencias entre formación y desarrollo. En la formación, la atención se centra únicamente en el trabajo actual; mientras que en el desarrollo, se centra tanto en el trabajo actual como en los trabajos que el empleado tendrá que realizar en el futuro. La formación se realiza para los empleados individuales, mientras que el desarrollo alcanza a todo el grupo de trabajo o toda la organización. Es decir, la formación es específica al trabajo y se centra en los déficit y problemas de rendimiento particulares. En cambio, el desarrollo se preocupa de las habilidades y versatilidad de los trabajadores[2]. La formación tiende a centrarse en las necesidades inmediatas de la organización y el desarrollo en las necesidades a largo plazo. El objetivo de la formación es el de mejorar muy rápidamente el rendimiento de los trabajadores, mientras que el objetivo del desarrollo es un enriquecimiento general de los RRHH de la organización. La formación influye mucho sobre los niveles de rendimiento actuales, mientras que el desarrollo rinde a largo plazo al permitir tener RRHH más flexibles y capacitados.

	Formación	Desarrollo
Presta atención a	El trabajo actual	El trabajo actual y el futuro
Ámbito	Individuo	Grupo u organización
Marco temporal	Inmediato	Largo plazo
Objetivo	Resolver déficit actuales de habilidades	Preparar para las futuras demandas laborales

Figura 8.1 ■ Formación frente a desarrollo.

Hay que recordar otra distinción entre formación y desarrollo: la formación puede tener una connotación negativa. La gente puede apreciar una oportunidad de desarrollo pero, a la vez, sentirse mal porque se le pide que siga un curso de formación[3]. ¿Por qué? La formación a menudo implica que una persona tiene un déficit en alguna habilidad, por lo que los empleados pueden considerar que el ser seleccionado para asistir a un curso de formación es un mensaje negativo del que avergonzarse en vez de considerarlo como una oportunidad para mejorar.

Resulta difícil cambiar esta percepción. Para ayudar a hacer el cambio, la empresa se puede centrar en el potencial de mejora que se ofrece gracias a la formación, en lugar de en la corrección de un déficit de habilidades. En otras palabras, describir la "formación" como un proceso de desarrollo. Aunque esta táctica difumina la distinción entre formación y desarrollo, en la práctica los dos términos se utilizan indistintamente. Dada la rápida tasa de cambio en muchos trabajos, la formación está convirtiéndose en una necesidad. Por lo tanto, la cultura de las organizaciones tiene que cambiar para que la formación se considere como algo positivo.

RETOS EN LA FORMACIÓN

El proceso de formación plantea una serie de preguntas que los directivos deben responder. Entre ellas, cabe destacar:

- ¿Es la formación la solución al problema?
- ¿Son los objetivos de la formación claros y realistas?
- ¿Es la formación una buena inversión?
- ¿Funcionará la formación?

¿ES LA FORMACIÓN LA SOLUCIÓN AL PROBLEMA?

Un objetivo fundamental de la formación es la supresión o mejora de los problemas de rendimiento. Sin embargo, no todos los problemas relativos al rendimiento se solucionan con formación. Los déficit de rendimiento pueden tener diversas causas, muchas de las cuales no están bajo el control del trabajador y, por tanto, no se solucionarán con formación[4]. Por ejemplo, las peticiones poco claras o contradictorias, los problemas de moral y la mala calidad de los materiales no pueden mejorarse con formación.

Una cuestión de ética

Algunas empresas reembolsan los gastos de educación de los empleados que acuden a clase por su cuenta. En una época en que la gente cada vez puede contar menos con trabajar para una sola empresa a lo largo de toda su carrera profesional, ¿cree usted que los empresarios tienen la responsabilidad de fomentar que sus empleados aprovechen las oportunidades de mejorar su educación?

¿SON LOS OBJETIVOS CLAROS Y REALISTAS?

Para que el programa de formación tenga éxito debe tener objetivos claros y relistas. Estos objetivos guiarán el contenido del programa y determinarán los criterios por los que debe evaluarse su eficacia. Por ejemplo, la dirección no puede esperar, siendo realista, que una sesión de formación haga de todos los trabajadores expertos informáticos. Esta expectativa garantiza el fracaso, porque el objetivo es inalcanzable.

A no ser que los objetivos estén claramente definidos antes de iniciar los programas de formación, la organización probablemente descubra que está formando a empleados por razones erróneas y con fines equivocados. Por ejemplo, si el objetivo consiste en mejorar habilidades específicas, la formación debe dirigirse a estas áreas. El editor de revistas Condé Nast está actualmente trabajando para identificar y definir objetivos concretos para la formación. Sin embargo, el director de los programas para los empleados de Condé Nast observa: "Antes del año pasado, ofrecíamos formación general y los empleados elegían el programa que querían seguir"[5]. El director de los programas para los empleados considera que una formación con objetivos enseña las habilidades que son más importantes para el trabajo de los empleados. Por ello, tanto la empresa como los empleados se benefician más.

Por el contrario, el objetivo de formación de la empresa podría consistir en ofrecer a los empleados una comprensión más global de la organización. Por ejemplo, IDG, una editorial muy descentralizada, con oficinas en todo el mundo, ofrece tres seminarios anuales de formación sobre la naturaleza interdependiente de las funciones de la organización[6]. Los empleados seleccionados para seguir el programa de formación, fundamentalmente los que ocupan cargos directivos, aprenden a relacionarse más eficazmente con otros departamentos. Como muestran estos ejemplos, los objetivos de formación deberían determinar el tipo de formación que se ofrece: una idea sencilla que vale la pena recordar.

¿ES UNA BUENA INVERSIÓN LA FORMACIÓN?

La formación puede resultar muy cara. Hewlett-Packard, por ejemplo, tiene un presupuesto anual para formación de 300 millones de dólares[7]. Como media, la cantidad de dinero gastada por empleado en formación en 2004 fue aproximadamente de 820 dólares[8]. En cambio, el coste en formación medio por empleado en 2000 fue de 704 dólares[9]. Muchas empresas creen fervientemente en la importancia de la formación. Sin embargo, las condiciones económicas pueden ser inestables y los presupuestos limitados, haciendo difícil proporcionar la formación necesaria. El Cuaderno del Director, "Recortar costes de formación manteniendo su eficacia", muestra formas de reducir los costes en formación que no

CUADERNO DEL DIRECTOR

TENDENCIAS EMERGENTES

Recortar costes de formación manteniendo su eficacia

Unas condiciones económicas restrictivas pueden llevar a presupuestos reducidos para formación en una organización. Abandonar la formación podría significar una pérdida de ventaja competitiva o, aún peor, una pérdida del negocio. No es fácil mantener la eficacia cuando los presupuestos son reducidos, pero es posible. Se muestran a continuación algunas tácticas de profesionales de la formación para reducir costes:

- **Mire dentro.** Los empleados de la organización podrían ser una fuente valiosa de experiencia para la formación. Es más, se puede dar mayor importancia a la formación si procede de alguien de dentro de la organización. Un directivo de formación y educación de una empresa del sector de la automoción de Florida tenía que eliminar la formación o encontrar una alternativa de coste inferior[a]. La empresa de 400 empleados ahora confía completamente en la experiencia interna como recurso para sus programas de formación. Otro enfoque interno para incrementar el nivel de habilidades es utilizar asesores y mentores –personas que desempeñen el papel de supervisor o directivo o gente con una experiencia concreta–. Por tanto, la formación podría hacerse dentro de la estructura jerárquica de arriba abajo en las organizaciones o podría ser un proceso basado en los iguales o compañeros.
- **¿Lo necesita?** Limite la formación a situaciones en las que realmente sea necesaria. Dadas las restricciones presupuestarias, algunas compañías están pasando de contar con programas de formación de diversos tipos a programas en un par de áreas claves.
- **Dé a la formación un enfoque estratégico.** La inversión en formación resultará rentable en la medida en que se vincule con la estrategia de la organización.
- **Considere el *e-learning*.** Las organizaciones podrían ahorrarse entre un 50 y un 70 por ciento del coste en formación reemplazando el enfoque tradicional de formación conducida por un profesor por un enfoque de *e-learning*[b]. La mayor parte del ahorro se produce por la reducción de horas de trabajo perdidas y la eliminación de costes de alojamiento y viajes.

Fuente: [a]Adaptado de *Managing Training & Development* (2000). The five most effective strategies for improving training programs. Carta del Institute of Management and Administration de marzo; [b]Adaptado de *Payroll Manager's Report* (2002). How to train your staff on a smaller training budget. Carta del Instutute of Management and Administration de mayo.

suponen un sacrificio en la calidad de la misma. Aunque la formación puede resultar cara, también puede proporcionar trabajadores mejor capacitados y más leales. Una encuesta reciente en el sector de las imprentas mostró que las empresas más rentables gastan más en formar a sus empleados que las menos rentables[10]. Las imprentas en el cuartil superior de rentabilidad gastan dos veces más en formación que las empresas de menor rentabilidad, destinando un 4,1 por ciento de la nómina a formación, mientras que las empresas en el cuartil inferior de rentabilidad gastan el dos por ciento de la nómina. Resulta muy interesante el dato de que la formación fue el único gasto en que los líderes de rentabilidad gastaron más que los menos rentables. No podemos concluir de los resultados de la encuesta que la formación fuera la causa de una mayor rentabilidad, pero un énfasis en formación ciertamente diferencia las empresas más rentables de las menos rentables.

No debería ser realmente el coste, en sí mismo, tan importante como la eficacia de la inversión.

En algunos casos, la formación podría ser apropiada pero costosa. Antes de iniciar un programa de formación, los directivos deben ponderar el cose del problema actual frente al coste de formar a los empleados para suprimir el problema.

No desarrollar un programa de formación puede tener un coste elevado. Un tribunal de apelaciones federal emitió un juicio contra un empleado porque no formó a sus directivos en los requerimientos básicos de la ley de discriminación. Phillips Chevrolet, Inc. fue acusado culpable de discriminación por edad. Un director general que tenía la autoridad para contratar admitió que a menudo consideraba la edad de los solicitantes cuando tomaba decisiones de contratación y no era consciente de que fuera una práctica ilegal. Los tribunales establecieron que el fracaso de la organización en formar a sus directivos en la ley de discriminación fue un "error extraordinario" y justificó la conclusión de que la empresa había sido indiferente a la ley contra la discriminación, algo realmente imprudente[11]. El tribunal estableció una sanción de 50.000 dólares por daños. La empresa probablemente se dé cuenta ahora de que el coste que requiere la formación de sus directivos en materia de la ley de discriminación era pequeño en relación con el coste que supone no proporcionar tal formación. En alguna ocasión una empresa podría verse obligada legalmente por el estado a invertir en formación. Por ejemplo, una ley reciente de California (denominada AB 1825) exige a todos los supervisores en las empresas con más de 50 empleados que reciban dos horas de formación cada dos años para prevenir el acoso sexual[12].

La determinación de si la formación es una buena inversión exige medir los beneficios potenciales de la misma en dólares. La formación que se centra en áreas "duras" (tales como el mantenimiento de las máquinas) que tienen un impacto directo en los resultados (tales como la productividad) pueden a menudo trasladarse fácilmente a dólares. Estimar los beneficios económicos de la formación en áreas "blandas" –tales como la formación en trabajo en equipo y diversidad– supone un reto mayor. Sin embargo, es importante demostrar el valor de la inversión en formación, particularmente cuando los presupuestos son limitados. Aproximadamente sólo un ocho por ciento de organizaciones recogen datos y estiman el rendimiento que obtienen de sus programas de formación[13]. Aunque no sean estimaciones en dólares, conocer si los evaluados han aprendido lo que se pretendía con el programa de formación y si han aplicado las nuevas habilidades y conocimientos al puesto pueden ser indicadores de la eficacia de la formación. Se estima que las medidas de aprendizaje y puesta en práctica son realizadas por el 31 por ciento y el 14 por ciento de las organizaciones, respectivamente[14]. Aunque podría no existir evaluación, las mejores compañías intentan maximizar el rendimiento de sus inversiones en formación alineando su formación con su misión, estrategia y objetivos[15]. Sin embargo, sólo un análisis de costes y beneficios indicará si las inversiones en formación, no importa lo bien planificadas que estén, fueron rentables o es rentable que se sigan desarrollando.

¿FUNCIONARÁ LA FORMACIÓN?

Diseñar un programa de formación eficaz es más un arte que una ciencia, pues no se ha demostrado que exista un único tipo de formación más eficaz. Por ejemplo, que una cultura organizativa facilite el cambio, el aprendizaje y la mejora puede ser un determinante más importante del éxito de un programa de formación que cualquier aspecto del programa mismo. Los participantes que ven la formación únicamente como un día fuera del lugar de trabajo seguramente no aprovecharán demasiado esta experiencia. El Cuaderno del Director, "Transferencia de la formación: del aprendizaje a la acción", ofrece los pasos que puede dar para asegurarse de que lo que aprende durante la formación lo aplica a su trabajo.

Si los directivos que participan no respaldan el contenido y el objetivo de la formación, es poco probable que el programa de formación influya sobre los procesos laborales. Considérese la siguiente anécdota real:

CUADERNO DEL DIRECTOR

GRH: EL EMPLEADO COMO CLIENTE INTERNO

Transferencia de la formación: del aprendizaje a la acción

La formación está llamada a hacer cambios positivos en el lugar de trabajo. Para que se produzcan tales cambios, no sólo debe tener lugar un aprendizaje, sino que las lecciones transferidas necesitan ser transferidas al lugar de trabajo.

Hay muchas razones por las que la formación podría no transferirse. Por ejemplo, la alta dirección podría no dar un respaldo visible al cambio promovido por la formación. Además, las lecciones podrían ser interesantes, pero la cultura del lugar de trabajo podría presionar contra cualquier cambio. Podría, simplemente, no haber tiempo suficiente para poner en práctica las lecciones. El entorno de trabajo podría ser demasiado caótico y desestructurado para que las lecciones del programa de formación provocaran cambios positivos.

Las siguientes sugerencias son pasos que pueden seguirse para maximizar la oportunidad de que las lecciones de los programas de formación se transfieran al lugar de trabajo.

- *Sea un profesor.* Sea un enlace entre la formación y las personas en su área en el lugar de trabajo. Si usted enseña a otros lo que ha aprendido en el programa de formación, ayudará a expandir la formación y practicará y reforzará lo que ha aprendido.
- *Póngase deberes.* Establezca objetivos específicos que supongan poner en práctica las lecciones aprendidas en el curso de formación.
- *Desarrolle sus propias ayudas al puesto.* Poner un modelo clave, los términos o los pasos aprendidos en la formación de manera adecuada y fácil de ver, como en un expositor sobre su mesa, puede ayudarle a recordar el mensaje esencial de la formación.
- *Consiga un compañero de formación.* Un compañero le puede ayudar a poner en práctica las lecciones del curso de formación. Puede resultar más sencillo superar los obstáculos de la transferencia de la formación con un compañero que por sí mismo.
- *Pida ayuda.* Si necesita ayuda para transferir las lecciones del programa de formación, podría pedir ayuda a su jefe o al departamento de RRHH. Podrían estar disponibles materiales adicionales, cursos de profundización, etc.

Fuente: Adaptado con permiso de Janove, J. W. (2002). Use it or lose it: Training is a waste of time and money if managers don't transfer lessos learned to theri daily work lives. *HRMagazine*, 47, 99 (4).

La empresa Men's Wearhouse es una empresa minorista de trajes para ejecutivos. A pesar del creciente tamaño del sector servicios (*véase* el Capítulo 1), la dirección del personal de ventas, a menudo, es mala y la tasa de rotación de trabajadores elevada. Además, no suele haber formación ninguna y la industria es cada vez más competitiva. En este contexto, Men's Wearhouse se ha definido como un vendedor de calidad, con un fuerte crecimiento de su tasa de ingresos y un importante crecimiento del valor de sus acciones. Actualmente, la empresa tiene un 22 por ciento del mercado de trajes de hombre en EE.UU., y sus beneficios se incrementaron un 18 por ciento en 2004[16]. Su planteamiento sobre la formación diferencia a Men's Wearhouse de sus principales competidores. La empresa ha construido un centro de formación de 35.000 metros cuadrados y ofrece diversos programas de formación tales como "Suits University" y "Selling accesories U". Cada año se suele dar entre tres y cuatro días de formación, tanto a los nuevos empleados como a los empleados estacionales.

La inversión en formación de la empresa es sustancialmente superior a la de otras empresas del sector. Sin embargo, parece dar buenos frutos. Primero, aunque no se dispone de cifras concretas, la tasa de rotación de los empleados es significativamente inferior a la de sus competidores. Segundo, las "desapariciones" (género perdido por errores o robos) es aproximadamente la tercera parte de la media del sector. Además, los que toman las decisiones en la empresa opinan que si crean una cultura empresarial que respalde a sus empleados, no necesitarán gastar más dinero en seguridad. De hecho, Men's Wearhouse no gasta nada en seguridad: no hay cámaras de seguimiento ni dispositivos electrónicos. Los expertos afirman que el compromiso de Men's Wearhouse con la formación ha desempeñado un papel clave en su éxito[17].

Finalmente, la formación no dará resultado a no ser que esté relacionada con los objetivos de la organización. Un programa de formación bien diseñado debe surgir de los objetivos estratégicos de la empresa; un programa mal diseñado no tendrá ninguna relación con esos objetivos o, lo que es aún peor, irá en contra de ellos. Es responsabilidad de los directivos garantizar que la formación esté relacionada con los objetivos de la organización.

GESTIÓN DEL PROCESO DE FORMACIÓN

Una formación pobre, inapropiada o inadecuada puede ser fuente de frustración para todos los implicados. Para maximizar los beneficios de la formación, los directivos deben supervisar de cerca el proceso de formación.

Como muestra la Figura 8.2, el proceso de formación consta de tres etapas: (1) valoración de las necesidades, (2) desarrollo e implantación de la formación y (3) evaluación. La *etapa de valoración de las necesidades* implica la identificación de los problemas o necesidades que debe resolver la formación. En la *etapa de desarrollo e implantación*, se

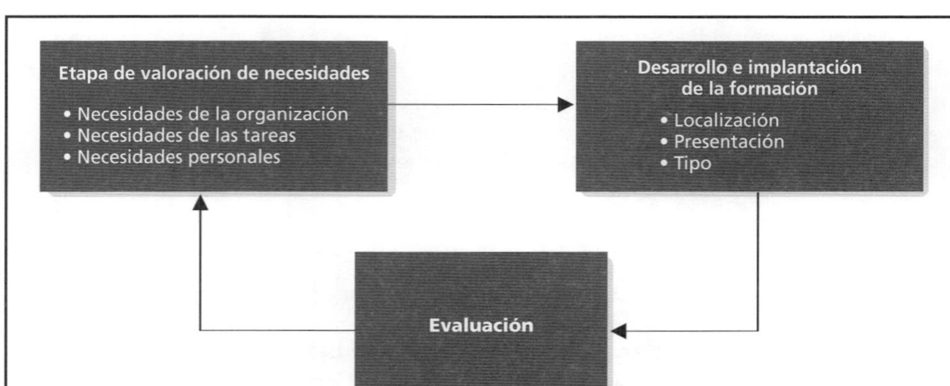

Figura 8.2 ■ El proceso de formación.

diseña el tipo de formación más adecuado y se ofrece a los trabajadores. En la *etapa de evaluación*, se valora la eficacia del programa de formación. En las siguientes páginas, ofrecemos recomendaciones para maximizar la eficacia de cada una de estas etapas.

En las grandes organizaciones, las encuestas de los trabajadores y la participación de los directivos son muy importantes para determinar qué formación es necesaria (etapa 1), pero la formación de hecho (etapa 2) normalmente la imparte un departamento de formación de la propia organización o un agente externo (como pueda ser una consultora o una universidad local). Una vez completado el programa de formación, los directivos suelen tener que determinar si la formación ha sido útil (etapa 3). En las pequeñas empresas, el director puede ser responsable de todo el proceso, aunque se pueden utilizar también fuentes externas para dar formación.

ETAPA DE VALORACIÓN DE NECESIDADES

El objetivo general de la etapa de valoración consiste en determinar si se necesita un programa de formación y, en caso afirmativo, en ofrecer la información necesaria para diseñarlo. La valoración de necesidades incluye tres niveles de análisis: organización, tareas y personas.

Niveles de valoración de necesidades

El *análisis de la organización* se centra en factores genéricos como la cultura de la organización, su misión, el clima de la organización, los objetivos a corto y largo plazo y su estructura. El objetivo consiste en identificar tanto las necesidades generales de la organización como el nivel de formación. Algunas de las cuestiones clave a tratar a nivel de análisis de la organización son el entorno y los objetivos y valores de la misma[18]. Un análisis del entorno podría indicar una carencia de trabajadores cualificados y cambios en la tecnología. La formación puede permitir a la organización afrontar estos retos. Los objetivos de una organización son los propósitos que intenta alcanzar –quizás un incremento en la cuota de mercado o la expansión hacia un nuevo mercado–. La formación podría ser necesaria para proporcionar a los empleados las habilidades necesarias para alcanzar los objetivos de la organización. De forma similar, los valores pueden ser la razón de ser del modo de actuar de una organización. Los empleados deberían comprender estos valores y tener las habilidades para trabajar con ellos. En resumen, la valoración de necesidades a nivel de la organización analiza las influencias externas y la dirección y principios de la organización para determinar si es necesaria la formación.

El *análisis de las tareas* consiste en un análisis del puesto de trabajo. Un análisis del trabajo, cuidadoso y reciente, debería proporcionar toda la información necesaria para comprender los requisitos del trabajo. Estas obligaciones y tareas se utilizan a continuación para identificar los conocimientos, habilidades y aptitudes (CHAs) necesarias para realizar correctamente el trabajo (*véase* el Capítulo 2). Después, se utilizan los CHAs para determinar el tipo de formación necesario para el trabajo.

El *análisis de las personas* determina qué empleados necesitan formación analizando cómo realizan las tareas en sus puestos de trabajo[19]. La formación suele ser necesaria cuando se producen discrepancias entre el rendimiento del trabajador y los estándares o expectativas de la organización. A menudo, el análisis de las personas implica analizar las calificaciones del rendimiento de los trabajadores y después identificar a los trabajadores, o grupos de trabajadores, que muestran deficiencias en determinadas habilidades. La fuente de la mayoría de las calificaciones del rendimiento es el supervisor, pero (como vimos en el Capítulo 7) se podría tener una imagen más completa de las fortalezas y debilidades de los trabajadores incluyendo otras fuentes de evaluación.

Como señalábamos en el Capítulo 7, los problemas de rendimiento pueden surgir de numerosas fuentes, muchas de las cuales no se verán afectadas por la formación. La única fuente de problemas de rendimiento que puede resolver la formación es una deficiencia que está bajo el control del empleado que recibe la formación[20]. Por ejemplo, la formación en ventas sólo mejorará las ventas si la fuente del problema es una mala técnica de ventas. Si las ventas caen debido a un producto malo, a precios demasiado elevados, o a una economía en recesión, la formación en ventas no cambiará nada.

La formación no es la única opción disponible para responder a una deficiencia del trabajador. Por ejemplo, si los que toman las decisiones determinan que la formación necesaria para que los trabajadores adquieran las capacidades deseadas es demasiado costosa, la transferencia o el despido de los trabajadores menos eficientes podría resultar una acción más eficaz en cuanto a costes. Se pueden utilizar requisitos escritos de CCHs para seleccionar a nuevos empleados y eliminar la diferencia entre rendimiento deseado y rendimiento alcanzado. Los inconvenientes evidentes de despedir o sustituir a los trabajadores con rendimiento deficiente es que estas opciones probablemente afecten negativamente al compromiso y la moral de los trabajadores.

CLARIFICACIÓN DE LOS OBJETIVOS DE LA FORMACIÓN

La etapa de valoración debería generar un conjunto de objetivos para cualquier programa de formación que pueda desarrollarse a partir de dicha valoración. Cada objetivo debería estar relacionado con una o más [CHAs] identificados en el análisis de tareas y debería ser retador, preciso, alcanzable y comprendido por todos[21]. Pfizer, Inc., por ejemplo, orienta su formación hacia las competencias que ha identificado para los puestos desde los niveles iniciales a las posiciones de mayor antigüedad[22]. De forma similar, Wyeth, otra empresa farmacéutica, centra su formación en conjuntos separados de competencias para los vendedores y los directivos[23].

Cuando es posible, los objetivos deberían definirse en términos de comportamiento y los criterios definidos para juzgar la eficacia del programa de formación deberían surgir directamente de los objetivos de comportamiento. Suponga que la causa de un rendimiento deficiente es una mala sensibilidad para las relaciones interpersonales. El objetivo general del programa de formación diseñado para resolver el problema debería ser el de mejorar la sensibilidad interpersonal. La mejora de la "sensibilidad interpersonal" es un objetivo de formación loable, pero el término es ambiguo y no permite definir contenidos concretos del programa de formación, ni criterios específicos para juzgar la eficacia del mismo. La definición de este objetivo en términos de comportamiento exige determinar qué tiene que saber un empleado y qué es lo que tiene que hacer o lo que no tiene que hacer tras recibir la formación. Por ejemplo, el empleado dará la bienvenida a los consumidores y clientes utilizando su nombre, evitará cualquier alusión sexual que pudiera se considerada como acoso y acudirá a las reuniones a tiempo[24].

La Figura 8.3 muestra cómo el objetivo genérico de formar en sensibilidad ofrece un punto de partida que puede desagregarse en dimensiones (aspectos específicos del rendimiento laboral) para las que se pueden desarrollar objetivos de comportamiento específicos. El objetivo genérico en la figura es el de mejorar la sensibilidad interpersonal de los supervisores cuando se relacionan con los empleados de producción. Primero se divide este objetivo en dos dimensiones: capacidad para escuchar y capacidad para dar información. A continuación se identifican los comportamientos específicos de estas dimensiones, tanto para guiar el esfuerzo de formación, como para evaluar si la formación ha tenido éxito.

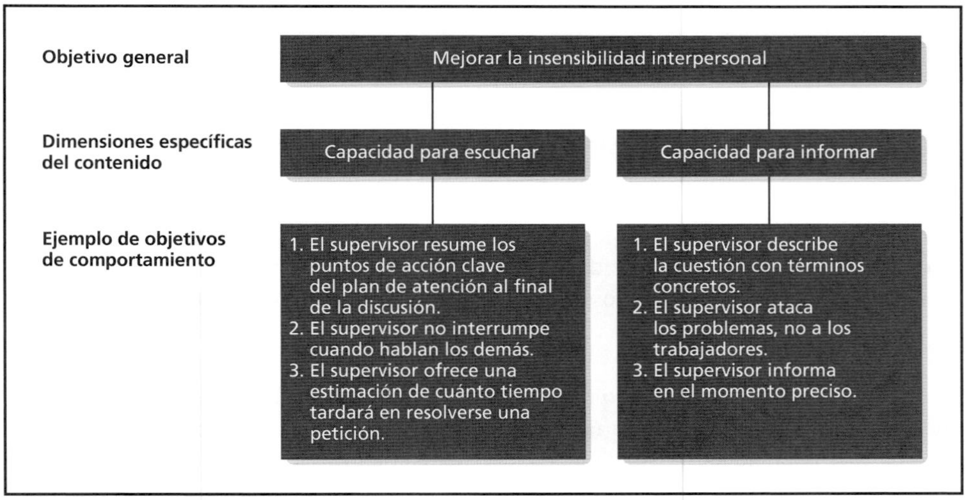

Figura 8.3 ■ Ejemplo de desarrollo de objetivos de formación en comportamientos.

ETAPA DE FORMACIÓN E IMPLANTACIÓN

El programa de formación resultante de la etapa de valoración debería ser una respuesta directa a la necesidad o al problema de la organización. La formación puede diferir en cuanto a la localización del programa, la presentación y el tipo de formación.

Opciones de localización

La formación se puede realizar en el lugar de trabajo o fuera de él. En el planteamiento, muy común, de formación en el puesto de trabajo (FEP), la persona que recibe la formación trabaja en las instalaciones laborales, normalmente bajo las directrices de un trabajador experimentado, un supervisor o un profesor. En el Laboratorio Nacional de Los Alamos, del Departamento Estadounidense de Energía, por ejemplo, la formación suele realizarse mediante la instrucción de los compañeros, demostraciones prácticas y prácticas laborales. Antes de iniciar el programa de formación, no obstante, la dirección de esta instalación con sede en Nuevo Méjico analiza cuidadosamente las tareas en las que se va a formar a los empleados, el grado de formación necesario, el número de aprendices y la disponibilidad de recursos y medios de formación.

La rotación, la formación en prácticas y las prácticas en empresas son tres modalidades de FEP:

- La *rotación*, como vimos en el Capítulo 2, permite a los empleados adquirir experiencia en distintos puestos de trabajo, muy bien delimitados, en la organización. A menudo se utiliza para que los futuros directivos conozcan bien todos los puestos.
- La *formación en prácticas* son programas de FEP asociados normalmente con la artesanía y deriva de la práctica medieval de permitir a un joven aprendiz aprender de un trabajador cualificado. En Europa, la formación en prácticas sigue siendo una de las principales formas que tienen los jóvenes de obtener un puesto cualificado. En EE.UU., este método se limita, en gran medida, a adultos que quieren desempeñar determinados oficios, como carpinteros o fontaneros. Esta formación en prácticas suele durar al

menos cuatro años y el aprendiz suele recibir la mitad del salario de los "jornaleros" experimentados.

- De la mima manera que la formación en prácticas es el camino a seguir para algunos puestos de trabajo de cuello azul, las prácticas en empresas son una ruta a seguir para puestos directivos, o de cuello blanco, en toda una gama de campos laborales. Las prácticas en empresas constituyen una oportunidad para los estudiantes de educación superior de obtener una experiencia laboral real, a menudo durante sus vacaciones de verano. Aunque la mayor parte de las prácticas en empresas recibe un salario muy reducido, o no se pagan, la mayor parte de los que realizan estas prácticas suelen obtener créditos académicos en sus estudios y, posiblemente, una oferta para un empleo a tiempo completo cuando se licencian.

La FEP tiene tanto ventajas como inconvenientes. Este tipo de formación es, obviamente, relevante para el trabajo, porque las tareas realizadas y aprendidas provienen del propio trabajo. Muy poco de lo que se aprende en un marco de FEP no está directamente relacionado con el trabajo. La FEP también ahorra a la organización el gasto de tener que sacar a los empleados del entorno laboral para recibir formación y, normalmente, también el coste de contratar a profesores externos porque los empleados de la empresa suelen ser capaces de impartir la formación. En el lado negativo, la FEP puede resultar bastante costosa para la organización en términos de negocios perdidos cuando los aprendices decepcionan a los consumidores (¿alguna vez ha esperado una eternidad en la cola de una caja de un supermercado porque la chica que le atiende es un aprendiz?). Incluso si sólo unos pocos consumidores se pasan a la competencia a causa de la insatisfacción creada por el servicio que da un aprendiz, el coste para la organización puede ser sustancial. Los errores y los daños producidos a los equipos cuando un aprendiz realiza el trabajo pueden resultar muy costosos. Otro posible inconveniente es que los profesores pueden ser excelentes trabajadores, pero pueden ser incapaces de transmitir sus conocimientos a los demás. En otras palabras, los que pueden, no siempre saben enseñar.

Finalmente, la calidad y el contenido de un programa de FEP pueden variar mucho en función de la organización. Esta variabilidad hace difícil que los empleados juzguen la capacidad de un trabajador potencial proveniente de otra organización. Un nuevo trabajador puede afirmar que ha recibido FEP para utilizar una determinada maquinaria o realizar una determinada tarea, pero el empresario seguirá sin saber qué ha aprendido realmente y cuál es su grado de capacitación. Observe el modo en que el Estado de Washington ha intentado resolver esta cuestión.

Washington acoge a 1.300 productores de madera, la gran mayoría de pequeña escala (el 90 por ciento tiene una media de 16 trabajadores). Es difícil encontrar trabajadores cualificados y el problema empeora debido a la FEP, que puede hacer que la calidad y capacitación de los trabajadores sea muy diversa.

Para resolver este problema, un grupo de 87 personas procedentes del sector, los colegios y los sindicatos de todo el estado ha creado un equipo denominado Equipo Asesor de los Manufactureros Secundarios de Productos provenientes de la Madera del Estado de Washington (SWPMT en sus siglas en inglés). El equipo ha redactado estándares de capacitación para la industria de los productos derivados de la madera, ha identificado la capacitación necesaria (es decir, el equipo realizó un *análisis de tareas*: *véase* "Etapa de evaluación" en este mismo capítulo) y ha redactado descripciones de los conocimientos y capacidades necesarias. El siguiente paso del equipo consistió en desarrollar un currículo y un programa de formación a partir de estos estándares. Así pues, un programa de formación estándar sustituirá los eventuales programas de FEP que actualmente caracterizan a la industria. Un certificado proporcionará a los trabajadores un medio para comunicar la capacitación adquirida y a los empresarios un medio para saber cuál es la capacitación de sus trabajadores[25].

El trabajo del SWPMT en Washington está reconocido por la Junta Nacional de Estándares de Cualificación. El objetivo de esta junta consiste en crear un sistema nacional de estándares de cualificación de forma que las empresas puedan obtener la mano de obra cualificada que necesitan[26].

La *formación fuera del lugar de trabajo* es una buena alternativa a la FEP. Los ejemplos comunes de este tipo de formación son los cursos formales, las simulaciones y los ejercicios de representación de papeles (*role-playing*). Una de las ventajas de este tipo de formación es que permite que los empleados reciban períodos de estudio prolongados sin interrupciones. Otra ventaja es que el aula puede fomentar el aprendizaje y la retención porque evita las distracciones e interrupciones que se producen frecuentemente en el entorno de la FEP. La gran desventaja de la formación fuera del lugar de trabajo es que lo que se ha aprendido puede no ser aplicable en el trabajo. Al fin y al cabo, un aula no es un lugar de trabajo y las situaciones simuladas durante la formación pueden no ajustarse a las situaciones laborales reales. Además, si los empleados consideran que la formación fuera del lugar de trabajo es una oportunidad para disfrutar de un descanso del trabajo, probablemente no aprenderán demasiado.

Opciones de presentación

Los profesores utilizan toda una variedad de técnicas de presentación durante las sesiones de formación. Las técnicas de presentación más comunes son las transparencias o diapositivas y vídeos, la formación a distancia, las computadoras, las simulaciones, la realidad virtual, la enseñanza en un aula y los juegos de representación (*role-playing*) de papeles.

Transparencias y vídeos. Las transparencias y los vídeos pueden utilizarse fuera del trabajo o en habitaciones especialmente preparadas en las instalaciones de la organización. Las transparencias y los vídeos ofrecen información y, si están bien hechos, son interesantes y fomentan la reflexión. Sin embargo, estas presentaciones no permiten que los que siguen el curso hagan preguntas o reciban explicaciones adicionales. Muchas empresas prefieren utilizar transparencias, películas o cintas para complementar el programa dirigido por el profesor que puede responder a las preguntas de los individuos o ampliar las explicaciones cuando sea necesario.

Formación a distancia. Ésta es una opción particularmente útil cuando las personas que reciben la formación están dispersas en distintas localidades geográficas[27]. Los satélites se utilizan para retransmitir sesiones de formación a los empleados en las distintas localidades. Además de la recepción en vídeo, el satélite permite que los que acuden a la formación hagan preguntas al profesor durante la retransmisión.

Las dos desventajas de esta formación son el coste de la conexión vía satélite y la dificultad de programar la retransmisión de forma que todo el mundo pueda recibirla. Se puede resolver el problema de la programación grabando en vídeo la presentación y distribuyéndolo después a las personas que se encuentran en lugares donde la programación entre en conflicto con la retrasmisión. El profesor puede estar accesible a través del teléfono o la computadora para contestar a las preguntas. Este método permite que se pueda disponer de la experiencia del profesor sin que éste tenga que repetir todo el programa de formación.

Computadoras. La formación informatizada abarca desde la utilización de CD-ROM, hasta la formación a través de Internet. Algunas empresas siguen estudiando qué tipo de formación informatizada les va mejor. Sin embargo, la formación vía Internet se está convirtiendo rápidamente en el método de formación elegido.

Tanto las empresas pequeñas como las grandes encuentran que la formación con computadoras es un medio eficaz desde el punto de vista del coste. En particular, si un trabajo requiere del uso de computadoras, la formación con computadoras está muy relacionada con el puesto, proporcionando una posibilidad de transferencia grande de la formación al trabajo. Las computadoras también tienen la ventaja de permitir a los que reciben la formación que aprendan cómodamente. Como profesor, la computadora nunca está cansada, aburrida o de mal humor. Además, las computadoras pueden constituir una opción multimedia de formación en la que se combine el texto con películas, gráficos y elementos de audio.

La popularidad de la formación a través de Internet o la intranet de la empresa ha crecido por razones obvias. Este tipo de formación no sólo facilita contenidos, sino que también administra la formación. El *e-learning* también ofrece una manera de estandarizar la formación entre empleados que se encuentran lejos y los centros de operaciones[28]. Quizás la principal razón sea la eliminación de los costes de viaje y alojamiento. Se estima que las empresas pueden reducir sus costes de formación entre un 50 y un 70 por ciento mediante el empleo de cursos electrónicos en lugar de con la formación tradicional en clase[29]. Como los individuos pueden acceder a la formación en cualquier momento y lugar donde existe una conexión a Internet, no sorprende el éxito del *e-learning* en muchas organizaciones.

Learnshare es un ejemplo de colaboración de éxito entre empresas en el empleo de *e-learning* [30]. General Motors Corp., Motorota Inc., Owens-Corning, Deere & Co., entre otras, forman parte de Learnshere. Algunas de estas empresas compiten en algunas áreas, pero Learnshare les permite colaborar en la puesta en común de necesidades de formación, compartir cursos vía Internet y emplear su poder como grupo para conseguir descuentos de los proveedores de *e-learning*.

CUADERNO DEL DIRECTOR

GRH: EL EMPLEADO COMO CLIENTE INTERNO

Los fallos en el sistema pueden acabar con el *e-learning*

La formación online ofrece muchas ventajas, pero problemas inesperados pueden bloquear una distribución eficaz y por tanto la mejora de las habilidades y el rendimiento. Considere los siguientes ejemplos de problemas reales:

- Los empleados no saben conectarse al sitio de Internet donde está la formación o han olvidado su nombre de usuario o contraseña.
- El curso no se despliega cuando se presiona la tecla.
- Los empleados han tenido que atender a otra tarea durante la formación y, cuando vuelven, el sitio que dejaron abierto ya no está disponible.
- Los empleados no saben por qué tienen que seguir el curso al que han sido registrados.

Estos problemas parecen simples e incluso tontos. Sin embargo, pueden hacer que el *e-learning* se convierta en una fuente de frustración en lugar de en un aprendizaje real.

El primer paso para evitar estos problemas es asegurarse de que las personas entienden el propósito de la formación y su relación con el negocio. En segundo lugar, adopte la perspectiva de cliente para la distribución de la formación. ¿Qué necesitan saber los empleados para acceder de forma eficaz al material del curso de formación? ¿Existen instrucciones o ayudas al puesto que harían más sencilla la formación a los empleados? Si es posible, el desarrollo de un programa piloto con un grupo reducido de empleados puede ayudar a evitar problemas no anticipados.

Fuente: Osberg, C. (2004, febrero). Marketing e-learning. *T&D*, 58, 53-54.

Se estima que el mercado de *e-learning* supuso 18 billones de dólares en ventas en 2005[31]. Este tipo de formación puede proporcionar resultados rápidos[32] con trabajadores que se encuentran en distintas zonas geográficas. Sin embargo, diseñar una buena formación online puede resultar más caro que proporcionar formación en una clase. Se estima que una hora de clase requiere seis horas de diseño, mientras que una hora de instrucción online podría requerir más de 400 horas de diseño[33]. Además, la implantación de formación electrónica pude plantear algunas veces dificultades. Tal y como se muestra en el Cuaderno del Director, "Los fallos en el sistema pueden acabar con el *e-learning*", las dificultades técnicas y las habilidades de los usuarios finales afectan a los resultados.

La sofisticación de la tecnología no supone ninguna garantía sobre el contenido de la formación. Si la preparación de contenidos es pobre, la experiencia de formación será pobre también. Además, la formación de los empleados en habilidades o conceptos complejos podría conseguirse mejor a través de la interacción por personas con experiencia. Además, en los casos en que las obligaciones del trabajo no requieren del uso de una computadora, la formación con computadoras puede dificultar el proceso de aprendizaje[34].

Finalmente, recuerde que la formación informatizada no es siempre la solución absoluta. Por ejemplo, el profesor puede complementar la sesión de formación informatizada con un seminario de prácticas para maximizar las ventajas de ambos enfoques[35]. La parte informatizada puede fomentar el aprendizaje al permitir que los que siguen la formación cometan errores y busquen elecciones correctas en privado. Los seminarios pueden ayudar a los empleados a practicar y reforzar sus habilidades utilizando medios como los juegos de representación de papeles. Muchas organizaciones están adoptando con éxito este enfoque combinado en el que junto con el *e-learning* se emplea la instrucción en clase[36]. Caterìllar, por ejemplo, tiene un programa de formación para nuevos empleados del área de producción que combina el *e-learning*, la instrucción en el aula y la formación en el puesto en la cadena de montaje[37].

Simulación
Un medio o una situación que reproduce las demandas laborales en algún sitio fuera del lugar de trabajo.

Simulaciones. Las **simulaciones** son especialmente eficaces para la formación, ya que son medios o situaciones que reproducen exigencias laborales en un lugar fuera del puesto de trabajo. Las organizaciones suelen utilizar simulaciones cuando la información que hay que dominar es compleja, los equipos que se utilizan en el trabajo son caros y/o el coste de una decisión errónea es bastante elevado. El modo en que se desarrolle el trabajo en el ejército, la aplicación de la ley y la seguridad puede significar a veces la vida o la muerte. Las simulaciones pueden resultar particularmente eficaces para formar a personas que tengan que enfrentarse a estas situaciones. FireArms Training Systems (FATS) proporciona formación mediante simulación a organizaciones militares en todo el mundo[38]. La formación incluye armas simuladas que ofrecen una imagen realista de la situación real, lo que incluye el retroceso del arma. El programa FATS de simulación para formar oficiales de policía emplea un PC y una pantalla de diez pulgadas para ofrecer a estos oficiales de policía en formación imágenes y sonidos de una serie de situaciones comunes en el trabajo de un policía. Por ejemplo, un sospechoso peligroso está huyendo por una calle llena de gente. El oficial de policía, ¿debería disparar al sujeto a riesgo de herir o matar a un peatón inocente? El FATS permite a los policías en formación tener la oportunidad de practicar la toma de decisiones urgentes en un entorno realista, pero seguro.

La industria aérea lleva tiempo utilizando simuladores para entrenar a sus pilotos. Los simuladores de vuelo a menudo incluyen movimientos, además del realismo visual y auditivo. Este aspecto aumenta drásticamente el coste de la simulación, pero hace que la formación sea todavía más realista. El Ames Research Center de la NASA ha desarrollado, por ejemplo, un simulador virtual de torre de control con un coste de aproximadamente diez millones de dólares. Los asistentes pueden ver cualquier aeropuerto del mundo, con una panorámica de 360 grados, a través de las 12 ventanas de cristal de la torre de control. La torre puede simular cualquier hora del día o la noche, cualquier situación meteorológica y el movimiento de hasta 200 aviones y vehículos de apoyo terrestre.

Tradicionalmente, los simuladores se han considerado herramientas de formación independientes de la formación informatizada. Sin embargo, gracias al avance de la tecnología multimedia, las diferencias entre estos dos métodos se han difuminado considerablemente.

Un producto denominado CathSim es un ejemplo de la mezcla entre formación informatizada y por simulación. El CathSim Accu Touch Sistem da al personal médico la oportunidad de practicar poniendo inyecciones antes de tener un paciente real. El sistema de formación combina un software informático con un robot táctil, de manera que los estudiantes, las enfermeras y los médicos pueden disponer de una experiencia realista sin necesidad de practicar con animales o humanos[39]. Además, el CathSim proporciona a los que se tienen que formar unas tarjetas de informes sobre su eficacia y permite a los supervisores hacer un seguimiento del progreso de los alumnos.

El CathSim funciona a partir de un PC, e incluye un pequeño robot, llamado AcuTouch, que tiene el tamaño de un libro pequeño. El programa informático permite que los usuarios elijan entre una variedad de opciones, como por ejemplo, que el paciente sea una mujer mayor o un drogadicto. El programa presenta, a continuación, una pantalla con una serie de materiales y agujas de distinto tamaño entre los que elegir; después, el empleado en formación inserta la aguja real en la caja AccuTouch. La caja tiene una superficie externa de goma y reproduce la resistencia y demás factores del brazo de un paciente real. Si la aguja se introduce incorrectamente, el programa informático puede gritar "Ay" como respuesta.

Se han hecho pocos estudios sobre la eficacia de las simulaciones, pero los pocos datos disponibles indican que este método de formación tiene un impacto positivo sobre el rendimiento laboral. Por ejemplo, un estudio concluyó que los pilotos que han sido formados con simuladores dominan las técnicas de vuelo dos veces más deprisa que los pilotos que sólo se han formado en el aire[40]. La importancia de esta diferencia se hace evidente por el hecho de que el coste de formar mediante un simulador es de tan sólo el diez por ciento del coste de utilizar equipos reales para la formación de los pilotos.

Realidad virtual (RV)
La utilización de tecnologías para reproducir el entorno real de trabajo en tiempo real.

Realidad virtual. La **realidad virtual (RV)** utiliza una serie de tecnologías para reproducir todo el entorno laboral real, en vez de unos pocos aspectos del mismo, como ocurre con las simulaciones. La RV embarca al participante en un entorno virtual generado por computadora que cambia de acuerdo con los movimientos de la cabeza y el cuerpo[41]. En estos entornos tridimensionales, el usuario puede relacionarse y manipular objetos en tiempo real.

Los militares utilizan la formación mediante RV y siguen invirtiendo en esta tecnología. Sumergir a los soldados en el tipo de situaciones que se encontrarán en el campo de batalla puede ser una experiencia valiosa que les ayude a estar mejor preparados para el combate. Además, la RV podría proporcionar una reducción de estrés a los militares profesionales y reducir la probabilidad de que desarrollen problemas psicológicos cuando se enfrenten a una situación de combate real[42].

Los adelantos en la tecnología de la RV también se producen en el sector privado. Por ejemplo, el sector de productos semiconductores de Motorola probó un sistema de formación con RV desarrollado por las tecnologías de Modis Training[43]. Modis es una empresa de Arizona especializada en reproducir fábricas en RV que incluyen todos los equipos y líneas de producción. Los resultados de la prueba fueron positivos: los empleados de Motorola cometieron menos errores y aprendieron más rápidamente gracias a la

RV. El tiempo de aprendizaje medio bajó de seis semanas a una semana y media. Puesto que un error en una línea de producción de semiconductores puede costar medio millón de dólares, la inversión de Motorola parece modesta en comparación con los ahorros de costes.

Las tareas que son buenas candidatas para una formación virtual son las que requieren ensayos y prácticas, trabajar desde una localización remota o visualizar objetivos y procesos que, normalmente, no son accesibles. La formación por RV también es excelente para tareas en las que existe un alto potencial de dañar los equipos o a otras personas.

Por ejemplo, los estudiantes de conservación de bosques en Alvdalen, Suecia, practican con una recolectora virtual antes de trabajar con las máquinas reales[44]. Los investigadores han descubierto que los estudiantes que recibieron formación por RV tenían más confianza en sí mismos y eran más productivos cuando empezaban a utilizar los equipos reales. Por el contrario, los estudiantes que se formaron utilizando la maquinaria real (un gigante con un brazo móvil de casi diez metros que puede mover troncos de pino de 30 metros) estaban mucho más nerviosos y eran más peligrosos. El coste de esta maquinaria es de aproximadamente 400.000 dólares y los daños al entorno podrían ser muy caros. ¿No preferiría estar unas pocas horas con un equipo virtual antes de utilizar la maquinaria real? De forma similar, la formación por RV se está convirtiendo en el método elegido para formar a los físicos en el modo de implantar *stents* –unos aparatos que mantienen abiertas las arterias carótidas[45]. En la formación por RV, los físicos enhebran un catéter a través de un sistema circulatorio artificial y ven angiogramas de un maniquí humano. La formación a través de RV se está empezando a utilizar en más áreas además de la cirugía, y la tendencia probablemente seguirá. Hasta el momento, dos estudios han encontrado que los residentes formados con RV cometían menos errores y tenían habilidades similares a las de los cirujanos experimentados. Tanto en el caso de los estudiantes de conservación de bosques como en el de los residentes médicos, la mejora de las habilidades se obtuvo sin poner en riesgo ni el entorno ni ningún individuo.

Enseñanza en el aula y ejercicios de representación de papeles. Aunque la formación en el aula se considera normalmente "aburrida", la clase magistral puede resultar entretenida si se integra con otras técnicas de presentación. Por ejemplo, un vídeo podría complementar una charla para ofrecer ejemplos realistas. Los ejercicios en clase y los ejercicios de representación de papeles (que se pueden encontrar también en este libro) ofrecen la oportunidad de aplicar lo que se enseña en clase y practicar los conocimientos adquiridos. La resolución y discusión de los problemas planteados ayuda a los estudiantes a aprender el material y contenido técnico, mientras los ejercicios de representación de papeles constituyen un excelente medio para aplicar habilidades de relación interpersonal que se quieren destacar durante la formación. Si se realizan correctamente, los ejercicios de representación de papeles ofrecen la oportunidad de practicar habilidades estudiadas en libros, vídeos, computadoras u otros medios[46].

Tipos de formación

Nos centramos ahora en los tipos de formación que generalmente utilizan las organizaciones hoy en día: habilidades, reciclaje, multi-funcional o transversal, trabajo en equipo, creatividad, alfabetización, diversidad, resolución de crisis y servicio al cliente.

Formación en habilidades. La formación en habilidades es, probablemente, la más común en las organizaciones. El proceso es bastante sencillo: tras una valoración en profundidad se identifica la necesidad o el déficit de formación. Se crean objetivos de formación específicos y se desarrolla el contenido de la formación para alcanzar esos objetivos.

Los criterios para valorar la eficacia de la formación también parten de los objetivos identificados durante la etapa de valoración.

Para comprender el modo en que se desarrolla un programa de formación en habilidades, vamos a analizar un ejemplo clásico de este tipo de formación. En 1992, el diez por ciento de las quejas al CEO de IBM hacían referencia a la gestión de las llamadas telefónicas. Puesto que el servicio al consumidor es una de las principales prioridades de IBM, el CEO supo que tenía que poner remedio. Nombró un equipo de proyecto compuesto tanto de directores de línea como de profesores para que analizaran la situación. Este acuerdo se diseñó para garantizar que el personal de línea aceptara las recomendaciones del equipo de proyecto y acometiera seriamente las acciones (los programas que salen de la "caja negra" del departamento de RRHH a veces no son tenidos en cuenta por los directores de línea).

El equipo de proyecto realizó una valoración detallada. Una encuesta a los clientes de IBM reveló que el 70 por ciento de los contactos se realizaba a través del teléfono [47]. Una encuesta formal realizada a más de 10.000 clientes de IBM reveló que la mala atención telefónica era la queja más frecuente. Como muestra la Figura 8.4, las quejas más frecuentes de los clientes se referían al hecho de que no podían acceder a una persona con conocimientos y que no se devolvían las llamadas. El equipo de proyecto realizó a continuación una encuesta a los empleados de IBM y descubrió que, aunque el 75 por ciento sabía poner a la espera una llamada, menos del cinco por ciento sabía cómo pasar la llamada a otra persona. El equipo también descubrió que la mayoría del personal profesional consideraba que no tenía que saber cómo atender las llamadas de los clientes porque éstas debían ser atendidas por el personal de secretaría. A partir de los resultados de estas encuestas, el equipo clasificó los problemas de llamadas telefónicas en dos grandes categorías: (1) no utilizar las aplicaciones del teléfono y (2) no atender a los clientes con cortesía profesional.

El equipo presentó sus conclusiones y recomendó una estrategia de formación para la alta dirección. El vicepresidente ejecutivo a cargo del equipo, que estaba de acuerdo en

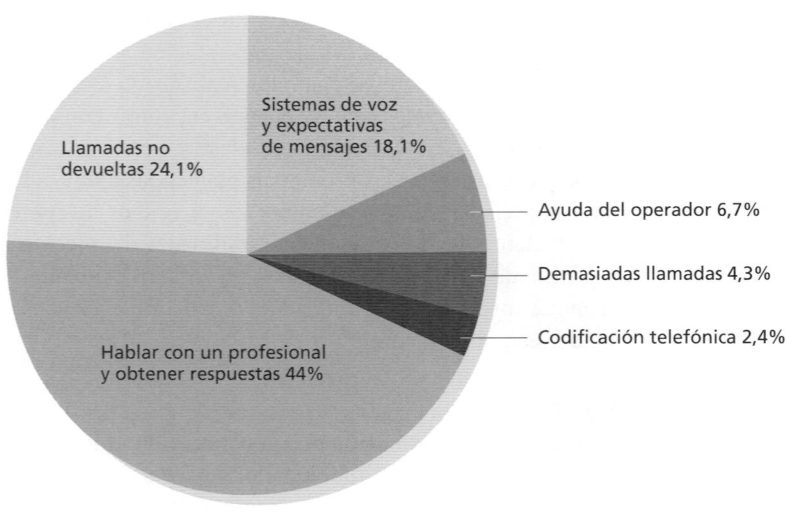

Fuente: Estabrolke, R. M. y Fay, N. F. (1992): Answering the call of "tailored training". *Training*, 29, 85-88. Reproducido con autorización del número de octubre de 1992 de la revista *Training*. Copyright 1992. Lakewood Publications, Minneapolis, MN. Todos los derechos reservados. Prohibida la reventa.

Figura 8.4 ■ Fuentes de insatisfacción de los clientes con el servicio telefónico de IBM.

tomarse en serio el problema, redactó una dura memoria que se reproduce en la Figura 8.5. Cualquier empleado que recibiera este documento tenía claro que sus habilidades telefónicas eran una cuestión importante en IBM. El fuerte respaldo de la alta dirección forzó a los empleados de línea a tomarse en serio el asunto y ayudó al equipo de proyecto a conseguir los fondos para el programa de formación.

El equipo del proyecto dividió a los empleados en dos grupos en función de la frecuencia con la que utilizaban el sistema telefónico y, a continuación, personalizó la formación para cada grupo. El grupo "intensivo" estaba compuesto por empleados tales como secretarias y operadores, mientras que el grupo "ocasional" estaba compuesto por ingenieros, directivos y otros profesionales. El grupo intensivo era relativamente pequeño en número, pero era el que tenía la mayor relación telefónica con los clientes. Era importante que este grupo fuera a la vez cortés y buen conocedor del sistema telefónico. El grupo ocasional no sólo tenía que comprender los fundamentos del sistema, sino también tenía que recibir formación sobre cómo utilizarlo correctamente.

La formación del grupo de usuarios intensivos cubría amplios aspectos del comportamiento esperado y formación en el uso de las características operativas específicas del sistema telefónico. Entre las cuestiones que abarcaba el programa de formación se incluía: un vídeo de modelos de comportamientos buenos y malos en la relación telefónica que se mostraba al personal de secretaría y a los operadores telefónicos, un programa de formación informatizado que cubría los detalles del sistema telefónico así como comportamientos corteses, panfletos y otros materiales de referencia. En función de la habilidad y los conocimientos actuales, los empleados recibían entre tres y nueve horas de formación.

Los usuarios ocasionales tenían que ser formados con un planteamiento radicalmente distinto por tres razones. La primera, no necesitaban el mismo nivel de conocimientos que el grupo intensivo porque tenían mucha menos relación telefónica con los clientes. Segunda, el coste de la formación intensiva de los aproximadamente 150.000 empleados que formaban el grupo ocasional sería prohibitivo. Tercera, los usuarios ocasionales no tenían motivación para mejorar sus habilidades telefónicas porque no consideraban que su rendimiento laboral al teléfono fuera un problema. Así pues, el paquete de formación para estos empleados fue diseñado para que fuera breve y entretenido. Un vídeo mostraba reuniones del departamento que ofrecían una visión general del problema. Además, una cinta de audio, con sentido del humor y breve, que podría escucharse con el coche o en el trabajo, enfatizaba los comportamientos deseados. También se distribuyeron panfletos y otras fuentes de referencia. El equipo del proyecto asumió que la mayoría de los usuarios ocasionales elegirían el producto que prefirieran y pasarían una hora utilizando el material.

Otras actividades de RRHH se centraron en la motivación de los empleados para resolver los problemas de comunicación telefónica. Por ejemplo, el vicepresidente ejecutivo seleccionó la eficacia telefónica como una de las cinco medidas clave de rendimiento anual. Además, el personal del equipo de proyecto hacía llamadas telefónicas aleatorias todos los meses para evaluar la eficacia telefónica de cada unidad de negocio. La Figura 8.6, que puede servir de modelo para cualquier programa de formación para la mejora en habilidades, resume el proceso seguido por el equipo del proyecto de formación de IBM.

El programa tuvo bastante éxito. Después de un año, la satisfacción de los consumidores con las respuestas telefónicas de IBM había mejorado en casi un diez por ciento. Aunque el objetivo es lograr una satisfacción del 100 por 100, una mejora del diez por ciento el primer año del programa es, sin duda, una mejora saludable.

El programa de IBM ofrece varias lecciones:

- En el marco de algunas organizaciones, el paso más importante para lograr el compromiso con la formación puede ser incluir a personas que tienen mucho poder político o

Memoria interna
En general, la calificación de nuestros clientes y nuestros usuarios internos sobre nuestro servicio telefónico es muy mala. Juntos vamos a resolver este problema y lo haremos rápidamente.
Memoria del vicepresidente ejecutivo de IBM a todos los directivos
Fuente: Estabrolke, R. M. y Fay, N. F. (1992): Answering the call of "tailored training". *Training*, 29, 85-88. Reproducido con autorización del número de octubre de 1992 de la revista *Training*. Copyright 1992. Lakewood Publications, Minneapolis, MN. Todos los derechos reservados. Prohibida la reventa.

Figura 8.5

1. Lograr compromiso.
   - Obtener el apoyo de la dirección.
2. Análisis exhaustivo del problema.
   - ¿Es importante?
   - ¿Cuál es realmente el problema?
3. Lograr el respaldo del personal de línea.
4. Desarrollar estrategias de formación.
   - ¿Hay más de un grupo de empleados que necesitan formación?
   - Diseñar materiales adecuados para las necesidades de cada grupo y en función de la motivación.
5. Desarrollar estrategias de motivación.
   - Seguir pasos para mejorar la concienciación sobre el problema.
   - Señalar la importancia del problema mediante programas de medición y reconocimiento.

Figura 8.6 ■ Pasos para la mejora de habilidades en IBM.

informal en la organización. Si alguien tiene la suficiente fuerza política como para dinamizar el esfuerzo de formación, puede ser mejor incluir a esa persona en el diseño del programa de formación desde el principio.

- La idea de iniciar el programa de formación con valoraciones de la organización, las tareas y las personas podría no ser realista. En realidad, los problemas a menudo se hacen evidentes en las organizaciones y hay que hacer algo rápidamente si se quiere mantener la competitividad.
- Pueden ser necesarios diversos paquetes de formación para distintos grupos de empleados. Algunos grupos de empleados pueden necesitar un conocimiento detallado y una gran habilidad en una determinada área, mientras que otros sólo tienen que estar familiarizados y tener unos conocimientos generales. La personalización de la formación a las necesidades de cada grupo maximiza la eficacia de la formación.
- La distribución de materiales, como panfletos y guías de referencia, puede ayudar a garantizar que la formación deriva en un mejor rendimiento. Este tipo de materiales, de **apoyo al trabajo**, son fuentes de información externas a las que pueden acceder rápidamente los trabajadores cuando necesitan ayuda para tomar una decisión o para realizar una determinada tarea[48]. Su utilización está creciendo rápidamente por diversas razones. La primera, que los apoyos al trabajo reducen la necesidad de memorizar muchos detalles y, por tanto, reducen el número de errores y mejoran la eficiencia. Segunda, aunque las ayudas al trabajo no pueden sustituir a los programas de formación formales, pueden complementar la formación y ayudar a garantizar que la formación está relacionada con el trabajo. Tercera, son relativamente baratos y pueden crearse y distribuirse rápidamente.

Apoyo al trabajo
Fuentes externas de información, como folletos y guías de referencia, de rápido acceso para los trabajadores cuando necesitan ayuda para tomar una decisión o realizar una tarea determinada.

Reciclaje. Un subconjunto de la formación en habilidades, el *reciclaje*, se centra en dar a los empleados las habilidades que necesitan tener para mantenerse a la altura de los nuevos requisitos de sus trabajos. Por ejemplo, por muy profesionales que sean los trabajadores en una habilidad tradicional como la costura, necesitarán volver a formarse cuando la empresa invierta en equipos de costura informatizados. Por desgracia, aunque el reciclaje se cita mucho en los medios de comunicación como una cuestión de prioridad en la agenda de las empresas, muchas empresas se apresuran por actualizar sus equipos sin emprender los pasos correspondientes para actualizar las habilidades de sus trabajadores. Creen, erróneamente, que la automatización significa tener unos trabajadores menos cualificados cuando, de hecho, a menudo requiere empleados mejor cualificados.

Una empresa que se toma en serio el reciclaje del personal es Nabisco Group Holdings. Esta empresa ofrece a los trabajadores que se enfrentan a una nueva tecnología la opción de aceptar una jubilación anticipada o disponerse a adaptarse a la nueva situación. Otros desarrollos significativos en cuanto a la formación de reciclaje han sido fomentados por asociaciones creativas entre los sindicatos y los empresarios. Por ejemplo, la Garment Industry Development Corporation consolida los esfuerzos de la industria y los sindicatos. Su programa SuperSewer enseña al trabajador todas las operaciones necesarias para hacer un vestido utilizando patrones informatizados[49].

El reciclaje no sólo implica actualizar la formación de los actuales empleados, sino también ofrecer apoyo en formación a trabajadores desempleados o despedidos. Varias iniciativas públicas han financiado el reciclaje de los trabajadores despedidos. La Ley de Colaboración para la Formación en el Trabajo (*Job Training Partnership Act,* JTPA) de 1982, el mayor programa de formación financiado por el gobierno federal, otorga subvenciones a estados, que los trasladan a los gobiernos locales y entidades privadas que ofrecen formación laboral.

Por desgracia, los esfuerzos en reciclaje no parecen tan eficaces como algunos desearían. Las estadísticas gubernamentales muestran que sólo entre el siete y el 12 por ciento de los trabajadores despedidos aprovechaba los programas de formación de la JTPA. Además, no todos los que siguen el programa lo terminan o lo aprovechan[50]. Los críticos también apuntan que la tasa de colocación de la JTPA es de un decepcionante 50 por ciento.

Formación multi-funcional o transversal. Tradicionalmente, las organizaciones han desarrollado funciones laborales especializadas y detalladas descripciones de los puestos de trabajo. Sin embargo, las organizaciones de hoy en día están poniendo el énfasis en la versatilidad en lugar de en la especialización.

La **formación en distintas funciones** implica que los empleados se forman para realizar operaciones en áreas distintas a las de su puesto. Por ejemplo:

Formación multi-funcional o transversal
Formación de los trabajadores para que realicen tareas distintas a las asignadas a su puesto.

- Puede utilizarse la rotación para ofrecer a los directivos de un área funcional una perspectiva más amplia de la que tendrían normalmente.
- Los departamentos pueden intercambiar personal por períodos de tiempo, de forma que cada trabajador, o conjunto de trabajadores, comprenda las operaciones de los demás departamentos.
- Los **compañeros profesores**, trabajadores con un alto rendimiento que son profesores en el puesto de trabajo, pueden ser extraordinariamente eficaces a la hora de ayudar a los empleados a desarrollar habilidades en otras áreas operativas[51].

Compañeros profesores
Trabajadores de elevado rendimiento que actúan también como profesores internos en el propio trabajo.

Además de tener habilidades punteras, los compañeros profesores deben ser pacientes y estar motivados para enseñar a los demás. Una forma eficaz de elegir a personas motivadas consiste en simplemente preguntar a los trabajadores si les gustaría actuar como profesores y después seleccionar a los mejores. Algunas organizaciones fomentan el papel de compañero profesor como un honor y ofrecen recompensas tangibles para hacer más atractiva la mayor responsabilidad. En los parques de Walt Disney, los compañeros profesores reciben una paga extra cuando están enseñando y llevan un distintivo de profesor en sus placas con el nombre cuando se mueven por el parque. Los voluntarios en algunas empresas, como el minorista a escala nacional T. J. Maxx, tienen que pasar primero un programa formal de formación.

Se debería también instruir a los empleados y a los directivos en la importancia de esta formación y los beneficios que puede proporcionar:

- Cuanto más adaptables sean los trabajadores, más valiosos serán para la organización. El poder de adaptación mejora la seguridad laboral del trabajador y el "banquillo" de la organización. La analogía con el béisbol es válida. Suponga que un equipo de béisbol no tiene un sustituto de un determinado jugador. Cuando el jugador se lesiona, el entrenador tiene un problema porque no le queda nadie en el banquillo que pueda jugar eficazmente en esa posición. Análogamente, una organización tendrá problemas si un trabajador que se va, que es promocionado o que cae enfermo, no puede ser sustituido rápidamente por alguien que pueda hacer su trabajo. La formación en distintas funciones puede ofrecer estos recambios que garantizan que las operaciones seguirán realizándose normalmente.
- Los empleados versátiles pueden diseñar mejor sus propias carreras profesionales.
- Una mayor exposición y responsabilidad pueden motivar a los trabajadores, cuando no es posible la promoción.
- La formación de otros trabajadores puede clarificar las responsabilidades de uno en su puesto de trabajo.
- Una perspectiva más general mejora la comprensión de los trabajadores sobre el negocio y reduce la necesidad de supervisión[52].
- Cuando los trabajadores pueden reemplazar a otros que no están, es más fácil flexibilizar la jornada, lo que se demanda cada vez más, puesto que los trabajadores quieren pasar más tiempo con sus familias.

Los empleados con más de 50 años de edad pueden ser particularmente valiosos cuando se trata de versatilidad multi-funcional[53]. Los trabajadores mayores, a menudo, han realizado diversos trabajos, lo que les habrá dado, de manera natural, una mayor experiencia multi-funcional. Por ello, los trabajadores más mayores, a menudo, terminan antes los programas de formación en múltiples funciones y suelen ser buenos profesores.

Formación para el trabajo en equipo. En las mejores plantas de producción, aproximadamente el 70 por ciento de los trabajadores forman parte de equipos autogestionados[54]. La estructura en equipo ofrece ventajas en términos de rendimiento, pero las cuestiones relativas a los equipos, desde los conflictos a los problemas de comunicación, pueden llevar a que no cumplan con su potencial de rendimiento. Una encuesta reciente indica que únicamente el 14,1 por ciento de empresas evalúa los esfuerzos de sus equipos como "altamente eficaces" y un 15 por ciento como "no eficaces en absoluto"[55]. Parece claro que hay que avanzar en la mejora del rendimiento de los equipos. No obstante, es probable que se incremente la relevancia e importancia de los equipos. Los equipos están dominando la manera de operar de muchas empresas. Además, muchas organizaciones operan en un entorno global, lo que fuerza a la gente de lugares geográficos distintos a trabajar en equipo. Por ejemplo, Steelcase, el productor de muebles, tiene presencia en todos los continentes y emplea equipos con los miembros de los distintos países para desarrollar nuevos productos y procesos[56]. Para Steelcase, los equipos no son sólo una forma de vida, sino también un medio de supervivencia en un mercado competitivo y global. La estructura en equipos es a largo plazo, y la formación de estos equipos puede ser la clave para conseguir que alcancen todo su potencial.

La formación de equipos puede dividirse en dos áreas, en función de las operaciones básicas de un equipo: contenido de tareas y procesos de grupo[57]. El *contenido de tareas* está directamente relacionado con los objetivos del equipo, por ejemplo, control de costes y resolución de problemas. Los *procesos de grupo* hacen referencia al modo en que los miembros del equipo funcionan como equipo, por ejemplo, cómo se comportan los miembros entre sí, cómo resuelven los conflictos y hasta qué punto participan. A diferencia de la formación individual tradicional, la formación de equipos va más allá de las habilidades, e incluye los procesos de grupo[58].

Sorprendentemente, se sabe poco de cómo formar más eficazmente a los equipos. Las siguientes conclusiones preliminares pueden utilizarse para guiar los esfuerzos de formación de equipos:

- Los miembros del equipo deberían recibir formación en habilidades de comunicación (tanto para hablar como para escuchar) que mejoren el respeto hacia todos los miembros del equipo.
- La formación debería resaltar la interdependencia de todos los miembros.
- La instrucción debería instar a reconocer que los objetivos del equipo y los objetivos individuales no siempre son los mismos y debería ofrecer estrategias para resolver los conflictos que, inevitablemente, surgirán entre ambos.
- Debería ponerse el énfasis en la flexibilidad, porque el trabajo en equipo casi siempre provoca situaciones inesperadas[59].

Un tipo de formación que se ha hecho cada vez más popular para desarrollar el trabajo en equipo, sobre todo entre los directivos y supervisores, es la formación al aire libre (*outdoor experiential training*). Empresas como IBM, General Electric y DuPont llevan periódicamente a cientos de trabajadores fuera de la oficina y a un bosque con la esperanza de realzar el trabajo en equipo, mejorar la capacidad de comunicación y fomentar la autoestima. Muchos de estos programas de formación se parecen al Outward Bound, el riguroso curso de aventuras al aire libre, aunque requieren menos esfuerzo físico.

También están surgiendo las actividades culinarias en grupo como una forma efectiva de mejorar los procesos de los equipos[60]. Los programas de formación de equipos culinarios pueden ser competitivos e implicar competiciones de recetas entre equipos. O pueden ser diseñados como esfuerzos de colaboración, como cuando los equipos necesitan trabajar juntos para preparar una comida. Una empresa de formación de equipos culinarios asigna a los equipos varios platos a preparar y los entrenadores culinarios proporcionan unas instrucciones básicas. Se da a los equipos 30 minutos para preparar sus platos, pero después de 25 minutos se les pide a todos que paren y pasen a la posición de la izquierda. En la nueva posición, nadie sabe qué hacer. La empresa de formación de equipos ha observado un abanico amplio de respuestas a este problema, que va desde personas que se marchan de sus posiciones a aquellas que dejan a una persona en la posición anterior para ayudar al nuevo grupo con la receta. El ejercicio se centra en el modo en que los equipos pueden comunicarse mejor para apoyarse unos a otros y mejorar su rendimiento global. Esta lección es ciertamente pertinente en el puesto de trabajo, donde pueden surgir en cualquier momento cambios dinámicos y problemas no anticipados.

Formación en creatividad. La formación en creatividad se basa en el supuesto de que la creatividad se puede aprender. Existen distintos enfoques de enseñanza de la creatividad, que suponen un intento de ayudar a las personas a resolver los problemas de formas nuevas[61]. Un enfoque común es el uso de la **tormenta de ideas**, en la que se da a los participantes la oportunidad de generar todas las ideas que se les ocurran, sin temor a ser juzgados. Sólo cuando se han propuesto ideas suficientes, se someten individualmente a un juicio racional en términos de costes y factibilidad. Normalmente se considera que la creatividad se produce en dos etapas: imaginativa y práctica[62]. La tormenta de ideas seguida de una consideración racional de las operaciones alcanzadas cubre estas dos etapas. La Figura 8.7 muestra algunos otros enfoques para mejorar la creatividad.

Tormenta de ideas
Una técnica de formación en creatividad en la que los participantes tienen la oportunidad de generar ideas abiertamente, sin temor a ser juzgados.

Puesto que a la gente le suele resultar difícil romper con su forma de pensar habitual, los profesores en creatividad ofrecen ejercicios diseñados para ayudarles a ver las cosas de

La creatividad se puede aprender y desarrollar. Las siguientes técnicas pueden utilizarse para mejorar la capacidad del aprendiz a la hora de generar ideas innovadoras y soluciones a los problemas.

1. **Analogías y metáforas.** Hacer comparaciones o encontrar analogías puede mejorar la percepción de una situación o un problema.
2. **Libre asociación.** La libre asociación de palabras para describir un problema puede conducir a soluciones inesperadas.
3. **Analogías personales.** Intentar considerarse a uno mismo como el problema puede generar perspectivas nuevas y, posiblemente, soluciones eficaces.
4. **Mapa mental.** La generación de temas y líneas que representan las relaciones entre estos temas puede ayudar a identificar todas las cuestiones y sus relaciones.

Fuente: Adaptado de Higgins, J. M. (1994). 101 creative problem solving techniques: *The handbook of new ideas for business.* Winter Park, FL: New Managemente Publishing Company.

Figura 8.7 ■ Técnicas para incrementar la creatividad.

otra manera. En un programa innovador proporcionado por un asesor de creatividad con sede en Dallas, media docena de jóvenes superdotados de un colegio de Dallas se encierran con hasta 30 altos directivos en sesiones que duran todo un día. Los adultos exponen sus problemas laborales y los niños les aconsejan. Los adultos han descubierto que el hablar a los niños de sus problemas les ayuda porque, como afirmó un ejecutivo de Texas Utilities Mining, "no tienen ideas preconcebidas"[63].

Algunas empresas, como Pfizer, Inc., y Progressive Corporation, utilizan el arte como inspiración para la resolución de problemas y fomentar la creatividad entre sus empleados[64]. Ambas empresas exponen a sus empleados al arte a través de visitas a museos. La Boyer Corporation tiene un programa de arte diseñado para conseguir que los empleados piensen acerca de las diferentes alternativas y perspectivas, de manera que puedan ser más creativos en su trabajo.

Los escépticos critican la formación en creatividad afirmando que no hay forma de medir su eficacia. También argumentan que la formación en una habilidad tan poco importante como la creatividad puede hacer que la gente se sienta bien, pero no genera ningún cambio duradero en su rendimiento laboral. Es cierto que la documentación de los resultados de la formación en creatividad es casi imposible. Sin embargo, algunas empresas han obtenido resultados impresionantes. Por ejemplo, Frito-Lay afirma que el programa de gestión de costes creado junto con una formación en creatividad para la resolución de problemas permitió ahorrar más de 500 millones de dólares en cinco años. Y cuando un equipo de ingenieros de DuPont no sabía por qué su nueva tecnología funcionaba en el laboratorio pero no en la fábrica, los profesores en creatividad acudieron en su ayuda. Cuando los empleados de la fábrica recibieron formación en técnicas de pensamiento creativo, la tecnología funcionó como se esperaba.

Por supuesto, la formación en creatividad no es la solución a todos los problemas. Ningún programa de formación lo es. Y aunque el programa de formación puede ayudar a estimular la creatividad, un pobre apoyo de la dirección o un mal clima de trabajo que no respalde la innovación pueden limitar el impacto de la formación en creatividad[65].

Formación en alfabetización. Las habilidades de escribir, hablar y trabajar con otras personas son esenciales en el actual entorno de trabajo. Por desgracia, muchos trabajadores no satisfacen los requisitos de los empresarios en estas áreas. Por ejemplo, aunque la mayoría de materiales laborales exigen un nivel de lectura equivalente a un niño de diez u 11 años, en torno al 20 por ciento de los trabajadores americanos con edades comprendidas entre los 21 y los 25 años no tienen ni siquiera el nivel de lectura de un niño de ocho años[66]. Las empresas de EE.UU. gastan anualmente más de tres billones de dólares para programas de formación de empleados que remedien este problema[67].

Por **alfabetización** se entiende normalmente el dominio de habilidades básicas, es decir, lo que se suele enseñar en las escuelas públicas (lectura, escritura, aritmética y su aplicación para la resolución de problemas). Es importante distinguir entre alfabetización general y alfabetización funcional. La *alfabetización general* es el nivel de habilidad general de una persona, mientras que la *alfabetización funcional* es el nivel de habilidad de una persona en una determinada área de conocimiento. Un empleado está alfabetizado funcionalmente cuando puede leer y escribir los suficientemente bien como para realizar tareas laborales importantes (lectura de manuales de instrucción, comprensión de mensajes de seguridad, cumplimiento de formularios de pedidos). La cuestión más acuciante para los empresarios no son las deficiencias generales de los trabajadores, sino la capacidad de éstos para realizar eficazmente sus tareas. Por ejemplo, una capacidad de lectura general baja puede ser la causa de una preocupación social, pero es la incapacidad de los trabajadores para entender los mensajes de seguridad o para cumplimentar órdenes de pedidos la preocupación inmediata del empresario. El analfabetismo funcional puede constituir un serio impedimento para la productividad y la competitividad de una organización. Por ejemplo, la Occupational Safety and Health Administration (*véase* el Capítulo 16) estima que existe una correlación directa entre ser analfabeto y algunos accidentes laborales.

Alfabetización
El dominio de habilidades básicas (lectura, escritura, aritmética y su aplicación a la resolución de problemas).

Los programas de formación para lograr la alfabetización funcional se centran en las habilidades básicas necesarias para realizar un trabajo de forma adecuada y capitalizar la motivación de los trabajadores para ayudarles o mejorar en un determinado trabajo. Estos programas utilizan materiales que provienen directamente del trabajo. Por ejemplo, a diferencia de un curso de comprensión lectora (que enseña habilidades de lectura generales), la formación funcional enseña a los empleados a entender los manuales y otros materiales escritos que deben utilizar en su trabajo.

En colaboración con los sindicatos, las agencias públicas y los colegios, las empresas han diseñado una serie de programas para remediar las deficiencias de habilidades básicas. Estos programas se encuadran en tres grandes categorías:

- **Programas internos en las empresas.** Estos programas son realizados únicamente, o fundamentalmente, para formar a los empleados de la empresa. Por ejemplo, Dofasco, una empresa canadiense del acero, identificó la alfabetización a los empleados como una necesidad clave de la organización. La empresa diseñó cursos a medida que los empleados podían seguir de manera voluntaria. Durante siete años de funcionamiento, aproximadamente 600 empleados de Dofasco han participado en el programa de alfabetización, al que la empresa ve como una intervención de gran éxito[68].
- **Programas de la empresa y en universidades locales.** Muchas empresas crean asociaciones con los institutos y centros de formación locales o de la comunidad para mejorar la alfabetización de los trabajadores. En estas asociaciones, las empresas y/o los sindicatos pagan para que los trabajadores acudan a clase a la universidad local. Algunas empresas conceden a sus trabajadores hasta seis horas libres a la semana para acudir a clase. Algunas veces, varias empresas participan en la asociación, como en el caso de la Campaña de Alfabetización de Newark, la Alianza para la Educación en Worcester, Massachussets, y la Coalición para la Alfabetización en Memphis.

  En Phoenix, los departamentos de personal y obras públicas colaboran con los centros de formación de la comunidad y con el grupo de voluntariado para la alfabetiza-

Una cuestión de ética
¿Son las empresas responsables éticamente de ofrecer una formación en alfabetización a los trabajadores que carecen de habilidades básicas? ¿Por qué o por qué no?

ción del condado para desarrollar el currículo de los empleados públicos locales[69]. El programa, que fue bien recibido, tuvo éxito a pesar de su coste relativamente bajo, que asciende a una media de en torno a 2,25 dólares por hora de contacto con el empleado. Más de 950 empleados de 13 departamentos han participado en el programa[70]. La mejora de la alfabetización ayuda a la organización y mejora la calidad de vida personal y profesional de los empleados.

- **Programas de la empresa en colaboración con el gobierno municipal o estatal.** En algunas áreas, el gobierno local o estatal ha promovido la iniciativa para hacer programas de alfabetización. El instituto de Carolina del Sur para la Excelencia de la Mano de Obra es uno de los programas de asociación más amplios entre el gobierno estatal y los principales empresarios del Estado. En el primer año tras la aprobación de las medidas de reforma educativa en el estado de Carolina del Sur, se realizaron 338 programas de enseñanza para más de 3.000 personas en todo el Estado. Una tercera parte de la gente que participó provenía de Springs Industries, Inc., la primera empresa del Estado en cuanto a número de empleados. Otras empresas que también participaron en gran medida fueron Campell Soup, Digital Equipment y Sun oil[71].

Formación en diversidad. Es vital para el éxito de la organización garantizar que todos los diversos grupos de personas que trabajan en la empresa se lleven bien y colaboren. Como vimos en el Capítulo 4, los programas de *formación en diversidad* están diseñados para enseñar a los empleados las diferencias culturales y de género específicas y cómo hay que reaccionar ante ellas en el mundo laboral. La formación en diversidad es particularmente importante cuando se utiliza el trabajo en equipo. Para que tengan éxito estos programas, deben incluir y ser sensibles a todos los grupos, lo que incluye a hombres blancos que podrían percibir que la formación se dirige exclusivamente a ellos o que va en su contra[72]. La formación en diversidad que se centra en las fortalezas y debilidades del individuo en lugar de en las diferencias entre grupos puede resultar una experiencia positiva para todos los empleados. También es importante vincular la diversidad y el negocio. Por ejemplo, las organizaciones eficaces están reorientando sus esfuerzos de formación en diversidad más allá de desacreditar los estereotipos hacia la necesidad de implicar a empleados con distintas trayectorias[73]. Kodak incluye formación para todos sus empleados que aborda la importancia de la diversidad para su negocio[74] (*véase* el Capítulo 4 para obtener información adicional acerca de la formación en diversidad).

Formación para situaciones de crisis. Por desgracia, los accidentes, los desastres y la violencia forman parte de la vida. Los acontecimientos como los accidentes aéreos, los vertidos químicos y la violencia en el trabajo, pueden sembrar la confusión en una organización. Y aun así, muchas empresas siguen estando mal preparadas para afrontar las tragedias y sus consecuencias. Considere la crítica que se hizo a la Agencia Federal de Gestión de Emergencias por su respuesta a la devastación del área de Nueva Orleans tras el huracán Katrina. Se acusó a la agencia de llegar tarde y no actuar adecuadamente y el director de la agencia se resignó a las críticas acerca del modo en que se gestionó la catástrofe.

Además de la gestión de las crisis tras un acontecimiento, la *formación para situaciones de crisis* puede centrarse en la prevención. Por ejemplo, las organizaciones son cada vez más conscientes de la posibilidad de que se produzcan situaciones de violencia en el lugar de trabajo, como ataques de antiguos empleados disgustados o acontecimientos violentos contra una mujer por parte de su marido. La formación en prevención, a menudo, incluye seminarios sobre gestión del estrés, resolución de conflictos y creación de equipo[75].

Formación en ética. El tema de la ética se ha convertido en una prioridad para muchas organizaciones (*véase* el Cuaderno del Director, "La expedición dorada"), y la formación en ética se considera una herramienta clave para mantener y mejorar el nivel de ética en una organización. La Adolph Coors Co. (ahora el Molson Coors Brewing Co.) comenzó a trabajar en el desarrollo de un programa de formación en ética de primer nivel antes de los recientes escándalos éticos y de la atención prestada por los medios. Actualmente presume de ofrecer uno de los programas de formación en ética más completos del país.

CUADERNO DEL DIRECTOR

ÉTICA

La expedición dorada

El programa de formación en ética de Coors incluye cursos online interactivos, formación en liderazgo ético y ayuda para la toma de decisiones éticas, políticas muy detalladas y una línea telefónica de ayuda. Aunque la empresa ofrece una gran cantidad de detalles y recursos, el objetivo del programa de formación es conseguir que las personas vayan más allá de las reglas y las guías y hagan de los principios éticos algo suyo de manera que puedan pensar de forma independiente en todas las situaciones.

Coors invirtió 250.000 dólares para desarrollar un módulo basado en la web para asegurar que los empleados habían asimilado los principios éticos. El módulo consiste en una expedición ética en la que los empleados se mueven desde un campo base a lo alto de una montaña. El módulo de formación tiene cuatro campos, cada uno con su propio conjunto de actividades que tienen que ser completadas antes de que los empleados puedan pasar al siguiente nivel. En el nivel básico, las cuestiones éticas consisten en reglas de blanco o negro; a medida que los empleados ascienden la montaña, las cuestiones se vuelven grises, se basan más en valores que en reglas.

Todos los nuevos contratados deben completar el curso en un plazo de 90 días como requisito del trabajo. El enfoque de Coors proporciona un modelo de formación en ética.

Fuente: Adaptado de Greengard, S. (2005). Goleen values. *Workforce Management*, 84, 52-53.

Formación para la atención al cliente. Las organizaciones están reconociendo cada vez más la importancia de satisfacer las expectativas de los clientes. Además de crear una filosofía, unos estándares y unos sistemas que respalden el servicio al cliente, estas empresas deberían ofrecer formación para la atención al cliente con el fin de dotar a los empleados de las habilidades necesarias para satisfacer y superar las expectativas de los consumidores. Desgraciadamente, los empleados que están en contacto con el cliente al que prestan servicio a menudo son temporales, para los que realizar una inversión en formación no resulta rentable. Sin embargo, las habilidades de servicio al cliente pueden determinar la supervivencia de un negocio. En el negocio de los restaurantes, el servicio es esencial para el éxito, pero las evaluaciones indican que es un área débil. La encuesta Zagat evalúa la calidad de la comida y el servicio de miles de restaurantes y pone de manifiesto que, como media, la comida es evaluada por encima del servicio[76]. Los críticos de Zagat ponen de manifiesto que el servicio es lo que más les irrita y lo que necesita ser mejorado. La parte positiva es que los empleados que atienden a los clientes están recibiendo el porcentaje mayor de dólares en formación[77].

Algunas veces, el mercado obliga a la empresa a darse cuenta de la importancia del servicio al cliente. Denny's, la cadena de restaurantes familiares más grande de la nación, ha aprendido la importancia del servicio al cliente. Denny's recibió una demanda por discriminación racial que le supuso una sanción de 46 millones de dólares en 1994. La cadena de restaurantes fue considerada culpable de discriminación por ofrecer un servicio peor y más lento a los miembros de grupos minoritarios frente a los de los grupos mayoritarios. Desde entonces, Denny's y otros restaurantes de estilo familiar incluyen como parte de su programa de formación la escucha, la comunicación y la respuesta a los clientes[78]. La formación para la atención al cliente podría ser una manera no sólo de incrementar los beneficios sino también de reducir las demandas por discriminación.

ETAPA DE EVALUACIÓN

Durante la etapa de evaluación del proceso de formación se valora la eficacia del programa de formación. Las empresas pueden valorar esta eficacia en términos monetarios o no monetarios. Independientemente de cómo la valoren, la formación debería juzgarse en función de que se resuelvan las necesidades que se tenían que resolver. Por ejemplo, un negocio puede evaluar su programa de formación diseñado para mejorar la eficiencia de sus trabajadores evaluando los efectos sobre la productividad o los costes, pero no en función de la satisfacción de los empleados.

Muy frecuentemente se subestima la etapa de evaluación del proceso de formación. Esto es lo mismo que hacer una inversión sin ni siquiera determinar jamás si se obtiene un buen (o algún) rendimiento. Calcular el rendimiento de una inversión puede requerir estudiar los costes y beneficios de la formación, y financiar tal estudio puede ser difícil si la financiación para la formación fue apenas adecuada para empezarla. La recopilación de los datos necesarios, así como encontrar el tiempo para analizar los resultados de la formación, puede ser difícil. Pero, al menos, las empresas deberían estimar los costes y beneficios de un programa de formación, incluso si estos últimos no se pueden medir directamente. Sin esta información no se puede demostrar el valor de la formación y la alta dirección puede considerar que no hay ninguna razón para seguir realizando esfuerzos en formación.

La evaluación de la eficacia de la formación es más que una simple estimación de costes y beneficios. Existe un esquema de evaluación de cuatro niveles[79] ampliamente aceptado en el área de formación. El nivel 1 se refiere a la *reacción* de las personas que han recibido la formación, y podría consistir en una escala de satisfacción que valore en qué medida están contentos con la formación. El nivel 2 se refiere a cuánto *aprenden* las personas que reciben la formación, y podría ser valorado con un ejercicio de habilidades. El nivel 3 se refiere al *comportamiento* de quienes reciben la formación, y podría ser medido por observadores de las operaciones en el trabajo. El nivel 4 se refiere a los *resultados*, que generalmente son valorados a través de la media financiera de rendimiento sobre la inversión (ROI). Los resultados, el nivel más alto de medida en el esquema comentado, parece ser la manera más deseable de valorar el éxito de un programa de formación. Sin embargo, otros niveles de medida, particularmente el nivel 3, que hace referencia a los comportamientos, pueden ser también importantes.

El proceso de evaluación seguido por la división Garrett Engine de Allied Signal (actualmente Honeywell) ofrece una excelente ilustración de cómo medir la eficacia de la formación aplicando los cuatro niveles de evaluación. El personal responsable de formación en Garrett Engine valoró su eficacia desde cuatro puntos de vista (niveles) que se muestran en la Figura 8.8. En el nivel 1, los alumnos evaluaron el curso y al profesor durante la formación. En el nivel 2, los participantes recibieron una prueba al final de la formación. Los resultados se compararon con las puntuaciones obtenidas en la prueba previa al curso y frente a las puntuaciones obtenidas por un grupo de trabajadores que no habían recibido la formación (el *grupo de control*). En el nivel 3, se compararon los nuevos conocimientos y habilidades en el trabajo de los asistentes con el rendimiento en el trabajo del grupo de control. En el nivel 4 el equipo evaluador analizó la cuestión crítica: saber si la formación constituía una diferencia real para la cuenta de resultados de la empresa.

Nivel	Tipo de medida
1	Reacción de los participantes a la formación durante la misma.
2	Aprendizaje de los participantes del contenido de la formación.
3	Utilización de los participantes de sus nuevos conocimientos y habilidades en el trabajo.
4	Rendimiento obtenido por la empresa de la inversión en formación.

Fuente: Pine, J.; Tingley, J. C. (1993). ROI of soft skills training. *Training*, 30, 55-60. Reproducido con autorización del número de febrero de 1993 de la revista *Training*. Copyright 1993. Lakewood Publications, Minneapolis, MN. Todos los derechos reservados. Prohibida la reventa.

Figura 8.8 ■ Cuatro niveles de medida empleados por la división Garrett Engine.

Por lo general, los resultados de los tres primeros niveles de medida fueron positivos. En el nivel 1, los asistentes calificaron con una buena nota tanto el curso como al profesor. La prueba del nivel 2 indicó que el rendimiento de los empleados que habían recibido la formación era superior al de los que no la recibieron. El mismo resultado se alcanzó en el nivel 3. No obstante, se mantenía la gran pregunta: ¿Tuvo la formación un impacto positivo, en dólares, sobre la empresa?

Para responder a esta pregunta, el equipo de formación de Garrett midió el rendimiento antes y después de la formación, tanto al grupo de trabajadores que la había recibido como al que no, en términos de tiempos de respuesta a los requerimientos del trabajo y respecto al tiempo utilizado para hacer el trabajo. Se supuso que si los equipos de mantenimiento respondían y terminaban los trabajos antes, los equipos estarían parados menos tiempo y la división Garrett Engine ahorraría dinero. El departamento de mantenimiento ya había calculado los costes de tener el equipo parado y esta cifra se utilizó para traducir el tiempo de parada en cantidades en dólares. Como muestra la Figura 8.9, el tiempo de parada del equipo que había seguido el programa de formación, a 1.156 dólares, era de 55 dólares menos que el grupo de control, a 1.211 dólares. Este valor de 55 dólares parece ser el beneficio monetario de la experiencia en formación. Aunque pueda

	Tiempo de respuesta	Tiempo de realización	Tiempo de parada	Coste estimado
Grupo con formación				
Antes de la formación	4,8 horas	13,6 horas	18,4 horas	$1.341
Después de la formación	4,1 horas	11,7 horas	15,8 horas	$1.156
Grupo de control[a]				
Antes de la formación	4,4 horas	11,6 horas	16,0 horas	$1.165
Después de la formación	4,4 horas	11,7 horas	16,1 horas	$1.211

[a]El grupo de control no recibió formación. Las cifras mostradas aquí para el grupo de control fueron recopiladas antes y después de que el grupo con formación recibiera el curso.

Fuente: Pine, J.; Tingley, J. C. (1993). ROI of soft skills training. *Training*, 30, 55-60. Reproducido con autorización del número de febrero de 1993 de la revista *Training*. Copyright 1993. Lakewood Publications, Minneapolis, MN. Todos los derechos reservados. Prohibida la reventa.

Figura 8.9 ■ Niveles de rendimiento del grupo de control y del grupo con formación en la división Garrett Engine.

	$55	(ahorro medio por trabajo)
X	55	(trabajos por semana)
X	4	(número de semanas)
=	$12.100	(beneficios)
–	$5.355	(coste de la formación)
=	$6.745	(beneficios netos)

$$\frac{6.745}{5.355} = 1{,}26 = 126\%\ \text{ROI}$$

Fuente: Pine, J.; Tingley, J. C. (1993). ROI of soft skills training. *Training*, 30, 55-60. Reproducido con autorización del número de febrero de 1993 de la revista *Training*. Copyright 1993. Lakewood Publications, Minneapolis, MN. Todos los derechos reservados. Prohibida la reventa.

Figura 8.10 ■ ROI tras cuatro semanas de trabajo normales en la división Garrett Engine.

parecer una cantidad pequeña, representa el ahorro *por trabajo* realizado y el equipo realizaba una media de 55 trabajos a la semana. El coste total de la formación del equipo se estimó en 5.355 dólares. El cálculo del rendimiento mensual de la inversión (ROI), utilizando estas cifras, se presenta en la Figura 8.10. A corto plazo, la formación, sin duda, era rentable.

Aunque el rendimiento financiero de los gastos en formación es importante, no siempre es la mejor medida de la eficacia. Una medida más adecuada puede consistir en ver si la formación ha permitido alcanzar el objetivo empresarial[80]. En una lucha competitiva por la supervivencia, la consecución de los objetivos empresariales puede ser más importante que el análisis coste-beneficio.

Además, el fin de la evaluación puede ser algo más que la mera valoración[81]. Por ejemplo, la medida de la eficacia de la formación puede constituir una fuente de aprendizaje y motivación si se informa de los progresos a los participantes del programa. Un negocio podría utilizar datos de cambio de comportamiento, por ejemplo, para informar a los trabajadores sobre sus mejoras en el trabajo.

CUESTIONES LEGALES Y FORMACIÓN

Como todas las demás funciones de la GRH, la formación debe cumplir ciertos requisitos legales. El principal requisito en este caso es que los empleados deben poder acceder a los programas de formación y desarrollo sin sufrir discriminaciones. Las regulaciones para garantizar la igualdad de oportunidades y las leyes contra la discriminación se aplican al proceso de formación, al igual que a todas las demás funciones de los RRHH.

Como vimos en el Capítulo 3, la determinación de si el programa de formación tiene un impacto adverso es un medio esencial para decidir si un proceso es discriminatorio. Si a las mujeres y a las personas pertenecientes a minorías se les ofrecen menos oportunidades de formación, parece evidente que se produce una discriminación en cuanto a las posibilidades de desarrollo que se ofrecen a los distintos grupos de empleados. Esta situación podría desatar una investigación y la empresa tendría que demostrar que se están ofreciendo oportunidades de desarrollo en función de la necesidad laboral y sin discriminaciones.

UN CASO ESPECIAL: ORIENTACIÓN Y SOCIALIZACIÓN

Es posible, aunque difícil de demostrar, que la oportunidad de formación más importante se produzca cuando los empleados llegan a la empresa. En este momento los directivos tienen la oportunidad de establecer lo que quieren de los nuevos empleados mediante la **orientación**, el proceso por el que se informa a los empleados de lo que se espera de ellos en el trabajo y por el que se les ayuda a superar el estrés derivado de la transición. La orientación es un aspecto importante en la etapa de socialización del proceso de contratación, tal y como se analizó brevemente en el Capítulo 5.

Orientación
El proceso por el que se informa a los nuevos empleados sobre lo que se espera de ellos en el trabajo y por el que se les ayuda a superar el estrés de la transición.

Aunque mucha gente utiliza los términos orientación y socialización como si fueran sinónimos, definimos la socialización como un proceso a largo plazo con diversas etapas, que ayuda a los empleados a aclimatarse a la nueva organización, a comprender su cultura y sus expectativas y a adaptarse al trabajo. Nosotros consideramos la orientación como un programa a corto plazo que informa a los nuevos contratados sobre su nuevo puesto y sobre la empresa.

El proceso de socialización a menudo es informal y, por desgracia, informal puede significar mal planificado y arbitrario. Es necesario disponer de un planteamiento sistemático y riguroso de la socialización de los nuevos empleados para que se puedan convertir en trabajadores eficaces. El primer paso debería consistir en un programa de orientación que ayude a los nuevos empleados a comprender la misión de la empresa, las relaciones jerárquicas, la forma de hacer las cosas y su significado.

La socialización se puede dividir en tres etapas: (1) previa, (2) de encuentro y (3) de adaptación[82]. En la *etapa previa*, los candidatos suelen tener diversas expectativas sobre la organización y el puesto de trabajo a partir de la información obtenida en los periódicos y otros medios de comunicación, el boca a boca, las relaciones públicas, etc. Algunas de estas expectativas pueden ser poco realistas y, si no se cumplen, pueden provocar insatisfacción, mal rendimiento y una elevada rotación de los trabajadores.

La presentación de una **vista previa realista** (VPR) es probablemente el mejor método para crear las expectativas adecuadas sobre el trabajo[83]. Como su propio nombre indica, la VPR presenta información realista sobre las exigencias del puesto, las expectativas de la organización sobre el trabajador y el entorno laboral. Esta presentación puede hacerse, o bien a los candidatos, o bien a los nuevos empleados seleccionados antes de que empiecen a trabajar. Por ejemplo, una persona que quiere ser vendedor de seguros de vida debería ser informada de los aspectos potencialmente negativos del cargo, como el hecho de que parte de los ingresos son inciertos, ya que dependen de las comisiones o que tendrá que intentar vender seguros de vida a sus amistades y familiares. Por supuesto, también deberían mencionarse los aspectos positivos del cargo, como la autonomía y la posibilidad de lograr elevados ingresos.

Vista previa realista (VPR)
Información realista sobre las exigencias del puesto, las expectativas de la organización y el entorno de trabajo.

La VPR puede hacerse oralmente, por escrito, mediante un vídeo o, en ocasiones, mediante una demostración real del trabajo. Por ejemplo, en la fábrica estadounidense de Toyota en Georgetown (Kentucky), se utilizan demostraciones y simulaciones laborales para mostrar a los candidatos la naturaleza repetitiva del trabajo de producción y la necesidad de que se realice el trabajo en equipo. Los estudios han demostrado que las VPRs tienen efectos beneficiosos sobre resultados importantes para la organización como el rendimiento y la rotación[84].

En la *etapa de encuentro*, el recién contratado ya ha empezado a trabajar y se está enfrentando a la realidad del puesto. Incluso si se ha presentado un VPR, los nuevos contratados necesitan información sobre políticas y procedimientos, relaciones jerárquicas, normativas, etc. Este tipo de información resulta útil incluso para los nuevos empleados que tienen una importante experiencia en otras empresas, porque la organización, o la unidad de trabajo, suele hacer las cosas de forma ligeramente distinta a cómo solía hacerlas el empleado. Además, la provisión de información sistemática sobre la organización y el puesto de trabajo puede ser una señal muy positiva para los nuevos trabajadores de que son miembros valorados de la organización.

Durante la *etapa de adaptación*, los nuevos trabajadores empiezan a considerarse parte de la organización. Si la adaptación se realiza con éxito, el trabajador se sentirá cómodo en su puesto y en su papel dentro del departamento. Un *programa de empleados mentores*, en los que un trabajador con antigüedad actúa de asesor para un nuevo empleado, podría ayudar a lograr una adaptación con éxito[85] (en el Capítulo 9 se estudiarán con detalle los programas de *mentoring*). Por ejemplo, Bojangles', una empresa de restaurantes de comida rápida, ha desarrollado un "sistema de colegas" que ayuda a orientar a los nuevos empleados y a reducir la rotación. El sistema garantiza que cada nuevo contratado tenga asignado un mentor que actúa como un asesor para temas relacionados con la carrera profesional[86].

Por desgracia, no todas las organizaciones adoptan un papel activo en la orientación a los nuevos trabajadores. Como nuevo contratado, un trabajador se puede encontrar con que recae sobre él la responsabilidad de su propia socialización. En la Figura 8.11 se ofrecen ideas sobre cómo hacerlo.

El punto clave para los directivos es el siguiente: el proceso de socialización podría durar meses, no un día o dos. Intracorp, una empresa dedicada a prestar servicios laborales y cotidianos, ha desarrollado un proyecto de socialización denominado Nuevas Direcciones que tiene en cuenta el tiempo que se tarda en orientar a los empleados[87]. El programa se puso en marcha para ayudar a reducir la rotación durante el primer año de trabajo.

El programa Nuevas Direcciones se divide en cuatro fases:

- **Primera fase:** aclimatación de los trabajadores para ofrecerles expectativas y formación sobre los productos.
- **Segunda fase:** una sesión de formación de un día de duración que da a los nuevos contratados información sobre la historia, la estrategia, las políticas y las prestaciones de la empresa.

¿CUÁL ES EL CAMINO AL ÉXITO?
Hay que conseguir conocer a la gente de dentro, especialmente a los que le pueden decir a uno lo que hay que hacer para triunfar. Convierta en su objetivo personal conocer a cuatro nuevas personas en las dos primeras semanas de trabajo.

CONSIGA INFORMACIÓN SOBRE USTED
Tenga una reunión con su jefe durante el primer mes de estancia para saber, de forma informal, cómo lo está haciendo hasta ese momento.

HÁGALO
Escoja un proyecto razonable y llévelo a cabo en los dos primeros meses de ocupar el puesto. La consecución del proyecto no sólo mostrará iniciativa, sino que probablemente le introduzca en otras partes de la organización y le permita adentrarse más en su cultura.

¿QUÉ HACE?
Redacte su propia descripción del puesto durante los dos primeros meses de ocuparlo. Indique qué es lo que hace realmente en este trabajo. Esta descripción puede utilizarla para comprobar con otros, incluyendo su jefe, si es eso lo que debería estar haciendo. Como mínimo, la gente quedará impresionada por su motivación y diligencia.

RENUÉVESE Y ATAQUE DE NUEVO
Considere el tercer y cuarto mes como si fuesen los dos primeros. Comprométase a recargarse de energía y a renovar su entusiasmo por el nuevo trabajo. Conozca todavía a más gente, escoja otro proyecto y ¡vuelta a informarse de sus progresos!

Fuente: Adaptado de *Detroit News* (junio de 1998). Guide guves advine to new hires, L1.

Figura 8.11 ■ Socialización: ¡Hágalo usted mismo!

- **Tercera fase:** se extiende a lo largo de los tres primeros meses de trabajo y se centra en formar a los trabajadores sobre el mercado, los consumidores y los planes de negocio.
- **Cuarta fase:** prosigue durante al menos seis meses y consiste en la realización de entrevistas intermedias y el ofrecimiento de información al trabajador sobre sus progresos.

El programa ha ayudado a reducir la elevada tasa de rotación de los empleados durante su primer año de estancia en la empresa. Otras empresas, como Texas Instruments, tienen programas similares[88].

Resumen y conclusiones

Formación frente a desarrollo

Aunque a menudo la formación y el desarrollo van de la mano y los términos se utilizan indistintamente, no son sinónimos. La formación se centra normalmente en proporcionar a los empleados habilidades específicas y en ayudarles a corregir deficiencias en su rendimiento. El desarrollo es un esfuerzo destinado a proporcionar a los empleados habilidades que la organización necesitará en el futuro.

Retos en la formación

Antes de embarcarse en un programa de formación, los directivos deben responder a varias preguntas importantes: (1) ¿La formación es la solución al problema? (2) ¿Los objetivos de la formación son claros y realistas? (3) ¿La formación es una buena inversión? y (4) ¿Funcionará?

Gestión del proceso de formación

El proceso de formación consta de tres etapas: valoración, desarrollo e implantación de la formación y evaluación. En la etapa de valoración, hay que identificar las necesidades de la organización, de las tareas y de las personas y deben clarificarse los objetivos de la formación. Existen varias opciones disponibles durante la etapa de formación. La formación se puede realizar en el trabajo o fuera del lugar de trabajo y se pueden utilizar diversas técnicas de presentación (transparencias y vídeos, formación a distancia, computadoras, simulaciones, realidad virtual, enseñanza en un aula y juegos de representación de papeles). Debe elegirse el tipo de formación más adecuado para lograr los objetivos establecidos (por ejemplo, formación en habilidades, reciclaje, formación multi-funcional o transversal, formación en trabajo en equipo, en creatividad, en alfabetización, en diversidad, formación para situaciones de crisis y atención al cliente). En la etapa de evaluación, deben valorarse los costes y beneficios del programa de formación para determinar su eficacia.

Un caso especial: la socialización y orientación a los empleados

Las organizaciones deberían prestar una atención especial a la socialización de los empleados. La primera etapa en su socialización es la orientación, esto es, informar a los nuevos empleados acerca de lo que se espera de ellos en la empresa y ayudarles a afrontar el estrés inevitable de la transición. Las empresas y los directivos que reconocen que la socialización es un proceso a largo plazo y que debería planificarse cuidadosamente se beneficiarán de una rotación inferior.

Términos clave

Tormenta de ideas
Formación multi-funcional o transversal
Desarrollo
Apoyo al trabajo
Alfabetización
Orientación
Compañeros profesores
Visión previa realista (VPR)
Simulación
Formación
Realidad virtual (RV)

Preguntas para el debate

1. En su trabajo los problemas de rendimiento son el pan nuestro de cada día. La gente no parece esforzarse lo suficiente y el conflicto interpersonal en los equipos de trabajo es constante. ¿La respuesta al problema sería la formación? Si es así, ¿qué tipo de formación habría que dar? ¿Qué otras acciones podrían resultar adecuadas?
2. ¿Cómo de eficaz cree usted que puede ser la formación para aumentar la motivación de los empleados?
3. Los trabajadores analfabetos tienen vergüenza y miedo. Un director de RRHH apunta, "Pedirán instrucciones muchas veces, incluso aunque tengan un manual de instrucciones al lado de su máquina... Algunos trabajadores parece que siempre tienen problemas con su vista o sus gafas... La verdad es que simplemente no saben leer". ¿Qué haría usted para identificar a los trabajadores que deberían recibir formación en alfabetización? Discuta las diferencias entre el analfabetismo general y el funcional y el modo en que usted decidiría cuál de estos dos problemas debería tratar el programa de formación.
4. ¿Cuál es la importancia de medir la eficacia de un programa de formación en términos monetarios? ¿Por qué es importante medir la eficacia de la formación?
5. La formación ofrece a los trabajadores las habilidades necesarias en su trabajo. Sin embargo, muchas organizaciones se mueven en entornos dinámicos en los que el cambio es la norma. ¿Cómo se pueden identificar las necesidades de formación cuando las obligaciones laborales cambian constantemente?
6. Simuflite, una empresa de formación de pilotos de Texas, esperaba superar a la competencia con FasTrak, un programa de formación informatizado para pilotos comerciales. Sin embargo, el nuevo proyecto llevó a pique a la empresa. En la formación tradicional en tierra, los pilotos hacían preguntas y aprendían de las "historias de guerra" de sus compañeros e profesores. Con FasTrak, se sentaban delante de un PC durante horas absorbiendo información. Su única actividad consistía en teclear para contestar a las preguntas del PC, por lo que la novedad perdió rápidamente interés. Los pilotos se aburrían con la formación informatizada. ¿Qué sugiere la experiencia de Simuflite sobre las limitaciones de los medios interactivos? ¿En qué situaciones sería más probable que obtuvieran beneficios con este tipo de formación?
7. Según una encuesta, los participantes de un curso de formación señalan los siguientes aspectos como cualidades de un buen profesor: conocimiento del tema, flexibilidad, sinceridad y sentido del humor. ¿Qué otras características cree usted que deben tener los profesores para ser buenos?

   Taco, Inc., un fabricante de bombas y válvulas, adopta un enfoque para medir la eficacia de la formación mucho más cualitativo, si no filosófico. La empresa ofrece oportunidades educativas impresionantes. Se ofrecen más de seis docenas de cursos en un centro de aprendizaje informatizado. La instalación le cuesta a la empresa 250.000 dólares y la educación supone unos gastos directos anuales y pérdida de productividad de 300.000 dólares. Si se pide calcular el valor en dólares del retorno de la inversión en formación, el director general simplemente señala el retorno en forma de actitud del empleado.

   a. ¿Cuál cree usted que es la medida más apropiada, o mejor, del retorno sobre la inversión en formación? ¿Por qué?
   b. ¿En qué situaciones, si es que hay alguna, no sería apropiado utilizar una medida financiera de retorno?
   c. Evalúe el enfoque de Taco, Inc. para evaluar la eficacia de la formación. ¿Está usted de acuerdo con su enfoque?
   d. Desarrolle junto a su compañero o equipo un enfoque para evaluar la eficacia de la formación desde la perspectiva del cliente. Podría empezar con el enfoque de cuatro niveles de medida presentado en este capítulo y aplicarlo a la perspectiva del cliente.

Existe material adicional disponible en la página web que acompaña a este libro. Puede acceder a esta información visitando la página web ***www.prenhall.com/gomez.***

¡DECIDA USTED!

TENDENCIAS EMERGENTES Caso 8.1

Formación antes del empleo: las revoluciones de Honda al máximo

Honda quería construir una nueva fábrica para producir su popular y muy valorado modelo y motor Odyssey. ¡Lo que acabó haciendo es partir de cero con los trabajadores que no tenían ninguna experiencia en construir coches! A los dos años los coches ya salían de la cadena de montaje, y en tres años se espera que haya plena producción. ¿Cómo lo hizo Honda? En una palabra, formación.

Honda recibió la solicitud de muchos estados que querían tener en casa la nueva factoría. Se eligió Alabama por la disponibilidad de trabajadores y el ofrecimiento del estado de ayudar a Honda en el reclutamiento y formación. El estado de Alabama asignó 30 millones de dólares a la formación y los fondos financiaron los 62.000 pies cuadrados (unos 20.000 metros cuadrados) de un centro de formación de Honda en Lincoln, Alabama. La instalación tiene clases modernas y réplicas de los equipos de Honda. La operación Alabama proporcionó a Honda la oportunidad de comenzar bien y construir nuevos procesos y una nueva fuerza de trabajo partiendo de cero. Sin embargo, entre diciembre de 1999 y abril de 2002, se tuvo que encontrar y formar a 1.500 empleados

Una estrategia para el lanzamiento de éxito de Honda de su nueva planta fue la formación previa al empleo. Junto con las agencias de formación y trabajo del estado, Honda dio publicidad a un programa de formación gratuito que era un prerrequisito para solicitar un puesto en la empresa de automoción. Se requirió a los solicitantes que tuvieran una licenciatura o equivalente y dos años de experiencia laboral. La formación implica acudir a dos sesiones de una hora por semana durante seis semanas. La primera mitad de la formación es a través de instrucción en clase sobre temas como las matemáticas y las medidas de precisión. Esta parte inicial de la formación también incluye una presentación en vídeo que reproduce la velocidad y la naturaleza repetitiva del trabajo de fabricación. Algunas personas deciden que el trabajo no es para ellos, y Honda ha experimentado cerca de un 15 por ciento de rechazos. Las tres semanas finales implican una intensa formación práctica. Los participantes son observados cuidadosamente por 40 asesores que valoran la velocidad, precisión y habilidad para seguir las instrucciones. Completar el programa de formación no es una garantía de recibir el empleo –es sólo una oportunidad para solicitar un puesto de trabajo–. Sin embargo, la mayoría de los que superan el proceso de formación consiguen un trabajo a tiempo completo. Honda valora el prestar tiempo y esfuerzo de un solicitante para completar el programa como indicador de su nivel de compromiso.

La oferta de formación gratuita dio como resultado una respuesta de 18.000 personas. Junto con las agencias del estado, algunos solicitantes fueron eliminados debido a la falta de educación o experiencia. El programa ha estado formando a 340 personas cada seis semanas y ha graduado a más de 2.600. Hay una lista de espera de más de 1.000 candidatos.

Honda considera que la planta es un éxito. Los directivos de Honda afirman que están alcanzando el mismo nivel de rendimiento con unos trabajadores que no tienen ninguna experiencia que cuando se desarrollaban operaciones en las que el 50 por ciento de los trabajadores tenían experiencia en la fabricación de coches. La formación previa al empleo se está dando en gran medida por los resultados positivos que genera. La formación proporciona habilidades pero también una oportunidad para ver si realmente los solicitantes quieren desarrollar este tipo de trabajo.

Preguntas para reflexionar

1. ¿Cree usted que es justo para Honda ofrecer la formación sin garantía de un empleo? ¿Por qué cree que tantas personas están deseando dedicar el tiempo y el esfuerzo necesario para completar el programa de formación previo al empleo?
2. Honda se centró en las clases y las experiencias de primera mano como alternativas para la formación previa al empleo en un momento en el que los enfoques electrónicos para la formación, como el *e-learning*, estaban recibiendo mucha atención como alternativa de formación nueva, eficaz y de inferior coste. ¿Por qué cree usted que Honda eligió esta alternativa para la formación?
3. Suponiendo que usted pudiera influir en el modo de impartir la formación previa al empleo, ¿qué recomendaría usted? De forma más específica, ¿recomendaría usted un enfoque de *e-learning*, una clase tradicional y experiencias de primera mano como las empleadas por Honda, o una mezcla de los dos? Identifique las características que conducirían a su recomendación. Por ejemplo, ¿qué características del trabajo, de los participantes en la formación y de la organización serían importantes para determinar el modo en que debería suministrarse la formación? Haga un listado de factores de contingencia y explique el modo en que cada factor sugeriría un enfoque particular para proporcionar formación previa al empleo.

Trabajo en equipo

La valoración de Honda de la eficacia del programa de formación previa al empleo parece subjetiva. Como se ha analizado en este capítulo, la eficacia de la formación puede valorarse en varios niveles. Ciertamente, el impacto en los resultados del negocio y las estimaciones del ROI son resultados importantes, pero pueden ser también importantes otros niveles.

Para cada posible nivel de análisis, identifique el modo en que podría valorarse la eficacia de la formación previa al empleo en Honda. ¿Qué medidas o datos necesitaría? ¿Utilizaría un grupo de control? ¿Una comparación antes-después? ¿Comparaciones con otras plantas? Comparta sus enfoques de valoración para cada nivel con el resto de la clase.

Ejercicio basado en la experiencia

Divida su equipo por la mitad, haciendo que un grupo sea responsable de los costes y otro de los beneficios. Identifique los diversos costes y beneficios que podría implicar un esfuerzo de formación previa al empleo como el de Honda. Estime los costes y beneficios y calcule un ROI para el programa. (Nota: los asesores implicados en la formación previa al empleo de Honda son empleados del estado a tiempo parcial, no empleados de Honda.) ¿Se vería afectado su cálculo del ROI por la inclusión del pago a los asesores? ¿Qué sucedería si los costes de instalación tuvieran que ser sufragados por Honda? ¿Indicarían sus cálculos del ROI que Honda tendría que haber seguido desarrollando este programa? Comparta sus estimaciones y conclusiones con el resto de la clase.

Fuente: Adaptado de Grossman, R. I. (2002). Made from scratch: When Honda built a plant in Alabama it also built a workforce using local workers who had no experience in making cars. *HRMagazine*, 47, 44(7).

¡DECIDA USTED!

TENDENCIAS GLOBALES — Caso 8.2

Liderando con una sola voz: la formación en una organización global

BP es una empresa global del sector de la energía que dobló su tamaño en cuatro años a través de diversas fusiones y adquisiciones. Aunque BP tiene un nombre, está compuesta realmente por una multitud de nacionalidades y culturas corporativas. Tenía 35 programas de desarrollo de liderazgo diferentes desarrollándose en todo el mundo. La cantidad de programas de formación planteaba un problema: no existía una comprensión común, o un modelo, de lo que significaba ser un líder en BP. ¿Cómo podría la gente tener una comprensión común o trabajar junta hacia unos objetivos compartidos sin una misma manera de entender el liderazgo?

La alta dirección de BP decidió abordar este problema formando a los líderes de primer nivel (la denominación de BP para los supervisores de primera línea). Es un grupo grande y diverso de más de 10.000 personas en cada parte de la organización. Aunque su diversidad y dispersión geográfica haría que la formación resultase un esfuerzo más difícil, este grupo era demasiado importante para BP como para no disponer de una comprensión común del modo de ser un directivo eficaz en BP.

Se desarrolló un programa de formación en liderazgo basado en las aportaciones de los líderes de primer nivel en la organización. Finalmente, BP tendría un marco común de dirección en todo el mundo. El curso fue bien recibido por los líderes de primer nivel, con un 84 por ciento de satisfacción con el programa (la tasa de satisfacción esperada había sido de un 80 por ciento). La demanda del programa fue mayor de la esperada, y se tuvieron que ofrecer cursos adicionales.

El equipo que desarrolló la formación se dio cuenta de que no tenía medida con las que demostrar el valor del programa de formación. Las encuestas de satisfacción entregadas al final de cada curso no responderían a lo que el equipo veía como la cuestión crítica: ¿Qué pasaba cuando las personas volvían a sus puestos tras completar el programa de formación? ¿Se ponía en práctica lo aprendido en el lugar de trabajo?

Para analizar si la formación estaba siendo transferida al trabajo, el equipo identificó cambios de comportamiento que deberían ser evidentes en los líderes que completaran el programa. Estos cambios de comportamiento se dividieron en seis categorías:

- **Conciencia de la organización.** Comprensión de la organización de BP y capacidad de relacionarse en ella.
- **Habilidades de comunicación.** Capacidad de escucha y de tener en cuenta otros puntos de vista.
- **Confianza y autoestima.** Capacidad de ser objetivo y mantener la calma bajo presión.
- **Habilidades de gestión.** Solución de problemas, priorización, delegación y capacidad de gestión del tiempo.
- **Habilidades de liderazgo.** Capacidad de desarrollar y mantener un equipo eficaz, de generar compromiso y de superar los obstáculos.
- **Eficacia del equipo.** Liderazgo de equipo eficaz para alcanzar los resultados.

Utilizando las medidas de comportamientos, BP encuestó a los directivos y a los líderes de primer nivel en el primer año tras el programa. En rendimiento en cada una de las seis medidas fue significativamente mejor para los líderes de primer nivel que habían seguido el curso de formación. Otra encuesta el año siguiente arrojó los mismos resultados positivos del programa de formación.

Preguntas para reflexionar

1. Siguiendo el esquema de Kirkpatrick de cuatro niveles de evaluación de la formación explicado en este capítulo, ¿qué nivel de evaluación estaba empleando BP antes de desarrollar las seis medidas de cambio?
2. ¿Qué nivel de evaluación de la formación representan las seis medidas de cambio identificadas por BP? ¿Es una medida adecuada de la eficacia del programa de formación? Explique sus respuestas.
3. Superado el programa de formación de líderes de primer nivel en BP, ¿qué pasos piensa usted que deberían darse a continuación? Descríbalos.

Trabajo en equipo

Reúnase con los miembros de su equipo y considere el desarrollo de seis medidas de cambio. Se preguntó a los empleados de BP por las áreas que pensaban que cambiarían de forma notable si el programa de formación resultaba eficaz. Estas áreas de cambio de comportamientos sirvieron después como criterios para valorar la eficacia del programa de formación de líderes de primer nivel. Tenga en cuenta que estos criterios fueron identificados *después* de que el programa de formación había sido diseñado e implantado.

¿Está de acuerdo su equipo en la manera en que se desarrollaron las medidas? ¿Qué opinión les merece el hecho de que se identifiquen los criterios de eficacia después de que se haya desarrollado el programa? ¿Algunos de los problemas que su equipo vea que tienen las medidas de comportamientos llevan a rechazar el resultado que indica que la formación fue eficaz? Explique sus respuestas.

Llegue a un consenso, con su equipo, sobre si sería rentable utilizar una medida de ROI para valorar la eficacia del programa de formación. ¿Sería deseable y útil el empleo de una medida de ROI?

Comparta las valoraciones de su equipo sobre estas cuestiones con el resto de la clase. El profesor puede conducir la discusión de la clase en la identificación de las valoraciones del conjunto de la clase en estas cuestiones.

Ejercicio basado en la experiencia

Valorar la eficacia de la formación es un paso importante en el proceso de formación. Tal y como se indicó en el ejercicio para hacer en equipo, las medidas de comportamientos se podrían haber desarrollado de forma diferente. Pónganse, como equipo, en el lugar del equipo de desarrollo del programa de formación de BP. ¿Qué criterios utilizarían ustedes para valorar la eficacia del programa de formación? Especifiquen el proceso identificando los pasos que seguirían y las fuentes de información que emplearían. Compartan su "modelo" recomendado con el resto de la clase. Expliquen por qué su enfoque constituiría una mejora respecto al desarrollado en BP.

Fuente: Adaptado con permiso de Brown, J.; Pager, R. y Lawrence, P. (2005). BP refines leadership. *T&D*, 59, 3.

¡DECIDA USTED!

ÉTICA — Caso 8.3

Formación en ética

La formación en ética ha recibido un impulso desde la legislación. La Ley Sarbanes-Oxley de 2002 requiere que las empresas públicas hagan público si disponen de un código ético. Además, una enmienda a la Federal Sentencing Guidelines for Organization (FSGO) de 1991 que entró en vigor a finales de 2004 incluye la exigencia de formación en ética y enfatiza la creación de una cultura ética. La Ley Sarbanes-Oxley pertenece únicamente a las empresas públicas, y FSGO es sólo un conjunto de guías, no de exigencias obligatorias. Sin embargo, a la luz de los recientes escándalos éticos (como Enron y Woldcom), hay más empresas que están implantando programas de formación en ética.

¿Cómo debería desarrollarse e implantarse un programa de formación en ética? A continuación se muestran algunos pasos básicos.

1. **Establecer los estándares**
   - **a.** ¿Cuáles son los estándares de un comportamiento ético en su organización?
   - **b.** ¿Cuáles son los objetivos de la formación?
2. **Hacer obligatoria la formación**
   Todos deberían recibir la formación en la organización, independientemente de su nivel. Nadie debería considerarse que está por encima de las reglas.
3. **Contenido de la formación**
   - **a.** El *código ético* de la organización debería ser la pieza clave de la formación. Todos necesitan entender el código ético y lo que significa para la manera de comportarse en la organización.
   - **b.** *Discutir las leyes que afectan a los puestos en la organización. Los trabajadores necesitan comprender* los límites y las exigencias legales.

c. *Incluir modelos* o ayudas para la toma de decisiones que sirvan a las personas para hacer elecciones que sean éticas. Texas Instruments, Inc., por ejemplo, proporciona el siguiente conjunto de preguntas y afirmaciones que ayudan a los empleados a tomar decisiones éticas:
   - ¿Es legal la actuación?
   - ¿Es consistente con nuestros valores?
   - Si se lleva a cabo, ¿se sentirá mal?
   - ¿Qué impresión daría si se publicara en un periódico?
   - Si sabe que está mal, ¡no lo haga!
   - Si no está seguro, pregunte, pregunte, hasta que obtenga una respuesta.

d. *Proporcionar recursos éticos*, como dónde acudir si los empleados tienen preguntas o cómo denunciar una violación de la ética.

c. *Los escenarios de representación de papeles* pueden aportar relevancia y significado al contenido de la formación.

Preguntas para reflexionar

1. La formación en ética parece incrementarse en las organizaciones, quizás debido a las nuevas guías y legislaciones. Los programas de formación en ética, por tanto, podrían centrarse en el cumplimiento de los estándares legales. ¿Piensa que este objetivo es suficiente? ¿Por qué o por qué no? ¿Cuál *debería* ser el objetivo de la formación en ética?
2. En las organizaciones grandes, la formación en ética podría tener que proporcionarse en diversos idiomas y en diferentes países y culturas. Un enfoque basado en la web puede superar estas dificultades de una forma eficaz. Sin embargo, algunas personas argumentan que al menos parte de la formación en ética debería hacerse cara a cara para maximizar los beneficios de la formación. ¿Está usted de acuerdo, o piensa que la formación en ética podría ser igualmente eficaz si se realiza completamente online?
3. Una cuestión crítica en la formación es su transferencia, y la formación en ética no es una excepción. ¿Cómo podría maximizarse la transferencia de la formación en ética al puesto de trabajo? Describa los pasos o el proceso que recomendaría para maximizar la transferencia de la formación en ética.

Trabajo en equipo

Determine, con sus compañeros de equipo, cómo piensa que una organización debería determinar la eficacia de la formación en ética. Comiencen identificando el objetivo(s) de la formación en ética. ¿Cómo medirían la eficacia de la formación en ética en el logro de estos objetivos? Utilicen los cuatro niveles de eficacia de la formación analizados en este capítulo. ¿Pueden identificar medidas útiles para cada uno de los cuatro niveles? ¿Hay niveles que no consideran importantes para valorar la eficacia de la formación en ética? ¿Por qué?

Resuman sus respuestas a estas cuestiones y presenten su resumen al resto de la clase. Toda la clase identificará los mejores objetivos y medidas que puedan emplearse para la formación en ética.

Ejercicio basado en la experiencia

Reúnase con los miembros de su equipo e identifique un escenario que describa una situación ética. El escenario podría ser una situación real o inventada. Además, el escenario debería representar un comportamiento no ético o ético, o podría describir un dilema ético que pueda ser utilizado para discutir diversas opciones. Utilicen el escenario con el que esté de acuerdo su equipo a modo de juego de representación de papeles. Seleccionen los miembros del equipo que representarán cada papel y esquematicen lo que quieren reflejar con el ejercicio.

Cuando los equipos estén preparados, deben presentar los escenarios de simulación a la clase. Al final del ejercicio, discutan el escenario y lo que querían reflejar. Toda la clase discutirá si los escenarios son una herramienta eficaz par la formación en ética. ¿Por qué podría ser importante reflejar escenarios tanto éticos como no éticos?

Fuente: Adaptado con permiso de Tyler, K. (2005). Do the right thing. *HRMagazine*, 50, 2.

¡DECIDA USTED!

GRH: EL EMPLEADO COMO CLIENTE INTERNO — Caso 8.4

Hágalo inolvidable

Un profesor podría tener muchas cosas interesantes que contar en una clase, pero si lo hace con una exposición aburrida y aburre a los alumnos, probablemente éstos no aprendan mucho. Ver a los empleados como clientes del proceso de formación nos lleva a una cuestión esencial: ¿Qué puede hacerse para vender a los empleados lo que necesitan aprender? ¿Cómo pueden los profesores asegurarse de que se aprende lo esencial del programa? Si los empleados no ven la importancia de la formación y nada la hace memorable, ¿cómo puede usted esperar que la formación tenga un impacto en el rendimiento en el lugar de trabajo?

Un enfoque para incrementar la retención de lo aprendido es incluir un componente creativo que inspire a los empleados y les haga aprender de forma significativa. Como ejemplo, considere el modo en que un físico dio una lección a los residentes bastante memorable. Comenzó sosteniendo en la mano una bolsa de plástico con agua y con una pastilla de jabón dentro. Apretó la esquina de la bolsa, sacó el agua y después deslizó hacia fuera la pastilla de jabón. Contó a la clase lo orgulloso que estaba de la pastilla de jabón y se la mostró a la clase, pero la apretó un poco más fuerte y ¡la lanzó a la clase! Actuó como si estuviera horrorizado pero después explicó a la clase que la lección que debían aprender era cómo asistir un parto sin lanzar al bebé, que puede deslizarse tanto como el jabón. La demostración con la pastilla de jabón era segura, pero ponía de manifiesto la importancia del tema y probablemente hizo que la lección fuera bastante memorable.

Esta demostración es un ejemplo de añadir un componente de creatividad a la formación que la hace más memorable. ¿Puede recordar momentos de formación tan inolvidables como este? Seguir los cuatro principios de la creatividad puede ayudarle a generar estos tipos de componentes de la formación:

1. **Retrasar la valoración.** Genere ideas sin someterlas a crítica. Suspenda el juicio y céntrese únicamente en aportar ideas.
2. **Exagerar.** Vaya más allá de las ideas evidentes. Intente aportar posibilidades tontas o disparatadas –usted siempre puede reconducirlas más tarde.
3. **Hacer asociaciones inusuales.** Intente hacer conexiones poco usuales con el contenido de su programa de formación.
4. **Reestructurar elementos.** Piense acerca del modo de reordenar lo que cubrirá en la formación o, quizás, en el modo de poner más o menos énfasis en algunos temas.

Preguntas para reflexionar

1. ¿Es importante hacer memorable un programa de formación? ¿Por qué o por qué no?
2. ¿Ha tenido usted una experiencia de formación memorable? Describa lo que hizo memorable la formación.
3. Si la formación no resulta memorable, ¿cómo se verán afectados los cuatro niveles de eficacia de la formación? ¿Se verán todos disminuidos, o no necesariamente? Explique su respuesta.

Trabajo en equipo

Identifique, en equipo, alternativas para mejorar la importancia percibida, y por tanto de aplicación, de un programa de formación. Incluir un componente de creatividad en la formación es una alternativa para incrementar la retención y el aprendizaje. Sin embargo, pueden utilizarse otras alternativas para conseguir que las personas se tomen en serio la formación y practiquen lo que han aprendido en su puesto de trabajo.

La tarea para su equipo es identificar los pasos que deben tomarse para incrementar el aprendizaje y el impacto de la formación en el rendimiento. Incorporar un componente de creatividad es una posibilidad. ¿Puede pensar en otras? Quizás su organización podría ofrecer la posibilidad de pagar la formación sólo si se pasa un test después de la misma. Quizás podría amenazar a los empleados con no pagarles la formación si no pasan el test tras la formación. Generen posibles alternativas. Pueden aplicar los principios de creatividad descritos en este caso como ayuda para generar posibles tácticas.

Una vez que hayan generado una lista de opciones, redúzcanlas eliminando todas aquellas tácticas que sean demasiado disparatadas o impracticables. Trabajando con su lista final, evalúen cada opción en términos de su grado de orientación hacia el cliente/empleado. Pueden utilizar la siguiente escala para asignar un valor numérico a cada opción.

1	2	3	4	5	6	7
Orientada a la dirección (de arriba abajo)			Mezcla			Orientada al cliente/empleado

¿Resulta importante la consideración del grado en que su formación está orientada al cliente? ¿Por qué o por qué no? Comparta sus opciones y juicios sobre el grado en que cada una de ellas se orienta al cliente con el resto de la clase. La clase en su conjunto debe generar una lista conjunta de las tácticas de formación seleccionando las mejores de las presentaciones de los equipos. ¿Puede la clase alcanzar un consenso sobre la importancia de adoptar una orientación al cliente en estas tácticas de formación?

Ejercicio basado en la experiencia

Como ejercicio de equipo, genere un componente de creatividad para un programa de formación. Primero, identifique un tema de formación, como una habilidad básica, alfabetización, ética, etc. Cualquiera que sea el tópico que su equipo seleccione, plantéelo como un problema. Por ejemplo, podría establecer el problema del modo "¿Cómo podemos hacer que las personas vean que la ética es una cuestión relevante?" Una vez que tenga un "problema" sobre el que trabajar, aplique los principios de creatividad identificados en este caso y genere un componente de creatividad en la formación. Recuerde que todo es posible. Podría emplear una demostración, un juego, un ejercicio de representación de papeles, ¡cualquier cosa!

Comparta con el resto de la clase su componente de creatividad para la formación. Toda la clase debe discutir la importancia de incluir un componente de creatividad. ¿Existe consenso en cuanto a la rentabilidad del esfuerzo que supone incluir un componente de creatividad? ¿Cuáles son los beneficios?

Fuente: Adaptado con permiso de Yelon, S. (2005). The treasure of creative instruction and artful training. *Performance Improvement*, 44, 8-12.

¡DECIDA USTED!

TENDENCIAS EMERGENTES — Caso 8.5

¿Más allá del ROI?

La mayoría de los profesionales de la formación han aceptado los cuatro niveles de eficacia de la formación –reacción, aprendizaje, comportamiento, resultados– como marco para que ésta sea evaluada. Puesto que las diferentes medidas se clasifican en niveles, parece natural que el nivel más alto, el de resultados, sea la medida a la que orientarse. Se han escrito numerosos manuales y artículos sobre el modo de calcular el rendimiento sobre la inversión (ROI) de los programas de formación. Sin embargo, se reconoce cada vez más que el ROI podría no ser la medida definitiva de la eficacia de la formación.

El ROI de un programa de formación puede parecer una medida importante, incluso obligada. Ciertamente, desde la perspectiva del negocio queremos asegurarnos de que los beneficios financieros exceden a los costes de un programa. Sin embargo, en muchos casos la estimación del ROI de la formación podría no ser tan importante o útil. Muchas veces, la formación es un medio para que una empresa logre una estrategia. Por ejemplo, una organización podría decidir que su manera de competir en su sector es a través de una orientación hacia el cliente. La formación a los empleados podría resultar clave para alcanzar esta nueva ventaja estratégica. Dado este propósito, el ROI de la formación podría no resultar útil o una preocupación inmediata. La principal cuestión sería si la formación incrementó las habilidades de servicio al cliente de los empleados. En otras palabras, la principal preocupación cuando el propósito de la formación es ejecutar una estrategia es el nivel de evaluación de comportamientos[a]. Si la formación aporta los comportamientos necesarios, entonces la estrategia debería, a largo plazo, proporcionar rentabilidad en la cuenta de resultados. La supervivencia de la organización podría depender de si la formación permite implantar la estrategia. Los costes de la formación o su eficacia en costes a corto plazo podrían no ser la preocupación de la dirección. Lo que sería crítico es determinar si la formación está ayudando a la organización a alcanzar sus objetivos estratégicos.

Preguntas para reflexionar

1. ¿Cuándo sería una medida útil el ROI de la formación? Explique su respuesta.
2. ¿Cuándo serían otras medidas distintas al ROI útiles para valorar la eficacia de la formación? Describa algunas de ellas.
3. Los comportamientos han sido descritos como el nivel olvidado en la medida de la eficacia de la formación[b]. A pesar del hecho de que los comportamientos son la clave para la implantación de la estrategia[c], a menudo no se mide la eficacia de la formación en el nivel de comportamientos. Los comportamientos tienen lugar fuera del programa de formación y una vez que éste ha concluido. Además, los comportamientos pueden resultar difíciles de medir. Se necesita desarrollar estándares de comportamientos y recoger evaluaciones de estos estándares, quizás de la dirección y los subordinados. Todas estas razones pueden conducir a los directivos a ignorar el nivel de los comportamientos en la evaluación de la formación.

   ¿Qué pasos sugeriría seguir para asegurarse de que se tiene en cuenta el nivel de medida de los comportamientos? ¿Cómo podría conseguir el apoyo de otros para medir los comportamientos después de la formación?

Trabajo en equipo

En equipo, seleccionen una estrategia e identifiquen los comportamientos clave necesarios para implantarla. A continuación, identifiquen el modo en que formarían en tales comportamientos y después los medirían. Por ejemplo, su equipo podría elegir una estrategia de servicio al cliente, calidad o innovación. Para la estrategia que elijan, identifiquen los comportamientos que serían críticos para implantarla. ¿Qué enfoque seguirían para la formación para alcanzar su estrategia? ¿Qué comportamientos medirían después para determinar la eficacia de la formación? ¿Cómo elaborarían esas medidas de comportamientos? Compartan su estrategia y planes de formación y evaluación con el resto de la clase.

Ejercicio basado en la experiencia

La eficacia de la formación generalmente se mide en el primer nivel de medida –la reacción–. Por ejemplo, la mayoría de las universidades valoran la eficacia de la instrucción en clase con evaluaciones de los estudiantes al final del semestre. ¿Qué otras medidas podrían utilizarse para valorar la eficacia en una universidad? Considere, junto con sus compañeros de equipo, la evaluación de la instrucción en clase en una universidad. Desarrollen medidas para los niveles dos y tres –aprendizaje y comportamientos–. ¿Pueden diseñar un enfoque para medir el nivel de resultados? ¿Sería posible una medida de resultados financiera como el ROI? ¿Sería útil? ¿Qué nivel de medida, si es que tiene sentido alguno, debería utilizarse para valorar la eficacia del profesor (profesor)? Expliquen sus respuestas.

Compartan sus sugerencias con el resto de la clase. La clase en su conjunto debe integrar las sugerencias de los distintos equipos para construir una recopilación de medidas sugeridas para cada nivel ¿Existe un consenso en clase en relación con la posibilidad y utilidad de una medida de ROI?

Fuentes: [a,b]Kirkpatrick, J. (2005). The missing link. *Leadership Excellence*, 22, 6; [c]Ferrell, D. (2005). What's the ROI of training programs? *Lodging Hospitality*, 61, 46.

NOTAS

ADAPTACIONES PARA ESPAÑA — Nota 8.1

Universidades corporativas

Las universidades corporativas constituyen un fenómeno reciente en España, no así en el resto del mundo. Las grandes organizaciones multinacionales como Motorola o McDonald's en los EE.UU.; Axa y Alcatel, en Francia; British Petroleum o Body Shop, en el Reino Unido; o Bertelmann y Lufthansa, en Alemania, cuentan con ellas desde hace años.

El origen de estas universidades se remonta a los años 60, cuando las empresas empezaron a concienciarse de la importancia que tenía el aprendizaje continuo de los empleados y directivos. Sin embargo, el verdadero desarrollo se produjo en los 90. En la actualidad se habla de más de 2.000 universidades corporativas en todo el mundo.

Unión Fenosa considera la formación y el aprendizaje elementos esenciales a la hora de generar ventaja competitiva sostenida. Por este motivo, en el año 2000 creó la Universidad Corporativa de Unión Fenosa (UCUF), convirtiéndose en la primera firma española en construir un centro de estudios propio.

La misión de la UCUF es "Promover el desarrollo permanente de las personas, alineando su formación con las necesidades generadas por las estrategias de negocio, en el marco de una cultura empresarial de compromiso con el conocimiento" y se asienta en siete pilares básicos:

1. Enseñar y aprender desde la experiencia.
2. Alinear la formación con las necesidades generadas por las estrategias de negocio a través de las facultades, en las que se desarrollan las competencias esenciales de cada línea de negocio.
3. Consolidar la cultura y los Valores del Grupo en un entorno de crecimiento e internacionalización de los negocios.
4. Establecer alianzas con las mejores universidades y escuelas de negocio para atraer a los mejores profesionales, potenciar programas formativos y llevar a cabo una política activa de I+D+i.
5. Reforzar la cultura de medición para asegurar la calidad y el resultado práctico de la actividad formativa y la mejorar permanente del Capital Intelectual del Grupo.
6. Desarrollar soluciones innovadoras para la formación y evaluación de las personas, basadas en tecnologías avanzadas que complemente las metodologías presenciales.

Fuente: Delgado, M. I., Gómez, L., Romero, A. M. y Vázquez, E. (2006): *Gestión de RRHH: del análisis teórico a la solución práctica*. Prentice-Hall. Madrid.

CAPÍTULO 9

DESARROLLO DE LA CARRERA PROFESIONAL

OBJETIVOS

Tras leer este capítulo, usted estará en condiciones de abordar los siguientes temas:

1. **Establecer** un proceso riguroso para ayudar a los empleados a desarrollar su carrera.
2. **Comprender** cómo desarrollar su propia carrera profesional.
3. **Identificar** los aspectos negativos derivados de dar demasiada importancia al desarrollo de la carrera.
4. **Comprender** la importancia de las cuestiones relacionadas con una doble carrera a la hora de desarrollar la carrera profesional.
5. **Desarrollar** un inventario de habilidades y una trayectoria profesional.
6. **Establecer** una cultura de la organización que respalde el desarrollo de la carrera profesional.

Cuando el supervisor de su departamento se jubiló el año pasado, Steve, un empleado de elevado rendimiento, pensó que sería promocionado para el cargo. Habló con Natalie, la directora de la unidad, sobre su interés y ella le aseguró que sería tenido en cuenta. Lo siguiente que supo Steve es que habían ofrecido el puesto a una persona que venía de fuera de la empresa.

Steve se sintió decepcionado y furioso, y la falta de explicación no mejoró las cosas. Conocía los entresijos técnicos del trabajo tan bien como el que más y siempre había alcanzado sus objetivos de rendimiento. ¿Qué tenía que hacer para llegar a ocupar un puesto de dirección?

Tras un par de semanas de esperar silenciosamente, Steve decidió preguntar directamente a Natalie por qué no se le había ofrecido el puesto de supervisor. Natalie pareció bastante sorprendida del interés de Steve por ser promocionado. Le dijo que no había creído que tuviera tanto interés en ser supervisor y que le habían ofrecido el puesto a la otra persona sencillamente porque sus credenciales eran mejores. Aconsejó a Steve que se siguiera esforzando, que antes o después surgiría otra oportunidad.

Steve seguía sin entender qué tenía que hacer para ser promocionado. Cuando llegó a su casa esa noche, hizo unas cuantas llamadas telefónicas a algunas ofertas de trabajo que había visto anunciadas. Tal vez podría progresar más rápidamente en otra empresa. Aunque no se fuera de GCX, pensó, sin duda no iba a volver a dejar pasar otras oportunidades por la empresa. Tenía unos cuantos días libres todavía y pensaba tomárselos cuanto antes.

Allesandra se relajó en casa tras dos largos e interesantes días. Su empresa, una gran empresa de telecomunicaciones, la había enviado a un centro de evaluación para evaluar sus fortalezas y debilidades como posible directiva de nivel intermedio. Actualmente, ocupaba el cargo de jefe de ventas en una oficina de Des Moines, Iowa, y era responsable del área metropolitana circundante.

Su experiencia en el centro de evaluación no podría haber sido mejor. Tras un día y medio de diversas actividades, se había reunido con los asesores que dirigían el centro. Le dijeron que, sin duda, tenía todas las características que su empresa estaba buscando para un futuro directivo. Tenía algunas áreas más débiles –sobre todo la confianza en sí misma para defender sus ideas cuando se enfrentaba a una situación de oposición a las mismas– pero ya era consciente de ello y estaba trabajando para superar su timidez. Le dijeron que el mismo informe que recibiera ella también se lo darían a su jefe, así como al director de RRHH responsable de la gestión de las actividades de promoción. Sabía que, aunque podrían pasar uno o dos años antes de que hubiera una vacante, estaba en el buen camino para promocionar.

EL ENFOQUE DIRECTIVO

La experiencia de Steve, por desgracia, es mucho más común que la de Allessandra: los trabajadores suelen tener objetivos y ambiciones que sus organizaciones desconocen. Independientemente de que estos objetivos sean realistas o no, el no avanzar hacia su consecución puede tener un efecto muy negativo en el rendimiento.

Ofrecer a los empleados oportunidades para crecer y desarrollarse puede garantizar que los trabajadores mantengan el ritmo de cambio del entorno empresarial. Además, si usted hace este tipo de inversión en sus empleados, es más probable que los trabajadores se queden en la empresa en lugar de optar por irse a la competencia.

A menudo, empresario y trabajador comparten la responsabilidad en el desarrollo de la carrera profesional. En su trabajo como directivo, por tanto, es probable que sea parcialmente responsable de su propia carrera profesional y de la de sus trabajadores. Como parte de esa responsabilidad, puede que tenga que actuar de mentor, ya sea formal o informalmente. En este capítulo, analizamos de qué modo puede ayudar a gestionar el desarrollo de la carrera profesional de otros y el suyo propio. Primero, definimos qué significa el desarrollo de la carrera profesional. Segundo, analizamos algunos de los principales retos en el desarrollo de la carrera y ofrecemos algunas alternativas para ayudar a los directivos a evitar los problemas en esta área. Concluimos con un análisis de la autogestión de la carrera profesional.

¿QUÉ ES EL DESARROLLO DE LA CARRERA PROFESIONAL?

Como señalamos en el Capítulo 8, el desarrollo de la carrera profesional es algo diferente a la formación. El desarrollo de la carrera profesional tiene un alcance mayor, se produce durante más tiempo y con una perspectiva más amplia. El objetivo de la formación es mejorar el rendimiento; el objetivo del desarrollo es enriquecer y conseguir trabajadores más capacitados. El **desarrollo de la carrera profesional** no es un programa de formación de una sesión, o un seminario de planificación de la carrera. Por el contrario, es un esfuerzo continuado, organizado y formalizado, que reconoce que las personas son un recurso vital para las organizaciones[1].

Desarrollo profesional
Un esfuerzo formalizado y continuado que se centra en desarrollar trabajadores más capacitados.

El campo del desarrollo profesional, aunque relativamente joven, ha experimentado un tremendo cambio, en gran medida porque las oportunidades y las trayectorias profesionales están menos estructuradas y son menos predecibles de lo que lo eran hace tres décadas[2]. Lo que actualmente caracteriza al mundo empresarial ya no es la seguridad laboral o el desarrollo profesional en una sola organización, sino el cambio tecnológico y la reducción del tamaño empresarial.

Los resultados de las encuestas indican que las realidades empresariales, como la reducción del tamaño empresarial y los rápidos cambios, han afectado a la actitud de los empleados hacia su carrera[3]. Una encuesta nacional realizada a más de 1.000 adultos concluyó que sólo el 56 por ciento considera que el desarrollo profesional a largo plazo depende de quedarse mucho tiempo en la misma empresa. Un número creciente de trabajadores cree que cambiar de trabajo es una forma aceptable de avanzar profesionalmente. Una encuesta reciente realizada a jóvenes directivos en el sector de la hostelería concluyó que las oportunidades de aprendizaje y crecimiento eran la cuestión clave[4]. Estos trabajadores probablemente dejarían sus empleos si sintieran que su puesto no les proporciona oportunidades de desarrollo.

Aunque muchas personas están preocupadas por la promoción y el desarrollo profesional, el Cuaderno del Director, "Entonces, ¿quieres mantenerte en tu puesto?" muestra que no todo el mundo tiene la ambición de una mayor responsabilidad.

El entorno empresarial de incertidumbre y el cambio de actitud de los empleados dificultan los esfuerzos de desarrollo profesional. Aun así, el desarrollo de la carrera profesional sigue siendo una actividad importante. Puede desempeñar un papel crucial a la hora de

CUADERNO DEL DIRECTOR

GRH: EL EMPLEADO COMO CLIENTE INTERNO

Entonces, ¿quieres mantenerte en tu puesto?

Es habitual que los empleados de hoy en día busquen el crecimiento y oportunidades de desarrollo. Pero no todos se plantean la promoción como objetivo. Esto no significa que estén equivocados. Como en todo, existe diversidad, y esta diversidad es normal.

Algunos trabajadores podrían preferir permanecer donde están. Quizás les gusta su trabajo y su situación geográfica, y promocionar podría requerir de ellos un desplazamiento que no quieren. Algunos trabajadores simplemente saben en qué son buenos y piensan que una promoción podría significar una reducción en su rendimiento laboral y en su satisfacción. Algunas personas han experimentado algo, como un suceso crítico en sus vidas, que les ha conducido a dar prioridad a un equilibrio aceptable entre trabajo y familia. Otros, por otra parte, podrían haber llegado a la conclusión de que el coste de promocionar continuamente no resulta rentable.

Tomar conciencia de que no todo el mundo tiene las mismas ambiciones profesionales tiene algunas implicaciones para la gestión importantes:

- Que una persona quiera permanecer en su puesto no significa que no tenga ambición. Simplemente significa que tiene ambiciones y prioridades que son diferentes que las de aquellos que quieren promocionar.
- Usted necesita conocer las ambiciones profesionales de sus trabajadores. ¡Quizás sus preocupaciones acerca de las oportunidades profesionales de un trabajador sean infundadas o estas oportunidades no sean bien recibidas!
- Permanecer en el puesto no significa estar estancado. Las oportunidades de desarrollo y aprendizaje pueden ser importantes también para los trabajadores que quieren permanecer en su puesto. Pueden ampliar su papel y contribuir de otras maneras. Por ejemplo, podrían asumir el papel de liderar una iniciativa de la empresa además de cumplir con las obligaciones normales de su puesto.
- Conservar a los trabajadores que quieren permanecer en su puesto puede ser muy beneficioso. Estos trabajadores podrían ser los mejores en lo que hacen y no les presionan continuamente para lograr nuevas oportunidades y promociones. No intente disuadirles de su preferencia de permanecer en el puesto –podrían ser los más trabajadores.

Fuente: Hube, K. (2004, Marzo 29). Thanks but no thanks: Who doesn´t want a promotion? A better job title? Lots of people. *Wall Street Journal*, R. 4.

ayudar a los directivos a reclutar y mantener una fuerza laboral cualificada y comprometida con la organización, algo necesario para que ésta tenga éxito[5]. Pero esto sólo puede conseguirse si se satisfacen las necesidades dinámicas de empresarios y empleados.

En la década de 1970, la mayoría de las organizaciones pusieron en marcha programas de desarrollo profesional para ayudar a satisfacer las necesidades de la organización (como la preparación de los empleados para cubrir previsiones de vacantes directivas), y no tanto para satisfacer las necesidades de los empleados[6]. Hoy en día, el desarrollo profesional intenta satisfacer las necesidades tanto de los unos como de los otros. La Figura 9.1 muestra cómo se pueden relacionar las necesidades profesionales de la organización y del individuo para crear un programa de desarrollo profesional de éxito. Muchas organizaciones utilizan el desarrollo profesional para evitar que la gente se "queme" en el trabajo (*véase* el Capítulo 16), al mejorar la calidad de vida profesional de los trabajadores y cumplir los objetivos de la discriminación positiva[7].

Este cambio en el centro de atención se ha producido, en gran medida, por una combinación de presiones competitivas (como la reducción del tamaño empresarial y los cambios tecnológicos) y de las demandas de los trabajadores, en el sentido de disponer de más oportunidades de crecimiento y desarrollo de habilidades[8]. Estos factores han hecho que el desarrollo profesional sea un esfuerzo mucho más difícil de realizar que antes. Ya no existe una estricta jerarquía laboral a partir de la cual resulte fácil construir una carrera profesional. El desarrollo profesional hoy en día requiere la participación activa de los trabajadores, que deben pensar en las posibles direcciones que pueden tomar profesionalmente.

Las organizaciones deben conseguir que el desarrollo profesional sea una estrategia empresarial clave si quiere sobrevivir en un entorno empresarial cada vez más competiti-

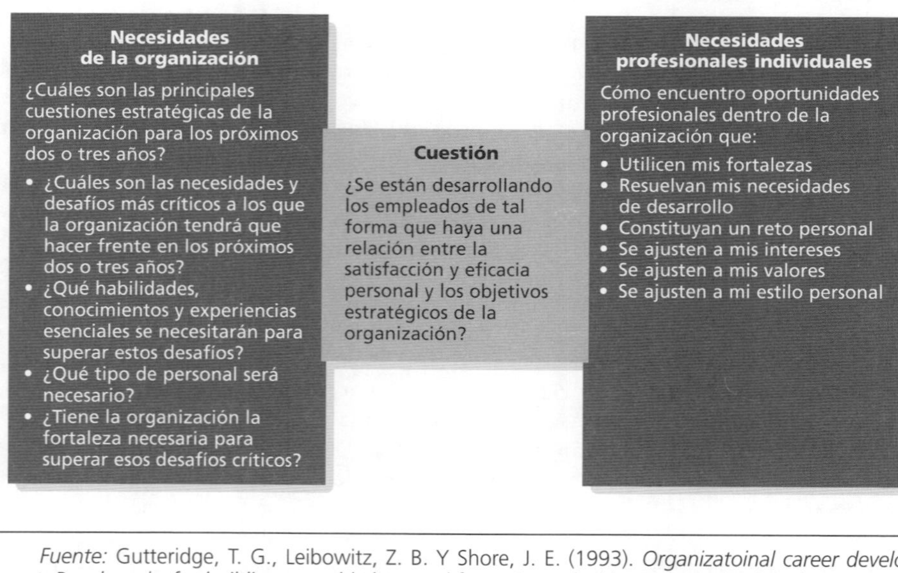

Fuente: Gutteridge, T. G., Leibowitz, Z. B. Y Shore, J. E. (1993). *Organizatoinal career development: Benchmarks for building a world-class workforce*. Reproducido con autorización de *Conceptual Systems*, Silver Springs, MD.

Figura 9.1 ■ Sistema de desarrollo profesional: vinculación de las necesidades de la organización con las necesidades profesionales individuales.

vo y global[9]. En la era de la información, las empresas competirán más a través de los conocimientos, habilidades y capacidad de innovación de los trabajadores que con su capacidad productiva o los costes laborales[10]. Puesto que el desarrollo profesional desempeña un papel central a la hora de garantizar una mano de obra competitiva, no puede ser un programa de baja prioridad que sólo se ofrezca durante los momentos de bonanza económica.

RETOS DEL DESARROLLO PROFESIONAL

Aunque la mayor parte de los empresarios de hoy en día están de acuerdo en que sus organizaciones deberían invertir en desarrollo profesional, no siempre está claro qué tipo de inversión deben realizar. Antes de poner en marcha un programa de desarrollo profesional, la dirección debe tener en cuenta tres grandes retos.

¿QUIÉN SERÁ EL RESPONSABLE?

El primer reto consiste en decidir quién será, en última instancia, el responsable de las actividades de desarrollo profesional. En las organizaciones burocráticas tradicionales, el desarrollo era algo que se hacía "para" cada empleado en particular. Por ejemplo, la organización podría tener un centro de evaluación para identificar a los empleados con las características necesarias para ocupar posiciones directivas medias y altas. Una vez identificados, estos individuos seguirían una serie de programas tales como: asignación de proyectos especiales, cargos en departamentos internacionales, programas de formación directiva, etc. Al empleado individual, aunque indudablemente no se le ocultan los planes de la empresa, tampoco se le haría participar activamente en las decisiones de desarrollo.

Una cuestión de ética

¿Cuál es la responsabilidad de la empresa a la hora de gestionar la carrera profesional de sus empleados? ¿Puede una empresa asumir demasiada responsabilidad en este sentido? ¿Cómo podría esto perjudicar a los empleados?

Por el contrario, muchas organizaciones modernas han llegado a la conclusión de que los empleados deben tener un papel activo en la planificación de sus propios planes de desarrollo personal. Las fusiones, adquisiciones y reducciones de tamaño empresarial de los años 80 y 90 provocaron reducciones de plantilla en los niveles directivos, por lo que éstos se dieron cuenta de que no podían depender de que sus empresarios les planificaran la carrera. Además de estas turbulencias económicas hay que tener en cuenta el movimiento hacia la delegación de poder a los trabajadores, que ha pasado la responsabilidad de la toma de decisiones de arriba hacia abajo en la jerarquía organizativa. Estas dos tendencias han llevado a las empresas a animar a sus empleados a que se responsabilicen de su propio desarrollo. Estudiaremos diversas estrategias para la autogestión de la carrera profesional al final de este capítulo.

El desarrollo profesional se puede producir de muchas maneras en las organizaciones de hoy en día. Cada vez son más las organizaciones que están transfiriendo la responsabilidad del desarrollo profesional a los empleados. Aunque el planteamiento de desarrollo mediante la delegación de poder a los empleados puede ser positivo, puede ser negativo si se lleva demasiado lejos. Si se da a los empleados toda la responsabilidad de gestionar sus propias carreras se pueden crear problemas en las organizaciones de hoy en día, cada vez más planas, donde las oportunidades de ascenso por la jerarquía son, con mucho, menos numerosas que en las organizaciones burocráticas tradicionales. Los empleados necesitan, al menos, una directriz general en cuanto a los pasos que pueden dar para desarrollar sus carreras, tanto dentro como fuera de la empresa.

¿HASTA QUÉ PUNTO HAY QUE DARLE IMPORTANCIA?

Hasta ahora hemos presentado el desarrollo profesional como una manera positiva de que las empresas inviertan en sus RRHH. Sin embargo, si se presta demasiada atención a la mejora profesional se puede perjudicar la eficacia de la empresa[11]. Los empleados que están demasiado orientados al desarrollo de su carrera pueden estar más preocupados por su imagen que por su rendimiento.

Resulta difícil saber si la preocupación de un empleado por su carrera es sana o abusiva. Sin embargo, existen varios signos de alerta ante los cuales los directivos deben permanecer atentos.

- ¿El empleado está más interesado en capitalizar las oportunidades de promoción que en mantener un rendimiento adecuado?
- ¿El empleado presta más atención a controlar la imagen que da que a la realidad?
- ¿El empleado pone más énfasis en las redes sociales, los halagos o hacerse ver en acontecimientos sociales que en su rendimiento laboral? A corto plazo, las personas que utilizan estas tácticas reciben promociones. Sin embargo, antes o después terminan con responsabilidades laborales para las que no están preparados.

Para bien o para mal, los estudios han demostrado que estas estrategias son eficaces para lograr que los empleados asciendan en la organización[12].

Los directivos también deberían ser conscientes de que un programa de desarrollo profesional puede tener efectos secundarios importantes sobre los trabajadores cuando fomenta expectativas de promoción poco realistas. Entre otros podemos citar la insatisfacción, el mal rendimiento o la rotación.

¿CÓMO SE DEBEN SATISFACER LAS NECESIDADES DE UNA FUERZA LABORAL DIVERSA?

Para satisfacer las necesidades de desarrollo profesional de la actual fuerza laboral diversa, las empresas tienen que romper las barreras a las que se enfrentan algunos empleados para lograr una promoción. En 1991, el primer gran estudio público realizado sobre el techo de cristal reveló que las mujeres y las minorías se ven excluidas no sólo de las posiciones de alta dirección, sino también de posiciones de dirección a nivel más bajo. El estudio reveló que las mujeres y las minorías frecuentemente se ven excluidas de las actividades informales de desarrollo profesional, tales como el establecimiento de contactos profesionales, el *mentoring* o la participación en comités donde se toman decisiones. Además de la discriminación abierta, algunas prácticas que contribuyen a su exclusión son el reclutamiento informal por el boca a boca, el fracaso de las empresas a la hora de sensibilizar y ordenar a los directivos que cumplan los requisitos sobre igualdad de oportunidades en el empleo, la falta de un mentor y la falta de rigor en la identificación de los empleados de alto potencial[13].

Las barreras a la promoción de las minorías y de las mujeres siguen existiendo casi 20 años después del primer estudio público anteriormente citado. La Oficina de Programas de Cumplimiento de Contratos Federales (OPCCF) aplica las leyes contrarias a la discriminación que afectan a los contratistas federales. La OPCCF empezó controlando las prácticas salariales y de promoción de las empresas que tenían contratos con el gobierno en 1991. Este organismo ha encontrado problemas en aproximadamente la mitad de las empresas que ha auditado[14].

Un informe interno confidencial de Coca-Cola identificó barreras a la diversidad, sobre todo para los afroamericanos[15]. El informe identificó no sólo un techo de cristal que impedía que los empleados negros alcanzaran puestos superiores, sino una *pared de cristal*. El concepto de pared de cristal hace referencia a la canalización de las minorías y las mujeres a áreas no generadoras de ingresos en las organizaciones. Las áreas tales como relaciones con la comunidad y RRHH dan menos posibilidades de ascender a posiciones ejecutivas que las de finanzas o marketing. Desde luego, el fenómeno del techo y la pared de cristal no es único en Coca-Cola. Por ejemplo, como observó la presidenta de una empresa de seguros, "Es uno de esos clubes de altos ejecutivos para hombres –un montón de mujeres en puestos de dirección, un montón de mujeres dirigiendo departamentos de servicios y de este estilo, pero no un montón de ellas en los puestos de alta dirección"[16]. Para mejorar las oportunidades de promoción, el informe de Coca-Cola recomienda acciones tales como programas de *mentoring*, una declaración de la filosofía sobre la diversidad, así como que los ejecutivos se responsabilicen de mejorar la diversidad.

Resulta interesante que el fenómeno del techo de cristal pueda deberse, en parte, al explosivo crecimiento de las pequeñas empresas en EE.UU. Las empresas propiedad de una mujer son el segmento de más rápido crecimiento en el sector de las pequeñas empresas en EE.UU., y una de cada 11 mujeres es propietaria de un negocio[17]. Aproximadamente la mitad de las empresas privadas en EE.UU. pertenecen a mujeres. El techo de cristal ha motivado que muchas de estas mujeres hayan optado por hacerse empresarias.

La evidencia sugiere que el techo de cristal podría estar rompiéndose en algunos sectores. Por ejemplo, en 1999, Carleton "Carly" Fiorina se convirtió en CEO de Hewlett-Packard[18]. Aunque Fiorina ha sido recientemente reemplazada como CEO, sin embargo, lo hizo en la posición más alta de HP. Después de convertirse en CEO, Fiorina afirmó que el techo de cristal ya no existe en la industria de la tecnologías de la información. Apuntó que la demanda de científicos informáticos, ingenieros y programadores es tan grande que las empresas no se pueden permitir tener ningún sesgo contra las mujeres o las minorías. Este sentimiento es compartido por mujeres de otros sectores. Jill Campbell, vicepresidenta de operaciones de Cox Communication, dice que ella nunca se ha golpeado con un techo de cristal. Ella atribuye su exitosa carrera en Cox a un mentor que la guió y le proporcionó ayuda en la organización[19]. Del mismo modo, la presidenta de un hospital, Susan Stout Tamme, dice que nunca ha experimentado un techo de cristal en su carrera en la sanidad[20].

Aunque la promoción de las mujeres en campos como el de las tecnologías de la información, la salud y la ingeniería es notable, el techo de cristal, en general, sigue existiendo. Considere el siguiente hecho: menos del 15 por ciento de los directivos del *Fortune* 500 son mujeres[21]. Incluso en el terreno de la sanidad, donde hay muchas oportunidades de promoción, parece existir sin embargo un techo de cristal. Por ejemplo, Consuelo Díaz, CEO de una organización de la sanidad, observa que el sector de la sanidad está en gran medida controlado por hombres que, quizás inconscientemente, buscan y están más cómodos con candidatos que son también hombres blancos[22]. En su opinión, las mujeres y las minorías podrían tener que afrontar el techo de cristal durante mucho tiempo.

El techo de cristal no es un problema únicamente en EE.UU. El Caso 9.1 al final del capítulo, "El techo de cristal: un problema no sólo de EE.UU.", analiza el techo de cristal en Japón y Suecia.

Otro grupo de empleados que podría necesitar una consideración especial es el de las **parejas con una doble carrera**. Casi el 80 por ciento de las parejas son parejas trabajadoras. La familia con dos ingresos está sustituyendo a la familia de un solo ingreso[23]. Cuando los dos miembros de una pareja tienen que tener en cuenta su carrera profesional, sus vidas personales pueden complicarse y verse afectadas por sus vidas profesionales. Ante una oportunidad laboral de uno de los miembros que exija el desplazamiento geográfico se puede producir una crisis tanto para la pareja como para las respectivas empresas. Tal y como se describe en el Cuaderno del Director, "Las dobles carreras se internacionaliza", un desplazamiento geográfico que implique a una pareja con una doble carrera puede ser difícil cuando el desplazamiento es más allá de los límites nacionales.

Parejas con doble carrera
Una pareja en la que ambos miembros tienen responsabilidades profesionales y su carrera en juego.

Tanto las parejas como las organizaciones pueden seguir unos pasos que ayudan a afrontar las cuestiones relacionadas con la doble carrera. En lugar de esperar a que surja una crisis, es mejor que la pareja resuelva los conflictos en sus carreras planificando y discutiendo la manera de proceder si surgen determinadas situaciones. Este planteamiento además reduce la posibilidad de pérdidas importantes de personal para las organizaciones. Algunos planteamientos organizativos utilizados para resolver las necesidades de las parejas con una doble carrera incorporan horarios laborales flexibles, teletrabajo (ambos discutidos en el Capítulo 4) y servicios de guardería (*véase* el Capítulo 12). Este tipo de prácticas se ha popularizado durante la última década.

CUADERNO DEL DIRECTOR

TENDENCIAS GLOBALES

Las dobles carreras se internacionalizan

Su mejor empleado rechazó un puesto internacional simplemente porque su esposa no podría obtener un permiso para trabajar fuera. Todos pierden en este caso: es una oportunidad perdida para la empresa, el trabajador, e incluso la esposa del trabajador. Una organización global trabaja para acabar con las limitaciones a la movilidad internacional.

La Permits Foundation, financiada por más de 30 empresas multinacionales, entre las que se encuentran Unilever, British Airways y BASF, busca reducir las barreras en el trabajo a las esposas de los expatriados. No se ha oído mucho todavía acerca de la Permits Foundation en EE.UU., pero probablemente tendremos noticias pronto. El plan estratégico de la organización es empezar inicialmente por los países europeos antes de centrarse en EE.UU..

Fuente: Doke, D. (2005, febrero 22). Global group aims to strike right balance to sep talent. *Personnel Today*, 7.

Algunas empresas también han empezado a aconsejar a las parejas acerca de su carrera profesional. Estos programas proactivos, que incluyen tanto al empleado como a su cónyuge, normalmente han estado reservados para los ejecutivos y otro personal clave de la organización[24]. Al principio, cada cónyuge acude individualmente con sus objetivos y planes de acción. A continuación, se junta a la pareja para contrastar sus agendas y resolver los conflictos. Los asesores profesionales ofrecen posibles soluciones y alternativas[25]. El resultado del proceso, que es un plan de carrera profesional conjunta, se entrega a la organización. Los empleados y sus parejas aprovechan este planteamiento formulando conjuntamente un plan negociado y la organización se beneficia porque tiene más probabilidades de conservar a empleados clave. En efecto, los recientes descubrimientos resaltan la importancia y los beneficios potenciales de la asesoría a parejas con doble carrera, al igual que los servicios de apoyo al cónyuge[26]. El estrés y la satisfacción laboral experimentada por los trabajadores con una doble carrera quedan significativamente influidos por el grado de apoyo que reciben de su cónyuge; a largo plazo, si no hay apoyo del cónyuge puede existir una influencia negativa sobre el rendimiento laboral, llegando incluso a la dimisión del trabajador.

Los expertos recomiendan la asesoría y el *mentoring* para las parejas con doble carrera profesional que reciben un puesto en el extranjero, una experiencia más común ahora de lo que jamás fue (*véase* el Capítulo 17)[27]. Sin un programa de apoyo activo a la carrera profesional, el empleado podría renunciar al cargo en el extranjero debido a cuestiones relativas a la doble carrera profesional, o bien el expatriado podría tener un rendimiento inadecuado en el puesto. Estas dos posibilidades salen muy caras a la organización, pues normalmente se selecciona a los mejores empleados para estos cargos, que suelen implicar coste de formación, de mudanza y de vivienda.

Si se ofrece un plan de desarrollo profesional y de apoyo que incluye al cónyuge del expatriado se puede reducir el riesgo que asume la organización[28]. Por ejemplo, una organización puede hacer una transición de una pareja a un nuevo lugar y a una nueva cultura más fácilmente si se ofrece al cónyuge ayudas para pertenecer a una organización profesional, tales como reembolso de gastos de educación, apoyo para la búsqueda de empleo o pago del transporte para asistir a conferencias.

Independientemente de si el puesto es en el extranjero o en el país de origen, las preocupaciones de una pareja con una doble carrera respecto a las cuestiones familiares están relacionadas con el estrés, la depresión y la ansiedad, tanto en hombres como en mujeres[29]. Al menos uno de los miembros de la pareja tendrá que emplear más tiempo para resolver cuestiones y problemas personales. Un creciente número de empresas está yendo más allá de las prestaciones de apoyo a la familia y ofreciendo programas de conciliación de vida laboral y familiar como un medio para aliviar el estrés de las parejas con una doble carrera profesional[30]. Estos programas de conciliación consisten en asesoría externa y prestación de servicios que pueden ofrecer un apoyo que va desde el cuidado de los niños (ofrecido por empresas como Procter & Gamble y Aetna) hasta encontrar un lugar para el cuidado de la mascota (Starbucks) o proporcionar asesoría de un abogado (U.S. Bancorp).

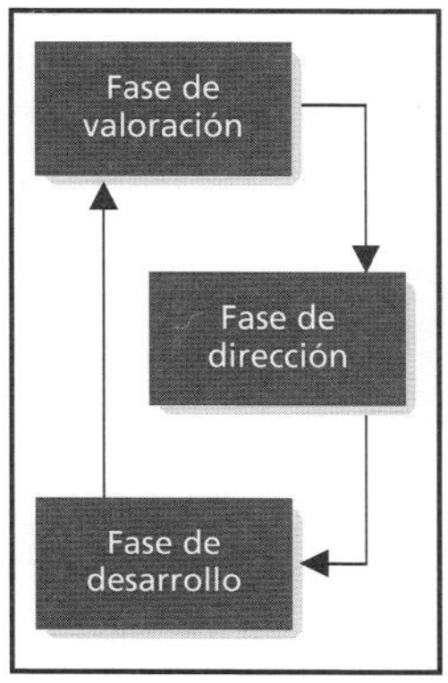

Figura 9.2 ■ El proceso de desarrollo profesional.

SUPERACIÓN DE LOS RETOS DE UN DESARROLLO PROFESIONAL EFICAZ

La creación de un programa de desarrollo profesional suele constar de tres fases: la fase de valoración, la fase de dirección y la fase de desarrollo (*véase* Figura 9.2). Aunque en la Figura 9.2 se presentan por separado, las tres suelen ir juntas en el programa real.

LA FASE DE VALORACIÓN

La fase de valoración para el desarrollo profesional implica actividades que van desde la valoración propia hasta la valoración realizada por la organización. El objetivo de esta valoración, ya sea la del propio empleado o la de la organización, consiste en identificar las fortalezas y debilidades del empleado. Esta clarificación ayuda a los empleados a (1) elegir una carrera que, desde un punto de vista realista, es alcanzable y se ajusta bien y (2) determinar las debilidades que habrá que superar para lograr estos objetivos profesionales. La Figura 9.3 muestra una lista de algunas herramientas que se suelen utilizar durante la valoración personal y de la organización.

Valoración personal	Valoración de la organización
Libros sobre una carrera profesional	Centros de evaluación
Seminarios de planificación profesional	Pruebas psicológicas
	Evaluación del desempeño
	Previsiones de promoción
	Planificación de sucesiones

Figura 9.3 ■ Herramientas habituales de valoración.

Valoración propia

La valoración propia es cada vez más importante para las empresas que quieren facilitar el que sus empleados controlen sus propias carreras profesionales. Las principales herramientas utilizadas para la valoración personal son los libros y los seminarios.

Además de los ejercicios incluidos en los libros genéricos de carreras profesionales, los libros personalizados pueden contener una declaración de las políticas y procedimientos de la organización relativas a cuestiones profesionales, así como descripciones de las trayectorias profesionales y de las opciones disponibles en la organización.

Los seminarios de planificación profesional, que pueden ser llevados a cabo por el departamento de RRHH de la organización o por un proveedor externo –una empresa de asesoría o una universidad–, ofrecen información a los empleados sobre las opciones profesionales de la organización. También pueden utilizarse para informar a los participantes sobre cómo avanzan sus aspiraciones y estrategias profesionales. La participación en la mayoría de los seminarios es voluntaria y algunas organizaciones organizan estos seminarios durante el horario laboral para demostrar su compromiso con sus empleados.

Independientemente de que se realice a través de un libro o un seminario, la valoración personal suele implicar la realización de ejercicios de valoración de habilidades, la redacción de un inventario de intereses y la clarificación de valores[31].

- Como su propio nombre indica, los *ejercicios de valoración de habilidades* están diseñados para identificar las habilidades de un empleado. Por ejemplo, el ejercicio de un libro puede pedir al empleado que redacte una breve lista de sus logros. Cuando se han identificado, digamos cinco logros, el empleado identifica las cualidades que ha necesitado para alcanzarlos. En el caso de un seminario, los asistentes pueden compartir sus listas en un coloquio y todo el grupo puede ayudar a identificar las habilidades utilizadas para alcanzar los logros.

  Otro ejercicio de valoración de habilidades presenta a los empleados una lista de habilidades que deben calificar en función de dos dimensiones: su grado de dominio de esa habilidad y el grado en que les gusta utilizarla. A continuación, se genera una puntuación global para cada habilidad; por ejemplo, multiplicando el dominio por la tasa de preferencia. La Figura 9.4 muestra un ejemplo de esta alternativa de valoración de habilidades. Las puntuaciones por debajo de 6 indican debilidad o disgusto mientras que las puntuaciones iguales o superiores a 6 indican áreas de fortaleza. El patrón de las puntuaciones puede guiar a los empleados, independientemente del tipo de carrera que más se ajuste a ellos.
- Un *inventario de intereses* es una medida de los intereses profesionales de una persona. Los inventarios pueden dar una idea a los empleados del tipo de carrera profesional que se ajusta mejor a sus intereses personales. Uno de los inventarios mejor conocidos es el Strong Vocational Interest Inventory[32]. El inventario de intereses pide a la gente que indique cuál es su interés por actividades tales como el cuidado de personas mayores, dar un discurso o conseguir dinero con fines benéficos. Las respuestas a las cuestiones que aparecen en el inventario se puntúan con el fin de identificar los trabajos en los que el individuo tiene los mismos intereses que los profesionales que atienden esas actividades.
- La *clarificación de valores* consiste en catalogar los valores personales en función de su prioridad para el individuo. Los ejercicios típicos de clarificación de valores presentan a los empleados una lista de valores y se les pide que los clasifiquen en función de la importancia que cada uno tiene para ellos. Por ejemplo, se puede pedir a los empleados que clasifiquen, en función de sus prioridades en la vida, la seguridad, el poder, el dinero y la familia. Al conocer las prioridades, los empleados pueden hacer elecciones

Utilice la siguiente escala para evaluarse en cada una de las siguientes habilidades.
Clasifique cada habilidad en función tanto de su profesionalidad como de sus preferencias.

Profesionalidad:

1	2	3
Todavía en aprendizaje	Competente	Profesional

Preferencia:

1	2	3
No me gusta utilizar esta habilidad	Ni me gusta ni me disgusta utilizar esta habilidad	Me encanta utilizar esta habilidad

Cualidad	Profesionalidad	X	Preferencia	=	Puntuación
1. Resolución de problemas	________		________		________
2. Presentación en equipo	________		________		________
3. Liderazgo	________		________		________
4. Hacer inventario	________		________		________
5. Negociación	________		________		________
6. Gestión de conflictos	________		________		________
7. Programación	________		________		________
8. Delegación	________		________		________
9. Dirección participativa	________		________		________
10. Retroalimentación	________		________		________
11. Planificación	________		________		________
12. Manejo de computadoras	________		________		________

Figura 9.4 ■ Ejemplo de un ejercicio de valoración de habilidades.

profesionales más satisfactorias. El Cuaderno del Director, "Sus anclajes", proporciona un ejemplo de un enfoque para el desarrollo profesional basado en los valores. Presenta ocho ítemes que describen valores esenciales de la carrera profesional e identifica implicaciones para la gestión eficaz de cada uno de ellos.

Valoración de la organización

Algunas herramientas utilizadas tradicionalmente por las organizaciones para la selección (*véase* el Capítulo 5), también son válidas para el desarrollo profesional. Entre éstas, cabe destacar los centros de evaluación, las pruebas psicológicas, la evaluación del desempeño, las previsiones de promociones y la planificación de las sucesiones.

- Los centros de evaluación realizan ejercicios circunstanciales (como entrevistas, ejercicios de resolución de tareas y juegos de empresa) que a menudo se utilizan para seleccionar a talentos directivos. Un centro de valoración orientado al desarrollo hace hincapié en dar al trabajador información y orientación[33]. El centro de valoración mide las competencias necesarias para un determinado puesto y ofrece a los participantes la información sobre sus fortalezas y debilidades en las áreas de competencia, tal y como han quedado reflejadas en los ejercicios.

CUADERNO DEL DIRECTOR

ÉTICA

Sus anclajes

Cuando la dirección que toma su carrera encaja con lo que usted es realmente, el resultado puede ser encontrarle sentido a su trabajo. ¿Proporcionar al trabajador la clase de experiencias laborales que encajan con sus valores es únicamente una cuestión de ética?

Estos valores podrían considerase los "anclajes" en la carrera de acuerdo con el Dr. Edgar Schein, profesor del MIT que ha desarrollado el concepto para identificar lo que un trabajador quiere de una carrera profesional. Para determinar el anclaje, cada persona debe seleccionar de las siguientes ocho afirmaciones la que mejor le/la describa. Haga usted mismo el ejercicio para identificar su anclaje en la carrera:

Valoración del anclaje en la carrera

1. Me siento identificado con mi profesión y me gusta utilizar mis habilidades.
2. Me gusta tener una visión amplia y disfruto con la responsabilidad.
3. Me gusta trabajar de forma independiente.
4. Me gusta cuando las cosas son estables y predecibles.
5. Me gusta el reto de empezar algo nuevo.
6. Quiero hacer del mundo un lugar mejor.
7. Me gusta la competencia y disfruto resolviendo problemas
8. Quiero equilibrio en mi vida.

Incluso si usted determina los anclajes de sus trabajadores, ¿qué puede hacer con ello? La naturaleza de un puesto debería capacitar al empleado a expresar su anclaje. Encontrará, probablemente, que existe flexibilidad suficiente en el modo en que puede estructurarse un puesto de manera que ayude al trabajador a expresar su anclaje. La lista mostrada a continuación de implicaciones en la gestión presenta acciones que podría adoptar como directivo para cada uno de los ocho anclajes.

Implicaciones para la dirección básicas para cada anclaje en la carrera

1. Dé al trabajador la oportunidad de desarrollar estándares de trabajo y ejercer de mentor de otros.
2. Dé al trabajador oportunidades de liderar proyectos o equipos.
3. Pida al trabajador que asuma un papel de consultor interno y aborde un problema laboral.
4. Haga saber al trabajador que permanecer en su posición actual es una opción.
5. Ofrezca a este trabajador nuevos proyectos y permítale desarrollar ideas como un emprendedor interno.
6. Ofrezca a este trabajador cierta responsabilidad en un programa de la empresa, como diversidad, o la oportunidad de asociarse con una organización benéfica local.
7. Establezca objetivos flexibles con el trabajador e incentívele a tomar las decisiones necesarias para alcanzarlos.
8. Ofrezca a este trabajador flexibilidad en su horario de trabajo y la oportunidad de trabajar desde casa.

Fuente: Adaptado de Kanchier, C. (2006, Mayo 6). What anchors your career? Workplace unhappiness may simply be a matter of poor personality fit. *Calgary Sun* (Alberta, Canada), News section, 62.

Como en el caso de otras muchas herramientas, los centros de valoración se están desarrollando en versiones informatizadas[34]. Por ejemplo, una herramienta de valoración informatizada evalúa habilidades de gestión tales como el *coaching*, la resolución de problemas o la formación de equipos. Diversos escenarios simulan situaciones de trabajo en las que se tiene que emitir juicios acerca del rendimiento, se tiene que resolver problemas y se tiene que afrontar confrontaciones. A partir del rendimiento de la persona en estos escenarios, el programa proporciona un plan de desarrollo profesional.

Un limitado número de estudios indica que los centros de evaluación tienen efectos positivos y significativos sobre los asistentes, incluso meses después de haber asistido.

- Algunas organizaciones también utilizan *pruebas psicológicas* para ayudar a los empleados a entender mejor sus propias habilidades e intereses. Las pruebas que miden la personalidad y las actitudes, así como los inventarios de intereses, están dentro de esta categoría[35].
- La *evaluación del desempeño* es otra fuente de valiosa información sobre el desarrollo profesional. Por desgracia, las evaluaciones frecuentemente se limitan a la evaluación del rendimiento anterior, en lugar de orientarse a la mejora y del rendimiento futuro. La

evaluación orientada al rendimiento futuro ofrece a los empleados información importante sobre sus fortalezas, debilidades y sobre las trayectorias profesionales de que disponen. La evaluación del desempeño debería ser algo más que una simple evaluación; necesita incluir el aprendizaje y conducir a la mejora en el rendimiento y a la orientación para el desarrollo[36].

- Las **previsiones de promoción** son decisiones tomadas por los directivos respecto al potencial de promoción de sus subordinados. Estas previsiones permiten a la organización identificar a las personas que parecen tener un elevado potencial de promoción[37]. Los empleados de elevado potencial reciben a continuación experiencias de desarrollo (como la asistencia a un seminario de formación ejecutiva) para ayudarles a realizar ese potencial.
- La **planificación de sucesiones** se centra en la preparación de personas para ocupar cargos ejecutivos. Formalmente, la planificación de sucesiones implica el análisis de las necesidades de desarrollo a partir de los planes estratégicos de la empresa. Es decir, el planteamiento formal identifica la dirección futura de la organización y los obstáculos a superar y, a continuación, deriva las competencias que tendrán que tener los nuevos líderes[38]. A continuación, la organización identifica los candidatos objetivo, internos y externos. Una vez que se ha creado una pequeña lista de ejecutivos, los candidatos son investigados y se les hace un seguimiento empleando las competencias requeridas como áreas de evaluación. Este proceso de seguimiento y control continúa indefinidamente de forma que se disponga de una lista actualizada cuando tenga lugar la inevitable rotación de los líderes. La planificación de sucesiones es necesaria cuando la organización necesita ocupar los cargos clave sin interrupciones. Sin ella, el negocio puede sacrificar la rentabilidad y la estabilidad como precio que debe pagar por no haberse preparado.

Previsión de promociones
Una actividad de desarrollo profesional en la que los directivos toman decisiones respecto al potencial de promoción de los subordinados.

Planificación de sucesiones
Una actividad de desarrollo profesional que se centra en preparar a las personas para ocupar puestos ejecutivos.

Aunque es aconsejable adoptar el planteamiento formal, la mayoría de la planificación de sucesiones se lleva a cabo informalmente. La planificación informal de las sucesiones implica que los altos directivos identifican y desarrollan a sus propios sucesores. Los empleados a los que se ha identificado un potencial de alta dirección reciben experiencias de desarrollo que les ayudan a prepararse para los distintos escalafones ejecutivos, como seminarios sobre los valores y la misión de la organización.

La planificación de sucesiones puede generar dificultades. Por ejemplo, se acusa a las organizaciones de discriminar a las mujeres y las minorías a la hora de cubrir puestos de alto nivel. Más que una discriminación flagrante, es la informalidad de la planificación de sucesiones la que hace que las empresas excluyan a estos grupos como candidatos. Los programas formales de sucesión pueden conseguir que la identificación de los empleados de elevado potencial y de los candidatos a la sucesión sea un procedimiento más igualitario.

UPS, el gigante de la mensajería, proporciona un ejemplo de una organización que se toma la planificación de la sucesión muy en serio[39]. El programa de UPS comienza con un programa formal de identificación de talento. Los directivos identifican candidatos a ascender, y estas sugerencias son revisadas por un comité de desarrollo directivo que considera las fortalezas y necesidades de desarrollo de cada candidato. El comité de desarrollo es responsable de asegurarse de que los candidatos reciben las oportunidades de desarrollo que necesitan. Los miembros individuales del comité directivo identifican los candidatos que piensan que tienen la posibilidad de llegar a ser ejecutivos en su área. El comité directivo recibe mensualmente informaciones actualizadas de estos candidatos prometedores de cada uno de los 12 directivos. El programa de UPS es un proceso formal y continuado, no algo que se realice una vez. En el momento en que un candidato es ascendido a una posición de nivel ejecutivo, todos los altos directivos conocen ya a la persona y lo que aporta al puesto.

¿Cuáles son las características y experiencias del empleado que permiten prever el éxito en los escalafones ejecutivos y directivos? Un estudio reciente examinó el grado en que las variables demográficas, de capital humano, de motivación y de la organización ayudan a predecir el éxito en una carrera ejecutiva[40]. Los investigadores dividieron el éxito profesional en elementos objetivos (por ejemplo, el nivel salarial) y subjetivos (por ejemplo, la satisfacción laboral). Los investigadores concluyeron que el nivel educativo, la calidad y prestigio de la universidad y la graduación en estudios superiores estaban relacionados con los niveles salariales en una muestra de 1.388 ejecutivos. Resulta interesante que la ambición se relacionaba negativamente con la satisfacción laboral, ya que los ejecutivos más ambiciosos indicaron tener una menor satisfacción en sus puestos actuales.

Las características de personalidad también son determinantes del éxito en puestos de alta dirección. Por ejemplo, un estudio analizó los efectos tanto de la personalidad como de las capacidades cognitivas sobre los ingresos actuales de los directivos, y concluyó que características como la creatividad, la sociabilidad, la confianza en uno mismo y el autocontrol están fuertemente relacionadas con el éxito de los directivos, midiéndose éste en función del nivel salarial[41]. Una investigación reciente sugiere que algunos de los "cinco grandes" rasgos de personalidad están relacionadas con algunas medidas del éxito profesional, como el salario, las promociones y la satisfacción laboral[42]. Por ejemplo, la extroversión está relacionada positivamente con todas las medidas del éxito profesional, mientras que la neurosis es un factor negativo para la satisfacción laboral. Por lo tanto, los directivos deberían tener en cuenta estas características, así como la motivación y los conocimientos técnicos, cuando preparan sus previsiones de promociones y realizan una planificación de sucesiones.

En las pequeñas empresas, la planificación de sucesiones resulta crucial porque la repentina salida o enfermedad de un trabajador clave puede arruinar el negocio. Sin embargo, al igual que algunas personas se niegan a redactar su testamento por miedo a reconocer su propia mortalidad, algunos propietarios de pequeñas empresas evitan planificar su sucesión por temor a reconocer que no siempre detentarán el control de sus negocios. Otros propietarios de pequeñas empresas están demasiado atrapados en la presión de gestionar sus negocios como para planificar el futuro.

LA FASE DE DIRECCIÓN

La *fase de dirección* del desarrollo profesional implica determinar el tipo de carrera profesional que quieren los empleados y los pasos que deben dar para alcanzar sus objetivos profesionales. Una correcta dirección exige una precisa comprensión de la posición actual del empleado. A no ser que la fase de dirección parta de una exhaustiva valoración de la posición actual, los objetivos y pasos identificados pueden ser inadecuados. Por ejemplo, un equipo de trabajo reunido por la asociación Healthcare Financial Management Association revisó las credenciales, experiencias y otros datos de más de 5.000 ejecutivos financieros. También revisaron los estándares educativos y trabajaron con dos grupos de expertos. Gracias a esta revisión, el equipo de trabajo desarrolló el modelo de competencias que se muestra en la Figura 9.5.

El modelo de competencias puede resultar más útil para el desarrollo profesional si se centra en el tipo de papel que desea la persona. Por ejemplo, una persona que aspira a ser el líder de una empresa puede tener que desarrollar los máximos niveles de competencia en la categoría de liderar a los demás. Una persona que aspira al papel de asesor empresarial podría lograrlo mejor si desarrolla una cartera de categorías equilibrada.

La fase de dirección, representada por las competencias, debería partir de una valoración cuidadosa de lo que se necesita en la profesión. Además, la dirección del desarrollo

El equipo de trabajo de la Healthcare Financial Management Association identificó las características de comportamiento que tienen que ver con cualidades en cuanto a habilidades, conocimientos, faceta social, personalidad y motivación necesarias para sobresalir en la profesión. Estas competencias se agruparon en las siguientes categorías:

CATEGORÍA 1: COMPRENSIÓN DEL ENTORNO EMPRESARIAL

Competencias:

1. Pensamiento estratégico: la capacidad de integrar el conocimiento del sector con la comprensión de una visión a largo plazo de la organización.
2. Pensamiento sistémico: la conciencia del modo en que el papel de uno se ajusta a la organización y el conocimiento del momento y el modo de emprender acciones que conduzcan a su eficacia.

CATEGORÍA 2: HACER QUE OCURRA

Competencias:

1. Orientación a los resultados: la necesidad de logro y la capacidad para diagnosticar deficiencias y juzgar cuándo asumir riesgos empresariales.
2. Toma de decisiones en colaboración: acciones que implican a los grupos de interés clave en el proceso de toma de decisiones.
3. Orientación a la acción: ir más allá de los requisitos mínimos del puesto para dirigir enérgicamente los proyectos y liderar el camino hacia la mejora en los servicios, los procesos y los productos.

CATEGORÍA 3: LIDERAR A OTROS

Competencias:

1. Dominio del pensamiento empresarial: la capacidad de animar a los demás a comprender y alcanzar los resultados empresariales. El fomento de la comprensión de las cuestiones y los retos mediante una planificación clara y el establecimiento de una agenda.
2. *Coaching y mentoring:* la capacidad de realizar el potencial de los demás fomentando de forma activa la responsabilidad, la confianza y el reconocimiento.
3. Influencia: la capacidad de comunicar una posición de forma persuasiva, obteniendo así apoyo, acuerdo o compromiso.

Fuente: Adaptado de *Healthcare Financial Managementk* (1999). Dynamic healthcare environment demands new career planning tools, 52, 70-74.

Figura 9.5 ■ Un modelo de crecimiento de competencias para los gestores de seguros médicos: bases para la dirección del desarrollo profesional.

profesional no debería ser un esfuerzo aislado. Para que el desarrollo profesional se haga eficazmente, debe integrarse en otros esfuerzos de GRH, como la contratación, la evaluación del desempeño y la formación.

Un director que participó en un estudio realizado por PricewaterhouseCoopers citaba a Mark Twain: "Nunca intentes enseñar a cantar a un cerdo. Es una pérdida de tu tiempo y molestas al cerdo"[43]. En otras palabras, para que los esfuerzos de desarrollo profesional de su organización tengan éxito, necesita primero asegurarse de que está contratando a las personas que se ajustan, en general, a la cultura y a las cualidades requeridas. Las dos principales alternativas para la dirección profesional son la asesoría individual y los diversos servicios de información.

Asesoría profesional individualizada

La *asesoría profesional individualizada* hace referencia a sesiones individuales con el objetivo de ayudar a los empleados a analizar sus aspiraciones profesionales[44]. Los temas analizados podrían ser las responsabilidades actuales del cargo, los intereses y los objetivos profesionales del empleado. Aunque la asesoría profesional es realizada frecuentemente por directivos o miembros del departamento de RRHH, algunas organizaciones, como Coca-Cola y Disneyland, utilizan asesores profesionales[45].

Los días en los que la asesoría profesional implicaba una relación cara a cara con un asesor profesional o con un directivo podrían estar contados. La asesoría profesional está actualmente disponible a través de la red en sitios como www.careerexperience.com y www.careerjournal.com. El sitio de Internet Dow Jones´ Careerjournal.com, por ejemplo, se centra en la caza de talentos de nivel ejecutivo y ofrece asesoría profesional y evaluación de currículo. El servicio no es, sin embargo, completamente virtual. Aunque se suministra el material online, la interacción con el asesor profesional tiene lugar a través del teléfono.

Cuando los directivos de línea realizan sesiones de asesoría profesional, el departamento de RRHH generalmente supervisa la eficacia de las sesiones y proporciona asistencia a los directivos en forma de formación, formatos de asesoramiento, etc. Existen diversas ventajas derivadas del hecho de que los directivos desarrollen las sesiones de asesoramiento profesional a sus empleados. Primero, los directivos probablemente son más conscientes de las fortalezas y debilidades de sus empleados que nadie. Segundo, saber que los directivos comprenden las preocupaciones profesionales de sus empleados puede fomentar un entorno de compromiso y confianza.

Por desgracia, el asignar la responsabilidad de la asesoría profesional a los directivos no garantiza que la tarea se realice con cuidado. Al igual que sucede con la evaluación del desempeño y otras muchas actividades importantes relacionadas con los RRHH, los directivos podrían tratar el desarrollo profesional de sus empleados como un simple ejercicio de papeleo, a no ser que la alta dirección ponga de manifiesto su fuerte respaldo a estas actividades. Si los directivos no se implican realmente, probablemente habrá un efecto negativo sobre la actitud de los empleados, la productividad y los beneficios.

Servicios de información

Como sugiere el nombre, los servicios de información ofrecen a los empleados información sobre el desarrollo profesional. La determinación de lo que se debe hacer con esta información es en gran parte responsabilidad del empleado. Este planteamiento tiene sentido dada la diversidad de intereses y ambiciones de los empleados en las organizaciones de hoy en día.

Los servicios de información más comunes son el sistema de anuncios de puestos, los inventarios de habilidades, las trayectorias profesionales y los centros de recursos.

Sistema de anuncio de puestos
Un sistema por el que la organización anuncia vacantes de puestos a todos los empleados a través del tablón de anuncios, de una carta interna de la empresa o con llamadas telefónicas grabadas o un sistema informatizado.

- Los **sistemas de anuncios de puestos** constituyen una forma bastante fácil y directa de ofrecer a los empleados información sobre los puestos vacantes. La disponibilidad de puestos en la organización se expone en el tablón de anuncios, en un boletín interno de la empresa, mediante un sistema informatizado o de grabaciones telefónicas o en la intranet de la empresa. Independientemente del medio, todos los empleados tienen acceso al listado. Todos los anuncios deberían incluir descripciones claras de las especificaciones del puesto y los criterios que se utilizarán para seleccionar a los candidatos.

  Los sistemas de anuncios de puestos tienen la ventaja de que refuerzan la idea de que la organización promociona a los de dentro[46]. Esta creencia no sólo motiva a los empleados a mantener y mejorar su rendimiento, sino que también tiende a reducir la rotación.

Inventario de habilidades
Un registro realizado por la empresa sobre las capacidades, cualidades, conocimientos y educación de los empleados.

- Los **inventarios de habilidades** son registros que mantiene la empresa con información sobre habilidades, cualidades, conocimiento y educación de los empleados[47]. La empresa puede utilizar este completo sistema de información centralizada sobre RRHH para tener una descripción general de la formación y necesidades de desarrollo de sus empleados, así como para identificar a talentos existentes en un departamento que podrían emplearse más productivamente en otro departamento.

  Los inventarios de habilidades también pueden ser valiosos para los empleados. La información que reciben sobre su situación relativa a la de otros empleados puede animarles a mejorar sus habilidades o a buscar otros puestos que se ajusten mejor a sus cualidades actuales.

Figura 9.6 ■ Trayectorias profesionales alternativas de un empleado de hotel.

■ Las **trayectorias profesionales** ofrecen valiosa información sobre posibles direcciones y oportunidades profesionales disponibles en la organización. Una trayectoria profesional representa los pasos de una posible carrera profesional y el período temporal que posiblemente se necesite. De la misma forma que varias trayectorias pueden llevar a un mismo puesto de trabajo, el partir de un mismo puesto puede llevar a muy distintos resultados. La Figura 9.6 muestra un ejemplo de trayectorias profesionales alternativas que puede seguir un camarero de bar en el negocio de la hostelería.

Trayectoria profesional
Un cuadro que muestra las posibles direcciones y oportunidades profesionales disponibles en la organización; presenta los pasos a dar en una posible carrera profesional, así como el tiempo necesario para realizar cada uno.

Para que sean realistas, las trayectorias profesionales deben especificar las cualificaciones necesarias para dar el siguiente paso y el tiempo mínimo que se debe estar en cada etapa para obtener la experiencia necesaria. Esta información puede generarse con un PC.

La Figura 9.7 presenta ejemplos de dos formatos de encuesta basadas en puestos en el sector de la hostelería que pueden utilizarse para recopilar la información sobre una

FORMULARIO A: REQUISITOS DE HABILIDADES

Instrucciones: A continuación se ofrece una lista de diversas habilidades necesarias para desempeñar diversos puestos. Utilice la escala de calificación que se le proporciona para indicar el grado en que cada habilidad es aplicable en su puesto actual.

	Rodee con un círculo el número más adecuado			
	No aplicable	**Deseable, a veces útil**	**Muy deseable pero no esencial**	**Esencial, no se puede hacer el trabajo si no se tiene**
Cualidades				
1. Determinar la producción diaria/prevista y las necesidades de equipos de servicio.	1	2	3	4
2. Limpiar las habitaciones.	1	2	3	4
3. Preparar, dividir y cambiar el salón destinado a eventos.	1	2	3	4
4. Resolver problemas de seguridad.	1	2	3	4
5. Limpiar áreas y servicios públicos.	1	2	3	4
6. Ayudar a definir el menú.	1	2	3	4
7. Recibir a los clientes en el hotel y hacer reservas.	1	2	3	4

Figura 9.7 ■ Dos formularios de información sobre trayectorias profesionales. *(continúa)*

	Rodee con un círculo el número más adecuado			
	No aplicable	**Deseable, a veces útil**	**Muy deseable pero no esencial**	**Esencial, no se puede hacer el trabajo si no se tiene**
8. Participar en la preparación de salsas, sopas, guisos y platos especiales.	1	2	3	4
9. Preparar y servir ensaladas, cócteles de frutas, frutas, zumos, etc.	1	2	3	4
10. Participar en la evaluación de carnes y otros platos.	1	2	3	4
11. Servicio de lavandería.	1	2	3	4

FORMULARIO B: REQUISITOS DE EXPERIENCIA

Instrucciones: Se ofrece a continuación una lista de experiencia laboral con títulos de puestos. Utilice la escala que se le proporciona par indicar para cada ítem: (a) la importancia que tiene la experiencia previa en este trabajo para desempeñar con éxito sus obligaciones laborales actuales; y (b) la cantidad de experiencia que constituye una formación adecuada que le capacite para desarrollar la función eficientemente en su actual puesto.

	Rodee con un círculo la cifra adecuada							
	Importancia			**Experiencia mínima**				
	No muy importante	**Muy deseable pero no esencial**	**Esencial, si no, no se puede hacer el trabajo**	**0-6 meses**	**7-11 meses**	**1-2 años**	**3-5 años**	**6 años**
Experiencia laboral								
1. *Asistente del director de almacén:* Registra de forma precisa los costes diarios de los alimentos recopilando las facturas de alimentos, las compras totales de alimentos y haciendo un inventario mensual del almacén de alimentos, etc.	1	2	3	1	2	3	4	5
2. *Asistente del director de bebidas:* Mantiene niveles adecuados de bebidas y demás provisiones; recibe, almacena y envía bebidas a los departamentos usuarios.	1	2	3	1	2	3	4	5
3. *Asistente de despensa:* Prepara y sirve a los camareros las ensaladas, cócteles de frutas, zumos, etc.	1	2	3	1	2	3	4	5
4. *Cocinero de despensa:* Prepara las mezclas para hacer tartas, pasteles, suflés, etc.	1	2	3	1	2	3	4	5
5. *Cocinero de entremeses:* Prepara entremeses en determinadas áreas del restaurante.	1	2	3	1	2	3	4	5
6. *Asistente de chef:* Ayuda al chef en todas las áreas de la cocina; supervisa directamente las operaciones de la cocina en ausencia del chef.	1	2	3	1	2	3	4	5
7. *Camarero de mesa:* Toma los pedidos de los consumidores y atiende su mesa en el restaurante.	1	2	3	1	2	3	4	5
8. *Director de bebidas:* Supervisa y programa al personal en función de las necesidades de provisiones de bebidas.	1	2	3	1	2	3	4	5
9. *Ayudante del director de banquetes:* Ayuda a coordinar y realizar con éxito todas las funciones de un banquete, como la coordinación del personal, garantizar que la habitación está adecuadamente preparada y mantiene informado al director de banquetes de todos los problemas o cuestiones inesperadas.	1	2	3	1	2	3	4	5

Figura 9.7 ■ *(continuación)*

trayectoria profesional. El formulario A pide a los empleados que indiquen la importancia de determinadas habilidades para realizar su trabajo. Las habilidades incluidas en el formulario se pueden determinar analizando la información del análisis de puestos y entrevistando a empleados individualmente. Posteriormente las respuestas de los empleados se pueden utilizar para desarrollar una lista de habilidades críticas y deseables para cada puesto.

El formulario B pide a los empleados que juzguen el grado en que es necesario tener experiencia en otros puestos de la organización para desempeñar adecuadamente el puesto actual. Los puestos de menor nivel, que siguen exigiendo tener las habilidades descubiertas mediante el formulario A, no necesitarían experiencia laboral previa en la organización. Los puestos de mayor nivel y más complejos probablemente exigirían tener una mayor experiencia laboral.

- Un **centro de recursos** es un conjunto de materiales para el desarrollo profesional, como libros, cintas y textos. Estos recursos podrían estar a cargo del departamento de RRHH, ya sea en oficinas o en un área de fácil acceso para los empleados. Las empresas que tienen muchas instalaciones podrían publicar la disponibilidad de estos materiales y prestarlos a los empleados que lo soliciten. Algunas facultades y universidades mantienen centros de recursos y muchas empresas consultoras (sobre todo las especializadas en recolocación) ofrecen también este tipo de materiales. Los centros de recursos pueden ayudar a las personas a identificar por sí mismas sus fortalezas y debilidades, sus opciones profesionales y sus oportunidades de educación y formación.

Centro de recursos
Una recopilación de materiales para el desarrollo profesional, como libros, cintas y textos.

LA FASE DE DESARROLLO

El cumplimiento de los requisitos necesarios para ascender en una organización puede exigir una gran cantidad de crecimiento y mejora personal. La *fase de desarrollo*, que implica emprender acciones para crear y mejorar las habilidades necesarias para prepararse para futuras oportunidades laborales, intenta fomentar este crecimiento y esta mejora personal. Los programas de desarrollo más comunes que ofrecen las organizaciones son los programas de *mentoring*, *coaching*, rotación laboral y apoyo en tutorías.

Mentoring

El ***mentoring*** es una relación entre dos trabajadores, uno de los cuales tiene experiencia y el otro no, orientada al desarrollo. En las relaciones de mecenazgo, que pueden tener lugar en todos los niveles y en todas las áreas de la organización, normalmente se asesora, se modela, se comparten los contactos y se ofrece apoyo. El mecenazgo puede ser voluntario e informal o involuntario y formal. El mecenazgo informal suele ser más eficaz que el mecenazgo que se ofrece sólo como parte de una responsabilidad formal[48], aunque existen situaciones en que el programa formal de mecenazgo puede ser la mejor elección.

Mentoring
Una relación de desarrollo entre dos compañeros de trabajo, uno antiguo y otro nuevo, que implica asesoría, modelar papeles, compartir contactos y ofrecer un apoyo genérico.

Se ha descubierto que el mecenazgo marca una diferencia real en la carrera profesional, ya que los ejecutivos que han tenido a un mentor al principio de sus carreras tienden a ganar más dinero siendo más jóvenes y tienen más probabilidades de seguir un plan profesional que aquellos que no han tenido un mentor. Las conclusiones de las investigaciones respaldan la idea de que un mecenazgo eficaz puede mejorar resultados tales como los niveles de rendimiento, las tasas de promoción, la movilidad hacia arriba y los ingresos y la satisfacción en el puesto de trabajo[49]. Para los mentores, sobre todo los que están cerca de la jubilación, este papel les puede ofrecer nuevos desafíos y una renovada motivación y entusiasmo. Una encuesta reciente realizada a mentores concluyó que los supervisores suelen ser los mentores más eficaces[50]. Sin embargo, los que contestaron a la encuesta también veían diferencias entre el papel de supervisor y el de mentor, ya que el primero se centra en los resultados y el segundo en la persona. La gente que ha tenido un mentor afirma que el mentor da confianza, estimula el aprendizaje y sirve de modelo de comportamiento.

El programa de *mentoring* de Intel proporciona un ejemplo innovador de encaje entre mentores y personas que reciben el *mentoring*[51]. El programa de Intel busca encajar a las personas en función de sus habilidades y necesidades, no por la posición en la organización. La empresa utiliza los intereses y el correo electrónico para encajar a mentores y personas que reciben el *mentoring*.

Las relaciones de *mentoring* pueden ser particularmente importantes para las minorías[52]. Los directivos afroamericanos, por ejemplo, que han tenido mentores han alcanzado niveles más elevados en su carrera. Se demostró en un estudio que la tasa de promoción de mujeres afroamericanas era de un 70 por ciento para las que tenían mentores y de un 50 por ciento para las que no. Un mentor eficaz puede ayudar a sensibilizar y educar a la persona que recibe el *mentoring* acerca de cuestiones políticas y culturales que podrían surgir a las que las minorías podrían no haberse expuesto.

Algunas organizaciones están combinando el aprendizaje por observación del trabajo (*job shadowing*) con el *mentoring*[53]. El aprendizaje por observación del trabajo permite a una persona con menos experiencia observar a un empleado más experimentado durante un tiempo establecido. Por ejemplo, Edward Jones combina el aprendizaje por observación del trabajo con el *mentoring* en su Plan GoodKnight. El programa empareja a un representante no inversor con uno veterano de éxito durante alrededor de un año. Gradualmente se va proporcionando al nuevo representante la oportunidad de asumir un porcentaje de las cuentas del veterano antes de abrir su oficina. La empresa ha encontrado que los representantes que no pasaron el programa hasta su segundo o tercer año no alcanzaron el nivel de producción de los representantes que pasaron el plan GoodKnight en su primer año. Target es otra organización que comparte el aprendizaje por observación del trabajo con el *mentoring*. Target proporciona un programa de Analista de Negocios de 15 semanas en el que los nuevos analistas observan a un mentor. El mentor aclimata a los nuevos contratados a la cultura de Target y proporciona tareas e información sobre la marcha del programa. Al final de programa, el nuevo analista puede gestionar su propia actividad.

Al igual que las mujeres y las minorías en las grandes empresas, las personas que trabajan en pequeñas empresas o por cuenta propia podrían tener dificultades para encontrar un mentor. Estas personas se podrían beneficiar de la pertenencia a asociaciones profesionales y comerciales. Esta forma de "*mentoring* de grupo" puede complementar el *mentoring* individual o servir como sustituto del mismo.

La pertenencia a organizaciones profesionales es una herramienta eficaz para el desarrollo profesional. Aunque la investigación es limitada, está claro que la pertenencia a una asociación ofrece importantes oportunidades para las relaciones profesionales y muchas carreras profesionales han logrado avanzar gracias a estas redes. Aunque la mayoría de las organizaciones profesionales destacan el contenido educativo de sus funciones, el proceso social y las oportunidades de acceder a contactos profesionales parecen ser mucho más importantes para sus miembros[54].

Coaching

El *coaching* de los empleados consiste en hacer reuniones continuadas, a veces espontáneas, entre los directivos y sus empleados para discutir los objetivos y el desarrollo profesional del empleado. La cooperación con los empleados para revelar y poner en práctica sus objetivos profesionales fomenta la productividad y puede facilitar el avance del propio directivo. Entonces, ¿por qué tantos directivos menosprecian el entrenamiento de sus empleados? Por una razón, en las organizaciones actuales, más planas, los directivos tienen a más gente a su mando y menos tiempo para ayudar al desarrollo de cada empleado. Por otra parte, los directivos podrían ver el "desarrollo de los empleados" como una frase hecha, a no ser que la alta dirección dé su apoyo de forma clara y contundente. Finalmente, los directivos podrían sentirse más cómodos trabajando en sus tareas y creer que carecen de las habilidades necesarias para ser un entrenador eficaz[55]. Muchos directivos consideran que su papel es el de dar respuestas, señalar debilidades, diagnosticar problemas y resolverlos. Este papel es eficaz si el objetivo es juzgar o valorar, pero no lleva a un entrenamiento eficaz de los empleados.

Rotación en el trabajo

La *rotación en el trabajo* implica la asignación de los empleados a diversos trabajos de forma que puedan adquirir una base más amplia de habilidades. Una experiencia laboral más amplia da a los trabajadores más flexibilidad para elegir una trayectoria profesional. Y, como discutimos en el Capítulo 8, los empleados pueden obtener una experiencia más profunda y más flexible mediante la formación en diversas funciones.

Además de ofrecer más opciones profesionales al empleado, la rotación en el trabajo da lugar a unos empleados con una formación más amplia y más cualificada. Sin embargo, los programas de rotación en el trabajo tienen sus desventajas. No sirven para empleados que quieren estar especializados en algo muy concreto. Desde la perspectiva de la organización, se pueden ralentizar las operaciones hasta que los trabajadores aprenden nuevas habilidades. Aunque las ventajas de la rotación en el trabajo, desde el punto de vista del desarrollo, podrían ser elevadas a largo plazo, las empresas deberían ser conscientes de los costes que originan a corto y medio plazo. Desde la perspectiva del empleado, la oportunidad de rotar entre trabajos puede ser un mecanismo de supervivencia. Concretamente, la reducción del tamaño empresarial de una organización puede centrarse en eliminar un área obsoleta. Cuando los empleados amplían sus habilidades rotando entre trabajos, ayudan a garantizar su longevidad y utilidad para la organización.

Programas de tutorías

Las organizaciones ofrecen *programas de tutorías* para respaldar la educación y el desarrollo de sus empleados. Las tutorías y otros costes de los programas educativos (seminarios, talleres y programas de formación continua y de formación profesional) podrían ser pagados por la empresa total, parcialmente o en función del rendimiento que se haya tenido en el programa.

Una encuesta sobre reembolso de programas educativos puso de manifiesto que el 43 por ciento de estos planes reembolsaban menos del 100 por 100 de la formación. Normalmente existe una límite fijo, aproximadamente el 75 por ciento, de todos los cursos de formación. Algunas empresas varían el porcentaje de fondos reembolsados en función de la relevancia del curso para los objetivos de la organización. Por ejemplo, una empresa editora de libros de negocios podría animar a sus editores a que sigan cursos profesionales relacionados con los negocios, como economía y marketing, reembolsando estos cursos al 100 por 100. Sin embargo, si los editores quieren seguir unos cursos de interpretación del leguaje de signos, de historia del arte o de literatura inglesa, la empresa podría reembolsar únicamente el 50 por ciento.

AUTOGESTIÓN DE LA CARRERA PROFESIONAL

Concluimos este capítulo analizando la manera de gestionar su propia carrera.

Cuando un empresario ofrece de forma rutinaria programas de desarrollo, es esencial que los empleados esbocen su propio plan de desarrollo. Los empleados que no hagan esto

CUADERNO DEL DIRECTOR

GRH: EL EMPLEADO COMO CLIENTE INTERNO

Autoevaluación de la carrera

La autoevaluación de la carrera se ha convertido en poco tiempo en la norma en muchas organizaciones. Pero, ¿cómo evaluar dónde se encuentra usted en su carrera? Y, ¿cómo puede saber si su puesto actual le sitúa en el camino para alcanzar sus objetivos profesionales? Las siguientes preguntas pueden ayudarle a hacer sus propias evaluaciones acerca de la carrera profesional.

- *¿Lo que está haciendo en su trabajo encaja con sus valores?* Utilice el ejercicio de autoevaluación en el Cuaderno del Director, "Sus anclajes". ¿Su puesto actual encaja bien con su anclaje? O, haga una lista de sus valores y juzgue si lo que está haciendo en su trabajo encaja con estos valores. ¿Existen desajustes importantes en los valores que son más relevantes para usted?
- *¿Encuentra significado a su trabajo?* Haga lo que haga, ¿piensa que con su trabajo hace alguna contribución positiva? Por ejemplo, ¿le permite su trabajo que los clientes, la organización o la comunidad noten la diferencia, y este efecto es importante para usted?
- *¿Cómo le trata su organización?* ¿Siente que le tratan con dignidad y respeto en su trabajo?
- *¿Cómo utiliza su talento en el trabajo?* ¿Está haciendo un trabajo en el que usted es bueno? ¿Hace el trabajo como le gusta? ¿Son apreciadas sus contribuciones?
- *¿Cómo es su jefe?* ¿Le apoya en su desarrollo profesional? ¿Le ayuda a que se esfuerce para desarrollarse?
- *¿Cómo es su vida?* ¿Siente que hay equilibrio? ¿Está satisfecho con su calidad de vida? ¿Se está perdiendo cosas?

Responder a estos interrogantes puede ayudarle a determinar si está en el buen camino en su carrera profesional o si necesita hacer algunos cambios. No necesariamente todas las respuesta deben ser positivas o positivas en el grado máximo, pero demasiadas respuestas negativas podrían ser una señal de que donde usted está en este momento no está contribuyendo a su carrera.

Fuente: Adaptado con permiso de Kaplan-Leiserson, E. (2002). A love match: Do you love your job? Does it love you? *Technology & Development*, 56, 14 (2).

corren el riesgo de estancarse y quedar obsoletos. Uno de los primeros asuntos a tratar es si su puesto actual encaja con sus planes de carrera. El Cuaderno del Director, "Autoevaluación de la carrera", presenta temas que puede utilizar para valorar si su puesto le sitúa en la trayectoria profesional que es buena para usted.

Desarrollar su carrera requiere más que simplemente asegurar su supervivencia en su organización. Una gestión exitosa de su desarrollo profesional significa reconocer y desarrollar usted mismo las habilidades necesarias para prosperar en su actual trabajo. El Cuaderno del Director, "Guía para líderes actuales", identifica algunas de las características que son necesarias para una gestión eficaz en los entornos competitivos y dinámicos

CUADERNO DEL DIRECTOR

TENDENCIAS EMERGENTES

Guía para líderes actuales

El entorno actual es más dinámico, competitivo y global que nunca. El éxito en este entorno requiere un cambio en el enfoque tradicional de ordeno y mando en la gestión. Los siguientes puntos pueden servirle de guía para ser un líder eficaz en el entorno actual.

- *Adopte una perspectiva emprendedora.* ¿Cuáles son las necesidades en el mercado y de qué modo pueden ser mejor atendidas? ¿Quiénes son los clientes de su organización y de qué modo puede usted anticiparse mejor a sus necesidades? Este tipo de preguntas dirigen a los directivos a soluciones orientadas a los clientes. Tener una orientación externa y buscar soluciones en lugar de quejarse por los problemas conducirá a cosas buenas para su organización y para su carrera.

- *Alíese con el caos.* En lugar de constituir una amenaza, el cambio es actualmente una parte rutinaria en el trabajo. Su buen papel como líder requiere que busque adaptarse e intente nuevos enfoques. Tiene que ver las decisiones como ajustes tácticos en lugar de como respuestas permanentes. Dados los entornos rápidamente cambiantes de hoy en día, debe tomar las mejores decisiones con la información que esté disponible inmediatamente y a continuación tiene que dar pasos hacia delante.
- *Algo de riesgo es necesario.* Los líderes eficaces de hoy en día no son adversos al riesgo. Sin embargo, tampoco actúan a ciegas y precipitadamente. Tiene que aceptarse la posibilidad de fracasar como parte del proceso de aprendizaje y éxito. Sin embargo, conseguir información precisa y prestar atención a los detalles incrementará sus oportunidades de hacer las mejores elecciones.
- *La amplitud de miras es la clave.* La adaptabilidad y la atención al cliente son características muy valoradas en las organizaciones actuales. La capacidad de asociarse con otros y conseguir formas de que se hagan las cosas podría ser más importante que las habilidades especializadas. Puede hacer contribuciones positivas a su organización y su carrera si ve que todo forma parte de su trabajo.
- *Las habilidades interpersonales pueden ayudarle.* Las habilidades interpersonales son esenciales para los directivos para contratar, liderar, ejercer de mentores y retener a los empleados en los entornos de trabajo actuales, dinámicos y basados en los equipos.

Fuente: Adaptado de Kacena, J. F. (2002). New leadershipo directions. Journal of Business Strategy, 23, 21-23; Executive update (2002), *Technology & Development* 56, 19.

actuales. Desarrollar estas características en usted mismo puede ayudarle a alcanzar una carrera positiva y satisfactoria.

Además de por las características y comportamientos personales eficaces, el desarrollo profesional puede verse influido de forma significativa por determinadas situaciones. Por ejemplo, los equipos, en particular los multi-funcionales o generalistas, pueden proporcionar una gran oportunidad de desarrollo profesional[56]. Los equipos generalistas le aportan una comprensión mayor y una perspectiva más amplia de la organización. Además, estos equipos proporcionan excelentes oportunidades para conseguir contactos valiosos.

La Figura 9.8 ofrece un listado de un conjunto de sugerencias para ayudar a los empleados a reforzar su propio desarrollo e incrementar sus oportunidades de promoción. Las sugerencias de desarrollo se centran en la dirección y el crecimiento personal, mientras que las sugerencias de promoción se centran en los pasos que los empleados pueden dar para mejorar sus posibilidades de promoción en la organización.

Desarrollo	Promoción
1. Haga su propia declaración de misión personal.	**1.** Recuerde que el rendimiento en su función es importante pero que las relaciones interpersonales son esenciales.
2. Asuma la responsabilidad de su propia dirección y crecimiento.	**2.** Establezca los valores y las prioridades adecuadas.
3. Haga de su mejora, más que de su promoción, su prioridad.	**3.** Ofrezca soluciones, no problemas.
4. Hable con las personas de los cargos que quiere alcanzar y consiga sugerencias sobre cómo conseguirlo.	**4.** Sea un jugador de equipo.
5. Establezca objetivos razonables.	**5.** Oriéntese hacia el cliente.
6. Haga de la inversión en usted mismo una prioridad.	**6.** Actúe como si lo que hace constituyera una diferencia importante.

Fuente: Sugerencias de promoción adaptadas de Matejka, K. y Dunsing, R. (1993). Enhancing your advancement in the 1990s. *Management Decision*, 31, 52-54.

Figura 9.8 ■ Sugerencias de desarrollo personal.

SUGERENCIAS DE DESARROLLO

Las sugerencias de desarrollo de la Figura 9.8 parten del supuesto de que la organización no ofrece programas de desarrollo. Sin embargo, estas sugerencias son relevantes incluso si la empresa ofrece este tipo de actividades.

1. **Redacte su propia declaración de desarrollo personal.** Al igual que la declaración de la misión de una organización, la *declaración de la misión personal* debería indicar el negocio en el que le gustaría trabajar y el papel que querría desempeñar[57]. Debería ver esta declaración como algo que puede cambiarse a lo largo del tiempo, no como una orden que debe acatar sin tener en cuenta los factores circunstanciales o personales.

   El proceso de desarrollo de esta declaración puede poner de relieve valores y preferencias personales que podría no haber considerado antes. Una vez redactada, la declaración de la misión debería ayudarle a establecer su dirección estratégica, a clarificar sus prioridades y a evitar invertir tiempo y energía en perseguir lo que no es importante para cumplir su misión.
2. **Asuma la responsabilidad de su propia dirección y crecimiento.** No debería poner todas sus esperanzas en los programas de desarrollo ofrecidos por la empresa. Las cosas cambian y las etapas de una trayectoria profesional pueden quedar suprimidas debido a una reducción del tamaño empresarial o a una reestructuración. Las organizaciones también podrían suprimir o sustituir los programas de desarrollo. Estos cambios podrían resultar devastadores para aquellas personas que dejan su futuro totalmente en manos de su organización.
3. **Haga de su mejora, más que de su promoción, su prioridad.** El aplanamiento de las organizaciones y la reducción del tamaño empresarial se traducen en menores oportunidades de promoción para los próximos años. Es raro que haya trayectorias directas de ascenso hacia las posiciones de mayor nivel. Reforzar sus habilidades en el corto plazo debería conducir a una promoción en el largo plazo.
4. **Hable con las personas que ocupan los cargos que ambiciona y pídales sugerencias sobre cómo alcanzarlos.** La gente que actualmente ocupa el tipo de puesto que usted quiere puede darle sugerencias valiosas sobre el puesto y lo que hay que hacer en él. Hablar con estas personas además es una buena forma de crear relaciones profesionales y de que se acuerden de usted.
5. **Establezca objetivos razonables.** Al igual que en cualquier empresa, lo mejor es establecer objetivos razonables a lo largo del tiempo hasta su objetivo final. Dividir sus ambiciones profesionales en pequeños objetivos más manejables puede ayudarle a dar los pasos necesarios para alcanzar el objetivo final. Es importante que estos pequeños objetivos sean razonables y asequibles. Si se espera demasiado, en muy poco tiempo, puede acabar desilusionado y frustrado.
6. **Haga de la inversión en usted mismo una prioridad.** Cuando hay muchas cosas que exigen su tiempo y su atención, resulta fácil olvidarse de las actividades relacionadas con el desarrollo personal. Es importante recordarse a sí mismo que estas actividades son, de hecho, una inversión en usted mismo y en su propio futuro, y que probablemente nadie más haga esa inversión por usted.

SUGERENCIAS DE PROMOCIÓN

Las sugerencias de promoción en la Figura 9.8 se centran en los pasos que puede seguir para mejorar sus posibilidades de promoción. Las sugerencias de desarrollo son fundamentales y constituyen una base necesaria, pero las sugerencias de promoción ofrecen las actitudes necesarias.

1. **Recuerde que el rendimiento en su función es importante, pero que las relaciones personales son esenciales.** Para avanzar en una organización es necesario tener habilidades excepcionales de relación interpersonal. La capacidad de comunicación (con otra persona o ante un grupo), de colaborar, de escuchar, de resumir, de redactar informes y memorias concisas son esenciales para ser considerado un candidato viable para la promoción.
2. **Establezca los valores y prioridades adecuados.** Algunas organizaciones dan mucho valor a la colaboración y al trabajo en equipo, mientras que otras resaltan la independencia y la contribución individual. Si ajusta su comportamiento a los valores de la organización mejorará sus posibilidades de promoción[58].
3. **Ofrezca soluciones, no problemas.** A nadie le gusta escuchar quejas. Por tanto, en lugar de quejarse y señalar problemas, tómese algún tiempo para pensar en las cuestiones y ofrecer posibles soluciones. Se le percibirá como un miembro mucho más valioso de la organización.
4. **Sea un jugador de equipo.** No debería intentar acaparar los logros de su trabajo en grupo. Por el contrario, debería tratar de brillar a la luz de los esfuerzos del grupo. Cuando lo haga, será considerado como alguien que hace posible las cosas y no como un observador. Sin embargo, debería asegurarse de que los responsables de evaluar su rendimiento conocen sus logros personales. Una forma de equilibrar estas cuestiones consiste en negarse a buscar una valoración pública de su rendimiento, pero no temer el pedir que se preste atención a sus éxitos cuando sea necesario.
5. **Oriéntese hacia los clientes.** Siempre tiene que tener en cuenta que cualquiera con quien se relacione es su "cliente". Independientemente de que estas relaciones sean internas o externas, la comprensión y satisfacción de las necesidades del cliente deberían constituir la mayor prioridad. Cuando adopte en su trabajo un enfoque orientado al cliente, la organización le reconocerá como un representante de alta calidad del que se puede esperar que logre sus objetivos.
6. **Actúe como si lo que hace constituyera una diferencia.** Una forma segura de ser ignorado para la promoción es mostrar una actitud negativa o apática. No todas las tareas o proyectos que le sean encomendados despertarán su interés, pero si su actitud ante estas actividades es positiva, los demás considerarán que contribuye y que es un jugador valioso para el equipo.

Resumen y conclusiones

¿Qué es el desarrollo profesional?

El desarrollo profesional es un esfuerzo organizado y formalizado que se centra en el desarrollo de trabajadores más capacitados. Se centra en más cosas, tiene un marco temporal más largo y un alcance mayor que la formación. El desarrollo debe ser una estrategia empresarial clave si la organización quiere sobrevivir en un entorno cada vez más global y competitivo.

Retos del desarrollo profesional

Antes de poner en marcha un programa de desarrollo profesional, la dirección debe determinar (1) quién será el responsable del desarrollo, (2) qué importancia debe dársele y (3) cómo se van a satisfacer las necesidades de desarrollo de una fuerza laboral diversa (incluyendo las parejas con una doble carrera profesional).

Superación de los retos para un desarrollo eficaz

El desarrollo profesional es un ciclo continuo que consta de tres fases: la fase de valoración, la fase de dirección y la fase de desarrollo. Cada fase es una parte importante del desarrollo de los trabajadores.

En la fase de valoración, se identifican las habilidades, los intereses y los valores del empleado. Estas valoraciones podrían realizarlas los propios trabajadores, la organización o ambos. La valoración personal suele hacerse a través de libros sobre carreras profesionales y seminarios de planificación de la carrera profesional. La valoración de la organización se hace a través de centros de evaluación, de pruebas psicológicas, de evaluaciones del desempeño, de previsiones de promociones y de la planificación de las sucesiones.

La fase de dirección implica determinar el tipo de carrera que quieren desarrollar los empleados, así como los pasos que deben dar para alcanzar esos objetivos profesionales. En esta fase, los trabajadores podrían recibir una asesoría profesional individualizada o información proveniente de diversas fuentes, incluyendo los sistemas de anuncios de puestos, los inventarios de habilidades, las trayectorias profesionales y los centros de recursos.

La fase de desarrollo implica emprender acciones para crear y mejorar las habilidades de los trabajadores y sus posibilidades de promoción. Los programas de desarrollo más comunes son los programas de *mentoring*, *choaching*, rotación laboral y programas de tutorías.

Autogestión de la carrera profesional

En las situaciones en las que el empresario no ofrece de forma rutinaria programas de desarrollo, los empleados deben adoptar un papel activo en su propio desarrollo profesional. De lo contrario, corren el riesgo de estancarse y quedar obsoletos.

Términos clave

Desarrollo profesional
Trayectoria
Centro de recursos
Parejas con doble carrera profesional
Sistema de anuncio de puestos
Mentoring
Previsión de promociones
Inventario de habilidades
Planificación de sucesiones

Preguntas para el debate

1. Se ha argumentado que la formación puede conducir a la rotación, pero el desarrollo profesional puede reducirla. Diferencie entre formación y desarrollo profesional. ¿Por qué la formación podría conducir a la rotación mientras que el desarrollo profesional podría facilitar la retención? Explique su respuesta.
2. ¿Qué haría usted para conservar y desarrollar a los empleados más mayores que forman parte de una pareja con una doble carrera profesional?
3. Las organizaciones actuales son más planas y ofrecen menos posibilidades de promoción. ¿Cómo cree usted que habría que desarrollar las carreras profesionales en este entorno organizativo?
4. ¿Qué retos plantean las unidades familiares no tradicionales a los planes de desarrollo de las carreras profesionales?
5. La gente que adopta una estrategia de carrera profesional se centra en la promoción profesional mediante maquinaciones políticas y no tanto en tener un excelente rendimiento. Los expertos han señalado cuatro formas de influir en la opinión que los superiores tienen de ellos: hacer favores a los superiores (con la esperanza de que les sean devueltos algún día), opinar lo mismo que ellos (para crear una buena relación y lograr su confianza), otros halagos (adular) y representarse a sí mismo (describirse como una persona con unas características motivacionales y deseables). ¿De qué formas pueden influir los empleados sobre las opiniones que tienen sus superiores? ¿Cómo pueden discernir los directivos si el empleado es sincero o no? ¿Qué criterios deben utilizarse para decidir a qué empleados se promociona?
6. Las empresas utilizan diversas tácticas para animar a que los directivos consideren de alta prioridad el desarrollo de sus empleados. Por ejemplo, Honeywell ofrece un prestigioso premio de 3.000 dólares a aquellos directivos que contribuyan a la rentabilidad de su unidad, que apoyen el desarrollo profesional de al menos tres personas y que tengan excelentes registros como mentores de grupos de empleados diversos. Los

ganadores obtienen el reconocimiento de toda la empresa, así como la recompensa financiera. ¿Qué piensa usted de esta política de vincular recompensas financieras al desarrollo de las personas? ¿Qué otras formas tienen las empresas para responsabilizar a los directivos del desarrollo de sus subordinados?

Existe material adicional disponible en la página web que acompaña a este libro. Puede acceder a esta información visitando la página web ***www.prenhall.com/gomez.***

¡DECIDA USTED!

TENDENCIAS GLOBALES — Caso 9.1

El techo de cristal: un problema no sólo de EE.UU.

El techo de cristal hace referencia a una barrera que dificulta a personas de determinados grupos promocionar a puestos de mayor poder e influencia. Aunque el término se emplea a veces para aludir a las barreras a las que se enfrenta cualquier grupo, el significado inicial del término y su uso habitual es para aludir a las barreras a la promoción de las mujeres. Las empresas en EE.UU. han progresado hacia la igualdad de género, pero las mujeres siguen estando poco representadas en los puestos de alta dirección. Desgraciadamente, EE.UU. no es el único país que lucha con el techo de cristal.

Considere el ascenso de mujeres a puestos de alta dirección en Japón. Recientemente, y con una diferencia de una semana, Sanyo Electric Co. y Daiei Inc. (un comercio minorista japonés) han contratado a mujeres como sus CEOs. Podría parecer que estos hechos marcan una tendencia, pero no dejan de ser dos ejemplos aislados de mujeres que están en la cima de empresas japonesas[a]. Ambas empresas están atravesando problemas financieros y podrían estar buscando un liderazgo nuevo y diferente que las reflote.

Como en EE.UU., las empresas japonesas son conscientes del techo de cristal y están comprometidas con hacer algo. Por ejemplo, Nissan tiene el objetivo de triplicar el número de mujeres en puestos de dirección hasta 120. Esta cifra constituiría el cinco por ciento de sus puestos de dirección; el porcentaje medio de mujeres en puestos directivos en Japón es un 2,8 por ciento.

Suecia es considerado un país progresista y que apoya la igualdad de género. Por desgracia, Suecia proporciona otro ejemplo de país que lucha contra el techo de cristal. Las mujeres representan el 79 por ciento de la fuerza de trabajo en Suecia, pero sólo un tres por ciento de ellas ocupan puestos de dirección[b]. Una encuesta encargada por el gobierno sueco encontró que el 42 por ciento de las empresas suecas no tenían una sola mujer en sus consejos de administración. Ha habido cierta discusión sobre la legislación a favor de la igualdad de género, pero la mayoría de las empresas están en contra. Sin embargo, la mayoría de las empresas suecas desarrollan seminarios sobre igualdad de género y aproximadamente la mitad ven como un problema la ausencia de mujeres en niveles de dirección.

Preguntas para reflexionar

1. ¿Piensa usted que existe un techo de cristal en EE.UU. y otros países como Japón y Suecia? Si no lo cree, ¿qué podría explicar la baja representación de mujeres en puestos de dirección que no sea la discriminación?
2. En Japón, el techo de cristal podría estar relacionado con una cultura de dominio masculino. Si este es el caso, ¿cómo se puede reducir o eliminar el techo de cristal?
3. En Suecia, muchas mujeres ocupan puestos de poder en la política. Por ejemplo, las mujeres ocupan 11 de los 22 puestos del consejo de ministros. Obviamente, la promoción de las mujeres suecas en el mundo empresarial es otra cuestión. La prevalencia de mujeres en puestos altos en el sector público parecería un argumento en contra de un techo de cristal impuesto por la cultura. ¿Qué otra cosa, entonces, podría estar dificultando la promoción de las mujeres suecas en el sector privado?

Trabajo en equipo

Considere, con su equipo, la evidencia presentada en este caso acerca de las limitadas promociones de las mujeres. Identifiquen posibles causas del techo de cristal. ¿Qué pasos sugerirían de acuerdo con la causa que tratan de remediar y teniendo en cuenta si son soluciones a corto o largo plazo? Compartan sus planes con el resto de la clase.

Toda la clase debe identificar lo mejor de las presentaciones de los equipos y diseñar un plan general. ¿Piensa la clase que se eliminará el techo de cristal?

Ejercicio basado en la experiencia

Muchos creen que la baja representación de mujeres en la dirección se debe a una discriminación injusta. Por ello, la legislación que fuerza la justicia (como las cuotas) es una posible solución. Otras personas apuntan al hecho de que las mujeres es más probable que abandonen el trabajo. Algunas mujeres que han llegado con éxito a puestos de dirección se cuestionan la existencia de un techo de cristal y argumentan que las mujeres necesitan hacerse fuertes y abandonar la creencia de que son víctimas.

Seleccione representantes de la clase como miembros que adoptan la posición de la existencia de un techo de cristal y que no aceptan esta explicación. Cada equipo debería empezar describiendo su posición. El equipo a favor de la explicación del techo de cristal debería identificar lo que entiende por discriminación. ¿Por qué se produce la discriminación del techo de cristal? El equipo en contra de la explicación del techo de cristal debería identificar los factores que explican el menor porcentaje de mujeres en puestos de dirección. Si el factor determinante no es la discriminación, ¿qué otros factores podrían ser la causa?

En un formato de debate, cada equipo presenta su posición y lo que debería hacerse para resolver el problema. Cada equipo tiene la oportunidad de preguntar y refutar al otro equipo y encontrar puntos en común. El profesor moderará este proceso. Al final del debate, el profesor conducirá a la clase hacia la discusión de las causas de la barrera a la promoción de las mujeres y las acciones que podrían emprenderse para remediar el problema.

Fuentes: [a]Tashiro, H. y Rowley, I. (2005, mayor 2). The glass ceiling stays put. *BusinessWeek*, 22; [b]Ritter, K. (2005, abril, 16). Sex equality hits glass ceiling in Sweden. Associated Press.

¡DECIDA USTED!

GRH: EL EMPLEADO COMO CLIENTE INTERNO Caso 9.2

Evalúese a sí mismo

La fase de valoración en el desarrollo profesional se ha concebido habitualmente como algo que la organización proporciona. Sin embargo, el proceso completo de desarrollo profesional se está convirtiendo cada vez más en una responsabilidad del empleado, y la valoración no es una excepción.

Las asociaciones profesionales y muchas compañías han desarrollado numerosas herramientas de valoración para ayudar a los empleados en sus esfuerzos de desarrollo profesional. Por ejemplo, los contables han desarrollado una herramienta de valoración personal o autovaloración basada en la web que incluye modelos de referencias y planes de acción para la promoción[a]. Todos los profesionales de la contabilidad, desde los estudiantes a los altos directivos, pueden utilizar la Herramienta de Autovaloración de Competencias (CAT son las siglas en inglés). La valoración online incluye la evaluación de las siguientes áreas de competencia:

- **Atributos personales:** integridad, ética, compromiso, orientación interpersonal, comunicación escrita en el terreno de los negocios, comunicación oral, etc.
- **Habilidades de liderazgo:** planificación estratégica, negociación, resolución de problemas, toma de decisiones.
- **Perspectiva amplia del negocio:** prácticas del sector, comprensión de la organización.
- **Especialidad funcional:** habilidades técnicas para cada área práctica.

Los resultados de la valoración incluyen un plan de desarrollo profesional personalizado.

Otro ejemplo de sistema de valoración online es el programa europeo de acreditación de mecánicos[b]. El programa fue desarrollado por socios como BMW, DaimlerChryler, Ford, Hertz y Toyota y mide el conocimiento en áreas como el aire acondicionado, los sistemas de frenado, etc. Permite a los técnicos valorar sus habilidades y planificar sus actividades de desarrollo. Además, el programa asigna tres niveles de acreditación: (1) técnico de servicio de mantenimiento, (2) técnico de diagnóstico y (3) técnico maestro. Para lograr la acreditación se requiere pasar los test de conocimiento y demostrar el dominio de las tareas actuales a juicio de un asesor.

Preguntas para reflexionar

1. Un proceso de desarrollo profesional eficaz comienza con la valoración. Los programas de valoración online descritos aquí sitúan la responsabilidad de la valoración en el empleado. ¿Está de acuerdo con este enfoque o piensa que el empresario debería ser más responsable del proceso? Explique su respuesta.
2. Hacer la valoración y la planificación de la carrera online hace que el proceso resulte más sencillo para los trabajadores. En resumen, el desarrollo profesional online es atractivo para el cliente. Sin embargo, la información que se recibe sobre las competencias y las posibles discusiones sobre la carrera pueden ser temas sensibles e importantes. ¿Resulta suficiente este enfoque de valoración online para un desarrollo profesional eficaz o se necesitan otros enfoques? En caso afirmativo, descríbalos.
3. La valoración online de profesiones particulares puede tratar competencias muy específicas y relevantes. Los sistemas más generales de desarrollo profesional online están a

disposición de los profesionales de los negocios[c]. ¿Cuáles son las ventajes y los inconvenientes de los programas de valoración online específicos de la ocupación o específicos del sector frente a los programas de valoración más generales? ¿Hay situaciones en las que un enfoque general podría resultar más útil? Descríbalas.

Trabajo en equipo

Diseñe, en equipo, un proceso de desarrollo profesional para una organización, prestando atención particularmente a la valoración. Su equipo debería considerar las opciones para la distribución del programa y el desarrollo de su contenido y hacer recomendaciones de distribución y contenido. Algunas cuestiones a considerar serían:

- ¿Debería ser el programa completamente online, cara a cara o ambos?
- ¿Cómo deberían identificarse las competencias? ¿El programa debería ser un producto ya desarrollado o para desarrollar en la propia empresa?

Presenten su plan a la clase. Incluyan argumentos para cada aspecto de su plan. Toda la clase debe seleccionar los mejores planes. ¿Por qué son los mejores?

Ejercicio basado en la experiencia

Muchas organizaciones están implantando la valoración online en su proceso de desarrollo de carreras. Sin embargo, algunas valoraciones online, como el sistema de acreditación técnica en el sector de la automoción, son suplantadas por una valoración física. Seleccione representantes y conduzca una discusión en clase sobre la distribución del desarrollo profesional. ¿La valoración debería ser completamente online o completamente cara a cara? ¿Debería emplearse un enfoque contingente? Si es así, ¿cuándo debería emplearse la alternativa online y cuándo la alternativa cara a cara? Los líderes de la discusión serían los responsables de liderar la discusión y llevar a la clase a un modelo global sobre el modo en que debería distribuirse el desarrollo profesional.

Fuentes: [a]Feldman, J. (2004). Give your skills a cat scan. *Journal of Accountancy*, 198, 34-39; [b]PR Newswire Europe (2005, junio 15). Motor industry unveils first ever national accreditation for car technicians; [c]PR Newswire US (2005, enero 14). Resume Maker debuts new career software that helps working professionals land jobs they will enjoy! First-ever complete career software offers comprehensive, 5-step job search program.

¡DECIDA USTED!

ÉTICA Caso 9.3

Anclajes II

Como se describió en el Cuaderno del Director, "Sus anclajes", los anclajes de las carreras de los empleados podrían estar motivados por distintos grupos de valores. Los anclajes tienen implicaciones importantes para el tipo de carrera que un individuo encontrará más motivadora y satisfactoria. Revise los ocho anclajes y su implicación tal y como se presentó en el Cuaderno del Director de la página 350.

Preguntas para reflexionar

1. El concepto de anclajes en la carrera indica que el desarrollo profesional es más que tener habilidades y encajarlas con los requisitos de competencias. Algunos directivos ven el desarrollo como un imperativo moral. Es decir, los negocios están para ganar dinero, pero también deberían servir para ayudar a las personas a crecer y a realizar sus aspiraciones profesionales. ¿Está usted de acuerdo? Explique por qué o por qué no.
2. Las competencias son importantes para el éxito profesional, pero también lo son los anclajes en la carrera. Estos dos factores son similares a la capacidad y la motivación como predictores del rendimiento (*véase* el Capítulo 5). Construya una ecuación paralela empleando las competencias y los anclajes como predictores del éxito profesional. ¿En qué medida resulta útil esta sencilla ecuación?
3. En algunos entornos de trabajo, las ambiciones profesionales se ignoran y el rendimiento inmediato es el centro de atención. ¿Usted cree que esta falta de atención a los anclajes de la carrera es una cuestión de ética? Explique por qué o por qué no.

Trabajo en equipo

Un tema clave en el desarrollo profesional tiene que ver con las competencias asociadas a las diferentes trayectorias. Las fortalezas y debilidades en diversas competencias pueden ser valoradas y después se puede poner en marcha un plan de desarrollo. Otro tema clave es el anclaje en la carrera que los empleados traen consigo. Un desajuste entre el anclaje de los empleados y la empresa y/o carrera elegida probablemente llevaría a la insatisfacción de los empleados y a otras dificultades.

Desarrolle, trabajando en equipo, un marco o modelo sobre el modo en que deberían gestionarse estas dos facetas del desarrollo profesional. Podría denominar a una de las pre-

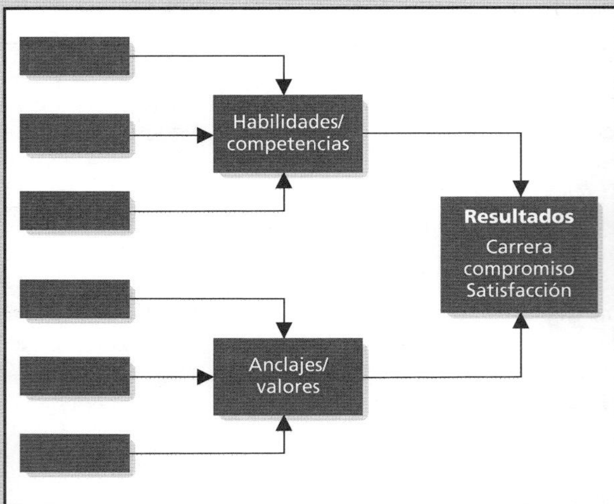

ocupaciones como habilidades/competencias y a la otra como anclajes/valores. Su equipo podría desarrollar un modelo que utilice cajas y flechas para indicar las causas o predictores para el lado de las competencias y para el lado de los anclajes. Su modelo podría parecerse al que se propone en esta página.

Dados los predictores identificados en su modelo, ¿cuáles son las implicaciones para la dirección? De forma más específica, si las habilidades son bajas o no encajan con lo que es necesario, ¿qué podría usted hacer como directivo? Del mismo modo, si los anclajes no encajan, ¿qué puede hacerse, si es que puede hacerse algo?

Como alternativa, su equipo podría desarrollar una tabla 2 × 2 empleando las variables de habilidad y anclaje. Puede emplear dos niveles de cada variable: bajo o alto nivel de ajuste o encaje. La tabla resultante se parecería a la siguiente:

Para cada celda en la matriz, describa la combinación particular de habilidades y valores. Identifique las implicaciones directivas para cada una de las cuatro celdas. Por ejemplo, ¿qué debería hacerse, desde una perspectiva de dirección, respecto a los empleados cuyas habilidades tienen un elevado encaje pero cuyos anclajes están desajustados?

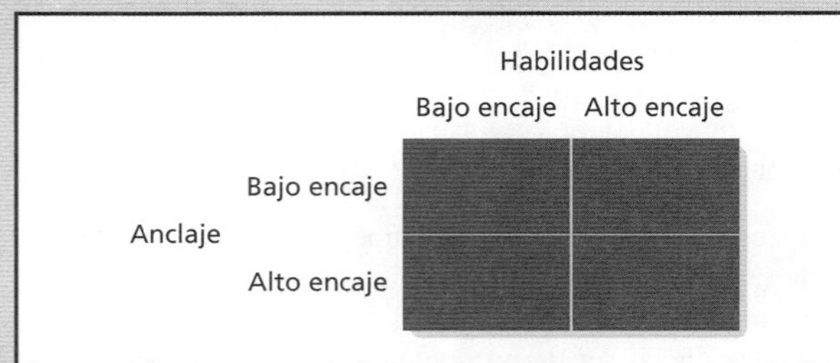

Ejercicio basado en la experiencia

Utilice el Cuaderno del Director, "Sus anclajes", para valorar sus anclajes. ¿Qué tipo de carrera piensa usted que le gustaría perseguir? ¿Encaja con sus anclajes? ¿Piensa que el grado de encaje es una consideración importante? ¿Por qué o por qué no?

Seleccione, en su equipo, a un miembro para que transmita sus anclajes y planes. Toda la clase debe valorar si existe un elevado grado de encaje con los anclajes. ¿En qué medida existe consenso en clase respecto a la importancia de este encaje?

¡DECIDA USTED!

TENDENCIAS EMERGENTES — Caso 9.4

De la lealtad a la empleabilidad: la gestión de los RRHH actuales

En la mayoría de los lugares de trabajo se solía confiar en que la lealtad es algo rentable, aunque no esté escrito en ningún sitio. Los trabajadores entendían que si ellos estaban allí y hacían un trabajo decente, podrían esperar mantener su empleo, si no incrementos salariales y promociones. Este concepto de lealtad ha desaparecido en gran medida por prácticas empresariales como la reducción del tamaño empresarial y la subcontratación. En lugar de lealtad, los trabajadores se centran ahora en la empleabilidad[a]. En otras palabras, los trabajadores entienden que no está garantizado un empleo de por vida. Incluso los puestos más estables podrían perderse con una reestructuración y terminar como en un puesto temporal. Tiene sentido entonces que muchos trabajadores de hoy en día concedan un gran valor a mantener y desarrollar sus habilidades. La lealtad y el compromiso ya no son temas relevantes. La estabilidad podría no ser posible, pero el crecimiento personal y el aprendizaje en el trabajo pueden ofrecer al trabajador más oportunidades de empleo. Las oportunidades pueden aportar a los trabajadores una mayor empleabilidad[b].

Preguntas para reflexionar

1. Como directivo, ¿Qué podría usted hacer para ofrecer "empleabilidad" a sus trabajadores?
2. Desarrollando la empleabilidad de los trabajadores, los empresarios podrían perder empleados que accedieran a otras oportunidades laborales. ¿Significa esto que no se

debería ofrecer oportunidades de desarrollo a los empleados?

Trabajo en equipo

Incrementar la empleabilidad suena bien como concepto, pero para que resulte útil tiene que hacerse operativo a través de un conjunto de pasos concretos. Haga operativo el concepto de empleabilidad, trabajando con su equipo. Comiencen definiendo la empleabilidad y después identificando los pasos que los directivos pueden seguir para incrementarla. Utilicen los siguientes interrogantes como ayuda para desarrollar su plan:

- ¿Qué es la empleabilidad?
- ¿Cómo pueden los directivos determinar lo que quieren los empleados?
- ¿Qué puede hacerse si algunos directivos no dan su respaldo a la iniciativa de empleabilidad?
- ¿Qué acciones se pueden seguir para incrementar la empleabilidad?

Presenten su plan al resto de la clase. Toda la clase debe seleccionar las mejores presentaciones y llegar a un acuerdo sobre el conjunto de pasos a seguir.

Ejercicio basado en la experiencia

Desarrollar activamente a los trabajadores puede conducir a temer por la pérdida de empleados. Sin embargo, no desarrollar a los empleados puede conducir a la rotación.

Seleccione miembros de la clase que representen la posición a favor de la empleabilidad y la posición en contra de la empleabilidad. Cada equipo tiene que identificar los motivos por los que la empleabilidad debería ser o no algo que los directivos respaldaran de forma activa. Además, cada equipo tiene que identificar las razones, incluyendo los costes y los beneficios, para dar respaldo o no dar respaldo a la empleabilidad.

A modo de debate, cada equipo hace una presentación de su posición y sus argumentos. Cada equipo tiene la oportunidad de preguntar y refutar al otro equipo y de encontrar puntos en común. El profesor moderará este proceso. ¿Existe una posición claramente ganadora en este debate?

Fuentes: [a]White, M. A. y Behr, S. M. (2005). The new employees. *Leadership Excellence*, 22, 9; [b]Withiam, G. (2005). Today´s young managers want career planning, challenges. *Hotel and Motel Management*, 225, 10.

¡DECIDA USTED!

GRH: EL EMPLEADO COMO CLIENTE INTERNO Caso 9.5

Sacando provecho de Techno Savvy: dándole la vuelta al *mentoring*

Jack Welch, anterior CEO de General Electric, es la persona que introdujo formalmente el *mentoring al revés* (en inglés, *reverse mentoring*). En 1999, Welch ordenó a 500 de sus altos directivos encontrar trabajadores que se manejaran bien con Internet y que les convirtieran en sus mentores. Welch se incluyó a sí mismo en este esfuerzo y dedicó mucho tiempo a aprender sobre cosas como los favoritos de Internet o las mejores páginas. Desde este comienzo, las organizaciones están ahora expandiendo el concepto del *mentoring al revés* a una variedad de temas. Un resultado de este *mentoring al revés* podría ser la creciente concienciación de que el *mentoring* consiste en compartir conocimiento y experiencia, independientemente de quien lo tenga, por lo que este conocimiento dentro de una organización puede ser liberado para aprovecharlo plenamente.

Preguntas para reflexionar

1. ¿Qué temas, distintos a la tecnología, serían apropiados para un enfoque de *mentoring al revés*?
2. El *mentoring* y el *mentoring al revés* pueden verse como formas de compartir el conocimiento en unas determinadas direcciones. ¿Sería posible el *mentoring* de igual a igual?, ¿y el de cliente a empleado? ¿Podría extenderse el concepto tradicional de *mentoring* a algo similar a la evaluación 360° (*véase* el Capítulo 7)? Si es así, ¿de qué manera cambiaría la naturaleza y el objetivo del *mentoring*?

Trabajo en equipo

Aunque el *mentoring al revés* puede ser un gran concepto, puede plantear problemas cuando se trata de ponerlo en práctica. Por ejemplo, el ego del directivo más experimentado podría dificultar el aprendizaje eficaz de lo que el trabajador con menos experiencia ofrece. Del mismo modo, el trabajador menos experimentado podría necesitar tener paciencia y comprender lo que es más o menos importante en el contexto de la organización.

Afronte, en equipo, la realidad de que el *mentoring al revés* no se va a producir por sí solo. ¿Qué pasos recomendaría que pudieran ayudar a asegurar que el *mentoring al revés* funciona eficazmente? Por ejemplo, ¿recomendaría formación? ¿De qué tipo? ¿Para quién? Los miembros del equipo deben buscar ejemplos de *mentoring al revés* en las organizaciones. ¿Cómo está funcionando el programa y qué se hizo para implantarlo? Comparta sus recomendaciones y resultados con el resto de la clase.

Ejercicio basado en la experiencia

Los estudiantes universitarios a menudo persiguen hacer prácticas en las empresas. El concepto de *mentoring al revés* conduce a la posibilidad de que algunas empresas puedan aprender tanto o más de sus estudiantes universitarios a medida que los estudiantes aprenden de la experiencia con la empresa. Analice la posibilidad de cambiar el modelo de prácticas hacia otro modelo en el que la idea es compartir información en dos sentidos. Seleccione miembros de la clase que participen como miembros de tres equipos que conducirán las discusiones de la clase:

- El equipo uno es responsable de analizar cómo cada parte, estudiantes y empresas, se beneficiarían de este enfoque de doble sentido.
- El equipo dos es responsable de identificar los tipos de habilidades que los estudiantes necesitarían en este enfoque.
- El equipo tres es responsable de determinar cómo deberían ser seleccionados los estudiantes para estas oportunidades de prácticas.

Cada equipo conduce una discusión es su área. Toda la clase debe determinar si seguir un enfoque de "prácticas de doble sentido" parece factible y eficaz.

Fuente: Greengard, S. (2002). Moving forward with reverse mentoring. *Workforce*, 81, 15.

NOTAS

ADAPTACIONES PARA ESPAÑA — Nota 9.1

Mercadona apuesta por la conciliación de la vida laboral y familiar

La introducción de medidas encaminadas a mejorar el grado de satisfacción de los trabajadores es una constante en Mercadona desde el año 2000. Desde esa fecha son numerosas las iniciativas que se han estudiado y se han puesto en marcha a tal efecto. Se mencionan a continuación las más destacadas:

- **Creación de centros infantiles en los bloques logísticos.** Actualmente Mercadona dispone de tres centros de educación infantil, ubicados en los bloques logísticos de Sant Sadurní d'Anoia (Barcelona), San Isidro (Alicante) y Huévar (Sevilla) y prevé abrir algunos más en las futuras plataformas de distribución de la compañía. Estos centros de educación infantil, cuyo servicio, incluida la alimentación, es gratuito para los trabajadores, han supuesto una inversión conjunta de 1,8 millones de euros y están gestionadas por una empresa especializada, con una reconocida experiencia en educación infantil. Actualmente, más de 36 personas de diferentes titulaciones (Educación Infantil, Magisterio, Pedagogía, etc.) componen la plantilla de educadores de estos centros infantiles, lo que permite llevar a cabo siete unidades de programación escolar previstas por año. Sus amplias instalaciones, de aproximadamente 1.000 metros cuadrados de superficie cada una de ellas, incluyen sala de psicomotricidad, aseos adaptados para las diferentes edades, jardines y zonas de recreo, que hacen eficiente, entretenida y sencilla la educación y el bienestar de los más de 161 niños actualmente inscritos en estos centros.
- **Decisión de no abrir, como norma general, los domingos.** Con esta iniciativa, enmarcada en la apuesta decidida por la calidad del puesto de trabajo en el comercio y por el equilibrio de la vida laboral y familiar, Mercadona ha dado un paso más en la conciliación de la vida familiar y laboral de sus trabajadores y ha contribuido a dignificar el trabajo en la distribución.
- **Ampliación en un mes de la baja laboral (si la trabajadora no ha tenido ninguna baja antes)**. Mercadona ofrece a las trabajadoras de la compañía la posibilidad de alargar en 30 días los cuatro meses de permiso maternal establecidos legalmente. En 2005, 2.900 madres han sido las mujeres que se han acogido a esta iniciativa para disfrutar más tiempo de sus bebés.
- **Acercamiento de los trabajadores al centro más próximo a su hogar.** Como cada año, son numerosas las personas que se benefician de esta iniciativa, a la que en 2005 se han acogido un total de 1.194 trabajadores.
- **Implantación en toda la cadena de la *Plantilla Estándar*.** Los trabajadores conocen, con un mes de antelación, su horario de trabajo, bien jornada continuada de mañana o de tarde, y pueden disfrutar, además, de 15 de sus 30 días de vacaciones en verano.

Todas estas iniciativas forman parte de la apuesta por la estabilidad laboral y mejora del entorno de trabajo que en 1993 inició Mercadona, cuyo logro más importante lo consiguió en 1999, al finalizar el proceso, iniciado cuatro años antes, de convertir en fija a toda la plantilla, entonces de 16.825 personas. Este hecho, reforzado año tras año, se ha convertido en un referente dentro del sector y es una de las fortalezas de la compañía, que en diciembre de 2005 contaba con una plantilla de 53.600 trabajadores, todos ellos con contrato indefinido y altamente involucrados en el proyecto Mercadona.

Debido a la repercusión que todas estas medidas han tenido en beneficio del entorno laboral de la compañía en los pasados años, Mercadona tiene previsto continuar avanzando en la aplicación de nuevas iniciativas que contribuyan a reforzar la conciliación de la vida laboral y familiar de sus trabajadores. Y es que la compañía cree firmemente en que "quien tiene que satisfacer a "El Jefe" ha de estar completamente satisfecho".

Fuente: www.mercadona.es.

PARTE V: RETRIBUCIONES

CAPÍTULO 10

GESTIÓN DE LA RETRIBUCIÓN

OBJETIVOS

Tras leer este capítulo, usted estará en condiciones de abordar los siguientes temas:

1. **Identificar** las políticas y prácticas salariales más adecuadas para cada empresa.
2. **Conocer** las ventajas e inconvenientes de las distintas opciones estratégicas de retribución.
3. **Establecer** un programa de retribución en función del trabajo, coherente desde el punto de vista interno y vinculado al mercado laboral.
4. **Comprender** la diferencia entre un sistema de retribución en el que se paga a los empleados por las habilidades y uno en el que se paga por el puesto que se ocupa.
5. **Tomar** decisiones de retribución que cumplan con la legislación vigente.

Sigma, Inc. es una empresa de tamaño medio de biotecnología especializada en la ingeniería genética. La empresa fue fundada en 1996 por el Dr. Roger Smith, que sigue siendo el director general de Sigma y participa activamente en todas las decisiones de contratación y retribución. No deja de repetir a sus directores de línea que Sigma «pagará lo que sea necesario para contratar a los mejores talentos del mercado».

Durante el último año, Smith ha notado que el «ambiente familiar» de Sigma se ha deteriorado y crece el número de empleados insatisfechos. Sólo en la última semana se han producido tres quejas sobre retribuciones y Smith sospecha que se trata únicamente de la punta del iceberg. La primera queja provino de un programador de software que lleva cinco años trabajando en Sigma. Al parecer, estaba decepcionado porque otro programador contratado recientemente tiene un salario un 15 por ciento superior al suyo. Smith le explicó que estos salarios iniciales eran necesarios para atraer a los mejores programadores de otras empresas, en un mercado laboral muy estrecho. La segunda queja vino de un ingeniero de software que pensaba que los mejores técnicos de Sigma (la savia de una empresa de biotecnología) recibían un trato salarial discriminatorio en relación con los supervisores (a quienes define como «ingenieros frustrados»), los cuales recibían una retribución un 30 por ciento superior. La tercera queja la puso la jefa de secretaría que lleva en Sigma desde su creación. Está furiosa porque los conserjes cobran más que ella y la explicación de Smith, sobre la dificultad de contratar y retener a personas de confianza dispuestas a limpiar y deshacerse de productos químicos peligrosos, no consiguió aplacar su enfado.

Además, un ingeniero de 49 años, supuestamente despedido por mal rendimiento, acaba de interponer una demanda judicial contra la empresa por discriminación por razón de edad, afirmando que la empresa está sustituyendo a empleados mayores con altos ingresos por empleados indígenas que están dispuestos a trabajar por unos salarios menores.

EL ENFOQUE DIRECTIVO

La experiencia de Sigma plantea varias preguntas importantes que los directivos y el personal de RRHH deben resolver a la hora de diseñar e implantar los programas de retribuciones:

- ¿Quién es el responsable de tomar las decisiones salariales?
- ¿Deben establecerse los salarios en función de lo que pagan otras empresas?
- ¿Qué tipos de actividades deben recompensarse con salarios más elevados?
- ¿Qué criterios deben utilizarse para establecer los salarios?
- ¿Qué grupos de empleados deben recibir un trato especial cuando se dispone de escasos recursos monetarios?

El sistema de retribución es uno de los mecanismos más importantes a disposición de las empresas y los directivos para atraer, retener y motivar a empleados competentes y que rindan de forma que se respalden los objetivos de la organización. También tiene una relación directa sobre el grado en que los costes laborales contribuyen o dificultan la consecución de los objetivos de la empresa y su rentabilidad empresarial.

En la primera parte de este capítulo definiremos los componentes de la retribución y presentaremos los nueve criterios que deben utilizarse para desarrollar un plan de retribuciones. A continuación, analizaremos el proceso de diseño del plan de retribución y las cuestiones legales y normativas relacionadas.

Retribución total
El conjunto de las recompensas cuantificables que recibe un empleado por su trabajo. Incluye tres componentes: salario base, incentivos salariales y prestaciones sociales o retribuciones indirectas.

Salario base
La cantidad fija que recibe un empleado de forma regular, ya sea como salario mensual o como retribución por horas.

Incentivos salariales
Un programa diseñado para recompensar el buen rendimiento de los empleados.

¿QUÉ ES LA RETRIBUCIÓN?

Como se muestra en la Figura 10.1, la **retribución total** de un empleado tiene tres componentes. La proporción relativa de cada uno de ellos (lo que se conoce como *pay mix* o conjunto de los componentes salariales) varía mucho en función de cada empresa[1]. El primer componente, y el más importante en la mayoría de las empresas, es el **salario base**, es decir, la cantidad fija que recibe normalmente el empleado, ya sea como salario (por ejemplo, un pago semanal o mensual) o como retribución por hora. El segundo componente de la retribución total está formado por los **incentivos salariales**, programas diseñados para recompensar a los empleados con altos niveles de rendimiento. Estos incentivos pueden adoptar muchas formas (se incluyen en este componente las primas y la participación en los beneficios de la empresa) que trataremos con detalle en el Capítulo 11. El último componente de la retribución total está formado por las **prestaciones sociales**, a veces denominadas **retribuciones indirectas**. Las prestaciones incluyen una gran variedad de programas (por ejemplo, seguros médicos, vacaciones o subsidio de desempleo), cuyos costes ascienden aproximadamente al 42 por ciento del conjunto de las retribuciones de los trabajado-

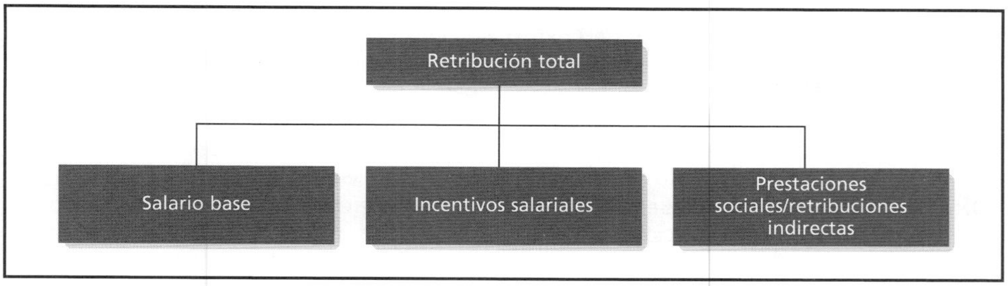

Figura 10.1 ■ Los componentes de la retribución total.

res[2]. Una categoría especial de prestaciones es la denominada retribución en especie, que se reserva a empleados con un estatus especial en la organización, normalmente los altos cargos directivos. En el Capítulo 12 se discuten estas cuestiones en detalle.

La retribución es el gasto más importante de la mayoría de las empresas. Los gastos de personal pueden llegar a representar hasta el 60 por ciento de los costes totales en cierto tipo de empresas del sector industrial, pudiendo ser más elevados en algunas empresas del sector servicios. Esto significa que el éxito con el que se asignan las retribuciones puede suponer la diferencia entre obtener una ventaja competitiva o perderla. Por lo tanto, *cuánto* se paga y *a quién* se paga son cuestiones estratégicas cruciales para la empresa[3].

La investigación muestra que los empleados infravaloran bastante las aportaciones que hacen los empresarios en retribuciones indirectas o prestaciones sociales (que se estiman en 19.000 dólares por empleado de media en 2006)[4] y dan por sentado su financiación[5]. Esta situación puede estar cambiando en la medida en que un número creciente de empresas, como por ejemplo General Motors, IBM, Boeing, Lucent Technologies, etc., están traspasando una parte significativa de estos gastos a los empleados[6]. Las empresas también están siendo más inteligentes a la hora de explicar a los empleados cuánto cuestan estas prestaciones y que esto supone que haya menos dinero para que se concedan aumentos salariales[7]. Según una encuesta a 350 grandes empresas en el 2005, el 85 por ciento de las mismas ha aumentado la información al empleado sobre el gasto real de las prestaciones sociales[8]. Esto significa que los empleados son más conscientes de que el salario base, los incentivos y las prestaciones forman parte del mismo pastel y que las empresas no pueden aumentar la porción de un pedazo sin reducir el tamaño de los otros.

DISEÑO DE UN SISTEMA DE RETRIBUCIÓN

El sueldo de un empleado determina, sin duda, su poder adquisitivo. No obstante, en la mayoría de las sociedades, la cantidad de dinero que un individuo gana también sirve como indicador de poder y prestigio y se relaciona con los sentimientos de valía personal. En otras palabras, la retribución tiene sobre el individuo un efecto económico, sociológico y psicológico[9]. Por este motivo, una mala gestión del proceso de asignación de retribuciones podría afectar negativamente a los empleados y, en última instancia, a los resultados de la empresa[10].

La gran variedad de políticas y sistemas salariales que una compañía puede utilizar plantea a los directivos un doble desafío: diseñar un sistema de retribución que 1) permita a la empresa cumplir con sus objetivos estratégicos y 2) se adapte a las características propias de la empresa y del entono[11]. En las secciones que siguen estudiaremos los distintos criterios que se pueden emplear para diseñar un plan de retribuciones, los cuales resumimos en la Figura 10.2. Aunque, para mayor claridad, estos criterios se presentan en forma

1. **Equidad interna frente a equidad externa.** ¿El plan de retribución será percibido como un plan justo dentro de la estructura retributiva de la empresa o será considerado justo en relación con lo que otros empresarios están pagando por un trabajo semejante?
2. **Retribución fija frente a retribución variable.** ¿Se pagarán las retribuciones sobre una base fija (mediante el salario base) o fluctuarán en función de criterios preestablecidos como el nivel de rendimiento o los beneficios de la empresa?
3. **Rendimiento frente a presencia.** ¿Se hará más hincapié en el rendimiento, vinculando la retribución a las contribuciones individuales/de grupo, o se hará más hincapié en la presencia en la empresa, pagando al empleado por estar trabajando un determinado número de horas semanales y haciendo que ascienda progresivamente a través de los escalafones de la empresa?
4. **Retribución en función del puesto de trabajo frente a retribución individual.** ¿Se basará la retribución en función del valor que la empresa otorgue a cada trabajo concreto o dependerá de las habilidades y conocimientos que los empleados aporten al puesto de trabajo?
5. **Igualitarismo frente a elitismo.** ¿Aplicará la empresa el mismo plan de retribución a todos sus empleados (igualitarismo) o establecerá distintos planes en función del nivel y/o grupo al que pertenezca el empleado (elitismo)?
6. **Remuneración inferior a la del mercado frente a remuneración superior a la del mercado.** ¿Serán los salarios de los empleados inferiores, iguales o superiores a los del mercado?
7. **Recompensas monetarias frente a recompensas no monetarias.** ¿Tratará la empresa de motivar a sus empleados a través de recompensas monetarias como son las retribuciones y los derechos de opciones sobre acciones o dará más importancia a las retribuciones no monetarias como son un trabajo interesante y la seguridad del puesto de trabajo?
8. **Retribuciones públicas frente a retribuciones secretas.** ¿Tendrán los empleados acceso a la información sobre los niveles retributivos de los demás trabajadores y a la forma en que se deciden las retribuciones (retribuciones públicas) o se ocultará esta información a los empleados (retribuciones secretas)?
9. **Centralización frente a descentralización en las decisiones salariales.** ¿Se decidirán las retribuciones de forma centralizada y se controlarán de cerca o se delegarán a los directivos de las unidades de la empresa?

Figura 10.2 ■ Los nueve criterios para diseñar un plan de retribuciones.

de opciones entre las que se puede elegir; en la vida real las políticas que elaboran la mayoría de las empresas se encuentran en algún punto entre los dos extremos.

EQUIDAD INTERNA FRENTE A EQUIDAD EXTERNA

Equidad interna
Lo que se considera que es un retribución justa dentro de la estructura de retribuciones de la propia empresa.

Equidad externa
Lo que se considera que es una retribución justa con respecto al salario que pagan otras empresas por el mismo tipo de trabajo.

La mayoría de los empleados consideran que un *salario justo* es equitativo. Existen dos tipos de equidad salarial. La **equidad interna** hace referencia a lo que se considera justo dentro de la estructura retributiva de una empresa. La **equidad externa** hace referencia a lo que se considera una remuneración justa con respecto al salario que pagan otras empresas por el mismo tipo de trabajo.

Al analizar la equidad externa frente a la equidad interna, los directivos pueden utilizar dos modelos básicos: el modelo de justicia distributiva y el modelo del mercado laboral.

El modelo de justicia distributiva

El *modelo de justicia distributiva* de la equidad salarial sostiene que los empleados aportan a la empresa habilidades, esfuerzos, tiempo, etc., a cambio de unos resultados. El salario es uno de los resultados más importantes que esperan obtener, pero las recompensas no pecuniarias, como el coche de empresa, pueden también ser significativas. Esta perspectiva socio-psicológica sugiere que los empleados están continuamente 1) comparando lo que dan a la empresa con lo que reciben a cambio y 2) comparando su relación contribuciones/resultados con la de otros empleados de la empresa. Los empleados pensarán que se les está pagando justamente cuando la relación de sus contribuciones y resultados sea equivalente a la de otros empleados cuyos puestos de trabajo exijan de ellos tanto como los suyos.

El modelo de mercado laboral

Según el modelo del *mercado laboral* para la equidad salarial, el salario de cualquier puesto se establece en el punto en el que la oferta de trabajo es igual a la demanda de trabajo en el mercado (W_1 en la Figura 10.3). Por lo general, cuanto menos quieran pagar los empresarios (baja demanda de trabajo) y cuanto menor sea el salario que los trabajadores están dispuestos a aceptar (alta oferta de trabajo), menor será el salario por ese trabajo[12].

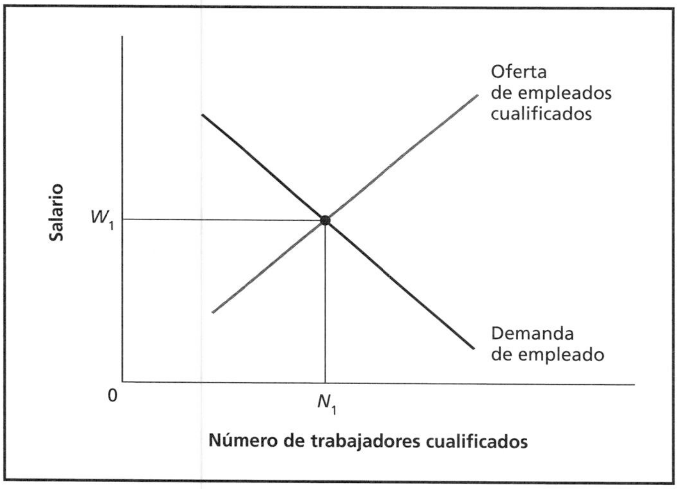

Figura 10.3 ■ El modelo del mercado laboral.

La situación real es, sin embargo, mucho más complicada que lo que sugiere este modelo básico. La gente decide el trabajo que quiere hacer a partir de otros muchos más factores y no sólo el salario. Por otra parte, el salario que un empresario ofrece se basa en otros muchos factores además del número de personas disponibles con los conocimientos y habilidades necesarias para realizarlo. El análisis exhaustivo de este tema queda fuera del alcance de este libro. Sin embargo, el punto esencial del modelo del mercado laboral es que la equidad externa se logra cuando la empresa paga a sus empleados el «sueldo habitual» para el tipo de trabajo que hacen[13]. Para un gran número de directivos, profesionales y expertos en contratación, el «sueldo habitual» depende no sólo de factores locales y nacionales, sino también de fuerzas globales[14].

Equilibrio entre equidad interna y externa

Lo ideal es que una empresa trate de establecer tanto una equidad salarial interna como externa, pero estos objetivos suelen estar enfrentados. Por ejemplo, las universidades, a veces, pagan a un nuevo profesor más que a un titular que lleva en la institución una década o más[15] y las empresas pagan a ingenieros, recién licenciados, más que a otros que han estado trabajando en ella durante muchos años[16].

Muchas empresas tienen que decidir también a qué grupos de empleados se les va a subir el sueldo para ajustarlo al mercado (o quizás superarlo). Esta decisión suele hacerse a partir de la importancia relativa de cada grupo para la empresa. Por ejemplo, los empleados de marketing suelen cobrar más en empresas que están intentando ampliar su cuota de mercado y menos en empresas más antiguas que tiene un producto bien establecido con una imagen de marca muy reconocida.

Una vez que se ha tomado la decisión de a qué grupos se les va a ajustar el sueldo al de mercado, queda un reto por superar: ¿Qué hacer con los «superestrellas»? En muchos casos, estas personas tienen un salario mucho mayor al de la media. Por ejemplo, en las universidades estadounidenses los departamentos de economía están creciendo. Esto ha hecho que hayan aumentado los salarios de los profesores de las facultades de economía. Dicho sueldo se sitúa en los 140.000 dólares de media por año, haciendo que sea una de las profesiones mejor pagadas de la carrera funcionarial[17]. Es más, en una escuela de elite, un economista reconocido puede ganar más del doble de lo que ganan sus compañeros del mismo nivel en el mismo departamento. Algunos especialistas en retribución se refieren a este hecho como tener en cuenta la **equidad individual**, ya que la institución considera el valor de esta persona concreta y no el puesto de trabajo, el cargo o la categoría a la que pertenece. Las decisiones de equidad individual están adquiriendo una gran importancia en profesiones donde algunas personas clave pueden marcar la diferencia y donde hay una gran variación en el rendimiento. Algunos ejemplos de profesiones con estas características son altos ejecutivos, vendedores, científicos e ingenieros, diseñadores de software, etc.

Equidad individual
La justicia percibida acerca de las decisiones salariales tomadas.

Por lo general, se suele dar más importancia a la equidad externa en empresas nuevas, pequeñas y que se mueven en un mercado que cambia rápidamente. Estas empresas suelen tener una gran necesidad de innovar para seguir siendo competitivas y dependen de personas clave para alcanzar sus objetivos empresariales[18].

Cuando hay que decidir si elegir entre equidad interna y externa, muchas empresas han optado por ofrecer sustanciosas «primas garantizadas» a los nuevos empleados para atraer a los mejores candidatos sin desbaratar el sistema retributivo existente. Un estudio realizado a 348 empresas pequeñas y grandes que utilizaban primas garantizadas mostró que el 80 por ciento de ellas las utilizaban para el personal profesional y los ejecutivos; el 70 por ciento para los directivos de nivel medio y el personal de tecnologías de la información; el 60 por ciento para los vendedores, directivos de nivel inferior y personal técnico; y el 20 por ciento para los administrativos. En este sentido, el nuevo empleado recibe una prima por su fichaje –en muchos casos del 25 por ciento o más del salario anual– y la empresa se evita tener que reducir en el futuro las diferencias salariales entre los nuevos y los empleados más antiguos[19].

Otro tema interesante en lo que se refiere al dilema de equilibrar la equidad es la costumbre actual entre las empresas de enfrentarse al futuro financiero incierto colmando a los empleados con «primas de retención» (*retention bonuses*). El objetivo es retener la experiencia necesaria sin tener que modificar al alza todo el sistema retributivo –lo que podría acelerar, si se produjera, la desaparición de la empresa–. Por ejemplo, hace pocos años Kmart se gastó 92 millones de dólares en primas de retención para 9.700 empleados clave, y así, protegerse de la bancarrota. Otros casos de empresas que han hecho algo similar son Enron, Polaroid, Bradlees Inc. y Aerovox Inc[20].

Las empresas pueden también proporcionar «extras» o «sumas» que son negociables. Volviendo al ejemplo de los economistas, una forma que tienen muchas universidades de gestionar el reto de la equidad individual es fijar los salarios de todos los profesores en un programa por año académico de nueve meses (desde mediados de agosto hasta mediados de mayo). Aquellos que hagan contribuciones excepcionales recibirán un estipendio estival que será igual a un tercio del sueldo de nueve meses. También pueden recibir otros extras, como dinero para viajes, para investigar, ayudas de secretaría, etc. Las «cátedras» o «proyectos de investigación» (así es como se denomina a este tipo de financiación) se solicitan en ciertos intervalos fijos.

Finalmente, muchas empresas han desarrollado políticas explícitas de «contraoferta», lo que significa que la empresa tratará de ajustar lo más que pueda la retribución de un empleado que haya recibido una oferta de otro competidor, pero sólo si se cumplen ciertos requisitos (por ejemplo, que la oferta venga de una empresa líder). Según un estudio reciente, el 55 por ciento de las empresas hacen contraofertas, pero sólo con los empleados que ocupan puestos clave y con aquellos que tienen rendimientos excepcionales[21].

RETRIBUCIÓN FIJA FRENTE A RETRIBUCIÓN VARIABLE

Las empresas pueden elegir entre pagar una elevada proporción del total de la retribución en forma de salario base (por ejemplo, un salario mensual fijo) o pagar una cantidad variable que fluctúa en función de algún criterio previamente establecido. Por término medio, aproximadamente el 75 por ciento de las empresas ofrecen algún tipo de retribución variable[22].

Las empresas recurren a una amplia variedad de soluciones para resolver la disyuntiva retribución fija y retribución variable. Como media, en EE.UU. el diez por ciento de la retribución de un empleado es variable. Esta cifra es del 20 por ciento en Japón. Sin embargo, los márgenes son enormes en ambos países, desde el 0 hasta el 70 por ciento. Para algunos grupos de empleados (como el personal de ventas) la retribución variable puede llegar incluso hasta el 100 por 100[23]. Por lo general, la proporción de la retribución variable aumenta a medida que aumenta el salario base de un empleado, indicando que los que ocupan posiciones más levadas ganan más, pero su retribución global está más sujeta al riesgo. Para los empleados que ganan más de 750.000 dólares al año de salario base, la retribución variable se aproxima al 90 por ciento. Para aquellos que ganan menos de 25.000 dólares al año de salario base, este porcentaje cae por debajo del cinco por ciento[24].

La mayoría de las empresas estadounidenses utilizan el sistema de retribución fija, en gran parte porque reduce el riesgo tanto para el empresario como para el empleado. Sin embargo, el sistema de retribución variable puede ser ventajoso en las empresas más pequeñas, en las empresas con un producto que no está bien afianzado en el mercado, en las empresas con un personal joven y profesional que está dispuesto a retrasar la gratificación inmediata a cambio de la posibilidad de mayores ingresos en el futuro, en las empresas que financian operaciones arriesgadas pero rentables, en las organizaciones que atraviesan largos períodos de carencia de efectivo y, también, en las empresas que, de lo contrario, habrían aplicado reducciones de plantilla debido a la inestabilidad de sus ingresos. En el Cuaderno del Director "Los derechos retributivos se tiran a la papelera", se dan ejemplos de los experimentos de algunas compañías con la retribución.

CUADERNO DEL DIRECTOR

TENDENCIAS EMERGENTES

Los derechos retributivos se tiran a la papelera

No hace mucho las empresas dividían la retribución en fija (sueldo), variable (incentivos) y prestaciones sociales. Excepto en el caso de los incentivos, que para la mayoría de los trabajadores eran un porcentaje muy pequeño de su retribución total, los empleados podrían contar con un buen sueldo y beneficios sociales futuros como condición por el empleo. Pero los derechos salariales no son siempre constantes o seguros, ni siquiera entre las empresas maduras y ya establecidas. A continuación se detallan algunos ejemplos.

Reducción de sueldos en las empresas automovilísticas

General Motors, DaimlerChrysler y Ford han reducido los sueldos en un 28 por ciento al personal que no cuenta con representación sindical en algunos departamentos, en un esfuerzo por aumentar los beneficios. General Motors intenta replicar lo que ha hecho Chrysler de negociar una enmienda de los contratos. Lo que se pretende es que la empresa pueda cargar por primera vez a los trabajadores de 100 a 1.000 dólares de franquicia por el seguro de asistencia médica.[a]

Recortar la cobertura de los dependientes

La mayoría de las empresas están recortando sus costes de asistencia médica al reducir las prestaciones que ofrecen a los familiares dependientes de los trabajadores jubilados. Por ejemplo, en 2005 los empleados de IBM no podían incluir más asegurados en el plan de la compañía, que los ya cubiertos en el momento de la jubilación. De igual forma, Boeing dijo a sus empleados sin representación sindical jubilados en 2005 que no podrían solicitar cobertura médica para otros dependientes después de su día de jubilación. Otras empresas van más allá y preparan pagas de jubilación por la mayor parte de la cobertura sanitaria de los dependientes. En 2005, por ejemplo, Lucent Technologies dejó de asumir el coste de la cobertura médica de los dependientes de los directivos jubilados que se jubilaron después del 1 de marzo de 1990 y cuyos salarios anuales fueron de 65.000 dólares como mínimo. El límite establecido antes (2004) era de 87.000 dólares.[b]

Haciendo concesiones salariales a las líneas aéreas

United Airlines ha recortado los salarios de los pilotos en un 12 por ciento y a los auxiliares de vuelo en un 9,5 por ciento, además de reducirles el montante de prestaciones sociales. United ha hecho lo que venían haciendo ya American Airlines, Continental, Delta y US Airways.[c]

Fuente: [a]Adaptado con el permiso de Hawkins, L. (21 de marzo de 2005). GM plans to cut salaried staff; overhaul looms. *Wall Street Journal*, A-1; [b]Saranow, J. (3 de marzo de 2005). Retirees face more Benedit cuts. *Wall Street Journal*, D-2; [c]Maynard, M. (1 de marzo de 2005). Continental teaches pacts with unions. *New York Times*, C-7 y Bloomberg News (1 de febrero de 2005). Cut is torced on mechanics at United Air. Aparece en *New York Times*, C-3.

Apple Computer es un ejemplo excelente de empresa que utiliza el sistema de retribución variable en beneficio propio y de sus empleados. Los empleados estuvieron dispuestos a trabajar por salarios bajos durante varios años a cambio de acciones de la empresa; muchos de los que perseveraron se convirtieron en millonarios cuando el valor de las acciones de Apple se disparó a mediados de los 80. Symantec, un fabricante de software, tuvo un aumento en el precio de sus acciones de un 150 por ciento durante 2003-2005 y un gran porcentaje de empleados ganó mucho dinero durante este periodo debido a que habían optado por poseer opciones sobre acciones[25].

Como veremos en el Capítulo 11, desde el año 2006 la nueva legislación tributaria hace peligrar el uso de las opciones sobre acciones. Pero esto no ha impedido que las empresas experimenten con otro tipo de retribución variable. Por ejemplo, Nordstrom pagó a cada empleado que había trabajado al menos 1.000 horas en el año una prima de participación en beneficios que triplicó la pagada en años previos[26]. Pella, un fabricante de puertas y ventanas con más de 8.000 empleados, tiene una política que consiste en pagar a sus empleados el 25 por ciento de sus beneficios antes de impuestos además de los salarios habituales. Network Appliance, un proveedor de hardware y software, paga a sus empleados entre 5.000 y 10.000 dólares por cada patente que registran.

Sin embargo, no todos los planes de retribución variable resultan beneficiosos para los empleados. Así, los trabajadores de Enron y Global Crossing vieron cómo sus carteras de acciones cayeron de 90 dólares a 50 céntimos por acción en unos meses, en parte debido a una mala gestión de la empresa, pero también debido a la corrupción de la alta dirección[27]. De hecho, en el año 2006 aproximadamente el diez por ciento de los empleados asalariados de una gran cantidad de empresas se sorprendieron desagradablemente cuando las rentas que pensaban que habían acumulado durante años de duro trabajo se evaporaron y, en algunos casos, por si fuera poco, tuvieron que asumir el pago de una gran cantidad de impuestos[28]. Sin embargo, lo que parece evidente es que la retribución fija, como porcentaje de la retribución total, sigue disminuyendo y que las empresas demandan a los empleados compartir más riesgos con ellas[29]. Aquellas empresas que tratan a los empleados justamente y que les comunican claramente las ventajas e inconvenientes de los riesgos retributivos a los que se enfrentan, previenen el deterioro de la satisfacción, a pesar de los problemas que surgen. Por ejemplo, Emmis Communications, una cadena de revistas y emisoras de radio y televisión, ante una crisis reciente de beneficios, redujo la retribución un diez por ciento. Sorprendentemente, se fueron pocas personas y los empleados aceptaron las malas noticias mejor de lo que cabría esperarse[30].

RENDIMIENTO FRENTE A PRESENCIA

Un caso especial de sistemas de retribución fijo frente a variable supone elegir entre un sistema basado en el rendimiento o un sistema basado en la presencia (*membership*)[31]. Una empresa hace hincapié en el rendimiento cuando una parte importante del salario de sus empleados está vinculado a contribuciones individuales o del grupo y la cantidad que perciben puede variar significativamente de una persona o grupo a otro. Los casos más extremos de *retribución basada en el rendimiento* son los tradicionales planes de pago a destajo (es decir, por unidad producida) y las comisiones por ventas. En otros planes de retribución dependientes del rendimiento se utilizan las gratificaciones por sugerencias que ahorran costes, primas por no faltar nunca al trabajo o retribuciones por méritos basadas en las evaluaciones de los supervisores. Todas estas opciones se suman al salario base de un individuo (*véase* el Capítulo 11).

Las empresas que hacen hincapié en la *retribución basada en la presencia* pagan un sueldo igual o parecido a todos los empleados que realizan un mismo trabajo, siempre que el empleado alcance un rendimiento como mínimo satisfactorio. Los empleados reciben su sueldo por estar en el trabajo un número determinado de horas semanales (normalmente 40). Por lo general, el aumento del salario se produce a medida que se va ascendiendo dentro de la empresa y no por realizar mejor el trabajo que se tiene.

La importancia relativa que una empresa dé a uno u otro sistema dependerá en gran medida de la cultura de la organización, así como de las creencias de los altos directivos y del fundador de la empresa. La mayoría de las empresas que hacen hincapié en el rendimiento se caracterizan por tener muy pocos niveles directivos, crecer rápidamente, fomentar la competencia entre los empleados y los grupos, tener indicadores de rendimiento de los que se pueda disponer fácilmente (*véase* el Capítulo 7) y tener que soportar fuertes presiones competitivas[32]. Independientemente del tamaño de la compañía, parece que la tendencia, no sólo en EE.UU., sino también en otros muchos países, es alejarse de la retribución ligada a la presencia[33]. La competencia global está acelerando esta tendencia conforme avanzamos hacia la segunda década del siglo XXI[34]. En el Cuaderno del Director "Convergencia internacional de los enfoques de retribución" debatimos más esta teoría.

CUADERNO DEL DIRECTOR

TENDENCIAS GLOBALES

Convergencia internacional de los enfoques de retribución

No hace mucho, los trabajadores de una empresa multinacional cobraban de una forma en EE.UU., de otra en el Reino Unido y de otra diferente en Japón. Sin embargo, estas diferencias se van estrechando o desapareciendo en su conjunto, ya que las empresas líderes han adoptado un planteamiento global para diseñar los planes de retribución y prestaciones de los empleados en todos los niveles, independientemente de si trabajan en Singapore o Sao Paulo. Este es el resultado fundamental de los estudios de Remuneración Total a nivel Mundial (*Worldwide Total Remuneration*, WWTR) llevado a cabo por Towers & Perrin en los pasados cinco años, que reflejan las prácticas retributivas de 25 países, más Hong Kong SAR. Las empresas han descubierto que se pueden ahorrar costes mediante la estandarización de los programas de retribución, la explotación de las nuevas oportunidades financieras disponibles en los mercados de capitales y la satisfacción de las necesidades de los empleados que trabajan en el extranjero. Los estudios de WWTR indican que las prácticas de retribución y prestaciones que antes sólo eran conocidas por los ejecutivos, ahora están disponibles para otros empleados de la empresa independientemente del país. Esta tendencia es muy evidente para dos tipos de incentivos: las primas ligadas al desempeño individual y los programas de incentivos a largo plazo, que se han desarrollado muchísimo en los últimos años en los 25 países encuestados (para más información, vea la discusión relacionada en el Capítulo 11). Este estudio menciona varios factores probables de por qué se han potenciado las semejanzas en las prácticas de remuneración a nivel global. Entre estos factores se incluyen un mayor acceso a la información (particularmente a través de la web), la reducción de las diferencias en el coste de la vida entre los países de la Unión Europea, una moneda común en la euro zona, una legislación más liberal en muchos países que da más libertad a las empresas a la hora de definir sus políticas de retribución, empresas locales y regionales que comienzan a imitar las prácticas de las internacionales y mayor movilidad entre países.

Sin embargo, la convergencia no significa concordancia. La convergencia es la semejanza de las prácticas de retribución entre países. Los cambios mencionados evolucionan globalmente, pero hay que tener en cuenta los aspectos fiscales, contables y legales propios de cada país. Además, de las políticas culturales, históricas y sociales que también pueden influir en la relación entre empresas y trabajadores.

Fuente: Informe de Towers Perrin (2006). Worldwide total remuneration. Disponible en www.towers.com.

RETRIBUCIÓN EN FUNCIÓN DEL PUESTO DE TRABAJO FRENTE A RETRIBUCIÓN INDIVIDUAL

La mayoría de los sistemas tradicionales de retribución consideran que al fijar el salario base, la empresa debe evaluar el valor o las contribuciones de cada puesto y no lo bien que lo hace el empleado[35]. Esto significa que los valores mínimos y máximo de cada trabajo se asignan sin tener en cuenta a los trabajadores individuales, quienes deben recibir un salario que se situará en algún punto de la banda establecida para dicho puesto de trabajo.

Retribución basada en conocimientos o en habilidades
Un sistema retributivo mediante el que se remunera al empleado en función de los distintos trabajos que pueda realizar o de los conocimientos que posee y que pueden aplicarse con éxito a varias tareas o situaciones.

En el sistema de **retribución basada en conocimientos**, o **retribución basada en habilidades**, los empleados cobran a partir de los trabajos que *puedan* realizar, o del talento que tienen y que puede aplicarse con éxito a una variedad de tareas o situaciones[36]. Así, cuantas más cosas pueda hacer un individuo, mayor será su retribución. El salario base de un empleado aumenta a medida que aumenta la capacidad para realizar con éxito un mayor número de tareas.

Aunque el sistema de retribución tradicional en función del trabajo sigue predominando, hay cada vez más empresas que han optado por un sistema basado en los conocimientos del individuo. Los defensores de este método afirman que motiva más a los empleados, facilita la reasignación de los trabajadores allí donde se necesitan en un momento dado, reduce los costes de rotación de personal y de absentismo –ya que otros empleados pueden asumir funciones de los empleados ausentes– y da a los directivos una mayor flexibilidad de contratación. Sin embargo, los críticos sostienen que este sistema puede provocar mayores costes laborales, una pérdida de especialización de la mano de obra y dificultades en la selección de los candidatos porque las cualificaciones son menos específicas, pudiéndose crear un lugar de trabajo caótico en donde «la mano izquierda no sabe lo que está haciendo la derecha»[37].

Por tanto, ¿cómo deben resolver los directivos la disyuntiva entre retribución en función del puesto de trabajo o retribución individual? Una política de retribución basada en el puesto de trabajo será más adecuada en una situación en la que:

- La tecnología sea estable.
- Los trabajos no cambien con facilidad.
- Los empleados no tengan que sustituirse muy a menudo.
- Se requiera mucha formación para aprender un determinado trabajo.
- La rotación de los trabajadores sea relativamente baja.
- Los empleados asciendan con el tiempo.
- Los puestos de trabajo estén bastante estandarizados dentro del sector en el que opera la empresa.

La industria del automóvil responde más o menos a todas estas características. Los programas de retribución basados en el individuo resultarán más adecuados cuando:

- La empresa cuente con una fuerza de trabajo más o menos formada con las habilidades y el deseo de aprender distintos tipos de trabajos.
- La tecnología de la empresa y la estructura organizativa cambien con frecuencia.
- Se fomente en toda la organización la participación de los empleados y el trabajo en equipo.
- Las oportunidades de ascenso estén limitadas.
- Existan oportunidades de aprender nuevas técnicas y conocimientos.
- Los costes de rotación y absentismo con respecto a la pérdida de producción sean elevados[38].

Los planes de retribución basados en el individuo son más frecuentes en empresas del sector industrial que dependan de tecnologías vinculadas a procesos continuos[39].

ELITISMO FRENTE A IGUALITARISMO

Las empresas deben decidir si tienen a todos los empleados en el mismo plan de retribución (un **sistema de retribución igualitario**) o si establecen distintos planes de retribución en función del nivel en que se está en la organización y del grupo de empleados al que se pertenece (un **sistema de retribución elitista**). Por ejemplo, en algunas empresas solamente el CEO tiene derecho a la participación en el plan de opciones sobre acciones de la empresa[40]. En otras compañías, el trabajador que menos cobra puede participar en dicho plan. Algunas empresas ofrecen una amplia variedad de incentivos a ciertos grupos específicos de empleados[41] (como por ejemplo el personal de ventas), mientras otras ofrecen estos mismos incentivos a la mayoría de los empleados. En Ben & Jerry Homemade Holdings, Inc., la empresa de helados con sede en Vermont, el sistema de remuneración está vinculado a la prosperidad de la empresa. Si a la empresa le va bien, le va bien a todo el mundo. El plan de participación en los beneficios ofrece la misma cantidad a todos los empleados, desde los cargos más altos hasta los más bajos[42].

Sistema de retribución igualitario
Un plan salarial en el que se aplica el mismo sistema de retribuciones a la mayor parte de los empleados.

Sistema de retribución elitista
Un plan salarial en el que existen distintos sistemas de retribución en función del nivel y/o grupo al que pertenezca el empleado.

Recientemente, algunos altos ejecutivos han intentado reforzar la perspectiva igualitaria vinculando su retribución a la del resto de empleados. Por ejemplo, en Synovous, una gran empresa financiera con casi 12.000 empleados, los ejecutivos han dejado de cobrar sus primas para pagar a los trabajadores salarios más altos[43]. Por su parte, en SEI Investments, con cerca de 2.000 empleados, los trabajadores se hicieron con la propiedad de casi la mitad de las acciones. Y, en la Figura 10.4 también podemos ver que Whole Foods Market limita la retribución máxima que se puede percibir (incluyendo a los altos ejecutivos) a 14 veces el salario medio de los trabajadores a tiempo completo (este ratio suele exceder de 300 a 1 en las empresas de EE.UU.). Sin embargo, como comprobaremos en el Capítu-

Empresa	N.º de empleados	% de minorías	% de mujeres	Salario medio anual	Prácticas retributivas
1. Starbuck's *www.starbucks.com*	72.185	26%	63%	44.790$	Esta empresa es famosa por sus generosas prestaciones sociales. Un ejemplo: los trabajadores a tiempo parcial y sus parejas (del mismo o diferente sexo) disfrutan de una buena cobertura sanitaria. ¿Hipnoterapia? Cubierta. ¿Naturoterapia? También cubierta.
2. Valero Energy *www.valero.com*	15.882	40%	41%	40.326$	Esta refinería de 25 años nunca ha despedido a un empleado. Y cuando hay que pagar los bonos, no se olvidan de los niveles más bajos: los ejecutivos perciben los suyos sólo si los demás también los perciben.
3. Whole Foods Market	28.858	44%	43%	51.157$	Todo es equidad en esta cadena de tiendas de alimentos naturales: un informe salarial recoge datos sobre el salario bruto de todo el mundo (ejecutivos incluidos) y se fija un límite de retribución a percibir que equivale a 14 veces el total medio de todos los empleados a tiempo completo de la empresa.
4. Baptist Health South, Fla	10.477	69%	75%	61.760$	Aquí son generosos los salarios: 52 de las 2.600 enfermeras de los hospitales de esta empresa ganan más de 100.000 dólares. Esto puede explicar por qué la rotación en el cuerpo de enfermería es sólo de un 9 por ciento al año frente al 19 por ciento a nivel nacional.
5. Goldman Sachs	11.503	30%	37%	75.000$	En esta empresa de Wall Street, se ayuda a los padres que dedican mucho tiempo al trabajo. Por ejemplo, en la guardería de la empresa, los trabajadores disponen de 20 días gratuitos para que se cuide a los niños en edades comprendidas entre los tres y seis meses (además de los 20 días gratuitos para todos los niños).
6. Four Season Hotels	11.882	64%	44%	40.402$	Esta cadena hotelera destaca por hacer que los trabajadores se sientan valorados. Los trabajadores en cada hotel eligen al compañero que debe recibir el Premio de Empleado del Año, que puede ser una semana de vacaciones con todos los gastos pagados y un cheque por importe de 1.000 dólares para gastar en lo que se quiera.
7. General Mills	19.019	22%	39%	39.116$	Esta empresa de alimentación facilita a los empleados su formación: para ello les reembolsa el 100 por 100 de la matrícula de un curso hasta un límite de 6.000 dólares por año, incluso en caso de que el trabajador sea nuevo. Y si se marchan después, no tienen que devolver el dinero.
8. Medtronic	19.294	25%	46%	86.280$	Este fabricante de aparatos médicos da a sus trabajadores lo que desean: libertad creativa. En concreto, todos los trabajadores pueden dedicar hasta un 25 por ciento de su horario diario de trabajo a investigar sobre sus propias ideas y proyectos tecnológicos al margen de su trabajo de siempre.
9. Vanguard Group	10.231	22%	47%	N.A.	Los empleados de plantilla utilizan los espacios con mejores vistas de esta empresa de fondos de inversión colectiva; mientras que los directivos ocupan los espacios

Figura 10.4 ■ Algunos de los mejores lugares en los que trabajar y detalle de las retribuciones pagadas a sus empleados.

(continúa)

Empresa	N.º de empleados	% de minorías	% de mujeres	Salario medio anual	Prácticas retributivas
					interiores. La empresa oferta un MBA propio en las tres ubicaciones americanas (gratuito si el nivel salarial en el que está situado el trabajador es A o B y a mitad de precio si el trabajador está situado en el C).
10. Texas Instruments	17.080	34%	26%	103.907$	TI ofrece una multitud de servicios internos, incluyendo un balneario y las renovaciones periódicas del permiso de conducir. Por otra parte, considera a la familia una prioridad, por este motivo organiza campamentos de verano, facilita la salida nocturna de los padres por una noche cuidando a los niños, y proporciona una cesta de productos para las vacaciones.
11. Deloitte & Touche	29.541	25%	45%	63.060$	Esta auditora y consultora atrae a trabajadores cualificados mediante medios creativos. Premia a sus trabajadores si consiguen que empleados de la competencia con talento acudan a sus procesos de selección mediante el pago de una cantidad en efectivo –y a veces con un coche nuevo–. Deloitte se ha gastado alrededor de 20 millones de dólares en esta materia desde 1996.
12. FedEx	198.652	40%	28%	64.948$	FedEx sigue confiando en sus empleados incluso después de comprar el año pasado Kinko. Dos de los extras preferidos por los trabajadores de FEDEC son: viajes gratuitos en sus aviones a cualquier lugar de EE.UU. y conseguir que se ponga el nombre de su hijo en uno de los aviones.
13. CDW	3.702	26%	30%	44.556$	Los padres adoptivos tienen beneficios especiales en esta empresa electrónica e informática. Se les financia gran parte de los gastos (comisión para la agencia de adopción, desplazamiento y gastos relacionados con el viaje, legales, adopción en el extranjero) hasta un máximo de 3.000 dólares por niño.
14. SAS Institute	5.062	14%	48%	89.151$	Las instalaciones deportivas de esta empresa de software incluyen una piscina de diez calles, billar, mesas de ping pong, canchas de voley ball, campos de fútbol, tres pistas de tenis y un mini golf. Otro extra: encordar gratuitamente las raquetas de tenis.

Fuente: Las mejores empresas para trabajar de *Fortune* (2005). Ver www.fortune.com.

Figura 10.4 ■ *(continuación)*

lo 11, estas políticas igualitarias son la excepción más que la regla, ya que las diferencias salariales entre los niveles más altos y los más bajos han aumentado sin parar durante los últimos 20 años.

La mayoría de los expertos en retribución están de acuerdo en que ambos sistemas tienen sus ventajas e inconvenientes. El igualitarismo ofrece a las empresas más flexibilidad para asignar a los empleados a distintas áreas sin tener que cambiar su banda salarial. También puede reducir las barreras entre personas que tienen que trabajar en estrecha colaboración. Las estructuras de retribución elitistas tienden a generar una fuerza de trabajo más estable debido a que las posibilidades que tiene un empleado de ascender en la empresa dependen en gran medida del tiempo que permanezca en la empresa.

Los sistemas elitistas de retribución suelen utilizarlos las empresas más antiguas, bien establecidas, con productos maduros, con una cuota de mercado relativamente estable y que se enfrentan a una competencia limitada. Los sistemas igualitarios de retribución son más habituales en entornos altamente competitivos, donde las empresas asumen frecuentemente riesgos empresariales e intentan ampliar su cuota de mercado invirtiendo continuamente en nuevas tecnologías, productos y mercados.

RETRIBUCIÓN INFERIOR A LA DEL MERCADO FRENTE A RETRIBUCIÓN SUPERIOR A LA DEL MERCADO

El salario de los empleados en relación con otras oportunidades laborales alternativas influye directamente en la capacidad de la empresa para atraer trabajadores de otras empresas. La satisfacción con el salario tiene una alta correlación con el nivel salarial, siendo la insatisfacción con el salario uno de los mejores predictores de la rotación de trabajadores. La decisión de pagar salarios superiores a los del mercado a todos los grupos de trabajadores da la posibilidad a la empresa de contratar a la «flor y nata» del mercado, reducir a mínimos la rotación voluntaria y crear un clima en el que todos los empleados sientan que pertenecen a la élite de la empresa[44]. Tradicionalmente, éste ha sido el sistema por el que han optado empresas de primera categoría, como IBM, Microsoft y Procter & Gamble. Sin embargo, pocas empresas pueden permitirse esta política. En su lugar, la mayoría de las empresas reconocen la importancia de ciertos grupos pagándoles explícitamente por encima del mercado a costa del resto de los trabajadores, que reciben sueldos inferiores a los del mercado. Por ejemplo, muchas empresas de alta tecnología remuneran bastante bien a sus trabajadores del departamento de I+D, mientras que a sus empleados de las líneas productivas les pagan salarios inferiores a los del mercado.

Una cuestión de ética

Algunas empresas afirman que no es justo que el director general de una empresa tenga un salario multimillonario mientras que algunos empleados están ganando el salario mínimo o están siendo despedidos. Algunos han sugerido que la persona que más gana en una empresa no debería ganar más de 20 veces lo que gana el empleado de la categoría más baja. ¿Qué cree usted?

Las empresas que están intentando crecer rápidamente en un mercado laboral estrecho deben considerar si van a pagar salarios por encima de los del mercado. Por ejemplo, Goldman Sachs ha aumentado su personal en un 42 por ciento en un periodo de dos años a finales de la década de los 90. Sus salarios son de los más elevados, por ejemplo, los secretarios ejecutivos ganan 50.000 dólares al año[45]. Los sindicatos, que analizaremos en detalle en el Capítulo 15, también contribuyen a que los salarios estén por encima del mercado. Los trabajadores estadounidenses afiliados cobran aproximadamente entre un nueve y un 14 por ciento más que los trabajadores no afiliados en el mismo puesto[46].

Una tendencia reciente, incluso entre empresas que tradicionalmente han pagado salarios altos, es fijar salarios en la media del mercado junto con incentivos atractivos. De acuerdo a un experto, "Ya que es difícil recortar los niveles de salario base, lo que sí se puede hacer es congelarlo durante varios años hasta que sea competitivo en el mercado"[47]. Mientras tanto, se aumenta la cantidad de incentivos, de tal manera que la retribución total (salario más incentivos) sitúe a la empresa en un percentil más alto del mercado de trabajo.

RECOMPENSAS MONETARIAS FRENTE A NO MONETARIAS

Uno de los debates más antiguos sobre la retribución es el que trata de decidir entre ofrecer recompensas monetarias u ofrecer recompensas no monetarias. A diferencia del dinero en efectivo o los pagos que pueden convertirse en dinero líquido más adelante (como acciones o planes de pensiones), las recompensas no monetarias no son tangibles. Este tipo de recompensas están formadas, entre otros elementos, por un trabajo interesante, tareas diversas y reconocimiento social[48].

En muchos estudios se ha demostrado que los empleados dan poca importancia al salario. Por ejemplo, en una encuesta realizada a gran escala sólo el dos por ciento de los americanos considera que el sueldo es un aspecto muy importante de su trabajo[49]. No obstante, esta conclusión debe matizarse. Mucha gente puede considerar que es deseable quitar importancia al dinero. Sin embargo, como dicen dos comentaristas muy conocidos: el sueldo «puede ser más importante de lo que la gente quiere admitir ante los demás, o ante sí misma. En la práctica, resulta que la recompensa en forma de dinero contante y sonante es tan efectiva como cualquier otra que se haya inventado jamás»[50].

La importancia relativa de la recompensa monetaria frente a la no monetaria queda reflejada en un estudio reciente a más de 1.000 empresas medianas y grandes publicada por la revista *Fortune* para identificar los 100 mejores lugares para trabajar y por qué lo son. La Figura 10.4 ofrece una muestra de 14 empresas seleccionadas en el estudio y la forma de recompensar a sus empleados.

Un tipo de recompensas no monetarias que se están convirtiendo en muy habituales se encuadran dentro de las «políticas que tienen en cuenta la situación familiar» o de los «programas de conciliación de la vida laboral y familiar». Entre las medidas que se incluyen están la flexibilidad horaria, permisos por cuestiones personales (no se pueden confundir con la baja por enfermedad), gimnasios, guarderías, asistencia cuando los niños están enfermos, etc. Por ejemplo, A. G. Edwards, una agencia de corredores de bolsa con 15.850 empleados, puso a disposición de sus trabajadores una cinta para correr, clases de yoga, clubes deportivos... First Horizon Nacional (conocida inicialmente como First Tennessee), ofrece a sus 12.000 empleados permisos durante el año escolar para que puedan hacer visitas a los colegios de sus hijos[51].

Por lo general, las empresas que hacen hincapié en las recompensas monetarias quieren reforzar los logros y responsabilidades individuales. Aquellas que ponen el énfasis en las recompensas no monetarias prefieren reforzar el compromiso con la organización. Así, se da más importancia a las recompensas monetarias en las empresas que se mueven en un mercado volátil con poca seguridad laboral, empresas que dan más importancia a las ventas que al servicio al consumidor y empresas que están intentando fomentar un ambiente competitivo interno más que el compromiso a largo plazo de los empleados. Suele encontrarse un mayor predominio de las recompensas no monetarias en empresas que tienen una fuerza de trabajo relativamente estable, aquellas empresas que hacen más hincapié en el servicio al consumidor y en la lealtad que al rápido crecimiento de las ventas y en aquellas empresas que quieren crear un clima más cooperativo[52]. En el Cuaderno del Director "Pagar a los trabajadores con retribuciones" aparecen varias organizaciones que hacen hin-

CUADERNO DEL DIRECTOR

TENDENCIAS EMERGENTES

Pagar a los trabajadores con retribuciones no monetarias

Algunas empresas creen que pueden atraer, retener y motivar mejor a los empleados utilizando retribuciones no monetarias. Sin embargo, los trabajadores no siempre lo ven de esta forma.

Retribuciones en especie en lugar de sueldo

Un programador de videojuegos hace un giro y ve cómo su bíceps acaba contra el espejo. Cerca, otros dos compañeros siguen andando en la cinta, charlando, mientras otro hombre joven determina con un saco de boxeo cuál es el nivel de karate de los niños. Estos empleados de Electronic Arts, el mayor fabricante independiente de videojuegos del mundo, utilizan sus horas de descanso para comer en las instalaciones de la empresa y realizan actividades deportivas tan buenas como las que ofrecería un buen gimnasio. Pero Electronic Arts, situado en Redwood City, California, se ha convertido en el centro de un debate que gira en torno a si las empresas de tecnología explotan a los trabajadores exigiéndoles más horas de trabajo y "pagándoles" con retribuciones no financieras e instalaciones en el trabajo, mientras escatiman dinero en efectivo como el pago de las horas extraordinarias y las primas.

El debate ha puesto en duda la fórmula de retribución de hace muchos años en el Silicon Valley, que consistía en que se retribuían las horas extras con opciones sobre acciones y primas. Pero los precios de las acciones empeoraron después de que explotara la burbuja tecnológica y las normas contables nuevas hicieron que conceder opciones sobre acciones fuera más caro (*véase* el Capítulo 11), por lo que ahora no son más que la moneda que estimuló alguna vez la ética de trabajo en el Silicon Valley.[a]

Retener a los empleados, Domino´s dice que no todo es el sueldo

La rotación es un quebradero de cabeza muy caro para las empresas de comida rápida, que dependen de una gran cantidad de trabajadores mal pagados. La rotación media en las empresas medianas y grandes es del diez al 15 por ciento. Pero en las empresas de comida rápida, las tasas llegan a alcanzar niveles del 200 por 100 al año y es habitual contratar a trabajadores por horas.

Domino´s está dispuesta a probar suerte con varios métodos para conseguir retener a los trabajadores por horas –excepto pagarles salarios significativamente superiores–. «Si hubiéramos aumentado en un 20 por ciento la retribución a todo el mundo, ¿podríamos haber mejorado los resultados comprando algo de lealtad? Quizás, pero no es una solución a largo plazo», dice el consejero delegado de Domino´s David A. Brandon. Cuenta que aunque el sueldo es un factor, «no puedes eliminar una cultura mala pagando a la gente unos cuantos dólares más».

Domino´s ha centrado sus esfuerzos en desarrollar una cultura desenfadada, que haga que haya un ambiente cordial en cada restaurante. Se selecciona y forma a los responsables de los restaurantes para que sean mejores comunicadores y para «tratar al personal con respeto, educación y paciencia». Según un jefe de Domino´s, «no es el sueldo lo que hace que los trabajadores aguanten, es la relación con su jefe. Pueden irse a McDonald´s o Pizza Hut y hacer lo mismo», dice. «Tienes que asegurarte de que son felices por trabajar contigo».[b]

Retribuir con un entorno de trabajo favorable

En la universidad, sólo un 12 por ciento de los químicos son mujeres y casi en una cuarta parte de las 50 mejores universidades no hay catedráticas. Sólo un 25 por ciento del personal de la facultad de química de Rutgers son mujeres. El director del departamento de Rutgers, Roger Jones, admite que recomienda a las mujeres que no son felices en otros trabajos a que le envíen su currículo. Su oferta no incluye sueldos altos, guardería para los niños o una sobremesa relajada; lo que realmente ofrece es la camaradería con el resto de compañeras, en vez de compañeros de trabajo. «¿Quién quiere ser la mujer "simbólica" cuando puede trabajar en un departamento con muchas mujeres en todos los niveles?», pregunta. La profesora Kathryn Uhrich, que descartó ofertas de la Ivy League para quedarse en Rutgers, dice que el resto de departamentos de química que le entrevistaron tenían un «número binario» (es decir, 0 o 1) de profesoras. Dice que en Rutgers las científicas saben que «van a ser reconocidas por sus conocimientos, por nada más».[c]

Fuente: [a] Adaptado con el permiso de Tichlet, M. (9 de marzo de 2005). Changing rules of the game. *New York Times*, C-1; [b] Adaptado con el permiso de White, E. (17 de febrero de 2005). To sep employees, Domino´s decides it is not all about pay. *Wall Street Journal*, A-1; [c] McGinn, D. (14 de marzo de 2005). Gender: Formula for success. *Newsweek*, 10.

capié en las recompensas no monetarias. Una cuestión importante en este punto es que las empresas deberían ser realistas sobre lo que piensan los empleados de las recompensas no monetarias. En un estudio reciente en el que participaron 1.400 empresas, los investigadores concluyeron que «cuando los presupuestos son reducidos, los incentivos no monetarios, como el tiempo libre o las comidas o cenas de departamento pueden ser herramientas valiosas para agradecer a los empleados sus logros. Pero los empleados esperan también retribuciones monetarias por su trabajo»[53].

RETRIBUCIONES PÚBLICAS FRENTE A RETRIBUCIONES SECRETAS

El grado en que las empresas comunican abiertamente los niveles de retribución de los distintos empleados o, incluso, las prácticas salariales empleadas varían enormemente de una empresa a otra. En un extremo, algunas empresas exigen a los empleados que hagan un juramento por el cual se comprometen a no informar de su salario a sus compañeros; el castigo por romper el juramento es el despido. En el otro extremo, nos encontramos con empresas en las que todos conocen los salarios de todos (*véase,* por ejemplo, el caso de

Whole Foods Market en la Figura 10.4); en las universidades públicas esta información puede incluso aparecer publicada en el periódico de los estudiantes. Muchas organizaciones se encuentran en un punto intermedio: no publican los datos personales, pero sí dan información sobre sueldos y niveles retributivos.

El sistema de retribución público tiene dos ventajas con respecto al secreto[54]. Primero, si se limita el acceso de los empleados a información sobre retribuciones se suele crear una mayor insatisfacción salarial porque los empleados tienden a sobrestimar lo que cobran sus compañeros y superiores. Segundo, un sistema de retribución público obliga a los directivos a ser más justos y eficaces a la hora de administrar las retribuciones porque no se pueden ocultar las malas decisiones y las buenas pueden motivar a los mejores trabajadores.

Sin embargo, la retribución pública fuerza a los directivos y supervisores a defender públicamente sus decisiones salariales. Al margen de la buena fe que se tenga para explicar estos juicios de valor, puede resultar imposible satisfacer a todo el mundo (incluso a los que les va muy bien pueden llegar a pensar que podría irles mejor). Para evitar discusiones que requieren tiempo y resultan estresantes, los directivos pueden suprimir las diferencias en el rendimiento. La consecuencia puede ser que los mejores se vayan porque piensen que se les paga menos de lo que deberían cobrar.

Las investigaciones recientes sugieren que la publicidad tendrá más éxito en organizaciones en donde los empleados participan mucho y en las que existe una cultura igualitaria que fomenta la confianza y el compromiso[55]. Esto se debe a que la publicidad de las retribuciones puede fomentar un sentimiento de justicia y de mayor motivación sólo si el ambiente favorece las relaciones entre los empleados. En entornos más competitivos, podría provocar un periodo conflictivo y hostil que resulta muy difícil parar.

CENTRALIZACIÓN FRENTE A DESCENTRALIZACIÓN DE LAS DECISIONES SALARIALES

En un sistema centralizado, las decisiones salariales se controlan estrechamente desde un único lugar, normalmente el departamento de RRHH o la sede de la empresa. En un sistema descentralizado, las decisiones salariales se delegan a lo largo de la empresa, normalmente a los directores de cada unidad.

Las decisiones salariales centralizadas son más adecuadas cuando resulta rentable y eficaz, en términos de costes, contratar a especialistas en retribuciones que se puedan ubicar en un único lugar y a los que se responsabilizará del control de los salarios, de la administración de las prestaciones y del mantenimiento de los registros[56]. Si la organización se enfrenta a frecuentes problemas legales también puede ser positivo dejar las decisiones principales relativas a los salarios en manos de profesionales.

Un sistema centralizado maximiza la equidad interna, pero no tiene control sobre las cuestiones relacionadas con la equidad externa (el mercado). Así, las organizaciones grandes y diversificadas pueden funcionar mejor con un sistema descentralizado. Por ejemplo, Mars, Inc., el líder mundial en el mercado de las chocolatinas, con unos ingresos anuales estimados de 11 billones de dólares y 30.000 empleados, sólo tiene a dos personas encargadas de los RRHH en la sede de la empresa. Cada unidad de Mars es responsable de sus propias decisiones salariales[57].

RESUMEN

La retribución de los trabajadores es un tema complejo que tiene efectos significativos sobre el éxito de una organización. Las buenas noticias son que no hay tantos sistemas retributivos como podrían sugerir las nueve opciones anteriores. Las malas noticias vienen de que ninguna de estas opciones es única, sino que cada par define dos extremos de un continuo, con muchas posibilidades entre ambos.

Un último aspecto a tener en cuenta es que: las políticas de remuneración que se aplican a los trabajadores afiliados están sujetas a la negociación y a acuerdos. Así pues, los directivos de empresas con sindicatos suelen ver muy limitadas las posibilidades de decisión respecto a cuestiones salariales.

HERRAMIENTAS DE RETRIBUCIÓN

Las herramientas de retribución pueden agruparse en dos grandes categorías en función de la unidad de análisis que se utiliza para tomar las decisiones salariales: sistemas basados en el puesto de trabajo y sistemas basados en las habilidades.

Los *sistemas basados en el puesto de trabajo* incluyen los programas de retribución más tradicionales y utilizados en mayor medida[58]. Estos planes parten del supuesto de que a las personas se les paga por realizar las tareas de unos puestos bien definidos (por ejemplo, secretario, bibliotecario). Cada puesto de trabajo está diseñado para llevar a cabo determinadas tareas (por ejemplo, escribir a máquina, mantener los registros contables) y, normalmente, es realizado por varias personas. Puesto que todos los trabajos tienen una importancia distinta para la empresa y el mercado laboral otorga un gran valor a unos trabajos en relación a otros, el objetivo principal del sistema retributivo consiste en asignar un salario más elevado a los puestos de trabajo más importantes.

En la Figura 10.5 se presenta un ejemplo simplificado de la estructura salarial típica en función del puesto de trabajo para un restaurante hipotético con 87 empleados que realizan 18 trabajos distintos. Estos 18 puestos de trabajo están agrupados en seis categorías salariales, con salarios que oscilan desde los 6,5 dólares la hora para los trabajos de los

Puestos de trabajo		Número de puestos	Salario
Categoría 6	Jefe de cocina	2	21,50-32,00 $/hr
Categoría 5	Director	1	12,50-22,00 $/hr
	Segundo jefe de cocina	1	
Categoría 4	Subdirector	2	8,50-13,00 $/hr
	Cocinero principal	2	
	Director de antecocina	1	
Categoría 3	Cocinero general	5	7,50-9,00 $/hr
	Cocinero de platos combinados	2	
	Ayudante de cocinero principal	2	
	Maitre	1	
Categoría 2	Camarero	45	7,00-8,00 $/hr
	Relaciones públicas	4	
	Cajero	4	
Categoría 1	Ayudante de cocina	2	6,50-7,25 $/hr
	Friegaplatos	3	
	Portero	2	
	Ayudante de camarero	6	
	Guarda de seguridad	2	

Figura 10.5 ■ Estructura salarial de un gran restaurante basada en el puesto de trabajo.

niveles más bajos hasta un máximo de 32 dólares por hora para el puesto que más cobra (jefe de cocina). Los empleados reciben un sueldo de acuerdo al salario establecido para la categoría a la que pertenece su puesto de trabajo. Así, un friegaplatos o un ayudante de camarero pueden recibir entre 6,5 y 7,25 dólares (categoría 1).

El *sistema basado en las habilidades* es mucho menos frecuente. Parte del supuesto de que se puede pagar a los trabajadores, no en función del puesto que ocupen, sino más bien en función de la flexibilidad o capacidad que tienen para realizar diferentes tareas. Según este sistema, cuantas más habilidades relacionadas con el trabajo tenga un empleado, mayor será su salario. La Figura 10.6 muestra un ejemplo sencillo de este planteamiento que podría utilizarse como alternativa al utilizado para la Figura 10.5. Los trabajadores que dominen el primer conjunto de habilidades (bloque 1) recibirán siete dólares por hora, los que dominen las habilidades del bloque 2 (además de las del bloque 1) recibirán 8,5 dólares por hora, los que adquieren las habilidades del bloque 3 (además de poseer las de los dos bloques anteriores), recibirán 11,5 dólares por hora, etc.

En los siguientes epígrafes, analizaremos en profundidad estos dos programas de retribución. Puesto que las herramientas y los planes de retribución pueden llegar a ser muy complejos, evitaremos entrar en muchos detalles operativos, centrándonos en su lugar en las aplicaciones de estos programas y en sus puntos fuertes y débiles. Se puede obtener más información sobre el desarrollo y aplicación, paso a paso, de dichos programas y procedimientos en otros trabajos[59].

Bloque de habilidades	Habilidades	Salario
5	■ Elaborar nuevos platos para el menú ■ Encontrar diferentes usos para las sobras (guisos, bufés, etc.) ■ Coordinar y supervisar el trabajo de todos los empleados cuando no está el director	24,00 $/hr.
4	■ Cocinar los platos del menú siguiendo la receta ■ Supervisar la cocina ■ Preparar las nóminas ■ Garantizar la calidad de los alimentos y el cumplimiento de las normas	18,00 $/hr.
3	■ Programar los horarios y asignar los turnos ■ Realizar el inventario ■ Organizar el flujo de trabajo en el comedor	11,50 $/hr.
2	■ Dar la bienvenida a los clientes y organizar las mesas ■ Tomar los pedidos de los clientes ■ Llevar la comida a la mesa ■ Ayudar en la cocina a preparar los platos ■ Hacer comprobaciones de seguridad ■ Ayudar a descargar	8,50 $/hr.
1	■ Utilizar las máquinas de lavar platos ■ Utilizar productos de limpieza y desinfectantes ■ Utilizar el aspirador, la fregona y otros equipos de limpieza ■ Limpiar y poner las mesas ■ Realizar funciones rutinarias de cocina (por ejemplo, preparar el café)	7,00 $/hr.

Figura 10.6 ■ Programa retributivo de un gran restaurante basado en las habilidades.

PLANES DE RETRIBUCIÓN BASADOS EN EL PUESTO DE TRABAJO

Los planes de retribución en función del puesto de trabajo se desarrollan a partir de tres objetivos clave: lograr la equidad interna, lograr la equidad externa y lograr la equidad individual. La Figura 10.7 resume las relaciones entre los objetivos y los pasos que hay que dar para alcanzarlos. La mayoría de las empresas estadounidenses utiliza este sistema, o alguno parecido, para remunerar a sus trabajadores[60].

Equidad interna: la evaluación del puesto de trabajo

La retribución en función del puesto de trabajo tiene en cuenta el valor o la contribución relativa de los distintos puestos de trabajo (*no* de cada empleado particular) a una organización. La primera parte de este proceso, conocida como **evaluación del puesto de trabajo**, se compone de seis fases diseñadas para poder realizar un juicio racional, ordenado y sistemático de la importancia de cada puesto para la empresa. El objetivo último de la clasificación del puesto es conseguir la equidad interna de la estructura de retribuciones.

Evaluación del puesto de trabajo
El proceso mediante el cual se determina el valor o la contribución relativa que los distintos puestos de trabajo tienen en la empresa.

Fase 1: Realización de un análisis del puesto de trabajo. Como vimos en el Capítulo 2, el análisis del puesto consiste en recopilar y organizar la información relativa a las tareas, obligaciones y responsabilidades de un puesto específico. En la primera fase del proceso se recopila la información relativa a las obligaciones, tareas y responsabilidades de todos los puestos que se van a clasificar. Para realizar el análisis del puesto pueden utilizarse entrevistas personales con los trabajadores, cuestionarios previamente cumpli-

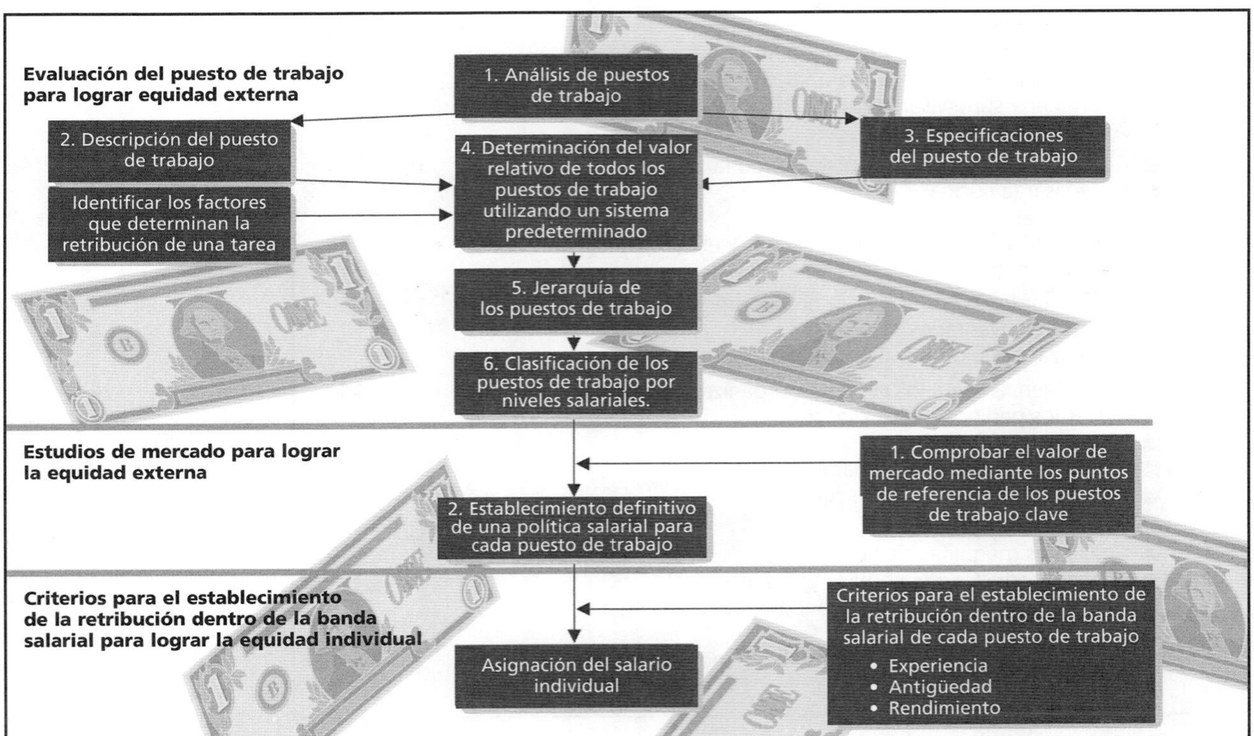

Figura 10.7 ■ Las etapas clave para crear un plan retributivo basado en el puesto de trabajo.

Procesos mentales

Toma de decisiones, razonamiento y planificación/organización

36. Toma de decisiones

Utilizando la escala de respuestas que se presenta a continuación, indique el nivel de toma de decisiones requerido en su puesto de trabajo; considere el número y la complejidad de factores que debe tener en cuenta, la variedad de alternativas disponibles, las consecuencias e importancia de las decisiones, la experiencia anterior necesaria, la educación y formación necesarias y la disponibilidad de precedentes para orientarse, así como otro tipo de consideraciones pertinentes.

Capacidad de decisión

1 *Muy limitada*
(por ejemplo, las decisiones relativas a seleccionar los componentes en un proceso rutinario de montaje, colocar objetos en las estanterías de un almacén, limpiar los muebles o manejar máquinas automáticas)

2 *Limitada*
(por ejemplo, decisiones como las que se toman al manejar una sierra, llevar un taxi o cambiar el aceite del coche)

3 *Intermedia*
(por ejemplo, las decisiones que se toman a la hora de poner en marcha una máquina, diagnosticar un problema mecánico en un avión, informar a superiores o supervisar a los trabajadores de una tienda de autoservicio)

4 *Considerable*
(por ejemplo, las decisiones que se toman para determinar las cuotas de producción o las decisiones sobre promoción o contratación)

5 *Muy considerable*
(por ejemplo, decisiones sobre el presupuesto anual de la empresa, recomendar una operación quirúrgica importante o elegir una ubicación para una nueva fábrica)

37. Razonamiento para la resolución de problemas

A partir de las respuestas siguientes, indique el nivel de razonamiento necesario para aplicar conocimientos, experiencias y juicios de valor para resolver problemas.

Nivel de razonamiento para la resolución de problemas

1 *Muy limitado*
(utiliza el sentido común para cumplir órdenes relativamente sencillas, por ejemplo, trabajador de la cadena de montaje u operador de una máquina)

2 *Limitado*
(utiliza cierta formación y/o experiencia para elegir entre un número limitado de soluciones el procedimiento más adecuado para realizar el trabajo, por ejemplo, vendedor, aprendiz de electricista o ayudante de biblioteca)

3 *Intermedio*
(utiliza principios relevantes para resolver problemas prácticos y para tratar situaciones poco normalizadas en las que existe una gran cantidad de variables, como en el caso de los supervisores o técnicos)

4 *Considerable*
(utiliza un pensamiento lógico o científico para definir problemas, recopilar información, determinar los hechos y alcanzar conclusiones válidas, como las que utilizan los ingenieros petrolíferos, los directores de personal o los directores de una tienda de una cadena)

5 *Muy considerable*
(utiliza un pensamiento lógico o científico para resolver una amplia variedad de problemas intelectuales y prácticos, como los investigadores químicos, los físicos nucleares, los presidentes de grandes empresas o los directivos de una sucursal o fábrica importante)

Fuente: Purdue Research Foundation. West Lafayette, IN 47907-1650. Utilizado con autorización.

Figura 10.8 ■ Ejemplos del Cuestionario para el Análisis del Puesto.

mentados por los empleados y/o los supervisores y registros de la empresa (por ejemplo, coste de funcionamiento de los equipos y presupuestos anuales) con el fin de estudiar qué, cómo y por qué existen las diversas tareas que conforman el puesto. En la Figura 10.8 se muestran algunos de los elementos que se utilizan con más frecuencia en los cuestionarios usados en el análisis del puesto de trabajo (Cuestionario para el Análisis del Puesto: *Posi-*

tion Analysis Questionnaire). Para cada pregunta, debe tenerse en cuenta la información que ya se conoce con respecto a cada puesto y decidir cuál de las cinco descripciones resulta más adecuada.

Fase 2: Redacción de las descripciones del puesto de trabajo. En la segunda fase del proceso de evaluación del puesto de trabajo se utilizan los datos del análisis del puesto para elaborar un documento escrito que identifica, define y describe cada puesto en función de sus obligaciones, responsabilidades, condiciones laborales y especificaciones. Este documento se denomina *descripción del puesto* (recordará este término del Capítulo 2).

Fase 3: Determinación de las especificaciones del puesto. Las especificaciones del puesto hacen referencia a las cualidades necesarias que debe poseer un empleado para realizar el trabajo correctamente. Estos requisitos parten del análisis del puesto, aunque en algunos casos vienen dictados por la ley (por ejemplo, los fontaneros en EE.UU. tienen que tener una licencia). Las especificaciones del puesto suelen ser muy concretas en cuanto al número de años y experiencia profesional previa, el tipo y nivel de formación, los diplomas conseguidos, la formación profesional, etc. Normalmente se incluyen en las descripciones del puesto de trabajo.

Fase 4: Establecimiento del valor relativo de todos los puestos a partir de un sistema predeterminado. Las descripciones y especificaciones del puesto se deben utilizar para establecer el valor relativo y las contribuciones de cada puesto a la organización. La evaluación del puesto de trabajo suele llevarse a cabo por un comité formado por tres a siete personas, entre las que puede encontrarse supervisores, directores, personal del departamento de RRHH y asesores externos. Algunos de los procedimientos de evaluación más conocidos han evolucionado a lo largo de los años, pero el más utilizado por la mayoría de las empresas es el *sistema de puntuación de factores*[61].

Factores que determinan la retribución
Criterios relacionados con el trabajo a los que la empresa da una mayor importancia para determinar el valor relativo de los distintos puestos de trabajo.

Este sistema de puntuación se basa en los **factores que determinan la retribución de una tarea**. Los factores son un conjunto de criterios relacionados con el trabajo a los que la empresa da una mayor importancia. Un factor que suele emplearse muy a menudo para determinar la retribución es el conocimiento. Los puestos que requieran un mayor número de conocimientos (adquiridos bien a través de los medios de enseñanza formales, bien a través de la experiencia) recibirán una mayor puntuación y, por tanto, una mayor retribución. Aunque cada empresa puede fijar los factores que van a determinar la retribución, o incluso crear los que puedan aplicarse a varios grupos profesionales o familias de puestos de trabajo (administrativos, técnicos, directivos, etc.), la mayoría de las empresas eligen los factores basándose en sistemas de evaluación de puestos que están ya establecidos. Los dos sistemas de puntuación de factores que cuentan con una aceptación casi universal son el Sistema Hay (*Hay Guide Chart Profile Method*) y el Plan Nacional de Evaluación de Puestos (*National Position Evaluation Plan*) (antes conocido como el sistema de puntuación de factores de NMTA) de la Management Association of America (MAA). El método Hay, cuyas características se resumen en la Figura 10.9, utiliza tres factores para evaluar los puestos: saber hacer, capacidad para solucionar problemas y responsabilidad. El plan MAA (NMTA) consta de tres unidades independientes: la Unidad I para trabajadores de fábrica pagados por horas; la Unidad II para puestos no exentos de tareas administrativas, técnicas y de servicios; la Unidad III para los puestos exentos de supervisión, profesionales y directivos. El plan MAA (NMTA) propone 11 factores divididos en cuatro grandes categorías (cualificación, esfuerzos, responsabilidades y condiciones del puesto de trabajo). El plan de la Unidad I se resume en la Figura 10.10[62].

Saber hacer *(Know-how)*

El saber hacer es la suma de todo tipo de cualidades, cualquiera que sea la forma en la que se hayan adquirido, necesarias para tener un rendimiento laboral aceptable. Esta suma, que incluye el total de la «base de conocimientos» que debe tener un empleado, tiene tres dimensiones:

1. Conocimiento de procedimientos prácticos, técnicas especializadas y disciplinas aprendidas.
2. La capacidad de integrar y armonizar las diferentes funciones incluidas en actividades directivas (operativas, de apoyo y administrativas). Este conocimiento puede utilizarse tanto de forma consultiva como ejecutiva y abarca, en diferentes proporciones, las áreas de organización, planificación, ejecución, control y evaluación.
3. Puesta en práctica de habilidades en el área de las relaciones humanas.

Solución de problemas

La resolución de problemas es el tipo de «pensamiento de arranque» requerido en el puesto de trabajo para realizar actividades de análisis, evaluación, creación, razonamiento y extracción de conclusiones. En la medida en que el pensamiento está limitado por normas, influido por los precedentes o precisado por otros, la resolución de problemas se dificulta y, por tanto, el énfasis se situará en el saber hacer.

La resolución de problemas tiene dos dimensiones:

1. El entorno en el que tiene lugar el proceso de razonamiento.
2. El desafío que representa la reflexión a realizar.

Responsabilidad

La responsabilidad se refiere a las acciones y a sus consecuencias. Es el efecto del trabajo medido sobre sus resultados finales. Tiene tres dimensiones:

1. Libertad de acción: el grado de control personal o de los procedimientos y de las orientaciones.
2. Efecto del trabajo sobre los resultados finales.
3. Alcance: representado por las dimensiones económicas de las áreas a las que el puesto afecta más claramente (medido sobre una base anual).

Fuente: Cortesía de Hay Group, Boston, MA.

Figura 10.9 ■ Factores del método Hay que determinan la retribución.

Habilidad

1. **Conocimiento.** Mide el nivel de formación que se aplica en un determinado puesto de trabajo.
2. **Experiencia.** Mide el tiempo que normalmente se necesita para poder desempeñar los cometidos de un puesto de trabajo sin una supervisión superior a la normal.
3. **Iniciativa e ingenuidad.** Indica el grado en que se aplica el juicio propio y se toman decisiones en un trabajo.

Esfuerzo

4. **Exigencias físicas.** Mide la frecuencia e intensidad de levantar materiales pesados, moverlos y trabajar con posturas difíciles en el trabajo.
5. **Concentración mental o atención visual.** Mide el cansancio en el trabajo, visual o mental, el grado de concentración y la precisión exigidas en el mismo.

Responsabilidad

6. **Equipos o procesos.** Mide el daño que se produciría por un error o una negligencia a los equipos o procesos que derivaría de.

Figura 10.10 ■ Factores que determinan la retribución de acuerdo con el Plan Nacional de Evaluación del Puesto *(National Position Evaluation Plan)* de la MAA (Unidad I: los puestos de producción, mantenimiento, almacén, distribución y servicios).

(continúa)

7. **Calidad de los materiales, productos o servicios.** Hace referencia a las pérdidas de materiales, productos o servicios que se pueden producir por el deterioro, el desgaste o las negligencias en los procesos, inspecciones, pruebas y prestaciones de servicios.
8. **Seguridad de otras personas.** Mide si entre las funciones de un puesto de trabajo se incluye la protección de otros frente a posibles lesiones o situaciones de peligro para la salud.
9. **Trabajo de otras personas o como miembro de un equipo de calidad/de proceso.** Hace referencia al grado de responsabilidad por ayudar, enseñar o dirigir a otros o participar en equipos de calidad o de procesos que afectan a otras operaciones de la empresa.

Condiciones laborales

10. **Condiciones laborales.** Mide el grado de exposición a determinadas condiciones como el polvo, el calor, el ruido o humos.
11. **Peligros.** Hace referencia al riesgo de lesiones por la manipulación de materiales, herramientas, equipos o por estar trabajando en lugares que pueden seguir siendo peligrosos, incluso después de haber tomado las medidas necesarias de seguridad.

Fuente: MAA (antes NMTA) National Position Evaluation Plan.

Figura 10.10 ■ *(continuación)*

En ambos sistemas a cada factor se le asigna una escala de valores y niveles o grados. A los factores más importantes se les da una puntuación elevada, mientras que a los de menor peso se les da una puntuación más baja. Por ejemplo, como muestra la Figura 10.11, la puntuación más alta posible, según el sistema MAA (NMTA), se da a la experiencia y a cada grado de experiencia se le concede 22 puntos. La puntuación de los otros dos factores relacionados con las habilidades, es de 14 puntos por nivel. A todos los demás factores se les asigna cinco o diez puntos por nivel.

	PUNTOS ASIGNADOS SEGÚN EL NIVEL DE LOS FACTORES				
Factor	**Primer nivel**	**Segundo nivel**	**Tercer nivel**	**Cuarto nivel**	**Quinto nivel**
Habilidades					
1. Conocimiento	14	28	42	56	70
2. Experiencia	22	44	66	88	110
3. Iniciativa e ingenuidad	14	28	42	56	70
Esfuerzo					
4. Exigencias físicas	10	20	30	40	50
5. Concentración visual o mental	5	10	15	20	25
Responsabilidad					
6. Equipo o proceso	5	10	15	20	25
7. Material o producto	5	10	15	20	25
8. Seguridad de otras personas	5	10	15	20	25
9. Trabajo de otras personas	5	10	15	20	25
Condiciones laborales					
10. Condiciones laborales	10	20	30	40	50
11. Peligros	5	10	15	20	25

Fuente: MAA (antes NMTA) National Position Evaluation Plan.

Figura 10.11 ■ Puntuaciones asignadas a los niveles de cada factor según el Plan Nacional de Evaluación del Puesto *(National Position Evaluation Plan)* de la MAA.

Esta escala permite al comité de evaluación asignar una puntuación a cada puesto en función del nivel que le corresponda a cada factor. Por ejemplo, utilizando la tabla del MAA (NMTA) de la Figura 10.11, supongamos que el puesto X está clasificado en el quinto nivel de exigencia física (50 puntos), equipos o procesos (25 puntos) y trabajo de otras personas (25 puntos); en el cuarto nivel en concentración visual o mental (20 puntos), condiciones laborales (40 puntos) y peligros (20 puntos); en el segundo nivel de experiencia (44 puntos); en el primer nivel de conocimiento (14 puntos) y de iniciativa e ingenuidad (14 puntos). El total de puntos que este puesto ha obtenido en el conjunto de los 11 factores determinantes de la retribución del sistema MAA (NMTA) es de 302.

Fase 5: Creación de una jerarquía de puestos. Tras las cuatro fases que acabamos de describir se puede crear una **jerarquía de puestos**, es decir, una lista de puestos en función de su valor relativo estimado (del más alto al más bajo). La Figura 10.12 muestra la jerarquía de puestos de oficina en una empresa grande. En la columna 1 de la figura se muestra el total de puntos asignados a cada puesto en orden descendente. Dichas puntuaciones oscilan entre un máximo de 300 puntos para el puesto de representante comercial y un mínimo de 60 puntos para el puesto de recepcionista.

Jerarquía de los puestos de trabajo
Una lista de puestos de trabajo, en orden de importancia para la organización, del más al menos importante.

Fase 6: Clasificación de los puestos en función de los niveles salariales. Por simplificar, y como último paso del proceso de evaluación, la mayoría de las empresas grandes clasifican los puestos por niveles salariales. Habitualmente, la jerarquía de puestos de trabajo queda reducida a un número manejable de niveles a los que se les asigna un valor con el fin de determinar dónde se van a situar las líneas de separación entre los diferentes niveles. Por ejemplo, la columna 2 de la Figura 10.12 muestra cómo se divide la jerarquía de 18 puestos de trabajo administrativos en cinco niveles. De esta forma, se con-

	1 Puntos	2 Nivel salarial	3 Banda salarial semanal
Representante comercial	300	5	500-650 $
Secretaría ejecutiva/Auxiliar administrativo	298		
Secretaría de dirección	290		
Secretaría	230	4	450-550 $
Oficial mayor	225		
Encargado de cobros y pagos	220		
Contable	175	3	425-475 $
Administrativo general	170		
Secretaría del departamento jurídico/Adjunto	165		
Operador jefe de tratamiento de textos	160		
Operador de tratamiento de textos	125	2	390-430 $
Administrativo de compras	120		
Administrativo de nóminas	120		
Mecanógrafo	115		
Encargado de archivos	95	1	350-400 $
Encargado de correspondencia	80		
Encargado de personal	80		
Recepcionista	60		

Figura 10.12 ■ Jerarquía de puestos de trabajo administrativos, niveles salariales y bandas salariales semanales de una hipotética oficina.

sidera que todos los puestos pertenecientes a un determinado nivel tienen, en esencia, la misma valía en cuanto a su importancia, ya que las puntuaciones asignadas a cada uno de ellos son muy similares.

Otros sistemas de clasificación de puestos son: el *sistema de jerarquización* (el comité de evaluación elabora una jerarquía de descripciones de puestos de trabajo, de la más alta a la más baja, basándose en una valoración de su importancia); el *sistema de clasificación* (el comité asigna un nivel a cada descripción de puestos sin utilizar un sistema de puntos, igual que ocurre en los niveles que fija la administración pública para los funcionarios); el *sistema de comparación de factores* (una variación compleja, y pocas veces utilizada, del sistema de puntuación y de categorías); y el *sistema de captura de políticas* (en el que se utiliza el análisis matemático para estimar el valor relativo de cada puesto a partir de las prácticas existentes en la empresa).

Llegados a este punto, es preciso recordar dos cuestiones clave. Primero, la evaluación de los puestos se realiza a nivel interno y no tiene en cuenta las escalas salariales del mercado ni los sueldos que pagan otras empresas. Segundo, la evaluación de puestos sólo se centra en el valor de las tareas que conforman cada puesto y no en las personas que las realizan. El folleto informativo del MAA (NMTA), que se distribuye a todos los empleados cuyos puestos van a ser clasificados siguiendo las normas de dicho sistema, lo deja bien claro: «El sistema no juzga a nadie como individuo; no cataloga las capacidades de nadie para realizar un trabajo. [Evalúa] cada puesto en función de un conjunto sencillo de factores [que determinan la retribución]... que se aplican exactamente de la misma manera a todos los puestos»[63].

Equidad externa: los estudios de mercado

Para lograr la equidad externa, las empresas suelen realizar estudios de mercado. El objetivo de estos estudios es fijar las bandas salariales para cada categoría profesional. Una empresa puede llevar a cabo sus propios estudios de mercado, pero la mayoría compran estudios que están disponibles. Las empresas de consultoría realizan cientos de estudios cada año para prácticamente todos los tipos de puestos y todas las áreas geográficas. Por ejemplo, Watson Wyatt Data Services actualiza continuamente CompQuest. CompQuest permite a los usuarios acceder online a los datos detallados de salarios y prestaciones de casi cualquier puesto de unas 325 áreas metropolitanas, de todos los estados y de 16 grupos estatales (*véase* www.surveys.com/cq para comprobarlo). Los usuarios pueden hacer informes adaptados a sus necesidades según el puesto, la familia de puestos, el área geográfica, la industria, el tamaño de la empresa, etc. utilizando simplemente la barra de menús. En el Cuaderno del Director "¿Cuánto vale un puesto en el mercado?" aparecen

CUADERNO DEL DIRECTOR

EL EMPLEADO COMO CLIENTE INTERNO

¿Cuánto vale un puesto en el mercado?

Normalmente el departamento de RRHH conseguía información de las encuestas salariales. Sin embargo, la tecnología hace que este proceso se haya quedado obsoleto. Los directivos de línea pueden acceder rápidamente a la información salarial de cientos de puestos para una ubicación, una industria y un trabajo concreto. Esto es posible gracias a los estudios de retribución online; tres de ellos son el Comp Online, el Salary Source y el Survey Finder.

Comp Online (www.towersperrin.com)

Comp Online es un servicio a través de la web de Towers Perrin que ayuda a los directivos y a los profesionales de RRHH a realizar análisis competitivos de sueldos (tanto nacionales como internacionales) a través de Internet. También permite que los usuarios se hagan informes a medida. Por ejemplo, pueden:

- Crear su propio grupo de empresas para elegir las que les interesan por el nombre, la industria, el tamaño o los resultados.
- Acceder a los datos nuevos durante el año cuando se han enviado los propios a la base de datos.
- Adaptar los formatos de los informes y su contenido (por ejemplo, elegir los percentiles y monedas, mostrar los datos que interesan, adaptar los títulos y epígrafes de los informes).

Salary Source (en castellano: Fuente de información sobre sueldos) (www.salarysource.com)

Utilizando Salary Source, un directivo puede analizar el valor actual de mercado de cerca de 350 puestos en al menos tres estudios diferentes. Utilizando los factores que influyen en la retribución actual de mercado, se pueden ajustar los datos para reflejar el día de hoy o cualquier otra fecha futura de los 12 meses próximos.

Survey Finder (en castellano: Localizador de Estudios) (hrcom.salary.com)

Survey Finder permite a los profesionales de RRHH y a los directivos de línea buscar en la base de datos cientos de estudios salariales actualizados ofrecidos por más de 100 vendedores independientes, incluyendo consultoras de RRHH grandes, consultoras especializadas en retribución, empresas especializadas en encuestas y asociaciones empresariales. Para que las búsquedas sean más fáciles, Survey Finder clasifica todas las encuestas según la industria, la localización geográfica y el tipo de empleados.

Fuentes: Comp Online™ (www.towersperrin.com). Salary Source (www.salarysource.com) y Survey Zinder (hrcom.salary.com/surveyfinder).

más fuentes para consultar encuestas salariales que son accesibles por Internet para los profesionales de RRHH y para los directivos de línea.

De igual forma, el gobierno federal realiza estudios a escala nacional y regional para 800 trabajos. Los resultados están actualmente disponibles, de forma gratuita, en Internet (Oficina de Estadísticas Laborales, 2006, Estimaciones de Salario y Empleo Nacional por Ocupación e Industria, www.lib.gsu.edu/collections/govdocs/stats.htm).

¿Qué sentido tiene gastar dinero y tiempo en clasificaciones internas de los puestos de trabajo cuando se pueden utilizar los datos del mercado para determinar el valor de los distintos puestos? Primero, porque la mayoría de las empresas tienen puestos de trabajo que son propios de la empresa y, por tanto, no se pueden comparar fácilmente con los datos del mercado[64]. Por ejemplo, el puesto de «auxiliar administrativo» en la Empresa Y puede ocuparse de ayudar a la alta dirección en las tareas más importantes (por ejemplo, sustituir al directivo en apariciones públicas cuando la persona que ostenta el cargo no puede acudir) mientras que en la Empresa Z puede ocuparse únicamente de tareas administrativas rutinarias. Segundo, la importancia de un puesto puede variar entre empresas. Por ejemplo, el puesto de «científico» en una empresa de alta tecnología (donde la creación de un nuevo producto constituye una ventaja competitiva clave) suele ser bastante más importante que en una empresa madura de fabricación (donde los científicos, a menudo, sólo tienen que realizar pruebas de rutina).

La realización de estudios de mercado para vincular los resultados de la clasificación de los puestos de trabajo a datos salariales externos suele desarrollarse en dos fases: establecer un punto de referencia y establecer una política salarial.

Fase 1: Puntos de referencia o puestos de trabajo clave. Para vincular la jerarquía de puestos de trabajo o los niveles de la clasificación interna a los salarios del mercado, la mayoría de las empresas establecen **puestos de referencia** o **puestos de trabajo clave**, es decir, puestos que son similares o comparables en sus contenidos en todas las empresas, y analizan los estudios de mercado para determinar el valor que otras empresas dan a dichos puestos clave. A continuación, la empresa fija los niveles salariales para los puestos para los que no hay información en el mercado (puesto de trabajo *no* clave), colo-

Puestos de referencia o puestos de trabajo clave
Un puesto de trabajo cuyo contenido es similar o comparable en todas las empresas.

Representante comercial. Establece y mantiene las relaciones con los consumidores y les asesora y apoya en sus problemas.

Contable de cobros y pagos. Realiza tareas administrativas rutinarias relacionadas con actividades de cobros y pagos; realiza comprobaciones rutinarias de los créditos, obtiene información adicional, investiga los descubiertos en cuentas y apremia a los clientes morosos por carta o por teléfono.

Contable. Realiza una serie de tareas rutinarias de contabilidad, como mantener los diarios, los libros mayores y los informes, siguiendo procedimientos bien definidos o instrucciones detalladas.

Operador de tratamiento de textos. Maneja los equipos de tratamiento de textos para introducir, buscar, seleccionar y combinar textos a partir de dispositivos de almacenamiento o de memoria interna para la producción de copias.

Mecanógrafo. Realiza trabajos rutinarios administrativos y de mecanografía; cumple los procedimientos establecidos e instrucciones orales o escritas; puede manejar maquinaria y equipos de oficina sencillos.

Fuente: AMS Foundation Office, Secretarial, Professional, Data Processing and Management Salary Report, AMS Foundation, 550 W. Jackson Blvd. Suite 360, Chicago, Il 60661. Ver también Salary Wizard (2006). Salary report for administrative support, and clerical job categories, www.salarywizard.com.

Figura 10.13 ■ Ejemplo de puntos de referencia para los puestos del personal de oficina.

cándolos en la misma banda salarial que la de otros puestos clave que están dentro de la categoría.

Un ejemplo nos ayudará a comprender mejor esta idea. Supongamos que cinco puestos de trabajo de nuestro ejemplo de la oficina de la Figura 10.12 se identifican como puestos clave (se describen brevemente en la Figura 10.13). La empresa compra un estudio salarial para fijar la retribución de sus empleados de oficina, en el que se indican tanto el salario medio semanal como los percentiles 25, 50 y 75 del salario semanal para dichos puestos. Por ejemplo, la Figura 10.14 muestra que el 25 por ciento de los representantes comercia-

	Percentil de salario semanal			
Puestos de referencia	**Percentil 25**	**Percentil 50**	**Percentil 75**	**Salario medio semanal**
1. Representante comercial	400 $	500 $	650 $	495 $
2. Contable de cobros y pagos	400 $	450 $	550 $	455 $
3. Contable	370 $	425 $	475 $	423 $
4. Operador de tratamiento de textos	380 $	390 $	430 $	394 $
5. Mecanógrafo	330 $	350 $	400 $	343 $

Figura 10.14 ■ Información del mercado sobre los salarios de los puestos de trabajo de referencia en oficinas.

les de las empresas incluidas en el estudio ganan 400 dólares semanales o menos, el 50 por ciento gana 500 dólares o menos y el 75 por ciento gana 650 dólares o menos. El salario medio semanal, para este trabajo, es de 495 dólares. La empresa utiliza estos datos del mercado para asignar una banda salarial a todos los puestos que tras una clasificación han quedado incluidos en el mismo nivel que el puesto clave de representante comercial; en este caso, la secretaria ejecutiva y la secretaria de dirección. Pero primero habría que establecer la política salarial.

Fase 2: Establecimiento de una política salarial. Puesto que las retribuciones y los salarios del mercado varían mucho (*véase* la Figura 10.14), la empresa debe decidir si va a pagar por encima o por debajo de lo que paga el mercado o si sus retribuciones se van a ajustar a las del mercado (lo que en los estudios salariales suele denominarse punto medio de la distribución de sueldos y salarios). La **política salarial** tiene que ver con la posición que la empresa decide tomar dentro del mercado salarial. Por ejemplo, la empresa hipotética que se mostraba en la Figura 10.12 decidió establecer su política salarial situándose en el percentil 50 para la retribución mínima y en el percentil 75 para la retribución máxima (*véase* la columna 3 de la Figura 10.12). Algunas empresas utilizan métodos más complejos para alcanzar el mismo objetivo.

Equidad individual: los criterios para establecer la retribución dentro de la banda salarial

Una vez que la empresa ha diseñado su estructura de retribuciones determinando las bandas salariales para cada puesto de trabajo, todavía deberá realizar una última tarea: asignar a cada empleado un salario dentro de la banda establecida para su puesto. Las empresas suelen recurrir a la experiencia previa, a la antigüedad o a los resultados de las evaluaciones del rendimiento para determinar la remuneración de un empleado dentro de la banda salarial correspondiente a su puesto. El objetivo de esta última fase es la consecución de la equidad individual. La **equidad individual** alude a la imparcialidad de las decisiones sobre la retribución de los empleados que ocupen el mismo puesto de trabajo.

Política salarial
La decisión de una empresa de remunerar a sus empleados por encima, en la media o por debajo de las retribuciones establecidas en el mercado.

Evaluación de los planes de retribución basados en el puesto de trabajo

Los programas de retribución basados en el puesto de trabajo son racionales, objetivos y sistemáticos, características que tienden a minimizar las quejas de los empleados. Asimismo, son relativamente fáciles de implantar y de administrar. Sin embargo, tienen una serie de inconvenientes importantes:

- Los planes de retribución basados en el puesto de trabajo no tienen en cuenta la naturaleza de la empresa y sus problemas concretos. Por ejemplo, los puestos de trabajo son más difíciles de definir y cambian más rápidamente en las empresas pequeñas que están creciendo que en las empresas más grandes y más estables (como las de la industria de los seguros).
- El proceso de establecimiento de planes de retribución según el puesto es mucho más subjetivo y arbitrario de lo que sugieren sus defensores.
- Los sistemas según el puesto de trabajo son menos adecuados en los niveles altos de la organización en donde resulta más difícil separar las contribuciones individuales del puesto en sí mismo. En los puestos directivos y profesionales, el empleado ayuda a definir el propio puesto. Forzar al empleado a que se ajuste a una descripción muy precisa del puesto, restará a la empresa gran parte de la creatividad que necesita.
- A medida que la economía se ha orientado más a los servicios y el sector industrial ha perdido importancia, los puestos se han definido de una forma más genérica y esto dificulta la valoración de la importancia relativa de cada puesto.
- Los planes de retribución según el puesto de trabajo tienden a ser burocráticos, mecánicos y poco flexibles. Una vez que la estructura salarial interna se ha implantado, resulta muy difícil cambiarla. Esto supone que las empresas van a tener dificultades para adaptar su estructura salarial a un entorno económico que cambia rápidamente. Además, ya que estos planes se basan en un sistema de salarios fijos y de prestaciones

asociadas a cada nivel jerárquico, suelen estar relacionados con reducciones de plantilla que buscan reducir costes durante los periodos de recesión económica. Las empresas japonesas, que utilizan en menor medida estos planes de retribución, proporcionando entre un 20 y un 30 por ciento del salario en forma de retribución variable, tienen una mayor flexibilidad para hacer frente a los altibajos de la economía.

- El proceso de evaluación de los puestos de trabajo perjudica a aquellos puestos tradicionalmente ocupados por mujeres (secretarias, profesoras de enseñanza primaria, enfermeras, etc.). Aunque los estudios empíricos no son concluyentes a este respecto, los que defienden esta postura suelen utilizar ejemplos contundentes para ilustrar su opinión; por ejemplo, los empleados del servicio de limpieza de la ciudad de Nueva York están mejor clasificados que los puestos de enseñanza.
- Los datos sobre salarios y retribuciones obtenidos a partir de los estudios de mercado no son definitivos. Aunque se hayan tenido en cuenta el contenido del puesto de trabajo, el tamaño y los resultados de la empresa o la ubicación geográfica de la misma, no es raro encontrar diferencias salariales que oscilan entre el 35 y el 300 por ciento para puestos de trabajo idénticos y dentro de la misma industria[65].
- Respecto a la equidad interna y externa, lo que cuenta es la percepción que tienen los empleados y no las valoraciones de los comités de evaluación de los puestos de trabajo ni de los asesores externos. Los planes de retribución basados en el puesto de trabajo parten del supuesto de que el empresario puede decidir lo que es justo para el empleado. Puesto que la equidad está «en los ojos del que mira», este enfoque puede hacer más racionales las prácticas retributivas de la empresa, en lugar de remunerar a los empleados en función de sus contribuciones a la misma. En una economía basada en el conocimiento, los trabajadores, particularmente aquellos que trabajan en entornos científicos y tecnológicos, pueden competir por trabajar en un mercado abierto; por lo que no están ligados a una organización en particular. Estos trabajadores no querrán someterse a salarios fijados mediante sistemas de evaluación basada en el puesto de trabajo. Son más leales a su profesión que a la empresa. Como consecuencia, se ven como trabajadores autónomos (*freelance*) y pueden ofenderse por los controles que hacen las empresas de sus salarios.

A pesar de todas estas críticas, los sistemas de retribución basados en el puesto de trabajo siguen siendo muy utilizados, probablemente porque no hay sistemas alternativos que sean a la vez rentables y que se puedan aplicar en todas las situaciones.

Sugerencias prácticas

En vez de renunciar por completo a los planes de retribución en función del puesto de trabajo, lo más realista es ver cómo se pueden reducir los problemas potenciales relacionados con estos planes:

- **Pensar estratégicamente al elaborar las políticas salariales.** Por ejemplo, es posible que, por el interés de la empresa, haya que diseñar cierto número de puestos de trabajo que sean flexibles y que tengan un carácter muy general. La empresa también puede encontrar ventajas en remunerar con los sueldos más altos del mercado a los empleados que ocupen puestos de trabajo que sean fundamentales para la consecución de objetivos de la empresa, y con los más bajos a aquellos que ocupen los puestos considerados menos importantes. En definitiva, la estrategia empresarial y de RH de la empresa deberían servir de punto de partida para elegir las herramientas de remuneración, y no al contrario.
- **Garantizar la participación de los empleados.** La insatisfacción de los empleados se reducirá en la medida en que tengan voz en el diseño y gestión del plan de retribución.

Los sistemas informatizados de evaluación de los puestos permiten a los empleados que describan sus puestos de forma que éstos puedan sintetizarse, desplegarse, reorganizarse y compararse fácilmente. Este planteamiento mejora la aceptación de los resultados de la evaluación de los puestos de trabajo y es una forma muy barata de actualizar las descripciones de los puestos y de incorporar los cambios al sistema de forma regular (por ejemplo, anualmente).

- **Ampliar la banda salarial de cada puesto de trabajo al tiempo que se aumentan las responsabilidades del mismo.** Este sistema, conocido como **ampliación de la banda salarial**, implica sustituir las descripciones restringidas de los puestos de trabajo por categorías más amplias (bandas) de puestos afines[66]. Por ejemplo, Fine Products, Inc., una empresa de productos de consumo, redujo 13 cargos directivos independientes de distintas fábricas, regiones y productos a cuatro cargos con mayor responsabilidad. El rango dentro de cada banda se situó aproximadamente en el 90 por ciento (de los 28.500 dólares a los 54.500 para la «Banda C», por ejemplo)[67].

Ampliación de la banda salarial
La práctica de sustituir descripciones precisas de los puestos de trabajo por categorías más generales (bandas).

  La ampliación de las bandas permite que los empleados reciban sustanciales aumentos salariales sin necesidad de tener que cambiar de puesto o ser ascendidos. La ampliación de las bandas tiene tres ventajas potenciales. La primera, es que proporciona a la empresa una mayor flexibilidad porque los puestos de trabajo no están limitados por descripciones restringidas. Segunda, durante los períodos de crecimiento lento de la empresa puede recompensar a los mejores sin tener que ascenderlos en la jerarquía. Tercera, la empresa puede recortar sus costes administrativos porque con la ampliación de las bandas hay menos niveles directivos y de personal. Sin embargo, hay que tener cuidado con la ampliación de las bandas salariales porque los directivos aumentan sustancialmente su discrecionalidad al «encajar» a un empleado dentro de una banda más amplia. Por otra parte, esta flexibilidad puede generar desigualdades salariales injustificables de una unidad a otra y de un empleado a otro.

- **Llevar a cabo periódicamente auditorías de equidad salarial con el fin de garantizar que el sistema de evaluación de puestos funciona como debe.** Por ejemplo, una elevada rotación de los trabajadores o la dificultad para contratar a empleados en determinadas categorías de puestos pueden ser indicadores buenos de que la evaluación de puestos no están funcionando correctamente.
- **Aumentar la proporción variable de las retribuciones de los empleados (primas, planes de participación en el capital social, etc.).** Los programas de retribución variable proporcionan a la empresa flexibilidad para recortar costes sin tener que recurrir a las reducciones de plantilla.
- **Desarrollar políticas para los denominados trabajadores del conocimiento que especifiquen los tipos de actividades externas remuneradas que pueden realizar mientras sean empleados de la empresa.** Por ejemplo, muchas universidades estipulan que los profesores de las facultades puedan dedicar una media de ocho horas por semana a actividades de consultoría, aunque para ello se exige que prepare un informe que señale las empresas en las que se ha prestado servicios.
- **Disponer de un sistema de doble carrera profesional dentro de la empresa para distintos tipos de empleados, de forma que ascender a los niveles directivos o a la parte alta de la jerarquía de la empresa no sea la única forma de lograr un aumento salarial importante.** En algunas situaciones, como en una gran organización con múltiples unidades empresariales y diversos niveles directivos, resulta adecuado disponer de una jerarquía de puestos que sea amplia; en otras empresas, una jerarquía relativamente reducida puede tener más sentido. La Figura 10.15 es un ejemplo de sistema de doble carrera.

Banda	Directivo	Colaborador individual
13	Presidente	
12	Vicepresidente ejecutivo	Vicepresidente de investigación
11	Vicepresidente	Asesor ejecutivo
10	Adjunto al vicepresidente	Asesor directivo
9	Gerente	Asesor
8	Alto ejecutivo	Consejero directivo
7	Director	Consejero
6		Especialista jefe
5		Técnico jefe
4		Auxiliar administrativo jefe
3		Técnico
		Auxiliar administrativo
2		Adjunto jefe de fábrica
1		Auxiliar administrativo, adjunto de fábrica

Fuente: LeBlanc, P. Banding the new pay structure for the transformed organization. *Perspectives in Total Compensation, 3*(8). American Compensation Association, Scottsdale, AZ. Utilizado con el permiso del autor, Peter V. LeBlanc, de Sibson & Company.

Figura 10.15 ■ Ejemplo de un sistema de doble carrera profesional.

PLANES DE RETRIBUCIÓN BASADOS EN LAS HABILIDADES

A diferencia de los planes de retribuciones basados en el puesto de trabajo, en los planes salariales basados en las habilidades se utilizan éstas como base de la retribución[68]. Todos los empleados empiezan ganando el mismo sueldo y a partir de ahí van subiendo de nivel salarial por cada nueva habilidad que consigan dominar[69].

Existen tres tipos de habilidades que pueden recompensarse. Los empleados adquieren habilidades en profundidad cuando aprenden más sobre un área especializada o se hacen expertos en un campo. Se adquieren habilidades horizontales o extensas cuando el empleado aprende a hacer un mayor número de trabajos o tareas dentro de la empresa, y habilidades verticales cuando el empleado adquiere habilidades de «autogestión» como la programación, coordinación, formación y liderazgo. Los sistemas de retribución basados en las habilidades han sido empleados en una amplia gama de sectores, como el de telecomunicaciones (AT&T y Northern Telecom), seguros (Shenandoah Life Insurance), hoteles (Embassy Suites) y comercio al por menor (Dayton Hudson)[70].

Los planes de retribución basados en las habilidades proporcionan una serie de ventajas a la empresa[71]. Primera, crea una fuerza de trabajo más flexible que no está sujeta a descripciones de puestos que especifican las tareas. Segunda, fomenta una formación interdisciplinaria, evitando así que el absentismo y la rotación altere la capacidad de la unidad de trabajo para cumplir sus plazos. Tercera, exige tener menos supervisores, por lo que se pueden reducir los niveles directivos para crear una organización más plana. Cuarta, mejora el control de los empleados sobre sus retribuciones porque pueden saber por adelantado lo que tienen que hacer para lograr un aumento salarial (aprender nuevas habilidades).

Los programas de retribución basados en las habilidades también tienen riesgos, lo que puede ayudar a explicar por qué sólo una pequeña proporción de empresas (entre el cinco y el siete por ciento) lo utilizan[72]. Primero, puede elevar las retribuciones y los costes de formación que no quedan compensados por una mayor productividad o por reducciones de costes. Esto puede ocurrir cuando muchos empleados dominan muchas o todas las habilidades y, por tanto, reciben un salario mayor del que recibirían con una retribución en función del puesto. Segundo, a no ser que los empleados tengan la oportunidad de utilizar todas las habilidades que han aprendido, pueden quedar «oxidadas». Tercero, cuando los empleados llegan a lo más alto de la estructura salarial se corre el riesgo de que empiecen a sentirse frustrados y abandonen la empresa porque ya no tienen más oportunidades para recibir un aumento salarial. Cuarto, el otorgar valores monetarios a las habilidades puede convertirse en un juego de adivinanzas, a no ser que existan datos salariales externos que sean comparables. Finalmente, el propio sistema de retribución basado en las habilidades puede convertirse en parte del problema que se trata de resolver (excesiva burocracia y escasa flexibilidad) si se requiere un proceso elaborado y que requiera mucho tiempo para hacer un seguimiento y controlar las habilidades de los empleados.

Una última observación en relación a este sistema: éste es el tipo de plan que están utilizando por defecto un gran número de nuevas y pequeñas empresas. Puesto que la flexibilidad es fundamental para lograr un crecimiento sostenido, los empleados que sean flexibles tendrán más valor y, en consecuencia, recibirán sueldos mejores. Sin embargo, la empresa tendrá que sistematizar su estructura de retribuciones. En ese momento es cuando las cuestiones relativas al diseño de un plan de retribuciones adecuado, pasan a ser cruciales.

EL ENTORNO LEGAL Y LA LEGISLACIÓN SALARIAL

El marco legal ejerce una influencia significativa sobre el diseño y la administración de los sistemas retributivos. Las principales leyes federales estadounidenses que influyen en los criterios de remuneración y en sus procedimientos son: la Ley de Criterios Laborales Justos, la Ley de Igualdad Salarial y la Ley General Tributaria. Además, cada Estado tiene su regulación propia que complementa la ley federal. Las leyes laborales también pueden limitar la discrecionalidad de los directivos al definir los niveles salariales.

LEY DE CRITERIOS LABORALES JUSTOS

La **Ley de Criterios Laborales Justos** (***Fair Labor Standards Act, FLSA***) de 1938 afecta a la mayoría de las estructuras salariales de EE.UU. Para cumplir esta ley, los empresarios deben mantener registros precisos de los ingresos y las horas trabajadas por todos los empleados y deben transmitir esta información a la División de Salarios y Horas del Ministerio de Trabajo estadounidense. La mayoría de las empresas están sujetas a esta ley, excepto aquellas con un solo empleado y ventas anuales brutas inferiores a medio millón de dólares.

La FLSA define dos categorías de empleados: los **empleados exentos** y los **empleados no exentos**. Los empleados exentos no quedan al amparo de las disposiciones de la ley; los empleados no exentos sí. Las categorías exentas incluyen los puestos de profesionales, administrativos, ejecutivos y vendedores. El Ministerio de Trabajo ofrece orientaciones para saber si un trabajo está exento o no. Los directivos suelen verse tentados a clasificar como exentos muchos puestos de trabajo para evitar algunos de los costes asociados con el estatus de no exento, fundamentalmente el salario mínimo y la retribución de las horas extraordinarias. Sin embargo, existen sanciones fuertes para los empresarios que clasifiquen sin justificación un trabajo como exento cuando no lo sea.

Ley de Criterios Laborales Justos (FLSA)
La ley estadounidense fundamental sobre salarios. Exige que los empresarios registren las horas trabajadas y los ingresos de todos los empleados y que informen al Ministerio de Trabajo estadounidense. Define dos categorías de empleados: exentos y no exentos.

Empleado exento
Un empleado que no se ve afectado por las disposiciones de la Ley de Criterios Laborales Justos. La mayoría son profesionales, administrativos, ejecutivos y vendedores.

Empleado no exento
Un empleado que queda bajo las disposiciones de la Ley de Criterios Laborales Justos.

Salarios mínimos

El salario mínimo establecido por la FLSA es actualmente de 5,15 dólares por hora, aunque en algunos estados y ciudades es considerablemente mayor. Por ejemplo, en San Francisco es de 8,50 dólares por hora y en California, Alaska y Connecticut es de 7,15, 6,75 y

7,10 dólares, respectivamente. La regulación del salario mínimo genera controversias. Los que están a favor de la misma creen que mejora el nivel de vida de los más pobres. Los que están en contra afirman que provoca mayores niveles de desempleo y de pobreza entre los trabajadores menos cualificados porque desanima a las empresas a contratar o retener a los trabajadores. Los críticos también sostienen que los salarios mínimos animan a las empresas estadounidenses a abrir fábricas en países con salarios bajos (como Méjico y Filipinas), creando así más desempleo en EE.UU. Este debate todavía no se ha resuelto, probablemente porque el salario mínimo está a un nivel mucho menor del que la mayoría de las empresas estadounidenses están dispuestas a pagar. Sin embargo, el debate se está volviendo a reavivar debido a que un número creciente de gobiernos locales están aprobando un «salario de subsistencia» (salario necesario que asegura un nivel de vida decente) que establece el salario mínimo en un nivel mayor que el mínimo federal fijado en 5,15 dólares por hora. Por ejemplo, en 2003 la ciudad de Santa Cruz, California, fijó un salario mínimo por hora de 12,55 dólares por hora.

Horas extras

La FLSA exige que los empleados no exentos reciban 1,5 veces el salario estándar por cada hora que trabajen por encima de las 40 horas semanales. Esta disposición pretendía estimular la contratación encareciendo el aumento de la producción mediante la utilización de los empleados de plantilla. Sin embargo, la mayor parte de las empresas prefieren pagar horas extra antes que correr con los costes asociados a la contratación de empleados nuevos (reclutamiento, formación, prestaciones, etc.).

En la revisión más completa en 50 años sobre la retribución de las horas extras, el Ministerio de Trabajo solicita a partir de 2005 que los empresarios garanticen las horas extras de los empleados que ganan más de 23.600 dólares al año, por encima del límite establecido en 1975 de 8.600 dólares. La modificación incluye a los trabajadores manuales, trabajadores de cuello azul y directivos que ganan 455 dólares a la semana o menos, si les pagan un salario por horas. Los jefes pueden eximir de las horas extras a los trabajadores de cuello blanco que ganen más de 23.600 dólares si tienen obligaciones «profesionales, administrativas o ejecutivas» o si son «líderes de equipo» o si supervisan a empleados[73]. Estas modificaciones han provocado un gran número de quejas de los trabajadores contra los empresarios.

LEY DE IGUALDAD SALARIAL

La **Ley de Igualdad Salarial (*Equal Pay Act, EPA*)** fue aprobada en 1963 como una enmienda a la FLSA. Como vimos en el Capítulo 3, se exige que hombres y mujeres reciban el mismo salario si desempeñan puestos análogos que son «esencialmente iguales» en lo que respecta a la cualificación, el esfuerzo, la responsabilidad y las condiciones laborales. La EPA admite cuatro excepciones que permiten a los empresarios pagar más a un sexo que al otro: 1) mayor antigüedad; 2) mejor rendimiento laboral; 3) más cantidad o calidad de producción; 4) otros factores, como pagar una remuneración extraordinaria a los empleados que trabajan durante el turno de noche. Si existen discrepancias entre el salario medio de los hombres y mujeres que ocupan un puesto similar, los directivos deben garantizar que se produzca una de las cuatro excepciones que admite la EPA. Si ninguna se produce, la empresa puede enfrentarse a sanciones e indemnizaciones fuertes para los afectados.

Valor comparable

La igualdad salarial no debe confundirse con el valor comparable, una legislación mucho más restrictiva aprobada en algunos países y utilizada en unas cuantas jurisdicciones de EE.UU. El **valor comparable** defiende que se paguen salarios comparables por trabajos que exijan cualidades, esfuerzos y responsabilidades comparables y que tengan condiciones laborales comparables, incluso si el contenido del trabajo es distinto. Por ejemplo, si una empresa que está utilizando el sistema de puntuación de factores para clasificar los puestos de trabajo descubre que el puesto de auxiliar administrativo (normalmente ocupado por mujeres) recibe el mismo número de puntos que el puesto de supervisor de turnos (normalmente ocupado por hombres), la legislación relativa al valor comparable obligaría a pagar a los empleados que ocupen ambos puestos el mismo salario, incluso si están utilizando cualidades y ejerciendo responsabilidades muy diferentes.

Valor comparable
Un concepto o doctrina salarial que exige que se ofrezca un salario comparable a los trabajos que exigen cualidades, esfuerzos y responsabilidades y que tienen condiciones laborales comparables, incluso si el contenido del trabajo es distinto.

La controversia alrededor de esta normativa tiene que ver con la forma en que debe ser aplicada y no con su objetivo principal que es la equidad salarial entre sexos. Los defensores de esta legislación están a favor de utilizar herramientas de clasificación de puestos para fomentar la equidad salarial, señalando que muchas empresas privadas ya utilizan este método para fijar los salarios. Los detractores afirman que la clasificación de los puestos es arbitraria y que no tiene en cuenta el valor de mercado de los puestos. Por ejemplo, a menudo, los defensores del valor comparable dicen que los mercados tratan injustamente a las enfermeras porque la sociedad asocia esta profesión con el papel de las mujeres en la familia. A pesar de todos los problemas de su aplicación, el valor comparable se utiliza ya en muchos países, como Gran Bretaña, Canadá y Australia[74].

El papel de la Oficina Federal de Cumplimiento Contractual *(Office of Federal Contract Compliance, OFCC)*

La OFCC puede evaluar la retribución para verificar la existencia de igualdad de oportunidades. Esta agencia tiene amplios poderes ya que puede derogar las licencias federales de los empresarios –lo que supondría un gran pérdida de ingresos para muchas empresas.

En los últimos 35 años, la OFCC ha concentrado la mayor parte de sus esfuerzos en la implantación de los planes de discriminación positiva (*véase* el Capítulo 3). Sin embargo, recientemente, ha puesto más énfasis en investigar las diferencias salariales de género y raza. Desde la última edición de este libro, la OFCC ha presentado nuevas normas para evitar la discriminación sistemática en la retribución. Desde principios de 2005, la OFCC está utilizando la definición de «trabajador situado de modo similar» con el objetivo de hacer comparativas salariales entre sexos y razas. Un trabajador es considerado *similar* a otro si ambos tienen mucho en común en cuanto al trabajo que realizan, el nivel de responsabilidad y las habilidades y cualificaciones necesarias en sus respectivos puestos. «Factores legítimos» que pueden hacer que existan diferencias salariales entre trabajadores situados de modo similar son la mayor formación, experiencia y rendimiento de uno de ellos; así como también la ubicación geográfica, si es más cara. A los auditores de la OFCC se les pide que determinen si siguen existiendo diferencias salariales por sexo y/o raza después de tener en cuenta los factores mencionados, a través de un procedimiento estadístico conocido como regresión múltiple[75]. Los empresarios tienen que hacer los estudios pertinentes para asegurarse de que cumplen estas normativas; de lo contrario, se exponen a duras sanciones si tras la auditoria se comprueba la discriminación por sexo y raza.

LA LEY GENERAL TRIBUTARIA *(INTERNAL REVENUE CODE, IRC)*

El **IRC** afecta a la parte de los ingresos con la que se pueden quedar los empleados. También afecta al tratamiento fiscal de las prestaciones, que discutiremos en el Capítulo 12. El IRC exige que la empresa retenga una parte de los ingresos de cada empleado para cumplir las obligaciones fiscales federales (e, indirectamente, las obligaciones fiscales estata-

Ley General Tributaria (IRC)
Contiene las normas fiscales que establecen el dinero que hay que pagar al Estado por los ingresos que los empleados se llevan a casa y el tratamiento de las prestaciones desde el punto de vista fiscal.

les que en la mayoría de los estados se definen como un porcentaje de la deducción fiscal federal).

Las leyes tributarias cambian cada cierto tiempo y estos cambios afectan al salario que se llevan a casa los empleados, así como al tipo de remuneración que puede no verse afectada por los impuestos. Si un empresario no maneja bien la legislación tributaria puede desperdiciar su dinero en las nóminas. Por ejemplo, las leyes tributarias actuales consideran las ganancias de capital (beneficios) provenientes de la venta de acciones como renta ordinaria. Esto reduce el valor de las acciones como incentivo a largo plazo porque los empleados asumen un mayor riesgo con las acciones que con una recompensa monetaria. Sin embargo, si se situara el impuesto sobre las ganancias del capital por debajo de los impuestos sobre la renta ordinaria, las acciones serían más atractivas para los empleados.

Resumen y conclusiones

¿Qué es la retribución?

La retribución total se compone de tres elementos: 1) salario base, la cantidad fija que se cobra de forma regular; 2) incentivos salariales, programas diseñados para recompensar el buen rendimiento; 3) prestaciones sociales o retribución indirecta, que incluye seguros médicos, vacaciones y pagos en especie.

Diseño del sistema de retribuciones

Un plan eficaz de retribuciones permite a la empresa alcanzar sus objetivos estratégicos y se ajusta a las características particulares de la empresa, así como a su entorno. Las opciones que deben analizar los directivos a la hora de diseñar el sistema de retribución son: 1) equidad interna frente a equidad externa; 2) retribución fija frente a retribución variable; 3) rendimiento frente a presencia; 4) retribución individual frente a retribución en función del puesto; 5) igualitarismo frente a elitismo; 6) remuneración inferior a la del mercado frente a remuneración superior a la del mercado; 7) recompensas monetarias frente a recompensas no monetarias; 8) retribuciones públicas frente a retribuciones secretas; 9) centralización de las decisiones salariales frente a descentralización de las mismas. En todas las situaciones, las mejores opciones dependen de lo bien que éstas se «ajusten» a los objetivos de la empresa y a su propia organización.

Herramientas de retribución

Existen dos grandes categorías de herramientas de retribución, los sistemas en función del puesto de trabajo y los sistemas en función de las habilidades. El sistema típico de retribución en función del puesto de trabajo tiene tres objetivos: 1) conseguir la equidad interna, para ello, las empresas utilizan la clasificación de los puestos de trabajo con el fin de evaluar la importancia que tiene cada uno en la empresa. 2) Conseguir la equidad externa, para lo cual utilizan los datos de salarios de puestos clave o de referencia, obtenidos mediante estudios de mercado, para definir la política salarial. 3) Conseguir la equidad individual. En concreto, las empresas utilizan una combinación de experiencia, antigüedad y rendimiento para determinar la posición de un individuo en la banda salarial que corresponda a su puesto de trabajo.

El sistema de retribución basado en las habilidades es más caro y tiene aplicaciones más limitadas. Este sistema recompensa a los empleados por adquirir habilidades en profundidad (saber más en un área determinada), habilidades horizontales o extensas (saber más de diversas áreas) y habilidades verticales («autogestión»).

El entorno legal y la legislación salarial

Las principales leyes federales que influyen en las prácticas de remuneración son: la Ley de Criterios Laborales Justos (que regula el salario mínimo y las horas extraordinarias y ofrece líneas directrices para clasificar a los empleados como exentos o no exentos); la Ley de Igualdad Salarial (que prohíbe la discriminación salarial por razón de sexo); y la Ley General Tributaria (que especifica el procedimiento para gravar las diversas formas de remuneración de los empleados). Algunos países y ciudades disponen de una ley sobre el valor comparable, que exige que se dé un salario comparable a los individuos que realizan trabajos que exigen cualidades, esfuerzos y responsabilidades comparables y que tienen condiciones laborales comparables, aun cuando el contenido del trabajo es diferente.

Términos clave

Salario base
Puestos de referencia o puestos clave
Valor comparable
Factores que determinan la retribución
Sistema salarial igualitario
Empleado exento
Equidad externa
Ley de Criterios Laborales Justos (FLSA)
Equidad individual
Equidad interna
Ley General Tributaria
Ampliación de bandas
Evaluación del puesto de trabajo
Jerarquía de puestos de trabajo
Retribución basada en el conocimiento o en las habilidades
Empleado no exento
Niveles salariales
Incentivos salariales
Política salarial
Retribución total

Preguntas para el debate

1. Algunas empresas tienen una política consistente en igualar algunas ofertas externas para evitar que los empleados abandonen la empresa. ¿Cuáles son los pros y contras de esta política? Explique su respuesta.

2. Varias empresas están cambiando la forma de retribuir a sus empleados al sustituir los altos salarios por recompensas no monetarias (*véase* el Cuaderno del Director, "Pagar a los trabajadores con retribuciones"). ¿Por qué piensa usted que puede estar sucediendo esto? ¿Piensa que puede ser positivo tanto para las empresas como para los empleados? Explique su respuesta.

3. En una respuesta agresiva a las críticas que acusan a Wal-Mart de pagar salarios pobres (alrededor de 9,68 dólares por hora de media) y escasas prestaciones sociales, el presidente de Wal-Mart H. Lee Scott, Jr. dijo que su empresa ofrece puestos de trabajo buenos y estables, de tal manera que cuando abren una tienda nueva, más de 3.000 personas suelen estar interesados por los 300 puestos que se suelen ofertar. "No tiene sentido", dijo el Sr. Scott, "que la gente haga cola para ocupar puestos de trabajo que son mediocres, les ofrecen prestaciones escasas y menos oportunidades que otros puestos"[76]. Según lo que ha aprendido en este capítulo, ¿está de acuerdo con el comentario del Sr. Scott? Explique su respuesta.

4. Un observador afirma que la equidad externa tendría que ser siempre el objetivo principal de los sistemas de retribución, afirmando que atrae a los mejores empleados y evita que los mejores trabajadores se vayan. ¿Está usted de acuerdo?

5. Durante el período 2003-2006 muchas empresas despidieron a miles de trabajadores, congelaron los salarios y eliminaron todas las primas. Sin embargo, gran parte de estas mismas empresas se concentraron en los «empleados clave» a los que retuvieron concediéndoles unos enormes aumentos salariales, con lo que generaron grandes "desigualdades" dentro de la plantilla, incluso con aquellos empleados a los que no se consideró claves pero que ocupaban el mismo puesto. ¿Cuáles son los pros y los contras de esta política? Explique su respuesta.

6. Los EE.UU. apenas cuentan con profesores de Ciencias (Biología, Química, Física) y Matemáticas. Muchos opinan que se debe a la utilización de un único sistema salarial, así como también a la importancia de la antigüedad impartiendo docencia de dicho sistema. Los sindicatos se han opuesto a cualquier medida de «discriminación salarial» según la especialización de los profesores (lo que permitiría pagar a los profesores de inglés e historia menos que a los de biología y química) argumentando que todos los profesores hacen el mismo trabajo. ¿Está usted de acuerdo en que todos los profesores hacen el mismo trabajo independientemente de su especialización y, por tanto, se les debería retribuir con el mismo sistema salarial? Explique su respuesta.

7. Como comentamos en el Cuaderno del Director "Los derechos retributivos se tiran a la papelera", el sueldo fijo empieza a ser algo raro. ¿Qué impacto piensa usted que puede tener en la opinión de los empleados este hecho?, ¿cuáles son, si los hay, los aspectos positivos y negativos de esta tendencia? Explique su respuesta.

8. Un analista retributivo de una empresa petrolífera de tamaño medio rara vez tiene tiempo para llamar a los que realizan las encuestas para conocer el por qué de las diferencias en las medias salariales de un mismo puesto de trabajo. En su lugar, escoge la cifra que cree que es más adecuada siguiendo su intuición. Debido a la falta de tiempo, tiene que fiarse de su experiencia para hacer una recomendación razonable sobre lo que es una «oferta competitiva». ¿Cree usted que ésta es una buena práctica?

Existe material adicional disponible en la página web que acompaña a este libro. Puede acceder a esta información visitando la página web ***www.prenhall.com/gomez.***

¡DECIDA USTED!

TENDENCIAS EMERGENTES — Caso 10.1

Un poco menos en el sobre esta semana

Hasta hace menos de una década, ninguna otra empresa trataba mejor a sus empleados que IBM. Los paquetes salariales eran muy generosos, incluían cobertura médica gratuita, pensiones que eran un chollo y salarios que se revisaban al alza cada año. Hoy han desaparecido estas partidas.

IBM cambió estos paquetes retributivos por planes de retribución por desempeño y prestaciones sociales muy reducidas. Se produjo este cambio a comienzos de los 90 y fue fundamental debido a la guerra por el talento de finales de los 90. En IBM en los 90, un adicto al trabajo en lo alto de la jerarquía y prometedor podría superar todos los objetivos marcados y, aun así, tener el mismo aumento salarial que un trabajador incompetente. Es más, menos de 1.000 empleados (en una empresa de 413.000 en ese momento) poseían opciones sobre acciones. En un clima en el que todo era riesgo y recompensa, IBM se centraba en la seguridad.

De modo que IBM puso en marcha un sistema riguroso de evaluación del desempeño, amplió su plan de opciones sobre acciones a 70.000 trabajadores y amplió en un diez por ciento de media la retribución variable –lo que significaba que podría aumentar o reducirse los gastos de la empresa dependiendo del rendimiento de los trabajadores y de la compañía–. También se revisaron las prestaciones sociales. No hace mucho, IBM anunció un nuevo plan de pensiones, que suponía un gran ahorro de dinero, pero que provocó indignación entre los trabajadores, muchos de los cuales se quejaron de la pérdida de más de la mitad de sus prestaciones. El seguro médico cuesta a los empleados 157 dólares al mes. Un ingeniero de IBM estima que su pensión, de acuerdo con el nuevo plan, podría verse afectada en un 80 por ciento: «A la mitad de mi carrera, han cambiado mis condiciones».

Ahora, los trabajadores de cuello azul y de cuello blanco de Corporate America se están dando cuenta de lo que han cambiado sus condiciones, demasiado. En ninguna parte el cambio es tan radical, para los afectados, así como también para los que temen verse afectados de alguna forma, como en Enron Corp., donde los trabajadores vieron cómo sus ahorros para la jubilación desaparecían mientras los altos ejecutivos hacían caja.

Pero no tienes que trabajar en una empresa que está en bancarrota y perseguida judicialmente para considerarte afectado. Como se ilustra en los ejemplos del Cuaderno del Director "Los derechos retributivos se tiran a la papelera", se están olvidando de los derechos adquiridos por compañías tan diversas como IBM, General Motors, Lucent Technologies, etc.

Preguntas para reflexionar

1. Hace poco, el trabajo ideal era tener un puesto en una gran empresa que "se enorgullece de ofrecer a sus trabajadores garantías –vía prestaciones y subidas salariales estables– ante los caprichos del ciclo del negocio."[a] Las oportunidades de conseguir estos trabajos se desvanecen a toda prisa. ¿Por qué piensa que está ocurriendo esto? Justifique su respuesta.
2. "Hoy en día, la postura de la empresa es que el trabajador tiene que asumir un porcentaje del riesgo del negocio", dice el especialista de retribuciones Ken Abosch de Hewitt Associates LLC. "La mayoría de las empresas se han alejado de las formas de retribución fijas en favor de las formas variables. Se han abandonado los programas de derechos adquiridos"[b]. ¿Piensa que es una buena o una mala tendencia? Justifique su respuesta.
3. En los últimos 80 años, se diseñó la evaluación del puesto, como herramienta de retribución, para evaluar el valor de

cada puesto frente a evaluar a la persona que lo ocupaba, promoviendo un esquema salarial similar para todos los ocupantes de un puesto en particular. Algunos especialistas de RRHH piensan que la tendencia actual ha establecido un juego nuevo, en el que las desigualdades salariales son algo "normal". Los empresarios utilizan la retribución variable con generosos recursos financieros para sus empleados más valiosos, implantando un tipo de sistema corporativo estrella. "¿Cómo explicas a la plantilla que no son iguales? ¿Cómo tratas de forma diferente a la fuerza de trabajo?" pregunta Jay Schuster de Los Ángeles –sede de la consultora de retribución Schuster-Zingheim & Associates Inc. Si le hicieran estas preguntas, ¿cómo las respondería? Justifique las respuestas.

Trabajo en equipo

El director de RRHH de una gran planta industrial ha convocado a una reunión a varios directivos divisionales para idear un plan que permita explicar a los trabajadores que este año no tendrán primas (el año pasado recibieron 10.000 dólares de media en concepto de bono anual). Parte de la preocupación del director de RRHH es que casi el diez por ciento de los empleados percibirán este año primas sustanciales que supondrán el 25 por ciento de su salario base, aunque el resto no recibirá ni un dólar por este concepto. Además muchos trabajadores piensan que mientras que a ellos se les ha castigado subiéndoles y bajándoles la parte variable de su retribución, a la mayoría de los ejecutivos se les ha protegido del riesgo y algunos incluso han recibido bonos especiales. Los alumnos se dividen en grupos de cinco para representar esta situación y desarrollar un plan que permita explicar a los trabajadores por qué ocurre esto.

Ejercicio basado en la experiencia

Un alumno representará a un piloto de una línea área comercial de 45 años cuyo salario neto disminuirá un 15 por ciento y cuyo seguro médico aumentará un 20 por ciento debido a los ajustes presupuestarios. Aunque gana más de seis cifras al año, el piloto considera que es injusto que se le pida que pague por cosas que no puede controlar. Otro alumno representará al ejecutivo de la línea aérea que defenderá la posición de la compañía. Ambas partes representarán su papel durante 15 minutos y, después, el profesor moderará el debate de la clase.

Fuente: Adaptado con la autorización de Conlin, M. y Berner, R. (18 de febrero de 2002), A little less in the envelope this week, *BusinessWeek,* 64-66;[a] ibid., p. 65;[b] ibid., p. 66. Información actualizada por Gomez-Mejía, L., Balkin, D. B. y Cardy, R. L.

¡DECIDA USTED!

TENDENCIAS EMERGENTES — Caso 10.2

¿Conflicto e interés? Compensación a los trabajadores del conocimiento

El Instituto Nacional de Salud (*National Institutes of Health, NIH*), fundado por los contribuyentes, ha sido durante mucho tiempo el lugar en el que querían trabajar algunos de los mejores científicos mundiales, atraídos por sus laboratorios, la libertad intelectual, el poder trabajar con compañeros de alto nivel y el buen sueldo. En 2005, el NIH anunció la prohibición total de que científicos y el Instituto y empresas farmacéuticas y de biotecnología firmaran contratos privados. El motivo de esta prohibición era evitar el conflicto de interés: es bastante difícil que los investigadores que aceptan dinero de empresas privadas evalúen realmente los productos de estas empresas, es más, con toda probabilidad se les ha podido persuadir para que destaquen las ventajas de los mismos. Este fue el caso, por ejemplo, de Crestor, un medicamento para reducir el colesterol de AstraZeneca, que financió la investigación del Dr. Bryan Brewer, jefe del National Heart, Lung y el Blood Institute, centro de enfermedades moleculares del NIH. El Dr. Brewer escribió un artículo en el que destacaba los beneficios de Crestor y apenas mencionó las contradicciones serias que podía provocar este medicamento en la salud. En otro caso, un investigador senior de alzheimer del NIH recibió más de 500.000 dólares de Pfizer Inc., una empresa que comercializa un medicamento líder para tratar la enfermedad.

Las directrices rigurosas en materia retributiva que aprobó el NIH en 2005 suponen un cambio total respecto a la estrategia de mediados de los 90 que se basaba en unas normas éticas flexibles y en hacer que los investigadores del NIH estuvieran situados comparativamente en el mismo nivel que los investigadores universitarios. El responsable del cambio fue el posterior director del Instituto, Harold Varmus, un premio Nobel, que actualmente es el presidente del Memorial Sloan-Kettering Cancer Center de Nueva York. Durante la dirección del Dr. Varmus, el NIH aumentó los salarios colocando a miles de sus científicos en una categoría salarial especial y alternativa denominada Categoría 42, que permitía que los mejores trabajadores cobraran alrededor de 200.000 dólares al año, muy por encima de los salarios para el resto de empleados públicos. El Dr. Varmus también fijó la cantidad máxima que podrían percibir sus investigadores por actividades de consultoría externa en concepto de honorarios, un extra sin límites normalmente para los científicos de la universidad.

La competencia potencial entre la academia y las empresas privadas, muchas de las cuales ofrecen sueldos más lucrativos, pueden suponer un problema serio para el NIH. Algunos científicos advierten que estas organizaciones pueden ser muy agresivas a la hora de reclutar. Los investigadores del NIH son muy atractivos por su capacidad de conseguir fondos del Instituto para las universidades (aproximadamente el 80 por ciento de su presupuesto va a científicos externos que trabajan en universidades) o por la experiencia que tienen, lo que atrae a empresas como Merck, Pfizer y Johnson & Johnson.

Albert Fornace, un gran científico del NIH durante 27 años, se marchó para ser profesor de la Facultad de Medicina de la Universidad de Harvard. Él dice que fueron varios factores los que le llevaron a irse, aunque el código ético impuesto fue uno de los que más le influyó. "Las normas éticas son insoportables. De alguna forma, sientes que no te tratan como un adulto, que no eres de confianza", dice el Dr. Fornace. "Creo que el NIH es un buen lugar para investigar", añade. "Puedes realizar investigaciones de alto riesgo". Aunque pronostica que aumentarán los problemas de reclutamiento y retención. "Me siento mal por el NIH".

Preguntas para reflexionar

1. ¿Qué hace que los trabajadores del conocimiento sean especiales (únicos) en términos retributivos?
2. ¿Cómo puede una organización como NIH impedir los deslices éticos sin tener que prohibir completamente los ingresos externos?
3. Un directivo de NIH se lamenta de que "hay un castigo colectivo por lo mal que lo han hecho unos pocos. Lo que hace que nos sintamos todos no sólo de segunda clase, sino también chivos expiatorios perseguidos". ¿Cree usted que el personal del NIH, en comparación al resto de sus colegas, debe cumplir unas normas éticas más estrictas relacionadas con su sueldo?

Trabajo en equipo

Forme equipos de cinco. Cada equipo desarrollará una propuesta para asesorar al NIH sobre los problemas posibles a la hora de reclutar y retener al talento debido a las nuevas normas. Cada equipo recomendará al NIH cómo puede resolver estos problemas, lo que incluye eliminar las normas o modificarlas. El profesor actuará de mediador en el debate posterior.

Ejercicio basado en la experiencia

Un alumno de clase representará a un científico del NIH que ha trabajado con varias empresas farmacéuticas líderes. Cree que siempre ha actuado éticamente y que la retribución que ha recibido no ha influido en su opinión. Por otra parte, cree que la retribución en el NIH es más baja de lo que recibiría en otro lugar y que esta retribución extra es necesaria "para subsistir". Otro alumno representará a un directivo del NIH que piensa que las nuevas normas de conducta son necesarias para devolver la confianza al NIH. La representación de papeles durará aproximadamente 15 minutos, tras los cuales el profesor abrirá el debate, haciendo de moderador.

Fuente: Adaptado con la autorización de Wysocki, B. (3 de marzo de 2005), Some scientists say new ethics rules may damage NIH, *Wall Street Journal*, B1. Para leer otros artículos relacionados: Harris, G. (febrero de 2005) y Harris, G. Ethics rules prohibit consulting by agency scientists, *New York Times*, A-18 (2 de febrero de 2005).

¡DECIDA USTED!

DISCUSIÓN Caso 10.3

Un problema académico

La Universidad de Mountain States es una universidad pública de tamaño medio con 21.000 alumnos y 1.200 docentes. La Facultad de Económicas y Empresariales es la más grande del campus, con 8.000 alumnos y 180 docentes. En los últimos años, el decano ha tenido que atender a un gran número de profesores insatisfechos que se quejaban de que se les pagaba menos que a los nuevos profesores contratados. Muchos de los que se quejaban eran profesores con antigüedad que se niegan a participar en los comités más allá de las exigencias mínimas y que no suelen estar en sus despachos porque no se sienten reconocidos. Dan seis horas de clase a la semana, pasan dos horas en su despacho y después desaparecen. Hace poco, el jefe de personal de la facultad ha recopilado varias estadísticas y las ha enviado al decano, exigiendo «una medida inmediata para crear una estructura retributiva más equitativa para el profesorado». Las estadísticas sobre el salario medio se muestran en el cuadro de la página siguiente.

El decano ha contestado que no le queda más remedio que hacer ofertas competitivas en el mercado y que la universidad no le concede fondos suficientes para mantener diferencias salariales equitativas entre los nuevos y los antiguos profesores, o entre los diversos cargos.

	1986		1993	
Cargo	**Nuevos contratados**	**Antiguos profesores**	**Nuevos contratados**	**Antiguos profesores**
Catedráticos	47.000 $	42.000 $	68.000 $	56.000 $
Asociados	39.000 $	36.000 $	62.000 $	48.000 $
Ayudantes	34.000 $	30.000 $	52.000 $	48.000 $
	2000		**Actualmente**	
Cargo	**Nuevos contratados**	**Antiguos profesores**	**Nuevos contratados**	**Antiguos profesores**
Catedráticos	79.000 $	62.000 $	99.935 $	76.291 $
Asociados	73.000 $	61.000 $	92.345 $	70.797 $
Ayudantes	61.000 $	59.000 $	80.644 $	69.443 $

Preguntas para reflexionar

1. A partir de los datos recopilados, señale tres problemas retributivos de esta Universidad.
2. ¿Está justificada la explicación del decano de las menores diferencias salariales entre cargos y por antigüedad?
3. ¿Qué sugeriría usted al decano para resolver el problema de los profesores más antiguos que se sienten mal pagados?

Trabajo en equipo

Un grupo de seis profesores ha ido a ver al decano para mostrar su insatisfacción por el problema salarial en la Facultad. Los seis representan a la plantilla de la Facultad actualmente: dos son ayudantes, dos son asociados y dos son catedráticos. Los alumnos se dividen en grupos de siete y hacen un juego de rol a partir de esta situación, en la que el decano intenta resolver algunas de las quejas planteadas por los profesores. El decano no tiene dinero para solucionar el problema, pero no puede permitir que los profesores se enfaden.

Ejercicio basado en la experiencia

Un estudiante representará al director de departamento que ha contratado a un catedrático de otra institución por un salario mayor que el de un catedrático con 20 años de antigüedad en la universidad. Otro estudiante representará al profesor veterano que irá al director del departamento a pedirle explicaciones. En conjunto, ambos profesores tendrán aproximadamente el mismo número de publicaciones en revistas de prestigio parecido y sus evaluaciones como docentes son comparables, pero en los últimos dos años el profesor recién contratado ha publicado un par de trabajos en revistas de primera línea mientras que el profesor veterano no. El juego de rol tendrá una duración de diez minutos aproximadamente. Después se hará un debate en clase moderado por el profesor.

¡DECIDA USTED!

TENDENCIAS EMERGENTES — Caso 10.4

Más querellas por el pago de las horas extraordinarias

Aumentan las presuntas violaciones de la Ley de Criterios Laborales Justos (*Fair Labor Standards Act, FLSA*). Por ejemplo, en el año actual:

- Se registraron más de 31.000 demandas contra los empresarios.
- Más de 342.000 empleados sufrieron retrasos en el pago de sus sueldos.
- Los salarios atrasados (sin incluir las indemnizaciones) supusieron más de 200 millones de dólares.
- Más del 70 por ciento de las querellas empezaron con la demanda hecha por el empleado[a].

Vamos a analizar un caso concreto

Hidetomo Morimoto aceptó un trabajo en una empresa de tecnología que traduce el idioma del software del inglés al japonés. Con el boom del blister tecnológico, estaba agradecido por el puesto, aunque al principio sólo cobraba 1.800 dólares. Pronto empezó a trabajar 60 horas a la semana, según Morimoto, y en momentos determinados no se iba a casa hasta la una de la madrugada. Sin embargo, dice que nunca le pagaron las horas extras.[b]

En mayo, se quejó en Internet de que algunos empresarios se aprovechan de la cultura de trabajo duro de los trabajadores japoneses. Morimoto fue despedido y el traductor de 31 años ha puesto una querella reclamando las pagas extras que según él debería haber recibido. La empresa, Pacific Software Publishing Inc., de Bellevue, Washington, mantiene que no fue negligente, debido a que Morimoto utilizó sus horas extras para cuestiones personales, no de trabajo y ha contrademandado, alegando difamación.

Pacific Software Publishing Inc. no está sola. En una querella, varios ex–comerciales acusaron el año pasado a Oracle Corp. de no registrar de forma premeditada las horas exactas de su tiempo de trabajo para no tener que pagarles las horas extraordinarias. Un antiguo técnico de IBM le ha demandado, alegando que los directivos le pidieron que manipulara su tarjeta de registro horario para reducir la cantidad de pagas extras. El técnico, Ray Wheeler, dice que fue despedido cuando se quejó.

Las demandas laborales por el pago de las horas extraordinarias, como las que afectan a las empresas de tecnología en momentos determinados, sobre todo desde su nacimiento hasta que se convierten en empresas maduras, son comunes. "Los pleitos colectivos sobre el salario y las horas extra han aumentado mucho en el valle de la alta tecnología", dice Lynne Hermle, un abogado que representa a varias empresas.

Este tipo de pleitos eran bastante habituales en sectores maduros como los de venta al por menor y el hotelero. "La realidad se ha impuesto", dice Harvey Sohmen, un abogado laboralista de Orinda, California. Él dice que "muchos trabajadores de la industria tecnológica son auténticos esclavos, que trabajan un gran número de horas y, a cambio, no reciben nada... Ahora exigen que se les pague".

Preguntas para reflexionar

1. ¿Por qué cree que hay un incremento del número de casos que alegan violaciones de la FLSA, una de las leyes más antiguas que regulan las retribuciones aprobada en los años treinta? Justifique su respuesta.
2. Si fuera directivo de una de las empresas afectadas, ¿cómo se aseguraría de que la empresa cumple la FLSA al tratar con empleados como Morimoto? Justifique su respuesta.
3. ¿Cree que los trabajadores que se quejan de las empresas por violar la FLSA pueden verse perjudicados en el mercado porque otras empresas se nieguen a contratarlos? Si estuviera en el lugar de Morimoto, ¿qué habría hecho? Justifique su respuesta.

Trabajo en equipo

De acuerdo a un observador, no hace demasiado tiempo los empresarios "se jactaban de las largas jornadas y desdeñaban el pago de las horas extras y el uso de algún sistema para controlar el tiempo trabajado"[c]. Se divide la clase en equipos de cinco. A cada equipo se le pide que analice las razones por las que se han producido los cambios de actitud de los trabajadores en lo que se refiere al pago de las horas extraordinarias y su voluntad de demandar a los empresarios por violar la FLSA, algo sin precedentes entre los trabajadores.

Ejercicio basado en la experiencia

Le ha pedido una empresa que escriba una sección en su manual del empleado que resuma los criterios que concretamente deben cumplirse en lo referente a las horas extraordinarias. El profesor elegirá algunos de los mejores ejemplos y los repartirá al resto de la clase. Después servirán como tema de debate.

Fuente: [a]Alper, D. E. y Gerard, D. (marzo de 2005). FLSA update. *Workspan*, 38-41; [b]Adaptado con la autorización de Pui-Wing, T. y Wingfield, N. (24 de febrero de 2005). As tech matures, workers fill a spate of salary complaints, *Wall Street Journal*, A-1; [c]*Ibid.*

¡DECIDA USTED!

TENDENCIAS EMERGENTES — Caso 10.5

Un reto para la empresa Antle

La Corporación Antle (nombre ficticio de una empresa muy conocida por uno de los autores de este libro) es una gran empresa electrónica e informática con sede social en la Costa Este. Tiene más de 100.000 empleados. Fundada en 1912, desde finales de los años 40 hasta finales de los 80, Antle ha sido considerada como el diseñador y productor número uno de grandes equipos informáticos. Llegó a tener el 80 por ciento de cuota de mercado.

El sistema de retribución en Antle ha evolucionado a lo largo de los años y los niveles de satisfacción tanto de los altos directivos como de los empleados han sido siempre muy elevados. Las características que se pasan a detallar son los elementos esenciales del sistema retributivo:

- Se evalúan los puestos utilizando el sistema de puntuación de factores una vez cada diez años, realizando ajustes menores en las evaluaciones para corregir desigualdades.

- La empresa contrata a una consultora una vez al año para conocer las retribuciones que se pagan en el mercado. La política salarial ha establecido que los salarios se fijen en el percentil 75 del mercado.
- Hay 25 niveles salariales en la empresa. Los aumentos salariales se producen sobre todo por ascenso. Un empleado típico permanece en su puesto durante tres años antes de ascender a otro con un nivel salarial superior. Se contrata a los empleados en los niveles más bajos y se les prepara dentro de la empresa. Aunque el desempeño es casi exclusivamente el criterio para decidir una promoción, en la práctica el "tiempo en el nivel salarial" es fundamental a la hora de decidir quién es ascendido.
- El nivel salarial determina las prestaciones especiales que recibe cada empleado. Por ejemplo, a las opciones sobre acciones sólo pueden acceder aquellos trabajadores que se encuentran en los niveles salariales del 17 al 25.
- Las decisiones retributivas y de promoción están centralizadas.
- La única modalidad de retribución variable empleada es el plan de participación en beneficios, con el que la empresa financia un plan de pensiones para cada empleado que se basa en la rentabilidad de la empresa respecto al año precedente.
- Aunque la política de la empresa es la "retribución por desempeño", la seguridad en el trabajo y la promoción con el paso del tiempo son las dos principales recompensas de la empresa.
- La política salarial es secreta.

Durante los últimos diez años, la cuota de mercado de Antle se ha ido reduciendo a una tasa media de un dos por ciento anualmente. El consejo de administración le ofreció al consejero delegado, Alan Steven, la jubilación anticipada, después de haberse ocupado de la compañía durante casi 20 años, y en su lugar contrataron a Peter Merton, que trabajaba en una empresa de la competencia pequeña pero que había tenido un rápido crecimiento. El objetivo que se le marcó fue revertir la tendencia descendente de la cuota de mercado fomentando el crecimiento y mejorando la flexibilidad.

Una de las primeras actuaciones de Merton fue designar un comité para analizar las prácticas retributivas, debido a que casi el 70 por ciento de los costes totales de Antle eran costes laborales. El comité lo formaron el vicepresidente de RRHH, el interventor y dos consultores externos. Cuatro meses después, el comité había realizado un informe en el que identificaba varios problemas del sistema de retribución y de otras prácticas de RRHH relacionadas. Estos problemas, de acuerdo al informe, aumentaban los costes de producción y reducían la flexibilidad y capacidad de la empresa de responder a los cambios del mercado. Las conclusiones del informe del comité son las siguientes:

- La empresa tiene demasiados directivos, algo muy caro y que retrasa la comunicación.
- La mayoría de trabajadores han desarrollado una serie de derechos, lo que significa que piensan que se "merecen" subidas salariales habituales y las promociones. Esta percepción ha tenido un efecto negativo en la motivación.
- La política de promoción ha supuesto que una vez que has sido contratado, difícilmente serás despedido, aunque tus niveles de desempeño no sean los adecuados. En consecuencia, muchos trabajadores se quedan en Antle debido a que no van a tener un salario equivalente en ninguna otra empresa.
- Las definiciones de los puestos son muy limitadas y esto ha aumentado los costes laborales al impedir que la gente realice tareas para las que está preparada, pero que no se detallan en su puesto.
- La empresa tiene muchos gastos debido a que sus trabajadores están excesivamente pagados y les queda mucho para jubilarse.
- La costumbre de proporcionar seguridad en el trabajo se ha convertido en un inconveniente porque no se pueden reducir los costes laborales para que la empresa sea competitiva.
- La empresa no ha externalizado a otros países para mantener la lealtad de la plantilla, lo que ha supuesto que otros competidores que se han ido a lugares como China y la India disfruten de unos costes salariales que mejoran sus cuentas.

Después de leer el informe, Merton trata de decidir qué hacer con los problemas que se han identificado.

Preguntas para reflexionar

1. Apoyándose en lo que ha leído sobre Antle, ¿está de acuerdo en los problemas identificados por el comité? Si no es así, ¿qué otros problemas ve?
2. ¿Cuáles son las ventajas y los inconvenientes de la política de retribución de Antle?, ¿está en consonancia con la nueva estrategia de negocio de fomentar el crecimiento, aumentar la cuota de mercado y aumentar la flexibilidad para hacer frente a los competidores?
3. ¿Qué le recomendaría a Peter Merton para rediseñar el sistema retributivo de Antle?

Trabajo en equipo

Peter Merton ha montado un comité compuesto por el presidente, dos directores generales, dos trabajadores senior y un consultor externo de RRHH. El comité, compuesto por seis alumnos, recomendará a Merton (papel a representar por el profesor) qué debería hacer la empresa para hacer frente a los problemas esbozados en el informe. Dependiendo del número de alumnos en clase, harán la representación varios equipos (que habrán formado el comité de seis personas) durante 15 minutos. Después el profesor debatirá con toda la clase las cuestiones que hayan surgido.

Ejercicio basado en la experiencia

Los alumnos representarán varios papeles (director de RRHH, director general, trabajador senior y consultor externo de RRHH) y defenderá su postura, de acuerdo al papel que le haya correspondido. El juego de rol tendrá una duración aproximada de 15 minutos, a la que seguirá un debate en clase. Los papeles a representar son los de Peter Merton (el CEO), el director de RRHH, un trabajador senior con más de 20 años en la empresa, un representante sindical y un consultor externo independiente.

NOTAS

ADAPTACIONES PARA ESPAÑA — Nota 10.1

Los acuerdos salariales entre las organizaciones empresariales y los grandes sindicatos

Como se comenta en este capítulo, el marco legal ejerce una influencia significativa sobre el diseño y la gestión de las retribuciones en las empresas. En España, además del Estatuto de los Trabajadores, los Reales Decretos sobre Salario Mínimo Interprofesional y la propia Constitución, los Convenios Colectivos de empresa o sectoriales y los acuerdos entre las organizaciones empresariales y los sindicatos también pueden limitar la discrecionalidad de los directivos al definir los salarios.

Los acuerdos salariares tienen dos objetivos fundamentalmente. Por un lado, la moderación salarial para seguir creando empleo. Y, por otro lado, no alentar la espiral inflacionista. La firma de los acuerdos compromete a empresas y sindicatos en la negociación posterior de los convenios colectivos. En concreto, se suele tener en cuenta el índice de precios al consumo (IPC) previsto para fijar la subida salarial del año siguiente y qué hacer en caso de que el IPC real no coincida con el previsto. Con ello se busca que la moderación salarial no suponga para los empleados una pérdida de poder adquisitivo.

Precisamente, el pasado 18 de diciembre de 2007 se publicaba en los principales diarios españoles la siguiente noticia de la Agencia EFE:

CEOE y sindicatos optan por la moderación salarial sin pérdida de poder adquisitivo en 2008

La Confederación Española de Organizaciones Empresariales (CEOE), la Confederación Española de Pequeñas y Medianas Empresas (CEPYME) y los sindicatos mayoritarios, CCOO y UGT, optan por mantener la moderación salarial en 2008, pero manteniendo las cláusulas de revisión salarial para garantizar el poder adquisitivo.

Así lo han asegurado el presidente de la patronal, Díaz-Ferrán, de CEPYME, Jesús Barcenas, y los secretarios generales de CCOO y UGT, José María Fidalgo y Cándido Méndez, tras la firma del Acuerdo Interconfederal para la Negociación Colectiva (ANC) que marcará las pautas en esta materia durante 2008, y que se firma por séptima vez.

Díaz Ferrán expresó el compromiso de los empresarios de seguir creando empleo para 2008 y subrayó la necesidad de revisar los salarios de acuerdo con el IPC previsto, "con algún posible incremento relacionado con la productividad pero sin llegar a agotarla" y con una cláusula que garantice el poder adquisitivo. Por su parte, también Cándido Méndez defendió el modelo de determinación de los salarios basado en la inflación prevista por las autoridades monetarias, que es el dos por ciento para 2008, pero incorporando en todos los convenios la cláusula de revisión salarial para poder mantener esa previsión de inflación. En este sentido, Fidalgo consideró necesario ayudar a contener la inflación e impulsar un trabajo que genere más productividad y más competitividad. Calificó de "suicida" querer alentar la espiral inflacionaria y añadió que los sindicatos tampoco quieren empobrecer el poder de compra de la mano de obra, por lo que, en su opinión, la negociación colectiva debe buscar salidas dentro de ese equilibrio.

En 2008 se revisarán y negociarán aproximadamente 5.000 convenios colectivos que afectarán a unos diez millones de trabajadores (un 25 por ciento son de renovación y el 75 por ciento de negociación).

Fuente: Agencia EFE (18 de diciembre de 2007). CEOE y sindicatos optan por la moderación salarial sin pérdida de poder adquisitivo en 2008. www.elmundo.es.

CAPÍTULO

11 PREMIAR EL DESEMPEÑO

OBJETIVOS

Tras leer este capítulo, usted estará en condiciones de abordar los siguientes temas:

1. **Reconocer** las aportaciones individuales y de los distintos grupos a los resultados de la empresa, para compensar a los mejores.
2. **Desarrollar** planes de retribución por desempeño que se adapten a los distintos niveles de la organización.
3. **Identificar** las ventajes e inconvenientes potenciales de los distintos planes de retribución por desempeño, así como elegir el plan que se adapte mejor a una empresa en particular.
4. **Diseñar** un paquete de retribución para los ejecutivos que les motive a tomar decisiones que sean de interés para la empresa.
5. **Sopesar** las ventajas e inconvenientes de los distintos métodos de retribución al personal de ventas y diseñar un plan de incentivos coherente con la estrategia comercial de la empresa.
6. **Diseñar** un sistema de incentivos que recompense el buen servicio de atención al cliente.

Century Telephone Company establece que las subidas salariales anuales de sus empleados dependan de lo bien que han cumplido con sus obligaciones. Durante los últimos diez años, los "incrementos salariales por méritos" han representado en media el 4,5 por ciento del salario base. Hace unos dos años el departamento de RRHH realizó una encuesta sobre la actitud de los empleados. Una de las conclusiones más sorprendentes de la misma fue que: más del 75 por ciento de los empleados consideraba que las subidas salariales y el rendimiento no tenían relación alguna. En respuesta, la alta dirección solicitó al personal de RRHH que determinara si las subidas salariales dependían realmente del rendimiento (como establecía su política) o de otros factores que no tenían relación con el mismo. Sorprendentemente, los datos demostraron que los empleados tenían razón: los supervisores calificaban a más del 80 por ciento de los trabajadores como "excelentes", pero existía una diferencia mínima en el porcentaje de subida salarial que recibían.

La alta dirección llegó a la conclusión de que los supervisores no establecían diferencias en el rendimiento al hacer las evaluaciones, con lo que evitaban enfrentarse a pagar retribuciones distintas por desempeños distintos.

Para remediar la situación, hace un año Century puso en marcha un nuevo procedimiento. Con el nuevo sistema, los supervisores están obligados a distribuir a los trabajadores de la siguiente manera: desempeño excelente (15 por ciento de los trabajadores), desempeño muy bueno (el siguiente 20 por ciento), desempeño bueno (el siguiente 20 por ciento), desempeño satisfactorio (el siguiente 35 por ciento), desempeño insatisfactorio (el diez por ciento restante). Los incrementos salariales se vinculan a esta clasificación del desempeño, de tal forma que los mejores empleados perciben una subida salarial del diez por ciento, mientras que los peores ninguna.

Poco después de que el sistema se pusiera en funcionamiento, la empresa se dio cuenta de que algo funcionaba mal. Un gran número de empleados no entendía por qué o cómo había "caído" su rendimiento en comparación con el año anterior. Muchos pensaban que las subidas salariales dependían en gran medida de favoritismos. Los trabajadores enfadados acusaban a sus superiores que, a su vez, se quejaban de la existencia de mayor tensión, lo que estaba perjudicando las relaciones personales e interfiriendo en el desempeño.

EL ENFOQUE DIRECTIVO

El intento de motivar a los empleados con incentivos salariales puede ser contraproducente, como demuestra la experiencia de Century Telephone (una empresa real con un nombre ficticio). No obstante, el uso de los incentivos está creciendo. En 1988, el número de empresas estadounidenses que ofrecían incentivos (fundamentalmente en forma de primas) a todos los empleados asalariados estaba por debajo del 47 por ciento. En 2006, los expertos estiman que los utilizan cerca del 95 por ciento de las empresas estadounidenses[1].

Lo que no muestran estas cifras es la gran variedad de planes de incentivos que existen. Por ejemplo, casi la mitad de las "Mejores Empresas" que se incluyen en la lista *Fortune* ofrecen a sus trabajadores una gran variedad de incentivos monetarios y no monetarios. JM Family Enterprises, en Florida, proporciona a sus mejores trabajadores servicios como, por ejemplo, cortes de pelo, manicuras y viajes gratuitos de un día a las Bahamas en el yate de la empresa. Kingston Technology Co., Inc., además de ofrecer comidas mensuales gratuitas, ofrece primas trimestrales en función del desempeño que, a veces, superan el salario anual habitual de un empleado[2]. En Men´s Wearhouse, una empresa de ropa con casi 10.000 empleados, los ejecutivos obsequiaron con 113 viajes a Hawai a los mejores trabajadores. Tras cinco años, a los trabajadores excepcionales se les concede también un periodo de descanso pagado de tres semanas[3].

En este capítulo analizamos el diseño y la aplicación de los planes de retribución por desempeño (planes de incentivos). Primero analizamos los principales obstáculos que deben superar los directivos cuando quieren relacionar la retribución con el rendimiento. En segundo lugar, ofrecemos un conjunto de recomendaciones para superar estos obstáculos. En tercer lugar, describimos tipos específicos de planes de retribución por desempeño y las ventajas e inconvenientes de cada uno. Finalmente, concluimos con un análisis de los planes de incentivos de dos grupos importantes de empleados: los ejecutivos y el personal de ventas.

LA RETRIBUCIÓN POR DESEMPEÑO: OBSTÁCULOS

La mayoría de los empleados cree que los que más trabajan y se esfuerzan deberían ser los mejor pagados. Si los empleados consideran que la retribución no está relacionada con los méritos conseguidos por cada cual, se comprometerán menos con la organización, disminuirán su nivel de esfuerzo y estarán pendientes de las oportunidades de empleo en otras empresas[4].

Los **sistemas de retribución por desempeño**, también denominados **sistemas de incentivos,** recompensan el rendimiento de los empleados sobre la base de tres supuestos[5]:

Plan de retribución por desempeño o plan de incentivos
Es un sistema que recompensa a los trabajadores partiendo de los siguientes supuestos: 1) los empleados individuales y los equipos de trabajo difieren en cuanto a sus aportaciones a los resultados de la empresa; 2) los resultados de la empresa dependen en gran medida del rendimiento de los individuos y grupos que la componen; y 3) para atraer y motivar a los mejores trabajadores, y ser justa con todos ellos, la empresa tiene que recompensarlos en función de su desempeño relativo.

1. Los empleados (de forma individual) y los equipos de trabajo se diferencian en lo que aportan a la empresa: no sólo en lo que hacen, sino también en lo bien que lo hacen.
2. Los resultados globales de la empresa (su rendimiento) dependen en gran medida del desempeño de los individuos y los grupos de trabajo que la conforman.
3. Para atraer, retener y motivar a los mejores y ser equitativa con todos los trabajadores, una empresa debe retribuir a todos sus trabajadores en función del rendimiento relativo de cada uno de ellos.

Antes de hablar de tipos concretos de planes de incentivos, analizamos nueve obstáculos a los que deben hacer frente las organizaciones que quieran utilizar este tipo de retribuciones.

EL SÍNDROME DE "TRABAJE SÓLO POR LO QUE LE PAGUEN"

Para evitar la acusación de que las retribuciones se reparten teniendo en cuenta valoraciones subjetivas o en función de favoritismos, los planes de retribución por desempeño suelen utilizar indicadores objetivos para medir el rendimiento[6]. Esto puede hacer que algunos directivos utilicen cualquier dato "objetivo" disponible para justificar las decisiones salariales. Por desgracia, cuanto más se relaciona la retribución con indicadores concretos de rendimiento, más tienden los empleados a centrarse en el cumplimiento de los mismos y más se olvidan de otros elementos importantes del trabajo que resultan más difíciles de medir. A continuación se describen algunos ejemplos:

- En algunos sistemas educativos en los que la retribución de los profesores se ha relacionado con las calificaciones obtenidas por los estudiantes en los exámenes, los profesores han dedicado más tiempo a ayudar a los estudiantes a superar los exámenes que a enseñarles a entender la materia. Como ha señalado un experto: "Cuando se entrevista a los profesores, siempre dicen que les gustaría enseñar otras cosas, pero que consideran que tienen que enseñar lo que se necesita para que los alumnos aprueben los exámenes, porque temen que las malas calificaciones deriven en malas evaluaciones de su trabajo"[7].
- Los gerentes de muchas facultades y universidades utilizan las evaluaciones de los estudiantes para evaluar el rendimiento de los docentes, aunque mucha gente considera que esta medida refleja más la popularidad de los profesores que la calidad de la enseñanza.
- Parte de los motivos de los escándalos y problemas legales de Arthur Andersen (una de las cinco mayores empresas auditoras con 85.000 trabajadores) puede haber sido que se pagó a los directivos por el volumen de ingresos logrados por los trabajos de consultoría y auditoría. Puede que los directivos no hayan auditado adecuadamente a sus clientes (y en algunos casos, que dieran el visto bueno a algún fraude indiscutible) por miedo a perder los contratos más lucrativos[8].

COMPORTAMIENTOS POCO ÉTICOS

Por presionar para aumentar el rendimiento y "conseguir la puntuación", los incentivos pueden hacer que los empleados tengan comportamientos indeseables, como por ejemplo, atajar, engañar, informar mal, ocultar la información negativa, darse más importancia de la que tienen. Los directivos, por su parte, también pueden mirar hacia otro lado, ya que se podrían beneficiar de estar al frente de una unidad que "alcanza o supera" los objetivos. Lo que comienza como una gran interpretación o quizás como una "mentira piadosa" se puede convertir en una actuación poco ética o incluso ilegal. En los últimos años se han dado a conocer varios ejemplos en diferentes sectores de estos comportamientos; *véase* el Cuaderno del Director: "Incentivos perversos". Estos ejemplos son solo la punta del iceberg; ya que en la mayor parte de los casos no se dan a conocer; por tanto, es difícil saber la importancia de este problema.

Desgraciadamente, también crece el cinismo de los empleados sobre si la empresa tiene un comportamiento ético y sobre el liderazgo de los superiores. Un estudio de 2005 señala que sólo el 50 por ciento de los empleados cree en la integridad de sus altos ejecutivos y aproximadamente el mismo porcentaje comparte impresiones similares sobre la organización en su conjunto[9]. En consecuencia, los empleados inconscientemente culpan a sus empresas de comportamientos cuestionables o poco éticos al medir el rendimiento ("ellos me obligaron a hacerlo", "es la forma de que se hagan las cosas aquí") antes que asumir la responsabilidad de sus acciones.

EFECTOS NEGATIVOS SOBRE EL ESPÍRITU DE COOPERACIÓN

La experiencia de Century Telephone Company demuestra claramente que los sistemas de retribución basados en el rendimiento pueden generar conflictos y aumentar la competencia, al tiempo que perjudica la cooperación[10]. Por ejemplo, los empleados pueden ocultar información a un compañero si creen que le podría ayudar al personal a prosperar. Los que reciben menos de lo que creen que merecen pueden intentar "perjudicar" a los que reciben más, por ejemplo saboteando un proyecto o divulgando rumores. La competencia interna puede favorecer las rivalidades, lo que da lugar a engaños y perjudica la calidad.

FALTA DE CONTROL

Algunos ejemplos de factores que quedan fuera del alcance del control de los empleados son el supervisor, el rendimiento de los demás miembros del equipo de trabajo, la calidad de los materiales con los que trabaja el empleado, las condiciones laborales, la ayuda recibida de los directivos y los factores de contexto[11].

Por ejemplo, muchos médicos que trabajan en equipo reciben hoy en día una parte sustancial de su retribución en forma de primas. Sin embargo, los médicos se suelen quejar de que los gerentes intentan reducir sus ingresos a medida que los costes totales aumentan. Por ello, el sistema desarrollado presiona a los cirujanos a que vean a más pacientes en menos tiempo. Además, las "enfermeras y los farmacéuticos están autorizados a entrar en el terreno de los médicos"[12]. En estas circunstancias, está aumentando el número de médicos que se afilia, puesto que muchos consideran que esta situación es desmoralizante y poco equitativa[13].

CUADERNO DEL DIRECTOR

ÉTICA

Incentivos perversos

Sin que la empresa tenga esa intención, los criterios utilizados para determinar un incentivo concreto pueden hacer que los empleados se sientan tentados a realizar actividades cuestionables o inmorales e, incluso, que rocen la ilegalidad. Algunos ejemplos recientes son los que aparecen a continuación.

Mantener a los clientes en la ignorancia

Marsh & McLennan Companies, uno de los corredores de seguros más grandes de los EE.UU., recibió más de 850 millones de dólares de incentivos procedentes de las empresas aseguradoras. Aparentemente, los corredores de Marsh & McLennan recibieron estos incentivos, que supusieron un aumento sustancial de costes para los clientes. Pero en 2005, se declararon culpables algunos de estos corredores por cargos de estafa en Nueva York y dijeron que la empresa trató de impedir deliberadamente que los clientes averiguaran el efecto que tuvieron los incentivos salariales.[a]

Ofertas de seguros de las agencias de coches de alquiler

Las empresas de coches de alquiler obtienen muchos beneficios vendiendo seguros a los clientes, una cantidad que alcanza los 22 dólares de media por día en la mayor parte de coches. Dollar y Thrifty, entre otras, pagan a sus trabajadores incentivos monetarios por vender dichos seguros. Esta partida supone el 15 por ciento de los ingresos de las dos agencias de la empresa Dollar Thrifty Automotive Group Inc. Sin embargo, una cantidad sorprendente de lo que las empresas de alquiler de coches incluyen ya está cubierto por las compañías de tarjetas de crédito y por la propia póliza de seguro del que alquila. Uno de los autores de este manual tuvo una anécdota reciente con una empresa de alquiler de coches. Después que le dijera al empleado que ya le cubría MasterCard, el trabajador respondió, "No importa, pero si algo le sucede al coche, iremos tras usted".[b]

Incentivos monetarios para elegir el seguro médico más eficiente

UnitedHealthcare lanzó hace poco tiempo un programa que permite a los empresarios de 13 estados pagar incentivos monetarios a los trabajadores que elijan facultativos de una lista de "médicos de alto rendimiento". UnitedHealthcare analizó durante dos años las quejas existentes para identificar a los mejores médicos –aquellos que prestan unos servicios de mayor calidad y menor coste de acuerdo a los criterios del programa–. Dice la empresa que en las áreas donde está implantado el programa, el 25 por ciento de los médicos de la red de UnitedHealthcare están en la lista. Tres grandes empresas –General Motors, DaimlerChrysler, la unidad de AG's Chrysler Group, y UPS– han modificado algunas de sus prestaciones sanitarias para que los empleados tengan incentivos (como una franquicia más reducida) por elegir a estos médicos. Por su parte, los médicos se benefician de tener una mayor afluencia de pacientes cubiertos por los aseguradores. Algunas asociaciones médicas (como la American Medical Association) consideran que el programa pretende ahorrar dinero de una forma poco precisa, con lo que se da más prioridad al coste que a la calidad y a la cobertura del seguro médico.[c]

Fuente: [a]Adaptado con el permiso de Treaster, J. B. (21 de febrero de 2005). Settlement seen for Aon over incentive payments. *New York Times*, B-1; [b]Adaptado con el permiso de Schechner, S. (29 de marzo de 2005). Scrutinizing car rental-car agencies´ insurance pitches. *Wall Street Journal*, D-8; [c]Rubenstein, S. (29 de marzo de 2005). Doctors rap UnitedHealthcare for its new evaluation program. *Wall Street Journal*, D-3.

DIFICULTADES PARA MEDIR EL RENDIMIENTO

Como vimos en el Capítulo 7, la evaluación del rendimiento de los empleados es una de las tareas más difíciles que tienen que realizar los directivos, sobre todo cuando estas valoraciones se utilizan para determinar a quién se recompensa[14]. Desde el punto de vista del empleado, el evaluador debe discernir entre la contribución individual y las del grupo de trabajo, al tiempo que evita juzgar en función de un sesgo personal (ser un evaluador demasiado estricto o demasiado relajado), de sus gustos y de consideraciones políticas. Desde el punto de vista del grupo o del equipo, el evaluador debe tratar de aislar las contribuciones específicas de cada equipo cuando todos los equipos son interdependientes[15]. Los evaluadores tienen dificultades parecidas cuando intentan determinar el rendimiento de fábricas o unidades que están relacionadas entre sí y/o con la sede de la empresa. En definitiva, no es fácil conseguir medidas precisas del rendimiento y la relación de la retribución con medidas imprecisas de rendimiento probablemente termine creando problemas.

CONTRATOS PSICOLÓGICOS

Una vez aplicados, los sistemas de retribución basados en el rendimiento crean un contrato psicológico entre el empleado y la empresa[16]. Un *contrato psicológico* es un conjunto de expectativas, en función de la experiencia previa, muy resistentes al cambio.

La ruptura de un contrato psicológico puede tener resultados perniciosos. Por ejemplo, cuando un fabricante de productos informáticos modificó las condiciones de su sistema de retribución por desempeño tres veces en un período de dos años, hubo protestas generalizadas por parte de los empleados, la dimisión de varios directivos clave y una reducción de la satisfacción de los trabajadores.

Respecto al contrato psicológico pueden surgir otros dos problemas. El primero, puesto que los empleados consideran que tienen derecho a percibir la recompensa estipulada en el programa de remuneración en función del rendimiento, resulta difícil cambiar el plan incluso cuando las condiciones obligan a ello. Segundo, a veces es difícil encontrar una fórmula justa para los diversos grupos de empleados.

EL MARGEN DE CREDIBILIDAD

Los empleados no suelen creer que los programas de remuneración en función del desempeño sean justos o que recompensen realmente el rendimiento, éste es un fenómeno denominado *margen de credibilidad*[17]. Algunos estudios indican que hasta el 75 por ciento de los empleados de cualquier empresa dudan de la integridad de estos planes[18]. Si los empleados no consideran que el sistema sea legítimo y aceptable, puede tener efectos negativos sobre su comportamiento.

En un intento bien intencionado del gobierno británico por recompensar una mejora en la enseñanza, los profesores "estrella" pueden llegar a ganar 140.000 dólares al año, lo que supone un gran cambio en un sistema en el que los profesores estaban estancados en un salario de 46.000 dólares anuales. La gran subida salarial dependía de los resultados de los exámenes, un menor absentismo escolar y mejores tasas de alfabetización y comprensión matemática. Pero, aun cuando no se iba a recortar el sueldo de ningún profesor (es decir, sólo había una expectativa de subida), los sindicatos de profesores se opusieron rotundamente al programa. Los sindicatos lo justificaban diciendo que no se puede culpar siempre a los profesores de los malos resultados de los alumnos y que las primas recibidas dependían más de la suerte que del rendimiento[19].

LA INSATISFACCIÓN Y EL ESTRÉS LABORAL

Los sistemas de remuneración en función del rendimiento pueden generar una mayor productividad, pero también una menor satisfacción laboral[20]. Algunas investigaciones sugieren que cuanto más se vincula la retribución con el rendimiento, hay más descontento en la unidad de trabajo y los empleados son más infelices[21]. El Recuadro 11.1 titulado "Incen-

RECUADRO 11.1

INCENTIVOS CONTRAPRODUCENTES: EL CASO DE LANTECH

Lantech, un pequeño fabricante de maquinaria de Kentucky, supo de primera mano cómo los planes de incentivos pueden ser contraproducentes:

> Los incentivos motivan a los trabajadores a mejorar la calidad, reducir costes y, además, a favorecer a la empresa en su conjunto. ¿Es correcto? Bueno, esto es lo que se supone. Sin embargo, en el mundo real, la retribución por desempeño puede también generar enfrentamientos que convierten a los trabajadores en grupos rivales, tan ansiosos por conseguir unos dólares más que tratarán que los resultados de otros grupos parezcan malos para que los suyos sean buenos. Esta fue la experiencia de Pat Lancaster, el presidente de Lantech. [...] Para su asombro, Lancaster descubrió que la avaricia por conseguir la prima anual se hizo tan grande

y perniciosa que uno de sus trabajadores intentó que una división que competía con la suya pagara la factura del papel higiénico.

"Los incentivos no son buenos", dice Lancaster, "porque son la llave para abrir las puertas del favoritismo y la manipulación".

En un momento dado, cada una de las cinco divisiones de la empresa recibió una prima en función de sus beneficios. Dicha prima podía suponer hasta el diez por ciento del salario de un trabajador. Pero las divisiones eran tan interdependientes que resultaba difícil decidir la cuantía que tenía derecho a recibir cada división. "Esto generó tal secretismo, politiqueo y peloteo, que uno no se lo puede ni imaginar", afirma el CEO, Jim Lancaster, hijo de Pat. Por ejemplo, la división que fabricaba las máquinas y la que añadía los diseños personalizados a esas máquinas dependían la una de la otra para conseguir los componentes, la experiencia de los ingenieros, etc. Por eso, inevitablemente, ambos grupos se enfrentaban, al intentar cada uno asignar los costes al otro y defender que era la fuente principal de los ingresos de la empresa.

"Pasaba el 95 por ciento de mi tiempo resolviendo conflictos en vez de servir a nuestros consumidores", recuerda Pat. Las divisiones se peleaban tanto por decidir a quién había que asignar los costes de comprar las grúas para trasladar los equipos pesados de un lado a otro de la fábrica, que Lantech no pudo instalar estas máquinas hasta 1992, varios años después de lo planeado. Al final de cada mes, las divisiones se apresuraban en satisfacer los pedidos de las demás partes de la empresa. Este comportamiento generaba beneficios para la división que satisfacía el pedido pero, por desgracia, generaba una gran cantidad de bienes inventariados innecesarios y con un coste elevado, para la división receptora. Algunos empleados incluso discutían sobre quién tenía que pagar por el papel higiénico de los servicios.

Ante esta situación, Lantech tuvo que abandonar el plan de incentivos individuales y a nivel de división y utilizar en su lugar un sistema de participación en beneficios en el que los trabajadores reciben primas según su salario. Los fuertes enfrentamientos han remitido y la empresa funciona perfectamente según Lancaster padre.

Fuente: Reeditado de Nulty, P. (13 de noviembre de 1995). Incentive pay can be crippling. *Fortune*, 235.

tivos contraproducentes: El caso de Lantech" ilustra cómo los incentivos pueden aumentar el estrés y la productividad.

REDUCCIÓN POTENCIAL DEL DINAMISMO INTRÍNSECO

Los programas de retribución por desempeño pueden hacer que los empleados se muevan para conseguir la recompensa monetaria prometida y en este proceso maximizarán su creatividad y talento. Así, si una organización pone demasiado énfasis en la retribución para intentar influir sobre el comportamiento, podría reducir el *dinamismo intrínseco* de los empleados. Un experto afirma que cuanto más énfasis ponga la empresa en el dinero para incentivar un rendimiento elevado, existirá menos probabilidad de que los empleados participen en actividades que benefician a la organización (como horas extras o un servicio especial adicional) a no ser que se les prometa una recompensa explícita[22].

Una cuestión de ética

¿Hasta qué punto debe la organización tener en cuenta el estado psicológico de sus trabajadores cuando diseña un plan de incentivos?

CÓMO HACER FRENTE A LOS OBSTÁCULOS DE LOS SISTEMAS DE RETRIBUCIÓN POR DESEMPEÑO

A pesar de todo, si están diseñados adecuadamente, los sistemas de remuneración en función del rendimiento ofrecen a los directivos una excelente oportunidad para hacer que coincidan los intereses de los empleados con los de la organización. Las siguientes recomendaciones pueden ayudar a resaltar el éxito de los programas de incentivos y evitarán los inconvenientes que acabamos de analizar.

VINCULAR CORRECTAMENTE LA RETRIBUCIÓN AL DESEMPEÑO

Sistema de pago a destajo
Se trata de un método retributivo en el que los empleados cobran en función de las unidades producidas.

Hay pocos casos en los que los directivos puedan justificar el pago a los trabajadores en función de una medida o fórmula predeterminada. Los **sistemas de pago a destajo** tradicionales, en los que se paga a los trabajadores por unidad producida, constituyen la relación más estrecha entre retribución y desempeño. Se han desechado muchos sistemas de pago a destajo porque tienden a crear el tipo de problemas que acabamos de ver, pero existen situaciones en las que resultan adecuados. El requisito primordial es que el empleado tenga un control absoluto sobre la velocidad y calidad de su trabajo. Resulta interesante comprobar que Internet está creando un nuevo sistema de trabajo. Muchas empresas, sobre todo las de alta tecnología, tienen a los empleados en cualquier lugar (incluso en su casa), de ese modo ahorran espacio en la oficina, se reducen los gastos generales y se elimina parte del tiempo dedicado a la supervisión. Muchos empleados trabajan de acuerdo a lo establecido en el contrato, de tal forma que la empresa se ahorra prestaciones sociales.

UTILIZAR LA RETRIBUCIÓN POR DESEMPEÑO COMO PARTE DE UN SISTEMA DE GRH MÁS AMPLIO

Los programas de retribución por desempeño no conseguirán los resultados deseados a no ser que vengan acompañados de otros programas adicionales de GRH. Por ejemplo, la valoración del rendimiento y la formación destinada a enseñar a supervisar suelen desempeñar un papel crucial en el éxito o fracaso eventual de un plan de incentivos. Como vimos en el Capítulo 7, la calificación o nota del rendimiento suele depender de otros factores distintos al rendimiento. Puesto que un proceso de valoración defectuoso puede destruir incluso el plan salarial más minuciosamente concebido, se debe formar bien a los supervisores para que sepan calificar correctamente.

Las malas prácticas de personal también perjudican al programa de retribución por desempeño. Por ejemplo, si se contratan a los empleados debido a su red de contactos y no a sus capacidades y habilidades, otros trabajadores recibirán el mensaje de que el buen desempeño no es tan importante para la organización.

Los empleados también deberían recibir formación para que sean más productivos y puedan ganar más dinero. Por ejemplo, la división estadounidense del gigante suizo Roche, situada en Indianápolis, consiguió que todos sus trabajadores tuvieran un potencial de liderazgo muy alto mediante un programa de desarrollo de diez meses[23].

CONSEGUIR LA CONFIANZA DE LOS TRABAJADORES

Puede fracasar el mejor programa de retribución por desempeño si los directivos tienen un mal historial de relaciones laborales o si la organización tiene una cultura excesivamente competitiva. En estas circunstancias, los empleados probablemente no atribuyan las recompensas al buen rendimiento, sino más bien a la suerte o a haber causado una buena impresión a la dirección. Para que el programa de incentivos tenga alguna posibilidad de éxito, los directivos tienen que lograr la confianza de los trabajadores, lo que podría exigir realizar cambios importantes en el contexto organizativo[24].

Los directivos deberían empezar contestando a las siguientes preguntas poniéndose en el lugar de sus empleados: ¿vale la pena trabajar mucho durante más tiempo?, ¿alguien es consciente de mi esfuerzo?

Si las respuestas son negativas, los directivos tienen que esforzarse por demostrar que les importan los empleados y que valoran su trabajo. Y, aún más, necesitan informarles y hacerles participar de cualquier cambio que promuevan [25].

PROMOVER LA OPINIÓN DE QUE EL DESEMPEÑO MARCA LA DIFERENCIA

Debido a los problemas señalados anteriormente, los directivos pueden evitar utilizar los salarios para recompensar el rendimiento[26]. La organización debe crear un clima en el que el rendimiento es el que marca las diferencias, porque si no puede acabar con una cultura organizativa de logros mínimos. En cierto sentido, los sistemas de retribución por desempeño son un mal menor porque sin ellos el rendimiento podría ser aún más bajo[27].

UTILIZAR MÚLTIPLES TIPOS DE RECOMPENSAS

Puesto que todos los sistemas de retribución por desempeño tienen ventajas e inconvenientes, puede que sea mejor ofertar distintos tipos de incentivos (adecuados para distintas situaciones laborales) que confiar en un solo tipo. Con un plan de varios incentivos, la organización puede aprovechar las ventajas de cada tipo mientras minimiza sus efectos negativos. Por ejemplo, en AT&T Credit, el salario variable (en forma de primas) depende de 12 indicadores que reflejan el rendimiento tanto de los equipos regionales como de la unidad de negocio en su conjunto. Los miembros del equipo tienen que alcanzar sus objetivos de rendimiento individual para poder optar al salario variable[28].

INCENTIVAR LA PARTICIPACIÓN DE LOS TRABAJADORES

Una vieja expresión entre los especialistas de retribución dice que: "el determinante último de cualquier plan retributivo es su aceptación". Cuando los empleados no consideran legítimo el programa retributivo, harán todo lo posible para hundirlo, desde imponerse a sí mismos cuotas máximas de producción hasta aislar a los trabajadores que reciben las mayores recompensas. La mejor forma de mejorar la aceptación del programa es hacer que los empleados participen en su diseño[29]. La participación de los empleados mejorará la comprensión de su racionalidad, permitirá que haya un mayor compromiso con el plan y logrará un mejor ajuste entre las necesidades individuales y el diseño del plan de retribución[30].

La participación de los empleados en el diseño del plan no es lo mismo que permitir que los empleados distribuyan las recompensas. Los directivos deben seguir controlando y asignando las recompensas, porque los trabajadores pueden no ser capaces de separar su interés personal de la gestión eficaz de la retribución. Sin embargo, los directivos pueden contar con la participación de los empleados en la creación de un mecanismo atractivo que permita a los trabajadores plantear sus quejas sobre la distribución de las recompensas. Este mecanismo probablemente mejore la equidad percibida del sistema, sobre todo si un tercero desinteresado ejerce de mediador y tiene la capacidad de poner en marcha acciones correctoras[31].

HACER HINCAPIÉ EN LA IMPORTANCIA DE ACTUAR ÉTICAMENTE

Una vez que está funcionando el sistema de retribución por desempeño, los empleados pueden intentar manipular cualquier criterio para conseguir un mayor incentivo. Incluso a un sistema de control riguroso se le pueden escapar algunas infracciones. Por tanto, será mejor para la organización que los empleados se controlen a sí mismos. Con esta finalidad, se puede hacer hincapié en la ética como valor corporativo. En este sentido, los programas de formación pueden ayudar señalando a los trabajadores algunos comportamientos poco éticos, y les podrá ayudar a saber cómo actuar de forma apropiada a la hora de alcanzar los objetivos de rendimiento.

UTILIZAR LA MOTIVACIÓN Y LOS INCENTIVOS NO FINANCIEROS

Uno de los hechos fundamentales de la motivación es que la gente se mueve para conseguir lo que quiere o desea. Aunque el dinero es, sin duda, una fuerte motivación, no motiva por igual a todo el mundo. A algunas personas les interesan más los aspectos no monetarios de su trabajo.

El reconocimiento (público o no), los honorarios, las mayores responsabilidades laborales, los sabáticos (retribuidos o no), los programas de orientación (*mentoring*) y el reembolso del 100 por 100 del gasto en cursos de formación pueden ser algunas de las recompensas no monetarias[32]. Sin embargo, como se comentó en el Capítulo 10, hay que tener cuidado de que los trabajadores no vean que las recompensas no monetarias son una artimaña de las empresas para ahorrarse dinero.

TIPOS DE PLANES DE RETRIBUCIÓN POR DESEMPEÑO

Como se muestra en la Figura 11.1, se pueden diseñar los planes de retribución por desempeño para recompensar el rendimiento de individuos, equipos, unidades de negocio, fábricas, la organización en su conjunto, o cualquier combinación de las anteriores. Todos estos planes tienen ventajas e inconvenientes y cada uno de ellos resulta más eficaz en unas circunstancias que en otras. A la mayoría de las organizaciones les conviene utilizar varios planes para contrarrestar los inconvenientes potenciales de un solo plan.

Unidad de análisis			
Micro		*Macro*	
Individual	**Equipo**	**Unidad de negocio/ planta/fábrica**	**Organización**
Por méritos	Primas o bonos	Reparto de ganancias	Participación en beneficios
Primas o bonos	Gratificaciones o premios	Primas o bonos	Programas de participación en el capital social
Gratificaciones o premios		Gratificaciones o premios	
Por unidad producida			

Figura 11.1 ■ Planes de retribución por desempeño.

PLANES INDIVIDUALES

Desde el punto de vista más micro, las empresas tratan de identificar y recompensar las contribuciones de los empleados individuales. Los *planes individuales* son los más utilizados en la industria[33].

Entre los planes individuales más habituales se encuentra el **complemento por méritos**[34] que consiste en una subida del salario base, que se otorga normalmente una vez al año. Suelen utilizarse las calificaciones o notas asignadas por los evaluadores del rendimiento para determinar la cuantía del complemento. Por ejemplo, los trabajadores cuyo desempeño está "por debajo de las expectativas", "igual a las expectativas", "por encima de las expectativas" y "muy por encima de las expectativas" pueden aumentar su sueldo en un cero, tres, seis y nueve por ciento, respectivamente. Cuando se ha concedido un incremento salarial por méritos, éste permanecerá como parte de su salario base el resto del tiempo que el trabajador permanezca en la empresa (excepto en condiciones extremas, como cuando se produce una reducción salarial generalizada o se le cambia de categoría).

Complemento por méritos
Se trata de un aumento del salario base que se suele dar una vez al año.

Los programas de **primas** o **bonos** se parecen a los complementos por méritos pero difieren en un aspecto importante. Las primas se dan una vez y no elevan el salario base del empleado de forma permanente. Las primas tienden a ser mayores que los incrementos salariales por méritos porque suponen un menor riesgo para el empresario (ya que no está asumiendo un compromiso financiero permanente). Las primas también se pueden conceder fuera del ciclo anual de revisión cuando los trabajadores alcancen determinados hitos claves (por ejemplo, cada mes que Continental consigue estar entre las cinco primeras compañías aéreas en cuanto a puntualidad de las llegadas, los empleados reciben un cheque de al menos 65 dólares) o cuando hacen alguna sugerencia de ahorro de costes que sea válida. Un estudio reciente señala que el 92 por ciento de las empresas ofrecen cantidades especiales de dinero en metálico, y el 28 por ciento ofrecen bonos. Estos tipos de primas superan frecuentemente el cinco por ciento del salario anual[35].

Primas o bonos
Incentivo financiero que se da de vez en cuando y que no aumenta de forma permanente el salario base del empleado.

Las **gratificaciones** o **premios**, como las primas, son recompensas que se pagan una vez, pero tienden a darse en forma de premio tangible, como unas vacaciones pagadas, un televisor o una cena para dos en un restaurante de moda.

Gratificaciones o premios
Una recompensa que se concede una sola vez y que toma la forma de un premio tangible.

Ventajas de los planes individuales

Existen cuatro ventajas fundamentales en los planes individuales:

- **El rendimiento que se recompensa tiende a repetirse.** La teoría de la motivación conocida como **teoría de la expectativa** explica el motivo por el cual un salario mayor suele generar un mayor rendimiento. La gente tiende a hacer las cosas por las que se le paga. El dinero es una recompensa importante para la mayoría de la gente, por lo que los individuos tienden a mejorar su rendimiento laboral cuando existe una fuerte relación entre rendimiento y retribución[36].

Teoría de la expectativa
Teoría del comportamiento que sostiene que la gente tiende a hacer únicamente por lo que se le paga.

- **Los individuos buscan alcanzar unos objetivos y los incentivos financieros pueden ayudar a configurar esos objetivos individuales.** Un plan de incentivos salariales puede ayudar a que el comportamiento de los trabajadores sea coherente con los objetivos de la organización[37]. Por ejemplo, si un concesionario tiene un comercial que vende muchos coches, pero cuyos clientes no suelen volver al concesionario, el concesionario puede implantar un plan de incentivos que ofrezca comisiones mayores por los coches vendidos a un cliente recurrente. Este plan haría que los vendedores, además de venderle un coche, quieran agradar al cliente.
- **La evolución de cada empleado en particular ayuda a la empresa a lograr la equidad individual.** Una organización debe ofrecer recompensas en función de los esfuerzos individuales. Esto es exactamente lo que hacen los planes individuales. Si no se recompensa al individuo, los trabajadores con mayor desempeño se irán de la empresa o disminuirán su rendimiento para que se ajuste al salario que perciben.
- **Los planes individuales se ajustan a una cultura individualista.** Las culturas nacionales difieren según que el país valore el éxito individual frente al del grupo (*véase* el

Capítulo 17). EE.UU. es el país en el que más se valora el individualismo, por lo que los trabajadores estadounidenses esperan ser recompensados por sus logros y aportaciones personales.

Por el contrario, los japoneses tienden a no recompensar el rendimiento individual aunque las presiones económicas les están llevando a acercarse a un modelo más "americano". En un trabajo reciente, el 70 por ciento de los líderes japoneses dijeron que planean recortar salarios y que sólo los trabajadores con mejor desempeño podrán mantener (o mejorar) sus salarios anteriores[38].

Inconvenientes de los planes individuales

Muchos inconvenientes de los planes de incentivos se ponen de manifiesto a nivel individual. Existen dos peligros concretos: 1) que pueden generar competencia y deteriorar la cooperación entre los compañeros y 2) que pueden estropear las relaciones laborales entre subordinados y superiores. Y, puesto que muchos directivos creen que las subidas salariales a los empleados por debajo de la media desaniman y disminuyen su rendimiento, lo que suelen hacer es igualar el porcentaje de subida entre los trabajadores, independientemente de su desempeño individual. Esto, por supuesto, va en contra del objetivo de los incentivos.

Otros inconvenientes de los planes individuales son los siguientes:

- **Vincular el salario a los objetivos puede fomentar el punto de vista individual.** La vinculación de los incentivos financieros a la consecución de objetivos puede generar un planteamiento estrecho de los incentivos y que no se hagan tareas importantes, bien porque es difícil definir objetivos para estas tareas o bien porque su consecución resulta difícil de medir desde el punto de vista individual. Por ejemplo, si una tienda de comestibles establece como objetivo que los clientes estén contentos y satisfechos, resultaría extremadamente difícil relacionar la consecución de este objetivo con el trabajo de cada empleado en particular.
- **Muchos empleados no creen que el salario y el rendimiento estén relacionados.** Aunque prácticamente todas las organizaciones afirman que recompensan el rendimiento individual, es difícil para los empleados saber hasta qué punto lo están haciendo sus empresas. Por tanto, no resulta extraña la conclusión de varios estudios de las tres últimas décadas de que casi el 80 por ciento de los trabajadores no ven la relación entre sus aportaciones individuales y las subidas salariales[39]. Muchas creencias subyacentes sobre esta percepción son muy difíciles de cambiar. En la Figura 11.2 se resumen algunas de ellas.
- **Los planes individuales pueden ir contra los objetivos de calidad.** Los individuos que son recompensados por lograr objetivos de producción suelen sacrificar la calidad del producto. Los planes individuales también son un problema para los programas de calidad que destacan el trabajo en equipo, porque normalmente los programas individuales no recompensan a los trabajadores por ayudar a otros trabajadores o por coordinar las actividades con otros departamentos.
- **Los programas individuales fomentan la falta de flexibilidad de algunas organizaciones.** Puesto que los supervisores suelen controlar las recompensas, los planes de incentivos individuales fomentan la dependencia de los supervisores. Por esta razón, estos planes necesitan de estructuras organizativas tradicionales que son particularmente ineficaces para empresas que intentan implantar el trabajo en equipo.

Condiciones para que los planes individuales tengan buenos resultados

A pesar de los problemas de los incentivos individuales, también pueden aumentar la motivación. En concreto, tendrán más éxito en las siguientes circunstancias:

- La valoración del rendimiento es subjetiva porque los supervisores evalúan a sus subordinados en función de sus propios sesgos preconcebidos.
- Independientemente de la forma de valorar, los supervisores tienden a manipular las valoraciones.
- Los sistemas de retribución por desempeño destacan más los objetivos individuales que los del grupo, lo que puede crear un conflicto disfuncional en la organización.
- Para mantener una relación laboral eficaz con todos los subordinados y evitar el conflicto personal dentro del grupo, el supervisor puede negarse a manifestar qué individuos son los que mejor trabajan y, por tanto, merecen una subida salarial.
- La utilización de un determinado periodo de tiempo (normalmente un año) para la evaluación del rendimiento fomenta la orientación a corto plazo a expensas de los objetivos a largo plazo.
- Los trabajadores intentan protegerse ignorando los *feedback* de rendimiento negativos, culpando a la organización de sus problemas.
- Los supervisores y los trabajadores pocas veces están de acuerdo con la evaluación, lo que provoca enfrentamientos personales.
- Los supervisores no saben a menudo cómo justificar la recomendación de que se ofrezca una determinada subida salarial a un trabajador.
- Se retrasan los incrementos de las recompensas financieras, de tal manera que el valor que tiene como refuerzo del comportamiento laboral resulta cuestionable. Por ejemplo, si un empleado hoy es dos veces más productivo, tiene que esperar todo un año para que se revise su situación.
- Los sistemas individuales de retribución por desempeño son menos adecuados en el sector servicios, justo el sector en el que trabaja la mayor parte de la gente en EE.UU. En determinados puestos (como por ejemplo, "auxiliar administrativo") resulta difícil hasta especificar cuál es el producto deseado.
- Los supervisores suelen controlar una parte relativamente pequeña de la remuneración, ya que las diferencias debidas a los incentivos suelen ser pequeñas y, por tanto, su valor es cuestionable.
- Factores que influyen sobre la cuantía y la frecuencia de las retribuciones por desempeño (por ejemplo, la posición dentro de la escala salarial, los salarios dentro de la unidad y entre unidades y las limitaciones presupuestarias) tienen poca relación con el rendimiento del trabajador.
- La evaluación del rendimiento tiene muchos propósitos (formación y desarrollo, selección, planificación del trabajo, remuneración, etc.). Cuando un sistema se utiliza para alcanzar tantos objetivos, resulta difícil que sea capaz de conseguir correctamente alguno. Es bastante cuestionable que el supervisor desempeñe el papel de asesor o consejero al mismo tiempo que el de evaluador.

Fuente: Actualizado en 2006 del trabajo de Balkin, D. B y Gómez-Mejía, L. R. (Eds.) (1987). *New perspectives on compensation*. 159. Upper Saddle River: NJ. Prentice Hall.

Figura 11.2 ■ Factores determinantes del fracaso de un sistema de retribución por desempeño basado en el individuo.

- **Cuando se pueda determinar con precisión lo que ha hecho cada empleado.** La identificación de lo que ha hecho cada uno suele ser difícil, pero sí que resulta más fácil para unos puestos de trabajo que para otros. Por ejemplo, un sistema de fuertes incentivos individuales puede funcionar bien con los vendedores porque resulta relativamente fácil medir sus logros regularmente. Por el contrario, los investigadores generalmente no reciben incentivos individuales porque habitualmente trabajan en equipos y ahí es difícil identificar las contribuciones de cada uno.
- **Cuando el trabajo exija autonomía.** Cuanto más independientemente trabajen los empleados, más sentido tendrá valorar y recompensar el rendimiento de cada individuo.

Por ejemplo, el rendimiento de los directivos de cada tienda de una gran cadena minorista, como Gap, puede evaluarse muy fácilmente, mientras que el rendimiento del director de RRHH de una gran empresa resulta mucho más difícil de valorar.

- **Cuando sea menos importante la cooperación para el buen rendimiento, o cuando hay que fomentar la competencia.** Prácticamente todos los trabajos exigen cooperación, pero cuanto menor sea la necesidad de cooperar más éxito tendrá el programa de incentivos individuales. Por ejemplo, se espera que un corredor de bolsa sea menos cooperativo que un piloto de un escuadrón militar.

PLANES PARA EQUIPOS

Un gran número de empresas está rediseñando el trabajo para permitir que los empleados con habilidades y experiencias únicas colaboren en la resolución de problemas o proyectos. Por ejemplo, en Compaq Computer Corp., al menos el 25 por ciento de los 16.000 trabajadores de la empresa trabaja en equipos para desarrollar nuevos productos y sacarlos al mercado [40]. Se espera que los empleados que trabajan en este nuevo sistema realicen todo tipo de tareas dentro del equipo haciendo, incluso, otras poco propias del puesto que ocupan. Otros ejemplos de empresas que han implantado el sistema de trabajo en equipo son Clairol/Bristol-Myers Squibb, Hershey Chocolate (Norte América), Newsday/Times Mirror, Pratt&Whitney/United Technologies, General Motors, TRW, Digital Equipment, Shell Oil y Honeywell[41]. Los planes de incentivos para equipos pueden respaldar el buen trabajo del grupo de empleados que lo forman.

Los planes de incentivos para equipos recompensan habitualmente a todos los miembros en función de los resultados obtenidos por el equipo. Estos resultados se pueden medir objetivamente (por ejemplo, realizando a tiempo una serie de proyectos o cumpliendo todos los plazos fijados para la realización de un informe) o subjetivamente (por ejemplo, mediante la valoración conjunta de un grupo de directivos). Los criterios para definir los resultados deseables pueden ser generales (por ejemplo, ser capaz de trabajar eficazmente con otros equipos) o concretos (por ejemplo, desarrollo de una patente para usos comerciales). Al igual que los programas individuales, la retribución de los miembros del equipo debe realizarse en forma de primas en efectivo o como premios no monetarios como viajes, vacaciones o artículos de lujo.

Algunas empresas permiten a los equipos decidir cómo van a distribuir entre sus miembros las primas. Otras empresas vinculan los incentivos del equipo a actividades de cohesión del mismo. Monsanto, por ejemplo, consiguió entrar en el ranking *Fortune* de las 100 Mejores Empresas en 2005 gracias a actividades deportivas (como el softbol), previstas para aumentar la cohesión del equipo. En varios centros de trabajo de esta empresa, varios "equipos de personas" se encargan de diseñar actividades que fomenten las relaciones afectivas[42].

Ventajas de los planes para equipos

Cuando están adecuadamente diseñados, los incentivos de equipos tienen dos grandes ventajas:

- **Fomentan la consistencia del grupo.** En la medida en que los miembros del grupo tengan las mismas metas y objetivos, cooperen y dependan los unos de los otros para mejorar el rendimiento total del grupo, los incentivos de equipo pueden motivar a sus miembros a comportarse y pensar como una unidad y no como individuos que compiten entre sí. En esta situación, probablemente cada trabajador actuará tratando de beneficiar a todo el grupo en su conjunto[43].

- **Facilitan la medición del rendimiento.** Varios estudios han demostrado que el rendimiento se puede medir con más precisión y fiabilidad para un equipo que para un individuo[44]. La justificación es que se requiere una medición menos precisa.

Inconvenientes de los planes para equipos

Los directivos tienen que ser conscientes de los inconvenientes potenciales de los planes de incentivos a nivel de equipo. Estos inconvenientes pueden ser los motivos de que apenas se han utilizado. De hecho, en comparación con el uso de los planes de incentivos individuales, los de equipo se emplean una tercera parte[45]. Los inconvenientes son los siguientes:

- **Posible falta de ajuste con los valores culturales individualistas.** Puesto que la mayoría de los trabajadores estadounidenses considera que deben ser valorados por lo que hacen individualmente, puede que no reaccionen bien ante un sistema de incentivos en el que los esfuerzos individuales quedan relegados por los del grupo y en el que se recompensa por igual a todos sus miembros. Por otro lado, los incentivos individuales no serán adecuados en sociedades con una orientación más cooperativa. Sorprendentemente, muchas empresas estadounidenses han creado incentivos de alto riesgo individualizados en sus filiales japonesas, lo que es una muestra de su falta de sensibilidad cultural. No hace falta decir que estos planes han terminado fracasando[46].
- **El oportunismo.** En cualquier equipo, algunos individuos se esfuerzan más que otros. Además, la capacidad de cada persona es diferente. Los que contribuyen muy poco al equipo, por falta de esfuerzo o de capacidad, son unos *aprovechados* (*free riders*)[47].

  Cuando todos los miembros del equipo (incluidos los *free riders*) reciben la misma retribución por el resultado del equipo, suele haber quejas por la injusticia que se comete. Como consecuencia, puede aparecer el conflicto y no la cooperación que el plan intentaba fomentar, por lo que los supervisores tendrán que actuar para juzgar quién contribuye a cada cosa[48].

  Para minimizar el efecto *free riding* algunas empresas han ajustado los incentivos para fomentar el rendimiento individual dentro de los equipos. W. L. Gore, el creador de Gore-Tex, obliga a sus más de 4.000 empleados a evaluar cada año a sus compañeros de equipo para individualizar los incentivos de equipo (cada miembro recibe un pago de acuerdo a las aportaciones individuales que, según sus compañeros, han hecho al grupo)[49].
- **Presiones sociales para controlar el rendimiento.** Aunque la coherencia del grupo puede motivar a todos sus miembros a esforzarse y trabajar a pleno rendimiento, también puede reducir la productividad del equipo. Cuando los pilotos de las líneas aéreas comerciales quieren manifestar su descontento, a veces, acuerdan entre ellos emprender "una huelga de celo". Esto significa que van a aplicar todas las normas, sin excepción, lo que provoca una ralentización global del trabajo. La dinámica de grupo también puede favorecer que los miembros del equipo intenten sabotear el trabajo, por ejemplo, haciendo trampas que le permitan conseguir las recompensas como forma de perjudicar a la dirección[50].
- **Dificultades a la hora de identificar a los grupos relevantes.** Antes de decidir cómo distribuir los incentivos del equipo, los directivos deben definir al *equipo*. Esta definición puede resultar difícil porque varios grupos pueden ser muy interdependientes, lo que dificulta la identificación de lo que ha hecho cada uno. Además, una persona puede pertenecer a más de un equipo y los equipos pueden cambiar de miembros frecuentemente.

- **Competencia entre grupos que provoca una reducción del rendimiento global.** Un equipo puede centrarse tanto en maximizar su propio rendimiento que termina compitiendo con otros equipos. Los resultados son bastante indeseables. Por ejemplo, el grupo de producción puede fabricar más unidades de las que puede vender el grupo de comerciales, o el grupo de comerciales puede conseguir demasiados compromisos de ventas, tantos que el equipo de producción no puede satisfacerlos a tiempo[51].

Condiciones para que los planes para equipos tengan buenos resultados

Aunque los directivos tienen que ser conscientes de los inconvenientes potenciales de los planes de incentivos a nivel de equipo, también tienen que buscar las situaciones en las que es útil su aplicación. Seguramente, estos planes tendrán más éxito en las siguientes circunstancias:

- **Cuando la organización de la empresa facilita la aplicación de incentivos a nivel de equipo.** Los incentivos para los equipos resultan adecuados cuando:
  1. **Existen pocos niveles jerárquicos y se espera que los grupos de un mismo nivel realicen la mayor parte de su trabajo con poca dependencia de sus supervisores o de la alta dirección.** Tanto las organizaciones del sector público como del sector privado que han tenido que despedir a trabajadores para mantener la eficiencia y la rentabilidad han descubierto que el trabajo en equipo es una necesidad. Por ejemplo, cuando el ayuntamiento de Hampton, Virginia, pasó por una enorme reducción y reestructuración que derivó en la supresión de varios niveles de supervisión, tuvo que rediseñar el trabajo. El ayuntamiento creó equipos autogestionados e implantó un incentivo a nivel de equipo[52].
  2. **La tecnología permite separar el trabajo en grupos relativamente independientes y con un trabajo muy definido.** Esto puede hacerse más fácilmente en una unidad de servicios (como un equipo de reparación de teléfonos) que en un proceso productivo (como en la cadena de montaje tradicional de fabricación de coches).
  3. **Los empleados se comprometen con su trabajo y están intrínsecamente motivados.** Estos trabajadores posiblemente no evitarán cumplir con sus responsabilidades a costa del grupo, por lo que no es preocupante el que exista el *free rider*. La motivación intrínseca es habitual en organizaciones no lucrativas, cuyos empleados están comprometidos con la causa de dicha organización.
  4. **La organización tiene que insistir en los objetivos del grupo.** Esta es una necesidad primordial en algunas organizaciones. Por ejemplo, las empresas de alta tecnología descubren a menudo que sus científicos tienen sus propios intereses de investigación y sus propios objetivos profesionales y éstos, a menudo, son incompatibles con los de la empresa e incluso con los de sus compañeros. Los incentivos a nivel de equipo pueden conseguir que estos trabajadores vinculen sus intereses al objetivo común[53].
  5. **Los incentivos de equipo pueden ayudar a que se relacionen empleados con experiencias y formas de pensar distintas y a centrar sus esfuerzos en metas importantes para la organización.** Ver el caso de Intel en el Cuaderno del Director "La relación entre la retribución y la estrategia dirigida al cliente".
- **Cuando el objetivo sea fomentar el espíritu emprendedor de los grupos de trabajo autogestionados.** Algunas veces, para fomentar dentro de los grupos la innovación y la asunción de riesgos, la empresa puede conceder mucha autonomía. Esta práctica suele conocerse como *intrapreneuring* (un término acuñado por Gifford Pinchot, que publicó un libro con este título, *Intrapreneuring*, en 1985)[54]. En un entorno *intrapre-*

	Planes individuales	Planes para equipos
Ventajas	■ El rendimiento recompensado se repetirá. ■ Los incentivos financieros pueden determinar los objetivos de una persona. ■ Pueden ayudar a la empresa a lograr la equidad individual. ■ Se ajustan a una cultura individualista.	■ Fomentan la cohesión del grupo. ■ Ayudan a medir el rendimiento.
Inconvenientes	■ Pueden fomentar un pensamiento único. ■ No se cree que el rendimiento esté relacionado con la retribución. ■ Pueden ir en contra de los objetivos de calidad. ■ Pueden fomentar la falta de flexibilidad.	■ Posible falta de ajuste con una cultura individualista. ■ Pueden generar el efecto *free riding*. ■ El grupo puede presionar a sus miembros para que limiten el rendimiento. ■ Es difícil definir el equipo. ■ Competencia entre grupos.

Figura 11.3 ■ Ventajas e inconvenientes de los planes de retribución por desempeño individuales y de equipo.

neuring, la dirección suele utilizar los incentivos de equipo como un mecanismo de control indirecto que permite a cada grupo asumir riesgos para el éxito o el fracaso del mismo modo que lo hacen los empresarios.

La Figura 11.3 resume las ventajas e inconvenientes de los planes de incentivos individuales y a nivel de equipo.

PLANES PARA TODA LA FÁBRICA

Los *planes de incentivos para toda la fábrica* recompensan a todos los trabajadores en función del rendimiento de la fábrica o de la unidad de negocio a la que pertenecen. Generalmente, los beneficios y el precio de las acciones no suelen ser una buena medida del rendimiento de una fábrica o unidad porque éstos son el resultado del rendimiento de toda la corporación. La mayoría de las empresas suelen tener muchas fábricas o unidades de negocio, lo que dificulta atribuir las ganancias o pérdidas financieras a una única parte del negocio. Por tanto, el indicador clave del rendimiento utilizado para distribuir recompensas en una fábrica es el de la eficiencia de la fábrica o unidad de negocio, que normalmente se mide en términos de ahorro de costes laborales u operativos, en comparación con un período anterior.

CUADERNO DEL DIRECTOR

GRH: EL EMPLEADO COMO CLIENTE INTERNO

La relación entre la retribución y la estrategia dirigida al cliente

Paul S. Otellini fue nombrado CEO de Intel en 2005 con el objetivo de cambiar la cultura de la empresa. Dejó claro a los trabajadores que bajo su mandato Intel entraría en una nueva era. Otellini es el primer CEO de la empresa que no es ingeniero en una organización donde los técnicos son los reyes supremos. Cree que para mantener el crecimiento de Intel, los trabajadores deberían centrarse en las ideas y soluciones técnicas que satisfagan las necesidades de los clientes. Para ello, en lugar de confiar en las destrezas de sus ingenieros, Intel se reorganizó en 2006 para juntar a los ingenieros, a los programadores de software y a los comerciales en cinco unidades dirigidas al mercado: informática de empresa, hogar, informática portátil, asistencia sanitaria y productos para el canal (es decir, computadores para los productores pequeños). "El trabajo en equipo centrado en el cliente" es la nueva filosofía de Intel en estos momentos.

Los ingenieros de hardware, los dominadores durante mucho tiempo aprenden ahora a trabajar más cerca de los comerciales y los ingenieros de software y sus incentivos están unidos directamente a lo bien que cooperen con los demás. El nuevo sistema removerá con toda probabilidad la cultura corporativa. Durante décadas, a los trabajadores se les ha pagado por su propio trabajo. Ahora se evaluará a los equipos como un todo. Los ingenieros, durante mucho tiempo las piezas más importantes, pueden negarse a trabajar con otros. "Es como decirle a un jugador de béisbol, «Ala, estamos a favor de jugar al fútbol»" dice Edward E. Lawler, profesor de la Escuela de Negocios Marshall perteneciente a la universidad de Southern en California. "De repente, las reglas del juego son muy diferentes".

Fuente: Adaptado con el permiso de Edwards, C. (31 de enero de 2005). Shaping up Intel´s incides. *BusinessWeek*, 35-36.

Plan de reparto de ganancias
Se trata de un plan de incentivos a nivel de planta o unidad de negocio, en el que una parte del ahorro de gastos de la empresa se distribuye a los trabajadores, normalmente a través del pago de una prima.

Los programas de retribución por desempeño en una fábrica se suelen conocer como programas de **reparto de ganancias**, porque devuelven a los trabajadores una parte de los ahorros de costes, normalmente mediante el pago de una cantidad global. Se utilizan tres tipos de programas de reparto de ganancias. El más antiguo es el *Plan Scanlon* que data de la década de 1930. Este plan utiliza comités formados por empleados, representantes sindicales y altos directivos para evaluar las ideas que ahorran costes. Si los costes laborales son menores de lo esperado durante cierto período de tiempo previamente acordado (normalmente un año), la diferencia se reparte entre los trabajadores (que, como grupo, suele recibir el 75 por ciento del ahorro) y la empresa (que suele quedarse con el 25 por ciento). Una parte del ahorro también se puede guardar para un fondo contra imprevistos.

El segundo programa de reparto de ganancias, el *Plan Rucker*, utiliza comités formados por trabajadores y directivos para solicitar y seleccionar ideas. Estos comités están menos implicados y tienen una estructura más sencilla que los que se utilizan en el Plan Scanlon. Pero el cálculo del ahorro de costes suele ser más complejo porque la fórmula no sólo incluye los costes laborales sino también otros gastos del proceso productivo.

El último tipo de programa de reparto de ganancias, el Improshare (de mejora de la productividad a través de la participación: ***Im****proved* ***pro****ductivity through* ***shar****ing*), es un plan relativamente nuevo que ha demostrado ser fácil de gestionar y comunicar. Primero se fija un criterio, a partir de estudios de un grupo de ingenieros industriales o de un conjunto de datos históricos de períodos anteriores, que identifica el número de horas que se considera normal para un nivel determinado de producción aceptable. Cualquier ahorro de ese número de horas fijado como criterio, se reparte entre la empresa y los trabajadores.

Ventajas de los planes para toda la fábrica

La racionalidad principal de los programas de reparto de ganancias puede verse en el trabajo pionero de Douglas McGregor[55], un compañero y colaborador de Joseph Scanlon, fundador del Plan. Según McGregor, una empresa puede ser más productiva si adopta un planteamiento participativo, es decir, si acepta que los trabajadores pueden enseñar a la empresa cómo hacer las cosas mejor, para ello, les tiene que dar la oportunidad de participar y dejarlos disfrutar como jugadores de equipo.

A diferencia de los planes de incentivos individuales, el reparto de ganancias no considera que los incentivos salariales motiven a las personas a aumentar su productividad, más bien sugiere que los ahorros de costes provienen de un mejor trato a los empleados y también de permitirles participar estrechamente en la dirección de la empresa. La filosofía subyacente es que hay que evitar la competencia entre individuos y equipos, que hay que animar a todos los trabajadores a emplear su talento por el bien común de la fábrica, que los empleados son capaces de contribuir con buenas ideas y que las ganancias financieras obtenidas de aplicar estas ideas deben compartirse con los empleados.

Los planes de reparto de ganancias pueden ser un vehículo para fomentar la participación activa de los empleados y mejorar el proceso productivo. También pueden aumentar el grado de cooperación entre los trabajadores y los equipos al aportar a todo el mundo un objetivo común. Además, los planes de reparto de ganancias están sujetos a menos dificultades de medición que los planes de incentivos individuales o de equipo. Puesto que estos planes de reparto no exigen que los directivos diluciden qué es lo que ha hecho cada individuo o cada grupo interdependiente, es más fácil tanto el cálculo de las primas como que lo acepten los empleados[56].

Inconvenientes de los planes para toda la fábrica

Como todos los demás planes, los programas de reparto de ganancias pueden tener una serie de dificultades:

- **Protección a los peores trabajadores.** El problema de los *free riders* puede ser muy serio en las fábricas en donde las recompensas se reparten entre un gran número de empleados. Puesto que son muchas las personas que trabajan conjuntamente, es menos probable que los compañeros presionen para hacer que trabajen los empleados con peor rendimiento.
- **Problemas con los criterios utilizados para obtener las recompensas.** Aunque las fórmulas utilizadas para calcular las primas en los planes de reparto de ganancias suelen ser muy claras, pueden surgir cuatro problemas. El primero, que una vez que se ha definido la fórmula, los empleados esperan que sea permanente. Una fórmula demasiado rígida puede convertirse en una losa para la dirección, aunque los directivos tratarán de cambiarla para evitar intranquilizar a los empleados. Segundo, el aumento de los ahorros de costes puede no mejorar necesariamente el rendimiento porque este último depende de muchos factores incontrolables (como la demanda de los consumidores). Por ejemplo, una instalación productiva de coches puede funcionar muy eficientemente, pero si está fabricando un coche cuya demanda es muy baja, el rendimiento financiero de la fábrica seguirá siendo malo. Tercero, cuando se aplica por primera vez el reparto de ganancias, resulta más fácil que sean las fábricas o unidades de negocio ineficientes las que salgan beneficiadas. Esto se debe a que las oportunidades de lograr importantes ahorros de costes son mayores en las unidades menos eficientes[57]. Por tanto, los programas de reparto de ganancias aparentemente pueden perjudicar a las unidades que ya son eficientes, lo que puede desanimar a los que trabajan en ellas. Cuarto, puede que existan pocas oportunidades de ahorrar costes en una fábrica. Si se agotan rápidamente, será difícil conseguir ganancias adicionales.
- **Conflicto entre la dirección y los trabajadores.** A muchos directivos no les gusta que a los empleados se les dé participación. Cuando se pone en marcha un programa de reparto de ganancias, los directivos pueden negarse a ceder su autoridad a los comités, por lo que aparecerán conflictos y destruirán la credibilidad del programa. Además, puede que en el plan de reparto de ganancias sólo estén incluidos los que trabajan por horas, lo que puede fomentar el resentimiento de los empleados asalariados por su exclusión.

Condiciones para que los planes para toda la fábrica tengan buenos resultados

Hay una serie de factores que afectan a la aplicación con éxito de los programas de reparto de ganancias[58]:

- **Tamaño de la empresa.** Probablemente, el reparto de ganancias funcione mejor en fábricas pequeñas y medianas, donde los empleados pueden percibir la relación entre sus esfuerzos y el rendimiento de la unidad.
- **Tecnología.** El reparto de ganancias no suele funcionar bien cuando la tecnología limita las mejoras de eficiencia.
- **Historial de rendimiento.** Si la empresa tiene varias fábricas con niveles distintos de eficiencia, el plan debe tener en cuenta estas diferencias para no penalizar a las eficientes y recompensar a las ineficientes. Es difícil poder hacer esto cuando no hay datos históricos. En estos casos, es casi imposible definir criterios fiables de rendimiento futuro, lo que dificulta la aplicación de estos programas.
- **Cultura empresarial.** El reparto de ganancias posiblemente tenga menos éxito en las empresas con una jerarquía tradicional, fuerte dependencia de los supervisores y un sistema de valores contrario a la participación de los trabajadores. El reparto de ganancias puede utilizarse eficazmente en una empresa que está en transición desde una dirección más autocrática a una más participativa, pero probablemente no pueda ser capaz de hacer bien este cambio si se trata del único programa que se aplica promoviendo dicha participación.
- **Estabilidad del mercado de productos.** Resulta más adecuado el reparto de ganancias en situaciones en las que la demanda del producto o servicio de la empresa es relativamente estable. En estas circunstancias, se pueden utilizar los datos históricos para predecir de forma fiable las ventas futuras. Cuando la demanda es inestable, las fórmulas utilizadas para calcular las primas pueden no ser fiables y obligar a la dirección a ir cambiándola, lo que probablemente aumente la insatisfacción de los empleados.

PLANES PARA TODA LA EMPRESA

Plan de participación en beneficios
Un plan de incentivos a nivel organizativo y que utiliza fórmulas para asignar una parte de los beneficios declarados por la empresa a los trabajadores. Normalmente, se emplea este plan para financiar el de pensiones.

El tipo de plan de incentivos más macro, los *planes de retribución por desempeño para toda la empresa*, recompensa a los trabajadores en función del rendimiento de toda la organización. El más utilizado es el de **participación en beneficios**, que difiere del reparto de ganancias en varios aspectos[59]:

- Un programa de participación en beneficios no recompensa a los trabajadores por una mejora de la productividad. Muchos factores que afectan a los beneficios (como la suerte, los cambios de las normas y las condiciones económicas) tienen poco que ver con la productividad y la cantidad de dinero que recibe un empleado.
- Los planes de participación en beneficios son mecánicos. Se utiliza una fórmula para determinar la proporción de los beneficios declarados que se van a distribuir a los empleados, normalmente trimestral o anualmente y no intentan fomentar la participación de los trabajadores.
- En un plan de participación en beneficios estándar, el dinero obtenido se utiliza para financiar los planes de pensiones de los trabajadores. Por ello, muy pocas veces reciben los empleados una cantidad en efectivo (este retraso de los pagos se suele hacer por motivos fiscales). Normalmente, la participación en beneficios que se orquesta a través de un plan de pensiones se considera más una prestación social que un incentivo. Algunas empresas sí que tienen programas de participación en beneficios que son incentivos

auténticos. Un caso relevante es el de Andersen Corporation, el fabricante de ventanas y puertas exteriores con sede en Minnesota. Los empleados han recibido hasta el 84 por ciento de su salario anual en forma de prima al final del año, en concepto de participación en los beneficios[60].

Al igual que la participación en beneficios, los **planes de participación en el capital social** dependen del rendimiento global de la empresa, en este caso medido por el precio de las acciones. Estos planes recompensan a los empleados con acciones de la empresa, ya sea gratuitamente, u ofreciéndolas por un precio inferior al del mercado[61]. Los empresarios suelen utilizar estos planes como una forma de prestación de jubilación de bajo coste, porque las entregas de acciones no se gravan fiscalmente hasta que el empleado las vende[62]. Bajo condiciones adecuadas, los planes de participación en el capital social suponen un aumento de las ganancias de los trabajadores. Por ejemplo, las acciones de las 100 mejores empresas de la lista *Fortune* aumentaron su precio de mercado en un 300 por ciento de 1998 a 2005[63]. Sin embargo, los empleados que tengan planes de pensiones relacionados con los planes de participación en el capital social se arriesgan mucho debido a que el precio de las acciones de la empresa puede fluctuar por cuestiones propias del mercado o de la mala gestión de la empresa.

Plan de participación en el capital social
Se trata de un plan de incentivos a nivel organizativo que recompensa a los empleados con acciones de la empresa, ya sea gratuitamente o a un precio inferior al de mercado.

Puede que los trabajadores no sepan exactamente el riesgo que asumen al poseer acciones, puesto que los mercados de valores han crecido mucho durante la década de los 90. Algunas empresas que han ofrecido estos programas de incentivos a todos los empleados y que han triplicado el valor original de sus acciones durante la última década son: Amgen, Arrow Electronics, Autodesk, Hewlett-Packard, Intel, Lucent Technologies, Marriot International, Merck, Sun Microsystems y Whole Foods Market[64]. Sin embargo, muchos trabajadores se asustaron con la recesión de 2000 a 2003 al ver que el valor de su cartera de valores se reducía un tercio o más en apenas un año y, en algunos casos, en cuestión de meses.

Las empresas de los EE.UU. son las que más han utilizado los planes de participación en el capital social, en particular las empresas de alta tecnología. Además, las empresas multinacionales y las extranjeras han ampliado las oportunidades de participación en el accionariado a todos sus trabajadores, ya sean del país o extranjeros. Entre las compañías que ofrecen opciones sobre acciones a sus trabajadores se encuentran Siemens y SAP en Alemania, Marconi y British Telecom en el Reino Unido y Suez Lyonnaise des Eaux y Alcatel en Francia[65]. Y muchos gobiernos han permitido el uso de estos planes, hasta no hace mucho poco conocidos fuera de los EE.UU., desarrollando normativas legales (*véase* el Cuaderno del Director, “El crecimiento mundial del fenómeno de la participación de los trabajadores en la propiedad”). Dependiendo del país concreto, muchas empresas estadounidenses se sorprenden de que, contrariamente a la costumbre americana[66]:

- Las ganancias que se consiguen con un plan de opciones sobre acciones se puedan incluir en las indemnizaciones obligatorias por despido.
- La ley no permita la participación en el plan durante el permiso por maternidad.
- No se permita excluir al trabajador a tiempo parcial de participar en el plan sólo porque no es un empleado en exclusiva.
- Se necesite el consentimiento del empleado y/o una notificación a algún organismo público, antes de decidir la concesión del plan de opciones sobre acciones.
- La compañía tenga que ofrecer opciones sobre acciones a todos los trabajadores, independientemente de su categoría (ya sean empleados o directivos) y, además, la antigüedad puede ser la que determine a cuántas opciones tiene derecho cada uno.

CUADERNO DEL DIRECTOR

TENDENCIAS GLOBALES

El crecimiento mundial del fenómeno de la participación de los trabajadores en la propiedad de las empresas

Los empresarios de todo el mundo están extendiendo el uso de diferentes planes de participación en el capital social para los trabajadores, y muchos gobiernos extranjeros están cambiando sus normas impositivas, de valores y otras leyes para facilitar –o al menos reducir– los obstáculos a estos tipos de programas de incentivos:

- Una comisión al más alto nivel del gobierno chino se ha encargado de crear una infraestructura normativa que favorezca el uso de las opciones sobre acciones.
- El gobierno inglés, como parte de su objetivo político de doblar el nivel de participación del trabajador en la propiedad de las empresas, aprobó un nuevo proyecto de participación del empleado en el capital social apodado Todos los Trabajadores Participan en un Plan de Propiedad. El Reino Unido también puso en marcha un programa que pretende incentivar el uso de las opciones sobre acciones en empresas emprendedoras.
- Recientemente, la India liberalizó las normas que permiten a las empresas de tecnologías de la información, farmacéuticas y de biotecnología ofrecer opciones sobre acciones a sus trabajadores.
- Corea del Sur aprobó una ley que promocionaba activamente los incentivos relacionados con acciones, lo que el gobierno describió como "una herramienta óptima para aumentar la productividad del trabajador porque alinea sus intereses con los de la empresa".
- La Comisión de Valores y Futuros de Taiwan aprobó el uso de las opciones sobre acciones para los empleados.
- Dinamarca, Suiza, Australia, Irlanda, Singapur, los Países Bajos, Brasil y Chile, entre otros, han realizado recientemente cambios similares en sus legislaciones impositivas para facilitar, o incentivar, el uso de los planes de incentivos relacionados con acciones.

Fuente: Adaptado con el permiso de Butler, M. J. (2.º trimestre de 2001). Worldwide growth of employee ownership phenomena. *Worldatwork Journal*, 10(2), 1-5; Burchman, S. (abril de 2005). LTI vehicles deployed globally. *Workspan*, 30.

Desde el año fiscal 2006, la Agencia Tributaria (*Internal Revenue Services*) exige a todas las empresas que "valoren" el coste de los programas de acciones, lo que supone que la empresa debe estimar el valor de las acciones repartidas a empleados y ejecutivos, aun cuando el precio (y por tanto su valor) se fije en el futuro (asumiendo en ese momento los accionistas la conversión de sus acciones en dinero). Como puede ver en el Cuaderno del Director "Las opciones sobre acciones no son "gratuitas": ¿cómo las contabilizarán las empresas?", no es un cálculo sencillo y probablemente se necesitará un tiempo

CUADERNO DEL DIRECTOR

TENDENCIAS EMERGENTES

Las opciones sobre acciones no son "gratuitas": ¿cómo se adaptarán las empresas?

A partir de 2006, a las empresas estadounidenses se les exigirá tratar a las opciones sobre acciones como un gasto. Sin embargo, la Comisión del Mercado de Valores (*Securities and Exchange Commission*, SEC) ha dado manga ancha para calcular dicho gasto. La SEC reconoce que valorar las opciones sobre acciones no es un proceso sencillo y que planes de opciones similares, dependiendo de los supuestos y la fórmula utilizada, pueden tener valoraciones diferentes. Esto dificultará la comparación de los estados financieros. La SEC reconoce abiertamente que en la próxima década habrá un período de prueba en este tema. Con el tiempo, sin embargo, "la plantilla espera que las propuestas particulares puedan empezar a convertirse en mejores prácticas".[a] Pero como señala un analista, "en un enfoque contable en que se prima cada vez más que la información suministrada refleje los gastos e ingresos futuros, los métodos de contabilidad que intentan reducir el gasto de los planes de opciones complicarán a los inversores la evaluación de los ingresos. Comparar empresas o sectores en los cuales se matizan la información contable será más difícil, los inversores tendrán que revisar las notas a pie de página para averiguar qué empresas aumentaron sus ingresos para beneficiarse contablemente de las opciones, cuáles no –y qué cambios se justifican".[b]

Las empresas pueden hacer que las valoraciones de los planes de opciones sobre acciones sean más atractivas de distintas formas:[c]

- Pronosticando que sus acciones serán más estables, lo que, de acuerdo a la teoría financiera, puede recortar el valor de la opción.
- Permitiendo que los trabajadores ejerzan las opciones antes.
- Permitiendo que las opciones concedidas con anterioridad tengan derechos que no tendrían al ser valoradas según las nuevas normas.
- Aumentando el periodo de adquisición de opciones, las empresas pueden hacer que el plan de opciones cuente con un periodo más amplio de tiempo y así dispersar sus gastos.

Fuentes: [a] Norris, F. (31 de marzo de 2005). Windfall never came, big tax bill did. *New York Times*, A-1; [b] Lavelle, L. (17 de enero de 2005). Time to start weighing the options. *BusinessWeek*, 32-33; [c] Bartl, T. J. (enero de 2006). SEC chairman looks to revise disclosure rules. *Workspan*, 56-58.

para que haya normas convencionales relacionadas con la valoración de las opciones sobre acciones. Algunos analistas piensan que el uso de opciones sobre acciones, que ha aumentado progresivamente en los últimos 15 años, probablemente disminuirá en los EE.UU. en cuanto las empresas se vean forzadas a declarar las opciones como un coste, eliminando gran parte de su atractivo contable[67]. Los datos recientes apoyan ese pronóstico, ya que el número de trabajadores estadounidenses que participó en planes de opciones sobre acciones disminuyó desde diez millones aproximadamente en 2002 a siete millones en 2006[68].

Ventajas de los planes para toda la empresa

Los planes de retribución por desempeño a nivel de empresa tienen claras ventajas, algunas de las cuales son más económicas que motivadoras. Cabe destacar:

- **La flexibilidad financiera para la empresa.** Tanto la participación en los beneficios como en el capital social de la empresa son planes de retribución variable: el coste para la empresa se ajusta automáticamente al ciclo económico. Esta característica permite que la empresa mantenga empleada a la plantilla durante una recesión. Además, estos planes permiten a los empresarios ofrecer una menor remuneración base a cambio del acuerdo de participar en el capital social o en los beneficios de la empresa. Esto para la empresa es como un "amortiguador", es decir, le da flexibilidad, para gestionar su escaso efectivo según sea más necesario. Los planes de participación en el capital social también pueden servir para salvar a una empresa que se está quedando sin efectivo o que se enfrenta a una OPA hostil. Weirton Stell, Hyatt Clark, Polaroid y Chevron han utilizado eficazmente con este fin estos planes[69].
- **Un mayor compromiso de los empleados.** Los empleados que participan en los beneficios o en el capital social de la empresa se identificarán más con el negocio y aumentan su compromiso con la empresa. Muchos consideran que el reparto de beneficios entre los propietarios de la empresa y los trabajadores es una distribución justa de la renta en una sociedad capitalista.
- **Ventajas fiscales.** Tanto la participación en los beneficios como en el capital social tienen ventajas fiscales especiales. En esencia, permiten a la empresa ofrecer prestaciones sociales (como se verá con detalle en el Capítulo 12) que están protegidas en parte por

el gobierno federal. Aunque se acusa a veces a este tipo de planes de hacer perder ingresos fiscales importantes, se puede argumentar que permiten crecer y prosperar a las empresas que no pueden permitirse pagar salarios elevados a sus empleados, creando así más puestos de trabajo y más ingresos fiscales a largo plazo. Apple Computer, Sun Microsystems, Oracle Corporation, Quantum Corporation y Microsoft tal vez no existirían si no fuera por estos planes.

Inconvenientes de los planes para toda la empresa

Al igual que todos los demás programas de retribución por desempeño, los planes que afectan a toda la empresa tienen sus inconvenientes:

- **Los empleados pueden estar asumiendo importantes riesgos.** En los programas de participación en beneficios o en el capital social, el bienestar financiero de los trabajadores puede quedar amenazado por factores que escapan a su control. A menudo, los trabajadores no son plenamente conscientes del riesgo que asumen porque los factores que afectan a los beneficios o al precio de las acciones pueden ser muy complejos. Cuanto más dependan los empleados a largo plazo de estos programas de ahorro (para financiar la universidad de sus hijos, su propia jubilación, o algún otro fin), más vulnerables son al destino de la empresa.

  Muchos trabajadores de las empresas del ranking *Fortune 500* han visto cómo sus ahorros de toda la vida desaparecerían después de que el mercado de valores inicialmente alcista pasara a convertirse en bajista a finales del año 2000. Con el caso Enron y sus secuelas, se pudo ver cómo los empresarios pueden hacer que los trabajadores asuman grandes riesgos financieros al imponerles restricciones por las que se les prohíbe vender o diversificar las acciones de la empresa hasta una cierta edad, o se les permite jugarse el 100 por 100 de sus ahorros a largo plazo en acciones de la compañía. Con las empresas emprendedoras, el riesgo puede ser mayor todavía: sólo una pequeña proporción de ellas sobreviven tras los primeros cinco años, por lo que las acciones que poseen los trabajadores pueden no valer ni el papel en el que están impresas[70].
- **Efecto limitado sobre la productividad.** Puesto que la relación entre los logros individuales y el rendimiento de la empresa es pequeña y difícil de medir, probablemente los programas que afectan a toda la empresa no mejorarán la productividad. Sin embargo, deberían reducir la rotación de los trabajadores si la antigüedad afecta mucho a lo que el trabajador puede recibir con el plan.
- **Dificultades financieras a largo plazo.** Tanto la participación en beneficios como en el capital social de la empresa suelen parecer inocuos para la empresa a corto plazo, ya sea porque los fondos no se pasan a los trabajadores hasta que se jubilan o porque se paga a los empleados con "papel" (acciones de la empresa). Esta ilusión puede llevar a que los directivos sean más generosos con este tipo de remuneraciones, lo que deja a los directivos futuros con menos efectivo disponible, menores beneficios para distribuir a los inversores y una empresa con un valor que se ha reducido.

Condiciones para que los planes a nivel de empresa tengan buenos resultados

Existen una serie de factores que afectan al éxito de los planes de incentivos para toda la empresa.

- **Tamaño de la empresa.** Aunque se pueden utilizar en empresas de todos los tamaños, los planes de participación en los beneficios o en el capital social de la empresa son planes que funcionan mejor en grandes organizaciones donde el reparto de ganancias resulta menos adecuado[71].

- **Interdependencia entre las distintas partes del negocio.** Las empresas con múltiples plantas o unidades de negocio que están interrelacionadas consideran que los planes que afectan a toda la empresa son más adecuados porque resulta difícil aislar el rendimiento financiero de un único negocio de la misma.
- **Condiciones del mercado.** A diferencia del reparto de ganancias, que exige niveles de ventas relativamente estables, la participación en beneficios y en el capital social son programas atractivos para las empresas que se enfrentan a oscilaciones cíclicas de la demanda de sus productos. Este tipo de incentivos ayuda a las empresas a reducir costes durante las recesiones (razón por la cual estos programas suelen llamarse "amortiguadores"). Los trabajadores (excepto aquellos que están a punto de jubilarse) no ven afectados sus ingresos a corto plazo debido a estas fluctuaciones, porque la mayoría de los conceptos relacionados con el plan de participación en beneficios se relegan hasta la jubilación.
- **La presencia de otros incentivos.** Puesto que los planes de incentivos para toda la empresa no tienen mucho efecto sobre la motivación de los individuos y los equipos, no se deben utilizar en exclusiva. Cuando se utilizan junto con otros incentivos (por ejemplo, primas a individuos y grupos), estos programas pueden fomentar un mayor compromiso con la organización al fijar objetivos comunes y un sentimiento de asociación entre directivos y trabajadores.

La Figura 11.4 resume las condiciones que favorecen a los distintos planes.

Tipo de plan	Condiciones favorables
Planes individuales	
	■ Se puede aislar con precisión el trabajo de cada empleado.
	■ El puesto exige autonomía.
	■ El buen rendimiento no depende de la cooperación, o hay que fomentar la competencia.
Planes para equipos	
	■ Las tareas están tan relacionadas entre sí que es difícil señalar qué ha hecho cada cual.
	■ La organización de la empresa respalda la implantación de estos incentivos.
	■ El objetivo de la empresa es fomentar el espíritu emprendedor en equipos de trabajo autogestionados.
Planes para toda la fábrica	
	■ Es una empresa pequeña o mediana.
	■ La tecnología no condiciona las mejoras de eficiencia.
	■ Existe información suficiente sobre el rendimiento anterior.
	■ La cultura empresarial defiende una dirección participativa.
	■ El mercado del producto es estable.
Planes para toda la organización	
	■ La empresa es grande.
	■ Las distintas partes del negocio son interdependientes.
	■ El mercado del producto es relativamente inestable (cíclico).
	■ Existen otros incentivos.

Figura 11.4 ■ Condiciones para que los distintos planes de retribución por desempeño tengan éxito.

DISEÑO DE PLANES DE RETRIBUCIÓN POR DESEMPEÑO PARA EJECUTIVOS Y PERSONAL DE VENTAS

Se suele tratar a los ejecutivos y al personal de ventas de forma muy distinta que al resto de trabajadores en lo que respecta a los planes de retribución por desempeño. Puesto que los incentivos salariales son un componente importante de la remuneración total de estos empleados, será muy útil analizar en detalle los programas especiales de retribución para estos empleados. También resulta útil analizar cómo están recompensando las empresas la excelencia en la atención al cliente, puesto que es un recurso clave para obtener una ventaja competitiva hoy en día.

EJECUTIVOS

De acuerdo a la mayoría de estadísticas recientes, los directivos de las grandes corporaciones se embolsan una retribución media anual de 14 millones de dólares, aunque algunos llegarían a alcanzar los 90 millones de dólares[72]. Aproximadamente el 43 por ciento de esta cantidad es retribución monetaria (salario fijo y primas); el resto es una retribución ligada a acciones.

Según algunas estimaciones, cada CEO (*Chief Executive Officer*) de una de las 500 empresas del ranking *Fortune*, con sólo ahorrar el sueldo de un año, podría vivir hasta los 95 años estando entre el 2 por ciento de los americanos más ricos. En el extremo superior, con sólo ahorrar la retribución obtenida en un año, algunos de estos ejecutivos pueden disponer de 1,2 millones anuales para toda la vida[73]. Un CEO gana aproximadamente 240 veces lo que gana el empleado medio, 42 veces más que en 1980 y bastante más que en cualquier otro país industrializado, tanto en términos absolutos como relativos. Es decir, los CEOs estadounidenses ganan más dinero que los de otros países y también ganan más en términos relativos que un trabajador medio de cualquier otro país. Por ejemplo, en Japón un CEO gana 33 veces más que un trabajador medio japonés[74].

Hasta la reciente caída de los mercados de valores, la tendencia en la retribución de los CEOs era dar menos importancia al salario fijo y más importancia al componente variable (primas y rentas a largo plazo). Entre 1995 y 1999, el salario fijo del CEO en comparación a la retribución total cayó un 20 por ciento mientras que las rentas a largo plazo aumentaron en casi el mismo porcentaje. Esta tendencia es la consecuencia de varios factores, incluyendo el tratamiento fiscal favorable de las rentas a largo plazo (para el CEO, se difieren fiscalmente las rentas procedentes de acciones y cuando las acciones se convierten en dinero se graban como rentas de capital, con un tipo impositivo más bajo en comparación al que graba el salario y las primas); la concesión de acciones no se computa como un gasto en el balance de situación (aunque esto cambió a principios de 2006); una subida muy rápida del mercado de valores; y que el inversor pide una mayor responsabilidad por parte del CEO (a diferencia del salario base, los incentivos a largo plazo no están asegurados y reflejan el crecimiento del valor de las acciones).

Irónicamente, esta tendencia de dar más importancia a los incentivos a largo plazo para retribuir a los ejecutivos ha llevado a una serie de consecuencias no previstas. Primero, un mercado alcista (como el de los años 90) puede hacer que la retribución del CEO aumente muchísimo, con lo que se aviva la creencia de que la retribución del CEO está fuera de control. Durante la década de 1991-2001, la élite empresarial vio cómo su retribución media aumentaba más de un 550 por ciento, casi 20 veces más rápido que los aumentos para cualquier otro trabajador típico[75].

Segundo, debido a que los ejecutivos pueden decidir convertir en dinero en cualquier momento las opciones sobre acciones que reciben años antes, es difícil ver el nexo entre la retribución del CEO y el rendimiento de la empresa. Por ejemplo, Lawrence J. Ellison, el CEO de Oracle Corporation, recibió una "ganancia inesperada" de 706 millones de dólares en 2001, incluso aunque ese año Oracle había tenido unos malos resultados (la rentabilidad para los accionistas de Oracle cayó un 57 por ciento durante el 2001). La cantidad enorme que recibió Ellison (cantidad que excede el producto interior bruto de muchos países) la consiguió al ejercer el derecho de opción de compra sobre las acciones que poseía desde hacía tiempo, y su decisión de convertirlas en dinero en el 2001 probablemente no ha tenido nada que ver con los pobres resultados de Oracle en 2001. En otras palabras, es difícil ver la relación cronológica entre la retribución basada en acciones y el rendimiento de la empresa porque el momento en que se reciben y en el que se convierten en dinero las opciones sobre acciones es distinto. Se han ideado muchos métodos relativamente complejos para estimar la relación exacta entre las ganancias a largo plazo y el rendimiento de la empresa, sin embargo son difíciles de explicar, polémicos y los resultados tienden a ser inconsistentes[76].

Y, tercero, cuando el mercado de valores pasa de tener una tendencia alcista a una bajista, las empresas se enfrentan al problema de qué hacer con los ejecutivos cuyas acciones "están sumergidas" (es decir, el precio de mercado de hoy está por debajo del precio que se fijó cuando se les concedió a los ejecutivos, de tal forma que las opciones tienen un valor despreciable). Muchas empresas creen que las opciones "sumergidas" desmotivan a los ejecutivos y podrían llevar a que se sintieran atraídos por otras ofertas de contratación realizadas por los competidores. Para hacer frente a esta posibilidad, las empresas podrían hacer concesiones que compensen a los ejecutivos de la pérdida de valor anterior, también podrían cancelar y reemitir las opciones para asegurar que ya no están sumergidas, o comprar las acciones sumergidas con dinero en efectivo[77]. Esta estrategia puede reforzar la idea de que los altos ejecutivos incurren en pocos riesgos, mientras que a los trabajadores se les pide con frecuencia que soporten el riesgo de mantener el empleo y la retribución, ya que es más probable que se les despida y se les recorten las primas en los momentos peores[78].

Se han utilizado un gran número de planes para vincular la retribución de los ejecutivos con el rendimiento de la empresa, pero hay poco acuerdo sobre cuál es el mejor. Esta falta de acuerdo sólo se intensifica debido a las grandes sumas de dinero que suponen y a la correlación escasa o inconsistente entre las ganancias de los ejecutivos y el rendimiento de la empresa[79].

Sueldo e incentivos a corto plazo

El salario base de los ejecutivos crece a medida que la empresa es mayor[80]: casi todos los CEOs de las 500 empresas situadas en el ranking *Fortune* tienen un salario anual de, al menos, medio millón de dólares, se perciben 2,1 millones de dólares de media en forma de retribución monetaria anual, según las estimaciones del año 2006[81]. Las primas de los ejecutivos suelen ser incentivos a corto plazo relacionados con los objetivos anuales concretos de la empresa. Más del 90 por ciento de las empresas estadounidenses recompensan a sus ejecutivos con primas al final del año, pero los criterios utilizados para definir esas primas varían mucho.

Una cuestión de ética

¿Piensa que es ético ofrecer paquetes retributivos multimillonarios a los directores generales y altos ejecutivos de la empresa, sin relacionarlos directamente con el rendimiento de la empresa?

Se suelen tener dos preocupaciones importantes en relación con las primas anuales de los ejecutivos. Primera, que por maximizar cualquier criterio utilizado para definir sus primas, los ejecutivos pueden tomar decisiones que tengan resultados a corto plazo a costa del rendimiento a largo plazo. Por ejemplo, las inversiones a largo plazo en investigación y desarrollo son esenciales para el éxito de la empresa. Sin embargo, si al cálculo de las primas considera que esas inversiones son costes que reducen los ingresos netos, los ejecutivos pueden verse tentados a reducir la I+D. Segunda, muchos programas de primas son en realidad complementos al salario del CEO con independencia del rendimiento de la empresa. Por ejemplo, un análisis del estudio salarial de *Wall Street Journal* en el año 2005 señala que durante el año anterior (caracterizado por unos beneficios relativamente reducidos) tres cuartas partes de los ejecutivos recibieron bonos o primas sustanciales. Un estudio anterior de 2002 indicó que si nos centrábamos en las empresas que habían disminuido los dividendos en un 40 por ciento o más, comprobaríamos que un número sorprendente de sus CEOs recibieron un bono o prima que excedía el medio millón de dólares (algunas de estas empresas son, por ejemplo, Aplera, Crown Cork & Seal, Continental Airlines y Boeing)[82].

El pago casi automático de primas sustanciales a los altos ejecutivos ha creado un pique con los directivos intermedios: "Me molesta cuando alguien de arriba decide que, independientemente de lo que te esfuerces o lo que hagas, sólo vas a conseguir un aumento del seis por ciento y, si no te gusta, ya te puedes largar. Con independencia de lo que hayan negociado para ellos mismos, un diez, un 20 o un 30 por ciento, la cuestión es absolutamente distinta para el resto del personal".

Incentivos a largo plazo

La mayoría de los ejecutivos recibe también incentivos a largo plazo, ya sea en forma de acciones de la empresa (programas de participación en el capital social) o una combinación de recompensas en efectivo y de acciones. Una breve descripción de los incentivos a largo plazo más habituales para recompensar a los ejecutivos aparece en la Figura 11.5.

La crítica fundamental que se hace a los planes de incentivos a largo plazo es que no están demasiado relacionados con el rendimiento de los ejecutivos y ello por tres razones: la primera, porque incluso los propios ejecutivos no saben muy bien cuánto vale su participación en el capital social de la empresa, porque su valor dependerá del precio de las acciones cuando las vendan. Segunda, el ejecutivo probablemente tendrá muy poco control sobre el valor de las acciones de la empresa (y, por tanto, sobre la valía de su propia renta a largo plazo) puesto que los precios de las acciones tienden a ser muy volátiles (como se dijo anteriormente, dependiendo del momento del tiempo, puede beneficiar a los ejecutivos, como ocurrió en la década de los 90, o perjudicarles, como en los primeros años del 2000). Tercera, el diseño de los planes de incentivos a largo plazo implica realizar muchos juicios de valor y éstos no suelen hacerse en coherencia con la consecución de los objetivos estratégicos de la empresa a largo plazo. Se muestran en la Figura 11.6 los principales aspectos que deberían resolver las empresas en el diseño de los programas de incentivos a largo plazo para ejecutivos.

Retribuciones en especie

Retribuciones en especie
Incentivos no monetarios concedidos a los ejecutivos de la empresa.

Además de los incentivos monetarios, muchos ejecutivos reciben una serie de **retribuciones en especie**. Entre estos pagos en especie se incluyen las revisiones médicas, el asesoramiento financiero, la cuota de socio en algún club, el avión de la empresa, volar con la tarifa VIP, chófer y servicio de conserjería, entre otros. Estas retribuciones en especie podrán contentar a los ejecutivos, pero rara vez están relacionadas con los objetivos de la empresa[83]. También son un objetivo fácil para las críticas de los que consideran que la retribución de los ejecutivos ya es excesiva y para quienes piensan que los pagos en especie son una forma de conseguir "riquezas con disimulo", ya que representan "una forma oculta de los ejecutivos de aumentar su retribución"[84]. Para tratar que la retribución del CEO fuese más transparente, el Servicio Interno de Ingresos y la Comisión del Mercado de Valores (SEC) fijaron nuevas normas a principios de 2007. "Es muy

Programas de acciones

Opciones sobre acciones. Permiten al ejecutivo adquirir una cantidad predeterminada de acciones de la empresa durante cierto período de tiempo (puede ser de hasta diez años) a un precio favorable.

Planes de compra de acciones. Durante un período de tiempo muy pequeño (normalmente uno o dos meses) el ejecutivo puede elegir comprar acciones a un coste que es menor o igual al valor del mercado. (Estos planes suelen estar abiertos a todos los trabajadores de la empresa.)

Planes restringidos de acciones. Ofrecen al ejecutivo un paquete de acciones pagando poco, o nada, a cambio de quedarse en la empresa durante cierto período de tiempo (por ejemplo, cuatro años). Si el ejecutivo se va antes de haber cumplido el período, se anulan todos los derechos sobre las acciones.

Gratificaciones con acciones. Ofrecen al ejecutivo acciones "gratuitas", normalmente sin condiciones. A menudo, se utiliza como fichaje y se ofrece una única vez con fines de reclutamiento.

Acciones mediante fórmulas. Se ofrecen acciones al ejecutivo como regalo o a un precio estipulado. A diferencia de otros programas de acciones, el valor de las acciones para el ejecutivo no es el del mercado, sino que se calcula utilizando una fórmula predeterminada (normalmente, su valor contable, activos menos pasivos dividido por el número de acciones en circulación). Se utiliza cuando el consejo de administración cree que el precio de mercado de las acciones depende de muchas variables fuera del control del equipo directivo.

Acciones menores (*junior stock*, acciones menores). Acciones cuyo valor está por debajo del de las acciones ordinarias, por lo que el ejecutivo tiene que pagar menos en efectivo para comprarlas. A diferencia de los propietarios de acciones ordinarias, los tenedores de acciones menores tienen derechos de voto limitados, así como dividendos limitados. Sin embargo, las acciones menores son convertibles en acciones ordinarias si se alcanzan determinados objetivos de rendimiento.

Opciones sobre acciones descontadas. Acciones con un precio más bajo que el del mercado el día de la concesión. Se introdujeron en el período bajista del mercado de valores de 2001-2003, en el que había una probabilidad razonable de que el precio de la acción aumentara ligeramente o cayera rápidamente.

Opciones sobre acciones locales. Un tipo de participaciones que está más vinculada al rendimiento de un negocio o unidad específica de la empresa que al rendimiento de la organización en su conjunto.

Programas que combinan gratificaciones en efectivo con acciones

Derecho de apreciación de acciones. Ofrecen al ejecutivo el derecho de obtener efectivo o acciones por importe igual a la diferencia entre el valor de las acciones en el momento de la gratificación y el valor de esas mismas acciones cuando se ejerce el derecho. Así, el ejecutivo se ve recompensado por cualquier incremento del valor de las acciones, aunque no se le ha dado ninguna acción. No se exige que el ejecutivo realice ningún tipo de inversión. Se puede ofrecer este programa solo o en combinación con opciones sobre acciones.

Unidades de planes de rendimiento. Con este plan, el valor de cada participación está relacionado con una medida del rendimiento financiero, como los ingresos por acción. Por ejemplo, cada vez que los ingresos por acción aumentan un cinco por ciento, la empresa puede ofrecer al ejecutivo 1.000 dólares por cada acción que posea. Por tanto, si los ingresos por acción aumentan un 15 por ciento, el ejecutivo recibirá 3.000 dólares por cada acción que posea. El pago se puede realizar en efectivo o con acciones ordinarias.

Planes de participación en el rendimiento. Ofrecen a los ejecutivos un determinado número de acciones en función de la rentabilidad utilizando una determinada fórmula. La retribución por acción depende del precio de mercado de la misma al final del período en que se mide el rendimiento o por el que se ofrece la gratificación.

Acciones fantasma. Paga a los ejecutivos una prima proporcional relacionada con el cambio del precio de las acciones y no en función de los cambios en las medidas de rentabilidad. Una acción fantasma es solo una partida contable, porque el ejecutivo no llega a recibir acciones propiamente dichas. Lo que recibe el ejecutivo es una serie de participaciones de las acciones fantasma para controlar la gratificación en efectivo que recibirá si alcanza los objetivos de rendimiento. La gratificación debe ser igual a la apreciación o al valor de la participación en la acción fantasma.

Fuente: Actualizado en 2006 del capítulo aparecido en el trabajo de Gómez-Mejía, L. R. y Balkin, D. B (1992). *Compensation, organizational strategy, and firm performance*. 219. Cincinnati, OH: South-Western. Copyright 1992 de South-Western Publishing. Todos los derechos reservados. *Véase* también www.watsonwyatt.com (2006).

Figura 11.5 ■ Planes de incentivos a largo plazo más habituales para los ejecutivos.

1. ¿Cuál debe ser el horizonte temporal de las recompensas?
2. ¿Hay que tener en cuenta el período de permanencia en la empresa para definir la cuantía de la gratificación?
3. ¿Habría que pedir al ejecutivo que comparta parte de los costes y, por tanto, asuma un mayor riesgo?
4. ¿Qué criterios hay que utilizar para poder optar a la gratificación?
5. ¿Debería fijarse un límite a lo que pueden ganar los ejecutivos, o una fórmula para evitar ingresos inesperados muy elevados?
6. ¿Con qué frecuencia hay que ofrecer gratificaciones?
7. ¿Qué facilidad hay que dar al ejecutivo para convertir la gratificación en dinero en efectivo?

Fuentes: Makri, M., y Gómez-Mejía, L. R. (2007). Executive compensation: Something old, something new. En Wemer, S. (Ed.) *Current issues in human resource management*. London: Routledge. Grabke-Rundell, A., y Gómez-Mejía, L. R. (2002). Power as a determinant of executive compensation. *Human Resource Management Review*, 12, 3-23; y Deya-Tortella, B., Gómez-Mejía, L. R., de Castro, J., y Wiseman, R. (2005). Incentive alignment or perverse incentives? *Management Research*, 3(2), 109-120.

Figura 11.6 ■ Cuestiones fundamentales a la hora de diseñar los planes de incentivos a largo plazo.

difícil saber todo lo que contiene el paquete de retribución", dijo el presidente de SEC William Donaldson en una entrevista reciente. "Vamos a cambiar lo que se debe contar y cómo se va a hacer, así no se necesitará ser Sherlock Holmes para conocer cuáles son las partidas incluidas"[85].

No hay una respuesta fácil a estas críticas. Probablemente, la retribución de los ejecutivos sea siempre más una cuestión de arte que de ciencia, debido a todos los factores que hay que tener en cuenta y a las condiciones particulares de cada empresa. No obstante, se puede afirmar que el plan de remuneración de un ejecutivo será más eficaz en los siguientes supuestos: 1) si equilibra correctamente la recompensa de los logros a corto plazo al tiempo que motiva al ejecutivo a tener en cuenta el rendimiento a largo plazo de la empresa, 2) si los incentivos están relacionados con la estrategia general de la empresa (por ejemplo, rápido crecimiento e inversiones arriesgadas frente a crecimiento moderado y reducidos riesgos empresariales), 3) si el consejo de administración puede valorar el buen hacer del ejecutivo y 4) si el ejecutivo tiene cierto control sobre los factores utilizados para calcular la cuantía del incentivo[86].

Directivos y accionistas como socios de la empresa

El consejo de administración es responsable de definir la retribución de los ejecutivos. Tradicionalmente, los miembros del consejo cobran en efectivo. Sin embargo, en los últimos años, los componentes de la remuneración de los consejeros han cambiado sustancialmente, a medida que asistimos a una transición hacia la retribución mediante acciones y opciones sobre acciones para vincular los intereses financieros de los ejecutivos con los de la empresa, mejorando así sus incentivos para controlar más de cerca a los ejecutivos. Cerca del 85 por ciento de las empresas incluyen, al menos, algún programa de acciones como parte de la retribución anual de los consejeros, con una media de 45.000 dólares en acciones por consejero[87].

Aunque en teoría este cambio de la retribución de los consejeros es una buena idea, dos conocidos investigadores advierten de que podría tratarse del lobo acechando a la gallina. En otras palabras, los consejeros pueden estar también tentados a actuar a su favor porque en la mayoría de los casos son ellos quienes definen su propia retribución[88]. Por ejemplo, los consejeros pueden ponerse objetivos de rendimiento muy bajos para asegurarse las opciones sobre acciones. E incluso si el consejo actúa de buena fe, teniendo en cuenta los intereses de los accionistas, siempre estará en el aire el conflicto de intereses[89].

Históricamente, los consejos de administración han jugado un papel muy protocolario, reuniéndose pocas veces en el año y contradiciendo en raras ocasiones al CEO. El gran número de escándalos empresariales en el periodo que transcurre desde el año 2000 a 2006, la impresión de que las retribuciones del CEO eran injustificablemente altas y la aprobación de la ley Sarbanes-Oxley en el año 2002 (que resume un conjunto de normas de responsabilidad social para las empresas en áreas como información financiera, auditoría, conflicto de interés y gobierno) obliga a los consejos de administración a convertirse en activos perros guardianes[90]. En una de las portadas del 2005, *BusinessWeek* sintetizó este cambio espectacular: "Los consejeros son elegidos tanto por su handicap de golf como por otras experiencias. Leen los informes de la dirección, ofrecen algún que otro consejo y dan luz verde a las decisiones que el CEO ya ha tomado. Actualmente, se involucran en funciones corporativas claves, desde la definición de las estrategias a la sucesión o a la auditoria. Y si hay diferencias con el CEO, acudirán a un abogado en un santiamén"[91]. Aparentemente, no sólo en los EE.UU. ocurre esto. En Japón, por ejemplo, después de una década de resultados empresariales decepcionantes, por descuidos en las decisiones tomadas en los niveles más altos, la mayor parte de dichas decisiones (desde la contratación a la retribución) se toman en comités formados en su mayoría por consejeros externos"[92].

PERSONAL DE VENTAS

El personal de ventas, que trabaja con el de marketing, es responsable de conseguir los ingresos para la empresa. La definición de los programas de remuneración de los vendedores es muy diferente del de los demás empleados por diversas razones[93]:

- La diferencia de ingresos entre el vendedor que más cobra y el que menos es mucho mayor que las diferencias salariales entre otros grupos de empleados de la empresa.
- El sistema retributivo para los vendedores desempeña un papel supervisor porque estos empleados suelen trabajar fuera de la empresa y no informan a sus jefes en varias semanas.
- La percepción de una falta de equidad salarial es mucho menos preocupante con este grupo que con otros porque pocos empleados, salvo los de marketing, saben cuáles son los rendimientos por las ventas.
- La remuneración por las ventas está intrínsecamente vinculada con los objetivos y estrategias empresariales.
- La variación del rendimiento del personal de ventas tiende a ser bastante grande. La mayoría de las empresas confían en relativamente pocos vendedores estrella para conseguir un mayor volumen de ventas.
- El vendedor suele trabajar solo y es responsable personalmente de sus resultados.
- Es muy difícil obtener datos precisos del salario de mercado de los vendedores y las encuestas salariales no suelen ser muy fiables.
- El impacto motivador positivo del plan de retribución se consigue si los objetivos de ventas alcanzados coinciden con los pronosticados[94].

Los vendedores pueden cobrar en forma de *salario fijo* (sin incentivos) o mediante una *comisión* (todos los ingresos son incentivos), o mediante un *plan mixto* que combina los dos anteriores. El salario fijo es más adecuado para mantener buenas relaciones con los clientes y cuando la satisfacción de los clientes es un objetivo clave, mientras que el incremento de las ventas es un objetivo secundario. La comisión es más adecuada cuando el principal objetivo es conseguir mayores volúmenes de ventas consiguiendo nuevos clientes. Sólo una cuarta parte de todas las empresas utiliza únicamente uno de estos métodos. Las tres cuartas partes utilizan una combinación de ambos, aunque la proporción relativa del salario frente a los incentivos varía bastante entre empresas. La tendencia actual consiste en poner más énfasis en las comisiones cuando se utiliza un plan mixto[95].

Como muestra la Figura 11.7, los tres métodos de remuneración tienen sus pros y sus contras. El criterio principal para determinar qué plan se va a aplicar depende de la estrategia de marketing que, a su vez, deriva de las estrategias empresariales de la

Plan de remuneración para vendedores con comisiones	
Ventajas	**Inconvenientes**
■ Eficaz para lograr nuevos clientes ■ Los vendedores tienen una gran motivación para vender el producto ■ Con la remuneración se reconocen las aportaciones de los mejores vendedores ■ Los vendedores adoptan un comportamiento emprendedor y necesitan una supervisión mínima ■ Los costes de ventas se controlan de forma eficiente ■ Los costes fijos se mantienen en niveles mínimos	■ Se da más importancia al volumen de ventas que a los beneficios ■ Se puede dar menos importancia a la atención al cliente ■ Los vendedores pueden vender demasiado a los clientes ■ Ofrece menos seguridad económica a los vendedores ■ Proporciona un menor control sobre los vendedores ■ La gestión del plan es sencilla ■ Los mejores vendedores podrían superar en ingresos a los demás trabajadores, incluyendo a los ejecutivos ■ Posible resistencia a cambios en las zonas de venta ■ Posible exceso de atención en los productos que se venden fácilmente
Plan de remuneración para vendedores con salario fijo	
Ventajas	**Inconvenientes**
■ Ingresos seguros ■ Los vendedores están dispuestos a realizar otras tareas ■ La gestión del plan es sencilla ■ El vendedor probablemente no fuerce a los clientes ■ Menores resistencias a introducir cambios en las zonas de venta ■ Menor rotación de los vendedores ■ Se trata a los vendedores como profesionales asalariados ■ Más cooperación y menos competencia en el personal de ventas	■ Efectos reducidos sobre la motivación ■ Dificultad para atraer o conservar a los mejores vendedores ■ Se necesitan más directivos de ventas para supervisar ■ Los vendedores se pueden centrar en los productos que se venden más fácilmente
Plan de remuneración mixto	
Ventajas	**Inconvenientes**
■ Incorpora las ventajas de los dos sistemas anteriores ■ Reconoce con una remuneración tanto las actividades de ventas como las que no lo son ■ Puede ofrecer tanto seguridad económica como incentivos monetarios ■ Este plan permite conservar más objetivos de marketing	■ Es más difícil diseñar el plan ■ Se puede confundir a los vendedores al tener que alcanzar demasiados objetivos ■ Es más difícil y más caro gestionar el plan ■ Los vendedores pueden recibir ingresos inesperados

Fuente: Actualizado en 2006 del capítulo aparecido en el trabajo de Gómez-Mejía, L. R. y Balkin, D. B (1992). *Compensation, organizational strategy, and firm performance*. 219. Cincinnati, OH: South-Western. Transcrito con la autorización de South-Western Collage Publishing. Todos los derechos reservados.

Figura 11.7 ■ ¿Salario?, ¿comisión?, ¿ambos? Una guía para retribuir al personal de ventas.

empresa[96]. Si el principal objetivo es el incremento de las ventas y dichas ventas consisten en una transacción única con el consumidor y hay pocas expectativas de crear una relación continuada, entonces es adecuado que haya una mayor proporción de incentivos en el paquete salarial. Si el servicio al consumidor es crucial y el representante de ventas debe responder a las necesidades del cliente a largo plazo, es adecuado depender más de un salario fijo. Por ejemplo, los vendedores de coches experimentados suelen cobrar sólo con comisiones, mientras que los representantes de ventas de productos muy técnicos (que a menudo exigen tener un buen servicio de atención al cliente), suelen cobrar un salario.

PREMIAR EL SERVICIO EXCELENTE AL CLIENTE

Hay cada vez más empresas que utilizan los sistemas de incentivos para recompensar y fomentar un mejor servicio al cliente. Un estudio realizado a 1.400 empresarios reveló que el 35 por ciento de los encuestados introducen para la determinación de los incentivos la satisfacción del cliente en su fórmula. Otra tercera parte estaba considerando incluirla. Las medidas más comunes utilizadas de satisfacción del cliente para determinar los incentivos son las encuestas a los mismos, los registros de entregas a tiempo de los productos y servicios, y el número de quejas recibidas[97].

Las recompensas por el servicio al cliente pueden ser individuales, a nivel de equipo o para toda la planta. Por ejemplo, Storage Technology en Louisville, Colorado, utiliza el servicio al cliente como parte de su fórmula para distribuir el reparto de ganancias a todos los empleados. Para garantizar que los vendedores y los directivos no engañan a los clientes, IBM introdujo un plan en el que el cuatro por ciento de los ingresos en concepto de incentivos estaba vinculado a la satisfacción del cliente, IBM utiliza una encuesta para determinar si los compradores están contentos con el equipo de ventas local[98]. AT&T Universal Card ofrece una prima inmediata de 200 dólares para los empleados que resuelven eficazmente las quejas por teléfono de los clientes; para ello, se controlan aleatoriamente las llamadas de teléfono[99].

Resumen y conclusiones

La retribución por desempeño: obstáculos

Los programas de retribución por desempeño (incentivos) pueden mejorar la productividad, pero los directivos tienen que tener en cuenta varios problemas en su diseño y aplicación. Los trabajadores pueden sentirse tentados a hacer únicamente por lo que se les paga, ignorando los aspectos intangibles del trabajo que no pueden recompensarse de forma explícita. La cooperación y el trabajo en equipo pueden verse perjudicados si la retribución por méritos individuales es demasiado importante. Los sistemas de retribución por desempeño individuales suponen que los trabajadores controlan los principales factores que afectan al resultado de su trabajo, un supuesto que puede no ser cierto. Es difícil medir el rendimiento individual, por lo que la vinculación de la retribución a medidas imprecisas del rendimiento probablemente genere problemas. Los sistemas de incentivos pueden ser percibidos como un derecho de los empleados y puede resultar difícil adaptarlos a las necesidades cambiantes de la organización. Muchos trabajadores no creen que el buen rendimiento sea recompensado (el margen de credibilidad). El énfasis en la retribución por desempeño puede someter a los trabajadores a mucho estrés y provocar insatisfacción laboral. Finalmente, los incentivos pueden reducir la motivación intrínseca de los empleados.

Cómo hacer frente a los obstáculos de los sistemas de retribución por desempeño

Para evitar los problemas asociados a los sistemas de retribución por desempeño, los directivos deberían 1) vincular adecuadamente la remuneración al rendimiento, 2) utilizar los incentivos como parte de un programa más amplio de GRH, 3) conseguir la confianza de los trabajadores, 4) fomentar la creencia de que el rendimiento marca la diferencia, 5) utilizar múltiples sistemas de recompensas, 6) aumentar la participación de los empleados y 7) utilizar incentivos no financieros. La participación de los trabajadores en el diseño del plan puede aumentar su credibilidad y el éxito a largo plazo.

Tipos de planes de retribución por desempeño

Existen cuatro tipos de planes de incentivos. Desde el punto de vista de los trabajadores individuales, el complemento por méritos (que se incluye en el salario base) y las primas y las gratificaciones o premios (que se reciben una sola vez) determinadas por la valoración de los supervisores, son las opciones más comunes. Desde el punto de vista del grupo, los planes por equipos recompensan el rendimiento de grupos de empleados que trabajan juntos en proyectos o tareas comunes, normalmente con primas y gratificaciones no monetarias. A nivel de planta, fábrica o unidad de negocio, se elige normalmente el programa de reparto de ganancias. El reparto de ganancias recompensa a los trabajadores en función de los ahorros de costes, normalmente utilizando primas de una cuantía única. En los programas que afectan a toda la empresa se utilizan los planes de participación en beneficios y en el capital social para vincular el rendimiento de la empresa y las recompensas financieras a los trabajadores. Ambos planes se utilizan frecuentemente para financiar los planes de pensiones.

Diseño de planes de retribución por desempeño para ejecutivos y personal de ventas

Los altos ejecutivos y el personal de ventas suelen ser tratados de forma muy diferente a la de los demás trabajadores en lo que respecta a la retribución por desempeño. Las primas anuales a corto plazo, los incentivos a largo plazo y las retribuciones en especie se suelen utilizar para motivar a los ejecutivos a tomar decisiones que ayuden a la empresa a cumplir sus objetivos estratégicos a largo plazo. El personal de ventas es generador de ingresos, por lo que se suele utilizar su sistema de remuneración para reforzar su comportamiento vendedor. La utilización de un salario fijo para los vendedores es más adecuado cuando los objetivos son mantener la satisfacción del cliente y atender a los clientes existentes. Las comisiones son más adecuadas si la empresa está intentando aumentar las ventas. La mayoría de las empresas utilizan una combinación de ambos planes. En los mercados competitivos globales de hoy en día, muchas empresas están utilizando programas de incentivos para recompensar la atención al cliente.

Términos clave

Gratificación o premio
Primas o bonos
Plan de participación de los empleados en la propiedad
Teoría de la expectativa
Plan de reparto de ganancias
Complemento por méritos
Plan de retribución por desempeño o plan de incentivos
Retribución en especie
Sistema de pago a destajo
Plan de participación en beneficios

Preguntas para el debate

1. Este capítulo identifica tres supuestos subyacentes a los planes de retribución por desempeño, ¿cree usted que estos supuestos son válidos?
2. ¿Cómo puede mejorar el sistema de retribución por desempeño la motivación de los trabajadores individuales al tiempo que mejora la cooperación?

3. Un observador afirma que "el problema de utilizar la retribución como incentivo es que es un factor de motivación tan poderoso que los directivos pueden perder el control de la situación", ¿está usted de acuerdo? Justifique su respuesta.
4. ¿Cómo puede evitar una empresa los problemas éticos relacionados con los incentivos financieros que se presentan en el Cuaderno del Director "Incentivos Perversos"?
5. Lou Gerstner, anterior CEO de IBM, fundó la Comisión de la Enseñanza en el año 2005 para mejorar la calidad de la docencia. Gerstner utiliza su reputación empresarial como CEO carismático para ayudar a vincular los salarios de los profesores con el rendimiento. Para hacerlo, piensa unir la retribución de los profesores a los resultados de los exámenes. ¿Cree que la propuesta de Gerstner es una buena idea?
6. En su libro del 2005 *The World is Flat*, Thomas Friedman explica que el mundo es global, lo que significa que está cada vez más interconectado. De acuerdo a Friedman, la posición a largo plazo para EE.UU. no es muy halagüeña: "Los centros especializados en tecnología de la India se están convirtiendo en los auténticos preparadores de batallones de magos de software. China está haciendo lo propio y prepara ejércitos de ingenieros y científicos. Todos estos empleados trabajarían por salarios que violarían la normativa laboral en EE.UU., estos salarios les proporcionan una renta decente dentro de la clase media de sus respectivos países". Añade que la tecnología "hace que ciertos trabajos relacionados con el conocimiento se realicen en el exterior. Algunos de estos empleos son de contables, programadores, radiólogos o ilustradores". ¿Está de acuerdo con la valoración de Friedman? ¿Los trabajadores del conocimiento en EE.UU. pueden hacer algo para mantener su nivel de vida en este mundo global?
7. Un comité de CEOs de alto nivel de las mayores empresas francesas recomendaron que la remuneración de los altos ejecutivos se mantenga secreta en Francia (a diferencia de EE.UU. donde por ley deben hacerse públicas para todas las empresas que cotizan en los mercados de valores). ¿Su justificación? Los CEOs franceses ganan hasta un 50 por ciento menos que sus homólogos americanos y británicos en empresas del mismo tamaño, en la misma industria y con rendimientos análogos. En una conferencia de prensa, Marc Viénot, Presidente Honorario de la Société Genérale, afirmaba que "La publicación sólo ayudaría a nuestros rivales a llevarse a los CEOs franceses ofreciéndoles mejores paquetes retributivos... [Además] a los americanos les gusta hacer ostentación de lo que ganan, pero a los franceses no"[100]. ¿Está de acuerdo con la decisión y racionalidad del comité? Justifique su respuesta[101].
8. Una encuesta realizada a los consumidores de Landmark Company revela que la gente no se fía de lo que dicen los representantes de ventas sobre los productos de la empresa. ¿Cómo puede utilizar el sistema de remuneración para ayudar a cambiar esta imagen negativa?

Existe material adicional disponible en la página web que acompaña a este libro. Puede acceder a esta información visitando la página web ***www.prenhall.com/gomez.***

¡Decida usted!

TENDENCIAS GLOBALES — Caso 11.1

¿Motiva el dinero?

De acuerdo con varios estudios anteriores, un sondeo de 2005 en EE.UU. realizado por la revista *Time* comprobó que cuando se le pregunta a la gente sobre qué le hace más feliz, el dinero aparece en la posición decimocuarta. Además, la mayoría se comporta como si la felicidad no estuviera relacionada con las tarjetas de crédito. Sin embargo, muchos americanos consideran que las compras más caras son "la forma de conseguir el bienestar", según Martin Seligman, psicólogo de la Universidad de Pennsylvania.[a]

La evidencia de Ample sugiere que ser pobre genera infelicidad. Los trabajos de Ruut Veenhoven, sociólogo de la Universidad de Erasmus en Rotterdam, hallaron que los pobres –aquellos que en Europa ganan menos de 10.000 dólares al año– son infelices por la frustración y el estrés que provoca la pobreza. Sin embargo, Veenhoven también comprobó que el dinero y la felicidad no estaban unidos y que dejan de tener mucho que ver cuando los ingresos anuales superan los 10.000 dólares. Sin embargo, según el sondeo de *Time*, la felicidad tiende a aumentar en EE.UU. cuando los ingresos anuales alcanzan los 50.000 dólares. (La renta media estadounidense por hogar en el 2006 se situó en 43.000 dólares.) No parecen tener un efecto sustancial en el sentimiento de bienestar de una persona los ingresos adicionales. Edward Diener, psicólogo de la Universidad de Illinois, entrevistó a miembros de la lista *Forbes*, que recoge a los 400 americanos más ricos. Encontró que los *Forbes* 400 son sólo un poquitín más felices que el resto de la gente. La justificación es que los que disponen de más riquezas sienten celos con frecuencia de los bienes o el prestigio de los otros ricos, por lo que si se quiere proporcionar bienestar, es necesario saber que una mayor cantidad de dinero no lo garantiza.

El dinero no siempre satisface: los estudios realizados señalan que los americanos, independientemente de su nivel de renta, quieren vivir cada vez mejor. La mayoría de los europeos occidentales, sin embargo, se sienten satisfechos con lo que tienen una vez que alcanzan un nivel mínimo. Los americanos con grandes sumas de dinero ambicionan todavía más. Así, en el estudio del *New York Times* de 2005 se señaló que los encuestados necesitaban una renta de 200.000 dólares, controlando la inflación, para vivir bien, dos veces más de lo que se necesitaba pocos años antes.[b] Cuando los hombres y las mujeres ascienden de nivel económico, la mayoría casi inmediatamente deja de sentirse agradecido por el ascenso y su interés se centra en lo que no tienen todavía. Suponga que ha vivido en un piso de dos habitaciones durante muchos años y que siempre ha soñado con uno de tres. Al final lo consigue. ¿Será feliz entonces? No necesariamente. Ya tiene las tres habitaciones, por lo que empezará a desear un piso de cuatro.

Preguntas para reflexionar

1. ¿Por qué cree que la mayoría de los americanos para conseguir la felicidad sitúan al dinero muy por abajo en orden de importancia y, sin embargo, actúan como si fuera lo contrario? ¿Cree que las personas de otros países son muy diferentes en este tema? Justifique la respuesta.
2. Un observador señala que "nunca hemos tenido tantas ganas de billetes, aunque esto a menudo nos genere más ansiedad que satisfacción". ¿Está de acuerdo? Justifique la respuesta.
3. El uso de la retribución variable y los incentivos financieros ligados a las medidas de rendimiento ha aumentado sustancialmente en los últimos 25 años. ¿Cómo influyen los planes de retribución por desempeño en la importancia que dan al dinero los trabajadores estadounidenses? El empleo de la retribución por desempeño es mayor en EE.UU. que en el resto de países. ¿Por qué cree que ocurre esto?

Trabajo en equipo

Se divide la clase en equipos de cinco. A algunos equipos se les pide que defiendan el punto de vista de que el dinero no es importante para la motivación, mientras que al resto de equipos se les pide que defiendan la posición contraria; esto es, que los incentivos monetarios son muy importantes para la mayoría de los trabajadores. Se debatirá por pares de equipos durante 15 minutos (uno a favor y otro en contra), moderados por el profesor. Después se abrirá un debate en el que intervendrá toda la clase.

Ejercicio basado en la experiencia

Los americanos sufren las consecuencias del estereotipo de que "han hecho del materialismo, el trabajo y el gasto sus objetivos fundamentales. Después se preguntan por qué no son felices". Algunos dicen que "los americanos viven para trabajar mientras que el resto del mundo trabaja para vivir". Entreviste a amigos, conocidos, parientes, compañeros u otras personas que procedan o hayan vivido en otros países. Pregúnteles si es correcto el estereotipo. ¿Qué implicaciones puede extraer de su investigación para una empresa multinacional que opera en varios países, incluido EE.UU.? Se exponen los resultados alcanzados en la clase, actuando el profesor de moderador.

Fuentes: [a] Adaptado con el permiso de Easterbrook, G. (17 de enero del 2005). The real truth about money. *Time*. A32-34; [b] Comentado en Williams, A. (27 de febrero del 2005). Six figures? Not enough! *New York Times*, C-9.

¡DECIDA USTED!

DISCUSIÓN Caso 11.2

Vagos en Lakeside Utility Company

Lakeside Utility Company provee energía eléctrica a un condado con 50.000 familias. Pamela Johnson es la directora que está a cargo de los equipos de reparación e instalaciones. Cada equipo se compone aproximadamente de siete empleados que trabajan juntos para atender las llamadas por cortes de luz, incendios provocados por un mal funcionamiento eléctrico e instalaciones de nuevos equipos o líneas eléctricas. Hace 14 meses, Johnson decidió implantar un sistema de incentivos por equipos que gratificaría con una prima anual a cada equipo que alcanzara determinados criterios de rendimiento. Las medidas del rendimiento incluían indicadores como el tiempo medio necesario para devolver la luz a los clientes, los resultados de una encuesta de satisfacción del consumidor y el número de horas necesario para realizar correctamente la instalación rutinaria. Al final del primer año, cinco equipos recibieron una prima en efectivo de 12.000 dólares, después se dividió esta cuantía entre todos los miembros del equipo por igual.

Justo después de que Johnson anunciara qué equipos iban a recibir las primas en efectivo, empezaron a llegarle un gran número de quejas. Algunos equipos que no habían recibido la gratificación mostraron su insatisfacción al líder del equipo. Las dos quejas más comunes eran que se penalizaba a los equipos que realizaban las tareas más difíciles (porque les resultaba más difícil sacar una buena calificación en la evaluación) y que se recompensaba a los equipos que no cooperaban con otros equipos.

Curiosamente, también llegaron quejas de los miembros de los equipos que recibían las recompensas. Un gran número de cartas confidenciales, procedentes de los equipos con recompensa, afirmaba que el sistema era injusto porque las primas se repartían equitativamente entre todos los miembros del equipo. Algunas cartas mencionaban a algunos trabajadores "ociosos" que habían recibido "más de lo que les correspondía" porque a menudo llegaban tarde al trabajo, tardaban demasiado tiempo en comer y hacían pausas frecuentes para fumar, además de no tener iniciativa. Johnson no sabe qué hacer.

Preguntas para reflexionar

1. ¿Qué grandes aspectos y problemas relativos al diseño y aplicación de los sistemas de retribución por desempeño ilustran este caso? Justifique la respuesta.
2. ¿Los incentivos por equipos resultan adecuados para el tipo de trabajo que realizan los equipos de Johnson?
3. ¿Sería deseable utilizar una combinación de incentivos a nivel de equipo e individuales en esta empresa? ¿Cómo podría estructurarse este plan?

Trabajo en equipo

Los estudiantes forman parejas. Uno de ellos adopta el papel de Pamela Johnson y el otro el de un asesor de RRHH contratado por Johnson que le va a ayudar a decidir qué tiene que hacer a continuación. El juego de rol representará la reunión entre ambos.

La clase se divide en grupos de cinco estudiantes. Uno de los alumnos adopta el papel de asesor contratado por Pamela Johnson. Los cuatro alumnos restantes adoptan el papel de trabajadores de línea, cada uno de un equipo distinto. El asesor está recopilando información de los equipos y de lo que piensan del sistema de primas, así como los cambios que les gustaría que se realizasen.

Ejercicio basado en la experiencia

Se forma un grupo de seis estudiantes. Uno de los alumnos hará de directivo y los cinco restantes formarán parte de un equipo que ha trabajado como tal el año pasado. Se divide la prima de 12.000 dólares entre los cinco miembros del equipo. Una evaluación de los compañeros que utilizaba una escala de 1 (bajo) a 5 (alto) muestra que Ana, Robert, Steve, Peter y Tom recibieron puntuaciones de 4.4, 4.1, 3.7, 3.2 y 3.0, respectivamente. El directivo se encarga de repartir la prima y debe explicar a cada miembro del equipo cómo distribuir la cantidad comentada anteriormente.

¡DECIDA USTED!

TENDENCIAS GLOBALES — Caso 11.3

¿Son mucho mejores los CEOs americanos?

Según un estudio realizado por una consultora líder, en las empresas con un volumen de ventas de al menos 35.000 millones de media, los CEOs estadounidenses y europeos ganan salarios y primas por importe de 24 millones de dólares. La diferencia es que los CEOs americanos reciben una gran cantidad en acciones y opciones sobre acciones. El resultado final es que "en EE.UU., el CEO se lleva la parte más grande"[a]. Otro estudio muestra otros datos destacables sobre la desigualdad retributiva entre el CEO y el resto de la organización que es mayor todavía en EE.UU.[b]. Los autores del trabajo sugieren que las empresas europeas tienden a distribuir más la riqueza entre los trabajadores y que las diferencias salariales existentes en EE.UU. no serían "tolerables socialmente" en Europa. La Figura 11.8 muestra la retribución del CEO mediante la comparación con las ganancias medias del resto de trabajadores en varios países (ratio retribución del CEO entre ingresos medios del resto de trabajadores).

Preguntas para reflexionar

1. Basándose en los datos presentados en la figura, ¿cómo explicaría las grandes diferencias en el ratio entre EE.UU. y los otros países?, ¿están justificadas las diferencias? Justifique la respuesta.

País	Ratio retribución del CEO entre ingresos medios del resto de trabajadores
EE.UU.	531
Reino Unido	25
Países Bajos	22
Bélgica	19
Italia	19
España	18
Francia	16
Alemania	11

Figura 11.8 ■
Retribución total del CEO en relación al salario medio por horas de los trabajadores en las grandes empresas: una comparación entre países.

2. Algunas personas piensan que a los ejecutivos estadounidenses se les paga más porque la "proporción de salidas" en el mercado estadounidense es mayor que en otros países. Una empresa americana no tiene alternativa, ya que o paga en las cantidades fijadas por el mercado o, de otra forma, los ejecutivos mejores se marcharán a la competencia. Además, el objetivo clave no es lograr una mayor igualdad retributiva, sino maximizar la rentabilidad de la organización en su conjunto, lo que al final supondrá beneficios para todo el mundo. ¿Está de acuerdo? Justifique la respuesta.
3. ¿Cree que la mayoría de los trabajadores se preocupan o piensan en todo lo que hacen los CEOs? Considerando que la retribución del CEO es una parte pequeña del total de gastos operativos en la mayoría de las organizaciones, ¿por qué hay tantas protestas en relación a la retribución del CEO? Justifique la respuesta.

Trabajo en equipo

Se divide la clase en equipos de cinco. A algunos equipos se les pide que defiendan la postura de que los CEOs reciben lo que se merecen y a otros que justifiquen que los CEOs están sobrepagados. Después de que los equipos se reúnan durante 15 minutos aproximadamente, se discutirá en clase las posiciones respectivas. El profesor actuará como moderador.

Ejercicio basado en la experiencia

Se divide la clase en equipos de cinco. A cada equipo se le pide que acuda al número anual de *BusinessWeek* donde se encuentra la lista con las retribuciones de los ejecutivos y los resultados de la empresa en el año anterior. Después analizará estos datos y elaborará una serie de conclusiones respecto a si se paga a los ejecutivos por los resultados de su empresa. Los distintos equipos presentarán sus conclusiones al resto de la clase. El profesor moderará el debate y aportará su punto de vista respecto a este tema.

Fuentes: [a] Lavelle, L. (17 de enero de 2005). Time to start weighing the options. *BusinessWeek*, 32-33; [b] Bruce, A., Buck, T. y Main, B. G. (en prensa). Top executives remuneration: A view from Europe. *Journal of Management Studies*, forthcoming.

¡DECIDA USTED!

DISCUSIÓN — Caso 11.4

Jugando al juego de la retribución

Las situaciones que aparecen a continuación sucedieron en entornos organizativos muy diferentes después de que se implantaran los incentivos para recompensar a los mejores trabajadores: [a]

- Después de que se encontraran insectos en sus botes de guisantes, Green Giant (Gigante Verde) diseñó un plan de incentivos mediante primas que tenía como objetivo recompensar a los trabajadores que eliminaran los insectos de las verduras. Green Giant abandonó el plan cuando se dio cuenta de que eran los trabajadores los que traían los insectos de casa, poniéndolos en las verduras y después eliminándolos para conseguir el incentivo.
- Una empresa de software tuvo problemas con varios virus diferentes que provocaban fallos en el sistema. Como Green Giant, la empresa implantó un plan de incentivos para recompensar a los programadores encontrar y eliminar los virus. Al principio, parecía que el plan tenía éxito. Pero, como en el caso de Green Giant, al final generó otro problema –los trabajadores creaban gran parte de los virus que el propio plan buscaba eliminar.

- Sunbeam contrató a Al Dunlap como CEO para reestructurar la empresa y conseguir mejores resultados, como lo hizo en Scott Paper a mediados de los 90. Para lograr ese objetivo, la empresa pagó a Dunlap con un paquete salarial ligado a opciones sobre acciones. A finales de 1996, el nuevo CEO había alcanzado claramente sus objetivos: el valor de las acciones había aumentado más del 130 por ciento. Después en 1998 la Comisión del Mercado de Valores empezó una investigación sobre las prácticas contables de Sunbeam coincidiendo con una caída brutal del valor de las acciones. En junio de 1998, las acciones se vendían a 3,75 dólares, muy por debajo de la cotización más alta en 1996 que fue de 53 dólares. Dunlap había alcanzado su objetivo de mejorar el valor a corto plazo de la empresa, pero fue incapaz de encontrar un comprador para la empresa como lo había hecho en Scott Paper. El consejo de Sunbeam le despidió finalmente.
- En 1805, un ejército contratado desertó de la expedición a través de Norteamérica de Lewis y Clark. Ya que la deserción era un problema serio, un capitán decidió ofrecer una recompensa para castigar a los soldados desertores: diez dólares a cualquiera que trajera vivo al desertor o 20 dólares por su cabellera. El capitán consiguió exactamente lo que buscaba con sus incentivos: montones y montones de cabelleras.

Preguntas para reflexionar

1. ¿Cuál es el elemento común en los ejemplos de "retribución por desempeño" mencionados en este caso?
2. ¿Cuáles son algunas de las ventajas e inconvenientes de vincular la retribución a criterios objetivos de rendimiento importantes para la organización, como las medidas de control de la calidad, la rentabilidad y la reducción de la rotación?
3. Alfie Kohn, un conocido consultor y escritor, defiende que "el fracaso de cualquier plan de incentivos se debe más a la ineptitud de los supuestos psicológicos en los que se basan todos estos planes que a un fallo del programa".[b] Kohn cree que las opciones sobre acciones, los pagos por unidades producidas, las comisiones, las primas y las recompensas del tipo nominación como empleado del mes, vacaciones y los reconocimientos son sobornos que pueden perjudicar más que favorecer. ¿Está de acuerdo? Justifique la respuesta.
4. ¿Cómo prevendría los problemas que surgieron en Green Giant, en la empresa de software y en Sunbeam y mantendría la retribución por un buen desempeño? Justifique la respuesta.
5. Asumiendo que es un alto ejecutivo de Green Giant y de la empresa de software, ¿sancionaría a los trabajadores que pusieron en marcha esos comportamientos poco éticos, a los directivos que idearon el sistema de incentivos, o a ambos?
6. Algunas personas creen que la mayoría de los trabajadores actuarán éticamente, aunque puedan aprovecharse mediante comportamientos inapropiados del sistema de incentivos. ¿Está de acuerdo?

Trabajo en equipo

Divida la clase en grupos de tres a cinco alumnos. Una parte de los equipos defenderá la propuesta de que los incentivos pueden ser beneficiosos en una empresa para reforzar los comportamientos deseados. Otra parte de los equipos defenderá la postura de que, en la mayoría de los casos, los incentivos promueven una actitud entre los trabajadores de "vamos a ganar la partida", lo que lleva a obtener un rendimiento pobre.

Ejercicio basado en la experiencia

En Midwestern, un estado que sufre tormentas de nieve frecuentes e intensas, el jefe del Departamento de Transporte (DDT) ha presentado una propuesta para pagar un incentivo a los trabajadores de las quitanieves. Este incentivo consiste en vincular la retribución al número de kilómetros recorridos durante cada turno de trabajo y que aparecen reflejados en el cuentakilómetros. El plan de incentivos, en periodo de prueba durante las estaciones de invierno del 2007 al 2010, tiene la intención de motivar a los quitanieves de abarcar más territorio y limpiar rápidamente las carreteras. Un estudiante representará el papel de un consultor retributivo que aconseja la propuesta al DDT; otro estudiante representará al jefe del DDT. La representación de papeles debería durar entre diez y 15 minutos, tras los cuales el profesor moderará un debate abierto con toda la clase.

Fuentes: [a] Adaptado con el permiso de Bloom, M. (1999). The art and context of the deal: A balanced view of executive incentives. *Compensation and Benefits Review*, 31(1), 25-31; [b] Khon, A. (Septiembre a Octubre de 1993). Why incentive plans cannot work. *Harvard Business Review*, 54-63.

NOTAS

ADAPTACIONES PARA ESPAÑA — Nota 11.1

Los directivos españoles perciben la mitad de retribución variable que sus colegas de otros países

Como se ha comentado en este capítulo, se suele tratar a los directivos y al personal de ventas de forma muy distinta que al resto de trabajadores en lo que respecta a los planes de retribución por desempeño. En concreto, los incentivos salariales son un componente importante de la remuneración total de los directivos, por lo que es un tema bastante analizado. Resulta interesante conocer en detalle los programas especiales de retribución que diseñan las empresas para estos empleados y, también hacer comparativas entre empresas y países. Si tenemos en cuenta el país, el "Estudio Global de Remuneraciones 2007", elaborado por Mercer HR Consulting, señala que el porcentaje de retribución variable sobre el sueldo fijo que perciben los directivos españoles es la mitad que el de sus colegas de otros países, a pesar de que este sistema se ha extendido en España durante los últimos años. Específicamente, el variable a corto plazo alcanza un 13 por ciento de media sobre el sueldo fijo en el caso de un director financiero español, cifra que se eleva a un 27 por ciento en EE.UU., un 30 por ciento en Reino Unido y un 31 por ciento en Alemania.

El estudio, en el que se han analizado el sueldo fijo y variable de cerca de 50 puestos en 50 países diferentes, revela que los directivos de finanzas, marketing y RRHH de EE.UU. son los que presentan la retribución dineraria (fijo más variable a corto plazo) más alta a nivel mundial. De hecho, en los dos primeros casos (finanzas y marketing) los estadounidenses ganan cinco veces más que sus colegas de la India, mientras que en el último caso (RRHH) ganan hasta tres veces más.

A diferencia de España, los directivos de EE.UU., Reino Unido, Alemania y Canadá cobran una parte muy importante de su sueldo (entre el 20 por ciento y el 30 por ciento) a través de retribuciones variables a corto plazo. En España, el porcentaje desciende hasta el diez-20 por ciento en puestos como el de director de finanzas, marketing o RRHH.

Los directores financieros mejor pagados trabajan en EE.UU., con un sueldo fijo de 195.700 euros anuales de media. Les siguen los británicos y canadienses, con 158.600 y 150.200 euros anuales. En España, el sueldo fijo de este profesional alcanza los 104.181 euros anuales y su variable a corto plazo es del 13 por ciento, cifra bastante inferior a los bonos que cobran estos profesionales en EE.UU. (27 por ciento) y Reino Unido (30 por ciento). En la parte baja de la tabla se encuentran los directores financieros de Hungría e India, con 47.196 y 43.798 euros anuales de sueldo fijo. No obstante, sus retribuciones variables son, de media, iguales o superiores a las de los españoles (13 por ciento en India y 22 por ciento en Hungría).

En el caso de los directores de marketing españoles, su salario fijo (96.691 euros) y su porcentaje de variable (16 por ciento) también se encuentran lejos de los de sus colegas de otros países. Los mejor pagados en este campo vuelven a ser los estadounidenses (161.335 euros), con un 30 por ciento de variable sobre el fijo, y los peor retribuidos se hallan en la India, con 33.702 euros anuales y un 14 por ciento de variable. El mismo esquema se repite entre los directores de RRHH. Los españoles dedicados a este terreno tienen un sueldo fijo medio de 105.308 euros al año, con un 15 por ciento de variable. Los norteamericanos se sitúan de nuevo al frente de la clasificación, con 149.530 euros anuales y un 27 por ciento de variable, y los indios vuelven a estar al final de la misma, con 43.907 euros y un variable de sólo el dos por ciento.

Fuente: Europa Press (23 de abril de 2007). Los directivos españoles perciben la mitad de retribución variable que sus colegas de otros países. www.europapress.es.

CAPÍTULO

12 DISEÑO Y ADMINISTRACIÓN DE LAS PRESTACIONES SOCIALES

OBJETIVOS

Tras leer este capítulo, usted estará en condiciones de abordar los siguientes temas:

1. **Explicar** la importancia que tienen para los empleados y las empresas las prestaciones sociales.
2. **Diseñar** un paquete de prestaciones sociales que respalde la estrategia retributiva general de la empresa y otras políticas de GRH.
3. **Distinguir** entre un plan de pensiones de prestación definida y un plan de pensiones de contribución definida, así como reconocer las situaciones en las que cada uno de estos planes resulta más adecuado.
4. **Analizar** cómo funcionan los programas de seguros médicos tradicionales y los gestionados, así como las ventajas e inconvenientes de cada uno de ellos.
5. **Desarrollar** estrategias de control de gastos de las distintas prestaciones.
6. **Comprender** las complejidades administrativas de ofrecer toda una gama de prestaciones sociales a la plantilla, así como sugerir formas para administrar eficazmente estas prestaciones.
7. **Reconocer** el papel crucial del departamento de RRHH para mantener registros precisos de las prestaciones sociales a los empleados y para informarles sobre las mismas.

Los directivos de RRHH de hoy en día se enfrentan a una serie de obstáculos que no existían hace una década. Entre esos obstáculos cobra especial importancia la gestión de los costes (cada vez mayores) asociados a las prestaciones sociales. Aunque son los costes de los seguros médicos los que han recibido la mayor atención, también están creciendo los costes de otras muchas prestaciones. Sin embargo, las prestaciones también son de suma importancia para atraer, retener y motivar a los trabajadores. El informe del Estudio Nacional de la Fuerza Laboral (*National Study of the Changing Work Force*) señaló que el 43 por ciento de los trabajadores que han cambiado de puesto de trabajo calificaba las prestaciones sociales como "muy importantes" a la hora de tomar su decisión, mientras que sólo el 35 por ciento afirmaba lo mismo de los sueldos y salarios.

Los ejemplos siguientes dan una idea de las muchas formas en que las empresas están gestionando las prestaciones a los empleados en estos tiempos difíciles:

- **Reducir los costes donde se pueda.** IBM recientemente ha cambiado el soporte de su plan de pensiones, pasando de un plan tradicional que utilizaba una fórmula fija en función de la antigüedad del empleado y del salario de los cinco últimos años, a un nuevo tipo de plan denominado "de saldos en efectivo". Este plan ahorra la misma cantidad al año para el trabajador, en lugar de acelerar las contribuciones al final de la carrera, como hacen los planes tradicionales. El nuevo plan reduce la cantidad de recursos necesarios para financiar una pensión y lo hace más predecible para la empresa. También facilita que los empleados cambien de trabajo y reciban todo el valor de su plan de pensiones cuando se marchen, lo que no ocurre con los planes tradicionales de pensiones.

Aunque los empleados más jóvenes, que cambian más habitualmente de trabajo, aprobaron este plan, los más antiguos, con 20 a 30 años de experiencia, se sintieron traicionados. ¿Por qué? Su pensión esperada sería significativamente menor que la que habrían obtenido con el plan tradicional[1]. Por ello, IBM se enfrentó a su primera amenaza sindical seria en muchos años. Los trabajadores más antiguos, decepcionados, organizaron un sindicato para que les ayudara a negociar con la dirección y, así, volver al plan origina[2].

- **Proporcionar prestaciones sociales innovadoras.** Si se proporcionan prestaciones innovadoras que satisfagan las necesidades de trabajadores concretos, la empresa estará en una mejor posición para atraer y retener a trabajadores cualificados escasos en el mercado. Recientemente, Delta Air Lines ofreció proporcionar computadoras y conexión a Internet en casa a sus 72.000 trabajadores por 12 dólares al mes. Delta quería que sus pilotos y auxiliares de vuelo dispusieran del programa de vuelos cuando estuvieran fuera de la oficina[3]. Por su parte Sun Microsystems puso en funcionamiento un servicio de ayuda al empleado (es decir, un chico de los recados) para hacer la compra, llevar el coche al taller, ir a la lavandería y tintorería, pedir y enviar flores y ayudar en otros asuntos personales. Interlock Resources, una empresa de software en Clayton (Missouri) pone a disposición de los empleados un servicio de comida completo para que no tengan que dejar el trabajo a la hora de la comida. El presidente y CEO comentó que: "Disponer del servicio de comida en el trabajo facilita que el personal se quede en su sitio a la hora de la comida o de la cena. Nuestra cocina está preparada para servir a nuestros empleados sus comidas y bebidas favoritas, productos que ellos mismos seleccionan y piden a través de la página web de la tienda de alimentación local"[4]. En la lista *Fortune,* Wegmans, una cadena de alimentación situada en Rochester (Nueva York), se encuentra situada en el número uno de "Las 100 mejores empresas para trabajar" porque para ella es importante el trato que se le da a los trabajadores, por este motivo utiliza las prestaciones sociales. Wegmans se ha gastado alrededor de 50 millones de dólares en los últimos años en becas para los 17.500 trabajadores a tiempo completo o parcial[5].

Ofrecer a los empleados prestaciones sociales que les aportan seguridad y al mismo tiempo contienen los costes, pueden parecer objetivos mutuamente excluyentes. El problema que deben solucionar los directivos y profesionales de RRHH consiste en colaborar para 1) ofrecer a los trabajadores distintas alternativas válidas que satisfagan sus necesidades, 2) mantener bajo control los gastos de estas prestaciones y 3) garantizar que los trabajadores están plenamente informados respecto a sus opciones en cuanto a las prestaciones sociales.

EL ENFOQUE DIRECTIVO

En EE.UU., a diferencia de la mayoría de los países desarrollados, la empresa ofrece la mayor parte de las prestaciones sociales a los empleados. Las prestaciones, que forman parte del plan, se diseñan para proteger a los empleados y sus familias de los problemas derivados de enfermedades, accidentes o jubilación. Corresponde al personal de

RRHH controlar los programas de prestaciones, aunque los directivos tienen que estar familiarizados con ellas por diversas razones:

- **Las cuestiones relativas a las prestaciones sociales son importantes para los empleados.** Los directivos tienen que ayudar a los empleados a comprender y utilizar de la mejor forma posible las prestaciones. Por ejemplo, si un empleado tiene un hijo que necesita asistencia sanitaria urgente, el director del empleado debe ser capaz de explicar las prestaciones sanitarias que ofrece la empresa para asegurarse de que el empleado recibe una cobertura médica total.
- **Las prestaciones son una herramienta importante de reclutamiento.** Los directivos de las empresas que ofrecen atractivas prestaciones puede utilizar esta ventaja para reclutar a candidatos de calidad.
- **Las prestaciones sociales ayudan a retener a los mejores empleados.** Las empresas que ofrecen paquetes atractivos de prestaciones facilitan a los directivos su trabajo porque el mismo paquete ayuda a reducir la rotación de trabajadores.
- **Algunas prestaciones sociales desempeñan un papel clave en las decisiones directivas.** Algunas prestaciones, como las vacaciones, las bajas por razones familiares o médicas y los días por enfermedad, ofrecen a los empleados flexibilidad para gestionar el tiempo del que disponen. Los directivos tienen que ser conscientes de estas prestaciones para gestionar eficazmente los tiempos de trabajo.
- **Las prestaciones sociales son importantes para los directivos.** Los directivos tienen que conocer sus propias alternativas de prestaciones. Algunas decisiones, sobre todo las relativas a los planes de pensiones, tienen consecuencias a largo plazo. Las buenas decisiones en esta área, hechas al principio de la carrera, pueden afectar a la calidad al final de la misma.

Sin embargo, no es fácil entender el diseño de los planes de prestaciones sociales. Como veremos en este capítulo, las medidas para el control de costes, la necesidad de atraer y retener a los empleados y las nuevas leyes y normativas han provocado muchos cambios en el diseño de los programas de prestaciones.

En este capítulo explicamos con detalle las prestaciones sociales. Empezamos con una revisión de las prestaciones para los empleados y con el análisis de la relación entre las prestaciones y el resto del paquete retributivo. Después, analizamos las estrategias para diseñar los programas de prestaciones. A continuación, describimos el alcance y la importancia de dos categorías de programas de prestaciones para los empleados: las prestaciones obligatorias por ley y las prestaciones voluntarias. Finalmente, analizamos algunas cuestiones importantes relativas a la administración y gestión de las prestaciones sociales.

UNA VISIÓN GENERAL DE LAS PRESTACIONES SOCIALES

Las **prestaciones sociales** son recompensas colectivas que ofrecen seguridad a los empleados y a los miembros de sus familias. A veces, se las denomina retribuciones indirectas porque toman la forma de un plan (como un seguro médico) y no son pagos en efectivo. El paquete de prestaciones sociales complementa al sueldo base y a los incentivos en la retribución total. Según la oficina de estadísticas laborales de EE.UU., las prestaciones sociales cuestan a las empresas estadounidenses una media de 13.380 dólares anuales por empleado medio[6]. La Figura 12.1 muestra cómo se distribuye el gasto de prestaciones en una empresa media.

Prestaciones sociales o retribución indirecta Recompensas colectivas que ofrecen seguridad a los trabajadores y a sus familiares.

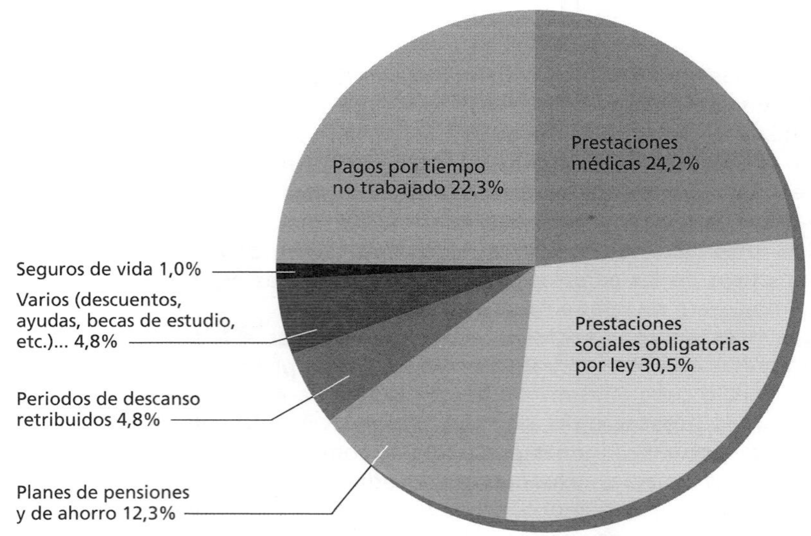

Fuente: U.S Bureau of Labor Statistics (2004). Employer costs for employee compensation.

Figura 12.1 ■ Cómo se gasta un dólar en prestaciones sociales.

Las prestaciones sociales protegen a los empleados de los riesgos que podrían perjudicar su salud o su situación financiera. Ofrecen cobertura por enfermedad, accidentes, desempleo, jubilación o defunción. También pueden ofrecer servicios que muchos empleados consideran valiosos, como servicios de guardería o un gimnasio.

En EE.UU., la empresa es la principal fuente de cobertura de las prestaciones. La situación es bastante distinta en otros países, en los que gran parte de las prestaciones sociales son financiadas por el gobierno vía impuestos. Por ejemplo, en EE.UU. las empresas ofrecen voluntariamente a sus trabajadores seguros médicos, mientras que en Canadá el seguro médico es un derecho de todos los ciudadanos ofrecido por el sistema sanitario nacional del país. Para un breve resumen de la política sanitaria en Canadá, *véase* el Recuadro 12.1 "Prestaciones sociales al otro lado de la frontera: características del sistema sanitario de Canadá".

El paquete de prestaciones sociales ofrecido por una empresa puede ayudar a la dirección a atraer a empleados. Cuando un empleado potencial elige entre múltiples ofertas laborales con salarios parecidos, la empresa que ofrece un paquete más atractivo de prestaciones sociales tendrá más posibilidades. Por ejemplo, Swedish Medical Center, un hospital de Denver, Colorado, dispone de una guardería en su sede y la utiliza como un instrumento de reclutamiento para atraer a personal cualificado[7]. Este es uno de los dos únicos hospitales que ofrece esta prestación en la región.

Las prestaciones sociales también pueden ayudar a la dirección a retener a los empleados. Las prestaciones que están diseñadas para aumentar de valor a lo largo del tiempo animan a los empleados a quedarse en la empresa. Por ejemplo, muchas empresas hacen aportaciones a fondos de pensiones de los empleados, pero esos fondos sólo están disponibles para los trabajadores que se queden en la empresa un determinado número de años. Por ello, a las prestaciones sociales se les denomina a veces "esposas

RECUADRO 12.1

PRESTACIONES SOCIALES AL OTRO LADO DE LA FRONTERA: CARACTERÍSTICAS DEL SISTEMA SANITARIO DE CANADÁ

Cuando Tommy Bettis, de Arkansas, se rompió el brazo y se cortó la cara por ayudar a reparar el garaje de su amigo Kristopher Goering de Notario, recibió asistencia sanitaria de urgencia en un hospital canadiense presentando la tarjeta sanitaria de Goering. Aunque el caso descrito requiere realmente la intervención de los servicios de urgencia canadienses por haberse producido el accidente en Canadá, lo que sí ocurre también es que miles de estadounidenses utilizan habitualmente las tarjetas sanitarias canadienses para recibir atención médica.

¿Por qué los enfermos estadounidenses van a otro país y utilizan medios ilegales para conseguir asistencia sanitaria? Porque el sistema sanitario canadiense es gratuito. En un debate sobre la reforma sanitaria en EE.UU., los medios estadounidenses han descrito el sistema nacional de salud canadiense como un milagro médico o como una pesadilla burocrática. La verdad parece estar situada a mitad de camino. Sin embargo, para los 45 millones de residentes estadounidenses no asegurados, muchos de los cuales trabajan a tiempo completo o parcial, el sistema canadiense está más cerca de ser un milagro.

El sistema nacional canadiense proporciona cobertura sanitaria a todos los residentes, pagando las facturas de hospital y se financia mediante el impuesto sobre la renta (límite superior = 48 por ciento de las rentas superiores a 50.000 dólares) y mediante las aportaciones realizadas por las empresas. Los gobiernos provinciales pagan directamente a los médicos y los hospitales, según unos plazos negociados, mientras que los pacientes no pagan nada, excepto impuestos mayores a los de los ciudadanos estadounidenses. (De hecho, los estadounidenses en comparación con los trabajadores del resto de naciones industrializadas, se llevan a casa el mayor porcentaje del salario bruto.) Sin embargo, los gastos sanitarios per cápita son un 40 por ciento más bajos que en EE.UU. y la carga también es menor para las empresas. Pero, ¿realmente consigue el sistema sanitario canadiense más provecho con menos fondos? Las estadísticas parecen afirmarlo: Canadá posee la octava mejor esperanza de vida del mundo, 77,03 años frente a los 75,22 de EE.UU., que está en el puesto 33. La tasa de mortalidad infantil de Canadá es de 7,9 por 1.000 nacimientos, siendo la décima menor tasa del mundo, mientras que la de EE.UU. es del diez por 1.000, situándose en el puesto número 21.

¿Hay algún error en el sistema canadiense? Los canadienses tienen que esperar en las consultas que no son urgentes, pero rara vez en los servicios de urgencia. Además, en Canadá, la recesión ha reducido los ingresos fiscales, por lo que el sistema está teniendo problemas financieros. Pero hay algo que Canadá puede hacer para reducir los costes: eliminar el coste de la atención a los estadounidenses que utilizan el sistema ilegalmente. Los funcionarios canadienses están luchando contra el fraude médico, confiscando las tarjetas ilegibles de usuarios y haciendo un esfuerzo mayor por cobrar los servicios médicos ofrecidos a los no residentes.

Fuentes: Krauss, C. (10 de junio de 2005). In blow to Canada´s health system. Quebec law is voided. *New York Times*, A-3; Krauss, C. (13 de febrero de 2003). Long lines mar Canada´s low-cost health care. *New York Times*, A-3; Farnsworth, C. H. (20 de diciembre de 1993). Americans filching free health care in Canada. *New York Times*, A-1; Crossette, B. (11 de octubre de 2001). Canada´s health care shows strains. *New York Times*, A-12.

de oro". Un ejemplo excelente del poder de las prestaciones para retener a los empleados es el ejército estadounidense, que concede jubilaciones anticipadas al personal que se quede 20 años de servicio. Esta cláusula de jubilación en "20 años y fuera" permite a los militares retirados iniciar una segunda carrera a una edad relativamente joven, con la seguridad de disponer de una renta de jubilación vitalicia para complementar otros ingresos. Estas prestaciones generosas ayudan a las fuerzas armadas a retener a oficiales y profesionales valiosos que, de otra manera, serían atraídos para puestos civiles con mayores salarios[8].

Aportaciones
Pagos para la cobertura de las prestaciones. Las aportaciones para una determinada prestación pueden provenir del empresario, del empleado, o de ambos.

Seguros compartidos
Pagos realizados para cubrir los gastos de atención sanitaria que se dividen entre la empresa de seguros del empresario y el empleado asegurado.

Pagos compartidos
Un pequeño desembolso realizado por el empleado por cada visita oficial al médico con el plan de salud. El plan de salud paga los gastos médicos adicionales que exceden al pago compartido, sin ningún coste para el empleado.

Franquicia del seguro
Un gasto anual que debe desembolsar el tenedor de un seguro antes de que el plan de seguros reembolse cualquier cantidad.

Programa de prestaciones flexibles o plan cafetería
Un programa de prestaciones que permite a los empleados seleccionar las prestaciones que necesitan de entre un menú de posibilidades.

TERMINOLOGÍA BÁSICA

Antes de seguir, definamos algunos términos básicos que utilizaremos a lo largo de este capítulo.

- **Aportaciones.** Todas las prestaciones son financiadas mediante aportaciones o contribuciones de la empresa, del empleado, o de ambos. Por ejemplo, las vacaciones son una prestación ofrecida por la empresa. El salario o los sueldos pagados a los empleados durante el período de vacaciones proviene totalmente de la empresa. Las primas de los seguros médicos suelen ser pagadas en parte por la empresa y en parte por el empleado.
- **Seguros compartidos.** Pagos realizados para cubrir los gastos de sanidad, que se dividen entre la empresa de seguros del empresario y el empleado. Por ejemplo, en un plan de seguros médicos 80/20, la empresa aseguradora del empresario pagará el 80 por ciento de los costes sanitarios del empleado y éste pagará el 20 por ciento restante.
- **Pagos compartidos.** Una pequeña cuantía desembolsada por el empleado, normalmente de cinco a diez dólares, por cada una de las visitas que realiza al médico. Esta cantidad paga los demás gastos médicos que excedan a esta cuantía sin ningún coste para el empleado.
- **Franquicia del seguro.** Un gasto anual que el tenedor del seguro debe desembolsar antes de que el seguro reembolse cualquier cantidad. Por ejemplo, el plan 80/20 anterior también puede tener 500 dólares en franquicia, en cuyo caso el empleado será responsable de los primeros 500 dólares de gastos médicos antes de que la empresa de seguros contribuya con el 80 por ciento de los gastos.
- **Programa de prestaciones flexibles.** Un programa de prestaciones flexibles, también denominado **programa a la carta de prestaciones** (o **plan cafetería**), permite a los empleados seleccionar las prestaciones que más les interesan a partir de un menú de opciones. A diferencia de las empresas que intentan diseñar un paquete de prestaciones común para todos, las que tienen un programa flexible reconocen que sus empleados tienen necesidades distintas, por lo que exigen disponer de paquetes de prestaciones diferentes. Una mujer casada de 30 años, con el marido trabajando y los hijos pequeños, necesitará probablemente una guardería y estará dispuesta a renunciar a sus días libres remunerados por disponer de la misma. Sin embargo, un hombre de 50 años, casado y con hijos mayores preferiría una mayor aportación de la empresa a su plan de pensiones.

EL COSTE DE LAS PRESTACIONES SOCIALES EN EE.UU.

El coste de las prestaciones sociales en EE.UU. ha crecido sustancialmente durante las últimas décadas, a medida que las empresas han ido ofreciendo más prestaciones. El coste de las prestaciones, expresado en porcentaje de los costes laborales que asume el empresario, ha crecido desde el tres por ciento en 1929 hasta aproximadamente el 29,6 por ciento en 2004[9]. Este crecimiento se explica por una combinación de factores entre los que se incluyen la política fiscal federal, la legislación federal, la influencia sindical y los ahorros de gastos en los planes colectivos.

La política federal fiscal

Desde la década de los 20, el gobierno federal ha ofrecido un tratamiento fiscal favorable para los planes de prestaciones colectivos que cumplan determinados criterios (analizados más adelante en este capítulo)[10]. Las empresas que cumplen las directrices de la política fiscal reciben deducciones fiscales por sus gastos en prestaciones.

Los empleados también reciben un trato favorable fiscalmente porque reciben muchas prestaciones *libres de impuestos*. Por ejemplo, los empleados reciben la aportación de la empresa al seguro médico libre de impuestos, mientras que los trabajadores autónomos tienen que pagar por su seguro con sus ingresos disponibles. Otras prestaciones tienen una *tributación diferida*. Por ejemplo, las aportaciones de los empleados a un plan de pensiones (hasta una cuantía máxima) pueden diferir su tributación hasta que el empleado se jubila, momento en el que la persona será gravada a un tipo impositivo menor. La política fiscal federal sobre las prestaciones ha animado a los empleados a exigir prestaciones adicionales porque cada dólar adicional que asigna la empresa a prestaciones tiene más valor que un dólar asignado a la remuneración en efectivo, ya que tributa como renta ordinaria.

La legislación federal

En 1935, la legislación federal decretó que todas las empresas deben ofrecer la prestación por desempleo y la seguridad social. Estudiaremos con más detalle estas prestaciones más adelante, en este mismo capítulo. En este momento, sólo queremos señalar que la legislación federal exige que se ofrezcan determinadas prestaciones y que probablemente seguirá favoreciendo un crecimiento importante del coste de las prestaciones.

Influencia sindical

Los sindicatos han encabezado el movimiento a favor de aumentar las prestaciones sociales durante el último medio siglo. En la década de los 40, los sindicatos más poderosos, como el United Auto Workers y el United Mine Workers, consiguieron de sus respectivas empresas planes de pensiones y seguros médicos. En los últimos años, los sindicatos han estado demandando la cobertura de los gastos del dentista, más días libres y mayores subsidios por desempleo que los que se establecen en la ley federal.

Las empresas donde existen sindicatos fuertes sirven de referencia, en lo que a prestaciones se refiere, para las empresas en las que no los hay, ya que éstas últimas tienden a ofrecer paquetes similares de prestaciones sociales para evitar que los trabajadores se afilien a un sindicato ya existente u organicen uno nuevo.

Ahorros en costes de los planes colectivos

Las empresas pueden ofrecer prestaciones sociales a un coste inferior del que tendrían que asumir los empleados para conseguirlas por sí mismos. Cuando las empresas aseguradoras reparten el riesgo entre un gran número de personas, pueden reducir el coste de la prestación por persona. Este hecho hace que los empleados presionen bastante a sus empresas para obtener ciertas prestaciones.

TIPOS DE PRESTACIONES SOCIALES

Las prestaciones sociales pueden clasificarse en seis categorías, cada una de las cuales se analiza con detalle a lo largo de este capítulo:

1. **Prestaciones obligatorias.** Las leyes estadounidenses exigen a las empresas que ofrezcan cuatro prestaciones a todos los empleados, con sólo algunas excepciones: 1) Seguridad Social, 2) indemnizaciones por accidentes de trabajo, 3) seguro de desempleo y 4) bajas médicas o por motivos familiares. Todas las demás prestaciones las ofrecen las empresas voluntariamente.

2. **Seguros médicos.** Los seguros médicos cubren los gastos de hospitales, médicos y otros servicios sanitarios. Dada su importancia, los seguros médicos se suelen analizar de forma separada de los demás tipos de seguros.
3. **Pensión de jubilación.** La pensión de jubilación es una renta o ingreso que recibe el empleado una vez que se ha jubilado.
4. **Seguros.** Los planes de seguros protegen a los empleados y sus familiares de problemas financieros que puedan surgir por invalidez o defunción.
5. **Tiempo libre remunerado.** Estos planes ofrecen a los empleados tiempo libre, algunos pagados y otros no.
6. **Servicios a los empleados.** Los servicios a los empleados son servicios libres de impuestos o con impuestos diferidos, que mejoran la calidad de vida personal y profesional de los empleados.

La Figura 12.2 muestra el porcentaje de empresas estadounidenses que ofrecen los distintos planes de prestaciones. Como refleja la figura, las empresas de tamaño mediano o grande (las que emplean a más de 100 personas) y los gobiernos estatal y local ofrecen una mayor variedad de prestaciones que las empresas pequeñas.

El crecimiento de las prestaciones a lo largo de los años, junto con los mayores costes de las prestaciones, han llevado a las empresas a contratar a más trabajadores temporales o a tiempo parcial cuando crecen sus negocios, debido a que no suelen ofrecer prestaciones a este tipo de trabajadores. Sin embargo, tanto Starbucks como UPS descubrieron que es positivo ofrecer prestaciones sociales buenas, incluso a los empleados a tiempo parcial, como se explica en el Cuaderno del Director "Starbucks y UPS ofrecen prestaciones sociales generosas a los empleados a tiempo parcial".

	Empresas grandes y medianas*	**Empresas pequeñas****	**Gobierno estatal y local**
Seguros médicos			
Planes de pensiones	76	64	86
Planes de prestación definida	50	15	90
Planes de contribución definida	57	38	14
Seguros			
Seguros de vida	87	62	89
Seguros por invalidez permanente (a largo plazo)	43	22	34
Tiempo libre			
Días libres remunerados	95	86	67
Vacaciones pagadas	89	80	73
Bajas por enfermedad pagadas	56	50	96
Planes de prestaciones sociales flexibles	13	4	5

* Empresas de 100 o más trabajadores.
** Empresas de menos de 100 trabajadores.

Fuente: U. S. Department of Labor. Bureau of Labor Statistics (1999). *Employee benefit survey*; U. S. Department of Labor, Bureau of Labor Statistics (2000). *Employee benefits in state and local governments, 1998.*

Figura 12.2 ■ Porcentaje de empresas que ofrecen determinadas prestaciones sociales.

CUADERNO DEL DIRECTOR

ÉTICA

Starbucks y UPS ofrecen prestaciones sociales generosas a los empleados a tiempo parcial

Starbucks y UPS dependen de los empleados a tiempo parcial para prestar sus servicios a los clientes. Cada empresa ofrece un paquete amplio y generoso de prestaciones sociales para ellos, a diferencia de lo que se hace en la mayoría de empresas, que los tratan como empleados de segunda clase. Tanto Sturbucks como UPS reconocen que es una buena práctica de negocio tratar a los empleados a tiempo parcial bien y las prestaciones sociales contribuyen a ello. A continuación se pasan a describir algunas de las prestaciones sociales más destacadas ofertadas por estas dos empresas:

Starbucks emplea a muchos empleados a tiempo parcial, llamados "baristas", en sus tiendas de café para servir a los clientes durante los picos de demanda. Los empleados a tiempo parcial (los que trabajan entre 20 y 40 horas) reciben las prestaciones sociales siguientes:

- Prestaciones médicas (chequeos médicos, recetas de medicamentos, revisión odontológica y oftalmológica, etc.).
- Plan de ahorro para la jubilación.
- Seguros de vida y de invalidez.
- Ayuda a la adopción.
- Prestaciones sociales para la pareja.
- Programas y recursos de apoyo para el cuidado de niños y mayores.
- Descuentos en los productos Starbucks.
- Participación en los programas de acciones.

UPS emplea a muchos trabajadores a tiempo parcial (y un gran porcentaje son universitarios) para clasificar los paquetes en sus centros de distribución de paquetería. El negocio del transporte implica mucha actividad en algunos momentos y poca en otros momentos del día, lo que supone tener que utilizar muchos empleados a tiempo parcial. Los empleados a tiempo parcial de UPS que trabajan 15 o más horas a la semana tienen acceso a las siguientes prestaciones sociales:

- Seguro médico y de vida con una amplia cobertura para los empleados y sus familias.
- Plan de pensiones 401(k).
- 3.000 dólares al año para formación.
- 2.000 dólares al año de retribución en UPS Earn & Learn Student Loans.
- Vacaciones y días festivos.
- Plan de adquisición de acciones a precios rebajados.

Fuentes: Starbucks. (2005). "The starbucks experience". www.starbucks.com/aboutus/jobcenter_thesbuxexperience.asp; UPS (2005). "UPS careers: Package operations". ups.managehr.com/opportunities/parttime/main.html; Clark, J. (agosto de 2002). Steppingstone jobs for recent grads: These employers offer health insurance and more, even for part-timers. *Kiplinger's*, 107-108.

LA ESTRATEGIA DE PRESTACIONES SOCIALES

Para diseñar un paquete de prestaciones eficaz, la empresa tiene que ajustar su estrategia de prestaciones con la estrategia retributiva global. La estrategia de prestaciones sociales exige decidir tres cuestiones: 1) la combinación o el paquete de prestaciones, 2) la cuantía de las prestaciones y 3) la flexibilidad de las prestaciones. Las decisiones tomadas son las orientaciones para el diseño del paquete de prestaciones.

EL PAQUETE DE PRESTACIONES SOCIALES

Paquete de prestaciones sociales El paquete total de prestaciones que una empresa ofrece a sus empleados.

El **paquete de prestaciones** es el conjunto de todas las prestaciones sociales que una empresa ofrece a sus empleados. Existen al menos tres cuestiones que deben analizarse cuando se toman decisiones sobre el paquete de prestaciones: la estrategia de remuneración global, los objetivos de la organización y las características de la fuerza laboral[11].

La primera tiene que ver con la decisión comentada en el Capítulo 10 de remunerar "por encima o por debajo de la media del mercado" que vimos. La empresa debe elegir el mercado en el que quiere competir por sus empleados y después ofrecer el paquete de prestaciones que sea atractivo para las personas que conforman dicho mercado. En otras pala-

Una cuestión de ética

La mayoría de las grandes empresas ofrecen algún tipo de plan de pensiones para sus empleados. ¿Cree que las empresas tienen el compromiso ético de ofrecer esta prestación social? ¿Afecta a su análisis la situación financiera (buena o mala) o el tamaño de la empresa?

bras, la dirección intenta responder a la siguiente pregunta: "¿Quién quiere hacerse con los servicios de mis empleados y qué tipos de prestaciones ofrece?".

Por ejemplo, una empresa de alta tecnología puede querer atraer a personas amantes del riesgo e innovadoras. La dirección de la empresa puede decidir no ofrecer un plan de pensiones porque las empresas de alta tecnología ofrecen un tipo de trabajo demandado por personas que rondan los 20 años y estas personas no están preocupadas por su jubilación. Como empresa que en sus inicios quería competir con IBM, Apple Computers no ofreció planes de pensiones porque la dirección no creía que esta prestación atrajera a los empleados emprendedores que necesitaba[12]. Más tarde, cuando la plantilla de Apple se hizo mayor, los empleados demandaron planes de pensiones y Apple rediseñó su paquete de prestaciones sociales para ofrecer dichos planes.

Los objetivos de la organización también afectan al paquete de prestaciones. Por ejemplo, si la filosofía de la empresa es minimizar las diferencias entre los empleados de niveles inferiores y la alta dirección, el paquete de prestaciones sociales debería ser el mismo. Si la organización está creciendo y necesita retener a su personal, tiene que asegurarse de que ofrece las prestaciones que desea su plantilla actual.

Finalmente, las características de la fuerza laboral han de ser tenidas en cuenta a la hora de elegir el paquete de prestaciones. Cuando la plantilla de la empresa se compone fundamentalmente de padres que tienen hijos pequeños, probablemente los servicios de guardería y de asistencia a la familia sean fundamentales. Una fuerza laboral profesional seguramente prefiera que se dé prioridad a los planes de pensiones. La fuerza laboral afiliada a algún sindicato probablemente exija un plan de pensiones garantizado.

LA CUANTÍA DE PRESTACIONES SOCIALES

La cuantía de las prestaciones sociales influye en la importancia que tendrán frente a otros elementos del paquete salarial en la remuneración total (salario base e incentivos). Esta decisión influye en la opción que vimos en el Capítulo 10 de "salario fijo frente a salario variable". Cuando la dirección ha definido la cuantía de dinero disponible para financiar todas las prestaciones, puede fijar un presupuesto y decidir qué parte va a financiar cada uno de los elementos del programa. La dirección sabrá entonces qué cantidad de dinero puede gastar en cada prestación y cuánto tendrán que contribuir los empleados para recibirla. En las grandes empresas suele realizar estos cálculos el administrador de las prestaciones, mientras que en las más pequeñas se suele contratar a un experto.

Una empresa que se centra en ofrecer seguridad laboral y oportunidades de empleo a largo plazo probablemente destine una gran cantidad de dinero a la prestaciones. Una empresa que se vanagloria de las prestaciones excelentes que ofrece a sus empleados es Procter & Gamble (P&G). Su plan de participación en beneficios (el más antiguo de EE.UU.) empezó a utilizarse en 1887. P&G es también una de las primeras empresas que ofrece a todos sus empleados seguros de vida, enfermedad o invalidez[13].

FLEXIBILIDAD DE LAS PRESTACIONES SOCIALES

La *flexibilidad en la elección de las prestaciones* afecta a la libertad que tienen los empleados de personalizar el paquete de prestaciones en función de sus necesidades particulares. Esta elección está relacionada con la opción de "centralización frente a descentralización salarial" descrita en el Capítulo 10. Algunas organizaciones tienen un paquete de prestaciones relativamente homogéneas, que ofrece pocas opciones a los empleados. Este sistema tiene sentido en las organizaciones que tienen una fuerza laboral también bastante homogénea. En estas empresas se puede diseñar el paquete de prestaciones en función del empleado "tipo". Sin embargo, dado el cambio demográfico de la fuerza laboral estadounidense (hay cada vez más mujeres trabajando a tiempo completo, matrimonios con una doble carrera profesional y familias en las que un solo miembro trabaja) existe una mayor variedad de necesidades de los empleados. En las organizaciones que no pueden definir un perfil de "empleado tipo", quizás sea mejor disponer de un paquete de prestaciones descentralizadas que permitan distintas opciones. Analizamos con detalle al final de este capítulo los paquetes de prestaciones flexibles.

PRESTACIONES SOCIALES OBLIGATORIAS LEGALMENTE

Salvo algunas excepciones, todas las empresas estadounidenses están obligadas a ofrecer a sus trabajadores Seguridad Social, indemnizaciones por accidentes de trabajo y la cobertura para el subsidio de desempleo. Todas estas prestaciones están diseñadas para dar a la fuerza laboral un nivel mínimo de seguridad. La empresa paga un impuesto sobre los ingresos de los empleados por cada una de estas tres prestaciones obligatorias. En el caso de la Seguridad Social, el empleado también paga un impuesto para financiar la prestación. La cuarta prestación exigida por ley en los últimos años es la baja no remunerada utilizada por los empleados con determinadas circunstancias familiares o médicas.

SEGURIDAD SOCIAL

La **Seguridad Social** ofrece 1) ingresos para los jubilados, los discapacitados y los familiares de trabajadores fallecidos y 2) atención sanitaria a las personas mayores a través del programa Medicare. Implantada por la Ley de Seguridad Social (*Social Security Act*) de 1935, la Seguridad Social se financia mediante las aportaciones a partes iguales realizadas por el empresario y el empleado. La contribución a la Seguridad Social en 2006 fue del 7,65 por ciento de los ingresos anuales de los empleados sobre sus primeros 90.000 dólares. Esto significa que tanto el empresario como el empleado pagan un impuesto del 7,65 por ciento de los ingresos del empleado. Las aportaciones (contribuciones) a la Seguridad Social tienen, de hecho, dos componentes: un impuesto del 6,2 por ciento para financiar la pensión de jubilación, la de los discapacitados o la de los descendientes, y un impuesto del 1,45 por ciento para financiar el programa Medicare. Los empleados que ganan más de 90.000 dólares tributan al 1,45 por ciento sobre todos sus ingresos adicionales. Este impuesto del 1,45 por ciento también lo paga el empresario.

Seguridad Social
Un programa estatal que paga pensiones a los jubilados, discapacitados y familiares de un trabajador fallecido, así como presta asistencia sanitaria a los mayores a través del programa Medicare.

Para poder disfrutar de todas las prestaciones de la Seguridad Social, una persona tiene que haber trabajado 40 períodos trimestrales (equivalentes a diez años de pleno empleo) y tiene que haber ganado un mínimo de 920 dólares por trimestre. La Figura 12.3 define las condiciones para acceder a las cuatro prestaciones de la Seguridad Social (pensión de jubilación, pensión por invalidez, Medicare y prestaciones a descendientes) y quién tiene derecho a percibirlas.

Pensión de jubilación

La Seguridad Social ofrece ingresos a las personas que se jubilan con 65 años. Los trabajadores que se jubilan entre 62 y 64 reciben prestaciones, pero con un coeficiente reductor de hasta un 20 por ciento.

La pensión de jubilación ofrecida por la Seguridad Social representa, de media, en torno al 25 por ciento de los ingresos de una persona en su último año de trabajo, es decir, antes de cumplir los 65 años. Esto significa que la gente tiene que buscar otras fuentes de ingresos para su jubilación si quieren mantener su nivel de vida. Los ingresos adicionales pueden proceder de planes de pensiones ofrecidos por la empresa,

Prestación	Derecho de percepción	Dotación
Pensión de jubilación	■ Edad entre 65 y 67 (prestaciones totales) o ■ Edad entre 62 y 64 (prestaciones reducidas hasta un 20 por ciento).	■ Pagos mensuales de por vida empezando en el momento en que el trabajador se jubila. La prestación media ofrece en torno al 25 por ciento de los ingresos anteriores a la jubilación.
Pensión por invalidez o discapacidad	■ Discapacidad total o permanente durante cinco meses. ■ La discapacidad debe durar al menos 12 meses o terminar en la muerte.	■ Pagos mensuales similares a los de la pensión por jubilación mientras se mantenga la discapacidad total. Existen dotaciones destinadas a los familiares dependientes.
Medicare	■ Edad 65 o ■ Recibir pagos de la Seguridad Social por invalidez durante 24 meses.	■ Cubre los gastos médicos (hospital y servicios sanitarios a domicilio y atención médica a domicilio) sujetos al pago de una cantidad deducible. Los gastos médicos están cubiertos, aunque sujetos a una prima mensual.
Prestaciones a los familiares directos (cónyuge, descendientes menores o ascendientes con necesidad de cuidados)	■ Los miembros de la familia de una persona fallecida (la viuda o el viudo de 60 o más años, los hijos y nietos menores de 18 años o un ascendiente de 62 o más años).	■ Pagos mensuales relacionados con la pensión de jubilación de la Seguridad Social del trabajador fallecido.

Fuente: Adaptado de la página web de la Seguridad Social del 2005: www.ssa.gov.

Figura 12.3 ■ Prestaciones de la Seguridad Social estadounidense.

ahorros personales, o bien, otros trabajos. Según la administración de la Seguridad Social, las personas que se jubilaron en 2005 a la edad de 65 años podrían recibir de la Seguridad Social un cheque mensual que oscila entre 579 y 1.939 dólares, en función de sus ingresos previos a la jubilación. En el futuro aumentará la edad mínima para recibir prestaciones de la Seguridad Social. Para las personas nacidas después de 1950, la edad mínima de jubilación será de 66 años para recibir todas las prestaciones y las personas que hayan nacido después de 1960 tendrán que esperar los 67 años. La pensión de jubilación mensual media pagada por la Seguridad Social en 2005 fue de 955 dólares por persona y de 1.574 dólares en caso de matrimonios. La pensión de jubilación se ajusta automáticamente cada año en función del coste de la vida (*cost of living adjustment*, COLA), calculada por los economistas de la Administración de la Seguridad Social para proteger el nivel de vida de los jubilados (para ver información adicional del COLAs, acuda al Capítulo 15).

Pensión por invalidez

La Seguridad Social ofrece una renta mensual análoga a la pensión de jubilación a las personas que sufren una discapacidad y que no pueden trabajar al menos durante 12 meses. Puesto que la pensión media por invalidez es del 30 por ciento de los ingresos laborales, los trabajadores tienen que complementar estos ingresos con seguros por invalidez a corto y largo plazo y ahorros e inversiones personales. La pensión media por invalidez de la Seguridad Social en 2005 fue de 895 dólares al mes.

Medicare

El programa **Medicare** ofrece cobertura médica a las personas mayores de 65 años. Medicare tiene dos partes. La parte A cubre los gastos de hospitalización. La gente que paga un componente deducible anual (912 dólares en 2005) recibe hasta 60 días de gastos de hospitalización cubiertos por Medicare. La parte B, por la que las personas pagan una tasa mensual (78,2 dólares en 2005) cubre los honorarios médicos y los medicamentos. Las cantidades deducibles y la tasa mensual de Medicare se ajustan periódicamente a medida que aumenta el coste de la asistencia sanitaria. La parte C, denominada Medicare + Choice (Medicare + Alternativa), es una alternativa al programa original (compuesto por las partes A y B) y consiste en ofrecer servicios sanitarios de distintas formas, por ejemplo, mediante planes gestionados o planes privados de pagos de honorarios por servicio realizado. La parte D se incorpora en 2006 y proporciona cobertura para las recetas médicas. La prima mensual para la parte D es de 35 dólares y 250 dólares de franquicia, después de que Medicare pague el 75 por ciento de los costes de las medicinas, hasta 2.250 dólares. Si se supera esta cantidad, el beneficiario paga el 100 por 100 del coste de los medicamentos en el intervalo que va desde 2.250 dólares hasta 5.100. Finalmente, Medicare paga el 95 por ciento de las recetas cuyo coste esté por encima de los 5.100 dólares[14].

Medicare (Seguro médico de los jubilados en la Seguridad Social en EE.UU.)
Una parte del programa de la Seguridad Social que ofrece cobertura médica a las personas mayores de 65 años.

Pensión de viudedad

Los familiares de un empleado fallecido pueden recibir una cantidad mensual si cumplen ciertos requisitos. Las prestaciones para estos familiares están relacionadas con la pensión de jubilación a la que tenía derecho el trabajador fallecido. Los que pueden optar a estas pensiones son 1) el viudo o viuda de más de 60 años y 2) los viudos o viudas de cualquier edad que tengan un hijo menor de 16 años, un hijo o un nieto soltero menor de 18 años o un ascendiente mayor de 62 años.

INDEMNIZACIONES POR ACCIDENTE DE TRABAJO

La **indemnización por accidente de trabajo** ofrece asistencia sanitaria, ingresos continuos y cubre los gastos de rehabilitación de las personas que padecen una enfermedad o tienen una lesión provocada por su trabajo. Dentro del importe de las indemnizaciones se incluye también algo de dinero para los herederos del empleado fallecido como consecuencia del trabajo.

Indemnización a los trabajadores
Una prestación obligatoria por ley que proporciona asistencia sanitaria, continuación de los ingresos y gastos de rehabilitación a las personas que tienen un problema de salud provocado por el trabajo. También paga una pensión a los familiares más allegados del empleado fallecido por causas relacionadas con el trabajo.

La indemnización está diseñada para ofrecer a los trabajadores un *remedio de no culpabilidad* cuando han sufrido un accidente laboral. Esto significa que incluso los trabajadores que se han provocado alguna lesión siguen recibiendo la prestación. A cambio, las empresas que ofrecen esta cobertura no pueden ser demandadas por los trabajadores lesionados.

Los gobiernos estatales administran la indemnización que es obligatoria para todos los trabajadores (incluyendo a los trabajadores a tiempo parcial) en 48 de los 50 estados. En Texas y Nueva Jersey, este programa es voluntario. Se financia con contribuciones que se agregan a un fondo de indemnización de trabajadores o son administrados por una empresa de seguros privada. Son los empresarios los que cubren esta indemnización. Aunque la indemnización media a los trabajadores supone sólo el uno por ciento de los gastos de la nómina, las empresas de sectores de alto riesgo pagan más del 25 por ciento de estos gastos en concepto de impuesto[15].

Los impuestos que pagan las empresas para financiar la indemnización a los trabajadores dependen de tres factores: 1) el riesgo de accidente de un trabajo, 2) la frecuencia y gravedad de los accidentes que sufre la fuerza laboral de una empresa (denominada tasa de accidentes en la empresa, *experience rating*) y 3) las prestaciones ofrecidas en el Estado donde se sitúa la empresa en función de las distintas lesiones. Puesto que la tasa de accidentes de la empresa depende de su propio historial de seguridad, los directivos tienen incentivos a diseñar y fomentar un entorno laboral seguro: un mejor historial de seguridad permite directamente pagar menos impuestos. Algunos estados ofrecen más prestaciones a los trabajadores accidentados, lo que supone pagar mayores impuestos frente a lo que pagan otras empresas en otros estados. California, Oklahoma, Louisiana, Rhode Island, Texas y Florida son los estados con impuestos mayores[16].

Las empresas pequeñas en sectores como la construcción y los servicios de restauración tienen dificultades mayores para pagar los costes mayores debidos a los impuestos. Considérense los siguientes ejemplos:

- Se han disparado los gastos de indemnización a los trabajadores para William Solburg, el propietario de una empresa pequeña de construcción cerca de Tallase, Florida. Más del 25 por ciento de sus costes laborales se deben a los seguros para pagar las indemnizaciones a los trabajadores y prevé un significativo aumento en un futuro cercano. Solburg no sabe si su negocio sobrevivirá si estos costes siguen aumentando tan rápidamente[17].
- En Olsten Corporation, una empresa de servicios con trabajadores temporales de Westbury, Nueva York, se han triplicado en los últimos cuatro años los gastos de indemnización. Parte de este crecimiento se debe a que algunos trabajadores de Olsten interpusieron demandas falsas por invalidez permanente. Por ejemplo, Olsten contrató a una agencia de detectives para comprobar si un trabajador tenía una lesión de espalda y la cámara le filmó cambiando la rueda de su coche, una tarea que exige doblar la espalda y levantar pesos[18].

Una cuestión de ética

Una forma que tienen las empresas de reducir los costes de indemnización a los trabajadores consiste en mudarse de un estado con un elevado impuesto para financiar la indemnización a otro con un impuesto menor. ¿Es ésta una razón legítima para cambiar la sede de un negocio? ¿Qué otras cuestiones éticas deberían tener en cuenta las empresas cuando quieren reducir los costes de indemnización a los trabajadores?

Algunas empresas pequeñas están contraatacando agrupándose para asegurarse conjuntamente y, así ahorrarse parte de los gastos del seguro al repartirse dichos gastos entre ellas (fondos de autoaseguramiento, *self-insurance funds*). L. E. Mason Company, un fabricante de materiales de construcción de Boston, se unió a un grupo de empresas porque las primas eran un 40 por ciento más baratas que el resto de alternativas. Este seguro compartido funciona de la siguiente manera: las empresas aseguradas, normalmente pertenecientes al mismo sector, se agrupan y contratan a un administrador. El administrador contrata a actuarios, expertos de inversión, proveedores sanitarios y otros profesionales necesarios para realizar las funciones de una empresa de seguros. Las empresas que forman el grupo comparten los riesgos y pagan las pérdidas con las primas y con los resultados de las inversiones. Una empresa del grupo tiene entre 60 y 100 empleados y paga entre 50.000 y 100.000 dólares anuales por la cobertura. En 2005, 49 estados permitían que varias empresas se asegurasen conjuntamente (la excepción es Dakota del Norte).

Sin embargo, esta alternativa no es adecuada para todas las empresas. En las que lo hacen por su cuenta, el personal de RRHH puede ayudar a los directivos a controlar los gastos de las indemnizaciones de distintas formas:

- El departamento de RRHH debería reforzar la seguridad en el trabajo, resaltando su importancia ante los trabajadores (*véase* el Capítulo 16). Muchos accidentes son fruto de la falta de atención, de la ignorancia de las normas de seguridad, de los problemas personales o de ingerir alcohol y drogas. El personal de RRHH debería preparar a los directivos y supervisores para que informen y apliquen el programa de seguridad de la empresa. Se debe sancionar a los trabajadores que no cumplan con las normas de seguridad[19].
- El departamento de RRHH debe auditar las reclamaciones de los trabajadores. Los directivos deberían investigar cualquier reclamación de la que sospechen por ser falsa

o no estar relacionada con el trabajo. Por ejemplo, un directivo puede pedir a un trabajador lesionado que se haga un test de drogas. El resultado positivo puede ser un motivo para negarle la indemnización. O después de un accidente serio un especialista podría realizar una investigación en el lugar donde se produjo. La información recopilada podría revelar inconsistencias en el informe previo e indicar que la reclamación del trabajador es falsa[20].

- El departamento de RRHH debería tener claro cómo funcionan los seguros de accidentes y los seguros médicos que ha contratado la empresa, para controlar que no se paguen prestaciones por duplicado.
- El personal de RRHH debe diseñar los puestos de trabajo y las tareas de forma que se minimice el riesgo de lesiones como dolores de espalda o debidas a movimientos reiterativos. Por ejemplo, los empleados pueden colocar adecuadamente los teclados y las pantallas de las computadoras para evitar dolores de cuello y calambres en los brazos y las muñecas[21].
- El departamento de RRHH puede animar a los trabajadores que tienen una discapacidad parcial para que vuelvan al trabajo adaptando las tareas a su nueva situación. Para ello, se puede poner en marcha un plan donde un directivo o un miembro del personal de RRHH trabaja con el empleado afectado para preparar tareas adaptadas que puedan realizar hasta que estén completamente bien y en disponibilidad de realizar las tareas que su puesto les exige. Por ejemplo, un trabajador de mantenimiento con una lesión de espalda puede tener la tarea de ayudar a programar los pedidos. Los *planes de tareas modificadas* pueden ahorrar a la empresa el dinero del pago de las prestaciones y evitar que el trabajador retrase innecesariamente su reincorporación al trabajo.

SEGURO DE DESEMPLEO

La ley de Seguridad Social de 1935 implantó el **seguro de desempleo** con el objetivo de ofrecer ingresos temporales a las personas que se encuentran en una situación de paro involuntario. El programa forma parte de una política nacional de estabilización salarial diseñada para afianzar la economía durante los períodos de recesión. La justificación de esta política es bastante sencilla: si los trabajadores parados tienen ingresos suficientes para mantener su consumo de bienes y servicios básicos, se mantendrá la demanda de estos productos, lo que en última instancia mantendrá los puestos de trabajo de otras muchas personas que, de lo contrario, irían a engrosar las listas del paro.

Seguro de desempleo
Un programa fijado por la Ley de Seguridad Social de 1935 para ofrecer unos ingresos temporales a las personas durante los períodos de desempleo involuntario.

El seguro de desempleo se financia mediante un impuesto pagado por las empresas sobre los sueldos de los trabajadores. El impuesto, de media, es del 6,2 por ciento para los 7.000 primeros dólares ganados por cada empleado[22]. Los ingresos provenientes del impuesto se dividen entre el gobierno estatal y el federal, cada uno de los cuales ofrece servicios distintos para los parados. El gobierno federal grava un impuesto del 0,8 por ciento, una tasa que no cambia dependiendo de quién sea el empresario. Por el contrario, el impuesto del Estado varía entre una tasa cercana a cero y otra que supera el diez por ciento (la media está en torno al 5,4 por ciento). Todos los estados entregan a las empresas un informe en el que se comparan las contribuciones que hacen al fondo del seguro de desempleo con las prestaciones percibidas por sus trabajadores durante cierto período de tiempo. Este sistema permite al estado reducir el impuesto a algunas empresas (aquellas que despiden a un número reducido de empleados) y lo eleva a las que despiden a muchos, independientemente de la causa del despido (las reducciones de plantilla quedan incluidas).

Para poder recibir el seguro de desempleo, los empleados deben cumplir ciertos requisitos. Primero deben buscar empleo activamente y deben estar dispuestos a trabajar.

Segundo, tienen que haber trabajado un mínimo de cuatro trimestres durantes los últimos cinco trimestres y haber ganado al menos 1.000 dólares durantes esos cuatro trimestres conjuntamente. Finalmente, tienen que haber dejado el trabajo involuntariamente.

Los empleados pueden perder su derecho a recibir la prestación por desempleo por diversas razones. En concreto, las personas siguientes no tienen derecho a recibir esta prestación:

- Un empleado que deja su trabajo de forma voluntaria.
- Un empleado que ha sido despedido por una conducta reprobable (por ejemplo, por haber dado positivo en un control de consumo de drogas).
- Un empleado que rechaza una oferta de trabajo adecuada (es decir, un trabajo y un salario comparables a su puesto anterior).
- Un empleado que participa en una huelga (48 de los 50 estados niegan las prestaciones sociales a los que participan en una huelga).
- Un trabajador autónomo[23].

Se han diseñado las prestaciones por desempleo para cubrir los gastos mínimos de un trabajador, pero no para que se convierta en un incentivo a no trabajar. Por esta razón, rara vez superan el 50 por ciento de los ingresos anteriores y las personas despedidas de puestos muy bien remunerados normalmente sólo reciben una pequeña proporción de sus ingresos anteriores. Los estados han desarrollado sus propios programas de prestación por desempleo y los han limitado a un nivel máximo que oscila entre 100 y 500 dólares a la semana. Las prestaciones por desempleo duran 26 semanas, aunque en los estados con una elevada tasa de desempleo persistente, se puede obtener una ampliación de 13 semanas más. Además, algunas empresas ofrecen **prestaciones complementarias por desempleo** para sus empleados despedidos. Estas prestaciones suelen incluirse en el convenio colectivo.

Prestaciones complementarias por desempleo
Prestaciones otorgadas por una empresa a los trabajadores despedidos que superan las cantidades estatales por desempleo.

Es interesante comparar la cuantía y la duración de las prestaciones por desempleo que se pagan en EE.UU. con las de otros países[24].

- EE.UU.: 50 por ciento del salario durante seis meses.
- Italia: 80 por ciento del salario durante seis meses.
- Japón: 80 por ciento del salario durante diez meses.
- Francia: 75 por ciento del salario durante 60 meses.
- Alemania: 60 por ciento del salario durante 12 meses.
- Suecia: 80 por ciento del salario durante 15 meses.

En comparación a las de otros países, la cuantía y la duración de la prestación por desempleo en EE.UU. son bastante modestas. La política pública en EE.UU. pretende incentivar a los trabajadores parados a buscar activamente empleo y se considera que las prestaciones generosas reducen dicha motivación.

Controlar los costes relacionados con las prestaciones por desempleo es una prioridad importante para la dirección. El departamento de RRHH puede hacer contribuciones importantes implantando prácticas que reduzcan la proporción de despidos de la empresa. A continuación, se ofrecen algunas prácticas útiles de RRHH en este tema:

- La planificación de RRHH puede ayudar a la dirección a saber si tiene que aumentar la carga laboral de la empresa por causas a corto o largo plazo. Debe resolverse el incremento por causas de corto plazo contratando a empleados temporales o asesores, en lugar de crear puestos a tiempo completo. Los puestos en los que ni los empleados temporales ni los asesores pueden reclamar prestaciones por desempleo, no costarán nada a la empresa cuando se vayan por disminución de la carga de trabajo. Sin embargo, si la mayor carga laboral se debe a causas de largo plazo, la empresa puede decidir contratar a más empleados a tiempo completo.

- El administrador de las prestaciones por desempleo debe auditar todas las reclamaciones por desempleo interpuestas por los empleados. Las empresas tienen derecho a apelar estas peticiones y ganan aproximadamente la mitad de los casos[25].
- Los directivos o los miembros del departamento de RRHH deben realizar entrevistas de salida a todos los empleados despedidos para 1) que se entiendan las razones de la extinción del contrato y 2) advertirles de que la empresa apelará todas las demandas de prestación por desempleo que no se hagan por un motivo justificado. Por ejemplo, si se despide a un empleado por robo y éste solicita la prestación por desempleo, la empresa puede apelar la reclamación.

BAJAS NO REMUNERADAS

Los empleados necesitan a veces largos períodos de tiempo para cuidar a sus familias, o por problemas médicos personales. Hasta hace poco, la mayoría de las empresas se negaban a dar bajas no remuneradas por cualquier otra razón que no fuera el nacimiento de un hijo. La ley de Baja Médica y por Asuntos Familiares (***Family and Medical Leave Act, FMLA***) de 1993, aprobada por la administración Clinton, exige que la mayoría de las empresas proporcionen hasta 12 semanas de baja no remunerada para los empleados por los siguientes motivos[26]:

Ley de Baja Médica y por Asuntos Familiares *(Family and Medical Leave Act, FMLA)* Una ley federal que exige a los empresarios ofrecer hasta 12 semanas de baja no remunerada a los trabajadores que tengan o adopten niños; para cuidar a un familiar enfermo; o para resolver problemas de salud personales que interfieren en su rendimiento laboral.

- El nacimiento de un hijo.
- La adopción de un hijo.
- Cuidar de la pareja, el hijo o un ascendiente enfermo.
- Resolver los problemas de salud graves del trabajador que interfieren en un rendimiento laboral eficaz.

La FMLA se aplica sólo a los negocios con 50 o más empleados y a los empresarios con múltiples instalaciones que tienen 50 trabajadores en un radio de 121 kilómetros aproximadamente. La ley exige que las empresas ofrezcan a los empleados que se reincorporan de una baja en virtud de la FMLA el mismo puesto que tenían antes, o uno equivalente. Las empresas deben mantener la cobertura médica y las demás prestaciones mientras que el empleado está de baja[27]. Se pueden acoger a una baja en virtud de la FMLA todos los empleados tras acumular un año de servicio con su empresa. Los empleados "con una remuneración elevada" (el diez por ciento que cobra los salarios mayores y que suelen ser los altos directivos de la empresa) no pueden disponer de esta baja porque puede resultar difícil a la empresa sustituir a estos empleados durante 12 semanas.

La FMLA obliga a las empresas a desarrollar planes de imprevistos para que sus operaciones sigan en funcionamiento o con una interrupción mínima y con los menores costes adicionales por si los empleados están de baja. Los directivos tienen que tener en cuenta 1) la formación interdisciplinar de los trabajadores para cubrir los trabajos de los que están de baja o 2) la contratación de trabajadores temporales[28].

Esta baja también obliga a las empresas a enfrentarse a unas cuantas cuestiones difíciles, como son:

- ¿Pueden los empleados sustituir días de enfermedad acumulados a cambio de una baja no remunerada?

- ¿Qué enfermedades son lo suficientemente graves como para justificar la baja?[29].
- ¿Cómo se puede coordinar la FMLA con otras leyes como la ley de Americanos con Minusvalías (*Americans with Disabilities Act*)?
- ¿Qué es exactamente un "puesto equivalente" cuando la persona que ha tomado una baja vuelve y se encuentra su puesto ocupado?

La última pregunta se refiere al tema de una demanda de Wisconsin interpuesta antes de que se aprobara la FMLA. Elizabeth Marquardt volvió de una baja de maternidad y descubrió que su empresa Kelley Company, de Milwaukee, había eliminado su puesto de trabajo como directora de créditos durante una reestructuración. Kelley ofreció a Marquardt un puesto nuevo con el mismo salario y las mismas prestaciones. Sin embargo, el puesto nuevo exigía supervisar a un empleado en vez de a cuatro y, a diferencia del puesto anterior, implicaba un 25 por ciento más de tareas administrativas. Marquardt dimitió al día siguiente. Kelley se defendió afirmando que la reasignación intentaba evitar los problemas continuos de Marquardt con los clientes. Pero un tribunal de apelaciones de Wisconsin dictaminó que los puestos de trabajo no eran equivalentes, puesto que "la autoridad y responsabilidad [de Marquardt] se habían reducido sustancialmente en el puesto nuevo". Los profesionales de RRHH y los directivos de línea tienen que trabajar juntos para evitar estas demandas ante los tribunales[30]. El Cuaderno del Director titulado "¿Qué hacer cuando un empleado vuelve tras una baja" especifica los derechos y obligaciones de la empresa.

Los estudios analizando el uso de la FMLA muestran que alrededor del 80 por ciento de los trabajadores que la han utilizado se han estado recuperando de una enfermedad o han cuidado de un familiar enfermo. Según un estudio de 2005 de la Fundación de Política de Empleo, cada año más del 14 por ciento de los trabajadores utiliza la FMLA, y el 35

CUADERNO DEL DIRECTOR

TENDENCIAS EMERGENTES

¿Qué hay que hacer cuando un empleado vuelve de una baja?

Las empresas tienen derechos y deberes cuando un empleado regresa de una baja en virtud de la aplicación de la FMLA (Ley de Baja Médica y por Asuntos Familiares). A continuación, se ofrecen algunos aspectos clave a tener en cuenta:

1. Aunque no se obliga a la empresa a mantener el puesto concreto durante un periodo de tiempo indefinido, el empleado tiene derecho a ocupar un puesto "equivalente" a su regreso. Según la FMLA, un puesto equivalente es otro puesto virtualmente idéntico al ocupado en cuanto a remuneración, prestaciones y condiciones laborales. El puesto de trabajo también debe tener obligaciones y responsabilidades iguales o sustancialmente parecidas.
2. Al regresar de la baja, el trabajador debe recibir cualquier aumento salarial no condicionado, como la subida por el incremento del coste de la vida, concedidos a otros empleados durante el periodo de baja. El empleado también debe recibir todas las prestaciones sociales acumuladas desde que inició su baja como las vacaciones pagadas, bajas por enfermedad, bajas para solucionar problemas personales, a no ser que hayan sido sustituidas por la baja establecida en la FMLA.
3. La empresa no tiene que contar el tiempo de baja a efectos de antigüedad o plazos de permanencia en la empresa, que se utilizan para determinar las subidas salariales, las promociones, y otras recompensas, a no ser que la política de la empresa sea reconocer todas las bajas no remuneradas como parte de la antigüedad del trabajador.
4. Las empresas no tienen que ofrecer un puesto equivalente a un empleado que se acogió a la baja de la FMLA si éste ha sido despedido durante el periodo de baja, o si su turno de trabajo se ha eliminado. Análogamente, si un trabajador ha sido despedido por mal comportamiento o incompetencia, anteriores a la baja, la empresa no está obligada a volver a aceptar al empleado.

Fuente: Adaptado de Flynn, G. (abril de 1999). What to do after an FMLA leave. *Workforce*, 104-107.

por ciento de los que se tomaron una baja lo habían hecho en alguna ocasión más. En la mayor parte de las ocasiones la fórmula utilizada por las empresas para cubrir un baja amparada por la FMLA fue asignar el trabajo temporalmente a otros empleados; el segundo sistema más utilizado fue contratar a una persona temporalmente[31].

PRESTACIONES SOCIALES VOLUNTARIAS

Entre las prestaciones ofrecidas voluntariamente por los empresarios se incluyen los seguros médicos, los planes de pensiones y otros tipos de seguros, tiempo libre remunerado o no y otros servicios para los empleados. En el futuro puede ocurrir que algunas de estas prestaciones pasen a ser obligatorias por ley.

SEGURO MÉDICO

Los seguros médicos ofrecen cobertura sanitaria tanto a los empleados como a sus familiares, protegiéndoles cuando alguno de ellos tiene una enfermedad grave. Debido a que el coste de un seguro médico individual es mucho más elevado que el de un seguro colectivo propuesto por la empresa, mucha gente no tendría seguro si no lo proporciona la compañía. Como muestra la Figura 12.2, el 76 por ciento de las empresas grandes y medianas de EE.UU. ofrece seguros médicos a sus trabajadores. Sin embargo, ese porcentaje se reduce al 64 por ciento de las pequeñas (aquéllas con menos de 100 empleados). Se ha estimado que aproximadamente 45 millones de personas de EE.UU. no tienen cobertura de seguro médico[32].

A principios de la década de los 90, los gastos sanitarios estadounidenses aumentaron sorprendentemente del diez al 20 por ciento. En 2005, el gasto en asistencia sanitaria representaba aproximadamente el 15 por ciento del producto interior bruto (PIB) de EE.UU. Éste es el porcentaje más grande si lo comparamos con el de cualquier país del mundo. Por ejemplo, el gasto per cápita en sanidad en EE.UU. es superior al de Canadá en un 50 por ciento, al de Alemania en un 39 por ciento y al del Reino Unido en un 104 por ciento. A diferencia de EE.UU., estos países ofrecen cobertura médica a todos sus ciudadanos. La Figura 12.4 compara los gastos sanitarios en 24 países miembros de la Organización para la Cooperación y el Desarrollo Económico (OCDE) en 2003.

Obviamente, la contención de costes del gasto sanitario será un tema fundamental para las empresas y las naciones durante muchos años. Los especialistas de prestaciones del departamento de RRHH pueden realizar una contribución importante a la empresa manteniendo bajo control el gasto en seguros médicos. Por ejemplo, muchas empresas exigen ahora a los empleados que tengan una mayor participación en el pago de los seguros médicos.

La **Ley de Conciliación del Presupuesto Consolidado Colectivo** (***Consolidated Omnibus Budget Reconciliation Act, COBRA***) de 1985 influye en los seguros médicos que ofrecen las empresas. Esta ley concede el derecho a los empleados de seguir recibiendo cobertura médica cuando su empleo ha finalizado. Los trabajadores y sus familiares tienen derecho a recibir la cobertura médica colectiva 18 a 36 meses después de que haya dejado la organización. Los empleados que dimiten o son despedidos tienen derecho a la cobertura médica hasta 18 meses después, según lo establecido por COBRA, mientras que la persona con la que estuvo casada el trabajador o el familiar directo de un empleado fallecido puede recibir cobertura continuada durante 36 meses. El antiguo empleado (o el familiar del antiguo empleado) debe pagar el coste total de la cobertura, más un dos por ciento de gastos administrativos, cantidad que sigue siendo considerablemente inferior a la que pagaría a una empresa de seguros médicos en el mercado. COBRA también ampara a todos los empleados cubiertos por el seguro de la empresa.

Ley de Conciliación del Presupuesto Consolidado Colectivo (*Consolidated Omnibus Budget Reconciliation Act, COBRA*)
Ley que otorga a los empleados el derecho de seguir recibiendo cobertura del seguro médico entre 18 y 36 meses después de haberse extinguido su contrato laboral.

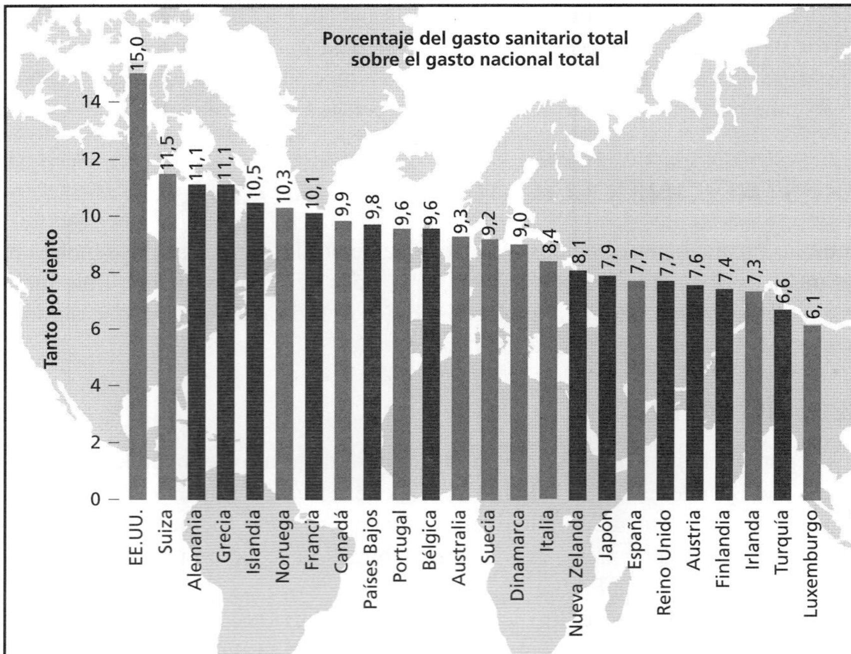

Fuente: OECD health data (2005), www.oecd.org.

Figura 12.4 ■ Gasto sanitario en varios países en 2003.

Ley de Responsabilidad y Movilidad del Seguro Médico (*Health Insurance Portability and Accountability Act, HIPAA*)
Ley federal que protege al trabajador que desee cambiar de seguro médico sin que ello suponga quedarse sin cobertura por una condición previa.

Condición previa
Una situación médica que se empezó a tratar mientras que el trabajador estaba bajo la cobertura del seguro médico de su antigua empresa y que exige que se siga tratando médicamente con el seguro de la nueva.

Por su parte, la ley federal aprobada en 1996 y denominada **Ley de Responsabilidad y Movilidad del Seguro Médico (*Health Insurance Portability and Accountability Act, HIPAA*)** ampara que el empleado pueda cambiar de seguro sin que eso suponga que se quede sin cobertura médica en un período de tiempo. Una **condición previa** es una situación médica que se empezó a tratar mientras que el trabajador estaba bajo la cobertura médica de su antigua empresa y que exige que se siga tratando médicamente con el seguro de la nueva. En virtud de la HIPAA, el trabajador tiene derecho a un crédito de cobertura por cada mes que le cubre el seguro médico de su antigua empresa. Cuando consigue 12 meses de crédito, inmediatamente tiene que cubrirle el seguro médico de la nueva empresa y no se le puede negar la cobertura médica aunque sea una condición previa[33]. Se añadieron en 2004 nuevas cláusulas a la HIPAA para exigir a las empresas que protegieran la privacidad del historial médico de los empleados, el objetivo es que no se utilizara esta información a la hora de tomar decisiones sobre contratación, a no ser que el propio trabajador lo aprobara. Se espera que las empresas protejan la intimidad del personal en cuanto a su historial médico, de modo que si a un empleado se le ha diagnosticado cáncer, por ejemplo, esta información no sea revelada a ningún directivo sin el permiso del trabajador[34].

Hay tres tipos de seguros médicos: 1) el seguro médico tradicional, 2) las sociedades médicas (*Health Maintenance Organizations, HMOs*) y 3) las organizaciones proveedoras preferentes (*Preferred provider organizations, PPOs*). La Figura 12.5 resume las diferencias entre estos tipos.

Seguro médico tradicional

Ofrecido por una empresa aseguradora que actúa como intermediaria entre el paciente y el proveedor de servicios médicos, los planes de aseguramiento tradicionales (también deno-

Cuestión	Cobertura tradicional	Sociedad médica (*Health Maintenance Organization, HMO*)	Organización proveedora preferente
¿Dónde deben residir las partes aseguradas?	Pueden vivir donde quieran	Puede exigir que se viva en un área de servicio designada por la sociedad médica	Puede vivir donde quiera
¿Quién ofrece la atención sanitaria?	El médico y la institución sanitaria que elija el paciente	Debe acudir a los médicos e instituciones sanitarias que designe la sociedad médica	Puede utilizar los médicos e instituciones sanitarias asociadas, si no puede pagar cantidades deducibles o pagos compartidos adicionales
¿Cuál es el grado de cobertura de la atención sanitaria rutinaria/preventiva?	No cubre las revisiones periódicas y otros servicios preventivos. Las pruebas médicas pueden quedar cubiertas parcial o totalmente	Cubre las revisiones periódicas, las pruebas médicas y otros servicios preventivos a un coste reducido o gratuito	Al igual que la sociedad médica, si el médico y la institución pertenecen a la lista autorizada. Los pagos compartidos y los deducibles son mucho más caros para los médicos e instituciones no incluidas en la lista
¿Qué costes de hospitalización quedan cubiertos?	Cubre las facturas de médicos y hospitales	Cubre los honorarios médicos, las facturas de los hospitales autorizados por la sociedad médica	Cubre las facturas de los médicos e instituciones sanitarias autorizadas

Fuente: Milkovich, G., y Newman, J. (2002). *Compensation* (7.ª ed.), 473. Homewood, IL: Irwin McGraw-Hill.

Figura 14.5 ■ Seguros médicos ofertados por las empresas.

minados *planes de honorarios o pago por servicio*) desarrollan un programa de precios en función del coste de los servicios médicos en una determinada comunidad. Estos precios incorporan el coste de la cobertura del seguro. Los ejemplos más conocidos en EE.UU. de este tipo de seguros son las organizaciones Blue Cross y Blue Shield. Los seguros médicos tradicionales cubren los gastos de hospitalización e intervención quirúrgica, la asistencia médica y una parte importante de los gastos por enfermedades graves. En 2004, el cinco por ciento de los trabajadores eligieron esta cobertura médica[35].

Los planes de honorarios por servicio tienen varias características. Primera, incluyen una franquicia que el tenedor del seguro debe satisfacer antes de que el plan reembolse cualquier importe. Segunda, exige el pago de una cuota mensual, denominada **prima**, a la empresa de seguros. La prima suele pagarse entre la empresa y el empleado. Tercera, ofrece la posibilidad de seguros compartidos. La distribución habitual de los seguros compartidos es de 80/20 (el 80 por ciento del coste lo cubre el seguro y el 20 por ciento, lo asume el empleado). Se pueden ajustar la franquicia, la prima y el aseguramiento compartido, de forma que los costes de la empresa y el empleado varíen en función de cómo se quieran distribuir los costes.

Prima de seguro
Cantidad de dinero pagada a una empresa de seguros para la cobertura.

Los planes de seguros tradicionales son los que ofrecen mayor libertad a los trabajadores de seleccionar médico y hospital. Sin embargo, estos planes tienen varios inconvenientes. Primero, normalmente no ofrecen revisiones regulares y otros servicios preventivos. Segundo, el cálculo de la franquicia y de la parte del coste compartida requiere una gran cantidad de papeleo. Cada vez que se visita a un médico, los empleados deben rellenar formularios y pedir las facturas de todos los servicios que ha recibido. Esto puede ser frustrante para los pacientes y caro para los médicos, que a menudo tienen que contratar a administrativos sólo para procesar los formularios.

Sociedades médicas (*Health Maintenance Organizations,* HMOs)

Sociedad médica (*Health Maintenance Organization, HMO*) Se trata de un plan de atención sanitaria que ofrece servicios médicos exhaustivos a los trabajadores y sus familiares por una cuantía fija anual.

Una **sociedad médica** ofrece servicios sanitarios amplios a los empleados y sus familias por una tarifa fija anual. Las personas cubiertas por una sociedad médica tienen acceso ilimitado a los servicios médicos porque está diseñada para fomentar la asistencia sanitaria preventiva, con el fin de reducir los costes de una enfermedad (el refrán "más vale prevenir que curar" define esta filosofía). Los miembros de una sociedad médica pagan una prima mensual, más una pequeña franquicia o pago compartido. Algunas sociedades médicas no obligan a esto último. La tarifa fija anual tiene el objetivo de desincentivar monetariamente a los médicos que participan en el programa, que de lo contrario realizarían a los pacientes demasiadas pruebas médicas o remitirles a especialistas que suelen ser bastante caros. Un 40 por ciento de los trabajadores eligieron las sociedades médicas en 2004[36].

Las sociedades médicas tienen dos grandes ventajas. La primera, por una tarifa fija, las personas cubiertas reciben casi todos los servicios médicos (incluida la salud preventiva) sin tener que hacer pagos compartidos o pagar una franquicia o tener que cumplimentar formularios. Segunda, las sociedades médicas fomentan la atención sanitaria preventiva y estilos de vida saludables.

El principal inconveniente de una sociedad médica es que reduce las posibilidades de la gente de elegir los médicos y hospitales en que quieren recibir atención. La sociedad médica puede ofrecer sus servicios en un área geográfica determinada, lo que puede limitar el número de personas que pueden participar en el plan. La gente puede verse obligada a dejar su médico actual y tener que elegir otro de la lista de los adscritos a la sociedad. En caso de una enfermedad grave, los especialistas también deben pertenecer a la sociedad, incluso si en la región hay médicos con más reputación y mejor cualificación. Además, algunos clientes han criticado a las sociedades por escatimar servicios médicos a un paciente para ahorrar dinero.

Organización proveedora preferente (*Preferred provider organization, PPO*) Plan de atención sanitaria en el que un empresario, o una empresa de seguros, crea una red de médicos y hospitales para ofrecer una amplia gama de servicios médicos a cambio de una tarifa fija por participante. A cambio de una tarifa menor, los médicos y hospitales que se adhieren a la red de la PPO reciben un mayor volumen de pacientes.

Para resolver el problema de los pacientes a quienes la sociedad niega los servicios de asistencia sanitaria, los legisladores federales han propuesto una "ley de derechos del paciente" que pretende protegerlos de los abusos provocados por las políticas de control de costes. Mientras tanto 38 estados ya disponen de normativas que permiten a los pacientes recurrir las decisiones médicas solicitando revisiones externas de expertos independientes. Además, diez estados, con Texas a la cabeza, han aprobado leyes que conceden el derecho a los pacientes de demandar a las sociedades, y 23 más están considerando el aprobarlas[37].

Organizaciones proveedoras preferentes (*Preferred Provider Organizations*)

Una **organización proveedora preferente (OPP)** es un tipo de asistencia sanitaria en la que el empresario o la empresa aseguradora, establece una red de médicos para ofrecer una gama amplia de servicios médicos por una tarifa fija por participante. La tarifa es menor que la que suelen cargar a sus clientes los médicos y hospitales por el conjunto de servicios y la prima mensual es menor que la de un plan de seguros tradicional que ofrece los mismos servicios. A cambio de una tarifa menor, los médicos y hospitales que se adscriben a la red de la OPP se garantizan recibir un volumen mayor de pacientes. Los miembros de una OPP disponen de un servicio de atención sanitaria preventiva (chequeos rutinarios) sin tener que pagar la tarifa normal del médico. Las OPPs recopilan información sobre la utilización de sus servicios médicos de forma que los trabajadores puedan mejorar periódicamente el diseño de su plan y reducir los costes. En 2004, el 55 por ciento de los empleados de EE.UU. eligieron una OPP[38].

Las OPPs ofrecen lo mejor de las sociedades médicas (atención sanitaria concertada y una gama amplia de servicios médicos por una tarifa fija) con la flexibilidad de los planes tradicionales. Además, incluyen cláusulas que permiten a sus miembros salir de la red y conseguir los servicios de médicos e instituciones sanitarias no pertenecientes a la red. La gente que elige un médico o un hospital no incluido en la red paga tarifas adicionales en forma de franquicias y pagos compartidos determinados por la OPP. Se espera que se desarrollen rápidamente debido a que tienen menos inconvenientes que los seguros tradicionales o las sociedades médicas.

Millones de empleados no tienen cobertura médica porque son autónomos o trabajan en una empresa pequeña cuyos propietarios no ofrecen esta prestación para reducir los costes. Estas personas deben conseguir un seguro propio. El Cuaderno del Director "Consejos para tener su seguro médico propio", da algunas pistas útiles de cómo hacerlo.

CUADERNO DEL DIRECTOR

GRH: EL EMPLEADO COMO CLIENTE INTERNO

Consejos para tener su seguro médico propio

Adquirir tu propio seguro médico puede ser más caro que aceptar la cobertura del que te ofrece la empresa. La razón es que la empresa puede dispersar los riesgos de una enfermedad o accidente sobre un grupo más grande de empleados, de tal forma que los costes son más predecibles que para un individuo. A continuación se presentan algunos métodos para que un individuo tenga cobertura médica a un coste razonable si su empresa no le proporciona esta prestación.

- **Adquirir un seguro colectivo con un grupo pequeño.** Los seguros colectivos cuestan de un 20 a un 50 por ciento menos que los seguros individuales, incluso para los grupos pequeños. Por ejemplo, en Nueva Jersey dos empleados pueden formar un grupo si cada uno trabaja un mínimo de 25 horas a la semana. En el estado de Washington, los autónomos pueden solicitar un seguro por su cuenta teniendo la posibilidad de disponer de cobertura a precios bastante competitivos.
- **Unirse a una asociación que disponga de seguro colectivo.** En algunos sitios, como en Rochester, Nueva York, la cámara de comercio local ofrece algunas de las mejores opciones de seguros médicos para aquellas personas que no tengan seguro de empresa.
- **Averiguar precios en la web.** En la mayoría de los estados, eHealthInsurance.com puede proporcionar al instante presupuestos de varias empresas, incluyendo muchos planes de Blue Cross/Blue Shield y explicar en detalle qué prestaciones se pueden conseguir a cada precio.
- **Aprovechar las prestaciones de COBRA.** Si ha dejado el empleo en una empresa que proporcionaba cobertura médica y su empresa tiene más de 20 empleados, por ley debe continuar dándole cobertura hasta 18 meses después. Para recibir esta cobertura médica, tiene que pagar el coste completo del seguro médico más una cantidad adicional de un dos por ciento por gastos administrativos. COBRA es útil si necesita que le sigan tratando sus médicos actuales. Sin embargo, como los seguros que ofrece la empresa suelen tener más características de las que una persona puede necesitar, puede ser mejor que adquiera las coberturas adicionales que necesite y las añada al seguro básico ofertado por la empresa.

Fuente: Adaptado de Lankford, K. (febrero de 2001). The best of health: Finding a policy you can afford when you´re on your own. *Kiplinger´s*, 82-86.

Cobertura de seguro médico a las parejas de los empleados

Tradicionalmente, se han ofrecido los seguros médicos únicamente a los empleados y a sus cónyuges o descendientes o ascendientes. Hoy en día, sin embargo, los empleados están solicitando que la oferta se extienda a las parejas de hecho, es decir, parejas de heterosexuales u homosexuales que no están casados.

Hasta ahora, sólo un número pequeño de empresas y municipios permiten a los empleados incluir a sus parejas de hecho en la cobertura del seguro y la mayoría limita la cobertura a los empleados gays o lesbianas. Entre las empresas que ofrecen estas prestaciones se encuentran algunas de las más prestigiosas: Silicon Graphics, Microsoft, Viacom, Apple Computer y Warner Bros. Entre las empresas que también incluyen a las parejas heterosexuales que no están casadas se incluyen Ben & Jerry Homenade, Levi Strauss y la Federal National Mortgage Association (Fannie Mae).

Sin embargo, la mayoría de las empresas estadounidenses se resisten a la presión de ofrecer las prestaciones a las parejas de hecho por varias razones. Primera, algunas empresas se temen que terminarán aumentando los gastos relacionados con el SIDA si ofrecen prestaciones a parejas gay. Segunda, las empresas temen que los empleados abusen de las prestaciones sanitarias para sus parejas de hecho y acaben incluyendo a sus amigos o a sus amantes. Finalmente, las empresas temen enfrentar a los empleados gays con los heterosexuales, ya que la mayoría de las prestaciones sanitarias se ofrecen a parejas de sexos opuestos.

La mayoría de estos temores parecen infundados. La investigación demuestra que, de hecho, los costes de asistencia sanitaria para las parejas homosexuales y las parejas heterosexuales que no están casadas suelen ser menores que las de las parejas heterosexuales casadas. Además, muchos empleados homosexuales no solicitan estas prestaciones porque no quieren hacer pública su orientación sexual. Las empresas pueden protegerse de los abusos pidiendo a los empleados que firmen una declaración jurada de que realmente son pareja, demostrando que están viviendo juntos y compartiendo sus activos. En cuanto al posible enfrentamiento entre los empleados heterosexuales y los homosexuales, éste es bastante discutible porque la amenaza de demandas judiciales por discriminación puede obligar a las empresas a ofrecer cobertura a todas las parejas de hecho en un futuro cercano[39].

Cuentas de ahorro médico

Cuenta de ahorro para gastos médicos (*Health savings account, HSA*) Plan de atención sanitaria calificado con una franquicia alta que pretende que los individuos ahorren dinero para los gastos médicos con dólares antes de impuestos y deja que el dinero no gastado se acumule en un fondo exento de impuestos.

En 2004 apareció una nueva oferta de servicio médico, al que se ha llamado **cuentas de ahorro médico**. Este tipo de plan permite que los individuos ahorren para sus gastos médicos con dólares antes de impuestos. Las empresas ofrecen este plan junto con los planes sanitarios cualificados que tienen una franquicia alta –1.000 dólares como mínimo para cobertura individual y 2.000 dólares para la familia, a un máximo de 2.650 dólares por cobertura individual y 5.250 dólares por familia en 2005 [40]–. Los beneficios de la cuenta no tributan, ni se utilizan para pagar los gastos médicos cualificados. Las cuentas permiten que el dinero no gastado pase de un año a otro, acumulándose en las mismas sin tener que pagar impuestos. Al tener franquicias más altas, las primas de este tipo de plan son más bajas que las de las prestaciones sanitarias comentadas anteriormente, lo que hace que sea muy atractivo para familias sin problemas médicos que no necesiten de asistencia continua y de servicios preventivos.

La justificación teórica de las cuentas de ahorro médico es que cuando un cliente se gasta su propio dinero en servicios médicos, es más responsable financieramente de las decisiones, de tal forma que no acude a un servicio de urgencias por un problema menor o decide tomar medicamentos genéricos en lugar de los que tienen marca[41].

Contención de los gastos sanitarios

El responsable de las prestaciones sociales de una empresa puede controlar los gastos de asistencia sanitaria diseñando o modificando con cuidado los seguros médicos y desarrollando programas que animen a sus empleados a adoptar estilos de vida saludables. Concretamente, el personal de RRHH puede:

- **Desarrollar un acuerdo de autofinanciación del seguro médico.** Una empresa se autofinancia cuando utiliza el dinero que pagaría para las primas de seguros creando un fondo con el que pagar los gastos sanitarios de los empleados. Con este plan, el empresario tiene el incentivo de asumir cierta responsabilidad sobre la salud de sus empleados. Se pueden diseñar los planes autofinanciados para aprovechar las eficiencias administrativas que se traducen en gastos menores por los mismos servicios ofrecidos por un plan de seguro médico tradicional[42].
- **Coordinar los planes de prestaciones sanitarias para familias en las que trabajan los dos cónyuges.** El personal de RRHH puede animar a las parejas que tienen doble cobertura a llegar a un acuerdo para compartir gastos. Muchas empresas, como General Electric, exigen a los empleados cuyos cónyuges trabajadores han renunciado al seguro médico de su empresa a que paguen una prima mayor que aquellos que tienen parejas que no trabajan o que no tienen esta prestación en su empresa[43].
- **Desarrollar un programa saludable para los trabajadores.** Los *programas saludables* evalúan el riesgo que tienen los trabajadores de padecer enfermedades graves (por ejemplo, una enfermedad cardiaca o un cáncer) y les enseña a reducir ese riesgo cambiando algunos hábitos (como la dieta, el ejercicio y a evitar algunos productos perjudiciales como el alcohol, el tabaco y la cafeína)[44]. Adolph Coors Company, el productor de cerveza con sede en Chicago, tiene un programa saludable estructurado en seis áreas: evaluación de peligros para la salud, ejercicio físico, técnicas para dejar de fumar, mejora de la nutrición y pérdida de sobrepeso, rehabilitación física y cardiovascular y control del estrés y el enfado. Se ha estimado que el programa saludable de Coors tiene una rentabilidad de 3,37 dólares por cada dólar que la empresa invierte[45].

PENSIÓN DE JUBILACIÓN

Tras la jubilación, las personas tienen tres fuentes principales de ingresos: Seguridad Social, ahorros propios y planes de pensiones. Puesto que se puede esperar que la Seguridad Social sólo proporcione en torno a una cuarta parte de los ingresos tras la jubilación, los jubilados deben disponer de planes de pensiones y ahorros propios para mantener su nivel de vida. Los planes de pensiones ayudan al empleado a alcanzar su objetivo financiero a largo plazo consistente en tener una determinada renta tras su jubilación.

Un servicio importante que puede ofrecer el departamento de RRHH a los empleados que se acercan a la jubilación es la asesoría previa. La *asesoría previa* se compone de una serie de sesiones que tiene el objetivo de informar a los empleados de sus prestaciones por jubilación de forma que puedan planificar adecuadamente el momento de retirarse[46]. Un especialista de prestaciones puede responder a las siguientes preguntas:

- ¿Cuáles serán mis ingresos totales una vez que esté jubilado tras añadir lo que reciba de la Seguridad Social?
- ¿Es preferible que reciba el importe de mi plan de pensiones en un solo pago o como una anualidad (una cantidad fija cada año)?
- ¿Cuáles serán los efectos fiscales sobre mis prestaciones por jubilación si gano unos ingresos adicionales con un trabajo a tiempo parcial?

Los planes de pensiones que están "autorizados" por la Agencia Tributaria (*Internal Revenue Service*) reciben un tratamiento fiscal favorable en virtud de la Ley General Tributaria. Para estar autorizado, el plan de pensiones debe permitir la participación a distintos tipos de empleados y no favorecer a los trabajadores de ingresos altos frente a los que menos cobran. En un plan de pensiones autorizado, los empleados no pagan impuestos sobre las contribuciones o aportaciones realizadas al plan hasta que estos fondos son distribuidos al llegar la jubilación. Además, los ingresos de las inversiones del fondo se acumulan sin tributar cada año. Los empresarios también pueden acogerse a una deducción fiscal por las aportaciones anuales que hacen al plan de pensiones autorizado.

ERISA

La ley reguladora fundamental de la administración de las **prestaciones de jubilación** en EE.UU. es la Ley para Asegurar los Ingresos en la Jubilación (*Employee Retirement Income Security Act, ERISA*). Aprobada en 1974, ERISA protege a los empleados de una gestión incorrecta de los planes de pensiones[47]. Las disposiciones clave de ERISA definen quién puede acogerse al plan, quién tiene el derecho de percepción y cuáles son los requisitos de financiación.

Ley para Asegurar Ingresos en la Jubilación (*Employee Retirement Income Security Act, ERISA*)
Una ley federal aprobada en 1974 para proteger las prestaciones de jubilación de un empleado ante una mala gestión.

- **Quién puede acogerse al plan de pensiones.** ERISA exige que la edad mínima para participar en un plan de pensiones no supere los 21 años. Sin embargo, las empresas pueden restringir la participación en el plan a los empleados que no hayan estado un año entero en la empresa.
- **Derecho a la percepción.** Se denomina así a la garantía que existe de que los participantes del plan se lleven sus fondos una vez que se jubilen o si se marchan de la empresa. Según las normas actuales de ERISA, para la percepción de las prestaciones se tiene que cumplir alguna de las dos situaciones siguientes: 1) derecho de percepción completa después de cinco años de servicio; 2) 20 por ciento del derecho de percepción después de tres años de servicio y un 20 por ciento adicional por cada año a partir de entonces, hasta que el empleado tenga el derecho de percepción completa en siete años de servicio. Las empresas pueden conferir el derecho de percepción más deprisa si así lo desean. El derecho de percepción es sólo por las aportaciones realizadas por la empresa al plan de pensiones. Cualquier aportación que haya hecho el empleado al plan será siempre de su propiedad, junto con cualquier ingreso acumulado derivado de esas aportaciones. Estos fondos aportados por los empleados y cualquier aportación concedida por el empresario, se denominan **prestaciones trasladables**, es decir, el trabajador se las lleva cuando se marcha a otra empresa.
- **Requisitos y obligaciones de la financiación.** Además de establecer las líneas directrices de los requisitos mínimos del plan de pensiones, ERISA exige que los administradores del plan actúen de forma prudente a la hora de invertir los fondos de los participantes. Los planes que no satisfagan los criterios de financiación de ERISA están sujetos a sanciones impuestas por la Agencia Tributaria.

Derecho de percepción
Una garantía de que las prestaciones acumuladas por jubilación serán percibidas por los participantes en un plan de jubilación cuando se jubilen o se marchen de la empresa.

Prestaciones trasladables
Prestaciones para los trabajadores, normalmente fondos del plan de pensiones, que mantiene el empleado aunque cambie de empresa.

Para proteger a los empleados de cualquier posible error que cometiera el empresario a la hora de cumplir sus obligaciones con el plan de pensiones, ERISA obliga a pagar un seguro por extinción, que garantiza el pago de las prestaciones a los empleados incluso si desaparece el plan (ya sea por decisiones incorrectas de inversión o porque la empresa ha quebrado) antes de que los empleados se jubilen. El seguro por extinción, para los planes de prestaciones definidas (analizados a continuación), lo ofrece la **Corporación de Garantías de Prestación de Pensiones (*Pension Benefit Guaranty Corporation*)**, que es una agencia pública.

Corporación de Garantías de Prestaciones de Pensiones (*Pension Benefit Guaranty Corporation*)
Agencia gubernamental que ofrece un seguro por extinción del plan a los empresarios con planes de prestaciones definidas.

Planes de pensiones de prestación definida

Un **plan de prestaciones definidas**, también llamado **pensión**, es un plan de pensiones que promete pagar una cuantía fija en dólares como ingresos de jubilación, a partir de una fórmula que tiene en cuenta la media de los ingresos del empleado de los tres a cinco últimos años antes de la jubilación. La cuantía de los ingresos anuales aumentan con los años de servicio a la empresa. Por ejemplo, a partir de un salario medio final en los cinco años anteriores a la jubilación de 50.000 dólares, el plan de pensiones de Eastman Kodak paga al empleado jubilado con 30 años de servicio 20.523 dólares anuales cuando tiene 65 años. Merck, el gigante farmacéutico, paga a un empleado con el mismo salario y 30 años de servicio 24.000 dólares anuales cuando llega a los 65 años[48]. Es más probable que las empresas medianas y grandes sean las que ofrezcan un plan de pensiones a sus trabajadores. El 50 por ciento de estas empresas ofrecen un plan de prestaciones definidas, sin embargo, sólo el 15 por ciento de las empresas pequeñas ofrecen este tipo de plan (*véase* la Figura 12.2).

Plan de pensiones de prestación definida
Un plan de pensiones que promete pagar una cantidad fija como pensión por jubilación en función de una fórmula que tiene en cuenta los ingresos medios del empleado de los tres o cinco años anteriores a la jubilación.

Según el plan de prestaciones definidas, la empresa asume todos los riesgos de proveer los ingresos prometidos al jubilado y, probablemente, haga todas las aportaciones financieras al plan. Los planes de prestaciones definidas son más adecuados para empresas que quieren ofrecer una pensión de jubilación segura y predecible a sus empleados. Dow Chemical, con sede en Michigan, es una de estas empresas[49]. Estos planes son menos adecuados en empresas que hacen hincapié en la asunción de riesgos y quieren que los empleados compartan los riesgos y responsabilidades de la gestión de sus activos para la jubilación.

La mayoría de las compañías que utilizan los planes de prestaciones definidas proporcionan una pensión después de que el empleado haya trabajado sólo de 30 a 35 años para la empresa. A los que cambian de empresa se les penaliza con la percepción de pensiones más bajas. Los empleados entran actualmente al mercado de trabajo esperando cambiar de puesto y de empresa en varias ocasiones. Por tanto, los planes de prestaciones definidas son menos atractivos para estos trabajadores. En consecuencia, ha disminuido el número de empresas que ofrecen este tipo de plan de pensiones[50].

Planes de pensiones de contribución definida

Un **plan de contribución definida** es un plan de pensiones en el que el empresario promete contribuir con una cantidad específica a los fondos del plan por cada participante. Por ejemplo, un plan de contribución definida puede exigir que el empresario contribuya al plan con un seis por ciento del salario del empleado, en cada uno de los períodos retribuidos. Algunos planes de contribuciones definidas también permiten, o exigen que los empleados haga contribuciones adicionales al plan. La pensión que reciben los participantes depende del éxito de las inversiones del plan y, por tanto, no se pueden prever con antelación[51]. Las empresas que valoran el que los empleados participen y asuman riesgos ofrecerán estos planes de contribuciones definidas. Los empleados puede que tengan que decidir cómo asignar sus fondos de jubilación a partir de distintas posibilidades de inversión que suponen diferentes niveles de riesgo. Puesto que exigen menos obligaciones para los empresarios que los planes de prestaciones definidas, la mayoría de los nuevos planes son de contribuciones definidas.

Plan de pensiones de contribución definida
Un plan de pensiones en el que el empresario promete contribuir con una determinada cantidad de fondos al plan, por cada participante. El valor final de la pensión de jubilación de cada participante depende del éxito de las inversiones del plan.

Existe un inconveniente a que se extienda el uso de los planes de contribuciones definidas. Los empleados con un nivel elevado de formación e ingresos pueden beneficiarse de los mismos, pero pueden ser nefastos para los trabajadores de salarios bajos, según un informe del Comité del Senado sobre RRHH y Laborales. Para el 2020 se espera que más de 50 millones de estadounidenses alcancen la edad de jubilación, pero muchos no podrán

Plan	Disponible para	Adecuado para	Contribución máxima	Desgravación fiscal de las ganancias de las contribuciones
401(k)	Trabajadores de empresas lucrativas	Cualquiera que pueda acogerse al plan	15 por ciento del salario hasta 14.000 dólares en 2005	Sí/Sí
IRA	Cualquiera que tenga ingresos	Aquellos que no están en una empresa con planes de pensiones o que ya han puesto el máximo posible en el plan de la empresa	100 por 100 del salario, hasta 4.000 dólares; 8.000 dólares si se comparte con el cónyuge	A veces/Sí
SEP	Los trabajadores autónomos y los de pequeñas empresas	Trabajadores autónomos que son propietarios únicos	25 por ciento de los ingresos brutos del trabajador autónomo o 41.000 dólares, el que sea menor	Sí/Sí
Participación en beneficios Keogh	Los trabajadores autónomos y los trabajadores de pequeñas empresas sin personalidad jurídica	Propietarios de pequeñas empresas que están financiando un plan para sí mismos y sus trabajadores	Igual que el anterior	Sí/Sí

Fuente: Página web de la Agencia Tributaria (*Internal Revenue Service*) (2005). www.irs.gov.

Figura 12.6 ■ Comparación de los planes de pensiones de contribución definida.

jubilarse porque, como perceptores de ingresos bajos, no habrán podido invertir en los planes de contribuciones definidas creados por sus empresas. Muchos de estos trabajadores de ingresos reducidos son mujeres[52].

La Figura 12.6 resume los planes más habituales de contribuciones definidas: el plan 401(k), la individual retirement account (IRA, cuenta de jubilación individual), la *simplified employee pension* (SEP, pensión simplificada para empleados) y el plan de participación en beneficios Keogh. Todos estos planes tienen ventajas fiscales que pueden resultar muy valiosas a largo plazo.

Plan 401(k). Para comprender las características y ventajas de un *plan 401(k)* (así como otros planes de pensiones con tributación diferida) considérese la siguiente situación. Suponga que quiere ahorrar 100 dólares al mes para su jubilación, que está usted incluido en el intervalo de renta imponible del 28 por ciento y que el dinero que invierta va a rendir al ocho por ciento anual. Si ahorra dinero y lo pone en una libreta de ahorro, los 1.200 dólares que va a apartar cada año quedarán, de hecho reducidos a 864 dólares por los impuestos (*véase* la Figura 12.7). Con los intereses de un año, los 864 dólares pasarán a ser 891. Cada año, los ingresos derivados de la inversión también serán gravados al tipo del 28 por ciento. Si sigue aportando 1.200 dólares cada año a su cuenta personal, su fondo de pensiones llegará a los 67.514 dólares en 30 años.

Con los planes de pensiones con impuestos diferidos, como el 401(k), el dinero que ahorra cada mes no tributa. Por tanto, cada año está ahorrando los 1.200 dólares que está

	Cuenta personal	Plan de retribución diferida
Salario apartado anualmente (100 dólares al mes)	1.200$	1.200$
Menos impuestos (28%)	336$	0$
Cantidad neta de la inversión anual	864$	1.200$

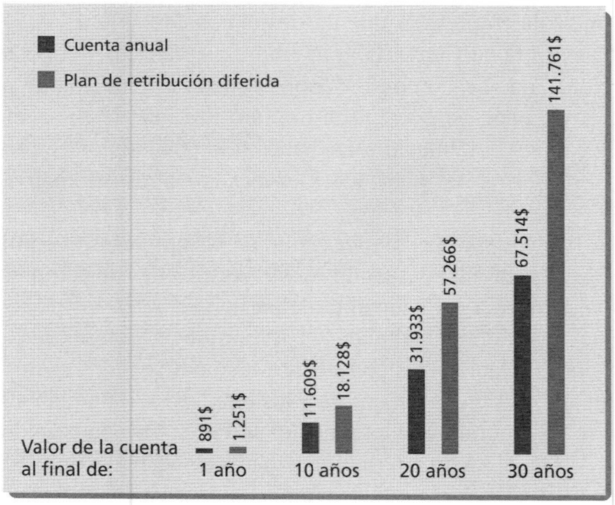

Fuente: Estado de Tennessee. *Introduction to the deferred compensation programs.*

Figura 12.7 ■ Cuenta personal frente al plan de retribución diferida.

añadiendo a su participación en el plan. Además, los ingresos de su inversión tampoco tributan. Tras el primer año, el valor de su cuenta será de 1.251 dólares (que deben ser comparados con los 864 de la cuenta personal). Tras 30 años, el fondo llegará a los 141.761 dólares, más del doble que lo que aporta la libreta de ahorro. Cuando se jubile y retire su participación, éstos tributarán al tipo impositivo de su jubilación.

Cualquiera que trabaje en una empresa con ánimo de lucro puede participar en el plan 401(k)[53]. La mayoría de las empresas que crean planes 401(k) aportarán entre el 25 y el 100 por 100 de las contribuciones que realice el empleado con un máximo del seis por ciento de su salario[54]. En 2005, la contribución anual máxima del empleado podía ascender hasta el 15 por ciento de su salario, con un límite de 14.000 dólares anuales. Los empleados de empresas no lucrativas pueden también ahorrar para su jubilación con un plan 403(b), que tiene las mismas características que el 401(k). El plan 403(b) permite que los empleados de empresas no lucrativas tengan las mismas ventajas que las que se ofrecen a los empleados de empresas lucrativas que participan en un plan 401(k).

La particularidad del plan 401(k) es que es atractivo para el empresario y para el empleado. Los empleados se benefician porque acumulan fondos para la jubilación con impuestos diferidos; las empresas se benefician al reducir el riesgo puesto que no tienen que pagar nada al empleado cuando se va o se jubila. Normalmente, los empleados son libres de decidir individualmente si quieren invertir en estos fondos. Las alternativas son seguir una estrategia de inversión con un elevado rendimiento potencial, pero arriesgándose a recibir un rendimiento bajo o incluso negativo y una estrategia de bajo riesgo y un rendimiento bajo o moderado. La inversión en el mercado de valores es un ejemplo de la primera estrategia de inversión; la inversión en una cuenta de ahorro constituye un ejemplo de la segunda estrategia.

Un aspecto muy controvertido de los planes 401(k) es que permite a las grandes empresas hacer sus contribuciones en forma de acciones propias. Por ejemplo, Procter & Gamble, Pfizer, General Electric y McDonald´s utilizan acciones de la empresa para hacer las contribuciones al plan 401(k)[55]. Un empleado que tiene gran parte de sus ahorros para la jubilación en acciones de una sola empresa asume un riesgo considerable. El riesgo se hizo visible en 2001 con la bancarrota de Enron, la gran empresa eléctrica, y el posterior colapso del precio de sus acciones que acabó con los ahorros para la jubilación de miles de trabajadores[56]. Pero fue todavía peor, ya que Enron impidió la venta de sus acciones hasta que los empleados no llegaran a la jubilación. De haber sido posible, los empleados habrían intentado recolocar sus ahorros del plan 401(k) buscando otras alternativas de inversión de menor riesgo.

Un desarrollo reciente que han adoptado el 59 por ciento de las empresas que utilizan los planes 401(k) es la participación automática, según Hewitt Associates, una empresa de consultoría. Se ha establecido esta norma para aumentar la participación en los planes del 25 por ciento de empleados que no se adhieren al plan 401(k) porque pueden sentirse aturdidos de tener que tomar decisiones relacionadas con sus prestaciones sociales al empezar a trabajar. Con la participación automática, se incorpora a los empleados a un plan 401(k) en el mismo momento en que se les contrata y se les da la opción de salirse en caso de que no quieran participar. Cuando ALON USA, una refinería de petróleo de Texas, implantó la participación automática en su plan 401(k), el nivel de participación de la plantilla aumentó de un 40 a un 80 por ciento[57].

IRA. Una *cuenta de pensiones individual* permite a las personas contribuir en 2005 con 4.000 dólares libres de impuestos (u 8.000 dólares en una cuenta conjunta con el cónyuge). A diferencia de otros planes de contribución definida, las IRA son planes de ahorro personal, es decir, los empresarios no contribuyen a estos planes. Al igual que en el plan 401(k), el interés de una cuenta de pensiones es que se difieren los impuestos hasta que el empleado retira los fondos cuando se jubila. Esta ventaja fiscal no es aplicable a los empleados que participan en un plan de pensiones autorizado con su empresa y/o para los empleados que tienen unos ingresos brutos ajustados de al menos 55.000 dólares (para solteros) o 75.000 dólares (casados que tributan conjuntamente). Sin embargo, estas restricciones no se aplican a los ingresos por los impuestos diferidos de IRA. A estos planes se pueden acoger tanto los empleados cuya empresa no ofrece un plan de pensiones como los que ya han contribuido con el máximo posible al plan de su empresa. Se espera que la contribución máxima individual de IRA aumente a 5.000 dólares en 2008.

En 1998 entró en vigor una nueva versión de las IRAs, llamada *IRA Roth* que permite a la gente aportar hasta 4.000 dólares anuales de sus ingresos después de impuestos a un plan de ahorro en el que la acumulación de los intereses de las contribuciones hechas no tributan y la recuperación de los fondos tampoco tributan tras la jubilación. La IRA Roth (parecida a la IRA) exige que la persona cumpla al menos 59 años y medio para poder retirar los ahorros sin ser penalizada. Las IRAs Roth quedan limitadas a personas cuyos ingresos brutos ajustados sean inferiores a 110.000 dólares si son solteras y 160.000 dólares si están casadas y tributan conjuntamente. La IRA Roth tiene ventajas para las personas que saben que en el futuro estarán en los límites impositivos máximos, porque los ahorros de impuestos posibles quedarían diluidos por las distribuciones libres de impuestos de la pensión cuando la persona salta a un tipo impositivo superior[58].

SEP. Una *pensión simplificada para empleados* es parecida a una IRA, pero mientras que IRA sólo es aplicable a las personas que también participan en un fondo de pensiones con su empresa (participación sujeta a los límites descritos anteriormente), las SEPs sólo son para empleados autónomos o que trabajan en empresas pequeñas que no ofrecen un plan de pensiones. Los que pueden participar en estos planes pueden invertir hasta el 25 por ciento de sus ingresos anuales o 41.000 dólares (la cuantía menor) difiriendo los impuestos.

Plan de participación en beneficios Keogh. Un *plan de participación en beneficios Keogh* proporciona las mismas contribuciones máximas que las SEPs, pero permite a la empresa contribuir a la cuenta de jubilación del empleado en función del rendimiento de la empresa medido por sus beneficios. Así, los planes de participación en beneficios Keogh permiten a las empresas hacer aportaciones más pequeñas cuando los beneficios son reducidos y aportaciones más altas cuando los beneficios son elevados. Los planes Keogh tienen tres grandes ventajas. Primera, puesto que permiten a los empleados compartir el éxito de la empresa, fomentan un sentimiento de trabajo en equipo. Segunda, permiten a las empresas aportar al plan de pensiones en función de su capacidad de pago. Tercera, las ventajas fiscales son parecidas a las de las SEPs.

Planes de pensiones híbridos. Se han creado diversos planes de pensiones híbridos para resolver las limitaciones tanto de los planes de prestaciones definidas como de los planes de contribuciones definidas. Los planes de prestaciones definidas recompensan los servicios a largo plazo en un mundo en el que los empleados se mueven cada vez más. Y mientras que los planes de contribución definida permiten una mayor movilidad que los planes de prestación definida, los primeros están más vinculados con los rendimientos de la inversión que con los laborales. Así, los trabajadores que cambian con frecuencia de trabajo pueden encontrarse con una menor pensión que los que trabajan en una empresa con un plan de pensiones tradicional. Uno de los planes híbridos más conocidos, diseñado para crear un puente entre estos dos tipos de planes de pensiones, es el *plan de saldos en efectivo*, que funciona de la siguiente manera: los empleados reciben cada año un crédito de una cierta cantidad de dinero para su jubilación con impuestos diferidos, cantidad que se fija en función de su retribución anual. Estas contribuciones se remuneran utilizando un tipo de interés acordado (como, por ejemplo, el tipo de interés de los bonos del Tesoro a cinco años). Los empleados se llevan los saldos en efectivo cuando cambian de trabajo. Uno de los inconvenientes de los planes de saldos en efectivo es el tiempo que requieren y lo caro que resulta mantener los registros de las cuentas individuales. Otro aspecto problemático es el efecto sobre los empleados cuando una empresa decide pasar de un plan de pensiones tradicional a uno de saldos en efectivo. En algunos casos, el plan de saldos en efectivo ofrece una pensión menor a los empleados con mayor antigüedad en comparación a las tradicionales. Como se describía en el recuadro de apertura de este capítulo, IBM hizo esta transición sin ofrecer a los empleados que estaban cerca de su edad de jubilación la posibilidad de seguir con el plan tradicional. Los empleados afectados protestaron enérgicamente, amenazando a la empresa con organizar un sindicato para proteger sus intereses[59].

A pesar de los inconvenientes potenciales, los planes de saldos en efectivo se están haciendo muy populares porque constituyen una forma eficaz de retener a los empleados más jóvenes. Dos empresas que ofrecen estos planes son Duracell International y el Bank of America[60].

SEGUROS

Un gran número de planes de seguros pueden ofrecer seguridad financiera a los empleados y a sus familias. Dos de los seguros ofertados por las empresas y de más valor son los seguros de vida y el seguro de invalidez permanente.

Seguro de vida

El *seguro de vida* básico paga una prestación a los familiares de un empleado fallecido. La prestación normal proporciona entre una y dos veces los ingresos anuales del empleado. Por ejemplo, Citicorp y AT&T ofrecen a sus empleados seguros de vida que pagan un año del salario a sus herederos. En la mayoría de los casos, las pólizas de seguros de vida sólo cubren a los trabajadores mientras están trabajando para la organización. Las empresas que disponen de una política de prestaciones flexibles pueden permitir que los empleados incluyan prestaciones adicionales a las básicas. Un empleado que tenga, por ejemplo, una mujer que no trabaja, puede necesitar una prestación de entre tres y cinco años de salario para sus herederos. Aproximadamente el 87 por ciento de las empresas medianas y grandes ofrecen seguros de vida a sus empleados a tiempo completo.

Seguro de invalidez permanente

Los empleados que padezcan alguna lesión grave producida fuera del trabajo (por ejemplo, un accidente de coche) pueden quedar incapacitados para realizar sus tareas laborales durante un período largo de tiempo. Estos empleados necesitan una renta sustitutiva para cubrir la pérdida de ingresos mientras que se recuperan del accidente o, si han quedado discapacitados permanentemente para el resto de su vida. La indemnización por accidentes no paga rentas por invalidez a las personas que han sufrido un accidente fuera del trabajo y la Seguridad Social ofrece una renta modesta que sólo cubre las necesidades más básicas.

Los seguros por invalidez permanente proporcionan una renta sustitutiva a los empleados discapacitados que no pueden realizar sus tareas laborales esenciales. Un empleado podrá recibir las prestaciones por invalidez tras haber estado incapacitado seis meses o más. Estas prestaciones van desde el 50 hasta el 67 por ciento del salario[61]. Por ejemplo, Xerox ofrece una renta sustitutiva del 60 por ciento con su seguro de invalidez permanente, mientras que IBM ofrece hasta el 67 por ciento[62]. Los empleados que tienen una discapacidad durante menos de seis meses probablemente recibirán una renta sustitutiva a cargo de la póliza de baja por enfermedad (analizada más adelante en este capítulo). Los empleados también pueden pagar seguros por invalidez a corto plazo, que ofrecen cobertura hasta que el seguro por invalidez a largo plazo entra en vigor.

Con las prestaciones de la Seguridad Social añadidas a las prestaciones de los seguros por invalidez permanente, la renta sustitutiva total que recibe el empleado oscilará probablemente entre el 70 y el 80 por ciento de su salario. Los planes de seguros por invalidez permanente suelen tener en cuenta la Seguridad Social y están diseñados para que los empleados discapacitados no reciban más del 80 por ciento de su salario de estas dos fuentes juntas, partiendo de la teoría de que un porcentaje mayor podría desincentivar la vuelta al trabajo. Aproximadamente el 43 por ciento de las empresas medianas y grandes ofrecen seguros por invalidez permanente a sus trabajadores (*véase* la Figura 12.2).

TIEMPO LIBRE REMUNERADO

El tiempo libre remunerado incluye descansos de las horas de trabajo programadas, de forma que los empleados puedan dedicar tiempo al ocio o a sus obligaciones personales o cívicas. Dentro del tiempo libre remunerado se incluyen las bajas por enfermedad, las vacaciones, las indemnizaciones por despido y los días festivos. El tiempo libre remunerado es una de las prestaciones más caras ofertadas por las empresas, ya que cuestan un 6,7 por ciento del coste total de las nóminas[63].

Baja por enfermedad

La *baja por enfermedad* proporciona el sueldo completo por cada día que el empleado tiene una enfermedad o incapacidad a corto plazo que interfiere en la realización de su trabajo. Se suele recompensar a los empleados con cuantías mayores en concepto de baja por enfermedad a cambio de un servicio a largo plazo en la empresa. Según la oficina de estadísticas laborales estadounidense, las empresas que proporcionan prestaciones de baja por enfermedad ofrecen 15 días de baja a los empleados con un año de servicio a tiempo completo en la empresa. Muchas empresas permiten a sus empleados acumular los días de baja a lo largo de los años. Por ejemplo, un empleado con diez años de antigüedad puede acumular 150 días de baja por enfermedad si no los ha disfrutado en esos diez años (diez años x 15 días de baja por enfermedad anual = 150 días). Esta cobertura acumulada bastaría para ofrecer al empleado una renta sustitutiva completa durante los seis primeros meses de una enfermedad grave, tras los cuales el seguro por invalidez permanente entraría en funcionamiento.

Algunas empresas permiten que los empleados que se jubilan reciban la paga equivalente a los días de baja por enfermedad y a los días libres que tengan acumulados. Por ejemplo, cuando John Young se jubiló como director general de Hewlett-Packard cobró 937.225 dólares en concepto de días de baja por enfermedad y días libres acumulados durantes sus 34 años de servicio en la empresa[64].

Un especialista de prestaciones sociales debe hacer un seguimiento y controlar las bajas por enfermedad para evitar que los empleados utilicen estos días para ocuparse de sus asuntos personales o para tomarse un día libre por “día de salud mental”. El departamento de RRHH debe considerar la puesta en marcha de las siguientes medidas:

- Crear un programa de incentivos “por buena salud” que recompensa monetariamente a los empleados que no utilizan ningún día de baja por enfermedad. Los programas de buena salud también pueden animar a los empleados a adoptar estilos de vida más saludables y que soliciten así menos prestaciones médicas. Por ejemplo, Quaker Oats ofrece primas de unos 500 dólares a los empleados que hagan ejercicio, dejen de fumar o lleven puesto el cinturón de seguridad[65].
- Establecer horarios laborales flexibles de tal forma que los empleados puedan ocuparse de sus asuntos personales durante la semana, reduciendo así la necesidad de utilizar los días de baja por enfermedad con estos fines.
- Recompensar a los empleados con el pago de una cuantía que represente sus días de baja por enfermedad no utilizados cuando se van de la empresa o se jubilan. Alternativamente, se puede ofrecer a los empleados la posibilidad de tener un mayor número de días libres como porcentaje de los días de baja por enfermedad no utilizados.
- Permitir que los empleados reciban uno o dos días al año para asuntos personales. Esto ayuda a desanimar a los empleados a considerar que las bajas por enfermedad son días de tiempo libre a los que tienen derecho incluso si no están enfermos.
- Establecer un banco de tiempo libre remunerado. Se trata de una política que acumula el tiempo libre en un banco de días que los empleados utilizan para días libres, bajas por enfermedad, días para resolver asuntos personales y días festivos. Este programa permite a los empleados elegir cómo utilizarán su tiempo libre sin tener la presión de justificar su ausencia al jefe. Con el banco de tiempo libre remunerado, los empleados pueden tomarse días libres por cualquier motivo el tiempo programado con los super-

visores. Se puede utilizar también el tiempo libre por razones no previstas como enfermedad o emergencias[66].

Vacaciones pagadas

Las empresas ofrecen vacaciones pagadas para que sus empleados tengan tiempo de relajarse del estrés y los agobios de la rutina laboral diaria. Las vacaciones permiten a los empleados recargarse psicológica y emocionalmente y pueden mejorar el rendimiento laboral[67]. Muchas empresas recompensan los servicios a largo plazo en la empresa con más días de vacaciones. Por ejemplo, los empleados de Hewlett-Packard con un año de servicio pueden tomarse 15 días; tras 30 años, tienen derecho a 30 días.

La Figura 12.8 muestra una comparativa internacional del número anual de vacaciones que tienen los empleados tras un año de servicio. Los empleados estadounidenses reciben una media de diez días (dos semanas) de vacaciones. Esta cifra es igual en Japón, pero mucho menor que en la mayoría de los países pertenecientes a la Unión Europea. Por ejemplo, los trabajadores franceses disponen de 30 días (seis semanas) y los trabajadores británicos de 25 días (cinco semanas). Muchos países europeos tienen leyes que estipulan la cantidad de vacaciones de los trabajadores pero en EE.UU. no existen estas leyes.

Algunas empresas estadounidenses empiezan a ofrecer a sus empleados un *sabático*, que es una ampliación de las vacaciones. Los sabáticos, que pueden considerarse aquí como vacaciones, ayudan a los empleados a mejorar sus cualidades o a ofrecer un servicio a su comunidad. Los períodos sabáticos son muy comunes en el mundo docente, donde son una tradición. En el mundo empresarial, donde son más novedosos, se ofrecen con más frecuencia en el sector de alta tecnología, en el que los empleados cualificados pueden quedarse obsoletos rápidamente y necesitan una renovación de sus conocimientos. En Intel, por ejemplo, los ingenieros y técnicos que han trabajado para la empresa siete años tienen derecho a un sabático remunerado de ocho semanas, además de sus vacaciones anuales. Los empleados han utilizado estos sabáticos para seguir formándose, enseñar en

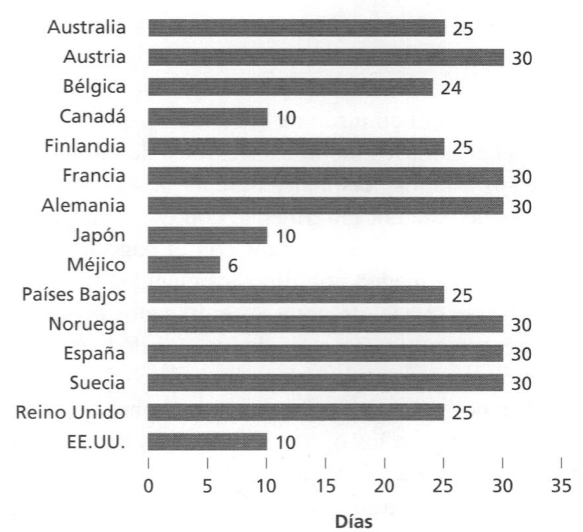

Fuente: Galvan, S. (6 de julio de 2004). Wake up and smell the beach, Americans. *Denver Post*, 8-6.

Figura 12.8 ■ Número medio de días de vacaciones pagadas al año en diversos países.

colegios públicos y facultades o realizar trabajos de voluntariado en organizaciones sin ánimo de lucro[68].

Indemnizaciones por despido

Aunque no se consideran normalmente una prestación que ofrece la empresa, las indemnizaciones por despido también constituyen una forma de tiempo libre remunerado. El tiempo de indemnización que se conceda varía mucho. Algunas organizaciones ofrecen un mes de sueldo por cada año trabajado, normalmente con el límite máximo de un año de salario. Las indemnizaciones por despido protegen ante el despido y dan financiación para que el empleado busque un nuevo puesto de trabajo.

Días festivos y otros tipos de tiempo libre remunerado

Muchas empresas ofrecen a sus empleados días festivos o se les paga las horas extra si tienen que trabajar o quieren trabajar durante sus vacaciones. En EE.UU., las empresas conceden una media de diez días festivos por año. En otros países se conceden una cantidad similar o superior de diez días. Por ejemplo, las empresas del Reino Unido conceden una media de diez días, 13 en Brasil, 14 en Japón y 11 en Francia[69]. Aunque no se les obliga, muchas empresas ofrecen una baja también remunerada a los empleados que tienen que participar como jurado en un juicio. En el sector industrial, donde los empleados trabajan con plazos muy cortos, muchas empresas ofrecen (ya sea voluntariamente o por negociación colectiva) tiempo para que coman, se limpien y se vistan. Algunos convenios colectivos (sobre todo en las empresas ferroviarias y en otras empresas de transporte) también estipulan que se debe pagar a los empleados por las horas programadas que no se han podido trabajar porque no había trabajo.

SERVICIOS A LOS EMPLEADOS

La última categoría de prestaciones sociales son los *servicios* que ofrecen las empresas, libres de impuestos, o con impuestos diferidos, para mejorar la calidad de vida profesional o personal de sus trabajadores. La Figura 12.9 muestra algunos de los servicios más

1. Donaciones caritativas
2. Asesoría/asistencia
   a. Financiera
   b. Legal
   c. Psquiátrica/psicológica
3. Preparación de las declaraciones de impuestos
4. Ayudas a la educación
5. Adopción de niños
6. Guardería
7. Atención a mayores
8. Servicios de comidas financiados
9. Descuentos en productos
10. Programas de ejercicio físico y de cuidado de la salud
11. Actividades sociales y de ocio
12. Aparcamiento
13. Transporte de y al trabajo
14. Gastos de viaje
    a. Devolución de los gastos de coche
    b. Peajes y aparcamiento
    c. Alimentación y ocio
15. Devolución del gasto/descuento en ropa
16. Devolución del gasto/descuento en herramientas
17. Gastos de mudanza
18. Préstamos rápidos
19. Cooperativas de crédito
20. Hogar
21. Programas de ayuda al empleado
22. Servicios sanitarios in situ
23. Servicios de ayuda al empleado ("chico de los recados")

Fuente: HR Focus. (junio de 2000). What benefits are companies offering now?, 5-7.

Figura 12.9 ■ Prestaciones sociales o servicios libres de impuestos o con buen tratamiento fiscal.

utilizados. Entre estos servicios cabe destacar el servicio de guardería, la pertenencia a una asociación sanitaria, las cafeterías de empresa financiadas, el aparcamiento y los descuentos en los productos de la empresa.

Las empresas están adoptando una nueva perspectiva sobre los servicios y sobre su valía para los empleados. Durante años, las empresas han ofrecido servicios a modo de prueba y experimentación, a menudo como un entrante del plato fuerte constituido por los serguros médicos y los planes de pensiones. Pero hoy en día los están utilizando para atraer y retener a los empleados, sobre todo si no pueden ofrecer salarios o aumentos salariales competitivos. John Jancock Mutual Life Insurance, de Boston, recluta a empleados potenciales dando mucha importancia a las prestaciones sociales que ofrece (horarios flexibles, servicios de cuidado de familiares, un gimnasio y comida a domicilio de la cafetería de la empresa)[70]. Accenture, una empresa consultora de IT, proporciona como prestación un "chico para los recados" debido a que sus consultores están normalmente muy ocupados, ya que pasan mucho tiempo fuera de casa, viajando para ocuparse de sus proyectos de consultoría. El servicio de "chico para los recados" se ocupa de realizar las labores personales de los trabajadores, como el cuidado del coche, llevar la ropa a la tintorería, planificar acontecimientos, comprar regalos y billetes de viaje. Esta ayuda reduce el estrés del empleado al reducir el tiempo que los trabajadores tienen que emplear en asuntos personales[71].

Algunas empresas ofrecen servicios poco convencionales. Por ejemplo, un servicio muy popular es el de las clases de defensa personal. Model Muggings, de Boston, una empresa especializada en enseñanza de técnicas de defensa personal, ha experimentado un considerable crecimiento de la demanda de clases *in situ.* Cuando el editor de libros Houghton Miffin empezó a ofrecer las clases de Model Muggings en sus oficinas de Boston, se apuntaron inmediatamente 210 de los 800 trabajadores[72].

Uno de los servicios a los empleados más valorados hoy en día es el de guardería[73]. Actualmente, casi el cinco por ciento de las empresas estadounidenses ofrece algún tipo de prestación para el cuidado de los niños y este porcentaje aumentó probablemente debido al número creciente de padres o madres solteros y a las familias con una doble carrera profesional y con hijos[74].

Las empresas que deciden ofrecer servicios de guardería tienen varias opciones. La más cara es tener una guardería en la propia empresa. Otras opciones consisten en financiar los gastos de guardería de los empleados y la creación de un servicio de guarderías de referencia para los padres trabajadores[75]. Puesto que los servicios de guarderías de referencia son también muy caros, las empresas suelen financiar entre el 50 y el 75 por ciento de los gastos y exigen al trabajador que pague el resto[76].

ADMINISTRACIÓN DE LAS PRESTACIONES SOCIALES

Concluimos este capítulo analizando dos cuestiones fundamentales de la administración de las prestaciones sociales a los empleados: 1) la utilización de prestaciones flexibles y 2) la importancia de informar de las prestaciones a los empleados. El departamento de RRHH suele ser el principal responsable de la administración de las prestaciones, pero los directivos tienen que ayudar a informar a los empleados sobre las distintas opciones, ofrecer consejos de vez en cuando, mantener los registros (sobre los días de vacaciones o de baja por enfermedad) y estar preparados para acudir al departamento de RRHH cuando surjan problemas.

PRESTACIONES SOCIALES FLEXIBLES

Como hemos visto, los empleados necesitan prestaciones sociales distintas, dependiendo de la edad, el estado civil, si el cónyuge trabaja y tiene una cobertura médica duplicada y si tienen hijos o no. Un programa de prestaciones flexibles permite a los empleados elegir entre una serie de prestaciones ofrecidas por el empresario, como el servicio de oftalmología, dentista, cobertura médica para los familiares, cobertura adicional del seguro de vida, seguro por invalidez permanente, servicios de guardería, servicios de atención a las personas mayores, más tiempo libre remunerado, servicios de asesoría legal y aportaciones a un plan de pensiones 401(k)[77].

Como se muestra en la Figura 12.2, el 13 por ciento de las empresas estadounidenses medianas y grandes tienen un plan de prestaciones sociales flexibles. Algunas de estas empresas son TRW Systems, Educational Testing Services, DaimlerChrysler y Bell Atlantic[78]. En el futuro, a medida que la fuerza de trabajo se haga más diversa, un mayor número de empresas tenderán a implantar planes de prestaciones flexibles.

Tipos de planes de prestaciones sociales flexibles

Los planes de prestaciones sociales flexibles más conocidos son los planes modulares, los planes con opciones adicionales a las principales y las cuentas de gastos flexibles[79].

Los *planes modulares* contienen un conjunto de prestaciones distintas, o distintos niveles de cobertura de prestaciones, diseñados para distintos grupos de empleados. Por ejemplo, el Módulo A puede ser un paquete de prestaciones básicas financiado totalmente por el empresario. Sólo incluirá las prestaciones más esenciales y estaría diseñado para empleados solteros. El Módulo B podría incluir todo lo que está incluido en el A, más algunas prestaciones sociales adicionales, como la cobertura de la familia en el seguro médico, los servicios de dentista y de guardería. Este módulo podría ser el adecuado para empleados casados con hijos pequeños y podría financiarse con aportaciones del empresario y del empleado.

Los *planes con opciones extras a las principales* contienen un conjunto central de prestaciones sociales y una amplia gama de opciones de prestaciones adicionales que los empleados pueden añadir a las principales. Estas prestaciones principales están diseñadas para ofrecer una seguridad económica mínima a los empleados y suelen incluir un seguro médico básico, seguro de vida, seguro por invalidez permanente, planes de pensiones y vacaciones. Las opciones extras proporcionan a los empleados "créditos de prestaciones" que les permiten "comprar" las que deseen. En la mayoría de los casos, todos los empleados reciben la misma cantidad de crédito y pueden utilizarla para comprar coberturas mayores de prestaciones principales o para adquirir otras prestaciones, como el dentista o la guardería.

Las *cuentas de gastos flexibles* son cuentas individuales para cada empleado, financiadas por la empresa, el empleado (con dólares antes de impuestos), o por ambos. Los empleados "pagan" el paquete de prestaciones sociales con sus cuentas. El resultado se puede añadir a la paga que llevan a casa, porque los empleados no pagan impuestos por el dinero que han gastado de estas cuentas para prestaciones. Los gestores de las prestaciones deben diseñar cuentas de gastos flexibles que cumplan la normativa establecida en la Sección 125 de Ley General Tributaria (*Internal Revenue Code*), que regula qué prestaciones quedan exentas de impuestos y cuáles no. Por ejemplo, las prestaciones en educación y para compartir transporte no se pueden incluir en una cuenta de gastos flexibles porque son prestaciones que tributan.

Obstáculos para la concesión de prestaciones sociales flexibles

Las prestaciones flexibles ofrecen a los empleados la oportunidad de personalizar el paquete de prestaciones que les resulte útil y que suponga un coste razonable para la empresa. Sin embargo, plantean algunas dificultades para los que administran las prestaciones:

- **Selección adversa.** El problema de la *selección adversa* se produce cuando hay un número de empleados que utilizan una prestación determinada más de lo que la utiliza el empleado medio. La utilización intensiva de una prestación puede elevar el coste de la misma y obligar al empresario, o bien a aumentar sus gastos en prestaciones, o bien a reducir la cobertura que ofrece. Por ejemplo, los empleados que saben que van a necesitar unos cuidados dentales muy caros pueden seleccionar la opción de dentista en vez de otra prestación. O bien, los empleados que saben que tienen muchas probabilidades de tener una muerte temprana (debido a que tienen una elevada presión sanguínea, o incluso a que padecen una enfermedad terminal como el cáncer) pueden elegir un seguro de vida ampliado. En ambos casos, el coste de la cobertura del seguro terminará aumentando.

  Los que administran las prestaciones sociales pueden resolver el problema de la selección adversa imponiendo límites a las prestaciones que podrían presentar este problema. Por ejemplo, la empresa puede exigir que los que solicitan un seguro de vida ampliado pasen primero un examen médico. También pueden agregar un paquete amplio de prestaciones en módulos para garantizar así una utilización más equilibrada de cada prestació[80].
- **Empleados que eligen mal.** A veces, los empleados eligen mal las prestaciones sociales y después se arrepienten. Por ejemplo, un empleado que ha elegido tiempo libre remunerado en vez de un seguro por invalidez permanente probablemente se arrepienta de su elección si después padece una larga enfermedad que excede los días de baja por enfermedad acumulados. Los que administran las prestaciones sociales pueden resolver este problema 1) estableciendo prestaciones básicas que minimicen los riesgos de un empleado y 2) comunicando las distintas posibilidades de forma eficaz, para que los empleados puedan elegir adecuadamente.
- **Complejidad administrativa.** Es difícil de administrar y controlar un programa de prestaciones sociales flexibles. Se debe informar a los empleados de los cambios en los costes de las prestaciones sociales, la cobertura y su utilización. También tienen que tener la posibilidad de cambiar la selección de prestaciones cada cierto tiempo. Además, es elevado el potencial de errores a la hora de mantener los registros. Afortunadamente, los programas informáticos pueden ayudar al departamento de RRHH a conservar dichos registros. Los asesores de prestaciones sociales pueden ayudar al personal de RRHH a seleccionar e instalar estos programas informáticos.

CÓMO INFORMAR SOBRE LAS PRESTACIONES SOCIALES

La información a los empleados de las prestaciones sociales constituye una parte esencial de la administración del programa. Muchos empleados de empresas con paquetes de prestaciones excelentes nunca han sido informados del valor de estas prestaciones y, por tanto, pueden subestimar su valía[81]. Los dos principales obstáculos a que se informe correctamente sobre las prestaciones sociales son los siguientes: 1) la creciente complejidad de los paquetes de prestaciones y 2) la renuencia de las empresas a dedicar recursos suficientes para explicar estos complejos paquetes a sus empleados.

Normalmente, se ha dado la información sobre las prestaciones en la reunión de orientación que se tiene con los nuevos empleados cuando se incorporan o mediante un manual que describe cada una de las prestaciones y su nivel de cobertura. Sin embargo, en el momento actual, se necesitan medios de comunicación más sofisticados (como vídeos y programas informáticos que generan informes individualizados sobre la situación de cada empleado y qué conjunto de prestaciones son las más adecuadas para él). A continuación, se presentan algunas de las alternativas que aplican las empresas para informar a sus empleados sobre prestaciones extras o cambios en las que ya perciben:

- General Electric utiliza su página web para que los empleados puedan acceder a la información sobre prestaciones 24 horas al día. La página web de General Electric ha reducido el número de llamadas de 25.000 al mes al departamento de prestaciones, consiguiendo así un ahorro sustancial de costes de 175.000 dólares por mes. General Electric ha señalado que una consulta telefónica cuesta unos ocho dólares, mientras que una a través de Internet sólo cuesta un dólar[82].
- En su vídeo innovador de 15 minutos y medio, la asociación de empleados jubilados del condado de Los Ángeles utiliza un personaje que es un detective parecido a Sam Spade para "descubrir el caso" de los planes confusos de pensiones. Durante el vídeo, el personaje animado descubre qué significan términos como *no contributivo* y *prestación definida*, al igual que lo descubren los 500 asociados nuevos cada mes[83].

La Figura 12.10 muestra una lista de medios que puede utilizar la empresa para informar a los empleados sobre las prestaciones sociales y responder a preguntas sobre la cobertura de las mismas.

Páginas web sobre prestaciones sociales
Permiten a los trabajadores acceder a la información relativa a sus prestaciones desde su casa, un hotel o cualquier lugar con conexión a Internet. Los trabajadores también pueden inscribirse al plan de seguros médicos de una sociedad médica distinta, por ejemplo, en la página web, sin tener que acudir a la oficina de prestaciones sociales de la empresa y esperar que le den cita con un especialista.

Boletines de noticias y trípticos en color
Pueden enviarse por correo al domicilio del empleado para que lo lea durante su tiempo libre.

Presentaciones audiovisuales
Transparencias y vídeos que presentan los conceptos de forma coloquial y que pueden garantizar que los trabajadores de los distintos centros de trabajo reciben la misma información.

Números de teléfono gratuitos
Permiten a los trabajadores llamar a un número gratuito para apuntarse a un programa de prestaciones o para escuchar información grabada sobre estos programas, 24 horas al día.

Paquetes informáticos
Permiten a los trabajadores jugar con escenarios de "qué pasaría si..." con sus prestaciones sociales. Por ejemplo, pueden ver qué cantidad se va a deducir de sus nóminas si se apuntan al plan médico A en vez de al plan B, o cuánto dinero habrán ahorrado cuando tengan 60 años si contribuyen con un seis por ciento al plan 401(k).

Fuentes: Wojcik, J. (6 de dicembre de 2004). As workers´ Benedit needs change, so do methods of communication. *Business Insurance*, 10-11; y Cohen, A., y Cohen, S. (noviembre/diciembre de 1998). Benefits Websites: Controlling costs while enhancing communication. *Journal of Compensation and Benefits*, 11-18.

Figura 12.10 ■ Métodos para informar de las prestaciones sociales a los trabajadores.

Resumen y conclusiones

Una visión general de las prestaciones sociales

Las prestaciones sociales son recompensas colectivas que ofrecen seguridad a los empleados y a sus familias. Las prestaciones cuestan a las empresas aproximadamente 13.380 dólares al año por empleado medio. El coste de las prestaciones ha aumentado sustancialmente en los últimos años. Aunque los programas de prestaciones suelen controlarse desde las oficinas centrales de las empresas, los directivos tienen que estar familiarizados con ellos para poder aconsejar a los empleados, reclutar a candidatos y tomar decisiones directivas eficaces.

La estrategia de prestaciones sociales

El diseño del paquete de prestaciones sociales debe ajustarse a la estrategia de retribución global de la empresa. La estrategia de prestaciones exige tomar decisiones en tres frentes: 1) el paquete de prestaciones, 2) la cuantía de las prestaciones y 3) la flexibilidad de las prestaciones.

Las prestaciones sociales obligatorias legalmente

Las cuatro prestaciones que casi todas las empresas deben proporcionar son la Seguridad Social, las indemnizaciones por accidentes o enfermedades de trabajo, el seguro de desempleo y las bajas no remuneradas por motivos familiares o médicos. Estas prestaciones constituyen la parte principal del paquete de prestaciones a los trabajadores. Todas las demás prestaciones sociales ofrecidas por la empresa están diseñadas para complementar o para incrementar las prestaciones obligatorias por ley.

Prestaciones sociales voluntarias

Las empresas suelen proporcionar cinco tipos de prestaciones voluntarias a sus trabajadores: 1) seguros médicos que prestan asistencia sanitaria a los trabajadores y a sus familias. Los planes principales de seguros médicos son los tradicionales, las sociedades médicas y las organizaciones proveedoras preferentes; 2) planes de pensiones, que consisten en una remuneración diferida que se aparta para la jubilación del empleado. Los fondos de los planes de pensiones puede provenir de aportaciones del empresario, aportaciones del empleado, o de una combinación de las dos anteriores. La Ley para Asegurar Ingresos en la Jubilación (*Employment Retirement Income Security Act, ERISA*) es la que regula la gestión de los planes de pensiones. Existen dos grandes tipos de planes de pensiones: los planes con prestaciones definidas y los planes con contribuciones definidas. En un plan de prestaciones definidas, la empresa promete proporcionar a un empleado una determinada cantidad de ingresos en su jubilación. Un plan de contribuciones definidas exige que los empleados compartan con sus empresas parte del riesgo y de la responsabilidad en la gestión de los activos para la jubilación. Los planes de contribuciones definidas más conocidos son los planes 401(k), las cuentas individualizadas de jubilación, los planes de pensiones simplificados y los planes de participación en beneficios Keogh; 3) los planes de seguros protegen a los trabajadores o a sus familiares más allegados del desastre financiero en caso de fallecimiento, accidentes que provocan invalidez y enfermedades graves. Es bastante probable que haya dos tipos de seguros en los paquetes de prestaciones: los seguros de vida y los seguros por discapacidad a largo plazo; 4) el tiempo libre remunerado, que ofrece a los trabajadores descansos para que tengan tiempo de ocio o se ocupen de sus obligaciones personales y cívicas, incluyen la baja por enfermedad, días libres, indemnizaciones por despido, vacaciones y otro tiempo libre; 5) los servicios a los empleados constituyen un conjunto de servicios libres de impuestos, o con impuestos diferidos, que las empresas ofrecen para mejorar la calidad de vida en el trabajo y la calidad de vida personal de sus trabajadores. Uno de los servicios más valorados son las guarderías.

Administración de las prestaciones sociales

Existen dos cuestiones relativas a la administración de las prestaciones sociales especialmente importantes: la utilización de prestaciones flexibles y la forma de informar a los trabajadores de las prestaciones sociales. Aunque probablemente la administración de las prestaciones sociales sea responsabilidad de un especialista de RRHH, los directivos tienen que conocer y entender lo suficientemente bien el paquete de prestaciones de la empresa como para informar sobre ellas y poder archivarlas.

Términos clave

Paquete de prestaciones sociales
Seguros compartidos
Ley de Conciliación del Presupuesto Consolidado Colectivo (*Consolidated Omnibus Budget Reconciliation Act,* COBRA)
Aportaciones
Pagos compartidos
Franquicia del seguro
Plan de pensiones de prestación definida
Plan de pensiones de contribución definida
Prestaciones sociales o retribución indirecta
Ley para Asegurar Ingresos en la Jubilación (*Employee Retirement Income Security Act,* ERISA)
Ley de Baja Médica y por Asuntos Familiares (*Family and Medical Leave Act,* FMLA)
Programa de prestaciones flexibles o plan cafetería
Ley de Responsabilidad y Movilidad del Seguro Médico (*Health Insurance Portability and Accountability Act,* HIPAA)
Sociedad médica (*Health Maintenance Organization,* HMO)
Cuenta de ahorro para gastos médicos (*Health savings account,* HSA)
Medicare (Seguro médico de los jubilados en la Seguridad Social en EE.UU.)
Corporación de Garantías de Prestaciones de Pensiones (*Pension Benefit Guaranty Corporation*)
Prestaciones trasladables
Condición previa
Organización proveedora preferente (*Preferred provider organization,* PPO)
Prima de seguro
Prestaciones complementarias por desempleo
Seguridad Social
Seguro de desempleo
Derecho de percepción
Indemnización de los trabajadores

Preguntas para el debate

1. ¿Cómo puede la mayor diversidad de la fuerza laboral afectar al diseño de los paquetes de prestaciones sociales ofrecidas a los empleados en las grandes empresas?
2. EE.UU. sólo obliga a proporcionar cuatro prestaciones, sin embargo, los empresarios estadounidenses ofrecen otras muchas (seguros médicos, planes de pensiones, vacaciones pagadas) de forma voluntaria. ¿Por qué cree que las empresas ofrecen estas prestaciones si no están obligadas por ley?
3. ¿Cuáles son las ventajas e inconvenientes de aprobar una ley federal que obligue a todos los empresarios a proporcionar seguros médicos a todos sus trabajadores?
4. ¿Cuál es la diferencia entre los seguros médicos gestionados (sociedades médicas y organizaciones proveedoras preferentes) y los tradicionales de pago por servicio? ¿Cuáles son las ventajas e inconvenientes para las empresas? ¿Y para los empleados?
5. ¿Por qué los empleados más jóvenes (entre los 20 y los 30 años de edad) deben preocuparse de su pensión de jubilación?
6. ¿Por qué es tan importante la moderación de costes en los programas de prestaciones sociales a los empleados?
7. Sólo un pequeño porcentaje de los trabajadores a tiempo parcial y temporales de EE.UU. reciben seguros médicos y pensiones de jubilación comparables a los de los trabajadores a tiempo completo. ¿Es grave este problema? ¿Qué personas cree que se verán más afectadas por esta falta de cobertura de prestaciones? ¿Qué se puede hacer para resolver esta situación? (Si es que se puede hacer algo).
8. Algunos expertos en prestaciones sociales se quejan de que los seguros de desempleo y las indemnizaciones por accidentes o enfermedades son un incentivo a no trabajar. ¿Por qué cree que los expertos opinan esto? ¿Está de acuerdo con esta opinión?

Existe material adicional disponible en la página web que acompaña a este libro. Puede acceder a esta información visitando la página web ***www.prenhall.com/gomez.***

¡DECIDA USTED!

TENDENCIAS EMERGENTES Caso 12.1

Los trabajadores están pagando progresivamente una mayor parte de los costes de los seguros médicos

Según un estudio financiado por la Kaiser Family Foundation y la Health Research and Educational Trust en 2004, los empleados cubiertos por los seguros médicos de empresa pagaban de su propio bolsillo el 50 por ciento o más de lo que se pagaba hace cuatro años. También en 2004, y durante el cuarto año consecutivo, aumentaron en más de un diez por ciento las primas de los seguros médicos respecto al año anterior. El coste de estos seguros es un tema fundamental en las negociaciones colectivas. El sector automovilístico, que tiene una fuerza de trabajo de cierta edad, paga ya 9.000 dólares al año, por empleado, alrededor de un 50 por ciento más que el resto de empresas. Además, las empresas industriales, como las del sector del automóvil y las siderúrgicas, que han prometido prestaciones sanitarias a los trabajadores jubilados, se encuentran con que tienen que desembolsar cada vez una mayor cantidad de dinero en efectivo según se van produciendo las jubilaciones, lo que afecta negativamente a la rentabilidad de la empresa.

Las aportaciones mensuales de los empleados para dar cobertura médica a la familia eran de 222 dólares de media en 2004, un aumento de 21 dólares sobre el año anterior. La aportación mensual media para un seguro individual fue de 47 dólares, cinco dólares más que el año anterior. Anualmente, la cobertura familiar y la del seguro individual costaban de media 2.664 dólares y 564 dólares, respectivamente. Los economistas dicen que el aumento de los costes refleja los avances en los medicamentos y la tecnología sanitaria y una liberalización de las restricciones impuestas a los costes de los servicios sanitarios gestionados, restricciones que estuvieron en vigor en la década de los 90. Aunque las empresas todavía pagan la mayoría de los costes sanitarios, actualmente casi un 75 por ciento, la mayoría se está planteando quién debe seguir asumiendo los mismos. Quieren que sean los trabajadores con la esperanza de que así se reduzcan los gastos, al incentivar el buen uso de los servicios sanitarios (médicos, hospitales y receta de medicamentos). A continuación se mencionan algunas vías que tienen las empresas para intentar reducir los costes sanitarios:

- Medtronic, un fabricante de aparatos médicos, paga 2.000 dólares por trabajador mediante la contribución a una "cuenta médica personal". Los empleados pueden gastar el dinero cuando lo consideren oportuno, con tal de que sea en cuestiones médicas. La esperanza es que una información más adecuada y una mayor responsabilidad individual hará que elijan alternativas mejores.
- En un proyecto piloto, Ford paga bonos (incentivos) a los médicos que alcanzan determinados objetivos en los tratamientos que ponen en marcha y premia a los empleados que están de acuerdo en hacerse controles médicos, por ejemplo, análisis para conocer los niveles de azúcar en la sangre. También recopila la información sobre la calidad de los servicios sanitarios prestados por 1.000 hospitales y suministra esa información a los empleados para que puedan elegir dónde acudir cuando lo necesiten.
- United Technologies exige que los trabajadores gasten el 30 por ciento de sus costes sanitarios en los servicios de la red que proporcionan los planes médicos gestionados y el 40 por ciento en servicios externos, hasta que los gastos alcancen el límite de 10.000 dólares anuales.

Preguntas para reflexionar

1. Uno de los factores clave que contribuyen a que los costes sanitarios sean cada vez mayores es la edad de la fuerza de trabajo americana. Por ejemplo, actualmente, la media de edad de los empleados estadounidenses cubiertos por los seguros médicos de empresa es de 41 años, frente a los 38 años en 2000. ¿Por qué cree que la edad de la fuerza de trabajo estadounidense aumenta los costes sanitarios? ¿Espera que esta tendencia continúe en el futuro? Justifique la respuesta.
2. En relación con la fórmula que utiliza United Technologies para reducir los costes de los seguros médicos, ¿cuál sería la cantidad máxima de desembolsos propios en gastos sanitarios que podría esperarse que un empleado tenga en un determinado año? Compare este gasto máximo anual de United Technologies con el coste medio para los empleados de la cobertura médica para toda la familia en el 2004. ¿Qué conclusiones puede extraer de esta comparación?

Trabajo en equipo

En grupos de cuatro a cinco estudiantes, analice las ventajas e inconvenientes de cada una de las tres vías presentadas en el caso para reducir los costes sanitarios. ¿Qué semejanzas hay entre ellas?, ¿qué diferencias existen?, ¿alguna de las alternativas es mejor que las otras? Identifique algunos factores clave que espera que influyan en las decisiones que toman los directivos cuando eligen alternativas para reducir los costes sanitarios. Por ejemplo, ¿las empresas grandes (de más de 1.000 empleados) elegirían métodos distintos a los que elegirían las empresas pequeñas (menos de 100 empleados) para reducir los costes sanitarios? Si es así, ¿por qué? El equipo debe prepararse para presentar las conclusiones de su trabajo en clase.

Ejercicio basado en la experiencia

Este ejercicio práctico muestra la importancia de la existencia de una comunicación fluida entre los directivos y los empleados sobre prestaciones sociales. Dos alumnos representarán los siguientes papeles: el primero de ellos, el de directivo; el segundo, el de un empleado que es subordinado en el departamento del directivo. En la representación de papeles, el directivo ha convocado una reunión para informar al empleado de que en el próximo año tendrá que asumir una mayor parte del coste del seguro médico para la cobertura familiar y que ese aumento será de 25 dólares por mes. La mujer del empleado es ama de casa y él está enfadado con la empresa por pedirle que corra con la mayor parte de la carga de la prima del seguro. Cada persona representa su papel de acuerdo a la situación descrita. La duración de la representación será de cinco minutos. ¿Qué podría haber hecho el directivo para mejorar la comunicación con el empleado?, ¿cómo podría haber ayudado el departamento de RRHH al directivo? Los alumnos que han representado los papeles deberían prepararse para manifestar su punto de vista sobre cómo transmitir la información eficazmente al resto de compañeros de clase.

Fuentes: HR Focus. (marzo de 2005). The latest benchmaks for health-care costs, 3-6; Freudenheim, M. (10 de septiembre de 2003). Employees paying ever-bigger share for health care. *New York Times*, A-1, C-2; *The Economist* (20 de septiembre de 2003). Employer´s liability: Paying for health care, 61; Symonds, W. (20 de octubre de 2003). Get used to the pain: Another round of double-diget hikes in health-care costs is in the mail. *BusinessWeek*, 42-43.

¡DECIDA USTED!

ÉTICA — Caso 12.2

Ahorros para la jubilación en el plan de pensiones 401(k). El colapso de los planes en Enron

Marie Thibaut fue auxiliar administrativa de Enron (Houston, Texas) durante 15 años. Durante ese tiempo destinaba obligatoriamente el 15 por ciento de su sueldo en un plan de pensiones 401(k) que, a su vez, invertía la cantidad en acciones de la empresa. Después Enron igualaba la inversión con más títulos de la empresa. En el invierno de 2000, Marie había acumulado unos 500.000 dólares en acciones, lo suficiente para que, dada su situación personal (divorciada con 61 años), se empezara a plantear la jubilación. "Mis hijos me advirtieron de que debía diversificar", dijo Thibaut. "todos los fondos de inversión bajaban y yo mantenía una inversión que seguía subiendo". Pero la subida no iba a durar eternamente. En 2001 Enron se declaró en bancarrota y Thibaut se quedó sin trabajo, víctima de uno de los peores colapsos empresariales de la historia. Su plan de pensiones pasó a valer 22.000 dólares.

Este relato desalentador se ha repetido miles de veces en Enron, Lucent, Nortel y otras empresas tecnológicas cuyas acciones cayeron en picado después de que explotara la burbuja especulativa de Internet en 2000. Pero, a pesar del castigo del mercado y las llamadas a la diversificación, los trabajadores siguen colocando una parte importante de su dinero ahorrado para la jubilación en acciones de su empresa. La consultora especialista en prestaciones sociales Hewitt Associates estima que al final de 2001 casi el 30 por ciento de los 71.000 millones de dólares en activos de algunos de los 1,5 millones de planes de pensiones 401(k), se invirtieron en acciones de la empresa que los puso en marcha. En algunos sitios la proporción es incluso mayor. Los empleados de Microsoft mantenían el 46 por ciento de sus fondos del plan 401(k) en acciones de la empresa. En Enron era del 62 por ciento. En Coca Cola, el 81 por ciento. Pero hay algo peor todavía, muchos de estos planes de pensiones, como el de Enron, impedían la venta de las acciones. Por ejemplo, los empleados de Enron no podían vender las acciones de la empresa hasta que no tuvieran 50 años.

Como saben todos los estudiantes de Administración y Dirección de Empresas que han tenido alguna asignatura de finanzas, es muy arriesgado colocar una gran cantidad de los ahorros en acciones de una única empresa –decisión que viola el principio financiero básico de diversificar activos–. Entonces, ¿por qué han cometido este error millones de americanos?

Primero, muchos americanos no han recibido formación básica en finanzas y no son conscientes del riesgo que asumen al invertir en acciones de una sola empresa, especialmente cuando dichas acciones son de la empresa que creen conocer muy bien –por ser el lugar donde trabajan.

Además, las empresas deberían igualar las aportaciones de los empleados al plan 401(k) mediante contribuciones en efectivo, no en acciones. Pero hacer aportaciones mediante acciones es más barato y muchos directivos creen que es bueno que sus empleados tengan una gran participación en el capital social de las empresas. Muchos de estos directivos también poseen grandes cantidades de acciones de la empresa, pero disponen de más medios económicos que los empleados normales y están mejor preparados para soportar el riesgo de la inversión si se desploman las acciones de la empresa.

Los planes de pensiones 401(k) que han invertido en acciones de una sola empresa están descompensados y violan el principio de seguridad y solvencia de la inversión, según el gobernador de Nueva Jersey Jon Corzine, que inicialmente fue copresidente de la empresa inversora Goldman Sachs. Según la normativa existente, no se permite que los planes de pensiones inviertan más del diez por ciento del dinero en acciones de una sola empresa. Los inversores institucionales, por ejemplo los fondos de inversión y las aseguradoras, fijan generalmente un límite del cinco por ciento de su dinero en un tipo concreto de títulos.

Los estudios académicos y el sentido común respaldan estas pautas de prudencia, dice Corzine. Los empleados que disponen de acciones de la empresa pueden tener suerte durante unos cuantos años. Pero, con el tiempo, corren más riesgos.

Preguntas para reflexionar

1. ¿Por qué muchas empresas grandes como Enron y Coca Cola deciden igualar las contribuciones de sus empleados a los planes de pensiones 401(k) mediante títulos de la empresa en vez de hacerlo con cantidades en efectivo? ¿Cree que esta práctica de RRHH es ética? Justifique la respuesta.
2. Suponga que su empresa hace la aportación que le corresponde del plan de pensiones mediante acciones de la compañía. ¿Qué puede hacer para reducir el riesgo de la inversión? ¿Sería buena idea no contribuir con cualquier pago a su plan de pensiones 401(k)? ¿Cree que sería buena idea diversificar los ahorros entre el plan de pensiones de la empresa y un plan personal IRA? ¿Podría considerar otras estrategias de inversión?

Trabajo en equipo

En grupos de cuatro o cinco estudiantes discuta las ventajas de desarrollar una política gubernamental que regule los planes de pensiones 401(k) para proteger los ahorros de los empleados de desastres como el que se produjo con los empleados de Enron. A continuación se señalan algunas normativas posibles que podrían discutirse en los grupos: 1) normativa para establecer un límite de inversión en acciones propias a las empresas. Por ejemplo, no invertir más del 20 por ciento; y 2) una normativa que permita a los empleados vender las acciones de la empresa después de un año, de tal forma que puedan utilizar los ingresos de la venta en un fondo de inversión o comprar bonos que tienen menos riesgo. La regulación de determinadas prestaciones sociales como los planes de pensiones 401(k) puede tener desgraciadamente consecuencias inesperadas. ¿Cuáles creen que pueden ser esas consecuencias? Finalmente, la clase debe saber la postura de cada grupo (si recomienda o no la regulación de los planes de pensiones 401(k) para proteger a los empleados). Después cada grupo presentará las razones de la postura adoptada.

Ejercicio basado en la experiencia

En este ejercicio práctico, entrevistará a tres expertos financieros sobre las siguientes cuestiones tratadas en el caso: ¿Qué debería hacer una persona, como inversor prudente, cuando la empresa hace contribuciones al plan de pensiones mediante acciones propias? Algunas personas elegirán para la entrevista a 1) un amigo que es experto financiero en una escuela de negocios y que sabe sobre inversiones; 2) un experto en inversiones, experto financiero o alguien que trabaja en alguna empresa de servicios financieros como Charles Schwab, Merrill Lynch o Dean Witter; o 3) un profesor de finanzas o de contabilidad de su escuela de negocios. Algunas preguntas que puede plantear durante la entrevista podrían ser: 1) ¿Merece la pena invertir en un plan 401(k) cuando la empresa hace su contribución en acciones propias, o debería invertirse el dinero en otras alternativas del mercado (que se haría con ingresos después de impuestos)?; 2) ¿Puede uno decidir que no quiere que la contribución que hace la empresa a su nombre en el plan 401(k) sea en acciones de la misma y pedir la cantidad equivalente en dinero?; 3) ¿Qué beneficios obtiene la empresa si hace las aportaciones al plan 401(k) mediante acciones y no mediante dinero en efectivo? Resuma los resultados de las entrevistas y prepárelos para presentarlos en clase.

Fuentes: Adaptado de Kahn, J. (7 de enero de 2002). When 401(k) are KO´d. *Fortune*, 104; Quinn, J. (21 de enero de 2002). 401(k) and the Enron mess. *Newsweek*, 25; *The Economist*. (15 de diciembre de 2001). When labor and capital don´t mix: Enron´s demise unmasks conflicts in company pension plans, 60.

¡DECIDA USTED!

TENDENCIAS GLOBALES Caso 12.3

Control de los costes de indemnización a los trabajadores

Oregon Retirement Apartments es un complejo de apartamentos de Portland, Oregon, que ofrece viviendas, comidas y algunos servicios a domicilio para sus residentes. Aproximadamente 300 personas viven en estas instalaciones. El complejo cuenta con 50 empleados entre personal de administración y asistentes sociales y personal operativo compuesto por trabajadores para los servicios de comedor, limpieza, mantenimiento y directivos nocturnos. Oregon Retirement Apartments intenta ofrecer una rica vida social y cultural a sus residentes (la mayoría mayores de 70 y 80 años) de forma que puedan llevar una vida independiente en un entorno agradable.

Barbara Spector, la directora ejecutiva de las instalaciones, está muy preocupada por los empleados que abusan de las indemnizaciones. Esta preocupación se debe a un incidente con Pat O´Toole, una empleada de limpieza que presentó una solicitud para recibir una indemnización por un problema de espalda causado por el trabajo. Barbara sospechaba que el problema de espalda de Pat no se había producido en el trabajo y, por tanto, apeló su solicitud. La investigación posterior demostró que la solicitud era, en efecto, falsa; Pat había tenido un accidente esquiando que le hizo daño en la espalda, por tanto, el accidente que se produjo fuera del lugar de trabajo. La investigación también puso de manifiesto el historial de Pat que había hecho lo mismo en otros trabajos anteriores. Según los archivos en poder del gobierno estatal durante su carrera profesional, Pat había solicitado en 12 ocasiones estas indemnizaciones.

Tras el incidente con Pat, Barbara decidió implantar una nueva política de contratación; no se contrataría a personas que fueran sospechosas de reclamar indemnizaciones. La justificación de esta política era que debía controlar los gastos del seguro de la empresa contratado para pagar las indemnizaciones a los trabajadores (dicho gasto se calcula en función del historial de seguridad laboral de la empresa). La nueva política exige que el personal de RRHH de Oregon Retirement analice el historial de indemnizaciones de todos los candidatos, al tiempo que comprueban sus referencias. Además, se utilizan los servicios de una consultora de RRHH para buscar solicitudes anteriores de los candidatos en las bases de datos de indemnizaciones de los trabajadores,. Los candidatos que hayan solicitado en tres o más ocasiones las indemnizaciones se consideran de "alto riesgo" y dejan de participar en el proceso de contratación.

Preguntas para reflexionar

1. ¿Es justa la política de Barbara Spector que consiste en rechazar a los candidatos que hayan solicitado en tres o más ocasiones indemnizaciones?
2. ¿Qué influencia tiene la ley de Americanos con Discapacidades (*Americans with Disabilities Act*) (*véase* Capítulo 3) sobre las prácticas de contratación que rechazan a candidatos que han solicitado indemnizaciones anteriormente? ¿Podría esta práctica discriminar a las personas con minusvalías?

Trabajo en equipo

Con un compañero, o un grupo pequeño, desarrolle algunas prácticas de contratación alternativas para ayudar a Barbara Spector a evitar la contratación de personas que puedan abusar de las indemnizaciones.

Discuta la siguiente situación con su compañero o grupo: durante una entrevista de trabajo, un candidato informa que nunca ha solicitado indemnizaciones. Tras contratar al candidato, la empresa comprueba esta información y descubre que el trabajador ha mentido. ¿Qué debería hacer la empresa?

Ejercicio basado en la experiencia

Elija a un compañero y decidan quién tendrá cada uno de los siguientes papeles: 1) Barbara Spector, la directora ejecutiva, que entrevista a un trabajador que busca empleo en el servicio de comedor y 2) Sarah Green, que busca un puesto en el comedor y a la cual está entrevistando Barbara. Sarah solicitó en el pasado una indemnización. Es bastante habitual que en el puesto para el que está solicitando trabajo Sarah se produzcan accidentes de trabajo. Barbara está en la mitad de la entrevista y quiere averiguar si ha solicitado alguna indemnización que no le correspondía. Cada una de las personas realiza su papel de acuerdo al personaje al que representan. La representación de papeles debería realizarse en cinco minutos. Los estudiantes que hacen la representación tratarán de responder a las siguientes preguntas: ¿Barbara hizo alguna pregunta que violara los derechos de Sarah? Si es así, ¿qué derechos violó? ¿Puede Barbara hacer preguntas poco éticas? ¿Barbara consiguió la información sobre las indemnizaciones que buscaba con la entrevista? Justifíquelo. Las respuestas a las preguntas se discutirán con todos los compañeros de clase.

¡DECIDA USTED!

DISCUSIÓN Caso 12.4

Gestionar las prestaciones sociales con procedimientos justos o equitativos

Uno de los aspectos más importantes a la hora de gestionar las prestaciones sociales es asegurarse que las empresas están empleando procedimientos equitativos en la aplicación de las mismas. El propósito de este ejercicio es proporcionarle una práctica que le ayudará a desarrollar las destrezas necesarias para gestionar algunos problemas relacionados con las prestaciones sociales y que se le pueden presentar a un directivo o profesional de RRHH. Cuando el directivo de una empresa decida si una actuación en materia de prestaciones sociales es equitativa, tiene que haber tenido en cuenta a todas las partes implicadas antes de eligir la mejor alternativa. Lea cada una de las situaciones siguientes antes de responder a las preguntas del caso:

Escenario 1

Sue es una empleada de 55 años en la Empresa A. Sus hijos ya han terminado sus estudios en la universidad y sus padres fallecieron. La Empresa A ofrece guarderías para toda la plantilla y un programa de cuidado a las personas mayores. Sin embargo, Sue, como otros muchos empleados de la Empresa A, dada su situación personal, no necesita de ninguna de estas prestaciones y tampoco las necesitará en el futuro. ¿Debería mantener la empresa los dos programas anteriores o debería deshacerse de ellos? ¿Debería ofrecer la empresa prestaciones sociales alternativas para los empleados que no necesiten los programas descritos?

Escenario 2

Dan es el directivo que se ocupa de gestionar las prestaciones sociales en la Empresa B. Ha observado que algunos empleados utilizan las bajas por enfermedad para resolver cuestiones personales, como cuidar de su hijo enfermo, ir al dentista o ponerse al día con el trabajo en casa. Ahora mismo cada empleado tiene derecho a un día de baja por enfermedad al mes. Para mejorar la eficiencia, Dan se está planteando eliminar la baja por enfermedad y sustituirla por seis días para asuntos personales que pueden utilizar los empleados cuando quieran, siempre y cuando avisen por adelantado a su jefe. Dan justifica que la prestación existente, la baja por enfermedad, perjudica a los empleados que realmente la utilizan cuando están enfermos, mientras que con la nueva prestación toda la plantilla podría disfrutar de unos días. De acuerdo a esta nueva prestación social, no se recompensa a los empleados con días libres por ocultar la verdad. ¿Está de acuerdo con la decisión de Dan? Justifique la respuesta.

Escenario 3

Frank trabaja 25 horas a la semana en la Empresa C, una empresa de correos, en el departamento de paquetería. No recibe más prestaciones sociales que las que la ley establece. Frank hace el mismo trabajo que tres empleados a tiempo completo que trabajan en su departamento. Estos empleados a tiempo completo tienen derecho a pensiones, seguro médico, seguro por invalidez permanente, guardería y vacaciones –Frank no recibe ninguna de estas prestaciones–. ¿Es ético o equitativo que los empleados a tiempo parcial no reciban estas prestaciones, incluso sabiendo que hacen el mismo trabajo que los empleados a tiempo completo? Suponga que a Frank le gustaría trabajar a tiempo completo, que quiere percibir las prestaciones y que está frustrado porque no puede recibirlas. Recuerde también que a la empresa no se le exige legalmente que ofrezca estas prestaciones sociales ni a Frank ni a ningún otro empleado a tiempo parcial. La empresa justifica su postura señalando que si contrata empleados a tiempo parcial es porque se ahorra dinero en prestaciones sociales.

Preguntas para reflexionar

1. En cada uno de los tres escenarios descritos señale qué problemas relacionados con las prestaciones sociales se presentan. Por ejemplo, en el escenario 1, ¿tiene sentido deshacerse de las prestaciones sociales que unos empleados utilizan y otros no? Determine la importancia de esta prestación. En el escenario 2, ¿es mejor eliminar una prestación de la que algunos abusan y reemplazarla por otra, o debería utilizarse otra estrategia? En el escenario 3, ¿se merecen los empleados a tiempo parcial las mismas prestaciones sociales que los a tiempo completo o se les debe ofrecer otras diferentes?
2. Suponga que es el responsable de prestaciones en cada uno de los tres escenarios descritos. ¿Qué proceso seguiría en cada escenario? Suponga que quiere ser lo más equitativo posible con los empleados. ¿Qué haría? ¿Cómo lo haría para saber si los empleados consideran equitativas o justas las soluciones adoptadas?

Trabajo en equipo

Trabaje en un grupo de tres a cuatro estudiantes con el objetivo de desarrollar una política de prestaciones sociales en cada uno de los tres escenarios. Para el escenario 1, tienen que desarrollar un procedimiento que permita saber qué hacer cuando a algunos empleados no les sirva una prestación ofrecida por la empresa. Para el escenario 2, deben desarrollar un procedimiento que impida que los empleados abusar de la baja por enfermedad. Para el escenario 3 tienen que elaborar un procedimiento de actuación en caso de tener a empleados a tiempo parcial a los que se les ofrece unas prestaciones inferiores que a los empleados a tiempo completo. Tomen nota de los puntos de acuerdo y desacuerdo en el debate del grupo. ¿Qué importancia cree que tiene el proceso de toma de decisiones del directivo a la hora de llevar a cabo una política de prestaciones sociales?

Ejercicio basado en la experiencia

Forme grupos de cuatro a cinco alumnos. Los miembros del grupo contarán su experiencia personal en el uso de las prestaciones sociales ofrecidas por una empresa para la que hayan trabajado durante el verano, en prácticas o a tiempo completo. Si es posible, cada miembro del grupo debe tratar de relatar algunos aspectos positivos y otros negativos de su experiencia. Intenten explicar qué factores hacen que la experiencia haya sido buena o mala. Algunas de las prestaciones sociales que se podrían analizar son: seguros médicos, indemnizaciones, seguro de desempleo, vacaciones, baja por enfermedad, planes de pensiones o becas para la formación. Después de que haya hablado cada persona, el grupo elaborará dos o tres reglas generales que piensen que mejorará la eficacia de los directivos al gestionar las prestaciones sociales. Después tendrán que presentar el trabajo al resto de la clase.

Fuente: Adaptado de Nkomo, S. M., Fottler, M. D. y McAfee, R. B. (2000). Applications in human resource management (4.ª ed.), 216-219. Cincinnati, OH. South-Western.

NOTAS

ADAPTACIONES PARA ESPAÑA — Nota 12.1

Homologación de las condiciones sociales

En el mes de enero de 1999 el Consejo de Administración del Banco Santander, primer grupo bancario español por volumen de activos, aprobó la fusión con el Banco Central Hispanoamericano (BCH), que ocupaba la tercera posición. La decisión de fusión fue el resultado de la política de crecimiento que el primero había adoptado a principios de los años 80 como una fórmula para responder a los retos de la creciente integración europea y de la desregulación que se observaba en el sistema financiero mundial. En el mes de marzo de 1999 las respectivas Juntas Generales de Accionistas ratificaron el nacimiento del nuevo banco español con la denominación de Banco Santander Central Hispanoamericano (BSCH). La empresa resultante de la fusión se situaba a la cabeza de los bancos de la Europa del euro por capitalización bursátil y entre los ocho primeros por volumen de activos.

El nuevo banco buscaba capacidad de liderazgo en la Europa del siglo XXI y tenía tres objetivos básicos: crear valor para sus accionistas (más de 900.000), dar el mejor servicio a sus clientes (22 millones) y ofrecer a sus trabajadores (más de 100.000) las mejores oportunidades de desarrollo profesional en más de 30 países del mundo.

El Banco Santander, cuya casa matriz se había creado a finales del siglo XIX, aportaba a la fusión un volumen de activos de 163.000 millones de euros, 6.000 oficinas (3.800 en España) y 74.000 trabajadores (26.500 en España). El resultado (beneficio) atribuido al Grupo en 1998 fue de 850 millones de euros, que significaba un ROE superior al 19 por ciento. Los gastos generales de administración eran el 63 por ciento de los ingresos ordinarios, representando los de personal el 40 por ciento.

Por su parte el BCH añadía un volumen de activos de 81.000 millones de euros, 2.900 oficinas y 29.000 trabajadores. El resultado (beneficio) atribuido al Grupo en 1998 fue de 400 millones de euros, que representaba un ROE del 12,5 por ciento. Los gastos generales de administración eran el 60 por ciento de los ingresos ordinarios, representando los de personal el 42 por ciento.

Después de la firma del acuerdo de fusión, la dirección del nuevo banco y los sindicatos acordaron un protocolo laboral de fusión. En el "Acuerdo Marco" firmado el 3 de junio de 1997 se garantizaba la continuidad de las relaciones laborales del conjunto de los empleados de ambos grupos bancarios y el compromiso de no utilizar mecanismos traumáticos en los procesos de reordenación o reorganización interna que hubieran de llevarse a cabo en el Banco resultante de la fusión. En su lugar, se utilizarían procedimientos meramente vegetativos y voluntarios.

Además de esos dos aspectos fundamentales, también se recogía en el "Acuerdo Marco", que desde el mismo momento de la fusión se llevarían a cabo los estudios y evaluaciones necesarias al objeto de determinar una política común de personal, así como las condiciones de trabajo, políticas retributivas y mejoras sociales, susceptibles de aplicarse por igual a todos los trabajadores procedentes de ambos bancos. Hasta entonces, serían de aplicación los beneficios y condiciones que estuvieran pactadas o establecidas en las empresas de procedencia. Finalmente, se estableció un plazo no superior a los 15 días siguientes a la fecha en que efectivamente se llevase a cabo la fusión entre ambas entidades, para que se reuniesen los sindicatos firmantes y la Dirección al objeto de establecer un régimen de reuniones que procediese al seguimiento y desarrollo de los acuerdos alcanzados en este protocolo.

En el momento de la fusión la situación era la siguiente:

- Los salarios, jornada de trabajo, vacaciones, categorías profesionales y demás condiciones fundamentales de las dos plantillas eran las mismas, ya que en España existe un único Convenio Colectivo para todas las entidades bancarias.
- La estructura e importe de las retribuciones variables que recompensan el rendimiento eran sensiblemente diferentes para cada una de las entidades fusionadas.
- Las prestaciones sociales, que en cada empresa complementaban las condiciones fijadas en el Convenio Colectivo, también diferían en gran medida.

Convergencia de Mejoras Sociales Extraconvenio

La complejidad de los conceptos que componían las mejoras sociales, las notables diferencias existentes entre las mejoras de los trabajadores del BCH y del Banco Santander y su heterogeneidad complicaban bastante la búsqueda de unas condiciones únicas para toda la plantilla en esta materia.

Tras varios meses de negociaciones el 19 de enero de 2000 la Dirección de la Empresa y las Representaciones Sindicales Mayoritarias firmaban el acuerdo que regula las Mejoras Sociales Extraconvenio de aplicación en el BSCH. La efectividad del mismo fue de 1 de enero de 2000.

Entre otras disposiciones, el acuerdo contemplaba la sustitución de determinados beneficios sociales preexistentes en los anteriores BCH y Banco Santander por una compensación económica anual de carácter extrasalarial. El importe a percibir por este concepto dependería, además de estar en activo o no al 31 de diciembre de 1999, del estado civil que tenga el empleado en el momento del pago y del número de hijos.

Junto a la creación de un Fondo para ayudas asistenciales de aquellos gastos soportados por los empleados y no cubiertos por la Seguridad Social, destacaba el mantenimiento de las Ayudas Especiales para hijos de empleados con discapacidades psíquicas, pues se disponía en el acuerdo la extensión a todo el personal de los sistemas de ayudas que a estos efectos se recogían en el Acuerdo de Mejoras Sociales Extra-Convenio del antiguo BCH de mayo de 1992.

La valoración que de los acuerdos hizo el sindicato más representativo en la nueva empresa era que el "*compromiso alcanzado beneficiaba prácticamente a todos los trabajadores y el coste de su aplicación era mucho más elevado que los costes que tenían las mejoras sociales que existían anteriormente en cada uno de los dos bancos*".

Contenido de los acuerdos

Los acuerdos firmados establecieron que las prestaciones económicas que percibirían los trabajadores del BSCH a partir de enero de 2000 eran las siguientes:

Compensación beneficios sociales

- En sustitución de determinados beneficios sociales preexistentes, se estableció una compensación anual por las siguientes cuantías:
  - Personal en Activo al 31-12-1999: solteros, 493 euros anuales; y casados, viudos, separados legalmente, divorciados y parejas de hecho con convivencia acreditada, 559 euros anuales.
  - Personal en activo ingresado desde 1-1-2000: 343 euros anuales, sin perjuicio del compromiso asumido por las representaciones firmantes de tratar sobre las posibilidades de revisión de la situación de este colectivo en el marco de otros procesos de negociación.
  - Personal Prejubilado y Jubilado, 90 euros anuales y entrega de un Vale consumible de 108 euros anuales.
- En sustitución de determinados beneficios sociales preexistentes, se establecieron a favor del personal los siguientes importes por cada hijo de empleado a su cargo menor de 26 años de edad (conviva con el empleado, esté soltero y no trabaje), pudiendo prorrogarse a los menores de 27 años cuando el historial académico u otras circunstancias pudieran fundamentar este trato excepcional. En caso de hijos discapacitados no se estableció límite de edad.
  - Personal en activo, 216 euros anuales y personal prejubilado, jubilado y pensionistas por viudedad y orfandad, 156 euros anuales.
- Para el año 2001 y sucesivos las cuantías se revisarían aplicando el porcentaje de revalorización establecido para cada año en el Convenio Colectivo del Sector para el Salario Base.
- El establecimiento de las citadas compensaciones extrasalariales conllevaría la desaparición de los beneficios sociales extraconvenio que anteriormente hubieran podido existir en cualquiera de las Entidades fusionadas bajo la denominación de:
  - Ayuda estudio hijos/becas.
  - Apartamentos, residencias y hoteles.
  - Complemento familiar por cesta de Navidad.
  - Cesta de Navidad (retribución dineraria).
  - Cesta de Navidad (retribución en especie).
  - Obsequios por Navidad y Reyes.
  - Festividad San Carlos Borromeo (patrón de la Banca).

Premio de antigüedad

- En sustitución de los existentes en los antiguos BCH y Banco Santander, se estableció para el personal una gratificación de 751 euros, que se entregarían por una sola vez a quien cumpliera 30 años de servicios reconocidos en la empresa. Para el año 2001 y sucesivos dicha cuantía se revisaría aplicando el criterio señalado anteriormente.

Fondo asistencial

- Se creó un Fondo para Ayudas Asistenciales de gastos soportados por los empleados, no cubiertos por la Seguridad Social, corriendo sus aportaciones anuales a cargo de la Empresa. La constitución de este Fondo conllevó la supresión de las subvenciones que para ayudas médicas y/o asistenciales se habían venido concediendo con anterioridad en el Banco Santander, así como la desaparición del Fondo que, con la misma denominación, se encontraba constituido para análogas finalidades en el antiguo BCH.
- Para el año 2000 su importe sería de 1,052 millones de euros, revalorizables en años sucesivos.
- El estudio de las solicitudes que pudieran presentar los empleados y la distribución del Fondo correría a cargo de la Comisión que al respecto debería constituirse por las partes firmantes. Esta comisión sería la encargada de la redacción del correspondiente reglamento de funcionamiento.
- Subsistirían los sistemas de ayudas referidos bajo este epígrafe del antiguo Banco Santander y se harían extensivas a todo el personal de la plantilla de la Empresa que acredite reunir las condiciones y requisitos en cada caso establecidos para el acceso a estos beneficios.
- La extensión a todo el personal de este sistema de ayudas conllevaría la desaparición de la Ayuda para Minusvalías anteriormente existente en el BCH.

Absentismo

- Desde la entrada en vigor de los acuerdos, el BSCH dejaría de aplicar a su personal, con carácter general, la no percepción de devengos por absentismo derivado de enfermedad, previsto en el Convenio Colectivo vigente, tal y como se venía haciendo con los empleados procedentes del Banco Santander.

Préstamos, Créditos y condiciones de uso de Servicios Bancarios

- Respecto del personal en activo resultarían de aplicación el contenido y condiciones recogidos en el acuerdo del antiguo BCH. Esas condiciones, en lo que se refiere al tipo de interés nominal serían objeto de revisión anual.
- Al personal pasivo les sería de aplicación el contenido y condiciones recogidos en el acuerdo del antiguo BCH. Esas condiciones, en lo que se refiere al tipo de interés nominal serían objeto de revisión anual.
- El establecimiento de un ámbito general de aplicación de condiciones especiales aplicables a uno y otro personal conllevaría la desaparición de las condiciones especiales que anteriormente pudieran haberse aplicado en materia de préstamos, créditos y condiciones de uso de servicios bancarios en el antiguo Banco Santander.

También, el pasado 27 de febrero, el BSCH y las Representaciones Sindicales Mayoritarias dieron un paso más en la unificación de las condiciones laborales para todo el personal firmando sendos acuerdos sobre el establecimiento de un seguro colectivo de vida y la unificación de criterios en relación con el disfrute del período de vacaciones.

Ambas partes firmaron en la misma fecha un acuerdo sobre empleo en el cual se concretaron diversos aspectos entre los que cabe resaltar los relacionados con la contratación de nuevo personal y la utilización de ETT´s.

Preguntas para reflexionar

1. ¿Cree usted que la fusión entre empresas presenta problemas nuevos para los responsables de la gestión de RRHH de las mismas?
2. ¿Hasta qué punto tiene sentido una política de prestaciones sociales?, ¿sería más eficaz convertir su coste en salario equivalente?
3. ¿Cuál piensa usted que son las diferentes alternativas para diseñar la estructura de prestaciones sociales de la nueva empresa resultante de la fusión? ¿Cuáles serían sus ventajas comparativas?
4. ¿Es apropiada la negociación de la nueva estructura de prestaciones sociales o sería mejor una decisión unilateral de la Dirección de la Empresa?

Trabajo en equipo

Se forman grupos de ocho alumnos. Dos representarán a la Dirección de RRHH y las otras seis a los representantes de cada uno de los tres sindicatos más representativos –dos por central sindical–. El juego de rol consistirá en representar una reunión cuyo objetivo es una primera discusión de los planteamientos que tienen cada uno de los interesados y establecer un plan de trabajo. Tanto la representación de la Empresa como la de cada una de las centrales sindicales está compuesta por un miembro de cada uno de los antiguos bancos.

Se forman grupos de ocho personas. Dos personas representan a la Dirección de RRHH y las otras seis a los representantes de cada uno de los tres sindicatos más representativos –dos por central sindical–. Representar la reunión final cuyo objetivo es, o bien, cerrar un acuerdo, o bien, dar por rotas las conversaciones.

Ambos ejercicios de representación de papeles deberían tener una duración de diez a 15 minutos, transcurridos los cuales se abrirá un debate en el que participará toda la clase y que moderará el profesor.

Ejercicio basado en la experiencia

Sigue siendo de suma importancia y máxima actualidad el tema de qué hacer con las prestaciones sociales tras un proceso de fusión. El pasado 18 de octubre de 2007, un día antes de cumplirse ocho años de la fusión del Banco Bilbao Vizcaya Argentaria (BBVA), la empresa y los sindicatos mayoritarios firmaron el Acuerdo de Homologación de Beneficios Sociales, que cierra la fusión en el plano laboral. Entreviste a amigos, conocidos, parientes, compañeros u otras personas que hayan vivido en sus empresas un proceso de fusión. Pregúnteles cómo se ha resuelto el tema de la homologación de las prestaciones sociales. ¿Qué implicaciones puede extraer de su investigación para una empresa que esté inmersa en un proceso de fusión? Después, se expondrán los resultados alcanzados en clase y el profesor actuará de moderador.

Fuentes: Adaptado de Gómez Martínez, L. y Delgado Piña, M. I. (2001). Avanzando en el proceso de convergencia laboral. En GÓMEZ-MEJÍA, L. R; BALKIN, D. B.; y CARDY. R. L. (2001). *Dirección y gestión de RRHH*. 3.ª edición. Madrid: Prentice Hall, pp. 659-660; Comfia-CC.OO. Sección Sindical BBVA (19 de octubre de 2007). "Firmado el acuerdo de beneficios sociales en BBVA". www.comfia.net/bbva.

PARTE VI: GOBERNANZA

CAPÍTULO 13

GESTIÓN DE LAS RELACIONES INTERNAS

OBJETIVOS

Tras leer este capítulo, usted estará en condiciones de abordar los siguientes temas:

1. **Destacar** la importancia de las relaciones internas y de la comunicación con los empleados para el logro de los objetivos empresariales.
2. **Describir** tres tipos de programas que pueden utilizarse para facilitar la comunicación interna.
3. **Explicar** diferentes procedimientos de apelación que se pueden poner a disposición del empleado para que éste pueda recurrir las actuaciones de sus jefes.
4. **Comprender** la importancia de los programas de ayuda al empleado a la hora de ayudar a resolver los problemas personales que puedan interferir en su trabajo.
5. **Resumir** innovaciones tecnológicas que permiten a los directivos difundir información con rapidez y explicar cómo influye la difusión de la información sobre las relaciones internas.

Nancy ostenta un puesto de jefatura en el departamento de servicio al cliente de una empresa de fotocopiadoras. Sus comienzos en ese departamento fueron como representante hace cuatro años. En su trabajo se encuentra, a veces, con clientes que la "agreden" o hacen comentarios groseros, aunque siempre ha sido capaz de controlar este tipo de situaciones. Normalmente, con un diplomático "váyase usted a paseo" es suficiente. Ahora, sin embargo, se encuentra en una situación que no sabe cómo afrontar.

Todo empezó hace seis meses, cuando fue ascendida a su actual puesto de jefatura. Disfruta mucho con su trabajo, se siente muy a gusto en la empresa y espera llegar lejos. El problema es su jefe. Steve fue en gran medida responsable de su promoción y Nancy se sentía en deuda con él. Sin embargo, a los dos meses se dio cuenta de que su interés por ella no era exclusivamente profesional. Comenzó a hablarle de sus problemas conyugales y a decirle que la encontraba muy atractiva. Después de todo lo que la había ayudado, Nancy no sabía muy bien si decirle directamente que ella no estaba interesada en entablar una relación sentimental con él. Pero cuando comenzó a enviarle flores y a pedirle que salieran juntos, Nancy se vio obligada a decirle que dejara de acosarla.

Aquello no funcionó. De hecho, las cosas fueron a peor. Las peticiones de Steve se hicieron más directas y ahora venían acompañadas de amenazas. Concretamente, le dijo que si no tenía una relación con él, no sólo no la volvería a recomendar para otros ascensos, sino que además trataría de que la despidieran. Nancy no sabía qué hacer. Steve era una persona muy apreciada por sus colegas y temía que si se quejaba de él ante su jefe, sólo conseguiría perder antes su trabajo.

Fue entonces cuando leyó en el boletín de noticias mensual de la empresa sobre el programa de relaciones internas. Uno de los objetivos de este programa consiste en ofrecer a los empleados acceso confidencial a un especialista en relaciones internas para ayudarles a resolver los problemas interpersonales que tuvieran lugar en el trabajo. Nancy llamó por teléfono a uno de los especialistas y está deseando poder explicar su dilema a alguien imparcial y que pueda ayudarla.

EL ENFOQUE DIRECTIVO

Para resolver con éxito problemas como el de Nancy es preciso contar con un programa de relaciones internas que sea eficaz, tema que vamos a tratar en este capítulo. Las empresas que tienen buenas relaciones con sus empleados gozan de una importante ventaja porque sus trabajadores se encuentran muy motivados para esforzarse al máximo. A cambio, los empleados esperan recibir un trato justo y coherente en el que se reconozcan sus logros. Para favorecer y desarrollar las buenas relaciones, los empresarios deben mantener informados a los empleados sobre las políticas y estrategias de la empresa. De esta forma los empleados pueden aprender nuevos comportamientos o desarrollar capacidades cuando sea necesario y así entender mejor el funcionamiento de la empresa. Además, los empresarios deben contar con políticas que permitan a los empleados discutir los problemas o comunicar información importante a los representantes de la empresa para que puedan actuar convenientemente.

Todo futuro directivo debe desempeñar un papel crucial en las relaciones internas, escuchando las preocupaciones y experiencias de sus empleados y favoreciendo el que estén informados sobre los cambios en el negocio y sus consecuencias.

Los especialistas en RRHH también desempeñan un papel esencial en las relaciones internas. Si desarrollan políticas y procedimientos de comunicación con las herramientas adecuadas en el momento preciso, los empleados pueden acceder a más información, de mayor calidad y pueden comunicarse con más éxito con la dirección. Los directivos y los especialistas en RRHH deben trabajar juntos para asegurar que las políticas y procedimientos de comunicación fomenten las relaciones internas.

En este capítulo analizaremos el papel de los directivos y los especialistas en relaciones internas. A continuación, presentaremos un modelo de comunicación y analizaremos políticas concretas destinadas a que los empleados tengan acceso a información importante. Finalmente, examinaremos algunos programas dirigidos a reconocer las contribuciones de los empleados, tanto individuales como en grupo, a los objetivos de la empresa.

EL PAPEL DEL DIRECTIVO Y DEL ESPECIALISTA EN RELACIONES INTERNAS

Unas buenas *relaciones internas* implican ofrecer un trato justo y coherente a todos los empleados para conseguir que éstos se involucren en los objetivos de la organización. Las empresas con buenas relaciones internas suelen contar con una estrategia de RRHH que considera a los empleados uno de los grupos de interés dentro de la compañía. Los empleados que son tratados como un *grupo de interés* tienen ciertos derechos dentro de la empresa y suelen ser tratados con dignidad y respeto. Por ejemplo, Jonson & Jonson, una empresa conocida por sus excelentes relaciones internas, está comprometida con una filosofía de respeto al individuo. Para fomentar las buenas relaciones internas, los directivos deben escuchar y comprender lo que los empleados dicen y experimentan, mantenerles informados sobre los planes empresariales de la dirección y sus efectos en los puestos de trabajo. Los empleados, por su parte, deben de tener libertad para expresar sus quejas con respecto a las decisiones de la dirección. Aunque puede que existan buenas razones que impidan cambiar una decisión que ya se haya tomado, la dirección debe al menos escuchar las quejas de sus empleados.

Para que haya buenas relaciones entre empleados es preciso que los directivos cooperen con los **representantes de relaciones internas**. Estos especialistas son miembros del departamento de RRHH que actúan como asesores internos en las empresas. Tratan de garantizar que las políticas y procedimientos de la empresa se respeten, asesorando, tanto a los supervisores como a los empleados sobre problemas específicos relativos a las relaciones entre los empleados de la empresa. Las **políticas de relaciones internas** deben proporcionar vías mediante las cuales puedan resolverse dichos problemas antes de que se conviertan en algo más serio.

Representante de relaciones internas
Miembro del departamento de RRHH que garantiza que se cumplen las políticas de la empresa y consulta tanto a supervisores como a empleados sobre problemas concretos de relaciones internas.

Política de relaciones internas
Política diseñada para comunicar la filosofía y prácticas directivas relativas a las cuestiones relacionadas con los empleados para evitar que sean graves los problemas en el trabajo.

Por ejemplo, una empleada cuyo superior ha denegado su solicitud de dos semanas de vacaciones (a las cuales tiene derecho según el manual del empleado) puede pedir al representante de relaciones internas que hable con el supervisor para que le aclare por qué se le han denegado las dos semanas de vacaciones que había solicitado. A su vez, los supervisores también pueden consultar a los especialistas en relaciones internas. Por ejemplo, un supervisor puede pedir asistencia si sospecha que el consumo abusivo de alcohol por parte de uno de sus subordinados afecta a su rendimiento laboral. En ambos casos, el representante de relaciones internas intentará resolver el problema respetando la letra y el espíritu de la política de empleo que corresponda, intentando mantener, al mismo tiempo, el equilibrio entre los intereses del supervisor, del empleado y de la empresa.

Los representantes de relaciones internas también pueden desarrollar nuevas políticas para ayudar a mantener la justicia y los buenos resultados en el lugar de trabajo. Por ejemplo, un alto directivo podría solicitar la asistencia de un especialista en relaciones internas a la hora de elaborar una nueva política relativa al hecho de fumar en el lugar de trabajo o a la contratación del cónyuge de un empleado o de otros de sus parientes.

DESARROLLO DE LA COMUNICACIÓN INTERNA

Muchas empresas han descubierto que la clave para conseguir un buen programa de relaciones internas es contar con un *canal de comunicación* que ofrezca a los empleados acceso a información importante y la oportunidad de expresar sus ideas y sentimientos. Cuando los supervisores están familiarizados con las políticas de empleo y los empleados conocen sus derechos, existen menos posibilidades de que se produzcan malentendidos y de que la productividad se resienta.

Debido a la complejidad de las empresas, es preciso crear numerosos canales de comunicación para mejorar la información hacia arriba, hacia abajo y a lo largo de toda la estructura de la organización. Por ejemplo, Intel ofrece muchos canales de comunicación que permiten a los empleados y directivos comunicarse entre sí y compartir la información. Los directivos se comunican con sus empleados paseando por la oficina y hablando con ellos informalmente, redactando boletines de noticias y ofreciendo una página web con las políticas clave de empleo. Los empleados informan a los directivos a través de correos electrónicos, informes, reuniones y otras formas de comunicación cara a cara.

Puesto que las organizaciones de hoy en día han ido delegando cada vez más responsabilidades y autoridad para tomar decisiones en sus empleados, la importancia de ofrecer más información a los trabajadores es mayor ahora que antes[1].

TIPOS DE INFORMACIÓN

La información que se envía y recibe en las comunicaciones es de dos tipos: sobre hechos y sobre sentimientos. Los *hechos* son informaciones que pueden medirse o describirse de forma objetiva. Por ejemplo, el coste de una computadora personal, la tasa diaria de productos defectuosos en una fábrica o la cantidad de pago deducible de la póliza del seguro médico subvencionado por la empresa. Los últimos avances tecnológicos permiten que la información basada en datos sea más accesible a un mayor número de empleados de lo que nunca antes había sido. Los hechos pueden almacenarse en bases de datos y distribuirse a todos los empleados a través de las redes de computadoras personales.

Los *sentimientos* son respuestas emocionales de los empleados a las decisiones o acciones emprendidas por los directivos u otros empleados. Los directivos encargados de aplicar las decisiones deben ser capaces de anticiparse o de responder a los sentimientos de los empleados afectados por dichas decisiones. Si ellos no pueden, o no lo hacen, el plan puede fracasar. Por ejemplo, una universidad pública cambió la cobertura de su seguro médico sin consultar a los empleados afectados. Cuando estos empleados se enteraron de que la cobertura había disminuido, reaccionaron de una forma tan negativa que el director de prestaciones laborales tuvo que dimitir (posteriormente la póliza de seguros médicos se cambió por otra más favorable para los empleados).

Una empresa debe ser especialmente cuidadosa con los sentimientos de sus empleados cuando se encuentra inmersa en un proceso de reestructuración o de reducción de su plantilla y, en consecuencia, debe efectuar un número considerable de despidos. Un empleado del departamento de producción de una importante fábrica de la Costa Este estadounidense recuerda que, después de que la dirección hubiera estado diciendo insistentemente "nos va bien, nos va muy bien", un buen día anunció de repente que se estaban produciendo importantes reducciones en los beneficios y que se efectuarían despidos. Los empleados supervivientes estaban asombrados y se sentían heridos, por lo que perdieron toda su confianza en la dirección[2].

Las organizaciones tienen que diseñar canales de comunicación que permitan a los empleados comunicar hechos y expresar sus sentimientos. En muchas ocasiones, estos canales deben incluir encuentros personales, cara a cara, porque muchos sentimientos no se transmiten de forma verbal[3]. Los empleados no pueden escribir en un papel o registrar en una base de datos de una computadora las complejas reacciones emocionales que pueden producirse ante el anuncio de una reestructuración de la empresa que les haga temer por la pérdida de su puesto de trabajo.

FUNCIONAMIENTO DE LA COMUNICACIÓN

En la Figura 13.1 aparece una representación simple del proceso de comunicación dentro de una empresa. La comunicación se inicia con un *emisor*, que tiene un mensaje para un *receptor*. El emisor debe *codificar* el mensaje y seleccionar un *canal de comunicación* que transmita el mensaje al receptor. A la hora de comunicar hechos, el mensaje puede codificarse utilizando palabras, cifras o símbolos digitales; a la hora de comunicar sentimientos, el mensaje puede codificarse mediante el lenguaje verbal o por el tono de voz.

Dependiendo del mensaje que se desee enviar, algunos canales de comunicación resultan más idóneos que otros. Por ejemplo, los informes internos o memorandos no suelen ser

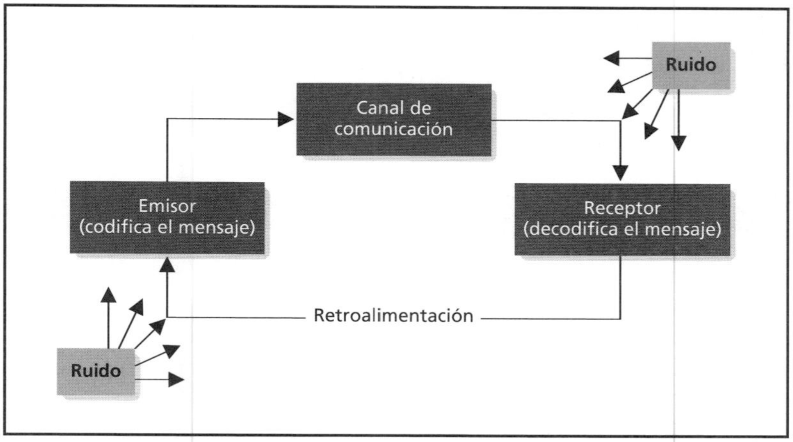

Figura 13.1 ■ El proceso de comunicación dentro de la organización.

muy adecuados para enviar información sobre sentimientos. Un canal más eficaz para transmitir emociones fuertes puede ser una reunión o cualquier otra forma de comunicación cara a cara.

La comunicación sólo será eficaz si el receptor es capaz de *descodificar* el mensaje y de comprender su verdadero significado. El receptor puede malinterpretar un mensaje por muchas razones. Por ejemplo, si el mensaje está lleno de términos técnicos, la descodificación del mismo no será fácil y el receptor podría malinterpretar las razones por las cuales el emisor le envía el mensaje. También puede ocurrir que el mensaje enviado por el emisor se preste a múltiples interpretaciones.

Debido a que existe una gran probabilidad de que se produzcan malas interpretaciones, cuando se comunica algo importante debe preverse la posibilidad de que el receptor proporcione retroalimentación. De esta forma, el emisor puede clarificar el mensaje si su verdadero significado no ha sido comprendido. Además, el ruido, tanto en el entorno del emisor como en el del receptor, puede bloquear o distorsionar el mensaje. El *ruido* es cualquier cosa que interfiere en el mensaje: la poca claridad de expresión por parte del emisor, el cansancio o la distracción por parte del receptor o, de hecho, el ruido real que distorsiona el mensaje (otras personas hablando, el tráfico, un teléfono sonando). Con cierta frecuencia, el exceso de información puede generar ruido. Por ejemplo, si el receptor recibe 100 correos electrónicos en un día, puede que no lea detenidamente los más importantes debido a la saturación de información.

El tipo de comunicación que permite retroalimentación se denomina comunicación *bidireccional*, ya que el emisor y el receptor pueden interactuar entre sí. Aunque lo ideal es que las comunicaciones sean interactivas, esto no siempre es posible, sobre todo cuando se trata de grandes empresas, en las que hay que distribuir mucha información a numerosos empleados. Por ejemplo, los altos ejecutivos de las grandes empresas no suelen tener tiempo para hablar con todos los empleados a los que tienen que informar sobre el nuevo producto que se va a lanzar al mercado. En cambio, pueden comunicarse con los empleados mediante un informe interno, una memoria o un correo electrónico. Por el contrario, los altos ejecutivos de las pequeñas empresas tienen muchas menos dificultades para comunicarse con sus empleados. El Cuaderno del Director titulado "Cómo comunicar retroalimentación útil a los empleados" ofrece trucos para los directivos que quieren mejorar el proceso de comunicación (recuerde que ya dimos información sobre el procedimiento para informar a los empleados de su proceso de evaluación en el Capítulo 7).

CUADERNO DEL DIRECTOR

GRH: EL EMPLEADO COMO CLIENTE INTERNO

Cómo comunicar retroalimentación útil a los empleados

A continuación se presentan diferentes formas de comunicar retroalimentación útil a los subordinados y otros empleados.

- **Céntrese en comportamientos concretos.** Ofrezca retroalimentación que permita a los empleados conocer los comportamientos eficaces o los que deben mejorar. Así, serán capaces de mantener e intensificar los comportamientos deseados y estarán motivados para cambiar aquellos que pudieran resultar inadecuados. Evite afirmaciones vagas del tipo "tiene usted una mala actitud". Es mejor dar una retroalimentación más precisa del tipo "ha ignorado a un cliente cuando estaba intentando captar su atención".
- **Mantenga la retroalimentación en el terreno impersonal.** Intente que la retroalimentación que transmite sea descriptiva, que no parezca un juicio o una valoración. Para ello, céntrese en los comportamientos relacionados con el trabajo más que en juicios de valor sobre las motivaciones del empleado. En lugar de decir a un empleado "es usted un incompetente" sería preferible decir "he constatado algunas lagunas en su conocimiento del producto cuando ha realizado su presentación ante el grupo de marketing".
- **Transmita la retroalimentación en el momento y lugar precisos.** El mejor momento para dar retroalimentación es justo después de que la persona muestra el comportamiento sobre el cual se quiere informar. Un directivo que espera durante meses, hasta que se realice la evaluación formal del rendimiento, para informar al empleado sobre su comportamiento, probablemente ha perdido la oportunidad de instruir y motivar al empleado para mejorar en su momento dicho comportamiento. De igual forma, el lugar adecuado para dar retroalimentación crítica es en privado. Una retroalimentación negativa transmitida en público puede humillar a la persona que está siendo criticada y probablemente provoque más enfado que el resultado que se buscaba con el mensaje. Por el contrario, la comunicación de retroalimentación positiva delante de otras personas puede motivar, no sólo a la persona que está siendo alabada, sino también a los demás, que pueden aprender del buen ejemplo del empleado cuyos comportamientos están siendo positivamente reconocidos.
- **Centre la retroalimentación negativa en los comportamientos que pueda controlar el empleado.** Cuando se da retroalimentación negativa a un empleado, hay que centrarse en los comportamientos que el empleado puede controlar. Por ejemplo, puede que sea adecuado que un directivo critique a un empleado que ha llegado tarde a una reunión del equipo. Sin embargo, si el directivo pidió al empleado que resolviese un problema de servicio al cliente y se ha tardado más en resolver de lo que se preveía originalmente, la crítica sobre el retraso podría ser injusta.

Fuente: Adaptado de Gómez-Mejía, L., Balkin, D. y Cardy, R. (2005). *Management* (2.ª ed.). Burr Ridge, IL: McGraw-Hill Irwin; Robbins, S. P. y Hunsaker, P. L. (2006). *Training in Interpersonal Skills* (4.ª ed.). Upper Saddle River, NJ: Prentice Hall.

Comunicación hacia abajo
Comunicación que permite a los directivos aplicar sus decisiones e influir sobre los empleados que están en niveles inferiores de la jerarquía.

Comunicación hacia arriba
Comunicación que permite a los empleados de los niveles inferiores comunicar sus ideas y sentimientos a los que toman las decisiones más arriba.

Comunicación hacia abajo y hacia arriba

Los especialistas en relaciones internas contribuyen a que la comunicación tanto hacia abajo como hacia arriba se mantenga en el seno de una organización. La **comunicación hacia abajo** permite a los directivos aplicar sus decisiones e influir sobre los empleados que están por debajo en la jerarquía de la organización. También puede utilizarse para divulgar información controlada por la alta dirección. La **comunicación hacia arriba** permite a los empleados de los niveles más bajos comunicar sus ideas o sentimientos a las personas que toman las decisiones más arriba. Por desgracia, muchas organizaciones levantan barreras importantes a lo largo de sus canales de comunicación hacia arriba. Por ejemplo, en muchas empresas se considera un acto de deslealtad que un empleado se salte a su superior inmediato e informe de un problema a un alto directivo.

Una última observación importante en cuanto a la comunicación en general: la economía estadounidense está pasando de ser una economía basada en la industria a una economía basada en la información. Esta revolución es tan significativa como el paso de una economía agrícola a una industrial que se produjo hace un siglo. En una economía industrial, el centro de interés está en los procesos de producción. En una economía basada en la información, la comunicación (la producción y transmisión de información) constituye el punto crucial. La forma de comunicar la información, tanto interna como externamente, se está convirtiendo en algo cada vez más importante para el éxito de la empresa. Un símbolo importante de esta transición es el crecimiento de Microsoft, el gigante del software. El software está formado prácticamente en su totalidad por información en estado puro; no tiene ningún aspecto tangible. Y, sin embargo, el hombre que suministra la mayoría de los sistemas operativos (el tipo de programas que controlan el funcionamiento de una computadora y dirigen el procesamiento de los demás programas) y de las aplicaciones de software del mundo (los programas específicos que ejecuta una computadora), Bill Gates, el fundador de Microsoft, es una de las personas más ricas de todo EE.UU.

PROMOVER COMUNICACIONES EFICACES

En su trabajo con los supervisores y los directivos los representantes de relaciones internas pueden ayudar a que las comunicaciones sean eficaces desarrollando y manteniendo tres tipos de programas: difusión de la información, retroalimentación para los empleados y asistencia al empleado.

PROGRAMAS PARA LA DIFUSIÓN DE LA INFORMACIÓN

La información es una fuente de poder en las organizaciones. En las empresas jerárquicas tradicionales, los altos directivos guardan celosamente la información como si se tratara de un coto privado que les perteneciese. Pero la era de la información ha obligado a muchas empresas a crear nuevas reglas. Las organizaciones actuales dependen cada vez más de lo que se ha denominado trabajadores del conocimiento para producir un producto o prestar un servicio. Los **trabajadores del conocimiento** (por ejemplo, los programadores, los escritores, los educadores) transforman la información en un producto o servicio y necesitan gran cantidad de información para realizar bien su trabajo. Para este tipo de trabajadores, la difusión de la información a lo largo y ancho de la organización es fundamental para poder ofrecer un servicio o producto de alta calidad a los clientes.

Trabajador del conocimiento
Trabajador que transforma la información en un producto o servicio.

La **difusión de la información** consiste en hacer que la información esté disponible para todas las personas que toman decisiones dondequiera que éstas se encuentren. Al estar mejor informados, los empleados que tienen acceso a una gran cantidad de información sentirán que se les otorgan más responsabilidades y estarán en mejores condiciones de participar en la toma de decisiones. La difusión de la información también permite a los directivos que adopten estilos de liderazgo y formas de organización del trabajo más participativas, fomentando así un mayor compromiso de los empleados y, en última instancia, mejores relaciones internas.

Difusión de la información
Proceso por el cual la información está disponible para los que toman decisiones dondequiera que se encuentren.

Los métodos más importantes para difundir información a los empleados son los manuales del empleado, las comunicaciones por escrito, las comunicaciones audiovisuales, las comunicaciones electrónicas, las reuniones, los retiros y las comunicaciones informales.

El manual del empleado

El *manual del empleado* es probablemente la fuente de información más importante que el departamento de RRHH puede ofrecer. Establece las bases de la filosofía general de la empresa respecto a las relaciones internas[4], informa, tanto a los empleados como a los supervisores, sobre las políticas y procedimientos de empleo de la empresa, y sirve también para comunicar a los empleados sus derechos y responsabilidades. El manual permite que los empleados conozcan que tienen derecho a recibir un trato coherente y uniforme por parte de

Una cuestión de ética

Algunas empresas intentan limitar el comportamiento de sus empleados fuera de su lugar de trabajo y de su horario laboral. La restricción más común es la prohibición de fumar. Otra, menos frecuente, es la prohibición de beber en público. ¿Es ético que las empresas intenten restringir el comportamiento de sus empleados cuando no están trabajando?

los supervisores con respecto a cuestiones que afecten a su puesto de trabajo o a su estatus dentro de la empresa. También les dice a los supervisores cómo deben evaluar, recompensar y enfocar las medidas de disciplina respecto a sus empleados. Ayuda a impedir que tanto los supervisores como la propia empresa tomen decisiones sin la información suficiente y de carácter arbitrario, lo cual podría tener repercusiones negativas en la moral de la plantilla o provocar la interposición de demandas por parte de empleados descontentos.

El manual del empleado contiene información sobre temas tales como beneficios sociales, evaluación del desempeño, códigos de indumentaria laboral, contratación de familiares, fumar en el lugar de trabajo, períodos de prueba, procedimientos relativos a pruebas toxicológicas, política de permisos y excedencias por asuntos familiares, acoso sexual, procedimientos disciplinarios y normas de seguridad[5]. Los manuales deben actualizarse anualmente, reflejar el entorno legal del momento y ser coherentes con la filosofía general de las relaciones internas de la empresa. Aunque los manuales del empleado habitualmente se imprimen y distribuyen al conjunto de la plantilla, cada vez es más frecuente que las empresas los publiquen *on line* como documento electrónico que se puede actualizar más fácilmente. Los manuales en formato electrónico reducen los costes de edición, pues los empleados sólo tienen que imprimir las páginas que les interesan[6].

Aunque algunas veces se considera como una herramienta válida solo para las grandes empresas, las pequeñas empresas también pueden beneficiarse de la utilización de manuales del empleado. Por ejemplo, el propietario de un restaurante despidió recientemente a un empleado que no había pagado una comida, aun cuando no había política alguna por escrito a este respecto y el empresario había permitido a algunos empleados, en otras ocasiones, que comieran en el restaurante. El empleado despedido llevó a juicio al propietario por este incidente. El propietario gastó más de 7.000 dólares en minutas legales para defender su decisión de despedir al empleado. La disputa podría haberse evitado si se hubiera concretado una política de "comidas de los empleados" en un manual del empleado[7].

Las decisiones judiciales de algunos estados sugieren que los manuales del empleado pueden ser considerados como un contrato implícito entre el empresario y el empleado que restringe la libertad del empresario para despedir a los empleados sin una causa justificada. Para evitar estas interpretaciones restrictivas de los tribunales, los empresarios pueden incluir al final del manual una nota manifestando que los empleados pueden ser despedidos sin necesidad de justificación y que el manual no constituye un contrato de empleo, sino más bien un conjunto de directrices[8]. Algunas empresas incluso van más lejos para protegerse: exigen a todos los nuevos empleados que firmen un acuse de recibo del manual del empleado, señalando que lo utilizarán para conocer las normas, regulaciones y políticas de la empresa y que saben que no es un contrato. La Figura 13.2 muestra un ejemplo de acuse de recibo de un manual el empleado[9]. No es sorprendente que estas prácticas resulten polémicas, porque el aumento de protección legal que proporcionan al empresario también tiende a socavar la buena voluntad y confianza que el manual quería fortalecer.

Con todo, los manuales del empleado pueden ayudar a prevenir o resolver problemas con la plantilla. La Figura 13.3 muestra el procedimiento utilizado por una empresa para comunicar con todo detalle una inteligente política sobre el nepotismo a través del manual del empleado (el **nepotismo** es la práctica consistente en dar un trato de favor a los familiares en detrimento de otros trabajadores, en temas laborales). La política que se comunica en la Figura 13.3 protege los derechos de los familiares pero manteniendo un equilibrio con la necesidad que tiene la empresa de evitar conflictos de interés que pudieran afectar a su buen funcionamiento.

Nepotismo
Práctica que consiste en favorecer a los familiares, en relación con otros empleados, en el trabajo.

En las empresas familiares, donde suele ser habitual que los propietarios vayan formando y preparando a sus hijos, hijas u otros familiares para que tomen las riendas de la empresa, el nepotismo se da por sentado. En estas situaciones, la cuestión consiste en saber

ACUSE DE RECIBO DEL MANUAL DEL EMPLEADO DE TJP INC.

Este manual del empleado ha sido entregado a ____________________
con fecha ____________________
por ____________ (cargo) ____________
Fecha de comienzo del trabajo del empleado ____________________
Período para el abono de la nómina____________________
Horas de trabajo semanales y horario de trabajo ____________________

Bienvenido a TJP Inc. A continuación se presenta una lista de sus prestaciones junto con la fecha de entrada en vigor de las mismas:

Prestación	**Entrada en vigor**
Hospitalización ____________	____________
Seguro de Vida____________	____________
Jubilación ____________	____________
Vacaciones ____________	____________
Baja por enfermedad____________	____________
Días Festivos ____________	____________
Días para asuntos personales ____________	____________
Fallecimiento de familiares ____________	____________
Retribución del trabajador ____________	____________
Seguridad Social____________	____________
Su primera evaluación del desempeño tendrá lugar el ________	____________

Reconozco que el manual del empleado sólo tiene fines informativos y que debo leerlo y utilizarlo como referencia para conocer las reglas y políticas de la empresa. TJP Inc. Puede modificar, revocar, suspender o cancelar, en parte o en su totalidad, cualquiera de sus políticas, reglas, procedimientos y prestaciones, en cualquier momento, sin previo aviso a los empleados de la empresa. Este manual y sus declaraciones no afectan de ninguna manera al derecho de TJC Inc. de dar por terminada la relación laboral con sus empleados en cualquier momento y por cualquier razón, con o sin causa.

(Firma del empleado) ____________________
(Fecha) ____________________

Fuente: Reproducido con autorización del editor de *Management Review*, junio de 1993. © 1993. American Management Association, Nueva York. Todos los derechos reservados

Figura 13.2 ■ Ejemplo de acuse de recibo del manual del empleado.

el grado de nepotismo aceptable. No es raro encontrar que los propietarios de la empresa ponen a sus hijos en posiciones de poder y les conceden salarios, títulos y privilegios que se deniegan a empleados mejor cualificados o con más experiencia. Naturalmente, esta situación pone en contra a los empleados que no son miembros de la familia. Consultores de empresas familiares, como Craig E. Aronoff y John L. Ward, recomiendan que los miembros de la familia que quieran que el negocio familiar sea su carrera profesional deben cumplir previamente los tres requisitos siguientes:

- Tener una formación adecuada para el puesto de trabajo que desean.
- Trabajar entre tres y cinco años en otra empresa.
- Empezar en un puesto ya existente y necesario en la empresa familiar, percibiendo el mismo salario y estando a la altura del rendimiento de los que previamente han desempeñado ese puesto de trabajo[10].

Política respecto al nepotismo

Apartado 1. **Contratación de familiares.** La empresa considera como una práctica ilegal con respecto a un familiar de un empleado que trabaja o que haya trabajado en la empresa, lo siguiente:

a. Negarse a contratar o a emplear a esta persona.
b. Despedir o prohibir el empleo a esta persona.
c. Discriminar a esta persona en cuanto a su retribución o a las condiciones, términos o privilegios de su trabajo.

Apartado 2. **Conflicto de intereses.** La empresa no está obligada a contratar o mantener en su trabajo a una persona si ello:

a. Situara a esta persona en un puesto en el que ejerza supervisión, asignación o autoridad para la solución de quejas de un familiar suyo, o en un puesto en el que pueda estar sujeto a la autoridad que ejerza un miembro de su familia; o
b. Provocara que la empresa pasara por alto un requisito laboral de "buena fe", razonablemente necesario para la marcha normal de la empresa.

Apartado 3. **Familiar de un empleado.** Se entenderá por familiar de un empleado a su mujer, marido, hijo, hija, madre, padre, hermano, cuñado, hermana, cuñada, nuera, yerno, suegro, suegra, tía, tío, sobrina, sobrino, padres adoptivos o hijos adoptivos del mismo.

Fuente: Adaptado de Decker, K. H. (1989). *A manager's guide to employee privacy: Policies and procedures*, 231-232. New York, Wiley.

Figura 13.3 ■ Ejemplo de declaración de política de nepotismo en un manual del empleado.

Comunicaciones por escrito: memorandos, informes financieros, boletines de noticias y tablones de anuncios

Existen otras muchas formas de comunicación escrita además del manual del empleado. Los *memorandos* suelen utilizarse para comunicar cambios en las políticas o los procedimientos de la empresa. Por ejemplo, cuando se cambia la cobertura de un determinado seguro médico, el grupo de empleados afectado puede recibir la notificación mediante un memorando escrito. Además, la empresa debe difundir los *informes financieros* entre los empleados con el fin de que éstos conozcan los resultados de la misma. Al igual que los accionistas reciben esta información de forma regular, los empleados también deberían recibirla porque constituye una importante fuente de retroalimentación con respecto a su rendimiento agregado[11].

Una actividad de la que suele ocuparse el departamento de RRHH de manera directa es la elaboración y publicación de boletines de noticias para los empleados. El *boletín de noticias* consiste en una pequeña publicación, mensual o trimestral, destinada a informar a los empleados sobre acontecimientos, reuniones y cambios de puestos de trabajo importantes, así como para ofrecer historias sobre la contribución a la empresa, de empleados y de equipos de trabajo que puedan servir de modelo al resto de la plantilla[12]. Los boletines de noticias ayudan a fomentar el espíritu de comunidad en una empresa o en una parte de la misma (división, departamento, sucursal, etc.). Con la llegada de los programas de autoedición para computadoras personales, la producción y distribución de boletines es factible incluso para las empresas más pequeñas. Algunos directivos utilizan un simple *tablón de anuncios* donde dejan información relativa al rendimiento de su equipo, comparándolo con el de los competidores externos o con otros equipos dentro de la empresa. Además, una característica común de la página web de muchas empresas es tener un *tablón de anuncios electrónico* que incluye noticias de interés para los empleados. Estas noticias se pueden publicar con suma rapidez y ver por todos los empleados cualquiera que sea el lugar donde estén trabajando. Por ejemplo, un empleado que conoce con antelación que va a ser trasladado al extranjero durante un año puede poner en el tablón de anuncios electrónico que está dispuesto a subarrendar su casa durante ese período.

Comunicaciones audiovisuales

Las nuevas tecnologías hacen que sea posible difundir información sin los límites de la palabra impresa. Las imágenes visuales y la información sonora son poderosas herramientas de comunicación. El uso generalizado de los aparatos de vídeo (VCRs) en los hogares hizo posible que las empresas utilizaran cintas de vídeo cuando necesitaban transmitir información importante a sus empleados. Los directivos de Rocky Flats Nuclear Weapons Arsenal de Denver utilizaron con bastante éxito cintas de vídeo cuando anunciaron que se iba a producir una reducción de su tamaño empresarial (debido a los recortes presupuestarios en defensa) que podría dar lugar una reducción de plantilla de varios miles de empleados. Cada empleado recibió una cinta de vídeo con un mensaje de los altos ejecutivos explicando los motivos de la reducción de personal y los nuevos objetivos de la empresa. La cinta también incluía un mensaje personal del entonces presidente George Bush explicando que el fin de la Guerra Fría obligaba a realizar un cambio en las prioridades de gasto del gobierno estadounidense. En este caso, la comunicación audiovisual ayudó a mantener alta la moral de los empleados a pesar de todos los cambios y de la incertidumbre reinante en la empresa.

Las **videoconferencias** permiten a las personas con agendas muy apretadas participar en reuniones a pesar de encontrarse a grandes distancias del lugar en el que se celebre la misma (o cuando una persona está muy lejos de otra). Mediante cámaras de vídeo y otros equipos sofisticados, la videoconferencia hace posible que empleados en lugares muy remotos se relacionen como si estuvieran sentados en la misma sala de conferencias. Una videoconferencia de cuatro horas que evita tener que pagar viajes en avión, hoteles y restaurantes a cinco personas puede llegar a ahorrar a la empresa al menos 5.000 dólares.

Videoconferencia
Utilización de equipos de audio y vídeo para permitir que las personas participen en reuniones, incluso cuando están muy lejos de la sala de conferencias o muy lejos una persona de otra.

Sin embargo, puesto que los sistemas de videoconferencia cuestan entre 10.000 y 40.000 dólares, siguen siendo prohibitivos para muchas empresas. Afortunadamente, los avances en la informática y en las redes de telecomunicaciones harán que pronto sea posible equipar a una computadora personal con una cámara y una tarjeta de videoconferencia por un precio de 1.000 a 1.500 dólares. Además de hacer que la videoconferencia sea más asequible, los sistemas informáticos de sobremesa consiguen que la tecnología intimide menos tanto a los directivos como a los empleados[13]. Otra forma para que el acceso a la videoconferencia no sea tan caro consiste en alquilar los equipos cuando sea necesario. Por ejemplo, Kinko's alquila habitaciones que tienen equipos de videoconferencia en muchos de sus establecimientos.

COMUNICACIONES ELECTRÓNICAS

Los adelantos en las comunicaciones electrónicas han hecho posible la comunicación interactiva incluso si el emisor y el receptor están separados por la distancia física y por agendas apretadas. Con el **buzón de voz** un empleado puede evitarse la fastidiosa experiencia de tener que estar llamando por teléfono constantemente a directivos muy ocupados, dejándoles, en su lugar, un mensaje en su buzón de voz. El emisor también puede transmitir un mensaje previamente grabado al buzón de voz de todas o parte de las personas incluidas en la red telefónica de la empresa. Por ejemplo, un ejecutivo puede enviar una felicitación personalizada a un gran número de empleados. Además, el receptor pue-

Buzón de voz
Forma de comunicación electrónica que permite que el emisor deje un mensaje de voz para el receptor.

de dejar distintos mensajes en el contestador automático para las distintas personas que traten de ponerse en contacto con él creando un menú de mensajes.

Como cualquier otra tecnología, los buzones de voz plantean ciertos inconvenientes. Todavía existe mucha gente a la que no le gusta hablar a una máquina. Además, este sistema se presta a todo un potencial de mala utilización. A menudo la gente lo utiliza para filtrar llamadas y evitar, así, a personas con las que no quieren hablar, simulando que no están en la oficina. Estas prácticas son válidas en la vida privada, sin embargo, filtrar demasiadas llamadas en la oficina puede crear problemas. Las siguientes directrices pueden ayudar a los directivos a reducir los abusos en el empleo del sistema de buzón de voz[14]:

- **Limitar la capacidad de los mensajes.** Para evitar mensajes excesivamente largos, debe establecerse el límite para cada mensaje individual en 60 segundos.
- **No dejar a la gente sin respuesta.** A veces es necesario filtrar las llamadas. Sin embargo, esta táctica no debe implicar que no se devuelva la llamada durante cinco o seis días. Para evitar un uso excesivo de esta táctica, algunas empresas prohíben el uso de contestadores cuando los empleados están en la oficina.
- **No permitir que el buzón de voz se utilice como una muleta.** Los emisores que tienen que llamar a alguien para darle malas noticias no deberían esperar a que la persona salga a comer para dejar un mensaje en su buzón de voz.
- **Asegurar que todo el mundo comprende el sistema.** Esto incluye a los empleados temporales, a las personas de otros departamentos y a los recién contratados.
- **Respetar al que llama.** Los empleados que van a ausentarse por cuestiones de trabajo o por vacaciones, y no van a comprobar sus mensajes, deberían dejar un mensaje para que el que llama sepa cómo ponerse en contacto con su sustituto[15].

Correo electrónico (*e-mail*)
Forma de comunicación electrónica que permite a los empleados comunicarse entre sí mediante mensajes electrónicos enviados a través de computadoras personales conectadas en red.

El **correo electrónico,** o ***e-mail,*** permite a los empleados comunicarse entre sí mediante mensajes electrónicos escritos que son enviados por medio de computadoras personales conectadas a una red. Además, el correo electrónico permite a los empleados enviar retroalimentación a cualquier persona de la organización, con independencia de su categoría. El correo electrónico es una forma muy rápida de transmitir resultados empresariales importantes o acontecimientos clave de la empresa a un gran número de empleados[16]. También permite compartir grandes bases de datos entre los empleados o, incluso, con miembros de otras organizaciones. El correo electrónico ha hecho posible que profesores de diferentes universidades de todo el mundo puedan colaborar en estudios de investigación, escribir artículos conjuntamente y compartir información con la misma rapidez con la que trabajarían si estuvieran en despachos contiguos de la misma universidad. Es muy probable que la comunicación electrónica entre organizaciones aumente de manera significativa en los años venideros, gracias al crecimiento de Internet.

A pesar de sus muchas ventajas, el correo electrónico plantea algunos problemas a los directivos. Uno de ellos es que, como es muy fácil de utilizar, el correo electrónico contribuye a que exista un exceso de información. “El 50 por ciento de los mensajes enviados por correo electrónico son una absoluta pérdida de tiempo”, afirma el director adjunto del departamento para la lucha aérea contra incendios del Servicio Forestal Estadounidense. “La gente crea listas de correo y envían un documento a 50 personas cuando en realidad sólo cinco lo necesitan”. Para combatir este problema, el sistema de Servicio Forestal Estadounidense sólo deja espacio para recibir entre 30 y 50 mensajes, de forma que a menudo a los emisores se les devuelven los mensajes emitidos si el buzón del receptor está lleno. Otro problema surge por la tendencia de la gente a imprimir todos los mensajes que reciben, provocando una avalancha de papeles que precisamente se pretende evitar mediante el correo electrónico[17].

Las empresas que utilizan los sistemas de correo electrónico con el objetivo de mejorar la productividad a veces comprueban, a su pesar, que realmente lo que están haciendo es *reducirla*. Ira Chaleff, presidente de International Business Technology U.S., una empresa de consultoría en Washington DC, recomienda las siguientes directrices para utilizar el correo electrónico lo mejor posible:

- Formar un equipo para mejorar el correo electrónico que desarrolle protocolos y procedimientos que consigan que el sistema funcione lo mejor posible.
- Crear ficheros electrónicos para los mensajes que tengan que guardarse y organizarlos en carpetas por temas para que su recuperación sea rápida.
- Crear una carpeta común o un tablón de anuncios electrónico, al que los emisores puedan enviar informes y memorandos dirigidos al conjunto del personal. Así, se puede ahorrar un espacio considerable en el sistema y mucho tiempo[18].
- Desactivar la alarma de la computadora que avisa al receptor de los mensajes entrantes para evitar las constantes interrupciones de trabajo.
- Asumir que un correo electrónico enviado desde una computadora de la empresa será leído por la dirección. Utilizar otros canales de comunicación para mensajes privados o polémicos.
- Proteger los documentos sensibles con software de encriptación de forma que la información privada no sea accesible a los piratas informáticos u otros receptores no deseados.

El problema más espinoso al que se enfrentan los directivos, en relación con el correo electrónico, requiere la consulta con los profesionales de RRHH. El problema consiste en la tendencia que tienen los empleados a considerar que sus mensajes de correo electrónico son de propiedad privada, inmunes ante la inspección del empresario. Esta creencia puede hacer que los empleados utilicen el correo electrónico para comunicar cuestiones relativas a las actividades que realizan fuera de las horas de trabajo o para extender rumores, información falsa y quejas por toda la empresa. Algunos directivos se han sorprendido al descubrir que empleados descontentos han creado páginas web de quejas animando a los trabajadores a utilizar el correo electrónico para sabotear los planes de la dirección[19]. Por todas estas razones, no es raro que a veces los empresarios decidan supervisar el correo electrónico de sus empleados. Por lo general, a éstos no les suele gustar, ya que lo consideran una invasión de su intimidad[20]. Una encuesta realizada en 2001 entre 435 empresarios, patrocinada por la American Management Association evidenciaba que aproximadamente un 62 por ciento de los empresarios ejercían su derecho legal a supervisar el correo electrónico de sus empleados[21]. En el Recuadro 13.1 se ofrece más información sobre sitios de quejas en la web.

Una cuestión de ética

¿Deben tener las empresas el derecho de leer y controlar los correos electrónicos de sus empleados?

Por ejemplo, cuando se instaló el sistema de correo electrónico de Epson America, la administradora del sistema, Alana Shoars, aseguró a 700 inquietos empleados de Epson que su correo electrónico sería privado. Cuando Shoars descubrió que su supervisor copiaba y leía los correos electrónicos de los empleados, se quejó y perdió su trabajo. A continuación, demandó a la empresa, pero el juez dio la razón a la empresa. Como las leyes en ese estado relativas al derecho a la intimidad no hacían ninguna referencia específica al correo electrónico o al lugar de trabajo, el juez declaró que la ley no protegía los mensajes electrónicos enviados a la oficina. Desde entonces, Epson ha informado a todos sus empleados que no puede garantizar la confidencialidad de su correo electrónico, utilizando como parte de sus argumentos la necesidad de protegerse contra los delitos cometidos a través de computadora. A no ser que los miembros del departamento de RRHH elaboren una serie de políticas explícitas y razonables relativas al correo electrónico, las relaciones internas pueden

RECUADRO 13.1

CÓMO PUEDEN LOS DIRECTIVOS UTILIZAR LOS SITIOS DE QUEJAS PARA REDUCIR LA DISENSIÓN

Los directivos suelen sentirse horrorizados por las denuncias puestas en los sitios de quejas online, sin embargo si dejan a un lado el tono de enfado de esos mensajes podrán ver que contienen información valiosa. Kyle Shannon, cofundadora de la consultora de comercio electrónico Agency.com, entró en uno de los sitios de quejas en Vault.com y leyó un montón de mensajes dejados por algunos de sus empleados que no decían quiénes eran. Un mensaje decía, "Veo que las personas lloran habitualmente en el trabajo", estaba escrito por una mujer que manifestaba que se despedía después de trabajar ocho meses en Agency. Otro mensaje manifestaba, "He gestionado un equipo de cinco personas que, excepto uno de sus miembros, no eran capaces de hacer el trabajo que tenían encomendado. La alta dirección no tenía ni idea".

Estos sitios de quejas son un fenómeno nuevo que permite a los empleados con capacidades tecnológicas desahogar su cólera y frustración con su empresa de forma anónima en Internet y compartir esta información con otros empleados. Estos foros van desde tablones de mensajes en Vault.com y Yahoo.com a sitios específicos para empresas como United.com (un sitio para empleados y clientes molestos con United Airlines) o Walmartyrs.com (para empleados que se sienten alienados por las políticas de empleo de Wal-Mart). Comprensiblemente la dirección no está encantada con lavar los trapos sucios de la empresa delante de todo el mundo. Empresas como Morgan Stanley, un banco de inversión, han llegado a impedir que sus empleados accedan a Vault.com desde sus puestos de trabajo.

Sin embargo, en lugar de prohibir los "sitios de protesta", a los directivos puede que les sea más útil entrar en ellos. Si pueden cambiar su punto de vista verán que "es un grupo de discusión gratuito", sugiere Bob Rosner, fundador de un sitio de quejas denominado Working Wounded y autor de un libro con el mismo nombre. Rosner sugiere no dar demasiada importancia a los mensajes individuales sino buscar aquellos temas que apuntan a problemas en la organización. Anima a los directivos a identificarlos y que "intenten lanzar un debate viendo qué surge de estas quejas".

Las pequeñas mejoras que nos sugieren los sitios de quejas pueden tener efectos significativos en la moral de la empresa. Veamos el impacto de la visita de Kyle Shannon a Vault.com. Después de examinar concienzudamente los mensajes que reflejaban el enfado, Shannon grabó su respuesta: "Puedo asegurar que tomamos los mensajes de este tablón muy en serio". Se disculpaba con los trabajadores que estaban pasando por una "mala experiencia", reconocía el malestar creciente en Agency y prometía "escuchar los problemas y abordarlos lo más rápidamente posible". Pocos meses después Shannon lanzó su propio foro de discusión en Vault.com y animó a los trabajadores a utilizarlo. Lo cual hicieron. A continuación Shannon contrató un nuevo "vicepresidente de gestión de personal" para suavizar las relaciones con los empleados. Casi inmediatamente el tono de enfado de los mensajes en el sitio de quejas de Agency en Vault.com comenzó a disminuir.

Fuente: Adaptado de Simons, J. (2001, 2 de abril). Stop moaning about gripe sites and log on. *Fortune*, 181-182.

verse negativamente afectadas[22]. Una empresa puede violar la privacidad del empleado si consigue los perfiles electrónicos de sus empleados cuando visitan la página web de la empresa o la Intranet, vendiendo después esos perfiles a diversos anunciantes. Los anunciantes pueden, a su vez, enviar mensajes comerciales no deseados por correo electrónico, teléfono y correo normal a los empleados que encajen con el perfil comercial fijado[23].

En muchas empresas, el correo electrónico predomina como la principal forma de comunicación con los colegas, los clientes y los proveedores. La excesiva dependencia del correo electrónico puede llevar a no entender que incrementa el conflicto y causa tensiones en las relaciones de trabajo, debido a los límites que tiene el correo electrónico para transmitir contenido emocional entre el emisor y el receptor. Al escoger la comunicación

Una gestión adecuada de la dinámica entre los asistentes a la reunión es aún más importante que la logística. Es inevitable que algunos asistentes intenten dominar el desarrollo de la reunión con aportaciones, unas útiles y otras negativas. Los responsables de la reunión deben tratar de crear una atmósfera en la que todo el mundo se sienta cómodo, favoreciendo que aparezcan las diferencias de opinión y se traten con respeto.

El buen ambiente de una sala de conferencias puede verse ensombrecido por las diferencias de género. Las mujeres se suelen quejar porque les resulta difícil tomar la palabra y mantenerla en reuniones con colegas varones. Deborah Tannen, experta en sociolingüística, ha llegado a la conclusión de que los hombres y las mujeres tienen distintos estilos de comunicación que generan malentendidos, tanto en el trabajo como en el hogar[31]. De igual forma, las diferencias culturales también pueden surgir en las salas de reuniones. En EE.UU., las reuniones de negocio se suelen centrar en la acción. Por el contrario, el objetivo de las reuniones de negocios de los japoneses consiste en recopilar información sobre un tema o analizar datos antes de planificar la acción. En Italia, las reuniones suelen ser un medio para que los directivos demuestren su autoridad y poder[32].

Además de las reuniones formales programadas con objetivos de trabajo específicos, los directivos pueden recurrir a las reuniones informales para favorecer los vínculos personales entre los empleados. Los encuentros sociales de los viernes se han convertido en una práctica habitual de las empresas de alta tecnología, incluyendo Cisco Systems y Sun Microsystems. En estos encuentros, los técnicos hablan, tanto entre sí como con directivos y personal de marketing, acerca de proyectos e intercambian información que por los conductos formales no podrían comunicar. Esta práctica se ha extendido a otros muchos tipos de empresas.

Retiros

Un *retiro* es una reunión de larga duración en la que la empresa se lleva a los empleados a un lugar tranquilo, como un refugio de montaña o un pueblo costero, donde se mezcla el trabajo con actividades recreativas como el golf, el tenis o la vela. Algunos retiros están diseñados para fomentar el desarrollo de ideas creativas que puedan utilizarse en la planificación de la empresa a largo plazo o en la implantación de cambios en las prácticas empresariales. Otros, como las aventuras al aire libre organizadas por Outward Bound, promueven que los empleados desarrollen sus capacidades interpersonales haciéndoles participar en actividades que encierran cierto riesgo, como la escalada de una montaña o los descensos de rápidos en canoa, actividades en las que se verán obligados a depender los unos de los otros. Estas experiencias colectivas se viven intensamente y pueden fomentar el aprecio entre compañeros de trabajo. Un retiro también puede ser una forma excelente de mejorar las relaciones internas. Por ejemplo, un bufete de abogados de tamaño medio de Denver utilizó un retiro para mejorar las relaciones entre socios y asociados. Todos los miembros del bufete se pasaron dos días en un refugio de montaña, reunidos en pequeños grupos, tratando de encontrar distintos modos de mejorar las relaciones entre ellos. Estas conversaciones dejaron al descubierto una serie de cuestiones delicadas que se habían estado incubando de manera solapada. En el retiro, los miembros del bufete fueron capaces de afrontar estos temas de una manera constructiva.

Muchas empresas familiares están descubriendo la utilidad de los retiros. Dos hermanos, Steve y Elliott Dean, compraron todas las acciones de la empresa de su padre, Dean Lumber Company en Gilmer, Texas. Tres años más tarde, Steve se dio cuenta de que había estado tan ocupado con los asuntos cotidianos que no les había contado a los miembros de su familia cuáles eran sus planes para el futuro de la empresa. La solución: un retiro familiar en el que los 15 miembros del clan Dean se reunieron durante dos días para discutir la visión de Steve sobre Dean Lumber, con la ayuda de un facilitador del Family Business Institute de la Baylor University de Waco, Texas. El retiro, que incluía el estudio previo de la situación, instalaciones con comidas incluidas, el facilitador y una serie de conferenciantes invitados, costó 5.000 dólares a la familia Dean.

La mayoría de los consultores de empresas familiares recomiendan, durante el primer retiro, acudir a un facilitador que no pertenezca a la familia con el fin de evitar que las emociones se alteren demasiado. Más adelante, el papel de facilitador puede rotar entre los distintos miembros de la familia. Para ayudar a la familia Dean a afrontar el tema de la sucesión, por ejemplo, el facilitador pidió al grupo que se imaginase que Steve y Elliott se habían matado en un accidente de avión, preguntándoles qué harían en semejante situación. Este ejercicio, que sorprendió a los dos hermanos, fue muy positivo porque les hizo darse cuenta de lo poco que habían planificado tanto el corto como el largo plazo[33]. Además de utilizar los retiros para tratar temas importantes, muchas empresas familiares recurren a ellos para crear un *consejo de familia*, grupo encargado de realizar la planificación organizativa y estratégica de la empresa, cuyos miembros se reúnen regularmente para establecer los valores, políticas y dirección de la misma[34].

Comunicaciones informales

Comunicaciones informales
A veces llamadas "radio macuto". Intercambios de información sin un orden del día planificado que se producen de manera informal entre los empleados.

A veces llamadas "radio macuto", las **comunicaciones informales** consisten en intercambios de información que se producen de manera espontánea, sin un orden del día planificado, entre los empleados. Una gran parte de las comunicaciones informales se realizan entre empleados que han formado un grupo de amigos o redes de ayuda mutua en torno a las máquinas de agua o en los vestíbulos, en la cafetería de la empresa, en los despachos o en el aparcamiento. Las comunicaciones informales transmiten información que no suele estar disponible en los canales de comunicación más formales, por ejemplo, la cuantía de los próximos aumentos salariales por méritos, quién está en la lista de candidatos a un ascenso, quién ha recibido ofertas laborales del exterior y quién ha recibido una mala evaluación de su rendimiento y está decepcionado por ello.

Las comunicaciones informales pueden convertirse en una fuente de ideas creativas. Qwest, una empresa regional de telecomunicaciones, ha diseñado un nuevo laboratorio de investigación para sacar el máximo partido de las comunicaciones informales. El arquitecto diseñó "salas de recreo" y vestíbulos con el fin de fomentar las relaciones espontáneas entre técnicos y científicos, de forma que se pudieran crear grupos informales cuyos miembros trataran de encontrar conjuntamente soluciones a problemas técnicos o generaran nuevas ideas.

Los directivos y el personal de RRHH necesitan conocer la existencia de los grupos sociales informales llamados *camarillas*, que pueden interrumpir el flujo de información entre los empleados mediante la exclusión de aquellos que no forman parte de la camarilla. Las camarillas se suelen formar entre empleados que son similares entre sí, dando como resultado la exclusión de aquellos que son diferentes en aspectos como la edad, la raza, el género o la procedencia étnica. Una vez, un alto ejecutivo de Adams-Blake, una empresa de software en California, informó de que dentro de uno de los equipos de desarrollo de software de la empresa, se había formado una camarilla que impedía que dos miembros del equipo obtuvieran información de aquellos otros miembros que formaban parte de la camarilla. El funcionamiento y el rendimiento del equipo se vieron negativamente afectados por la tensión social entre la camarilla y los empleados excluidos. El ejecutivo estaba dispuesto a mejorar el funcionamiento del equipo en poco tiempo y amenazó con despedir a cualquiera de la camarilla que retuviera u ocultara información[35]. A medio plazo, una forma mejor de enfrentarse con algunos de los efectos perjudiciales que tienen las camarillas es rotar a los miembros del equipo entre diferentes proyectos, permitiendo que los empleados consigan relaciones de trabajo con todos los miembros de la organización. Los eventos sociales patrocinados por la empresa también abren nuevos canales de comunicación permitiendo que se comparta más información y, por lo tanto, reduciendo algunos de los efectos perjudiciales que tienen las camarillas.

Cuando las organizaciones permiten que se comunique informalmente demasiada información, correrán el riesgo de que ésta se distorsione por rumores, cotilleos o insinuaciones. El resultado puede ser peor moral de los empleados y peores relaciones internas. Para evitarlo, el departamento de RRHH y los directivos deben supervisar las comunicaciones informales y, cuando sea necesario, hacer las aclaraciones oportunas mediante canales más formales. Una forma eficaz de controlar las comunicaciones informales es mediante el empleo de una técnica denominada **gestión mediante paseos (MBWA,** ***management by walking around*****)**. Está técnica, defendida por Tom Peters y Robert Waterman en su conocidísimo libro *En busca de la excelencia*, consiste en que el director se pasea por toda la empresa de forma que los empleados de cualquier nivel tengan la oportunidad de hacer sugerencias o expresar sus quejas. Este estilo de dirección se utiliza en IBM y otras muchas empresas para crear compenetración y supervisar la moral de los empleados[36]. El comportamiento de la dirección en el trabajo puede comunicar confianza a otros empleados. El Cuaderno del Director titulado "Comportamientos directivos que promueven la confianza interpersonal", ofrece consejos sobre comportamientos que transmiten y construyen confianza con los demás.

Gestión mediante paseos (MBWA, *management by walking around*)
Técnica por la cual los directivos se pasean por toda la empresa y hablan informalmente con los empleados con el objetivo de supervisar las comunicaciones informales, escuchar sus quejas y sugerencias y mejorar las relaciones y la moral.

CUADERNO DEL DIRECTOR

ÉTICA

Comportamientos directivos que promueven la confianza interpersonal

La forma en que los directivos se comportan en el lugar de trabajo comunica su grado de formalidad y honradez a otros empleados. A continuación se presentan ejemplos de comportamientos que los directivos pueden emprender para conseguir que se confíe en ellos:

- **Actuar con discreción y guardar los secretos.** Mantener un secreto implica que los aspectos que hacen vulnerable a un empleado no se exponen ante los demás. Divulgar una confidencia hace que una persona parezca malevolente y poco profesional.
- **Ser consecuente entre palabras y hechos.** Las personas que dicen una cosa y hacen otra ponen de manifiesto que no les preocupan los demás (es decir, llevan a engaño) y demuestran que no se las puede secundar aunque convenzan sus planteamientos. Los directivos deben ser realistas con sus expectativas cuando comprometen a los demás a hacer algo.
- **Entablar comunicación de carácter colaborador.** Las personas están más dispuestas a confiar en alguien que muestra predisposición a escuchar y compartir, a implicarse y hablar de cualquier asunto. Por contra, las personas tienen dudas de aquellos que son muy cerrados y solamente responden preguntas muy claras o discuten soluciones globales. En definitiva, es importante que los directivos estén dispuestos a trabajar con el resto del personal para modificar las ideas de partida.
- **Asegurar que las decisiones son justas y transparentes.** Las personas recogen señales de su entorno. Por lo tanto, la forma en que la dirección trata a otras personas influye en la manera en que los empleados se tratan entre sí. En consecuencia, decisiones justas y transparentes, en las que el proceso de decisión y los resultados se comunican a los demás, pueden traducirse en un entorno de más confianza para todos los empleados.

Fuente: Adaptado de Abrams, L., Cross, R., Lesser, E. y Levin, D. (2003, noviembre). Nurturing interpersonal trust in knowledge-sharing networks. *Academy of Management Executive*, 67.

PROGRAMAS PARA LA RETROALIMENTACIÓN DE LOS EMPLEADOS

Con el fin de procurar canales de comunicación ascendentes entre los empleados y la dirección, muchas organizaciones facilitan **programas para la retroalimentación de los**

Programas para la retroalimentación de los empleados
Programas diseñados para mejorar las comunicaciones con los empleados al darles voz en la formulación de políticas y garantizar que se utilizan los procedimientos adecuados para tramitar cualquier queja que planteen sobre los directivos.

empleados. Estos programas están diseñados con el objetivo de mejorar las relaciones empleado-dirección al (1) dar a los empleados voz en el proceso de toma de decisiones y formulación de políticas y (2) asegurar que los empleados logran un proceso justo ante cualquier queja que formulen contra sus directivos. El departamento de RRHH no sólo diseña y mantiene los programas para la retroalimentación de los empleados, sino que también se supone que debe proteger la confidencialidad del empleado cuando trate cuestiones personales delicadas. El personal de RRHH también debe ocuparse de que los directivos enfadados no tomen represalias contra los subordinados.

Los programas más habituales para la retroalimentación de los empleados son las encuestas de actitud de los empleados, los procedimientos de apelación y los programas de asistencia a los empleados. A continuación estudiaremos los dos primeros, que tienen como objetivo resolver problemas relacionados con el trabajo. Los programas de ayuda a los empleados, diseñados para ayudarles a resolver problemas personales que interfieren en su rendimiento laboral, se analizan más adelante en este mismo capítulo.

Encuestas de actitud de los empleados

Encuestas de actitud de los empleados
Encuestas formales y de carácter anónimo, diseñadas para medir lo que gustan o disgustan a los empleados las diferentes facetas de su trabajo.

Las **encuestas de actitud de los empleados** suelen ser formales y de carácter anónimo, diseñadas para saber en qué medida gustan o disgustan a los trabajadores distintos aspectos de su empleo. En ellas, se les pide su opinión sobre el trabajo que hacen, el supervisor, el entorno laboral, las oportunidades de ascenso, la calidad de la formación que reciben, el trato que da la empresa a mujeres y minorías y la ecuanimidad de las políticas retributivas de la empresa. En la Figura 13.4 se muestra un extracto de una encuesta de actitud de los empleados. Las respuestas que den los diferentes grupos pueden compararse con las de la

Hasta qué punto estoy satisfecho con...					
	Muy Satisfecho		Satisfecho		Muy Insatisfecho
1. Mi retribución e incentivos	1	2	3	4	5
2. Mis beneficios sociales, en su conjunto	1	2	3	4	5
3. Mis posibilidades de obtener una promoción o un puesto de trabajo mejor	1	2	3	4	5
4. Tener una sensación de bienestar en mi puesto de trabajo	1	2	3	4	5
5. El respeto y el reconocimiento que recibo por parte de la dirección	1	2	3	4	5
6. La seguridad de mi puesto de trabajo	1	2	3	4	5
7. La moral de mi división	1	2	3	4	5
8. El grado de responsabilidad y autonomía que tengo en mi trabajo	1	2	3	4	5
9. La oportunidad que tengo de que mis ideas sean adoptadas	1	2	3	4	5
10. Trabajar con personas muy capacitadas y con mucho talento	1	2	3	4	5
11. La cooperación y comunicación entre divisiones	1	2	3	4	5

Fuente: Goodrich & Sherwood Company, 521 Fifth Avenue, New York, NY 10175. Utilizado con autorización.

Figura 13.4 ■ Extracto de una encuesta de actitud de los empleados.

población total de empleados, de manera que los directivos puedan identificar las unidades o departamentos que están teniendo peores relaciones internas.

La realización de mejoras concretas en las relaciones internas puede evitar que se produzcan actos de sabotaje o problemas laborales (como por ejemplo huelgas, absentismo o rotación de trabajadores) que son atribuibles directamente a tensiones entre subordinados y jefes. Por ejemplo, al analizar los datos de la encuesta de actitud, una cadena de tiendas del Medio Oeste norteamericano descubrió que los empleados de una de las tiendas tenían niveles de satisfacción mucho menores que los de cualquiera de las otras tiendas de la cadena. Los altos directivos se dieron cuenta inmediatamente que ésta era exactamente la misma tienda que había sufrido serios actos de sabotaje. En lugar de tomar represalias contra los empleados, la dirección de la empresa decidió resolver los problemas de supervisión de la tienda con formación y actos de mediación.

Para acometer con éxito una encuesta de actitud de los empleados, los directivos deben seguir las tres reglas siguientes. Primera, deben explicar a los empleados qué piensan hacer con la información que recopilen y, después, informarles sobre los resultados de la encuesta. No tiene sentido estudiar las opiniones si la empresa no piensa utilizar la información obtenida. Segunda, los directivos deben utilizar la información del estudio de forma ética con el fin de comprobar el estado de las relaciones internas, tanto en la empresa en su conjunto como dentro de los distintos grupos de empleados (como mujeres, contables o trabajadores de reciente ingreso) y realizar cambios positivos en el lugar de trabajo. No deben utilizar la información recopilada para despedir a alguien (por ejemplo, a un supervisor cuyos subordinados no están contentos) o para eliminar privilegios. Finalmente, con el fin de proteger la confidencialidad de los empleados y conservar la integridad de los datos, la encuesta debe realizarla una tercera parte, como por ejemplo una empresa de consultoría.

La aplicación de software específico para Internet permite encuestas de actitud de los empleados en tiempo real. Por ejemplo, eePulse, una empresa en Ann Arbor, Michigan, realiza semanalmente informes de satisfacción de los empleados, y otras medidas de actitud sobre el trabajo, para sus clientes. Estos informes se basan en tomar el pulso de varios grupos de empleados con una encuesta por correo electrónico. La encuesta de actitud, utilizando la web, permite a los directivos identificar los factores que causan caídas en la satisfacción de los empleados con mucha mayor rapidez que cuando se utilizan las tradicionales encuestas de lápiz y papel[37].

¿En qué países están más satisfechos los empleados con su trabajo y con sus empresarios? Según una encuesta (Figura 13.5), los trabajadores suizos son los más satisfechos, mientras que los japoneses los menos. EE.UU. queda en una posición intermedia, más o menos como Alemania y Suecia, dos países conocidos por el toque ilustrado en su enfoque para la gestión de empresas[38].

Procedimientos de apelación

Si se proporciona a los empleados un mecanismo para que discutan y den respuesta a las decisiones de la dirección, se impulsará la idea entre éstos de que la empresa tiene establecidas políticas justas de empleo. Las organizaciones que no cuentan con un conjunto de procedimientos de apelación eficientes incrementan el riesgo de que se produzcan pleitos, de que tengan que pagar costosos honorarios de abogados e indemnizaciones a los empleados que recurran a los tribunales para buscar justicia[39]. La existencia de procedimientos eficaces de apelación permite que cada uno de los empleados disponga de cierto control sobre las decisiones que le afectan, sirviendo, además, para identificar a los directivos que son injustos o ineficaces.

Procedimientos de apelación
Procedimientos que permiten a los empleados expresar sus reacciones a las prácticas directivas y discutir las decisiones de la dirección.

Algunas de las decisiones directivas que los empleados suelen apelar con más frecuencia son:

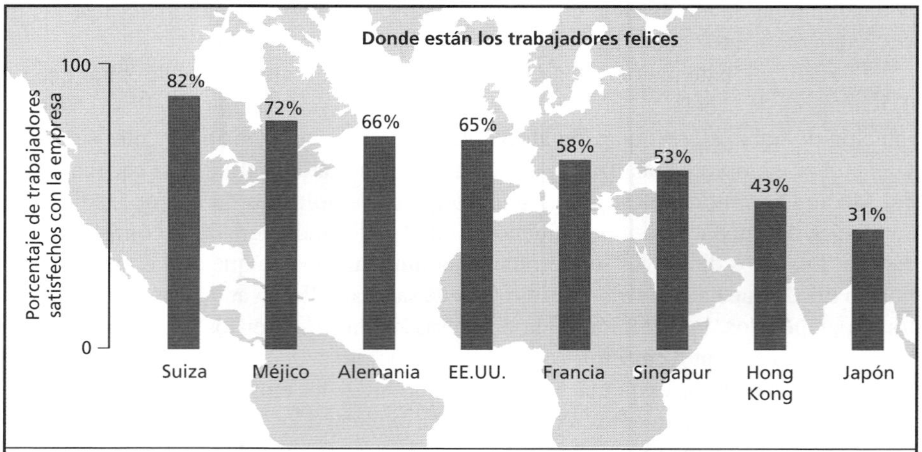

Fuente: Reproducido del número del 24 de junio de 1996 de *Business Week* con autorización especial, copyright © de The McGraw-Hill Companies, Inc.

Figura 13.5 ■ Comparación internacional de la satisfacción de los empleados.

- La asignación de horas de trabajo extraordinarias.
- Las advertencias por violar las normas de seguridad.
- La cuantía de los aumentos salariales en base a los méritos.
- La especificación de los cometidos de los puestos de trabajo.
- El reembolso por parte de la empresa de los gastos médicos solicitados por los empleados.
- Las evaluaciones del desempeño.

Los directivos pueden elegir entre distintos tipos de procedimientos de apelación que varían en cuanto a su grado de formalidad[40]. Los más informales son los *programas de puertas abiertas*. Aunque las características específicas de estos programas varían dependiendo de la empresa, el denominador común es que todos los empleados disponen de acceso directo a cualquier directivo o ejecutivo de la organización. La política de puertas abiertas de Lucent Technologies ha sido muy admirada. Un empleado de Lucent puede entrar en la oficina de cualquier directivo, incluyendo al director general, y pedirle su opinión o quejarse de cualquier problema que le esté preocupando. El directivo consultado debe realizar una investigación imparcial de las dos partes implicadas y ofrecer una respuesta en un plazo de tiempo predeterminado. Por ejemplo, un empleado que no está satisfecho con su evaluación del desempeño puede solicitar una segunda opinión de otro directivo. Esta política de puertas abiertas tiene dos grandes ventajas: consigue que los empleados se sientan más seguros y comprometidos con Lucent y que los directivos actúen con menos arbitrariedad.

Al igual que la política de puertas abiertas, el *programa diga lo que piensa* es informal y flexible. Difiere del anterior en tanto en cuanto establece unos pasos determinados que el empleado debe dar para conseguir la atención de un directivo hacia un problema laboral. CIGNA, una empresa de seguros y servicios financieros, tiene un programa de este tipo denominado *Speak Easy*, que garantiza a los empleados el acceso a los niveles directivos superiores, pero sólo cuando han planteado primero el problema a sus supervisores inmediatos (*véase* la Figura 13.6).

La comisión de quejas o el trámite de éstas a través de los sindicatos son los dos mecanismos más formales utilizados por las empresas para tratar las quejas de los empleados. Las *comisiones de quejas* se utilizan en empresas cuyos trabajadores no están afiliados a los sindicatos. Están compuestas por los compañeros del empleado que presenta la queja,

Speak Easy

Speak Easy es un programa especial que le ofrece la oportunidad de hablar con la dirección sobre cuestiones laborales. *Speak Easy*, con el respaldo de la dirección de CIGNA Corporation, garantiza una línea abierta de comunicación y una respuesta oportuna.

Mediante el Programa *Speak Easy*, usted puede:

- Hacer comentarios sobre el trato que recibe como empleado.
- Describir una situación específica que afecta a su rendimiento laboral o a lo que piensa de su trabajo.

La dirección quiere escuchar lo que usted tiene que decir..., así pues utilice *Speak Easy*

Así es como funciona el programa:

Fase I. Ésta es la primera forma, y la más directa, que se le ofrece para plantear cuestiones relativas a su trabajo o a su situación laboral. Busque a su supervisor o director y dígale que le quiere plantear alguna cuestión. El director o supervisor tiene el compromiso de escucharle y darle una respuesta justa y sincera.

Pero si su supervisor o su director no están de acuerdo con usted, no puede corregir la situación o no quiere cambiar la decisión previa, la Fase I le sigue ofreciendo otra posibilidad.

A petición suya, su supervisor le conseguirá una cita o citas con directivos de niveles superiores, incluyendo al directivo de más nivel de su departamento o localidad. Será invitado a plantear las cuestiones que le preocupan y se harán los esfuerzos necesarios con el fin de resolver la cuestión.

Fase II. La Fase II se ha diseñado para plantear en privado las cuestiones que no hayan podido resolverse en la Fase I. Puede que no esté contento con las acciones emprendidas o que considere que el tema es demasiado delicado como para acudir a su supervisor. La Fase II le proporciona a usted otra audiencia, alguien que no esté directamente implicado en la situación. Pero es importante señalar que esta fase normalmente **no sustituye a la discusión del tema entre empleado-directivo de la Fase I**.

En la Fase II del programa, las cuestiones que plantee serán estrictamente confidenciales y serán revisadas con imparcialidad por un Coordinador de *Speak Easy*. Si así lo quiere usted, sólo el coordinador conocerá su identidad.

Todo lo que tiene que hacer es recoger un sobre de *Speak Easy*, que encontrará en los casilleros de su oficina, y rellenar la información necesaria... Después deposite el impreso cumplimentado y el sobre en el correo. Tendrá una respuesta rápida del coordinador siempre que su firma, su dirección particular y su número de teléfono figuren en el impreso. Si no, no se podrán poner en contacto con usted y no tendrá noticias del resultado de la revisión hecha por el coordinador.

Si, por cualquier razón, la revisión de su caso no puede seguir adelante sin que sea desvelada su identidad, el coordinador le avisará. Usted podrá decidir si desea continuar o no.

Por favor, recuerde que la única responsabilidad del Coordinador de *Speak Easy* es garantizar que su caso se trate con justicia e imparcialidad.

Fase III. Este es el paso final que puede dar si todavía no está completamente satisfecho con la decisión que se haya tomado. En esta fase tendrá acceso directo al máximo responsable de su Grupo Operativo.

Si después de haber seguido las Fases I y II no está satisfecho con lo que se haya resuelto con respecto a su situación, puede enviar un impreso *Speak Easy* o una carta explicando el tema al máximo responsable de su Grupo Operativo, con copia a su Coordinador de *Speak Easy*.

La situación será revisada de inmediato y se le informará rápidamente de la resolución final de su consulta. Si la revisión respalda las opiniones o decisiones anteriores, éstas serán confirmadas; de lo contrario, las decisiones previas serán modificadas.

Fuente: Extracto del folleto que explica el programa "Speak Easy". Reproducido con autorización de CIGNA Corporation.

Figura 13.6 ■ Extracto del folleto que explica el programa *Speak Easy* ("hable con facilidad") de la empresa CIGNA.

así como por los directivos que no sean el supervisor inmediato del empleado en cuestión. La comisión de quejas lleva a cabo una investigación sobre el asunto que se le presente. Normalmente, es el último recurso al que se puede acudir en el proceso de apelación. Por ejemplo, a la comisión de quejas de Honeywell, denominada Comité de Apelaciones a la Dirección, se le pide que resuelva una queja sólo si no se han encontrado soluciones en fases anteriores, que incluyen, en primer lugar, al supervisor del empleado y, en segundo lugar, al representante de relaciones internas.

El *procedimiento de trámite de quejas a través de los sindicatos* es aquel que utilizan los empleados que están cubiertos por un convenio colectivo. Al igual que el procedimiento de la comisión de quejas, consta de múltiples pasos que llevan a una decisión final vinculante tomada por un individuo neutral denominado árbitro. El procedimiento de trámite de quejas mediante sindicatos es una característica importante de los contratos colectivos de trabajo y será explicado con mayor detalle en el Capítulo 15.

Las organizaciones deberían utilizar una combinación de los diferentes procedimientos de apelación. Por ejemplo, una empresa puede aplicar una política de puertas abiertas para resolver problemas relativamente sencillos que puedan ser resueltos con rapidez (como por ejemplo, determinar si un empleado ha incumplido una norma de seguridad). A continuación, puede recurrirse a un programa de ayuda a los empleados para resolver problemas delicados que tengan que ver con la vida privada del empleado (como una enfermedad terminal). Finalmente, puede crear una comisión de quejas para analizar problemas complejos que afectan a las relaciones internas dentro de un grupo o una unidad de la organización (como la definición de un estándar justo de calidad de la producción).

PROGRAMAS DE AYUDA A LOS EMPLEADOS

Programa de ayuda al empleado (PAE)
Programa patrocinado por la empresa que ayuda a los empleados a abordar problemas personales que interfieren con su actuación en el trabajo

Los **programas de ayuda a los empleados (PAE)** ayudan a éstos a abordar problemas personales que interfieren con su actuación en el trabajo. Estos problemas pueden incluir abuso de alcohol o drogas, violencia doméstica, cuidado de ancianos, SIDA u otras enfermedades, trastornos en la alimentación o ludopatía[41]. Las empresas que disponen de estos programas los divulgan entre los empleados, garantizándoles que sus problemas serán tratados confidencialmente. Cuando un problema personal de un empleado interfiere con su actuación en el trabajo, el individuo es considerado un *empleado con problemas*[42]. En una empresa normal, aproximadamente el diez por ciento de los empleados tiene problemas en un determinado momento.

La Figura 13.7 muestra algunos de los síntomas de un empleado con problemas. Por lo general, un empleado con problemas se comporta de forma irregular en cuanto a la asis-

1. Pautas de absentismo excesivo: lunes, viernes y los días anteriores y posteriores a festivos.
2. Ausencias no justificadas.
3. Ausencias frecuentes.
4. Retrasos en la llegada al trabajo y salidas antes de tiempo.
5. Altercados con los compañeros de trabajo.
6. Provocación de lesiones a los demás empleados debido a su negligencia.
7. Toma malas decisiones y se equivoca al juzgar.
8. Accidentes laborales no habituales.
9. Mayores daños y averías del equipo de trabajo debido a su negligencia.
10. Problemas con la ley; por ejemplo, una condena por conducir bajo los efectos del alcohol.
11. Deterioro del aspecto físico.
12. Comportamiento obsesivo, como discusiones improcedentes de problemas personales con los clientes.

Fuente: Adaptado de Filipowicz, C. A. (1979). The troubled employee: Whose responsibility? *Personnel Administrator*, 24 (6), 8. Reproducido con autorización de *HRMagazine* (antes *Personnel Administrator*) publicado por la Society for Human Resource Management. Alexandria, VA, y Wocjcik, J. (1998, November 23). Signs may foreshadow workplace violence. *Business Insurance*, 41.

Figura 13.7 ■ Síntomas de un empleado con problemas.

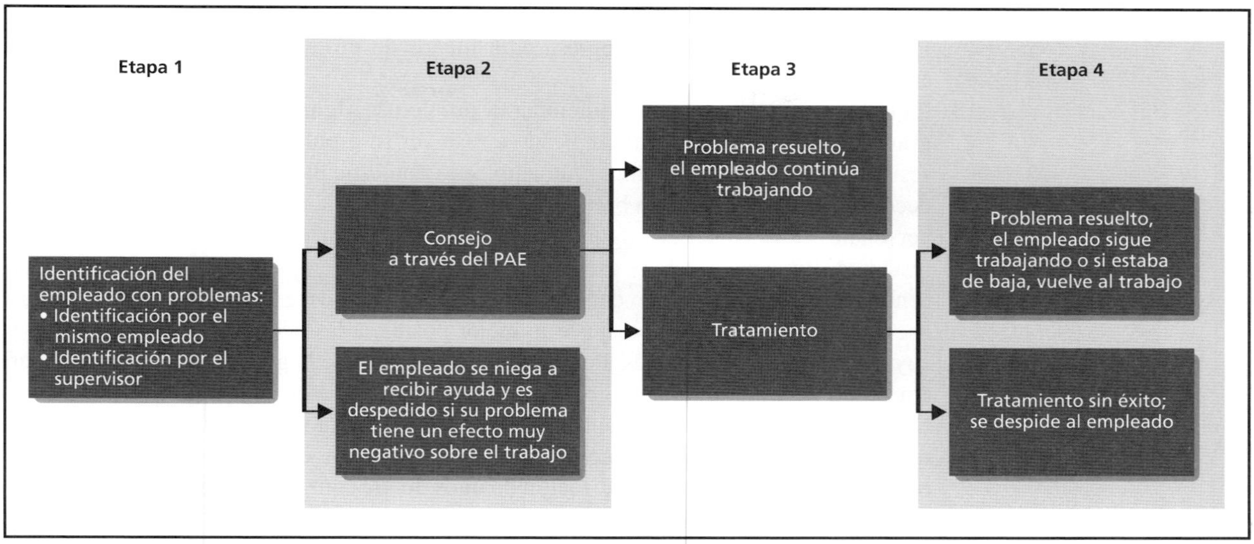

Figura 13.8 ■ Programa de Asistencia al Empleado.

tencia al trabajo, la calidad del trabajo, la atención a los detalles y la preocupación por su aspecto físico[43]. Además, suele dedicar una gran parte de su energía a enfrentarse a una crisis personal que preferiría no hacer pública en la empresa. Hasta que se resuelva este problema personal, el empleado está sufriendo psíquica y/o físicamente y la empresa no podrá aprovechar sus capacidades al máximo. Por tanto, por el interés de la empresa y del empleado, ambos deben tratar de resolver el problema.

Un programa de asistencia al empleado engloba cuatro etapas (Figura 13.8):

1. La primera etapa consiste en identificar a los empleados con problemas y remitirles al programa de asistencia. La mitad de solicitudes las hacen los propios empleados que se dan cuenta de que están atravesando una crisis y necesitan ayuda, no obstante desean que no se divulgue su problema. La otra mitad de las peticiones la hacen los supervisores que observan alguno de los síntomas de un empleado con problemas. Cuando el rendimiento laboral es deficiente, la remisión al PAE está normalmente ligada al procedimiento disciplinario de la empresa: puede ser el último paso que se dé antes de despedir al empleado. Los empleados tienen el derecho a negarse a participar en un programa de este tipo, pero la renuncia puede significar el despido si el problema tiene efectos negativos importantes en el trabajo. De hecho, muchos empleados aprecian la voluntad de la empresa de ayudarles mediante un programa de asistencia.
2. La segunda etapa después de ser remitido al programa consiste en un encuentro con un asesor del PAE, quien entrevista al empleado para ayudarle a identificar el problema. En el caso de problemas personales complejos, como el abuso del alcohol, los empleados pueden negar rotundamente que tengan un problema. Sin embargo, el asesor está preparado para identificar el problema y recomendar un tratamiento. La sede de un PAE puede estar en la propia empresa, con acceso a los consejeros allí mismo, o fuera de los locales de la empresa. Los PAEs fuera de la propia empresa pueden proporcionar servicios de ayuda mediante la utilización de líneas telefónicas 900, llegándose a disponer de consejeros las 24 horas del día. Sin embargo, dado que los PAEs están desarrollados sobre la base de las relaciones entre consejeros y empleados, una encuesta

reciente realizada por la consultora EAP Support Systems ponía de manifiesto que los PAEs situados fuera de la empresa eran menos de un tercio de los radicados en la empresa[44].

3. La tercera etapa consiste en solucionar el problema. Algunas veces, el asesor del programa es capaz de ayudar al empleado a resolver su problema en un plazo breve (tres sesiones o menos). Por ejemplo, un empleado con dificultades económicas puede que necesite consejo durante un breve plazo para conseguir administrar mejor sus finanzas personales. Sin embargo, algunos problemas requieren más tiempo para poder ser resueltos. En estos casos, el asesor del PAE enviará al empleado con problemas a un centro especializado capaz de ofrecer el tratamiento necesario. El asesor intentará encontrar un servicio que se ajuste lo mejor posible a las necesidades del empleado y cuyos costes sean razonables. Por ejemplo, un asesor que llegue a la conclusión que un empleado necesita tratamiento para su alcoholismo, debe decidir si la terapia se llevará a cabo ingresando en un centro, recibiendo tratamiento ambulatorio o acudiendo a reuniones de Alcohólicos Anónimos[45]. El tratamiento en un centro especializado requiere un período de hospitalización de unos 30 días que cuesta unos 15.000 dólares. Las otras dos alternativas son mucho más baratas.
4. La cuarta y última etapa depende del resultado del tratamiento. Si se ha dado la baja al empleado y el tratamiento tiene éxito, el empleado puede volver al trabajo. En algunos casos, el tratamiento no exige que el empleado tome la baja; el empleado sigue en su puesto de trabajo mientras dura el tratamiento y sigue trabajando cuando el tratamiento ha concluido con éxito. Si el tratamiento no tiene éxito y las dificultades siguen interfiriendo en el rendimiento laboral del empleado, el empresario suele despedirle.

Los PAEs pueden ayudar a los empleados que sufren ansiedad y estrés debido a las reestructuraciones y a las reducciones de la plantilla de la empresa. El PAE de Rohm & Haas, una empresa química con sede en Philadelphia, jugó un importante papel para mitigar los efectos de la reducción de plantilla en el área de producción. Cuando se redujo la plantilla de 800 a unos 550 empleados, la empresa negoció con su proveedor del PAE la presencia de un psicólogo en la empresa, quien, además de estar en la fábrica durante el horario de trabajo, asistía a las reuniones de la dirección y paseaba por la fábrica hablando con los empleados. En GTE, los PAEs se utilizan con el objetivo de identificar y ofrecer apoyo a los directivos que están tratando con los empleados que van a ser despedidos o que van a ser trasladados a otros puestos[46].

En EE.UU. existen más de 12.000 PAEs; el 74 por ciento de las grandes empresas los utilizan[47] para resolver una amplia variedad de problemas. Los casinos de Atlantic City, New Jersey, los han utilizado para resolver la gran incidencia de problemas de rendimiento relacionados con el consumo de alcohol y drogas propio de los empleados del sector del juego. El PAE para la Association of Flight Attendants, que representa al personal auxiliar de vuelo de 19 líneas aéreas, cuenta con un número poco habitual de empleados que buscan ayuda para perder peso[48]. En Harmon Internacional Industries, una empresa manufacturera de California, el PAE de la empresa puso en marcha programas especiales para ayudar a los empleados de Harmon a enfrentarse al problema de la violencia doméstica, un problema que reduce la productividad de la industria estadounidense en 700 millones de dólares al año, según cifras del Family Violence Prevention Fund. El PAE proporcionó formación a los supervisores para enseñarles cómo detectar los signos de posible violencia doméstica y cómo remitir a los afectados a los consejeros del PAE. El PAE ayudó a una de las empleadas de Harmon, Martha Rodríguez, que denunció una situación de violencia doméstica, consiguiendo una orden de alejamiento y ayuda psiquiátrica para su esposo, para ella misma y para su hijo[49].

Los PAEs contribuyen a las buenas relaciones internas dado que representan la buena voluntad de la dirección para apoyar y retener a empleados que, de lo contrario, serían despedidos por su bajo rendimiento. El coste anual por empleado de un PAE oscila entre los 30 y 40 dólares[50]. Sin embargo, las empresas obtienen ventajas financieras que compensan los gastos que salen de su bolsillo debido a los PAEs, en términos de reducción de la rotación de los trabajadores, el absentismo, los gastos médicos, las primas del seguro de desempleo, las compensaciones a los trabajadores, los gastos por accidentes y los gastos del seguro por incapacidad. Un estudio ha puesto de manifiesto que el porcentaje de solución de problemas de los PAEs es del 78 por ciento[51]. Los consultores de PricewaterhouseCoopers estiman que cada dólar invertido en un PAE podría suponer una reducción de costes entre cuatro y siete veces esa cantidad[52].

PROGRAMAS DE RECONOCIMIENTO DE LOS EMPLEADOS

Las empresas que operan en mercados globales necesitan empleados que mejoren continuamente su forma de hacer el trabajo para que la empresa siga siendo competitiva. Probablemente, los empleados compartirán más sus ideas para mejorar el trabajo si los directivos les reconocen sus contribuciones. Los **programas de reconocimiento de los empleados** pueden mejorar las relaciones internas al hacerles saber a los empleados que a la empresa le interesan sus ideas y que está dispuesta a recompensarles por sus esfuerzos[53]. El departamento de RRHH puede ayudar mediante el desarrollo y mantenimiento de programas formales de reconocimiento de los empleados, como los sistemas de sugerencias y los premios que implican reconocimiento.

Programa de reconocimiento del empleado
Programa que recompensa a los empleados por sus ideas y contribuciones.

SISTEMAS DE SUGERENCIAS

Un *sistema de sugerencias* está diseñado para solicitar, evaluar y aplicar las sugerencias de los empleados y recompensarles por las ideas valiosas[54]. Aunque la recompensa suele ser monetaria, no tiene por qué ser siempre así. Puede consistir en un reconocimiento público, días de vacaciones adicionales, una plaza de aparcamiento especial u otro tipo de prestación. Los sistemas de sugerencias han sido utilizados con éxito en organizaciones tan diferentes como hospitales, universidades, el servicio postal estadounidense y otras agencias del gobierno, así como también en empresas del sector privado como BP Amoco, Eastman Kodak, Black & Decaer, Simon & Schuster y Lincoln Electric Company[55]. En los EE.UU., las empresas que utilizan sistemas de sugerencias consiguen de media unas diez sugerencias por cada 100 empleados. Aunque este nivel de sugerencias parece modesto, los expertos en gestión de empresas indican que muchas de las mejoras incrementales en el lugar de trabajo se hacen normalmente fuera de sistemas formales de sugerencias[56].

Los directivos deben seguir una serie de directrices cuando diseñan un sistema de sugerencias:

- Establecer un proceso fácil y simple para someter sugerencias[57].
- Utilizar un comité de evaluación de sugerencias para valorarlas con objetividad, dando una explicación a los empleados de por qué su sugerencia no ha sido adoptada.
- Implantar con total celeridad cada una de las sugerencias aceptadas dando conocimiento de quién es el autor de las mismas. El boletín interno de noticias de la empresa es un buen medio para reconocer públicamente a los empleados cuyas sugerencias han dado lugar a mejoras.

- Fijar el valor de la recompensa al empleado proporcionalmente al beneficio que obtiene la empresa de la sugerencia. Por ejemplo, una responsable de préstamos en el Bank of America realizó una sugerencia que ahorró al banco 363.520 dólares en un año, recibiendo una gratificación en efectivo de 36.520 dólares por su idea[58]. Según la encuesta realizada por la Employee Involvement Association, el premio promedio que las empresas pagan por cada sugerencia de sus empleados era de 235 dólares. La encuesta también reflejaba que el valor para los empresarios de esas sugerencias era diez veces mayor[59].
- Dejar que sea el departamento de RRHH el que siga la pista y gestione el programa de sugerencias, tomando el papel de coordinador, para que los empleados acepten participar en el programa[60].

Los sistemas de sugerencias, que existen desde hace mucho tiempo en las empresas estadounidenses, se están haciendo cada vez más populares a escala mundial durante los últimos años. Por ejemplo, empresas japonesas como Toyota, Honda y Mitsubishi han recibido numerosas sugerencias de sus empleados, lo que ha derivado en significativas mejoras de sus productos (incluyendo los automóviles). En Honda, los empleados que hacen sugerencias que mejoran la calidad ganan puntos que pueden aplicarse a conseguir premios como el nuevo Honda Accord o dos billetes de avión para viajes internacionale[61].

PREMIOS DE RECONOCIMIENTO

Los *premios de reconocimiento* agradecen públicamente a las personas o equipos que hacen contribuciones notables a la empresa. Estas personas o equipos se convierten en ejemplos para los demás, al comunicar los comportamientos y logros que la empresa valora. El premio de Empleado del Mes de McDonald's consiste en un póster que se pone en cada restaurante, para que lo vean todos los empleados y clientes. Los empleados de IBM que hacen contribuciones importantes son reconocidos de muchas maneras distintas, desde una simple carta de agradecimiento del director de la división hasta un premio en efectivo de 150.000 dólares (otorgado a dos científicos de la empresa que recibieron el Premio Nobel de ciencias).

El reconocimiento de las personas y los equipos que realizan contribuciones importantes de calidad puede ser tanto monetario como no monetario. Por ejemplo, FEDEC permite a los supervisores conceder recompensas inmediatas en efectivo por los esfuerzos en calidad[62]. FEDEC ha obtenido el premio Malcolm Baldrige National Quality Award, el mayor reconocimiento a la calidad que puede recibir una empresa estadounidense.

Un premio de reconocimiento puede ser algo tan simple como unas sencillas gracias por el trabajo bien hecho. En KeySpan, uno de los grandes distribuidores de gas natural en los EE.UU., su director general Bob Catell envió un mensaje de gratitud al buzón de voz de aquellos empleados que eran seleccionados como uno de los "héroes olvidados" de la empresa. La auxiliar administrativo Elizabeth Kousidis manifestó que estaba "sorprendida y feliz" cuando el director general Catell la reconoció como una de las heroínas olvidadas de la empresa[63].

La iniciativa para otorgar un premio de reconocimiento la puede tomar uno de los directivos o de los clientes internos de un trabajador o de un equipo, siendo evaluados los candidatos mediante un comité de premios y reconocimientos. Para recalcar la idea de que la mejora de la calidad debe ser continua, no debería haber límites al número de veces que se puede otorgar el premio a la misma persona o equipo.

Un premio de reconocimiento debe ser una celebración del éxito de un equipo o de un individuo que anime a todos los miembros de la empresa a trabajar para conseguir los objetivos de la organización[64]. Los premios de reconocimiento que centran la atención en logros individuales o de equipo pueden ser:

- Una comida pagada por la empresa a la que están invitados todos los miembros del equipo y sus familias.
- Camisetas, tazas de café o gorras de béisbol con un lema de equipo alentando el compromiso con éste.
- Una salida nocturna, pagada por la empresa, en la ciudad (como una cena en un restaurante agradable o entradas para un concierto o un espectáculo deportivo) para un empleado y su pareja[65].
- Una placa grabada con los nombres de las personas o de los equipos que han realizado contribuciones destacadas.
- Una donación en nombre del empleado a una institución de caridad elegida por él.

Los programas de reconocimiento pueden servir para más fines que el de ofrecer retroalimentación positiva a los empleados[66]. Un hotel de Phoenix recompensó a los empleados que realizaron contribuciones notables con una noche gratis en el hotel. Este premio no sólo fue muy valorado por los empleados, sino que también les daba la oportunidad de ver la organización desde la perspectiva del cliente. La dirección esperaba que esta experiencia generara nuevas sugerencias para mejorar el servicio.

Aunque el reconocimiento público puede ser una importante herramienta para mantener la motivación de los empleados y del equipo, el Cuaderno del Director, "Directrices para recompensas de reconocimiento público", enseña a los directivos cómo evitar escollos con los premios de reconocimiento público. Por ejemplo, cuando una recompensa más

CUADERNO DEL DIRECTOR

GRH: EL EMPLEADO COMO CLIENTE INTERNO

Directrices para recompensas de reconocimiento público

Las recompensas de reconocimiento público pueden tener un gran impacto positivo en los niveles de motivación del empleado o del equipo si están bien gestionadas. La mayoría de los empleados encuentran muy gratificante que se les reconozca y se les hagan honores delante de sus compañeros. Sin embargo, una recompensa pública que esté mal gestionada debido a favoritismo, o que la mayoría de la plantilla piensa que no tiene sentido, puede desmotivar a los empleados y poner en apuros al destinatario de la recompensa. A continuación se presentan algunos puntos clave a tener en cuenta cuando se gestionan recompensas de reconocimiento público de los empleados.

- **Tenga criterios claros para las recompensas.** Cuando los criterios para conceder las recompensas son claros, inequívocos, están bien comunicados y se conocen por adelantado, es probable que sean percibidos como justos por parte de los empleados y no reduzcan el mérito de quienes las reciben.
- **Asegúrese de que los jueces de la recompensa de reconocimiento no tienen relación personal con el destinatario.** Las personas que forman el comité que elige al ganador de la recompensa de reconocimiento público no deben tener una relación de amistad con los candidatos. Por ejemplo, si el supervisor de un empleado o uno de sus compañeros está en el comité de recompensas, deben abstenerse en la votación para evitar la percepción de favoritismo.
- **La presentación de la recompensa se debe realizar sobre bases sinceras.** El presentador de la recompensa ante el galardonado y sus compañeros debe centrarse en dar un mensaje sincero de valoración del empleado que la ha conseguido. El presentador debe evitar gestos teatrales y exageraciones que hagan que el galardonado piense que no la merece y se sienta avergonzado.
- **Intente personalizar la recompensa en la medida de lo posible.** Las recompensas que están adaptadas a las necesidades del galardonado tienen mayor impacto sobre

la motivación. Un empleado que disfruta con los deportes probablemente apreciará más unas entradas para un partido de béisbol que entradas para un concierto de música clásica. Una placa personalizada que se entrega en una ceremonia pública se mantiene más en el recuerdo que el dinero, pues el dinero se gasta pronto mientras que la placa permanece en el despacho del empleado o en su casa.

Fuente: Adaptado de Wiscombe, J. (2002, abril). Rewards get results. *Workforce*, 42-48; Ginther, C. (2000, agosto). Incentive programs that really work. *HRMagazine*, 117-120.

que un reconocimiento del rendimiento extraordinario parece que se consigue por favoritismo, o que todo el mundo la discute, puede deprimir más que mejorar la moral de la empresa[67].

Resumen y conclusiones

El papel del directivo y del especialista en relaciones internas

Las buenas relaciones internas implican dar un trato justo y coherente a todos los empleados con el fin de que estos se involucren con los objetivos de la empresa. La columna vertebral de un programa de relaciones internas eficaz son los directivos, que deben evaluar, recompensar y mantener la disciplina de los empleados en línea con la filosofía de la empresa sobre las relaciones internas. Los representantes de relaciones internas del departamento de RRHH deben garantizar que las políticas laborales se apliquen de forma equitativa y coherente en toda la empresa. Frecuentemente, consultan con los supervisores y con los empleados sobre problemas específicos de las relaciones internas.

Desarrollo de las comunicaciones internas

Para desarrollar relaciones internas eficaces, la empresa necesita canales de comunicación para difundir la información hacia arriba, hacia abajo y por toda la organización. Las comunicaciones eficaces en una organización implican a (1) un emisor que codifica el mensaje, (2) un canal de comunicación que transmite el mensaje, (3) un receptor que descodifica el mensaje y (4) posibilidades de retroalimentación (reacciones sobre lo que se ha recibido) porque el ruido del entorno puede distorsionar el verdadero significado del mensaje.

Cómo facilitar las comunicaciones eficaces

Los representantes de relaciones internas, trabajando con los supervisores y directivos, pueden facilitar la eficacia de las comunicaciones mediante el desarrollo de políticas para (1) la difusión de la información, (2) la retroalimentación de los empleados y (3) los programas de asistencia al empleado.

La difusión de la información implica conseguir que la información esté disponible para todas las personas que toman decisiones, dondequiera que éstas personas se encuentren. Los manuales del empleado, las comunicaciones escritas (memorandos, informes financieros, boletines de noticias y tablones de anuncios), las comunicaciones audiovisuales, las comunicaciones electrónicas (buzón de voz, correo electrónico y aplicaciones multimedia), las reuniones, los retiros y las comunicaciones informales son algunas de las posibilidades para transmitir información a los empleados.

Los programas de retroalimentación de los empleados están diseñados para mejorar las comunicaciones, al dar a los empleados voz en los procesos de toma de decisiones y de formulación de políticas, garantizándoles un procedimiento justo ante cualquier queja que formulen con respecto a las decisiones que tomen los directivos. Dos de los programas que el departamento de RRHH puede poner en marcha para pedir la retroalimentación de los empleados son: (1) las encuestas de actitud de los empleados y (2) los procedimientos de apelación.

Los programas de asistencia al empleado están diseñados para ayudar a los empleados cuyos problemas emocionales o psicológicos afectan a su actuación en el trabajo. Al empleado se le da la oportunidad y los recursos para resolver el problema. La resolución con éxito de los problemas personales ayuda tanto al empresario como al empleado.

Programas de reconocimiento de los empleados

Los programas de reconocimiento de los empleados pueden mejorar las comunicaciones y las relaciones internas al reconocer y recompensar a los empleados que realizan contribuciones importantes para el éxito de la organización. Los programas de reconocimiento suelen utilizar sistemas de sugerencias y premios de reconocimiento. Los premios otorgados a individuos o equipos pueden ser monetarios o no monetarios.

Términos clave

buzón de voz
comunicación hacia abajo
comunicación hacia arriba
comunicaciones informales
correo electrónico (*e-mail*)
difusión de información
encuesta de actitud de los empleados
gestión mediante paseos (*management by walking around, MBWA*)
nepotismo
política de relaciones internas
procedimiento de apelaciones
programa de asistencia a los empleados (PAE)
programa de reconocimiento de los empleados
programa de retroalimentación de los empleados
representante de relaciones internas
tecnología multimedia
trabajador del conocimiento
videoconferencia

Preguntas para el debate

1. Escriba tres formas con las que el departamento de RRHH puede contribuir a crear relaciones internas positivas en una empresa.
2. La intimidad de los empleados se ha considerado "la cuestión laboral más importante de hoy en día". ¿Qué tipos de dilemas han creado las nuevas tecnologías respecto al derecho a la intimidad de los empleados? ¿Qué otros tipos de problemas han creado las nuevas tecnologías para las relaciones y comunicaciones internas y cómo pueden resolverlos los directivos?
3. Desde la perspectiva de la empresa, ¿cuáles son las ventajas y los inconvenientes de los teletrabajadores?
4. Shelly Wexler ha dicho a su supervisor, Rob Levine, que, al tener que cuidar a su anciana madre, tiene que salir del trabajo antes de la hora y esta situación le está "estresando" cada vez más. Al tiempo que Rob la remite al programa de asistencia a los empleados (PAE) de la empresa, también intenta convencerla de que lleve a su madre a una residencia para personas mayores e, incluso, le da alguna información sobre residencias de este tipo en la zona. ¿Cree usted que Rob sólo está mostrando la preocupación normal por su empleado o cree usted que se está extralimitando? Discuta el papel del supervisor a la hora de aplicar un PAE. ¿Debe un supervisor intentar diagnosticar problemas personales de los empleados? Razone la respuesta.
5. ¿Cree usted que la mayoría de los empleados tiene algún tipo de reservas a la hora de utilizar un procedimiento de apelaciones como el de la política de puertas abiertas? ¿Qué pueden hacer los directivos para convencer a los empleados de que los procedimientos disponibles son justos y eficaces?
6. Algunos expertos en comunicación afirman que los hombres y las mujeres tienen estilos diferentes de comunicación, creando barreras para la decodificación de los mensajes que provienen de un emisor del sexo opuesto. ¿Cuáles cree usted que son las diferencias más importantes entre la forma de comunicarse los hombres y mujeres entre sí en un entorno laboral? ¿Cuáles son las consecuencias, en la comunicación, de estas diferencias de sexo, desde la perspectiva de unas relaciones internas eficaces?
7. Muchos directivos reciben más de 100 correos electrónicos cada día, enviados por diferentes emisores como sus subordinados, clientes, directivos que son sus colegas, ejecutivos del más alto nivel de su empresa y otros. Haga una lista de al menos tres prácticas

eficaces para que los directivos puedan gestionar este enorme flujo de información. ¿Existen formas de priorizar la importancia de los mensajes de forma que los remitentes reciban la respuesta que buscan? ¿Cómo puede un directivo reducir el número de correos electrónicos que recibe cada día a un número más manejable?

8. Una minoría de empleados se sienten desmotivados cuando reciben reconocimiento público delante de sus compañeros. ¿Cuál puede ser la razón de que algunos empleados se sientan incómodos cuando se les reconocen sus méritos con una ceremonia pública? ¿Piensa usted que ello podría tener relación con la diversidad en el lugar de trabajo? Póngase en el lugar de un directivo que es consciente de que uno de sus empleados no responde bien ante un reconocimiento público, ¿que se podría hacer para reconocer el buen rendimiento, sea como trabajador individual o como miembro de un equipo, de este empleado?

Existe material adicional disponible en la página web que acompaña a este libro. Puede acceder a esta información visitando la página web ***www.prenhall.com/gomez.***

¡DECIDA USTED!

TENDENCIAS EMERGENTES — Caso 13.1

Gestionando el Servicio 24-Horas en Wal-Mart

Algunas de las 1.400 tiendas de Wal-Mart abren las 24 horas del día desde hace más de 300 años. Los responsables de cada centro, con la ayuda de las computadoras, tienen que conseguir que a cualquier hora del día su tienda no tenga más personal del que es absolutamente necesario. Los turnos de día que comienzan a las siete y a las 16 horas, son los más solicitados y se asignan en función de la antigüedad. El tercer turno es nocturno y la mayoría de los nuevos empleados comienzan su trabajo en Wal-Mart en el segundo o tercer turno, que transcurre desde la tarde a la noche. El horario nocturno tiene un salario ligeramente mayor que el horario diurno, pero tiene todos los inconvenientes del trabajo nocturno. Estos inconvenientes incluyen la dificultad de aprender a dormir durante el día y de no poder compartir el estilo de vida de la familia y de los amigos, dado que es más difícil pasar el tiempo juntos. Además, los nuevos empleados de Wal-Mart que son destinados a un turno de tarde o de noche tienen muy poco contacto con sus supervisores y directivos, quienes habitualmente tienen turno de día. Irónicamente, son los nuevos empleados los que tienen mayor necesidad de retroalimentación de sus supervisores dado que están aprendiendo cómo hacer su trabajo y cómo encajar en la cultura de Wal-Mart, que sitúa la prioridad en dar un servicio excelente a los clientes.

Las tiendas de Wal-Mart tradicionalmente se han situado en pueblos pequeños, ciudades rurales no muy diferentes de Bentonville, Arkansas, donde Wal-Mart tiene sus oficinas centrales. Las políticas de RRHH más avanzadas de la empresa, como su política de "puertas abiertas" (facultando a los empleados para transmitir sus preocupaciones a los directivos de cualquier nivel), las pagas de participación en beneficios, los planes de pensiones materializados en las acciones de Wal-Mart y el descanso de los domingos, cobrando la mitad del salario, eran decisiones muy valoradas por los empleados de estas áreas rurales. Este tipo de empleado, toleraba el trabajo nocturno debido a la escasez de empleos alternativos que ofrecieran las mismas prestaciones sociales que se recibían en Wal-Mart.

Sin embargo, cuando Walt-Mart se expandió a nuevos mercados, muchas de las tiendas se abrieron en grandes ciudades y áreas urbanas como Las Vegas y Dallas. Por ejemplo, en Las Vegas, Nevada, las tiendas Wal-Mart se enfrentaron a retos que nunca habían tenido en sus tiendas de la América rural. Wal-Mart en Las Vegas compite con los hoteles y los casinos de juego para conseguir trabajadores, y la retribución en los casinos, sector con una gran afiliación a los sindicatos, es considerablemente mayor. Las tiendas de Wal-Mart tienen grandes tasas de rotación en su plantilla y grandes dificultades para retener a sus empleados, con posibilidad de empleos alternativos muy atractivos que no están disponibles para aquellos que trabajan en las tiendas de las ciudades pequeñas. En consecuencia, a veces los puestos de trabajo en las tiendas de Las Vegas permanecen sin cubrir, haciendo difícil proporcionar el nivel de servicio que esperan los clientes de Wal-Mart. Además, recientemente Wal-Mart en Las Vegas ha tenido que enfrentarse a la presencia sindical, lo que nunca le había sucedido en los mercados rurales. La dirección de Wal-Mart se ha esforzado siempre en evitar la presencia de los sindicatos en su empresa, de forma que su especial cultura de informalidad y cordialidad rural con sus clientes se preservase. Las huelgas y los contratos formales, frecuentemente asociados con los sindicatos, plantean una amenaza a esta cultura. La situación de Las Vegas y otras tiendas urbanas es preocupante para los directivos de Wal-Mart debido a que los planes de expansión futura de la empresa se centran en atender los mercados urbanos, que es donde residen las oportunidades de crecimiento.

Preguntas para reflexionar

1. ¿Qué impacto tiene sobre las relaciones internas la política de Wal-Mart de mantener abiertas las tiendas las 24 horas del día? ¿Por qué el efecto sobre las relaciones internas de la política de servicio 24 horas es diferente las áreas urbanas como Las Vegas que en las ciudades pequeñas de las áreas rurales?
2. Algunos países, como por ejemplo Alemania, limitan en la actualidad la posibilidad que abran en domingo las tiendas del comercio al por menor, regulando también el horario de apertura en horas nocturnas de los días laborables. La idea detrás de estas normas es proteger el tiempo que los empleados pueden pasar con sus familias. ¿Está usted de acuerdo o en contra de esta lógica? ¿En qué basa su opinión?

Trabajo en equipo

Forme un grupo de cuatro o cinco estudiantes, asumiendo que se les ha pedido que aconsejen a la dirección de Wal-Mart sobre posibles cambios en sus políticas de RRHH para las tiendas situadas en áreas urbanas, con el objetivo de conseguir: (1) mejorar las tasas de retención de los empleados de Wal-Mart y (2) mejorar el clima de relaciones internas en las tiendas Wal-Mart. Asuman que Wal-Mart quiere seguir teniendo una política de servicio 24-horas en todas sus tiendas. Tienen que justificar sus recomendaciones. Si lo creen necesario pueden visitar la página web de Wal-Mart en www.walmart.com para conseguir información adicional sobre la cultura, las políticas y las noticias más recientes sobre Wal-Mart.

Ejercicio basado en la experiencia

El propósito de este ejercicio basado en la experiencia es aprender sobre el trabajo nocturno en base a personas que han trabajado de esta forma, dado que se está convirtiendo en algo bastante habitual en una economía de servicio 24-horas. Encuentre tres personas que hayan trabajado de noche y quieran discutir con usted sus experiencias laborales. Puede entrevistar a amigos, familiares u otros estudiantes. Pida a cada una de estas personas que le señale las ventajas y los inconvenientes de esta modalidad de trabajo. Averigüe por qué decidieron trabajar de noche. ¿Qué problemas sufrieron, si es que tuvieron alguno, por trabajar de noche? Resuma lo que ha averiguado y esté preparado para compartirlo con los otros miembros de su clase. Ahora que conoce las experiencias de personas que han trabajado de noche, ¿aceptaría usted un trabajo nocturno? Explique su razonamiento.

Fuente: Adaptado de Gimein, M. (2002, 18 de marzo). Sam Walton made us a promise. *Fortune*, 121-130.

¡DECIDA USTED!

ÉTICA — Caso 13.2

Los empresarios que organizan fiestas para sus empleados se exponen a determinados riesgos

En una fiesta organizada por la empresa una empleada había bebido mucho. En pocas palabras, había perdido el control y su comportamiento repelía a aquellos que lo estaban viendo. Cuando una representante del área de RRHH vino a acompañarla a los servicios, se volvió agresiva y le dio un empujón. La empleada fue despedida al día siguiente por conducta inapropiada en el lugar de trabajo. Desafortunadamente, no podía recordar lo que había sucedido, pero la representante de RRHH sí que podía contarlo con los suficientes detalles como para darle una descripción bastante precisa. La respuesta de los empleados, curiosamente, fue defensiva: "¿Por qué me han de despedir por mi comportamiento en un evento patrocinado por la empresa? Después de todo, yo nunca hubiera actuado de esta manera en la oficina. Además, fue la empresa la que proporcionó el alcohol. Cuando hay un bar abierto, a veces compro algo y lo llevo fuera. Me disculparé con las personas afectadas por mi comportamiento, pero quiero que me readmitan en el trabajo." Desgraciadamente, el comportamiento inadecuado en un evento patrocinado por la empresa, incluso si hablamos de trabajadores con rendimiento fuera de lo común, es muy probable que lleve a su despido, como hizo esta empresa.

Como pone de manifiesto esta situación, una vez que la dirección toma conciencia de los riesgos potenciales que suponen las fiestas, puede decidir cancelar todo tipo de evento. Esta reacción se está produciendo cada vez con mayor frecuencia. Sin embargo, la cancelación puede ser una reacción desmedida. El área de RRHH puede ayudar a la dirección dándole algunas directrices de cómo organizar una fiesta, a la vez que se minimizan los riesgos. A continuación se presentan algunas áreas de preocupación, que la empresa debe de tener presentes por anticipado cuando organiza una fiesta para sus empleados.

Una de las preocupaciones más habituales en las fiestas es si se sirve alcohol. Se incurre en responsabilidad legal cuando los empleados conducen bajo la influencia del alcohol y causan un accidente que les produce heridas a ellos mismos o a otras personas. También, si se sirve alcohol libremente, se posibilitan comportamientos extravagantes por parte de los empleados que participan en el evento, debido a que algunos tienen dificultad para controlar su bebida o son demasiado sensibles a los efectos del alcohol. Finalmente, los empresarios asumen el riesgo de que se sirva alcohol a algún menor y que luego esté implicado en un accidente.

Otra preocupación importante es si se deben permitir símbolos religiosos y decoraciones que tengan alguna relación con la fiesta. Por ejemplo, llamar al evento la "Fiesta de Navidad de la Oficina" puede ofender a empleados que practican religiones no cristianas o que no son creyentes. Poner adornos religiosos, como por ejemplo una imagen de los tres reyes magos adorando al niño Jesús, en aquellas partes de la oficina que comparte todo el mundo también puede ofender a personas de otras confesiones cuya religión no está representada en los adornos. Sin embargo, prohibir a los empleados que decoren sus despachos con lucecitas de Navidad y otra parafernalia también se puede considerar como una violación del derecho de los empleados a expresar su religión. En general, los empresarios necesitan encontrar una forma de incluir a todo el mundo de manera que no parezca que se favorece a una religión sobre las demás.

Una última preocupación es la cuestión de si se deben hacer regalos. Los empleados pueden volverse resentidos o sentirse dolidos si perciben que existe una presión social para que intercambien regalos con sus compañeros o con sus jefes durante la época festiva. Los empleados pueden sentirse también presionados a dar un regalo demasiado caro a un colega, para de esta manera preservar una relación de trabajo que es importante. Además, en el transcurso de alguno de los actos festivos, un empleado puede dar un regalo inapropiado a un colega dando lugar a sentimientos de humillación o a la percepción de acoso sexual.

Preguntas para reflexionar

1. En relación con la responsabilidad del empresario por servir alcohol en las fiestas de la empresa, ¿piensa usted que se deben prohibir todas las bebidas alcohólicas? ¿Existe alguna manera de gestionar la distribución de bebidas alcohólicas, sin que se abuse de ellas? ¿Qué factores se deben tener presentes para tomar una decisión sobre este tema? ¿Quién debe participar en la decisión?
2. Un empresario que organiza una fiesta, ¿debe permitir que se pongan símbolos religiosos en la fiesta, o en alguna de las áreas de trabajo de la empresa, sean personales o públicas? Si la respuesta es sí, ¿qué procedimientos se deben utilizar para permitir que los empleados coloquen símbolos religiosos?
3. ¿Debe el empresario permitir o prohibir el intercambio de regalos entre los empleados durante las épocas festivas? ¿Cómo se pueden intercambiar los regalos sin causar alguno de los problemas planteados en este caso?

Trabajo en equipo

Forme un grupo de cuatro o cinco estudiantes para desarrollar una política con respecto a las fiestas de empresa, que pueda ser utilizada por una determinada empresa u organización que escoge su grupo. Una posibilidad es tener una política que se opone a las fiestas de empresa. Si fuera ésta la postura seleccionada, tenga bien pensado los argumentos por los que esta empresa se debe oponer a las fiestas. Si su grupo decide tener una política que permite las fiestas de empresa, desarrollen las directrices para abordar las áreas de riesgo que se han discutido en el caso, como son el servir alcohol, la colocación de adornos religiosos y el intercambio de regalos entre los empleados. Puede que se le pida que presente su política de fiestas de empresa al resto de la clase. Prepárese bien para responder a las preguntas que le puedan hacer.

Ejercicio basado en la experiencia

Los responsables de algunas universidades han implantado recientemente políticas que prohíben la utilización de fondos de la universidad para la compra de bebidas alcohólicas para los eventos sociales patrocinados por el campus, así como para otras actividades profesionales, como son comidas o cenas, celebradas en el marco del reclutamiento de candidatos, y en las que se puede pedir alcohol. Todos los miembros de la comunidad universitaria, estudiantes, profesores y personal de administración y servicios, están afectados por estas políticas que prohíben la utilización de fondos de la universidad para bebidas alcohólicas. Los responsables de una universidad implantaron estas políticas después que algunos estudiantes murieran intoxicados por alcohol en actividades sociales patrocinadas por el campus y organizadas por hermandades de alumnos o alumnas. En este ejercicio, debe seleccionar algunos alumnos y profesores de su facultad y pedirles que le den sus opiniones sobre cómo reaccionarían ante una política de la universidad que prohibiera la utilización de fondos universitarios para bebidas alcohólicas en su campus. ¿Estarían a favor o en contra de esta política? ¿Por qué razón? Otras preguntas que les puede formular serían: ¿cuáles creen que son las implicaciones de este tipo de políticas para las relaciones internas en el campus?, ¿piensan que la universidad confía en que se respete la política de no pagar bebidas alcohólicas en eventos sociales o en actividades profesionales? Prepárese para hacer un resumen al resto de la clase de las opiniones de las personas con las que usted habló, además de dar su propia opinión.

Fuente: Adaptado de Falcone, P. (2001, diciembre). 'Tis the season. *HRMagazine*, 97-101; Segal, J. (2001, diciembre). The most wonderful time of the year. *HRMagazine*, 103-108.

¡DECIDA USTED!

GRH: EL EMPLEADO COMO CLIENTE INTERNO Caso 13.3

Vestimenta informal en Digital Devices

Digital Devices diseña y produce circuitos integrados personalizados para productos electrónicos de consumo, como agendas electrónicas, calculadoras y teléfonos móviles. A partir de los resultados de una encuesta de actitud de los empleados, los altos ejecutivos de la empresa decidieron implantar una política y un código de vestimenta informal para los empleados de Digital. La dirección comunicó su política de vestimenta informal en el boletín interno de noticias y en un mensaje de correo electrónico enviado a todos los empleados. Esta política animaba a los empleados a acudir al trabajo vestidos de manera informal excepto los días que tengan reuniones con los clientes (en cuyo caso, se requiere traje y corbata).

La vestimenta informal tiene sus ventajas, tanto para la empresa como para los empleados. La vestimenta informal tiene efectos positivos en la moral de los empleados al reducir las barreras de estatus que tienden a separar a los directivos (que suelen llevar traje y corbata) del personal no directivo. Probablemente haya mejor comunicación y colaboración en toda la organización cuando se reducen las barreras de estatus. La vestimenta informal es una buena herramienta de reclutamiento para los técnicos superiores, que tienden a ser jóvenes ingenieros recién licenciados que quieren trabajar en una empresa moderna con un ambiente "alegre". Los empleados también están contentos con el hecho de que esta forma de vestir es más cómoda y ahorra dinero, ya que no tienen que gastar en trajes caros y en acudir a la lavandería y la tintorería.

Seis meses después de iniciarse la nueva política, Sharon Green, la directora de RRHH de Digital, ha descubierto que tiene sus inconvenientes. Han surgido algunos problemas, que no se habían previsto, por la mala utilización de la política por parte de los empleados:

- Algunos empleados han intentado comprobar los límites de la política. Los programadores informáticos han ido a trabajar con camisetas con referencias al uso de drogas o insinuaciones sexuales que pueden ofender a otros empleados o clientes.
- El comportamiento de los empleados también se ha vuelto más informal y en las conversaciones telefónicas con los clientes a menudo se refieren a ellos como "colegas o amiguetes". Esta actitud informal ha provocado ciertas quejas al director de ventas.
- El departamento de RRHH ha sido apodado como "la policía de la moda" porque se espera que establezca las pautas en el vestir cuando los empleados lo hacen inadecuadamente (tops tank, pantalones de ciclista, vaqueros con agujeros, etc.). Este nuevo papel está minando parte de la credibilidad del departamento de RRHH.

Como consecuencia, Greene está analizando posibles formas de mejorar la política sobre vestimenta informal en Digital Devices.

Preguntas para reflexionar

1. ¿Cree usted que Digital Devices debería abandonar su política de vestimenta informal? Razone la respuesta.
2. Suponga que Digital decide revisar su política de vestimenta informal. ¿Debería la nueva política dar una lista del tipo de vestimenta aceptable e inaceptable, para que los empleados sepan exactamente lo que pueden y lo que no pueden llevar al trabajo? ¿Existe algún problema potencial con este planteamiento?
3. ¿Cómo debería la empresa comunicar a sus empleados la nueva política sobre vestimenta informal?

Trabajo en equipo

Se divide la clase en grupos de cuatro o cinco estudiantes cada uno. Cada grupo desarrolla una nueva política, concretada en un código, de vestimenta informal para Digital Devices. Un representante de cada grupo presenta, al resto de la clase, la política que recomienda su grupo. Los demás estudiantes y el profesor hacen preguntas o comentan las características de la política de cada grupo.

Ejercicio basado en la experiencia

El propósito de este ejercicio basado en la experiencia es conocer cómo las personas interpretan las políticas de vestimenta informal. Pregunte a tres o cinco personas, de su clase o de otro lugar, cómo vestirían si trabajaran para un empresario que tuviera una política de vestimenta informal. ¿Qué tipo de vestimenta considerarían una violación de esta política? Después de haber recogido la información anterior, ¿tiene usted una idea mejor o peor de lo que debería ser una política sobre vestimenta informal? ¿En qué coinciden y en qué discrepan las personas que hablaron con usted? ¿Qué conclusiones puede sacar sobre políticas de vestimenta informal después de haber hecho este ejercicio? Prepárese para explicar todo ello a su clase.

¡DECIDA USTED!

TENDENCIAS GLOBALES — Caso 13.4

¿Es defendible el nepotismo?

El nepotismo es una práctica de GRH muy común en todo el mundo, consistente en dar preferencia en las decisiones de contratación, promoción o retribución a familiares y amigos de los miembros de la organización. En lugares como China y África, el nepotismo ha sido utilizado para favorecer a los miembros del grupo o tribu al que se pertenece. En Europa Occidental o en los EE.UU., el nepotismo ha sido utilizado para favorecer a los miembros de la familia, o de la clase social, a la que se pertenece.

El nepotismo pone en cuestión algunos de los valores fundamentales de la empresa estadounidense, como son los principios de mérito e igualdad de oportunidades. Todavía hoy se aplica el nepotismo en las empresas, en la vida pública y en las artes creativas de los EE.UU. Bill Ford, bisnieto del fundador Henry Ford, es el actual consejero delegado de Ford Motor Company, y su ascenso a la máxima jerarquía de Ford está relacionado con el hecho de que existen unas acciones con voto preferencial propiedad de la familia Ford. La posesión de estas acciones les permite una gran influencia en los asuntos de la empresa. El presidente de los EE.UU. John Kennedy escogió a su hermano de 34 años, Robert Kennedy, para Attorney General (Procurador General), y el presidente de EE.UU. George W. Bush es hijo del antiguo presidente George H. W. Bush. Es poco probable que estos líderes políticos hubieran llegado a estos cargos sin la ayuda de un familiar presidente de EE.UU. El actual Mayor (Alcalde) de Chicago, Richard Daley, tiene el mismo cargo de su padre, del mismo nombre, que fue alcalde de 1955 a 1976. En la industria cinematográfica, hijos o familiares de actores como Kate Hudson (hija de Goldie Hawn), Michael Douglas (hijo de Kirk Douglas) y George Clooney (sobrino de Rosemary Clooney) han tenido oportunidades para trabajar en la industria del espectáculo que son muy difíciles de tener para personas sin conexiones familiares.

Según Adam Bellow, autor de *In Praise of Nepotism: A Natural History*, el nepotismo puede ser bueno o malo. Bellow señala que los factores que afectan a la buena o mala utilización del nepotismo incluyen el mérito y la distinción entre público y privado. Veamos:

- Jim Collims, en su libro de gran éxito *Good to Great,* pone de manifiesto que empresas que destacan de forma notable por hacerlo mejor que sus competidores, en términos de creación de valor para sus accionistas durante largos períodos de tiempo, son dirigidas por consejeros delegados que son descendientes de sus fundadores
- En años recientes, algunos de los grandes fracasos de empresas cotizadas se han producido con consejeros delegados descendientes de los fundadores de la empresa, por ejemplo en Motorola (Chris Galván) y en Seagrams (Edgar Bronfman, Jr.).
- El presidente Suharto de Indonesia sobresalió en nepotismo y "capitalismo de compinches" cuando otorgó a sus seis hijos toda una serie de monopolios empresariales, cuyo valor se estimó en más de 40 mil millones de dólares. Este favoritismo descarado con los miembros de su familia influyó mucho en el derrocamiento del gobierno de Suharto en 1998.
- En algunas de las principales universidades estadounidenses, los hijos de antiguos alumnos de la universidad (llamados "legados") tienen reservados entre el diez y el 15 por ciento de las plazas para matricularse en el primer año. Por ejemplo, William Fitzsimmons, decano de admisiones de Harvard Collage, admite que el 40 por ciento de las solicitudes de los estudiantes legados son aceptadas, frente a únicamente un 11 por ciento de las solicitudes normales. Incluso en las buenas universidades públicas como la Universidad de Virginia, las solicitudes de los legados tienen una probabilidad de dos a cuatro veces mayor de ser aceptadas que las de los no legados.

Adam Bellow argumenta que el nepotismo puede crear dinastías familiares como las de los Rothschilds (banca), los Rockefellers (finanzas y filantropía) y los Hiltons (hoteles) que se han transformado en marcas que ofrecen valor a los clientes cuando la familia permanece implicada en los negocios. Bellow argumenta que en una organización dinástica, cuando se contrata a un miembro de la familia es probable que trabaje mejor y haga mayores sacrificios para la empresa que otros candidatos, dado que intentará proteger la reputación del nombre y de las empresas de la familia, aspectos totalmente relacionados.

Preguntas para reflexionar

1. ¿Por qué piensa usted que las personas aceptan mejor el nepotismo en la empresa cuando las mismas no cotizan en bolsa que cuando cotizan y tienen muchos accionistas? ¿Por qué existe poca tolerancia para el nepotismo en el gobierno, como por ejemplo cuando el alcalde de una ciudad pone amigos y/o miembros de su familia en la nómina del ayuntamiento?
2. ¿Bajo qué condiciones podría considerarse aceptable contratar a un pariente de un empleado o de un ejecutivo en una organización pública, como por ejemplo un gobierno federal, o en una empresa que cotiza en bolsa, como pueda ser General Motors?
3. ¿Está usted de acuerdo o en contra con el argumento de Bellow de que los parientes de los propietarios de la empresa tienen mayor motivación que los que no son familiares, para trabajar bien y hacer sacrificios por la empresa buscando proteger la reputación familiar? Explique sus argumentos.

Trabajo en equipo

Forme un equipo con cuatro o cinco de sus compañeros de clase para aprender por qué algunas organizaciones han implantado *políticas contra el nepotismo*, es decir reglas que limitan la contratación de familiares de los empleados de la organización. El equipo debe encontrar uno o dos ejemplos de política contra el nepotismo y contárselas al resto de la clase (por ejemplo, estas políticas son muy comunes en áreas municipales como los departamentos de policía o de bomberos). Para cada una de las políticas contra el nepotismo, indique qué familiares no pueden solicitar trabajo y cuáles sí (considere la familia política, las relaciones rotas o los nietos, entre otras posibilidades). Desarrolle una teoría o explicación de por qué piensa que cada una de las organizaciones implantó una política contra el nepotismo. ¿Está usted de acuerdo o en contra que las organizaciones deben de utilizar políticas contra el nepotismo?

Ejercicio basado en la experiencia

Encuentre un compañero de clase para este ejercicio y discutan sus opiniones sobre prácticas tan arraigadas en universidades de elite, como Harvard, Yale y Princeton, de reservar del diez al 15 por ciento de las plazas de acceso para los estudiantes legados, aquellos con relación con los antiguos alumnos. Algunos críticos con esta práctica la llaman "acción afirmativa para los ricos". ¿Es este un comentario justo? ¿Por qué universidades muy selectivas continúan manteniendo esta forma de nepotismo? ¿Es diferente el problema en aquellas universidades de elite, que, además de ayudar a los hijos de los antiguos alumnos a conseguir la admisión, también dan becas a los estudiantes sin posibilidades económicas pero que responden a los criterios de admisión? Después de que con su compañero haya discutido el problema, resumiendo los puntos clave, prepárense para presentar sus ideas en clase.

Fuente: Ciulla, J. (2005, enero). In praise of nepotism? *Buiness Ethics Quarterly*, 153-160; *The Economist*. (2004, 10 de enero). The curse of nepotism, 27; Bellow, A. (2003, 5 de agosto). When in doubt, hire your kin. *Wall Street Journal*, B-2.

NOTAS

ADAPTACIONES PARA ESPAÑA — Nota 13.1

¿Hasta dónde puede vigilarle su jefe?

Es la hora de la comida. Usted se queda en el despacho y come un bocadillo frente a la computadora. Ojea las últimas noticias en la web de *EL PAÍS* y decide comprar por Internet los billetes de tren para ir el fin de semana a la boda de un amigo. Después, manda un par de correos electrónicos a sus amigos. ¿Puede su empresa controlar esas pequeñas actividades extraprofesionales? En España, una sentencia del Tribunal Supremo dice que sí. Con una condición: debe existir una norma de la empresa sobre el uso de Internet y un protocolo de cómo serán esas inspecciones.

¿Hasta dónde puede vigilarle su empresa? ¿Quién decide sobre lo que se puede ver en Internet y lo que no? El Supremo asegura que las empresas no pueden prohibir totalmente el uso de Internet. ¿Pero quién pone los límites? "Los mecanismos de control pueden ser excesivos e invadir ciertas áreas de privacidad. Está bien que haya cierta vigilancia, pero se corre el riesgo de que el empresario tenga demasiado poder. Quién supervisa al controlador", dice Miquel Lóriz, de COMFIA-Comisiones Obreras.

Un elemento queda fuera de ese Gran Hermano. La empresa no puede leer sus ficheros personales ni sus correos electrónicos. La sentencia del Tribunal Supremo, del 26 de septiembre de 2007, dictamina que el contenido del correo electrónico está protegido –al igual que las cartas y las llamadas telefónicas– por la garantía constitucional del secreto de las comunicaciones.

El caso de Juan ha sentado el precedente. Juan trabajaba como directivo en una empresa gallega. Un día su empresa llamó a un técnico para que reparase ciertos fallos en su computadora. Al hacerlo, se comprobó que el sistema se había infectado de virus informáticos "como consecuencia de la navegación por páginas poco seguras de Internet". Se siguió revisando la computadora y se descubrió "antiguos accesos a páginas pornográficas". La empresa decidió guardar esos archivos, imprimir las páginas y entregar todo a un notario. Mientras, el empleado desconocía lo que se estaba haciendo con su computadora. Poco después fue despedido.

El Supremo ha ordenado su readmisión porque en la empresa no había una norma que limitara el uso de la computadora. Hasta esta sentencia, el terminal se consideraba un efecto personal del empleado y se equiparaba a las clásicas taquillas de las fábricas. "Los objetos personales de los empleados no pueden ser registrados por la empresa –como dice el artículo 18 del Estatuto de los Trabajadores– a no ser que haya una sospecha de que se esté cometiendo un acto ilícito", explica Iñigo Sagardoy, director de Sagardoy Abogados. Además, ese registro se tiene que hacer con unas garantías: debe hacerse en presencia de un delegado de los trabajadores, durante la jornada laboral y delante del empleado.

Ahora el Supremo dictamina por primera vez, que la computadora es un medio que el empresario facilita al empleado para que ejerza sus funciones. "Se dice que es perfectamente lícito que la empresa investigue y controle el uso que haga de él el empleado, y eso incluye la utilización de Internet", dice Sagardoy, quien recalca que la sentencia unifica, por fin, la doctrina sobre el tema.

Pero el Supremo añade un matiz que abre el debate. La empresa debe establecer previamente las reglas de uso de esos medios tecnológicos –"con aplicación de prohibiciones absolutas o parciales"- e informar a los trabajadores de que va a existir ese control y cómo va a hacerse. Mecanismos que deben ser compatibles con el respeto a la dignidad del empleado. "Es razonable tener un cierto uso personal de las computadoras. Pero una cosa es conectarse un rato y otra es estar enganchado toda la jornada. Ahí está el límite", piensa Silvia Bauzá, del despacho de abogados Gómez Acebo & Pombo.

Para Sagardoy, el Supremo "flexibiliza" con esta medida el poder del empresario. Los sindicatos también son conscientes de este nuevo poder. "Estamos a favor de que se establezcan códigos éticos que prohíban visitar sitios con contenidos xenófobos o pornográficos. Pero debe hacerse negociando con el trabajador para que no quede desprotegido", dicen en Comisiones Obreras.

Carlos Sánchez Almeida cree que el Supremo ha dado el primer paso en un largo camino. "Hasta ahora la situación era de total inseguridad. Durante muchos años se han hecho las cosas mal. Se han efectuado muchos registros indebidos", asegura. Este abogado laboralista no está del todo de acuerdo en controlar lo que hacen los empleados con la computadora. "Es mejor filtrar la navegación que mirar *a posteriori* dónde han entrado", asegura. Insiste en que los trabajadores deben ser conscientes de la vigilancia.

El uso indebido de Internet puede ser una excusa para despedir

Hace cuatro años los jefes de Esther entraron en su computadora. Leyeron sus correos electrónicos. Revisaron sus archivos y examinaron todas las páginas web que había visitado. Después la despidieron por uso indebido de Internet. Le enviaron una carta en la que le notificaban la causa de su despido. "Debido al tráfico de correo electrónico de carácter personal y ajeno a la actividad de la empresa que usted mantenía, y todos ellos enviados dentro del horario laboral, usted infectó a través de dos virus informáticos" el sistema de la empresa. "Entraron en mis archivo personales", cuenta Esther. "Tenía correos electrónicos privados que me habían enviado mis compañeras contándome cosas muy íntimas. Fue una locura", dice. Esther fue a juicio y ganó. El juez dictaminó su despido como improcedente. La sentencia decía que, a pesar de las distintas doctrinas que se habían aplicado, el correo estaba protegido por el secreto de las comunicaciones. De su caso se desprendió que la empresa quería despedirla mucho antes. "Me querían fuera. Y el uso de la computadora fue una simple excusa", cuenta Esther.

Comisiones Obreras asegura que el caso de Esther no es único. "El uso indebido de Internet por parte de los trabajadores se ha convertido en un pretexto más para justificar despidos", dice Miquel Loriz, quien asegura que se ha dado un paso importante: declarar el correo electrónico secreto "a pesar de que esté en computadoras de la empresa".

Dudas por aclarar

A partir de ahora los correos electrónicos no pueden ser revisados a no ser que exista una sospecha de, por ejemplo, espionaje industrial. Y siempre bajo mandato judicial. Pero los rumores de vigilancia, si eran ciertos, deberán convertirse en certeza. Al Supremo, sin embargo, le ha quedado una puntada sin hilar. No está claro qué sucede con los archivos temporales de Internet. La huella digital que se queda en la computadora y que puede llegar a revelar más de la vida de alguien que sus propios correos electrónicos. En el caso del empleado despedido por ver porno en el trabajo la sentencia asegura que esos archivos entran "dentro de la protección de la intimidad", ya que pueden contener "datos sensibles" sobre la vida privada del empleado. "Habrá que esperar a otra sentencia para que quede del todo claro", dice Sánchez Almeida. Para Bauzá, sin embargo, está clarísimo: "Entran dentro de lo que el empresario puede revisar".

Fuente: Adaptado de Sahuquillo, M.ª R. (2007, 4 de noviembre). Ordenadores sin secretos para el jefe. *EL PAÍS*; 40-41.

CAPÍTULO

14 RESPETO DE LOS DERECHOS DE LOS EMPLEADOS Y GESTIÓN DE LA DISCIPLINA

OBJETIVOS

Tras leer este capítulo, usted estará en condiciones de abordar los siguientes temas:

1. **Comprender** los orígenes y el alcance de los derechos de los empleados y de los derechos de la dirección.
2. **Explicar** por qué el departamento de RRHH debe equilibrar los derechos de la dirección y de los empleados al diseñar las políticas laborales.
3. **Describir** la doctrina de despido libre.
4. **Distinguir** entre procedimientos disciplinarios progresivos y procedimientos disciplinarios positivos.
5. **Aplicar** normas justas en caso de mal comportamiento de un empleado y justificar la utilización de medidas disciplinarias.
6. **Gestionar** a personas que plantean problemas a los supervisores, como por ejemplo faltas de asistencia injustificadas, bajo rendimiento, insubordinación y consumo de sustancias psicotrópicas.
7. **Evitar** acciones disciplinarias mediante la adopción de un planteamiento estratégico y proactivo de la GRH.

Todos los empleados tienen derechos que están basados en la legislación, las políticas laborales de la empresa y las costumbres. Los empresarios también tienen derechos que respaldan su autoridad y lo que pueden esperar de sus empleados. Algunas veces estos dos conjuntos de derechos entran en conflicto. Considere las siguientes situaciones:

- Aligo, en Mountain View, California, productor de "servicios móviles", vende un producto denominado Worktrack que permite a los empresarios supervisar electrónicamente a los empleados, viendo dónde están y lo que están haciendo en cualquier momento. Entre los principales clientes de Worktrack están los empresarios de las empresas de climatización, calefacción y aire acondicionado. Los trabajadores tienen teléfonos móviles equipados con un chip GPS (*global positioning satellite*) que transmite su situación a las computadoras de la oficina principal. Las coordenadas de dónde están se pueden comparar con las del sitio donde el empleado fue enviado. Si un empleado no está en el lugar correcto, se considera que no está trabajando y se envía una notificación a la oficina del empleado. El sistema también controla la rapidez con que conducen los empleados, de manera que la empresa puede garantizar a las compañías de seguros que ninguno de ellos pretende ser un piloto de fórmula uno. Este nivel de control es legal, ya que los empresarios tienen el derecho de supervisar a sus trabajadores. Sin embargo, cuando los empleados están constantemente supervisados por sus empresarios, queda la duda de si la situación infringe el derecho de los empleados a un trato ético en el lugar de trabajo[1].

- Un estudio de la American Management Association realizado en 2001 puso de manifiesto que el 62 por ciento de las empresas supervisaban la utilización de Internet que hacían sus empleados. Las decisiones disciplinarias relacionadas con la utilización indebida de las comunicaciones electrónicas, son cada vez más frecuentes y severas. En 1999, la New York Times Company despidió a 23 empleados de su centro de proceso de datos en Norfolk, Virginia, por difundir fotos de contenido fuertemente sexual a través del sistema de correo electrónico de la empresa. En el año 2000, la Xerox Corporation despidió a 40 empleados por emplear demasiado tiempo en la visita a páginas web de contenido sexual o sin ninguna relación con su trabajo. Nos podemos preguntar, ¿violan los empresarios el derecho a la intimidad de sus empleados cuando supervisan la utilización que hacen de Internet y de las comunicaciones electrónicas[2]?
- Los trabajadores de Weyco, una empresa de Okemos, Michigan, dedicada a gestionar las prestaciones sanitarias que algunos empresarios pagan a sus trabajadores, pueden ser despedidos por fumar, ya sea en el trabajo o fuera del trabajo. La empresa realiza de forma aleatoria análisis a sus trabajadores, por lo menos una vez al año, para descubrir quiénes son fumadores. Según dice Gary Climes, vicepresidente de finanzas, dado que somos una empresa que atiende los pagos que los seguros sanitarios tienen que hacer, "conocemos los efectos devastadores del tabaquismo" e "intentamos evitarlos". Políticas como las que acabamos de reseñar, ¿violan los derechos de los empleados a desarrollar actividades legales (como por ejemplo fumar) fuera de las horas de trabajo[3]?

EL ENFOQUE DIRECTIVO

Los tres ejemplos con los que abrimos el capítulo sugieren que los derechos de los empleados y de los empresarios deben estar claramente especificados en cualquier relación de empleo. El departamento de RRHH puede contribuir a este cometido de varias maneras, como por ejemplo:

- Desarrollando y aplicando políticas que informen a los empleados de sus derechos y responsabilidades.
- Haciendo que los directivos sean conscientes de los derechos de los empleados y de las obligaciones que tienen, como dirección, para con sus empleados.
- Actuando como abogados de los empleados, especialmente en los casos en los que el supervisor malinterpreta o hace caso omiso de la política disciplinaria.

Pero es el directivo el que puede marcar una importante diferencia en esta área. Los directivos que respetan los derechos de los empleados seguramente tendrán más empleados con niveles más altos de moral y de satisfacción en el trabajo que los directivos que ignoran estos derechos. El respeto de los derechos de los empleados también reduce la posibilidad de tener que emplear costosos procedimientos de reclamación o enfrentarse a demandas legales. Por tanto, los directivos tienen que aprender cuáles son los derechos de los empleados, saber realizar investigaciones exhaustivas en nombre de los empleados que plantean quejas y administrar las medidas disciplinarias como medio para corregir comportamientos o hábitos no productivos, más que con el fin de castigar.

En este capítulo analizamos los derechos de los empleados y las medidas disciplinarias. Estas dos cuestiones están estrechamente relacionadas con la calidad de las relaciones internas (discutida en el capítulo anterior). Las organizaciones que establecen relaciones internas eficaces sientan las bases para que sus directivos respeten los derechos de los empleados y utilicen los procedimientos disciplinarios de forma justa y coherente.

Por lo tanto, primero examinamos los conceptos de derechos de los empleados, derechos de la dirección y la doctrina de despido libre que rige en muchas de las empresas sin presencia sindical. Segundo, estudiamos algunos obstáculos que pueden encontrar los directivos a la hora de buscar un equilibrio entre los derechos de los empleados y los derechos de la dirección. A continuación, discutimos los procedimientos disciplinarios para los empleados y ofrecemos algunas sugerencias para gestionar los empleados difíciles. Concluimos examinando cómo puede respaldar el departamento de RRHH a los directivos mediante políticas proactivas que minimicen la necesidad de los procedimientos disciplinarios.

DERECHOS DE LOS EMPLEADOS

Un **derecho** es la capacidad de desarrollar conductas protegidas por normas legales o sociales, libre de interferencias de terceros (como por ejemplo los empresarios). Por ejemplo, los empleados tienen el derecho legal de crear un sindicato. Es ilegal que el empresario ponga obstáculos a que sus empleados ejerzan su derecho a sindicarse, con actividades del tipo de no subir el sueldo a los trabajadores que apoyan al sindicato.

Derecho
Un **derecho** es la capacidad de desarrollar conductas protegidas por normas legales o sociales, libre de interferencias de terceros.

El alcance de los *derechos de los empleados* se ha ampliado en los últimos 35 años a medida que tanto el gobierno federal como los gobiernos estatales han aprobado leyes que conceden a los empleados protecciones específicas. Además, en la última década, los tribunales se han mostrado más dispuestos a proteger a los empleados de los despidos improcedentes de lo que lo fueron en el pasado. Muchas personas creen que los tribunales han sido más proactivos en la protección de los derechos de los empleados, porque el número de trabajadores protegidos por contratos colectivos es proporcionalmente menor que en épocas pasadas.

La Figura 14.1 muestra tres categorías distintas de derechos de los empleados que los directivos tienen que tener en cuenta: (1) derechos estatutarios, (2) derechos contractuales y (3) otros derechos.

DERECHOS ESTATUTARIOS

Los **derechos estatutarios** de los empleados son aquellos protegidos por leyes específicas promulgadas por el gobierno. En los EE.UU., el principal derecho de los empleados, esta-

Derechos estatutarios
Derechos protegidos por leyes específicas.

Derechos estatutarios	Derechos contractuales	Otros derechos
■ Protección contra la discriminación ■ Condiciones laborales seguras ■ Derecho a formar sindicatos	■ Contrato de trabajo ■ Contrato colectivo ■ Contratos tácitos/políticas de empleo	■ Trato ético ■ Confidencialidad (con ciertas restricciones) ■ Libertad de expresión (con ciertas restricciones)

Figura 14.1 ■ Categorías de derechos de los empleados.

blecido por ley, es la protección contra la discriminación en función de la raza, el sexo, la religión, el origen nacional, la edad, minusvalías u otros estatus protegidos por el Título VII de la Ley de Derechos Civiles (*Civil Rights Act*) de 1964 y en otras leyes sobre igualdad de oportunidades en el empleo (*véase* el Capítulo 3). La *Comisión para la Igualdad de Oportunidades en el Empleo [Equal Employment Opportunity Commisión (EEOC)]*, regula la conducta del empresario garantizando que los empleados no sufren discriminaciones en su contra.

Otro importante derecho estatutario de los empleados es la protección contra condiciones laborales insalubres o inseguras. La Ley de Seguridad y Salud en el Trabajo [*Occupational Safety and Health Act* (OSHA)] exige que los empresarios ofrezcan condiciones laborales seguras a los trabajadores y ha creado la *Dirección de Seguridad y Salud en el Trabajo (Occupational Safety and Health Administration)* para regular las prácticas de seguridad y salud en las empresas (*véase* el Capítulo 16).

Los empleados también tienen el derecho legal a constituir sindicatos y a participar en actividades sindicales (*véase* el Capítulo 15). La *Junta Nacional de Relaciones Laborales [National Labor Relations Board (NLRB)]* regula la conducta de los empresarios y los empleados para garantizar unas prácticas laborales justas.

DERECHOS CONTRACTUALES

Derechos contractuales
Derechos que se basan en la legislación sobre contratos.

Contrato
Promesa legalmente vinculante entre dos o más partes que tienen competencia para ello.

Contrato de trabajo
Contrato que establece explícitamente los términos de la relación de empleo tanto para el empleado como para el empresario.

Los **derechos contractuales** se basan en la legislación sobre contratos. Un **contrato** es una promesa legalmente vinculante entre dos o más partes que tienen competencia para ello[4]. Una ruptura de contrato, es decir cuando una de las partes no cumple sus promesas ante otra de las partes, está sujeta a soluciones legales.

Tanto los empresarios como los empleados tienen derechos y obligaciones mutuas cuando suscriben un contrato. Un **contrato de trabajo** establece explícitamente los términos de la relación de empleo tanto para el empleado como para el empresario. Por lo general, estos contratos establecen que el empleado debe trabajar de forma competente durante el período de tiempo que se estipule y que el empresario debe entregar a cambio una determinada cantidad de dinero mutuamente acordada, así como determinadas condiciones laborales, a lo largo de ese período[5]. Los empleados cubiertos por contratos de trabajo incluyen a los profesores de escuelas públicas sin presencia sindical, a los entrenadores de fútbol americano en las universidades, a los actores de cine y televisión, a los altos ejecutivos y a los mandos intermedios[6]. En la práctica, en EE.UU., únicamente un porcentaje muy pequeño de los trabajadores está cubierto con contratos de trabajo.

Las disposiciones de los contratos de trabajo otorgan al empleado seguridad laboral y son, al menos teóricamente, negociadas de forma individual. Decimos "teóricamente" porque se dan casos en que los contratos son tan parecidos que parecen contratos estándar. Por ejemplo, muchos profesores de escuelas públicas que no tienen contrato colectivo –aquellos contratos que son negociados por los sindicatos– son contratados año a año por el distrito escolar. En teoría, cada profesor negocia su propio contrato. En la práctica, dado el volumen de contratos a redactar, la gran mayoría sigue un patrón estándar.

Algunos sectores tienen cláusulas contractuales estándares para proteger más sus intereses. Por ejemplo, los empresarios de sectores tan competitivos como el de tecnología y servicios suelen tener varias cláusulas en los contratos de trabajo que prohíben a los empleados (1) divulgar información comercial secreta durante o tras su período de empleo, (2) intentar hacer negocios con antiguos clientes, o (3) intentar contratar a antiguos compañeros de trabajo tras haber abandonado la empresa[7]. Para algunos puestos de trabajo de alto perfil, como los de los altos ejecutivos, el contrato no seguirá un patrón estándar y será, de hecho, negociado individualmente[8]. Un empleado con un contrato puede ser despedido por razones distintas a las de falta de rendimiento, pero tiene derecho a recibir una indemnización por el tiempo que faltaba para finalizar el contrato.

Un porcentaje significativo de trabajadores estadounidenses (aproximadamente el 13 por ciento) está cubierto por los *contratos sindicales (contratos o convenios colectivos)*, que protegen a grupos de trabajadores afiliados a los sindicatos. En algunos casos, los convenios colectivos no ofrecen tanta seguridad como los contratos de trabajo negociados individualmente, pero sí ofrecen cierta seguridad mediante la antigüedad y los procedimientos de queja a través del sindicato. Las cláusulas de antigüedad, que suelen aparecer en todos los convenios colectivos, protegen a los trabajadores más antiguos a través del criterio "últimos que entraron, primeros que salen" cuando se dan situaciones de despido (*véase* el Capítulo 6). Los procedimientos de queja y reclamación a través del sindicato someten todas las acciones disciplinarias (incluyendo los despidos) a un **proceso justo**, que exige que se realice una investigación imparcial y que se demuestre que había una causa justificada para sancionar a los empleados que no han rendido en función de las previsiones. Un árbitro, con poder para decidir en casos disciplinarios y de controversias sobre derechos, puede restituir los derechos laborales y los salarios dejados de percibir por un empleado que ha sido despedido injustamente. (El **despido injusto** es aquel que se produce por motivos o bien ilegales o poco apropiados, como pueden ser la edad o la negativa a participar en actividades ilegales.)

Proceso justo
Aplicación de una política o ley de forma igualitaria e imparcial.

Despido injusto
Despido de un empleado por razones o bien ilegales o poco apropiadas.

Algunas veces, los empresarios y empleados establecen contratos aun cuando no lleguen a darles forma concreta. En estos casos, se dice que el empresario y el empleado han alcanzado un *contrato tácito*. Algunas políticas y prácticas de empleo pueden crear, sin pretenderlo, un contrato tácito. Los tribunales han interpretado que las afirmaciones realizadas por un entrevistador o un directivo del tipo de "Siempre tendrá un puesto aquí mientras que haga su trabajo" constituyen una promesa de seguridad en el empleo[9]. De esta forma, empleados que han perdido su trabajo debido a una reducción de plantilla han conseguido una indemnización legal cuando se les había realizado una promesa de este tipo.

Los manuales del empleado pueden ser otra fuente de contratos tácitos de trabajo si ofrecen seguridad en el empleo. Algunos tribunales han interpretado que las afirmaciones del tipo "los empleados sólo serán despedidos por causa justificada" trasladan la carga de la prueba a la empresa cuando toma la decisión de despedir a un trabajador[10]. Además, cuando un manual del empleado, o una política de empleo, distingue entre empleados "en período de prueba" y "empleados permanentes", los tribunales han sostenido que los empresarios están prometiendo un empleo indefinido a los trabajadores que superen con éxito el período de prueba y pasen a ser trabajadores permanentes. Hasta la fecha, al menos 30 tribunales supremos estatales han dictaminado que los manuales del empleado pueden ser interpretados como contratos vinculantes[11].

OTROS DERECHOS

Los empleados casi siempre esperan tener derechos adicionales a los estatutarios y contractuales. Entre estos derechos podemos incluir el derecho a recibir un tratamiento ético y los derechos, aunque con límites, a la libertad de expresión y a la intimidad. Todos estos derechos difieren de las dos primeras categorías de derechos en un aspecto importante: aunque los empleados esperan disfrutar de estos derechos, puede que, ante posibles violaciones de los mismos, no quepa interponer ningún recurso legal. Aunque la ley no exige al empresario que extienda estos derechos de los empleados, la concesión de los mismos probablemente permitirá tener trabajadores más satisfechos que estén dispuestos a esfuerzos extras por la organización.

Derecho a recibir un trato ético

Los empleados esperan ser tratados de forma justa y ética a cambio de ofrecer a sus empresarios una cantidad de trabajo justa y razonable. Esta expectativa puede denominarse contrato psicológico[12]. Los empresarios que respetan estos contratos psicológicos suelen tener empleados, por lo general, más productivos. Por el contrario, aquellos que violan estos contratos psicológicos pueden provocar que los empleados se vayan de la empresa o creen un sindicato. Puesto que la rotación de empleados sale cara y la sindicación implica cierta pérdida de control sobre la empresa, los directivos deben ser conscientes de la importancia que tiene el contrato psicológico para los empleados[13]. Una forma de sellar un contrato psicológico consiste en desarrollar y promover un código ético[14]. El área de RRHH puede contribuir a mantener un clima ético integrando el código ético en las políticas de empleo, en las orientaciones para los nuevos empleados y en los programas de formación[15]. El resumen (*véase* Figura 14.2) de la declaración de la misión de Starbucks, que incluye estándares éticos, es un ejemplo de cómo puede una empresa promover sus valores éticos.

Conseguir que Starbucks sea el principal proveedor de café de primera calidad, en todo el mundo, pero sin que nuestra política de crecimiento ponga en cuestión nuestros principios.

Los siguientes principios orientadores nos permiten medir lo apropiado de nuestras decisiones:

Que el entorno de trabajo sea de gran calidad y que todos los trabajadores sean tratados con respecto y dignidad.

Que la diversidad sea un componente esencial de la forma que hacemos negocios.

Aplicar los estándares de excelencia más altos en la compra, tueste y preparación de nuestro café, que se servirá recién hecho.

Conseguir que nuestros clientes estén totalmente satisfechos.

Contribuir positivamente al bienestar de las comunidades donde operamos y al mantenimiento del medio ambiente.

Ser conscientes de que la rentabilidad es esencial para nuestro éxito futuro.

Figura 14.2 ■ Declaración de misión de Starbucks.

Los directivos y supervisores pueden influir en el clima de justicia y en el comportamiento ético de sus empresas mediante el tono que fijan para los empleados en sus lugares de trabajo[16]. Concretamente, los directivos y supervisores deberían:

- Emprender acciones para desarrollar la confianza, como pueden ser el compartir información y cumplir los compromisos.
- Actuar coherentemente de forma que los empleados no se vean sorprendidos por acciones o decisiones de la dirección que no se podían esperar.
- Ser leales y evitar mentiras piadosas y acciones diseñadas para manipular a los demás dándoles una determinada (falsa) impresión.
- Demostrar integridad, manteniendo la confianza y mostrándose preocupados por los demás.
- Reunirse con los empleados para discutir y definir lo que se espera de ellos.
- Garantizar que se trata a los empleados equitativamente, pagando recompensas equivalentes para rendimientos análogos y evitando un tratamiento especial, real o aparente, a los preferidos.
- Cumplir estándares claros considerados justos y razonables; por ejemplo, ni alabar los logros ni aplicar castigos de forma desproporcionada.
- Demostrar respeto por los empleados, mostrándoles abiertamente que se preocupan por ellos y que reconocen sus puntos fuertes y sus contribuciones[17].

Derecho a la intimidad

El derecho a la intimidad, aunque con ciertas limitaciones, protege a las personas de las intrusiones en sus asuntos personales, que no sean razonables o no puedan justificarse. Aunque este derecho no aparece de forma explícita en la Constitución estadounidense, el Tribunal Supremo (*Supreme Court*) dictaminó en una sentencia de 1965 que estaba implícito en la Constitución. Por ejemplo, la Constitución prohíbe de forma explícita investigaciones y confiscaciones no razonables y esta prohibición es coherente con un derecho más general a la intimidad.

Existen dos bases legales adicionales para el derecho a la intimidad. Primera, varias constituciones estatales (incluyendo las de Arizona y California) incluyen de forma explícita el derecho a la intimidad. Segunda, varias leyes federales protegen aspectos específicos de la intimidad de un empleado. Por ejemplo la Ley para el Control del Crimen y la Seguridad en las Calles (*Crime Control and Safe Streets Act*) de 1968 tiene disposiciones que impiden a los empresarios ver o escuchar las comunicaciones privadas de un empleado sin autorización previa.

Puesto que la Constitución de los EE.UU. y las de sus estados miembros limitan el poder del gobierno, el derecho a la intimidad de los empleados federales y estatales está protegido, aunque no de forma absoluta. Por ejemplo, en virtud de un programa establecido por el Congreso, los empleados cuyos puestos de trabajo en la aviación estadounidense están directamente relacionados con la seguridad deben someterse a pruebas periódicas de alcohol en sangre[18]. Sin embargo, estas mismas salvaguardas constitucionales no son aplicables a los acuerdos de empleo de carácter privado. Por ejemplo, los empresarios gubernamentales suelen tener prohibido registrar el espacio de trabajo personal de sus empleados (mesas, cajones, etc.) a no ser que tengan un motivo razonable, pero normalmente no se prohíbe esto a los empresarios privados. Aun así, puesto que los empleados esperan disfrutar de cierto derecho a la intimidad, casi siempre suele ser una buena política que el empresario respete la intimidad de sus empleados.

Una cuestión delicada relativa al derecho a la intimidad de los empleados es el mantenimiento de archivos personales. El **expediente personal** de cada trabajador contiene documentación con información crítica, como evaluaciones del rendimiento, historial salarial, sanciones que ha recibido y los aspectos fundamentales de la carrera profesional. El acceso al expediente personal debe estar prohibido a cualquier persona, excepto a los directivos que tengan la "necesidad de conocer" determinada información relacionada con el puesto de trabajo de algún empleado. Los empleados deberían poder revisar periódicamente la información de su expediente personal para garantizar su exactitud. Si los expedientes personales están almacenados en un sistema de información de RRHH (SIRH), el acceso a esta información sensible debería estar controlado por contraseñas o códigos especiales para proteger el derecho a la intimidad de los empleados.

Expediente personal
Archivo de cada trabajador, que contiene documentación con información crítica de RRHH, como evaluaciones del rendimiento, historial salarial, sanciones que ha recibido y los aspectos fundamentales de la carrera profesional

Los empleados del gobierno federal de los EE. UU. tienen protegida la información que contiene sus expedientes personales por la Ley de Privacidad (***Privacy Act***) de 1974. Esta ley exige que las agencias federales permitan que sus empleados examinen, copien, corrijan o enmienden la información que contiene su expediente personal. La ley también incluye un procedimiento de apelación si existen discrepancias sobre la precisión de la información o sobre lo que debe incluirse en el expediente[19].

***Privacy Act* de 1974**
Garantiza la privacidad de los expedientes personales de los empleados del gobierno federal de los EE.UU.

Derecho a la libertad de expresión

La Primera Enmienda de la Constitución de los EE.UU. garantiza a todos los ciudadanos estadounidenses el derecho a la libertad de expresión. Este derecho es pues más explícito que el derecho a la intimidad. Sin embargo, también es un derecho limitado[20]. De nuevo,

Una cuestión de ética

El director de un grupo de programadores informáticos sospecha que uno de sus programadores está compartiendo información relacionada con el trabajo con un competidor a través del correo electrónico. ¿Es correcto que el director vea los correos electrónicos de su empleado sin pedirle permiso?

los empleados del gobierno están más protegidos que los que trabajan en el sector privado. Por ejemplo, un agente del IRS (autoridad fiscal estadounidense) que no esté de acuerdo con las políticas fiscales del presidente es totalmente libre de decirlo públicamente sin temor a una represalia. Sin embargo, si un gerente de una tienda de Sears afirma en público que no está de acuerdo con la estrategia de precios de la empresa, puede ser sancionado o despedido. Así pues, los directivos del sector privado pueden sancionar legalmente a los empleados que dicen algo que daña a la empresa o a su reputación. Análogamente, una empresa puede, y debe, sancionar a un empleado por utilizar un lenguaje indecoroso que insulta a una persona en función de su raza o género. Texaco no sancionó a los directivos que insultaron a los empleados afroamericanos por su raza, lo que derivó en una demanda judicial muy cara por discriminación[21]. Sin embargo, existen importantes excepciones a esta situación. Cuando los empleados revelan una mala conducta de los directivos a personas de fuera de la organización, están dando una señal de alarma, lo cual es una práctica legal según las leyes federales y de algunos estados. Más adelante en este capítulo analizaremos esta práctica legal de forma detallada.

Al igual que con el derecho a la intimidad, los directivos deberían interferir lo menos posible con el derecho a la libertad de expresión de los empleados, ya que está muy arraigado en la cultura estadounidense. Los directivos tienen que sopesar los costes y los beneficios de ampliar, contra los de no ampliar, los derechos a la intimidad y a la libertad de expresión. Por ejemplo, vimos en el Capítulo 13 que el correo electrónico se está convirtiendo en un medio de comunicación muy popular. ¿Deberían tener las empresas una política que permita leer a los directivos todas las comunicaciones electrónicas de sus empleados? Por ejemplo, un empresario puede haber obligado a sus empleados a firmar un documento reconociendo el derecho de la empresa a acceder a sus mensajes por correo electrónico[22]. Los empleados que saben que los directivos están viendo sus comunicaciones probablemente se "autocensuren" en cierta medida y la pérdida de espontaneidad podría provocar decisiones por debajo de lo óptimo. Además, esta política podría perjudicar la relación de confianza entre los empleados y sus empresarios. Así, cualquier ventaja teórica que pudiera obtener una empresa de esta política, como la salvaguarda contra posibles delitos, quedaría contrarrestada, casi con total seguridad, por los costes psicológicos y otros relacionados con el trabajo.

DERECHOS DE LA DIRECCIÓN

Derechos de la dirección Derechos del empresario a llevar sus negocios como crea más apropiado y quedarse con cualquier beneficio resultante.

Los derechos del empresario, normalmente denominados **derechos de la dirección**, pueden resumirse en los derechos de llevar sus negocios como crea más apropiado y quedarse con cualquier beneficio resultante. En EE.UU., los derechos de la dirección están respaldados por el derecho a la propiedad, la *common law* (un conjunto de principios legales tradicionales, la mayoría originarios de Inglaterra) y los valores de una sociedad capitalista que acepta los conceptos de empresa privada y de motivación para obtener beneficios[23]. Los accionistas y propietarios que controlan una empresa a través de sus derechos de propiedad delegan la autoridad de gestionar el negocio a los directivos.

Los derechos de la dirección incluyen el derecho a dirigir a la plantilla y el derecho a contratar, promocionar, asignar, sancionar y despedir a los empleados. El derecho de la dirección a dar órdenes a la plantilla está moderado por el derecho de los empleados (al menos de aquellos que no han firmado lo contrario en su contrato de empleo) a dejar su puesto de trabajo en cualquier momento. En consecuencia, a la dirección le interesa tratar con justicia a sus empleados.

Los derechos de la dirección están influidos por los derechos de aquellos grupos que tienen algún interés en las decisiones tomadas en el lugar de trabajo. Por ejemplo, los directivos tienen el derecho a contratar a los empleados que prefieran, pero este derecho se ve afectado por las leyes promovidas por la EEOC (Comisión para la Igualdad de Oportunidades en el Empleo) que impiden que un empresario discrimine en función de determinadas características de los candidatos (edad, raza, sexo, etc.). Además, los directivos tienen el derecho a fijar el nivel salarial de sus empleados, pero cuando existe un convenio colectivo con cláusulas que regulan la retribución los directivos deben retribuir a sus empleados en función de los términos del convenio.

A los derechos de la dirección se les denomina con mucha frecuencia *derechos residuales* porque pertenecen al conjunto de derechos que no están afectados por contratos o leyes que representan los intereses de los empleados o de otras partes (como un sindicato)[24]. Desde la perspectiva de los derechos residuales, los directivos tienen derecho a tomar decisiones que afectan a sus negocios y a su plantilla excepto cuando están limitados por las leyes o las cláusulas contractuales.

Uno de los derechos más importantes de los empresarios es el de la libertad para despedir (*employment at will*).

LIBERTAD PARA DESPEDIR *(EMPLOYMENT AT WILL)*

Los empresarios han utilizado desde hace muchísimo tiempo el **despido libre**, una norma consuetudinaria (*common law*), para ejercer su derecho a finalizar la relación de empleo con un trabajador en cualquier momento, por cualquier causa. Los tribunales de los EE.UU. adoptaron esta norma en el siglo XIX para fomentar la flexibilidad del mercado laboral, reconociendo la existencia de relaciones simétricas entre empresario y empleado. Dado que los trabajadores tenían la libertad de finalizar su relación con su empresario por cualquier motivo, los tribunales consideraron justo que los empresarios pudieran acabar la relación con los empleados cuando lo consideraran necesario. La libertad para despedir puede ser un derecho de la dirección particularmente importante en las pequeñas empresas, donde un empleado con un bajo rendimiento puede marcar la diferencia entre un beneficio saludable y una pérdida enfermiza.

Despido libre
Norma consuetudinaria (*common law*) utilizada por los empresarios para ejercer su derecho a finalizar la relación de empleo con un trabajador en cualquier momento y por cualquier motivo.

Aunque los tribunales supusieron inicialmente que el despido libre daría a ambas partes una posición igualitaria en su relación laboral, parece que el despido libre ha creado un parapeto favorable para los empresarios. Basándose en la doctrina del despido libre, muchos empleados son despedidos injustificadamente cada año y no tienen ningún recurso legal para oponerse a ello[25]. Un experto en relaciones laborales ha estimado que aproximadamente 150.000 empleados al año son despedidos sin causa justificada por sus empresarios[26]. En los EE.UU., estos despidos injustificados se producen casi en su totalidad en aquella parte de los trabajadores, aproximadamente el 70 por ciento, que no están protegidos ni por un convenio colectivo, ni por los *estatutos de la función pública*, que garantizan a los empleados del gobierno el derecho a un proceso justo en los procedimientos de despido. El despido libre no se acepta en otras partes del mundo, tales como Japón o los países de la Unión Europea. Estos países han aprobado leyes que dificultan a los empresarios despedir a un trabajador sin causa justificada. En Francia, Bélgica y el Reino Unido, la única justificación para un despido inmediato es un comportamiento delictivo[27].

Limitaciones legales a la libertad de despedir

Aproximadamente durante los últimos 25 años, los tribunales estatales de los EE.UU. han estado dictaminando que la libertad de despedir está limitada en determinadas situaciones[28]. Puesto que estos casos son estatales, más que federales, varían mucho. Sin embargo, por lo general, las limitaciones al despido libre pueden agruparse en tres categorías: excepciones de política pública, contratos tácitos y falta de buena fe y trato equitativo. En algunos estados los demandantes han recibido importantes compensaciones en concepto de indemnización punitiva y salarios dejados de percibir. Aunque los jurados han reconocido una indemnización media de unos 205.000 dólares a los demandantes por despido injustificado, en un caso reciente en un banco de inversión de Wall Street un directivo recibió una indemnización de 1,9 millones de dólares de su antiguo empresario para que retirase su reclamación[29].

Excepciones de política pública. Los tribunales han establecido que un empleado no puede ser despedido por participar en actividades protegidas por la ley. Los ejemplos abarcan casos en que se fijan indemnizaciones para trabajadores que ejercen un deber legal, como formar parte de un jurado, rechazan violar un código de ética profesional o se niegan a formar parte del grupo de apoyo a un candidato político del que es partidario su empresario[30].

Contratos tácitos. Como ya hemos visto en este mismo capítulo, los tribunales pueden dictaminar que existe un contrato tácito cuando el empresario hace promesas orales o por escrito respecto a la seguridad en el empleo. Por ejemplo, puede existir un contrato tácito cuando el manual del empleado promete seguridad en el empleo si se tiene un buen rendimiento, o cuando un directivo que no es consciente de esta doctrina hace promesas durante la entrevista de selección, como "los buenos empleados siempre tendrán oportunidades en nuestra empresa". Para evitar demandas por contratos tácitos, los empresarios deben volver a redactar con cuidado los manuales de los empleados para suprimir cualquier expresión que pudiera interpretarse como un contrato tácito. Además, los empresarios deben formar a sus directivos para que no hagan promesas tácitas sobre la seguridad de empleo en sus conversaciones con los trabajadores.

Falta de buena fe o de trato equitativo

Los tribunales de algunas jurisdicciones esperan que cada parte de la relación laboral trate a la otra con buena fe. Si una parte actúa con malicia o mala fe, los tribunales se mostrarán dispuestos a compensar a la parte damnificada. Por ejemplo, los tribunales pueden argumentar que el despedir a un trabajador al que le falta poco tiempo para poderse acoger a un plan de jubilación constituye mala fe. En esta situación la carga de la prueba puede recaer sobre el empresario, que tendrá que demostrar que el despido se produjo por causa justificada.

El siguiente caso deja muy claro lo costoso que puede resultar para un empresario actuar con mala fe cuando despide a un trabajador:

> En 1987 dos empleadas de una empresa de gestión inmobiliaria de New Jersey se acogieron a una baja por maternidad. Una fue despedida cuando volvió al trabajo; la otra fue despedida siete semanas antes de su regreso previsto. Las dos mujeres interpusieron una demanda y en 1992 un jurado les concedió 210.000 y 225.000 dólares, respectivamente, en concepto de indemnización compensatoria. Recibieron otros 250.000 dólares, cada una, en concepto de indemnización punitiva y, además de todo eso, el juez añadió otros 374.000 dólares de intereses y gastos legales. El coste total para el empresario fue de 1,3 millones de dólares[31].

Una cuestión de ética

¿Es ético exigir que todos los empleados firmen una declaración por la que reconocen que su empresario les ha informado que se reserva la libertad de despido y conocen que su relación laboral puede acabar en cualquier momento y por cualquier motivo?

Para minimizar el riesgo de demandas por despido injustificado basándose en un contrato tácito, muchos empresarios han redactado declaraciones señalando que se acogen a la libertad de despido que deben firmar todos los nuevos empleados, reconociendo que saben que el empresario puede despedirles en cualquier momento por cualquier motivo[32].

OBSTÁCULOS A LOS DERECHOS DE LOS EMPLEADOS: CAMINANDO POR LA CUERDA FLOJA

Hay cuatro asuntos en el lugar de trabajo que plantean importantes retos a los profesionales de RRHH y a los directivos, porque les exige moverse en una línea muy fina que se sitúa entre los derechos de los empleados y los de la dirección: (1) controles aleatorios de consumo de drogas, (2) supervisión electrónica, (3) denuncias por parte de los empleados de prácticas empresariales irregulares (*whistle-blowing*) y (4) romances en la oficina.

CONTROLES ALEATORIOS DE CONSUMO DE DROGAS

La práctica de realizar controles aleatorios sobre consumo de drogas enfrenta la obligación de la dirección de proteger la seguridad de sus empleados y clientes, contra el derecho a la intimidad de los empleados. Los *controles aleatorios de consumo de drogas* analizan a los empleados de forma aleatoria para saber si consumen drogas, sin necesidad de que exista una sospecha o una causa para este análisis. La prueba suele consistir en el análisis de una muestra de orina proporcionada por el empleado.

Muchos empleados consideran que los controles aleatorios sobre consumo de drogas son una invasión injustificada e ilegal de su intimidad[33]. Aunque estos controles aleatorios son obligatorios por ley, para determinados trabajos donde la seguridad es crucial (como los pilotos de líneas aéreas y el personal militar), han sido puestas en duda en aquellos casos en los que el empresario tiene otros métodos para garantizar un entorno laboral libre de drogas. Por ejemplo, la Asociación Internacional de Bomberos (*International Association of Fire Fighters*) permite cláusulas en sus contratos laborales que autorizan las pruebas sobre consumo de drogas en función de una "causa probable", pero se opone a los controles aleatorios. Numerosos empresarios también utilizan las pruebas previas a la contratación como una condición para ser contratado[34].

Puesto que ningún grupo de empleados ha conseguido parar las pruebas sobre consumo de drogas basándose en la Constitución de los EE.UU., la batalla legal entre el derecho a la intimidad de los empleados y las pruebas sobre consumo de drogas ordenadas por los empresarios se está planteando a nivel de cada uno de los estados en lugar de a nivel federal[35]. Las constituciones estatales varían ampliamente en cuanto a la protección de la intimidad de los empleados; por ejemplo, New Jersey y California han añadido cláusulas sobre la intimidad de los empleados en sus constituciones estatales, mientras que Utah y Texas no lo han hecho[36], pero las interpretaciones de los tribunales sobre estas protecciones han pasado de un extremo a otro. Por ejemplo, el California Supreme Court (Tribunal Supremo de California) dictaminó en 1990 lo que se consideró un golpe de muerte para los controles aleatorios sobre consumo de drogas al decidir que el empresario tiene que tener un "interés imperioso" para exigir que los empleados en puestos no relacionados con la seguridad se sometan a controles aleatorios sobre consumo de drogas[37]. Los grupos a favor de los empleados acogieron con alegría la norma, pero cuatro años más tarde el mismo Tribunal Supremo permitió que la Asociación Nacional de Atletas Universitarios (*National Collegiate Athletic Association*) realizara controles aleatorios a los estudiantes atletas. El tribunal declaró que el sector privado, al igual que el gobierno, debe respetar el derecho a la intimidad recogido en la constitución estatal, pero que el sector privado puede invadir la intimidad en función de intereses "legítimos"[38].

El diseño de una política de controles aleatorios sobre el consumo de drogas plantea numerosos retos. El personal de RRHH puede ayudar asesorando a la dirección a tratar algunas de las siguientes cuestiones:

- ¿Cómo hay que tratar a los empleados que den positivo en las pruebas? ¿Hay que despedirles o intentar rehabilitarles?
- Si un empleado da positivo por una razón legítima, ya sea porque está bajo medicación controlada o porque come pasteles de semillas de amapola (la semilla de amapola es el origen del opio), ¿cómo puede asegurarse el empresario de que no se acusa al empleado de utilizar drogas ilegales? ¿Cómo puede el empresario proteger a los empleados de los falsos positivos en general?
- ¿Qué pueden hacer los directivos para mantener la seguridad de las muestras de orina entregadas para realizar las pruebas sobre drogas, de forma que no sean manipuladas para alterar los resultados? ¿Deben los directivos exigir que se supervise a los empleados para garantizar la autenticidad de la muestra de orina? ¿O acaso este control viola el derecho a la intimidad del empleado?

La política de controles aleatorios sobre consumo de drogas de Motorola fue diseñada para resolver estas cuestiones. La política es aplicada por el departamento de RRHH de la empresa y se describe con detalle en el Recuadro 14.1. Motorola decidió aplicar estos controles aleatorios tras haber estimado que el coste del consumo de drogas por parte de los empleados en términos de tiempo perdido, menor productividad y solicitudes de compensación a los trabajadores y cuidados sanitarios, ascendía a 190 millones de dólares anuales. Esta cuantía representaba el 40 por ciento de los beneficios netos de la empresa[39].

RECUADRO 14.1

CÓMO FUNCIONA LA POLÍTICA DE CONTROLES ALEATORIOS SOBRE CONSUMO DE DROGAS DE MOTOROLA

Las empresas que desean aplicar un proceso de control aleatorio sobre consumo de drogas deben superar muchos obstáculos. A continuación se describe la política de control sobre consumo de drogas de Motorola (*a*).

La política sobre drogas de Motorola es sencilla: "No utilice drogas ilegales; no utilice drogas legales ilegalmente". Para aplicar esta política, el fabricante de electrónica con sede en Illinois creó un programa de pruebas para detectar el consumo de drogas dirigido a toda la plantilla y gestionado por el departamento de RRHH. A continuación se describe su funcionamiento.

El nombre de cada empleado, incluido el del presidente y el de cualquier contratado que vaya a estar en la empresa más de 30 días, se introduce en una base de datos. Un programa informático especialmente diseñado selecciona todos los días en cada centro de Motorola nombres de empleados que serán sometidos a las pruebas. El programa garantiza que todos los empleados sean seleccionados al menos una vez cada tres años. Sin embargo, es posible que algunos empleados sean seleccionados más de una vez en ese período. Este proceso está diseñado para evitar que cualquier empleado se sienta a salvo de tener que pasar controles por haber sido sometido una vez a las pruebas. Cuando el PC selecciona nombres de trabajadores que están de baja, de vacaciones, o fuera del centro de trabajo por cualquier otra razón legítima, los nombres se incluyen en un grupo del que se seleccionará de forma aleatoria en los siguientes 90 días.

Tras la selección de los nombres de los trabajadores que van a ser sometidos a las pruebas en un día determinado, el personal del departamento de RRHH informa al supervisor del empleado, que es responsable de transmitir esta información a la persona afectada. Esta forma de actuar tiene dos objetivos. No sólo transmite la información a los empleados que van a someterse a las pruebas, sino que también permite que los supervisores cubran su ausencia durante las mismas. Los empleados seleccionados deben acudir a la hora indicada. Si no lo hacen, serán sometidos a acciones disciplinarias.

El área encargada de recoger las muestras de los empleados de Motorola toma las mismas, permitiendo que los análisis sean realizados por dos laboratorios distintos si el empleado lo solicita. Si las pruebas de un empleado dan positivo, se llama al médico de la empresa. El médico discute la situación con el empleado para determinar si existe una razón legítima para el resultado positivo, como pueda ser estar siendo medicado y haber olvidado mencionarlo. Excepto en los puestos relacionaos con la seguridad, el empleado decide si se debe comunicar el resultado al supervisor.

Si se llega a la conclusión de que existe un problema de abuso de drogas, el siguiente paso que debe dar el empleado consiste en ponerse en contacto con el departamento de RRHH para tener una cita con un consejero del PAE (Programa de Ayuda al Empleado) y planificar un método de rehabilitación. La empresa paga la rehabilitación del empleado. "Estamos intentando hacer todo lo que podemos en cuanto a la rehabilitación frente a la disciplina o el castigo" afirma el director adjunto corporativo de Motorola para las relaciones internas.

Todos los empleados, salvo algunos puestos de trabajo relacionados con la seguridad, siguen trabajando en el mismo puesto durante la rehabilitación (excepto que la rehabilitación exija el internamiento por un tiempo prolongado en un centro especializado). El gobierno exige que la organización informe de cualquier análisis que dé positivo en individuos que trabajen en puestos relacionados con la seguridad nacional (por ejemplo, conceder licencias de uso a ciudadanos de terceros países, exportación de materiales, etc.). Si el gobierno considera adecuado cesar al individuo de dicho puesto, Motorola debe cambiarle de puesto. La empresa intentará poner al empleado en otro puesto de forma temporal.

Análogamente, si un empleado que ha dado positivo en un control desempeña un puesto relacionado con la seguridad en la empresa, será colocado en otro puesto durante su rehabilitación si así lo recomienda el PAE. El cambio de puesto dependerá de cada una de las circunstancias particulares.

Tras finalizar el programa de rehabilitación, los nombres de estos empleados entran en un grupo especial. Motorola somete a controles a estos empleados una vez cada 120 días durante un año.

Si durante ese año el empleado vuelve a dar positivo, la empresa le despedirá. Sin embargo, si todos los controles posteriores a la rehabilitación dan negativo, el nombre del empleado vuelve al grupo general, el que tiene controles cada tres años, iniciándose de nuevo para ese empleado el proceso normal de pruebas.

Aunque Motorola concede automáticamente una oportunidad para rehabilitarse, otras empresas adoptan un planteamiento distinto (*b*). Toyota Manufacturing de Kentucky utiliza un comité de revisión, compuesto por sus propios compañeros, para los trabajadores de la cadena de montaje que han dado positivo en un control de drogas. Tras la revisión del historial laboral del empleado y tras escuchar su versión, el comité vota el destino del empleado. En el 60 por ciento de los casos, el empleado es despedido y en el 40 por ciento se le permite volver al trabajo. Los directivos no pasan por un comité de revisión formado por sus colegas y son automáticamente despedidos si dan positivo en un control porque se les exige un mayor nivel comportamiento en el trabajo (*c*).

En Keystone RV Co., una empresa de Indiana que fabrica vehículos recreativos, los empleados que dan positivo en un control sobre consumo de drogas ilegales son despedidos automáticamente. Cuando en el año 2005 la dirección fue informada por la policía y por otras fuentes de que los empleados consumían drogas ilegales durante la comida y las pausas de descanso, la empresa interrumpió su actividad durante un día y le hizo un examen de consumo de drogas a toda su plantilla de producción. Resultado: la cuarta parte de los trabajadores (34 de 120) dieron positivo y fueron despedidos incluyendo a seis empleados que presentaron la dimisión en lugar de someterse a las pruebas (*d*).

Fuente: (*a*) Gunsch, D. (1993, mayo). Training prepares workers for drug testing. *Personnel Journal*, 54. Copyright mayo 1993. Reproducido con autorización de *Personnel Journal*, ACC Communications, Inc., Costa Mesa, CA: todos los derechos reservados; (*b*) Gemignani, J. (1990, junio). Substance abusers: Terminate or treat? *Business of Health*, 32-38; (*c*) Ibid.; (*d*) Gurchiek, K. (2005, junio). Dozens who failed drug tests were fired, but RV plant keeps rolling. *HR Magazine*, 42-43.

Sigue debatiéndose si las ventajas de los controles aleatorios sobre consumo de drogas compensan el resentimiento y la falta de confianza que suele generar esta política. Una encuesta realizada a los trabajadores de una de las mayores empresas ferroviarias estadounidenses puso de manifiesto que sólo 57 de los 174 que respondieron estaban a favor de las pruebas periódicas sobre consumo de drogas y todos afirmaban que sólo se podía justificar por motivos de seguridad. Muchos empleados comentaban que las pruebas sobre consumo de drogas minaban la lealtad a la empresa. Un trabajador escribió:

> Soy un empleado leal y fiable. Me sentí como un criminal, aun cuando no había hecho nada malo... Tengo problemas de riñones. La primera vez que me hicieron una prueba de drogas tuve que pasar casi tres horas bebiendo agua y café antes de poder dar una muestra. No hace falta decir que estaba decepcionado, furioso, humillado, defensivo, etc. [40]

El enfado y la humillación de los empleados por los controles aleatorios sobre consumo de drogas se unen a la evidencia de que no ayudan a eliminar los accidentes: en 1991 un informe de la Administración Federal de Ferrocarriles (*Federal Railroad Administration*) puso de manifiesto que sólo el 3,2 por ciento de los trabajadores implicados en un accidente ferroviario habían dado positivo en la prueba de drogas[41].

Para evitar algunos de los inconvenientes relacionados con someter a los empleados a procedimientos de control aleatorio de consumo de drogas, la dirección de las empresas que no tienen puestos de trabajo relacionados con actividades de transporte o de seguridad pueden optar por pruebas sobre consumo de drogas previas a la contratación del personal o pruebas sobre consumo de drogas con causa probable[42]. Las *pruebas sobre consumo de drogas previas a la contratación* formarían parte del proceso de contratación de cada uno de los candidatos. Por ejemplo, las pruebas sobre consumo de drogas previas a la contratación pueden formar parte del examen físico que el candidato debe pasar antes de que se le ofrezca el puesto de trabajo. Aquellos que no pasaran el examen no serían contratados[43]. Las *pruebas sobre consumo de drogas con causa probable* se aplicarían a empleados que tengan accidentes, comportamientos en su puesto de trabajo menospreciando la seguridad o que muestren comportamientos de aparente consumo de drogas, lo que incluye tener juicios erróneos o articular mal el habla. Nótese que ni las pruebas sobre consumo de drogas previas a la contratación, ni las pruebas sobre consumo de drogas con causa probable, se realizan sobre una base aleatoria sino en vez de eso en momentos predeterminados (por ejemplo cuando se contrata a un empleado) o por alguna razón predeterminada, como haber tenido un accidente o haber sido reprendido por comportamientos en el trabajo que ignoran las normas de seguridad. En una encuesta realizada en 2001 por la Asociación Americana de Dirección de Empresas (*American Management Association*), el 67 por ciento de las empresas estadounidenses afirmaban que utilizaban algún tipo de prueba sobre el consumo de drogas.

Además, existen alternativas a las pruebas sobre consumo de drogas que no invaden la intimidad de los empleados y que son mucho más fiables para determinar la adecuación de los empleados al puesto de trabajo: las pruebas de rendimiento. Por ejemplo, existen programas informáticos para evaluar el rendimiento que comprueban la coordinación manual y visual de los trabajadores con el objetivo de medir su capacidad para realizar su trabajo. Cada mañana en la empresa Ion Implant Services, Inc., del Silicon Valley, los conductores de los camiones de reparto se ponen delante de un PC para "jugar" un breve videojuego. A no ser que la máquina expida un recibo confirmando que han pasado la prueba, no pueden sentarse al volante. ¿Qué pasa con los trabajadores que no pasan la prueba de rendimiento? Algunas empresas les remiten a su supervisor, otras al programa de ayuda al empleado. Las pruebas de rendimiento, además de ser más fiables y menos invasoras de la intimidad del empleado, tienen otra ventaja respecto a los controles aleatorios sobre consumo de drogas: son más baratas. Las pruebas de rendimiento cuestan entre 0,60 y un dólar por empleado, en comparación con los diez dólares por empleado que cuesta la prueba de consumo de drogas más barata[44].

RECUADRO 14.2

¿PUEDE UN EMPRESARIO NEGAR UN EMPLEO A LAS PERSONAS QUE FUMAN?

En uno de los primeros casos judiciales que resolvía una cuestión relativa a fumar fuera del trabajo como parte del proceso de selección, la Supreme Court (Tribunal Supremo) de los EE.UU. se negó a escuchar las demandas de los candidatos a un trabajo que habían sido rechazados para trabajar en la City (Ayuntamiento) de North Miami, Florida, porque eran fumadores. La apelación desestimada dejaba inalterada una decisión anterior de la Florida Supreme Court (Tribunal Supremo de Florida) a favor de la normativa municipal que exigía que todos los candidatos firmaran una declaración jurada afirmando que no habían utilizado ningún producto derivado del tabaco durante al menos un año antes de haber solicitado trabajo para el ayuntamiento (*a*).

Arlene Kurtz, una fumadora de cigarrillos que solicitó un puesto de mecanógrafa, interpuso una demanda alegando que la actuación del ayuntamiento interfería con su derecho a la intimidad de fumar fuera del trabajo. Kurtz estaba dispuesta a cumplir cualquier restricción razonable sobre el tabaco en el trabajo, pero afirmaba que llevaba fumando 30 años y que había intentado dejarlo sin éxito. El ayuntamiento se defendía diciendo que había creado esta política porque los empleados que utilizaban tabaco costaban casi 4.611 dólares anuales más que los no fumadores. El tribunal señaló que la normativa era la forma menos invasora para satisfacer los intereses del ayuntamiento porque no afecta a los actuales empleados, sino sólo a los nuevos candidatos (*b*).

Todavía más restrictiva contra los fumadores fue la política que desarrolló en 2005 Weyco, un administrador, radicado en el centro de Michigan, de los seguros que ofrecen algunas empresas como parte de su política de beneficios sociales. Weyco avisó a todos los empleados que serían controlados de forma aleatoria todos los años para ver si fumaban, dentro o fuera del trabajo (*c*). *Véase* el texto introductorio de este capítulo para más detalles.

Otras empresas han adoptado un planteamiento más moderado para controlar el comportamiento de los fumadores: han aprobado políticas anti-tabaco que restringen el consumo de tabaco en el trabajo debido a cuestiones de seguridad y para proteger a los empleados no fumadores de los efectos secundarios de la exposición al tabaco. Por ejemplo, FEDEC tiene una política anti-tabaco que prohíbe utilizar productos derivados del tabaco en todos los edificios, instalaciones, vehículos y aviones de la empresa, pero no intenta regular el comportamiento fumador de sus empleados fuera del trabajo (*d*).

Fuera de Florida, otros Estados han aprobado recientemente leyes para proteger las actividades legales extra-laborales de los empleados, como el fumar o esquiar (una actividad recreativa de alto riesgo a la que podría oponerse un empresario debido a los mayores costes de los seguros). Estas leyes estatales prohíben a los empresarios utilizar la excusa de que un candidato fuma fuera del trabajo para no contratarle o para no continuar la relación laboral (*e*).

Fuente: (*a*) Barlow, W., Hatch, D. y Murphy, B. (1996, abril). Employer denies job to smoker applicants. *Personnel Journal*, 142; (*b*) *Ibid.*; (*c*) Peters, J. (2005, 8 de febrero). Company's smoking ban means off-hours, too. *New York Times*, C5; (*d*) Grensing-Pophal, L. (1999, mayo). Smokin'in the workplace. *Workforce*, 58-66; (*e*) Barlow et al., 1996.

Muchos empresarios justifican los controles aleatorios sobre consumo de drogas basándose en que el consumo de drogas es ilegal. Sin embargo, durante los últimos años, algunas empresas también han ampliado las pruebas que realizan a sus empleados a actividades *legales*, como fumar. El Recuadro 14.2 analiza la controversia en torno a las políticas empresariales que rechazan a todos los candidatos que fumen, dentro o fuera del trabajo.

SUPERVISIÓN ELECTRÓNICA

Los expertos estiman que los robos por parte de los empleados cuestan a las empresas estadounidenses unos 400.000 millones de dólares al año[45]. Los "robos" incluyen robos de mercancías, desfalcos, espionaje industrial, delitos informáticos, actos de sabotaje y mala utilización del horario laboral. Mientras que la pérdida anual media que padece un banco por desfalco es de 42.000 dólares, los costes medios de los delitos informáticos ascienden a unos 400.000 dólares[46]. Un comercio minorista pierde un promedio de 212 dólares por pequeños hurtos (aquellos cometidos por los clientes) pero pierde una media de 10.587 dólares por los robos de sus empleados[47]. Los espías industriales que roban secretos comerciales que sustentan ventajas competitivas, como códigos de software o planos de un chip microprocesador, pueden llevarse bienes tan valiosos que su robo amenace la propia existencia de la empresa. El robo de tiempo por parte de los empleados también puede ser muy costoso. Los empleados roban tiempo cuando tardan demasiado en comer, utilizan el teléfono para conversaciones privadas, simulan enfermedades para darse de baja y aumentar de hecho sus días libres o navegan por Internet por motivos personales.

Las empresas están intentando luchar contra todas estas formas de robo, utilizando métodos de vigilancia electrónica para controlar a sus empleados[48]. En sectores como el de telecomunicaciones, banca y seguros, hasta el 80 por ciento de los empleados están sujetos a algún tipo de supervisión electrónica[49]. Para escuchar a escondidas a sus empleados, existen empresas que utilizan micrófonos ocultos y transmisores instalados en los teléfonos y pequeñas cámaras de vídeo del tamaño del ojo de un pez instaladas detrás de las paredes y en los techos. En una encuesta publicada por la revista *Macworld*, el 21 por ciento de los encuestados afirmaba que "había participado en registros de los ficheros de la computadora, buzones de voz, correos electrónicos y otras formas de comunicación en red de los empleados". La mayoría argumentaba que estaban supervisando el flujo de trabajo o investigando sucesos de robo o espionaje[50].

La creciente sofisticación de la tecnología informática y telefónica hace que ahora sea posible que los empresarios hagan un seguimiento electrónico del rendimiento laboral de sus empleados, por ejemplo, pueden conocer el número de pulsaciones de un teclado o cuántas reservas realiza un agente de viajes durante un determinado período de tiempo[51]. Como se ha señalado en la introducción de este capítulo, los empleados que trabajan en la instalación y mantenimiento de los aparatos de aire acondicionado se desplazan en automóvil para atender a los clientes y pueden ser controlados con teléfonos móviles dotados de GPS, de esta manera el empresario conoce en cualquier momento la localización exacta del empleado y la puede comparar con la prevista[52]. Estas formas de utilizar la supervisión electrónica han planteado dudas no sólo sobre la intimidad del empleado, sino también sobre el efecto deshumanizador que este tipo de supervisión constante tiene sobre los empleados[53]. Muchos empleados cuyo trabajo es controlado electrónicamente sienten que este control suprime el elemento humano de su trabajo y provoca demasiado estrés. Un estudio que comparó a oficinistas controlados y no controlados puso de manifiesto que el 50 por ciento de los trabajadores supervisados se sentían estresados, en comparación con el 33 por ciento de los trabajadores no supervisados; y el 34 por ciento de los trabajadores controlados tenían bajas por enfermedad provocadas por el estrés, frente al 20 por ciento de los trabajadores no controlados[54]. Algunas investigaciones sugieren que existe una mayor incidencia de jaquecas, problemas de espalda y dolores de muñeca en los trabajadores supervisados[55].

Es más probable que los empleados consideren que el control electrónico es legítimo cuando la dirección lo utiliza para controlar los robos. Pero incluso en esta aplicación, algunos directivos han sobrepasado lo razonable. Por ejemplo, los expertos estimaron que en el año 2000 treinta millones de trabajadores estadounidenses fueron sometidos a control electrónico secreto[56]. En un caso concreto, las enfermeras del Holy Cross Hospital de Silver Spring, Maryland, se sintieron muy decepcionadas tras descubrir que una caja plateada que colgaba en el vestuario era una cámara de vídeo controlada por el jefe de seguridad del hospital, que era un hombre[57].

Algunos empresarios utilizan los sistemas de supervisión electrónica para controlar los hurtos de tiempo por parte de los empleados que están en la nómina de la empresa. Este tiempo perdido a veces se emplea en juegos de computadora o en visitar páginas web pornográficas. Los empresarios controlan para suprimir estas pérdidas. Por ejemplo, Turner Broadcast Systems, una división de Time Warner Inc., ha estudiado utilizar programas informáticos que puedan controlar cualquier página web que visite el trabajador y ayudar a identificar cualquier pérdida de tiempo en la empresa mientras se está conectado a la red. La empresa empezó a controlar las actividades en la red cuando constató importantes subidas en los gastos por horas extraordinarias porque algunos empleados estaban perdiendo tiempo navegando por las páginas web desde sus computadoras. Turner decidió no pagar horas extraordinarias a los empleados que sean descubiertos navegando por la red durante la jornada de trabajo[58].

Para utilizar los sistemas de supervisión electrónica que controlan los hurtos sin intimidar ni invadir la intimidad de los empleados honrados (que constituyen la gran mayoría de las plantillas de las empresas), los directivos deben:

- Evitar el control secreto, excepto para determinados individuos de quienes sus jefes tengan razones para creer que están cometiendo hurtos o robos en la empresa. En estos casos, los directivos deberían obtener una orden judicial para llevar a cabo la vigilancia secreta.
- Si la empresa decide supervisar la utilización que hacen los empleados del correo electrónico y de Internet, la dirección debería proporcionar directrices a la plantilla de cómo utilizar los mencionados sistemas. Las directrices inclusive pueden establecer que los empleados no pueden acceder a páginas web que tengan relación con los juegos de azar, los chats, los juegos de computadora o páginas con imágenes explícitas de violencia o sexualidad[59].
- Encontrar aplicaciones positivas para los sistemas de control electrónico que beneficien no sólo a los empresarios sino también a los empleados. Por ejemplo, Avis Rent A Car ha utilizado sistemas de supervisión para informar a los empleados de su rendimiento. Esta práctica ha sido aceptada como una herramienta de formación valiosa.
- Desarrollar una política sistemática contra los hurtos y robos buscando disuadir estos comportamientos. Establecer prácticas del estilo de comprobación de referencias, pruebas de integridad y honradez que puedan identificar qué empleados es más probable que puedan comportarse de manera deshonesta y controles internos que supervisen la utilización del efectivo de la empresa (controles contables), las mercancías (controles de inventario), las computadoras y las bases de datos (controles de seguridad informática) y secretos comerciales de la empresa (tarjetas de identidad y procedimientos de autentificación).

DENUNCIAS REALIZADAS POR LOS EMPLEADOS

Las **denuncias de los empleados** (*whistle-blowing*) consisten en que alguno de ellos revela prácticas ilegales, inmorales o ilegítimas del empresario a personas u organizaciones que pueden ser capaces de adoptar medidas correctivas[60]. Este tipo de denuncias suponen un riesgo porque a veces los directivos u otros empleados reaccionan con severidad contra quien ha efectuado la denuncia[61]. Aunque los denunciantes frecuentemente tienen motivos altruistas, pueden ser rechazados por los demás, acosados e incluso despedidos[62]. Por ejemplo:

Denuncias de los empleados
Consisten en que algún empleado revela prácticas ilegales, inmorales o ilegítimas del empresario a personas u organizaciones que pueden ser capaces de adoptar medidas correctivas.

Una cuestión de ética

Usted descubre que su supervisor ha estado facturando a la empresa viajes de trabajo que nunca ha realizado. Cuando le pregunta al respecto, le dice que es una práctica común en toda la empresa, que los demás jefes de otros departamento hacen lo mismo y que la sede central de la empresa tiene un baremo de dietas tan bajo que los empleados tienen que inflar sus cuentas de gastos para ser reembolsados de verdad. ¿Qué cree que tendría que hacer ante esta situación?

- En el año 2005, Jared Bowen, un ejecutivo de Wal-Mart, dio información a la empresa para que se pudiesen investigar gastos abusivos y facturas falsas por un importe cercano a los 500.000 dólares, presentadas por el vicepresidente Thomas Coughlin, lo que dio lugar a que el consejo de administración le pidiera que presentara su dimisión. Poco después, Wal-Mart también despidió a Bowen, alegando que había alterado su expediente universitario inflando la nota media y el número de créditos. Bowen ha presentado una reclamación en el U.S. Department of Labor alegando que con su despido Wal-Mart violaba las normas federales que permiten a los empleados presentar este tipo de denuncias[63].
- El consejero delegado de un banco de New Jersey sospechaba que varios miembros del consejo de administración estaban haciendo depósitos para blanquear dinero del tráfico de drogas panameño, por lo que informó de estas transacciones al New Jersey Banking Commissioner (Comisionado Bancario de New Jersey). Cuando los miembros del consejo descubrieron que había denunciado sus actividades, ordenaron a sus subordinados que no hablaran con él, empezaron a criticar sus decisiones, dijeron a importantes clientes que estaba acabado y después le despidieron[64].
- Mark Whitacre, un ejecutivo de Archer Daniels & Midland (ADM), una empresa estadounidense del sector agroalimentario, empleó tres años ayudando al FBI a demostrar una supuesta fijación de precios realizada por los altos ejecutivos de la empresa. Cuando ADM descubrió la conexión entre Whitacre y el FBI le acusó de robar 2,5 millones de dólares y le despidió[65].

Abordar correctamente las denuncias de los empleados implica encontrar el equilibrio entre el derecho de los empleados a la libertad de expresión y el derecho de los empresarios a evitar que los empleados no obedezcan la autoridad de los directivos o revelen información crucial a terceros. Aunque los denunciantes que trabajan en el sector público (gobierno federal y algunos gobiernos estatales y locales) tienen cierta protección legal, existe bastante menos protección para los empleados del sector privado, excepto en los estados que han aprobado leyes sobre este tipo de denuncias. Muchas veces, el denunciante está sujeto a la regla del despido libre y puede ser despedido como represalia por hacer pública una actividad ilegal o poco ética de la empresa. El denunciante potencial debe tener bien documentadas las pruebas antes de revelarlas a terceros. El denunciante también debería estar preparado ante las posibles represalias del empresario y tener un plan de contingencias, que puede incluir otro trabajo en caso de que se produzca lo peor.

A pesar de todos estos riesgos, muchos empleados han denunciado a sus empresarios. Por ejemplo, en 2001 la ejecutiva de Enron, Sherron Watkins, escribió un contundente memorando al consejero delegado de Enron, Kenneth Lay, advirtiéndole que la empresa podría "estar inmersa en una oleada de escándalos contables". En lugar de hablar con ella, una parte de la dirección intentó pasar de puntillas sobre las malas noticias e intimidarla con que no formaría parte del equipo. Después que el escándalo financiero estalló y se convirtió en todo un acontecimiento para los medios de comunicación, Watkins fue elogiada por su coraje y se convirtió en un modelo positivo a imitar por parte de los denunciantes[66]. Por esta razón, muchas empresas han llegado a la conclusión de que les interesa establecer una política de denuncias que anime a la gente a revelar los malos comportamientos internamente, en vez de hacerlos públicos al exterior. De esta forma, la empresa evita la publicidad negativa y las actuaciones inquisitivas, administrativas y legales asociadas con el hecho[67]. La Figura 14.3 muestra alguno de los elementos más importantes para diseñar una política de denuncias eficaz. Probablemente lo más importante sea el respaldo de la alta dirección, incluyendo al consejero delegado. Otros elementos importantes de la política de denuncias son las cláusulas para que el denunciante permanezca inicialmente en el

1. Consiga la participación de la alta dirección cuando diseñe la política y logre la aprobación de la versión final.
2. Desarrolle una política por escrito que sea comunicada a los empleados a través de distintos medios, como el manual del empleado, el correo electrónico, la Intranet de la empresa, en las reuniones de departamento y en las sesiones de formación. La comunicación de la política escrita indica el compromiso de la empresa con el desenmascaramiento de las malas conductas.
3. Haga posible que los empleados puedan remitir su primera queja de forma anónima.
4. Desarrolle un proceso claro que facilite que los empleados informen sobre malas conductas. Nombre a un representante especial para atender las denuncias iniciales de los empleados, de forma que no tengan que informar a su supervisor en primer lugar.
5. Proteja contra posibles represalias a los empleados que informan de buena fe sobre supuestas malas conductas.
6. Desarrolle un proceso de investigación formal y comunique a los empleados exactamente cómo se van a tratar sus informes. Utilice este mismo proceso en todos los casos.
7. Si la investigación demuestra que las alegaciones del empleado son ciertas, emprenda acciones inmediatas para corregir la situación. Independientemente de cuál sea el resultado de la investigación, comuníquelo rápidamente al denunciante.
8. Establezca un proceso de apelación para los empleados insatisfechos con el resultado de la investigación inicial. Proporcione un abogado (probablemente del departamento de RRHH) que ayude al empleado que desee apelar un resultado desfavorable.
9. Para garantizar el éxito de la política de denuncias, la organización (desde la alta dirección hasta la base) debe comprometerse con la creación de un entorno laboral ético.

Fuentes: Adaptado de Dworkin, T. M. y Baucus, M. (1998). Internal vs. external whistleblowers: A comparison of whistleblower processes. *Journal of Business Ethics*, 17, 1281-1298; y Barrett, T. y Cochran, D. (1991). Making room for the whistleblower. *HRMagazine*, 36 (1), 59. Reproducido con autorización de *HRMagazine* (anteriormente Personnel Administrator) publicado por la Society for Human Resource Management, Alexandria, VA.

Figura 14.3 ■ Desarrollo de una política de denuncias eficaz.

anonimato y esté protegido contra posibles venganzas. Algunas empresas que tienen políticas de denuncia eficaces son el Bank of America, Pacific Gas & Electric, McDonald's y General Electric[68].

Los escándalos financieros en Enron y en WorldCom dieron lugar a la aprobación de la Ley Sarbanes-Oxley (Sarbanes-Oxley Act) en 2002. Las disposiciones que se contemplan en esta ley sobre las denuncias protegen a los denunciantes contra posibles represalias de la empresa o de sus compañeros y establece que aquellos que violen esta protección serán responsables civil y penalmente[69].

RESTRICCIONES A LOS ROMANCES EN LA OFICINA

La oficina es un lugar tentador para los romances. Las personas se enamoran en el trabajo debido a que es donde pasan gran parte de su tiempo y conocen a otras personas con intereses y aficiones similares. Romances de oficina muy sonados y controvertidos como fue el del Presidente Clinton y Monica Lewinsky, una joven becaria de la Casa Blanca, han llevado a que muchas empresas vean los romances en la oficina con ojos críticos. Los romances en la oficina suponen un reto para la dirección de las organizaciones. Les obliga a equilibrar su responsabilidad de prevenir el acoso sexual con la necesidad de proteger la intimidad de los empleados fuera de las horas de trabajo, de manera que se sientan libres de desarrollar relaciones románticas con las personas de su elección. El mayor peligro ocurre cuando alguien con autoridad sale con un subordinado. Si el romance se estropea, el subordinado puede reclamar que el jefe forzó la relación, abriéndose la puerta a un caso de acoso sexual[70]. Una reciente encuesta llevada a cabo por la Society for Human Resource Management (SHRM) puso de manifiesto que el 24 por ciento de los empresarios que respondieron habían sufrido alguna reclamación por acoso sexual como resultado de romances en la oficina[71].

El cómo las organizaciones abordan los romances en la oficina depende de los objetivos y cultura de la organización. El ejército estadounidense prohíbe las relaciones personales entre oficiales y personal alistado cuando comprometen la cadena de mando. En el ejército la necesidad de un gran nivel de disciplina, que una sin fisuras al grupo, es crítica para el éxito de una unidad de combate. Una minoría de empresas ha establecido *políticas de prohibido salir con compañeros* buscando eliminar la presencia de relaciones romántica entre empleados en el lugar de trabajo. Hacer que se cumplan este tipo de políticas puede ser difícil. Recientemente, un importante ejecutivo de Staples, una empresa proveedora de material de oficina que había establecido un política de prohibido salir con compañeros, fue obligado a presentar la dimisión cuando se descubrió que había tenido una relación mutuamente consentida con su secretaria. Staples perdió a un trabajador valioso y el directivo renunció a su lucrativo trabajo por haber violado las normas de la empresa, incluso aunque no había contravenido ninguna ley[72].

Otras empresas tienen una visión más positiva de los romances en la oficina y reconocen el efecto beneficioso que pueden tener en la moral de los empleados dado que muchos romances de oficina acaban en matrimonio. Por ejemplo, Bill Gates, ex presidente de Microsoft, conoció a su esposa, Melinda French, en la empresa cuando era una ejecutiva de marketing. Una empresa representativa de aquellas que no interfieren con los romances en la oficina es Delta Airlines, que no tiene ninguna regla prohibiendo que los empleados salgan entre sí. Delta confía en que sus empleados mantengan una actitud totalmente profesional en su trabajo, incluyendo todas las relaciones que tengan en su actividad laboral. La única excepción que hace a este criterio es que no permite que los esposos o los compañeros sentimentales supervisen el uno al otro. Si se diera el caso, uno de ellos tendría que ser trasladado a otro departamento[73]. Inclusive, algunas empresas van más allá de tolerar o perdonar los romances en la oficina. En Princeton Review, una empresa muy conocida de Nueva York dedicada a la preparación de exámenes, seis de sus diez altos ejecutivos, incluyendo al consejero delegado y al presidente, están casados con personas de la plantilla. Más de 40 parejas que se habían conocido en la empresa están casadas. Mientras que han nacido más de 20 niños de estos matrimonios, hasta ahora no ha habido divorcios ni demandas relacionadas con la vida en común[74]. Dada la tendencia a las largas jornadas de trabajo en las empresas estadounidenses es probable que cada vez más empleados se sientan tentados a tener relaciones románticas con sus colegas de trabajo. Una encuesta reciente de la American Management Association sobre la actitud de los empleados hacia los romances en la oficina puso de manifiesto que el 67 por ciento de los que respondieron estaban de acuerdo con que se podía salir con alguien de la oficina y el 30 por ciento decía que inclusive lo habían hecho[75]. La dirección de las empresas puede buscar ayuda de los expertos en RRHH sobre cómo abordar el tema de los romances en la oficina, con la mente puesta en conseguir un equilibrio entre el derecho a la intimidad de los empleados y las obligaciones de la empresa de prevenir situaciones de acoso sexual.

RÉGIMEN DISCIPLINARIO DE LOS EMPLEADOS

El *régimen disciplinario de los empleados* es una herramienta que utilizan los directivos para comunicar a los empleados que tienen que cambiar su comportamiento. Por ejemplo, algunos empleados llegan de forma habitual tarde al trabajo, ignoran las medidas de seguridad, descuidan los detalles que exige su trabajo, se comportan maleducadamente con los clientes o tienen un comportamiento poco profesional con sus compañeros. Las sanciones a los empleados implican comunicar que no se aceptan dichos comportamientos, junto con la advertencia de que se tomarán medidas concretas si el empleado no cambia[76].

El régimen disciplinario de los empleados suele ser aplicado por los supervisores, pero en los equipos de trabajo autogestionados el régimen disciplinario puede ser responsabilidad del equipo. Por ejemplo, en Hannaford BROS., un centro de distribución de alimentos que está en las afueras de Albany, Nueva York, los 120 empleados de los almacenes están divididos en cinco equipos, cada uno de los cuales tiene un comité de conductas graves. El comité se encarga del régimen disciplinario de los empleados y hace recomendaciones a la dirección de qué medidas tomar, que van desde el asesoramiento al despido. La dirección suele adoptar estas recomendaciones. Los comités suelen encontrar soluciones creativas para resolver los problemas disciplinarios. De hecho, rara vez ha sido necesario despedir a un empleado[77].

Los derechos de los empresarios y de los empleados pueden entrar en conflicto por las sanciones a los empleados. A veces, éstos creen que se les sanciona injustamente. En estas situaciones, los expertos de RRHH de la empresa pueden ayudar a resolver el conflicto de derechos. La contribución de RRHH es particularmente valiosa porque puede permitir que el empleado y el supervisor mantengan una relación laboral eficaz.

Los enfoques que más se utilizan para aplicar un régimen disciplinario a los empleados son los siguientes: (1) régimen disciplinario progresivo y (2) régimen disciplinario positivo. En ambos enfoques los supervisores deben discutir el comportamiento en cuestión con sus empleados. Los directivos casi siempre encuentran difícil hablar con los empleados de cuestiones disciplinarias. Las razones de su incomodidad van desde el no querer transmitir malas noticias o no saber iniciar la conversación, hasta el temor de que la discusión se descontrole. El Cuaderno del Director titulado "Cinco pasos para tomar decisiones disciplinarias eficaces" ofrece algunas directrices que deberían facilitar que los directivos realicen una tarea, que es sin duda desagradable.

CUADERNO DEL DIRECTOR

ÉTICA

Cinco pasos para tomar decisiones disciplinarias eficaces

1. Determinar si es necesario sancionar al empleado. ¿El problema es una infracción aislada, o forma parte de un patrón de comportamiento? Consulte con los expertos en RRHH e infórmese antes de tomar la decisión de sancionar (*a*).
2. Tenga objetivos claros para la discusión que destacará en sus primeros comentarios. Sea concreto. No confíe en la comunicación indirecta o en andarse por las ramas. Al final de la discusión, el empleado debe tener una idea clara de lo que usted espera que mejore (*b*).
3. Asegúrese de que la comunicación es de doble sentido. Para abordar cuestiones disciplinarias es más útil una discusión que un sermón. El objetivo de la reunión, al fin y al cabo, consiste en encontrar una solución factible, no en regañar al empleado (*c*).
4. Establezca un plan de seguimiento. El acuerdo respecto a este plan es esencial, tanto en los procedimientos disciplinarios progresivos como en los positivos. Es particularmente importante acordar un marco temporal en el que el comportamiento del empleado debe mejorar (*d*).
5. Termine con una nota positiva. Puede destacar las virtudes del empleado, de forma que se vaya de la reunión pensando que usted, y la empresa, quieren que el empleado tenga éxito (*d*).

Fuentes: (*a*) Cottringer, W. (2003, abril). The abc's of employee discipline. *Supervision*, 5-7; (*b*) *Ibid*.; (*c*) Day, D. (1993, mayo). Training 101. Help for discipline dodgers. *Training & Development*, 19-22; (*d*) *Ibid*.; (*e*) *Ibid*.

RÉGIMEN DISCIPLINARIO PROGRESIVO

Régimen disciplinario progresivo
Consiste en una serie de intervenciones de la dirección que ofrecen a los empleados la oportunidad de corregir comportamientos inadecuados antes de ser despedidos.

El modo de régimen disciplinario más utilizado, el progresivo, consiste en una serie de intervenciones de la dirección que ofrecen a los empleados la oportunidad de corregir su comportamiento antes de ser despedidos. La forma de actuar en un **régimen disciplinario progresivo** se caracteriza por una serie de advertencias, cada una de las cuales conlleva una sanción cuya severidad aumenta cuanto más tiempo permanece el comportamiento inadecuado[78]. Si el empleado no reacciona ante estas advertencias progresivas, el empresario tendrá justificación para despedir al empleado[79].

Los sistemas de régimen disciplinario progresivo suelen tener entre tres y cinco etapas, aunque el sistema de cuatro etapas es el más habitual, como se muestra en la Figura 14.4. Las pequeñas violaciones de la política de la empresa implican la utilización de todos los pasos cuando se utiliza un procedimiento de régimen disciplinario progresivo. Las violaciones importantes, a veces denominadas *infracciones graves*, pueden llevar a la supresión de varias de las etapas e inclusive, a veces, a comenzar en la última, el despido. Ejemplos de infracciones graves serían la agresión a un supervisor o la falsificación de datos del historial de trabajo. Sin embargo, la mayoría de las medidas disciplinarias se aplican a infracciones leves como violación del código de vestimenta, fumar en un lugar o momento inadecuado o llegar tarde con asiduidad. La Figura 14.5 muestra más ejemplos de infracciones graves y leves.

1. Advertencia verbal	2. Advertencia por escrito	3. Suspensión	4. Despido
El empleado se ha ausentado injustificadamente del trabajo. Recibe una advertencia verbal del supervisor y se le dice que será castigado si se vuelve a producir una ausencia injustificada durante el siguiente mes.	Dos semanas después de la advertencia verbal del supervisor, el empleado vuelve a ausentarse injustificadamente. Recibe ahora una advertencia por escrito comunicándole que si no corrige su problema de absentismo en los dos siguientes meses, recibirá un trato más severo. Esta advertencia se incluye en el expediente personal del empleado.	Seis semanas más tarde el empleado no acude al trabajo dos días consecutivos. Esta vez es suspendido de empleo y sueldo durante una semana. También recibe una última advertencia del supervisor, comunicándole que si vuelve a tener otra ausencia injustificada en los tres meses siguientes a su reincorporación tras la suspensión será despedido.	Dos semanas después de haberse reintegrado, el empleado no acude al trabajo. Cuando vuelve al día siguiente es despedido.

Figura 14.4 ■ Cuatro etapas del procedimiento disciplinario progresivo.

Infracciones leves	Infracciones graves
■ Absentismo	■ Consumo de drogas en el trabajo
■ Violación del código de vestimenta	■ Hurtos
■ Violación de las normas sobre fumar	■ Falta de honradez
■ Incompetencia	■ Agresión física a un supervisor
■ Violación de las normas de seguridad	■ Sabotaje de las operaciones de la empresa
■ Dormir en el trabajo	
■ Jugar	
■ Llegar tarde	

Figura 14.5 ■ Categorías de infracciones.

El procedimiento disciplinario progresivo de cuatro etapas incluye las siguientes[80]:

1. **Advertencia verbal.** Un empleado que comete una infracción leve recibe una advertencia verbal de su supervisor y se le dice que si el problema continúa durante determinado período de tiempo, se aplicarán medidas más severas. El supervisor explica claramente sus expectativas de mejora.
2. **Advertencia por escrito.** El empleado infringe la misma norma en el período especificado y recibe ahora una advertencia por escrito de su supervisor. La advertencia se incluye en el expediente del empleado. Se informa al empleado de que si no corrige su comportamiento en determinado período de tiempo se aplicarán medidas aún más severas.
3. **Suspensión.** El empleado sigue sin reaccionar ante las advertencias y vuelve a infringir la norma. El empleado es suspendido de empleo y sueldo durante cierto período de tiempo. Recibe una última advertencia del supervisor, indicando que será despedido si durante cierto período de tiempo vuelve a infringir la norma.
4. **Despido.** El empleado infringe de nuevo la norma en el tiempo estipulado y es despedido.

La Figura 14.4 ilustra cómo se puede utilizar el procedimiento disciplinario progresivo con un empleado que tiene un patrón de ausencias injustificadas al trabajo.

Para las infracciones que se sitúan entre las categorías de infracciones leves e infracciones graves, se pueden saltar una o dos etapas del procedimiento. Estas infracciones suelen ser resueltas por los supervisores, que ofrecen a los empleados la oportunidad de corregir su comportamiento antes de despedirlos. Por ejemplo, dos empleados se ven implicados en una pelea en el trabajo, pero había circunstancias atenuantes (un empleado había atacado verbalmente a otro). En este tipo de situaciones, ambos empleados pueden ser suspendidos de empleo y sueldo y advertidos de que otra infracción parecida será castigada con el despido.

RÉGIMEN DISCIPLINARIO POSITIVO

El énfasis que pone en el castigo el régimen disciplinario progresivo puede animar a los empleados a engañar a sus supervisores, más que a corregir sus acciones. Para evitar este resultado, algunas empresas han sustituido el régimen disciplinario progresivo por el **régimen disciplinario positivo**, que alienta a los empleados a controlar sus propios comportamientos y a asumir la responsabilidad de sus actos.

Régimen disciplinario positivo
Procedimiento disciplinario que alienta a los empleados a controlar sus propios comportamientos y a asumir la responsabilidad de sus actos.

El régimen disciplinario positivo es parecido al régimen disciplinario progresivo en tanto en cuanto también utiliza una serie de etapas que van aumentando en presión y severidad hasta llegar a la última etapa, el despido. Sin embargo, el régimen disciplinario positivo sustituye los castigos utilizados en el régimen disciplinario progresivo por reuniones de asesoramiento entre el empleado y el supervisor. Estas sesiones se centran en conseguir que el empleado aprenda de los errores pasados e inicie un plan para hacer cambios positivos en su comportamiento[81]. En vez de depender de amenazas y castigos, el supervisor utiliza su capacidad de aconsejar para motivar al empleado a que cambie. En lugar de culpar al empleado, el supervisor destaca la resolución del problema mediante la colaboración. En definitiva, el régimen disciplinario positivo cambia el papel del supervisor de adversario a consejero.

Para garantizar que los supervisores están preparados para aconsejar a los empleados, las empresas que utilizan el régimen disciplinario positivo tienen que asegurarse de que los supervisores reciben la formación adecuada, ya sea del propio departamento de RRHH de la empresa, o de profesores profesionales externos. En Union Carbide, que empezó a utilizar el régimen disciplinario positivo a finales de los 70, los directivos recibían un programa de formación de dos días para familiarizarse con las políticas y prácticas de un régimen disciplinario positivo. Puesto que Union Carbide llevaba mucho tiempo utilizando la filosofía del régimen disciplinario progresivo, un elemento clave de la formación era ayudar a los directivos a abandonar su tendencia de reaccionar ante problemas de rendimiento de sus empleados de forma punitiva. Los directivos también recibieron formación para documentar sus discusiones de forma concreta, con hechos, y de manera defendible[82].

Un régimen disciplinario positivo de cuatro etapas comienza con una primera reunión de asesoramiento entre el empleado y el supervisor, que finaliza con una solución verbal aceptable para ambas partes. Si esta solución no funciona, el supervisor y el empleado se vuelven a reunir para discutir por qué ha fallado y desarrollar un nuevo plan y un plazo temporal para resolver el problema. En esta segunda etapa, la nueva solución acordada se pone por escrito.

Si sigue sin producirse una mejora en el comportamiento, la tercera etapa consiste en una advertencia final por la que se comunica al empleado que puede ser despedido. En lugar de suspender de empleo y sueldo al empleado (lo que hubiera ocurrido con un régimen disciplinario progresivo), esta tercera etapa otorga al empleado algún tiempo para evaluar su situación y aportar una nueva solución. Así, se anima al empleado a analizar por qué los intentos anteriores para mejorar su comportamiento no han funcionado. Algunas empresas incluso dan al empleado un "día libre, pagado, para tomar decisiones" buscando que desarrollen un plan para mejorar su actuación[83].

Con mucha frecuencia los directivos suelen estar en contra de este tipo de medidas de un régimen disciplinario positivo, considerando que recompensan a los empleados con comportamientos inadecuados. Algunos sospechan que los empleados se comportan mal a propósito, para así conseguir un día libre. Según el director de relaciones internas de Union Carbide, donde utilizan un día libre pagado como parte de sus procedimientos disciplinarios, esto no es así. La empresa considera que el día libre pagado es más eficaz que las suspensiones de empleo y sueldo, que utilizan los regímenes disciplinarios progresivos, por las siguientes razones: (1) cuando los trabajadores vuelven de una suspensión de empleo y sueldo suelen sentirse furiosos o apáticos, lo que puede generar menor eficacia en el trabajo, o sabotajes sutiles; (2) al pagar al empleado por su día libre para que tome una decisión se evita convertir al empleado en un mártir ante sus compañeros y (3) este día libre pagado subraya la "buena voluntad" de la dirección para con el empleado y probablemente reduce las posibilidades de que el empleado gane un pleito por despido improcedente si se le termina rescindiendo el contrato[84].

En la cuarta etapa del procedimiento disciplinario positivo, si no se consigue mejorar el comportamiento tras la advertencia final, se termina despidiendo al empleado. Los incidentes que representan infracciones graves (como los hurtos) se suelen tratar de la misma forma en el planteamiento disciplinario positivo y en el planteamiento disciplinario progresivo. En ambos casos, el hurto probablemente se traduzca en un despido inmediato.

Además de los costes de formar a los directivos y a los supervisores para que tengan los planteamientos y capacidades de aconsejar adecuados, el régimen disciplinario positivo tiene otro inconveniente. Las sesiones de asesoramiento requieren mucho tiempo para que sean eficaces y todo este tiempo es tiempo que ni el supervisor ni el empleado están trabajando en otras tareas. No obstante, el régimen disciplinario positivo ofrece considerables ventajas tanto a empleados como a directivos. Los empleados lo prefieren porque les gusta que los supervisores les traten con respeto. El asesoramiento suele generar una mayor voluntad de cambiar comportamientos inadecuados de la que se obtiene con la disciplina. Los supervisores lo prefieren porque no les exige asumir el papel sancionador y porque crea relaciones de trabajo de mejor calidad con los subordinados que las que se consiguen con la disciplina. Además, con un sistema de régimen disciplinario positivo, los directivos probablemente intervendrán desde el primer momento para corregir el problema.

Finalmente el régimen disciplinario positivo puede tener efectos favorables para la rentabilidad de la empresa, como se ha demostrado en Union Carbide. Los estudios en cinco plantas de la empresa han puesto de manifiesto una caída media del absentismo del 5,5 por ciento desde que la empresa cambió de un procedimiento disciplinario punitivo a otro positivo. Además, en una de las plantas de la empresa donde sus trabajadores estaban afiliados a un sindicato, las quejas por motivos disciplinarios pasaron de 36 en un año a ocho en el siguiente. Dado que los ejecutivos de Union Carbide estiman que el proceso que sigue una demanda de un empleado a través de todas las fases del procedimiento de quejas (excluido el arbitraje) cuesta aproximadamente 400 dólares en aquella instalación, el cambio de los procedimientos disciplinarios ahorró a la empresa más de 11.000 dólares al año[85]. Penzoil, Genral Electric y Procter & Gamble también han adoptado el procedimiento disciplinario positivo y han conseguido resultados positivos con él[86]. También, muchos cuerpos de la policía municipal y algunas universidades utilizan el régimen disciplinario positivo. Por ejemplo, una universidad utilizó el régimen disciplinario positivo con un profesor que gritaba, criticaba y humillaba a los estudiantes cuando respondían de forma equivocada a sus preguntas o eludían participar en clase. El director del departamento y el profesor trabajaron juntos para elaborar un plan que controlara su genio en clase. El director del departamento observó un cambio positivo del comportamiento en clase del profesor que no se hubiera producido si el director hubiera utilizado una forma disciplinaria basada en la confrontación, como son los procedimientos disciplinarios progresivos.

ADMINISTRACIÓN Y GESTIÓN DEL RÉGIMEN DISCIPLINARIO

Los directivos tienen que garantizar que los empleados que son sometidos a medidas disciplinarias tienen un proceso justo. En el contexto disciplinario, un *proceso justo* significa que se da un trato equitativo y coherente. Si un empleado cuestiona una medida disciplinaria amparándose en las leyes EEO (igualdad de oportunidades en el empleo) o en los procedimientos establecidos por acuerdo entre la empresa y el sindicato, el empresario debe demostrar que el empleado tuvo una conducta incorrecta y fue sancionado adecuadamente por ello. Así pues, los supervisores deben recibir la formación adecuada para saber gestionar las medidas disciplinarias[87]. Los dos elementos importantes de un proceso justo que deben tener en cuenta los directivos en esta área son (1) los estándares de régimen disciplinario utilizados para determinar si el empleado ha sido tratado justamente y (2) si el empleado tiene derecho, o no, a apelar la actuación disciplinaria.

PAUTAS BÁSICAS DE UN RÉGIMEN DISCIPLINARIO

Deberían aplicarse determinadas pautas básicas de régimen disciplinario para todas las infracciones de las normas, ya sean graves o leves. Todas las actuaciones disciplinarias deberían incluir, como mínimo, los siguientes procedimientos:

- **Comunicación de las normas y criterios de rendimiento.** Los empleados deben conocer las reglas y normas de la empresa, así como las consecuencias de infringirlas. Cada empleado y supervisor debe comprender bien las políticas y procedimientos disciplinarios de la empresa. Los empleados que infringen las normas o no cumplen los criterios de rendimiento deben tener la oportunidad de corregir su comportamiento.

- **Documentación de los hechos.** Los directivos deben recopilar el suficiente número de pruebas convincentes para justificar las medidas disciplinarias. Esta evidencia debe documentarse cuidadosamente de forma que sea difícil discutirla. Por ejemplo pueden utilizarse las tarjetas de fichar para demostrar que un empleado llega tarde al trabajo; las cintas de vídeo para documentar un caso de robo; las declaraciones por escrito de los testigos pueden respaldar una acusación de insubordinación. Los empleados deben tener la oportunidad de refutar las pruebas y aportar documentación en su defensa.
- **Respuestas coherentes a las infracciones de las normas.** Es importante que los empleados piensen que el régimen disciplinario se gestiona de forma coherente, predecible y sin discriminaciones ni favoritismos. Si perciben lo contrario, probablemente cuestionarán más las decisiones disciplinarias. Esto no significa que haya que tratar todas las infracciones exactamente de la misma manera. Por ejemplo, un empleado con muchos años de antigüedad y un historial laboral excelente que infringe una norma puede ser sancionado más levemente que un empleado contratado recientemente que infrinja la misma norma. Sin embargo, si dos empleados de reciente contratación infringen la misma norma deben recibir la misma sanción.

Regla de la estufa caliente
Modelo para las actuaciones disciplinarias. Las sanciones deben ser inmediatas, deben trasmitir claramente el mensaje de lo que no se puede hacer y aplicarse de forma coherente a todo el personal.

La **regla de la estufa caliente** proporciona un modelo de gestión de las actuaciones disciplinarias. La regla sugiere que el proceso disciplinario es parecido al de tocar una estufa caliente: (1) el tocar una estufa caliente tiene una consecuencia inmediata, que es la quemadura. Las sanciones también deben ser la consecuencia inmediata de haber infringido las normas. (2) La estufa caliente advierte que el que la toque se va a quemar. Las normas disciplinarias deben informar a los empleados de las consecuencias de infringir las normas. (3) Una estufa caliente es consistente en el daño que produce a quien la toque: quema de la misma forma a todo el mundo que la toque de la misma manera. Las normas disciplinarias deben aplicarse de forma coherente a todo el personal[88].

EL CRITERIO DE CAUSA JUSTIFICADA PARA UNA SANCIÓN

En los casos de despidos no justificados que tengan que ver con derechos estatutarios o con excepciones del derecho de los empresarios a despedir libremente, los tribunales estadounidenses exigen al empresario que demuestre que el empleado fue despedido por *causa justificada*. Este criterio tan exigente, que aparece en los contratos colectivos y en las políticas de empleo y manuales del empleado de algunas empresas cuyos trabajadores no se han hecho representar por ningún sindicato, incluye siete preguntas que hay que responder afirmativamente para que exista causa justificada[89]. Si no se responde afirmativamente a una o más de estas preguntas, la sanción podría haber sido arbitraria o injusta.

1. **Notificación.** ¿Se le comunicó al empleado las consecuencias disciplinarias de su conducta? A no ser que la mala conducta sea muy obvia (por ejemplo, un robo o una agresión), el empresario tiene que comunicar al empleado, ya sea verbalmente o por escrito, que ha infringido una norma.
2. **Norma razonable.** La norma que ha infringido el empleado, ¿se relaciona de forma razonable con cuestiones de eficiencia y seguridad? La norma no debe poner en peligro la seguridad o integridad del empleado de ninguna manera.

3. **Investigación antes de aplicar medidas disciplinarias.** ¿Antes de aplicar las medidas disciplinarias realizaron los directivos una investigación sobre la mala conducta que se le imputa al empleado? Si fuera necesario tomar medidas de inmediato, el empleado puede ser suspendido de empleo y sueldo hasta que la investigación finalice. Si la investigación revela que no hubo mala conducta, deben devolverse al empleado todos sus derechos.
4. **Investigación imparcial.** ¿La investigación se realizó de manera justa e imparcial? Las investigaciones imparciales permiten a los empleados defenderse de las imputaciones. En los EE.UU., un empleado que está siendo entrevistado como parte de la investigación disciplinaria tiene el derecho, basado en las leyes federales, a que otro empleado esté presente actuando como su abogado, o a tener alguien con quien consultar o a que simplemente esté como testigo[90].
5. **Prueba de culpabilidad.** ¿Ha permitido la investigación obtener evidencias o pruebas sustanciales de la culpabilidad? La dirección puede necesitar la "preponderancia de la evidencia" para demostrar las acusaciones de infracciones graves y una cantidad de evidencia más dudosa (pero todavía sustancial) para demostrar las infracciones leves.
6. **No discriminación.** ¿Las normas, órdenes y sanciones que se desprenden de la actuación disciplinaria se han aplicado imparcialmente y sin discriminación? No es aceptable que los directivos pasen de aplicar las normas de forma relajada a hacerlo de repente muy rigurosamente, sin haber notificado previamente a los empleados que iban a cambiar su planteamiento.
7. **Sanciones razonables.** ¿La medida disciplinaria está razonablemente relacionada con la gravedad de la falta cometida? El empresario debería tener en cuenta otros hechos, como el historial laboral del empleado, cuando decide la severidad de la sanción. Puede haber una variedad de sanciones para una determinada infracción que dependen de la antigüedad del empleado y de la calidad de su desempeño a lo largo de los años.

Puesto que el criterio de causa justificada es bastante restrictivo y puede no ser fácil de manejar cuando se han producido infracciones leves que requieren una atención inmediata del supervisor, los empresarios cuyas empresas no tienen representación sindical, si opinan que tienen libertad para despedir, pueden elegir un criterio disciplinario menos exigente[91].

EL DERECHO A APELAR LAS MEDIDAS DISCIPLINARIAS

Algunas veces los empleados creen que han sido sancionados injustamente, ya sea porque sus supervisores han abusado de su poder o porque sus supervisores muestran un sesgo cuando tratan con los empleados según la simpatía que les susciten. Para que un sistema disciplinario sea eficaz, los empleados deben disponer de un procedimiento de apelación en el que otras personas (que se supone que no están sesgadas) puedan analizar los hechos. Como discutimos en el Capítulo 13, las buenas relaciones internas exigen que existan procedimientos de apelación para que los empleados puedan manifestar sus desacuerdos con las actuaciones de los directivos. Para cuestionar las actuaciones disciplinarias, dos de los procedimientos de apelación más útiles son la política de puertas abiertas y la utilización de representantes del área de relaciones internas. Estos dos métodos son atractivos dada su flexibilidad y su capacidad para alcanzar soluciones rápidamente. El Cuaderno del Director titulado "Errores a evitar cuando se gestiona la disciplina" muestra una lista de los errores más comunes que se pueden producir cuando se disciplina a los empleados y la forma de evitarlos.

CUADERNO DEL DIRECTOR

GRH: EL EMPLEADO COMO CLIENTE INTERNO

Errores a evitar cuando se gestiona la disciplina

1. **Perder los estribos.** Cuando se pierden los estribos se pueden decir cosas que pueden dañar su relación con el empleado y de las que se puede arrepentir más adelante. La pérdida del autocontrol también puede inducir al empleado a perder el control y gritarle a usted. Es preferible dar un paso atrás y respirar profundamente antes de empezar a hablar con el empleado que se está comportando incorrectamente, independientemente del enfado que se tenga. Cuando uno se ha calmado, puede tener una conversación más constructiva con el empleado.
2. **Evitar tomar medidas disciplinarias en su totalidad.** Muchos supervisores evitan tomar medidas disciplinarias porque las asocian con castigos y el temor a dañar la relación con el empleado. El director tiene que entender que el objetivo de la actuación disciplinaria es corregir un comportamiento y no necesariamente sancionar a un individuo. Si se evita tomar medidas disciplinarias se puede, de hecho, estar perjudicando al empleado porque se le quita la oportunidad de aprender cómo tiene que corregir su comportamiento.
3. **Jugar a ser el terapeuta.** El intentar llegar a la raíz de las causas o los motivos del comportamiento puede transmitir un mensaje erróneo al empleado. A no ser que el supervisor tenga formación de terapeuta, el empleado puede malinterpretar las preguntas personales del supervisor, como invasoras de su intimidad o excesivamente analíticas, lo que probablemente no provocará el cambio de comportamiento deseado. Los empleados responden más positivamente a un supervisor que es más resuelto, señala el comportamiento inapropiado y comunica de forma clara el tipo de comportamiento que espera.
4. **Encontrar excusas para el empleado.** Es muy frecuente que los empleados encuentren excusas para explicar su comportamiento. Algunos empleados son expertos en conseguir simpatías, contando historias de desgracias sobre su familia o su propia vida. Al admitir estas excusas, los supervisores quitan a los empleados la ocasión de aceptar la responsabilidad de sus errores y por el contrario les ayudan a seguir racionalizando sus deficiencias de rendimiento. Si un empleado realmente tiene un problema personal serio que está afectando a su rendimiento laboral, debería buscar ayuda del PAE (Programa de Ayuda al Empleado).

Fuentes: Adaptado de Bielous, G. A. (1998, agosto). Five worst disciplinary mistakes (and how to avoid them). *Supervision*, 11-13; Lisoski, E. (1998, octubre). Nine common mistakes made when disciplining employees. *Supervision*, 12-14.

GESTIÓN DE EMPLEADOS PROBLEMÁTICOS

Hasta ahora nos hemos centrado en las dificultades de gestionar un régimen disciplinario. Ahora nos centramos en problemas muy habituales a los que probablemente termine enfrentándose cualquier directivo. Todos los problemas que analizamos aquí (problemas de ausencias al trabajo, de rendimiento, de insubordinación, provocaciones a los compañeros y abuso de drogas) suelen culminar en la toma de medidas disciplinarias. La aplicación del régimen disciplinario a los empleados problemáticos exige tener buen juicio y sentido común.

AUSENCIAS INJUSTIFICADAS AL TRABAJO

El problema de las faltas al trabajo incluye el absentismo y también el llegar tarde. Las faltas de asistencia se han convertido en un serio problema que puede provocar el despido por causa justificada. Si no resuelven correctamente los problemas de asistencia, la productividad del empleado puede disminuir y la moral del grupo puede resentirse, ya que los que acuden al trabajo se ven forzados a aumentar sus esfuerzos para compensar que ciertas personas eluden sus responsabilidades.

Algunas veces los empleados no acuden al trabajo, o llegan tarde, por razones legítimas (por ejemplo, por enfermedad, cuidado de los hijos, inclemencias meteorológicas o creencias religiosas). Los directivos deben identificar a los empleados que tienen razones legítimas y tratarles de forma distinta de cómo tratan a aquellos que llegan tarde o no van al trabajo de forma sistemática.

Cuando se aplican medidas disciplinarias a un empleado con faltas de asistencia, los directivos tienen que tener en cuenta varios factores:

- **¿Las normas sobre asistencia son razonables?** Las normas de asistencia deben ser lo suficientemente flexibles como para permitir emergencias o circunstancias imprevistas por las que atraviesan la mayoría de los empleados de vez en cuando, incluyendo fiestas religiosas o culturales propias de una plantilla diversa. La mayoría de las empresas resuelve esta cuestión mostrando flexibilidad cuando un empleado notifica que está enfermo o que tiene una emergencia.
- **¿Ha sido advertido el empleado de las consecuencias de sus faltas al trabajo?** Esto podría ser particularmente importante cuando un empleado no es consciente de la flexibilidad que tiene para preavisar en el trabajo.
- **¿Existen circunstancias atenuantes que deberían tenerse en cuenta?** Algunas veces hay que tener en cuenta circunstancias especiales. Estas circunstancias incluyen el historial laboral, la antigüedad en la empresa, el motivo de la ausencia y la probabilidad de que mejore la asistencia[92].

Los directivos tienen que ser conscientes de los patrones de faltas de asistencia en su ámbito de responsabilidad. Los empleados pueden eludir acudir a su trabajo porque sus compañeros son desagradables, su trabajo no les motiva, tienen problemas para equilibrar sus obligaciones laborales y familiares o porque el nivel de supervisión no es el adecuado. Un enfoque disciplinario no es la mejor forma de abordar este tipo de absentismo. Las posibles soluciones a las situaciones en que se elude el trabajo consisten en rediseñar los puestos de trabajo o, cuando el problema se ha generalizado, reestructurar la organización.

Para los empleados cuyas ausencias se deben a necesidades familiares imperiosas, los horarios laborales flexibles o la autorización para trabajar desde casa (el teletrabajo) pueden ser la solución. La flexibilidad horaria está ganando popularidad, tanto en las grandes empresas como en las pequeñas. En Xerox Corporation, tras diez meses de prueba con la flexibilidad horaria, las faltas al trabajo se redujeron en una tercera parte, también mejoró el trabajo en equipo y las encuestas de clima laboral pusieron de manifiesto que la moral de trabajo había aumentado[93].

PROBLEMAS DE RENDIMIENTO

Todo directivo tiene que abordar situaciones de empleados con mal rendimiento y que, además, no responden a los consejos o a la información que sobre esa situación se les proporciona. En la mayoría de los casos, la evaluación del desempeño (*véase* el Capítulo 7) se puede utilizar para conseguir que cambien aquellos trabajadores que tienen un rendimiento escaso, mediante la elaboración de planes de mejora. Sin embargo, algunas veces el mal rendimiento es tan serio que exige una intervención inmediata. Considere las siguientes situaciones:

- El gerente de un restaurante recibe quejas diarias de clientes enfadados por la calidad del servicio que presta una de las camareras.
- La poca capacidad para las relaciones interpersonales de un socio afecta a sus relaciones de trabajo con los otros socios de la empresa. Actualmente, la empresa no está consiguiendo sus objetivos debido a los conflictos y trastornos ocasionados por esta persona.

Estos ejemplos sugieren la necesidad imperiosa de disponer de procedimientos disciplinarios, sean progresivos o positivos. Si estos empleados no consiguen mejorar su rendimiento tras recibir algún tipo de advertencia o consejo, podría estar justificado su despido.

Las empresas y los directivos deben seguir tres líneas maestras cuando aplican medidas disciplinarias por problemas de rendimiento:

1. Los niveles de rendimiento de la empresa deben ser razonables y haberse comunicado a todos los empleados. Las descripciones de los puestos de trabajo pueden utilizarse a este fin.
2. Los problemas de rendimiento deben estar documentados y los empleados cuyo rendimiento sea insuficiente deben saber que no están llegando a los niveles que se les exige. Una fuente de evidencias suficientemente documentadas puede ser las evaluaciones del desempeño durante un cierto período de tiempo.
3. Los directivos deben intentar de buena fe ofrecer una oportunidad a sus empleados para mejorar su rendimiento, antes de tomar medidas disciplinarias contra ellos.

Algunas veces, el mal desempeño se debe a factores que están fuera del control del empleado. En estos casos, los directivos deben evitar utilizar medidas disciplinarias salvo como último recurso. Por ejemplo, un empleado puede ser incapaz de conseguir el rendimiento que se le exige debido a su incompetencia. Un *empleado incompetente* (aquel que no tiene la capacidad necesaria, aunque se esfuerce) puede recibir formación para remediar sus carencias (*véase* el Capítulo 8) o ser trasladado a un puesto menos exigente, en vez de ser despedido. El escaso rendimiento de un empleado incompetente puede ser el resultado de fallos en el sistema de selección de la organización, que provocan problemas de ajuste entre la capacitación del empleado y los requisitos del puesto de trabajo.

Algunas organizaciones utilizan *períodos de prueba* (períodos que permiten al empresario despedir al empleado con total libertad) para desprenderse rápidamente de los empleados incompetentes. Los períodos de prueba suelen durar entre uno y tres meses. En Europa, donde los contratos fijos son la norma, muchas empresas exigen que sus contratos de trabajo tengan una cláusula por la que se fija un período de prueba de seis meses. Sin embargo, esta política puede plantear problemas cuando se reclutan ejecutivos, que naturalmente quieren que se les garantice el nuevo puesto de trabajo antes de abandonar el actual.

No sólo es inadecuado, sino también ilegal utilizar medidas disciplinarias para corregir un problema de rendimiento cuando un empleado tiene una minusvalía física o mental[94]. La Ley de Americanos con Minusvalías [*Americans with Disabilities Act* (ADA), *véase* el Capítulo 3] exige que los empresarios hagan adaptaciones razonables para los empleados minusválidos que no puedan desempeñar el puesto de trabajo tal y como está estructurado actualmente. Las modificaciones pueden incluir el rediseño del puesto de trabajo o modificar las políticas y procedimientos. Por ejemplo, un empleado a quien se le ha diagnosticado una enfermedad terminal puede necesitar que se le cambie del puesto a jornada completa a uno de jornada a tiempo parcial o a uno con horario flexible. La EEOC (Comisión para la Igualdad de Oportunidades en el Empleo), que regula la forma en que los empresarios reaccionan ante las necesidades de los empleados con minusvalías, probablemente consideraría que esto es una petición razonable, por lo que si la empresa no acepta estas modificaciones podría ser sancionada por el gobierno.

Por desgracia, son muchos los mitos que llevan al incumplimiento por parte de las empresas de la ADA. Uno de los mitos es que las modificaciones razonables siempre implican unos gastos prohibitivos. En realidad, las modificaciones no tienen por qué ser caras y, con mucha frecuencia, el dinero empleado en hacer modificaciones para un trabajador con minusvalías es inferior al coste de una demanda judicial. Samsonite Corporation, un fabricante de maletas con sede en Denver, ha empleado durante años a trabajadores sordos para la cadena de montaje. La única modificación necesaria (además de una actitud predispuesta a los cambios y el deseo de muchos empleados de aprender el lenguaje de los signos) ha sido la utilización de luces en el área de producción, además de las tradicionales señales acústicas, para alertar a los empleados del paso de las carretillas elevadoras[95].

INSUBORDINACIÓN

La voluntad de los empleados de cumplir las directrices de los directivos es esencial para que una empresa funcione eficazmente. Por ejemplo, considere el caso de un comercial que se niega a remitir los informes de la actividad semanal que le solicita su director[96]. ¿Cómo debe reaccionar el director de ventas ante el comportamiento de su comercial?

La **insubordinación** consiste en la negativa de un empleado a obedecer una orden directa de un supervisor, es un desafío directo al derecho de la dirección a dirigir la empresa. La insubordinación también se produce cuando un empleado insulta verbalmente a un supervisor. Las medidas disciplinarias ante la insubordinación suelen variar en función de la gravedad de la insubordinación y la existencia, o no, de factores atenuantes. Los factores atenuantes incluyen la trayectoria profesional del empleado, su antigüedad en la empresa y si hubo provocación por parte del supervisor, como por ejemplo palabras insultantes.

Insubordinación
Negativa de un empleado a obedecer una orden directa de un supervisor o el insulto verbal al mismo.

Para justificar las medidas disciplinarias adoptadas por insubordinación de un empleado, los directivos deberían documentar los siguientes procesos: (1) el supervisor dio una orden directa al subordinado, ya sea verbalmente o por escrito y (2) el empleado se negó a obedecer la orden, ya sea verbalmente o simplemente no haciendo lo que se le había ordenado. Las medidas disciplinarias, cuando la insubordinación se produce por primera vez, van desde aplicar la primera etapa de un procedimiento disciplinario progresivo hasta la suspensión de empleo y sueldo inmediata o el despido.

Sin embargo, existen dos excepciones que permiten que un empleado desobedezca una orden directa: las actividades ilegales y las cuestiones de seguridad. Por ejemplo, un tribunal de California sentenció que un empresario había infringido una norma legal cuando despidió a un empleado que se negó a cometer perjurio. Otras órdenes ilegales que la ley permite que los empleados puedan negarse a cumplirlas son la participación en la fijación de precios y en las irregularidades contables[97]. Las leyes sobre denuncias de los empleados de las irregularidades de sus empresas, aprobadas en algunos estados de los EE.UU., ofrecen protección adicional a los empleados que pueden demostrar que han sido despedidos por negarse a incumplir alguna ley. La Ley de Seguridad y Salud en el Trabajo (*Occupational Safety and Health Administration Act*) protege los derechos de los empleados que se niegan a exponerse a peligros graves. Para que la insubordinación sea aceptable, el empleado debe tener una "causa razonable" para temer por su seguridad, por ejemplo, saber que el camión que se le ha ordenado llevar tiene los frenos defectuosos.

Puesto que las sanciones por insubordinación son muy severas, las empresas deberían crear sistemas y culturas internas (políticas de puertas abiertas, sistemas de apelación) que permitan a los empleados apelar las acusaciones de comportamientos que implican insubordinación. Las sanciones legales y pecuniarias a las empresas que se niegan a escuchar las razones por las que se han insubordinado los empleados pueden ser muy duras. Los directivos deben estar seguros de que no se están utilizando las acusaciones de insubordinación para proteger su propio comportamiento ilegal o poco ético. Por ejemplo, un supervisor que acusa de insubordinación a un empleado puede estar intentando obligar a alguien que se opone al comportamiento ilegal del supervisor a que pida la baja en la empresa. Las empresas que ignoran estas señales, que reflejan la existencia de problemas, pueden encontrarse con que un pequeño problema se ha convertido en una situación muy difícil y/o costosa.

ACOSO MORAL EN EL TRABAJO

Acoso moral en el trabajo
Forma de acoso que consiste en comportamientos abusivos, intimidatorios, maliciosos o insultantes, que se producen de manera persistente sobre determinados empleados.

Los empleados tienen derecho a ser tratados con dignidad y respeto en el trabajo. Desafortunadamente, puede no ser así. En algunos casos, se despiertan por la mañana y van al trabajo aterrorizados porque se enfrentarán a otro día de abusos, vejaciones, insultos, etc.[98] Los empleados que tienen esta situación probablemente están experimentando **acoso moral en el trabajo**, una forma de acoso que da lugar a que los empleados padezcan problemas mentales, enfermedades físicas, reduzcan su productividad y tengan mucha propensión a dejar la empresa para no estar en un lugar de trabajo tan dañino. El acoso moral consiste en "...abusos de poder, sanciones injustas, o, comportamientos de carácter persistente, ofensivos, intimidatorios, malintencionados, o insultantes, que hacen que los destinatarios se sientan mal, amenazados, humillados o vulnerables, lo que socava su autoestima y pueden causarles estrés"[99]. El acosador puede ser un jefe que machaca a un subordinado delante de sus colegas, un compañero que difunde un rumor que daña la reputación de un empleado, o un subordinado que no apoya al jefe durante una crisis.

Aunque existen remedios legales para el acoso sexual, otras formas de comportamiento antisocial, como el acoso moral en el trabajo, no se consideran ilegales, aunque puedan ser igual de dañinas para los empleados que las sufren. Por lo tanto, será la alta dirección de la organización, con el apoyo del personal de RRHH, la que deberá poner remedio a la situación de aquellos empleados que están siendo acosados por determinados colegas.

Los medios de comunicación han centrado su atención en situaciones muy llamativas en que determinados individuos dieron por supuesto que estaba permitido tratar a los empleados con dureza y entonces descubrieron que las maneras crueles no son de recibo:

> El sargento Michael G. Rhoades, un sargento instructor de Fort Knox, Kentucky, utilizó métodos abusivos para entrenar a los soldados, incluyendo apelativos humillantes como "gordo repugnante" para dirigirse a ellos y puñetazos en el estomago a un recluta. Rhoades fue llevado ante un consejo de guerra y hallado culpable de crueldad y expulsado de forma deshonrosa por maltratar a los reclutas[100].
>
> En 2005, el consejo de administración de Morgan Stanley, una de las grandes empresas de servicios financieros, le pidió a su consejero delegado, Philip J. Purcell, que presentara la dimisión, después de que toda una serie de ejecutivos con muy buen historial profesional dejaran la empresa en los últimos años, lo cual dañó considerablemente el funcionamiento de la entidad. Los antiguos empleados manifestaron que el consejero delegado Purcell trataba a los empleados con cierta crueldad, siendo intransigente cuando disentía de alguien o cuando exponía sus ideas. Incitaba a marcharse, o bien degradaba, a ejecutivos que tenían sus propias ideas y prefería rodearse de personas que siempre le dijeran que sí[101].

En la Figura 14.6 se recogen ejemplos de comportamientos de acoso moral. Un hecho aislado de los comportamientos reflejados en esta figura no será considerado acoso, pero cuando se producen de manera habitual con determinados empleados tendrán como consecuencia que éstos pierdan su autoestima y se desmoralicen. Para ellos el lugar de trabajo se convierte en algo estresante y dañino.

Insultar a un empleado de manera grave	Amenazar a un empleado con revelar informaciones privadas o embarazosas que le atañen
Tratar a un empleado de manera ruda y/o irrespetuosa	Tener rabietas con un empleado cuando está en desacuerdo
Emplear con un empleado gestos obscenos u hostiles	Criticar a un empleado por temas relacionados con su vida personal
Gastar a un empleado bromas pesadas	Emplear con un empleado términos cariñosos que el mismo no desea
Llamar a un empleado con nombres despectivos	Tratar a un empleado de manera condescendiente e insultante
Difundir rumores o cotilleos sobre un empleado con intenciones dañinas	

Fuente: Neuman, J. y Keashly, L. (2005, 9 de agosto), Reducing agresión and bullyng: A long-term intervention project in the U.S. Department of Veterans Affaire. En J. Raver (chair), *Workplace bullying: International perspectives on moving from research to practice.* Symposium desarrollado durante la reunión de la Academy of Management, Honolulu, HI.

Figura 14.6 ■ Ejemplos de comportamientos que pueden suponer acoso moral en el trabajo.

A menos que una organización tenga algún canal de comunicación como por ejemplo la política de puertas abiertas que favorece el informar de los comportamientos de acoso moral en el trabajo y buscarles remedio, los empleados lo tolerarán y las víctimas lo sufrirán en silencio hasta que acaben marchándose de la empresa. Dos científicos sociales, Christine Pearson y Christine Porta, realizaron una encuesta entre empleados que habían sufrido acoso para descubrir prácticas que redujeran este tipo de incidentes que reflejan comportamientos inciviles entre los empleados. Una de las recomendaciones de este estudio fue que las organizaciones desarrollaran políticas que promovieran la tolerancia cero con el acoso y otras formas de comportamientos inciviles (conductas rudas) entre los empleados. Apoyando esta idea, las organizaciones necesitan declaraciones claras similares a una de AT&T, que dice "nos tratamos unos a otros con respeto y dignidad"[102]. Este tipo de declaraciones fijan el tono de conducta que es aceptable e indican que el comportamiento de acoso no se tolerará. Una vez que se está de acuerdo en que los empleados tienen que ser tratados con dignidad y respeto, los incidentes de acoso serán abordados como cualquier otro problema de disciplina.

MALA CONDUCTA RELACIONADA CON EL ABUSO DE ALCOHOL

Los empleados que abusan del alcohol plantean dos problemas a los directivos. Primero, se crea el problema de dirigir a un empleado que es un alcohólico. Segundo, existe el problema de dirigir a un empleado que consume alcohol o está ebrio durante las horas de trabajo. Las actuaciones disciplinarias con estos empleados tienen que ser diferentes.

A los empleados alcohólicos se les suele tener compasión dado que el alcoholismo es una enfermedad y el tratamiento médico suele ser un remedio que goza de aceptación. Sin embargo, como mencionamos en el Capítulo 13, algunos empleados alcohólicos tienen un fuerte mecanismo de negación que les impide admitir que son alcohólicos: los demás pueden no considerarles como alcohólicos porque el alcoholismo quede oculto bajo síntomas de comportamiento como por ejemplo faltas de asistencia al trabajo. Por lo tanto, un supervisor puede percibir a un empleado alcohólico como alguien que tiene problemas de asistencia o rendimiento y le sancionará en consecuencia. Las organizaciones con PAEs (Programas de Ayuda al Empleado) ofrecen a los empleados con problemas de rendimiento la oportunidad de acudir a un asesor como último paso de los procedimientos disciplinarios progresivos antes de recurrir al despido. En este momento, es cuando se puede finalmente descubrir el problema de alcoholismo y remitirle a un centro de rehabilitación.

A veces los empleados afirman ser alcohólicos para excusar su mala conducta. Si el asesor del PAE considera que el individuo no es alcohólico, el procedimiento disciplinario será la respuesta adecuada al problema.

El consumo de alcohol en el trabajo y acudir ebrio al trabajo se consideran comportamientos graves y pueden exigir medidas disciplinarias en consecuencia. Las organizaciones que tienen razones relacionadas con el trabajo para restringir su consumo durante el mismo o para prohibir trabajar "bajo la influencia del alcohol", deberían tener políticas claras y razonables. Por ejemplo, es razonable restringir el consumo de alcohol, dentro o fuera del trabajo, para los operadores de maquinaria pesada en el sector de la construcción. Es más difícil impedir que un agente comercial beba alcohol cuando está comiendo con un posible cliente.

La mejor forma de demostrar que un empleado ha acudido ebrio al trabajo es realizar un análisis de sangre. Un supervisor puede pedir a un empleado que se someta a esta prueba si existe una sospecha razonable de que el empleado está ebrio. Los supervisores pueden sospechar que un individuo está ebrio si tiene un comportamiento anormal (hablar muy alto o blasfemar), tiene problemas para vocalizar o su aliento huele a alcohol.

Una primera infracción en cuanto al consumo de alcohol puede derivar en una suspensión o en el despido debido al daño potencial que puede crear un empleado en estado de embriaguez. Un ejemplo extremo del coste de un empleado ebrio para una organización es el del accidente en el que el petrolero Exxon *Valdez* derramó su contenido en la costa de Alaska en marzo de 1989. Un análisis de sangre reveló que el capitán del buque estaba en estado de embriaguez cuando se produjo el derrame, lo que costó a Exxon más de 1.000 millones de dólares para limpiarlo.

CONSUMO Y ABUSO DE DROGAS ILEGALES

El consumo y abuso de drogas por parte de los empleados también representa un serio problema para los directivos. El *consumo de drogas ilegales* hace referencia a cualquier consumo de sustancias prohibidas, como marihuana, heroína y cocaína, así como el uso ilegal de fármacos que necesitan prescripción como el Valium. Los problemas asociados con el consumo de drogas son muy parecidos a los asociados con el consumo de alcohol. La diferencia clave es que el consumo de drogas ilegales es socialmente inaceptable, mientras que el consumo de alcohol con moderación es aceptable socialmente.

Analizamos las características de los sistemas de detección del consumo de drogas al principio de este capítulo y analizaremos las cuestiones relacionadas con la salud y el consumo de drogas en el Capítulo 16. Aquí únicamente señalamos que el consumo de drogas ilegales suele quedar enmascarado por síntomas como falta de atención o ausencias injustificadas. Los directivos que sospechan que el consumo o adicción a las drogas es la causa de un problema de falta de rendimiento deberían remitir al empleado al asesoramiento del PAE si la organización dispone del mismo. Simultáneamente, habría que documentar los problemas de rendimiento e iniciar los procedimientos disciplinarios. Esta forma de actuar demostrará cuán correcta es si al final hiciera falta despedir al trabajador porque no pueda superar su problema de abuso de sustancias psicotrópicas tras el asesoramiento y el tratamiento. Los directivos que remiten a los empleados a un programa PAE para resolver problemas que no están relacionados estrictamente con el rendimiento pueden crear algunos riesgos para la empresa, como veremos en el Capítulo 16.

PREVENCIÓN DE LA NECESIDAD DE TOMAR MEDIDAS DISCIPLINARIAS MEDIANTE LA GESTIÓN DE RRHH

Si adoptan un planteamiento estratégico y proactivo en el diseño de los sistemas de GRH, los directivos pueden eliminar en gran medida la necesidad de tomar medidas disciplinarias con los empleados. Los programas de RRHH diseñados para utilizar el talento y las habilidades de los empleados eficazmente reducen la necesidad de recurrir a la disciplina para moldear el comportamiento de los empleados. En esta sección revisamos brevemente las áreas funcionales de RRHH analizadas en los capítulos anteriores para mostrar cómo se pueden diseñar cada una de ellas para evitar empleados problemáticos[103].

RECLUTAMIENTO Y SELECCIÓN

Al emplear más tiempo y recursos en el reclutamiento y la selección, los directivos pueden lograr un mejor ajuste entre los individuos y la organización.

- Los trabajadores pueden ser seleccionados para que encajen con la organización además de con el puesto de trabajo. La elección de los candidatos que tienen un potencial para desarrollar una carrera profesional en la empresa disminuye la probabilidad de que los empleados muestren más adelante problemas de rendimiento.
- La comprobación de las referencias y la recopilación de información sobre los hábitos laborales y el carácter de los candidatos constituyen útiles preliminares antes de ofrecer un puesto.
- Múltiples entrevistas en las que participen diferentes grupos de la empresa pueden reducir los sesgos que llevan a malas decisiones de contratación. Cuando las mujeres, las minorías, los homólogos, los subordinados y los ejecutivos participan en el proceso de entrevistas, las empresas tienen más posibilidades de lograr el perfil preciso del candidato.

FORMACIÓN Y DESARROLLO

La inversión en formación y desarrollo de empleados ahorra a la empresa tener que resolver problemas de incompetencias o de trabajadores cuyas habilidades se vuelven obsoletas.

- Un programa de orientación eficaz comunica a los nuevos empleados los valores que son importantes para la organización. También les enseña lo que se espera de ellos como miembros de la organización. Esta información sobre la empresa puede ayudar a los empleados a gestionar mejor su propio comportamiento. FEDEC, por ejemplo, tiene un amplio programa de orientación para comunicar los valores de la empresa a los empleado[104].
- Los programas de formación para los nuevos empleados pueden reducir el desnivel en las habilidades y mejorar las competencias.
- Los programas de reciclaje pueden utilizarse para los empleados fijos cuyas habilidades se han vuelto obsoletas. Por ejemplo, los empleados pueden necesitar un reciclaje periódico en programas de procesamiento de textos a medida que cambia la tecnología y aparecen nuevos programas más potentes.
- La formación de los supervisores para que entrenen a sus subordinados y les informen de su rendimiento anima a los supervisores a intervenir antes en situaciones problemáticas, con consejos, más que con medidas disciplinarias.

- Se pueden establecer trayectorias profesionales que constituyan incentivos para que los empleados desarrollen un compromiso a largo plazo con los objetivos de la organización. Cuando los empleados saben que la organización tiene un proyecto a largo plazo para sus contribuciones, seguramente tendrán mejores comportamientos con sus compañeros y con los clientes.

PLANIFICACIÓN DE LOS RRHH

Los puestos de trabajo, la relación entre puestos de trabajo y las unidades organizativas pueden diseñarse para motivar e incentivar a los empleados. A los trabajadores muy motivados rara vez se necesita sancionarlos por problemas de rendimiento.

- Los puestos de trabajo deberían diseñarse para aprovechar al máximo el talento de cada empleado. Puede que sea necesario dotar de cierta flexibilidad a los puestos de trabajo para que las virtudes del empleado se puedan explotar al máximo. Una forma que tienen las empresas para crear una mayor flexibilidad de los puestos de trabajo es el *establecimiento de varios niveles en cada puesto de trabajo*. Este sistema, discutido en el Capítulo 10, sustituye las tradicionales descripciones precisas del puesto de trabajo por categorías, o bandas, más amplias de puestos de trabajo relacionados. Al ampliar la variedad de tareas de un puesto de trabajo, el establecimiento de diferentes niveles hace que sea menos probable que los empleados se aburran o no tengan incentivos y terminen eludiendo el trabajo con ausencias o llegando tarde. El establecimiento de diferentes niveles en cada puesto de trabajo ha sido aplicado con éxito en empresas como Atenía, General Electric y Harley Davidson[105].
- Las descripciones de los puestos de trabajo y los planes de trabajo deberían desarrollarse de forma que se comunique claramente a los empleados los niveles de rendimiento que se les exigen.

EVALUACIÓN DEL RENDIMIENTO

Muchos problemas relacionados con el rendimiento pueden evitarse diseñando sistemas de evaluación del rendimiento eficaces. Un sistema eficaz para la evaluación del rendimiento permite a la gente saber lo que se espera de ella, cómo tiene que satisfacer esas expectativas y qué puede hacer para superar sus deficiencias.

- Los criterios para la evaluación del rendimiento deberían definir niveles razonables que los empleados comprendan y sobre los que tengan cierto control.
- Los supervisores deberían animar, ofreciendo información continua sobre el rendimiento de los subordinados. Muchos de los problemas pueden evitarse con intervenciones rápidas.
- Las evaluaciones del rendimiento que hacen los supervisores deberían centrarse mucho en la eficacia con la que informan a sus subordinados y les ayudan a desarrollarse.
- Las evaluaciones de los empleados deben documentarse adecuadamente para proteger a los empleados de despidos injustificados o para evitar demandas por discriminación.

REMUNERACIÓN

Los empleados que piensan que las recompensas se asignan de forma injusta (tal vez por favoritismo) probablemente pierdan el respeto a la organización. Incluso peor, los empleados que creen que las políticas salariales no reconocen el valor de sus contribuciones probablemente contribuyan menos en el futuro.

- Las políticas salariales deben ser percibidas como justas por todos los empleados. Los empleados merecen ser recompensados por sus contribuciones. Es importante explicarles los procedimientos utilizados para establecer su nivel de compensación.
- Debe establecerse un mecanismo de apelaciones que dé a los empleados el derecho a cuestionar una decisión salarial. Los empleados que pueden manifestar su frustración respecto a una decisión salarial mediante un canal legitimado tienen menos probabilidades de protagonizar enfrentamientos con sus supervisores, con sus compañeros o con los clientes.

Resumen y conclusiones

Derechos de los empleados

En una relación de empleo, tanto el empleado como el empresario tienen derechos. Los derechos de los empleados se agrupan en tres categorías: derechos estatutarios (protección contra la discriminación, condiciones laborales seguras para la salud e integridad física, derecho a constituir sindicatos y afiliarse a los mismos), derechos contractuales (establecidos en los contratos de trabajo, los convenios colectivos y las políticas de empleo de la empresa) y otros derechos (derecho a un trato ético, a la intimidad y a la libertad de expresión).

Derechos de la dirección

Los empresarios tienen el derecho a dirigir sus negocios y obtener beneficios. Estos derechos están amparados por las leyes de propiedad, la costumbre y los valores de una sociedad que acepta los conceptos de empresa privada y el obtener beneficios como un móvil. Los derechos de la dirección incluyen el derecho a dirigir a la plantilla y a contratar, promocionar, asignar, sancionar y despedir a los empleados. Un derecho importante de la dirección es el despido libre, que permite a un empresario despedir a un empleado en cualquier momento por cualquier motivo. Existen tres excepciones a la doctrina del despido libre: excepciones basadas en políticas públicas, los contratos tácitos y la ausencia de buena fe y trato justo.

Obstáculos a los derechos de los empleados: caminando por la cuerda floja

A veces los derechos del empresario y del trabajador entran en conflicto. Por ejemplo, una prueba aleatoria sobre consumo de drogas puede crear conflictos entre la responsabilidad que tiene el empresario de ofrecer un lugar de trabajo seguro y el derecho a la intimidad de los empleados. Los profesionales de RRHH tienen que equilibrar los derechos de los empleados con los del empresario cuando diseñan políticas para resolver cuestiones en el lugar de trabajo, como los controles aleatorios sobre consumo de drogas, el control de los empleados utilizando medios electrónicos, la política sobre posibles denuncias que presenten los empleados de situaciones irregulares en la empresa y los romances en la oficina.

Régimen disciplinario de los empleados

Los directivos utilizan los procedimientos disciplinarios para comunicar a los empleados que deben cambiar de comportamiento. Existen dos planteamientos sobre cómo enfocar un régimen disciplinario. El procedimiento disciplinario progresivo se basa en ir aumentando las sanciones hasta llegar al despido. El procedimiento disciplinario positivo utiliza reuniones de asesoramiento entre el supervisor y el subordinado para motivar al empleado a que controle su propio comportamiento. Ambos procedimientos están diseñados para enfrentarse a comportamientos inadecuados que puedan ser modificados.

Administración y gestión del régimen disciplinario

Para evitar conflictos y demandas jurídicas, los directivos deben administrar adecuadamente el régimen disciplinario. Esto implica asegurarse de que las medidas disciplinarias aplicadas a los empleados se han adoptado bajo procedimientos justos e imparciales. Los directivos tienen que conocer los criterios que utiliza la empresa para determinar si un empleado ha sido tratado justamente y si tiene o no tiene el derecho a recurrir la medida disciplinaria. Para que un sistema disciplinario sea eficaz, debe existir un mecanismo de apelación.

Gestión de empleados problemáticos

A menudo, es necesario aplicar medidas disciplinarias a empleados que tienen problemas de ausencias al trabajo, de rendimiento, de insubordinación, de provocaciones a los compañeros o de abuso de drogas. La gestión del proceso disciplinario en estas situaciones exige un equilibrio de buen juicio y sentido común. Las sanciones puede que no sean la mejor solución en todos los casos.

Prevención de la necesidad de tomar medidas disciplinarias mediante la gestión de RRHH

La necesidad de sancionar a un empleado puede evitarse a menudo con un planteamiento estratégico y proactivo de la GRH. Una empresa puede evitar sancionar reclutando y seleccionando a los empleados adecuados para los puestos disponibles así como para las oportunidades futuras, formando y desarrollando a los trabajadores, diseñando los puestos de trabajo y las trayectorias profesionales que mejor aprovechan el talento de las personas, diseñando sistemas de evaluación del rendimiento eficaces y remunerando a los empleados por sus contribuciones.

Términos clave

acoso moral en el trabajo
contrato
contrato de trabajo
denuncias de los empleados
derecho
derechos contractuales
derechos de la dirección
derechos estatutarios
despido injusto
despido libre
expediente personal
insubordinación
Privacy Act de 1974
proceso justo
régimen disciplinario positivo
régimen disciplinario progresivo
regla de la estufa caliente

Preguntas para el debate

1. ¿Por qué los empresarios han tenido que prestar más atención a los derechos de los empleados en los últimos años?
2. ¿Tienen derechos los empresarios? Si es así, ¿cuáles son?
3. En un caso judicial muy conocido de 1988, Foley contra Interactive Data Corp., el demandante había sido despedido dos meses después de haber comunicado al vicepresidente de la empresa que su supervisor, un recién contratado, estaba siendo investigado por el FBI por desfalco a su anterior empresario. (El supervisor se confesó culpable ante los tribunales seis meses después de que Foley fuera despedido). En sus más de seis años de trabajo en Interactive Data, Foley siempre había sido reconocido con aumentos, promociones y excelentes evaluaciones del rendimiento. En función de sus evaluaciones del desempeño y de la política sobre despidos, escrita, de la empresa (que fijaba un procedimiento para los despidos de siete etapas), Foley consideraba que la empresa no podía despedirle, por lo que la llevó ante los tribunales en función de tres teorías, o causas, de actuación. ¿Cuáles cree usted que fueron estas tres causas de actuación? ¿Podría cualquiera de ellas considerarse una excepción a la doctrina del despido libre?
4. National Medical Enterprises, Inc., un operador de hospitales y centros de tratamiento psiquiátrico que factura 4.000 millones de dólares, se enfrentaba a cargos penales por prácticas como facturas excesivas y diagnósticos fraudulentos para prolongar la estancia del paciente en el hospital. Los investigadores encontraron que la alta dirección de NME había instado a los administradores de los hospitales a adoptar objetivos de "internamiento" diseñados para llevar a los pacientes a los hospitales a recibir tratamientos largos e innecesarios. El personal de los hospitales también había sido instado a internar a la mitad de los pacien-

tes que vinieran para una revisión. Suponga que uno de los empleados de NME se negara a internar a pacientes para los que el tratamiento fuera innecesario. ¿Podría esta negación considerarse como una insubordinación? Si este mismo empleado estuviera sopesando denunciar los diagnósticos fraudulentos a algún organismo externo a la empresa, ¿qué precauciones debería tomar en relación con la denuncia antes de hacer público el caso?

5. Compare y contraste los procedimientos disciplinarios progresivo y positivo.
6. ¿Cuáles son las ventajas e inconvenientes de permitir que un equipo gestione la disciplina entre sus miembros?
7. Normalmente la aplicación del régimen disciplinario se desarrolla entre un directivo y un empleado que es subordinado suyo. ¿Cómo puede contribuir el personal de RRHH a la justicia e imparcialidad de la aplicación del régimen disciplinario? ¿Cómo puede contribuir el personal de RRHH a la disminución de la necesidad de la aplicación del régimen disciplinario a los empleados de la empresa?
8. ¿Qué razones relacionadas con el trabajo puede tener una empresa para limitar las citas entre empleados y hacer cumplir una política de no citas? ¿Cree usted que los empresarios tienen derecho a limitar alguna o todas de las siguientes actividades de sus empleados fuera del trabajo? (1) Fumar cigarrillos, (2) participar en actividades de ocio de alto riesgo como esquiar, carreras de motocross, alpinismo o paracaidismo de caída libre, (3) apoyo electoral activo a candidatos políticos radicales, (4) tener un romance extramarital y (5) unirse a cultos religiosos que predican el odio contra las minorías. Justifique sus respuestas.

Existe material adicional disponible en la página web que acompaña a este libro. Puede acceder a esta información visitando la página web ***www.prenhall.com/gomez.***

¡DECIDA USTED!

TENDENCIAS EMERGENTES — Caso 14.1

¿Combinan bien religión y empresa?

Las leyes para la igualdad de oportunidades en el empleo *(EEOC: Equal Employment Opportunity Comisión)* en EE.UU. animan a que los empresarios realicen adaptaciones para que sus empleados puedan practicar su religión fuera del lugar de trabajo. Por ejemplo, un empresario podría atender, en la medida de lo posible, los deseos de un empleado que quiere tomar tiempo libre el sábado por la mañana para enseñar la Biblia en algún centro especializado. Además, la tecnología, la globalización de la competencia, las reducciones de plantilla y la reingeniería han dado lugar a empleados que buscan que el valor, apoyo y significado de sus vidas encuentre expresión no solamente en casa sino también en el trabajo. Esta búsqueda de significado religioso y espiritual en el lugar de trabajo es una novedad con respecto a la mentalidad empresarial más tradicional. Las personas que llevan sus prácticas religiosas al lugar de trabajo suponen un reto para aquellos empresarios y empleados que quieran mantener un ambiente de trabajo laico. ¿En qué medida el derecho de un empleado a practicar su religión colisiona con el derecho del empresario a gestionar su empresa? ¿En qué medida la práctica religiosa de un empresario interfiere con el derecho de los empleados a tener un ambiente de trabajo laico? Tenga en cuenta las siguientes situaciones antes de contestar a las preguntas que se formulan.

- Numerosos grupos de empleados se reúnen habitualmente para estudiar religión en restaurantes, salas de reunión o en residencias de empleados. Aproximadamente unas 10.000 pequeñas comunidades participan en el estudio continuo de la Biblia y otras actividades religiosas. El Pittsburgh Experiment es un apostolado cristiano en el lugar de trabajo que cuenta aproximadamente con 40 grupos afiliados, alguno de los cuales se reúnen semanalmente en un desayuno cristiano, previo al trabajo, realizando sesiones de rezo y apoyo. En una comunidad empresarial de Manhattan, un rabino del Jewish Theological Seminary discute una vez al mes dilemas éticos de la vida cotidiana con 20 líderes empresariales, que han formado un grupo de estudio del Antiguo Testamento.

- Existen empresas que ponen a disposición de sus empleados cursos de formación en temas tales como los milagros, la iniciación chamánica y el yoga. Empresas como Xerox y Motorola ofrecen talleres de trabajo sobre meditación buscando que los empleados puedan desarrollar su espiritualidad.
- Los tribunales han establecido que los derechos de los empleados no practicantes de ninguna religión tienen que estar protegidos contra la discriminación. Por ejemplo, en muchos convenios colectivos se fija el criterio de la antigüedad para escoger horario de trabajo y este derecho debe prevalecer sobre la necesidad de hacer adaptaciones de horario con fines religiosos para otros empleados. Por lo tanto, un empleado no practicante que tiene mayor antigüedad que otro empleado practicante, tiene preferencia para escoger turno de trabajo aunque el empleado practicante alegue sus necesidades espirituales.
- Una empresa intentó controlar, mediante directrices, los saludos de los empleados a los clientes después de las quejas de estos últimos diciendo que los empleados del supermercado les saludaban con frases del tipo "Dios le bendiga" y "Alabado sea el Señor". Los empleados practicantes llevaron su caso ante los tribunales, que se pronunciaron a favor de permitir a los empleados expresarse espontáneamente. Razonaron que un breve saludo con una connotación espiritual no significaba que los empleados estuvieran intentando hacer proselitismo o imponer sus creencias a los clientes y, además, no existían evidencias de que se hubieran perdido clientes como consecuencia de esos comportamientos. Por consiguiente, al no haber podido probar el empresario perjuicios importantes, prevaleció la libertad religiosa de los empleados.

Preguntas para reflexionar

1. Suponga que en una empresa estadounidense, un empleado de religión musulmana rechaza cooperar con una supervisora aduciendo que con ello violaría su religión que le prohíbe aceptar órdenes de un jefe que sea mujer. ¿Debería el empresario hacer los cambios necesarios para que el empleado pudiera cumplir con su religión? Justifique su respuesta. ¿Cómo debería manejarse esta situación?
2. En un banco varias de las empleadas de caja llevan grandes y prominentes crucifijos cristianos colgados de su cuello. Estas empleadas son cristianas reconvertidas y se reúnen con regularidad para discutir la Biblia. Algunos clientes se han quejado a la dirección diciendo que determinados ornamentos, como los grandes crucifijos, no son apropiados en el banco y han amenazado con llevarse sus cuentas a otra entidad. La dirección del banco no quiere perder a estos clientes. ¿Existe algún tipo de cambio organizativo que se pueda hacer, buscando equilibrar los derechos religiosos de los empleados y la obligación del banco de servir eficientemente a sus clientes?

Trabajo en equipo

Forme un grupo de cuatro o cinco estudiantes para discutir qué implicaciones puede haber para los derechos de los empleados, cuando el consejero delegado de una empresa es un creyente tan devoto que trae sus creencias religiosas al lugar de trabajo. ¿Cuáles son las ventajas de esta situación? ¿Existirían diferencias entre que el consejero delegado fuera cristiano, musulmán o judío? ¿Existen diferencias entre que el practicante en el lugar de trabajo sea un consejero delegado o sea un empleado normal, que se comporta de la misma manera? Prepárese para transmitir sus ideas con el resto de la clase.

Ejercicio basado en la experiencia

Tenga una conversación de cinco minutos con otro alumno sobre las siguientes cuatro situaciones que mezclan empresa y religión. Decidan que a uno de ustedes les parecen apropiadas y que al otro le parecen inapropiado o que le hacen sentirse incómodo. ¿Puede sacar alguna conclusión después de examinar estas cuatro situaciones? Repita el ejercicio dos o más veces con otros compañeros de clase. Prepárese para compartir sus conclusiones con el resto de la clase cuando se lo pida el profesor.

1. Varios empleados de su departamento llevan en el trabajo grandes y visibles crucifijos religiosos.
2. Cada vez que el gerente de su departamento les convoca a una reunión, la comienza con una oración.
3. Uno de sus compañeros siempre que tienen una conversación, aunque esté relacionada con el trabajo, hace citas bíblicas.
4. La empresa donde trabaja permite a los empleados hacer colectas entre los demás empleados para apoyar causas religiosas, como pueden ser el trabajo de los misioneros o las escuelas religiosas.

Fuente: Adaptado de Cash, K. y Gray, G. (2000, agosto). A frame-work for accommodating religion and spirituality in the workplace. *Academy of Management Executive*, 124-134; Gunther, M. (2001, 9 de julio). God & business. *Fortune*, 59-80.

¡DECIDA USTED!

ÉTICA

Caso 14.2

Bienvenido al mundo de un denunciante

Randy Robarge, supervisor en una central nuclear, nunca pensó que sería un denunciante. Para Robarge, tener preocupación sobre el almacenamiento incorrecto de material radiactivo en la central nuclear Zion, de Commonwealth Edison, situada en Lake Michigan, formaba parte de hacer bien su trabajo. Sus 20 años de experiencia eran tan respetados cuando empezó a encargarse de temas de seguridad que Commonwealth Edison le utilizaba como narrador del vídeo de la empresa para formación en seguridad; este vídeo se utiliza todavía en todo el sector. Por lo tanto no esperaba que el hablar claro pondría fin a su carrera.

Al principio el acoso fue sutil. Se le denegaban de forma rutinaria sus solicitudes de días de permiso y se le pedía que sustituyera a los empleados que estaban ausentes. Sus compañeros empezaron a distanciarse y los supervisores a criticar su trabajo. Tres meses más tarde Robarge estaba fuera de la empresa. Después de dos años de investigación federal se pudo probar que los procedimientos de contención de la radiación en Zion, de los que se había quejado Robarge, eran laxos y la central fue al fin cerrada.

El Department of Labor también ordenó a la empresa que pagase a Robarge una pequeña indemnización por haberle tratado incorrectamente. A los ojos del tribunal, Robarge había sido rehabilitado. Pero seis años después de sus quejas y tras haber presentado cientos de solicitudes de empleo, Robarge todavía no ha obtenido trabajo en ninguna empresa del sector. "Es un infierno en vida", dice Robarge, de 49 años, que sale adelante con los ahorros que tenía y trabajos ocasionales. "Es mi medio de subsistencia, lo que me gusta hacer. Pero tengo vetada la entrada a cualquier empresa del sector. Nadie quiere relacionarse conmigo. Me han etiquetado como un chivato."

Desgraciadamente, el caso de Robarge no es único. Según dice C. Fred Alford, autor de *Whistleblowers: Broken Lives and Organizacional Power (Denunciantes: poder organizativo y vidas rotas)*, aproximadamente la mitad de los denunciantes son despedidos, la mitad de estos pierden su hogar y la mayoría de estos últimos también pierden a su familia. Por cada Sherron Watkins, quien se convirtió en una heroína después de transmitir sus sospechas sobre las componendas financieras de Enron, ha habido unos 200 denunciantes de los que no hemos sabido nada de a quién le ha ido mal. En general, el 90 por ciento de los denunciantes puede esperar algún tipo de represalia de su empresa, las formas más habituales son la humillación pública, el aislamiento, la congelación de la carrera, el despido y las listas negras.

Dado que los compañeros, e incluso los amigos, no suelen apoyar a los denunciantes, los sentimientos de aislamiento y traición son muy altos. "Te sientes solo", dice Michael Lissack, del antiguo banco Smith Barney que se convirtió en un célebre denunciante después de sacar a la luz en Wall Stret una estafa financiera municipal. "Mi esposa me dijo, 'Gracias por arruinar nuestras vidas,' cogió la puerta y se fue". Existe incluso un retiro anual para denunciantes, llevado por un psicólogo, para ayudarles a combatir el estrés y las repercusiones por haber hablado.

Preguntas para reflexionar

1. ¿Qué puede motivar a un empleado a convertirse en un denunciante si las consecuencias para su vida profesional y personal son tan duras? ¿Está de acuerdo o en desacuerdo con que a pesar de todo habría que animar a más empleados a que presentasen denuncias? Explique sus razones. ¿Qué puede hacer la dirección para fomentar que los empleados denuncien las actividades ilegales o no éticas que se cometan en la empresa?
2. Sabiendo que iba a presentar una denuncia contra su empresa, ¿qué podría haber hecho Robarge para disminuir las consecuencias negativas que le iba a ocasionar esa situación? Por ejemplo, ¿cree que Robarge debería haber buscado previamente trabajo en otra empresa y después denunciar a su antiguo empresario? Explique su opinión. ¿Piensa que Robarge debería haber discutido su intención de presentar denuncia con alguien experimentado en estos temas? Justifique su opinión. ¿Qué más aspectos debería preparar Robarge antes de presentar su denuncia?

Trabajo en equipo

Con un grupo de cuatro o cinco estudiantes examine la Figura 14.3 ("Desarrollo de una política de denuncias eficaz") en lo que atañe a la experiencia de Randy Robarge como denunciante. ¿Fue Randy algo ingenuo cuando denunció a su empresa? ¿Qué errores piensa que cometió? ¿Tuvo la empresa parte de culpa en la manera que Randy fue tratado? ¿Qué podría haber hecho la empresa para proteger los derechos de los denunciantes? ¿Qué conclusiones puede sacar de la experiencia de Randy?

Ejercicio basado en la experiencia

Suponga que se da cuenta de que uno de sus compañeros del curso de dirección de RRHH está copiando en el examen final. ¿Denunciaría al profesor que vio cómo este estudiante copiaba en el examen? ¿Qué factores tendría presentes antes de decidir si le denunciaría? ¿Piensa que el tema le importaría si su facultad tuviera una política sobre honestidad que sanciona seriamente a los estudiantes que copian? ¿Cómo piensa que reaccionarían sus compañeros ante un estudiante que denuncia a los que copian? ¿Qué podría hacer la facultad para aumentar el número de denuncias por haber copiado?

Fuente: Adaptado de Daniels, C. (2002, 15 de abril). It's a living hell: Whistleblowing makes for great TV. But the aftereffects can be brutal *Fortune*, 367-368.

¡DECIDA USTED!

TENDENCIAS EMERGENTES — Caso 14.3

Un cigarro a escondidas y un trabajo perdido

Health Unlimited es una tienda de Jacksonville, Florida, que vende alimentos dietéticos al público en general. Ofrece productos hortícolas orgánicos, carne sin aditivos químicos, vitaminas y un restaurante de comida dietética con un bar de ensaladas y sándwiches. Para poder trabajar en la empresa se exige a cada empleado que firme una declaración diciendo que no es fumador y que no fumará ni en el trabajo ni fuera de él. El consumo de tabaco en cualquier momento se considera una infracción de esta política antitabaco y supone el despido inmediato. La empresa justifica esta política afirmando que los fumadores, por lo general, gozan de peor salud que los no fumadores elevando así la prima del seguro médico que paga para todos sus empleados. Muchos de los clientes y empleados de la tienda son tan antitabaco como la propia empresa.

Lisa DeMarco es la directora de productos de Health Unlimited. Era una ex fumadora cuando entró a trabajar. No obstante, durante los últimos meses, dado el estrés que padece por la separación de su marido, Lisa ha vuelto a fumar. Limita su consumo de tabaco a sus horas libres fuera de la tienda. Sin embargo, una de sus compañeras la vio fumar en un bar e informó a la directora de la tienda, Ellen Guidry.

Al día siguiente Ellen Guidry se reunió con Lisa, quien admitió que fumaba y explicó su situación. Ellen dijo que lo sentía, pero que tenía que aplicar la política antitabaco. No le quedaba más remedio que despedir a Lisa de inmediato. Lisa consideró que su despido no era justo porque había sido sincera con su jefa y tenía un buen historial laboral. También pensaba que merecía un poco de comprensión por las dificultades que estaba atravesando en su vida personal.

Preguntas para reflexionar

1. ¿Es legal que una empresa implante una política antitabaco que prohíba fumar fuera de las horas de trabajo además de en el trabajo? Aunque pudiese ser legal, ¿sería ética esta política?
2. ¿Cree que Ellen fue justa con Lisa cuando la despidió por violar la política antitabaco? ¿Debería haber tenido presente las circunstancias atenuantes citadas por Lisa a la hora de tomar su decisión? ¿Cómo llevaría usted este caso?

Trabajo en equipo

En un pequeño grupo, discuta por qué es difícil sancionar a los empleados por su comportamiento fuera del trabajo. Desarrollen algunas directrices que pudieran utilizar los directivos para decidir cuándo y cómo sancionar a los empleados por su conducta fuera del trabajo.

Ejercicio basado en la experiencia

Si un empresario puede prohibir a los empleados fumar fuera de las horas de trabajo, entonces se puede pensar que también les puede despedir si desarrollan alguna de las actividades fuera del trabajo que presentaremos a continuación. Cada una de estas prohibiciones se puede justificar por parte del empresario argumentando que si los empleados desarrollan estas actividades le obligarían a pagar más por los seguros de enfermedad, de vida u otro tipo de costes:

- Esquiar (el empresario tiene que pagar más por el seguro de enfermedad dado que esquiar es un deporte de riesgo).
- Motociclismo (los motoristas tienen tasas de accidente y mortalidad que los usuarios de automóviles o transporte público, incrementando los pagos por seguros de enfermedad y vida).
- Obesidad (los empleados obesos tienen más problemas de salud).
- Alpinismo (los alpinistas desarrollan un deporte de alto riesgo).
- Opiniones políticas radicales (las opiniones políticas radicales de un empleado pueden dañar la reputación de una empresa, ocasionando la pérdida de clientes si se sienten ofendidos por estas creencias).

¿Podría usted trabajar para un empresario que prohíbe alguna de estas actividades durante el tiempo de ocio? ¿Piensa que los empresarios deben tener libertad de poder restringir lo que los empleados hacen en su tiempo libre, si pueden demostrar que las actividades prohibidas afectan negativamente a los costes de la empresa? Prepárese para presentar sus opiniones en clase.

¡DECIDA USTED!

TENDENCIAS GLOBALES — Caso 14.4

Inmigrantes ilegales en la población activa: ¿oportunidad u obstáculo?

La cuestión de los trabajadores inmigrantes ilegales es un tema que ha alcanzado una dimensión mundial para la GRH. La situación surge cuando personas procedentes de países menos desarrollados entran ilegalmente en países más ricos buscando trabajo. Los inmigrantes ilegales es probable que acepten trabajar por salarios más bajos que los que reciben los ciudadanos del país de acogida. Además, frecuentemente se les paga en efectivo y por lo tanto es más fácil eludir obligaciones fiscales relacionadas con los salarios. Esta situación da lugar a problemas de injusticia con respecto a quienes "juegan respetando las reglas" y pagan sus impuestos o con aquellos que esperan la autorización para entrar legalmente en los países de acogida.

La mayoría de los ingresos que perciben los inmigrantes ilegales se envía a los familiares que permanecen en los países de origen. Esto incrementa los niveles de vida de la familia y contribuye a la estabilidad económica de los países de origen, disminuyendo la necesidad de ayuda económica. Los inmigrantes ilegales frecuentemente son explotados por empresarios faltos de escrúpulos que les pueden someter a condiciones de trabajo carentes de seguridad u obligarles a jornadas laborales muy por encima de lo permitido por las leyes del país de acogida. Los ilegales puede que no tengan los mismos derechos legales que los ciudadanos de los países de acogida o que ignoren qué derechos tienen; por lo tanto, se les puede sacar ventaja fácilmente al emplearlos.

Países tan diferentes como España, Polonia, Italia y EE.UU. tienen un número importante de inmigrantes ilegales en su población activa. En España, un gran número de rumanos, marroquíes, ecuatorianos y colombianos trabaja en el boyante sector turístico y en el de la construcción. Polonia acoge a decenas de miles de inmigrantes ilegales, principalmente procedentes de Ucrania. Italia tiene numerosos albaneses trabajando ilegalmente en su economía sumergida. Por último, el mayor número de trabajadores inmigrantes ilegales está en EE.UU., con estimaciones que superan los diez millones de ilegales trabajando dentro de sus fronteras principalmente en puestos de trabajo de bajo salario en el sector agrícola, industrias cárnicas, jardinería, hostelería y construcción.

En EE.UU., la población inmigrante ilegal es tan grande que se ha convertido en un importante segmento de mercado. Millones de inmigrantes ilegales originarios de Méjico han obtenido tarjeta de *registro* en el consulado mexicano, con la aprobación del gobierno de los EE.UU., que permite a los portadores de estas tarjetas abrir cuentas bancarias y tener permisos de conducir. El Wells Fargo Bank abre cuentas bancarias a los que tienen estas tarjetas de *registro* y la U.S. Sprint Corp. acepta las tarjetas para suscribir contratos telefónicos. La empresa Kraft ha desarrollado nuevas bebidas teniendo en mente a los inmigrantes ilegales en tanto que consumidores. En algunas partes de los EE.UU., sectores completos dependen del trabajo de los inmigrantes ilegales. El U.S. Department of Labor estima que en California, el estado productor de frutas y verduras más importante de toda la nación, el 90 por ciento del trabajo agrícola está formado por inmigrantes ilegales. En Texas, los restaurantes dependen totalmente de los ilegales para las actividades de poner las mesas y lavar los platos.

Con la exportación, mediante acuerdos de subcontratación, a India y China de millones de puestos de trabajo con altos salarios y el importante aumento de inmigrantes ilegales para los puestos de trabajo con salarios bajos, los ciudadanos de los EE.UU. tienen mayor incertidumbre que nunca sobre la seguridad de su trabajo y las oportunidades que tendrán sus hijos. Dependiendo de cómo sean caracterizados, los trabajadores inmigrantes ilegales pueden ser vistos como una nueva oportunidad que mantiene nuevos mercados o como un obstáculo que necesita ser controlado para que los ciudadanos que respetan las reglas económicas, pagan sus impuestos y cumplen con las leyes no sientan que son tratados injustamente por sus gobiernos.

Preguntas para reflexionar

1. ¿Cuáles piensa usted que son las principales oportunidades relacionadas con la presencia de los trabajadores inmigrantes ilegales? Detalle su razonamiento.
2. ¿Cuáles considera usted que son los principales obstáculos relacionados con la presencia de los trabajadores inmigrantes ilegales? Detalle su razonamiento.
3. ¿Asumiendo que el estatus que concierne a la inmigración ilegal tiene que modificarse, por qué es tan difícil encontrar una solución aceptable para este tema?

Trabajo en equipo

Con un grupo de cuatro o cinco estudiantes, determine qué derechos o beneficios sociales, en el lugar de trabajo, comparten los inmigrantes ilegales con cualquier trabajador que tiene su situación regularizada, y cuáles de este mismo tipo de derechos son exclusivos para los ciudadanos del país o para los residentes legales y no están a disposición de los ilegales. A continuación le presentamos ejemplos de derechos o beneficios sociales para ayudarle a responder a las preguntas anteriores: Seguridad Social, indemnización por daños al trabajador, seguro de desempleo, normas de salud laboral, pago de las horas extraordinarias, salario mínimo, afiliación sindical y posibilidad de trabajo en el sector público. ¿Qué tipo de empresario es más probable que contrate inmigrantes ilegales? Prepárense para presentar sus conclusiones en clase.

Ejercicio basado en la experiencia

Este ejercicio está orientado a que analice su postura con respecto a los trabajadores inmigrantes ilegales.

- ¿Podría usted trabajar para un empresario que suele contratar inmigrantes ilegales? ¿Por qué sí? ¿Por qué no?
- ¿Podría consumir productos de una empresa de la que tiene certeza que contrata inmigrantes ilegales? ¿Por qué sí? ¿Por qué no?
- Si estuviera trabajando en un restaurante y descubriera que alguno de sus compañeros era un inmigrante ilegal, ¿informaría al gerente del local? ¿Por qué sí? ¿Por qué no?
- Si fuera propietario de un restaurante y la única manera de cubrir las vacantes de lavaplatos fuera contratar personas que muy probablemente son inmigrantes ilegales, ¿estaría dispuesto a hacerlo? ¿Por qué sí? ¿Por qué no?
- Si fuera el gerente de un departamento y descubriera que el candidato a cubrir una vacante tenía un inmigrante ilegal cuidando de sus hijos, ¿le ofrecería a pesar de ello el puesto de trabajo? ¿Por qué sí? ¿Por qué no?

Esté preparado para compartir sus respuestas con el resto de la clase, cuando se lo pida el profesor.

Fuente: Grow, B. (2005, 18 de julio). Embracing illegals. *Business Week*, 42-49; Justich, R. y Ng, B. (2005). *The underground labor force is rising to the surface*. New York: Bear Stearns Asset Management Inc.; *The Economist*. (2005, 10 de septiembre). The grapes of wrath, again, 50; Colvin, G. (2005, 5 de septiembre). On immigration policy, we've got it backward. *Fortune*, 44.

NOTAS

ADAPTACIONES PARA ESPAÑA — Nota 14.1

El régimen disciplinario de las empresas en España

Normalmente el régimen disciplinario que aplican las empresas en España es fruto de los acuerdos colectivos entre empresarios y trabajadores. De este modo, a un trabajador en España se le aplica un sistema que estará reflejado bien en un convenio sectorial o en un convenio de empresa.

Estructura de un régimen disciplinario

Una estructura habitual en los convenios colectivos suele ser semejante a la que presentamos a continuación, recogida en el XXI Convenio Colectivo de Banca, con la salvedad del tema de la prevención del acoso sexual. Este último tema, dada su relativa novedad, no figura en todos los convenios colectivos.

Clasificación de faltas.
- Faltas leves.
- Faltas graves.
- Faltas muy graves.
- Régimen de sanciones.
- Medidas cautelares.
- Prevención de acoso sexual.

Clasificación de faltas

Artículo 50.°—**Clasificación de faltas**

La Empresa podrá sancionar a los trabajadores que incumplan sus obligaciones laborales, de acuerdo con la calificación de faltas que se establece en el presente convenio, o que resulten equiparables, clasificándose las faltas en leves, graves y muy graves.

Artículo 51.°—**Faltas leves**

Se considerarán faltas leves las siguientes:

1. Los retrasos en la entrada y los adelantos en la salida del trabajo, injustificados y que no lleguen a seis en un mes.
2. Ausentarse del trabajo sin causa que lo justifique ni contar con permiso del superior inmediato siempre que no exceda de una hora, y que no afecte gravemente al servicio.
3. El trato incorrecto o descortés al público o a los compañeros de trabajo.
4. No comunicar a la Empresa con la debida diligencia los cambios de domicilio, así como variaciones en la situación familiar que puedan tener incidencia en la Seguridad Social, Hacienda Pública, acción asistencial o régimen obligacional de la Empresa.
5. No informar a los superiores, en las primeras horas de la jornada, de las causas de inasistencia al trabajo, salvo que haya motivos justificados que lo impidan.
6. Negligencia en el cumplimiento de los deberes laborales, cuando no causen o derive perjuicio a los intereses de la Empresa.
7. Faltar al trabajo un día sin causa justificada.

Artículo 52.°—**Faltas graves**

1. Faltar al trabajo, sin causa justificada, dos días en un período de dos meses.

2. La negligencia en el cumplimiento de los deberes laborales, cuando cause o derive perjuicio grave a los intereses de la Empresa.
3. Los retrasos en la entrada y los adelantos en la salida del trabajo, injustificados y que excedan de cinco en un mes; o que se reiteren en un período de tres meses superando su número el de ocho, previa advertencia al trabajador; o que la suma de aquéllos supere las horas de una de sus jornadas laborales en un trimestre.
4. Interrumpir o perturbar el servicio, sin justificación legal, realizando o permitiendo en el Centro de trabajo cualquier actividad ajena al interés de la Empresa.
5. No comunicar a la Empresa hechos presenciados o conocidos que causen o puedan causar perjuicio grave a los intereses de la Empresa.
6. La ocultación maliciosa de errores propios y de retrasos producidos en el trabajo que causen perjuicio a la Empresa.
7. La retención, sin autorización del jefe competente, de documentos, cartas, datos, informes, etc. o su aplicación, destino o usos distintos de los que sean procedentes.
8. Registrar la presencia de otro trabajador valiéndose de su ficha, firma, tarjeta de control o alterando los controles de entrada y salida al trabajo.
9. La reincidencia o reiteración en falta leve, dentro de un período de tres meses, cuando haya mediado sanción por escrito, salvo las reguladas en el punto 1 de faltas leves, que se regirán por lo establecido en el punto 3 de este apartado de graves.

Artículo 53.°—**Faltas muy graves**

1. La trasgresión de la buena fe contractual así como el abuso de confianza en el desempeño del trabajo.
2. El fraude o deslealtad en las gestiones encomendadas o la apropiación, hurto o robo de bienes propiedad de la Empresa, de compañeros o de clientes. Asimismo, la realización de estos últimos hechos sobre cualquier otra persona dentro de las dependencias de la Empresa.
3. La simulación de enfermedad o accidente, así como la realización de actividades incompatibles con la situación de baja por enfermedad o accidente.
4. El quebranto o violación de secretos de obligada reserva.
5. La embriaguez habitual o toxicomanía si repercute negativamente en el trabajo.
6. La infracción a las normas de la Empresa, cometida con el propósito de ocultar, falsear o enmascarar la verdadera situación y naturaleza de los estados contables o de los riesgos contraídos.
7. El abuso de autoridad por parte de los superiores.
8. El acoso sexual en los términos establecidos en la Ley y en el Convenio Colectivo.
9. La indisciplina o desobediencia en el trabajo.
10. La disminución continuada y voluntaria en el rendimiento del trabajo normal o pactado.
11. Las ofensas verbales o físicas al empresario o a las personas que trabajen en la Empresa o a los familiares que convivan con ellos.
12. La reiteración o reincidencia en falta grave en un período de 12 meses, siempre que haya mediado sanción por escrito.

Sanciones

Artículo 54.°—**Régimen de sanciones**

Corresponde a la Empresa la facultad de imponer sanciones en los términos de lo estipulado en el presente Convenio. De toda sanción, salvo la amonestación verbal, se dará traslado por escrito al interesado, que deberá acusar recibo o firmar el enterado de la comunicación, sin que ello suponga conformidad con los hechos.

No obstante lo establecido en este capítulo, la empresa, atendiendo a las circunstancias concurrentes, podrá aplicar a las faltas cualesquiera de las sanciones previstas para tipos de inferior gravedad, sin que tal disminución de la sanción implique variación en la calificación de la falta.

Sanciones máximas

Las sanciones máximas que podrán imponerse en cada caso, atendiendo a la gravedad de la falta cometida, serán las siguientes:

a) Por faltas leves:
   1. Amonestación verbal.
   2. Amonestación por escrito.
   3. Suspensión de empleo y sueldo de hasta dos días.

b) Por faltas graves:
   1. Suspensión de empleo y sueldo de hasta 20 días.
   2. Traslado forzoso a población distinta de la de residencia habitual del empleado, por un plazo máximo de tres años, dentro de la misma provincia. A estos efectos no se computarán las suspensiones del contrato de trabajo.
   3. Inhabilitación temporal, por plazo de hasta dos años, para pasar a Niveles superiores.
   4. Pérdida temporal del Nivel pasando al inmediatamente inferior, incluso si comporta cambio de Grupo, con su repercusión económica, por un plazo máximo de un año.

c) Por faltas muy graves:
   1. Suspensión de empleo y sueldo de hasta seis meses.
   2. Traslado forzoso a población distinta a la de residencia habitual del empleado.
   3. Pérdida definitiva del Nivel o Grupo con su repercusión económica.
   4. Inhabilitación temporal por plazo de hasta cuatro años, para pasar a Niveles superiores.
   5. Despido.

Artículo 55.º—**Medidas cautelares**

La Empresa, cuando sea necesario para un mejor conocimiento del verdadero alcance y naturaleza de los hechos, podrá decretar cautelarmente la suspensión de empleo del trabajador afectado por un plazo máximo de dos meses, estando éste a disposición de la Empresa durante el tiempo de suspensión.

Nuevos temas de un régimen disciplinario

Artículo 56.º—**Prevención de acoso sexual**

1. Constituye acoso sexual cualquier comportamiento verbal o físico, de naturaleza sexual, que tenga el propósito o produzca el efecto de atentar contra la dignidad de una persona, en particular cuando se crea un entorno intimidatorio, degradante u ofensivo.
2. Con el fin de prevenir situaciones de acoso sexual, la empresa velará por la consecución de un ambiente adecuado en el trabajo, libre de comportamientos indeseados de carácter o connotación sexual, y adoptará las medidas oportunas al efecto, arbitrando procedimientos específicos para su prevención.

Con esta misma finalidad, también se podrán establecer medidas que deberán negociarse con los representantes de los trabajadores, tales como la elaboración y difusión de códigos de buenas prácticas, la realización de campañas informativas o acciones de formación.

3. Con independencia de las acciones legales que puedan interponerse al respecto ante cualesquiera instancias administrativas o judiciales, el procedimiento interno e informal se iniciará con la denuncia de acoso sexual ante una persona de la dirección de la empresa.

La denuncia dará lugar a la inmediata apertura de expediente informativo por parte de la empresa, especialmente encaminado a averiguar los hechos e impedir la continuidad del acoso denunciado, para lo que se articularán las medidas oportunas al efecto, quedando la empresa exonerada de la posible responsabilidad por vulneración de derechos fundamentales.

Se pondrá en conocimiento inmediato de la representación de los trabajadores la situación planteada, si así lo solicita la persona afectada.

En las averiguaciones a efectuar no se observará más formalidad que la de dar trámite de audiencia a todos los intervinientes, practicándose cuantas diligencias puedan considerarse conducentes al esclarecimiento de los hechos acaecidos.

Durante este proceso que deberá estar sustanciado en un plazo máximo de diez días, guardarán todos los actuantes una absoluta confidencialidad y reserva, por afectar directamente a la intimidad y honorabilidad de las personas.

La constatación de la existencia de acoso sexual en el caso denunciado dará lugar, entre otras medidas, siempre que el sujeto activo se halle dentro del ámbito de dirección y organización de la empresa, a la imposición de una sanción.

Fuente: XXI Convenio colectivo de Banca. *Boletín Oficial del Estado (BOE núm. 196)*, 16 de agosto de 2007, pág. 35018-35031.

CAPÍTULO

15 GESTIÓN DE LAS RELACIONES CON LOS REPRESENTANTES DE LOS TRABAJADORES

OBJETIVOS

Tras leer este capítulo, usted estará en condiciones de abordar los siguientes temas:

1. **Comprender** las razones que llevan a los trabajadores a crear sindicatos y afiliarse a los mismos.
2. **Comprender** la Ley Nacional de Relaciones Laborales, *Ley Wagner* [*National Labor Relations (Wagner) Act*] y el funcionamiento de la Junta Nacional de Relaciones Laborales (*National Labor Relations Board*) para regular las prácticas laborales y las elecciones sindicales.
3. **Describir** las relaciones laborales en EE.UU. y en otras partes del mundo.
4. **Identificar** las estrategias de relaciones laborales y describir cómo influyen en las decisiones tácticas y operativas sobre relaciones laborales.
5. **Describir** las tres fases del proceso de relaciones laborales: organización del sindicato, negociación colectiva y gestión del convenio colectivo.
6. **Explicar** el funcionamiento del procedimiento de quejas laborales y por qué el papel del supervisor es fundamental para lograr buenas relaciones laborales con el sindicato.
7. **Identificar** las maneras en que el sindicato puede influir en la gestión de RRHH de la empresa, incluyendo la contratación, el desarrollo de los empleados, la retribución y las políticas de relaciones internas.

Pocas instituciones reflejan tan bien como los sindicatos el poder de la unión de las personas en torno a una causa común. Los sindicatos pueden cambiar drásticamente las políticas y prácticas de la dirección de la empresa. Considere las dos situaciones siguientes:

La huelga de UPS

En uno de los acontecimientos más significativos en el campo de las relaciones laborales, ocurrido durante los 90, se produjo una huelga de dos semanas, durante el mes de agosto de 1997, liderada por el sindicato Teamsters Union de United Parcel Service (UPS). Ambos bandos no se ponían de acuerdo para que UPS creará más puestos a tiempo completo para su plantilla de 300.000 empleados, el 60 por ciento de los cuales tenía un contrato a tiempo parcial. UPS llegó a un acuerdo con el sindicato para poner fin a la huelga después de que a la empresa le hubiera costado unos 700 millones de dólares en ingresos dejados de percibir más la pérdida de parte de su cuota de mercado frente a sus rivales FedEx y el U.S. Postal Service[1].

UPS aceptó crear 10.000 nuevos puestos de trabajo a tiempo completo en un período de cinco años. Los que en ese momento eran empleados a tiempo parcial podían solicitar esos puestos[2]. Algunos empleados a tiempo parcial llevaban trabajando en UPS diez años, esperando a que uno de los escasos puestos a tiempo completo quedara vacante. En aquel momento, los empleados a tiempo completo de UPS ganaban unos 20 dólares a la hora, mientras que los empleados a tiempo parcial percibían unos 11 dólares a la hora. Los beneficios sociales (seguros médicos, pensiones, días libres, etc.) eran parecidos para ambos tipos de empleados[3].

En el período subsiguiente a la huelga, tanto el sindicato como la dirección de la empresa trabajaron para mejorar sus relaciones. En 2002, UPS y el Teamsters Union negociaron su siguiente contrato colectivo sin que hubiera huelga. El acuerdo incluía un incremento salarial del 22 por ciento para un período de seis años. También mejoraron las contribuciones a los planes de pensiones y al seguro médico. El contrato colectivo fue el resultado de unas negociaciones que comenzaron seis meses antes con un intercambio de propuestas en las diferentes sesiones de negociación que culminaron en acuerdo. Tanto el Teamsters Union como la dirección de UPS tuvieron una posición más cooperadora en las últimas negociaciones debido a que ambos querían evitar las pérdidas que tuvieron durante la huelga de 1997[4]. Sin embargo, en 2005 la paz en UPS estuvo amenazada con una huelga inminente convocada por otro sindicato, el Independent Pilots Union, que representaba a 2.500 pilotos que operaban aviones comerciales para el servicio de transporte de mercancías y paquetería de UPS. Los pilotos y la dirección de UPS estaban muy lejos de lograr un acuerdo sobre el salario de los pilotos y ambas partes recurrieron a mediadores para evitar el paro[5].

Médicos afiliados

Muchos médicos están volviendo a los sindicatos para luchar contra las reducciones de tarifas y los controles sobre los tratamientos que prescriben por parte de las organizaciones sanitarias que gestionan los seguros médicos. En 2005, el número de médicos afiliados alcanzó los 50.000[6]. De hecho, un sindicato logró organizar por primera vez a los médicos estadounidenses en una empresa con fines de lucro de gestión de la salud. La Federation of Physicians and Dentists organizó a los médicos de los Thomas-Davis Medical Centers, una de las clínicas más antiguas y prestigiosas de Tucson, Arizona. Otros muchos médicos están considerando la posibilidad de crear sindicatos para proteger su capacidad de practicar la medicina como les parezca oportuno, en vez de permitir que empresas de gestión de la salud dicten la forma en la que deben tratar a los pacientes. Los médicos esperan que los sindicatos permitan lograr las siguientes mejoras en las prácticas de gestión de la salud:

- **Reducir el número de pacientes por médico.** Las aseguradoras sanitarias han aumentado el número de pacientes por médico, lo que reduce la cantidad de tiempo que un médico puede emplear con cada paciente.
- **Reducir las restricciones a los cambios.** Las aseguradoras sanitarias utilizan complejos procedimientos para aprobar que un paciente sea remitido a otro médico, lo que puede requerir mucho tiempo por parte de los médicos. Los médicos también se quejan de la calidad de la lista aprobada de especialistas a los que se puede remitir a los pacientes.
- **Recuperar el control de las decisiones sobre cuidados a los pacientes.** Con mucha frecuencia, los médicos tienen que justificar sus decisiones profesionales, como la medicación que prescriben o el tipo de tratamiento que quieren aplicar. Las aseguradoras sanitarias exigen mucho papeleo para justificar las decisiones médicas, pudiendo incluso llegar a revocar una decisión.

Los médicos esperan que, a medida que aumente el número de afiliados al sindicato, el equilibrio de poderes en el campo de la medicina pasará de las compañías de seguros a los miembros de la profesión[7].

EL ENFOQUE DIRECTIVO

La relación entre los directivos y sus trabajadores cambia cuando una organización cuenta con la presencia de sindicatos. La ley exige que los directivos se reúnan y lleguen a acuerdos con los representantes electos del sindicato para tomar decisiones que afectan a los salarios, a las horas de trabajo y a las condiciones laborales. Así cuando los empleados representados por el sindicato no están satisfechos con su retribución o con otros aspectos laborales, la empresa se enfrenta a la posibilidad de una huelga u a otra forma de acción colectiva diseñada para obligarla a reaccionar ante los deseos de los trabajadores. Por tanto, los directivos tienen que comprender las cuestiones esenciales de las relaciones laborales y de la legislación laboral para resolver adecuadamente la gestión diaria de dichas relaciones.

La presencia de un sindicato aumenta la necesidad por parte de la dirección de disponer de servicios de RRHH. Los especialistas en RRHH y relaciones laborales pueden ayudar a los directivos a desarrollar tácticas y estrategias para colaborar de forma constructiva con el sindicato y sus representantes en áreas como la negociación de los términos de los nuevos convenios colectivos, la interpretación de estos convenios o las respuestas a las quejas de los empleados. Los directivos que comprendan las cuestiones básicas de las relaciones laborales sabrán identificar el momento en el que tienen que acudir a los especialistas de RRHH y las preguntas que deben hacerles.

En este capítulo analizaremos las relaciones dirección-trabajadores entre empresas y sindicatos. Empezaremos examinando las razones que llevan a los trabajadores a la creación de sindicatos y a la afiliación a los mismos y las razones que explican las preferencias de algunos empresarios por empresas sin presencia sindical. En segundo lugar, destacaremos la principal legislación estadounidense que regula las cuestiones laborales y describiremos el actual clima de relaciones laborales en EE.UU. y en otros países. A continuación, analizaremos las distintas estrategias de relaciones laborales y las reglas y procedimientos que regulan las actividades sindicales. Finalmente, analizaremos la influencia de los sindicatos sobre diferentes prácticas de RRHH.

RAZONES DE LOS EMPLEADOS PARA CREAR Y AFILIARSE A LOS SINDICATOS

Un **sindicato** es una organización que representa los intereses de los trabajadores ante la dirección en cuestiones tales como los salarios, las horas de trabajo y las condiciones laborales. Los empleados participan en la gestión del sindicato y respaldan sus actividades con las *cuotas sindicales*, cantidades que pagan para recibir los servicios del sindicato. La ley protege el derecho de los empleados a crear, afiliarse y participar en un sindicato. La ley también exige que los empresarios negocien y alcancen acuerdos con los sindicatos en ciertas cuestiones laborales que afectan a los empleados afiliados.

Sindicato
Organización que representa los intereses de los empleados ante la dirección en cuestiones tales como los salarios, las horas de trabajo y las condiciones laborales.

Los empleados se afilian a los sindicatos por distintos motivos. En Israel, por ejemplo, los empleados se afilian a los sindicatos porque muchos creen en la justicia social que representa el sindicato[8]. Los empleados en EE.UU. buscan la representación del sindicato cuando (1) no están satisfechos con determinadas cuestiones relativas a su trabajo, (2) consideran que no pueden influir sobre la dirección para conseguir los cambios necesarios y (3) ven la afiliación al sindicato como la solución a sus problemas[9]. El mejor aliado de los sindicatos es una mala dirección de la empresa. Si los directivos escuchan a los empleados, les otorgan cierta voz en las políticas que afectan a su trabajo y les tratan de forma justa, los empleados, normalmente, no sentirán la necesidad de organizarse. Los directivos que ignoran los intereses de sus trabajadores y les tratan de forma inconsistente suelen terminar teniendo que tratar con un sindicato.

Las empresas suelen preferir plantillas que no estén afiliadas a un sindicato. La razón fundamental es que los salarios suelen ser superiores para los trabajadores de empresas que cuentan con sindicatos, lo que sitúa a estas empresas en una posición de desventaja respecto a sus competidores si éstos no cuentan con un sindicato. Además, los sindicatos limitan la actuación que los directivos pueden tener con un determinado empleado. Por ejemplo, un empleado de una empresa con presencia sindical que trabaja especialmente bien normalmente no puede recibir una subida salarial por méritos o un ascenso antes que otro empleado más antiguo. Muchos convenios colectivos definen las responsabilidades laborales específicas de determinados trabajadores, lo que reduce la flexibilidad para asignar trabajo. No obstante, muchas empresas que cuentan con sindicatos tienen éxito y los sindicatos ofrecen algunos beneficios sociales muy positivos. Por ejemplo, un estudio reflejaba que los sindicatos fomentaron la productividad en los hospitales un 16 por ciento respecto a los hospitales que no contaban con la presencia de algún sindicato[10]. Pero, si pudieran elegir, la mayoría de los directivos preferiría un entorno sin sindicatos.

LOS ORÍGENES DE LOS SINDICATOS DE TRABAJADORES EN EE.UU.

En EE.UU., los sindicatos, tal y como los concebimos hoy en día, estaban casi totalmente desprotegidos por la ley hasta 1935. El planteamiento del gobierno estadounidense respecto a los sindicatos era muy simple antes de 1935: en una economía de libre mercado, las relaciones de trabajo son, fundamentalmente, relaciones entre particulares y tanto el empleado como el empresario son libres de aceptar o rechazar esta relación si la consideran no satisfactoria (*véase* la discusión sobre el despido libre en el Capítulo 14).

Este planteamiento considera que el empresario y el empleado están en posiciones similares de poder: los empleados que consideran que su retribución es injusta, o que sus condiciones de trabajo no son razonables, tienen la libertad de buscar otro trabajo; los empresarios que están descontentos con el rendimiento de un empleado pueden despedirle. En la práctica, es evidente, los empresarios tienen bastante más poder que cada uno de los empleados por sí solos. Una gran empresa siderúrgica no echa de menos a un empleado que se va porque normalmente tiene una gran oferta de candidatos disponibles para sustituir a ese trabajador. Por el contrario, un gran empresario puede ser vital para un barrio, una ciudad o una región, en que exista pocas o ninguna otra alternativa de empleo. Las grandes empresas siderúrgicas en Pittsburg, los fabricantes de automóviles en Detroit, las minas de carbón en Appalachia y las empresas de neumáticos en Akron, son ejemplos de empresarios e industrias que dominan sus respectivas regiones.

Durante la Gran Depresión de 1930, millones de trabajadores perdieron sus puestos de trabajo debido a las enormes presiones que tenían los empresarios para reducir los costes de producción. Estas reducciones de empleo suponían para la clase trabajadora una presión todavía mayor. Fue en este contexto en el que se legalizó la actividad sindical, tal y como la conocemos hoy en día, por la Ley Wagner de 1935 (*Act Warner*) que intentaba equiparar el poder de los empresarios y empleados. De hecho, este objetivo explica gran parte de la respuesta gubernamental y de la sociedad ante la actividad sindical durante la Depresión y los años posteriores a la Segunda Guerra Mundial. Los sindicatos fueron ampliamente respaldados dada la percepción de la sociedad de que los trabajadores tenían muy poco poder.

Hacia finales del siglo XX, sin embargo, la percepción social había cambiado. Cuando el Presidente Reagan ordenó despedir a los controladores de tráfico aéreo el 5 de agosto de 1981, dos días después de que hubieran iniciado una huelga ilegal, los empleados despedidos recibieron pocas muestras de simpatía del conjunto de la sociedad, probablemente porque existía la percepción que los sindicatos se habían convertido en una institución demasiado poderosa. Estos hechos se producen en medio de un período de drástica disminución de las huelgas en EE.UU.: de un máximo de 424 en 1974, las huelgas cayeron hasta 17 en 2004[11]. Sin embargo, como vimos al comenzar este capítulo, los sindicatos están creciendo en algunos sectores como la medicina. Además, la sociedad ve relativamente bien a trabajadores en huelga como los de UPS en su lucha por convertir trabajadores a tiempo parcial en trabajadores a tiempo completo. A medida que los sindicatos aborden nuevos temas y representen a trabajadores de nuevas profesiones, la percepción que tiene la sociedad de las actividades sindicales probablemente cambie.

EL PAPEL DE LOS DIRECTIVOS EN LAS RELACIONES LABORALES

Cuando un sindicato representa a un grupo de empleados en una empresa, la empresa necesita especialistas que puedan representar los intereses de la dirección ante el sindicato. Estos **especialistas en relaciones laborales**, que suelen ser miembros del departamento de RRHH, ayudan a resolver las quejas y reclamaciones, negocian con el sindicato las modificaciones de los contratos colectivos y ofrecen asesoramiento a la alta dirección sobre la estrategia de relaciones laborales.

Especialista en relaciones laborales
Persona, frecuentemente miembro del departamento de RRHH, que tiene muchos conocimientos sobre relaciones laborales y puede representar los intereses de la dirección ante el sindicato.

Sin embargo, siguen siendo los directivos y jefes los que tienen la principal responsabilidad en las relaciones del día a día entre trabajadores y dirección. Así, es importante que comprendan las cuestiones laborales vinculadas a los sindicatos. Primero, como señalamos anteriormente, los sindicatos suelen surgir únicamente en empresas en las que los empleados no están satisfechos con sus trabajos, teniendo el personal directivo una gran influencia sobre la percepción que los trabajadores tienen de su entorno laboral. Segundo, donde existe un sindicato, el personal directivo es responsable del cumplimiento diario de los términos de los acuerdos laborales. Cuanto mejor realicen esta función, menor tiempo tendrá que emplear la empresa en resolver conflictos laborales. Tercero, el personal directivo tiene que comprender la legislación laboral básica para no crear involuntariamente responsabilidades legales a su empresa. Finalmente, frecuentemente se le pide a algunos miembros del personal directivo que participen en comités que abordan las quejas planteadas contra la empresa por los trabajadores afiliados a los sindicatos. Un directivo que comprenda las cuestiones laborales básicas estará mejor preparado para escuchar y decidir en estos casos.

Puesto que la naturaleza y función de los sindicatos dependen de la legislación, a continuación examinaremos cuestiones concretas de esa legislación.

RELACIONES LABORALES Y ENTORNO LEGAL

En EE.UU., la legislación clave sobre relaciones laborales consiste en tres leyes aprobadas entre los años 30 y los 50: la Ley Wagner (*Wagner Act* de 1935), la ley Taft-Harley (*Taft-Hartley Act* de 1947) y la ley Landrum-Griffin (*Landrum-Griffin Act* de 1959). Estas leyes regulan las relaciones laborales en el sector privado. Las relaciones laborales en el sector público están protegidas por leyes federales o estatales diseñadas a partir de las tres anteriores.

En EE.UU., la historia de la legislación sobre relaciones laborales puede describirse como un acto de búsqueda de equilibrio. El gobierno ha intentado equilibrar (1) el derecho de los empresarios para desarrollar sus negocios libres de interferencias innecesarias,

(2) el derecho de los sindicatos para organizar y negociar en nombre de sus afiliados y (3) el derecho de cada trabajador a elegir a sus representantes o decidir si no quieren o necesitan una representación sindical. Antes de 1935, los derechos de los empresarios no estaban limitados por la legislación federal. Tras la aprobación de la ley Wagner, sin embargo, muchos consideraron que se habían protegido demasiado los derechos de los sindicatos respecto a los derechos tanto de los empresarios como de cada uno de los trabajadores. Este sentimiento hizo que el Congreso aprobara dos leyes, la ley Taft-Hartley y la ley Landrum-Griffin, en un intento por equilibrar la situación.

LEY WAGNER

Ley Wagner / Ley Nacional de Relaciones Laborales (1935)
Ley federal de los EE.UU. diseñada para proteger el derecho de los trabajadores a crear y afiliarse a los sindicatos y participar en actividades como huelgas, piquetes y negociación colectiva.

Junta Nacional de Relaciones Laborales (NLRB)
Agencia federal independiente creada por la ley Wagner con la misión de aplicar la legislación laboral estadounidense.

La **ley Wagner** (*Wagner Act*), también conocida como la **Ley Nacional de Relaciones Laborales** (*National Labor Relations Act*), fue aprobada en 1935 durante la Gran Depresión. Esta ley estaba diseñada para proteger el derecho de los trabajadores a crear y afiliarse a los sindicatos y participar en actividades como huelgas, piquetes y negociación colectiva. La ley Wagner creó la **Junta Nacional de Relaciones Laborales** (*NLRB: Nacional Labor Relations Board*), una agencia federal independiente encargada de aplicar la legislación laboral estadounidense.

Las principales funciones de la NLRB son (1) proporcionar *certificaciones de elecciones*, de aquellas con votaciones secretas para determinar si los trabajadores quieren ser representados por un sindicato y (2) evitar y solucionar las actuaciones ilegales conocidas como *prácticas laborales injustas*. La NLRB pone remedio a una práctica laboral injusta emitiendo una *orden de cese y desistimiento*, que obliga a la parte culpable a cesar en su práctica laboral ilegal. La ley Wagner estableció cinco prácticas laborales ilegales que pueden ser remediadas por la Junta Nacional de Relaciones Laborales (NLRB):

1. Interferir, limitar o coaccionar a los empleados para impedirles ejercer su derecho a constituir sindicatos, negociar colectivamente o participar en actividades concertadas para su protección colectiva.
2. Controlar o interferir en la creación o funcionamiento de un sindicato o proporcionarle respaldo financiero.
3. Discriminar a un empleado para disuadirle de afiliarse a un sindicato. La discriminación puede consistir en no contratar a un simpatizante de un sindicato o no promocionar, despedir o negar un aumento salarial a un empleado afiliado o que esté a favor de la representación sindical.
4. Despedir o discriminar de cualquier otra forma a un empleado que ha interpuesto acusaciones o ha testificado respaldado por las disposiciones de esta ley.
5. Negarse a la negociación colectiva con el sindicato que los empleados han elegido para representarles.

LEY TAFT-HARTLEY

Ley Taft-Hartley (1947)
Ley federal estadounidense diseñada para limitar parte del poder conseguido por los sindicatos con la ley Wagner y para proteger los derechos de la dirección y de los empleados, ajustando la regulación de las relaciones trabajadores-dirección para garantizar un terreno de juego equilibrado para ambas partes.

La **ley Taft-Hartley** (*Taft-Hartley Act*), aprobada en 1947, poco después del final de la Segunda Guerra Mundial, estaba diseñada para limitar parte del poder conseguido por los sindicatos con la ley Wagner y para proteger los derechos de la dirección y de los empleados. Aunque la ley Taft-Hartley favorecía fundamentalmente los intereses de la dirección, sus objetivos eran ajustar la regulación de las relaciones entre trabajadores y directivos para garantizar un terreno de juego equilibrado para ambas partes.

La ley Taft-Hartley incluyó soluciones que la Junta Nacional de Relaciones Laborales (NLRB) podía aplicar a seis prácticas laborales injustas en que los sindicatos podían incurrir:

1. Restringir o coaccionar a empleados en el ejercicio de sus derechos garantizados por la ley y/o coaccionar la elección por parte de un empresario de su representante para la negociación colectiva.
2. Provocar, o intentar provocar, la discriminación por parte de un empresario contra un empleado que no sea miembro del sindicato por cualquier razón, excepto por no pagar la cuota sindical y la cuota de inscripción exigida como condición para adquirir o conservar su pertenencia al sindicato.
3. Negarse a negociar de buena fe con un empresario después de que una mayoría de los empleados de una empresa, o de una de las unidades de la empresa, hayan elegido al sindicato para que les represente.
4. Pedir o exigir a sus miembros que boicoteen los productos de una empresa que tiene problemas con otro sindicato (*boicot secundario*). Sin embargo, un sindicato puede boicotear los productos de su propia empresa (*boicot primario*).
5. Cobrar a los empleados cuotas sindicales excesivas o discriminatorias como condición para pertenecer al sindicato cuando el mismo disfruta de la cláusula de afiliación obligatoria (*union shop clause*). (La **cláusula de afiliación obligatoria** exige que los empleados se vinculen al sindicato entre los 30 y 60 días posteriores a su fecha de incorporación a la empresa).
6. Obligar a un empresario a pagar por trabajos que no se realizan. Esta práctica, a menudo conocida como *dormir sobre plumas* (*featherbedding*), es técnicamente ilegal, pero la definición de trabajo innecesario o no realizado es bastante difusa. Por ejemplo, los sindicatos ferroviarios siguen exigiendo la presencia de bomberos en los trenes mucho después de que su principal responsabilidad (ocuparse del fuego en un tren a vapor) desapareciera por la llegada de los motores diésel.

Cláusula de afiliación obligatoria
Acuerdo entre la empresa y el sindicato que exige a los nuevos empleados afiliarse al sindicato entre los 30 y 60 días posteriores a su fecha de incorporación a la empresa.

Doce años más tarde, la ley Landrum-Griffin añadió una séptima práctica sindical injusta: es ilegal que un sindicato forme piquetes ante una empresa con el fin de lograr el reconocimiento del sindicato (una práctica conocida como *piquetes para el reconocimiento*).

Tal vez la disposición más controvertida de la ley Taft-Hartley sea la Sección 14b, que autoriza a los estados a aprobar leyes de derecho al trabajo. Una **ley de derecho al trabajo** prohíbe en un estado que un sindicato incluya en el contrato colectivo una cláusula de afiliación obligatoria. Los sindicatos negocian en los contratos colectivos cláusulas de afiliación obligatoria para ofrecer una mayor seguridad a los empleados afiliados y evitar que los empleados no afiliados reciban los servicios del sindicato sin pagar las cuotas sindicales. Un acuerdo menos restrictivo denominado *cláusula de agencia (agency shop clause)* exige que los empleados paguen una cuota por servicios sindicales (aproximadamente igual a la cuota sindical) pero no les obliga a afiliarse. Actualmente, 22 estados tienen leyes de derecho al trabajo, lo que dificulta aún más la organización y mantenimiento de los sindicatos en estos estados[12]. La mayoría de estos estados están localizados en el sur y en el oeste de EE.UU., alejados de los principales centros industriales.

Ley de derecho al trabajo
En EE.UU., leyes que promulgan algunos estados prohibiendo en ese estado que un sindicato incluya en el contrato colectivo una cláusula de afiliación obligatoria.

Hay otras disposiciones de la ley Taft-Hartley que merecen ser mencionadas. Primera, la ley prohibió las *cláusulas de sindicación obligatoria* (*closed shops*) que obligan a que un empleado pertenezca a un sindicato como condición para ser contratado. Esta disposición fue modificada 12 años más tarde por la ley Landrum-Griffin para permitir, como única excepción, las cláusulas de sindicación obligatoria en el sector de la construcción. Segunda, la ley Taft-Hartley permitía a los empleados terminar la relación con un sindicato al que ya no querían mediante una *elección de descertificación* y facultó a la NLRB para que se encargara de regular estas elecciones. Finalmente, la ley Taft-Hartley creó una nueva agencia, el *Servicio Federal de Medición y Conciliación* (*Federal Mediation and Conciliation Service*), para ayudar en la mediación de las disputas laborales para que los trastornos económicos por huelgas y otros problemas laborales fueran menos y de menor duración.

LEY LANDRUM-GRIFFIN

Ley Landrum-Griffin (1959)
Ley promulgada para proteger a los miembros de un sindicato y garantizar su participación en los asuntos del mismo.

La **ley Landrum-Griffin** (*Landrum-Griffin Act*) fue aprobada en 1959 para proteger a los miembros de un sindicato y garantizar su participación en los asuntos del sindicato. Para ello, esta ley permite que el gobierno, a través de su Ministerio de Trabajo (*Department of Labor*), regule las actividades sindicales. La ley Landrum-Griffin incluye las siguientes disposiciones clave:

1. Cada sindicato debe contar con una relación de derechos de los miembros del sindicato para garantizar un mínimo de democracia interna.
2. Cada sindicato debe redactar unos estatutos y proporcionar una copia de los mismos al Ministerio de Trabajo estadounidense.
3. Cada sindicato debe informar al Ministerio de Trabajo de sus actividades financieras y de los intereses financieros de sus líderes.
4. Las elecciones para elegir la dirección el sindicato serán reguladas por el gobierno y los miembros del sindicato tienen derecho a participar en elecciones secretas.
5. Los líderes sindicales tienen la responsabilidad fiduciaria de utilizar el dinero y las propiedades del sindicato en beneficio de sus miembros y no para obtener ganancias personales. Los afiliados podrán demandar y exigir indemnizaciones a los líderes sindicales que no ejerzan sus responsabilidades fiduciarias.

Ley del Trabajo en el Ferrocarril
Ley promulgada para regular las relaciones laborales en el sector del transporte.

Otras leyes que afectan a las relaciones laborales son la ley del Trabajo en el Ferrocarril (*Railway Labor Act* de 1926, enmendada por última vez en 1970), la ley Norris-LaGuardia (1932) y la ley Byrnes Antistrikebreaking (1938). Por supuesto, las leyes sobre igualdad de oportunidades en el empleo discutidas en el Capítulo 3 también son de aplicación para los trabajadores afiliados a un sindicato. La principal de todas estas leyes que acabamos de mencionar es la **ley del Trabajo en el Ferrocarril**, que regula las relaciones laborales en el sector del transporte. Esta ley cubre el transporte ferroviario, las líneas aéreas y el transporte por carretera que son críticos para mantener el comercio. Establece procedimientos para solucionar las disputas laborales cuando las partes no están en condiciones de llegar a un acuerdo. La ley del Trabajo en el Ferrocarril tiene disposiciones para regular la intervención del Congreso y de la Presidencia en las disputas laborales que pueden entorpecer el comercio interestatal. Por ejemplo, el presidente intervino en una disputa laboral en el sector del transporte aéreo cuando una de las principales aerolíneas obligó al sindicato a ir a la huelga debido a la ruptura de las negociaciones[13].

Aunque gran parte de la legislación estadounidense sobre relaciones laborales tiene más de cuatro décadas, sería un error suponer que nada nuevo sucede en este campo. En el momento de redactar este texto, el Congreso estaba discutiendo una ley sobre el trabajo en equipo (*Teamwork for Employees and Management Act*), que podría enmendar la Ley Wagner y, así, garantizar a los empresarios que pueden establecer y mantener programas de participación de los empleados[14]. Otra serie de enmiendas, en el caso de ser aprobadas, suprimirían el derecho de los empresarios a sustituir a los trabajadores fijos durante una huelga económica o un paro laboral[15]. En Canadá, varias provincias han aprobado leyes que limitan la capacidad de los empresarios para utilizar sustitutos durante las huelgas[16].

Sin lugar a dudas, la lucha para encontrar el equilibrio adecuado entre los derechos de los empresarios, los sindicatos y los trabajadores sigue estando viva.

Ahora pasaremos a describir el estado actual de las relaciones laborales en EE.UU..

RELACIONES LABORALES EN EE.UU.

En EE.UU., las relaciones laborales han evolucionado conforme a la filosofía del movimiento laboral estadounidense que aceptaba la estructura económica capitalista del país y quería funcionar dentro de la misma[17]. Los sindicatos estadounidenses han evitado una afiliación permanente a un partido político y se han centrado en mejorar el bienestar de sus afiliados tratando directamente con las empresas que les contratan. Los principales factores que caracterizan las relaciones laborales en EE.UU. son (1) sindicalismo económico, (2) sindicatos estructurados en función de los tipos de trabajo, (3) énfasis en la negociación colectiva, (4) convenios colectivos, (5) la confrontación caracteriza las relaciones trabajadores-dirección a la vez que disminuye la afiliación a los sindicatos y (6) el crecimiento de los sindicatos en el sector público.

SINDICALISMO ECONÓMICO

Sindicalismo económico
Forma de sindicalismo que se centra en mejorar el bienestar económico de los trabajadores.

El **sindicalismo económico** es un sindicalismo que se centra en conseguir "pan y mantequilla" (por ejemplo, salarios, beneficios sociales y seguridad en el empleo) para que los trabajadores consigan una porción mayor de la tarta económica. Los sindicatos estadounidenses, que practican el sindicalismo económico, tradicionalmente han intentado evitar influir en el funcionamiento de la empresa, aportando muy poco a las decisiones empresariales estratégicas como pueden ser las relacionadas con la venta del producto o los tipos de nuevos negocios en que se podría entrar. Es muy raro ver a miembros de los sindicatos estadounidenses en los órganos de gobierno de las empresas[18]. La legislación laboral estadounidense refuerza esta tendencia haciendo que las cuestiones relativas a los sueldos, las horas de trabajo y las condiciones laborales sean los temas obligatorios en la negociación. Esto significa que la dirección está obligada a negociar estas cuestiones bajo el principio de buena fe. Otras cuestiones, como la forma de gestionar el negocio, no son temas obligatorios de la negociación.

SINDICATOS ORGANIZADOS SEGÚN EL TIPO DE TRABAJO

Al contrario de lo que ocurre con algunos sindicatos de otros países, los sindicatos estadounidenses tienden a estar organizados en función de los tipos de trabajo. Por ejemplo, los conductores de camiones suelen ser miembros del Teamsters Union, muchos profesores de centros públicos son miembros de la National Education Association y la mayoría de los trabajadores del sector del automóvil pertenecen al United Auto Workers, independientemente del fabricante de automóviles para el que trabajen. Puesto que la mayoría de los sindicatos representan a empleados de diferentes empresas, suelen organizarse por *uniones locales* dirigidas por un órgano de gobierno nacional. Cada unión local está formada por los afiliados al sindicato en una determinada área geográfica. Una unión local tiene su propio personal y suele ocuparse de los problemas y disputas laborales del día a día. La organización nacional agrupa a estas uniones locales, regula su organización y funcionamiento y, lo que es más importante, establece la política y criterios para abordar la negociación de los convenios colectivos.

La *AFL-CIO*, creada por la fusión de la antigua American Federation of Labor y el Congress of Industrial Organizations, es una confederación de muchos sindicatos distintos. Dado que representa a muchos trabajadores (aproximadamente nueve millones), la

AFL-CIO tiene una gran influencia sobre las políticas laborales federales[19]. También apoya a cada uno de los sindicatos nacionales que agrupa y moviliza a la opinión pública buscando el respaldo a leyes que benefician a los trabajadores. Finalmente, la AFL-CIO resuelve las disputas entre sindicatos nacionales[20].

En 2005, cuatro grandes sindicatos que representan a 4 millones de empleados votaron desafiliarse de la AFL-CIO y convertirse en independientes. Los sindicatos que tomaron esta decisión fueron la Unión Internacional de Empleados de Servicios (*Service Employees International Union*), la Hermandad Internacional de Camioneros (*International Brotherhood of Teamsters*), la Unión de Trabajadores de la Alimentación y Comercio (*United Food and Comercial Workers Union*) y el Unite Here, un sindicato de trabajadores de indumentaria y hotel. Estos sindicatos reivindicaban que el movimiento sindical organizado empleara más tiempo y dinero en reclutar a nuevos afiliados[21].

Negociación colectiva
Sistema en el que los sindicatos y la dirección de las empresas negocian entre sí las condiciones laborales bajo las cuales los afiliados al sindicato trabajarán durante el período de tiempo que estipulen.

Condiciones laborales
Todos los términos o condiciones de empleo, incluyendo los salarios, las pausas y el tiempo para comer, los días de vacaciones, las obligaciones del puesto de trabajo y los procedimientos de quejas y reclamaciones

Convenio colectivo
Acuerdo alcanzado entre la dirección de la empresa y el sindicato que define las condiciones de empleo y las condiciones laborales que se aplicarán a los empleados en el ámbito que el sindicato represente.

ÉNFASIS EN LA NEGOCIACIÓN COLECTIVA

Los sindicatos y la dirección de las empresas son los actores principales en el sistema de relaciones laborales estadounidense. Normalmente, el gobierno adopta un papel neutral, permitiendo que estos actores acuerden las normas que regulan cada lugar de trabajo concreto. El mecanismo elegido para desarrollar estas normas es la negociación colectiva. Bajo el sistema de **negociación colectiva**, los sindicatos y la dirección de las empresas negocian entre sí las condiciones laborales que se aplicarán a los afiliados al sindicato durante un cierto período de tiempo, normalmente dos o tres años. Las **condiciones laborales** incluyen los términos o condiciones de empleo, abarcando a los salarios, las pausas y el tiempo para comer, los días de vacaciones, las obligaciones del puesto de trabajo y los procedimientos de quejas y reclamaciones.

En EE.UU., los sindicatos elegidos legalmente por los trabajadores actúan como los únicos representantes de los intereses de esos trabajadores ante la dirección. Aunque los sindicatos pueden competir por conseguir este reconocimiento, una vez conseguido, un trabajador individual no puede elegir ser representado por otro sindicato.

CONVENIOS COLECTIVOS

El resultado de una negociación colectiva es un **convenio colectivo** que define las condiciones de empleo y las condiciones laborales que se aplicarán a los empleados en el ámbito que el sindicato represente. Dado que ambas partes firman el convenio voluntariamente, cualquiera de ellas puede utilizar el sistema legal para que se apliquen los términos del convenio si la otra parte no cumple con sus responsabilidades.

Los convenios colectivos son una característica importante del sistema de relaciones laborales en EE.UU. En muchos otros países, como en Alemania y Suecia, las condiciones de trabajo y los beneficios sociales que reciben los trabajadores están estipulados en leyes laborales, pero, en EE.UU., los trabajadores y la dirección de las empresas han definido históricamente las prestaciones económicas de los trabajadores sin interferencias gubernamentales. Sin embargo, cada vez más, EE.UU. está siguiendo el ejemplo de otros países a este respecto. El ejemplo más reciente es la ley de Permisos por Asuntos Familiares y de Salud (*Family and Medical Leave Act*) de 1993 (*véase* el Capítulo 3), que garantiza a los empleados beneficios que antes sólo eran factibles para trabajadores cubiertos por un convenio colectivo. Las actuales propuestas de reforma sanitaria también buscan hacer obligatorios determinados beneficios de los seguros de salud que hasta ahora eran objeto de negociación entre los trabajadores y la dirección de las empresas.

NATURALEZA DE CONFRONTACIÓN DE LAS RELACIONES TRABAJADORES-DIRECCIÓN Y EL DECLIVE DE LA AFILIACIÓN SINDICAL

Las leyes laborales estadounidenses consideran que los trabajadores y la dirección de las empresas son adversarios naturales que no se pondrán de acuerdo sobre el reparto de los beneficios de la empresa. Por esta razón, se han promulgado normas para que la tarta se reparta en paz.

En cierto sentido, el sistema de relaciones laborales estadounidense está moldeado por el sistema judicial. En un tribunal, la "justicia" es el resultado de un enfrentamiento entre adversarios, siendo el fiscal del distrito el representante de los intereses del demandante y el abogado defensor el representante de los intereses del demandado. De forma similar, la "justicia económica" puede considerarse el resultado de las negociaciones entre un sindicato (el abogado de los empleados) y la dirección de la empresa (el abogado de los propietarios de la empresa). Aunque en EE.UU. este modelo de confrontación ha funcionado bien durante muchos años, recientemente se ha convertido en un obstáculo para la cooperación entre sindicatos y dirección de la empresa, más importante a medida que los mercados laborales y de productos se van convirtiendo en mercados globalmente competitivos.

Como muestra la Figura 15.1, el 13 por ciento de la población activa estadounidense está afiliado a un sindicato[22]. La disminución de la afiliación sindical es un hecho si tenemos en cuenta el porcentaje del 35 por ciento de 1945. Existen varias razones para esta caída: la reducción en el sector industrial de los puestos de trabajo de cuello azul (área tradicional de afiliación al sindicato) debido a la automatización y a la competencia exterior; el crecimiento de la legislación laboral que ofrece a los trabajadores soluciones para satisfacer sus necesidades; las estrategias de relaciones laborales tremendamente hostiles en

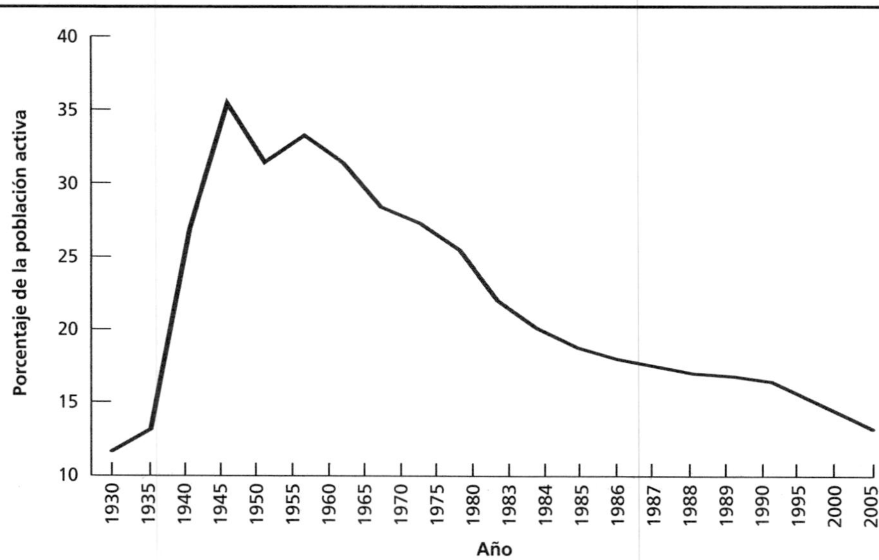

Fuente: Bureau of Labor Statistics, Department of Labor.

Figura 15.1 ■ Afiliación sindical en EE.UU., 1930-2005.

muchas empresas que han dificultado a los sindicatos la organización de los trabajadores. Otras posibles razones para la disminución de la afiliación las encontramos en los mayores niveles de formación de los trabajadores, así como en los muy conocidos problemas legales de algunos líderes sindicales.

A pesar de la disminución de la afiliación, los sindicatos siguen siendo una parte importante del sistema de relaciones laborales en EE.UU. porque definen patrones salariales y de prestaciones sociales que afectan también a los empresarios que no tienen sindicatos dentro de su empresa. De esta manera, muchos empleados se benefician de subidas salariales y beneficios sociales que sus empresarios conceden para evitar que un sindicato organice a sus trabajadores. Los sindicatos también han sido pioneros en las medidas de seguridad e higiene en el trabajo y en las prácticas laborales antidiscriminatorias. A no ser que las causas subyacentes que dieron lugar al nacimiento de los sindicatos desaparezcan (bajos salarios, condiciones laborales inseguras, peligros para la salud, despidos arbitrarios y reducciones de plantilla), se puede apostar sobre seguro que los sindicatos no van a desaparecer.

EL CRECIMIENTO DE LOS SINDICATOS EN EL SECTOR PÚBLICO

A medida que se reducía el porcentaje de trabajadores afiliados en el sector privado, el porcentaje en el sector público ha aumentado de manera sustancial. Este crecimiento se debe, en parte, al crecimiento de los gobiernos locales en la década de los 80 y, en parte, a los esfuerzos de organización que se han centrado tanto en los empleados del sector público como en los del sector servicios[23].

Los sindicatos en el sector público son, en muchos sentidos, un caso especial de relaciones laborales porque aunque pueden organizarse más fácilmente que los empleados del sector privado, los trabajadores del sector público suelen tener menor poder de negociación. Existen dos razones importantes para esta diferencia.

Primera, el poder gubernamental es difuso. La típica empresa del sector privado cuenta con una organización jerárquica, con una persona en la cúspide como responsable. Sin embargo, en los organismos gubernamentales en EE.UU. se han estructurado de manera intencionada de forma que el poder quede dividido entre la rama legislativa, la ejecutiva y la judicial. Esto hace que sea más difícil que un sindicato del sector público negocie y alcance acuerdos colectivos ya que normalmente la autoridad del representante del empresario es limitada. Por ejemplo, el sindicato de los empleados de un ayuntamiento puede negociar con el alcalde un aumento salarial, pero el dinero para hacer frente a ese compromiso debe ser aprobado por el pleno del ayuntamiento, que puede no estar de acuerdo con el alcalde.

La segunda razón por la que los sindicatos del sector público tienen menos poder es que muchas entidades gubernamentales limitan seriamente el derecho de huelga de sus empleados. El gobierno es el proveedor en régimen de monopolio de servicios esenciales, como la protección policial, la recogida de basuras y el mantenimiento de las autopistas. Si sus empleados van a la huelga, no habrá nadie más que ofrezca estos servicios esenciales. Los estados difieren en cuanto al límite aceptable en este sentido. Por ejemplo, Colorado prohíbe huelgas de cualquier empleado del estado, incluyendo a los profesores. Por el contrario, Nueva York, Michigan, Wisconsin y otros estados reconocen a algunos de su empleados el derecho a convocar una huelga en determinadas circunstancias.

Debido a que el derecho a la huelga está limitado para los empleados del sector público, sus sindicatos han liderado el diseño y la experimentación de nuevas formas de negociación, incluyendo el arbitraje y la mediación obligatorios. Su limitado poder económico también hace menos probable que los sindicatos del sector público en comparación con los del sector privado pongan como prioridad los sueldos en sus agendas. Por ejemplo, los sindicatos de profesores suelen centrase en cuestiones como el tamaño de las clases, la seguridad laboral y la libertad académica más que en las cuestiones salariales.

Aunque tener al gobierno como empresario puede plantear dificultades, también tiene ciertas ventajas. Una es que los miembros del sindicato, al ser votantes, tienen cierto poder político sobre su empresario. Puesto que la participación de los votantes en las elecciones no federales suele ser reducida en EE.UU., un sindicato bien organizado en el sector público puede tener mucho poder sobre la política local. De hecho, incluso los candidatos nacionales solicitan el apoyo de los sindicatos del sector público. Una segunda ventaja deriva del hecho del carácter difuso del poder que comentábamos antes. Esto hace posible que un sindicato utilice, en ciertas circunstancias, una rama del gobierno contra otra. Por ejemplo, un sindicato puede ser capaz de ganar una negociación con el respaldo de un concejal cuyo voto necesita el alcalde para aprobar alguna cuestión pendiente.

RELACIONES LABORALES EN OTROS PAÍSES

Los sistemas de relaciones laborales varían de un país a otro dado que los sindicatos significan cosas diferentes en cada país. En EE.UU., las relaciones laborales abarcan a la negociación colectiva y a los convenios colectivos, pero en Suecia y en Dinamarca comprenden también la fijación de los salarios a escala nacional, en Japón abarcan a los sindicatos de empresa que cooperan con la dirección de la misma, en Gran Bretaña comprenden a los vínculos del sindicato con el Partido Laborista y en Alemania a la representación de los sindicatos en el consejo de administración de la empresa[24]. Además, la situación que se da en EE.UU., de reducción del porcentaje de empleados del sector privado afiliados a los sindicatos, no es una tendencia en todo el mundo. Los sindicatos no sólo representan una amplia proporción de la población activa en la mayoría de los demás países industrializados, sino que además también son elementos importantes en los sistemas de relaciones laborales de muchos de ellos.

En la Figura 15.2 se compara la afiliación sindical, como porcentaje de la población activa del sector privado, en 12 países industrializados, incluyendo EE.UU. El porcentaje de afiliación sindical es mayor en la mayoría de los países europeos; Italia y Suecia

Porcentaje de trabajadores del sector privado afiliados a los sindicatos

Año	EE.UU.	Canadá	Austria	Australia	Japón	Dinamarca	Francia	Alemania	Italia	Países Bajos	Suecia	Suiza	Reino Unido
1965	28	28	46	—	36	63	20	38	33	40	68	32	45
1970	30	31	43	—	35	64	22	37	43	38	75	31	50
1975	29	34	48	—	35	72	23	39	56	42	83	35	53
1980	25	35	47	—	31	86	19	40	62	41	88	35	56
1985	17	36	47	—	29	92	17	40	61	34	95	32	51
1990	16	36	43	34	25	88	—	—	—	28	95	31	46
1995	14	37	39	35	24	78	9	26	32	23	87	23	32
2001	13	30	40	28	20	88	9	30	35	27	79	24	29

Fuentes: European Foundation for the Improvement of Living and Working Conditions (2002); *The Economist*. (2003, 7 de junio). Special report: Trade unions, 60; International Labor Organization (1997); y Chang, C. y Sorrentino, C. (1991, diciembre). Union membership statistics in 12 countries. *Monthly Labor Review*, 48.

Figura 15.2 ■ Afiliación sindical en algunos países, 1965-2001.

tenían, respectivamente el 35 y el 79 por ciento de sus trabajadores representados por sindicatos en 2001. Aunque el sindicalismo ha retrocedido en Gran Bretaña durante la década de los 80, los sindicatos británicos seguían representando al 29 por ciento de la población activa en 2001, el doble que en EE.UU. Incluso en Japón, cuyas empresas intentan evitar a los sindicatos cuando instalan fábricas en EE.UU., el 20 por ciento de sus trabajadores estaban afiliados. Esto es un porcentaje significativamente superior al de EE.UU.[25].

DIFERENCIAS SINDICALES SEGÚN EL PAÍS

Un análisis del sindicalismo en el mundo sugiere que los sindicatos tienen prioridades diferentes en los distintos países[26]. Como hemos visto, los sindicatos estadounidenses ponen mucho énfasis en las cuestiones económicas, particularmente la retribución, los beneficios sociales y la seguridad en el empleo. Por ejemplo, en los últimos años la subcontratación es una de las grandes preocupaciones de los sindicatos estadounidenses, dado que los primeros trabajos que se subcontratan tienden a ser los ocupados por los trabajadores de cuello azul, grupo fundamental para los sindicatos[27]. En comparación con los sindicatos de otros países, los sindicatos estadounidenses ponen mucho menos énfasis en las cuestiones políticas. La implicación política es únicamente un medio más para abordar las preocupaciones económicas.

En el otro extremo del espectro, los sindicatos en Francia tienden a implicarse mucho más en la política y les preocupan menos las cuestiones económicas. Las dos confederaciones sindicales más grandes en Francia tienen una clara orientación política y una de ellas tiene, incluso, una orientación religiosa. Las huelgas en Francia tienden a centrarse en el cambio político como principal medio para proteger o mejorar las condiciones laborales de los afiliados al sindicato. Los sindicatos en España también utilizan tácticas políticas para conseguir sus objetivos. Por ejemplo, en 2002 los sindicatos españoles se pusieron de acuerdo para convocar una huelga general de un día para convencer a los líderes de los diferentes partidos que rechazaran la propuesta del gobierno de disminuir la protección al desempleo de los trabajadores españoles. Una huelga general es un paro laboral de todos los trabajadores, durante un breve y predeterminado período de tiempo, buscando influir al gobierno para que apoye un determinado objetivo político que representa los intereses de los trabajadores[28].

En China, los sindicatos tienen una escasa participación económica y política debido al continuo control del Partido Comunista en estas materias. Además, la gran mayoría de los empleados chinos trabajan para empresas muy pequeñas que son más difíciles de organizar. Finalmente, los sindicatos suecos suelen tener un elevado grado de implicación económica y política. Los sindicatos suecos suelen estar representados en las comisiones gubernamentales y representan activamente a sus trabajadores en los asuntos económicos[29].

A continuación, nos centraremos en dos sistemas de relaciones laborales que han conseguido una elevada productividad y cooperación entre sindicatos y dirección de la empresa: el de Alemania y el de Japón.

RELACIONES LABORALES EN ALEMANIA

La ley alemana exige que todas las grandes empresas impliquen a los trabajadores en la toma de decisiones, tanto en las que afectan a los aspectos operativos como en las que tienen carácter estratégico. A veces, a este sistema se le denomina *democracia industrial*. Tal y como se practica en Alemania, la democracia industrial significa que los trabajadores están representados tanto en la fábrica, mediante consejos laborales, como en toda la empresa, gracias a la co-determinación.

Los **consejos laborales** son comités compuestos por representantes de los trabajadores y directivos que tienen la responsabilidad de dirigir el lugar de trabajo. Participan en las decisiones operativas, como la asignación de las horas extraordinarias, las sanciones y el despido de trabajadores, la contratación de nuevos trabajadores y la formación[30]. A nivel de fábrica, los consejos laborales toman muchas decisiones que en EE.UU. serían negociadas por los sindicatos con la dirección de la empresa. Los sindicatos alemanes se centran en la negociación intersectorial para las cuestiones relativas a los sueldos, en vez de negociar dentro de cada sector, como ocurre en EE.UU. Sin embargo, la unificación de Alemania Occidental, con sueldos elevados, con la Alemania del Este, con sueldos reducidos, ha hecho que los empresarios y los sindicatos necesiten introducir una mayor flexibilidad salarial en los convenios colectivos. Actualmente en Alemania, cada vez se producen más acuerdos salariales dentro de cada empresa[31]. Los consejos laborales también se utilizan en otros países. Austria, Francia, Bélgica, Países Bajos y Suecia han promulgado leyes que exigen que las grandes empresas organicen consejos laborales para representar los intereses de los empleados[32].

Consejos laborales
Comités compuestos por representantes de los trabajadores y directivos que tienen la responsabilidad de dirigir el lugar de trabajo; se utilizan en Alemania.

La **co-determinación** implica la representación de los trabajadores en los órganos de gobierno de las grandes empresas. Entre un tercio y la mitad de los miembros del consejo de administración representan a los trabajadores, por lo que resulta probable que las empresas alemanas otorguen una elevada prioridad a las necesidades de los empleados[33] (los otros miembros del consejo representan a los accionistas). No es sorprendente que la co-determinación haya fomentado un espíritu de cooperación entre trabajadores y directivos. Para la economía alemana los resultados se han traducido en un menor número de huelgas y una mayor productividad. Para los trabajadores los resultados se han materializado tanto en una mayor responsabilidad como en una mayor seguridad. Por ejemplo IG Metall, el sindicato más grande de Alemania, ha asumido el liderazgo en una serie de cuestiones importantes, en vez de limitarse a reaccionar ante las propuestas de las empresas. Las políticas de trabajo en grupo de los sindicatos, resultado de casi dos décadas de investigación y activismo, están diseñadas para proteger a los trabajadores de las reducciones de plantilla o de los cambios a puestos de trabajo con menor retribución.

Co-determinación
Representación de los trabajadores en los órganos de gobierno de las grandes empresas; se utiliza en Alemania.

RELACIONES LABORALES EN JAPÓN

Japón ha desarrollado un buen sistema de relaciones laborales, caracterizado por un elevado grado de cooperación entre los sindicatos y la dirección de la empresa. Un factor clave del éxito ha sido el sindicato de empresa japonés. El **sindicato de empresa**, que es la fórmula en la que los trabajadores japoneses de grandes empresas como Toyota, Toshiba e Hitachi se hacen representar, organiza a los trabajadores de una única empresa. Esta práctica garantiza que la lealtad del sindicato no estará dividida entre varias empresas. El sindicato de empresa negocia con la dirección, con un ojo puesto en la prosperidad a largo plazo de la empresa. Este sistema de relaciones laborales se ha visto reforzado durante mucho tiempo por la oferta de las grandes empresas de un empleo de por vida, lo que permitía a los trabajadores japoneses sentirse seguros y no amenazados por los cambios en las tecnologías o en las características de los puestos de trabajo[34].

Sindicato de empresa
Sindicato de trabajadores que representa a los trabajadores de una única gran empresa, en lugar de a los trabajadores de todo un sector; se utiliza en Japón.

La tradicional política de empleo de por vida ha fomentado la cooperación entre sindicatos de empresa y dirección. Muchos ejecutivos japoneses iniciaron sus carreras profesionales como miembros del sindicato, recién finalizados sus estudios ascendieron a posiciones de liderazgo dentro del sindicato y después fueron promocionados a puestos directivos, todo ello dentro de la misma empresa. Puesto que la dirección de la empresa no pone en duda la legitimidad del sindicato de empresa, existe cierto grado de confianza y respeto entre el sindicato y la dirección, que sería impensable en EE.UU. Este hecho ayuda a explicar el comportamiento de los ejecutivos japoneses que cooperan con un sindicato en Japón pero intentan, a toda costa, evitar la presencia sindical en sus fábricas estadounidenses.

Por desgracia, existen signos evidentes de que los sistemas de relaciones laborales, tanto en Alemania como en Japón, están en peligro. En Alemania, los elevados costes laborales para un trabajador medio de fábrica (33 dólares por hora frente a 18 dólares por hora en EE.UU. en 2005) y los costes económicos de la reunificación con la Alemania del Este están forzando a las empresas a endurecer las negociaciones con los sindicatos. La competencia en los mercados mundiales ha provocado la reducción de plantillas en algunas de las mayores empresas alemanas, lo que ha enrarecido las relaciones laborales. Por ejemplo Daimler-Benz (actualmente Daimler-Chrysler), la mayor empresa industrial alemana, redujo su plantilla en 70.000 puestos de trabajo y anunció una expansión de su nueva fábrica de automóviles en Alabama, donde los costes laborales eran mucho menores que en Alemania[35]. Y en Japón, un análisis más detallado de las políticas de empleo de por vida demuestra que siempre se han limitado a las mayores empresas, sólo se han aplicado para los hombres y terminan a la edad de 55. Además las reducciones de plantilla en Japón han dificultado mantener este tipo de políticas. NTT, el gigante de las telecomunicaciones, anunció en 1996 planes para reducir su plantilla en 45.000 puestos de trabajo, la cuarta parte de su plantilla. Nissan, el fabricante de automóviles, desde 1999 a 2002 ha despedido a 21.000 trabajadores y ha cerrado cinco fábricas[36].

Estrategia de relaciones laborales
Plan general de una empresa para abordar las relaciones con los sindicatos que representan a los trabajadores.

Estrategia de aceptación de los sindicatos
Estrategia de relaciones laborales por la que la dirección de la empresa decide considerar al sindicato como el representante legítimo de sus trabajadores y acepta la negociación colectiva como el mecanismo adecuado para establecer las normas para el lugar de trabajo.

ESTRATEGIA DE RELACIONES LABORALES

La **estrategia de relaciones laborales** de una empresa viene dada por el plan general de la dirección para abordar las relaciones con los sindicatos. Como muestra la Figura 15.3, la estrategia de relaciones laborales de una empresa establece el tipo de relación, que puede ir desde el conflicto abierto con el sindicato hasta la cooperación entre trabajadores y dirección de la empresa. La decisión de la dirección de la empresa de aceptar o rechazar a los sindicatos es la elección más importante relativa a la estrategia de relaciones laborales de una empresa[37].

ESTRATEGIA DE ACEPTACIÓN DEL SINDICATO

Cuando se sigue la **estrategia de aceptación de los sindicatos**, la dirección de la empresa decide considerar al sindicato como el representante legítimo de sus trabajadores y aceptar la negociación colectiva como el mecanismo adecuado para establecer las normas para el lugar de trabajo. La dirección de la empresa intenta conseguir con el sindicato el mejor convenio colectivo posible y, después, trata con los empleados en función de los tér-

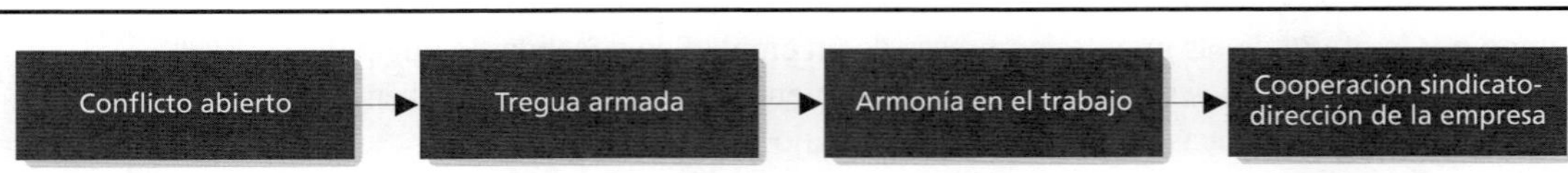

Fuente: Mills, D. O. (1989). *Labor-management relations*. (4th ed), 222. New York: McGraw-Hill.

Figura 15.3 ■ Tipos de relaciones dirección-sindicato.

Nuestro objetivo consiste en crear una política laboral coherente y justa. El fin es el desarrollo de una relación laboral con el sindicato agradable, al tiempo que conservamos todos nuestros derechos de dirección. La racionalidad subyacente a nuestra política de relaciones laborales se basa en la coherencia, la credibilidad y la justicia con los representantes sindicales y con los trabajadores afiliados. Con el fin de que nuestra política sea eficaz, la empresa:

- Acepta de buena fe la representación sindical de los trabajadores, siempre que el sindicato represente a la mayoría de nuestros trabajadores.
- Mantendrá el derecho de la dirección de la empresa a dirigir la misma.
- Adoptará procedimientos para que la alta dirección respalde siempre las posiciones de sus representantes a la hora de aplicar las prácticas y políticas de la empresa en el área de las relaciones laborales.
- Aplicará las políticas disciplinarias de forma justa, firme y coherente.
- Comprobará que los representantes sindicales respetan todas las normas de la empresa, excepto aquéllas de las que queden exentos bajo cláusulas específicas del convenio colectivo.
- Resolverá todas las quejas de los empleados de forma justa, firme y sin discriminación.
- Comprobará que todo representante de la dirección se esfuerza al máximo para cumplir justa y coherentemente las políticas de la empresa.
- Comprobará que todas las decisiones y acuerdos derivados del presente convenio se documentan por escrito.

Fuente: *The company policy manual* (1990), 332. New York Harper Business Division of Harper Collins Publishers.

Figura 15.4 ■ Política de relaciones laborales: estrategia de aceptación del sindicato.

minos del convenio. La política de relaciones laborales que se muestra en la Figura 15.4 es un ejemplo de estrategia de aceptación de los sindicatos.

Probablemente, una estrategia de aceptación del sindicato dará lugar a unas relaciones laborales caracterizadas por la cooperación entre trabajadores y dirección de la empresa o por la armonía en el lugar de trabajo. La relación entre General Motors y el sindicato United Auto Workers (UAW) en la planta de Tennessee, encargada de fabricar el modelo Saturn, es un ejemplo de esta estrategia. El sindicato negoció con la dirección de esta fábrica un convenio muy flexible a cambio del reconocimiento del sindicato y de la seguridad en el empleo para sus trabajadores. La dirección puede rediseñar los puestos de trabajo, cambiar la tecnología y racionalizar las reglas de trabajo, un grado de flexibilidad desconocido en cualquier otra fábrica, con presencia sindical, de General Motors[38]. A cambio, los trabajadores participan en la toma de decisiones a un nivel que no es habitual en las empresas con presencia sindical. Grupos de entre cinco y 15 trabajadores desempeñan tareas directivas, como las de contratación. También eligen a representantes para equipos de alto nivel, que toman decisiones conjuntas con la dirección sobre cualquier aspecto empresarial desde el diseño del automóvil hasta el marketing o la fijación del precio[39]. Otra táctica utilizada para crear un clima de cooperación entre el sindicato y la dirección de la empresa es la formación de un comité conjunto, compuesto por representantes del sindicato y de la dirección, que se dedica a la solución de problemas, a largo plazo, en el lugar de trabajo y que tengan un gran potencial de conflicto. En Xerox la dirección de la empresa y los representantes del Amalgamated Clothing Workers Union formaron comités paritarios y equipos en el lugar de trabajo, cuyos esfuerzos de colaboración dieron lugar a mejoras en la seguridad en la fábrica, en los flujos de trabajo y en la producción, a la disminución de las quejas y reclamaciones y al mantenimiento de puestos de trabajo que en otro caso habrían sido eliminados[40].

Por desgracia, el camino hacia la cooperación entre sindicatos y dirección de las empresas es duro. Incluso en Saturn, que suele plantearse como un modelo de relaciones laborales cooperativas, existen signos que nos indican la existencia de problemas. Los recién contratados suelen estar menos comprometidos con la idea de participación de los empleados que los que están en la fábrica desde el principio y algunos desconfían de los vínculos estrechos del sindicato con la dirección. De hecho la desconfianza por parte de los trabajadores, respecto a la cooperación entre el sindicato y la dirección de la empresa, amenaza con desbaratar las iniciativas a favor del trabajo en equipo en un creciente número de empresas, especialmente desde que la NLRB dictaminó que los equipos de trabajadores dirigidos por la dirección de la empresa pueden violar la Ley Wagner[41]. Para analizar algunas directrices en este tema, *véase* el Cuaderno del Director titulado "¿Cuándo un equipo no es un equipo? Pautas para los comités de participación de los empleados".

Los estudiosos de las relaciones laborales han puesto de manifiesto que las relaciones cooperativas se dan con más frecuencia en sectores con convenios colectivos que fomentan la colaboración entre sindicatos y dirección de las empresas, como son los del automóvil, telecomunicaciones, siderurgia y construcción[42]. Un ejemplo de cláusula contractual es el establecimiento de comités paritarios de trabajadores y directivos que se reúnen regularmente y alcanzan acuerdos sobre cuestiones que benefician a las dos partes, como (1) un lugar de trabajo sin drogas, (2) normas de seguridad en el lugar de trabajo, (3) planes de

CUADERNO DEL DIRECTOR

TENDENCIAS EMERGENTES

¿Cuándo un equipo no es un equipo? Pautas para los comités de participación de los empleados

En los EE.UU., existen dos condiciones que determinan si un grupo para la participación de los trabajadores de una empresa viola la Ley Wagner (Wagner Act). El grupo es ilegal si se puede demostrar *tanto* que está "dominado por el empresario" como que es una "organización sindical" según la ley. Aunque a menudo no está claro en qué categoría se puede ubicar una actuación concreta, a continuación se ofrecen algunas pautas para ayudar a los directivos a evitar ilegalidades.

- Determinar si las cuestiones que aborda un equipo para la participación de los trabajadores constituyen claramente "condiciones de trabajo". Hasta que la legislación arroje nueva luz sobre la situación, los expertos afirman que los grupos para la participación de los trabajadores deberían limitarse a tratar cuestiones relativas a la producción, la calidad y la seguridad en el lugar de trabajo (*a*).
- El dominio del empresario se puede producir si se percibe que un grupo de empleados es un grupo "seleccionado", con el poder de hablar a la dirección en nombre de todos los empleados. Los directivos deben protegerse de esta acusación cambiando periódicamente a los empleados que pertenecen a los equipos para la participación de los trabajadores (*b*).
- Asegurarse de que cualquier grupo funciona de forma totalmente independiente, sin influencias de la dirección de la empresa. Si las disputas se resuelven mediante un proceso de negociación entre empresario y empleado, el dominio del empresario se produce con cierta facilidad. Pero si la dirección delega en el grupo la autoridad para resolver las quejas, y éste lo hace por sí mismo, entonces el grupo será valorado con benignidad, a pesar del papel clave que la dirección desempeñó en su creación y fomento (*c*).
- Si se logra la integración del sindicato en los comités de participación de los empleados, se consigue, casi seguro, un cortafuego para evitar demandas judiciales (*d*). Si la empresa no cuenta con la presencia de sindicatos, la situación puede ser difícil de resolver. Hay que obtener una participación visible de los empleados, que sea cooperativa y voluntaria (*e*). Una alternativa podría ser permitir que los empleados elijan a quienes van a formar parte del grupo, en vez de que sean seleccionados por la dirección de la empresa (*f*).
- *Nunca* hay que crear un grupo para la participación de los trabajadores durante la campaña de organización del sindicato. Esta actividad sería considerada como un intento de la dirección para impedir la actuación sindical (*g*).

Fuentes: (*a*) Adaptado, con permiso del editor, de *Management Review Forum*, febrero 1994, © 1994.; American Management Association, New York. Todos los derechos reservados; (*b*) *Ibid.*; (*c*) *Ibid.*; (*d*) *Ibid.*; (*e*) *Ibid.* (*f*) LeRoy, M. H. (1999) Are employers constrained in the use of employee participation groups by Section 8(a)(2) of the NLRA? *Journal of Labor Research* 22(1), 63-71; (*g*) *Management Review Forum*, 1994.

participación en beneficios, (4) igualdad de oportunidades para los empleados con discapacidad y (5) políticas que prohíben cualquier tipo de acoso en el trabajo[43].

Aunque muchos propietarios de pequeñas empresas colaboran estrechamente con sus trabajadores, tienden a considerar determinados conceptos, como el de equipos paritarios de trabajadores y dirección de la empresa, como una cuestión reservada a las grandes empresas. Según la NLRB, las dos terceras partes de las quejas por prácticas laborales injustas se interponen contra empresarios con menos de 100 trabajadores. Puesto que la gran mayoría de las pequeñas empresas no cuentan con la presencia de ningún sindicato, este récord ha animado a los sindicatos a fijarse en las pequeñas empresas para aumentar su número de afiliados. En los últimos años, los sindicatos consiguieron su certificación en empresas con menos de 50 trabajadores, con una tasa de éxito dos veces superior a la que consiguieron en empresas con más de 500 trabajadores[44]. Para evitar la pérdida de control por parte de la dirección, derivada de la presencia sindical, muchas pequeñas empresas han adoptado una estrategia de rechazo a los sindicatos.

ESTRATEGIA DE RECHAZO AL SINDICATO

La dirección de la empresa elige una **estrategia de rechazo de los sindicatos** cuando teme que el sindicato tenga una influencia negativa sobre sus empleados o si teme perder el control de sus trabajadores a favor del sindicato. Las empresas que eligen una estrategia de rechazo suelen encontrarse, en el mejor de los casos, en una situación de tregua armada con los sindicatos y, en el peor, en una situación de conflicto abierto con los mismos (*véase* la Figura 15.3). Existen dos planteamientos distintos de rechazo a los sindicatos: la sustitución de los sindicatos y la supresión de los sindicatos[45]. La elección del planteamiento suele depender de los valores de la alta dirección.

Estrategia de rechazo de los sindicatos
Estrategia de relaciones laborales por la que la dirección de la empresa intenta evitar que sus empleados se afilien a un sindicato, sea suprimiendo los incentivos para que lo hagan o utilizando tácticas agresivas.

Sustitución del sindicato

En el planteamiento de **sustitución del sindicato**, también conocido como **enfoque de gestión proactiva de RRHH**, la dirección responde positivamente a las necesidades de los empleados suprimiendo los incentivos para afiliarse a un sindicato. Utilizando este planteamiento, IBM, Hewlett-Packard, Eli Lilly y Eastman Kodak han evitado la presencia sindical y, al mismo tiempo, se han creado una reputación de un buen lugar para trabajar. Algunas políticas utilizadas por las empresas que adoptan este planteamiento son:

Sustitución del sindicato/gestión proactiva de RRHH
Es una estrategia de rechazo a los sindicatos en la que la dirección responde positivamente a las necesidades de los empleados, suprimiendo los incentivos para afiliarse a un sindicato.

- Políticas de seguridad en el empleo que protegen los puestos de trabajo de los trabajadores a tiempo completo. Entre éstas se encuentra la política según la cual se despedirá a los trabajadores eventuales y a los trabajadores a tiempo parcial antes que a cualquier trabajador fijo a tiempo completo.
- Políticas de promoción interna que fomentan la formación y el desarrollo de los empleados.
- Planes de participación en beneficios y de opciones sobre acciones para los empleados (*véase* el Capítulo 11), que permiten que compartan el éxito de la empresa.
- Prácticas directivas de alta implicación que solicitan la opinión de los empleados en la toma de decisiones.
- Políticas de puertas abiertas y procedimientos de quejas que intentan dar a los trabajadores la misma sensación de compartir el poder que tendrían con un convenio colectivo[46].

Supresión del sindicato

La dirección de la empresa utiliza el planteamiento de **supresión del sindicato** cuando quiere evitar, a toda costa, la existencia de un sindicato y no tiene ninguna intención de

Supresión del sindicato
Es una estrategia de rechazo a los sindicatos en la que la dirección utiliza tácticas agresivas para evitar que el sindicato organice a los trabajadores o para deshacerse del sindicato.

hacer "lo correcto" por sus empleados. Cuando se sigue este enfoque, la dirección utiliza tácticas agresivas, legales o ilegales, para deshacerse del sindicato o para evitar que el sindicato organice a los trabajadores de la empresa[47].

Por ejemplo a mediados de los 80 el director general de Continental Airlines, Frank Lorenzo, recurrió a los tribunales de quiebras estadounidenses para reorganizar la empresa y deshacerse de las obligaciones con los empleados, emanadas de los convenios colectivos firmados con los sindicatos. Cuando la compañía aérea superó su situación de bancarrota, tenía una plantilla no afiliada con niveles salariales un 40 por ciento inferiores a los que recogían los antiguos convenios colectivos. En otro caso que se produjo sobre la misma época, el *Chicago Tribune* negoció de forma agresiva con los sindicatos que representaban a los trabajadores de talleres y, cuando los trabajadores fueron a la huelga, sustituyó a los mismos con otros trabajadores. El resultado fue una plantilla del periódico completamente no afiliada. Más recientemente, en el año 2000 Wal-Mart utilizó tácticas de supresión del sindicato para reducir la vulnerabilidad de trabajar con un sindicato después de que el sindicato United Food & Comercial Workers (UCFW) intentara organizar a sus carniceros. La respuesta de Wal-Mart fue reorganizar su cadena de suministros y comprar carne ya empaquetada para sus almacenes estadounidenses, y eliminar la mayoría de los puestos de trabajo de carnicero en todo el país[48].

Algunas veces, el planteamiento de supresión del sindicato resulta contraproducente y lo único que consigue la dirección de la empresa es un sindicato furioso, trabajadores descontentos y las peores relaciones públicas posibles. En 1990, la dirección del *Daily News* de Nueva York, que entonces pertenecía a la Chicago Tribune Company, intentó utilizar a trabajadores sustitutos para intimidar a sus sindicatos en huelga, pero perdió la batalla debido a que los medios de comunicación y el público simpatizaron con la causa del sindicato. J. P. Stevens, un productor textil con fábricas en el sur de EE.UU., intentó intimidar ilegalmente a sus trabajadores despidiendo a los organizadores del sindicato antes de las elecciones de certificación. La NLRB intervino en nombre del sindicato y obligó a J. P. Stevens a reconocer al sindicato y negociar con él.

Por lo general, el planteamiento de supresión del sindicato es una estrategia más arriesgada que la de la sustitución y, por ello, se utiliza menos. Las tácticas agresivas no sólo implican riesgos legales sino que, además, se pueden volver en contra de la dirección de la empresa. La utilización por parte de Frank Lorenzo de los tribunales de quiebras para acabar con los sindicatos de la empresa fue un gran éxito en ese momento. Sin embargo, la solicitud de Lorenzo, en 1994, para crear una nueva compañía aérea de bajo coste fue rechazada por el Ministerio de Transporte dados los problemas de seguridad y de cumplimiento de normas de Eastern y de Continental Airlines durante la dirección de Lorenzo. El Ministerio de Trabajo afirmó que las dos compañías habían "padecido problemas operativos, de mantenimiento y laborales, que eran de los más graves en la historia de la aviación"[49].

GESTIÓN DEL PROCESO DE RELACIONES LABORALES

Planteados los conceptos fundamentales de la historia de las relaciones entre sindicatos y dirección de las empresas y de la legislación más importante, además del estado actual de las relaciones laborales y de las estrategias empresariales, podemos, a continuación, analizar los elementos específicos del proceso de relaciones laborales. Como muestra la Figura 15.5, existen tres fases en el proceso de relaciones laborales: (1) la organización del sindicato, cuando los empleados ejercen su derecho de crear un sindicato, (2) la negociación colectiva, cuando los representantes de la dirección de la empresa y del sindicato negocian un convenio colectivo y (3) la gestión del convenio, cuando el mismo se aplica a situaciones laborales concretas que se producen a diario.

Figura 15.5 ■ Las tres fases del proceso de relaciones laborales.

ORGANIZACIÓN DEL SINDICATO

La organización del sindicato comienza cuando los empleados toman contacto con un sindicato para formar un grupo cohesionado. Las cuestiones clave que los directivos deben abordar durante la campaña para organizar un sindicato son la solicitud de creación del sindicato, la conducta previa a las elecciones y las elecciones de certificación.

Solicitud del sindicato

Antes de ordenar la celebración de unas elecciones de certificación del sindicato, la NLRB exige que el sindicato demuestre que existe un interés significativo a favor de la sindicación entre los trabajadores de la empresa. Para cumplir con este requisito, un mínimo del 30 por ciento de los empleados de la unidad de trabajo concernida debe firmar una autorización indicando que quieren ser representados por un determinado sindicato con miras a la negociación colectiva.

Una cuestión de ética

Una estrategia para suprimir la actividad sindical consiste en pedir a los trabajadores que informen a la dirección de cualquier actividad que implique la organización de un sindicato en la empresa. ¿Es legal esta estrategia? ¿Es ética? Si contesta afirmativamente a ambas preguntas, ¿cree usted que es una buena práctica directiva? Razone su respuesta.

Los sindicatos suelen realizar sus primeros esfuerzos de solicitud en lugares privados o en lugares públicos para que la dirección de la empresa no sea consciente de los esfuerzos organizadores hasta que se haya conseguido el porcentaje mínimo de firmas que exige la normativa. Sin embargo, a veces el sindicato puede considerar necesario conseguir las solicitudes en los propios locales de la empresa, en cuyo caso alertará a la dirección dándole la posibilidad de reaccionar.

Más de la mitad de los sindicatos tienen una página web con la que pueden comunicarse con sus miembros actuales y potenciales[50]. En un intento por organizar a los empleados de IBM en Colorado, el sindicato Communication Workers of America (CWA) remitió a los empleados a una página web especial diseñada para enseñarles a crear un sindicato en IBM[51]. La web de la AFL-CIO (www.aflcio.org) analiza cómo se crea un sindicato y otras cuestiones, como el sueldo de los altos ejecutivos en las grandes empresas estadounidenses que cotizan en bolsa en comparación con el sueldo del empleado medio, y las cuestiones relativas a la conciliación entre trabajo y familia. La web ofrece a los empleados interesados una forma de ponerse en contacto con los sindicatos afiliados a la AFL-CIO para conseguir la justicia económica y social.

La elección que haya hecho la dirección de la empresa de una determinada estrategia de relaciones laborales orienta la respuesta ante una solicitud para la creación de un sindicato. Las empresas con una estrategia de rechazo del sindicato suelen tener una política de "no solicitud de firmas" que permite solicitar firmas exclusivamente en las áreas que no son de trabajo (por ejemplo se pueden pedir firmas en las salas de descanso o en los comedores, pero no en las oficinas) y fuera del horario laboral. La política de no solicitud dificulta que el sindicato influya sobre las actitudes de los trabajadores y les persuada para que firmen las tarjetas de autorización. Sin embargo, las empresas que tienen una política de no solicitud deben tener cuidado con aplicarla coherentemente, de forma que *todas* las solicitudes (incluyendo las solicitudes a favor de causas caritativas) estén limitadas. Limitar exclusivamente las actividades de organización del sindicato es una práctica laboral injusta que puede ocasionar que la NLRB ordene el cese y el desistimiento de esta política discriminatoria.

La coherencia de su política de no solicitud de firmas fue uno de los factores clave que llevó al Tribunal Supremo (*Supreme Court*) a pronunciarse a favor de Lechmere, Inc., una tienda en Newington, Connecticut, que había prohibido los sindicatos en sus tiendas. El tribunal llegó a la conclusión de que Lechmere no violó la Ley Wagner, en gran medida porque había sido coherente en su política de no solicitud de firmas aplicándola a todo tipo de organizaciones, como eran la Girl Scouts y el Salvation Army. El tribunal también declaró que, aunque los organizadores del sindicato no fueran trabajadores de la empresa, tenían acceso a 200 trabajadores de la tienda[52].

Conducta preelectoral

Si el sindicato puede demostrar que hay suficientes empleados interesados en crear un sindicato, la NLRB establecerá una fecha para las elecciones de certificación. Durante el período anterior a las elecciones, la dirección de la empresa y los líderes sindicales deberían permitir que los empleados ejerzan libremente su derecho a votar a favor o en contra de contar con representación sindical. La política de la NLRN consiste en favorecer un entorno en el que los empleados puedan realizar una elección sin ser coaccionados en su decisión de contar, o no, con representación sindical.

Durante el período preelectoral, los directivos deben evitar tratar a los trabajadores de manera que se pueda interpretar que utilizan su posición para influir sobre el resultado de las elecciones. La "notificación a los empleados" de la NLRB que se muestra en la Figura 15.6 indica algunos tipos de conducta no aceptables antes de unas elecciones. Los directivos tienen prohibido amenazar a los empleados con perder sus puestos de trabajo o sus prestaciones si votan a favor del sindicato. También deben evitar prometer a los empleados recompensas (como subidas salariales o ascensos) si votan en contra del sindicato. Por su lado, los sindicatos deben evitar amenazar a los trabajadores con perjudicarles si no votan a favor de la creación del sindicato. Aunque las reglas de la NLRB sobre que es una conducta aceptable durante la campaña electoral son excesivamente complejas y cambian constantemente, presentamos a continuación algunas directrices generales para los directivos:

- **Amenazas.** Es ilegal amenazar a los empleados con hipotéticas consecuencias negativas por el hecho de que el sindicato gane las elecciones.
- **Intimidación.** Los empresarios, por ley, no pueden intimidar o coaccionar a los empleados para votar en contra del sindicato.
- **Promesas.** La dirección de la empresa no puede prometer a los empleados prestaciones o recompensas si votan en contra del sindicato.
- **Vigilancia.** Es ilegal espiar, secreta o abiertamente, las reuniones en donde se trata el tema de la creación del sindicato[53].

Si se permite que los directivos intenten persuadir a los trabajadores, antes de las elecciones, de que estarían mejor sin contar con un sindicato. Algunos métodos que pueden utilizar legalmente son los siguientes[54]:

- Dar charlas a grupos de empleados destacando por qué no necesitan un sindicato (legal hasta 24 horas antes de las votaciones).
- Contratar a un asesor en relaciones laborales para ayudar en la estrategia en contra del sindicato.
- Enviar una carta personal a los empleados.
- Mostrar películas en que se da una visión negativa de los sindicatos.
- Redactar informes para los empleados en los que se resumen todas las cosas buenas que el empresario ha hecho por ellos.

NOTICE TO EMPLOYEES

FROM THE

National Labor Relations Board

A PETITION has been filed with this Federal agency seeking an election to determine whether certain employees want to be represented by a union.

The case is being investigated and NO DETERMINATION HAS BEEN MADE AT THIS TIME by the National Labor Relations Board. IF an election is held Notices of Election will be posted giving complete details for voting.

It was suggested that your employer post this notice so the National Labor Relations Board could inform you of your basic rights under the National Labor Relations Act.

YOU HAVE THE RIGHT under Federal Law

- **To self-organization**
- **To form, join, or assist labor organizations**
- **To bargain collectively through representatives of your own choosing**
- **To act together for the purposes of collective bargaining or other mutual aid or protection**
- **To refuse to do any or all of these things unless the union and employer, in a state where such agreements are permitted, enter into a lawful union-security agreement requiring employees to pay periodic dues and initiation fees. Nonmembers who inform the union that they object to the use of their payments for nonrepresentational purposes may be required to pay only their share of the union's costs of representational activities *(such as collective bargaining, contract administration, and grievance adjustments).***

It is possible that some of you will be voting in an employee representation election as a result of the request for an election having been filed. While NO DETERMINATION HAS BEEN MADE AT THIS TIME, in the event an election is held, the NATIONAL LABOR RELATIONS BOARD wants all eligible voters to be familiar with their rights under the law IF it holds an election.

The Board applies rules that are intended to keep its elections fair and honest and that result in a free choice. If agents of either unions or employers act in such a way as to interfere with your right to a free election, the election can be set aside by the Board. Where appropriate the Board provides other remedies, such as reinstatement for employees fired for exercising their rights, including backpay from the party responsible for their discharge.

NOTE:

The following are examples of conduct that interfere with the rights of employees and may result in the setting aside of the election.

- **Threatening loss of jobs or benefits by an employer or a union**
- **Promising or granting promotions, pay raises, or other benefits to influence an employee's vote by a party capable of carrying out such promises**
- **An employer firing employees to discourage or encourage union activity or a union causing them to be fired to encourage union activity**
- **Making campaign speeches to assembled groups of employees on company time within the 24-hour period before the election**
- **Incitement by either an employer or a union of racial or religious prejudice by inflammatory appeals**
- **Threatening physical force or violence to employees by a union or an employer to influence their votes**

Please be assured that IF AN ELECTION IS HELD every effort will be made to protect your right to a free choice under the law. Improper conduct will not be permitted. All parties are expected to cooperate fully with this Agency in maintaining basic principles of a fair election as required by law. The National Labor Relations Board, as an agency of the United States Government, does not endorse any choice in the election.

NATIONAL LABOR RELATIONS BOARD
an agency of the
UNITED STATES GOVERNMENT

THIS IS AN OFFICIAL GOVERNMENT NOTICE AND MUST NOT BE DEFACED BY ANYONE

FORM NLRB-666 (5-90) ☆U.S. GOVERNMENT PRINTING OFFICE: 1991-312-471/51356

Fuente: National Labor Relations Board

Figura 15.6 ■ Notificación de la NLRB a los empleados sobre elección de representantes.

Como se acaba de señalar, en EE.UU. las empresas pueden contratar consultores especializados en ayudar a la dirección de las empresas en mantener los lugares de trabajo libres de presencia sindical. Un estudio estimaba que los empresarios se gastaban en consultores un promedio de 500 dólares por empleado, cuando estaban ante campañas electorales para reconocer al sindicato[55].

Elecciones para la certificación

La NLRB supervisa las elecciones de certificación, determinando quiénes son los votantes y quiénes forman la mesa electoral que contabilice los votos. El voto es secreto y el resultado lo determinan los votantes que participan en la elección. Si el sindicato recibe una mayoría de votos, pasa a ser el agente negociador certificado de los empleados concernidos. Esto significa que se convierte en el representante exclusivo, tanto para los empleados afiliados como para los que no lo están, en la negociación colectiva con el empresario. La *unidad negociadora* está compuesta por todos los empleados que están representados por un sindicato que participa en la negociación colectiva con el empresario.

Si la mayoría de los votantes votan en contra del sindicato, la política de la NLRB recoge que no se podrán celebrar otras elecciones de representación hasta transcurrido un período de 12 meses. En EE.UU., durante los últimos años, los sindicatos han ganado un poco más de la mitad de las elecciones que se han producido. En 2004 los sindicatos vencieron en el 56 por ciento de las elecciones de certificación[56]. El Recuadro 15.1 "Campañas de organización: una nueva prioridad", ofrece algunos ejemplos de los intentos, con éxito, de los sindicatos estadounidenses para organizar a diferentes grupos de trabajadores.

RECUADRO 15.1

CAMPAÑAS DE ORGANIZACIÓN: UNA NUEVA PRIORIDAD

Durante los últimos años, muchos sindicatos han empezado a asignar importantes recursos a sus campañas de organización. A continuación se ofrecen algunos ejemplos de actividades de organización de sindicatos que han tenido éxito.

- El sindicato UAW recientemente ha conseguido ser reconocido como representante de los trabajadores de varias de las grandes empresas de fabricación de componentes del automóvil, incluyendo a Collins & Aikman, Dana, Lear y Metaldyne, incorporando decenas de miles de trabajadores al sindicato. Estas empresas estuvieron de acuerdo en reconocer al sindicato UAW a cambio del compromiso del sindicato de aceptar salarios más bajos y reglas de trabajo más flexibles que ya estaban recogidas en los convenios colectivos de los Tres Gigantes del sector (*a*).
- Los estudiantes ya graduados trabajan en la universidad muchas horas impartiendo docencia, evaluando trabajos y realizando experimentos de laboratorio. A cambio reciben bajos salarios que oscilan entre los 11.000 y los 15.000 dólares al año. En la Universidad de Nueva York, los estudiantes graduados intentaron formar un sindicato que fue cuestionado ante los tribunales por la administración de la universidad. La administración argumentaba que la negociación colectiva entre los estudiantes y la universidad podría infringir la libertad académica y justificaba los bajos salarios que pagaba a los estudiantes argumentando que el trabajo que realizaban los ayudantes graduados era parte de su formación educativa. La Junta Nacional de Relaciones Laborales (NLRB) estuvo en desacuerdo con el razonamiento de la administración y decidió autorizar a los estudiantes graduados a formar un sindicato que impulsaba el United Auto Workers. Siguiendo el camino iniciado por los estudiantes graduados de la Universidad de Nueva York, sus colegas de la Columbia, Brandeis y Universidad de Pensylvania también han comenzado a organizar sindicatos (*b*).
- El Service Employees International Union ganó la mayor batalla conocida, en el último medio siglo, a favor de la creación de un sindicato representando a 74.000 asistentes sociales del Condado de los Ángeles que dan de comer, bañan y limpian a las personas mayores y a los discapacitados. Muchos dijeron que habían votado a favor del sindicato porque querían luchar por aumentar sus sueldos de 5,75 dólares por hora y lograr dos beneficios sociales que se les negaban siempre: el seguro médico y vacaciones pagadas (*c*).

Fuentes: (*a*) Welch, D. (2004, 2 de agosto). A breakthrough for labor. *Business Week*, 86-87; (*b*) Greenhouse, S. (2001, 15 de mayo). Graduate students push for union membership. *New York Times*, A-19; (*c*) Greenhouse, S. (1999, 26 de febrero). In biggest drive since 1937, union gains a victory. *New York Times*, A-1, A-15.

NEGOCIACIÓN COLECTIVA

Si el sindicato logra obtener la certificación, la siguiente etapa en el proceso de relaciones laborales consiste en la negociación para establecer un convenio colectivo. La mayoría de los convenios colectivos duran dos o tres años, tras los cuales se negocia uno nuevo.

Las cuatro cuestiones más importantes relacionadas con la negociación colectiva son el comportamiento negociador, el poder de negociación, los temas a negociar y los puntos muertos en la negociación. En todas estas áreas, los directivos deben tener mucho cuidado con su comportamiento.

Comportamiento negociador

Una vez que la NLRB certifica que un sindicato es el representante de un determinado grupo de trabajadores, tanto la dirección de la empresa como el sindicato tienen la obligación de negociar "de buena fe". El negarse a ello puede ocasionar que la NLRB emita una orden de cese y desistimiento de esa actitud, que los tribunales obligarán a cumplir. Las partes muestran buena fe en la negociación colectiva cuando:

- Ambas partes están dispuestas a reunirse en plazos y lugares razonables.
- Ambas partes están dispuestas a negociar sobre los salarios, las horas y las condiciones de trabajo (temas de negociación obligatorios por ley).
- Las partes firman un contrato formalizando sus acuerdos y haciéndolos vinculantes.
- Cada parte comunica a la otra, con 60 días de antelación a su vencimiento, una notificación de cese o modificación del convenio colectivo.

Por lo general, la *negociación de buena fe* implica tratar a la otra parte de forma razonable, incluso cuando no hay acuerdo. Para mostrar buena fe la dirección debería desarrollar distintas sugerencias para negociar con el sindicato, en vez de limitarse a rechazar todas sus propuestas. Por ejemplo, a principios de los años 60, el representante de General Electric hizo una única propuesta al sindicato afirmando que "la tomaba o la dejaba", negándose a negociar ninguna de las contraofertas del sindicato. La NLRB interpretó que este planteamiento inflexible era una práctica laboral injusta y que la empresa no mostraba buena fe en la negociación. Para un mejor conocimiento sobre cómo el sindicato y los representantes de la dirección de la empresa deben comportarse para evidenciar su buena fe negociadora, *véase* el Cuaderno del Director titulado "Consejos para la negociación".

Una cuestión de ética

Suponga que en una reunión previa a la negociación se decide, entre los miembros de la comisión negociadora por parte de la empresa y la alta dirección de la misma, que la empresa va a aceptar una subida salarial del cuatro por ciento. Sin embargo, cuando las negociaciones empiezan, el portavoz de la dirección afirma que la empresa no puede conceder una subida superior al dos por ciento y que no subirá más. ¿Es ético este comportamiento? ¿Qué ocurriría si la situación fuera la contraria y fuera el portavoz del sindicato el que fijara un mínimo absoluto, sabiendo que el sindicato acepta menos? ¿Sería ético?

CUADERNO DEL DIRECTOR

ÉTICA

Consejos para la negociación

Presentamos algunas directrices para los equipos negociadores, tanto los que representan a la dirección de las empresas como los que representan al sindicato que, en caso de seguirse, ayudan a mantener la buena fe durante las sesiones de negociación:

- **Muéstrese cortés con el otro equipo negociador.** Cuando los representantes de la dirección de la empresa interrumpen las negociaciones para buscar una respuesta a las propuestas del sindicato, deben notificar al sindicato por medio telefónico que ya están listos para continuar negociando en lugar de aparecer sin previo aviso e interrumpir las conversaciones de los representantes del sindicato.
- **Trate con amabilidad a la otra parte negociadora.** Cada uno de los negociadores debe estrechar las manos, mirar a los ojos y demostrar interés a los negociadores de la otra parte.

- **Mantenga la solidaridad de su equipo negociador.** Vigile que todos los miembros de su equipo llegan y se marchan de las sesiones de negociación a la vez. Es molesto cuando alguno de los negociadores llega o se marcha con las reuniones en funcionamiento.
- **Establezca reglas sobre cómo abordar cuestiones difíciles en la negociación.** Las reglas deben abarcar cuándo se pueden hacer pausas e interrupciones y cuánto pueden durar, el lugar donde se celebrarán las reuniones y si habrá reuniones por la noche. (Es mejor evitar negociar por la noche ya que las personas estarán cansadas y existe el riesgo de comportamientos menos cívicos.)
- **Mantenga las emociones negativas bajo control.** Si la situación se pone caliente, solicite una pausa que permita a los negociadores reagruparse y calmarse. Los ataques personales a los miembros de la otra parte deben evitarse. La negatividad no debe instalarse en la mesa negociadora.

Fuente: Adaptado de Tyler, K. (enero de 2005). Good-faith bargaining. *HRMagazine*, 49-53.

Poder de negociación

En las sesiones negociadoras, probablemente ambas partes adoptarán posturas de inicio que favorezcan sus objetivos, pero que dejarán cierto espacio para la discusión. Por ejemplo, en el tema relativo a las subidas salariales, el sindicato puede pedir inicialmente una subida del ocho por ciento, pero estar dispuesto a bajar hasta el cinco por ciento. La dirección podrá, también inicialmente, ofrecer al sindicato una subida del dos por ciento, pero estar realmente dispuesta a subir hasta el seis por ciento.

¿En qué punto alcanzarán el acuerdo ambas partes, en el cinco o en el seis por ciento? La parte que comprenda la forma de utilizar su poder de negociación será probablemente capaz de conseguir un acuerdo más cercano a su postura inicial. El *poder de negociación* es la capacidad de una parte de conseguir que la otra acepte sus posiciones. Si la dirección tiene un mayor poder de negociación que el sindicato, es probable que consiga que el sindicato acepte una subida salarial del cinco por ciento.

Un aspecto importante del poder de negociación es la percepción que tiene del mismo la otra parte. Cada parte puede adoptar diferentes comportamientos para influir sobre la percepción de la otra. Una dirección que actúe de forma fuerte e intimidatoria puede influir sobre el sindicato para que éste haga concesiones adicionales. Sin embargo, una postura agresiva por parte de la dirección puede ser contraproducente y provocar que los representantes del sindicato hagan menos concesiones.

Las partes en una negociación cuentan con diversas alternativas tácticas. Las dos tácticas negociadoras más utilizadas para aumentar el poder de negociación son la negociación distributiva y la negociación integradora[57].

Negociación distributiva
Negociación que se centra en convencer a la otra parte de que el coste de no alcanzar un acuerdo sobre los términos propuestos podría ser muy elevado.

Negociación distributiva. La **negociación distributiva** se centra en convencer a la otra parte en las negociaciones de que el coste del desacuerdo podría ser muy elevado. En la negociación colectiva el coste del desacuerdo suele ser una huelga. En EE.UU., las huelgas se suelen producir cuando vence el convenio colectivo sin que ambas partes hayan logrado un nuevo acuerdo. Las tácticas de negociación disuasoria suelen utilizarse cuando las dos partes están compitiendo por recursos muy limitados.

Los sindicatos utilizan la negociación distributiva cuando intentan convencer a la dirección de que quieren y pueden mantener una larga huelga que perjudicará seriamente a los beneficios de la empresa y debilitará su posición frente a sus competidores. Por ejemplo, en sus negociaciones con United Parcel Service en 1993, el sindicato Teamsters Union presentó a la empresa varias demandas clave, incluyendo importantes subidas salariales y de las prestaciones, mayor seguridad en el empleo, conversión de puestos a tiempo parcial en puestos a tiempo completo y unos estándares de productividad menos rigurosos. Cuando UPS, tras intensas conversaciones y ampliaciones del período de vigencia del convenio, presentó a Teamsters un contrato que no se acercaba a las demandas del sindicato, Teamsters suspendió las negociaciones y fijó una fecha para iniciar la huelga. Una huelga nacional contra United Parcel Service hubiera afectado a la empresa en un momento en el que se enfrentaba a una dura competencia de rivales que no tenían sindicatos en sus empresas, como Federal Express y Roadway Package Services. Sin embargo, antes de que se produjera Ron Carey, el presidente reformista de Teamsters, consiguió un convenio que ofrecía un buen paquete económico y el final de algunas normas laborales muy estrictas que llevaban tiempo poniendo furiosos a los miembros del sindicato[58]. Las tácticas de negociación distributiva no siempre evitan las huelgas. Como mostraba el ejemplo con el que se iniciaba este capítulo, UPS y Teamsters no fueron capaces de evitar la huelga cuatro años más tarde cuando negociaban los términos de un nuevo convenio y no lograron alcanzar un acuerdo antes de que venciera el anterior.

La dirección utiliza la negociación distributiva cuando intenta convencer al sindicato de que puede soportar una huelga larga mucho mejor que los miembros del sindicato, que tendrán que sobrevivir sin cobrar. Por ejemplo, en 1975, la dirección del *Washington Post* intentó convencer a los sindicatos del periódico de que podría soportar una huelga y seguir sacando el periódico porque tenía directivos con formación en las diferentes tareas que podían ocupar los puestos de los trabajadores afiliados. En esta ocasión, la dirección fue capaz de impedir la huelga.

Los líderes sindicales también pueden adoptar tácticas de negociación distributiva cuando creen que los miembros del sindicato están dispuestos a aceptar el coste de una huelga prolongada, que probablemente cause a la empresa daños económicos importantes. Esta situación se produjo en 1998 cuando UAW puso contra las cuerdas a General Motors para impedir que los puestos de trabajo desempeñados por trabajadores afiliados fueran subcontratados. General Motors argumentaba que con esta medida se reducían sus costes laborales. Finalmente, se produjo una huelga de dos meses en un momento en el que había una fuerte demanda de coches de GM pero muy pocos de los nuevos modelos fabricados. Esta situación ayudó a convencer a la dirección para que hiciera concesiones al sindicato después de que la huelga supusiera unos 2.200 millones de dólares en pérdidas[59].

Negociación integradora. La **negociación integradora** se centra en convencer a la otra parte de que los beneficios de acceder a sus planteamientos pueden ser muy elevados. La negociación integradora es parecida a una sesión de resolución de problemas en la que ambas partes están intentando encontrar alternativas que benefician a todos. La empresa Goodyear Tire & Rubber Co. y el sindicato United Steelworkers Union (USW) negociaron un acuerdo que ilustra las ventajas de la negociación integradora. Dada la necesidad que tenía Goodyear de ser competitiva a nivel mundial, estaba firmemente decidida a reducir sus costes operativos. A cambio de que el sindicato aceptase reducir los costes laborales en 1.150 millones de dólares a lo largo de tres años y eliminar 3.000 puestos de trabajo, la empresa se comprometía a mantener, invirtiendo lo necesario, dos de las fábricas estadounidenses y limitar las importaciones de sus fábricas en Brasil y Asia. El sindicato aceptó el planteamiento de la empresa en un convenio que firmó en 2003, esperando salvar la mayoría de los 19.000 puestos de trabajo que ocupaban sus afiliados [60]. El Cuaderno del Director titulado "Directrices para una negociación integradora" muestra lo que tienen que hacer ambas partes para conseguir una negociación de este tipo.

Negociación integradora
Negociación que se centra en convencer a la otra parte de que los beneficios de alcanzar un acuerdo sobre los términos propuestos pueden ser muy elevados.

Es bastante frecuente que en una negociación colectiva ambas partes utilicen las dos tácticas de negociación. Sin embargo, la estrategia global de relaciones laborales de la empresa suele determinar el tipo de negociación a adoptar[61]. Las empresas que adoptan

CUADERNO DEL DIRECTOR

GRH: EL EMPLEADO COMO CLIENTE INTERNO

Directrices para una negociación integradora

La negociación integradora es el proceso mediante el cual se identifica un objetivo común, compartido o conjunto y el desarrollo de un proceso para conseguirlo. El énfasis en la negociación integradora puede llevar a la cooperación entre sindicato y dirección, aumentando las posibilidades de ganancias para ambas partes. Para conseguir una negociación integradora ambas partes deberían:

- **Intentar comprender las necesidades y objetivos reales del otro.** Con este fin las dos partes deben participar en un diálogo en el que ambas revelen sus preferencias y prioridades, en vez de intentar ocultarlas o manipularlas (*a*).
- **Crear un flujo de información libre.** Los representantes de las dos partes tienen que estar dispuestos a escuchar al otro atentamente y aceptar una solución conjunta que incorpore las necesidades de ambas partes (*b*).
- **Resaltar los puntos comunes y minimizar las diferencias entre las partes.** Hay que volver a enmarcar los objetivos concretos para que pasen a formar parte de un objetivo más amplio de colaboración. Por ejemplo un lugar de trabajo seguro puede ser un objetivo con el que estén de acuerdo ambas partes, aunque difieran en cuanto al planteamiento concreto para alcanzar el objetivo (*c*).
- **Buscar soluciones que satisfagan los objetivos y metas de ambas partes.** Cuando las partes son combativas o competitivas, es más probable que se centren únicamente en sus propios objetivos e ignoren los de la otra parte. La negociación cooperativa sólo tiene éxito si permite satisfacer las necesidades de ambas partes (*d*).
- **Desarrollar respuestas flexibles ante las propuestas del otro.** Cada parte debería intentar acomodarse y adaptarse a las necesidades de la otra parte modificando sus propuestas. Hay que evitar el quedar estancados en una postura inamovible que impida alcanzar una solución. Si uno es flexible, se puede fomentar que la otra parte actúe con reciprocidad y de forma análoga, avanzando hacia un acuerdo en donde todos ganen (*e*).

Fuentes: (*a*) Lewicki, R., Saunders, D. y Barry, B. (2006). *Negotiation* (5th ed.). Burr Ridge, IL: McGraw-Hill Irwin. (*b*) *Ib.* (*c*) *Ib.* (*d*) *Ib.* (*e*) Das, T. K. y Teng, B. (1998). Between trust and control. Developing confidence in partner cooperation and alliances. *Academy of Management Review*, 23, 491-512.

una estrategia de aceptación de sindicatos tienen más probabilidades de combinar ambos tipos de negociación, mientras que las que tienen una estrategia de rechazo del sindicato probablemente se centren exclusivamente en la negociación distributiva. Además, las estrategias seleccionadas por el sindicato influirán sobre las estrategias y tácticas de negociación de la empresa porque la negociación colectiva es un proceso dinámico.

Temas a negociar

La NLRB y los tribunales clasifican los temas de la negociación en tres categorías: obligatorios, permitidos e ilegales. Como ya se ha mencionado, los *temas de negociación obligatorios* son los salarios, los horarios y las condiciones de trabajo. Éstos son temas que tanto los sindicatos como la dirección de las empresas consideran fundamentales en las relaciones laborales de la organización. Algunos ejemplos de cada uno de estos temas obligatorios se muestran en la Figura 15.7.

La NLRB y los tribunales han interpretado los salarios, la jornada y las condiciones de trabajo de una forma bastante amplia. Los "salarios" pueden significar cualquier tipo de compensación, incluyendo el salario base, los incentivos monetarios, los seguros médicos y las prestaciones por jubilación. La "jornada" puede hacer referencia a la distribución de las horas de trabajo, incluyendo la asignación de horas extraordinarias y los días de vacaciones que se reconozcan. Las "condiciones de trabajo" pueden significar casi cualquier otra norma que afecte a los trabajadores representados por el sindicato. Entre estas normas cabe incluir los procedimientos de quejas y reclamaciones, las normas

Salarios	Jornada	Condiciones de trabajo
Salario base	Horas extra	Despidos
Salario por hora extra	Vacaciones	Ascensos
Prestaciones por jubilación	Días libres	Disposiciones por antigüedad
Prestaciones sanitarias	Turnos	Normas de seguridad
Gastos de viaje	Horario flexible	Normas de trabajo
Incentivos salariales	Baja por maternidad	Procedimientos de quejas
		Union shop
		Descripción de los puestos

Figura 15.7 ■ Temas de negociación obligatorios.

de seguridad en el trabajo, las descripciones de los puestos de trabajo y los criterios para un ascenso.

Los *temas de negociación permitidos* pueden discutirse durante la negociación colectiva si ambas partes así lo acuerdan, pero ninguna está obligada a negociar estos temas. Algunos de ellos hacen referencia a las disposiciones para que los miembros del sindicato participen en los órganos de gobierno de la empresa y las prestaciones para los trabajadores afiliados jubilados. En la economía en recesión de principios de los años 90, algunos sindicatos cedieron en temas de salarios a cambio de conseguir acciones de la empresa y más influencia en cómo se gestiona. Los acuerdos entre trabajadores y dirección de las empresas en el sector aéreo han incorporado algunos planteamientos nuevos para salvar compañías con problemas y miles de puestos de trabajo en juego. Por ejemplo:

- Northwest Airlines, con problemas financieros, y sus tres principales sindicatos (el Machinists, el Air Line Pilots Association y el International Brotherhood of Teamsters) alcanzaron un acuerdo en 1993 para mantener en funcionamiento la empresa. Los sindicatos aceptaron la reducción de los costes salariales en más de 700 millones de dólares a cambio de un 30 por ciento de las acciones preferentes de Northwest, tres puestos en el consejo de administración de la empresa, formado por 15 miembros, mayor seguridad en el empleo y que se les tuviera más presentes en el funcionamiento de la empresa[62].
- En United Airlines, en 1994, los sindicatos que representaban a los pilotos y a los mecánicos, aceptaron una reducción salarial del 15 por ciento a cambio del 55 por ciento de las acciones de la empresa y tres de los 12 puestos del consejo de administración. En 1996 el precio de las acciones de United se había multiplicado por más de dos y la compañía aérea, propiedad de sus empleados, estaba consiguiendo mejores resultados que la mayoría de sus rivales[63]. Sin embargo, las acciones de United Airlines cayeron en 2001 después del ataque terrorista contra EE.UU. cuando United impidió que despegaran el 31 por ciento de sus vuelos y rescindieron el contrato a 20.000 empleados. Estas contrariedades que sufrió la empresa pusieron en peligro el interés del sindicato en admitir más recortes salariales para ayudar a superar la crisis financiera[64].

Los *temas de negociación ilegales* no pueden abordarse en la negociación colectiva. Entre los ejemplos caben destacar las cláusulas de *closed shop*, la obligatoriedad de que el empresario pague servicios que no se prestan (*featherbedding*) y las prácticas discriminatorias de empleo. La NLRB considera que la discusión de temas de negociación ilegales es una práctica laboral injusta.

Puntos muertos en la negociación

No se puede cerrar un convenio colectivo hasta que los representantes de ambas partes son autorizados por sus organizaciones para suscribir el acuerdo. Los representantes del sindicato suelen someter a votación de sus afiliados el convenio. La mayor parte de los sindicatos exige que la mayoría de sus afiliados lo aprueben. Los representantes de la dirección pueden necesitar la aprobación de los altos ejecutivos de la empresa. Si las partes no se pueden poner de acuerdo en uno o más temas obligatorios de la negociación, se habrá llegado a un *punto muerto* en la misma. Si una parte insiste en negociar un tema permitido hasta llegar a un punto muerto estará realizando una práctica laboral injusta.

Si el punto muerto persiste porque las partes han adoptado posturas rígidas, puede provocarse una huelga. Antes de convocar la huelga, cualquiera de las partes puede solicitar que un mediador ayude a salir del punto muerto. Los mediadores tienen formación específica en técnicas de resolución de conflictos y, a veces, son capaces de mejorar la comunicación, resolviéndose así el atasco. El Servicio Federal de Mediación y Conciliación (*Federal Mediation and Conciliation Service*), creado en virtud de la ley Taft-Hartley, supervisa las disputas laborales y, en ciertas circunstancias, media en las disputas. Además dispone de una lista de mediadores y árbitros imparciales, que están cualificados para ayudar a resolver los conflictos que se producen en las negociaciones colectivas.

Si se aproxima la fecha de vencimiento del convenio y las partes siguen en punto muerto, el sindicato puede pedir a sus miembros que voten a favor de la huelga. Si los miembros están de acuerdo, la huelga empezará al día siguiente del vencimiento del convenio. Los miembros en huelga de un sindicato dejan de trabajar para su empresario y, a menudo, hacen público su conflicto poniendo piquetes delante de las puertas del trabajo. Una huelga implica costes para ambas partes. Los miembros en huelga del sindicato no reciben su salario ni sus prestaciones hasta que vuelven al trabajo, aunque pueden tomar dinero del fondo para huelgas del sindicato, creado para dar una pequeña cuantía que permita cubrir las necesidades básicas. Sin embargo, una huelga larga puede agotar el fondo para huelgas, presionando al sindicato para que haga concesiones de forma que sus miembros puedan volver al trabajo.

Los trabajadores en huelga también se enfrentan al riesgo de perder puestos de trabajo, ahora en manos de los trabajadores sustitutos permanentes. Caterpillar, Inc., el mayor fabricante mundial de maquinaria de construcción, utilizó la amenaza de contratar trabajadores sustitutos permanentes para ganar una acalorada disputa con el United Auto Workers. La empresa fijó una fecha tope y dijo a los trabajadores en huelga: "O volvéis al trabajo u os quedáis sin trabajo". Los huelguistas se asustaron y volvieron al trabajo aceptando las condiciones de la dirección[65]. La utilización de trabajadores sustitutos permanentes es una práctica muy controvertida y los sindicatos están intentando conseguir que el Congreso apruebe una ley para restringir su uso[66]. *Véase* el Recuadro 15.2 "Trabajadores sustitutos permanentes: ¿una huelga contra el sindicato o una necesidad económica?" para saber más sobre este tema.

Algunas veces, los sindicatos están obligados legalmente por sus estatutos a secundar a los piquetes de otros sindicatos, lo que dificulta que la empresa contrate a trabajadores para sustituir a los huelguistas. Por ejemplo, durante una huelga de guionistas de las tres principales cadenas de televisión de EE.UU., los demás trabajadores de producción de televisión abandonaron sus puestos en una *huelga solidaria*. La solidaridad de los sindicatos obligó a los estudios de televisión a dejar sin realizar todo el trabajo de producción hasta que alcanzaron un acuerdo con los guionistas.

La dirección también tiene que afrontar importantes gastos derivados de la huelga. Una huelga puede obligar a una empresa a detener sus operaciones y perder clientes. En

RECUADRO 15.2

TRABAJADORES SUSTITUTOS PERMANENTES: ¿UNA ACTUACIÓN CONTRA EL SINDICATO O UNA NECESIDAD ECONÓMICA?

Cuando más de 6.300 conductores abandonaron los autobuses Greyhound durante una dura huelga en 1989, la empresa tenía a mano a 700 nuevos contratados para conducir la flota y 900 más en formación. Cuando acabó la huelga, la mayoría de los nuevos contratados conservaron su puesto. Los trabajadores sustitutos también se quedaron en sus puestos tras duras y prolongadas huelgas en Internacional Paper, en Eastern y en Continental Airlines.

La sustitución de los trabajadores en huelga ha sido una opción empresarial legal durante unos 60 años. Pero no fue hasta 1981 cuando el presidente Ronald Reagan despidió a los controladores aéreos en huelga y mantuvo el sistema funcionando con sustitutos. Desde entonces, los empresarios empezaron a utilizar esta táctica de forma regular.

Para los trabajadores afiliados, la contratación de trabajadores sustitutos permanentes mina el poder de negociación otorgado a los sindicatos en virtud del derecho a la huelga garantizado por la Ley Wagner. La huelga, el as en la manga de los sindicatos durante mucho tiempo, se ha convertido en una carta que temen sacar por miedo a que los huelguistas pierdan su trabajo. Los abogados laboralistas afirman que la sustitución permanente viene a ser como despedir a los huelguistas, una práctica ilegal.

La actual legislación sobre los sustitutos permanentes deriva de un caso de 1938, *NLRB contra Mackay Radio & Telegraph Co.*, en el que el tribunal declaró que, aunque la empresa Mackay era culpable por haber despedido a los huelguistas, en otros casos en los que la dirección no hubiera cometido prácticas ilegales, la empresa no estaría obligada a despedir a los trabajadores sustitutos y a contratar de nuevo a los huelguistas cuando quisieran volver de nuevo al trabajo. Los abogados laboralistas insisten que "no volver a contratar" es lo mismo que "despedir". Por otra parte, los empresarios afirman que la capacidad de contratar a sustitutos permanentes es necesaria para garantizar la supervivencia de las empresas. Jack Schwartz, el asesor laboral de Nacional Tea, una empresa con sede en Nueva Orleans, se hace eco de la opinión de muchos empresarios cuando afirma que una legislación que prohibiera los sustitutos permanentes animaría a las empresas a mudarse a "Méjico o a otros países en los que no tengan que preocuparse por estos riesgos".

Fuentes: Singh, P. y Harish, J. (2001). Striker replacements in the United Status and Mexico: A review of the law and empirical research. *Industrial Relations*, 40, 22-53; Budd, J. (1996). Canadian strike replacement legislation and collective bargaining: Lessons for the United States. *Industrial Relations*, 35, 245-260; *BNA's Employee Relations Weekly* (1994, January 24), Negotiators for management and labor gauge impact of striker replacements. 12(4), 87-88: Bernstein, A (1991, 5 de agosto). You can't bargain with a striker whose job is no more. *Business Week*, 27; y Kilborn, P. T. (1990, 13 de marzo). Replacement workers: Management's big gun. *New York Times*, A24.

un mercado muy competitivo estas acciones pueden llevar a la empresa a la bancarrota. Esto es exactamente lo que ocurrió en Eastern Airlines cuando el sindicato Internacional Association of Machinists and Aerospace Workers (IAM) puso en 1989 contra las cuerdas a la compañía aérea en un conflicto relacionado con el convenio. Cuando un sector es muy competitivo una huelga también supone una amenaza de que la empresa pierda cuota de mercado a favor de sus rivales. Es lo que le sucedió al fabricante de aviones Boeing, en el año 2000, cuando sufrió una huelga de seis semanas protagonizada por 18.000 ingenieros y técnicos afiliados a la Society of Professional Engineering Employees in Aerospace (SPEEA), la mayor huelga protagonizada por trabajadores de cuello blanco en EE.UU. Finalizó con el acuerdo para un convenio que recogía gran parte de las reivindicaciones del sindicato. El sindicato había demandado, y conseguido, que la empresa continuara pagando el seguro médico de todos sus empleados y un incremento salarial del cinco por ciento anual durante un período de tres años[67].

A pesar de los resultados negativos que a veces se derivan de las huelgas, constituyen una característica importante del proceso de negociación colectiva. La presión de una fecha tope para la convocatoria de una huelga obliga a los representantes, tanto de los sindicatos como de la dirección, a realizar concesiones y resolver sus diferencias. En EE.UU. menos del 0,2 por ciento del tiempo laboral perdido se debe a las huelgas. Dicho de otra manera, se pierde menos tiempo de trabajo debido a las huelgas que a los resfriados comunes[68].

Huelga económica
Huelga que tiene lugar cuando no se ha alcanzado un acuerdo durante la negociación colectiva.

Huelga salvaje
Paro laboral espontáneo que se produce cuando un convenio está todavía en vigor y que no suele estar respaldado por el sindicato.

Cierre patronal
Se produce cuando el empresario detiene la producción antes o durante un conflicto laboral.

El tipo de huelga que hemos discutido hasta ahora, que se produce cuando no se alcanza un acuerdo durante la negociación colectiva, se denomina **huelga económica**. Otro tipo de huelga es la **huelga salvaje**, un paro laboral espontáneo que se produce cuando un convenio está todavía en vigor y, además, este paro no suele estar respaldado por un sindicato. Las huelgas salvajes se suelen producir cuando los trabajadores se enfurecen por una actuación disciplinaria emprendida por la dirección contra uno de sus compañeros. Este tipo de huelga está diseñada para atraer la atención de la dirección sobre una cuestión que quieren resolver los huelguistas. Algunos convenios prohíben las huelgas salvajes y penalizan a los trabajadores que participan en ellas, a veces, con el despido. El método preferido para resolver las disputas entre los trabajadores que el sindicato representa y la dirección de la empresa es el procedimiento de solución de quejas. Una herramienta que pueden utilizar los empresarios contra los trabajadores es el cierre patronal. Un **cierre patronal** se produce cuando el empresario cierra sus fábricas antes o durante un conflicto laboral. Cuando la negociación entra en un callejón sin salida, los empresarios pueden utilizar los cierres patronales para impedir los daños económicos que ocasionaría una huelga que se celebrase en momentos que pudiesen dañar seriamente a los intereses de la empresa. Por ejemplo, un fabricante de cerveza puede tener que embotellarla antes de cierta fecha o todo el lote no servirá de nada. Dado que los empresarios tienen otras alternativas para influir sobre el sindicato para que haga concesiones, como la utilización de trabajadores sustitutos de los que vayan a la huelga, los paros patronales no suelen utilizarse. Un cierre patronal de diez meses tuvo lugar cuando los propietarios de los equipos de la Nacional Hockey League (NHL) y la organización que representa a los jugadores, la Player's Association, no fueron capaces de conseguir un acuerdo. La representación de los propietarios solicitaba un tope salarial que no pudieran superar los equipos, aduciendo que el año anterior tuvieron pérdidas de 273 millones de dólares. El cierre patronal dio lugar a la cancelación de toda la temporada 2004-2005. La representación de los jugadores, la Player's Association, finalmente cedió, aceptando que el gasto máximo por equipo fuera de 39 millones de dólares, incluyendo una reducción del 24 por ciento de los salarios de los jugadores[69].

GESTIÓN DE LOS CONVENIOS

La última fase de las relaciones laborales es la gestión de los convenios que implica aplicar y hacer cumplir el convenio colectivo en el lugar de trabajo. A veces, las disputas entre los trabajadores y los sindicatos surgen por cuestiones relacionadas con un ascenso o con el abuso por parte de un empleado de los días de baja por enfermedad. Los pasos para resolver estas disputas se definen en el convenio colectivo.

Procedimiento de quejas
Un proceso sistemático, paso a paso, diseñado para resolver las disputas relativas a la interpretación de un convenio colectivo.

El mecanismo preferido por la mayoría de los sindicatos y los directivos para resolver las disputas es el procedimiento de quejas[70]. Un **procedimiento de quejas** es un proceso sistemático, paso a paso, diseñado para resolver las disputas relativas a la interpretación de un convenio colectivo.

Aunque los trabajadores pueden intentar resolver sus conflictos a través de otras alternativas como la política de puertas abiertas o mediante una reunión con el representante de relaciones internas del departamento de RRHH (*véase* el Capítulo 13), los procedimientos de quejas recogidos en los convenios colectivos tienen dos ventajas significativas para los trabajadores, que ningún otro programa de GRH puede proporcionar:

1. El procedimiento de quejas ofrece al trabajador un miembro del sindicato dedicado a representar su caso ante la dirección. Este miembro del sindicato se denomina **representante sindical**. Con cualquier otro sistema utilizado para resolver los conflictos el empleado está representado por una persona que, o bien es un directivo, o bien es un agente de la dirección. Estas personas, obviamente, no pueden estar totalmente entregadas a la postura del empleado.
2. El último paso del procedimiento de quejas es el **arbitraje**, un proceso cuasi jurídico vinculante para ambas partes. El árbitro es una persona neutral seleccionada fuera de la empresa y pagada tanto por el sindicato como por la dirección (qué dividirá la factura). A diferencia de los comités de quejas, integrados por personas en nómina, el árbitro no tiene ningún interés personal en el resultado y puede tomar una decisión difícil sin tener que preocuparse por su propia carrera profesional[71].

Representante sindical
En un procedimiento de quejas, un defensor dedicado a representar el caso del empleado ante la dirección.

Arbitraje
Último paso del procedimiento de quejas. La decisión del árbitro, que es una persona neutral seleccionada fuera de la empresa, es vinculante para ambas partes.

Etapas en el procedimiento de quejas

La mayoría de los procedimientos de quejas implican tres o cuatro pasos que llevan hasta el arbitraje, el último paso. La Figura 15.8 ilustra un procedimiento de quejas de cuatro

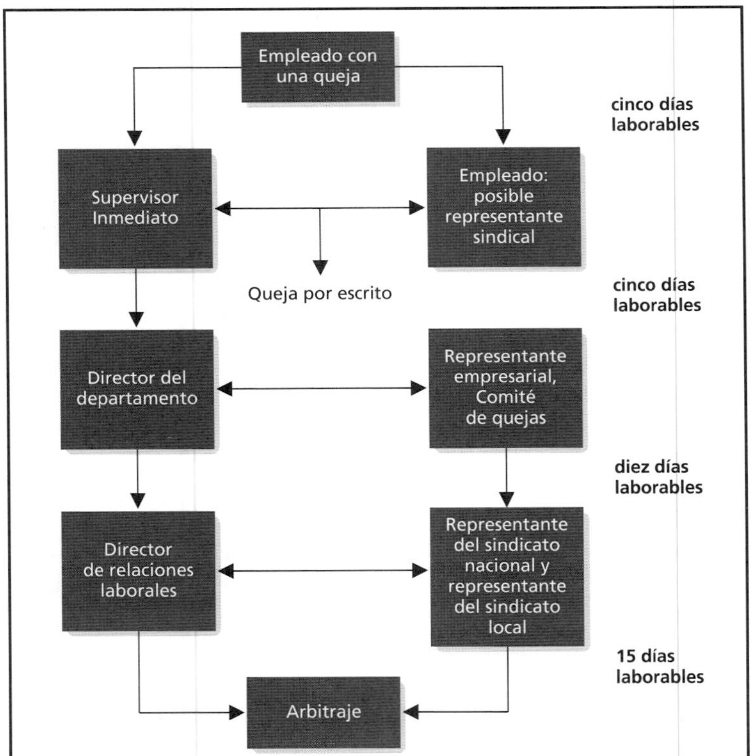

Fuente: Adaptado de Allen, R. y Keavany, T. (1988). *Contemporary labor solutions* (2th ed.), 530. Reading, MA: Addison-Wesley. Reproducido con autorización de Robert Allen.

Figura 15.8 ■
Procedimiento sindical de quejas.

pasos. Normalmente, en cada paso, se establece un plazo límite para la resolución del conflicto. Los últimos pasos del procedimiento requieren más tiempo que los primeros y el grado de formalidad aumenta con cada paso. Puesto que el procedimiento de quejas requiere mucho tiempo y distrae a varias personas de sus tareas habituales, suele ser positivo para la empresa resolver el conflicto cuanto antes.

Para que el procedimiento de conciliación tenga éxito, la clave está en la formación de los jefes y supervisores para que puedan comprender el convenio colectivo y cooperar con los representantes sindicales para resolver los conflictos en el primer paso. El personal de relaciones laborales del departamento de RRHH puede hacer una importante contribución, formando y asesorando a los jefes y supervisores.

El primer paso del procedimiento de quejas se da cuando un empleado habla de su problema con su representante sindical. En nuestro ejemplo de la Figura 15.8, el empleado debe llevar el problema a su representante o a su supervisor en los cinco días siguientes a que haya ocurrido. El representante sindical se remite al convenio colectivo para ver si la queja es válida y, si lo es, intenta colaborar con el jefe del empleado para resolverla. La queja puede presentarse verbalmente o por escrito. La mayoría de las quejas (en torno al 75 por ciento) se resuelven en este primer paso.

Si la disputa no puede resolverse en este primer paso, la queja se pone por escrito y, en nuestro ejemplo, el director del departamento o de la fábrica y un miembro del sindicato (representando a la dirección del sindicato) tienen otros cinco días laborales adicionales para resolver la cuestión. En este segundo paso suele ser normal que se convoque una reunión formal para discutir el tema.

Si en el segundo paso no se resuelve la queja, las partes pasan al tercer paso. En este paso suele participar un alto directivo de la empresa (por ejemplo, el director de relaciones laborales), un representante local del sindicato y otro nacional. En nuestro ejemplo, el convenio concede a estas personas diez días para responder y resolver la queja. Las quejas que, potencialmente, pueden sentar precedentes por afectar a la política de la empresa, pueden "llegar" hasta este nivel ya que no sería adecuado que los supervisores o directivos de una de las fábricas las resolviesen. Por ejemplo, una queja relativa a los estándares de producción puede tener consecuencias generales para todos los trabajadores si existe un convenio colectivo que afecta a toda la empresa. Puesto que este tercer paso es el último antes del arbitraje, se convierte en la última oportunidad de la dirección para negociar un acuerdo con el sindicato. Llegados a este punto, es frecuente que la dirección intente alcanzar "cualquier" acuerdo con el sindicato.

El último paso del procedimiento de conciliación es el arbitraje. Sólo el uno por ciento de las quejas llegan hasta el arbitraje, el resto se resuelve en los pasos anteriores. Ambas partes eligen un árbitro, ante el cual los abogados del sindicato y de la dirección presentan sus casos y evidencias en una vista con un formato cuasi jurídico. A continuación el árbitro examina las pruebas y dictamina. La mayoría de los árbitros también escriben su opinión, resaltando sus razonamientos y los apartados del convenio colectivo que han influido sobre su decisión. Esta opinión puede servir de directriz para resolver disputas similares en el futuro. La decisión del árbitro es final y vinculante para ambas partes.

Tipos de quejas

Los empleados suelen plantear dos tipos de quejas. En primer lugar están las quejas por *interpretación del convenio*, en función de los derechos que se recogen en el convenio para los trabajadores que representa el sindicato. Si el lenguaje utilizado en el convenio es ambiguo, este tipo de queja puede llegar hasta el arbitraje en busca de interpretación. Por ejemplo, suponga que un convenio colectivo permite a los trabajadores dos descansos de diez minutos cada día para tomar café. Si la dirección decide que sería conveniente para la empresa suprimir esos dos descansos, los empleados podrían plantear una queja de interpretación del convenio para conseguir que se les devuelva su privilegio.

El segundo tipo de quejas hace referencia al régimen disciplinario de los trabajadores. En estos casos el procedimiento de quejas analiza si existe causa justificada para sancionar al empleado, recayendo la carga de la prueba sobre la dirección. Un aspecto importante de estos casos consiste en determinar si se han respetado los trámites establecidos. Para las infracciones leves, la dirección debe ofrecer a los empleados la oportunidad de corregir su comportamiento mediante el régimen de medidas disciplinarias progresivas (advertencia verbal, advertencia por escrito, suspensión y despido). Para las infracciones más graves (como robar), la dirección debe ofrecer pruebas irrefutables de que la medida disciplinaria era necesaria.

Beneficios de los procedimientos de quejas con intervención del sindicato

Los procedimientos de quejas ofrecen ventajas tanto a la dirección como a los trabajadores. Concretamente:

- Los procedimientos de quejas protegen a los empleados representados por el sindicato ante decisiones arbitrarias que pueda adoptar la dirección de la empresa, es un mecanismo para impartir justicia en la organización.
- Los procedimientos de quejas ayudan a la dirección a resolver rápida y eficientemente conflictos que, de otra manera, acabarían en los tribunales o derivarían en paros laborales.
- La dirección puede utilizar el procedimiento de quejas como un canal de comunicación hacia arriba, para conocer y corregir las causas de insatisfacción de los trabajadores con sus puestos de trabajo o con las políticas de la empresa.

LA INFLUENCIA DE LOS SINDICATOS EN LA GESTIÓN DE RRHH

Si no hay sindicatos la dirección, probablemente, desarrollará políticas de GRH que se basen exclusivamente en el principio de eficiencia. Por ejemplo, una empresa sin sindicatos puede adoptar una política retributiva consistente en pagar el salario de mercado porque es la forma más eficiente de asignar los costes laborales (*véase* el Capítulo 10). Pero cuando entra en escena un sindicato, la dirección debe desarrollar políticas que reflejen las preferencias de la mayoría de los trabajadores representados por el sindicato[72]. En este apartado nos centraremos en cómo la presencia de un sindicato modifica las decisiones que afectan a cómo cubrir las vacantes, al desarrollo de los empleados, a la retribución y a las políticas de relaciones internas.

DOTACIÓN DE VACANTES

En la mayor parte de los convenios colectivos se recoge que las vacantes se cubrirán dando preferencia a los trabajadores con más antigüedad. La **antigüedad** es el período de tiempo que una persona ha estado trabajando para un empresario. En una empresa con sindicato los ascensos, los traslados de puesto y las preferencias de turnos se ofrecen a los trabajadores con mayor antigüedad en la empresa, o en el centro de trabajo[73]. Los despidos se realizan en función de la regla del último en entrar, primero en salir (*véase* el Capítulo 6)[74].

Antigüedad
Período de tiempo que una persona ha estado trabajando para un empresario

En las empresas con sindicato las reglas laborales tienden a ser menos flexibles porque suelen estar formalizadas en el convenio colectivo. Cuando las relaciones laborales son de enfrentamiento, los convenios colectivos, muy probablemente, recogerán reglas laborales inflexibles. Cuando las relaciones laborales son más cooperativas, las especificaciones de las reglas laborales pueden dejarse de forma deliberada fuera del convenio. En algunos sectores, esto permite a la dirección disponer de la flexibilidad necesaria para ajustarse a los rápidos cambios de los requisitos tecnológicos para fabricar un producto o servicio. Por ejemplo, según los términos del convenio de 1999 entre DaimlerChrysler y UAW, la empresa aceptó la reivindicación del sindicato para conceder a cada trabajador una paga extra de 1.350 dólares por la firma del convenio y un incremento salarial del tres por ciento, además del ajuste salarial a la inflación. A cambio, DaimlerChrysler consiguió el acuerdo del sindicato para permitir a la empresa reducir el tamaño de su plantilla a través de bajas vegetativas (es decir, no se sustituyen los puestos que quedan vacantes por dimisiones o jubilaciones). La reducción de la plantilla permitió a la empresa reducir costes mediante una mayor productividad[75].

Si no existe un sindicato, el empresario probablemente cubra las vacantes en función de los méritos de cada trabajador[76]. En la mayoría de los casos, el mérito se determina a partir de la evaluación que hace el supervisor del rendimiento del empleado. En estas empresas, los supervisores tienen más poder e influencia dada su autoridad para recompensar los esfuerzos de los empleados con ascensos, puestos de trabajo atractivos y mejores turnos de trabajo. Probablemente, las decisiones de despido se tomarán en función tanto del mérito como de la antigüedad. Por último, las reglas laborales suelen ser más flexibles porque el empresario no está atado a un convenio y, por tanto, no tiene que justificar ante los trabajadores los cambios que realiza en la forma de hacer el trabajo. En las empresas sin sindicato es la dirección la que determina el modo más eficiente de fabricar un producto o prestar un servicio y de llevarlo hasta el cliente.

DESARROLLO DEL EMPLEADO

En las empresas con sindicato, la utilización de la evaluación del rendimiento está muy limitada porque los datos para ella suelen provenir de los supervisores, una fuente que muchos sindicatos consideran problemática. Los sindicatos tienden a evitar la utilización de la evaluación del rendimiento como punto de partida para la toma de decisiones relativas a la dotación de vacantes y a los sueldos. Si se llegara a evaluar el rendimiento de los empleados representados por el sindicato, dicha evaluación sería utilizada únicamente para informarles sobre su rendimiento. En un lugar sin sindicato, sin embargo, la evaluación del rendimiento tendrá muchas aplicaciones para la toma de decisiones sobre subidas salariales, ascensos, dotación de vacantes, carrera profesional, necesidades de formación y reducciones de plantilla o despidos[77].

Las empresas con sindicato tienden a conservar a sus empleados más tiempo que las empresas que no lo tienen[78]. Existen varias razones que explican este hecho. Primera, los empleados que cuentan con un sindicato mostrarán su insatisfacción a través de los procedimientos de quejas, por lo que este canal se puede convertir en una alternativa a marcharse de la empresa. Segunda, las empresas pagarán, de media, mayores salarios por lo que a estos trabajadores les resultará más difícil encontrar un trabajo en iguales condiciones si se van.

Los propios sindicatos están en los últimos años mucho más interesados en la formación y el desarrollo. El acuerdo de 1990 entre General Motors y UAW, por ejemplo, especificaba que la empresa crearía Centros de Capacitación (formación de adultos) para los trabajadores que representaba el sindicato. Hasta ahora, 36 fábricas de GM en EE.UU. han creado estos centros. A medida que han mejorado sus esfuerzos de organización, muchos sindicatos han ofrecido financiación para programas de formación de los trabajadores. En la ciudad de Nueva York, por ejemplo, los locales de diversos sindicatos –Amalgamated Labor Union, Textile Workers Union, International Ladies Garment Workers Union– colaboran con el Centro de Educación de Trabajadores para enseñar inglés como segundo idioma y para dar clases de educación secundaria a sus miembros y a los grupos de trabajadores que están intentando afiliar[79].

COMPENSACIÓN

Una empresa verá aumentar sus costes totales de retribución cuando un sindicato organiza a sus trabajadores. De media, los trabajadores de empresas con sindicatos ganan entre un diez y un 20 por ciento más que el mismo tipo de empleados, pero en empresas sin sindicatos[80].

La existencia de un sindicato también afecta a la política de incrementos salariales de la empresa. Cuando los sindicatos están presentes, las empresas suelen evitar la utilización de planes de subidas por méritos y, probablemente, ofrecerán una subida salarial igual para todos los empleados en función del mercado[81]. Estos planes suelen diseñarse en función de los **ajustes a los índices del coste de vida** vinculados a indicadores de la inflación como el Índice de Precios al Consumo. En 2002, en torno al 23 por ciento de los trabajadores estadounidenses representados por los sindicatos vieron cómo sus sueldos se incrementaban en función de algún índice del coste de vida[82]. Los sindicatos prefieren las subidas salariales en el mismo porcentaje para todo el mundo a las subidas por méritos, porque consideran que este último sistema mina la solidaridad sindical, dado que anima a los empleados a competir entre sí para conseguir mayores incrementos salariales. Además los sindicatos suelen mostrarse escépticos sobre la equidad de estas subidas por méritos, dada la posibilidad de que se produzcan favoritismos por parte de los supervisores (*véase* el Capítulo 7). Los sindicatos aplican esta misma lógica a la utilización de los incentivos salariales individuales, como las pagas de cuantía única. Por el contrario, las empresas que no cuentan con sindicatos tienden a utilizar subidas por méritos y las pagas individuales para fomentar la competencia y reconocer a los empleados que más rinden.

Ajustes a los índices del coste de vida
Incrementos salariales, normalmente para toda la plantilla, vinculados a indicadores de la inflación como el Índice de Precios al Consumo.

Los sindicatos suelen mostrar menos oposición a los incentivos salariales a grupos porque este tipo de planes (como el reparto de ganancias o la participación en beneficios) tienden a reforzar la cohesión del grupo. Cada uno de los Tres Grandes Fabricantes de automóviles en EE.UU. ha negociado un plan de participación en beneficios con el sindicato UAW. Es bastante frecuente encontrar planes de reparto de ganancias tanto en empresas con sindicatos como en aquellas que no los tienen[83]. Sin embargo, el segundo tipo de empresas suelen disfrutar de una mayor flexibilidad para utilizar incentivos individuales y a grupos con los que recompensar los distintos resultados laborales.

Normalmente los sindicatos han influido en los empresarios para que ofrezcan paquetes de prestaciones sociales más valiosos para los empleados[84]. Mediante la negociación colectiva, han sido capaces de negociar paquetes con una mayor gama de prestaciones que las que reciben los trabajadores en empresas sin sindicatos.

En las empresas con sindicato el empresario paga la mayor parte de las prestaciones, mientras que en las empresas sin sindicato los costes se reparten entre el empresario y los trabajadores[85]. El resultado es que las primeras disponen de mejores prestaciones sanitarias que las de los trabajadores sin sindicato. A medida que los costes sanitarios se han disparado durante la última década, las empresas sin sindicato han empezado a pedir a sus empleados que paguen una mayor proporción de estos costes, con mayores primas mensuales y mayores cantidades deducibles. Aunque los empresarios se enfrentan a los mismos incrementos de costes, los sindicatos han utilizado la negociación colectiva para persuadir a muchos empresarios de que busquen métodos alternativos de ahorro de costes, como sistemas de prestaciones sanitarias gestionadas, segundas opiniones y auditorías[86].

En cuanto a las prestaciones por jubilación, los sindicatos han sido capaces de ofrecer más seguridad a los empleados influyendo sobre los empresarios para que adopten un plan de prestaciones definido, que ofrece una renta fija cuando los empleados se jubilan. Los empresarios sin sindicatos probablemente adopten un plan de contribuciones definidas, que sólo exige que el empresario ponga un determinado porcentaje de los ingresos de sus empleados cada mes en un plan que satisfaga los estándares de ERISA (*Employee Retirement Income Security Act*). En un plan de contribuciones definidas, los empleados no saben la renta total que disfrutarán en su jubilación hasta que llegue el momento del retiro. (*véase* el Capítulo 12).

Los sindicatos pueden desempeñar un papel importante a la hora de controlar y aplicar las prestaciones obligatorias por ley, como la indemnización por despido y el seguro de desempleo[87]. En una empresa que cuenta con sindicato, los trabajadores recibirán más prestaciones por indemnización al despido y desempleo porque sus representantes sindicales les darán información sobre su utilización. Además, los trabajadores de las empresas con sindicatos suelen estar menos desmotivados a la hora de cumplimentar las solicitudes por temor a ser penalizados por sus empresarios[88]. Por el contrario, la dirección de una empresa que no cuenta con sindicato, probablemente, no ofrezca tanta información a sus empleados sobre sus derechos de uso de estas prestaciones obligatorias por ley, porque las contribuciones sociales que debe realizar el empresario para financiarlas aumentan en función del número de empleados que las utilizan (*véase* el Capítulo 12).

RELACIONES INTERNAS

El sindicato es un mecanismo de control que permite a los empleados tener voz en el desarrollo de las reglas laborales que afectan a sus puestos de trabajo. El convenio colectivo les otorga derechos concretos. Por ejemplo, un empleado, ignorado para un ascenso, puede interponer una queja y ser atendida si el convenio estipula que dicho empleado tiene derecho a ser promocionado.

Los empresarios que no tienen sindicatos en sus empresas tienden a documentar los derechos básicos de sus empleados en un manual del empleado (*véase* el Capítulo 13). Sin embargo, los manuales ofrecen menos derechos a los empleados que los convenios colectivos. De hecho muchos sólo incluyen directrices generales y, además, declaran que los supervisores pueden tener que hacer, de vez en cuando, excepciones a la política escrita.

El mecanismo de apelaciones que más se suele utilizar en las empresas donde no existen sindicatos es el de la política de puertas abiertas[89]. A diferencia de los procedimientos de quejas, que están controlados tanto por el sindicato como por la dirección, la política de puertas abiertas queda bajo el control de la dirección. Este mecanismo ofrece a la dirección la posibilidad de resolver la queja del empleado al tiempo que equilibra los intereses de ambas partes. El único recurso que le queda al empleado descontento con la resolución de su queja mediante el mecanismo de puertas abiertas es el asesoramiento legal y acudir a los tribunales para obtener justicia, una opción que cada vez más empleados escogen cada año. Con el procedimiento de quejas es mucho menos probable que un empleado acuda a los tribunales, por que los jueces no suelen querer contradecir los resultados del arbitraje.

Cuando un empresario investiga el comportamiento de un empleado representado por un sindicato con el fin de imponerle una sanción, el empleado tiene el derecho a que un representante sindical esté presente durante el proceso. El derecho a tener presente un representante del sindicato durante la investigación disciplinaria se llama *Weingarten right* y está basado en una sentencia del Tribuna Supremo (*Supreme Court*) de 1975, *NLRB v. Weingarten*, que declaraba este derecho en base a su interpretación de la Ley Nacional de Relaciones Laborales (*Nacional Labor Relations Act*)[90]. El representante del sindicato en la investigación normalmente será un representante sindical con formación en los métodos de resolución de conflictos y buen conocedor de los derechos de los empleados recogidos en el convenio colectivo. En el año 2000, la Junta Nacional de Relaciones Laborales (*National Labor Relations Board*) manifestó que también los empleados de aquellas empresas que no tuvieran sindicatos estaban protegidos por los *Weingarten rights*, lo que las permite tener a un compañero cuando son sometidos a una entrevista para investigar algún comportamiento que puede llevarles a ser sancionados. Sin embargo, el compañero seleccionado como representante del empleado en una empresa sin sindicatos, normalmente, tendrá pocos conocimientos de cómo resolver una queja o como rebajar un conflicto, en comparación con un representante sindical con formación para estos temas[91].

Resumen y conclusiones

Razones de los empleados para crear y afiliarse a los sindicatos

Los empleados estadounidenses suelen buscar la representación de un sindicato porque (1) están insatisfechos con ciertas facetas de su trabajo, (2) no tienen influencia sobre la dirección para conseguir los cambios necesarios y (3) consideran que el sindicato es la solución a sus problemas.

Los sindicatos de trabajadores carecieron, en gran medida, de protección legal en EE.UU. hasta 1935. Las condiciones económicas de la Gran Depresión hicieron que el Congreso intentara igualar el poder de empresarios y empleados. Tras varias décadas de respaldo generalizado los sindicatos, hoy en día, son considerados organizaciones con demasiado poder.

El personal directivo influye mucho sobre la percepción que tienen los empleados del entorno laboral y, por tanto, sobre su voluntad de afiliarse. El personal directivo debe conocer los fundamentos de la legislación laboral para (1) evitar crear responsabilidades legales a la empresa, (2) aplicar los términos de los acuerdos laborales de manera justa e imparcial y (3) escuchar y resolver las quejas de los empleados.

Relaciones laborales y entorno legal

Las leyes más importantes relativas a las relaciones laborales en EE.UU. son la Ley Wagner (1935), la ley Taft-Hartley (1947) y la ley Landrum-Griffin (1959). La Ley Wagner creó la Junta Nacional de Relaciones Laborales, que controla las elecciones de certificación de un sindicato y evita y resuelve las prácticas laborales injustas.

Relaciones laborales en EE.UU.

Las relaciones laborales en EE.UU. se caracterizan por (1) el sindicalismo económico, (2) los sindicatos estructurados en función del tipo de trabajo, (3) el énfasis en la negociación colectiva, (4) la utilización de convenios colectivos, (5) la naturaleza de confrontación de las relaciones entre trabajadores y dirección de la empresa y el declive en el número de afiliados y (6) el crecimiento de los sindicatos en el sector público.

Relaciones laborales en otros países

Los sistemas de relaciones laborales de dos competidores mundiales de EE.UU., Alemania y Japón, han logrado un mayor grado de cooperación entre los sindicatos y la dirección de las empresas que el sistema estadounidense. El sistema alemán utiliza los consejos laborales y la co-determinación para implicar a los trabajadores en las decisiones en todos los niveles de la organización. En Japón los sindicatos de empresa han colaborado estrechamente con las empresas en beneficio mutuo. Algunos piensan que las presiones económicas están dificultando las relaciones entre trabajadores y dirección de las empresas en estos países.

Estrategia de relaciones laborales

La estrategia de relaciones laborales es el plan general de una empresa para tratar con los sindicatos. Las empresas que deciden adoptar una estrategia de aceptación consideran que los sindicatos son los representantes legítimos de los trabajadores y aceptan la negociación colectiva como el mecanismo adecuado para establecer las normas para el lugar de trabajo. Las empresas que eligen una estrategia de rechazo utilizan tácticas de sustitución o supresión de los sindicatos para no tenerlos en el lugar de trabajo.

Gestión del proceso de relaciones laborales

El proceso de relaciones laborales tiene tres etapas: (1) creación del sindicato, (2) negociación colectiva y (3) la gestión del convenio. En la etapa de creación del sindicato, la dirección debe resolver cuestiones relacionadas con la solicitud de creación del sindicato, la conducta preelectoral y las elecciones de certificación. En la etapa de la negociación colectiva, los representantes del sindicato y de la dirección negocian normas para el lugar de trabajo que se formalizan en un convenio colectivo. La etapa de gestión del convenio empieza cuando se ha redactado el convenio colectivo, resolviendo la gestión cotidiana del lugar de trabajo. Una característica clave de esta etapa es el procedimiento de conciliación, un proceso paso a paso para resolver disputas de los empleados sobre interpretaciones del contrato o actuaciones disciplinarias.

La influencia de los sindicatos en la gestión de RRHH

Los efectos de la existencia de sindicatos en la forma que tiene la empresa de gestionar sus RRHH son importantes. La dirección puede esperar que la existencia de un sindicato afecte a todas las grandes áreas de GRH. En este sentido, las decisiones sobre la dotación de vacantes dependerán más de la antigüedad que del mérito. Las evaluaciones individuales del rendimiento quedarán severamente limitadas, mientras que se potenciarán los programas de formación. Los trabajadores de empresas con sindicatos tienden a recibir mayores retribuciones y prestaciones sociales. Por último, en las empresas con sindicatos los procesos de relaciones internas están, por definición, muy estructurados.

Términos clave

ajustes a los índices del coste de vida
antigüedad
arbitraje
cierre patronal
cláusula de afiliación obligatoria
co-determinación
condiciones laborales
consejos laborales
convenio colectivo
especialista en relaciones laborales
estrategia de aceptación de los sindicatos
estrategia de rechazo de los sindicatos
estrategia de relaciones laborales
huelga económica
huelga salvaje
Junta Nacional de Relaciones Laborales (NLRB)
Ley de Derecho al Trabajo
Ley Landrum-Griffin (1959)
Ley Taft-Hartley (1947)
Ley del Trabajo en el Ferrocarril
Ley Wagner / Ley Nacional de Relaciones Laborales (1935)
negociación colectiva
negociación distributiva
negociación integradora
procedimiento de quejas
representante sindical
sindicalismo económico
sindicato
sindicato de empresa
supresión del sindicato
sustitución del sindicato/ gestión proactiva de RRHH

Preguntas para el debate

1. ¿Por qué los trabajadores y la dirección tienden a tratarse como adversarios en el sistema de relaciones laborales de EE.UU.?
2. Suponga que un objetivo de la dirección es reducir cada año el número de quejas y reclamaciones interpuestas por los empleados afiliados al sindicato. ¿Cómo puede ayudar el personal de RRHH en la consecución de este objetivo?
3. ¿Cómo pueden verse afectadas las tácticas de negociación colectiva de la dirección de la empresa por la

estrategia de relaciones laborales de la empresa? Plantee algunos ejemplos.

4. ¿Cuáles son algunas de las ventajas e inconvenientes de una huelga desde el punto de vista de la dirección de la empresa?, ¿y desde el punto de vista del sindicato?
5. En su opinión, ¿cuál es el efecto más importante de la existencia de un sindicato en la empresa sobre la gestión de RRHH? Explique su respuesta.
6. A menudo se dice que "un buen sueldo y una buena dirección de la empresa" son las claves para evitar la presencia de un sindicato en la empresa. Explique el tipo de políticas y prácticas que deben desarrollar las empresas si quieren evitar la afiliación de sus trabajadores. ¿Cree usted que las prácticas de relaciones internas que ha mencionado son más baratas o más caras que el tratar con una plantilla afiliada al sindicato?
7. La huelga de Teamsters en United Parcel Service en 1997 (*véase* el recuadro al principio del capítulo) ha sido considerada por los expertos en relaciones laborales como una de las huelgas más importantes en EE.UU. de los últimos tiempos. ¿Está usted de acuerdo con esta valoración?, ¿cuáles cree usted que fueron los aspectos que hicieron que este conflicto entre trabajadores y dirección de la empresa UPS fuera de tanto interés?
8. Algunos expertos en el campo de las relaciones laborales creen que, en un proceso de negociación colectiva, cuando un sindicato puede plantear a la dirección de la empresa una amenaza de huelga que sea creíble, ambas partes (sindicato y dirección) estarán motivados para llegar a un acuerdo. También piensan que sin una amenaza creíble de huelga, es menos probable que las dos partes lleguen a un acuerdo. ¿Cuál es la base de esta argumentación que da al sindicato el privilegio de ejercer su derecho a la huelga? ¿Está usted de acuerdo con este argumento? Explique su respuesta.

Existe material adicional disponible en la página web que acompaña a este libro. Puede acceder a esta información visitando la página web ***www.prenhall.com/gomez.***

¡DECIDA USTED!

ÉTICA — Caso 15.1

Los tribunales reconocen el derecho de los empleados no afiliados al amparo de las leyes laborales federales

Las leyes laborales federales están pensadas para proteger el derecho de los empleados a formar sindicatos, pero también se aplican a los empleados no afiliados a los sindicatos. En 2001, Loretta Williams, una agente de seguros para la United Services Automobile Association (USAA), distribuyó 1.300 circulares en su lugar de trabajo expresando su insatisfacción con una reorganización de la empresa que había ocasionado despidos de trabajadores que llevaban mucho tiempo trabajando en ella. Los directivos de USAA sacaron un comunicado manifestando que la distribución de estos materiales violaba la política de la empresa y los empleados estaban obligados a entregar las circulares dada esa política de no distribución.

Cuando Williams fue preguntada por un responsable de RRHH de USAA, negó que hubiera preparado o distribuido las circulares durante la jornada de trabajo y manifestó que no había solicitado ninguna hora extraordinaria para sus actividades. Fue despedida alegando que mentía sobre sus actividades.

La Junta Nacional de Relaciones Laborales (NLRB) llegó a la conclusión de que la dirección de USAA había violado la ley laboral federal al haber interrogado de forma coercitiva a Williams y despedirla. También falló que la política de no distribución de la empresa no era en ninguna manera permisible y ordenó a la empresa que la derogara.

Tras la apelación, la U.S. Court of Appeals para el District of Columbia Circuit mantuvo la decisión. Explicaba que el interrogatorio de la empresa de Williams fue ilegal porque su propósito fue encontrar quien más estuvo implicado en preparar y distribuir las circulares. Además, su presunta "deshonestidad en relación con su actividad colectiva protegida no constituye una razón legal para despedirla". También, la política de no distribución tan amplia de USAA fue considerada no válida.

Este caso debe de hacer recordar a los empresarios que las actuaciones de un empleado, esté o no afiliado a un sindicato, respecto a cuestiones de salarios y empleo, pueden ser consideradas una "actividad colectiva" protegida por la ley laboral federal.

Preguntas para reflexionar

1. ¿En qué se basaron los tribunales para anular la política de no distribución de la empresa? ¿Está usted de acuerdo con la decisión? Explique su razonamiento.
2. ¿Qué ley laboral protege la "actividad colectiva" de los empleados? ¿Es la Ley Wagner, la Taft-Hartley o la Landrum-Griffin?

Trabajo en equipo

Junto con cuatro o cinco estudiantes plantee una política de no distribución que no viole los derechos de los empleados en la empresa. ¿Por qué empresas como USAA necesitan una política de no distribución? ¿Qué factores debe tener en cuenta la dirección de una empresa cuando implanta una política de no distribución? ¿Qué papel debe jugar el personal de RRHH para poner esta política en marcha? Prepárese para compartir las respuestas a estas peguntas con el resto de la clase.

Ejercicio basado en la experiencia

Para que una política de no distribución se pueda defender ante los tribunales, en caso de que se presente una demanda, los directivos deben ser consecuentes con cómo la información que busca convencer de algo se distribuye dentro de la empresa. Esto significa que la distribución de circulares que buscan informar a los empleados sobre actividades de tipo político, dar fondos para obras de caridad, eventos religiosos, Girl Scouts y otras actividades no relacionadas con el trabajo están prohibidas durante la jornada de trabajo. Estas restricciones pueden también prohibir el llevar *pins* que le pidan a las personas votar a un candidato o a una causa, el llevar camisetas que tengan mensajes y la distribución de obsequios como bolígrafos o llaveros con mensajes impresos. Si usted conociera la existencia de una política de no distribución en una empresa antes de buscar trabajo allí, ¿afectaría esta política a su interés por trabajar en dicha empresa? ¿Cómo pensaría usted que la dirección de la empresa trata a sus empleados tras conocer la existencia de la política de no distribución? Prepárese para compartir sus reflexiones con el resto de la clase.

Fuente: Hatch, D. (2005, marzo). Nonunion employee rights upheld. *Workforce Management*, 16.

¡DECIDA USTED!

TENDENCIAS EMERGENTES — Caso 15.2

Los empleados de empresas de alta tecnología no siguen a los sindicatos, ¡de momento!

Aunque el movimiento sindical empieza a fijarse en el pujante mundo de las empresas de alta tecnología, parece difícil que pueda unir a su causa a empleados como Matt Shea, un programador informático de 24 años. Suele trabajar 70 horas por semana, sus jefes a veces le obligan a trabajar pasada la media noche y nunca cobra las horas extraordinarias. Pero, pregunte a Matt si quiere un sindicato en su empresa, una nueva empresa de Internet llamada Go2Net, y la respuesta será una expresión que dice "Comando o nombre de archivo incorrecto".

"En lo que a mí respecta, y a todos los demás, los sindicatos no existen" dice Shea, quien afirma que le encanta su trabajo, a pesar de las horas interminables en la empresa. "Todo lo que quiero, me lo ofrecen aquí".

El sindicalismo americano ha reconocido que si quiere cambiar la tendencia de décadas pasadas de retroceso en el número de afiliados a los sindicatos, tiene que conseguir entrar en las empresas de alta tecnología, el sector de más crecimiento de la economía. Para aumentar el número de afiliados y su influencia en la política y en la mesa negociadora, los sindicatos no se pueden permitir el lujo de quedarse fuera del poderoso sector de la alta tecnología, que cada vez acapara una mayor proporción de trabajadores. Persuadir a los trabajadores de la alta tecnología para que se afilien a los sindicatos no va ser una tarea fácil, por la forma de pensar que tiene la gente como Matt Shea. Su trabajo en esa empresa le permite disfrutar de opciones sobre acciones, horario flexible, un excelente seguro médico, un sentimiento de pertenencia a una familia y, tal vez lo más importante, el reto de crear algo.

Los líderes sindicales reconocen que se enfrentan a una dura batalla: sólo un pequeño porcentaje de los dos millones de informáticos, programadores, técnicos e ingenieros pertenecen a los sindicatos. Pero los organizadores del sindicato no están dispuestos a hacer las maletas en el Silicon Valley, convencidos de que muchos empleados del sector de alta tecnología terminarán comprendiendo el mensaje de los sindicatos de que los trabajadores necesitan una voz colectiva ante la dirección de la empresa.

Aunque hay muchos trabajadores conformistas, como Shea, también hay muchos descontentos. La mayoría forma parte del gran número de empleados temporales que de forma habitual trabajan en Microsoft y otras empresas de alta tecnología. Se suelen quejar de ser ciudadanos de segunda, que reciben prestaciones raquíticas y no tienen ni seguridad laboral ni opciones sobre acciones. Microsoft emplea a 20.500 trabajadores en sus casas y unos 6.000 eventuales, que se denominan a sí mismos fijos discontinuos, porque trabajan entre seis meses y tres años para la empresa, probando los programas, redactando los manuales, diseñando las páginas Web, desarrollando los CD-ROMs. Los expertos en esta industria estiman que en muchas empresas, incluyendo a Compact Computer, Hewlett-Packard e Intel, más del diez por ciento de los trabajadores son eventuales.

Preguntas para reflexionar

1. ¿Por qué cree usted que es tan difícil conseguir que los empleados de la alta tecnología se afilien a los sindicatos?
2. Suponga que estuviera intentando organizar un sindicato en una empresa de alta tecnología como Microsoft, que tiene a un gran grupo de trabajadores eventuales descontentos, dado que no comparten el éxito de la empresa con los trabajadores fijos. ¿Cómo trataría de organizar a estos empleados para crear un sindicato?, ¿qué dificultades tendría que superar?
3. ¿Cuáles son las posibles amenazas que un sindicato supondría para la dirección de una empresa de alta tecnología como Microsoft?

Trabajo en equipo

Con un grupo de cuatro o cinco estudiantes, suponga que han sido contratados como consultores para ayudar a un sindicato que quiere ofrece sus servicios a un grupo de empleados de alta tecnología que trabajan para una gran empresa similar a Microsoft o IBM. Desarrollen una lista de cinco o seis "puntos clave" que se puedan utilizar para convencer a ese grupo de empleados de que les interesaría mucho que les representara un sindicato en la empresa. ¿Qué objeciones es posible que les presenten a cada uno de sus puntos? Prepárense para poner en la pizarra o en una transparencia su lista y explicarla al resto de la clase.

Ejercicio basado en la experiencia

Suponga que un sindicato está intentando organizar a los trabajadores de la empresa donde trabaja en estos momentos. ¿Qué tipos de servicios podría ofrecer el sindicato para convencerle e votar a favor? ¿Serían los que tradicionalmente proporcionan los sindicatos a sus afiliados y que se han descrito en este capítulo? ¿Cuánto estaría dispuesto a pagar al mes como cuota sindical para cubrir el coste de estos servicios? (Los sindicatos tienen que cobrar una cuota a su afiliados para cubrir los costes de los servicios que proporcionan). Prepárese para compartir sus respuestas a estas preguntas con el resto de la clase.

Fuente: Adaptado de Greenhouse, S. (1999, 26 de julio). Unions need not apply: High-technology sector still unmoved by labor's son. *New York Times*, C1, C14.

¡DECIDA USTED!

GRH: EL EMPLEADO COMO CLIENTE INTERNO Caso 15.3

¿Cuándo un equipo es un sindicato?

Amalgamated Tool, un fabricante de componentes del automóvil de Michigan, sufrió tales pérdidas financieras en el año 2006 que congeló el sueldo a todos sus empleados para contener los costes. La empresa también planteó a los empleados que pagaran una mayor proporción de los costes de sus seguros médicos. Los empleados se mostraron muy descontentos por estas actuaciones y tanto la moral como la productividad cayeron en picado.

Para mejorar la moral de sus empleados, la dirección de Amalgamated decidió crear varios equipos de empleados para la resolución de problemas. Tras reunirse para discutir los problemas de la empresa, los equipos presentaron a la dirección de la empresa diferentes sugerencias para subir los sueldos y que los costes de los seguros médicos de los empleados se repartieran de forma justa y eficiente. Cada uno de los equipos de resolución de problemas contaba con un líder, elegido por los demás miembros del equipo, para que planteara las sugerencias del mismo, pero sólo el 20 por ciento de los empleados de Amalgamated tuvieron la posibilidad de participar en un equipo. Las sugerencias de los equipos fueron adoptadas por la dirección de la empresa y la moral y la eficiencia mejoraron al año siguiente.

En nombre de algunos empleados insatisfechos de Amalgamated, un sindicato local interpuso una demanda por práctica laboral injusta, afirmando que la dirección había utilizado ilegalmente los equipos de resolución de problemas para crear un sindicato dominado por la dirección de la empresa, infringiendo una cláusula de la Ley Wagner que afirma que "constituye una práctica laboral injusta que un empresario domine o interfiera en la creación de cualquier organización de trabajadores, o contribuya financieramente a su creación".

La Junta Nacional de Relaciones Laborales (NLRB) respaldó la postura del sindicato y ordenó a Amalgamated que cesara y desistiera en la utilización de los equipos de resolución de problemas.

Preguntas para reflexionar

1. ¿Por qué se oponía el sindicato local a la forma en que la dirección de Amalgamated utilizó los equipos para la resolución de problemas?
2. ¿Cuál es la diferencia entre un sindicato y un equipo?
3. Para haber evitado la orden de cese y desistimiento que dictó la NLRB, ¿cómo debería haber utilizado la dirección de la empresa a estos equipos de resolución de problemas?

Trabajo en equipo

Los estudiantes forman grupos de cuatro a seis integrantes y representan el papel de miembros de la Junta Nacional de Relaciones Laborales. Cada grupo discute si Amalgamated infringió la prohibición de "dominar un sindicato o apoyarle financieramente" incluida en la Ley Wagner. Compare las conclusiones y argumentos de cada grupo.

Ejercicio basado en la experiencia

En EE.UU., los sindicatos dominados por la empresa, llamados *sindicatos de empresa*, están prohibidos por las leyes federales laborales. Hasta los años 30, las empresas organizaban estos sindicatos para permitir a los empleados que pertenecieran a un sindicato, con el objetivo de que así los empleados no tendrían la necesidad de que un sindicato independiente los representara y presentara reivindicaciones que la dirección de la empresa no deseaba atender. Como se ha señalado en este capítulo, los sindicatos de empresa son la principal forma de representación de los trabajadores en Japón y funcionan de manera muy eficaz dentro del contexto el sistema económico japonés. ¿Piensa usted que un sindicato de empresa podría defender los intereses de los trabajadores ante la dirección de la empresa con la misma eficacia que un sindicato independiente? ¿Sería razonable que los trabajadores pudieran elegir entre un sindicato de empresa y un sindicato independiente? Prepárese para compartir sus respuestas a estas preguntas con el resto de la clase.

¡DECIDA USTED!

ÉTICA — Caso 15.4

Reconocer y evitar prácticas laborales injustas

Los directivos que supervisan a los empleados tienen que ser capaces de reconocer las situaciones que podrían ser consideradas como prácticas laborales injustas y deben saber evitarlas. Si se acusa a una empresa de haber cometido una práctica laboral que podría ser injusta, el Ministerio de Trabajo (Department of Labor) puede ordenar una investigación para determinar si procede aplicar una multa o cualquier otro tipo de sanción. El objetivo de este ejercicio consiste en desarrollar la capacidad de reconocer y evitar prácticas laborales injustas y encontrar la manera de dirigir la plantilla de la empresa sin infringir la política laboral del gobierno. Antes de empezar el ejercicio, revise las cinco prácticas laborales injustas en que, según la Ley Wagner, puede incurrir la dirección de la empresa, que se han analizado en este capítulo. A continuación, lea los tres siguientes escenarios y responda a las preguntas que siguen:

Escenario 1

Está terminando algunos papeleos tras una dura jornada laboral. Como director de RRHH, ha participado en las negociaciones de la empresa con el sindicato en relación con el nuevo convenio de los conductores de camiones de su empresa. Las negociaciones no han ido bien y todo apunta a que, en breves días, se convocará una huelga. Cuando se prepara para abandonar su oficina, tres de los conductores más veteranos de la empresa le piden hablar con usted en privado. Le comunican que no están contentos con su sindicato y que hay varios conductores más en la misma situación. Le piden que les ayude a "deshacerse del sindicato". ¿Debería acceder a su petición?

Escenario 2

Es usted el gerente de un supermercado de una cadena regional. Su supermercado no cuenta con la presencia de ningún sindicato. Cuando un sindicato local intenta organizar a sus empleados, recibe órdenes de la sede central para que despida a los empleados que hayan firmado las tarjetas de autorización del sindicato. Su director regional también le pide que prepare los justificantes de despido de los empleados despedidos argumentando razones falsas. ¿Qué tendría que hacer?

Escenario 3

Las negociaciones entre su empresa y el sindicato que representa a los 110 trabajadores de la cadena de producción han alcanzado un punto muerto. Los miembros del sindicato ya han convocado una huelga. En una reunión de los directivos clave para el funcionamiento de la empresa, la directora de producción sugiere utilizar a los empleados de administración, contabilidad y gestión de personal como sustitutos de los trabajadores en huelga para mantener la fábrica en funcionamiento. También sugiere que se contacte con una agencia de empleo temporal para conseguir cubrir los restantes puestos esenciales mientras los miembros del sindicato estén en huelga. ¿Cómo director de RRHH, que contestaría ante estas sugerencias?

Preguntas para reflexionar

1. Para cada uno de los escenarios tiene que saber si se cometería una práctica laboral injusta al actuar tal y como le piden sus empleados o directores. ¿Qué prácticas laborales injustas puede estar cometiendo? En algunas situaciones, puede estar cometiendo más de una práctica laboral injusta.
2. Póngase en la posición del directivo en cada uno de los escenarios y responda a cada una de las peticiones que se han formulado. Tanto si decide rechazar o aceptar la petición, indique las razones de su decisión. A continuación, redacte un plan de acción que resuelva las cuestiones que se le están planteando.

Trabajo en equipo

Con un grupo de cuatro o cinco alumnos, discuta y compare cada una de las respuestas a los tres escenarios en las anteriores preguntas. Intente alcanzar un consenso sobre la vía para resolver cada uno de estos casos. A continuación, planteen una política o procedimiento para guiar a los demás directivos en cada caso, de forma que la empresa tenga un planteamiento coherente para tratar con el sindicato si estas circunstancias se vuelven a producir en el futuro.

Ejercicio basado en la experiencia

Le acaban de trasladar de su puesto de trabajo en contabilidad a trabajar en el área del muelle de carga donde tendrá que cargar y descargar los pesados paquetes que transportan los camiones, un trabajo realizado por trabajadores que suelen estar afiliados a algún sindicato. Desde hace unos días el sindicato ha convocado una huelga. Cuando va al trabajo cada mañana, conduciendo su coche, tiene que atravesar el piquete de trabajadores en huelga que protestan contra la dirección de la empresa. Entre ellos se encuentran algunos a los que considera sus amigos. ¿Qué pensarán de que no se detenga ante el piquete? ¿Cómo se sentirá cuando realice sus trabajos, mientras ellos están en huelga y dejan de percibir el salario que sus familias necesitan? ¿Qué pasará cuando termine la huelga y se encuentre con ellos en la cafetería de la empresa? Si la huelga dura mucho tiempo, pensemos que algunas huelgas pueden durar varios meses, ¿le será difícil reincorporarse a su trabajo en contabilidad? ¿Cómo se sentiría si su jefe le pide que realice sus tareas contables por la tarde, como horas extraordinarias, y se quede como trabajador a jornada completa en el muelle de carga? Prepárese para compartir sus reflexiones con el resto de la clase.

Fuente: Adaptado de Nkomo, S. M., Fottler, M. D. y McAfee, R. B. (2000). *Applications in human resource management* (4th ed.), 278-279. Cincinnati, OH: South-Western.

NOTAS

ADAPTACIONES PARA ESPAÑA — Nota 15.1

Modalidades de la representación colectiva de los trabajadores

En España el sistema de relaciones laborales se caracteriza por el hecho de que la organización y la acción colectiva de los trabajadores en la empresa se articulan a través de un doble sistema de representación, existiendo, de una parte, la llamada representación unitaria (delegados de personal, comités de empresa y comité intercentros) y, de otra, la representación sindical (secciones sindicales y delegados sindicales), ambas con competencias para el desarrollo de su actividad en el interior de las empresas.

Representación unitaria. Cuando se habla de representación unitaria de los trabajadores se está haciendo referencia a delegados de personal, comité de empresa y comité intercentros, utilizando esta denominación de "unitaria" para poner de manifiesto que su elección se realiza por el conjunto de los trabajadores de un determinado centro de trabajo, lo que se traduce en el hecho de que representen al conjunto de la plantilla, con independencia de la afiliación sindical.

- **Delegados de personal.** Son los representantes de los trabajadores en las empresas o centros de trabajo que cuenten con una plantilla comprendida entre seis y 49 trabajadores.
- **Comités de empresa.** Asume la representación de los trabajadores en las empresas o centros de trabajo cuya plantilla sea de 50 o más trabajdores.
- **Comité intercentros.** Puede constituirse en las empresas con varios centros de trabajo, siempre que esté prevista tal constitución en un convenio colectivo estatutario, teniendo las funciones y competencias que le otorgue el propio convenio. Sus miembros se deberán designar entre los componentes de los distintos comités o delegados de personal de la empresa. La composición del comité intercentros ha de ser proporcional al número de representantes conseguido por cada sindicato o candidatura, tratándose por tanto de una elección de segundo grado.
- **Comité de empresa europeo.** La Ley 10/1997, de 24 de abril, sobre derechos de información y consulta de los trabajadores en las empresas de dimensión comunitaria, pre-

vé la constitución de los comités de empresa europeos o el establecimiento de un procedimiento alternativo de información y consulta a los trabajadores.

Representación sindical. A diferencia de la representación unitaria que, como ya hemos visto, se articula sobre la base de su elección por el conjunto de trabajadores de la empresa, la representación sindical se organiza en torno a la figura del sindicato, de forma que los representantes sindicales obtienen un mandato representativo de los trabajadores afiliados al sindicato o de la propia estructura del sindicato.

- **Secciones sindicales.** La sección sindical integra a los trabajadores afiliados a cada sindicato, de forma que en una misma empresa o centro de trabajo pueden existir tantas secciones sindicales como sindicatos con implantación en la empresa. Pueden constituirse en cualquier empresa o centro de trabajo, con independencia del número de trabajadores y del número de afiliados. Son un órgano del sindicato en el interior de la empresa, y, una vez constituida, goza de ciertos derechos que son reconocidos por la Ley Orgánica de Libertad Sindical (LOLS). Es necesario comunicar al empresario la constitución de la sección sindical, pero no hay que darle traslado de los trabajadores que la integran. El empresario no puede negarse a reconocer la sección sindical.
- **Delegado de la sección sindical.** Cuando se trate de secciones sindicales constituidas en empresas de más de 250 trabajadores, siempre que el sindicato tenga presencia en el comité de empresa o en la junta de personal si se trata de una Administración Pública, se harán representar por delegados sindicales, trabajadores que representan a la sección sindical en sus relaciones con la empresa o con terceros.
- **Trabajadores que ocupan cargos electivos a nivel estatal, autonómico o provincial en los sindicatos más representativos.** El artículo 9 LOLS atribuye determinados derechos a los trabajadores que ocupen cargos electivos a nivel estatal, autonómico o provincial en los sindicatos más representativos.
- **Representantes sindicales que intervienen en la negociación colectiva.** Cuando en la comisión negociadora de un convenio colectivo participen, como representación sindical, trabajadores de empresas afectadas por la negociación, estos trabajadores tendrán derecho a los permisos necesarios para ejercer su función negociadora.

Permisos y excedencias para el ejercicio de la función representativa

Para cumplir las funciones atribuidas a los representantes unitarios y sindicales, la ley y el convenio proporcionan determinados medios. En unos casos tales medios consisten en una carga efectiva para la empresa, al venir obligada a facilitar éstos a su cargo (crédito horario, local para actividades, tablón de anuncios, etc.) y en otros se trata del ejercicio de ciertos derechos por parte de los representantes de los trabajadores (derecho de asamblea, de reunión sindical, de acceso al centro de trabajo, etc.).

Permisos retribuidos. Aunque los representantes de los trabajadores vienen obligados a cumplir con las obligaciones de su puesto, realizando el trabajo convenido, lo cierto es que, en determinadas ocasiones, los representantes pueden ausentarse de su puesto, teniendo derecho al disfrute de permisos que hagan posible el ejercicio de las funciones representativas.

- **Crédito horario.** Los trabajadores pueden ausentarse del trabajo previo aviso y justificación, con derecho a remuneración, para realizar funciones sindicales o de representación en los términos establecidos por ley o convenio (art. 38.3.e) ET), derecho que tienen reconocido tanto los representantes unitarios como los sindicales. El ET establece la posibilidad de acumular el crédito horario correspondiente a los delegados y miembros del comité, en uno o varios de ellos, pudiendo incluso tal acumulación relevarle de su trabajo, al objeto de dedicar toda la jornada al ejercicio de funciones representativas.
- **Otros permisos retribuidos de los representantes de los trabajadores.** Existen supuestos en los que los representantes de los trabajadores pueden ausentarse de su puesto de trabajo, con derecho a retribución, sin que tales ausencias puedan ser imputadas al crédito horario, como sucede en los casos de representantes sindicales que participan en la negociación colectiva o del tiempo invertido por los delegados de prevención en asistir a las reuniones del comité de seguridad y salud.

Permisos no retribuidos. La LOLS contempla la posibilidad de que quienes ostenten cargos electivos a nivel provincial, autonómico o estatal, en las organizaciones sindicales más representativas, puedan disfrutar de permisos no retribuidos, necesarios para el desarrollo de las funciones propias de su cargo, pudiéndose establecer, por acuerdo, limitaciones al disfrute de los permisos en función de las necesidades del proceso productivo.

Excedencia por ejercicio de funciones sindicales. El ordenamiento jurídico español regula la posibilidad de pasar a la situación de excedencia cuando se ejerzan funciones sindicales a nivel provincial o superior, siendo ejercitable tal derecho no por la condición de representante unitario o sindical en la empresa, sino por ejercer funciones sindicales en un determinado ámbito territorial, de modo que cualquier trabajador, aunque en su empresa no ostente cargo representativo alguno, puede acogerse a la excedencia por motivos sindicales, siempre que concurran las circunstancias legalmente exigibles.

Fuente: Adaptado de Aparicio, J., Baylos, A., Collado, L., Gualda, F. J., Gualda, M., Lillo, E., Pérez, J., Romero, M.J. y Tarancón, E.. (2006), *Guía de los representantes de los trabajadores*, Altaban Ediciones, Albacete.

CAPÍTULO

16 GESTIÓN DE LA SEGURIDAD Y LA SALUD EN EL TRABAJO

OBJETIVOS

Tras leer este capítulo, usted estará en condiciones de abordar los siguientes temas:

1. **Describir** la responsabilidad del empresario a la hora de mantener un entorno de trabajo sano y seguro.
2. **Explicar** las razones por las que se promulgan leyes sobre seguridad e higiene, así como los costes y obligaciones que dichas leyes imponen a los empresarios.
3. **Identificar** las disposiciones básicas de las leyes estadounidenses de indemnización por daños a los trabajadores y de la Ley de Seguridad e Higiene en el Trabajo. También, se incluye la principal normativa española, la Ley de Prevención de Riesgos Laborales.
4. **Concienciar** sobre las cuestiones más actuales relacionadas con la salud y la seguridad, incluyendo el SIDA, la violencia en el trabajo, el fumar en el trabajo, los trastornos traumáticos acumulativos, la protección del feto, los productos químicos peligrosos y las pruebas genéticas.
5. **Describir** las características de los programas de seguridad y las razones que avalan a los mismos, además de poder explicar los efectos que producen el conjunto de programas diseñados para mejorar el bienestar de los empleados.

El 11 de mayo de 1996, el vuelo 592 de ValuJet se estrelló en Everglades, unos diez minutos después de haber despegado de Miami (Florida). La parte delantera del avión fue presa de las llamas provocando que el aparato se estrellase, acabando con la vida de las 110 personas que viajaban a bordo. Aunque este accidente se produjo hace años, sus efectos siguen presentes.

La investigación de la Junta Nacional de Seguridad en el Transporte (National Transportation Safety Board) concluyó que la tragedia se debió a fallos de supervisión "a todos los niveles, desde los reguladores federales hasta los ejecutivos de las compañías aéreas, pasando por los trabajadores a pie de pista"[1]. La junta llegó a la conclusión de que la causa directa o inmediata del accidente más probable fue la inclusión de peligrosas bombonas de oxígeno en el departamento de carga del avión, puestas ahí por los empleados de SabreTech (una empresa contratada por ValuJet). Sin embargo, los investigadores de la junta de seguridad descubrieron 34 irregularidades, incluyendo los retrasos de mantenimiento y el no haber informado de que el tren de aterrizaje estaba atascado[2]. También descubrió que ValuJet conocía algunos de estos problemas desde hacía meses, pero que no había tomado ninguna medida para corregirlos.

El accidente tuvo importantes consecuencias. Algunas fueron las siguientes:

- Sustitución de los principales responsables de la Autoridad Aérea Federal (*Federal Aviation Authority*) y del Ministerio de Transportes (*Department of Transportation*).
- La contratación de cientos de inspectores para la Autoridad Aérea Federal (*Federal Aviation Authority*).
- La lucha de ValuJet para reflotar su empresa (el nuevo nombre fue American TransAir), que había quebrado tras el accidente.

En julio de 1999 el Estado de Florida interpuso cargos por 110 homicidios en tercer grado contra SabreTech y un gran jurado federal también acusó a la empresa, a dos de sus mecánicos y al director de mantenimiento, con cargos de conspiración para ocultar los problemas que provocaron el accidente. Más concretamente, el gran jurado federal acusó al director de mantenimiento de SabreTech de presionar a los empleados para que se saltaran pasos obligatorios de la revisión y de firmar papeles falsos en los que se confirmaba que los trabajos habían sido realizados. El gran jurado también acusó a SabreTech de no haber sabido formar al personal para que fuera capaz de transportar con seguridad las bombonas de oxígeno[3].

Basándose en estos cargos, la junta de seguridad concluyó que alguien de SabreTech había introducido más de 100 generadores de oxígeno llenos en el departamento de carga del vuelo 592. Además estas bombonas habían sido erróneamente etiquetadas como "vacías" y no tenían los tapones de protección que hubieran podido evitar la descarga accidental y la reacción química de 500 grados.

Las acusaciones penales contra una empresa son muy poco habituales en EE.UU. Este accidente supuso un hito histórico en la historia estadounidense porque era la primera vez que se formulaban acusaciones criminales contra una compañía aérea por el accidente de un avión. Aunque el jurado absolvió a los empleados de SabreTech, condenó a la empresa por nueve infracciones en la manipulación de materiales peligrosos, incluyendo el no haber formado adecuadamente a sus trabajadores[4].

EL ENFOQUE DIRECTIVO

El accidente del vuelo 592 de ValuJet y su dramático desenlace ilustra las consecuencias devastadoras de no prestar suficiente atención a las cuestiones relativas a la seguridad y a la responsabilidad social. Garantizar un entorno de trabajo seguro es una obligación legal. Y, lo que es más importante, es una obligación para cualquier directivo socialmente responsable. Como directivo sus decisiones pueden incidir en la seguridad y la salud de otras personas y deben ser una cuestión prioritaria en todo lo que haga.

Una cultura organizativa que valora más la rapidez en los cambios o el ahorro de costes que la seguridad puede provocar accidentes en el trabajo, algunos de los cuales pueden implicar la pérdida de vidas humanas. Olvidarse de las cuestiones relativas a la seguridad y a la salud puede ocasionar en una organización algo más que problemas jurídicos. Puede minar la confianza entre los trabajadores y la dirección de la empresa, dañar, de forma irremediable, el compromiso de los empleados y su rendimiento, arruinar la reputación de la organización. Por tanto, los directivos tienen que comprender las cuestiones relativas a la seguridad y a la salud y dar los pasos necesarios, con la ayuda del personal de RRHH, para mantener un entorno de trabajo seguro.

En este capítulo analizaremos el contexto actual en los temas de seguridad y salud y veremos las medidas que pueden adoptar los directivos para crear y desarrollar condiciones de trabajo seguras y que no dañen a la salud. En primer lugar trataremos las cuestiones legales de la seguridad y salud en el trabajo, analizando las obligaciones legales de los directivos de crear un sistema de indemnización a los trabajadores por los daños que puedan sufrir y de ofrecer un lugar de trabajo seguro y salubre. A continuación, analizaremos la variedad de cuestiones actuales relativas a la seguridad y la salud, incluyendo el SIDA, la violencia en el trabajo, los trastornos acumulativos traumáticos, la protección del feto, los productos químicos peligrosos y la utilización de pruebas genéticas en los empleados. Finalmente, describiremos y evaluaremos los programas diseñados para mantener la seguridad y la salud de los trabajadores.

LEGISLACIÓN SOBRE SEGURIDAD EN EL TRABAJO

En EE.UU. las últimas estadísticas de la Oficina de Estadísticas Laborales (*Bureau of Labor statistics*) indican que, en 2003, más de 4,3 millones de personas padecieron lesiones relacionadas con su trabajo y 5.559 fallecieron[5]. Actualmente la media nacional de lesiones o enfermedades laborales, lo suficientemente graves como para provocar el no poder acudir a trabajar, es de 2,6 por cada 100 trabajadores[6]. Para 2002 se estima que los accidentes laborales costaron unos 49.600 millones de dólares[7].

Para resolver este problema, los diferentes niveles gubernamentales han aprobado numerosas leyes para regular la seguridad en el trabajo. Muchas de estas leyes incluyen normativa detallada relativa a los riesgos laborales en determinados sectores, como el ferroviario y el minero. Entre la normativa general, existen dos tipos esenciales de leyes sobre seguridad en el trabajo que cubren a la mayoría de los trabajadores: las diferentes leyes de cada Estado sobre indemnización a los trabajadores por los daños sufridos y, a escala federal, la Ley de Seguridad y Salud en el Trabajo (*Occupational Safety and Health Act* –OSHA) de 1970. Los objetivos, políticas y operativa de estos dos conjuntos de leyes son muy diferentes.

En EE.UU., cada Estado tiene su propia ley de indemnización a los trabajadores por los daños sufridos, luego las disposiciones sobre financiación y aplicación de la ley cambian en función de cada Estado. Como se vio en el Capítulo 12, el principal objetivo de los sistemas de indemnización consiste en compensar a los trabajadores que sufren lesiones o enfermedades derivadas de su trabajo. Las leyes sobre indemnización a los trabajadores no contienen normativas sobre seguridad, pero exigen que los empresarios paguen un seguro de indemnización a los trabajadores. Puesto que los costes de los seguros son más altos para las empresas con más accidentes y lesiones en el trabajo, los empresarios tienen un incentivo financiero para crear y mantener un entorno laboral seguro.

Por el contrario, la OSHA es una ley federal, pensada para conseguir que el lugar de trabajo sea seguro, garantizando que el entorno del trabajo está libre de riesgos. La ley obliga a que se apliquen numerosas normas de seguridad y aplica estas normas mediante un sistema de inspecciones, citaciones y multas. Sin embargo, a diferencia de las leyes sobre indemnización a los trabajadores, la OSHA no regula la compensación a las víctimas de los accidentes[8].

INDEMNIZACIÓN A LOS TRABAJADORES

A principios del siglo XIX las personas que sufrían un accidente de trabajo no recibían atención sanitaria, a no ser que pudieran pagarla y, rara vez, recibían ingresos hasta que pudieran volver a trabajar. Los trabajadores que demandaban a sus empresarios por negligencia tenían muy pocas posibilidades de ganar, puesto que, según el derecho consuetudinario estadounidense, los tribunales solían dictaminar que los trabajadores tenían que asumir los riesgos normales del trabajo a cambio de su sueldo. Además, según la *doctrina de negligencia provocada*, los empresarios no eran responsables de las lesiones de un trabajador cuando la propia negligencia del empleado contribuía o provocaba su lesión. Y según la *norma del servidor-compañero*, los empresarios no eran responsables de los accidentes que sufrían los trabajadores cuando la negligencia de otro empleado contribuía o provocaba su accidente.

En los primeros años del siglo XX, tras una oleada de desastres laborales, incluyendo el incendio en 1911 de una fábrica de camisas en Nueva York que provocó la muerte de más de 100 mujeres, la opinión pública presionó a los legisladores de varios Estados para que aprobaran leyes de *indemnización a los trabajadores*. El concepto de indemnización al trabajador parte de la teoría de que los accidentes y enfermedades relacionados con el trabajo forman parte de los costes de la actividad de una empresa que tendría que asumir el empresario y trasladarlos al cliente[9]. Desde 1948, en EE.UU., todos los Estados han establecido programas de indemnización a los trabajadores, aunque la indemnización sólo es obligatoria en 47 Estados. Estos programas, gestionados por los poderes públicos y financiados por los empresarios, están diseñados para ofrecer ayuda financiera y asistencia sanitaria a los empleados accidentados en el trabajo.

Los objetivos expresamente recogidos en las leyes de indemnización a los trabajadores son[10]:

- Ofrecer atención sanitaria rápida, segura y razonable a las víctimas e ingresos tanto a las víctimas como a sus familiares.
- Ofrecer un sistema "de no culpabilidad" en el que los trabajadores damnificados puedan ser indemnizados rápidamente sin tener que entrar en caros procesos judiciales y retrasos en los tribunales.
- Fomentar que los empresarios inviertan en seguridad.
- Promover la investigación sobre seguridad en el trabajo.

Para que un sistema de indemnización a los trabajadores pueda conceder una prestación, el daño al empleado tiene que haber ocurrido en el desarrollo de su actividad laboral. A veces accidentes muy graves, inclusive la muerte, pueden haber sucedido en el lugar de trabajo, pero puede que el accidente no esté relacionado directamente con el desempeño del trabajo. En estos casos, ¿sigue siendo responsable el empresario del desgraciado suceso? En muchas de las empresas de hoy en día, la descripción de los puestos de trabajo son mucho más ambiguas y amplias que hace unos años. Lo que está dentro y lo que está fuera de las responsabilidades de un puesto de trabajo muchas veces no está claro. La amplitud y ambigüedad puede fortalecer la flexibilidad y aumentar el compromiso en los lugares de trabajo, pero también puede tener la consecuencia, no buscada, de aumentar las posibilidades de que el empresario sea declarado responsable de los accidentes que ocurran. El Cuaderno del Director, "Mayor ambigüedad... ¡aumenta la responsabilidad!", nos da un ejemplo de un desgraciado accidente que ocasionó una muerte en el trabajo. El ejemplo pone de manifiesto la importancia de definir las obligaciones del puesto de trabajo para limitar la responsabilidad en los accidentes o muertes que puedan ocurrir en el trabajo.

Prestaciones para indemnizar a los trabajadores

Las prestaciones de los sistemas de indemnización a los trabajadores compensan a los empleados por las lesiones o enfermedades derivadas del trabajo. Estas prestaciones consisten en[11]:

CUADERNO DEL DIRECTOR

TENDENCIAS EMERGENTES

Mayor ambigüedad... ¡aumenta la responsabilidad!

Keith Marshall trabajaba de socorrista en un centro acuático. Las obligaciones de su puesto de trabajo incluían el mantenimiento general de la piscina y la vigilancia de los bañistas. Keith le dijo a su jefe que estaba intentando aumentar la distancia que podía nadar bajo el agua. Pocas semanas después, Keith apareció muerto, se había ahogado en la piscina. No hubo ningún testigo y la autopsia concluyó que la causa de la muerte fue ahogamiento. La madre de Keith solicitó la prestación de indemnización a los trabajadores, en nombre del hijo de Keith. Una cuestión clave en este desgraciado caso es si Keith Marshall murió mientras trabajaba. Si fuera así, su hijo tendría derecho a la indemnización que la ley preveía. Un tribunal de Virginia sentenció que la muerte ocurrió mientras trabajaba y su veredicto fue ratificado por un tribunal de apelación.

Nunca sabremos exactamente cómo se produjo la muerte de Keith, pero la comunicación que realizó a su jefe de que iba a trabajar para aumentar su resistencia bajo el agua puede que sea la mejor pista que podamos tener. Aunque no podamos estar seguros de que en este caso hubo un ahogamiento accidental, particularmente de un experimentado nadador trabajando para aumentar su resistencia bajo el agua, es más probablemente debido a un fenómeno llamado desmayo en aguas poco profundas. El desmayo en aguas poco profundas es más frecuentemente asociado con salto (buceo) libre, pero también ha producido víctimas en piscinas.

¿El entrenamiento para aumentar la resistencia bajo el agua formaba parte del trabajo de Keith? Ciertamente, se puede argumentar que como mínimo era importante para conseguir ser un buen socorrista. Pero incluso más pertinente para la cuestión que se debate, si corresponde o no la prestación de indemnización, es el hecho de que Keith había comunicado a su jefe que iba a entrenar para aumentar su resistencia y no se opuso. Su jefe no le dijo que el trabajo consistía en ser socorrista, no en ser campeón de natación debajo del agua. No le dijo a Keith que la piscina no se podía utilizar para fines particulares. Fue clave para la decisión que tomaron los tribunales de conceder la prestación de indemnización que el empresario conocía que se estaba entrenando (causa probable del ahogamiento) y no lo había prohibido.

De esta historia se pueden sacar las siguientes lecciones.

Primera, dado que uno de sus objetivos como directivo es limitar los costes del seguro para indemnizar a los trabajadores, es necesario que, con claridad y rapidez, le diga a los empleados que en el trabajo no realicen actividades de riesgo que no forman parte de las obligaciones de su puesto de trabajo.

Segunda, los tribunales se basan en las descripciones del puesto de trabajo para decidir cuáles son las obligaciones laborales de los empleados. Cuando las descripciones son ambiguas pueden dar lugar a costosas batallas legales. Puede ser conveniente añadir a las descripciones de los puestos de trabajo las actividades que los empleados tienen prohibidas y poner avisos en el lugar de trabajo, consiguiendo, de esta forma disminuir la ambigüedad y la responsabilidad. Desde luego, tiene el riesgo de ser etiquetado un aguafiestas o cosas por el estilo. Sin embargo, es su elección decidir entre gestión racional y segura y asumir el riesgo de que le consideren un aguafiestas o asumir el riesgo de la responsabilidad por accidentes y posibles muertes.

Y, tercera, una nota personal, si usted o alguien que usted conoce practica la natación, aprenda sobre desmayo en aguas poco profundas. Es un fenómeno poco conocido, pero en Internet se puede conseguir información sobre el mismo. Uno de los autores el libro (Bod Cardy) tiene una hija (Lara) que tuvo un episodio de desmayo en aguas poco profundas mientras realizaba un ejercicio de natación sincronizada. Por suerte, Lara salió bien librada, pero otras personas no tuvieron tanta suerte. Como habitualmente se dice, la información es poder. Conozca este riesgo y protéjase contra el mismo. Comuníqueselo a los demás.

Fuente: Marshall, A. (2002). Some employee "heroics" need to be saved for off the job. *Hotel & Motel Management*, 27, 10.

- **Prestaciones por incapacidad total.** Sustitución de parte de los ingresos perdidos debido a una incapacidad total derivada del trabajo.
- **Prestaciones por incapacidad parcial.** Las prestaciones por una incapacidad parcial, temporal o permanente, determinadas en función del grado y la duración de la incapacidad. Las lesiones se clasifican como previamente incluidas en un baremo o no incluidas. Las lesiones que previamente están incluidas en un baremo son aquellas en que se

pierde una parte del cuerpo (un ojo o un dedo); existen indemnizaciones específicas para estas lesiones. Las lesiones no incluidas son todas las demás (una lesión de espalda, por ejemplo) y para éstas se determina la indemnización en cada caso.

- **Prestaciones a los familiares.** En los casos de muertes relacionadas con el trabajo, los familiares del trabajador reciben una cuantía para financiar el entierro y prestaciones que sustituyen a los ingresos perdidos.
- **Prestaciones para cubrir gastos de atención sanitaria.** La indemnización a los trabajadores ofrece cobertura sanitaria, normalmente sin límites de tiempo ni de dinero.
- **Prestaciones para la rehabilitación.** Todos los Estados ofrecen rehabilitación sanitaria a los trabajadores lesionados y muchos de ellos también ofrecen formación para los empleados que no puedan seguir desempeñando su anterior trabajo, como consecuencia de una enfermedad o lesión relacionada con el trabajo.

Costes de indemnizar a los trabajadores

Los costes de los seguros que cubren las indemnizaciones a los trabajadores están vinculados directamente con los accidentes, las primas pueden aumentar de forma sustancial y permanecer altas durante años como resultado de una sola lesión grave[12]. Los seguros que cubren las indemnizaciones a los trabajadores están basados en las nóminas, pero las primas que se pagan se modifican de acuerdo a los accidentes que se produzcan en las empresas. Por desgracia, también se producen reclamaciones fraudulentas que incrementan los costes de las indemnizaciones a los trabajadores[13]. Para mantener bajo control los costes de las indemnizaciones a los trabajadores, las empresas cada vez se resisten más al fraude y no aceptan reclamaciones que piensan que son fraudulentas (*véase* el Cuaderno del Director, "Gestión del fraude en las solicitudes de indemnización"). Algunos estados tienen unidades especializadas para la aplicación de la ley que se centran en combatir el fraude en la indemnización a los trabajadores, pero funcionan con poco personal y presupuesto[14].

En otro intento por controlar y reducir los costes de indemnización a los trabajadores, algunos empresarios están utilizando centros de salud ocupacional en sus propias instalaciones que proporcionan evaluación de daños y tratamiento inmediato de los empleados accidentados. Estos centros ofrecen un tratamiento más rápido de los accidentes de trabajo y permiten ahorrar costes a los empresarios[15].

Otros intentos para controlar los costes se centran en las causas de las lesiones y en su tratamiento. Por ejemplo el sobreesfuerzo es una de las principales causas de lesiones en el trabajo[16]. Un ejemplo muy frecuente de sobreesfuerzo sería la manipulación de cargas pesadas. Dado el gran número de lesiones derivadas del sobreesfuerzo y, consecuentemente, las reclamaciones para una indemnización a los trabajadores afectados, tiene sentido para las empresas abordar estos problemas, por ejemplo modificando las técnicas de manipulación para así reducir el número de lesiones y los costes asociados a las mismas. El sobreesfuerzo es una causa de lesiones común a muchas empresas y sectores, pero las causas más importantes de las lesiones son diferentes para cada empresa. Si se quiere gestionar y controlar de forma eficaz las lesiones y sus costes, los directivos necesitan conocer las causas de las lesiones en su empresa y enfrentarse a ellas.

A veces, las lesiones menos frecuentes pueden ser más importantes que las más habituales. Es el caso de las lesiones por movimientos muy repetitivos (como el síndrome del túnel metacarpiano) pueden dar lugar a bajas laborales caras y prolongadas[17]. Por lo tanto, es importante que los directivos consideren no solo la frecuencia sino también los costes cuando deciden dónde centrar la atención y los recursos.

Refiriéndose a los tratamientos, el Hartford Financial Services Group ha manifestado que el 67 por ciento del aumento de los costes de indemnizaciones a los trabajadores se

Cuaderno del Director

TENDENCIAS EMERGENTES

Gestión del fraude en las solicitudes de indemnización

Las solicitudes de indemnización fraudulentas aumentan los costes normales de la empresa y necesitan ser controladas. A continuación se presentan algunas sugerencias para reducir los abusos en los sistemas de indemnización e indicadores para detectar el fraude potencial.

Gestión para limitar el abuso en los sistemas de indemnización

- *Organizar un entorno de trabajo tan seguro y libre de riesgos como sea posible.* La formación en seguridad específica para cada puesto de trabajo puede disminuir las lesiones en el trabajo y contribuir a desarrollar una cultura de seguridad en la organización.
- *Establecer sistemas de examen, previos a la contratación, de la capacidad física necesaria para el puesto de trabajo.* Para los puestos de trabajo que requieren trabajo físico, se debe considerar el examen de la capacidad física de los candidatos. Las pruebas de examen deben respetar la Ley de Ciudadanos con Discapacidades (*Americans with Disabilities Act*); el examen se tiene que realizar después de que se haya hecho una oferta de empleo y tiene que estar basado en el análisis del puesto de trabajo. Los exámenes previos a la contratación pueden reducir las tasas de siniestralidad al garantizar que los trabajadores tienen la capacidad necesaria para realizar las tareas. Además, los exámenes proporcionan datos que pueden ser un punto de partida que ayudaría en los trabajos de rehabilitación si ocurriera un accidente.
- *Formar a los trabajadores en cómo funcionan los sistemas de indemnización.* Las reclamaciones falsas pueden reducirse cuando los trabajadores comprenden los sistemas de indemnización, por qué existen y cómo funcionan. Aún más importante, las reclamaciones falsas se pueden reducir cuando los trabajadores son conscientes de que, a continuación de una reclamación, se examinará de forma objetiva su capacidad para desarrollar las funciones de su trabajo.
- *Ofrecer una modificación de las obligaciones laborales.* El objetivo es conseguir que los trabajadores lesionados vuelvan al trabajo en cuanto estén recuperados. Sin embargo, cuanto mayor sea el tiempo que el trabajador lleva de baja, mayor es la probabilidad de que nunca regrese. Un programa para un pronto retorno al trabajo puede facilitar que los trabajadores regresen antes, si se toman medidas para modificar temporalmente las obligaciones del puesto y adaptarlas a la capacidad que tenga el trabajador en ese momento. Al modificar las tareas buscando un pronto retorno al trabajo se puede reducir la pérdida de días de trabajo e incrementar la productividad en la organización.

Indicadores de posible fraude

- Detalles vagos del accidente.
- No existen testigos.
- Pequeños accidentes con grandes lesiones.
- Amplitud de tiempo entre la ocurrencia del accidente y la comunicación del mismo.
- Documentación del tratamiento médico que no coincide con el tipo de lesión reclamado por el trabajador.
- Cambios frecuentes de médico, quizás buscando uno que simpatice con su reclamación.
- Un historial de sanciones o insatisfacción con el trabajo. La reclamación de una indemnización puede ser una forma de buscar justicia en su empresa.

Fuente: Adaptado de Sanna, M. (2002). Sick and wrong: An expert offers advice about how to spot fraudulent injuries and maintain a healthy bottom line. *Walls & Ceilings*, 65(3); *Payroll Manager's Report*. (2002). Beware: Down markets breed false workers' compensation claims. January Newsletter of the Institute of Management and Administration, 7-8.

puede atribuir a la utilización de medicamentos más caros. Por ejemplo los medicamentos para el dolor de espalda, rodilla y hombros siempre han sido muy habituales en los tratamientos a que obliga la indemnización a los trabajadores, pero ha habido un cambio hacia la utilización de medicamentos más costosos para estos problemas. La utilización de una versión actualizada de cualquier medicamento puede costar tres dólares por dosis, mientras que el medicamento tradicional puede ser 1,5 dólares por dosis[18]. El análisis de Hartford llegó a la conclusión de que los medicamentos más caros se recetaban con mucha frecuencia para problemas que se podían tratar con otros más baratos. Hartford recomienda gestionar los costes de la indemnización a los trabajadores dándoles información a ellos y a los médicos sobre medicamentos alternativos y defiende la utilización de genéricos cuando sea posible.

LA LEY DE SEGURIDAD Y SALUD EN EL TRABAJO (OSHA)

Ley de Seguridad y Salud en el Trabajo de 1970
Ley federal de los EE.UU. que exige a los empresarios que ofrezcan un entorno laboral seguro y sano, que cumplan con estándares concretos de seguridad y salud y que mantengan historiales de enfermedades y lesiones laborales.

Los valores políticos y sociales, tan cambiantes durante la década de los años 60, dieron un importante impulso al movimiento a favor de regular la seguridad en el trabajo. En 1969 la muerte de 78 mineros en una explosión de una mina de carbón influyó en la opinión pública y condujo a la aprobación de la Ley de Seguridad y Salud en las Minas de Carbón (*Coal Mine Health and Safety Act*), para regular la seguridad y salud en las mina[19]. Aunque no existe un único acontecimiento que llevara a la aprobación de la **Ley de Seguridad y Salud en el Trabajo de 1970** (*Occupational Safety and Health Act of 1970* – OSHA), el drástico aumento de los índices de lesiones y muertes en el trabajo durante la década de los 60 (reflejando la incapacidad de las leyes de indemnización a trabajadores de dar a los empresarios los incentivos adecuados para mantener entornos laborales seguros) fue probablemente el principal impulsor de su aprobación[20]. Durante la última parte de dicha década, el gobierno federal informó que los accidentes laborales habían ocasionado el fallecimiento de más de 14.000 trabajadores e incapacitado a casi dos millones y medio de trabajadores al año. Además se estimaba que 300.000 nuevos casos de enfermedades laborales aparecían cada año. La OSHA se aprobó para atajar los enormes costes económicos y humanos de los accidentes laborales y de los riesgos para la salud[21].

Disposiciones de la OSHA

La OSHA es bastante clara e impone tres grandes obligaciones a los empresarios:

- **Proporcionar un entorno laboral sano y seguro.** Todos los empresarios tienen la obligación genérica de ofrecer un lugar de trabajo libre de riesgos que puedan ocasionar la muerte o provocar lesiones físicas graves. Esta *disposición genérica* reconoce que no pueden cubrirse todos los riesgos laborales con un conjunto de criterios específicos. El empresario está obligado a identificar y solucionar los riesgos relacionados con la seguridad y la salud que no queden cubiertos por normas concretas[22].
- **Cumplir los estándares concretos sobre seguridad y salud en el trabajo.** Cada empresario debe estar familiarizado y cumplir los estándares concretos (normas dictadas contenidas la OSHA que se ocupan de trabajos concretos más que de los sectores) y deben asegurarse de que los trabajadores los cumplen también.
- **Mantener registros de lesiones y enfermedades laborales.** En virtud de la OSHA, los empresarios deben registrar e informar sobre lesiones y enfermedades laborales. Las organizaciones con ocho o más trabajadores deben mantener registros de cualquier lesión o enfermedad que pueda provocar la muerte, la ausencia al trabajo o tratamiento médico, conservando estos registros durante cinco años. Las lesiones y enfermedades deben registrarse en formularios establecidos por la OSHA y deben publicarse todos los años en el boletín de noticias de la empresa para que los empleados puedan verlos. Los registros también deben enviarse a los funcionarios encargados de que se cumpla la OSHA, además de preparar un informe anual[23]. Dado que los requisitos de mantenimiento de registros no son claros en algunos puntos, la OSHA promulgó una revisión de los criterios de mantenimiento de registros para que fueran más flexibles y fáciles de cumplir[24]. Podemos acceder a ellos a través de la página web de la OSHA, www.osha.gov. Existe también versión española para los empresarios y trabajadores de habla hispana. La información en español está concebida para superar las barreras

de lenguaje y facilitar que la OSHA llegue a los 10 millones de empresarios y trabajadores de habla hispana, dándoles a conocer sus derechos, responsabilidades y recursos en materia de seguridad.

Según los nuevos criterios, si no se mantiene un registro escrito o electrónico, se podrán aplicar multas o enviar citaciones. Por ejemplo, OSHA recientemente multó a Weyerhaueser con 77.000 dólares por los fallos que tenían sus registros, ya que faltaban por anotar 38 lesiones y enfermedades en su fábrica de Buchhanon, West Virginia, y a General Motors con 148.000 dólares por violaciones premeditadas en su obligación de mantener registros, como por ejemplo registrar pérdidas de audición relacionadas con el trabajo, en su fábrica de Massena (Nueva York)[25]. La falsificación de los registros puede sancionarse con multa y seis meses de prisión. Los nuevos criterios también dejan claro que un accidente que *pudiera* haber provocado una lesión, no sólo que *hubiera* producido una lesión, debe ser registrado. En otras palabras, los "casi" también cuentan según los criterios de la OSHA.

Además, los criterios aclaran cuándo una persona es considerada como trabajador según la OSHA. Un trabajador eventual, contratado a través de una empresa de trabajo temporal que hace un trabajo administrativo para una organización, es considerado empleado de dicha organización. Sin embargo, un contratista independiente sólo será un empleado si la empresa contrata y supervisa a la persona. Por lo tanto, en un bufete de abogados el jardinero que cuida los accesos a la empresa no será considerado empleado del bufete, pero un especialista en informática contratado por el bufete a través de una empresa de trabajo temporal probablemente sí lo sea. La distinción es importante porque el empresario es responsable del mantenimiento de los registros de todos sus empleados.

Los empleados también tienen responsabilidades en virtud de la OSHA. Aunque no pueden ser citados por infracciones, deben cumplir las normas de seguridad y salud. También deben informar al empresario de todos los riesgos, lesiones o enfermedades relacionadas con su trabajo. Los derechos de los empleados según la OSHA incluyen la posibilidad de interponer quejas y demandas ante el gobierno por motivos de seguridad y salud, participar en las inspecciones OSHA y solicitar información sobre los riesgos relativos a la seguridad y la salud sin temor a discriminaciones o represalias por parte del empresario[26].

En virtud de la OSHA y de las normativas estatales *sobre el derecho a saber*, los empresarios deben informar a los trabajadores sobre las sustancias peligrosas existentes en el lugar de trabajo[27]. La normativa sobre sustancias peligrosas de la OSHA, conocida como *Normas de Comunicación sobre Peligrosidad (Hazard Communication Standard)*, se recoge en la Figura 16.1. La OSHA ha desarrollado una iniciativa Haz Com para ayudar a los empresarios y a los empleados a cumplir con las Normas de Comunicación sobre Peligrosidad. Esta iniciativa se puede ver en www.osha.gov/SLTC/hazardcommunications/index.html. Además el Tribunal Supremo de EE.UU. respaldó el derecho de un empleado a negarse a trabajar en condiciones en las que considera, de forma razonable, que existe un riesgo inmediato de lesión o muerte[28]. Si el peligro es de naturaleza química, hay otra agencia federal que también puede ser importante. La Junta de Investigación de Seguridad y Peligros Químicos (*Chemical Safety and Hazard Investigation Board*), creada por el Congreso en 1997, está encargada de fomentar la seguridad y evitar los accidentes por vertidos químicos[29]. La junta colabora con la OHSA y la Agencia de Protección Medioambiental (*Environmental Protection Agency*). El peligro de vertido químico puede llevar a realizar una investigación por parte de la Junta, que se centra en hacer recomendaciones a las empresas y agencias gubernamentales sobre cambios en el proceso o los equipos para evitar accidentes.

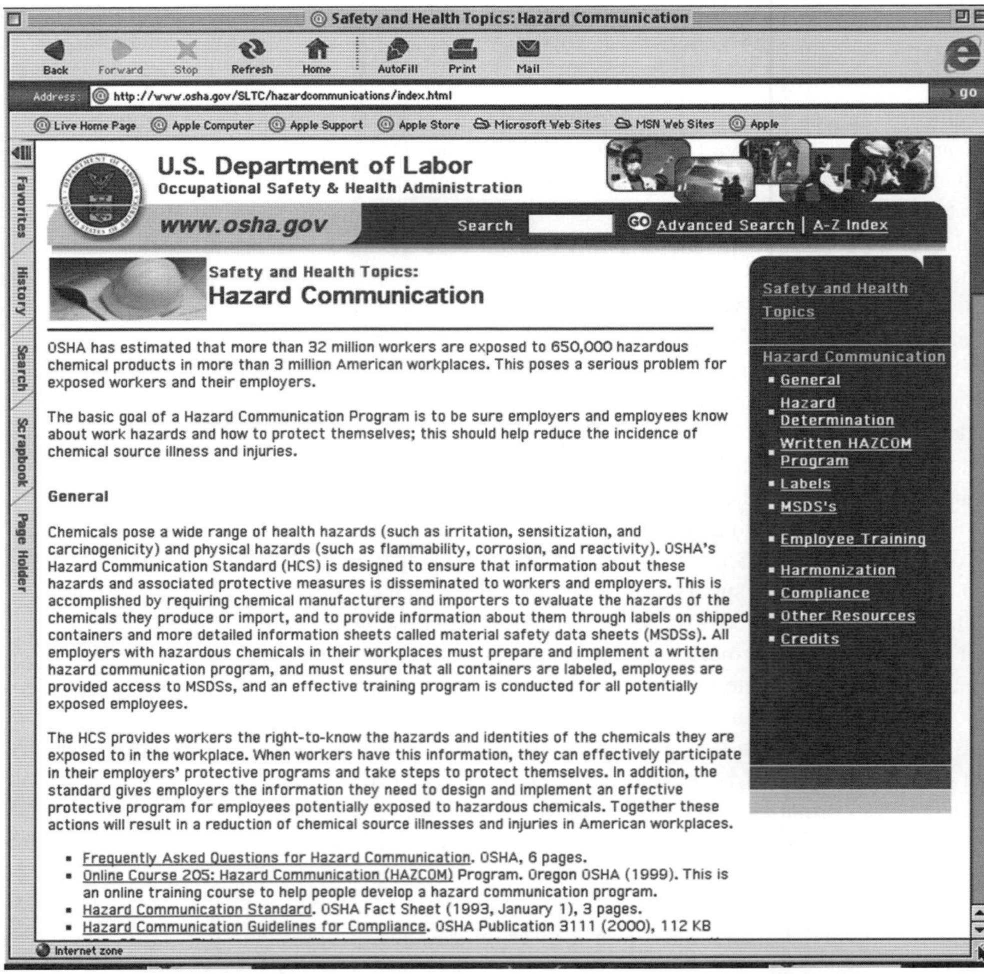

Esta página Web de la OHSA explica que los empresarios están obligados a comunicar a sus trabajadores cómo realizan en su empresa la comunicación de peligros a que obliga la OHSA.

Figura 16.1 ■ Normas de la OHSA sobre comunicación de peligrosidad.

Tres agencias se encargan de aplicar la OHSA: la *Administración de Seguridad y Salud (Occupational Safety and Health Administration*, OSH Administration, también conocida por el acrónimo OSHA), la *Comisión de Revisión de Seguridad y Salud en el Trabajo (Occupational Safety and Health Review Comisión, OSHRC)* y el *Instituto Nacional de Seguridad y Salud en el Trabajo (National Institute for Occupational Safety and Health, NIOSH)*. Los Estados con planes de seguridad aprobados a escala federal tienen su propia normativa.

LA ADMINISTRACIÓN DE SEGURIDAD Y SALUD EN EL TRABAJO

La Administración de Seguridad y Salud en el Trabajo (*Occupational Safety and Health Administration*) tiene la responsabilidad de la aplicación de la OHSA. Desarrolla normas sobre el trabajo, resuelve las discrepancias con los empresarios, realiza inspecciones en las empresas y se encarga de las citaciones y multas.

- **Normas de trabajo.** Las normas de trabajo, que cubren riesgos que van desde la seguridad de las herramientas y la maquinaria a cuestiones relativas a elementos microscópicos, pueden ser muy detalladas y complejas. Aunque muchas normas son razonables y adecuadas, la OSHA ha sido frecuentemente criticada por adoptar normas impracticables o normas cuyos costes exceden sus beneficios. Además, los tribunales normalmente no exigen que la OSHA equilibre los costes y beneficios de cada norma, solamente que demuestre su factibilidad[30].

  El desarrollo de normas de seguridad en el trabajo puede partir de la OSHA, del NIOSH, de los gobiernos estatales o locales o de toda una serie de otras fuentes, incluyendo organizaciones empresariales y sindicales. Las nuevas propuestas se publican en el *Registro Federal (Federal Register)*, el boletín oficial del gobierno estadounidense. Se solicitan los comentarios de todas las partes interesadas y se organizan audiencias para escuchar las observaciones. El texto completo de cualquier norma que se apruebe, y su fecha de entrada en vigor, se publica en el *Registro Federal*[31].
- **Discrepancias.** Los empresarios pueden solicitar a la OSH Administration un aplazamiento temporal (hasta un año) cuando no puedan cumplir con la misma desde su entrada en vigor. La OSH Administration puede conceder un aplazamiento temporal para aplicar una determinada norma cuando el empresario pueda demostrar que tiene en vigor alternativas que protegen a los trabajadores tan bien como lo pueda hacer la norma prevista[32].
- **Inspecciones en el lugar de trabajo.** La OSH Administration tiene competencias para realizar inspecciones en los centros de trabajo para garantizar que las organizaciones cumplen las normas OSHA. Dado que sería imposible inspeccionar todos los años cada uno de los cientos de miles de centros de trabajo, la OSH Administration ha fijado un sistema de inspección prioritaria que establece el siguiente orden para las inspeccione[33]: (1) situaciones que implican "peligros inminentes" en el lugar de trabajo, (2) incidentes que derivan en accidentes o en la hospitalización de cinco o más empleados, (3) seguimiento de denuncias de los empleados por condiciones laborales inseguras o insalubres y (4) sectores y ocupaciones de "alto riesgo" (por ejemplo, minería, agricultura y ganadería, construcción y transporte). En 2005, el objetivo que se fijó la OSH Administration fue llevar a cabo 37.700 inspecciones[34].

  Los inspectores de la OSH Administration tienen derecho a entrar a los centros de trabajo, sin previo aviso, para examinar el entorno laboral, los materiales y equipos de trabajo y entrevistarse con los empresarios y los empleados. Sin embargo, este derecho entra en conflicto con la protección constitucional del empresario contra los registros no autorizados. En un caso de 1978, relativo a la negativa de una empresa de permitir una inspección de la OSH Administration hasta que la agencia presentara una orden de registro, el Tribunal Supremo dictaminó que el empresario tiene derecho a exigir esta orden de registro antes de que la OSH Administration proceda a realizar la inspección. Aunque la OSH Administration puede, generalmente, obtener esta orden de registro a partir de una denuncia de un empleado o del propio sistema de inspecciones prioritarias de la agencia, algunos afirman que la supresión del elemento sorpresa hace que la inspección sea menos eficaz porque ofrece a los empresarios una vía para alterar las condiciones o prácticas de riesgo (por ejemplo, la no utilización de equipos de seguridad de forma regular) hasta que finalice la inspección[35].
- **Citaciones y multas.** La OSH Administration puede emitir citaciones e imponer multas por cualquier infracción de las normas OSHA. Las multas varían en función de los

intentos de buena fe por parte del empresario para cumplir la normativa, su historial de infracciones, la gravedad de la infracción y el tamaño de la empresa. Las multas, además de poder llegar a ser muy elevadas, también pueden ir acompañadas de condenas penales. De hecho, los ejecutivos de las empresas que ponen en peligro de forma habitual a sus trabajadores tienen cada vez más probabilidad de acabar en la cárcel[36]. En 1987, cinco altos ejecutivos de la Chicago Magnet Wire Company fueron juzgados por provocar enfermedades a sus trabajadores, al permitir que estuvieran expuestos a productos químicos peligrosos. En 1989 un supervisor de Jackson Enterprises, de Michigan, fue condenado por homicidio involuntario debido al fallecimiento de un trabajador por causas relacionadas con el trabajo[37].

Las multas por infringir las normas de la OSHA oscilan entre la no imposición de multa por infracciones leves a las grandes multas de varios millones de dólares a las empresas condenadas por infracciones múltiples, repetidas e intencionadas. Sin embargo, las empresas pueden oponerse a las multas propuestas por la OSH Administration y negociar una reducción del importe. En 2004 la OSH Administration planteó multas contra la actuación de los periódicos, por violar diferentes normas de seguridad, que sumaban 101.850 dólares, pero al final los periódicos únicamente pagaron 53.681 dólares[38]. La OSH Administration multó a una fábrica de BP en Augusta, Georgia, cuando tres trabajadores murieron a causa de una explosión de plástico derretido. La OSH Administration acusó a BP de quebrantar premeditadamente las reglas de seguridad y multó a la empresa con 141.000 dólares. BP negoció una calificación menos grave de la infracción y pagó 119.000 dólares de multa[39]. Los críticos afirman que los procesos de negociación llevan a una reducción de las multas que reducen los incentivos para que las empresas mejoren los niveles de seguridad de sus actividades. Sin embargo, la OSH Administration defiende que su principal tarea es mejorar la seguridad de los centros de trabajo para proteger a los trabajadores, no el sancionar a las empresas.

Un tema importante consiste en saber si las multas tienen un impacto significativo en las organizaciones. Un planteamiento para responder a este interrogante consiste en averiguar si el anuncio de las multas impuestas por la OSH Administration incide en la cotización de las acciones. Si no afecta, los altos ejecutivos tendrán pocos incentivos para mejorar las condiciones de seguridad y salud con el fin de evitar futuras multas. La investigación sugiere que el anuncio de multas de la OSH Administration sí tiene un impacto negativo importante sobre la cotización de las acciones de la empresa[40]. Sin embargo, la caída a corto plazo del precio de las acciones sólo se produce durante uno o dos días después del anuncio. Es más, aparentemente es sólo el anuncio, y no la cuantía de la multa, lo que afecta al precio de las acciones.

La OSH Administration ofrece un servicio de consulta gratuito que colabora con las empresas para ayudarlas a identificar riesgos potenciales y a mejorar sus sistemas de gestión de la seguridad en el trabajo. Este servicio es especialmente útil para las pequeñas empresas. Ofrece inspecciones confidenciales, totalmente independientes del programa de inspecciones de la OSH Administration, que no darán lugar a sanciones o multas. No obstante, el empresario está obligado a corregir los riesgos más graves para la seguridad y la salud que pueda encontrar la inspección.

El procedimiento funciona de la manera siguiente[41]:

1. El empresario debe ponerse en contacto con el asesor de la OSH Administration para iniciar el proceso.
2. Se convoca una reunión en el lugar de trabajo para analizar el papel del asesor y las obligaciones del empresario durante la prestación del servicio.

3. El empresario y el asesor analizan conjuntamente las condiciones laborales. El asesor puede hablar con los empleados, discutir con ellos las normas y señalar los problemas de seguridad.
4. En una reunión final el asesor revisa con el empresario las conclusiones de la inspección, detallando tanto lo que el empresario hace correctamente como lo que debe mejorar.
5. Tras esta reunión el asesor entrega un informe por escrito, resumiendo sus descubrimientos y confirmando los plazos propuestos para que el empresario resuelva los riesgos descubiertos durante la inspección (estos plazos se conocen como *períodos de reducción*).

La Comisión de Revisión de Seguridad y Salud en el Trabajo (OSHRC)

La OSHRC actúa independientemente de la OSH Administration y revisa sus citaciones. Un empresario puede apelar ante la OSHRC las decisiones de la OSH Administration sobre citaciones, períodos de reducción o imposición de multas. Las decisiones de la OSHRC sólo pueden apelarse ante los tribunales federales[42].

Una cuestión de ética

Los oponentes del "Gran Gobierno" afirman que una normativa excesiva sobre la seguridad en el trabajo perjudica la productividad e incrementa los costes. Argumentan que en un mercado libre, los empleados deben responsabilizarse de su propia salud y seguridad; que deberían tener la libertad de poder elegir entre aceptar un plus salarial de peligrosidad o bien o salario menor por un trabajo más seguro. ¿Sería ética este tipo de política? ¿Cuáles son sus pros y sus contras?

El Instituto Nacional de Seguridad y Salud en el Trabajo (NIOSH)

El NIOSH existe para investigar los problemas de seguridad y salud y apoyar a la OSH Administration en la creación de nuevas normas. Al igual que la OSH Administration, el NIOSH puede inspeccionar los centros de trabajo y recopilar información de empresarios y trabajadores sobre materiales peligrosos. Además el NIOSH forma a los inspectores sobre la aplicación de la OSHA[43].

Programas estatales

La OSHA autoriza a los estados a crear sus propios programas de seguridad y salud en el trabajo y la mitad de ellos han optado por esta posibilidad. La OSH Administration aprobará un plan estatal si el Estado demuestra que es capaz de fijar y aplicar las normas, formar al personal cualificado necesario y ofrecer apoyo técnico y de formación a las empresas. Tras la aprobación del programa estatal, la OSH Administration financia el 50 por ciento de los costes operativos de los programas y traslada al estado correspondiente la responsabilidad principal de la aplicación. Además, la OSH Administration controla y evalúa continuamente los programas estatales y puede retirar su aprobación si llega a la conclusión de que algún estado no está aplicando de forma eficaz su programa[44].

La eficacia de la OSHA

¿Ha sido la normativa OSHA una herramienta eficaz para crear centros de trabajo más seguros y saludables? Los críticos de la ley sugieren que sus normativas generan costes que exceden a sus beneficios. Sin embargo, muchas otras personas consideran que, mientras los costes provocados por la ley pueden ser medidos directa y fácilmente, los beneficios derivados de centros de trabajo libre de accidentes no se pueden cuantificar. En esta línea de razonamiento señalan que son las víctimas de los accidentes, los trabajadores, los que soportan los costes de la ausencia de normas de seguridad y salud y no el empresario.

En efecto, los costes de los accidentes y las enfermedades pueden ser enormes. En EE.UU. los accidentes de trabajo costaron a los empresarios 49.600 millones de dólares en

Agricultura, pesca y actividades forestales	27,9
Transporte y movimiento de materiales	16,9
Construcción y actividades extractivas	12,7
Servicios de protección	11,4

*Las tasas son muertes anuales por cada 100.000 trabajadores.

Fuente: Adaptado de la Oficina de Estadísticas Laborales (*Bureau of Labor Statistics*). (2004). National Census of Fatal Occupational Injuries en 2003. www.bls.gov/iif/oshcfoil.htm.

Figura 16.2 ■
Tasas* de mortalidad en los sectores con mayores índices de siniestralidad.

el año 2002[45]. Pero también hay un lado positivo: existe evidencia de que las normativas, las multas y la mayor concienciación que ha generado la OSHA ha mejorado de manera importante la seguridad de los centros de trabajo. Las cifras de la Oficina de Estadísticas Laborales (*Bureau of Labor Statistics*) para los años 2002 y 2003 ponen de manifiesto que las víctimas mortales en el trabajo están en sus niveles más bajos desde que se empezó a recoger datos en 1992[46]. No obstante, algunos trabajos siguen siendo peligrosos. La Figura 16.2 muestra la tasa de mortalidad en EE.UU. para los sectores con mayores niveles de siniestralidad.

GESTIÓN DE CUESTIONES ACTUALES DE SEGURIDAD, SALUD Y COMPORTAMIENTO

Una buena gestión de la seguridad y la salud en el trabajo requiere algo más que reducir el número de accidentes y enfermedades laborales. A la hora de la verdad, los directivos deben resolver una variedad de cuestiones prácticas, legales y éticas, muchas de las cuales exigen equilibrar con cautela los derechos individuales (concretamente el derecho a la intimidad) con las necesidades de la organización (*véase* el Capítulo 14). Puesto que estos temas suelen plantear cuestiones legales, los profesionales de RRHH suelen recibir solicitudes para el desarrollo y la aplicación de políticas que resuelvan los problemas suscitados. Entre las cuestiones más importantes que tienen que afrontar los empresarios de hoy en día está el SIDA, la violencia en el trabajo, el fumar en los centros de trabajo, los trastornos traumáticos acumulativos, la protección del feto, los productos químicos peligrosos y las pruebas genéticas.

Es importante ser conscientes de que, además de estos obstáculos directos, también existe el problema del cumplimiento por parte de los trabajadores de las obligaciones recogidas en los programas de seguridad y salud. Muchas organizaciones se enfrentan al problema de que los empleados ignoran las medidas de seguridad y salud, e incluso se oponen a ellas. El motivo: que los empleados suelen considerar que estas medidas no son eficaces e interrumpen su ritmo de trabajo.

Los altos directivos pueden conseguir el compromiso con los programas de seguridad y salud explicando a los supervisores y demás trabajadores las razones de las prácticas más importantes de seguridad y salud. Es importante que todo el mundo comprenda el coste que los accidentes suponen para la organización. Además los costes (por ejemplo las multas) por infringir las normas de seguridad y salud tienen que explicarse con total claridad a los empleados de cualquier nivel. Una persona que comprende el vínculo entre las medidas de seguridad y la rentabilidad de la empresa, es posible que reduzca gran parte de sus recelos ante los programas de seguridad. Por supuesto la supresión de la resistencia de los individuos a cualquier tipo de programa puede ser un proceso difícil y delicado, que requiere tiempo y compromiso.

La investigación reciente apoya la importancia de adoptar un enfoque participativo para la mejora de la seguridad y la conveniencia de delegar en los trabajadores para que puedan gestionar y resolver sus propios programas de seguridad[47]. Se realizó una investigación con 600 limpiadores de camas de hospital. Para ello se pusieron en marcha equipos de seguridad formados por empleados, supervisores y expertos de seguridad. Los empleados recibieron formación en los aspectos básicos, como por ejemplo la identificación y control de riesgos y se les encomendó identificar y reducir los riesgos para la seguridad. Algunas de las soluciones que identificaron y pusieron en marcha estos equipos incluían el cambio de los procedimientos de compra para que fuera más fácil limpiar los suelos, la compra de equipamiento seguro y, más frecuentemente, la rotación de puestos de trabajo para minimizar el esfuerzo repetitivo. Después de la implantación de los equipos de seguridad, el porcentaje de reclamaciones para alguna indemnización se redujo en un 67 por ciento, los costes de las reclamaciones un 73 por ciento y la duración de las lesiones un 43 por ciento. Un enfoque de la seguridad consistente en delegar atribuciones en los trabajadores puede que sea un mecanismo eficaz para mejorar la seguridad.

SIDA

La resolución de los problemas que surgen en los centros de trabajo cuando un trabajador contrae el síndrome de inmunodeficiencia adquirida (SIDA), se ha convertido en un reto importante para la salud en el trabajo. A principios de la década de los 80 el problema del SIDA era desconocido, pero en 1996 los Centros para la Prevención y Control de Enfermedades (*Centres for Disease Control and Prevention*) informaron de que las dos terceras partes de las organizaciones con más de 2.500 trabajadores ya tenían al menos un empleado con la enfermedad o con el VIH (el virus de inmunodeficiencia humana que provoca el SIDA)[48]. En 2003 cinco millones de personas en todo el mundo estaban infectadas con el VIH y aproximadamente tres millones murieron por SIDA[49]. En EE.UU. aproximadamente 40.000 nuevos casos de infección de VIH surgen cada año[50].

Algunas empresas prefieren evitar o ignorar el tema del SIDA, pero las directrices federales respecto al SIDA son de obligado cumplimiento. Las principales directrices están contenidas en la OSHA y en la Ley de Ciudadanos con Discapacidades (*Americans with Disabilities Act-ADA*).

La OSHA y el SIDA

En 1992 la OSHA promulgó unos Criterios para las Patologías Transportadas por la Sangre (*Bloodborne Pathogens Standards*), que deben cumplirse en todos los centros de trabajo en donde es probable que los trabajadores puedan estar en contacto con sangre o con otros fluidos corporales. Las personas que trabajan en profesiones relacionadas con la salud, la seguridad o la atención de emergencias, entre otras, deben cumplir estos criterios. Desde que el SIDA se convirtió en una enfermedad reconocida a principios de la década de los 80, se han registrado 52 infecciones de VIH a trabajadores de la sanidad que contrajeron el virus en el ejercicio de su profesión[51]. Al menos en otros 114 casos se sospecha que las infecciones de VIH en trabajadores sanitarios pueden haberse producido en el trabajo. La OSHA exige que todos los trabajadores que puedan estar en contacto con fluidos corporales infectados reciban formación sobre patologías sanguíneas y sobre la manera de reducir el riesgo de infección. Esta formación debería contribuir a que los trabajadores reduzcan sus riesgos y los empresarios sus costes sanitarios. La Figura 16.3 resume los puntos clave de los criterios de la OSHA.

- **Plan de control de exposiciones.** Establecer procedimientos para identificar a los trabajadores en riesgo y métodos para cumplir las normas.
- **Precauciones generales.** Aplicar las recomendaciones de los Centros de Prevención y Control de Enfermedades para que se traten todos los fluidos corporales y sanguíneos como si estuvieran contaminados.
- **Equipos de protección personal.** Identificar los equipos necesarios para la protección personal, como puedan ser guantes y máscaras.
- **Protocolos de limpieza.** Establecer métodos para descontaminar y procedimientos de tratamiento de residuos biosanitarios.
- **Comunicación de peligros.** Utilizar etiquetas de advertencia y señales para identificar las áreas restringidas.
- **Información y formación.** Educar a los trabajadores sobre el SIDA y los criterios de la OSHA.
- **Mantenimiento de registros.** Reflejar las medidas adoptadas para cumplir los criterios y crear registros sanitarios de los trabajadores expuestos a estos riesgos a lo largo de su vida laboral. Mantener los registros durante los 30 años siguientes a que los trabajadores dejen la empresa.

Fuente: Adaptado de Oswald, E. M. (1996). No employer is immune: AIDS exposure in the workplace. *Risk Management*, 43, 18-21 y Hunter, S. (1998). Your infection control program. *Occupational Health and Safety*, 67, 76-80.

Figura 16.3 ■ Criterios recogidos en la OSHA para prevenir el contagio de enfermedades transmitidas por la sangre.

La ADA y el papel del directivo en los casos de SIDA

Según las directrices de la ADA, la infección por VIH o SIDA no impide que las personas puedan realizar las funciones esenciales de la mayoría de los puestos de trabajo[52]. Así pues las organizaciones deben ofrecer una reorganización razonable a los trabajadores infectados, que puede incluir ajustes del horario de trabajo o modificaciones del puesto de trabajo. Una empresa puso a disposición de un directivo con SIDA una silla convertible que se transformaba en una cama permitiéndole un descanso de 90 minutos después de comer[53]. La silla permitía al directivo descansar dada su falta de energía por la tarde. El directivo programaba todas sus reuniones por la mañana y trabajaba horas extras a última hora de la tarde y los fines de semana si era necesario. Esta reorganización era razonable y permitía al directivo cumplir con sus obligaciones con un coste mínimo.

Las directrices de la ADA también afectan al proceso de contratación. Los empresarios no pueden preguntar a los candidatos si están infectados por el SIDA, ni exigirles que pasen las pruebas del VIH antes de ofrecerles un puesto. Las pruebas *pueden* realizarse, y se pueden hacer preguntas, una vez que se ha ofrecido el puesto. Sin embargo, los resultados de la prueba deben ser confidenciales. La oferta del puesto de trabajo no puede retirarse si se da positivo en la prueba de VIH, a no ser que el empresario pueda demostrar que la persona sería una amenaza directa para sus compañeros o para los clientes y que esta amenaza no puede suprimirse con una reorganización razonable del puesto de trabajo. Esta demostración es casi imposible en la mayoría de los trabajos.

Además de simplemente cumplir con las directrices de las agencias federales, las organizaciones deben abordar el problema del SIDA de manera proactiva, desarrollando una política sobre el SIDA. El contenido de estas políticas debe abordar todos los procesos de gestión del personal, desde la contratación y la forma de cubrir las vacantes a la retribución y el despido[54]. Este tipo de políticas envía una señal clara de la importancia que la empresa da a sus RRHH y el apoyo que presta a las víctimas del SIDA.

Una política sobre el SIDA que sea eficaz no sólo debe destacar los procedimientos a seguir cuando un trabajador contrae la infección, sino que además debe educar a la plantilla. Muchos trabajadores tienen miedo de contraer la enfermedad trabajando al lado de alguien que tiene el SIDA. Los programas educativos pueden eliminar estos temores al ofrecer información precisa sobre la enfermedad y cómo se transmite.

¿Cuál es el papel de los supervisores y directivos cuando tienen que tratar el SIDA en los centros de trabajo? Los directivos deben estar preparados para responder a las preguntas de los empleados sobre el SIDA y tratar todas las cuestiones que puedan plantearse sobre el tema. Por ello, el esfuerzo educativo debe implicar familiarizar a los supervisores y directivos con la política de la organización sobre el SIDA y formarles para que sepan abordar las cuestiones relacionadas con el SIDA[55]. Es recomendable un enfoque abierto para educar y discutir las cuestiones relacionadas con el SIDA en los centros de trabajo. No obstante existen límites para esta discusión. Concretamente, la ADA incluye medidas de estricta confidencialidad con respecto a la información médica de los empleados. La información médica confidencial se puede dar a conocer a los supervisores solamente si la necesitan para reorganizar el puesto de trabajo de los afectados o para tener prevista la asistencia sanitaria urgente que puedan necesitar[56]. Un empresario que divulga aspectos de la salud de los trabajadores, como por ejemplo el SIDA, asume el riesgo de infringir el derecho a la intimidad de los empleados y el derecho a trabajar sin ser sometido a discriminación que recoge la ADA. La discusión abierta de las cuestiones del SIDA en los centros de trabajo puede contribuir a crear un entorno positivo y productivo, pero la información de la situación específica de un determinado empleado con respecto al SIDA está prohibida por ley.

VIOLENCIA EN EL LUGAR DE TRABAJO

En 2003, Salvador Tapia trabajó para una empresa de fabricación de componentes para el automóvil en el sur de Chicago hasta que fue despedido por llegar tarde y por absentismo. Tuvo varias conversaciones telefónicas con su antiguo jefe del almacén de Windy City Core Supply. Posteriormente, el 23 de agosto de 2003, Tapia fue a su antiguo centro de trabajo a primera hora de la mañana. Llevó con él una pistola semiautomática que disparó contra sus antiguos supervisores y compañeros, matando a seis de ellos. Posteriormente y tras un tiroteo con la policía se pegó un tiro a sí mismo y murió. Tapia tenía todo un historial de detenciones en los últimos diez años que incluían violación de la prohibición de portar armas, asaltos y agresiones domésticas[57].

Muchos otros tiroteos a lo largo y ancho del país nos proporcionan ejemplos dramáticos de la violencia en los centros de trabajo. Entre 1994 y 2003, se produjeron 164 tiroteos en los centros de trabajo de EE.UU.[58]. Solamente en 2004 tuvieron lugar 29 tiroteos, que ocasionaron 36 trabajadores muertos y otros 15 heridos. Además del homicidio, que es su manifestación más extrema, la violencia en los centros de trabajo incluye otras situaciones, como son las agresiones, las amenazas y los sabotajes.

En EE.UU., según las cifras del Ministerio de Trabajo (*Department of Labor*), tienen lugar todos los días aproximadamente 5.550 incidentes de violencia en el lugar de trabajo, y mueren al menos tres personas[59]. Aproximadamente 13.000 mujeres son agredidas, acosadas sexualmente o asesinadas en el trabajo todos los años por alguien con quien estaban relacionadas. En EE.UU. se han cuantificado los costes de la violencia en los centros de trabajo en más de 4.200 millones de dólares al año[60].

Reducción de las agresiones y amenazas

Sería tranquilizador pensar que hoy en día los empresarios abordan de manera proactiva el problema de la violencia en los centros de trabajo. Desafortunadamente, parece que muchas empresas eluden el tema. Una reciente encuesta sobre seguridad realizada a ingenieros ponía de manifiesto que solamente el uno por ciento de los empresarios tenían políticas por escrito sobre la violencia en el lugar de trabajo[61]. Pero existan o no estas políticas, las amenazas y las agresiones se producen en los centros de trabajo. Una causa importante de este tipo de violencia son los abusos en el hogar.

Los abusos en el hogar le suponen anualmente a las empresas unas pérdidas de productividad cuantificadas en 727,8 millones de dólares y más de 7,9 millones de días de trabajo[62]. La violencia doméstica puede influir negativamente en el desempeño de los trabajadores a través del absentismo, los retrasos, el bajo rendimiento y los errores en el puesto de trabajo. Una encuesta reciente de las 1.000 empresas *Fortune* puso de manifiesto que el 47 por ciento de los ejecutivos más veteranos veían la violencia doméstica como una de las causas que disminuía la productividad[63]. Por lo tanto, podemos esperar que las empresas sean cada vez más proactivas en prevenir las amenazas y agresiones en los centros de trabajo. Hasta el momento, sin embargo, muy pocas empresas abordan de forma activa este problema.

Harmon International Industries, Inc., un fabricante de electrónica de sonido (por ejemplo Harmon/Kardon y JBL), obliga a seguir cursos de formación a sus 3.000 trabajadores. Ha implantado una política sobre violencia doméstica, provocada por el asesinato de una de sus empleadas por su ex marido y ha creado un entorno que apoya a las víctimas de abusos para que puedan compartir su situación y dificultades. Otra empresa que utiliza la gestión preventiva para reducir la violencia doméstica es Liz Claiborne. La empresa forma a sus directivos en cómo reconocer y responder a la violencia doméstica. También ha formado un equipo de respuesta a la violencia doméstica que trata directamente con las víctimas. En dos años la empresa ha tenido que enfrentarse a más de 40 casos, que exigían más atención que simplemente enviar a las personas afectadas a un especialista en estos temas.

La implantación de una política sobre violencia en los centros de trabajo y la adopción de un enfoque preventivo debería reducir el riesgo de la aparición de la violencia en el lugar de trabajo. No obstante, y a pesar de todo, el riesgo sigue existiendo. El Cuaderno del Director, “Consejos respecto a la violencia doméstica”, proporciona ideas que ayudan a gestionar las amenazas en el lugar de trabajo debidas a la violencia doméstica.

CUADERNO DEL DIRECTOR

ÉTICA

Consejos respecto a la violencia doméstica

Los efectos de la violencia doméstica se pueden hacer notar en el lugar de trabajo, afectando a las víctimas del abuso y a otros trabajadores. A continuación se presentan algunas sugerencias a la dirección de las empresas cuando existe una amenaza de violencia doméstica que se ha podido identificar:

- Solicitar que una patrulla de policía acuda al centro de trabajo, especialmente a la llegada y a la salida de la víctima del abuso.
- Facilitar a la víctima del abuso una plaza de aparcamiento, cercana al centro de trabajo, de manera que el recorrido hasta las oficinas sea corto.
- Utilizar un vigilante, si fuera pertinente, para acompañar a la víctima desde el parking a la oficina y viceversa. Un vigilante no debe ser únicamente alguien que es amable, sino también alguien que tiene formación en seguridad.
- Utilizar sistemas de seguridad, tal como cámaras de vigilancia, que puedan avisar rápidamente de un posible peligro o de un problema en el centro de trabajo.
- Trasladar, de forma transitoria, al trabajador a otro lugar o puesto.
- Conceder al trabajador, en los casos extremos, una excedencia o permiso extraordinario.

Fuente: Adaptado de Tyler, K. (2005, enero). Good-faith bargaining. *HRMagazine*, 49-53.

Reducción de los sabotajes

Otra forma de violencia en el trabajo es el sabotaje. El sabotaje no es un tipo de violencia física, pero sí es un acto violento. Los actos de sabotaje pueden estar dirigidos contra una persona, intentando perjudicar su carrera profesional, o contra una organización, buscando dañar sus instalaciones, maquinaria, equipos o su reputación. La mayoría de los sabotajes se debe a un deseo de venganza. Empleados furiosos y amargados han hecho de todo, desde introducir roedores en los productos de alimentación hasta agujas en alimentos para bebés, incendiar las instalaciones de la empresa o borrar bases de datos informáticas[64].

Actualmente ninguna organización tiene registros públicos sobre actos de sabotaje, por lo que resulta difícil valorar la frecuencia e importancia del problema. Sin embargo, los expertos sugieren que el sabotaje es un problema cada vez más frecuente. Muchos saboteadores son antiguos empleados descontentos que fueron víctimas de una reducción de plantilla o de un despido, y se sienten menospreciados e injustamente tratados por su antiguo empresario. Las organizaciones tienen un problema grave con aquellos empleados descontentos que se vengan dañando los sistemas informáticos.

Aunque es difícil estimar la frecuencia de los sabotajes, para las organizaciones los costes que acarrean los daños a la propiedad y las interrupciones del trabajo son elevados. Los expertos estiman que las pérdidas por fraudes de los trabajadores y otros sabotajes cuestan a las organizaciones 400.000 millones de dólares al año. La Figura 16.4 ofrece consejos prácticos para prevenir los sabotajes.

A continuación se presentan algunos consejos para que los directivos puedan prevenir los actos de sabotaje:

- Hacer mención expresa en aquellos documentos que reflejen las políticas de la organización que no se tolerará ningún acto de sabotaje y que cualquier gasto o daño que sufra la empresa, ocasionado por negligencias o faltas de los trabajadores será asumido por los mismos.
- Contratar las personas adecuadas para cada puesto de trabajo y tratarlas bien. Existen mayores probabilidades de que se produzcan actos de sabotaje cuando un trabajador está frustrado y piensa que se le trata injustamente. Conseguir el adecuado encaje entre las personas y los puestos de trabajo, además de que la organización trate con justicia a su plantilla, es un buen antídoto contra los actos de sabotaje.
- Ofrecer a los trabajadores formación en gestión de conflictos y en formas de desahogarse.
- Ofrecer a los trabajadores una línea de comunicación confidencial con una tercera parte para que puedan informar de los actos de sabotaje que conozcan.

Fuente: Adaptado de Laabs, J. (1999). Employee sabotage: Don't be a target. *Workforce*, 78, 32-38.

Figura 16.4 ■ Consejos prácticos para prevenir los sabotajes.

La responsabilidad legal y social de los directivos les obliga a tratar de forma proactiva el problema de la violencia laboral, independientemente de la manera en que se manifieste. Según las leyes de **contratación negligente**, los empresarios son responsables de los actos violentos que cometan sus empleados en el trabajo, sobre todo cuando el empresario conoce, o debería conocer, que el trabajador tiene antecedentes de comportamientos violentos (*véase* el Capítulo 5). En un caso acontecido en California, una empresa de trabajo temporal contrató a un hombre que, posteriormente, mató a puñaladas a una compañera de trabajo. El hombre estaba en libertad bajo fianza por asesinato y había un vacío de cinco años en su currículo. que la empresa no investigó. Un tribunal del estado de

Contratación negligente
Contratación de un trabajador con un historial de comportamientos violentos o ilegales, sin haber comprobado sus antecedentes o haber adoptado las preocupaciones adecuadas.

California condenó a la empresa a pagar a los familiares de la víctima 5,5 millones de dólares. La negligencia no queda limitada a los procesos de contratación. En 1999 un jurado de Carolina del Norte concedió una indemnización de 7,9 millones de dólares a las familias de dos hombres asesinados en su trabajo en 1995, por un antiguo empleado que había sido despedido[65]. El jurado consideró que la dirección de la empresa había sido negligente a la hora de proteger a sus trabajadores. Estos casos siguen siendo poco frecuentes, pero parece que están aumentando[66].

Los directivos tienen que responsabilizarse de reducir o eliminar la violencia en el trabajo. Con este fin deben ser sensibles a las causas de la violencia laboral. Mucha gente se siente presionada en su trabajo y temen el despido. Si a este estrés se añaden hechos laborales, como una evaluación negativa del rendimiento, conflictos de personalidad con los compañeros o los directivos o problemas personales como un divorcio, la empresa tendrá a una persona potencialmente peligrosa.

Ciertamente los directivos no pueden suprimir todas estas presiones, que son realidades en la vida cotidiana de las organizaciones modernas. Sin embargo, sí pueden asegurarse de tratar justamente a los trabajadores. Si se trata a los trabajadores como personas de las que se puede prescindir y no se crea un compromiso con la empresa, podría ser una razón suficiente para provocar una reacción violenta. Los directivos deben tratar los problemas de rendimiento centrándose en el comportamiento y en su mejora, en vez de condenar a la persona por su pasado rendimiento (*véase* el Capítulo 7 sobre evaluación del rendimiento). Los directivos no deben nunca amonestar a los trabajadores delante de sus compañeros, esto podría humillar a la persona e incitar una reacción violenta[67].

Los directivos también deben adoptar las medidas necesarias para reducir la posibilidad de contratar a trabajadores que pueden ser proclives a la violencia. Los entrevistadores pueden pedir a los candidatos que describan sus reacciones ante decisiones de sus jefes con las que no estuvieron de acuerdo y justifiquen su comportamiento[68]. Las respuestas a esta pregunta y a las siguientes podrían ser bastante reveladoras. Los entrevistadores deben buscar pruebas de problemas con las drogas o emocionales, que puedan deducirse del historial de infracciones de tráfico y condenas por conducción en estado de embriaguez. Las lagunas en blanco, sin aparente explicación, en los historiales laborales se deben examinar con mucho cuidado.

FUMAR EN LOS CENTROS DE TRABAJO

En 1994, Melvin Simon & Associates, propietarios de 85 centros comerciales en todo EE.UU., anunciaron que no se permitiría fumar en ninguno de sus centros. Tras este anuncio, otras dos importantes cadenas de restaurantes de comida rápida, McDonald's y Arby's, anunciaron que prohibirían fumar en sus restaurantes[69]. Desde entonces muchas organizaciones han adoptado esta política.

La tendencia a prohibir el tabaco en el trabajo ha crecido, sobre todo, durante la última década. Ya en 1964 el U.S. Surgeon General publicó el primer informe gubernamental sobre las consecuencias que tenía para la salud el fumar. Sin embargo, en 1981, una encuesta del Bureau of National Affaire reveló que sólo el ocho por ciento de las empresas estadounidenses había prohibido fumar. A mediados de la década de los 80, un informe del Surgeon General C. Everett Koop afirmaba que los fumadores provocaban riesgos para la salud de los compañeros de trabajo y clientes no fumadores[70]. En 1986 el 36 por ciento de las organizaciones prohibían fumar en el trabajo[71]. Una encuesta de 1998, a 80.000 trabajadores, concluyó que el 65 por ciento trabajaba en lugares donde estaba prohibido fumar[72]. Los lugares de trabajo libres de humos son la norma en EE.UU.

Aunque cada vez más empresas prohíben fumar en sus centros de trabajo, no existen demasiadas que hagan como Union Pacific Corporation: rechazar las solicitudes de trabajo de los fumadores[73]. En parecido sentido, la decisión de una empresa de Michigan de despedir a los trabajadores que fumaran fue noticia de cabecera en los periódicos nacionales. Weyco, una empresa dedicada a administrar prestaciones sociales sanitarias, tomó la decisión de convertirse en un empresario no fumador[74]. Howard Weyers, presidente de la empresa y antiguo entrenador de fútbol universitario, a sus 70 años todavía trabaja de forma habitual y puede levantar 340 libras. Weyers argumentó que, dado que la forma de vida que llevan los empleados afecta al funcionamiento de la empresa, su compañía no dará trabajo a ninguna persona que fume, inclusive en su tiempo libre. Anunció la prohibición absoluta de fumar para los 200 empleados de Weyco, dándoles 15 meses para que dejaran de fumar, facilitándoles la ayuda de clases para abandonar el tabaco y de grupos de apoyo. Aproximadamente 20 trabajadores dejaron de fumar durante ese período.

El 1 de enero de 2005, cuatro trabajadores se negaron a pasar un control de nicotina para demostrar que no fumaban. Por lo menos uno de ellos, nunca tuvo la intención de dejar de fumar y veía la prohibición de fumar en su tiempo libre como una intromisión en su vida personal, que no estaba dispuesto a aceptar. Los cuatro trabajadores fueron despedidos. Los trabajadores que habían dejado de fumar estaban felices con su nuevo estilo de vida saludable. Weyco se beneficia porque los fumadores, como tal grupo, tienden a tener mayor absentismo y menor productividad que los no fumadores[75]. También Weyco tendrá menores costes en gastos sanitarios dado que los componentes de su plantilla son no fumadores.

Sin embargo sigue siendo discutible hasta qué punto un empresario puede controlar lo que los trabajadores hacen fuera del trabajo, particularmente cuando adquieren, utilizan o consumen sustancias legales.

En EE.UU., aunque no adopten una posición tan extrema como la de Weyco, muchas ciudades y Estados han aprobado normativas relativas a fumar[76]. El Estado de Nueva York tiene una de las leyes más exhaustivas para proteger los derechos de los trabajadores no fumadores en el trabajo. Obliga a todos los empresarios a redactar una política sobre el fumar, a ponerla en los tablones de anuncios de la empresa y a entregar una copia escrita a todos los trabajadores que la soliciten. El contenido de carácter obligatorio incluye[77]:

- Un área libre de humos para los trabajadores no fumadores.
- Un lugar reservado para fumar, si todos los que trabajan en el área están de acuerdo.
- Espacios para no fumadores en las cafeterías y en las salas de descanso.
- La prohibición de fumar en los auditorios, gimnasios, servicios, ascensores, pasillos y otras áreas comunes.
- La prohibición de fumar en los vehículos de la empresa y en las salas de reuniones, a no ser que todos los presentes autoricen que se fume.

Además de Nueva York, otros Estados que tienen leyes que limitan el fumar son Connecticut, Maine, Delaware y California. También, Rhode Island y Massachussets han aprobado recientemente la prohibición de fumar en los centros de trabajo. Para conocer con más detalle las leyes de cada Estado sobre el fumar en el trabajo se puede visitar la página web del Alexander Hamilton Institute (www.ahipubs.com).

Las limitaciones para fumar no se dan únicamente en EE.UU. Como se recoge en el Cuaderno del Director, "Un mundo libre de humos", toda una serie de países limitan la posibilidad de fumar en el trabajo.

CUADERNO DEL DIRECTOR

TENDENCIAS GLOBALES

Un mundo libre de humos

Fumar tabaco puede parecer un asunto privado que no tiene nada que ver con los centros de trabajo. Sin embargo, cada vez más países han ido limitando la posibilidad de fumar en los espacios públicos, incluidos los centros de trabajo. Algunos de ellos son los siguientes:

- **EE.UU.** California ha encabezado la marcha hacia la prohibición de fumar en los centros de trabajo adoptando legislación al respecto. Diez años después, el 90 por ciento de los californianos apoyan la medida. Siete Estados han aprobado ya medidas legislativas que restringe el fumar en los centros de trabajo, y otros nueve es probable que lo hagan pronto.
- **Cuba.** "Tenga un habano" era una frase empleada para fumar un cigarro puro cubano. Esta frase está en peligro de volverse obsoleta, dado que Cuba ha prohibido fumar en los lugares públicos, incluidos los centros de trabajo. Fidel Castro hace 20 años que dejó de fumar. Aunque la mitad de la población cubana adulta son fumadores, Castro aparentemente piensa que dejar de fumar también es una buena política para el país.
- **Canadá.** Canadá tiene uno de los niveles de fumadores más bajos del mundo. Toda una serie de provincias (New Brunswick, Manitota, Saskatchewan) y territorios (Nunavet, Northwest Territorios) están libres de humo. Otros distritos tienen planes para continuar por ese camino.
- **Sudamérica.** Brasil tiene ciertas restricciones sobre la posibilidad de fumar en los centros de trabajo. La mayoría de los países sudamericanos tienen pocas limitaciones.
- **Indonesia.** En los centros de trabajo de Yakarta estará prohibido fumar desde 2006.
- **Italia.** Un cuarto de los italianos fuman, pero todavía no se ha prohibido fumar en los centros de trabajo.
- **Irlanda.** Irlanda ha prohibido fumar en los centros de trabajo que están cerrados.
- **Australia.** Está prohibido fumar en los centros de trabajo en la "land down under".
- **Unión Europea.** Es probable que la Unión Europea prohíba fumar en los centros de trabajo, aunque en el momento de cerrar el original de este libro no lo había hecho.

Otros países que tienen restricciones a la posibilidad de fumar en la mayoría de los lugares públicos y en los centros de trabajo son Alemania, Finlandia, Holanda, Noruega, Suecia y España. Por lo tanto las limitaciones a fumar son un fenómeno mundial.

Fuente: Adaptado con permiso de Berry, M. (February 15, 2005). Cuba joins global effort to stub-out smoking in public. *Personnel Today*, 6-7.

TRASTORNOS TRAUMÁTICOS ACUMULATIVOS

Trastornos traumáticos acumulativos (TTAs) Enfermedad profesional que se produce por realizar movimientos físicos repetitivos, como el trabajo en una cadena de montaje o la introducción de datos en ordenadores.

Los **trastornos traumáticos acumulativos (TTAs)** también se conocen como lesiones (o enfermedades o síndromes) por estrés (o movimiento o esfuerzo) reiterado. Los TTAs no hacen referencia a un único trastorno, sino a una amplia variedad de males, desde el *síndrome del túnel carpiano*, que suele afectar a las muñecas de los usuarios de teclados de computadoras, hasta el codo de tenista, pasando por los dolores de brazos y hombros[78]. El número de trabajadores con TTAs ha aumentado drásticamente en los últimos años. En 1983 había menos de 50.000 trabajadores estadounidenses diagnosticados con estos trastornos. En 2003 el número alcanzó a 435.180, con la consecuencia de que aproximadamente un tercio de las lesiones y enfermedades profesionales que dan lugar a bajas laborales son TTAs[79]. Además de su gran incidencia, los costes relacionados con estos trastornos son impresionantes. La General Accounting Office informó que estos traumas cuestan a las empresas privadas más de 60.000 millones de dólares al año.

Aunque el cumplimiento de la ley no es un problema en este momento, las organizaciones socialmente responsables debieran ser conscientes de estos trastornos y de sus causas más probables. Los directivos deben dar los pasos necesarios para reducir estos trastornos formando adecuadamente a los trabajadores y modificando la disposición físi-

Hay que:

- Descansar (cada 20 minutos).
- Estirarse y relajarse en el trabajo (una vez por hora).
- Mantener y mejorar la forma física.
- Mantener una buena postura cuando se trabaja con una computadora o un terminal:
    - Sentarse erguido.
    - Poner los pies en posición horizontal sobre el suelo.
    - Doblar los codos en un ángulo cómodo.
    - Sentarse a unos 30-40 centímetros de la pantalla.
    - Poner los documentos a la misma altura y ángulo que la pantalla.

No hay que:

- Hacer demasiados movimientos repetitivos con las manos y brazos.
- Tener continuamente las muñecas dobladas.
- Agarrar o apretar objetos continuamente.
- Trabajar en una postura extraña.
- Ejercer mucha fuerza con los brazos y manos.

Figura 16.5 ■ Cómo evitar los trastornos traumáticos acumulativos: lo que hay y lo que no hay que hacer.

ca del puesto de trabajo si fuera necesario. La Figura 16.5 presenta un conjunto de sugerencias para ayudar a los trabajadores a evitar este tipo de trastornos. Los directivos también deben darse cuenta de que si colocan estas sugerencias en un lugar destacado, contribuirán a disminuir la posibilidad de que los trabajadores desarrollen uno de estos trastornos.

DISCAPACIDAD AUDITIVA

Es comúnmente admitido que el exceso de ruido puede ocasionar la pérdida de audición. Sin embargo, la exposición continuada a ruidos por encima de 95 decibelios también puede ocasionar problemas de alta tensión arterial y digestivos, respiratorios, alérgicos, musculares y óseos. También se ha descubierto que la exposición continuada al exceso de ruido puede ocasionar desorientación y problemas de visión, dando lugar a un aumento de la tasa de accidentes y lesiones[80]. La evidencia de los efectos negativos que el exceso de ruido produce en la salud llevó a la OSHA a desarrollar la norma Exposición al Ruido en el Trabajo (*Occupational Noise Exposure*). Esta normativa exige que las organizaciones proporcionen cascos protectores acústicos a los trabajadores que estén expuestos a ruidos por encima de los 85 decibelios. Con respecto al cumplimiento de la norma, las investigaciones indican que, en promedio, menos del 50 por ciento de los trabajadores que deben llevar cascos lo hacen[81]. Muchos de los trabajadores que utilizan cascos se los ponen de forma incorrecta. Parte del problema de la prevención de pérdidas auditivas es cómo conseguir que los trabajadores se tomen en serio que el ruido es un problema para la agudeza visual. El Cuaderno del Director, "¿Qué dice? Medidas para prevenir la pérdida auditiva", ofrece consejos de cómo motivar a los empleados para que protejan sus oídos.

Los esfuerzos para prevenir la pérdida de audición no se deben limitar a conseguir la colaboración de los trabajadores. La principal y más directa manera de prevenir las pérdidas auditivas es reducir el nivel de ruido en el trabajo. Aunque no siempre es posible reducir el nivel de ruido, muchas organizaciones lo están logrando al introducir nueva maquinaria que normalmente suele ser mucho menos ruidosa[82]. Los esfuerzos para reducir las pérdidas auditivas tienen que abordar todos los frentes e incluir tanto consideraciones del sistema (maquinaria) como el factor personas (trabajadores).

CUADERNO DEL DIRECTOR

GRH: EL EMPLEADO COMO CLIENTE INTERNO

¿Qué dice? Medidas para prevenir la pérdida auditiva

A veces es difícil conseguir que los trabajadores se tomen en serio las amenazas a su capacidad auditiva. La pérdida de capacidad auditiva es algo que no se ve y no se percibe de manera inmediata por las víctimas. Además, las medidas protectoras suelen ser pesadas y engorrosas. A continuación presentamos algunas sugerencias para estimular el esfuerzo de los trabajadores en la adopción de medidas preventivas.

- *Poner de manifiesto a los trabajadores que la pérdida auditiva es posible.* El dar a conocer que las pérdidas de capacidad auditivas es un riesgo mucho más probable de lo que se piensa puede ser una estrategia que motive a los trabajadores a adoptar medidas preventivas. Explicaciones sobre las pérdidas de capacidad auditiva se pueden encontrar en www.aero.com/html/industrial/tech01.asp#audiodemo.
- *Ofrecer experiencias concretas.* Un antiguo empleado o alguien del sector que haya sufrido pérdidas auditivas por causa de su trabajo puede hacer una presentación de su caso bastante eficaz y motivadora. Un testimonio de estas características será algo real que dejará claro ante el conjunto de los trabajadores lo que les puede suceder si no se toman en serio el problema.
- *Conseguir que hagan una prueba personal.* Para aquellos trabajadores que se resisten a ponerse los cascos protectores, aunque sean necesarios y obligatorios, intente que hagan la siguiente prueba: cuando lleguen al trabajo, y tras apagar el motor del coche, que bajen el sonido de la radio hasta donde puedan seguir escuchando. Posteriormente, cuando salgan de trabajar, que prueben con ese mismo nivel de volumen y respondan a la pregunta, ¿oyes bien la radio?
- *Ofrecer incentivos.* Ofrecer incentivos a los supervisores o a los equipos en función del porcentaje de trabajadores que utilizan los cascos protectores.

Fuente: Adaptado de Safety Director's Report. (2002). Hearing protection strategies for any safety department budget. May Newsletter of the Institute of Management and Administration.

PROTECCIÓN FETAL, PRODUCTOS QUÍMICOS PELIGROSOS Y PRUEBAS GENÉTICAS

Durante las décadas de los 70 y 80, algunas grandes empresas estadounidenses implantaron políticas laborales diseñadas para evitar que las empleadas embarazadas estuvieran expuestas a productos químicos peligrosos que pudieran dañar el feto. Estas políticas generaron cierta controversia porque daban lugar a una limitación del acceso de las mujeres a los puestos de trabajo que mejor se pagaban en el sector industrial. Por ejemplo, en 1978, varias mujeres que trabajaban para American Cyanamid prefirieron la esterilización antes que arriesgarse a perder ese tipo de puestos de trabajo.

El debate sobre la protección del feto saltó a la palestra en 1982 cuando Jonson Controls, un fabricante de baterías, impidió que las mujeres en edad de procrear trabajaran en puestos que implicaran el contacto con plomo. El sindicato demandó a la empresa por discriminación por razón de sexo dado que esa política de la empresa sólo afectaba a las mujeres. El Tribunal Supremo de EE.UU. dictó sentencia en contra de la empresa, considerando que era culpable de un sesgo ilegal por razón de sexo[83].

Esta decisión preocupó mucho a empresas como General Motors, DuPont, Olin, Monsanto y otras con políticas de protección del feto. Estas empresas argumentan que entonces su única alternativa consiste en reducir el uso de determinadas sustancias. Pero la reducción de estos componentes, afirman, es muy difícil y costosa. Pero otras opiniones sostienen que este tipo de empresas deberían hacer más para proteger a todos los trabajadores, y no limitarse a trasladar a algunos a otros puestos de trabajo[84].

Las preocupación por no dañar la capacidad reproductora de las personas es un tema laboral importante, dado que miles de empresarios y millones de trabajadores tienen el riesgo potencial de poder verse afectados. Un estudio realizado a 1.600 mujeres embarazadas puso de manifiesto que las que utilizaban con frecuencia terminales con pantalla de vídeo tenían una tasa de abortos del doble en relación con las mujeres que no los utilizaban. Un estudio sobre mujeres embarazadas de la fábrica de Digital Equipment, en Houston, llegó a una conclusión similar. Evidentemente, las implicaciones de este tipo de problemas son importantes cuando se tiene en cuenta la cantidad de pantallas que se utilizan hoy en día[85]. La cuestión de no producir daños al feto se complica por el hecho de que sólo un número limitado de empresas cuentan con políticas que abordan en su totalidad el problema y, además, la investigación sobre los efectos que tienen muchos productos industriales sobre la capacidad reproductiva no es concluyente o es incompleta. Aunque algunas sustancias (como el plomo) representan una clara amenaza para el feto, la exposición a otros muchos productos puede no causar problemas. Además algunos productos también pueden representar importantes amenazas para la posibilidad de reproducción de *ambos* sexos y no sólo para las mujeres.

Productos químicos peligrosos

De los accidentes y lesiones laborales que se declaran cada año, miles de ellos se atribuyen a la exposición a productos químicos tóxicos. En el pasado se solía obligar a los trabajadores a tratar con productos químicos sin tener información completa de los peligros que conllevaban. Sin embargo en EE.UU., en 1983, la norma OSHA sobre comunicación de peligros otorgó a los trabajadores el derecho a conocer los productos químicos peligrosos existentes en el trabajo (*véase* la Figura 16.1). La normativa actual estadounidense obliga a los fabricantes y usuarios de productos químicos peligrosos a identificarlos, a proporcionar a los trabajadores información sobre ellos y a formarles sobre los peligros que conlleva su tratamiento[86].

La Norma de Comunicación de Peligros tiene un gran alcance y cubre a más de 3,5 millones de trabajadores expuestos a productos químicos peligrosos en más de 3,5 millones de centros de trabajo[87]. Cada año las empresas tienen que soportar miles de dólares en multas por no entregar a los trabajadores los Datos de Seguridad Material (*Material Safety Data Sheets,* MSDS). Parte del problema se debe al engorroso papeleo de este sistema y a la dificultad de mantenerlo actualizado. Para solucionar el problema, muchas empresas están poniendo en Internet la información sobre estos materiales, lo cual permite un mejor acceso a la información y facilita el cumplimiento de la normativa (*Hazard Communication Standard*).

Pruebas genéticas

Una nueva y discutida herramienta para tratar la exposición a sustancias en el trabajo es la utilización de **pruebas genéticas**, que identifican a los trabajadores que son genéticamente sensibles a determinadas sustancias que se utilizan en el trabajo. El objetivo es evitar encomendar a los trabajadores con mayores riesgos las tareas o puestos de trabajo peligrosas. Muy pocas organizaciones utilizan pruebas genéticas (un uno por ciento o menos), pero los adelantos en la investigación genética pueden hacer que este método de detección sea más atractivo en los años venideros. Los detractores de este sistema ponen en duda la capacidad de predicción de los exámenes genéticos y los critican tanto desde la perspectiva legal como desde la ética, dado su importante potencial de discriminación. En efecto, la utilización masiva de las pruebas genéticas podría entrar en conflicto tanto con el Título VII de la Ley de Derechos Civiles (*Title VII of the Civil Rights*) como con la Ley de Ciudadanos con Discapacidades (ADA). En 1999 un Tribunal de Apelaciones estadounidense (*U.S. Court of Appeals*) dictaminó que las pruebas genéticas realizadas por un laboratorio federal a sus empleados, sin su autorización, podrían haber violado los derechos

Pruebas genéticas
Una forma de pruebas biológicas que identifica a los trabajadores que son genéticamente sensibles a determinadas sustancias que se utilizan en el trabajo.

civiles de los trabajadores e invadido su intimidad[88]. Un argumento adicional contra los exámenes genéticos es similar al planteado contra las políticas de protección al feto: el problema es el entorno de trabajo, no el trabajador, y las organizaciones deben intentar eliminar el riesgo, no a la persona[89].

La empresa Burlington Northern Santa Fe Railroad comenzó a utilizar las pruebas genéticas en marzo de 2000. La empresa exigió a los trabajadores que alegaban un trastorno traumático acumulativo, relacionado con su trabajo, que pasaran análisis de sangre como parte del reconocimiento médico utilizado para evaluar las reclamaciones por lesiones. Los análisis de sangre fueron utilizados para comprobar la presencia de un rasgo genético que puede predisponer a sufrir trastornos musculoesqueléticos. Este tipo de exámenes salieron a la luz cuando los trabajadores denunciaron el hecho a su sindicato. El EEOC presentó una demanda en febrero de 2002 alegando que las pruebas genéticas violaban las normas de la ADA. Era la primera vez que el EEOC cuestionaba los exámenes. En mayo de 2002 llegaron a una conciliación mediante la cual la empresa pagaba a 36 trabajadores 2,2 millones de dólares para resolver las alegaciones relativas a la realización de pruebas genéticas sin su conocimiento o acuerdo[90]. La empresa alegó que las pruebas genéticas no se utilizaban contra los trabajadores. Sin embargo el EEOC alegó que la simple obtención de información genética podía incumplir lo dispuesto por la ADA. Actualmente en EE.UU. 22 estados han prohibido la utilización de pruebas genéticas con fines laborales[91].

En 2003 el Senado de EE.UU. (*U.S. Senate*) aprobó por unanimidad una propuesta de ley declarando que era ilegal denegar un empleo o un seguro de salud basándose en los resultados de pruebas genéticas. Sin embargo, la norma nunca fue sometida al voto de la Cámara de Representantes (*House of Representatives*) debido a razones presupuestarias y a la creencia de que la discriminación genética no es un problema[92]. En marzo de 2005 el Senado aprobó, también por unanimidad, el proyecto de Ley sobre No Discriminación por Información Genética (*Genetic Information Nondiscrimination Act*) y lo envió al House Ways and Means Committee. Si este proyecto fuera aprobado por la Cámara de Representantes, ofrecería protección federal contra la discriminación genética.

PROGRAMAS DE SEGURIDAD Y SALUD

Hasta ahora hemos dedicado la mayor parte del capítulo a discutir los peligros físicos en el trabajo y sus efectos, tanto sobre los trabajadores como sobre las organizaciones. Sin embargo, existen otros riesgos que tienen importantes efectos sobre los trabajadores, incluyendo el estrés, los comportamientos inseguros y los hábitos que son malos para la salud. Para enfrentarse al conjunto de riesgos, tanto físicos como de otro tipo, las empresas suelen diseñar programas globales de seguridad y salud.

PROGRAMAS DE SEGURIDAD

Un entorno laboral seguro no existe porque sí, hay que crearlo. Las organizaciones que tienen la mejor reputación en cuanto a seguridad han desarrollado programas de seguridad, rigurosos y bien planificados. La preocupación por la seguridad debe partir del más alto nivel de la organización. Los directivos y supervisores de cualquier nivel tienen la responsabilidad de demostrar la importancia de la seguridad, impartir formación sobre ella y recibirán las recompensas adecuadas por mantener centros de trabajo seguros. Aunque el respaldo a la seguridad tiene que comenzar en los directivos de más alto nivel, nadie conoce el trabajo, los riesgos y lo que se puede mejorar tan bien como los trabajadores. Las aportaciones y la participación de los trabajadores del núcleo operativo son críticas para un programa de seguridad eficaz[93].

Los programas de éxito sobre seguridad comparten las siguientes características:

- Incluyen la creación de un comité de seguridad y la participación de todos los departamentos de la empresa. Los trabajadores participan en las decisiones relativas a la seguridad y la dirección tiene en cuenta todas las sugerencias de los empleados.
- Comunican las decisiones sobre seguridad con un planteamiento multimedia, que incluye conferencias, películas, pósteres, panfletos y presentaciones informáticas.
- Instruyen a los supervisores sobre cómo comunicar, demostrar y exigir seguridad, formando a los trabajadores para utilizar los equipos de forma segura.
- Utilizan incentivos y recompensas para fomentar un comportamiento seguro. Recompensan las denuncias o sugerencias de los trabajadores sobre cuestiones de seguridad. También pueden proporcionar recompensas a los trabajadores (como puede ser el premio al conductor seguro que se otorga a los camioneros) con historiales excepcionales en cuanto a la seguridad.
- Comunican las normas de seguridad y las hacen cumplir. La OSHA obliga a los trabajadores a cumplir las normas de seguridad y, en los buenos programas, los directivos están dispuestos a utilizar el régimen disciplinario para penalizar los comportamientos que pongan en peligro la seguridad en el trabajo.
- Utilizan directores y/o comités de seguridad para realizar regularmente inspecciones, además de investigar los accidentes, para identificar las situaciones potencialmente peligrosas y comprender por qué se producen los accidentes y cómo se pueden corregir.

Las empresas con programas globales sobre seguridad probablemente se vean recompensadas sufriendo menos accidentes, menos peticiones de indemnización a los trabajadores, menos demandas judiciales y menores costes relacionados con los accidentes. No hay que olvidar que la OSHA considera que la participación de los trabajadores es una característica clave para el éxito de un programa de seguridad. Las organizaciones suelen hacer participar a los trabajadores mediante la creación de un comité de seguridad. Aunque los detalles concretos pueden variar, el objetivo general de un comité de seguridad consiste en lograr la colaboración entre trabajadores y directivos para fomentar la seguridad y la salud en el trabajo[94]. Los comités de seguridad suelen evaluar la idoneidad de los procedimientos de seguridad; hacen un seguimiento de los últimos adelantos y tendencias; revisan los accidentes, las enfermedades y las sugerencias relativas a la seguridad; recomiendan y evalúan soluciones a los riesgos laborales. Sin embargo, los expertos recomiendan que los comités de seguridad no apliquen las políticas, arriesgándose a ser considerados los "policías de la seguridad". En su lugar, los comités deberían hacer recomendaciones que la dirección de la empresa debe aplicar y hacer cumplir.

La participación de los trabajadores en los comités de seguridad ha tenido consecuencias muy positivas. Por ejemplo, Pennsylvania ha constatado tal rendimiento de la inversión en comités de seguridad que ofrece como incentivo a las organizaciones que los establecen un descuento del cinco por ciento, durante cinco años, en las primas de los seguros que cubren las indemnizaciones a los trabajadores[95]. Las OSHAs de los estados de Oregón, Nevada y Washington tienen tal valoración positiva que los comités de seguridad son obligatorios en la mayoría de los centros de trabajo.

La creación de equipos de seguridad en Alberto Culver es un ejemplo de los logros que se pueden conseguir con la inclusión de los trabajadores en los procesos de mejora de la seguridad[96]. Aunque la empresa Alberto Culver utilizaba comités de seguridad, no era habitual que consultase a los trabajadores sobre los aspectos más vinculados a la seguridad laboral: el trabajo de aquellos que manipulaban cargas. Todo cambió en 1999 cuando la empresa puso en marcha su primer equipo de seguridad. El equipo colaboró con los trabajadores más afectados por los problemas de seguridad para aumentar sus conocimientos sobre cómo mejorar la seguridad en el trabajo. Este primer equipo se circunscribió a un solo centro de trabajo y, al cabo de un año, la tasa de accidentes descendió un 44 por ciento y las pérdidas de tiempo un 70 por ciento. Los resultados fueron indiscutibles y actualmente el equipo original de seguridad se ha transformado en 46 equipos de mejora global que reúnen a 425 trabajadores.

PROGRAMAS DE AYUDA AL EMPLEADO (PAEs)

Como vimos en el Capítulo 13, los *programas de ayuda al empleado (PAEs)* están diseñados para ayudar a aquellos empleados cuyo rendimiento laboral está disminuyendo debido a problemas físicos, mentales o emocionales. Los PAEs abordan toda una serie de problemas de los trabajadores que van desde el abuso de drogas hasta problemas conyugales. Las últimas encuestas indican que los PAEs suelen ser habituales en la mayoría de las empresas, pero muchos trabajadores, aproximadamente un 20 por ciento, no saben que sus empresas los ofrecen[97]. Los PAEs tienen la capacidad de proporcionar ayuda eficaz, pero solamente si los empresarios son capaces de darlos a conocer a los trabajadores.

Muchas organizaciones crean PAEs porque admiten su obligación ética y legal de proteger, no sólo la salud física de sus trabajadores, sino también su salud mental. La obligación ética deriva del hecho de que las causas del estrés en la organización (entorno, cambios, normas, ritmo de trabajo, estilo de dirección, características del grupo de trabajo, etc.) también suelen ser las causas de los problemas psicológicos, fisiológicos y de comportamiento de los trabajadores[98]. La obligación ética pasa a ser legal cuando los trabajadores demandan a la empresa o solicitan una indemnización por enfermedades relacionadas con el estrés. De hecho, gran parte de la enorme preocupación por resolver las consecuencias del estrés laboral deriva de la creciente incidencia y gravedad de las demandas de indemnización y de sus costes asociados[99]. En Japón, el estrés laboral (*karoshi*) ha pasado a ser un problema nacional de primer orden. Curiosamente un estudio de las Naciones Unidas, publicado en septiembre de 1999, concluyó que los estadounidenses son los que más horas trabajan en el mundo industrializado, superando incluso a los japoneses[100].

Síndrome del trabajador quemado (*burnout*)
Síndrome de estrés que se caracteriza por el agotamiento emocional, una cierta pérdida de personalidad y un menor logro personal.

El estrés suele culminar en el **síndrome del trabajador quemado (*burnout*)**, un síndrome que se caracteriza por el agotamiento emocional, una cierta pérdida de personalidad y un menor logro personal[101]. Las personas que sufren este síndrome suelen temer ir al trabajo cada día, tratan a sus compañeros y clientes con crueldad, se despiden de la organización y se sienten menos competentes en su trabajo. Entre los factores que pueden provocar que un trabajador esté quemado se encuentran la ambigüedad y el conflicto a la hora de resolver los diferentes asuntos y problemas relacionados con el puesto de trabajo[102]. La falta de respaldo social puede agravar estos efectos.

El estar quemado puede tener consecuencias muy negativas para el individuo y la organización, y también sobre la salud mental o física[103]. Los problemas de salud mental incluyen la depresión, la irascibilidad, una menor autoestima y ansiedad. Los problemas físicos pueden incluir fatiga, dolores de cabeza, insomnio, problemas gastrointestinales y dolores de pecho. Los efectos sobre la organización incluyen una mayor rotación, absentismo y menor rendimiento laboral[104]. Además, algunas veces, el estar quemado lleva a un mayor consumo de alcohol y al de drogas[105].

La depresión es otro tópico que se debe tener en cuenta en cualquier PAE. La depresión es una enfermedad mental grave y un gran problema en el trabajo que muchas personas llevan a cabo. El Dr. Ronald Kessler, catedrático de política sanitaria en la Harvard

Medical School, señala que los trabajadores deprimidos "tienen problemas con los horarios y los movimientos, con la manipulación de cargas y en consecuencia tienen accidentes de trabajo"[106]. Las investigaciones son consistentes con la anterior observación y sugieren que los trabajadores deprimidos tienen mayor tendencia a sufrir accidentes debido a su falta de concentración, fatiga, dificultades de memoria y lentitud de reflejos. También la depresión ha sido vinculada a una menor productividad. En EE.UU. se estima que de 15 a 20 millones de adultos sufren depresión cada año, ocasionando pérdidas anuales de 200 millones de días de trabajo y costes para la economía estadounidense de 43.700 millones de dólares[107].

Debido a lo extendido que están los problemas de depresión, los expertos en salud mental afirman que los directivos tienen la obligación de aprender sobre ella, a reconocer sus signos de advertencia, como por ejemplo el consumo de drogas, la disminución del rendimiento, los problemas de ánimo, el absentismo y las quejas sobre cansancio. También deben conocer algo sobre cómo ayudar a los afectados. Sin embargo, no se debe olvidar que los directivos no pueden jugar el papel de psiquiatras. Un directivo tiene que centrarse en los comportamientos relacionados con el trabajo de sus subordinados, no en la discusión de problemas médicos. Existen numerosas causas que pueden llevar a la depresión como son los factores genéticos, los situacionales, los biológicos y los cognitivos. La depresión hay que tratarla con asesoramiento y medicación, pero son los profesionales que señalen los PAEs los que deben hacerlo.

Muchas organizaciones consideran que los PAEs son soluciones eficientes a los problemas de rendimiento, estrés y de estar quemados. De hecho, aunque las empresas estadounidenses gastan casi 750 millones de dólares anuales en sus PAEs, muchas consideran que se trata más de una inversión que de un coste. Los profesionales de estos programas afirman que por cada dólar que se invierte en ellos, el empresario recupera de tres a cinco dólares[108]. Los ahorros se derivan de menores costes de los seguros, menor tiempo perdido por enfermedad y un mejor rendimiento laboral.

A pesar de estas ventajas, el directivo sólo debe enviar a un empleado al PAE por problemas de rendimiento, nada más. El caso de un directivo de la tienda de comestibles Lucky Stores ilustra este punto[109]. El directivo había sido un excelente trabajador, pero los empleados empezaron a quejarse de sus modales abusivos y hostiles. Los representantes de la empresa le preguntaron si tenía "problemas" y si quería ayuda. El directivo negó tener problemas, pero su traslado a otra tienda no mejoró la situación. Posteriormente, se le ofreció una baja si se ponía en contacto con el PAE de la empresa. El personal del PAE llegó a la conclusión de que padecía estrés y diagnosticó una enfermedad mental. El directivo fue despedido tras seis meses de baja.

El directivo demandó a la empresa y el tribunal dictaminó que, aunque no estaba discapacitado, la empresa podría haberle considerado como tal. Por tanto, el antiguo directivo quedaba amparado por la Ley de Ciudadanos con Discapacidades (ADA). El directivo y la empresa alcanzaron un acuerdo fuera de los tribunales. El mensaje de este caso, y de otros parecidos, es que hay que recurrir al PAE únicamente por problemas relacionados con el rendimiento y no por interferencias o conclusiones sobre el bienestar mental o emocional del trabajador.

PROGRAMAS DE SALUD Y BIENESTAR

A medida que se disparan los costes de atención sanitaria, las organizaciones han empezado a interesarse cada vez más por los programas preventivos. Al ser conscientes de que pueden influir sobre el comportamiento y estilo de vida de sus trabajadores fuera de la empresa, las organizaciones están animando a sus empleados a llevar estilos de vida más saludables. También están intentando reducir los costes de la atención sanitaria a través de programas formales para la salud integral de sus empleados. Mientras los PAEs se centran en *tratar* a los empleados con problemas, los **programas de salud y bienestar** se centran en *prevenir* los problemas de salud. Una reciente encuesta a un colectivo de empresarios puso de manifiesto que el 75 por ciento subvenciona programas de salud y bienestar[110].

Programas de salud integral
Programas subvencionados por las empresas que se centran en prevenir los problemas de salud de los trabajadores.

Un programa de salud y bienestar bien concebido consta de tres elementos:

1. Ayuda a los trabajadores a identificar los riesgos potenciales para su salud a través de reconocimientos y pruebas.
2. Educa a los trabajadores sobre los riesgos para la salud, como son una elevada tensión sanguínea, fumar, una mala dieta y el estrés.
3. Anima a los trabajadores a cambiar su estilo de vida mediante ejercicios físicos, una buena alimentación y controles sanitarios periódicos.

Los programas de salud y bienestar pueden ser muy sencillos y baratos, ofreciendo sólo información sobre clínicas para dejar de fumar y programas para perder peso, o muy completos y caros, al ofrecer reconocimientos médicos e instalaciones deportivas de alto nivel para estar en forma.

Una cuestión de ética

Algunos consideran que los programas de salud y bienestar y los programas de ayuda al empleado deben valorarse en función del análisis coste-beneficio y deben interrumpirse si los beneficios de estos programas no superan a los costes.
Otros consideran que, puesto que las empresas generan muchas condiciones estresantes que contribuyen a los problemas de salud de los trabajadores, tienen la obligación ética de seguir ofreciendo este tipo de programas. ¿Qué cree usted?

Recompensa de los hábitos saludables

Muchas organizaciones han descubierto que los trabajadores que participan en los planes de salud y bienestar de la empresa son personas que ya están concienciadas sobre los problemas de salud y tienen hábitos saludables. ¿Cómo se puede conseguir que otros trabajadores, que podrían ser los que más se beneficiasen, participen en los programas de salud y bienestar? Algunas empresas están descubriendo que no hay nada que motive más que los incentivos. Por ejemplo, cuando Pfizer Inc. inició un plan de salud y bienestar para sus 40.000 trabajadores incluyó incentivos financieros para conseguir que el lanzamiento no fuera un fracaso[111]. El programa comenzó con una evaluación *on line* de la salud y daba una tarjeta regalo de 100 dólares a los trabajadores que rellenaran el formulario antes de final de año. Además, como incentivo adicional, los trabajadores que hubieran rellenado el formulario antes de finalizar el mes de septiembre obtendrían cada año una rebaja de 100 dólares en su prima del seguro de salud.

Sin embargo, hay que señalar que podría ser ilegal castigar a los trabajadores que tengan hábitos considerados no sanos[112]. Las penalizaciones quedan desautorizadas por las directrices emanadas de la *Health Insurance Portability and Accountability Act* de 1997. Si se excluye a ciertos trabajadores de la cobertura del seguro médico, o si se les cobra más por las prestaciones sanitarias, se podría estar incurriendo en una práctica discriminatoria. Es aceptable ofrecer recompensas, pero es legalmente inaceptable imponer sanciones en la cobertura del seguro médico o en sus costes.

Los programas de salud y bienestar, si se aplican eficazmente, pueden contribuir positivamente al funcionamiento de la organización. Aunque existen costes asociados a la puesta en marcha y mantenimiento de estos programas, el rendimiento, en términos de menores costes de atención sanitaria y un menor absentismo, puede compensar en gran medida la inversión. Considere los siguientes ejemplos[113]:

- DuPont consiguió reducir las ausencias al trabajo motivadas por enfermedad en un 14 por ciento en aquellos centros de trabajo donde había implantado un programa de salud y bienestar, mientras que en los centros donde no lo había implantado la reducción del absentismo no superó el 5,8 por ciento.

- El programa FitWorks de la empresa Pacific Bell consiguió que el absentismo de la empresa disminuyera en un 0,8 por ciento, ahorrando a la empresa dos millones de dólares al año. La incidencia de las bajas por enfermedad de corta duración, para los trabajadores que participaron en el programa, disminuyó en 3,3 días, dando lugar a un ahorro adicional de 4,7 millones de dólares.
- Coca-Cola Co. consiguió una reducción de 500 dólares por persona en peticiones por gastos sanitarios para aquellos trabajadores que participaron en su programa de mantenimiento físico.

Este tipo de resultados indican que los esfuerzos empleados en implantar programas de salud y bienestar pueden recompensar de forma tangible. Además, aunque sea difícil de medir, las personas que en su trabajo hacen pausas para realizar algún ejercicio manifiestan que trabajan mejor cuando se sienten mejor y que solucionan mejor los problemas y son más productivos.

Resumen y conclusiones

Legislación sobre seguridad en el trabajo

En EE.UU., existen dos conjuntos de leyes sobre la seguridad en el trabajo: (1) las de indemnización a los trabajadores, un sistema de seguros financiados por el empresario que opera en cada uno de los Estados y (2) la Ley de Seguridad y Salud en el Trabajo (*Occupational Safety and Health Act* –OSHA) una ley federal que impone normas de seguridad en el trabajo.

Las leyes de indemnización a los trabajadores (que consisten en prestaciones por invalidez permanente, invalidez parcial, familiares, gastos médicos y rehabilitación) pretenden garantizar una atención médica, a tiempo y razonable, a los trabajadores que sufren lesiones en el trabajo, así como ofrecerles ingresos a ellos y, en caso de fallecimiento, a sus familiares. También promueve que los empresarios inviertan en seguridad en el trabajo, al exigir mayores primas de seguros a las empresas en cuyos centros de trabajo se produzcan muchos accidentes y lesiones.

La OSHA obliga a los empresarios a ofrecer un entorno laboral seguro y salubre, a cumplir con las normas específicas sobre seguridad y salud y a mantener registros de las lesiones y enfermedades laborales. Sus normas de seguridad se aplican mediante un sistema de inspecciones, citaciones, multas y condenas penales.

Gestión de cuestiones actuales de seguridad, salud y comportamiento

Las cuestiones más importantes relativas a la seguridad, la salud y los comportamientos relativos a estos temas, desde el punto de vista del empresario, son el SIDA, la violencia en el trabajo, los trastornos traumáticos acumulativos, la protección del feto, los productos químicos peligrosos y las pruebas genéticas. En todas estas áreas los directores de línea deben resolver una serie de cuestiones prácticas, legales y éticas que, a menudo, exigen equilibrar los derechos de los individuos (especialmente el derecho a la intimidad) con las necesidades de la organización.

Programas de seguridad y salud

Los programas integrales sobre seguridad son esfuerzos planificados que aplican las direcciones de las empresas para (1) hacer participar a los trabajadores y analizar cuidadosamente sus sugerencias, (2) comunicar a los trabajadores las normas de seguridad y aplicarlas, (3) invertir en formación de los supervisores para aplicar y comunicar la seguridad en el trabajo, (4) utilizar incentivos para fomentar comportamientos seguros y sanciones para penalizar los comportamientos peligrosos y (5) realizar investigaciones la propia empresa, de manera habitual, e investigaciones de los accidentes para identificar y corregir las situaciones potencialmente peligrosas.

Los programas de ayuda a los empleados (PAEs) están diseñados para ayudarles a superar sus problemas físicos, mentales o emocionales (incluyendo el estrés) que afecten negativamente a su rendimiento.

Los programas de salud y bienestar son esfuerzos de prevención diseñados para ayudar a los trabajadores a identificar riesgos potenciales para la salud y resolverlos antes de que se conviertan en un problema.

Términos clave

contratación negligente
Ley de Seguridad y Salud en el Trabajo de 1970
programas de salud y bienestar
pruebas genéticas
síndrome del trabajador quemado (*burnout*)
trastornos traumáticos acumulativos (TTAs)

Preguntas para el debate

1. ¿Cuál es la diferencia entre los objetivos de las normas de indemnización a los trabajadores y los de la OSHA?
2. ¿Qué tipo de políticas cree usted que son mejores para prevenir la violencia en el trabajo?
3. ¿Cree usted que el enfoque que adopta la OSHA para mejorar la seguridad ergonómica será eficaz? Razone su respuesta.
4. Si un trabajo puede ser potencialmente peligroso para el feto de una trabajadora embarazada, ¿tendría que tener la empresa la posibilidad legal de reservar esos puestos de trabajo sólo para hombres?
5. ¿Cómo podrían utilizarse las pruebas genéticas para adoptar decisiones discriminatorias?
6. ¿Cómo pueden los directivos utilizar el sistema de recompensas de la organización para fomentar la seguridad en el trabajo?
7. *Karoshi*, un término acuñado por los japoneses, significa "muerte por exceso de trabajo". El *karoshi* es actualmente la segunda causa de muerte, después del cáncer, de los trabajadores japoneses. Póngase en el lugar de un directivo japonés. ¿Qué podría hacer para reducir el riesgo del *karoshi* de sus trabajadores? ¿Cree usted que el *karoshi* podría convertirse en un problema en EE.UU.? Explique su respuesta.
8. Se ha argumentado en este capítulo que, para mejorar la seguridad, un enfoque centrado en la delegación de competencias a los trabajadores puede tener resultados positivos. La consulta a equipos de seguridad se utilizaba en un ejemplo que hablaba de trabajadores de la limpieza. Sin embargo, un enfoque de participación para mejorar la seguridad significa que el trabajador emplea parte de su tiempo fuera del puesto de trabajo, y ello disminuye la productividad. ¿Piensa usted que a pesar de todo sería positivo? Explique su respuesta.

Existe material adicional disponible en la página web que acompaña a este libro. Puede acceder a esta información visitando la página web ***www.prenhall.com/gomez.***

¡DECIDA USTED!

ÉTICA — Caso 16.1

Acoso laboral

Probablemente todos recordamos el fantasma del acosador escolar, una persona que intimidaba, criticaba, humillaba y en general hacía que la vida fuera miserable para los demás. Desgraciadamente, el acoso no se limita a los patios de los centros educativos; puede suceder en cualquier lugar, incluidos los centros de trabajo. Por lo tanto, ¿qué es el acoso laboral? El Workplace Bullyng and Trauma Institute de Washington State define el acoso laboral como los malos tratos repetidos, no físicos, que deterioran la salud psicológica y que caen fuera del acoso discriminatorio[a]. El Instituto no tiene cuantificado el impacto financiero del acoso laboral en EE.UU. No obstante, se ha estimado que en Europa el acoso laboral supone una pérdida de 80 millones de días laborables cada año, estrés y problemas de salud mental. Además, el acoso en el trabajo puede reducir la productividad y aumentar los niveles de rotación[b]. Investigadores australianos han estimado que el acoso en el trabajo cuesta 20.000 dólares por caso[c].

Preguntas para reflexionar

1. ¿Existen diferencias entre el acoso laboral y el hostigamiento y la persecución? Explíquelas.
2. Una forma de abordar el acoso laboral es con la legislación[d]. Australia, por ejemplo, tiene normas legales que directa o indirectamente abordan el acoso laboral. Noruega, Reino Unido y Francia tienen una legislación parecida. Québec es la primera región en Norte América que ha aprobado una legislación, la Labor Standards Act, que aborda el acoso laboral. La ley define el hostigamiento psicológico en el trabajo como "comportamientos vejatorios que se manifiestan en forma de conductas, comentarios verbales, actuaciones o gestos" que son repetitivos, hostiles y no deseados.
3. ¿Es la legislación una herramienta eficaz para gestionar el acoso laboral? ¿Por qué si o por qué no? ¿Piensa que en EE.UU. debería adoptarse legislación sobre el acoso laboral? Explíquese.

Trabajo en equipo

Un antiguo adagio empresarial dice que si no podemos medir algo, no lo podemos gestionar. Esta lógica tan simple y poderosazos sugiere que el acoso laboral necesita medirse para poderse gestionar con eficacia. Pero realmente, ¿puede o debe medirse? Este interrogante se puede responder mejor si consideramos algunos ejemplos de acoso laboral. La lista siguiente nos proporciona ejemplos de comportamientos de acoso laboral. Se pueden ver más ejemplos visitando www.bullyonline.org.

- Ser criticado constantemente por cosas triviales.
- Ser humillado, reñido a gritos o amenazado, con mucha frecuencia ante los demás.
- Encontrarse con que su trabajo y los méritos para desempeñarlo han sido destruidos.
- Encontrarse con que las cosas que dice y hace se le dan la vuelta y se tergiversan.

Formando equipos, aborden el problema de cómo medir el acoso laboral. ¿Cómo se debe medir? ¿Qué clase de instrumento se debe utilizar para medirlo? ¿Cómo se generarán los criterios? Aborden los aspectos que se acaban de indicar e identifiquen el proceso que recomendarían para desarrollar medidas del acoso laboral.

Si es posible, den un ejemplo de cómo podría ser una medida. ¿Sería una escala, una lista de puntos o alguna otra posibilidad? También, ¿quién debería responder a las preguntas de valoración?

Por último, especifique su plan para los datos obtenidos. Es decir, ¿qué se podría hacer con sus resultados? ¿Se podrían evaluar individuos con los datos? ¿Se podrían identificar casos de acoso? ¿Qué utilidad tendrían las medidas?

Compartan su planteamiento de cómo medir y su ejemplo con el resto de la clase. Describan también su plan para gestionar los datos obtenidos. Bajo la dirección del profesor, la clase seleccionará el mejor planteamiento para medir y el mejor plan de gestión.

Ejercicio basado en la experiencia

El acoso laboral puede adoptar toda una variedad de formas (*véase* la lista del punto anterior). Con sus compañeros de equipo, identifiquen un episodio de acoso laboral y prepárense para representar la situación. Cada equipo representará su ejemplo ante el resto de la clase. Si fuera necesario, el equipo explicará cómo su caso estaría comprendido en uno de acoso laboral.

La clase valorará lo que acaba de ver. Para cada uno de los ejemplos, planteará lo que se debe hacer para prevenir o eliminar ese tipo de acoso (el profesor organizará la discusión de la clase después de cada ejemplo). También, la clase valorará la utilidad de la representación de situaciones. ¿Cómo se puede utilizar la representación de papeles como parte de un programa para gestionar el acoso en las organizaciones?

Fuentes: [a] Gurchiek, K. (2005). Study: Domestic violence spills over into the workplace. *NRMagazine*, 50, 32, 38; [b] *Ibid.*; [c] Nood, S. B. (2004). Workplace bullyng. *Canadian Business*, 77, 87-89; [d] *Ibid.*

¡DECIDA USTED!

TENDENCIAS EMERGENTES — Caso 16.2

¿Estamos sobre la punta de un iceberg de berilio?

La Administración de Seguridad y Salud en el Trabajo (*Occupational Safety and Health Administration*) es la agencia gubernamental a disposición de las empresas y de los trabajadores, a veces a regañadientes, para lograr que el trabajo sea una actividad lo más segura posible. Uno de los principales instrumentos que utiliza la OSHA para conseguir seguridad en el trabajo es la promulgación de normas que regulan las prácticas de trabajo, los niveles aceptables de exposición a gentes químicos y situaciones semejantes. Sin embargo la seguridad no es exclusivamente un asunto de normas y criterios; los directivos y trabajadores tienen que actuar conjuntamente para desarrollar una cultura de seguridad, de manera que la seguridad está guiada más por valores que por el cumplimiento de las normas. Sin embargo, ¿qué sucede si a la hora de la verdad las normas no son suficientes para mantener a las personas libre de riesgos? Parece que está sea la situación con la exposición al berilio, donde las normas no son suficientes, y algunas de las personas afectadas son los propios trabajadores de la OSHA.

El berilio es un metal impresionante; es más claro que el aluminio, pero más duro que el acero. Es un componente de las bombas atómicas y, también, se utiliza para aplicaciones odontológicas, de telecomunicaciones y aerospaciales. Está presente en los teléfonos móviles, las computadoras, los automóviles y los palos de golf. También, el berilio se utiliza en las operaciones de reciclaje.

El problema con el berilio es que su polvo es tóxico. Solamente unas pocas millonésimas de gramo pueden dañar de forma irreversible los pulmones y otros órganos. La exposición a pequeñas cantidades puede sensibilizar el sistema inmune y ocasionar el desarrollo de una enfermedad denominada *enfermedad crónica del berilio*. El berilio se utiliza cada vez más en el trabajo, aumentando los riesgos a que están expuestos los trabajadores. El National Jewish Medical and Research Center en Denver examina y trata a personas con la enfermedad crónica del berilio. El doctor Lee Newman, uno de los principales expertos que trabaja en el Center, considera la enfermedad crónica del berilio una epidemia todavía no reconocida cuyas consecuencias todavía se nos escapan.

Aunque existe una norma sobre límites máximos de exposición al berilio, parece no ser adecuada para garantizar la seguridad. Esta fue la preocupación de Adam Finkel, un empleado de la OSHA que habló con un periodista, diciéndole que pensaba que la OSHA no protegía a sus propios trabajadores del peligro del berilio. Finkel reivindicaba reconocimientos médicos para todos los inspectores de la OSHA. Según Finkel, la respuesta de la OSHA fue atacarle y rebajarle de categoría. La OSHA rechazó estas acusaciones y Finkel planteó una denuncia por no haberse respetado su derecho a denunciar irregularidades. Quizás lo más importante para nosotros sea el hecho de que la OSHA desde entonces está haciendo reconocimientos médicos a sus inspectores para ver si habían contraído la sensibilización al berilio. De los 271 inspectores que habían pasado el reconocimiento, en el momento de estar redactando este caso, diez habían dado positivo en sensibilización al metal y tenían el riesgo de desarrollar una enfermedad pulmonar mortal. Además, muchos de los antiguos y actuales empleados encargados de hacer cumplir la normativa han estado expuestos a este riesgo. El mayor productor de berilio, BrushWellman Inc., considera la actual normativa OSHA inadecuada. La empresa ha adoptado su propio nivel de exposición para berilio en el aire que es diez veces menor del nivel permitido por la OSHA.

Preguntas para reflexionar

1. La sensibilización al berilio de los empleados encargados de hacer cumplir la OSHA ha suscitado la preocupación de miles de trabajadores de la industria que están expuestos al berilio. Los empleados de la OSHA visitan los centros de trabajo de forma esporádica, mientras que los trabajadores del sector industrial tienen una exposición más regular. ¿Piensa que estos trabajadores deben pasar un reconocimiento médico para comprobar su sensibilización al berilio? ¿Quién debería hacerse cargo de los costes de los reconocimientos médicos?
2. La OSHA ha sido criticada por la falta de realismo de sus normas sobre exposición al berilio. Este organismo gubernamental intentó aprobar límites de exposición más bajos en los años 70, pero las empresas frenaron el intento aduciendo que no les era posible respetar límites más bajos. Conociendo estos hechos, ¿piensa usted que las empresas o la OSHA son responsables de la falta de eficacia de los actuales límites?
3. La OSHA tiene el riesgo de perder su credibilidad ante las empresas, en los temas de seguridad, debido al problema de la exposición al berilio. Si actuara usted como consultor para la OSHA, ¿qué le recomendaría para reducir el daño a la reputación y la eficacia de la agencia, ocasionado por la forma que ha tratado la exposición al berilio?

Trabajo en equipo

Formen equipos de trabajo. Supongan que son directivos en una empresa dedicada a evaluar berilio. ¿Qué límites de exposición al berilio recomendarían? ¿Defenderían una suspensión de las normas OSHA, sabiendo que algunos de los empleados de la agencia han desarrollado la sensibilidad al berilio? ¿O, recomendarían una disminución de los límites de exposición? ¿Cómo se podrían determinar los nuevos límites? ¿Cómo debería la empresa escoger las normas de seguridad?

Muchos trabajadores en su empresa están concernidos, inclusive temerosos, respecto a los niveles de exposición que soportan. ¿Qué recomendarían para abordar estas preocupaciones?

Presenten sus recomendaciones respecto a los criterios para gestionar las preocupaciones de los trabajadores. Bajo las directrices del profesor, la clase selecciona y compila las mejores recomendaciones de cada equipo.

Ejercicio basado en la experiencia

Es una ironía que el propio personal de la OSHA haya estado expuesto a condiciones de falta de seguridad. Más que una ironía, algunas personas cuestionan no solamente las normas que promulga la OSHA, sino la propia cultura de seguridad del organismo.

Seleccione algunos alumnos que desempeñen el papel de miembros del consejo consultivo de la OSHA. El trabajo a realizar consiste en desarrollar recomendaciones que busquen restablecer una fuerte cultura de seguridad dentro de la organización. ¿Cuáles serían las desventajas si no se adoptan medidas?

Fuentes: Adaptado de Carey, J. (2005, mayo). The "unrecognized epidemic": Beryllium can be toxic to the workers who andel it. Where has OSHA been? *Business Week*, 40-42; Minter, S. G. (2005). Erring on the side of disaster. *Occupational Hazards*, 67, 6.

¡DECIDA USTED!

TENDENCIAS GLOBALES Caso 16.3

Salud mental: una preocupación mundial

Los riesgos laborales pueden implicar riesgos para la salud mental y no sólo para la salud física. Por desgracia, la mala salud mental a veces tiene una connotación negativa y no se aborda su tratamiento. No obstante, la importancia de una buena salud mental en el trabajo cada vez tiene un mayor reconocimiento en muchos países.

Los problemas de salud mental pueden afectar a cómo las personas se desenvuelven en la vida (incluido el trabajo), su grado de implicación en la sociedad y su eficacia en el trabajo. Se calcula que cada año una de cuatro personas sufren problemas de salud mental; las depresiones y la ansiedad son los problemas más comunes[a]. Además, cada vez está más admitido que los problemas de salud mental pueden estar ocasionados o agravados por las condiciones de trabajo. Una reciente encuesta puso de manifiesto que dos tercios de los encuestados pensaban que soportaban una excesiva carga de trabajo, que se les exigían objetivos nada realistas y que el exceso de trabajo daba lugar o agravaba los problemas de salud mental.

En Europa, las bajas por enfermedad relacionadas con el estrés se estima que suponen un total de 91 millones de días de trabajo al año, es decir, unas pérdidas enormes para las empresas europeas. Los europeos están adoptando un enfoque proactivo para este problema. En el año 2005, 52 países aprobaron un "Plan de Salud Mental para Europa" que subrayaba la importancia de actuar en los centros de trabajo para mejorar la salud mental. Según el plan, los empresarios tienen que reconocer y aceptar que los problemas de salud mental son una preocupación legítima y asumir la responsabilidad de minimizar las causas laborales de los problemas de salud mental. Se aconseja a las empresas europeas que realicen auditorías o encuestas para identificar las condiciones laborales que pueden ser problemáticas. También se estimula que las empresas europeas desarrollen políticas de salud mental, aumenten la conciencia sobre el problema y se reduzcan los estigmas asociados y, finalmente, se adopten medidas preventivas y de rehabilitación.

Canadá también ha reconocido la importancia de la salud mental en el trabajo. Una reciente encuesta de 100 organizaciones canadienses puso de manifiesto que aproximadamente tres cuartos de las organizaciones pensaban que las cuestiones de salud mental terminan siendo la causa principal de las solicitudes de incapacidad[b]. Desgraciadamente, aunque reconozcan la importancia de los problemas de salud mental, pocas empresas canadienses están haciendo mucho sobre el tema. El problema no es que no quieran hacer nada, el problema es que no saben que pueden hacer para mejorar la salud mental de sus trabajadores. Actualmente, un estudio que cubre un periodo de diez años está tratando de identificar medidas prácticas para abordar, retrasar o prevenir los problemas de salud mental de los trabajadores canadienses.

China también reconoce la importancia de la salud mental de los trabajadores. Cada vez más los trabajadores chinos están sometidos a un exceso de trabajo y al estrés asociado a sus puestos, aumentando los casos de depresión y ansiedad[c]. Recientemente China anunció que introducirá un programa para ayudar a los trabajadores a que mejoren su salud mental. El programa aplicará modelos que han sido eficaces en otros países, como por ejemplo los programas de ayuda al empleado, para mejorar la salud mental de los trabajadores chinos.

Preguntas para reflexionar

1. Los problemas de salud mental suelen aparejar un estigma negativo. ¿Qué piensa usted que hacen, si es que hacen algo, las empresas para reducir estos estigmas?
2. Desde un punto de vista moral, reconocer la importancia de la salud mental en el trabajo parece obligado. A pesar de todo, las empresas muestran dificultades para abordar con eficacia este campo. Por ejemplo, la salud mental es menos visible y aparente que la salud física. ¿Cómo puede un empresario protegerse de fingimientos y fraudes si adopta un enfoque liberal para abordar la salud mental?
3. Los problemas de salud mental pueden estar ocasionados por muchos factores fuera del ámbito de trabajo. Por ejemplo, factores genéticos o relacionados con la vida familiar

predisponen o causan dificultades con la salud mental. No obstante, estas dificultades pueden manifestarse en el trabajo. ¿Debe el empresario sumir alguna responsabilidad en el tratamiento de estos problemas de salud mental? Explique su respuesta.

Trabajo en equipo

Los modelos europeos incluyen una auditoría, además de toda una serie de actuaciones para mejorar la salud mental. Pónganse en el papel de un grupo de trabajo creado en una empresa para estudiar los problemas de salud mental. Trabajando en equipo, desarrollen etapas para abordar la salud mental en el trabajo. Concretamente, ¿qué recomendaría su equipo que se incluyese en una auditoría? ¿Qué se podría medir y cómo? ¿Qué actuaciones recomendarían para educir los estigmas negativos asociados con los problemas de salud mental? Finalmente, identifiquen actuaciones que las empresas podrían realizar para mejorar la salud mental en el trabajo.

Comparta las recomendaciones de su equipo con el resto de la clase. Bajo la dirección del profesor, la clase pondrá en común un plan combinado que reúna las mejores recomendaciones que haya formulado cada equipo.

Ejercicio basado en la experiencia

La cada vez mayor importancia que tiene la salud mental en el trabajo se puede atribuir a las características del trabajo moderno. La tecnología es responsable de las mejoras de eficiencia, pero también de cambios más rápidos y estrés. Actualmente, el trabajo tiene que realizarse más rápidamente y desde sitios más remotos. Además, la reducción de plantillas y la subcontratación han aumentado la presión y la incertidumbre para los trabajadores. Estas características del trabajo actual tienen su coste para la salud mental de los trabajadores.

Sin embargo, algunos expertos cuestionan si los centros de trabajo se han vuelto en realidad tan estresantes[d]. El trabajo no está concebido para ser una actividad terapéutica. Además, el estrés del trabajo actual no es nada comparado con las condiciones de trabajo en el pasado. Es muy probable que las generaciones que nos han precedido hayan trabajado por poco dinero, sin derecho a pensión, sin derecho a asistencia sanitaria y bajo condiciones opresoras. Las alegaciones de estar "estresados" pueden que sean fundamentalmente una excusa para trabajar menos tiempo.

Se seleccionan miembros de dos equipos representativos de las dos posturas que acabamos de describir. Un equipo defiende la postura de que la salud mental en el trabajo es un tema importante que merece la actuación preactiva del empresario. El otro equipo defiende la postura de que la salud mental no es un problema del empresario, que es un problema originado fuera de la empresa y que no es necesario que el empresario adopte ninguna medida en especial. Cada equipo debe de señalar de manera expresa los criterios en que basa sus opiniones y la base lógica de las mismas.

Finalmente, la clase como tal, decidirá si ha existido un claro vencedor del debate. ¿Existe consenso en la clase sobre la cuestión de la salud mental en el trabajo?

Fuente: Adaptado de [a] St. John, T. (2005, mayo). Mental health at work: The hard facts. *Training Journal*, 44-47; [b] Brown, D. (2005). Mental illness a top concern, but only gets band-aid treatment. *Canadian HR Reporter*, 18, 1-3; [c] Xinhua General News Service (2005, 3 de junio). China to introduce special news program for employees' mental health; [d] Furedi, F. (2005, 11 de abril). Have we become too feeble to cope with life? *The Express* (U.K.), 18.

¡DECIDA USTED!

DISCUSIÓN — Caso 16.4

Whirlpool: negativa a realizar una tarea peligrosa

En la fábrica de electrodomésticos Whirlpool en Marion, Ohio, se utilizan unas cintas transportadoras elevadas para mover componentes de electrodomésticos de una zona de la fábrica a otra. Para evitar que los trabajadores sufran accidentes por componentes que pudieran caer de la cinta, la empresa ha instalado una malla metálica horizontal fijada a triángulos metálicos que van por debajo de la cinta. La malla se encuentra a unos seis metros por encima el nivel el suelo.

Parte del trabajo normal de mantenimiento de la fábrica consiste en emplear varias horas a la semana en retirar los elementos que han caído a la malla y cambiar el papel que evita que la grasa de la cinta caiga al suelo. Los trabajadores de mantenimiento tienen que apoyarse en los soportes triangulares, o en la propia malla, para realizar el trabajo.

En 1973, por cuestiones de seguridad, la empresa empezó a cambiar la malla por una más tupida. Varios trabajadores se habían colado por la malla anterior e incluso uno había caído hasta el suelo, pero sobrevivió. Cuando los trabajadores se quejaron al capataz sobre la falta de seguridad, se les dio instrucciones de que sólo se apoyaran en los triángulos metálicos, pero no en la malla.

En junio de 1974, un trabajador de mantenimiento cayó a través de la antigua malla y murió en el acto. A la semana siguiente, dos trabajadores de mantenimiento, Virgil Deemer y Thomas Cornwell, se volvieron a quejar de la seguridad. Dos días más tarde, pidieron al director de seguridad de la fábrica que les diera el teléfono de la oficina local de la OSHA. Se les dijo que se pensaran lo que estaban haciendo, pero se les dio el número. A continuación, llamaron al inspector de la OSHA.

Al día siguiente, el capataz ordenó a Deemer y a Cornwell que se subieran a la malla para realizar las tareas rutinarias de mantenimiento. Se negaron a cumplir su orden, alegando que el trabajo no era seguro. Ambos fueron enviados a la oficina de personal, donde se les dijo que se fueran durante el resto del día y, a continuación, recibieron una amonestación escrita por insubordinación.

Este caso llegó hasta el Tribunal Supremo de EE.UU. El Tribunal respaldó el derecho de los trabajadores, en virtud de la Ley de Seguridad y Salud en el Trabajo (*Occupational Safety and Health Act-OSHA*), a negarse a realizar la tarea asignada cuando existe un temor razonable a fallecer o padecer un accidente grave, y no existe ninguna otra alternativa a su disposición.

Preguntas para reflexionar

1. ¿Existía un temor razonable a morir o resultar lesionado que pudiera justificar la negativa de Deemer y Cornwell?
2. Un director de RRHH tiene la responsabilidad de proteger a los trabajadores, pero, al mismo tiempo, no tiene que dar la impresión de que quita autoridad al supervisor. ¿Por qué es tan difícil lograr este equilibrio en una situación como la de este caso?
3. ¿Qué consecuencias no previstas podría sufrir una organización si obliga a los trabajadores a hacer tareas que los mismos perciben como peligrosas?
4. Póngase en el lugar del director de seguridad de Whirlpool. ¿Qué haría o diría si los trabajadores vienen a comunicarle que van a acudir a la OSHA? Esboce sus planes.
5. Describa la forma en la que plantearía la seguridad para que se hubiera evitado el accidente en Whirlpool. Diseñe el tipo de sistema o políticas que cree se podrían poner en marcha para maximizar la seguridad en este tipo de entorno.

Trabajo en equipo

Cada cuatro o cinco estudiantes forman un grupo. Cada grupo debe desarrollar criterios de "razonabilidad" con los que juzgar una negativa a realizar una tarea considerada peligrosa. El líder de cada grupo deberá presentar a continuación su conjunto de criterios ante el resto de la clase.

Ejercicio basado en la experiencia

Identifique a los alumnos que hayan trabajado en tareas peligrosas y pregúnteles cómo se asignan estas tareas. ¿Hay alguien que se haya negado alguna vez, o que haya visto a alguien negarse, a realizar una tarea peligrosa? Si hay alguien, ¿cuál fue el resultado de su negativa?

Cada cuatro o cinco estudiantes forman un grupo par discutir los efectos sobre los individuos de pedirles que elijan entre su modo de vida (su trabajo) o su seguridad. Cada grupo debe elegir a un líder para presentar sus conclusiones a la clase.

Fuente: *Whirlpool Corp. v. Marshall*, 100 S. Ct. 883 (1980).

¡DECIDA USTED!

GRH: EL EMPLEADO COMO CLIENTE INTERNO Caso 16.5

Altercados en la oficina: ¿qué nos espera hoy?

Costas tenía que trabajar muchas horas en espacios muy exiguos en una empresa de Internet en Nueva York. A penas le daban tiempo para realizar su trabajo, pero a pesar de todo mantenía controlada la frustración que sentía con su empleo. Un día su jefe le presionó demasiado y Costas se desahogó con una serie de obscenidades. Una semana más tarde presentó su dimisión comentando "aquí no hay quien aguante".

Dos ingenieros de una empresa aerospacial de Connecticut estaban en desacuerdo en cómo rellenar un parte de trabajo relacionado con chip defectuoso. Del desacuerdo pasaron a la discusión y tuvieron que ser separados para evitar que se pegaran.

Estos dos ejemplos de lo que sucede en las empresas ilustran las explosiones de cólera que se pueden producir en el trabajo. Este tipo de incidentes llevó al *The Wall Street Journal* a etiquetar el fenómeno con el nombre "altercados en la oficina". Los episodios de altercados en la oficina son consecuencia del estrés acumulado. Por ejemplo, la pérdida de control, los gritos en las discusiones y las peleas a puñetazos pueden estar provocados por un exceso de trabajo y de gente alrededor. Como ha señalado Víctor Scarano, director de psiquiatría ocupacional y forense de la Baylor College of Medicine en Houston, "no se puede mantener un motor al máximo de revoluciones durante diez años y esperar que no estalle". Además del exceso de trabajo, muchos trabajadores tienen que realizar su cometido en espacios más pequeños que nunca. En muchas oficinas, motivado quizás por los esfuerzos para reducir costes y los precios inmobiliarios, el número de empleados por metro cuadrado está en un nivel demasiado alto. Además, muchos trabajadores recorren largas distancias para llegar a sus estresantes puestos de trabajo, llegando ya frustrados, inclusive furiosos, tras haberse enfrentado a los atascos de tráfico. La cuestión del estrés es algo más que un problema en las grandes organizaciones. Aproximadamente un tercio de los trabajadores en organizaciones con más de 1.000 personas manifiestan que están "al menos algo" estresados, mientras que en organizaciones con menos de 100 personas sólo el 16 por ciento de los trabajadores informan de este nivel de estrés.

Aunque muchas organizaciones hacen caso omiso a los altercados en la oficina, existen empresas que han comenzado a abordar el problema. General Motors Corporation, por ejemplo, ofrece meditación y tai chi en los espacios que dedica al ejercicio físico. Ernst & Young, en sus dependencias de Indianápolis ha creado áreas de golf, estanques de pesca y salas de descanso donde los trabajadores pueden echarse un pequeño sueño.

Preguntas para reflexionar

1. ¿Piensa qué los altercados en la oficina es un problema que deberían abordar las organizaciones? Razone su respuesta.
2. ¿Qué piensa que debe hacerse cuando una persona pierde los nervios en el trabajo? ¿Qué sanciones se deben imponer en los episodios de gritos desaforados y utilización de palabras obscenas, agresiones físicas y golpes? ¿Se debe sancionar un único episodio o habría que esperar a comprobar si es un comportamiento habitual? ¿Por qué?
3. Basándose en su respuesta al ítem 2, construya una matriz de ejemplos de altercados en el trabajo en un eje y posibles sanciones en el otro. (Puede consultar el Capítulo 14 y ver si incluiría el enfoque de disciplina positiva como una de las posibles actuaciones de la dirección de la empresa.) Marque con una cruz cada vez que un determinado tipo de sanción sea adecuado para una de las diferentes formas de altercados en la oficina. Explique sus razones para elegir una u otra sanción.

Trabajo en equipo

La gestión de los altercados en la oficina, si tiene lugar, parece centrarse en relajar a las personas y ayudarlas a combatir el estrés. Sin embargo, este enfoque puede que se quede en abordar los síntomas, sin tratar las causas. Si los altercados en la oficina son un problema, merecería la pena intentar solucionar el problema en lugar de aliviar los síntomas. En otras palabras, una cura parece más aconsejable que un alivio temporal.

Con su equipo, discuta estas dos cuestiones:

1. ¿Son un problema los "altercados en la oficina"?
2. ¿Qué se debería hacer?

Divida el equipo en dos, de manera que las dos cuestiones se puedan tratar por separado, pero simultáneamente. Para la primera cuestión planteen medidas que piensen que podrían indicar el grado en que los altercados en la oficina son un problema. Por ejemplo, un cuestionario con preguntas que midieran el estrés que los trabajadores experimentan podría ser un indicador importante. Sopesen también la posibilidad de utilizar medidas que traten de averiguar si las personas tienen intención o probabilidad de, por ejemplo, tirar cosas o gritar a otros en el trabajo. Pueden incluir también medidas de episodios de altercados en la oficina, preguntando, por ejemplo, si los trabajadores han presenciado o sufrido algunos de estos hechos en su trabajo. Den forma final al conjunto de medidas que quieran plantear.

La segunda cuestión, qué hacer para gestionar el problema, nos lleva a la consideración de las causas. Concretamente, ¿cuáles pueden ser las causas principales de los altercados en la oficina? Pueden comenzar a estructurar su respuesta dividiendo a las causas entre personales y del sistema. Las causas personales pueden ser factores que residen dentro del trabajador, como aquellos que son de "sangre caliente" o que controlan poco sus impulsos. Las causas situacionales son factores fuera de la persona que el empleado sufre como estrés. Para cada causa, identifique si pertenece a una categoría u otra y realicen una tormenta de ideas sobre que se podría hacer, si es que se puede hacer algo, para eliminar, reducir o de alguna manera mejorar el factor causal.

Tras lo anterior se vuelve a juntar el equipo, poniendo en común las medidas y el modelo de causas y decisiones de la dirección de la empresa. ¿Existen causas que no han sido abordadas en las medidas planteadas para valorar el problema de los altercados en la oficina? Si así fuera, ¿se pueden añadir o refinar medidas para incluir estas causas? Para acabar, ¿cómo se podría evaluar la eficacia de las decisiones que se tomen para enfrentarse a las causas de los altercados en la oficina?

Ejercicio basado en la experiencia

Póngase en el papel de un consultor. Tiene una herramienta de evaluación y un modelo de posibles soluciones para cuando encuentra problemas. Venda sus productos y procesos al resto de la clase. ¿Qué les puede ofrecer? ¿Es necesario que todas las organizaciones emprendan acciones para gestionar los altercados en la oficina? ¿Cómo sabrá qué hacer y cómo explicar que será eficaz? En resumen, imaginando que el resto de la clase es una organización ¿qué conseguirá si le contratan cómo consultor?

Fuente: Adaptado de Costello, D. (2001). Desk rage incidents erupt in more offices ... Long hours produce some short fuses. *Asian Wall Street Journal*. January 18, N-1.

NOTAS

ADAPTACIONES PARA ESPAÑA Nota 16.1

LA SALUD LABORAL

No sólo accidentes de trabajo

El **accidente de trabajo** es la parte más visible del daño laboral. Tan visible que llega a ocultar otros problemas que, a veces, son incluso más serios y que también son consecuencia del trabajo. Se calcula que los accidentes representan solamente una cuarta parte de la mortalidad derivada del trabajo.

Las **enfermedades profesionales** representan otra parte importante del daño a la salud producido por los riesgos laborales, aunque al no aparecer de forma inmediata su relación con el trabajo puede pasar inadvertida por lo que muchas pueden catalogarse como **enfermedad común**.

Para que una enfermedad se reconozca como profesional la legislación suele requerir una relación específica e indiscutible con el trabajo. Sin embargo, la mayor parte de las dolencias que afectan a la salud de las personas en su trabajo raramente se deben a una sola causa y generalmente están relacionadas tanto con factores laborales como extralaborales (por ejemplo, el dolor de espalda o lumbalgia). Por ello resulta cada vez más difícil catalogarlas como enfermedad profesional en el sentido tradicional del término.

La OMS (Organización Mundial de la Salud) viene utilizando el concepto de **enfermedades relacionadas con el trabajo** para referirse a aquellos trastornos de la salud que, pese a no ser originados exclusivamente por el trabajo, se ven influidos por las condiciones laborales de una forma importante.

En el estado actual del conocimiento, parece más importante saber si un determinado trabajo tiene algo que ver con la aparición de una enfermedad que decidir si dicha enfermedad se debe única y exclusivamente al trabajo. Esto, además, es lo que nos permite conocer qué factores o condiciones de trabajo influyen negativamente en la salud de los trabajadores para eliminarlos o controlarlos, es decir, para hacer prevención.

Salud laboral es, pues, promover y proteger la salud de los trabajadores en el trabajo evitando todo aquello que pueda dañarla y favoreciendo todo aquello que genere bienestar tanto en el aspecto físico como en el mental y social.

Ámbito legal de la salud laboral

En España, como indica su propia denominación, el objetivo de la Ley de Prevención de Riesgos Laborales es evitar el daño derivado del trabajo y proteger la salud de los trabajadores, pero en un sentido global y no sólo restringido a los accidentes o a las lesiones físicas.

Ya la Ley General de Sanidad se refería a la salud laboral como promoción integral de la salud física y mental del trabajador. La Ley de Prevención de Riesgos Laborales refuerza esta concepción y extiende su ámbito de actuación a todas las "enfermedades, patologías o lesiones sufridas con motivo u ocasión del trabajo" con referencias explícitas a una serie de riesgos como los relacionados con los movimientos repetitivos, los factores psicosociales o los riesgos que pueden afectar a la reproducción. Todo lo cual hace patente el propósito de la ley de tutelar la salud laboral en un sentido amplio.

Por lo tanto, desde la aprobación de la Ley de Prevención de Riesgos Laborales se ha ampliado el ámbito de la actuación preventiva. Es decir, el campo legal de la prevención en salud laboral no se reduce sólo al ámbito tradicional de los accidentes de trabajo y las enfermedades profesionales, sino que incluye también las enfermedades relacionadas con el trabajo.

En definitiva, todo aquello que dañe o pueda dañar la salud de las personas en el trabajo debe ser objeto de prevención y está en el ámbito de la Ley de Prevención de Riesgos Laborales. Si se produce un daño y éste es catalogado como accidente de trabajo o enfermedad profesional, el trabajador afectado tiene derecho, además, a unas indemnizaciones económicas especiales que se regulan en la Ley General de Seguridad Social.

¿Cómo detectar enfermedades laborales?

En España, si una enfermedad está recogida en el cuadro de enfermedades profesionales, se da por demostrado su origen laboral. Ahora bien, cuando no es así pero un trabajador, o sus representantes, cree que una enfermedad está relacionada con el trabajo, debe poner en evidencia los factores laborales que la han condicionado.

Esto no siempre es fácil y mucho menos en casos individuales. Sin embargo, la relación entre salud y trabajo suele hacerse más evidente cuando se estudia la incidencia de enfermedades en un colectivo de trabajadores. A esta manera de estudiar los problemas de salud colectivos se denomina método epidemiológico y consiste más o menos en la siguiente forma de razonar:

- **Descubrir anomalías.** Cuando en un colectivo de trabajadores aparecen más enfermedades de las que cabría esperar, hay que preguntarse inmediatamente si esto tiene que ver con las condiciones de trabajo. Se debe iniciar una investigación para averiguar "qué lo provocó", con el fin de evitar más daños.
- **Casos observados y casos esperados.** La mera existencia de trabajadores enfermos no indica un problema de salud laboral. La alarma se dispara cuando hay un exceso de enfermos. Por tanto, hay que establecer comparaciones. ¿Cuántos enfermos cabría esperar si ese colectivo no

hubiera estado expuesto a nada en el lugar de trabajo? ¿Cuál sería el número de personas enfermas en una población no expuesta al riesgo, de edad, sexo y modo de vida similares? Para ello, se necesita información no sólo del colectivo de trabajadores, sino también de la población con la que se compara.

- **¿Tienen los enfermos algo en común?** Se quiere saber si una determinada profesión, proceso o puesto de trabajo tienen algo que ver con el daño. Se indagan, pues, las similitudes existentes entre los casos respecto a tareas, exposición, antigüedad, hábitos, lugar de residencia, etc.
- **¿Qué distingue a los enfermos de los sanos?** Se busca no sólo lo que hay de común en los enfermos, sino qué es lo que les diferencia de los sanos. Pueden estar expuestos a condiciones similares pero con diferente intensidad, duración o frecuencia. En cualquier caso, no cabe esperar una diferenciación absoluta a nivel individual: casi siempre encontraremos personas sanas expuestas y personas no expuestas que sufren la enfermedad. Ello se debe a la diferente susceptibilidad individual ya que las enfermedades no obedecen a una causa única.
- **No hacer nada también tiene consecuencias.** No siempre es posible establecer con una evidencia rotunda la relación entre enfermedad y exposición a una determinada situación. Sin embargo, siempre será más beneficioso reducir la exposición, aun con un conocimiento parcial, que someter a los trabajadores a los riesgos de no hacer nada por no tener un conocimiento exhaustivo. Un indicio suficiente puede justificar la intervención sin esperar a que el daño a la salud de muchos trabajadores ponga en evidencia un riesgo que se fue capaz de conocer a tiempo. A esto se denomina **principio de precaución**.

Por imperativo legal esta es la forma de razonar con que se debe hacer prevención en las empresas.

¿En qué consiste la prevención de riesgos laborales?

Prevención significa anticiparse. Actuar antes de que algo suceda con el fin de impedirlo o para evitar sus efectos. Implica prever con antelación las consecuencias negativas de una situación y actuar para cambiarla. Un **riesgo** es una situación en la que pueden ocurrir cosas indeseadas. Es en realidad toda circunstancia que aumenta la probabilidad de que suceda algo que valoramos como negativo. **Prevención de riesgos laborales** es ni más ni menos que eliminar o controlar toda condición de trabajo que pueda suponer un daño para la salud de los trabajadores.

Pero, ¿cuáles son esas **condiciones de trabajo** que pueden suponer un daño para la salud de los trabajadores? La Ley de Prevención de Riesgos Laborales deja patente que el daño a la salud puede proceder no sólo de las máquinas, herramientas o sustancias que se emplean en el trabajo, no sólo de los locales e instalaciones en los que se trabaja y de los procedimientos que se siguen, sino también de la organización y ordenación del propio trabajo. Los turnos, el horario, el ritmo, los mecanismos de control del rendimiento del trabajador, las relaciones jerárquicas, la asignación de tareas, son aspectos de la organización del trabajo que pueden generar daño a la salud, especialmente, aunque no sólo, daño psíquico.

La organización del trabajo es una facultad exclusiva del empresario, expresión indiscutible de su poder de dirección. No obstante en España, la Ley de Prevención de Riesgos Laborales pone un límite a esa facultad, exigiendo que se ejerza de modo no perjudicial para la salud de los trabajadores. Por último, la prevención no puede hacerse de cualquier manera. La intervención preventiva en los centros de trabajo se rige por unos principios que deben ser respetados, tanto por criterios de eficacia como porque así viene exigido por la ley:

- Evitar los riesgos siempre que sea posible.
- Sustituir lo peligroso por lo que entrañe poco o ningún peligro.
- Adaptar el trabajo a la persona.
- Combatir los riesgos en su origen.
- Anteponer la protección colectiva a la individual.

"Reglas del juego"

La activación de la prevención en la empresa requiere de una normativa que defina el papel que va a jugar cada cual y los procedimientos generales para aplicar los conocimientos técnico-preventivos a cada situación concreta. Esto no sería necesario si no fuera porque en la prevención de riesgos en el trabajo intervienes diferentes agentes sociales y porque su efectiva aplicación choca muchas veces con las contradicciones y diferencias de intereses que caracterizan las relaciones laborales. Sin unas mínimas "reglas del juego" sería muy difícil que esto funcionara. Desde este punto de vista podemos considerar la Ley de Prevención de Riesgos Laborales como un consenso social sobre qué es lo que debe hacer cada cual y cómo debe hacerlo para conseguir el objetivo que la propia ley define: la prevención de los riesgos laborales, la protección de la salud de los trabajadores y la mejora progresiva de las condiciones de trabajo. Este consenso básico que es la ley presupone su propio desarrollo tanto mediante normas reglamentarias específicas y normas técnicas como por medio de la negociación colectiva.

LA PROTECCIÓN DE LA SALUD DE LOS TRABAJADORES

La tutela de la salud laboral: principios generales

Derecho a la salud

La Constitución Española, al igual que el resto de las demás constituciones modernas, reconoce el derecho a la vida, a la integridad física y a la salud de sus ciudadanos. Compete a los poderes públicos organizar y tutelar la salud pública a través de medidas preventivas y de las prestaciones y servicios necesarios.

Derecho a la salud en el trabajo

El Acta Única Europea obliga a los Estados miembros a establecer disposiciones para la protección de la salud de los trabajadores y la mejora del medio ambiente e trabajo. Igualmente, la OIT insta a los Gobiernos a formular políticas de prevención de los riesgos laborales. Además, la constitución Española impone a los poderes públicos la obligación de velar por "la seguridad e higiene en el trabajo", lo que constituye un claro mandato a desplegar, en el peculiar ámbito de la relación de trabajo, una actividad suplementaria de protección de la salud de los ciudadanos. En cumplimiento de estas prescripciones, la legislación española reconoce al trabajador el derecho a la protección de su salud en el trabajo.

Razones para una tutela específica para la salud en el trabajo

En el ámbito de la relación laboral, el trabajador se ve obligado a realizar actividades que podrían suponer un riesgo para su salud, bajo el poder de dirección y control de la actividad laboral por parte del empresario.

La intervención de los poderes públicos

Buscando un equilibrio entre el poder de decisión del empresario y el trabajador y, así, asegurar que la actividad empresarial se ejerce respetando el derecho a la salud de los trabajadores, los poderes públicos intervienen y tutelan la parte con menos poder e la relación laboral, dictan normas concretas de protección, vigilan su aplicación y sancionan los incumplimientos.

Salud laboral y libertad de empresa

En España, los límites que la intervención del Estado supone para el libre desarrollo de la actividad de empresa están recogidos en el marco constitucional de un "Estado social democrático de derecho". Tanto la propiedad privada como la riqueza en general tienen una función "social" y deben respetar el "interés general".

Responsabilidad del empresario por la salud laboral

El empresario, que dirige y controla la actividad laboral, tiene la obligación contractual de garantizar la salud y la seguridad en el trabajo. Es, por ello, deudor de seguridad. El incumplimiento de esa obligación conlleva la responsabilidad administrativa, penal, civil, laboral y de seguridad social del infractor.

Participación de los trabajadores

Aunque el empresario es el responsable último de la salud laboral, dado el carácter fundamental del derecho protegido, los trabajadores tienen derecho a controlar que su salud se protege efectivamente. Por ello se les reconocen, individual y colectivamente, los derechos de información, participación y resistencia.

Fuente: Adaptado de Boix, P., Uberti-Bona, V. y Gadea, R. (2000). *Guía del delegado y delegada de prevención*, Instituto Sindical de Trabajo, Ambiente y Salud (ISTAS): Madrid.

CAPÍTULO

17 LAS EXIGENCIAS DE LA GESTIÓN INTERNACIONAL DE LOS RRHH

OBJETIVOS

Tras leer este capítulo, usted estará en condiciones de abordar los siguientes temas:

1. **Especificar** las estrategias de RRHH más adecuadas para las empresas en las distintas etapas del proceso de internacionalización.
2. **Identificar** la combinación mejor de empleados locales y expatriados dadas las condiciones a las que se enfrenta la empresa.
3. **Explicar** por qué fracasan a menudo las expatriaciones, así como los pasos que puede dar la empresa para garantizar el éxito en este sentido.
4. **Integrar** a los empleados que vuelven a la empresa tras haber finalizado su labor en el extranjero.
5. **Desarrollar** las políticas y procedimientos de RRHH que se adaptan a las necesidades y valores culturales de los países a los que se dirige la empresa.
6. **Tener presente** las implicaciones éticas de las políticas y procedimientos de RRHH en el contexto global.

Roberto Castillo, nacido en Nicaragua, ha tenido varios trabajos en concesionarios de coches –primero Ford, después Pontiac y, finalmente, Hyundai–. Hace dos años consiguió el trabajo que quería realmente: vender Toyotas. "Todo el mundo conoce la reputación (de los Toyotas)", dice, "por lo que no tienes que contar (a la gente) las ventajas de comprar uno". Actualmente, Castillo trabaja en Longo Toyota en El Monte, un barrio residencial de Los Ángeles. El año pasado consiguió unas comisiones por valor de 80.000 dólares. "Puedes hacer dinero con Toyota", comenta.

Desde la matriz en Toyota City, a 100 kilómetros al este de Nozoya, Japón, el CEO de Toyota Fujio Cho ha fijado a los altos ejecutivos de la empresa este objetivo: "Debemos americanizarnos".

Ese objetivo se está consiguiendo. Para ello, tenga en cuenta los hechos siguientes, incluyendo algunos datos estadísticos que asustan a los rivales de Toyota en Detroit:

- Toyota vende más coches en los EE.UU. (2,10 millones) que en Japón (1,73 millones). Los analistas se imaginan que casi las dos terceras partes de los beneficios operativos de Toyota provienen de EE.UU. En 2006 Toyota casi supera a General Motors, Ford y Chrysler en el mercado estadounidense.

- Los sindicatos y el gobierno estatal aúnan esfuerzos para conseguir que Toyota abra plantas en Michigan. Esperan que la empresa que ha hecho negocio al margen de las Tres Grandes –General Motors, Ford y la división Chrysler de DaimlerChrysler– contratará a los trabajadores despedidos o que hayan visto que se les recortaba la retribución y las prestaciones sociales (*véase* Capítulo 10).
- Las plantas productivas de Toyota en EE.UU. emplean directamente a más de 56.000 trabajadores, sin incluir a aquellos que trabajan para proveedores y concesionarios locales que dependen también de la producción de la empresa, con lo cual el número total de americanos que dependen de la compañía es de 160.000 aproximadamente, un número mayor de personas que las que dependen de Coca Cola, Microsoft y Oracle juntas[1].
- Los altos ejecutivos estadounidenses de Toyota son americanos. James Press, director de Toyota Motor Sales USA Inc. en Torrance, California, dice "Hace 30 años, dependíamos más de Japón".

Toyota ha cambiado su estrategia de internacionalización, montando plantas productivas en los mercados más grandes y cadenas de suministro en todo el mundo y, así crear un único proceso integrado de producción, de tal forma que las partes del coche se fabrican en un país y luego se montan en otro[2]. Esto significa que en los próximos años, Toyota tendrá que hacer hincapié en la selección, la formación y el desarrollo, la evaluación del desempeño y elegir los incentivos más adecuados para un conjunto de "empleados globales" capaces de implantar esta estrategia universal. Para empezar, Toyota ha abierto recientemente el Centro de Producción Mundial donde se forma a 1.500 empleados –la mitad de ellos proceden de sus instalaciones de China, Malasia e Indonesia– en los procesos integrados de producción. La mayoría de los empleados que están recibiendo esta formación volverán a sus países y ayudarán a que funcione la cadena global de suministro[3].

EL ENFOQUE DIRECTIVO

Este libro trata de las personas que trabajan en una organización y de sus relaciones. A medida que se van internacionalizando las empresas como Toyota las prácticas de RRHH tienen que tener una perspectiva global para dar a la empresa un ventaja competitiva. Hay unas 58.000 empresas multinacionales con 50.000 filiales en todo el mundo[4]. Los directivos tienen que encontrar la fórmula para seleccionar, retener, promocionar, recompensar y formar a los empleados para que puedan ayudar a la empresa a hacer frente al desafío de la globalización. Incluso las empresas pequeñas que intentan exportar sus productos o servicios a través de Internet tienen que aprender a superar las demandas de los negocios internacionales. Para un número creciente de empresas que operan en varios países, es fundamental que el sistema y las prácticas de RRHH puedan adaptarse con éxito a una diversidad de condiciones culturales, socioeconómicas y legales.

Casi todas las empresas de EE.UU. se enfrentan a la competencia y la suerte de la mayoría de estas empresas, grandes o pequeñas, está intrínsecamente ligada a la economía mundial[5]. En este capítulo mostramos la forma de utilizar las prácticas de RRHH para mejorar la competitividad de la empresa en la era de las oportunidades y las amenazas internacionales. Primero, señalamos las etapas del proceso de internacionalización, los problemas de realizar expatriaciones y las formas de hacerlas mejor. A continuación, analizamos el desarrollo de las políticas de RRHH en un contexto global, así como las particularidades específicas de los RRHH en las empresas exportadoras.

LAS ETAPAS DEL PROCESO DE INTERNACIONALIZACIÓN

Como muestra la Figura 17.1, las empresas atraviesan cinco etapas a medida que internacionalizan sus actividades[6]. Cuanto más avanzada sea la etapa, hay que adaptar más prácticas de RRHH a entornos culturales, económicos, políticos y legales distintos.

- En la *etapa 1*, el mercado de la empresa es exclusivamente nacional. Una empresa que actualmente está en esta etapa es Boulder Beer que elabora su cerveza en Boulder, Colorado, y raras ocasiones vende su producto fuera de la región de los Estados Montañosos. Otras muchas empresas estadounidenses siguen en esta etapa, pero su número se está reduciendo, sobre todo en el sector industrial. La contratación, la formación y la retribución en estas empresas dependen directamente de factores locales y/o nacionales. Las únicas localizaciones posibles de las plantas productivas se encuentra en EE.UU., y en las decisiones empresariales estratégicas sobre producción y marketing sólo se tiene en cuenta el mercado regional o nacional.
- En la *etapa 2*, la empresa amplía su mercado para incluir a los países del extranjero, pero mantiene sus plantas productivas dentro de sus fronteras nacionales. Las prácticas de RRHH en esta etapa deben facilitar la exportación de los productos de la empresa mediante incentivos directivos, formación adecuada y estrategias de contratación que se centran en la demanda de los clientes internacionales[7].

  Una empresa que está en la etapa 2 es Turbo-Tek Enterprises, Inc., localizada en Los Ángeles. Genera 50 millones de dólares en ingresos, el 38 por ciento proveniente de las ventas en el extranjero. El único producto de la empresa es el Turbo Wash, un dispositivo que espolvorea agua y se coloca en las mangueras de jardín. Todo el sistema de producción, montaje y distribución de Turbo-Tek está diseñado pensando en los mercados internacionales y las prácticas de RRHH desempeñan un papel crucial en este sistema. Las primas a directivos dependen en gran medida de las ventas en el extranje-

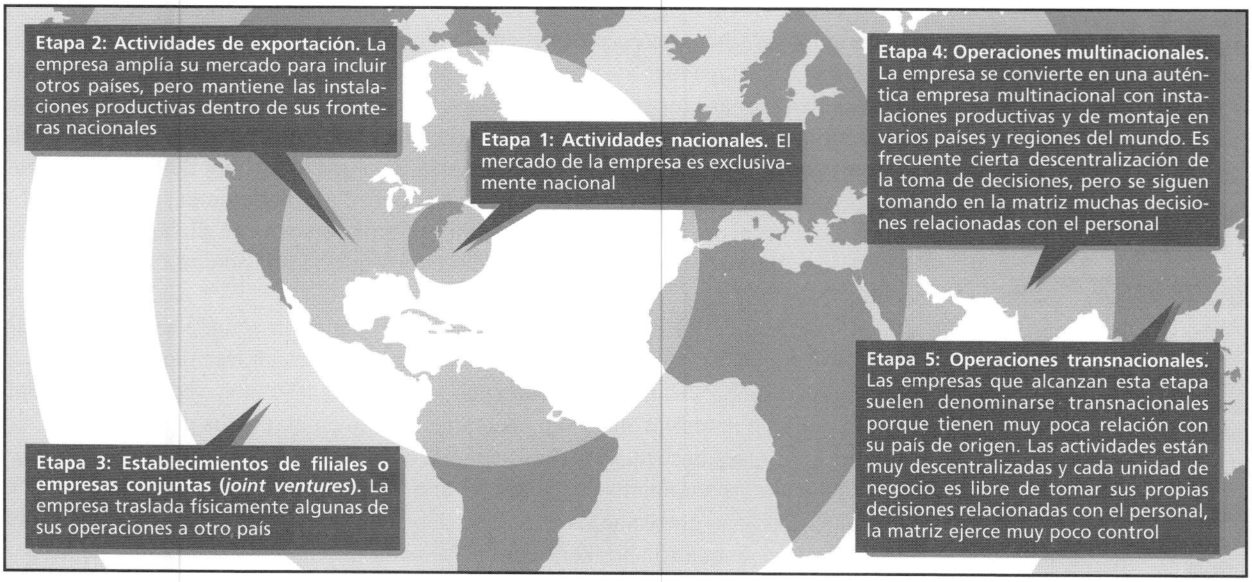

Figura 17.1 ■ Las etapas del proceso de internacionalización.

ro, y Turbo-Tek paga a sus empleados por desarrollar ideas innovadoras que permitan aumentar las exportaciones.

La supresión de las barreras arancelarias ha incrementado significativamente el número de empresas estadounidenses que se encuentran en la etapa 2[8]. Según el World Trade Centres Association (WTCA), que tiene más de 287 socios que son comerciales mundiales autorizados de 88 países y más de 750.000 empresas e individuos, aproximadamente el 45 por ciento de las empresas con menos de 500 empleados exportaban productos y servicios en 2006, una cifra tres veces mayor que la de 1992. Por ejemplo, cuando el NAFTA entró en vigor en enero de 1993, Treatment Products Ltd. firmó contratos con casi todas las principales cadenas minoristas de Méjico. Sus envíos a Méjico se triplicaron aproximadamente hasta los 300.000 dólares, alrededor del 20 por ciento de las exportaciones totales actuales de la empresa[9].

- En la *etapa 3*, la empresa traslada físicamente algunas de sus actividades fuera de su país de origen. Estas instalaciones se utilizan fundamentalmente para montar componentes, aunque puede haber cierta producción en el exterior. Por ejemplo, muchos fabricantes de ropa estadounidenses han abierto plantas en el Caribe para confeccionar una amplia variedad de prendas. Las filiales extranjeras suelen estar bajo un control férreo de la matriz en esta etapa y una gran proporción de los altos directivos son **expatriados** (empleados que son ciudadanos del país de origen de la empresa). Las prácticas de RRHH de la etapa 3 deben centrarse en la selección, formación y retribución de los expatriados, así como en el desarrollo de políticas de RRHH para los empleados locales.

Expatriado
El ciudadano de un país que vive y trabaja en otro país.

Empresa multinacional
Una empresa con instalaciones productivas y de montaje en varios países y regiones del mundo.

- En la *etapa 4*, la empresa pasa a ser una auténtica **empresa multinacional**, con plantas productivas y de montaje en varios países y regiones del mundo. Las alianzas estratégicas entre empresas nacionales y extranjeras, como la de Ford Motor Company y Mazda Motor Corp. para fabricar camiones en Tailandia, son muy habituales[10]. Aunque suele haber cierta descentralización de la toma de decisiones en las empresas que se encuentran en esta cuarta etapa, muchas otras relacionadas con el personal de las filiales extranjeras siguen tomándose en la matriz, normalmente por un departamento de RRHH internacional. Además, las actividades en el extranjero siguen siendo dirigidas por expatriados. Amoco, IBM, Rockwell, General Motors, General Electric y Xerox son ejemplos de empresas que se encuentran en la etapa 4.

Empresa transnacional
Una empresa con actividades muy descentralizadas en muchos países. La empresa debe muy poco a su país de origen y tiene pocos vínculos con cualquier país.

- En la *etapa 5*, la etapa más avanzada del proceso de internacionalización, las empresas se suelen denominar **empresas transnacionales**, porque tienen pocos vínculos con su país de origen, así como vínculos débiles con cualquier país en particular. Las operaciones están muy descentralizadas, cada unidad de negocio es libre de tomar sus propias decisiones acerca del personal con escaso control por parte de la sede central. El consejo de administración suele estar compuesto por personas de distintas nacionalidades y la empresa intenta desarrollar a directivos que se consideren ciudadanos del mundo.

Las prácticas de RRHH de las empresas que están en la etapa 5 están diseñadas para que personas de distintas nacionalidades sean capaces de trabajar juntas y crear una identidad empresarial compartida (más que nacional) y una visión común. Por ejemplo, Gillette ha desarrollado un programa amplio en el que los departamentos de RRHH de 48 países buscan a jóvenes licenciados universitarios que no estén casados y que hablen correctamente el inglés. Como afirma el director internacional de RRHH, "La persona que estamos buscando debe pensar 'hoy es Manila, mañana será EE.UU. Dentro de cuatro años será Perú o Pakistán'... Nos esforzamos realmente por encontrar a personas que no están ligadas a sus orígenes y que desean una carrera profesional internacional"[11].

Una cuestión de ética

La legislación estadounidense no prohíbe que las decisiones de selección se hagan en función del estado civil, siempre que se apliquen por igual a hombres y mujeres. ¿Por qué tendría una empresa una política de este tipo? ¿Es ético? ¿Le interesa a la empresa a largo plazo?

EL CRECIMIENTO DE LA EXTERNALIZACIÓN

Las empresas que están en la etapa 3 a 5 subcontratan o externalizan con relativa frecuencia su producción y servicios en países donde encuentran ventajas competitivas por la existencia de costes laborales más bajos. Pocas, muy pocas empresas pueden crecer o incluso sobrevivir a no ser que implanten alguna forma de subcontratación (*véase* el Cuaderno del Director "La externalización en el mundo entero aumenta a una velocidad vertiginosa"). Mientras que algunos piensan que exportar trabajo a países menos desarrollados mantiene los salarios y los beneficios sociales bajos en el país de origen, la mayoría de los expertos en internacionalización creen que no es realista dar marcha atrás cuando las empresas son libres de situarse donde quieran[12]. Además, los clientes se benefician de precios más bajos gracias a la externalización, y los países que se encargan de la subcontratación aumentan sus ingresos para comprar bienes y servicios procedentes de los EE.UU. Es difícil que los dirigentes políticos pongan en marcha normativas restrictivas para controlar la externalización en un futuro cercano.

CUADERNO DEL DIRECTOR

TENDENCIAS EMERGENTES

La externalización en el mundo entero aumenta a una velocidad vertiginosa

Un editorial reciente de *BusinessWeek* alerta de que

> la externalización es un desafío más importante de lo que inicialmente había previsto América. Las empresas no sólo envían su producción y servicios de bajo coste a Asia, sino que también mandan la investigación y el desarrollo. Lo que se consideró alguna vez como competencias esenciales para las empresas de alta tecnología y para otro tipo de empresas, ahora son mercancías mundiales baratas.[a]

Hay una opinión parecida en Europa Occidental, donde los costes laborales son incluso más altos en algunos países que en los EE.UU.[b] A continuación se describen algunos ejemplos de esta tendencia emergente.

El caso de la India[c]

Cuando el primer ministro británico visitó la India, no fue al Taj Mahal; sino que visitó el espléndido campus empresarial de Inform, una de las empresas de más éxito en el mercado de 12.000 millones de dólares, dedicado a la elaboración y el mantenimiento de programas de software. La empresa, incluida en el Nasdaq, ganó 131 millones con unos de 413 millones de dólares en ingresos.

Hoy la India gana más de 17 millones de dólares gracias a empresas de todo el mundo que buscaban talento en el exterior a bajo coste para hacer de todo, desde diseñar software a cobrar las deudas o a diseñar semiconductores. Un buen programador de software con dos a cuatro años de experiencia en la India tiene unos ingresos de 10.000 dólares al año, en comparación a los 62.000 en los EE.UU., según Hewitt Associates LLC, una consultora de Lincolnshire, Illinois. Las empresas estadounidenses quieren apresurarse para aprovechar esta oportunidad. Por ejemplo, General Electric ha contratado en los últimos años a 10.000 empleados indios que se encargan de la contabilidad, la tramitación de las reclamaciones, el servicio al cliente y la evaluación de crédito y, además, ha contratado a unos 1.000 científicos.

El caso de China[d]

El 26 por ciento del déficit comercial estadounidense se debe a China, que envía una tercera parte de sus exportaciones a EE.UU. La mayoría de estas exportaciones son productos fabricados por trabajadores que ganan sólo un 4,5 por ciento del salario medio que cobra un estadounidense trabajando en el sector industrial. Por ejemplo, según las estadísticas de 2005, el *New York Times*[e] estima que los costes salariales y en prestaciones por hora en el sector automovilístico chino es de 1,96 dólares, frente a los 49,60, los 40,96 y los 36,55 dólares en Alemania, Japón y EE.UU., respectivamente. Cuanto mayor es el número de empresas estadounidenses que tratan de reducir costes, mayor es la competencia de los trabajadores chinos y más presión hay a bajar los salarios. Casi el 75 por ciento de las prendas de ropa vendidas en los EE.UU., la mayor parte con marcas de empresas americanas, se fabrican en China. La Unión Europea también ha visto cómo las importaciones de ropa de China aumentaban más de diez veces después de que se eliminara en el 2005 el sistema de cuotas de 40 años.[f] A medida que la industria china perfeccione su proceso productivo, irá fabricando productos más complejos. Por ejemplo, la filial Chrysler de Daimler-Chrysler planea empezar a fabricar turismos en China en 2009 para después importarlos a EE.UU.

El caso de Méjico[g]

Las maquiladoras de Méjico, plantas de montaje estadounidenses situadas al sur de EE.UU. –junto a la frontera con Méjico–, emplean a 1,2 millones de mejicanos aproximadamente, aportan 19.000 millones de dólares en intercambios con Méjico, superando las cantidades procedentes de las exportaciones de petróleo o los envíos de dinero que hacen los mejicanos que viven en el extranjero. Las denominadas maquiladoras de "servicios" son las que presentan mayores beneficios laborales en el sector, realizan operaciones de todo tipo, desde clasificar los vales del supermercado a reparar los electrodomésticos devueltos a los minoristas (por la garantía de compra). Sin embargo, Méjico pierde posiciones frente a Asia en las actividades de montaje más sencillas. Según Roberto Coronado (un economista de El Paso) "La ropa ha aumentado, pero no tan rápido como solía hacerlo". Los costes laborales de la mano de obra poco cualificada en China son una tercera parte de los de Méjico.

Fuentes: [a] *BusinessWeek* (21 de marzo de 2005). Getting an edge on innovation, 124; [b] Jacoby, M. (4 de marzo de 2005). EU won´t allow crossing borders for health work. *Wall Street Journal*, A-13; [c] Adaptado con el permiso de Salomon, J., y Kranhold, K. (23 de marzo de 2005). In India´s outsourcing boom, GE placed a starring role. *Wall Street Journal*, A-1; Ver también Lavin, D. (1 de febrero de 2002). Globalization goes upscale, *Wall Street Journal*, A-3; [d] Tyson, L. (2 de mayo de 2005). Stop scapegoating China befote it is too late. *BusinessWeek*, 26; [e] *New York Times* (22 de abril de 2005). China loaning as the next big auto exporter, C-5; [f] Medler, P. (23 de abril de 2005). Rise in Chinese textile imports prompts inquiry in Europe. *New York Times*, B-2; [g] Adaptado con el permiso de Millman, J. (22 de marzo de 2005). Maquiladora resumed hiring growth. *Wall Street Journal*, A-13.

El crecimiento de la externalización se puede deber en gran medida a Internet, aunque también es cierto que genera algunos problemas relacionados con la seguridad en la red (*véase* el Cuaderno del Director "Contratar y formar a empleados que controlen el Ciberespacio"). Se les pide a una gran cantidad de empleados que luchen contra las amenazas de Internet. Por ejemplo, en la India, que depende en gran medida de Internet debido a la subcontratación, hay mucho miedo de que las amenazas a la seguridad puedan causar problemas en la economía. Por lo tanto, las empresas indias intentan elegir a trabajadores en los que puedan confiar y formarlo para que estén a la expectativa de cualquier actividad sospechosa.

CUADERNO DEL DIRECTOR

TENDENCIAS EMERGENTES

Contratar y formar a empleados que controlen el Ciberespacio

No importa lo concienzuda que sea una empresa con la seguridad, los programas informáticos creados en cualquier lugar del planeta pueden hacer que las computadoras sean útiles a los propósitos ilícitos que se hayan marcado sus programadores. La tecnología que ha hecho posible la "economía global", se ha convertido, en palabras de un analista, en "nuestro gran problema"[a]. La formación a los empleados para luchar contra esta amenaza será uno de los problemas más importantes de RRHH a nivel mundial en los próximos años. La tarea no es sencilla. No hay jurisdicción en Internet y los ataques pueden proceder de cualquier computadora, ya esté en las selvas de Filipinas o en un pueblo pequeño de Nigeria. Y lo que hace que la tecnología de Internet sea fácil de utilizar, es también lo que la hace más vulnerable a los ataques.

Según un estudio de German Honeynet realizado en la Universidad Aachen, hay escaneadores informáticos anónimos moviéndose en la web. Los estafadores informáticos controlan casi un millón de computadoras en todo el mundo. Estas computadoras están conectadas a redes potentes llamadas *botnets* y se alquilan por sólo 2,5 centavos por computadora y por semana a estafadores de la red; algunas cuentan con 150.000 computadoras. "Una de las armas destructivas más potentes en Internet son los botnets", dice Félix Freiling, profesor de informática en Aachen.[b]

Hay una preocupación importante en Microsoft. La empresa de software formó a 85 policías del ciberespacio procedentes de 20 países en técnicas para luchar contra esta amenaza. Después de que los cibercriminales intentaran robar 410 millones de dólares de un banco de Londres, los bancos británicos empezaron a preparar a los cajeros para que supieran reconocer las "computadoras infectadas de software malignos, que se convierten en zombis desde los que los piratas informáticos pueden enviar de forma oculta spam, lanzar virus o robar datos personales". El servicio de correos de EE.UU. (*U.S. Postal Service, USPS*) forma a sus empleados y a los de otras empresas para que reconozcan los giros postales de dinero ilegales que se envían *on line* desde Nigeria, Ghana y Europa del Este. Según un portavoz de USPS, "La calidad de lo que se hace es muy buena. Los clientes normales no van a saber lo que ven."[d]

China es uno de los países que está poniendo restricciones más duras a Internet.[e] Los chinos han contratado un ejército de 50.000 "policías de Internet" y se van a formar en el futuro más de dos veces.

Fuentes: [a] Ross, P. E. (14 de marzo de 2005). Our Frankenputer. *Forbes*, 64; [b] Adaptado con el permiso de *BusinessWeek.* (2 de mayo de 2005). Cybercriminals: Bots go Bonnie and Clyde, 14; [c] *Ibid.*; [d] Citado en Zeller, T. (26 de abril de 2005). A common currency for online fraud. *New York Times*, C-1; [e] Adaptado con el permiso de French, H. W. (4 de marzo de 2005). Chinese censors and Web users match wits. *New York Times*, B-2.

Como caso puntual, dos empleados indios que trabajan para MPhasis BFLTD, una subcontratada de Citibank, comenzaron la sesión en el sistema online de Citi y transfirieron al menos 426.000 dólares de clientes estadounidenses a sus cuentas. Debido a que los sistemas informáticos de las empresas subcontratadas de Citibank en la India permitían a los empleados locales ver información reservada sobre los clientes estadounidenses (por ejemplo, el número de la Seguridad Social, los créditos solicitados y el número de sus libretas de ahorro), se produjeron abusos. Se agravan este tipo de riesgos relacionados con la seguridad debido a procesos de selección y formación apresurados, provocados por el agotamiento o desgaste en el sector que está en casi el 60 por ciento[13]. Pero la mayoría de las empresas indias, incluyendo a MPhasis, están empleando más recursos para investigar los antecedentes de los empleados, reducir el agotamiento y formar a los empleados sobre los problemas de seguridad potenciales. Citibank no tiene planes de reducir la externalización en la India. "Si la industria puede garantizar la seguridad, pocos temores hay en el largo plazo"[14].

DETERMINAR LA COMBINACIÓN DE EMPLEADOS EXPATRIADOS Y LOCALES

Cuando la empresa pasa de la etapa de exportación (etapa 2) a la etapa en que abre una filial extranjera (etapa 3), ya sea con una **filial propia** (la filial extranjera pertenece totalmente a la matriz) o una **empresa conjunta** (***joint venture***) (parte de la filial pertenece a una entidad del país de destino: otra empresa, un consorcio de empresas, un individuo o el gobierno), debe decidir quién va a ser el responsable de dirigir la filial. Un estudio realizado con 151 ejecutivos que representaban a 138 empresas grandes señaló que la elección de los directivos de las filiales extranjeras es una de las decisiones empresariales más importantes[15].

Existen tres enfoques para dirigir una filial internacional: etnocéntrico, policéntrico y geocéntrico[16].

- Según el **enfoque etnocéntrico**, la alta dirección y otros puestos clave deben ser ocupados por personas del país de origen. Por ejemplo, Fluor Daniel, Inc., tiene 40 filiales de ingeniería, vende en cinco continentes y tiene proyectos de construcción en marcha en 80 países en un momento determinado. La empresa utiliza a un gran grupo de directivos expatriados, además de 500 profesionales en gestión internacional de RRHH que se encargan del reclutamiento, el desarrollo y la retribución.

Filial propia
En Economía Internacional, se trata de una filial extranjera que es propiedad exclusiva de la empresa matriz.

Empresa conjunta (*joint venture*)
Se trata de una filial extranjera propiedad de la empresa matriz y de una entidad del país de destino (puede ser una empresa, un consorcio de empresas, un individuo o el gobierno).

Enfoque etnocéntrico
Se trata de una perspectiva o rumbo que da la empresa a las actividades internacionales. Seguir este enfoque supone que la alta dirección y los demás puestos clave los deben ocupar personas del país de origen.

Enfoque policéntrico
Se trata de una perspectiva o rumbo que da la empresa a las actividades internacionales. Seguir este enfoque supone que la nacionalidad pierde importancia y la empresa busca activamente a los mejores, en cualquier país o región del mundo, para ocupar los puestos clave.

Enfoque geocéntrico
Se trata de una perspectiva o rumbo que da la empresa a las actividades internacionales. Seguir este enfoque supone que las filiales tienen personal y directivos locales (del país de destino).

- En el **enfoque policéntrico**, las filiales internacionales son dirigidas y tienen empleados del país de destino. Por ejemplo, la filial en Tungsram, Hungría, de General Electric controla ocho plantas y emplea a 8.000 personas, casi todas húngaras[17].
- De acuerdo con el **enfoque geocéntrico**, se concede deliberadamente poca importancia a la nacionalidad y la empresa busca activamente las personas más adecuadas para los puestos de trabajo clave de todo el mundo[18]. Las empresas transnacionales (las que se encuentran en la etapa 5) tienden a seguir este enfoque. Por ejemplo, Electrolux ha estado durante muchos años reclutando y desarrollando a un grupo de directivos internacionales de varios países. Más que representar a un país determinado, representan a la organización donde quiera que estén. Lo más importante para Electrolux es el desarrollo de una cultura común y de un enfoque internacional y la ampliación de sus redes internacionales[19].

Como muestra la Figura 17.2, existen ventajas e inconvenientes de utilizar a empleados locales y a expatriados en las filiales extranjeras. La mayoría de las empresas utiliza a los expatriados únicamente para ocupar los puestos clave, como directivos, profesionales de alto nivel y especialistas técnicos. Puesto que los expatriados tienden a salir muy caros (aproximadamente entre 85.000 y 280.000 dólares al año por persona y año, algunos expatriados en Tokio cuestan 500.000 dólares al año, según datos de 2006), no tiene sentido, en términos económicos, contratar expatriados para puestos que pueden ser ocupados por empleados locales. Se ha estimado que un expatriado cuesta entre en 2.000 y un 4.000 por ciento más que un empleado local[20]. Además, muchos países exigen que una cierta proporción de la fuerza laboral sean ciudadanos del país, haciéndose excepciones normalmente para la alta dirección.

Por lo general, se utilizarán más expatriados en las siguientes circunstancias[21]:

- **No existe la cualificación necesaria en el país de destino.** Esto es muy probable en empresas que tienen actividades en países en vía de desarrollo. Por ejemplo, suelen ser siempre expatriados los altos directivos de Falcombridge y Alcoa (ambas empresas con actividades en América Latina y África).
- **Una parte importante de la estrategia empresarial de la empresa es la creación de una imagen global.** Por ejemplo, Whirlpool Corportation, el mayor productor mundial de electrodomésticos, tiene actividades en 40 países y un compromiso firme con el concepto de empresa global. La empresa tiene un programa de liderazgo mundial que dirige a expatriados, organizando conferencias para reunir a los altos ejecutivos de las filiales de todo el mundo y equipos de proyecto que abordan problemas comunes y facilitan la integración internacional absoluta[22].
- **Las filiales internacionales y las actividades nacionales son muy interdependientes**. Por ejemplo, IBM, Hewlett-Packard y Xerox tienen plantas productivas especializadas en distintas partes de EE.UU. y del mundo. Se debe controlar de cerca e integrar el producto de cada una de estas instalaciones (chips, programas) para fabricar otros más sofisticados como PCs, equipos sanitarios y máquinas fotocopiadoras. La vinculación de los procesos productivos suele exigir una gran colaboración entre directivos y especialistas expatriados, lo que puede ayudar a superar las diferencias y a vincular las filiales de la organización.

La tecnología ha reducido sustancialmente la necesidad de que sean los expatriados los que establecen los vínculos de las filiales internacionales de la empresa con la matriz. Por ejemplo, cada semana se abre una tienda de Wal-Mart fuera de EE.UU., dirigida fundamentalmente por empleados locales. Wal-Mart puede utilizar empleados locales porque tiene a 1.000 especialistas en tecnologías de la información a tiempo

Empleados locales	
Ventajas	**Inconvenientes**
■ Menores costes laborales ■ Se muestra una confianza en los ciudadanos del país de destino ■ Aumenta el grado de aceptación de la empresa en la comunidad local ■ Maximiza el número de opciones disponibles en el entorno local ■ Permite obtener el reconocimiento de la empresa como un participante legítimo de la economía local ■ Recoge de forma precisa las consideraciones y restricciones locales en el proceso de toma de decisiones ■ Mayor conocimiento de las condiciones locales	■ Dificulta el equilibrio entre las exigencias locales y las prioridades globales ■ Suele provocar que se pospongan las decisiones locales difíciles (como una reducción de plantilla) hasta que se hacen inevitables, cuando es más difícil, costoso y doloroso tomar estas decisiones que si se hubiera tomado antes ■ Puede dificultar el reclutamiento de personal cualificado ■ Puede reducir la cantidad de control ejercido por la matriz
Empleados expatriados	
Ventajas	**Inconvenientes**
■ Semejanzas culturales con la matriz que garantiza la transferencia de prácticas empresariales/directivas ■ Permite un control más estrecho y una mejor coordinación de las filiales internacionales ■ Ofrece a los empleados una orientación multinacional gracias a la experiencia de la matriz ■ Prepara a un conjunto de ejecutivos con experiencia internacional ■ El personal local cualificado puede no estar tan preparado como los expatriados ■ Proporciona una perspectiva global más amplia	■ Crea problemas de adaptación al entorno y a la cultura extranjera ■ Aumenta la percepción de la filial como "extranjera" ■ Puede suponer costes salariales, de transferencia, etc. elevados ■ Puede provocar problemas personales y familiares ■ Tiene un efecto negativo sobre la satisfacción y la motivación de los directivos nacionales ■ Pueden estar sujetos a las restricciones de los gobiernos locales

Fuentes: Adaptado de Hamil, J. (1989). Expatriate policies in British MNNs. *Journal of General Management, 14*(4), 20; Sheridan, W. R. y Hansen, P. T. (primavera de 1996). Linking international business and expatriate compensation strategies. *ACA Journal*, 66-78; Hill, C. W. (2000). *International business*. Chicago: Irwin.

Figura 17.2 ■ Ventajas e inconvenientes de utilizar empleados locales y expatriados en las filiales internacionales.

completo en EE.UU. que desarrollan sistemas que permiten controlar de cerca las tiendas desde la sede situada en Bentonville, Arkansas.

- **La situación política es inestable.** Las empresas tienden a utilizar expatriados para los puestos de alta dirección cuando el riesgo de intervención estatal en el negocio es elevado, cuando existe agitación política, actual o potencial, cuando existe amenaza terrorista y cuando hace poco ha habido una revolución social en el país. Aunque los altos directivos expatriados pueden aumentar el conflicto entre los grupos nacionalistas y la empresa extranjera, también ofrecen ciertas garantías a la matriz de que estarán bien representados sus intereses en el país. Los expatriados también son susceptibles a las demandas realizadas por las fuerzas políticas locales.
- **Existen diferencias culturales importantes entre el país de origen y el de destino.** Cuanto más diferente sea la cultura donde se encuentra la filial de la cultura de la matriz, más importante será nombrar a expatriados que puedan actuar de intérpretes y

enlace entre las dos culturas. Puesto que para ello se requiere de una gran sensibilidad ante otras culturas, la empresa multinacional tiene que seleccionar y formar cuidadosamente a las personas que van a ocupar estos puestos. Esto puede exigir una cuidadosa planificación de la carrera profesional[23].

LOS PROBLEMAS DE LA UTILIZACIÓN DE EXPATRIADOS

A pesar de que el número de expatriados, como porcentaje total de la plantilla directiva y profesional de las empresas multinacionales, se ha reducido en los últimos años, en números absolutos ha aumentado en todas las regiones[24]. Un estudio reciente realizado en 874 empresas multinacionales de 24 grandes sectores muestra que casi la mitad de las empresas han aumentado el uso de expatriados en los últimos años. Sin embargo, la gestión de los expatriados sigue siendo aún un tema por resolver.

Se estima que el fracaso de los expatriados estadounidenses, es decir, la proporción de los que regresan antes de tiempo sin haber realizado las tareas que se les había encomendado, está entre el 20 y el 40 por ciento. Esta tasa de fracaso es tres a cuatro veces mayor que la de las empresas europeas y asiáticas. Quizás este sea el motivo de que haya cada vez más empresas americanas que prefieran expatriar a europeos o asiáticos durante uno a tres años[25]. Existe una razón de que la tasa de fracaso estadounidense sea superior: dos generaciones de dominio económico y de disponer de un mercado nacional fuerte han contribuido a la creación de una mentalidad colonialista en muchas empresas estadounidenses[26].

Los fracasos pueden resultar muy caros. Los que regresan prematuramente cuestan entre 170.000 y 360.000 dólares –en dólares de 2006–, lo que se traduce en 4.000 millones de dólares al año en concepto de costes directos para las empresas estadounidenses. Entre los costes más intangibles derivados del fracaso se pueden incluir las interrupciones de las actividades, las oportunidades perdidas y el efecto negativo de la reputación y el liderazgo de la empresa. Además, el impacto negativo individual sobre las personas implicadas y sus familias pueden ser sustanciales (por ejemplo, una autoestima menor, problemas conyugales, niños desarraigados, pérdidas de ingresos y reputación profesional dañada)[27].

POR QUÉ FRACASAN LAS EXPATRIACIONES

Han influido seis factores en la mayoría de los fracasos, aunque su importancia relativa varía según la empresa[28]. Estos factores son: interrupción de la carrera profesional, choque cultural, falta de formación en diversidad cultural, un énfasis excesivo en la cualificación técnica, tendencia a utilizar las expatriaciones como forma de deshacerse de los empleados más problemáticos y problemas relacionados con la familia.

Interrupción de la carrera profesional

Inicialmente, muchos empleados consideran una experiencia excitante la oportunidad de trabajar y viajar al extranjero. Pero una vez que la emoción inicial desaparece, muchos piensan que se ha olvidado de ellos la matriz y que se ha bloqueado su carrera profesional, mientras que se quedaron en casa sus compañeros y siguen ascendiendo en la organización. Aunque la autovaloración que hacen las empresas estadounidenses sobre la planificación de la carrera profesional de los expatriados es muy buena, la mayoría de los empleados no están de acuerdo, según un estudio reciente de la Society for Human Resources Management, sólo el 14 por ciento de los 209 directivos expatriados que respondieron al cuestionario afirmó que la planificación de la carrera que se hacía en su empresa era adecuada[29]. Afortunadamente, esta situación puede mejorar, aunque todavía hay un largo camino que recorrer. En un estudio más reciente todavía realizado por la asociación se indica que al comparar las carreras de los expatriados con la del resto de empleados sin experiencia internacional, el 41 por ciento de los encuestados señalaron que los primeros consiguen trabajos nuevos de una forma más fácil en la empresa; el 39 por ciento dijo que se promocionaba a los expatriados más rápidamente; y el 27 por ciento dijo que la expatriación de Korn/Ferry International les ayudó a conseguir un trabajo mejor en otra empresa[30]. Finalmente, otro estudio realizado con 2.700 directivos mostró que más de un tercio consideraban que las expatriaciones eran positivas para sus carreras y que tendrían en cuenta el poder participar en algún momento en un proceso de expatriación[31].

Choque cultural

Muchas personas que aceptan una expatriación no pueden adaptarse al entorno cultural del país de destino, fenómeno conocido como **choque cultural**. En vez de aprender a trabajar en la nueva cultura, el expatriado intenta imponer sus valores o los de la matriz a los empleados locales. Esta práctica puede provocar enfrentamientos culturales y malentendidos que aumentan hasta que el expatriado decide volver a casa, a un entorno más familiar, a veces dejando tras de sí una desorganización total.

Choque cultural
La incapacidad de adaptación a un entorno cultural distinto.

La falta de "inteligencia cultural" o la incapacidad para relacionarse con la gente de culturas diferentes[32] y ser monolingüe[33] son algunas de las razones del fracaso de una expatriación. Las empresas pueden ayudar a los empleados a evitar el choque cultural utilizando herramientas de selección que permiten elegir a los que tienen una mayor sensibilidad cultural y que hablan el idioma local. Korn Ferry International comprobó que nueve de cada diez empresas de cazatalentos buscaban expatriados que hablaran al menos un idioma extranjero. Estas empresas han empezado a utilizar varios métodos (entrevistas estructuradas, ejercicios de representación de papeles, centros de valoración, etc.) para identificar a los trabajadores que estuvieran "preparados para afrontar las diferencias culturales, algunas de ellas muy sutiles, que pueden hacer tropezar a los imprudentes"[34].

Falta de formación en diversidad cultural antes de la expatriación

Sorprendentemente, sólo una tercera parte de las empresas multinacionales ofrecen algún tipo de formación en diversidad cultural a los expatriados y las que lo hacen suelen ofrecer simplemente unos cursillos[35]. Con frecuencia el expatriado y su familia hacen las maletas y se van a su destino con sólo el pasaporte estadounidense y la información que hayan podido recopilar en revistas, folletos turísticos y la biblioteca. Como muestra el ejemplo siguiente, ésta es la forma de tener problemas:

> Una vez asistí a una reunión de negocios en Tokio con una alta ejecutiva estadounidense. Los japoneses tienen todo un ritual para intercambiar las tarjetas de visita y la americana no tenía ni idea. Se limitó a dejar un montón de tarjetas encima de la mesa, ante la atónita mirada de los japoneses. Uno de ellos le dio la espalda y se fue. No hace falta decir que nunca se cerró el trato[36].

Excesiva importancia de las cualificaciones técnicas

La persona elegida para ir al extranjero debe tener un expediente impresionante y una reputación excelente en la matriz. Por desgracia, las mismas características que llevan al éxito en el país de origen pueden llevar al desastre en otro país. Lea la experiencia del ejecutivo de una gran empresa electrónica estadounidense que pasó sólo tres meses en Méjico, cuando el período de expatriación era de dos años:

> Simplemente no podía aceptar que mis reuniones con el personal empezaran siempre media hora tarde y que se considerara que los plazos eran solo una referencia. ¡No parecía importarle a nadie este tema, salvo a mí! Tampoco podía comprender que muchos supervisores de primera línea contrataran a sus amigos y familiares, sin tener en cuenta si estaban o no preparados. Lo que para mí era un nepotismo de la peor especie, para ellos era una obligación para con sus grandes familias, donde se incluía a muchos "familiares adoptados" o compadres, con los que ni siquiera tenían lazos de sangre[37].

En un estudio reciente, el 96 por ciento de los encuestados consideraba que los requisitos técnicos de un puesto eran el criterio más importante para seleccionar a las personas para las expatriaciones, ignorando, en gran medida la sensibilidad cultural[38]. En las empresas más preparadas, como Prudential Relocation (una rama de Prudential Insurance), casi el 35 por ciento de los directivos mencionan la "adaptación cultural" como la característica más importante para tener éxito en el extranjero[39].

Deshacerse de un empleado molesto

Se pueden utilizar las expatriaciones como una fórmula cómoda para librarse de los directivos que tienen problemas en la matriz. Al enviar a estos directivos al extranjero, la organización resuelve las situaciones personales difíciles o los conflictos políticos de la sede, pero a un coste significativo en cuanto a las operaciones internacionales. A uno de los autores del libro le relataron la historia real siguiente:

> Joel y Paul competían por ocupar el puesto de director de división. El vicepresidente de la empresa, responsable de tomar la decisión consideraba que Joe debía ser el que promocionara, pero también sabía que Paul nunca aceptaría la decisión e intentaría activamente perjudicar a Joe. Paul tenía mucho respaldo de sus antiguos compañeros, por lo que la única forma de evitar el problema era encontrar otro lugar donde Paul no causara problemas. El vicepresidente llegó a la conclusión de que promocionaría a Joe como director de la división y nombraría a Paul director ejecutivo de la filial en Venezuela. Paul que había ido muy pocas veces al extranjero y que apenas había estudiado el español (algo en el instituto, 20 años antes), aceptó el trabajo. Desde el principio se hizo evidente que el nombramiento había sido un error. Dos meses después de haber aceptado el trabajo en Venezuela se produjo una importante huelga salvaje como consecuencia del estilo directivo autoritario de Paul y por su mano dura con los sindicatos, por lo que hubo que sustituirle.

Problemas relacionados con la familia

Más de la mitad de los regresos prematuros se deben a problemas relacionados con la familia[40]. Es sorprendente que la mayoría de las empresas no anticipen estos problemas y no desarrollen programas para evitar que ocurra. En efecto, pocas empresas consideran la opción cónyuge[41]. La mujer de un expatriado comentaba:

> Un marido al que le remuerde la conciencia por haber arrastrado a su mujer por medio mundo o que se distrae porque su mujer no puede soportar estar más tiempo en el extranjero, no puede estar satisfecho o puede ser productivo... La mayoría de las mujeres, de hecho, suelen empezar bastante bien. Sin embargo, la emoción desaparece rápidamente cuando su marido la deja porque debe hacer un recorrido por la región nada más llegar y se queda sola, rodeada de cajas de mudanza y con la responsabilidad de encontrar un buen colegio. O cuando tiene que contratar a personal doméstico para poner en marcha la casa, sin hablar el idioma... [A menudo] se les pide que se olviden de su propia trayectoria profesional y que dejen atrás sus buenos salarios... sólo para ver cómo desaparece su autoestima en el tiempo de estancia en el extranjero[42].

Las expectativas de las parejas con una doble carrera profesional constituyen otra causa de fracaso de las expatriaciones. Las empresas multinacionales se enfrentan cada vez más a parejas que esperan trabajar en el mismo país extranjero, sin tener que sacrificar la carrera ninguno. Sin embargo, uno de los cónyuges suele sacrificarse y esto suele provocar insatisfacción. Cuando se propuso a Eric Phillips, empleado desde hace diez años de AT&T, que se fuera a Bruselas, su mujer, Angelina, tuvo que dejar su trabajo bien pagado de investigadora de mercados. Aunque el desplazamiento constituía una oportunidad profesional impresionante para Phillips, a su mujer le resultó muy difícil adaptarse a todo[43].

DIFICULTADES AL VOLVER

La vuelta a casa de los expatriados puede estar repleta de dificultades. Se estima que entre el 20 y el 40 por ciento de los expatriados que vuelven (llamados *repatriados*) dejan la organización al poco tiempo de regresar[44]. Algunas empresas señalan que casi la mitad de los empleados dejan la empresa en los dos años siguientes[45]. Son cuatro los problemas que tienen que afrontar los repatriados: la falta de respeto que muestra su empresa por las habilidades adquiridas en el extranjero, la pérdida de estatus, una mala planificación de la vuelta y el choque cultura inverso[46]. La Figura 17.3 resume algunas de las prácticas que se pueden utilizar para resolver estos problemas. Analizamos estas prácticas con más detalle más adelante en este capítulo.

Falta de respeto por las habilidades aprendidas

La mayoría de las empresas estadounidenses siguen prestando mayor atención al mercado nacional. Esto es cierto, incluso para las que tienen un largo historial de operaciones internacionales. El expatriado que ha acaparado una gran información y habilidades valiosas en su estancia en el extranjero puede sentirse insatisfecho por el poco aprecio que muestran sus compañeros y supervisores de la matriz. Según un estudio de 2001, sólo el 12 por cien-

Las empresas que tienen una tasa de fracaso relativamente baja en cuanto a la repatriación atribuyen su éxito a las relaciones intensas con el individuo y su familia antes, durante y después de la expatriación. A continuación, se ofrecen algunas de las prácticas y programas que parecen mejorar el compromiso de los empleados expatriados con sus organizaciones.

- **Planificar la carrera ayuda a los expatriados a saber lo que les espera cuando vuelvan a EE.UU.** Los directivos tienen que sentarse con los profesionales de RRHH y con el empleado para trazar su trayectoria profesional antes de que se marche al extranjero.
- **Los mentores pueden conseguir que los expatriados sean miembros vitales de la organización.** En Northern Telecom, Inc., con sede en Nashville, los altos directivos y los vicepresidentes se envían correos frecuentemente con los expatriados y se reúnen con ellos en la matriz o en el país de destino periódicamente. El proceso de repatriación es mucho más fácil si el empleado no piensa que se han olvidado de él mientras está fuera.
- **Apertura de canales de comunicación globales que mantienen al día al expatriado sobre la evolución de la organización.** Algunas empresas hacen esto mediante boletines de noticias y memorias. Por supuesto, la tecnología de telecomunicaciones permite al expatriado mantener un contacto continuo con la matriz mediante el fax y el correo electrónico.
- **Reconocer las aportaciones de los empleados repatriados facilita su regreso.** Tienen más posibilidades de quedarse en la empresa los empleados repatriados cuyos resultados en el extranjero son reconocidos.

Fuente: Adaptado de Shilling, M. (septiembre de 1993). How to win of repatriation. *Personnel Journal*, 40.

Figura 17.3 ■ Comunicación al repatriado.

to de los expatriados consideran que su expatriación ha hecho avanzar su carrera profesional y casi las dos terceras partes afirmaban que sus empresas no aprovechaban lo que habían aprendido fuera[47].

Sin embargo, dado el aumento rápido de la externalización en los últimos años, esta situación puede cambiar. Un estudio de la Fuqua School of Business de la Universidad de Duke y de Archstone Consulting en el 2005 dice que las empresas americanas con operaciones en el exterior planean enviar un 81 por ciento más de puestos de investigación, un 55 por ciento de puestos de ingeniería y un 75 por ciento de puestos de RRHH. Otro estudio de 2005 sugiere que no se trata sólo de un fenómeno americano. En Europa, por ejemplo, los costes laborales de la mayoría de los países occidentales son diez veces más elevados que en los del Este[48]. Las empresas desean hacerse con los servicios de directivos veteranos con experiencia internacional para enviarlos al extranjero. Según un analista, "mientras que pasar antes una temporada fuera solía ser un boleto al olvido, ahora si quieres ascender en cualquier empresa grande, no puedes pasar por alto el nuevo orden mundial"[49].

Pérdida de estatus

Los expatriados que vuelven a menudo padecen una pérdida importante de prestigio, poder, independencia y autoridad. Esta *pérdida de estatus* afecta a las tres cuartas partes de los expatriados que vuelven a sus países de origen[50]. Un estudio reciente muestra que la desilusión a la vuelta es tan grande que el 77 por ciento de los expatriados preferirían aceptar un trabajo en el extranjero con otra empresa a un empleo en el país de origen con su empresa actual[51]. El ejemplo siguiente muestra este hecho:

> Cuando estuve en Chile, tuve la ocasión de reunirme con varios ministros y otros altos funcionarios de industria. En principio, yo tenía la última palabra en todas las decisiones. Tenía mucho margen porque en la sede de la empresa no interesaba realmente lo que ocurría en Chile y, por tanto, no se informaba bien sobre lo que sucedía. Tomé decisiones en Chile que sólo hubiera podido tomar el CEO en nuestro país. Cuando volví, sentí que todo lo que había aprendido y la experiencia que había adquirido en Chile era totalmente inútil. En mi opinión, el trabajo que me dieron estaba seis niveles más abajo del que tenía en Chile. Necesitaba autorización para contratar. Tenía que contar con la firma de mi jefe para realizar compras que valían la décima parte de las que realizaba en Chile. Decir que me sentía decepcionado, es decir muy poco[52].

Mala planificación de la vuelta

La incertidumbre de la repatriación puede provocar una gran ansiedad a los repatriados. Un estudio sugiere que más de la mitad de los empleados repatriados desconocen el trabajo que tendrán a su regreso[53]. El relato siguiente es típico en los repatriados:

> Recibí una carta de la matriz tres meses antes de que venciera mi estancia en Hungría (donde era responsable de un equipo de ingenieros que desarrollaban un sistema informático para controlar los inventarios de nuestras cuatro nuevas plantas). Me dijeron que asumiría el trabajo de Supervisor de Servicios Técnicos en la sede de la empresa. Sonaba bastante bien. Sin embargo, me quedé asombrado cuando al volver me encontré que tenía el cargo honorario de supervisor sin nadie bajo mi responsabilidad. Aquello olía a gato muerto, así que salté del barco en cuanto se me presentó la primera ocasión[54].

Choque cultural inverso

El vivir y trabajar durante mucho tiempo en una cultura cambia a la persona, especialmente si ha internalizado algunas de las normas y costumbres del país de destino. Puesto que esta internalización se produce inconscientemente, los expatriados no suelen ser conscientes del profundo cambio psicológico que han experimentado hasta que vuelven a casa. Se sabe que hasta el 80 por ciento de los repatriados experimentan el *choque cultural inverso*, que a veces lleva a la alienación, a tener la sensación de que se han perdido las raíces, e incluso a problemas de disciplina[55]. Un expatriado que había estado trabajando en España señalaba:

> Trabajando en España, me di cuenta de la importancia de la camaradería entre los compañeros, tanto dentro como fuera del trabajo. Cuando volví a EE.UU., fui consciente por primera vez de que lo que se espera de los hombres americanos es que sean distantes y competitivos en el entorno laboral. Los intentos por mi parte de entablar amistad solían malinterpretarse y se consideraban maniobras sutiles para conseguir algún beneficio propio[56].

A pesar de estas dificultades, muchos directivos de hoy en día hacen cola para participar en un proceso de expatriación, al mismo tiempo que las empresas se están dando cuenta poco a poco de que la experiencia internacional puede ser un activo muy valioso[57]. Gerber Products ha anunciado que a partir de ahora, las expatriaciones tendrán una importancia enorme en la carrera profesional de los ejecutivos de la empresa. Por ello, el director de Gerber en Polonia considera que tiene una ventaja sobre muchos de sus compañeros: "Estoy en una posición ventajosa frente al resto de los MBA debido a mi experiencia en el extranjero", afirma, "no soy sólo uno entre cientos de miles"[58].

MEJORAR LA EFICACIA DE LOS PROCESOS DE EXPATRIACIÓN

Las empresas pueden minimizar las probabilidades de fracaso creando un conjunto de políticas y prácticas de RRHH razonables que ataquen de raíz los problemas que hemos comentado. En este apartado analizamos cómo las políticas de selección, formación, desarrollo de carreras y retribución pueden ayudar a las empresas a evitar estos problemas.

SELECCIÓN

La selección de un empleado para una expatriación es una decisión fundamental. Puesto que la mayoría de los expatriados trabajan sin apenas control en un lugar alejado, los errores en la selección pueden pasar desapercibidos hasta que ya es demasiado tarde. Para elegir al mejor empleado para el trabajo, la dirección debería considerar lo siguiente:

- **Dar importancia a la sensibilidad cultural como criterio de selección.** La empresa debe valorar la capacidad del candidato para relacionarse con personas de distinta procedencia. Por ejemplo, una empresa grande fabricante de productos electrónicos realiza entrevistas en profundidad con los supervisores, compañeros, subordinados y, sobre todo, con aquellos cuyo género, raza u origen étnico difieren de los de los candidatos. También deberían formar parte del proceso de selección las entrevistas personales con el candidato y las pruebas por escrito que miden la adaptación social.
- **Crear un comité de selección de expatriados.** Algunos especialistas de RRHH recomiendan firmemente que sea un comité de selección compuesto por directivos que han trabajado como expatriados entre tres y cinco años, como mínimo, el que apruebe las expatriaciones[59]. Los comités deberían ser capaces de detectar problemas potenciales de los directivos que no tienen una experiencia internacional.
- **Exigir una experiencia internacional previa.** Aunque no siempre es posible, es muy deseable elegir a candidatos que ya han pasado cierto tiempo en otro país. La razón principal por la que el Estado de Utah es el que tiene más empresas internacionales es

porque posee una población elevada de mormones, cuya iglesia exige que pasen un mínimo de dos años como misioneros en otro país. Algunas escuelas de negocios (como la American Graduate School of International Management de Phoenix, Arizona) y algunas empresas multinacionales ofrecen prácticas en el extranjero. Así, los candidatos adquieren ciertos conocimientos del idioma y costumbres del país antes de aceptar participar en un proceso de expatriación.

- **Analizar la posibilidad de contratar a empleados de otras nacionalidades que pueden servir como "expatriados" en el futuro.** Las empresas japonesas han tenido bastante éxito contratando a empleados nacidos en el extranjero (no japoneses) tras licenciarse en la universidad, para trabajar en la sede de Japón. Estos empleados entran en la empresa con poca experiencia laboral y, por ello, no tienen ideas preconcebidas y las multinacionales japonesas pueden transmitirles su propia filosofía y valores[60]. Algunas empresas estadounidenses, como Coca Cola, han implantado esta práctica desde hace años.
- **Tener en cuenta a los cónyuges y familiares de los candidatos.** Algunas empresas están teniendo en cuenta a los miembros de la familia del expatriado, ya que la infelicidad de éstos tiene un papel fundamental en el fracaso de las expatriaciones. Por ejemplo, Ford evalúa formalmente las cualidades de los cónyuges como su flexibilidad, paciencia y adaptación, planteándoles preguntas del tipo "¿Cómo se siente ante la expatriación?, ¿piensa que se va a poder adaptar?" Exxon también se reúne durante el proceso de selección con los cónyuges e hijos de los candidatos[61].
- **Desarrollar un programa eficaz de selección para elegir no sólo a los expatriados, sino también a los empleados locales que ayudarán al expatriado a cumplir con su misión.** La empresa internacional debería conseguir seleccionar a un grupo de personas en el país de destino que ayuden en la consecución de los objetivos. El trabajo del expatriado sería más fácil si puede centrarse en las cuestiones más generales y delega otras tareas a expertos locales.

FORMACIÓN

El supuesto de que todo el mundo reacciona de la misma manera ante las mismas imágenes, símbolos y eslóganes ha perjudicado a las empresas estadounidenses que ofrecen sus productos en los mercados internacionales. *Véase* el Cuaderno del Director "Evitar las meteduras de pata para llegar a los clientes".

La formación en diversidad cultural sensibiliza al candidato a una expatriación en los valores, las costumbres, el idioma, las leyes fiscales y el gobierno[62]. Lo ideal sería que el proceso de formación comenzara nueve a 12 meses antes de que el empleado se marche al extranjero[63].

Aunque la formación puede tener un coste de 1.500 dólares o más por directivo (según las estimaciones de 2007), muchas empresas consideran que el coste es menor en comparación al que se produciría si fracasa un expatriado. Por ejemplo, a pesar del proceso de reducción de costes en el que está inmerso General Motors, el gigante del automóvil sigue gastando casi medio millón de dólares al año en formación sobre diversidad cultural, dirigido a aproximadamente 150 americanos y sus familias destinados al extranjero. El director general de personal de General Motors atribuye la reducida tasa de regresos prematuros (menos de un uno por ciento) a esta formación. La experiencia de una familia de Cortland, Ohio, destinada a Kenya, es un ejemplo típico. Los miembros de la familia recibieron un curso de tres días de duración sobre diversidad cultural. Se les habló en dicho curso sobre la historia política africana, las prácticas empresariales, las costumbres sociales y el lenguaje no verbal. Los dos adolescentes de la familia, que no querían mudarse a África probaron

CUADERNO DEL DIRECTOR

GESTIÓN DE RRHH: EL EMPLEADO COMO CLIENTE INTERNO

Evitar las meteduras de pata para llegar a los clientes

La campaña de publicidad dejó al fabricante de zapatillas Nike Inc. sin saber qué hacer. La empresa hizo un anuncio denominado "La cámara de miedo" en el que participaba LeBron James (del equipo de la NBA Cleveland Cavaliers) luchando, y derrotando, a un maestro de Kung Fu hecho por computadora. Dicho anuncio no ha generado problemas en ninguna parte, salvo en China donde los clientes han considerado insultante el contenido y Pekín prohibió el anuncio el pasado mes de diciembre. Actualmente China es el tercer mercado más grande del mundo en anuncios, mientras 1.300 millones de chinos se preparan para las Olimpiadas de 2008 en Pekín.

Las posibilidades de meter la pata en China son muy grandes. KFC Corp. comprobó cómo el Coronel Sanders no cuajaba entre los consumidores y la campaña de Nike "Just do it" no funcionaba porque daba mucha importancia a la individualista irreverencia juvenil. Toyota tuvo también problemas con un anuncio en el que aparecían leones de piedra, un símbolo tradicional del poder en China, haciendo una reverencia al Prado GX de Toyota. Los consumidores chinos no están dispuestos a hacer una reverencia a algo, aunque sea un coche, que sea de Japón.

Para evitar estas meteduras de pata, muchas empresas extranjeras envían como expatriados a China a sus altos ejecutivos y responsables de marketing para recibir cursos de formación cultural. Se asigna un mentor chino a cada expatriado con la función de aconsejar al expatriado qué hacer, qué no hacer y cómo interpretar los mensajes o símbolos concretos. Ogilvy y Malter Worldwide tienen 1.000 empleados locales en cuatro ciudades chinas para ayudar a los expatriados a evitar las meteduras de pata.

Fuente: Adaptado con el permiso de Balfour, E. y Kiley, D. (25 de abril de 2005). China: Ad agencies unchained. BusinessWeek, 51.

la comida india (muy popular en Kenya), aprendieron a utilizar el transporte público de Nairobi, les enseñaron a hablar un poco de swahili y a hacer malabarismos[64].

Un estudio reciente señala que el 57 por ciento de las empresas ofrecen al menos un día de formación en diversidad cultural; el 32 por ciento ofrecen dicha formación a toda la familia del expatriado; y el 22 por ciento sólo al expatriado y a su cónyuge. Sorprendentemente, sólo el 41 por ciento de las empresas obligaron a que los futuros expatriados participaran en los programas de formación en diversidad cultural[65]. La Figura 17.4 muestra tres alternativas distintas sobre cómo realizar la formación en diversidad cultural. La alternativa más barata, la *informativa*, dura menos de una semana y se limita a ofrecer información indispensable y una ligera formación del idioma. La alternativa denominada *afectiva* (de una a cuatro semanas) se centra en ofrecer cualidades directivas y psicológicas que necesitará el expatriado para que el trabajo (por un período medio) en el país de destino sea eficaz. La formación más cara es la que se corresponde con la alternativa denominada *de impresiones* (de uno a dos meses). Según esta alternativa, se prepara al directivo para una larga estancia en el extranjero, para ello, se le ofrece, por ejemplo, experiencia de campo y muchas horas de formación en idiomas. En un mundo ideal, al menos una parte de estos programas de formación deberían estar dirigidos a la familia del expatriado. Aunque la Figura 17.4 se ocupa de la formación anterior a la partida, también es posible (y de hecho deseable) utilizar programas de formación análogos para los repatriados, con el objetivo de ayudarles a superar el choque cultural inverso.

Quizás el momento clave de la formación al expatriado se produce "en el trabajo" cuando toma contacto tras su llegada. Se deben preparar los directivos locales para formar a los expatriados recién llegados, de tal forma que puedan suavizar su transición y les adviertan de los obstáculos culturales con los que se pueden encontrar. Por ejemplo, Dennis Ross, director general de operaciones internacionales en Convergys, una empresa de

Duración de la expatriación	Duración y nivel de formación	Formación en diversidad cultural
1-3 años	1-2 meses Elevado	**De Imitación/Impresión** Centros de valoración *(Assessment Center)* Experiencias de campo Simulaciones Formación en sensibilidad Formación amplia en idiomas
2-12 meses	1-4 semanas Moderado	**Afectiva** Formación en idiomas Representación de papeles *(role-playing)* Incidentes críticos Casos Formación en control del estrés Formación moderada en idiomas
1 mes o menos	Menos de 1 semana Bajo	**Informativa** Zonas de reuniones informativas Reuniones informativas sobre aspectos culturales Películas/libros Uso de intérpretes Formación mínima en idiomas

Fuente: Adaptado de Mendenhall, M. y Oddou, G. (1986). Acculturation profiles of expatriates managers: Implications for cross-cultural training. *Columbia Journal of World Business*, 78. Copyright 1986. *Columbia Journal of World Business*. Reproducido con autorización.

Figura 17.4 ■ Tres alternativas para la formación en diversidad cultural.

call center situada en Cincinnati, trabaja con el Vicepresidente Indio de Convergys, Jaswinder Ghumman. Cuando Covergys construía su cafetería en Gurgaon, un barrio de Nueva Delhi, se hizo a Ghumman responsable de que le indicara a Ross que la comida hindú se debe servir caliente y que la cafetería debía tener en cuenta esta peculiaridad. Además, se enseñó gastronomía hindú a los directivos estadounidenses y se les indicó que los sándwiches fríos no formaban parte del menú. Según Ross, "¿Quién iba a suponer que el atún en pan de molde podría ser un problema? En cualquier caso, pensamos que lo hemos hecho bien al fomentar la comunicación abierta con nuestro personal local y no dar nada por sentado"[66].

DESARROLLO DE CARRERAS PROFESIONALES

La motivación del expatriado a hacer bien su trabajo en el extranjero, a permanecer en el puesto durante el período que dure su estancia y a tener un rendimiento excelente cuando vuelva a la sede, dependerá en gran medida de las oportunidades de desarrollo profesional que le ofrezca la empresa. Al menos, la buena planificación de la carrera de los expatriados exige que la empresa haga tres cosas:

- **Que la expatriación sea un paso previo al avance de la carrera dentro de la empresa.** La empresa debe definir explícitamente el trabajo, la duración de la estancia en el extranjero y el puesto, el nivel y la continuidad de la carrera del expatriado, una vez que regrese. Algunas empresas están recortando el período de expatriación. En un estudio realizado en 2005, las tres cuartas partes de las empresas que participaron dijeron que la duración de una expatriación era de menos de 12 meses[67]. Uno de los motivos de fijar este período de tiempo es asegurar que el expatriado no esté mucho tiempo fuera del núcleo principal de la empresa. El segundo motivo es que en el 79 por ciento de los casos la familia acompaña a los expatriados en su estancia. Una pega obvia de esta política es que el expatriado necesitará un mínimo de tres a seis meses para estar cómodo en el país de destino, y es entonces cuando tiene que volver a casa. Además, el buen rendimiento depende también de tener una red de contactos interna y externa y para conseguirla se necesita tiempo.

- **Ofrecer ayuda a los expatriados.** Esto se puede conseguir de diversas formas[68]. Un método muy conocido es el "sistema amigo" (*buddy system*), en el que se nombra a un directivo o mentor de la sede para que mantenga el contacto con el expatriado y le ayude cuando sea necesario. Otro planteamiento consiste en que el empleado expatriado vuelva a casa de vez en cuando, para mantener la sensación de pertenencia a la organización y reducir los problemas al regreso. También algunas empresas pagan a los familiares del expatriado el viaje para que le acompañen durante ese tiempo.
- **Preocuparse y ayudar a que el cónyuge desarrolle también su carrera.** Si el cónyuge renuncia a su trabajo para trasladarse con el empleado expatriado, se reducen los ingresos familiares en un 28 por ciento de media[69]. Un estudio reciente de Merrill Lynch indica que la mayoría de los expatriados esperan que la empresa ofrezca ayuda para que su pareja pueda también continuar con su carrera[70].

RETRIBUCIÓN

Las empresas pueden utilizar paquetes retributivos para mejorar la eficacia de las expatriaciones. Sin embargo, las políticas salariales pueden generar conflictos si los empleados locales comparan sus paquetes retributivos con los del expatriado y llegan a la conclusión de que se les trata de forma poco equitativa. Planificar la retribución de los expatriados exige que la dirección tenga en cuenta:

- **Ofrecer al expatriado unos ingresos equivalentes a los que recibiría en su país de origen.** Para ello es necesario garantizar a los empleados expatriados una cantidad de dinero que les permita cubrir las diferencias de precios de la vivienda, los alimentos y otros bienes de consumo. También se deberían incluir aquí las cantidades para la escolarización de los hijos y el seguro médico de toda la familia. El índice del coste de la vida más conocido, para los distintos lugares del mundo, lo publica el Corporate Resources Group, una empresa consultora con sede en Ginebra que hace encuestas en 97 ciudades del mundo dos veces al año.

  El Ministerio del Interior estadounidense también elabora un índice del coste de la vida en las principales ciudades del mundo. Algunas de las más caras, como Tokio, Osaka, Londres y la mayoría de las ciudades escandinavas, suponen al menos un 50 por ciento más de coste que vivir en Nueva York. Para estancias cortas, la Runzheimer Guide ofrece cada día los costes de la vida de 1.000 ciudades. Cientos de empresas utilizan este índice para aprobar, conocer y presupuestar los gastos de viaje[71].

  No es una ciencia exacta conseguir que los ingresos sean similares a los de la oficina en el país de origen (por ejemplo, encontrar una vivienda en Japón frente a las posibilidades que hay en EE.UU., es casi imposible), pero como regla general, es mejor pasarse que quedarse corto. *Véase* la Figura 17.5 para conocer los costes de vivienda en distintas ciudades del mundo.

Índice del coste de la vida en 2006	
Seúl	149
Tokio	140
Moscú	114
Londres	110
Singapur	98
Nueva York	100
Pekín	85
Ciudad de Méjico	78
París	80
Río de Janeiro	58
Roma	79
Sydney	60
Bombay	56
Toronto	56

* Respecto a una familia estadounidense de tres personas con nivel de ingresos de 100.000 dólares.

Fuente: Estimado por los autores a partir de varias fuentes.

Figura 17.5 ■ El coste de la vida en el mundo.

- **Ofrecer un incentivo "adicional" por aceptar trabajar durante un tiempo en el extranjero.** Antes de que se produzca el traslado, la empresa puede ofrecer un incentivo por aceptar la expatriación. O puede ofrecer al empleado una subida porcentual de su salario base; la subida habitual es del 15 por ciento sobre el salario base en el país de origen[72]. También puede proporcionar una cantidad total al finalizar la estancia en el extranjero. Varias empresas ofrecen una combinación de los tres incentivos. Normalmente, los incentivos mayores se reservan para los lugares menos atractivos. Por ejemplo, las empresas multinacionales tienen que ofrecer incentivos más altos para animar a sus directivos occidentales a que se vayan a Europa del Este, donde hay mala calidad de vida, existe inestabilidad política y escasas viviendas de calidad. Normalmente, las empresas suelen ofrecer paquetes que incluyen la vivienda a cuenta de la empresa, el envío de bienes de consumo difíciles de encontrar (hasta cuatro envíos anuales) y fines de semana en la Europa Occidental[73]. Las empresas petrolíferas que se han localizado en Colombia se enfrentan a la amenaza constante de terrorismo. Se ha secuestrado y asesinado a trabajadores expatriados. Por ejemplo, Occidental Petroleum ha visto cómo se bombardeaba su oleoducto unas 170 veces al año[74]. En esta situación, la mayoría de los expatriados reciben salarios muy altos, tres o cuatro veces mayores que los que ganarían si trabajaran en el país de origen.
- **Evitar que los expatriados ocupen los mismos puestos o puestos inferiores que los empleados locales.** Los empleados locales tienden a comparar sus salarios y estilos de vida con los de los expatriados y es más probable que surja un sentimiento de injusticia si un expatriado en el mismo puesto, o en uno de rango inferior, cobra más que un empleado local. Por desagracia, puede resultar imposible evitar esta sensación de falta de equidad, sobre todo si una empresa estadounidense envía a uno de sus altos ejecutivos al extranjero. Por ejemplo, si consideramos los países europeos occidentales, los ejecutivos estadounidenses llegan a ganar hasta 20 veces más lo que gana un ejecutivo análogo en el país de destino.

En algunos mercados, como la India, los salarios aumentan más rápidamente para determinados puestos (este es el caso de los equipos subcontratados que se luchan por el talento). Por ejemplo, controlando la inflación, el salario de un director de proyectos en la India en 2006 era dos veces y medio superior al que había en 2000 y la facturación en 2005 pasaba del 25 al 35 por ciento anual. Como consecuencia, las empresas en la India y en otros lugares están empezando a contratar a empleados cualificados estadounidenses para ocupar un vacío en el mercado local ya que el coste de la mano de obra cualificada aumenta en dicho mercado[75].

El cálculo de los paquetes retributivos para los empleados expatriados es una de las tareas más difíciles que deben afrontar las empresas multinacionales[76]. La retribución solía ser una cuestión relativamente sencilla: los empleados locales de nivel inferior cobraban en la divisa local, mientras que el salario de los directivos expatriados estaba fijado según los sueldos de EE.UU. Sin embargo, en un momento de reestructuraciones empresariales sustanciales que buscan reducir los costes, se consideraban demasiado caros los paquetes retributivos de los expatriados en términos de salarios. Además, a medida que las empresas pasan a las últimas etapas del proceso de internacionalización, tienden a utilizar a equipos de empleados internacionales que trabajan fuera de la sede, en vez de a sólo expatriados.

Aún así, algunas empresas siguen remunerando generosamente a sus expatriados. Para evitar las desigualdades salariales potenciales cuando los empleados son transferidos de un puesto internacional a otro, 3M compara los salarios netos tanto en el país anterior como en el nuevo y ofrece al empleado transferido el salario mayor[77]. Y Seagram Spirits and

Wine Group han creado una "política de cuadros internacionales" para aquellos expatriados que trabajan en el extranjero de forma permanente (en vez de ser expatriados que vuelven a EE.UU. en algún momento). El paquete se caracteriza porque se ajusta al coste de vida y se le añade una cantidad para la vivienda, la que se considera normal a escala global, que es la misma independientemente del lugar. Para los expatriados temporales estadounidenses, Seagram mantiene lo que denomina el paquete retributivo del "expatriado puro" según el cual los empleados reciben un salario equiparable a lo que se paga en EE.UU.[78].

Algo que facilita las comparaciones salariales hoy es la disponibilidad de estudios en la web. Por ejemplo, Personnel Systems Associates ofrece un directorio con 1.500 estudios que cubren cientos de puestos[79].

Otras fuentes excelentes que ofrecen datos globales amplios sobre retribución son Radford International Survey (www.radford.com), la Culpepper Global Compensation Survey (www.culpepper.com), la ERI Economic Research Institute Survey (www.erieri.com) y la Mellon Compensation Surveys (www.mellonsurveys.com).

Un tema que sigue complicando el diseño de la retribución de los expatriados es la fluctuación de los tipos de cambio. Por ejemplo, en 2000 cada dólar tenía un valor de aproximadamente 1,22 euros. En 2005, cada dólar tenía un valor de 0,70 euros. Los ratios de equidad salarial entre los nativos (a los que se les paga con la moneda local) y los expatriados (a los que se les paga en dólares) pueden cambiar rápidamente. Las empresas solucionan habitualmente este problema ajustando la retribución de los empleados que "pierden" (aquellos que ven cómo se devalúa su moneda), pero esto se debe hacer con cuidado porque el valor de la moneda puede cambiar otra vez después[80]. Pagar a todos los empleados (ya sean locales o expatriados) en dólares americanos supone añadir más complejidad al tema de la equidad salarial. Como comentó un analista hace poco, "Se han distorsionado varios mercados salariales locales debido a que los nativos de países con monedas relativamente débiles –frente a los dólares americanos– (ejemplo, África, Asia-Pacífico) han cobrado en dólares, con lo que la retribución percibida ha sido entre un 200 y un 300 por ciento más alta que la habitual en esos mercados[81].

LA FUNCIÓN DEL DEPARTAMENTO DE RRHH

Un estudio reciente preguntaba a los expatriados, "¿Qué consejo darías al departamento de RRHH sobre cómo gestionar a los expatriados?" Según el profesor Joyce Osland, responsable de la investigación, "Lo que la mayoría quería del departamento de RRHH es que eliminara la incertidumbre innecesaria. Hay confusión suficiente cuando sale uno fuera –no es necesario que el departamento de RRHH contribuya a aumentarla. Los expatriados quieren que RRHH elimine obstáculos". Según un encuestado, "Lo primero que tiene que hacer RRHH es resolver los problemas logísticos, por ejemplo, cómo hacer la mudanza. Porque tú tienes estos pequeños... [problemas] que llevan su tiempo y, además, necesitas resolver otras cosas..."[82].

Otro trabajo realizado por Polak International Consultants, una consultora internacional de RRHH, confirma que la mayoría de los expatriados no están contentos con la mayoría de los servicios que ofrecen los departamentos de RRHH; los encuestados señalaron que el departamento de RRHH no está preparado para hacer frente a las exigencias de una fuerza laboral global. Esta opinión sugiere que una de las prioridades en los próximos años para los departamentos de RRHH de las empresas multinacionales es conocer mejor las necesidades en los distintos lugares de trabajo[83]. Para lograrlo, no sólo se exige mejorar el servicio a los expatriados, sino también hacer un seguimiento mejor de las tendencias internacionales de RRHH.

MUJER Y EXPATRIACIÓN

Aunque en el año 2006 las mujeres ocupaban casi la mitad de los puestos directivos en EE.UU., sólo el 14 por ciento de los directivos estadounidenses expatriados eran mujeres. Según un estudio de Catalyst, una consultora internacional, hay tres ideas equivocadas respecto a la capacidad y fortaleza de las mujeres en una expatriación: 1) las empresas consideran que las mujeres no tienen tanta movilidad como los hombres, sin embargo el 80 por ciento de ellas no han rechazado nunca participar en un proceso de expatriación, frente a sólo el 71 por ciento de los hombres. 2) Las empresas consideran que las mujeres se enfrentan con un conflicto mayor trabajo/familia si participan en un programa internacional. Sin embargo, casi la mitad de hombres y mujeres dicen tener dificultades para conciliar el trabajo con su vida familiar. 3) La mayoría de las empresas creen que los clientes extranjeros no se sentirán cómodos negociando con mujeres cuando esos clientes son hombres. Sin embargo, el 76 por ciento de las expatriadas dicen que ser mujer tiene un efecto positivo o neutro en sus resultados en el extranjero[84].

La Figura 17.6 muestra algunos medios para que las mujeres superen las barreras que les impiden ser seleccionadas para participar en el mundo de los negocios internacionales.

Estrategias	Herramienta, método o actuación de RRHH	Posibles problemas/Estrategias para la implantación
1. Elegir expatriadas que demuestren las habilidades técnicas o directivas necesarias para el puesto. No enviar símbolos.	La selección se basa en competencias demostradas. Si es necesario, se les da un curso de formación en habilidades técnicas y directivas antes de su partida.	Puede resultar complicado encontrar a una persona con todas las credenciales necesarias que esté dispuesta a marcharse. La empresa debería identificar las habilidades necesarias para una expatriación.
2. Elegir expatriadas que tengan una gran orientación sensorial (por ejemplo, sinceridad).	La selección de los expatriados se basa en características de personalidad, como la sinceridad o flexibilidad. Se puede utilizar SAGE (*Self-Assessment for Global Endeavors*) o una herramienta parecida.	Puede resultar complicado encontrar a alguien con las características de personalidad necesarias que esté dispuesta a marcharse.
3. Formar a las expatriadas en las normas, valores y tradiciones relacionadas con las mujeres de los países de destino.	Ofrecer una formación adicional antes de la partida sobre la cultura específica.	No se pueden anticipar todas las situaciones difíciles.
4. Eliminar la imagen de "símbolo", las empresas multinacionales deberían promover activamente el uso de expatriadas como el candidato "más cualificado".	Cartas de presentación. Presentación en persona por un alto ejecutivo. Un comunicado de cualificaciones. Cualquier otro método culturalmente apropiado para conseguir la credibilidad.	Dependiendo del contexto cultural, algunas de estas iniciativas pueden ser malinterpretadas. La medida debería adaptarse a la cultura específica.
5. Ofrecer a las expatriadas una red de apoyo en el país o vincularla a un mentor.	Tener un mentor en el país de origen y una forma de comunicarse con él. Tener un mentor en el país de destino.	La comunicación es más difícil cuanto más larga es la distancia. Ofrecer medios de comunicación concretos (por ejemplo, videoconferencias, e-mail) más formación sobre cómo utilizarlos y el protocolo a seguir.

Figura 17.6 ■ Estrategias para maximizar la eficacia de las mujeres ante una expatriación. *(continúa)*

Estrategias	Herramienta, método o actuación de RRHH	Posibles problemas/Estrategias para la implantación
6. Ofrecer mecanismos para mejorar la probabilidad de que los maridos de las expatriadas se adapten bien al cambio de cultura.	Formación en diversidad cultural para los maridos. Redes de contactos para los maridos. Clases de idiomas. Ayuda en la búsqueda de trabajo. Dinero para el desarrollo personal y profesional.	Hay siempre alguna posibilidad de que las necesidades de los maridos no se adapten a lo que se les ofrece. El marido puede decidir no utilizar estas prestaciones. Puede ocurrir que en determinados lugares no haya posibilidad de acceder a estas prestaciones. Para promover el uso de estas prestaciones, hay que intentar que los servicios ofertados se adapten a las necesidades de los maridos.
7. Ofrecer alternativas para que los hijos de las expatriadas se adapten cuanto antes al cambio cultural.	Guardería. Ayuda para la educación. Clases de idiomas. Formación en diversidad cultural.	Puede ocurrir que en determinados lugares no haya posibilidad de acceder a estas prestaciones. Encontrar los servicios necesarios para los hijos de las expatriadas.
8. Las expatriadas occidentales deberían no intentar adaptarse a las mujeres del país de destino.	Formar a las mujeres sobre cómo ser "diferentes" de las mujeres del país de destino. Formar a las mujeres en determinados comportamientos que se consideren importantes (por ejemplo, servir el té en Japón).	Puede ser complicado para la expatriada equilibrar ambas situaciones (por ejemplo, no parecer demasiado masculina). Presentar modelos de las que las expatriadas pueden aprender comportamientos adecuados (y profesionales).
9. Hacer una mayor exposición en los países de destino de las mujeres de éxito en la organización.	Que las mujeres profesionales realicen más habitualmente viajes de trabajo al país de destino para aumentar las relaciones entre las mujeres occidentales y las del país de destino. Que las empleadas locales hagan viajes de negocios a la matriz con el mismo propósito.	Ofrecer formación a las mujeres antes de los viajes.
10. Proporcionar formación a los empleados locales que van a estar relacionándose habitualmente con las expatriadas.	Proporcionar formación a los empleados locales antes de que las expatriadas lleguen al centro de trabajo.	Los empleados locales puede que no participen en el programa de formación; y aunque lo hagan, puede que no cambien sus actitudes hacia las mujeres.
11. Asegurar que las expatriadas ocupan puestos de trabajo con un gran poder.	Planificación de la sucesión para mujeres en puestos de alto nivel en el extranjero.	Puede ser una estrategia bastante arriesgada si la persona que está en la situación no tiene la competencia para ocupar el puesto.

Fuente: Adaptado con el permiso de Caliguri, P. y Cascio, W. F. (2002). Sending women on global assignments. Challenges, myths, and solutions. *Worldatwork Journal, 9*(2), 1-8.

Figura 17.6 ■ *(continuación)*

DESARROLLO DE POLÍTICAS DE RRHH EN UN CONTEXTO GLOBAL

Las empresas que tienen actividades en muchos países no sólo se tienen que preocuparse de satisfacer las necesidades de los expatriados, sino también del diseño y aplicación de los programas de RRHH adecuados para culturas distintas. Una empresa que se considera excepcional al poder implantar un programa de RRHH unificado a escala global (incluso teniendo a las dos terceras partes de su plantilla trabajando en el extranjero) es Coca Cola.

En muchos países, la utilización de las prácticas directivas estadounidenses, u occidentales, chocará probablemente con las normas y valores existentes[85]. Por ejemplo, el estilo directivo de puertas abiertas, que funciona bien en una cultura que acepta fácilmente que se cuestione la autoridad, probablemente no funcione en los países en los que este comportamiento resulta inaceptable, por ejemplo, en China[86]. En otras palabras, en vez de limitarse a transferir al exterior las prácticas de RRHH que parten de las normas sociales y culturales del país de origen, los directivos deben moldear estas prácticas al entorno cultural en que se encuentra la planta productiva en cuestión[87].

CULTURA NACIONAL, CARACTERÍSTICAS ORGANIZATIVAS Y PRÁCTICAS DE RRHH

"La cultura es importante para las prácticas de RRHH". Esta afirmación puede parecer obvia, pero su importancia puede desaparecer en un país como EE.UU., donde muchas de las mejores teorías conocidas en la práctica directiva están firmemente enraizadas con la cultura occidental. Geert Hofstede, profesor holandés, ha pasado la mayor parte de su vida profesional estudiando las semejanzas y diferencias culturales, para concluir que existen cinco grandes dimensiones en toda cultura:

1. **Distancia al poder.** El grado en el que los individuos esperan una estructura jerárquica que destaca las diferencias de estatus entre subordinados y superiores.
2. **Individualismo.** El grado en el que la sociedad valora los objetivos, la autonomía y la privacidad personal frente a la lealtad al grupo, el compromiso con las reglas del grupo, la participación en actividades colectivas, la cohesión social y la socialización intensa.
3. **Evitar la incertidumbre.** El grado en el que una sociedad da mucho valor a la reducción del riesgo y de la inestabilidad.
4. **Masculinidad/feminidad.** El grado en el que una sociedad considera que un comportamiento "masculino" es importante para alcanzar el éxito y fomenta roles sexuales estereotipados y rígidos.
5. **Orientación a largo/corto plazo.** El grado en el que los valores se orientan hacia el futuro (el ahorro, la constancia) o al pasado o el presente (respeto por la tradición, cumplimiento de las obligaciones sociales)[88].

Aunque se ha criticado la investigación de Hofstede por estar basada fundamentalmente en las experiencias de los empleados que trabajaban en una única empresa (IBM) y por menospreciar la importancia de las diferencias culturales en un mismo país, otras evidencias empíricas sugieren que estas cinco dimensiones constituyen un resumen razonable de las diferencias culturales[89]. Estas dimensiones ofrecen pistas para la configuración general de las estrategias de RRHH que probablemente se adapten mejor a los valores de una cultura determinada. La Figura 17.7 destaca las características de las culturas y si se adaptan mucho o poco a las dimensiones de Hofstede, señala algunos

Valores dominantes	Ejemplos de países	Características organizativas	Prácticas retributivas	Prácticas de contratación/ evaluación del desempeño
Distancia al poder: Características organizativas y prácticas de RRHH				
Alta ■ Comunicación de abajo arriba ■ Las divisiones de clase se consideran normales ■ Autoritarismo	■ Malasia ■ Filipinas ■ Méjico	■ Centralización y estructuras organizativas altas ■ Línea de mando tradicional	■ Sistemas de retribución jerárquicos ■ Diferencias salariales y en prestaciones que reflejan las diferencias de puestos y estatus; grandes diferencias entre los puestos de niveles superiores y los de niveles inferiores ■ Retribuciones visibles que reflejan el poder, como un gran despacho o coche de empresa	■ Métodos de búsqueda limitada en el reclutamiento; gran importancia de los contactos y de "a quién conoces" ■ Pocos mecanismos formales para la selección ■ El superior es el que realiza la selección en su ámbito de influencia
Baja ■ Igualitarismo ■ Estatus conseguido en función de los logros ■ Toma de decisiones conjunta	■ Países Bajos ■ Australia ■ Suiza	■ Estructuras organizativas más planas ■ Control descentralizado ■ Mayor grado de participación de los trabajadores	■ Sistema de retribución igualitario ■ Diferencias salariales y en prestaciones pequeñas entre los puestos de niveles superiores y los de niveles inferiores ■ Estrategias salariales participativas (como el plan de reparto de ganancias)	■ Métodos de búsqueda que llegan a mucha gente ■ Métodos de selección formalizados "para dar a todo el mundo una oportunidad justa" ■ El superior no es el único que decide a quién se contrata ■ La selección depende de los méritos; la lealtad al superior no es tan importante
Individualismo: Características organizativas y prácticas de RRHH				
Alta ■ Logro personal ■ Se cree en la responsabilidad y el control individual ■ Se cree en que uno se labra su propio destino	■ EE.UU. ■ Gran Bretaña ■ Canadá	■ Las organizaciones no se ven empujadas a preocuparse del bienestar total de los empleados ■ Los empleados se preocupan de sus propios intereses individuales ■ Los sistemas explícitos de control son necesarios para garantizar el cumplimiento y evitar una amplia desviación de las normas de la organización	■ Retribución en función del rendimiento ■ Tiene una gran importancia la equidad externa ■ La retribución extrínseca es un indicador importante del éxito personal ■ Se intentan aislar las contribuciones individuales (lo que ha hecho cada cual) ■ Se destacan los objetivos a corto plazo	■ Gran importancia de los títulos y el rendimiento alcanzado por una persona ■ Elevada rotación de los trabajadores; compromiso con la empresa por razones de carrera ■ El desempeño es más importante que la antigüedad a la hora de promocionar

Figura 17.7 ■ Características culturales y valores dominantes. *(continúa)*

ejemplos de países que están en cada extremo del espectro y resume las características de la organización y las prácticas de RRHH que mejor se adaptan a cada extremo de la escala.

Valores dominantes	Ejemplos de países	Características organizativas	Prácticas retributivas	Prácticas de contratación/ evaluación del desempeño
		Individualismo: Características organizativas y prácticas de RRHH		
Baja ■ Importancia de los logros del equipo ■ Sacrificio por los demás ■ Se cree en la responsabilidad y control del grupo ■ Se cree en la suerte	■ Singapur ■ Corea del Sur ■ Indonesia	■ Las organizaciones se comprometen a participar en gran medida en la vida personal de los trabajadores ■ La lealtad a la empresa es esencial ■ Sistemas de control más normativos que formales, para garantizar el cumplimiento de las normas	■ El rendimiento del grupo es un criterio importante para la retribución ■ El salario depende de la antigüedad ■ Son esenciales las retribuciones intrínsecas ■ Es importante la equidad interna ■ Las necesidades personales (como el número de hijos) influyen sobre el salario percibido	■ El valor de los títulos y el desempeño depende de las contribuciones que haga cada cual a los resultados del equipo ■ Reducida rotación; compromiso con la organización como "familia" ■ La antigüedad juega un papel importante en las decisiones de RRHH ■ Encajar con el grupo es fundamental; se cree que las relaciones interpersonales son muy importantes para el desempeño
		Evitar la incertidumbre: Características organizativas y prácticas de RRHH		
Alta ■ Miedo a lo que pueda ocurrir y a lo desconocido ■ Se da mucho valor a la estabilidad y la rutina ■ Tolerancia baja a la ambigüedad	■ Grecia ■ Portugal ■ Italia	■ Estructuras mecánicas ■ Políticas y reglas escritas dirigen a la empresa ■ La organización intenta ser predecible	■ Se utilizan políticas retributivas burocráticas ■ Se tienden a centralizar las decisiones retributivas ■ La retribución fija es más importante que la variable	■ Existen reglas/procedimientos bastante burocráticos para contratar y promocionar ■ La antigüedad es un elemento fundamental en el reclutamiento y las promociones ■ Las normas laborales (fijadas por el gobierno o por la negociación con los sindicatos) limitan la discrecionalidad de la empresa a la hora de reclutar, promocionar o despedir
Baja ■ Lo inesperado se considera un desafío y algo excitante ■ Se considera aburrida la estabilidad y la rutina ■ Se considera que la ambigüedad es una gran fuente de oportunidades	■ Singapur ■ Dinamarca ■ Suecia	■ Actividades poco estructuradas ■ Apenas existen normas escritas para afrontar los cambios del entorno ■ Los directivos se adaptan bien a las diferentes circunstancias y toman decisiones más arriesgadas	■ La retribución variable es un componente fundamental de la retribución total ■ Se da mucha importancia a la equidad externa ■ Se descentralizan las decisiones salariales	■ Apenas existen normas/ procedimientos para contratar o promocionar ■ La antigüedad no tiene ninguna importancia en las decisiones relacionadas con el personal ■ La empresa tiene bastante que decir a la hora de reclutar, promocionar o despedir

Figura 17.7 ■ *(continuación)*

La información de la Figura 17.7 tiene enormes consecuencias para las empresas internacionales. Como principio general, *cuanto más contradiga una práctica de RRHH las normas sociales prevalecientes, más posibilidades tendrá de fracasar*[90]. Por ejemplo,

Valores dominantes	Ejemplos de países	Características organizativas	Prácticas retributivas	Prácticas de contratación/ evaluación del desempeño
		Masculinidad/feminidad: Características organizativas y prácticas de RRHH		
Alta ■ Las posesiones materiales son importantes ■ Los hombres tienen mayor poder y estatus que las mujeres ■ Existen estereotipos relacionados con el género	■ Méjico ■ Alemania ■ EE.UU.	■ Se considera que algunos trabajos son de "hombres" y otros de "mujeres" ■ Hay pocas mujeres en los puestos de más alto nivel	■ Hay diferencias salariales que permiten las desigualdades por el género ■ La tradición es importante en las decisiones salariales ■ Se recompensan los rasgos "masculinos" en las promociones y en otras decisiones de RRHH	■ Trato preferente a los hombres a la hora de contratar o promocionar a los puestos de mayor nivel (aunque sea ilegal) ■ "Techo de cristal" para las mujeres ■ Segregación de puestos
Baja ■ Se valora más la calidad de vida que las ganancias materiales ■ No se cree que los hombres sean realmente superiores ■ Existen pocos estereotipos relacionados con el género	■ Países Bajos ■ Noruega ■ Suecia ■ Finlandia	■ Hay más flexibilidad tanto para hombres como para mujeres en la elección de la carrera ■ Hay más mujeres en los puestos más altos	■ Se evalúan los puestos de trabajo sin tener en cuenta el género de la persona que lo ocupa ■ Se da más importancia al contenido del trabajo que a la tradición a la hora de valorar los distintos puestos ■ Están muy desarrollados los "objetivos de equidad" para fijar el salario	■ El género no es importante al tomar decisiones sobre contratación o promoción a cualquier puesto ■ Hay muchas más mujeres en puestos de mayor nivel ■ Integración profesional entre sexos
		Orientación al largo plazo/corto plazo: Características organizativas y prácticas de RRHH		
Alta ■ Orientación al futuro ■ Gratificaciones retrasadas ■ Objetivos a largo plazo	■ Japón ■ Hong Kong ■ China	■ Organizaciones estables ■ Reducida rotación ■ Fuerte cultura empresarial	■ Retribuciones a largo plazo ■ La antigüedad es muy importante ■ Se paga a los directivos por el logro de objetivos en varios años ■ No se espera que haya ajustes salariales frecuentes	■ Promociones lentas ■ Promociones internas ■ Seguridad en el empleo elevada ■ Se protege mucho a los empleados ■ Mucha importancia del *coaching* frente a la evaluación ■ Gran inversión en formación y desarrollo
Baja ■ Orientación al pasado y al presente ■ Gratificaciones inmediatas ■ Objetivos a corto plazo	■ EE.UU. ■ Indonesia	■ Organización cambiante ■ Elevada rotación ■ Cultura empresarial débil	■ Retribuciones a corto plazo ■ El desempeño actual es fundamental ■ Se paga a los directivos por sus logros en el año ■ Se espera que haya ajustes salariales frecuentes	■ Promociones rápidas ■ Contratación interna y externa ■ Reducida seguridad en el empleo ■ Se protege poco a los empleados ■ Se le da mucha importancia a la evaluación frente al *coaching* ■ Reducida inversión en formación y desarrollo

Fuente: Esta es una versión actualizada y ampliada de un cuadro anterior publicado en Gómez-Mejía, L. R., y Melbourne, T. (1991). Compensation strategies in a global context. *Human Resource Planning*, 14(1), 38.

Figura 17.7 ■ *(continuación)*

Hofstede describe la dirección por objetivos como "la técnica más habitual 'made in USA' "[91] porque supone 1) una negociación entre el jefe y el empleado, o una distancia de poder no muy grande, 2) una voluntad de ambas partes de asumir riesgos, o una baja evasión de la incertidumbre, y 3) que tanto los jefes como los subordinados consideran el rendimiento y sus recompensas como muy importantes. Puesto que estos tres supuestos son características predominantes en la cultura estadounidense, la dirección por objetivos "se adapta" perfectamente a EE.UU. Pero en otros países (Francia, por ejemplo), suele generar problemas dada su incompatibilidad con la cultura:

> La gran distancia al poder a la que están acostumbrados los franceses desde la infancia ha impedido que tuviera éxito la dirección por objetivos como proceso realmente participativo... El problema no es de la dirección por objetivos, *per se*, sino de que los directivos franceses... no son conscientes que están intentando ejercer el control a través de la aplicación de los objetivos de esta técnica casi desde cero[92].

IGUALDAD DE OPORTUNIDADES EN EL CONTEXTO INTERNACIONAL

La globalización del sector plantea una serie de cuestiones sobre igualdad de oportunidades, algunas de las cuales han sido analizadas por los tribunales estadounidenses. "Esta no es un área muy desarrollada dentro de la legislación laboral"[93]. Sin embargo, parecen claros los siguientes principios:

- Las empresas estadounidenses están prohibiendo tomar decisiones laborales relacionadas con las características del empleado como su raza, sexo y edad. Esta prohibición es de aplicación a las expatriaciones, con la única excepción de que no se infrinja una ley nacional. Así, si un país prohíbe que las mujeres trabajen en un determinado contexto empresarial, una empresa estadounidense que tenga actividades en ese país es libre de ofrecer la expatriación sólo a hombres. Sin embargo, hay que señalar que la mayoría de los países que discriminan abiertamente a sus ciudadanas son bastante flexibles a la hora de tratar a las empleadas de las empresas estadounidenses. Por tanto, las empresas no deberían hacer exclusiones de forma automática.
- Los empleados de nacionalidad extranjera de las empresas estadounidenses que trabajan en su propio país o en algún otro país extranjero no están protegidos por la legislación laboral estadounidense. Por ejemplo, el Tribunal Supremo de EE.UU. dictaminó que un ciudadano de Arabia Saudí que trabajaba para una empresa petrolífera americana en dicho país no podía demandar a su empresa en virtud del Título VII[94].
- Según la Ley de Reforma y Control de la Inmigración (*Immigration Control and Reform Act)* de 1986, no se puede discriminar a las personas que no sean ciudadanos estadounidenses pero que vivan y tengan un estatus laboral legal en EE.UU.

ADVERTENCIAS IMPORTANTES

La eficacia de una práctica de RRHH depende de cómo se adapte al sistema de valores del país en el que se implanta. Incluso sabiendo esto, los directivos también tienen que tener en cuenta otras advertencias:

- **El concepto de "cultura nacional" puede ser muy difuso.** Por ello, los directivos deben tener cuidado de no dejarse guiar por estereotipos que consideran ciertos pero que pueden no ser aplicables a muchas personas de una cultura. Los estereotipos son muy peligros en países grandes y heterogéneos como EE.UU., donde las diferencias culturales suelen ser enormes, pero también pueden provocar problemas incluso en las naciones relativamente homogéneas. Por ejemplo, las empresas de la Alemania occidental que contratan a trabajadores de la Alemania oriental suelen encontrar que estos últimos reaccionan de forma negativa a los sistemas de incentivos que se han implantado con éxito en la parte occidental, a pesar de que los dos grupos comparten el mismo idioma, tienen el mismo origen étnico y los mismos antecedentes históricos. Los alemanes del Este no confiaban en estos incentivos, se sentían manipulados por la dirección y marginaban a los empleados que tenían desempeños superiores a los de los demás[95].

- **A veces, la empresa culpa de los problemas internacionales relacionados con el personal a los factores culturales sin haber estudiado el tema cuidadosamente.** A menudo, los problemas relacionados con el personal tienen poco que ver con los valores culturales y mucho con una mala gestión. Por ejemplo, una empresa estadounidense introdujo incentivos individuales para los empleados de investigación y desarrollo de su filial inglesa. Esta política provocó un gran conflicto, falta de cooperación y un rendimiento menor. La alta dirección culpó de los malos resultados al papel fundamental que desempeñan los sindicatos en Inglaterra. Como se sabe, hay bastantes pruebas que demuestran que los incentivos individuales son contraproducentes cuando la naturaleza del trabajo exige del trabajo en equipo (como es el caso de la I+D)[96].
- **Los datos sobre el éxito o fracaso de las distintas prácticas de RRHH en función de la cultura nacional son prácticamente inexistentes.** Esto significa que los juicios de valor, las intuiciones y lo que se hace mediante prueba y error (de acuerdo a una postura de mente abierta y de sensibilidad cultural) es fundamental para la gestión internacional de los RRHH.
- **Cada cultura tiene ideas muy distintas sobre lo que está bien y lo que está mal.** En muchos casos, la matriz de la empresa tiene que imponer su propio sistema de valores en varios países con estructuras de valores contradictorias. Por ejemplo, el trabajo infantil es bastante habitual en países africanos y asiáticos. La empresa puede evitar estas prácticas por motivos éticos, pero tiene que reconocer que al tomar esta postura se pone en una situación de desventaja competitiva porque las empresas locales no tendrán reparos en utilizar a niños para reducir sus costes laborales. Y, aunque los miembros de la Organización Mundial del Comercio y las Naciones Unidas están de acuerdo en un conjunto de "principios laborales esenciales" como prohibir la discriminación en el empleo, el trabajo infantil y el trabajo forzoso (como el que se produce en determinadas cárceles), todavía existen violaciones a estos principios en muchos países. De hecho, hay 13 millones de niños trabajando en sectores exportaores como el textil[97].
- **Las leyes empresariales de otros países fuerzan a menudo a las empresas a cambiar sus prácticas.** En algunos casos, si la empresa quiere hacer negocios en otro país, debe aceptar las normativas y prácticas locales aunque difieran mucho de las del país de origen[98].
- **Las multinacionales deben encontrar el equilibrio entre las políticas de RRHH hechas a medida para culturas concretas y la necesidad de alcanzar la consistencia global.** La tendencia actual a la hora de definir las políticas internacionales de RRHH parece hacer un esfuerzo por la integración frente a la segmentación. La razón, según un estudio reciente, es que el 85 por ciento de las empresas internacionales intentan establecer una cultura empresarial común a todas las localizaciones que se caracterice por ser consistente con los objetivos y la visión de la organización. Sin embargo, el 88 por ciento de las empresas señalan que la cultura y los aranceles

Una cuestión de ética

En algunos lugares del mundo, las prácticas empresariales que son contrarias a los valores occidentales (como el trabajo infantil, el pago de sobornos a funcionarios públicos y la discriminación por sexo o raza a la hora de contratar o promocionar) son habituales. ¿Deberían las empresas estadounidenses y sus expatriados negarse a utilizar esas prácticas incluso si dicha negativa pone a la empresa en una posición de desventaja competitiva?

locales tienen una influencia "de moderada a alta" en la forma en que gestionan sus actividades en cada lugar en particular[99]. Por lo que se exige a la organización que sea capaz de equilibrar la necesidad de adaptarse localmente, manteniendo la consistencia global de las políticas de RRHH.

Aunque el análisis de este capítulo se ha centrado fundamentalmente en las diferencias en las prácticas de RRHH implantadas en distintos países, las fuerzas internacionales ejercen una gran influencia para que dichas prácticas se equiparen. Los inversores financieros y el mercado de valores están favoreciendo, por lo general, ciertas prácticas organizativas (como la retribución por desempeño, la promoción por méritos y la reestructuración), independientemente de la nacionalidad, y las empresas de todo el mundo parecen estar reaccionando en consecuencia, como se ve en el Recuadro 17.1.

RECUADRO 17.1

PRÁCTICAS DE RRHH CADA VEZ MÁS PARECIDAS EN TODO EL MUNDO

Las expectativas de mayores rentabilidades en los mercados de capitales y en los fondos de inversión, independientemente de las fronteras nacionales, están forzando a las empresas de todo el mundo a adoptar prácticas de RRHH que hasta hace poco se consideraban americanas. Entre estas prácticas se incluyen la baja seguridad laboral, la retribución por desempeño, organizaciones más planas, evaluaciones frecuentes del desempeño, promociones por méritos, contratación global, programas "científicos" de selección y creación de equipos con empresas de otros países, en parte para tener acceso a una oferta mayor de empleados y de experiencia. Por ejemplo:

- Cuando Sony Corp. anunció la supresión de 17.000 puestos de trabajo (el diez por ciento de su plantilla) en una reestructuración drástica, tuvieron de qué alegrarse los inversores que llevaban tiempo sufriendo. Se dispararon rápidamente la cotización de Sony, aumentando en más de un tercio, hasta llegar a los 104 dólares.
- Las empresas como Toshiba y NEC evalúan el rendimiento de sus empleados de forma regular y los empleados que no cumplan ciertos objetivos son despedidos o los ponen a prueba. Tradicionalmente, estas empresas hubieran reasignado a los empleados de menor rendimiento a otros puestos y los hubieran mantenido en plantilla.
- En Méjico, dos grandes empresas han implantado prácticas de RRHH para ser más eficientes. Por ejemplo, el Grupo Televisa, la empresa de comunicaciones en español más grande del mundo y Empresas ICA, el mayor constructor del país, utilizan herramientas de selección para contratar a los empleados nuevos y, así, evitar la práctica habitual del "amiguismo" que se utiliza en muchas empresas latinoamericanas.
- Debido a que las opciones sobre acciones se empezaron a contabilizar como un gasto en EE.UU. a partir de 2006 (*véase* Capítulo 11), haciéndolas menos atractivas, se está equilibrando la importancia (en porcentaje) de las opciones sobre acciones en la retribución en todo el mundo (la mayoría de los países exigen que las opciones sobre acciones se incluyan dentro de los costes operativos totales).

GESTIÓN DE RRHH Y EMPRESAS EXPORTADORAS

Nuestro análisis hasta ahora se ha centrado en las empresas más grandes con plantas en el extranjero (es decir, las que están en las etapas 3 a 5 del proceso de internacionalización). Sin embargo, las prácticas analizadas también son relevantes para las empresas más pequeñas que sólo están interesadas en exportar sus productos. Se ha estimado que sólo el 20 por ciento de las empresas estadounidenses con menos de 500 empleados han sido alguna vez exportadoras, un porcentaje que queda muy por detrás del de los países más industrializados. Al menos 30.000 empresas en EE.UU. tienen el potencial de exportar competitivamente, pero no lo hacen[100].

Varios estudios han demostrado que los obstáculos fundamentales a la exportación son 1) falta de conocimiento de los mercados internacionales, de las prácticas empresariales y de la competencia y 2) falta de compromiso de la dirección para conseguir vender en el extranjero[101]. Estos obstáculos se pueden atribuir en gran medida a la mala utilización de los RRHH en las empresas estadounidenses en vez de a factores externos. Existen algunas pruebas de que una empresa que refuerza claramente sus actividades internacionales con sus prácticas de RRHH tiene más posibilidades de tener éxito al exportar[102]. El reforzar las actividades internacionales con las prácticas de RRHH exige que la empresa:

- Analice explícitamente la experiencia internacional cuando toma decisiones de promoción y reclutamiento, sobre todo en los puestos de alta dirección.
- Ofrezca actividades de desarrollo diseñadas para equipar a los empleados con las cualidades y los conocimientos necesarios para desempeñar su trabajo en un contexto internacional. Entre las actividades de desarrollo que mejoran la capacidad de una empresa para competir a escala mundial se incluyen 1) programas diseñados para ofrecer cualidades y competencias laborales específicas para los negocios internacionales, 2) oportunidades de desarrollo y crecimiento en el campo internacional y 3) la utilización de procesos de evaluación que consideran de forma explícita las actividades internacionales como parte de las revisiones del rendimiento.
- Crear escalas profesionales que tengan en cuenta las estrategias internacionales a corto y largo plazo.
- Diseñar una estructura retributiva que motive a las personas clave de la organización para que aprovechen al máximo el potencial exportador de la empresa. Para ello, se pueden reforzar comportamientos deseados relacionados con la exportación para aumentar el compromiso con las ventas en el exterior, como el que los directivos pongan más atención al desarrollo de aptitudes, la recopilación de información y el análisis del entorno para identificar oportunidades internacionales.

La decisión de exportar exigirá que el CEO y los responsables de marketing empleen una parte importante de su tiempo fuera de la empresa asistiendo a ferias y entablando relaciones con las empresas y los distribuidores en el extranjero. Para las empresas pequeñas, esto significa que el personal de la sede debe tener capacidad de tomar decisiones relativas a la gestión del negocio, mientras que los directores y ejecutivos mantienen el contacto telefónico, por correo electrónico o a través del fax.

El proceso para conseguir los contactos adecuados y para hacer relaciones de cara a la exportación puede ser difícil y lento, pero Internet lo está cambiando todo, abriendo las exportaciones a las empresas de cualquier tamaño. Por ejemplo, se prevé que las ventas netas de vestidos y accesorios en el extranjero a través de Internet de las empresas estadounidenses alcanzarán los 40.000 millones de dólares en 2008 (las ventas de 1998 fueron de 330 millones de dólares). Por ejemplo, en su primer año de operaciones Girlshop.com con sede en Nueva York, exportó mercancías de vanguardia por valor de dos millones de dólares y consiguió unos beneficios operativos de 250.000 dólares[103].

Sin embargo, para tener éxito internacional a través de la web, las empresas deben disponer de prácticas de RRHH adecuadas, por ejemplo en cuanto a selección y programas de formación. Estos servicios pueden ayudar a las empresas a superar las barreras lingüísticas, a utilizar tecnologías punteras que combinen y adapten los productos a las necesidades de unos clientes diversos, a adaptar los productos a los gustos y preferencias culturales, a conseguir la confianza de los clientes, etc. Aunque muchas de estas cuestiones también son relevantes en el mercado nacional, son más problemáticas en el exterior donde los mercados son, con mucho, más heterogéneos y fragmentados[104].

ÉTICA Y RESPONSABILIDAD SOCIAL

La globalización aumenta la posibilidad de que los directivos, especialmente aquellos que se marchan a regiones muy diferentes al país de origen, se enfrenten a dilemas éticos. Por ejemplo, lo que en EE.UU. se consideraría un soborno, en muchos países es una comisión o un detalle esperado de reciprocidad, que es necesario para hacer un negocio. Debido a la existencia de una competencia global, los expatriados pueden pensar que si aplican un código ético muy estricto, entonces estarán en desventaja frente a los directivos de otras empresas, y esto se reflejaría en un rendimiento peor.

El Congreso de EE.UU. aprobó la ley de Prácticas de Corrupción Extranjeras (*Foreign Corruption Practices Act*) en 1977 como consecuencia de los 2,5 millones de dólares de sobornos de United Brand a los funcionarios del gobierno hondureño para reducir el impuesto al plátano. La ley prohíbe expresamente pagos sustanciales de empresas estadounidenses a funcionarios extranjeros para influir en sus decisiones. No parece que la ley haya tenido un efecto negativo en las empresas estadounidenses que operan en el extranjero. Es probable incluso que la ley haya mejorado la imagen de las empresas americanas, compensando las pérdidas[105]. A pesar de la ley, es muy posible que los expatriados estadounidenses estén asumiendo riesgos relacionados con el pago de sobornos para conseguir más negocios. Una empresa que fue declarada culpable de realizar actividades ilegales hace poco es Titan Corporation (*véase* Ética. Caso 17.4 "Cuando estás en Roma, ¿haces lo que los romanos? El caso de los sobornos extranjeros").

Puede haber diferencias entre lo que es ético y lo que es legal y las diferencias pueden ser más pronunciadas cuando consideramos las prácticas de RRHH desde un punto de vista global. En muchos países, por ejemplo, el trabajo infantil no es ilegal y se considera normal la discriminación de las mujeres en el trabajo. Por tanto, las empresas multinacionales, y más concretamente los expatriados que ocupan los puestos de dirección en el extranjero, se enfrentan a problemas éticos bastante fuertes, aunque no sean un problema legal. Considere, por ejemplo, la historia siguiente de los años 90. Kathie Lee Gifford con lágrimas en los ojos confesó en su programa de entrevistas de por la mañana que no sabía que sus "modelitos" de Wal-Mart los hacían niñas hondureñas a las que se les pagaba 31 centavos por hora. Made in USA, un grupo de presión, informó a los clientes de que Michael Jordan ganó 20 millones de dólares al año haciendo publicidad de las zapatillas de deporte Nike, una cantidad mayor que la de la nómina total anual de los miles de indonesios que las hicieron.

El despellejar a famosos como Gifford y Jordan facilita no centrarse en lo más importante. Como ha observado un escritor de ética:

> Durante años, se han vendido a los niños como esclavos, dejándolos ciegos o mutilados por llorar o rebelarse, o por intentar regresar a sus casas, mal alimentados, extenuados y con una vida muy corta. Afilan las hojas de las tijeras, mezclan la pólvora para hacer los petardos, hacen los nudos de las alfombras, cosen los balones de fútbol con agujas más largas que sus dedos. Los grupos de Derecho Humanos estiman que puede haber alrededor de 200 millones de niños en el mundo, desde China a Sudamérica, que trabajan a tiempo completo –no juegan, no van a

> la escuela, no tienen oportunidades de ningún tipo. Después de leer las noticias de primera página, uno se plantea la siguiente pregunta: ¿en cuánto estamos dispuestos a sacrificar a los niños de otros países para dar a los nuestros lo que quieren? Los americanos buscan los chollos con entusiasmo –por ejemplo, una alfombra por sólo 7.000 dólares–, pero son difíciles de encontrar sin huellas diminutas de dedos en alguna parte. Los expertos comerciales dicen que si realmente se hicieran cumplir las leyes sobre seguridad laboral y trabajo infantil, se hundirían sectores enteros de muchos países, con un coste enorme tanto para las economías desarrolladas como para las que están en desarrollo[106].

Estos temas nos competen a todos y, en este sentido, las empresas internacionalizadas están implantando normas internas para evitar los peores abusos. Nike, por ejemplo, tal como se describe en el Cuaderno del Director "Just do it: Nike se convierte en acusador", ha hecho mucho por cambiar la imagen negativa que hace pocos años tenía de explotar a niños pequeños (menores de diez años) en Indonesia pagándoles un Dime por hora. Se llegó a comentar que muchos de estos niños desarrollaban discapacidades permanentes después de trabajar en las fábricas de Nike. Muchas empresas y grupos de empresas han desarrollado, o lo están haciendo, sus propios códigos de conducta para sus operaciones en el extranjero. Por ejemplo, la American Apparel Manufacturers Association (AAMA), entre cuyos socios se encuentran Sara Lee, Jockey International y VF, exige que sus miembros paguen el salario mínimo existente, mantener ciertos niveles mínimos de seguridad y evitar el uso de la mano de obra infantil.

CUADERNO DEL DIRECTOR

ÉTICA

Just do it: Nike se convierte en acusador

En un avance claro por mejorar la transparencia en el trabajo de una empresa perseguida durante mucho tiempo por las denuncias de explotación, en 2005 Nike, Inc. dio a conocer un listado de más de 700 fábricas en todo el mundo con las que había contratado la fabricación de su calzado, ropa de vestir y equipos.

La información, parte del último informe de responsabilidad social corporativa de Nike, se produce en un momento en que el consumidor está muy concienciado en temas como los derechos laborales y el medio ambiente, lo que empuja a empresas como Nike a dar más detalles de lo que hacen en el extranjero. Durante mucho tiempo Nike fue considerada como una empresa indiferente a las condiciones de trabajo, una imagen que ha tratado de cambiar en los últimos años. El informe detalla las áreas de más interés, como los problemas relacionados con la retribución, los sindicatos y el acoso en las plantas productivas subcontratadas.

Aunque muchas empresas textiles han adoptado códigos éticos y otras medidas con el objetivo de mejorar las condiciones de las fábricas, Nike dice que quiere ir más allá al dar a conocer el nombre de sus subcontratadas, así ellas también estarán en el punto de mira si ponen en marcha acciones consideradas despreciables en Occidente (como, por ejemplo, contratar a niños para trabajar muchas horas pagándoles salarios muy bajos). Esta decisión contradice lo que hasta hace pocos años ha venido haciendo, cuando soportó críticas muy duras por las condiciones laborales en sus fábricas subcontratadas. En ese momento, Nike era "la imagen del abuso infantil", dice David Vogel, profesor de la Haas School of Business en la Universidad de California (Berkeley). "Al principio, eran unos irresponsables y no parecían actuar de buena fe".

En el informe, el presidente de Nike, Philip H. Knight, reconoce tanto el "pasado" de la empresa en este tema, como su deseo de mejorar. "Nuestro objetivo al hacer este informe ha sido presentar los datos de lo que hace Nike de una forma honesta, completa y precisa", dijo el Sr. Knight al comienzo del informe. Añadió que la empresa intenta demostrar que está interesada en mejorar las condiciones laborales, aunque antes respondiera a las críticas "de una forma no del todo correcta", "un error del que es responsable un servidor".

Fuente: Adaptado con el permiso de Kang, S. (13 de abril de 2005). Just do it: Nike gets revelatory. *Wall Street Journal*, B-11.

Resumen y conclusiones

Las etapas del proceso de internacionalización

Las empresas atraviesan cinco etapas en el proceso de internacionalización de sus actividades: 1) actividades nacionales; 2) actividades de exportación; 3) establecimiento de filiales o empresas conjuntas (*joint ventures*); 4) operaciones multinacionales y 5) operaciones transnacionales. A medida que sea mayor el grado de internacionalización, mayor tiene que ser la adaptación de las prácticas de RRHH a los entornos legales, políticos, económicos y culturales de los diversos países a donde se dirija la empresa.

Determinar la combinación de empleados expatriados y locales

Para dirigir las filiales en el extranjero, la empresa puede elegir entre un enfoque etnocéntrico, policéntrico o geocéntrico. Las empresas tienden a utilizar expatriados cuando no se dispone en el país de destino de personas con la formación necesaria, cuando la empresa quiere conseguir una imagen empresarial global, cuando las filiales internacionales y nacionales son muy interdependientes, cuando la situación política es inestable y cuando existen diferencias culturales importantes entre el país de origen y el de destino.

Los problemas de la utilización de expatriados

Una parte fundamental de la Dirección Internacional de los RRHH es la gestión de los expatriados, tanto durante el tiempo en que están en el extranjero como cuando regresan a casa. Las expatriaciones fracasan debido a la interrupción de la carrera profesional, al choque cultural, a la falta de formación inicial en diversidad cultural, a la excesiva importancia de las cualificaciones técnicas, a la utilización de las expatriaciones para deshacerse de los empleados problemáticos y a problemas con la familia. Al regreso, los expatriados se pueden encontrar con que no se respetan las habilidades aprendidas, que han perdido su estatus, que no se planificaron sus puestos al regreso y algunos también padecen el denominado choque cultural inverso.

Mejorar la eficacia de los procesos de expatriación

A la hora de seleccionar a las personas que van a ser expatriadas, las empresas deben destacar la sensibilidad cultural, formar un comité de selección de expatriados, exigir una experiencia internacional previa cuando sea posible, analizar la posibilidad de contratar a alguien que ha nacido en el extranjero para que sirva posteriormente de "expatriado" y analizar a las familias y los cónyuges de los candidatos. Pueden utilizarse programas de formación en diversidad cultural, de duraciones y temáticas diversas, para preparar a los empleados que van a ser expatriados. En lo que respecta al desarrollo profesional de los expatriados, las empresas deben hacer que las expatriaciones sean un paso para avanzar profesionalmente en la empresa y, por tanto, respaldar a los que se marchan al extranjero. Para evitar problemas salariales, las empresas deben ofrecer a los expatriados ingresos suficientes, así como evitar que los expatriados ocupen los mismos puestos, o puestos inferiores, que los empleados locales.

Desarrollo de políticas de RRHH en un contexto global

Los directivos no deben limitarse a transferir al exterior las prácticas de RRHH que se sustentan en las normas sociales y culturales del país de origen. Por el contrario, deberían adaptar estas prácticas al entorno cultural donde se sitúan las filiales. Por lo general, cuanto más contradiga una práctica de RRHH las normas sociales existentes, más posibilidades tendrá de fracasar.

Gestión de RRHH y empresas exportadoras

Muchas empresas tienen la capacidad para exportar. Una empresa tendrá más posibilidades de éxito con sus exportaciones si refuerza claramente sus actividades internacionales 1) teniendo en cuenta a la hora de contratar la experiencia internacional, 2) ofreciendo actividades de desarrollo que preparen a los empleados en habilidades internacionales, 3) creando planes de carrera para que los empleados vayan teniendo experiencia internacional, 4) diseñando una estructura salarial que motive a los empleados a que empiecen con las actividades exportadoras.

Términos clave

choque cultural
enfoque etnocéntrico
expatriado
enfoque geocéntrico
empresa conjunta (*joint venture*)
empresa multinacional
enfoque policéntrico
empresa transnacional
filial propia

Preguntas para el debate

1. Según una noticia reciente de *BusinessWeek*, "Durante años las multinacionales americanas han exportado trabajo al extranjero. Ahora, exportan algo más: despidos. Entre las empresas grandes que han puesto en marcha políticas de despido en el extranjero están: Motorola, Goodyear, Procter & Gamble, Compaq Computer, JDS Uniphase y Delphia Automotive. Cada una de estas empresas está recortando como mínimo 2.500 puestos. Sara Lee ha eliminado 1.300 –ninguno de ellos en EE.UU.–. Todos los recortes se han hecho en sus plantas de ropa en América Central y del Sur. El mayor número de despidos ha sido de 7.000 en las plantas de Europa"[107]. Muchos extranjeros están sorprendidos de la facilidad con que las empresas estadounidenses echan a los empleados indefinidos, particularmente cuando es muy difícil encontrar otro trabajo en un mercado laboral donde los despidos son poco habituales. ¿Cree que las empresas estadounidenses deberían ser más compasivas al despedir cuando las condiciones locales del país extranjero dificultan que el trabajador pueda tener otras oportunidades laborales?
2. ¿Cómo podría una empresa internacional que está intentando adaptar sus prácticas de RRHH a la cultura local tener resultados peores de los que obtendría "exportando" las prácticas de RRHH de la matriz?
3. ¿Bajo qué condiciones recomendaría implantar un enfoque etnocéntrico, policéntrico o geocéntrico para contratar a personal a escala internacional?
4. Las empresas multinacionales estadounidenses experimentan una tasa de retornos de expatriados antes de tiempo mayor a la de las empresas multinacionales europeas y japonesas. ¿Cuáles pueden ser los motivos de esta diferencia? ¿Qué procedimientos y políticas de RRHH implantaría para solucionar este problema?
5. Según Peter Tippet, un físico que inventó el antivirus vendido por Norton y que es el jefe de tecnología en la empresa informática Cybertrust, "es difícil de sobreestimar lo peligroso que es un entorno del Internet global"[108]. ¿Está de acuerdo? Aparte de los problemas técnicos, que han limitado el éxito, ¿qué puede hacer una empresa para luchar contra los virus? Justifique su respuesta.
6. Algunas personas creen que las empresas multinacionales estadounidenses deberían servir como motores del cambio cultural en los países en desarrollo al poner en marcha las prácticas de RRHH más modernas y los valores estadounidenses (como la puntualidad y la eficiencia) que necesita la fuerza de trabajo para que se produzca la industrialización. ¿Está de acuerdo con esta afirmación? Explique su respuesta.
7. Vuelva al Cuaderno del Director "La externalización en el mundo entero aumenta a una velocidad vertiginosa". ¿Cómo pueden los empleados estadounidenses defender sus trabajos ante la amenaza de las empresas subcontratadas extranjeras, dispuestas a trabajar por salarios más bajos? ¿Está de acuerdo con la opinión de que la subcontratación extranjera ayuda en última instancia a la economía estadounidense, generando oportunidades para todo el mundo al hacer que las empresas estadounidenses sean más competitivas en los mercados globales? Justifique la respuesta.
8. Vuelva al Cuaderno del Director "Evitar las meteduras de pata para llegar a los clientes". ¿Cómo piensa que pueden utilizar mejor las empresas las prácticas de RRHH o evitar los obstáculos descritos en el Cuaderno del Director? Justifique la respuesta.

Existe material adicional disponible en la página web que acompaña a este libro. Puede acceder a esta información visitando la página web ***www.prenhall.com/gomez.***

¡DECIDA USTED!

DISCUSIÓN Caso 17.1

La gestión de los RRHH en el contexto europeo

Jerome Wirth y su socio, Frederic Herbinet, lanzaron el sistema de arranque de Internet Beweb en 1997. Hoy Beweb es una empresa que factura 2,5 millones de dólares al año y que ofrece software y servicios a empresas de comercio electrónico. Realiza operaciones en Francia y Gran Bretaña y está pensando en extender sus operaciones al resto de Europa.

Pero Beweb dice "au revoir" a sus actividades en París y las traslada a Londres, donde los impuestos sobre las nóminas serán claramente inferiores, menos de una cuarta parte de lo que se paga actualmente en París, que es de un 45 por ciento. El golpe de efecto para Beweb ha sido una ley francesa que recortaba la jornada laboral semanal de 39 a 35 horas. Las empresas más grandes implantaron esta normativa en 2000 y después lo fueron haciendo los negocios más pequeños, así los de menos de 20 trabajadores la aplicaron a partir de 2002 (sin embargo en 2003 la ley volvió a cambiar para dar más flexibilidad). No es operativo para Beweb contratar a personal extra para compensar las horas de trabajo perdidas (tiene 15 empleados). "Es imposible", dice Wirth. "Adoro Francia, pero soy muy pesimista respecto a mi país".

Francia es tan atractiva como siempre para los 76 millones de turistas que la visitan cada año. El Centro Pompidou y la Opera de París presumen de sus renovaciones. En las tardes de primavera, los parques y cafés están repletos gracias a la jornada laboral de 35 horas a la semana. Esto se debe a que las empresas del país despiden y no contratan. Para evitar una legislación antidespedido inflexible, las empresas grandes, como Michelin y el gigante de materiales de construcción St. Gobain, están trasladando su producción al extranjero. Otras, como los fabricantes de coches Renault y PSA Peugeot Citroën, confían en mejorar la productividad congelando la contratación. Para la mayoría de los jóvenes, los lugares mejores para trabajar son las empresas pequeñas, que crearon cerca del 90 por ciento del empleo en Francia en la década pasada. Pero la fiscalidad y las normas hacen que, para estos negocios, sea más difícil competir.

Al mismo tiempo, se están marchando del país un número alarmante de jóvenes con talento. Desde 1995, el número de ciudadanos franceses que vivía fuera del país ha aumentado un 30 por ciento (en total son casi 2 millones, de los que 240.000 están en Silicon Valley). La mayor parte tienen los 20 y los 30 años. Unos 200.000 más han huido a Gran Bretaña. Y peor todavía, los jóvenes que viven en Francia tendrán que pagar las pensiones de jubilación de los nacidos durante el boom de natalidad (el llamado *baby boom*). Francia tiene el sistema de pensiones más generoso de Europa, ya que permite a todos los trabajadores jubilarse a los 60 años y percibir la pensión completa. Mientras tanto, el desempleo de los menores de 25 años se sitúa en casi el 21 por ciento.

Alemania, otro de los miembros clave de la Unión Europea, también tiene graves problemas. Según Paul Johnson, un eminente historiador y escritor británico:

> Un ejemplo práctico para todos nosotros es el estado deplorable actual de Alemania... representa lo que sucede cuando una sociedad opta por la seguridad a cualquier precio. Hoy en día, la economía alemana es un modelo de lo que no se debe hacer –especialmente para los países del Tercer Mundo que crecen rápidamente, como China y la India. Los factores más destacables de la economía alemana son una producción estancada, la productividad paralizada o reduciéndose y unos niveles de desempleo alarmantes. Los sindicatos alemanes insisten en reducir los horarios, aumentar los salarios, ofrecer unas prestaciones de seguridad social elevadas y unas condiciones laborales que hacen prácticamente imposible el aumento de la productividad. Alemania tiene una de las tasas de natalidad más bajas del mundo, una población cada vez más envejecida y un sistema de seguridad social desastrosamente caro, lo que combinado dibuja un futuro negro y estremecedor.

Preguntas para reflexionar

1. Según Gary Becker, un reputado Nobel de Economía, "El modelo europeo de altas tasas de paro, una duración larga del desempleo, jubilación anticipada y un crecimiento lento del empleo... es el resultado de una seguridad social elevada y de otros impuestos laborales, de una legislación que hace difícil el despido, de seguros de desempleo generosos y, en Francia, de salarios mínimos elevados. Yo defiendo reducir los costes de las empresas cuando tengan que contratar y despedir, bajando los impuestos, los salarios míni-

mos y aumentando la edad de jubilación". ¿Está de acuerdo? Justifique la respuesta.

2. Según un comentarista europeo, "Las prácticas de RRHH reflejan con frecuencia el capitalismo inhumano y cruel de la Sociedad Americana". Los europeos presumen de su calidad de vida superior y de cómo se libran del estrés del entorno de trabajo estadounidense. Los americanos consideran las prácticas de RRHH europeas demasiado inflexibles, paternalistas, muy condicionadas por la legislación laboral (como la semana laboral de 35 horas, que fue eliminada en 2005) y demasiado problemáticas para aumentar la productividad, la competencia y el comportamiento emprendedor. ¿Cuál es su valoración sobre estos dos puntos de vista sustancialmente distintos? Justifique su respuesta.
3. Para flexibilizar su legislación laboral tan restrictiva, España ha ampliado el porcentaje de trabajadores que podrían ser contratados temporalmente. En 2006 al menos una tercera parte de los trabajadores españoles tenían contratos temporales. En EE.UU., el porcentaje era del 40 por ciento. A estos trabajadores se les contrata por un tiempo determinado, finalizado el cual la empresa decide si se les renueva el contrato durante otro período de tiempo. ¿Cree que se trata de una buena política y que debería ser empleada por la mayoría de las empresas? Justifique su respuesta.

Trabajo en equipo

Una empresa automovilística estadounidense intenta decidir si ampliar o no sus operaciones en Francia. Para tomar esta decisión considera si le dificultarían la gestión de los trabajadores las prácticas de RRHH en Francia. Los estudiantes se dividen en grupos de cinco para representar la situación en la que aconsejan a la alta dirección la decisión a tomar.

Ejercicio basado en la experiencia

Se ha creado un comité de cinco expertos de RRHH que deben recomendar a los gobiernos francés y alemán sobre cómo deben rediseñar las políticas de RRHH. Cada comité estará formado por cinco estudiantes que tendrán los papeles siguientes: un experto de retribución, otro de relaciones laborales, otro de contratación, otro de evaluación del rendimiento y, finalmente, un experto en formación y desarrollo. Cada uno de ellos señalará algunas recomendaciones delante de toda la clase en el ejercicio de representación de papeles, después habrá un debate abierto moderado por el profesor.

Fuentes: Adaptado con el permiso de Matlack, C. Y Rossant, J. (22 de abril de 2002). France: Who speaks for youth? *BusinessWeek*, 48-50; Johnson, P. (31 de enero de 2005). Germany´s dismal future. *Forbes*, 37. Información actualizada ofrecida por Gómez-Mejía, L. R., Balkin, D. B. y Cardy, R. L.

¡DECIDA USTED!

TENDENCIAS EMERGENTES — Caso 17.2

Los expertos occidentales de dirección de empresas desembarcan en una impaciente China

El auditorio lleno de gente comenzó a vibrar por el comienzo del concierto de rock. Animada por los altavoces, la gente se puso de pie, y al escuchar la música de grabación del grupo Barenaked Ladies, levantaron los brazos y gritaron: "¡Sí!, ¡Sí!, ¡Sí!".

Después de que enmudecieran los altavoces, una mujer de mediana edad, que había tenido la suerte de conseguir uno de los artículos de recuerdo, unas zanahorias de peluche arrojadas al público, se lanzó hacia el escenario como una adolescente alocada, para conseguir otro. Después una multitud de gente se peleaba en el escenario en busca de autógrafos.

Algo similar ocurrió unos días antes en la prestigiosa Universidad Tsignhua de Pekín cuando se empujaban un grupo de estudiantes y profesores por querer acercarse al conferenciante: un icono occidental de los negocios. Debido al barullo, se cayeron al suelo varios estudiantes. Todo el mundo quería conocer a Chester Elton. El Sr. Elton, de 46 años y autor del libro de dirección de empresas de 105 páginas titulado *The 24-Carrot Manager,* apenas es conocido en EE.UU. Pero en China, donde están de moda los gurús occidentales en gestión de empresas, es muy famoso.

Según el Sr. Elton, "Me siento como una estrella de rock". Él es actualmente uno de los gurús más conocidos en temas de dirección de empresas; los expertos dicen que el país tiene una escasez grande de directivos cualificados y crece el número de personas que quieren ser el próximo Bill Gates.

Por este motivo, los expertos occidentales en dirección –forman en todo tipo de temas, desde cómo retribuir a los empleados a cómo fomentar la innovación– van en masa a China, para tratar de sacar provecho del entusiasmo por el capitalismo de este país. Han ido personas bastante conocidas, como John F. Welch, Jr., Stephen R. Covey y Michael E. Porter, un especialista en competencia de la Harvard Business School. Pero también otras que no lo son tanto. Imparten seminarios de formación en dirección, venden sus libros, aparecen en la televisión y se dejan adorar. A muchos de ellos, como el Sr. Elton, los han contratado los responsables del Partido Comunista, entusiasmados con la idea de transformar a

China y a las empresas públicas con pérdidas en máquinas capitalistas ajustadas, excelentes.

"Hay una demanda elevada de formación sobre gestión de empresas en el país", dice Juan A. Fernández, profesor de esta materia en la China Europe International Business School de Shanghai. De hecho, las universidades americanas líderes ofrecen masteres de Dirección de Empresas (MBAs) a un precio elevado en China. Y las consultoras más grandes se apresuran por llegar a China para ayudar a formar a los directivos.

Preguntas para reflexionar

1. ¿Cuáles son los beneficios y los obstáculos fundamentales de contratar a profesores occidentales para formar a los directivos locales de un país como China? Justifique su respuesta.
2. ¿Cómo debería decidir una empresa china a quién se debe contratar de occidente para dar los cursos de formación de dirección de empresas? ¿Cómo puede diferenciar la empresa a las personas que realmente tienen conocimientos de las que "parecen buenas" pero no tienen la preparación apropiada para encargarse de dicha formación? Justifique la respuesta.
3. La formación destinada a los directivos chinos y dedicada a temas de motivación de los trabajadores es muy habitual. ¿Por qué piensa que es así? La motivación es un tema bastante complejo en EE.UU., de hecho se han desarrollado varias teorías en los últimos años para intentar explicar en qué consiste (*véase* Capítulo 2). ¿Cree que es necesaria la formación sobre este tema en China o puede ser una eseeeeeeeeeeeratagema de la gente y/o empresas que se dedican a la formación para hacer negocio? Justifique la respuesta.

Trabajo en equipo

Los estudiantes forman equipos de cinco. Cada equipo elaborará una propuesta para una empresa china que quiere formar a sus directivos sobre como implantar prácticas de RRHH adecuadas. Cada equipo presentará sus recomendaciones a la clase, después habrá un debate moderado por el profesor.

Ejercicio basado en la experiencia

Un estudiante representará el papel de un profesor de dirección de empresas contratado por una consultora americana grande que intenta vender sus servicios a una empresa China. La consultora está especializada en formación sobre motivación. Otro estudiante representará al directivo chino que es responsable de la formación de la empresa. La representación de papeles durará aproximadamente 15 minutos, tras los cuales habrá un debate en clase moderado por el profesor.

Fuente: Adaptado con el permiso de Barboza, D. (19 de febrero de 2005). Seven habits of highly effective cadres. *New York Times*, B-1.

¡Decida usted!

DISCUSIÓN Caso 17.3

Las dos partes de cualquier historia

Hace cuatro años, Pressman Company, una empresa con sede en EE.UU., acordó crear una empresa conjunta con una empresa polaca para fabricar diversos materiales de fontanería, tanto para el mercado nacional polaco como para exportar a los países vecinos. La semana pasada Pressman recibió la dimisión de Jonathan Smith, un expatriado que nueve meses antes fue nombrado director general de la filial polaca por un periodo de cuatro años. En los 39 meses anteriores otros dos directores generales expatriados también decidieron dimitir antes de que acabara el periodo fijado para su expatriación. Además, 13 de los 28 técnicos estadounidenses enviados a la planta de Polonia volvieron antes de tiempo. Geoge Stevens, vicepresidente ejecutivo de la matriz, estima que estas dimisiones y regresos prematuros han costado a la empresa al menos cuatro millones de dólares en gastos directos y probablemente tres veces esa cantidad en volumen de producción y retrasos en los plazos.

Cuando le llegaron rumores de que había mucho descontento en la planta y que los trabajadores amenazaban con convocar una huelga, Stevens decidió viajar a Polonia para descubrir lo que estaba ocurriendo. Durante las entrevistas a cinco supervisores y diez trabajadores locales con la ayuda de un traductor, escuchó repetidamente tres quejas: primera, los directivos y técnicos americanos pensaban "que lo sabían todo" y amenazaban a los polacos; segunda, los empleados americanos tenían expectativas poco realistas de lo que podía conseguirse en los plazos fijados por la matriz; y tercera, los empleados americanos ganaban tres veces más que los polacos y disfrutaban mirándolos por encima del hombro, conduciendo coches deportivos, viviendo en casas caras y contratando a un ejército de ayudantes y asistentes.

Cuando volvió a EE.UU., Stevens se entrevistó con Jonathan Smith y cinco de los técnicos que habían vuelto antes de tiempo. Algunas de las razones de sus dimisiones se hicieron patentes en las entrevistas. Primero, describían a sus compañeros polacos como "vagos" y que "se limitan a hacer lo mínimo para pasar el rato sin perder de vista el reloj para no perderse los descansos, la hora de la comida y la hora de salida". Obligarles a trabajar sólo les enfadaba más. Segundo, indicaron que los trabajadores y directivos polacos tenían poca motivación e iniciativa propia. Tercero, se quejaban de la soledad y de su incapacidad para hablar polaco. Finalmente, la mayoría afirmó que sus esposas e hijos querían volver a casa desde el primer mes de su llegada. Al sentarse en su despacho, Geoge Stevens se queda con la mirada perdida en la ventana, intentando decidir qué tiene que hacer.

Preguntas para reflexionar

1. A partir de lo que ha aprendido en este capítulo, ¿cuáles cree que son los problemas de la filial polaca de Pressman Company?
2. ¿Cómo explicaría la gran diferencia entre las opiniones de unos y otros?
3. Si fuera contratado como consultor de Pressman Company, ¿qué pasos recomendaría?

Trabajo en equipo

Los estudiantes forman parejas. Uno de ellos desempeña el papel de Stevens, el otro el de un consultor de RRHH. El juego de rol consiste en la reunión inicial entre ambos. Stevens explica los problemas en la fábrica polaca y el consultor identifica la información adicional necesaria para atajar de raíz los problemas y la forma de conseguir esta información.

Los estudiantes forman grupos de cuatro o cinco. Cada grupo tiene que hacer sugerencias sobre el contenido de un programa de formación para el siguiente grupo de empleados que se enviará a la planta polaca de Pressman. Además de la información de este capítulo, utilice lo que ha aprendido en el Capítulo 4 (gestión de la diversidad) y en el 8 (formación de la fuerza de trabajo) para diseñar estos programas. Cuando acabe el ejercicio (unos 20 minutos) un miembro de cada grupo presenta las recomendaciones al resto de la clase. ¿Cuáles son las semejanzas y diferencias en las recomendaciones presentadas por los grupos? ¿Por qué? ¿Qué recomendaciones tienen más posibilidades de éxito?

Ejercicio basado en la experiencia

Un estudiante representará a un empleado polaco mientras otro a un expatriado de EE.UU. Cada uno expresará su opinión ante el director de RRHH de Pressman Company (papel representado por otro estudiante) que intentará entender y buscar un acercamiento entre ambos. El juego de rol debería durar unos 10-15 minutos, después se abrirá un debate en la clase moderado por el profesor.

¡DECIDA USTED!

ÉTICA — Caso 17.4

"Cuando estás en Roma, ¿haces lo que los romanos? El caso de los sobornos extranjeros"

Titan Corporation, de San Diego, California, tiene unos 12.000 empleados dispersados por 60 países. En 2005, se condenó por soborno al presidente de Benin. El castigo impuesto ascendió a 28,5 millones de dólares, una de las cantidades más altas impuestas a una empresa en la historia de la Ley de Prácticas Extranjeras Corruptas (*Foreign Corrupt Practices Act*). Se declaró culpable a Titan (empresa con 2.000 millones en ventas anuales, procedentes de contratos militares, de inteligencia y defensa firmados con el gobierno estadounidense) de tres delitos graves en un juzgado federal de San Diego. Según la Comisión del Mercado de Valores (*Securities and Exchange Commission, SEC*) la mala actuación fue a nivel mundial. Aunque la empresa tiene negocios en más de 60 países, no tiene una política sobre qué hacer con los sobornos extranjeros y le resulta difícil controlar a sus 120 agentes internacionales. La SEC dijo que Titan no informó adecuadamente sobre las comisiones pagadas para conseguir sus contratos en Francia, Japón, Nepal, Bangladesh y Sri Lanka.

Paul R. Berger, el director asociado del departamento disciplinario de la SEC, comentó que la evidencia mostraba "la falta completa de controles internos" de Titan, junto con la incapacidad de la empresa para poner en marcha políticas y procedimientos necesarios que la ayudarían a detectar y detener esos problemas.

Preguntas para reflexionar

1. ¿Cree que Titan es un ejemplo aislado o que otras muchas empresas también incentivan comportamientos similares en el extranjero, con la diferencia de que no las han pillado? ¿Cree que es aceptable que una empresa se arriesgue y pague un soborno cuando las posibilidades de que la pillen son pequeñas y que, en el peor de los casos, pague la sanción impuesta porque la cantidad a pagar será una parte insignificante de los costes operativos totales? Justifique la respuesta.

2. Poco tiempo después de que se declarara a Titan culpable de los cargos de soborno, contrató a Daniel W. Danjczek para un puesto nuevo denominado "vicepresidente de cumplimiento de normas y ética". El trabajo de Danjczek consiste en "inculcar el comportamiento ético a la empresa". ¿Cree que se trata de un intento acertado y sincero de hacer frente a los problemas éticos de la empresa o que es una estratagema para mejorar su imagen pública? ¿Qué haría usted para conseguir que los empleados no perciban ese puesto como una "chapuza" para mejorar la reputación ética de la empresa en el exterior? Justifique la respuesta.
3. Cuando una empresa tiene negocios en muchos países distintos con sistemas legales y normas éticas tan diversas, ¿cómo puede desarrollar e imponer un conjunto de criterios a nivel mundial sobre lo que es o no correcto? Justifique la respuesta.

Trabajo en equipo

Se divide la clase en grupos de cinco. Cada equipo proporcionará al Sr. Danjczek un conjunto de recomendaciones de lo que debería hacer en su trabajo para mejorar el clima ético de Titan. Dependiendo del tamaño de la clase, cada equipo presentará sus recomendaciones en diez minutos aproximadamente, después se realizará un debate moderado por el profesor.

Ejercicio basado en la experiencia

Un estudiante hará el papel del Sr. Danjczek; otros cinco representarán a agentes internacionales de Titan en cinco lugares distintos (Brasil, Las Bermudas, Arabia Saudí, Nigeria y Rumania). El Sr. Danjczek intenta transmitir el mensaje de que la empresa se ha tomado en serio el tema ético y que "se ha cerrado el capítulo de laxitud en la aplicación de las normas éticas". Los agentes locales creen que es beneficioso, desde el punto de vista de las relaciones públicas, informar sobre este hecho, pero piensan que este cambio hará que Titan no pueda competir con otras empresas que no tienen reparos en hacer lo que haga falta para conseguir negocios nuevos. La representación de papeles durará de 15 a 20 minutos, después se realizará un debate en clase moderado por el profesor.

¡DECIDA USTED!

DISCUSIÓN — Caso 17.5

¿Es una buena idea adaptar las políticas de RRHH a cada cultura?

Durante los últimos diez años, East Computer Company ha pasado de ser un productor nacional de PCs clónicos en Boston a ser una empresa multinacional con plantas de montaje en cuatro países extranjeros. Las políticas de RRHH de la empresa fueron desarrolladas hace cinco años, antes de la expansión internacional de la empresa, por un equipo de trabajo presidido por el vicepresidente de RRHH en Boston. El CEO de la empresa acaba de nombrar un nuevo equipo para que analice hasta qué punto se pueden "exportar" a las nuevas filiales internacionales las políticas de RRHH nacionales actuales. Los elementos esenciales de estas políticas son las siguientes:

1. Todos los puestos nuevos se anuncian para que cualquier empleado pueda solicitar el que desee.
2. La selección se hace en función del mérito. Se utilizan sistemas de selección adecuados (por ejemplo, tests psicológicos, entrevistas estructuradas, etc.) para garantizar una aplicación adecuada de esta política.
3. Se ha prohibido expresamente el nepotismo.
4. Es habitual la promoción interna siempre que sea posible.
5. Hay igualdad de oportunidades en el empleo, independientemente del género, la raza, el origen nacional o la religión.
6. El salario para los distintos puestos se define mediante un proceso racional que incluye tanto la evaluación del puesto como información sobre lo que se está pagando en el mercado.
7. Se paga un salario igual por un trabajo igual, independientemente del género, la raza, el origen nacional o la religión.
8. Se establecen conjuntamente los objetivos entre el superior y el subordinado, con una reunión de evaluación anual en la que ambas partes tienen la oportunidad de discutir el proceso seguido para alcanzar los objetivos. La evaluación se utiliza tanto para informar sobre el rendimiento del empleado como para determinar el incremento salarial por méritos.

Como primer paso para evaluar estas políticas, el vicepresidente de RRHH ha clasificado los países en los que la empresa tiene filiales en función de las dimensiones de Hofstede. El resultado se muestra en el cuadro de la página siguiente.

East Computer Company le ha contratado para que ayude a la dirección a desarrollar políticas de RRHH para cada una de las filiales internacionales. La dirección preferiría utilizar las mismas políticas de RRHH que en EE.UU. para mantener la coherencia y reducir los problemas administrativos. Sin embargo, el vicepresidente de RRHH está a favor de polí-

Dimensiones culturales					
Localización de la filial	**Distancia al poder**	**Individualismo**	**Evitar la incertidumbre**	**Masculinidad**	**Orientación a largo plazo**
Australia	Baja	Alto	Medio	Media	Baja
Méjico	Alta	Bajo	Alto	Alta	Media
Inglaterra	Baja	Alto	Bajo	Alta	Baja
Noruega	Baja	Medio	Medio	Baja	Alta

ticas de personal "a medida" que se ajusten al entorno cultural de cada filial.

Preguntas para reflexionar

1. Dadas las políticas actuales de personal de East Computer Company, ¿qué problemas tendrá que afrontar la empresa en cada país si exporta sus políticas nacionales?
2. ¿Cómo cambiaría cada una de las políticas para que se adapten mejor a las particularidades del entorno de cada filial internacional?
3. Destaque las recomendaciones que haría para mantener, cambiar o adaptar las políticas de RRHH en EE.UU., Australia, Méjico, Inglaterra y Noruega. Asegúrese de que menciona en sus recomendaciones cualquier riesgo asociado con su aplicación.

Trabajo en equipo

Los estudiantes forman grupos de cinco personas. Un estudiante desempeña el papel del consultor que realiza el ejercicio para descubrir posibles problemas de la aplicación uniforme de la actual política de personal de la empresa. Cada uno de los otros cuatro actúa como defensor de cada uno de los países en que la empresa tiene plantas. Cada defensor debe buscar argumentos a favor o en contra de las políticas de RRHH actuales.

Los estudiantes forman grupos de cuatro. Cada grupo actúa como defensor de una de las localizaciones extranjeras. Tras decidir qué políticas se mantienen y cuáles se cambian, un representante de cada grupo presenta sus recomendaciones a la clase. Tras las breves presentaciones, la clase discute los costes y beneficios de las políticas específicas para cada cultura.

Ejercicio basado en la experiencia

Localice a algunas personas (otros estudiantes, amigos o conocidos) que hayan estado o tengan algún familiar que esté en un país extranjero. Entrevístelas y pregúnteles cuáles son sus opiniones respecto a cómo son los países de acuerdo a las cinco dimensiones de Hofstede. ¿En qué dimensiones presenta el país niveles más altos?, ¿en cuáles niveles más bajos? Según la opinión del entrevistado, ¿la cultura de esos países aparece reflejada en cualquiera de las prácticas de RRHH implantadas (por ejemplo, contratación, retribución, evaluación del desempeño, etc.)? Varios estudiantes presentarán su trabajo al resto de la clase (de cinco a diez minutos), después se abrirá un debate moderado por el profesor.

NOTAS

ADAPTACIONES PARA ESPAÑA — Nota 17.1

El reto para las empresas españolas en China

Cada vez más empresas españolas aprovechan los mercados emergentes asiáticos para implantar allí sus negocios. De hecho, un estudio de la multinacional Everis y Casa Asia en el que participaron más de 100 empresas españolas, revela que en la actualidad existen cerca de 200 trabajadores expatriados de estas empresas en Asia.[a] Por su parte, China es el país que más profesionales de España acoge, con un 75 por ciento del total. Según este mismo estudio, el perfil del expatriado español en China se corresponde con una persona con buen dominio de idiomas y formación técnica que contribuye a una buena adaptación en la zona. El 90 por ciento de los ejecutivos encuestados domina el inglés o la lengua local, mientras que un 41 por ciento poseen conocimientos de ambos idiomas.

En el primer momento de la expatriación no suele haber inconvenientes. Muchos empleados de la compañía se marchan como expatriados con sueldos más altos y extras para dietas, hospedaje y viajes. Incluso en muchas ocasiones la empresa corre con los gastos de la escolarización de los hijos. Sin embargo, no es fácil vivir en China[b]. "Es como llegar a otro planeta, no puedes leer o hablar y los chinos ven a los occidentales como de otro mundo. El primer paso del profesional es buscarse una persona de confianza para que le traduzca, explique y aconseje", señala Alain Rauh, ex director general de Flamagas China. Rauh lleva cinco años y medio viviendo en Shanghai con su mujer, Montserrat Garrido, quien encontró un empleo en el país asiático en Citigroup dos años después de su llegada.

Este matrimonio, junto a Gonzalo de Arístegui, responsable de la unidad de negocio más importante de Coca-Cola China –donde aterrizó en 2003–, y Eduardo Morcillo son cuatro ejemplos de directivos que trabajan en un mundo muy distinto al Occidental, tanto por sus costumbres como por un contexto económico en continuo proceso de transformación.

"Desde mi llegada hace cuatro años, el país ha cambiado drásticamente. Ahora existen más opciones de entretenimiento, variedad de productos, de restaurantes. China se está liberalizando y los cambios, después de la entrada en la Organización Mundial del Comercio, en 2004, se están precipitando", señala Arístegui. No obstante, reconoce que la operativa bancaria está muy atrasada: "Hasta hace dos años, el crédito al consumo no existía, de manera que las tarjetas de crédito no tienen un uso generalizado".

Rauh también hace referencia a los últimos cambios con cautela, "es un país emergente y todavía con un régimen político comunista, lo que requiere muchos recursos, perseverancia y paciencia". Como ejemplo, explica que salvo los directivos y profesionales con formación universitaria, los chinos no hablan inglés y toda la comunicación se hace a través de traductores, lo que alarga y complica el intercambio de información, lo distorsiona y disminuye el contacto personal y directo.

Desde el punto de vista personal, otra de las dificultades para la adaptación que apunta Rauh es la carrera del cónyuge, ya se trate de él o de ella. "La probabilidad de encontrar trabajo cualificado es casi inexistente. Muchos cónyuges, también maridos de expatriadas, acaban realizando obras sociales o caritativas, pero esto no suele ser una solución a largo plazo". Su mujer, Montserrat Garrido asegura que consiguió su empleo en China a través de contactos anteriores e iniciativa propia: "Me incorporé a Citigroup como empleada local dos años después de mi llegada". El mismo tiempo que tardó la esposa de Morcillo en abrir el primer despacho jurídico español en China.

Para solucionar el problema de los expatriados en China, la contratación local es la única alternativa, pero no siempre es fácil: ¿están las empresas españolas preparadas para gestionar RRHH en China?, ¿se puede atraer, retener y motivar el talento en un mercado lleno de oportunidades?, ¿merece la pena el esfuerzo?[c]

Rauh apunta los efectos en la gestión de los RRHH derivados de crecimientos económicos de doble dígito, como los de China: "En Shanghai la inversión extranjera es tan grande que la demanda de personas supera a la oferta. Esto se traduce en una rotación media de personal del quince por ciento anual, una inflación salarial mínima del diez por ciento y unas expectativas de promoción muy altas. De hecho, todos los profesionales con cualificación que he perdido en los últimos años han doblado su salario al cambiar de empresa, acompañado de una gran promoción".

Fuentes: [a]García-León, C. (20 de febrero de 2007). El 28 por ciento de las compañías españolas en Asia reduce su plantilla de expatriados. www.expansionyempleo.com; [b]Mateos, M. y Valle, S. (17 de marzo de 2007). Trabajar en China, una experiencia laboral que no tiene precio. www.expansionyempleo.com; [c]Lezaun, M. (1 de octubre de 2007). El reto de contratar trabajadores en China. www.expansionyempleo.com.

APÉNDICE A

REVISTAS DE GESTIÓN DE RRHH Y DE EMPRESA

En este apéndice aparece un listado de las principales publicaciones de negocios o de empresa y otro listado de las revistas especializadas en Gestión de RRHH. Muchas de ellas pueden serle de gran ayuda, no sólo para estudiar RRHH, sino también de cara a su formación profesional. Como comentamos en el libro, hay cada vez más empresas que responsabilizan a los empleados de sus carreras, aunque les ayudan a planificarla, proporcionándoles, entre otras cosas, diversos materiales. Algunos de los primeros materiales que pueden servirle es la información que aparece a continuación.

PUBLICACIONES GENERALES DE EMPRESA O NEGOCIOS

Across the Board. Conference Borrad. 845 Third Avenue, Nueva York, NY 10022. Incluye artículos que hablan sobre diversos tópicos relacionados con la empresa en términos poco técnicos. Los artículos recogen desde discusiones sobre cuestiones generales relacionadas con la empresa a análisis de empresas y sectores específicos.

Black Enterprise. Earl G. Graves Publishing Co. 130 Fifth Avenue, Nueva York, NY 10011. *Black Enterprise* recopila artículos que muestran las oportunidades financieras, de negocio, de trabajo y profesionales en el ámbito africano, caribeño y afro-americano.

BusinessWeek. McGraw Hill, Inc. 1221 Avenue of the Americas, Nueva York, NY 10020. *BusinessWeek* ofrece una amplia cobertura de noticias y novedades que afectan al mundo de los negocios. Incluye información sobre informática, finanzas, mercado de trabajo, sector industrial, marketing, ciencia y tecnología.

Fast Company. P.O. Box 52760, Boulder, CO 80321-2760. Publicación relativamente reciente que se centra en una gran variedad de tópicos relacionados con la empresa y los negocios. Su objetivo es ayudar con la información que aporta a las empresas en un mercado muy competitivo.

Forbes. Forbes, Inc. 60 Fifth Avenue, Nueva York, NY 10011. Una revista que defiende el capitalismo. Sus artículos cortos informan de las actividades de la empresa, las novedades del sector industrial, las tendencias económicas y aconsejan inversiones.

Fortune. Time, Inc. Time & Life Building, Rockefeller Center, Nueva York, NY 10020. Esta revista informa sobre empresas y sectores y presenta novedades y tendencias. Sus artículos suelen ser más largos que los de las otras revistas de negocios y el uso habitual de separatas permite que los lectores aprendan mucho de sus suplementos.

Harvard Business Review. Graduate School of Business Administration, Harvard University. Boston, MA 02163. Es una publicación de la Harvard Business School muy conocida. Publica artículos relacionados con la dirección de empresas. Los tópicos que suele tratar son planificación, producción e innovación. Cada número incluye un estudio de casos.

Hispanic Business. P.O. Box 469038, Escondido, CA 92046-9038. Revista que se centra en diversos temas relacionados con la empresa (por ejemplo, oportunidades de carrera, empresas emprendedoras y legislación). Informa sobre los trabajadores y negocios latinos en EE.UU.

Inc.: The magazine for Growing Companies. Goldhirsch Group, Inc. 38 Commercial Wharf, Boston, MA 02110. Se dirige a las personas implicadas en la gestión de empresas nuevas, pequeñas o en crecimiento. Los artículos informan sobre empresas emprendedoras, temas generales relacionados con la empresa y el perfil de los directivos de éxito.

Journal of Business Ethics. Kluwar Academic Publishers, 101 Philip Dr. Norwell, MA 02061. Esta revista publica artículos científicos que tratan sobre los aspectos éticos a los que se enfrentan las empresas. Sus artículos son claros, con poca jerga técnica y hablan sobre ética y escuelas de negocio, competencia y ejecutivos corporativos.

Management Review. American Management Association. 135 West 50th St., Nueva York, NY 10020. Esta publicación mensual describe las tendencias y técnicas en dirección de empresas, así como también trata cuestiones relacionadas con los directivos de nivel medio y alto en el sector público y privado.

Nation´s Business. US Chamber of Commerce. 1615 H St. N.W., Washington, DC 20062. Informa sobre actividades de negocio actuales y algunos tópicos como calidad y comportamiento emprendedor. Esta revista está dirigida a emprendedores, propietarios y directivos de pequeños negocios. Cada número contiene un artículo sobre aspectos que preocupan a los negocios familiares.

Small Business Reports. American Management Association. 135 West 50th St., Nueva York, NY 10020. Los artículos de esta revista mensual suelen ofrecer consejos prácticos a los propietarios y directivos de las empresas familiares. Aunque los tópicos tratados son interesantes para todos los responsables de negocios.

The Wall Street Journal. Dow Jones & Co., Inc. 200 Liberty St., Nueva York, NY 10281. Con una tirada mayor que la del *The New York Time* o *USA Today*, este periódico de ámbito nacional ofrece artículos en profundidad sobre los negocios y las finanzas a nivel nacional e internacional. Si está interesado en el mundo de los negocios, es obligatorio echarle un vistazo.

Working Woman. Working Woman, Inc. 230 Park Avenue, Nueva York, NY 10169. Dirigido a las mujeres que han hecho carrera y que están interesadas en saber más sobre este tema. Los artículos hablan sobre el desarrollo profesional, la dirección, las habilidades de comunicación, la gestión financiera y las alternativas de inversión. También contiene artículos sobre nuevas tecnologías, el cambio demográfico y el perfil de la mujer de negocios de éxito. De interés especial es el número anual "Las carreras más excitantes" ("*Hottest Careers*") que enumera los trabajos de futuro.

PUBLICACIONES DE GESTIÓN DE RRHH

Workspan. WorldatWork Association, 14040 N. Northsight Blvd., Scottsdale, AZ 58260. Este boletín que se publica mensualmente incluye artículos de interés para los profesionales de recursos humanos. También informa sobre los medios disponibles para los profesionales, así como de los puestos vacantes en este campo.

Academy of Management Perspectives. Pace University, P. O. Box 3020, Biarcliff Manor, NY 10510. Publicada trimestralmente y dirigida a ejecutivos y estudiantes de negocios, esta revista presenta artículos prácticos sencillos, muchos de los cuales están escritos por expertos destacados de dirección de empresas.

WorldatWork Journal. WorldatWork Association, 14040 N. Northsight Blvd., Scottsdale, AZ 58260. Es una publicación especializada de la WorldatWork Association. Sus números aparecen trimestralmente e incluyen de seis a ocho artículos sobre temas relacionados con la retribución, la evaluación del desempeño, la estrategia retributiva, temas fiscales, el sueldo de los ejecutivos y las prestaciones sociales.

Compensation & Benefits Review. American Management Association. 135 West 50th St., Nueva York, NY 10020. Es una revista especializada de la American Management Association. Cada número incluye de cuatro a seis artículos relacionados con la gestión de la retribución y la estrategia, así como otros temas diversos como la evaluación del puesto de trabajo como barrera a la excelencia y la retribución de los ejecutivos en el extranjero. Un rasgo inestimable de esta revista es la síntesis de artículos buenos que aparecen en otras publicaciones de negocios.

CompFlash. WorldatWork Association, 14040 N. Northsight Blvd., Scottsdale, AZ 58260. Este boletín publicado mensualmente incluye artículos cortos e información de las últimas tendencias/estadísticas necesarias para la gestión de la retribución, incluye la mayoría de los estudios salariales recientes.

Employee Relations Law Journal. Executive Enterprises, Inc. 22 West 21st St., Nueva York, NY 10010. Aunque está dirigida fundamentalmente a abogados especialistas en legislación laboral y de empresa y ejecutivos de RRHH, esta revista contiene recomendaciones prácticas que no son demasiado técnicas. Los artículos tratan temas como las técnicas para la gestión del personal, cumplimiento legal, casos de tribunales, discriminación sexual, intimidad en el trabajo y control de drogas. Un rasgo característico hasta hoy de esta publicación es que informa sobre las actuaciones de la agencia federal reguladora.

Employee Relations Weekly. Bureau of National Affairs. 1231 25th Street, N.W. Washington, DC 20037. Esta publicación del gobierno informa sobre cuestiones relacionadas con el trabajo como las novedades sobre igualdad de oportunidades, seguridad e higiene y retribución y prestaciones sociales. Los números recientes han hablado sobre los comités de empresa, las prestaciones sociales a los cónyuges y el acoso sexual. Es muy útil para conocer casos sobre relaciones laborales que han pasado por los tribunales.

HRMagazine. Society for Human Resource Management, 606 N. Washington, St., Alexandria, VA 22314. Inicialmente se llamó *Personnel Administrator*. Esta revista ofrece información en profundidad sobre todas las áreas de Gestión de RRHH.

International Journal of Human Resource Management. Routledge Journals, 11 Nueva Fetter Lane, Londres EC4P 4EE. Esta revista publica mensualmente las investigaciones realizadas sobre temas y tendencias relacionadas con la gestión internacional de los RRHH.

Labor Notes. Labor and Education Research Project. 7435 Michigan Avenue, Detroit, MI 48210. Esta revista se caracteriza por cubrir a nivel nacional cuestiones como contratos, negociaciones en curso, boicots, condiciones de trabajo y problemas a los que se enfrentan las mujeres trabajadoras y las minorías. Útil para conocer el punto de vista de los empleados y así poder contrastar la información procedente de la dirección.

Monthly Labor Review. Bureau of Labor Statistics. U. S. Department of Labor, Washington, DC 20402. La fuente de estadísticas laborales de EE.UU. Cada número incluye cuatro artículos en profundidad sobre temas relacionados con las relaciones laborales.

Organizational Dynamics. American Management Association. 135 West 50th St., Nueva York, NY 10020. Los artículos incluidos en esta revista tratan sobre los sistemas de evaluación y de gestión en general, así como también otros aspectos relevantes de la administración de sistemas.

Personnel Journal. 245 Fischer Ave. B-2, Costa Mesa, CA 92626. *Personnel Journal* cubre un gran cantidad de temas relacionados con los RRHH. Hay información amplia sobre las políticas y prácticas de RRHH aplicadas por las empresas de hoy en día y cada artículo contiene los datos fundamentales de la empresa. Esta revista también patrocina los premios anuales Optimas Awards en una gran variedad de categorías, lo que permite que las empresas que han puesto en marcha iniciativas excelentes de recursos humanos sean conocidas.

Public Personnel Management. Personnel Management Association. 1617 Duke St., Alexandria, VA 22314. Incluye artículos de investigación muy útiles para los responsables de la gestión del personal en el sector público. Los temas típicos tratados son reclutamiento, entrevistas, formación, bajas por enfermedad y empleo en casa.

Supervisory Management. American Management Association. 135 West 50th St., Nueva York, NY 10020. Esta revista contiene, en su reducido formato de 12 páginas, varios artículos cortos que ofrecen recomendaciones prácticas sobre diversos temas como calidad, gestión de empleados con problemas y saber llevar las reuniones.

Training & Development. American Society for Training & Development. 1640 King St., Alexandria, VA 22313. La revista oficial de ASTD, *Training & Development* está dirigida a profesionales de RRHH y a otros directivos. Se ocupa de temas relacionados con la práctica y las tendencias en formación y desarrollo como: cómo hacer un video de formación, cómo enseñar a los trabajadores a escribir mejor y cómo formar bien en diversidad.

DICCIONARIO DE TÉRMINOS DE RRHH

Acoso moral en el trabajo Forma de acoso que consiste en comportamientos abusivos, intimidatorios, maliciosos o insultantes, que se producen de manera persistente sobre determinados empleados.

Acoso sexual *quid pro quo* Acoso que se produce cuando se solicita una relación sexual a cambio de conseguir o mantener un puesto de trabajo o por conseguir mejoras en el trabajo.

Acto de conciliación Un intento por alcanzar un acuerdo negociado entre el empresario y el empleado o candidato en un caso de igualdad de oportunidades.

Adaptación razonable Una acción emprendida para adaptar el lugar de trabajo a las minusvalías conocidas de los candidatos o empleados, de forma que las personas con discapacidades disfruten de igualdad de oportunidades en el empleo.

Ajuste del tamaño empresarial El proceso de reorganización de los empleados de una empresa para mejorar su eficiencia.

Ajustes a los índices del coste de vida Incrementos salariales, normalmente para toda la plantilla, vinculados a indicadores de la inflación como el Índice de Precios al Consumo.

Alfabetización El dominio de habilidades básicas (lectura, escritura, aritmética y su aplicación a la resolución de problemas).

Ampliación de la banda salarial La práctica de sustituir descripciones precisas de los puestos de trabajo por categorías más generales (bandas).

Ampliación del trabajo El proceso de ampliación de las obligaciones de un puesto de trabajo.

Análisis del Flujo de Trabajo El proceso de analizar cómo se crea o añade trabajo en los procesos actuales de una empresa.

Análisis del puesto de trabajo El proceso sistemático de recopilación de información para tomar decisiones relativas al trabajo. El análisis del puesto de trabajo identifica tareas, obligaciones y responsabilidades de un determinado trabajo.

Antigüedad Período de tiempo que una persona ha estado trabajando para un empresario.

Aportaciones o contribuciones Pagos para la cobertura de las prestaciones. Las aportaciones para una determinada prestación pueden provenir del empresario, del empleado, o de ambos.

Apoyo al trabajo Fuentes externas de información, como folletos y guías de referencia, de rápido acceso para los trabajadores cuando necesitan ayuda para tomar una decisión o realizar una tarea determinada.

Arbitraje Último paso del procedimiento de quejas. La decisión del árbitro, que es una persona neutral seleccionada fuera de la empresa, es vinculante para ambas partes.

Auditoría de RRHH Una revisión periódica de la eficacia de la utilización de los RRHH por parte de la empresa. A menudo, implica la evaluación del propio departamento de RRHH.

Auditorías de la diversidad Una revisión de la eficacia del programa de gestión de la diversidad de la organización.

Autoevaluación Un sistema de evaluación del desempeño en el que los trabajadores se evalúan a sí mismos.

Baja ampliada Una prestación que permite que un empleado se tome una baja de larga duración, conservando sus prestaciones sociales y la garantía de un puesto parecido cuando vuelva.

Bajas vegetativas Una política de empleo diseñada para reducir la fuerza laboral de una empresa que consiste en no volver a cubrir las vacantes que genera la rotación.

Buzón de voz Forma de comunicación electrónica que permite que el emisor deje un mensaje de voz para el receptor.

Calidad de la vida laboral Una medida de la seguridad y satisfacción de los empleados en su puesto de trabajo.

Capacidad Competencia en el desempeño de una tarea.

Centro de evaluación Un conjunto de tareas simuladas o ejercicios que se pide que realicen los candidatos (generalmente para puestos directivos).

Centro de recursos Una recopilación de materiales para el desarrollo profesional, como libros, cintas y textos.

CHAs Los conocimientos, habilidades y aptitudes necesarias para realizar con éxito un trabajo.

Choque cultural La incapacidad de adaptación a un entorno cultural distinto.

Cierre patronal Se produce cuando el empresario detiene la producción antes o durante un conflicto laboral.

Clase protegida Un grupo de personas que ha sufrido la discriminación en el pasado y que tiene una protección especial en el sistema jurídico.

Cláusula de afiliación obligatoria Acuerdo entre la empresa y el sindicato que exige a los nuevos empleados afiliarse al sindicato entre los 30 y 60 días posteriores a su fecha de incorporación a la empresa.

Co-determinación Representación de los trabajadores en los órganos de gobierno de las grandes empresas; se utiliza en Alemania.

Comisión para la Igualdad de Oportunidades en el Empleo (CIOE) La agencia federal encargada de aplicar las leyes sobre igualdad de oportunidades en el empleo.

Compañeros instructores Trabajadores de elevado rendimiento que actúan también como instructores internos en el propio trabajo.

Competencias distintivas Las características que otorgan a una empresa una posición competitiva.

Competencias Características asociadas con un rendimiento eficaz.

Complemento por méritos Se trata de un aumento del salario base que se suele dar una vez al año.

Comunicación hacia abajo Comunicación que permite a los directivos aplicar sus decisiones e influir sobre los empleados que están en niveles inferiores de la jerarquía.

Comunicación hacia arriba Comunicación que permite a los empleados de los niveles inferiores comunicar sus ideas y sentimientos a los que toman las decisiones más arriba.

Comunicaciones informales A veces llamadas "radio macuto". Intercambios de información sin un orden del día planificado que se producen de manera informal entre los empleados.

Concepto de dirección relativo en función de la cultura El concepto de dirección que sostiene que las prácticas directivas deberían adaptarse a los distintos valores, creencias, actitudes y comportamientos de una forma de trabajo diversa.

Concepto de dirección universal El concepto de dirección que sostiene que todas las prácticas de dirección deberían estar estandarizadas.

Condición previa Una situación médica que se empezó a tratar mientras que el trabajador estaba bajo la cobertura del seguro médico de su antigua empresa y que exige que se siga tratando médicamente con el seguro de la nueva.

Condiciones laborales Todos los términos o condiciones de empleo, incluyendo los salarios, las pausas y el tiempo para comer, los días de vacaciones, las obligaciones del puesto de trabajo y los procedimientos de quejas y reclamaciones.

Congelación de la contratación Una política de empleo diseñada para reducir la fuerza laboral de la empresa que consiste en no contratar a nuevos empleados.

Consejos laborales Comités compuestos por representantes de los trabajadores y directivos que tienen la responsabilidad de dirigir el lugar de trabajo; se utilizan en Alemania.

Contratación externa *(outsourcing)* Subcontratación del trabajo a una empresa externa que está especializada y hace esta tarea más eficientemente.

Contratación negligente Contratación de un trabajador con un historial de comportamientos violentos o ilegales, sin haber comprobado sus antecedentes o haber adoptado las preocupaciones adecuadas.

Contrato Promesa legalmente vinculante entre dos o más partes que tienen competencia para ello.

Contrato de trabajo Contrato que establece explícitamente los términos de la relación de empleo tanto para el empleado como para el empresario.

Convenio colectivo Acuerdo alcanzado entre la dirección de la empresa y el sindicato que define las condiciones de empleo y las condiciones laborales que se aplicarán a los empleados en el ámbito que el sindicato represente.

Correo electrónico (e-mail) Forma de comunicación electrónica que permite a los empleados comunicarse entre sí mediante mensajes electrónicos enviados a través de ordenadores personales conectados en red.

Cualificación profesional mínima para un puesto de trabajo Una característica que debe estar presente en todos los empleados que soliciten un determinado puesto de trabajo.

Cuenta de ahorro para gastos médicos (*Health savings account,* HSA) Plan de atención sanitaria calificado con una franquicia alta que pretende que los individuos ahorren dinero para los gastos médicos con dólares antes de impuestos y deja que el dinero no gastado se acumule en un fondo exento de impuestos.

Cultura organizativa Los supuestos y creencias básicas compartidas por los miembros de una organización. Estas creencias actúan inconscientemente y definen lo que se da por sentado en la perspectiva que tiene una organización de sí misma y de su entorno.

Cuotas Las cuotas que realiza el empresario en sus decisiones de contratación para garantizar que se contrata a cierto número de personas de determinada clase protegida.

Delegación de poder Ofrece a los trabajadores la cualificación y autoridad para tomar decisiones que tradicionalmente serían tomadas por los directivos.

Demanda de trabajo Número de trabajadores que la organización necesitará en el futuro.

Denuncias de los empleados Consisten en que algún empleado revela prácticas ilegales, inmorales o ilegítimas del empresario a personas u organizaciones que pueden ser capaces de adoptar medidas correctivas.

Derecho Un derecho es la capacidad de desarrollar conductas protegidas por normas legales o sociales, libre de interferencias de terceros.

Derecho de percepción Una garantía de que las prestaciones acumuladas por jubilación serán percibidas por los participantes en un plan de jubilación cuando se jubilen o se marchen de la empresa.

Derechos contractuales Derechos que se basan en la legislación sobre contratos.

Derechos de la dirección Derechos del empresario a llevar sus negocios como crea más apropiado y quedarse con cualquier beneficio resultante.

Derechos estatutarios Derechos protegidos por leyes específicas.

Desarrollo Un esfuerzo para ofrecer a los empleados las habilidades que la organización necesitará en el futuro.

Desarrollo profesional Un esfuerzo formalizado y continuado que se centra en desarrollar trabajadores más capacitados.

Descentralización Transferencia de las responsabilidades y de la autoridad para tomar decisiones desde la sede central a las personas y localizaciones más cercanas a las situaciones que demandan atención.

Descripción del puesto de trabajo Un documento escrito que identifica, describe y define un puesto de trabajo en función de sus obligaciones, responsabilidades, condiciones laborales y especificaciones.

Despido injusto Despido de un empleado por razones o bien ilegales o poco apropiadas.

Despido libre Norma consuetudinaria (*common-law*) utilizada por los empresarios para ejercer su derecho a finalizar la relación de empleo con un trabajador en cualquier momento y por cualquier motivo.

Determinismo cultural La idea de que se pueden inferir fácilmente las motivaciones, intereses, valores y comportamientos de un individuo a partir de su pertenencia a un determinado grupo.

Difusión de la información Proceso por el cual la información está disponible para los que toman decisiones dondequiera que se encuentren.

Dimensión Un aspecto del desempeño que determina un rendimiento eficaz en el trabajo.

Dirección por objetivos Un enfoque dirigido a los objetivos para evaluar el desempeño en el que los trabajadores y sus supervisores establecen juntos los objetivos para un período de evaluación.

Directivo Persona encargada de otras personas y responsable de la ejecución correcta y a tiempo de las tareas que fomentan el éxito de su unidad.

Discriminación inversa Discriminación contra los miembros de una clase no protegida fruto de los intentos de contratar a los miembros de las clases protegidas.

Discriminación positiva Una estrategia cuya intención es lograr el empleo justo instando a los empresarios a contratar a ciertos grupos de personas que han sido discriminados anteriormente.

Discriminación Hacer distinciones. En el contexto de los RRHH, hacer distinciones entre personas.

Diseño del puesto de trabajo El proceso de organizar el trabajo en las tareas necesarias para desempeñar un determinado trabajo.

Diversidad Características humanas que hacen que las personas sean distintas entre sí.

Efecto no deseado Discriminación que se produce cuando la aplicación de un mismo criterio para el empleo tiene un efecto desigual sobre una o más clases protegidas. También llamado "impacto dispar o adverso".

Empleado administrativo Empleado cuyo trabajo apoya el de los empleados de línea.

Empleado de línea Empleado que participa directamente en la producción de los bienes o servicios de la empresa.

Empleado exento Un empleado que no se ve afectado por las disposiciones de la Ley de Estándares Laborales Justos. La mayoría son profesionales, administrativos, ejecutivos y vendedores.

Empleado no exento Un empleado que queda bajo las disposiciones de la Ley de Estándares Laborales Justos.

Empleo justo El objetivo de la legislación y las normativas sobre igualdad de oportunidades en el empleo: una situación en la que las decisiones de empleo no se ven afectadas por una discriminación ilegal.

Empresa conjunta *(joint venture)* Se trata de una filial extranjera propiedad de la empresa matriz y de una entidad del país de destino (puede ser una empresa, un consorcio de empresas, un individuo o el gobierno).

Empresa multinacional Una empresa con instalaciones productivas y de montaje en varios países y regiones del mundo.

Empresa transnacional Una empresa con actividades muy descentralizadas en muchos países. La empresa debe muy poco a su país de origen y tiene pocos vínculos con cualquier país.

Encuestas de actitud de los empleados Encuestas formales y de carácter anónimo, diseñadas para medir lo que gustan o disgustan a los empleados las diferentes facetas de su trabajo.

Enfoque etnocéntrico Se trata de una perspectiva o rumbo que da la empresa a las actividades internacionales. Seguir este enfoque supone que la alta dirección y los demás puestos clave los deben ocupar personas del país de origen.

Enfoque geocéntrico Se trata de una perspectiva o rumbo que da la empresa a las actividades internacionales. Seguir este enfoque supone que las filiales tienen personal y directivos locales (del país de destino).

Enfoque policéntrico Se trata de una perspectiva o rumbo que da la empresa a las actividades internacionales. Seguir este enfoque supone que la nacionalidad pierde importancia y la empresa busca activamente a los mejores, en cualquier país o región del mundo, para ocupar los puestos clave.

Enriquecimiento del trabajo El proceso por el que se reúnen tareas especializadas de forma que una sola persona es responsable de producir todo un producto o servicio.

Entorno laboral hostil por acoso sexual Acoso que se produce cuando el comportamiento de cualquier persona en el lugar de trabajo es de naturaleza sexual y es percibido por un empleado como un comportamiento ofensivo y no deseable.

Entrevista de salida La entrevista final a un empleado tras la ruptura laboral con la empresa. El objetivo de esta entrevista consiste en descubrir los motivos por los que el empleado se va (si se trata de una ruptura laboral voluntaria) o para ofrecer asesoría o apoyo para encontrar un nuevo puesto de trabajo.

Entrevista estructurada Entrevista de trabajo basada en un análisis exhaustivo del puesto de trabajo, que plantea preguntas relacionadas con el trabajo, con respuestas prefijadas, que se plantean a todos los candidatos al puesto de trabajo.

Equidad externa Lo que se considera que es una retribución justa con respecto al salario que pagan otras empresas por el mismo tipo de trabajo.

Equidad individual La justicia percibida acerca de las decisiones salariales tomadas.

Equidad interna Lo que se considera que es una retribución justa dentro de la estructura de retribuciones de la propia empresa.

Equipo Un reducido número de personas con cualidades complementarias que trabajan en pro de objetivos comunes de los que son mutuamente responsables.

Equipo con objetivo específico Un equipo o fuerza de trabajo compuesto por trabajadores de diversas áreas funcionales de la organización, cuyo objetivo es el análisis de cuestiones complejas.

Equipo virtual Un equipo que depende de la tecnología interactiva para que los miembros trabajen juntos, estando separados físicamente.

Equipos autodirigidos Un equipo responsable de la producción de todo un producto, componente o servicio.

Equipos de resolución de problemas Un equipo compuesto por voluntarios de una unidad o departamento que se reúne una o dos horas a la semana para discutir las mejora de la calidad, la reducción de costes o la mejora del entorno laboral.

Error del evaluador Un error en las evaluaciones del desempeño que refleja sesgos consistentes por parte del evaluador.

Especialista en relaciones laborales Persona, frecuentemente miembro del departamento de RRHH, que tiene muchos conocimientos sobre relaciones laborales y puede representar los intereses de la dirección ante el sindicato.

Especificaciones del trabajo Las características necesarias que debe tener un trabajador para desempeñar con éxito un puesto de trabajo.

Estrategia corporativa La combinación de negocios en que decide estar presente una corporación y el flujo de recursos entre dichos negocios.

Estrategia de aceptación de los sindicatos Estrategia de relaciones laborales por la que la dirección de la empresa decide considerar al sindicato como el representante legítimo de sus trabajadores y acepta la negociación colectiva como el mecanismo adecuado para establecer las normas para el lugar de trabajo.

Estrategia de la unidad de negocio La formulación e implantación de estrategias que hace una empresa relativamente autónoma, incluso si forma parte de una gran corporación.

Estrategia de rechazo de los sindicatos Estrategia de relaciones laborales por la que la dirección de la empresa intenta evitar que sus empleados se afilien a un sindicato, sea suprimiendo los incentivos para que lo hagan o utilizando tácticas agresivas.

Estrategia de RRHH La utilización deliberada por parte de la empresa de los recursos humanos para lograr o mantener una ventaja sobre sus competidores en el mercado. El gran plan o el planteamiento general que adopta una organización para garantizar que utiliza de forma eficaz a su personal para logra su misión.

Estrategia de relaciones laborales Plan general de una empresa para abordar las relaciones con los sindicatos que representan a los trabajadores.

Estructura organizativa La relación, formal o informal, entre las personas y la organización a la que pertenecen.

Estructura organizativa burocrática Una estructura organizativa piramidal que se compone de jerarquías con múltiples niveles de dirección.

Estructura organizativa plana Una estructura organizativa que sólo tiene unos pocos niveles de dirección y destaca la descentralización.

Estructura organizativa sin fronteras Una estructura organizativa que permite a la organización crear relaciones con los clientes, proveedores y/o competidores ya sea para juntar recursos organizativos para el beneficio mutuo o para fomentar la cooperación en un entorno inestable.

Evaluación de iguales o compañeros Un sistema de evaluación del desempeño en el que los trabajadores del mismo nivel en la organización se evalúan unos a otros.

Evaluación de subordinados Un sistema de evaluación del desempeño en el que los trabajadores evalúan a sus supervisores.

Evaluación del desempeño La identificación, medida y gestión del rendimiento de los recursos humanos de las organizaciones.

Evaluación del puesto de trabajo El proceso mediante el cual se determina el valor o la contribución relativa que los distintos puestos de trabajo tienen en la empresa.

Expatriado El ciudadano de un país que vive y trabaja en otro país.

Expediente personal Archivo de cada trabajador, que contiene documentación con información crítica de RRHH, como evaluaciones del rendimiento, historial salarial, sanciones que ha recibido y los aspectos fundamentales de la carrera profesional.

Factores contextuales o de situación Un amplio conjunto de características de la organización que influyen positiva o negativamente en el rendimiento.

Factores que determinan la retribución Criterios relacionados con el trabajo a los que la empresa da una mayor importancia para determinar el valor relativo de los distintos puestos de trabajo.

Feedback 360° La combinación de evaluaciones de iguales, subordinados y auto-evaluaciones.

Fiabilidad La consistencia de la medida, normalmente a lo largo del tiempo, pero también entre entrevistadores distintos.

Filial propia En Economía Internacional, se trata de una filial extranjera que es propiedad exclusiva de la empresa matriz.

Flujo de trabajo La forma de organizar el trabajo para alcanzar los objetivos de producción o servicios de la organización.

Formación El proceso por el que se proporciona a los empleados habilidades específicas o se les ayuda a corregir deficiencias en su rendimiento.

Formación multi-funcional o transversal Formación de los trabajadores para que realicen tareas distintas a las asignadas a su puesto.

Formación por marcos de referencia Un tipo de formación que presenta a los supervisores distintos ejemplos de rendimiento de un trabajador (por escrito o en imágenes), pide a los supervisores que evalúen a los trabajadores de los ejemplos y a continuación les explica cómo deberían haber sido sus evaluaciones.

Franquicia del seguro Un gasto anual que debe desembolsar el tenedor de un seguro antes de que el plan de seguros reembolse cualquier cantidad.

Fuga de cerebros La pérdida de personal clave con un gran talento, que se va a la competencia o a empresas nuevas.

Funciones esenciales Obligaciones laborales que toda persona, en determinado cargo, debe hacer o ser capaz de hacer para ser un empleado eficaz.

Gestión de la calidad total (GCT) Un planteamiento que afecta a toda la organización para mejorar la calidad de todos los procesos que generan el producto o servicio final.

Gestión de la diversidad El conjunto de actividades implicadas en la integración de los empleados no tradicionales (mujeres y minorías) en la fuerza de trabajo y el uso de su diversidad para lograr la ventaja competitiva de la empresa.

Gestión mediante paseos (MBWA, *management by walking around*) Técnica por la cual los directivos se pasean por toda la empresa y hablan informalmente con los empleados con el objetivo de supervisar las comunicaciones informales, escuchar sus quejas y sugerencias y mejorar las relaciones y la moral.

Gratificaciones o premios Una recompensa que se concede una sola vez y que toma la forma de un premio tangible.

Grupos de apoyo Un grupo establecido por el empresario para ofrecer un ambiente acogedor a los empleados que, de lo contrario, se sentirían aislados.

Horas flexibles Un acuerdo laboral que otorga a los empleados el control de su horario laboral diario.

Huelga económica Huelga que tiene lugar cuando no se ha alcanzado un acuerdo durante la negociación colectiva.

Huelga salvaje Paro laboral espontáneo que se produce cuando un convenio está todavía en vigor y que no suele estar respaldado por el sindicato.

Incentivos salariales Un programa diseñado para recompensar el buen rendimiento de los empleados.

Indemnización a los trabajadores Una prestación obligatoria por ley que proporciona asistencia sanitaria, continuación de los ingresos y gastos de rehabilitación a las personas que tienen un problema de salud provocado por el trabajo. También paga una pensión a los familiares más allegados del empleado fallecido por causas relacionadas con el trabajo.

Indemnización compensatoria Indemnización que recibe el demandante como compensación del daño financiero o psicológico que ha sufrido.

Indemnizaciones punitivas por daños y perjuicios Indemnización que cobra el demandante con el fin de castigar al demandado.

Individuos con discapacidades Personas que tienen una minusvalía física o mental que afecta de forma sustancial a una o más de sus funciones vitales fundamentales.

Instrumento de evaluación basado en comportamientos Una herramienta de evaluación que pide a los directivos que evalúen los comportamientos de un trabajador.

Instrumento de evaluación basado en rasgos Una herramienta de evaluación que pide a un supervisor que emita juicios acerca de las características del trabajador que tienden a ser consistentes y duraderas.

Instrumentos de evaluación basados en resultados Una herramienta de evaluación que pide a los directivos que evalúen los resultados alcanzados por los trabajadores.

Insubordinación Negativa de un empleado a obedecer una orden directa de un supervisor o el insulto verbal al mismo.

Inventario de habilidades Un registro realizado por la empresa sobre las capacidades, cualidades, conocimientos y educación de los empleados.

Jerarquía de los puestos de trabajo Una lista de puestos de trabajo, en orden de importancia para la organización, del más al menos importante.

Juicio absoluto Un formato de evaluación que pide a los supervisores que emitan juicios acerca del rendimiento del empleado a partir únicamente de estándares de rendimiento.

Juicio relativo Un formato de evaluación que pide a los supervisores que comparen el rendimiento de un empleado con el rendimiento de los demás empleados que hacen el mismo trabajo.

Junta Nacional de Relaciones Laborales (NLRB) Agencia federal independiente creada por la Ley Wagner con la misión de aplicar la legislación laboral estadounidense.

Ley de Americanos con Minusvalías La ley que prohíbe discriminar en el empleo a las personas con minusvalías que son capaces de realizar las funciones esenciales de un puesto de trabajo, con o sin adaptación razonable del entorno del trabajo.

Ley de Baja Médica y por Asuntos Familiares (*Family and Medical Leave Act*, FMLA) Una ley federal que exige a los empresarios ofrecer hasta 12 semanas de baja no remunerada a los trabajadores que tengan o adopten niños; para cuidar a un familiar enfermo; o para resolver problemas de salud personales que interfieren en su rendimiento laboral.

Ley de Conciliación del Presupuesto Consolidado Colectivo (*Consolidated Omnibus Budget Reconciliation Act*, COBRA) Ley que otorga a los empleados el derecho de seguir recibiendo cobertura del seguro médico entre 18 y 36 meses después de haberse extinguido su contrato laboral.

Ley de Criterios Laborales Justos (FLSA) La ley estadounidense fundamental sobre salarios. Exige que los empresarios registren las horas trabajadas y los ingresos de todos los empleados y que informen al Ministerio de Trabajo estadounidense. Define dos categorías de empleados: exentos y no exentos.

Ley de derecho al trabajo En EE.UU., leyes que promulgan algunos estados prohibiendo en ese estado que un sindicato incluya en el contrato colectivo una cláusula de afiliación obligatoria.

Ley de Discriminación en el Empleo por Razón de Edad La ley que prohíbe discriminar a las personas de 40 o más años.

Ley de Igualdad Salarial La ley exige que se pague lo mismo a los hombres y mujeres que realizan el mismo trabajo en la misma organización.

Ley de Reciclaje y Preaviso en las situaciones de Despido (*Worker Adjustment Retraining Notification Act*, WARN) de 1988 Una ley federal que obliga a los empresarios estadounidenses con más de 100 trabajadores a dar una notificación con una antelación de 60 días antes de realizar una reducción de plantilla debido al cierre de una fábrica o a una reducción de plantilla que afecte a 50 o más trabajadores.

Ley de Responsabilidad y Movilidad del Seguro Médico (*Health Insurance Portability and Accountability Act*, HIPAA) Ley federal que protege al trabajador que desee cambiar de seguro médico sin que ello suponga quedarse sin cobertura por a una condición previa.

Ley de Seguridad y Salud en el Trabajo de 1970 Ley federal de los EE.UU. que exige a los empresarios que ofrezcan un entorno laboral seguro y sano, que cumplan con estándares concretos de seguridad y salud y que mantengan historiales de enfermedades y lesiones laborales.

Ley del Trabajo en el Ferrocarril Ley promulgada para regular las relaciones laborales en el sector del transporte.

Ley General Tributaria (IRC) Contiene las normas fiscales que establecen el dinero que hay que pagar al Estado por los ingresos que los empleados se llevan a casa y el tratamiento de las prestaciones desde el punto de vista fiscal.

Ley Landrum-Griffin (1959) Ley promulgada para proteger a los miembros de un sindicato y garantizar su participación en los asuntos del mismo.

Ley para Asegurar Ingresos en la Jubilación (*Employee Retirement Income Security Act,* ERISA) Una ley federal aprobada en 1974 para proteger las prestaciones de jubilación de un empleado ante una mala gestión.

Ley Taft-Hartley (1947) Ley federal estadounidense diseñada para limitar parte del poder conseguido por los sindicatos con la Ley Wagner y para proteger los derechos de la dirección y de los empleados, ajustando la regulación de las relaciones trabajadores-dirección para garantizar un terreno de juego equilibrado para ambas partes.

Ley Wagner / Ley Nacional de Relaciones Laborales (1935) Ley federal de los EE.UU. diseñada para proteger el derecho de los trabajadores a crear y afiliarse a los sindicatos y participar en actividades como huelgas, piquetes y negociación colectiva.

Medicare (Seguro médico de los jubilados en la Seguridad Social en EE.UU.) Una parte del programa de la Seguridad Social que ofrece cobertura médica a las personas mayores de 65 años.

Mentoring Una relación de desarrollo entre dos compañeros de trabajo, uno antiguo y otro nuevo, que implica asesoría, modelar papeles, compartir contactos y ofrecer un apoyo genérico.

Mentoring Un programa de apoyo en el que los directivos con más antigüedad identifican a mujeres y minorías prometedoras y desempeñan un papel importante en el desarrollo de sus carreras.

Modelo de competencias Conjunto de competencias asociadas a un puesto de trabajo.

Motivación El deseo de una persona de hacer un trabajo lo mejor posible o de hacer el máximo esfuerzo para desarrollar las tareas asignadas.

Motivación Todo lo que impulsa, dirige y sostiene el comportamiento humano. En Gestión de RRHH, el deseo de una persona por hacer su trabajo lo mejor posible o por hacer el máximo esfuerzo para realizar las tareas asignadas.

Negociación colectiva Sistema en el que los sindicatos y la dirección de las empresas negocian entre sí las condiciones laborales bajo las cuales los afiliados al sindicato trabajarán durante el período de tiempo que estipulen.

Negociación distributiva Negociación que se centra en convencer a la otra parte de que el coste de no alcanzar un acuerdo sobre los términos propuestos podría ser muy elevado.

Negociación integradora Negociación que se centra en convencer a la otra parte de que los beneficios de alcanzar un acuerdo sobre los términos propuestos pueden ser muy elevados.

Nepotismo Práctica que consiste en favorecer a los familiares, en relación con otros empleados, en el trabajo.

Oferta de trabajo La disponibilidad de trabajadores con las habilidades requeridas para satisfacer la demanda de trabajo de la empresa.

Oficina de Programas para el Cumplimiento de Contratos Federales (OPCCF) La agencia federal encargada de controlar y aplicar las leyes y órdenes ejecutivas de aplicación al gobierno federal y a sus contratistas.

Opciones estratégicas de RRHH Las opciones de que dispone una empresa para diseñar sus sistemas de RRHH.

Orden ejecutiva Una directiva presidencial que tiene orden de ley. En el contexto de los RRHH, la política que deben cumplir todas las agencias federales y las organizaciones que trabajan para el gobierno federal.

Organización proveedora preferente (*Preferred provider organization,* PPO) Plan de atención sanitaria en el que un empresario, o una empresa de seguros, crea una red de médicos y hospitales para ofrecer una amplia gama de servicios médicos a cambio de una tarifa fija por participante. A cambio de una tarifa menor, los médicos y hospitales que se adhieren a la red de la PPO reciben un mayor volumen de pacientes.

Orientación El proceso por el que se informa a los nuevos empleados sobre lo que se espera de ellos en el trabajo y por el que se les ayuda a superar el estrés de la transición.

Pagos compartidos Un pequeño desembolso realizado por el empleado por cada visita oficial al médico con el plan de salud. El plan de salud paga los gastos médicos adicionales que exceden al pago compartido, sin ningún coste para el empleado.

Paquete de prestaciones sociales El paquete total de prestaciones que una empresa ofrece a sus empleados.

Parejas con doble carrera Una pareja en la que ambos miembros tienen responsabilidades profesionales y su carrera en juego.

***Pension Benefit Guaranty Corporation* (Corporación de Garantías de Prestaciones de Pensiones)** Agencia gubernamental que ofrece un seguro por extinción del plan a los empresarios con planes de prestaciones definidas.

Plan de participación en beneficios Un plan de incentivos a nivel organizativo y que utiliza fórmulas para asignar una parte de los beneficios declarados por la empresa a los trabajadores. Normalmente, se emplea este plan para financiar el de pensiones.

Plan de participación en el capital social Se trata de un plan de incentivos a nivel organizativo que recompensa a los empleados con acciones de la empresa, ya sea gratuitamente o a un precio inferior al de mercado.

Plan de pensiones de contribución definida Un plan de pensiones en el que el empresario promete contribuir con una determinada cantidad de fondos al plan, por cada participante. El valor final de la pensión de jubilación de cada participante depende del éxito de las inversiones del plan.

Plan de pensiones de prestación definida Un plan de pensiones que promete pagar una cantidad fija como pensión por jubilación en función de una fórmula que tiene en cuenta los ingresos medios del empleado de los tres o cinco años anteriores a la jubilación.

Plan de reparto de ganancias Se trata de un plan de incentivos a nivel de planta o unidad de negocio, en el que una parte del ahorro de gastos de la empresa se distribuye a los trabajadores, normalmente a través del pago de una prima.

Plan de retribución por desempeño o plan de incentivos Es un sistema que recompensa a los trabajadores partiendo de los siguientes supuestos: 1) los empleados individuales y los equipos de trabajo difieren en cuanto a sus aportaciones a los resultados de la empresa; 2) los resultados de la empresa dependen en gran medida del rendimiento de los individuos y grupos que la componen; y 3) para atraer y motivar a los mejores trabajadores, y ser justa con todos ellos, la empresa tiene que recompensarlos en función de su desempeño relativo.

Planificación de RRHH (PRH) El proceso al que recurre una organización para garantizar que tiene la cantidad de personal adecuada, y el personal adecuado, para ofrecer un determinado nivel de productos o servicios en el futuro.

Planificación de sucesiones Una actividad de desarrollo profesional que se centra en preparar a las personas para ocupar puestos ejecutivos.

Planificación estratégica de RRHH (RRHH) El proceso de formulación de estrategias de RRHH y el establecimiento de programas o tácticas para implantarlas.

Política de relaciones internas Política diseñada para comunicar la filosofía y prácticas directivas relativas a las cuestiones relacionadas con los empleados para evitar que sean graves los problemas en el trabajo.

Política salarial La decisión de una empresa de remunerar a sus empleados por encima, en la media o por debajo de las retribuciones establecidas en el mercado.

Posibilidad de comparar En las evaluaciones del desempeño, el grado en que las calificaciones del rendimiento dadas por diversos supervisores en una organización son similares.

Prestaciones complementarias por desempleo Prestaciones otorgadas por una empresa a los trabajadores despedidos que superan las cantidades estatales por desempleo.

Prestaciones sociales o retribución indirecta Recompensas colectivas que ofrecen seguridad a los trabajadores y a sus familiares.

Prestaciones trasladables Prestaciones para los trabajadores, normalmente fondos del plan de pensiones, que mantiene el empleado aunque cambie de empresa.

Previsión de promociones Una actividad de desarrollo profesional en la que los directivos toman decisiones respecto al potencial de promoción de los subordinados.

Prima de seguro Cantidad de dinero pagada a una empresa de seguros para la cobertura.

Primas o bonos Incentivo financiero que se da de vez en cuando y que no aumenta de forma permanente el salario base del empleado.

***Privacy Act* de 1974** Garantiza la privacidad de los expedientes personales de los empleados del gobierno federal de los EE. UU.

Procedimiento de quejas Un proceso sistemático, paso a paso, diseñado para resolver las disputas relativas a la interpretación de un convenio colectivo.

Procedimientos de apelación Procedimientos que permiten a los empleados expresar sus reacciones a las prácticas directivas y discutir las decisiones de la dirección.

Proceso justo Aplicación de una política o ley de forma igualitaria e imparcial.

Productividad Medida del valor que los trabajadores aportan a nivel individual a los bienes y servicios de la organización.

Programa de asistencia al empleado (PAE) Programa patrocinado por la empresa que ayuda a los empleados a abordar problemas personales que interfieren con su actuación en el trabajo.

Programa de formación en diversidad Los programas que ofrecen formación para la concienciación sobre la diversidad, que educan a los empleados respecto a las diferencias culturales y sexuales específicas y la forma de reaccionar ante ellas en el trabajo.

Programa de prestaciones flexibles o plan cafetería Un programa de prestaciones que permite a los empleados seleccionar las prestaciones que necesitan de entre un menú de posibilidades.

Programa de reconocimiento del empleado Programa que recompensa a los empleados por sus ideas y contribuciones.

Programas de aprendizaje Un programa en el que los empleados prometedores son formados antes de ser contratados indefinidamente.

Programas de salud integral Programas subvencionados por las empresas que se centran en prevenir los problemas de salud de los trabajadores.

Programas para la retroalimentación de los empleados Programas diseñados para mejorar las comunicaciones con los empleados al darles voz en la formulación de políticas y garantizar que se utilizan los procedimientos adecuados para tramitar cualquier queja que planteen sobre los directivos.

Pruebas genéticas Una forma de pruebas biológicas que identifica a los trabajadores que son genéticamente sensibles a determinadas sustancias que se utilizan en el trabajo.

Puestos de referencia o puestos de trabajo clave Un puesto de trabajo cuyo contenido es similar o comparable en todas las empresas.

Realidad virtual (RV) La utilización de tecnologías para reproducir el entorno real de trabajo en tiempo real.

Reclutamiento El proceso por el que se genera un conjunto de candidatos cualificados para un determinado puesto de trabajo; el primer paso del proceso de contratación.

Recolocación Un programa con el que las empresas ayudan a los empleados que se van a encontrar más rápidamente un trabajo formándoles en búsqueda de trabajo

Recursos Humanos (RRHH) Personas que trabajan en una organización. También denominado personal.

Redes sociales masculinas Una red social y empresarial informal de ejecutivos varones de alto nivel que, normalmente, excluye a las mujeres y a las minorías. Tener acceso a esta red suele ser un factor importante para le desarrollo de la carrera profesional.

Reducción del tamaño empresarial Una estrategia empresarial que consiste en reducir la escala (tamaño) y el alcance del negocio con el fin de mejorar la rentabilidad financiera de la empresa.

Reducción del tamaño empresarial *(downsizing)* Reducción de la fuerza de trabajo de la empresa para mejorar sus resultados.

Régimen disciplinario positivo Procedimiento disciplinario que alienta a los empleados a controlar sus propios comportamientos y a asumir la responsabilidad de sus actos.

Régimen disciplinario progresivo Consiste en una serie de intervenciones de la dirección que ofrecen a los empleados la oportunidad de corregir comportamientos inadecuados antes de ser despedidos.

Regla de la estufa caliente Modelo para las actuaciones disciplinarias. Las sanciones deben ser inmediatas, deben trasmitir claramente el mensaje de lo que no se puede hacer y aplicarse de forma coherente a todo el personal.

Regla de los cuatro quintos Una disposición de la CIOE para establecer un caso *prima facie* según el cual una práctica de RRHH es discriminatoria y tiene un efecto no desaado. Una práctica tiene un efecto no deseado si la tasa de contratación de una clase protegida es inferior a las cuatro quintas partes de la tasa de contratación de un grupo mayoritario.

Reingeniería del proceso empresarial Una reflexión fundamental y un nuevo diseño drástico de los procesos empresariales para lograr importantes mejoras en costes, calidad, servicios y velocidad.

Representante de relaciones internas Miembro del departamento de RRHH que garantiza que se cumplen las políticas de la empresa y consulta tanto a supervisores como a empleados sobre problemas concretos de relaciones internas.

Representante sindical En un procedimiento de quejas, un defensor dedicado a representar el caso del empleado ante la dirección.

Retos del entorno Fuerzas externas a la empresa que afectan a sus resultados pero que están fuera del control de los directivos.

Retos individuales Las cuestiones de recursos humanos que hacen referencia a las decisiones que más afectan a los empleados particulares.

Retos organizativos Problemas o preocupaciones internas de la empresa; a menudo derivan de las fuerzas del entorno.

Retribución basada en conocimientos o en habilidades Un sistema retributivo mediante el que se remunera al empleado en función de los distintos trabajos que pueda realizar o de los conocimientos que posee y que pueden aplicarse con éxito a varias tareas o situaciones.

Retribución total El conjunto de las recompensas cuantificables que recibe un empleado por su trabajo. Incluye tres componentes: salario base, incentivos salariales y prestaciones sociales o retribuciones indirectas.

Retribuciones en especie Incentivos no monetarios concedidos a los ejecutivos de la empresa.

Rotación en el trabajo El proceso de rotación de trabajadores entre tareas estrechamente definidas, sin interrumpir el flujo de trabajo.

Ruptura involuntaria Una ruptura laboral que se produce cuando un empresario decide finalizar su relación con un empleado debido a (1) necesidades económicas o (2) un mal ajuste entre el empleado y la organización.

Ruptura laboral La finalización de la pertenencia de un empleado a una organización.

Ruptura voluntaria Una ruptura laboral que se produce cuando un empleado decide, por razones personales o profesionales, finalizar su relación con el empresario.

Salario base La cantidad fija que recibe un empleado de forma regular, ya sea como salario mensual o como retribución por horas.

Seguridad Social Un programa estatal que paga pensiones a los jubilados, discapacitados y familiares de un trabajador fallecido, así como presta asistencia sanitaria a los mayores a través del programa Medicare.

Seguro de desempleo Un programa fijado por la Ley de Seguridad Social de 1935 para ofrecer unos ingresos temporales a las personas durante los periodos de desempleo involuntario.

Seguros compartidos Pagos realizados para cubrir los gastos de atención sanitaria que se dividen entre la empresa de seguros del empresario y el empleado asegurado.

Selección El proceso por el que se toma la decisión de "contratar" o "no contratar" a cada uno de los candidatos a un puesto de trabajo; el segundo paso del proceso de contratación.

Simulación Un medio o una situación que reproduce las demandas laborales en algún sitio fuera del lugar de trabajo.

Sindicalismo económico Forma de sindicalismo que se centra en mejorar el bienestar económico de los trabajadores.

Sindicato Organización que representa los intereses de los empleados ante la dirección en cuestiones tales como los salarios, las horas de trabajo y las condiciones laborales.

Sindicato de empresa Sindicato de trabajadores que representa a los trabajadores de una única gran empresa, en lugar de a los trabajadores de todo un sector; se utiliza en Japón.

Síndrome del trabajador quemado *(burnout)* Síndrome de estrés que se caracteriza por el agotamiento emocional, una cierta pérdida de personalidad y un menor logro personal.

Sistema de anuncio de puestos Un sistema por el que la organización anuncia vacantes de puestos a todos los empleados a través del tablón de anuncios, de una carta interna de la empresa o con llamadas telefónicas grabadas o un sistema informatizado.

Sistema de Información de RRHH (SIRH) Un sistema utilizado para recopilar, grabar, analizar y recuperar datos relativos a los RRHH de la organización.

Sistema de pago a destajo Se trata de un método retributivo en el que los empleados cobran en función de las unidades producidas.

Sistema de retribución elitista Un plan salarial en el que existen distintos sistemas de retribución en función del nivel y/o grupo al que pertenezca el empleado.

Sistema de retribución igualitario Un plan salarial en el que se aplica el mismo sistema de retribuciones a la mayor parte de los empleados.

Socialización El proceso por el que se orienta a los nuevos empleados acerca de la organización o la unidad en la que trabajarán; el tercer paso del proceso de contratación.

Sociedad médica (*Health Maintenance Organization,* HMO) Se trata de un plan de atención sanitaria que ofrece servicios médicos exhaustivos a los trabajadores y sus familiares por una cuantía fija anual.

Supresión del sindicato Es una estrategia de rechazo a los sindicatos en la que la dirección utiliza tácticas agresivas para evitar que el sindicato organice a los trabajadores o para deshacerse del sindicato.

Sustitución del sindicato/gestión proactiva de RRHH Es una estrategia de rechazo a los sindicatos en la que la dirección responde positivamente a las necesidades de los empleados, suprimiendo los incentivos para afiliarse a un sindicato.

Tácticas de RRHH Una determinada política o programa de RRHH que ayuda a avanzar hacia el objetivo estratégico de la empresa.

Tasa de rotación La tasa a la que abandonan los trabajadores una organización.

Techo de cristal La barrera intangible en una organización que impide que las mujeres y las minorías alcancen posiciones por encima de determinado nivel.

Tecnología multimedia Forma de comunicación electrónica que integra voz, vídeo y texto, pudiéndose codificar digitalmente y transportarse por redes de fibra óptica.

Teletrabajo Un acuerdo laboral que permite a los empleados trabajar en sus casas a tiempo completo, manteniendo el contacto con la oficina a través del teléfono, el fax o la computadora.

Teoría de la expectativa Teoría del comportamiento que sostiene que la gente tiende a hacer únicamente por lo que se paga.

Tiempo flexible El tiempo en el que los empleados pueden elegir no estar en su puesto de trabajo. Parte del acuerdo de horas flexibles.

Tiempo principal El horario en el que todos los empleados deben estar en el trabajo. parte del acuerdo de horas flexibles.

Título VII Apartado de la Ley de Derechos Civiles de 1964 que se aplica a las decisiones de empelo; obliga a que las decisiones de empleo no se hagan a partir de consideraciones de raza, color, religión, sexo u origen nacional.

Tormenta de ideas Una técnica de formación en creatividad en la que los participantes tienen la oportunidad de generar ideas abiertamente, sin temor a ser juzgados.

Trabajador del conocimiento Trabajador que transforma la información en un producto o servicio.

Trabajadores de plantilla Los trabajadores fijos a tiempo completo de una organización.

Trabajadores eventuales Trabajadores contratados para resolver las necesidades temporales de trabajo de una organización o para hacer trabajos que no forman parte de sus actividades centrales.

Trabajo compartido Un acuerdo laboral por el que dos o más empleados se dividen las responsabilidades, las horas y las prestaciones de un trabajo.

Trastornos traumáticos acumulativos (TTAs) Enfermedad profesional que se produce por realizar movimientos físicos repetitivos, como el trabajo en una cadena de montaje o la introducción de datos en computadoras.

Tratamiento preferente Discriminanción que se produce cuando se trata de forma distinta a los individuos por su pertenencia a una clase protegida.

Trayectoria profesional Un cuadro que muestra las posibles direcciones y oportunidades profesionales disponibles en la organización; presenta los pasos a dar en una posible carrera profesional, así como el tiempo necesario para realizar cada uno.

Validez El grado en que una técnica mide los conocimientos, capacidades y habilidades pretendidos. En el contexto de la selección, el grado en que la puntuación en una prueba o en una entrevista se corresponde con el rendimiento real en el puesto de trabajo.

Validez concurrente Grado de correlación entre las puntuaciones de selección y de rendimiento, medidas en el mismo momento.

Validez de predicción Grado en que las puntuaciones de selección se correlacionan con las puntuaciones de rendimiento, medido éste en un momento posterior.

Valor comparable Un concepto o doctrina salarial que exige que se ofrezca un salario comparable a los trabajos que exigen cualidades, esfuerzos y responsabilidades y que tienen condiciones laborales comparables, incluso si el contenido del trabajo es distinto.

Videoconferencia Utilización de equipos de audio y vídeo para permitir que las personas participen en reuniones, incluso cuando están muy lejos de la sala de conferencias o muy lejos una persona de otra.

Vista previa realista (VPR) Información realista sobre las exigencias del puesto, las expectativas de la organización y el entorno de trabajo.

Notas

Capítulo 1

1. Porter, E. (22 de octubre de 2005). Reinventing the mill. *New York Times*, B-1.
2. *Ibid.*
3. Barlett, D. L. y Steel, J. B. (31 de octubre de 2005). The broken promise. *Time*, 31-47; Greenhouse, S. y Barbaro, M. (26 de Octubre de 2005). Wal-Mart memo suggests ways to cut employee benefit costs. *New York Times*, C-1.
4. Inforworld.(6 de septiembre de 2005). The myth of job security. www.inforworld.com.
5. Darlin, D. (29 de octubre de 2005). No brainer health care is passé. *New York Times*, B-1.
6. Monster.com (18 de octubre de 2005). No rest if you want a decent raise. Content.salary.monster.com; *Newsline.* (19 de Septiembre de 2005). Funding for annual bonuses up, but more difficult to earn. www.worldatwork.com.
7. Coy, P. (11 de febrero de 2002). Enron. How good an energy trader?*BusinessWeek*, 42-44.
8. Dalin, S. (22 de octubre de 2005). Latinos said to fill more business. *Arizona Republic*, D-3.
9. White, E. (22 de febrero de 2005). The jungle. *Wall Street Journal*, B-8.
10. Butler, J. E., Ferns, G. R. y Napier, N. K. (1991). *Strategy and human resource management.* Cincinnati, OH: South-Western; McDonald, D. (2002). Radical change: Breaking ground for e-HR implementation. *Workspan*, 45(2), 5-10.
11. Golden, K. y Ramanujan, V. (1985). Between a dream and a nightmare: On the integration of the human resource function and the strategic business planning process. *Human Resource Management*, 24, 429-451; Gagne, K. (2002). One day at a time: Using performance management to translate strategy into results. *Workspan*, 45(2), 20-26. *Véase* además Huselid, M. A. (1995). The impact of human resource management on turnover, productivity, and corporate financial performance. *Academy of Management Journal*, 38, 635-672.
12. Zingheim, P. y Schuster, J. (12 de febrero de 2002). Creating a workplace business brand. *HR.com*, www.hr.com/hrcom.
13. Gunther, M. (10 de enero de 2000). Publish or perish? *Fortune*, 141-160.
14. Ante, S. E. y Sager, I. (11 de febrero de 2002). IBM's new boss. *BusinessWeek*, 66-72.
15. SHRM Special Expertise Panels: Trends Report. (2005). Alexandria, VA: Society for Human Resource Management.
16. Mandel, M. (3 de octubre de 2005). The real reasons you are working so hard. *BusinessWeek*, 104-105; Saranow, J. (24 de Enero de 2005). Anybody want to take a nap? *Wall Street Journal*, R-5.
17. Citado en Useem, J. (10 de enero de 2000). Welcome to the new company. *Fortune*, 63.
18. Saranow, J. (24 de enero de 2005). Anybody want to take a nap? *Wall Street Journal*, R-5.
19. *Ibid.*
20. Tejada, C. (5 de marzo de 2002). Home office: Millions don't leave work at home. *Wall Street Journal*, A-1.
21. Bond, J. T., Galinsky, E. y Hill, J. E. (2005). Flexibility: A critical ingredient in creating an effective workplace. *Workspan,* 17-20; Kronos, S. (octubre de 2005). Insight into an innovative workplace wellness program. *Workspan*, 55-63; Kronos, S. (octubre de 2005). Wellness at work. *Workspan*, 55-63; Maher, K. (4 de julio de 2004). Popular but cheap. *Wall Street Journal*, R-4; Merritt, J. (14 de marzo de 2005). MBA family values. *BusinessWeek*, 104-105; *Newsline*. (7 de Octubre de 2005). Study shows offsite workers feel less connected with employers. www.worldatwork.com; Rosenbaum, D. E. (16 de octubre de 2005). Study ranks Homeland Security Dept. lowest in morale. *New York Times*, C-17; *Workspan*. (5 de febrero de 2005). Underworked employees are least happy–balance is preferred. www.worldatwork.com.
22. Fisher, A. (21 de febrero de 2005). How to prevent violence at work. *Fortune.*
23. Chessher, M. (octubre de 2005). Cubicle Karma. *Southwest Airlines Spirit*, 66-69; Cropper, C. M. (17 de Enero de 2005). Keeping your job when you are ill. *BusinessWeek*, 80-82; Rosenbaum, D. E. (16 de octubre de 2005). Study ranks Homeland Security Dept. lowest in morale. *New York Times*, C-17.
24. *Newsline* (12 de octubre de 2005). Workloads and sustained stress have employees' just getting by. www.worldatwork.com.
25. Caminiti, S. (24 de enero de 2005). A new health-care prescription. Fortune, 52-55; Chessher, M. (octubre de 2005). Cubicle Karma. *Southwest Airlines Spirit*, 66-69; Drummond, M. (22 de octubre de 2005). Conventional cubicles stretching boundaries. *Arizona Republic*, A-1, Fisher, A. (21 de febrero de 2005). How to prevent violence at work. *Fortune;* Fuhrmans, V. (11 de febrero de 2005). One cure for high health costs: In-house clinics at companies. *Wall Street Journal*, A-1; Offutt, S. (5 de octubre de 2005). Best workplaces for commuters. *Workspan*, 45-47; Tejada, C. (5 de marzo de 2002). Home office: Millions don't leave work at home. *Wall Street Journal*, A-1; Thottam, J. (17 de enero de 2005). Thank God, it is Monday. *Time*, A-58-A-62; *Workspan* (5 de febrero de 2005). Underworked employees are least happy-balance is preferred. www.worldatwork.com.

26. *Véase*, por ejemplo, stories appearing in Port. O. (4 de marzo de 2002). Web. *BusinessWeek,* 97; Green, H. y Hof. R. D. (22 de abril de 2002). Lessons from the cyber survivors. *BusinessWeek*, 4; Nusbaum, A. (5 de enero de 2000). Web cuts an entire order of middlemen. *Financial Times,* 14; Bulkeley, W. M. (6 de enero de 2000). Virtual utilities peddle power over the Web. *Wall Street Journal*, B-1; Aeppel, T. (5 de enero de 2000). A Web auctioneer soils the rust belt. *Wall Street Journal*, B-1; Ramstad, E. (5 de enero de 2000). Hot e-products from small fry jolt tech giants. *Wall Street Journal*, B-1.
27. Dreazen y. J. (4 de febrero de 2002). U.S. says Web use has risen to 54% of the population. *Wall Street Journal.* B-4; *Newsline* (18 de julio de 2001). U.S. corporations losing millions throught poor e-mails control. Disponible en http://resourcepro.worldatwork.org.
28. *Business 2.0* (enero de 2000). Who uses the Internet, 36.
29. BusinessWeek (17 de enero de 2000). The top technological blunders of the century, 8.
30. *Newsline* (14 de junio de 2001).
31. Newsline (19 de julio de 2001). E-mail not a time saber. resourcepro.worldatwork.org.
32. Lublin, J. (26 de octubre de 1999). To find CEOs, Web firms rev-up search engines. *Wall Street Journal*, B-1; Lublin, J. S. (9 de noviembre de 1999b). An e-company CEO is also the recruitment chief. *Wall Street Journal*, B-1.
33. Needleman, S. E. (4 de octubre de 2005). Moving your resume to level "titanium". *Wall Street Journal*, A-22.
34. Tedeschi, B. (28 de marzo de 2005). E-commerce report. *New York Times*, D-3.
35. Symonds, W. C. (10 de enero de 2000). Log on for company training. *BusinessWeek*, 138-139.
36. Fisher, A. (7 de febrero de 2005). Find online training that pays off. *Fortune*, 34.
37. Richards, B. (15 de noviembre de 1999). Automating human-resources operations used to be a luxury only big companies could afford. Not any longer. *Wall Street Journal*, R-18; McDonald, D. (2002). Radial change: Breaking ground for e-HR implementation. *Workspan*, 45(2), 5-10.
38. *Ibid.*
39. Bureau of Labor Statistics (2006). Labor force characteristics. www.bls.gov.
40. *Ibid.*
41. National Bureau of Economic Research study by David Card, John Dinardo y Eugena Estes, resumido en Koretz, G. (17 de Enero de 2000). Hazardous to your career. *BusinessWeek*, 26; Pew Hispanic Center. (2005). Hispanics: A people in motion. www.pewhispanic.org.
42. Zachary, P. G. (1 de enero de 2000). A mixed future. *Wall Street Journal,* R-41.
43. *Ibid.*
44. Conlin, M. y Zellner, W. (22 de noviembre de 1999). The CEO still wears wingtips. *BusinessWeek*, 83; *BusinessWeek* (10 de enero de 2000). The best managers: What it takes, 158; Henderson, N. (octubre de 2005) Disabled and willing. *Southwest Airlines Spirit*, 56-59; Hymowitz, C. (24 de octubre de 2005). Too many women full of stereotype of selves, study says. *Wall Street Journal*, B-1; Vitelo, P. (25 de octubre de 2005). Home Depot settles with mentally disabled ex-worker. *New York Times*, A-25.
45. Hagerty, B. (14 de junio de 1993). Trainers help expatriate employees. *Wall Street Journal*, B-1, B-3.
46. Newsline. (14 de octubre de 2005). Race for talent seen as top potential risk for technology companies. www.worldatwork.com; Reinhardt, A. y Vitzhun, C. (5 de septiembre de 2005). Cafes, beaches, and call centres. *BusinessWeek*, 51.
47. Dodge, S. (12 de febrero de 2002). Using? on recruitment. HR.com. www4.hr.com/hrcom, 2.
48. Kripalani, M. (7 de noviembre de 2005). India's skills crunch. *Business Week*, 54-57.
49. BusinessWeek (31 de octubre de 2005). Upfront: An Indian labor shortage? 10.
50. *The Economist.* (1 de octubre de 2005). The great job switch, 13.
51. Greenhouse, S. (26 de febrero de 2005). At a small shop in Colorado, Wal-Mart beats a union once more. *New York Times*, A-7.
52. Walker, J. (1992). *Human resource strategy.* New York: McGraw-Hill.
53. Newman, B. (9 de diciembre de 1999). In Canada, the point of immigration is still unsentimental. *Wall Street Journal*, A-1.
54. Conlin, M., Coy, P., Palmer, A. y Saveri, G. (6 de diciembre de 1999). The wild new workforce. *BusinessWeek*, 35-46; y Tejada, C. (5 de marzo de 2002). Home office: Millions don't leave work at home. *Wall Street Journal*, A-1.
55. Flynn, J. (25 de octubre de 1999). E-mail, cellphones, and frequentflier miles let virtual expats work abroad but live at home. *Wall Street Journal*, A-26.
56. Gómez-Mejía, L. R. (1994). *Fostering a strategic partnership between operations and human resources,* Scarsdale, NY: Work in America Institute.
57. Ledvinka, J. y Scarpello, V. G. (1991). *Federal regulation of personnel and human resource management*. Boston: Kent.
58. *Working Mother*. (diciembre-enero de 2005) Hearing more from women of color. 55.
59. Tahmincioglu, E. (31 de marzo de 2005). Compete with caution against past employer. *New York Times*, C-7.
60. Barrett, P. M. (4 de enero de 2000). Why Americans look to the courts to cure the nations's social ills. *Wall Street Journal*, A-1.
61. Levering, R. y Moskowitz, M. (4 de febrero de 2002). The best in the worst of times. *Fortune*, 60-68.
62. Bureau of Labor Statistics Web page (2006). www.stats.bls.gov/empind/htm.
63. Albergotti, R., Bennet, A., Efrati, A., Whelan, C. y Windham, C. (18 de febrero de 2005). America's A list internships. *Wall Street Journal*, W-1; Lublin, J. S. (1 de marzo de 2005). Winning a new position with employer requires trying harder. *Wall Street Journal*, B-1.
64. Perry, N. (7 de noviembre de 1988). Saving the schools: How business can help. *Fortune* 42-52.
65. Nussbaum, B. (19 de septiembre de 1988). Needed: Human capital. *BusinessWeek*, 100-103.

66. Miller, W. H. (4 de julio de 1988). Employers wrestle with "dumb" kids. *Industry Week*, 4.
67. Salwen, K. G. y Thomas, P. (16 de diciembre de 1993). Job programs flunk at training but keep Washington at work. *Wall Street Journal*, A-1.
68. Saulny, S. (29 de enero de 2005). New York plans test to affirm fitness for basic jobs. *New York Times*, B-12.
69. Newsline. (12 de octubre de 2005). Many employees displaced by Katrina to take on payrolls indefinitely. www.worldatwork.com.
70. *Ibid.*
71. *Workspan* (5 de octubre de 2005). Quickguide: Disaster belief. www.worldatwork.com.
72. *Ibid.*
73. Schmid, R. E. (22 de octubre de 2005). Bird flu Hill spread, U.S. secretary says. *Arizona Republic,* A-25.
74. Denney, W. (12 de febrero de 2002). Ford takes a wrong turn and end up in a ditch. *HR.com.* www.4.hr.com/hrcom, 2.
75. Doeringer, P. B. y Piore, M. J. (1971). Theories of low-wage labor workers. En L. G. Reynolds, S. H. Masters y C. H. Moser (Eds.), *Reading in labor economics and labor relations*, 15-31. Upper Saddle River, NJ: Prentice Hall; Pinfield, L. T. y Berner, M. F. (1994). Employment systems: Toward a coherent conceptualization of internal labor market. En G. Ferris (Ed.), *Research in Personnel and Human Resources Management,* 12, 50-81.
76. Gumbel, P. y Wartzman, R. (5 de enero de 2000). E-covery. *Wall Street Journal*, A-1; Dreazen y. J. (4 de febrero de 2002). U.S. says Web use has risen to 54% of the population. *Wall Street Journal*, B-4.
77. Lublin, J. S. (9 de febrero de 1994b). Befote you take that great job, get it in writing. *Wall Street Journal,* B-1; Nussbaum, B. (28 de Enero de 2002). Can you trust anybody anymore? *Business Week*, 31-35.
78. Singer, M. (22 de septiembre de 2005). Tough choices ahead for Sony. http://news.com.com.
79. Matlock, C. (5 de noviembre de 2001). The high cost of France's aversión to layoffs. *BusinessWeek*, 58; Lavelle, L. (11 de febrero de 2002). Swing that ax with care. *BusinessWeek*, 78; Colvin, G. (4 de febrero de 2002). You are on your own. *Fortune*, 42; Fairlamb, D. (21 de enero de 2002). Wiggle room for euro bosses. *BusinessWeek,* 20.
80. Landler, M. (26 de octubre de 2005). German labor's new reality. *New York Times*, C-1.
81. *Ibid.*
82. Ireland, D. R. y Hitt, M. A. (febrebro de 1999). Achieving and maintaining strategic competitiveness in the 21st century. *Academy of Management Executive*, 13(1), 43-57; Deogun, N. y Lipin, S. (8 de dicimebre de 1999). Some hot mergers come undone for a variety of reasons. *Wall Street Journal*, C-1.
83. Boglarski, C. A. (febrero de 2005). Steps to successful mergers and acquisitions. *Workspan*, 50-52.
84. McCartney, S. (marzo de 2005). Tight airline staffing leaves little room for error. *Wall Street Journal*, D-3.
85. Manz, C. C. (1992). *Mastering self-leadership: Empowering yourself for personal excellence.* Upper Saddle River, NJ: Prentice Hall.
86. Manz, C. C. y Sims, H. P., Jr (1993). *Business without bosses: How self-managing teams are building high-performance companies.* New York: Wiley.
87. *Ibid.*
88. U.S. Small Business Administration. (n.d.). SBA Loan Programs. Washington, DC: U.S. Small Business Administration.
89. Bounds, G. (22 de marzo de 2005). SBA reconsiders what "small" should mean. *Wall Street Journal*, B-3.
90. Fry, F. L. (1993). *Entrepreneurship: A planning approach.* St. Paul, MN: West.
91. Gómez-Mejía, L. R., Larraza, M. y Makri, M. (2003). Determinants of executive compensation in family owned firms. *Academy of Management Journal*, 42(2) 130-141.
92. Dalin, S. (22 de octubre de 2005). Latinos said to fill more business. *Arizona Republic*, D-3.
93. *Ibid.*
94. Adaptado de Schein, E. H. (1986). *Organizational culture and leadership.* San Francisco, CA: Jossey Bass.
95. *Ibid.*
96. Khermouch, G. (21 de enero de 2002). There goes the creative jueces. *BusinessWeek,* 52.
97. Lavelle, L. (28 de febrero de 2005). Three simple rules Carly ignored. *BusinessWeek, 46.*
98. Stewart, T. (10 de enero de 2000). How Teledyne solved the innovator's dilemma. *Fortune*, 188-189.
99. *Newsline* (7 de octubre de 2005). Study shows offsite workers feel less connected with employers. www.worldatwork.com.
100. Simpson, G. R. (6 de enero de 2000). E-commerce firms start to rethink opposition to privacy regulation as abuses, anger rise. *Wall Street Journal*, A-24.
101. Harper's Magazine (1 de enero de 2000). Special issue on the Internet, 57.
102. Rothfeder, J. (enero de 1994). Dangerous things strangers know about you. *McCall's,* 88-94.
103. Baker, S. y Grow, B. (21 de marzo de 2005). A painful lesson: E-mail is forever. *BusinessWeek*, 36.
104. *Ibid.*
105. *Ibid.*
106. Pepper, T. (21 de febrero de 2005). Inside the head of an applicant. *NewsWeek*, E24-E26.
107. Wilke, J. R. (9 de diciembre de 1993). Computer links erode hierarchical nature of workplace culture. *Wall Street Journal*, A-10.
108. *Ibid.*
109. Lavelle, L. (14 de enero de 2002). First kill the consultants. *BusinessWeek*, 122.
110. Geller, A. (6 de marzo de 2005). Stores now selling background checks. *Arizona Republic*, A-1.
111. Burger, T. y Bennett, B. (7 de febrero de 2005). The Russian are coming. *Time*, 48; Puliyenthuruthel, J. y Kripalani, M. (28 de marzo de 2005). A whiff of terror in Bangalore. *BusinessWeek*, 52.
112. Green, H. (23 de abril de 2001). Your right to privacy going, going... *BusinessWeek*, 32-33.
113. Armour, S. (19 de junio de 2002b). Security checks worry workers. *USA Today*, A-1.

114. Zeller, T. (1 de noviembre de 2005). Data security laws seem likely. *New York Times*, B-3.
115. Dash, E. (27 de octubre de 2005). Carleton Fiorina joins the board of a big data security company. *New York Times*, C-4.
116. Forelli, C. (15 de marzo de 2005). Crack in computer security code raises red flag. *Wall Street Journal*, A-1; Foust, D. (28 de Marzo de 2005). Keeping a grip on identity. *BusinessWeek*, 34-35; Guth, R. A., and Bank, D. (16 de febrero de 2005). Microsoft makes push of security. *Wall Street Journal*, B-5; *Newsline* (14 de febrero de 2005). FBI computers: You don't have mails. www.worldatwork.com; Perez, E. y Brooks, R. (7 de marzo de 2005). Choice point breach, stock sales, are both under federal scrutiny. *New York Times*, A-2: Zeller, T. (24 de febrero de 2005). Breach points up flaws in privacy laws. *New York Times,* C-1; Zeller, T. (25 de marzo de 2005). Senator says data services has lax rules for security. *New York Times*, C-4; Zeller, T. (10 de marzo de 2005). Another data broker reports a breach. *New York Times*, C-1, Zeller, T. (21 de marzo de 2005). Investigators argue for access to private data. *New York Times*, C-6.
117. Lancaster, H. (12 de septiembre de 1995). Saving your carrer when your position has been outsourced. *Wall Street Journal*, B-1.
118. *Workspan* (marzo de 2005). Compensation among least outsourced functions. 16.
119. *Ibid.*
120. Tejada, C. (5 de marzo de 2002). Home office: Millions don't leave work at home. *Wall Street Journal*, A-1.
121. Melcher, R. A. (8 de enero de 1996). Who says you can't find good help? *BusinessWeek*, 107.
122. Gupta, A. K. y Govindarajan, V. (1984). Business unit strategy, managerial characteristics, and business unit effectiveness at strategy implementation. *Academy of Management Journal*, 27, 25-41.
123. Anderson, J. (29 de abril de 2005). Insurer admits bad accounting in several areas. *New York Times*, A-1; Dugan, I. j. y Francis, T. (12 de marzo de 2005). How a hot insurance product Burned AIG. *Wall Street Journal*, C-1.
124. Eic henwald, K. (16 de marzo de 2005). When the top SEAT is the hot seat. *New York Times*, C-1.
125. *Ibid.*
126. *Ibid.*
127. Pasztor, A. (22 de febrero de 2005). Boeing ex-officer gets prison term over hiring talks. *New York Times*, A-4.
128. Perez, E. y Brooks, R. (7 de marzo de 2005). Choice point breach, stock sales, are both under federal scrutiny. *New York Times*, A-2.
129. Songtag, D. (7 de febrero de 2005). Abuses imperiled veterans in cancer experiments. *New York Times,* A-25.
130. Slackman, M. (25 de febrero de 2005). Officials dodge ethics cases by leaving their posts. *New York Times*, A-21.
131. McDowell, J. (17 de octubre de 2005). Case of looted relics. *Time,* 80.
132. *New York Times* (22 de octubre de 2005). C-3.
133. Zaun, T. (31 de marzo de 2005). Mitsubishi motors seek damages from ex-officials. *New York Times*, C-6.
134. Zagorin, A. (7 de noviembre de 2005). Oil for food. Sadam and Company. *Time,* 18.
135. Dilenschneider, R. L. (15 de marzo de 2005). When CEOs roamed the earth. *Wall Street Journal*, B-2; Latour, A. y Young, S. (1 de marzo de 2005). Ebbers denies he knew about Worldcom's fraud. *Wall Street Journal*, A-14; Lundegaard, K. (7 de marzo de 2005). Delphi discloses accounting problems. *Wall Street Journal*, A-1; Morse, D. (1 de marzo de 2005). HealthSouth ex-finance chief says Scrushy knew of fraud. *Wall Street Journal*, C-5; Rivlin, G. y Markoff, J. (14 de febrero de 2005). Tossing out a chief executive. *New York Times*, C-1.
136. Armour, S. (4 de febrero de 2002a). Employees' motto: Trust no one. *USA Today*, 5-A.
137. Noe, R., Hollenbeck, J. R. Gerhart, G. y Wright, P. M. (1994). *Human resource management: Gaining a competitive advantage.* Homewood, IL: Austen.
138. Dilenschneider, R. L. (15 de marzo de 2005). When CEOs roamed the earth. *Wall Street Journal*, B-2; Latour, A. y Young, S. (1 de marzo de 2005). Ebbers denies he knew about Worldcom's fraud. *Wall Street Journal,* A-14.
139. Mathieu, J. E. y Zajac, D. M. (1990). A review and meta-analysis of the antecedents, correlatos, and consequences of organizational commitment. *Psychological Bulletin*, 108, 171-194.
140. McCarthy, M. J. (21 de octubre de 1999b). How one firm traces ethics electronically. *Wall Street Journal*, B-1.
141. Eichenwald, K. (16 de marzo de 2005). When the top SEAT is the hot SEAT. *New York Times*, C-1.
142. *Ibid.*
143. O'Connell, V. (27 de octubre de 2005). Rx how Marlboro man. *Wall Street Journal*, A-1.
144. Berstein, A. (26 de febrero de 2001). Low skilled jobs: Do they have to move? *BusinessWeek*, 94-96.
145. White, J. B. (1 de enero de 2000). Corporation aren't going to disappear but they are going to look a lot different. *Wall Street Journal*, R-36.
146. Kelly, L. (2 de enero de 2000). Preparation by applicant key to successful interview. *Arizona Republic*, C-1.
147. Hom, P. y Griffeth, R. (1994). *Employee turnover.* Cincinnati, OH: South-Western.
148. Campion, M. A. y McClelland, C. L. (1991). Interdisciplinary examination of the costs and benefits of enlarged jobs. *Journal of Applied Psychology*, 76, 186-198.
149. Citado en Hymowitz, C. (4 de enero de 2000). How can a manager encourage employees to take bold risks? *Wall Street Journal*, B-1.
150. *Ibid.*
151. Petzinger, T. (1 de enero de 2000). There is a new economy out there. *Wall Street Journal*, R-31; White J. B. (1 de enero de 2000). Corporations aren't going to disappear but they are going to look a lot different. *Wall Street Journal*, R-36.
152. National Academy of Engineering, www.nae.edu.
153. Kripalani, M. (7 de noviembre de 2005). India's skills crunch. *BusinessWeek, 54-57.*
154. Conlin, M. y Salkever, A. (30 de julio de 2001). Revenge of the downsized nerds. *BusinessWeek,* 40.

155. Dempsey, J. y Siebenhaar, M. (2002). Bankruptcy blues: retaining key employees during a financial crisis. *Workspan*, 45(2) 1-5.
156. Arndt, M. (21 de enero de 2002). 3M: A lab for growth? *BusinessWeek*, 50-52.
157. Drucker, P. (21 de octubre de 1993). The five deadly business sins. *Wall Street Journal*, R-2.
158. Arndt, M. (21 de enero de 2002). 3M: A lab for growth? *BusinessWeek*, 50-52.
159. Butler, J. E., Ferris, G. R. y Napier, N. K. (1991). *Strategy and human resources management*. Cincinnati, OH: South-Western.
160. Mintzberg, H. (1990). The design school: Reconsidering the basic premises of strategic management. *Strategic Management Journal*, 11, 171-196; Walker, J. (1992). *Human resource management strategy*, Capítulo 1. New York: McGraw-Hill.
161. *Ibid.*
162. SHRM Special Expertise Panels: Trends Report. (2005). Alexandria, VA: Society for Human Resource Management.
163. Brockner, J. (1992). The escalation of commitment to a failing course of action: Towar theoretical progress. *Academy of Management Review*, 17(1), 39-61; Staw, B. (1976). Knee-deep in Big Muddy: A study of escalating commitment to a chosen course of action. *Organizational Behavior and Human Performance*, 16, 27-44.
164. *Véase* las siguientes revisions: Dyer, L. y Holder, G. W. (1988). A strategic perspectiva of human resource management. En L. Dyer (Ed.) *Human resource management. Evolving roles and responsibilities*. Washington, DC: Bureau of National Affairs; Gómez-Mejía, L. R. y Balkin, D. B. (1992). *Compensation, organizational strategy, and firm performance.* Cincinnati, OH. South-Western.
165. Bulkeley, W. M. (6 de enero de 2000). Virtual utilities peddle power over the Web, *Wall Street Journal*, B-1.
166. Warren, S. (5 de febrero de 2002). DuPont cajones independent units to talk to one another. *Wall Street Journal*, B-4.
167. Kerr, J. (1985). Diversification strategies and managerial rewards: An empirical study. *Academy of Management Journal*, 28, 155-179.; Leontiades, M. (1980). Strategies for diversification and change. Boston: Little, Brown; Pitts, R. A. (mayo de 1974). Incentive compensation and organization design. *Personnel Journal*, 20 (5), 338-344.
168. Gómez-Mejía, L. R. (1992). Structure and process of diversification, compensation strategy and firm performance. *Strategic Management Journal*, 13, 381-397; Kerr, J. (1985). Diversification strategies and managerial rewards: An empirical study. *Academy of Management Journal*, 28, 155-179.
169. Farnam, A. (7 de febrero de 1994). Corporate reputations. *Fortune*, 50-54.
170. Porter, M. E. (1980). *Competitive strategy*. New York: Free Press; Porter, M. E. (1985). *Competitive advantage.* New York. Free Press; Porter M. E. (1990). *The competitive advantage of nations*, Boston. Free Press.
171. Miles, R. E. y Snow, C. C. (1978). *Organizational strategy, structure, and process.* New York: McGrawHill, Miles, R. E. y Snow, C. C. (1984). Designing strategic human resources systems. *Organizational Dynamics*, 13 (1), 36-52.
172. Montemayor, E. F. (1994). Pay policies that fit organizational strategy: Evidence from high-performing firms. Paper no publicado. East Lansing, MI: School of Industrial and Labor Relations, Michigan State University.
173. Porter, M. E. (1980). *Competitive strategy*. New York: Free Press.
174. *Ibid.*
175. Byrne, H. S. (16 de noviembre de 1992). Illinois Tool Works: Satisfying customers... and investors. *Barron's*. 51-52.
176. Miles, R. E. y Snow, C. C. (1978). *Organizational strategy, structure,and process.* New York: McGraw-Hill; Miles, R. E. y Snow, C. C. (1984). Designing strategic human resources systems. *Organizational Dynamics*, 13 (1), 36-52.
177. Miles, R. E., Snow, C. C., Meyer, A.D. y Coleman, H. J. (1978). Organizational strategy, structure, and process. *Academy of Management Review*, 3, 546-562.
178. Gómez-Mejía, L. R. y Balkin, D. B. (1992). *Compensation, organizational strategy, and firm performance*, 125. Cincinnati, OH: South-Western; Gagne, K. (2002). One day at a time: Using performance management to translate strategy into results. *Workspan*, 45(2), 20-26.
179. Para otro ejemplo, *véase* Corden, R., Elmer, M., Knudsen, J., Mountain, R., Rider, M. y Ross, W. (marzo-abril de 1994). When a new pay plan fails: The case of Beta Corporation. *Compensation & Benefits Review*, 26-32.
180. Fulmer, I. S., Gerhart, B. y Scoot, M. S. (2003). Are the 100 best better? An empirical investigation of the relationship between being a great place to work and firm performance. *Personnel Psychology*, 56, 383-404; Guthrie, J. P. Spell, C. S., Nyamori, R. O. (2002). Correlates and consequences of high involvement work practices: The role of competitive strategy.

Capítulo 2

1. Gimbel, B. (16 de mayo de 2005). Southwest's new flight plan. *Fortune*, 93-98.
2. Keenan, F. y Ante, S. (18 de febrero de 2002). The new teamwork. *BusinessWeek e.biz,* 12-16.
3. Gogoi, P. (28 de julio de 2003), Thinking outside the cereal box. *BusinessWeek*, 74.
4. Hitt, M., Ireland, R. y Hoskisson, R. (2005). *Strategic Management* (6.ª ed.). Mason, OH: Southwestern.
5. Smart, T. (28 de octubre de 1996). Jack Welch's encore. *BusinessWeek*, 155-160.
6. Ante, S. (23 de junio de 2003). Saving tip: Don't do it yourself. Human resources and accounting are but two centers ripe for outsourcing. *BusinessWeek*, 78-79.
7. Lawler, E. (1992). *The ultimate advantage*. San Francisco, CA: Jossey-Bass.
8. Johnson & Johnson Web site (2005). www.jnj.com.
9. Hof, R. D. (18 de enero de 1999). Is the center of the computing universe shifting? Sun power. *BusinessWeek*, 64-72; Sager, I. y Yang, C. (7 de diciembre de 1998). A new cyber order. *BusinessWeek*, 27-31.
10. Dobriansky, J. (junio de 2004). Business process reengineering: The cornerstone of successful enterprise IT systems implementation. *Contract Management*, 44, 28-30.

11. Hammer, M. y Champy, J. (1993). *Reengineering the corporation*. New York: HarperCollins.
12. *Ibid.*
13. Greengard, S. (diciembre de 1993). Reengineering: Out of the rubble. *Personnel Journal*, 48B-48O; Verity, J. (21 de junio de 1993). Getting work to go with the flow. *BusinessWeek*, 156-161.
14. Hammer, M. y Champy, J. (1993). *Reengineering the corporation*. New York: HaperCollins.
15. *Ibid.*
16. Hammer, M. (15 de mayo de 1995). Beating the risks of reengineering. *Fortune*, 105-114.
17. *The Economist*. (2 de julio de 1994). Re-engineering reviewed, 66.
18. Katzenback, J. y Smith, D. (marzo-abril, 1993). The discipline of teams. *Harvard Business Review*, 11-120.
19. Osburn, J., Moran, L. Musselwhite, E. y Zenger, J. (1990). *Self-directed work teams*. Homewood, IL: Business One Irwin.
20. Kuipers, B. y Witte, M. (febrero de 2005). Teamwork: A case study on development and performance. *International Journal of Human Resource Management*, 18, 185-201.
21. Jassawalla, A. R. y Sashittal, H. C. (1999). Building collaborative cross-functional new product teams. *Academy of Management Executive*, 13(3), 50-63.
22. Hoerr, J. (10 de julio de 1989). The payoff from teamwork. *BusinessWeek*, 56-62.
23. Caudron, S. (diciembre de 1993). Are self-directed team right for your company? *Personnel Journal*, 76-84.
24. Bassin, M. (enero de 1996). From team to partnership. *HRMagazine*, 86-92.
25. Balkin, D. y Montemayor, E. (2000). Explaining team-based pay: A contingency perspective based on the organizational life cycle, team design, and organizational learning literatures. *Human Resource Management Review*, 10, 249-269.
26. Kirsner, S. (abril de 1998). Four lessons on teamwork from SEI investments. *Fast Company*, 132.
27. Orsburn, J., Moran, L., Musselwhite, E. y Zenger, J. (1990). *Self-directed work teams*. Homewood, IL: Business One Irwin.
28. *Ibid.*
29. Dumaine, B. (5 de septiembre de 1994). The trouble with teams. *Fortune*, 86-92.
30. Caramanica, L. Ferris, S. y Little, J. (diciembre de 2001). Self- directed teams: Use with caution. *Nursing Management*, 77.
31. Orsburn, J., Moran, L., Musselwhite, E. y Zenger, J. (1990). *Self-directed work teams*. Homewood, IL: Business One Irwin.
32. Chatman, J. y Flynn, F. (2001). The influence of demopgraphic hetereogeneity on the emergence and consequences of cooperative norms in work teams. *Academy of Management Journal*, 44, 956-974.
33. Hoerr, J. (10 de julio de 1989). The payoff from teamwork. *BusinessWeek*, 56-62.
34. Greene, J. (3 de mayo de 2004). Why the world's hottest tech company will struggle to keep its edge. *BusinessWeek*, 82-90.
35. Lawler, E. (1992). *The ultimate advantage*. San Francisco, CA: Jossey-Bass.
36. Hertel, G., Geister, S. y Konradt, U. (2005). Managing virtual teams:A review of current empirical research. *Human Resource Management Review*, 15, 89-95.
37. Kostner, J. (octubre de 2001). Bionic eTeamwork. *Executive Excellence*, 78.
38. Majchrzak, A., Malhotra, A., Stamps, J. y Lipnack, J. (mayo de 2004). Can absence make a team grow stronger? *Harvard Business Review*, 131-137.
39. *Ibid.*
40. Steers, R. (1984). *Introduction to organizational behavior* (2.ª ed.). Glenview, IL: Scott, Foresman.
41. Herzberg, F. (enero-febrero 1968). One more time: How do you motivate employees? *Harvard Business Review*, 52-62.
42. Lofquist, L. y Dawis, R. (1969). *Adjustment to work: A psychological view of man's problems in a work-oriented society.* Upper Saddle River, NJ: Prentice Hall.
43. Locke, E. (1968). Toward a theory of task motives and incentives. *Organizational Behavior and Human Performance*, 3, 157-189.
44. Pinder, C. (1984). *Work motivation*. Glenview, IL: Scott, Foresman.
45. Hackman, J. y Oldham, G. (1976). Motivation through the design of work: Test of a theory. *Organizational Behavior and Human Performance*, 16, 250-279.
46. Nadler, D. A., Hackman, J. R. y Lawler, E. E. (1979). *Managing organizational behaviour*. Boston: Little, Brown.
47. *Ibid.*
48. Behson, S., Eddy, E. y Lorenzet, S. (2000). The importante of critical psychological status in the job characteristics model: A meta-analytic and structural equations modeling examination. *Current Research in Social Psychology*, 5 (12), 170-189.
49. Hackman, J. (1976). Work design. En Hackman, J. y Suttle, J. (Eds.). *Improving life at work,* 96-162. Santa Mónica, CA: Goodyear.
50. Denton, D. K. (agosto de 1992). Redesigning a job by simplifying every task and responsibility. *Industrial Engineering*, 46-48.
51. Szilagyi, A. y Wallace, M. (1980). *Organizational behaviour and performance* (2.ª ed.). Santa Monica, CA: Goodyear.
52. Lawler, E. (1986). *High involvement management*. San Francisco, CA: Jossey-Bass.
53. *Ibid.*
54. Steers, R. (1984). *Introduction to organizational behaviour* (2.ª ed.). Glenview, IL: Scott, Foresman.
55. Drach-Zahavy, A. (2004). The proficiency trap: How to balance enriched job designs and the team's need for support. *Journal of Organizational Behavior*, 25, 979-996.
56. Campion, M. A. y Higgs, A. C. (octubre de 1995). Design work teams to increase productivity and satisfaction. *HRMagazien*, 101-107.
57. Lawler, E. (1992). *The ultimate advantage.* San Francisco, CA: Jossey-Bass.
58. Taylor, A. (13 de diciembre de 2004). GM's Saturn problem: Alter losing billions, GM junks the "different kina of company" plan and tries again. *Fortune*, 119-130.

59. Drauden, G. M. (1988). Task inventory analysis in industry and the public sector. En S. Gael (Ed.), *The job analysis handbook for business, industry and government*, 105-171. New York: Wiley and Sons.
60. Flanagan, J. C. (1954). The critical incident technique. *Psychological Bulletin,* 51, 327-358.
61. McCormick, E. y Jeannerette, R. (1988). The position analysis questionnaire. En S. Gael (Ed.), *The job analysis handbook for business, industry and government,* 880-901. Nueva York: John Wiley and Sons.
62. Fine, S. A. (1992). *Functional job analysis: A desk aid.* Milwaukee, WI: Sidney A. Fine.
63. Harvey, R. (2002). Functional job analysis. *Personnel Psychology*, 55, 2002-205.
64. U.S. Department of Labor. (1991). *Dictionary of occupational titles* (4.ª ed.) Washington, DC: U.S. Government Printing Office.
65. Chatman, J. A. (1989). Improving interaction organizational research: A model of person-organization fit. *Academy of Management Review*, 14, 333-349.
66. Cardy, R. L. y Dobbins, G. H. (1994). *Performance appraisal: Alternative perspectivas.* Cincinnati, OH: South-Western.
67. Leonard, S. (agosto de 2000). The demise of the job description. *HRMagazine*, 184.
68. Johnson, C. (enero de 2001). Refocusing job descriptions. *HRMagazien*, 66-72.
69. Cardy, R. L. y Dobbins, G. H. (enero de 2000). Jobs disappear when work becomes more important. *Workforce*, 30-32.
70. Cardy, R. y Dobbins, G. (otoño de 1992). Job analysis in a dynamic environment. *Human Resources Division News*, 4-6.
71. *Ibid.*
72. Jones, M. (mayo de 1984). Job description made easy. *Personnel Journal*, 31-34.
73. Fierman, J. (24 de enero de 1994). The contingent work force. *Fortune*. 30-36.
74. Hershey, R. D. (19 de agosto de 1995). Survey finds 6 million, fewer than thought, in impermanent jobs. *New York Times*, 1, 17; Melcher, R. A. (10 de junio de 1996). Manpower upgrades its résumé. *BusinessWeek*, 81_{+}.
75. Stewart, T. A. (20 de marzo de 1995). World without managers. *Fortune*, 72.
76. Uchitelle, L. y Kleinfield, N. R. (3 de marzo de 1996). The downsizing of America. *New Cork Times*, informe especial.
77. Flynn, G. (septiembre de 1999). Temp staffing carries legal risk. *Workforce*, 56-62; Bernstein A. (31 de mayo de 1999). Now temp workers are a full-time headache. *Business Week,* 46.
78. *The Economist.* (10 de junio de 2000). Western Europe's job-seekers limber up, 53-54.
79. Rogers, B. (mayo de 1992). Companies develop benefits for part timers. *HRMagazine*, 89-90.
80. Hewlett, S. y Luce, C. (marzo de 2005). Off-ramps and on-ramps: Keeping talented women on the road to success. *Harvard Business Review*, 43-54; Huff, C. (mayo de 2005). With flextime, less can be more. *Workforce Management*, 65-68.
81. McClenahen, J. (mayo de 2005). Outsourcing reconsidered. *Industry Week*, 14; *The Economist* (13 de noviembre de 2004). A world of work: A survey of outsourcing, 1-20.
82. Wahlgren, E. (abril de 2004). The outsourcing dilemma. *Inc. Magazine,* 41-42.
83. Klaas, B., McClendon, K. y Gainey, T. (verano de 2001). Outsourcing HR: The impact of organizacional characteristics.
84. Bates, S. (abril de 2002). Fishing bigger: HR outsourcing firms are forming partnerships and acquiring resource in a bid to get contracts from big business. *HRMagazine*, 38-42.
85. James, G. (noviembre de 1997). Tipping the scales your way. *Datamation*, 48-53.
86. Sunoo, B. P. y Laabs, J. J. (marzo de 1994). Winning strategies for outsourcing contracts. *Personnel Journal*, 69-78.
87. *The Economist.* (23 de abril de 1994). Benetton: The next era, 68.
88. Para encontrar información sobre un nuevo giro en la externalización, *véase* Semler, R. (1993). *Maverick.* Nueva Cork: Warner Books.
89. Doh, J. (2005). Offshore outsourcing: Implications for international business and strategic management theory and practice. *Journal of Management Studies*, 42, 695-704.
90. *The Economist* (13 de diciembre de 2003). Special report offshoring: Relocating the back office, 67-69.
91. Levy, D. (2005). Offshoring in the new global political economy. *Journal of Management Studies*, 42, 685-694.
92. Ante, S. (12 de enero de 2004). Shifting work offshore? Outsourcer beware. *BusinessWeek*, 36-37; Kripalani, M. y Engardio, P. (8 de diciembre de 2003). The rise of India. *Business Week*, 66-76.
93. Pearce, J. (1993). Towards an organizational behaviour of contract laborers: Their psychological involvement and effects on employee co-workers. *Academy of Management Journal*. 36, 1082-1096.
94. Albrecht, D. G. (abril de 1998). New heights: Today's contract workers are highly promotable. *Workforce*, 43-48.
95. Brewster, M. (diciembre de 2004). The freelance conundrum. *Inc. Magazine*, 39.
96. Mullich, J. (julio de 2004). Giving employees something they can't buy with a bonus check. *Workforce Management*, 66-67.
97. Cunningham, C. y Murray, S. (febrero de 2005). Two executives, one career. *Harvard Business Review*, 125-132.
98. Denton, D. (enero-febrero de 1993). Using flextime to create a competitive workplace. *Industrial Management*, 48-49.
99. Pierce, J. y Dunham, R. (1992). The 12-hour work day: A 48-hour, eight-day week. *Academy of Management Journal*, 1086-1098.
100. Sunoo, B. P. (enero de 1996). How to manage compressed workweeks. *Personnel Journal*, 110.
101. Fisher, A. (30 de mayo de 2005). How telecommuters can stay connected. *Fortune,* 142; Greengard, S. (marzo de 2005). Sun's shinning example. *Workforce Management,* 48-49.
102. Garvey, C. (agosto de 2001). Teleworking HR. *HRMagazine,* 56-60.
103. Kavanaugh, M., Gueutal, H. y Tannenbuam, S. (1990). *Human resource information systems: Development and application.* Boston, MA: PWS-Kent.

104. Dzamba, A. (enero de 2001). What are your peers doing to boost HRIS performance? *HR Focus,* 56.
105. Turnbull, I. (25 de abril de 2005). Many reasons to track time. *Canadian HR Reporter,* 14.
106. Leonard, B. (julio de 1991). Open and shut HRIS. *Personnel Journal,* 59-62.
107. *Ibid.*

Capítulo 3

1. Takahashi, D. (27 de mayo de 2005). Sex-harassment suit filed against Sun Microsystems, former exec. *San Jose Mercury News*, 3E.
2. Long, S. (abril de 1999). Quick reactions by employers prevents sexual harassment liability. *HR Focus*, 3.
3. Hall, E. S. y Hall, E. L. (1994). The ADA: Going beyond the law. *Academy of Management Executive*, 8, 17-26.
4. Coie, P. (diciembre de 2001). Ninth circuit affirms $1.03 million jury verdict in race discrimination suit. *Washington Employment Law Letter, 1.*
5. Faircloth, A. (3 de agosto de 1998). Guess who's coming to Denny's? *Fortune*, 108-110.
6. Denny's Web site. (2005). www.dennys.com/en/cms/diversity/.
7. Serwer, A. (18 de abril de 2005). Bruised in Bentonville. *Fortune*, 84-89; Daniela, C. (21 de julio de 2003). Women vs. Wal-Mart. *Fortune*, 78-82.
8. *Griggs v. Duke Power Co.*, 401 U.S. 424 (1971)
9. Wards Cove v. Antonio, 109 S.Ct. 2115, 49 FEP CASES 1523 (1989).
10. Hall, F. S. y Hall, E. L. (1994). The ADA: Going beyond the law. *Academy of Management Executive*, 8, 17-26.
11. Sites, J. (mayo de 2005). Equal pay for the sexes. *HR Magazine*, 65-69.
12. Bernstein, A. (14 de junio de 2004). Women's pay: Why the gap remains a chasm. *BusinessWeek,* 58-59.
13. Strout, E. (julio de 2001). Tough sell. *Sales & Marketing Management*, 50-55.
14. Ledvinka, J. y Scarpello, V. G. (1991). *Federal regulation of personnel and human resource management* (2.ª ed.). Boston: PWS-Kent; Twomey, D. P. (1990). *Equal employment opportunity* (2.ª ed.). Cincinnati, OH: South-Western.
15. *BNA's Employee Relations Weekly*. (13 de septiembre de 1993). EEOC meets new, higher burden of proof in race bias case in California court. 11, 1991.
16. *Griggs v. Duke Power Co.,* 401 U.S. 424 (1971).
17. *HR News.* (febrero de 1994). No beard rule found to have disparate impact, 17.
18. *Albemarle Paper Co. v. Moody,* 422 U.S. 405 (1975)
19. *McDonnell Douglas Corp. v. Green,* 411 U.S. 792 (1973).
20. Equal Employment Opportunity Commission (1978). *Uniform Guidelines on Employee Selection Procedures*, 29 Code of Federal Regulations, Part 1607, Sec. 6.A.
21. EEOC Web site. (2005). www.eeoc.gov/facts/fs-nator.html.
22. Uheling, A. (29 de abril de 2002). Pregnancy Discrimination Act set clear management limits. *Federal Human Resources Week*, 1.
23. *Ibid.*
24. *HR Reporter.* (4 de junio de 2001). City settles discrimination charge by pregnant police officer, 1.
25. Fitzgerald, L. F., Drasgow, F., Hulin, C., Gelfond, M. y Magley, V. J. (1997). Antecedents and consequences of sexual harassment in organizations: A test of an integrated model. *Journal of Applied Psychology*, 82, 578-589.
26. Gruber, J. E. (1998). The impact of male work environments and organizational policies on women's experiences of sexual harassment. *Gender & Society*, 12, 301-321.
27. Hendrix, W. H. (1998). Sexual harassment and gender differences. *Journal of Social Behavior and Personality*, 13, 135-253.
28. *BNA's Employee Relations Weekly* (31 de enero de 1994). Medical center employee awarded $ 1 million in Massachusetts suit, 12, 111-112.
29. Shepela, S. T. y Levesque, L. L. (1998). Poisoned waters: Sexual harassment and the collage climate. *Sex Roles*, 8, 589-611; Shelton, N. J. y Chavous, T. M. (1999). Black and white college women's perceptions of sexual harassment. *Sex Roles,* 40, 593-615.
30. *Harris v. Forklift Systems, Inc.* 114 S. Ct. 367 (1993).
31. Cole, J. (marzo de 1999). Sexual harassment: New rules, new behavior. *HR Focus*, 1-15.
32. Muller, J. (15 de noviembre de 1999). Ford: The high cost of harassment. *BusinessWeek*, 94-96.
33. Aronson, P. (29 de abril de 2002). Mitsubishi comes back from disaster of 1998. *National Law Review*, A23.
34. Lewis, N. A. (30 de julio de 1999). New penalty of Clinton in Jones case. *New York Times*, A15.
35. The U.S. Equal Employment Commission. (2005). www.eeoc.gov/stats/harass.html.
36. *Human Resource Management Ideas and Trends.* (14 de febrero de 1996). Sexual harassment complaints no longer limited to women, 30.
37. *The Economist* (4 de julio de 1998). Men, women, work and law. 21-22.
38. *BNA's Employee Relations Weekly* (4 de abril de 1994). Survey finds 31 percent of women report having been harassed at work, 12, 367.
39. Luthar, H. y Pastille, C. (2000). Modeling subordinate perceptions of sexual harassment: The role of superior-subordinate social-sexual interaction. *Human Resource Management Review*, 10, 211-244.
40. Flynn, G. (mayo de 1999). Sexual harassment interpretations give cause for new concerns. *Workforce,* 105-106; Garland, S. B. (13 de julio de 1998). Finally, a corporate tip sheet on sexual harassment. *BusinessWeek*, 39.
41. O'Leary-Kelly, A. y Bowes-Sperry, L. (2001). Sexual harassment as unethical behaviour: The role of moral intensity. *Human Resource Management Review*, 11, 73-92.
42. Slade, M. (19 de Julio de 1998). A hint of clarity in harassment case law. *New York Times*, www.nytimes. Com.
43. *Ward Cove Packing Co. v. Antonio,* 409 U.S. 642 (1989).
44. Bureau of National Affairs. (11 de noviembre de 1991). Civil rights act of 1991. *Employee Relations Weekly* (suplemento especial).

45. Carson, K. P. (22 de noviembre de 1991). New civil rights law shoots itself in the foot. *Wall Street Journal*, B1.
46. Geyelin, M. (17 de diciembre de 1993). Age-bias cases found to bring big jury awards. *Wall Street Journal*, A10.
47. Harper, L. (5 de abril de 1994). Labor letter. *Wall Street Journal*, A1.
48. Milkovich, G. T. y Newman, J. M. (1996). *Compensation* (5.ª ed.). Chicago: Irwin.
49. Sharpe, R. (19 de abril de 1994). Labor letter. *Wall Street Journal*, A1.
50. EEOC (enero de 1992). *A technical assistance manual on the employment provisions of the Americans with Disabilities Act.*
51. Stevens, M. (29 de abril de 2002). "Toyota" may be seen as a reasonable balancing act. *The National Law Journal*, A34.
52. Hall, J. E. y Hatch, D. D. (agosto de 1999). Supreme Court decisions require ADA revision. *Workforce*, 60-67.
53. Hatch, D., Hall, J. y Kobata, M. (marzo de 2005). EEOC guidance on dealing with intellectual disabilities. *Workforce Management*, 16; EEOC Web site. (2005). www.eeoc.gov/facts/intellectual_disabilities.html.
54. Petesch, P. J. (junio de 1999). Are the newest ADA guidelines "reasonable"? *HRMagazine*, 54-58.
55. *The Economist* (18 de abril de 1998). The halt, the blind, the dyslexic, 25-26.
56. Martínez, M. N. (noviembre de 1990). Creative ways to employ people with disabilities. *HRMagazine*, 40-44, 101.
57. EEOC (enero de 1992). *A technical assistance manual on the employment provisions of the Americans with Disabilities Act.*
58. Wells, S. (abril de 2001). Is the ADA working? *HRMagazine*, 38-46.
59. EEOC Web site. (2005). www.eeoc.gov.
60. The U.S. Equal Employment Opportunity Commission. (22 de febrero de 2002). EEOC issues fiscal 2001 enforcement data. www.eeoc.gov/press.
61. *Johnson v. Santa Clara County, Transportation Agency, Santa Clara County,* 107 S.Ct. 1442, 43 FEP Cases 411 (1987); Nazario, S. L. (27 de Junio de 1989); Many minorities feel torn by experience of affirmative action. *Wall Street Journal*, A1; Roberts, S. V. (13 de Febrero de 1995). Affirmative action on the edge. *U.S. News & World Report*, 32-38.
62. *Regents of the University of California v. Bakke*, 438 U.S. 265 (1978).
63. *The Economist* (15 de abril de 1995). A question of colour, 13-14.
64. Wynter, L. (7 de febrero de 1996). Business and race. *Wall Street Journal*, B1.
65. Sovereign, K. L. (1994). *Personnel Law* (2.ª ed.). Upper Saddle River, NJ: Prentice Hall.
66. Ledvinka, J. y Scarpello, V. G. (1991). *Federal regulation of personnel and human resource management* (2.ª ed.). Boston: PWS-Kent.
67. *BNA's Employee Relations Weekly* (28 de marzo de 1994). Testing programs deter abuse, are cost effective, report says, 12, 349.
68. *HR News* (marzo de 1994). Washington scorecard, 13, 4.
69. Hall, F. S. y Hall, E. L. (1994), The ADA: Going beyond the law. *Academy of Management Executive,* 8, 17-26.
70. *HR News* (marzo de 1994). Legal report, 18.
71. Miclat, C. (enero de 2000). Recognition policies protect from potential discrimination. *Workforce,* 72-73.

Capítulo 4

1. Edwards, A. (enero de 1991). The enlightened manager. *Working Woman*, 45-51.
2. Allport, G. W. y Odbert, H. S. (1933). Trait-names: A psycholexical study. *Psychological Monographs, 47*, 171-220.
3. Loden, M. y Rosener, J. B. (1991). *Workforce America, 18.* Homewood, IL: Irwin; Society for Human Resource Management (SHRM). (2006). What are employee networks and should they be a part of our diversity initiative? www.shrm.org/diversity.
4. Rosen, R. H. (2000). *Global literacies.* Nueva York: Simon & Schuster; Lynnes, K. S. (2002). Finding the key to the executive suite: Challenges for women and people of color. En R. Sitzer (Ed.) *The 21st Century Executive,* 229-274. San Francisco: Jossey-Bass.
5. *Fortune* (2003). Best companies for Asian, Black y Hispanic employees. www.fortune.com.
6. *Ibid.*
7. Society for Human Resource Management (SHRM). (2006). Diversity training. www.shrm.org/diversity.
8. Dass, P. y Parker, B. (1999). Strategies for managing human resource diversity: From resistance to learning. *The Academy of Management Executive*, *13 (2)*, 68-80, White, J. E. (23 de agosto de 1999). Affirmative action's Alamo. *Time,* 48; Society for Human Resource Management (SHRM) (2006). How is a diversity initiatives different from my organization's affirmative action plan? www.shrm.org/diversity.
9. Society for Human Resource Management (SHRM) (2006). Where HR meets the world: How should my organization define diversity? www.shrm.org/diversity.
10. Bureau of Labor Statistics, Economic Surveys (2005). Data and reports www.lib. gsu.edu
11. Johnson, R. S. (3 de agosto de 1998). The 50 best companies for blacks and Hispanics. *Fortune,* 94-112.
12. *Fortune* (2003).
13. IBM. (2006). IBM valuing diversity: Awards and Recognition. www.ibm.com/employment/US/diverse/awards.
14. Weaver, V. (10 de septiembre de 2001). Winning with diversity. *BusinessWeek*, sección especial.
15. Dass, P. y Parker, B. (1999). Strategies for managing human resource diversity: From resistance to learning. *The Academy of Management Executive*, *13(2)*, 68-80; Society for Human Resource Management (SHRM). (2006). How can the results of our initiative be measured? www.shrm.org/diversity.
16. Kanter, R. M. (1983). *The change masters*, 52. Nueva York: Simon & Schuster.
17. Archivos de los autores.
18. Sheppard, C. R. (1964). *Small groups, 118.* San Francisco: Chandler; Gómez-Mejía, L. R. y Balkin, D. B. (2007). *Management*. Nueva York: Irwin/McGraw-Hill.

19. Gómez-Mejía, L. R. y Balkin, D. B. (2007). Management. Nueva York: Irwin/McGraw-Hill.
20. *Ibid.*
21. Ely, R. (2004). A field study of group diversity, participation in diversity education programs, and performance. *Journal of Organizational Behavior*, *25*, 755-780.
22. Archivos de los autores.
23. Resultados de un estudio recogidos en McDonough, D. C. (26 de abril de 1999). A fair workplace? Not everywhere. *BusinessWeek*, 6.
24. Fine, M. C., Johnshon, P. L. y Regan, S. M. (1990). Cultural diversity in the workplace? *Public Personnel Management, 19(3)*. 305-319 (p. 307). *Véase* también Society for Human Resource Management (SHRM) (2006). How is a diversity initiative different from my organization's affirmative action plan? www.shrm.org/diversity.
25. Harrison, D. A., Price, K. H. y Bell, M. P. (1998). Beyond relational demography: Time and the effects of surface-and deep-level diversity on work group cohesion. *Academy of Management Journal, 41(1)*, 96-107.
26. Fine, M. C., Johnshon, P. L. y Regan, S. M. (1990). Cultural diversity in the workplace? *Public Personnel Management, 19(3)*. 305-319 (p. 307).
27. Merrit, J. (11 de marzo 2002). Guess who's pushing a bold plan for diversity? Big business. *BusinessWeek*, 56-58.
28. Morris, K. (23 de noviembre de 1998). You've come a short way, baby. *BusinessWeek*, 82-86; *The Economist.* (2 de marzo de 2002). Women in suits, 60-61.
29. Dwyer, P. y Cuneo, A. (8 de julio de 1991). The "other minorities" demand thier due. *BusinessWeek.* 60; Pimentel, R. O. (1 de enero de 2002). For Latinos, 2001 played tag with issues, emotions. *Arizona Republic*, A-18.
30. Kasindorf, M. (10 de septiembre de 1999). Hispanics and blacks find their futures entangled. *USA Today*. 21-A; Pimentel, R. O. (19 de febrero de 2002). Latino assimilation: A median point or a melting pot? *Arizona Republic*, B-1; y Pimentel, R. O. (26 de febrero de 2002). Latino question insults Latino politicians. *Arizona Republic*, B-7.
31. Roberts, S. (21 de febrero de 2005). More Africans enter U.S. than in the days of slavery. *New York Times*, A-1.
32. Hamilton, A. y Bailey, P. (17 de enero de 2005). Recharging the misión. *Time,* 5-51.
33. Paltrow, S. J. (9 de enero de 2002). Life of Georgia nears settlement over race bias. *Wall Street Journal.* C-1; Crockett, R. V. (21 de febrero de 2005). How the NAACF could get its clout back. *BusinessWeek*, 18.
34. Berstein, A. (25 de febrero de 2002). The time bomb in the workforce: Illiteracy. *BusinessWeek*, 122.
35. *Wall Street Journal.* (8 de abril de 2002). The good news on race, A-26: Koretz, G. (3 de Septiembre de 2001). Giant strides for U.S. blacks. *BusinessWeek*, 28; Hamilton, A. y Bailey, P. (17 de enero de 2005). Recharging the mission. *Time*, 5-51.
36. Society for Human Resource Management (SHRM) (2006). How is a diversity initiative different from my organization's affirmative action plan? www.shrm.org/diversity.
37. Roberts, S. (21 de febrero de 2005). More Africans enter U.S. than in the days of slavery. *New York Times*, A-1.
38. Marosi, R. (11 de marzo de 2002). Study finds deadly spike in racial violence against Asian Americans. *Arizona Republic*, A-18.
39. Loden, M. y Rosener, J. B. (1991). *Workforce America, 18.* Homewood, ILs Irwin; Lynnes, K. S. (2002). Finding the key to the executive suite: Challenges for women and people of color. En R. Sitzer (Ed.). *The 21st Century Executive*, 229-274. San Francisco: Jossey-Bass.
40. L H Research national phone poll. (4 de marzo de 1994). *Chattanooga Times*, 1.
41. Colvin, J. (19 de julio de 1999). The 50 best companies for Asian, blacks, and Hispanics. *Fortune,*53-57.
42. Wong, J. (9 de febrero de 1996). Asian women migrant workers suffering abuse. *Wall Street Journal.* A-7.
43. Marosi, R. (11 de marzo de 2002). Study finds deadly spike in racial violence against Asian Americans. *Arizona Republic*, A-18. For related stories, *véase* Simmons, M. (27 de febrero de 2005). More Dutch plan to emigrate as Muslim influx tips scales. *New York Times*, 46; Lyall, S. (3 de marzo de 2005). British court says banning Muslim gown violates student's rights. *New York Times*, A-13.
44. Weber, J. (6 de junio de 1988). Social issues: The disabled. *BusinessWeek*, 140; Savage, D. G. (marzo de 2002). Wordaday ruling. *ABA Journal*, 34-35.
45. Koss-Feder, L. (25 de enero de 1999). Able to work. *Time,* 25-30; Savage, D. G. (marzo de 2002). Wordaday ruling. ABA *Journal*, 34-35.
46. Weber, J. (6 de junio de 1988). Social issues: The disabled. *BusinessWeek*, 140; Greenhouse, L. (1 de marzo de 2005). Disabled cruise passengers ask for justices' protection. *New York Times*, A-15.
47. Perry, N. J. (10 de junio de 1991). The workers of the future. *Fortune*, 51-58; Bartlett, D. L. y Steele, J. B. (20 de septiembre de 2004). Who left the door open? *Time*, 51-63.
48. Briefs. (22 de febrero de 1993). *Workforce Strategies, 4(2)*, WS-12; Society for Human Resource Management (SHRM). (2006). How can the results of our initiative be measured? www.shrm.org/diversity.
49. Koss-Feder, L. (25 de enero de 1999). Able to work. *Time*, 25-30.
50. Savage, D. G. (marzo de 2002). Wordaday ruling. *ABA Journal,* 34-35.
51. Greenhouse, L. (1 de marzo de 2005). Disabled cruise passengers ask for justices' protection. *New York Times*, A-15.
52. *Wall Street Journal.* (13 de febrero de 2002). Economic focus: Immigrants, B-13; Greenberg, P. (3 de febrero de 2005). Illegal aliens! *Wall Street Journal*, A-17; Barlett, D. L. y Steele, J. B. (20 de septiembre de 2004). Who left the door open? *Time*, 51-63.
53. Moore, S. (1999). Study results cited in Shaffer, M. (3 de septiembre de 1999). Importing poverty. *Arizona Republic*, A-1; *Time* (7 de enero de 2002). Immigration: The home front, 130; Bernstein, N. (3 de marzo de 2005). New study paints clearer picture of Mexicans in New York City. *New York Times*, A-23; Barlett, D. L. y Steele, J. B. (20 de septiembre de 2004). Who left the door open? *Time*, 51-63.

54. Golden D. (2 de abril de 2002). Some community colleges fudge facts to attract foreign students. *Wall Street Journal*, B-1.
55. McKinley, J. C. (22 de marzo de 2005). Mexican pride and death in U.S. service. *New York Times*, A-6.
56. Bernstein, N. (17 de febrero de 2005). Caught between parents and the law. *New York Times*, A-24.
57. Hawley, C. (22 de marzo de 2005). Undocumented coming to stay. *Arizona Republic*, A-1.
58. Greenhouse, S. (11 de marzo de 2005). Wal-Mart to pay U.S. $ 11 million in lawsuit on immigrant workers. *New York Times*, A-1; Kirkpatrick, D. D. (11 de febrero de 2005). House passes tightening of laws on immigration. *New York Times*, A-11; Kornblut, A. (24 de marzo de 2005). Bush cites political hurdles in plan for guest workers. *New York Times*, A-6; Lee K. A. (14 de febrero de 2005). State department relaxes visa rules for some scientists and students. *Wall Street Journal*, A-1.
59. *BusinessWeek* (28 de febrero de 2005), 15.
60. Para una discusión crítica del dato más alto, *véase* Muir, J. G. (31 de marzo de 1993). Homosexuals and the 10% fallacy. *Wall Street Journal*, A-13.
61. Divito, N. (7 de marzo de 2005). I kept quiet, and lost my job anyway. *Newsweek*, 18.
62. Lyall, A. (22 de febrero de 2005). New course by Royal Navy: A campaign to recruit gays. *New York Times*, A-1.
63. Portes, A. y Truelove, L. (1987). Making sence of diversity: Recent research on Hispanic minorities in the U.S. *American Review of Sociology, 13,* 359-385 (p. 360); Pimentel, R. O. (19 de febrero de 2002). Latino assimilation: A meidan point or a melting pot? *Arizona Republic*, B-1; Pew Hispanic Center. (2005). Hispanics: A people in motion. www.pewhispanic.org.
64. Porter, E. (19 de abril de 2002a). Hispanic targeted advetising outpaces overall adgrowth. *Wall Street Journal*, A-1.
65. Pew Hispanic Center (2005). Hispanics: A people in motion. www.pewhispanic.org.
66. *Ibid.*
67. Porter, E. (13 de febrero de 2002b). Quirky English course evolves into fixture of Latino pop culture. *Wall Street Journal*, A-1; Pew Hispanic Center. (2005). Latinos see race as a measure of belonging. www.pewhispanic.org/diversity.
68. Romero, C. C. (19 de enero de 2002). Hard time for Hispanics. *Arizona Republic*, D-1; Porter, E. (13 de febrero de 2002b). Quirky English course evolves into fixture of Latino pop culture. *Wall Street Journal*, A-1; Pew Hispanic Center. (2005). Latinos see race as a measure of belonging. www.pewhispanic.org/diversity.
69. Doyle, R. (febrero de 2002). Assembling the future. *Scientific American*, 30; Society for Human Resource Management (SHRM). (2006). How is a diversity initiative different from my organization's affirmative action plan? www.shrm.org/diversity.
70. Russel, J. (septiembre de 1995). Trading with the world. *Hispanic Business*, 26-27; Porter, E. (19 de abril de 2002a). Hispanic targeted advertising outpaces overall ad growth. *Wall Street Journal*, A-17.
71. Kaufman, J. (10 de enero de 2002). Whites and Hispanics fall out over quest for suburban dream. *Wall Street Journal*, A-1; Pimentel, R. O. (1 de enero de 2002). For Latinos, 2001 played tag with issues, emotions. *Arizona Republic*, A-18; Pimentel, R. O. Untold story: Hispanic middle class blazing new trails. *Arizona Republic*, B-9; Pimentel, R. O. (19 de febrero de 2002). Latino assimilation: A median point or a melting pot? *Arizona Republic*, B-1; Wingett y. (21 de enero de 2005). More Latinos opting out of barrios. *Arizona Republic*, A-2.
72. Pew Hispanic Center. (2005). Hispanic. A people in motion. www.pewhispanic.org; Pew Hispanic Center. (2005). A look at where Latinos live. www.pewhispanic.org.
73. Wingett y (21 de enero de 2005). More Latinos opting out of barrios. *Arizona Republic*, A-2. Pew Hispanic Center. (2005). A look at where Latinos live. www.pewhispanic.org.
74. Munk, N. (1 de febrero de 1999). Finished at forty. *Fortune*, 50-64; Goldberg, B. (2000). *Age works*. Nueva York: The Free Press; Quinn, J. B. (4 de Febrero de 2005). Your retirement: How to land on your feet. *Newsweek*, 47-52; Alster, N. (30 de Enero de 2005). When gray heads roll, is age bias at work? *New York Times*, B-3; Engardio, P., Matlock, C. Edmondson, G., Rowley, I. Barraclough, C. y Smith, E. (31 de enero de 2005). Global aging: Now, the geezer glut. *BusinessWeek*, 214-217.
75. Chen, K. (25 de febrero de 2002). Age discrimination complaints rose 8,7% in 2001 amid overall increase in claims. *Wall Street Journal*, B-13; Quinn, J.B. (4 de febrero de 2005). Your retirement: How to land on your feet. *Newweek*, 47-52; Gardner, M. (22 de Enero de 2005). Younger boss, older employees learn new ropes. *Arizona Republic*, D-3.
76. Bravin, J. (31 de marzo de 2005). Court expands age bias claims for workforce. *Wall Street Journal*, A-8.
77. Loden, M. y Rosener, J. B. (1991). *Workforce America, 18.* Homewood, IL: Irwin, 65.
78. Levin, D. P. (20 de febrero de 1994). The graying factory. *New York Times*, C-16; Trilich, T. (invierno de 2002). Young or old are about equally dedicated to their job. *Gallup Management Journal*, 32; Freudenheim, M. (23 de marzo de 2005). Help wanted. Older workers please apply. *New York Times*, A-1; Richards, M. (5 de marzo de 2005). Betting on the baby boomers. *New York Times*, A-11.
79. Bureau of Labor Statistics; Employment and Earnings. (Enero de 1999). Tablas 44 y 45.
80. Trilch, T. (invierto de 2002). Young and old are about equally dedicated to their jobs. *Gallup Management Journal*, 32.
81. Fellows, D. S. (2001). Striking gold in a silver mine: Leveraging senior workers as knowledge champions. *Worldatwork Journal, 10(4),* 112; Freudenheim, M. (23 de marzo de 2005). Help wanted: Older workers please apply. *New York Times*, A-1, Fisher, G. (21 de marzo de 2005). How to battle the coming brain drain. *Fortune*, 121-128.
82. McNamee, M. (17 de agosto de 1998). First hired, first fired? *BusinessWeek*, 22; Society for Human Resource Management (SHRM) (2006). How can the results of our initiative be measured? www.shrm.org/diversity; Society for Human Resource Management (SHRM). (2006). What are employee networks

and why should they be part of our diversity initiative? www.shrm.org/diversity, Society for Human Resource Management (SHRM) (2006). Diversity training. www.shrm.org/diversity; Society for Human Resour

83. Gómez-Mejía, L. R., Balkin, D. B., Cardy, R. L. (2007). Management. Nueva York: Irwin/McGraw Hill.
84. *New York Times* (9 de marzo de 2005). Census report details live of U.S. Arabs, A-6; Lyall, S. (3 de marzo de 2005). British court says banning Muslim gown violates student's rights. *New York Times*, A-13; Rauf, F. A. (18 de octubre de 2004). Bringing Muslim nations into the global century. *Fortune*, 80-81; Simmons, M. (27 de febrero de 2005). More Dutch plan to emigrate as Muslim influx tips scales. *New York Times*, C-16; *The Economist.* (25 de octubre de 2003). Islam in France, 32-33.
85. *New York Times* (9 de marzo de 2005). Census report details lives of U.S. Arabs, A-6.
86. *Ibid.*
87. Simmons, M. (27 de febrero de 2005). More Dutch plan to emigrate as Muslim influx tips scales. *New York Times*, C-16; Lyall, S. (3 de marzo de 2005). British court says banning Muslim gown violates student's rights. *New York Times*, A-13
88. Bureau of Labor Statistics, 2006, stats.bls.gov.
89. Highlights of Women's Earning. (2005). Bureau of Labor Statistics, stats.bls.gov.
90. Morris, K. (23 de noviembre de 1998). You've come a short way, baby. *BusinessWeek*, 82-86; *The Economist.* (2 de marzo de 2002). Women in suits, 60-61. Deutsch, R. H. (27 de febrero de 2005). Are women responsible for their own low pay? *New York Times*, B-7.
91. *BusinessWeek* (14 de enero de 2002). The top 25 managers of the year, 52-71; Berman, D. K. (7 de enero de 2002). Lucent veteran Russo to return as CEO. *Wall Street Journal*, A-3.
92. Shellenbarger, S. (11 de mayo de 1995). Women indicate satisfaction with role of breadwinner. *Wall Street Journal*, B6-B7; Conlin, M. (27 de enero de 2003). Look who is bringing home the bacon. *BusinessWeek*, 85; Tyson, L. D. (28 de marzo de 2005). What Larry Summers got right. *BusinessWeek*, 24.
93. Blass, F. D. (marzo de 1998). The well-being of America women: 1970-1995. *Journal of Economic Literature,* 36 (1), 112-165; Lynnes, K. S. (2002). Finding the key to executive suite: Challenges for women and people of color. En R. Sitzer (Ed.). *The 21st Century Executive*, 229-274. San Francisco: Jossey-Bass; Tyson, L. D. (28 de marzo de 2005). What Larry Summers got right. *BusinessWeek*, 24.
94. Baird, J. E. Jr. y Bradley, P. H. (junio de 1979). Styles of management and communication: A comparative study of men and women. *Communication Monographs*, *46,* 101-110.
95. DePalma, A. (12 de noviembre de 1991). Women can be hindered by lack of "boys" network. *Boulder Daily Camera*, Business Plus Section, 9; Society for Human Resource Management (SHRM). (2006). What are employee networks and should they be part of our diversity initiative? www.shrm.org/diversity.
96. *The Economist.* (2 de marzo de 2002). Women in suits, 60-61; Carlson, M. (20 de septiembre de 1999). Sexual harassment, Capítulo 999. *BusinessWeek*, 94-95; Morris, B. (10 de mayo de 1999). Addicted to sex. *Fortune*, 65-70; Deutsch, R. H. (27 de febrero de 2005). Are women responsable for their own low pay? *New York Times*, B-7.
97. Conlin, M. y Zellner, W. (16 de julio de 2001). Is Wal-Mart hostile to women? *BusinessWeek*, 58-60; Berstein, N (21 de marzo de 2005). Wal-Mart vs. class action. *BusinessWeek*, 73-74.
98. *The Economist.* (2 de marzo de 2002). Women in suits, 60-61.
99. *Ibid.*
100. *Fortune*, www.fortune.com (2005).
101. Weaver, V. (10 de septiembre de 2001). Winning with diversity. *BusinessWeek*, sección especial.
102. Society for Human Resource Management (SHRM). (2006). What if your diversity training is successful? www.shrm.org/diversity.
103. Wheeler, M. L. (14 de diciembre de 1998).
104. Stewart, T. A. (10 de diciembre de 1991). Gay in corporate America. *Fortune*, 42-50 (43); Divito, N. (7 de marzo de 2005). I kept quiet, and lost my job anyway. *Newsweek*, 18; Lyall, S. (22 de febrero de 2005). New course by Royal Navy. A campaign to recruit gays. *New York Times*. A-1.
105. Thomas, R. F. (marzo-abril de 1990). From affirmative action to affirming diversity. *Harvard Business Review*, 107-119; y Society for Human Resource Management (SHRM). (2006). Where HR meets the world: How should my organization define diversity? www.shrm.org/diversity.
106. Society for Human Resource Management (SHRM). (2006). Diversity training. www.shrm.org/diversity.
107. Society for Human Resource Management (SHRM). (2006). What if your diversity training is successful? www.shrm.org/diversity.
108. *Ibid.*
109. *Comp/flash* (enero de 1994). Benefits flash. *American Management Association,* 5; Zinsmeister, K. (2005). Problem with day care. The Amercian Enterprise online. www.taemag.com.
110. Ashton, A. (febrero de 2002). Around-the-clock child care. *Working Woman*, 14.
111. Conlin, M. (20 de septiembre de 1999). 9 to 5 isn't working anymore. *BusinessWeek.* 94-95; Bound, J. T., Galinsky, E. y Hill, E. J. (febrero de 2005). Flexibility: A key ingredient in creating an effective work place. *Workspan*, 17-22.
112. Newman, A. M. (febrero de 2002). Fair shares. *Working Woman*. 64-71.
113. Goodstein, J. D. (1994). Institutional pressures and strategic responsiveness: Employer involvement in work-family issues. *Academy of Management Journal,* 37(2), 350-383; Society for Human Resource Management (SHRM). (2006). How can the results of our initiative be measured? www.shrm.org/diversity.
114. Fisher, A. (12 de octubre de 1998). Women need at least one mentor and one pantsuit. *Fortune*, 208.
115. Hymowitz, C. (24 de abril de 1995). How a dedicated mentor gave momentum to a woman's career. *Wall Street Journal*, B1.
116. Glater, J. D. (1 de abril de 2005). Sex discrimination lawsuit filed against Smith Barney. *New York Times,* C-3.

117. Wartzman, R. (4 de mayo de 1992). A Whirlpool factory raises productivity and pay of workers. *Wall Street Journal,* A1.
118. Scott, R. S. (15 de abril de 2002). Hooray Halle! *U.S. News and World Report,* 8-12; Pimentel, R. O. (26 de febrero de 2002). Latino question insults Lation politicians. *Arizona Republic,* B-7; *Time* (7 de enero de 2002). Immigration: The home front, 130; Kornblut, A. (24 de marzo de 2005). Bush cites political hurdles in plan for guest workers. *New York Times,* A-6.
119. Barlett, D. L. y Steele, J. B. (20 de septiembre de 2004). Who left the door open? *Time,* 51-63.
120. Tyson, L. D. (28 de marzo de 2005). What Larry Summers got right. *BusinessWeek,* 24.

Capítulo 5

1. Hand, T. (2002). Choosing the right recruiter. *Network World,* 19, 41.
2. *The controller´s Report* (marzo de 2002). Working alternatives to job cuts: The latest strategies for preserving human capital.
3. *Managing HR Information Systems* (2002). Three companies reveal how they use employ! to cut hiring paperwork. January Newsletter, 1, 12-14.
4. *Managing HR Information Systems* (2001). Automating recruitment: How to select and implement the best new recruiting app. December Newsletter, 1, 11-14.
5. *Vea,* por ejemplo, Rothwell, W. J., y Kazanis, H. C. (1988). *Strategic human resources planning and management.* Upper Saddle River, NJ: Prentice Hall; Bartholomew, D. J., y Forbes, A. F. (1979). *Statistical techniques for manpower planning.* Chichester, England: Wiley-Interscience; Heneman, H. G., III, y Sandver, M. G. (1977). Markov analysis in human resource administration: Applications and limitations. *Academy of Management Review*, 2 (4), 535-542; Burack, E. H., y Mathys, N. J. (1987). *Human resource planning: A pragmatic approach to manpower staffing and development.* Lake Forest, IL: Brace-Park.
6. Cardy, R. L., y Carson, K. P. (1996). Total quality and the abandonment of performance appraisal: Taking a good thing too far? *Journal of Quality Management*, 1, 193-206.
7. Adler, L. (2005). The 2X factor: The real cost of bad hiring. *China Staff,* 11, 27.
8. Frazier, M. 2005. Help wanted: The crucial game of recruitment and retention, *Chain Store, Age*, 81, 37.
9. Hinking, T. R., y Tracey, J. B. (2000). The cost of turnover: Putting a price on the learning curve. *Cornell Hotel and Restaurant Administration Quarterly*, 41, 14-21.
10. Adaptado con permiso de Hinkin, T. R., y Tracey, J. B. (2000). The cost of turnover: Putting a price on the learning curve. *Cornell Hotel and Restaurant Administration Quarterly*, 41, 14-21.
11. Halliman, E. R. (2005). Managing employee costs: Getting to the meat of the matter. *Reeves Journal*, 85, 14.
12. *Ibid.*
13. O´Reilly, C. A., y Chatman, J. (1994). Working smarter and harder: A longitudinal study of managerial success. *Administrative Science Quarterly*, 39, 603-627.
14. Rynes, S. L. (1991). Recruitment, job choice, and posthire consequences: A call for new research directions. En M. D. Dunnette y L. M. Hough (Eds.), *Handbook of industrial and organizational psychology* (2nd ed.), Vol. 2, 399-444. Palo Alto, CA: Consulting Psychologists.
15. *Ibid.*
16. Pont, J. (1 de mayo de 2005). Companies are getting smarter about how to use the Web, strengthening employee referral programs and sharpening their foucs on attracting workers with the right skills –even if they are not looking for a new job–. *Workforce Management*, 49.
17. Kreimer, S. (24 de abril de 2005). Hospitals paying big for referrals: Hiring workers´ friends proves beneficial for all. *The Washington Post*, K1.
18. *Human Resource Departament Management Report.* (2002). What´s your department´s policy on rehiring laid-off employees? Institute of Management and Administration February Newsletter, 1, 13-14.
19. Gallagher, J., y Burns, A. (23 de mayo de 2005). Hiring temps can be good for business. *The Augusta Chronicle.*
20. Business Wire (14 de marzo de 2005). New labor forecast predicts robust growth in demand for temporary workers in 2005 second quearter.
21. Institute of Management & Administration (2005). Need short-term workers? How about hiring employees´ teens? *HRFocus*, 82, 9.
22. Kever, J. (27 de enero de 2002). Life as a temp. *Houston Chronicle*, Texas Magazine section, 6.
23. Perry, P. (2002). Battle for the best: What works today in recruiting top technical talent. *Research Technology Management*, 45, 17 (5).
24. Posner, B. G. (1990). Putting customers to work. *Inc.*, 12, 111-112.
25. Kanter, R. M. (2002). Strategy as improvisational theater: Companies that want to outpace the competition throw out the script and improvise their way to new strategies. *MIT Sloan Management* Review, 43, 76.
26. PRNewswire (3 de mayo de 2005). Small businesses face tough competition attracting top talent according to Wells Fargo/Gallup small business index.
27. Sackett, P. R., y Arvey, R. D. (1993). Selection in small settings. En N. Schmitt, W. C. Borman (Eds.). *Personnel selection in organizations*. San Francisco: Jossey-Bass.
28. Wanous, J. P. (1992). *Organizational entry* (2nd ed.). Reading, MA: Addison-Wesley.
29. Grossman, R. J. (2005). The truth about the coming labor shortage: Confusing predictions and data are clouding the real picture of tomorrow´s labor supply. *HR Magazine*, 50, 46.
30. Overman, S. (1999). Put overlooked labor pools on your recruiting list. *HRMagazine*, 44, 86-90.
31. O´Donnell, A. (2001). Reaching out for diversity. *Insurance and technology*, 26, 65.
32. Evans, T. (2005). Companies walk a fine line in recruiting minorities. *The Houston Chronicle*, Business section, 1.
33. Laab, J. J. (mayo de 1991). Affirmative outreach. *Personnel Journal*, 86-93.

34. Weber, H. R. (2005). Home Deport woos Hispanics. *The Arizona Republic*, D8.
35. Walker, J. W. (diciembre de 1990). Human resource planning, 1990s style. *Human Resource Planning*, 229-230.
36. Hunter, J. E., y Hunter, R. F. (1984). Validity and utility of alternative predictors of job performance. *Psychological Bulletin*, 96, 72-98.
37. Heneman, H. G., III, Heneman, R. L., y Judge, T. A. (1997). *Staffing organizations*. Middleton, WI: Mendota House/Irwin.
38. Kleiman, L. S., y Faley, R. H. (1985). The implications of profesional and legal guidelines for court decisions involving criterion-related validity: A review and analysis. *Personnel Psychology*, 38, 803-833.
39. Heneman et al., 1997.
40. *Ibid.*
41. Muchinsky, P. M. (1979). The use of reference reports in personnel selectoin: A review and evaluation. *Journal of Occupational Psychology*, 52, 287-297.
42. Aamodt, M. G., Bryan, D. A., y Whitcomb, A. J. (1993). Predicting performance with letters of recommendation. *Public Personnel Management*, 22, 81-90.
43. Peres, S. H., y Garcia, J. R. (1962). Validity and dimensions of descriptive adjectives used in reference letters for engineering applicants. *Personnel Psychology*, 15, 279-296.
44. Taylor, P. (1999). Providing structure to interviews and reference checks. *Workforce Tools* (supplement to *Workforce*), 7, 10.
45. Russell, C. J., Mattson, J., Devlin, S. F., y Atwater, D. (1990). Predictive validity of biodata items generated from retrospective life experience essays. *Journal of Applied Psychology*, 75, 569-580.
46. Hunter, J. E. (1986). Cognitive ability, cognitive aptitudes, job knowledge, and job performance. *Journal of Vocational Behavior*, 29, 340-362.
47. Bounds, G. M., Dobbins, G. H., and Fowler, O. S. (1995). *Management: A total quality perspective*. Cincinnati, OH: South-Western.
48. Marelli, A. F. (2005). The performance technologist´s toolbox: Work samples. *Performance Improvement*, 44, 4.
49. Harville, D. L. (1996). Ability test equity in predicting job performance work samples. *Educational and Psychological Measurement*, 56, 344-348.
50. Hogan, J., y Quigley, A. (1994). Effects of preparing for physical ability tests. *Public Personnel Management*, 23, 85-104.
51. Landy, F. J. (2005). Some historical and scientific issues related to research on emotional intelligence. *Journal of Organizational Behavior*, 26, 411-424.
52. Daus, C. S., y Ashkanasy, N. M. (2005). The case for the ability-based model of emotional intelligence in organizational behavior. *Journal of Organizational Behavior*, 26, 453-466.
53. Conte, J. M. (2005). A review and critique of emotional intelligence measures. *Journal of Organizational Behavior*, 26, 433-440.
54. *Ibid.*
55. Guion, R. M., y Gottier, R. F. (1965). Validity of personality measures in personal selection. *Personnel Psychology*, 18, 135-163.
56. Bernardin, H. J., y Beatty, R. W. (1984). *Performance appraisal: Assessing human behavior at work*. Boston: Kent.
57. Landy, F. J. (1989). *The psychology of work behavior* (4th ed.). Pacific Grove, CA: Brooks/Cole.
58. Guion, R. M., y Gottier, R. F. (1965). Validity of personality measures in personnel selection. *Personnel Psychology*, 18, 135-163.
59. Kleiman, L. S., y Faley, R. H. (1985). The implications of profesional ad legal guidelines for court decsions involving criterion-related validity: A review and analysis. *Personnel Psychology*, 38, 803-833.
60. Safford, D. (31 de mayo de 2005). Heads-up hiring. *The Kansas City Star*, D1.
61. Funder, D. C. Y Dobroth, J. M. (1987). Difference between traits: Properties associated with inter-judge agreement. *Journal of Personality and Social Psychology*, 52, 409-418.
62. Digman, J. M. (1990). Personality structure: Emergence of the five-factor model. *Annual Review of Psychology*, 41, 417-440.
63. Barrick, M. R., y Mount, M. K. (1991). The big five personality dimensions and job performance: A meta analysis. *Personnel Psychology*, 41, 1-26; Digman, J. M. (1990). Personality structure: Emergence of the five-factor model. *Annual Review of Psychology*, 41, 417-440; Hogan, R. (1991). Personality and personality measurement. En M. D. Dunnette y L. M. Hough (Eds.), *Handbook of industrial and organizational psychology* (2nd ed.), Vol. 1, Palo Alto, CA: Consulting Psychologists.
64. Barrick, M. R., y Mount, M. K. (1991). The big five personality dimensions and job performance: A meta analysis. *Personnel Psychology*, 41, 1-26.
65. Haaland, D. E. (2005). Who´s the safest bet for the job? Find out why the fun guy in the next cubicle may be the next accident waiting to happen. *Security Management*, 49, 51.
66. House, R. J., Shane, S. A., y Herold, D. M. (1996). Rumors of the death of dispositional research are vastly exaggerated. *Academy of Management Review*, 21, 203-224.
67. Dunn, W., Mount, M. K., Barrick, M. R., y Ones, D. S. (1995). Relative importance of personality and general mental ability in managers´ judgements of applicant quelifications. *Journal of Applied Psychology*, 80, 500-509.
68. Wolfe, R. N., y Johnson, S. D. (1995). Personality as a predictor of college performance. *Educational and Psychological Measurement*, 55, 177-185.
69. Whitaker, B. (23 de febrero de 2005). Employee theft can do you in. *New York Times*, G2.
70. Shuster, W. G. (2005). Winning the battle against internal theft: Employee theft is the biggest cause of retail shrinkage-here´s how to deter it. *Jewelers Circle Keystone*, 98.
71. Terris, W., y Jones, J. W. (1982). Psychological factors elating to employees´ theft in the convenience store industry. *Psychological Reports*, 51, 1219-1238.
72. Bernardiin, H. J., y Cooke, D. K. (1993). Validity of an honesty test iin predicting theft among convenience store

employees. *Academy of Management Journal*, 36, 1097-1108.
73. Arnold, D. W., y Jones, J. W. (2002). Who the devil´s applying now? Companies can usse tests to screen out dangerous job candidates. *Security Management*, 46, 85.
74. Budman, M. (noviembre-diciembre de 1993). The honesty business. *Across the Board*, 34-37.
75. Arvey, R. D., y Campion, J. E. (1982). The employment interview: A summary and review of recent research. *Personnel Psychology*, 35, 281-322; y Harris, M. M. (1989). Reconsidering the employment interview: A review of recent literature and suggestions for future research. *Personnel Psychology*, 42, 691-726.
76. Springbett, B. M. (1958). Factors affecting the final decision in the employment interview. Canadian *Journal of Psychology*, 12, 13-22.
77. Buckley, M. R., y Eder, R. W. (1988). B. M. Springbett and the notion of the "snap decision" in the interview. *Journal of Management*, 14, 59-67.
78. Campion, M. A., Pursell, F. D., y Brown, B. K. (1988). Structured interviewing: Raising the Pshychometric properties of the employment interview. *Personnel psychology*, 41, 252.
79. Pursell, E. D., Campion, M. A., y Gaylord, S. R. (1980). Structured interviewing: Avoiding the selection problems. *Personnel Journal*, 59, 907-912.
80. Wright, P. M., Licthenfels, P. A., y Pursell, E. D. (1989). The structured interview: Additional studies and a meta-analysis. *Journal of Occupational Psychology*, 62, 191-199.
81. *Vea* Pulakos, E. D., y Schmitt, N. (1995). Experience-based and situational interview questions: Studies of validity. *Personnel Psychology*, 48, 289-308.
82. Hunter, J. E., y Hunter, R. R. (1984). Validity and utility of alternative predictors of job performance. *Psychological Bulletin*, 96, 72-98.
83. Warmke, D. L., y Weston, D. J. (abril de 1992). Success dispels myths about panel interviewing. *Personnel Journal*, 120-126.
84. Harris, M. M. (1989). Reconsidering the employment interview: A review of recent literature and suggestions for future research. *Personnel Psychology*, 42, 691-726.
85. Chatman, J. A. (1989). Improving interaction organizational research: A model of person-organization fit. *Academy of Management Review*, 14, 333-349.
86. Pouliot, J. S. (julio de 1992). Topics to avoid with applicants. *Nation´s Business*, 57-59.
87. Corning, B. (1999). Seek and you may find. *Accountancy*, 123, 46-47.
88. Boyle, S., Fullerton, J., y Yapp, M. (1993). The rise of the assessment centre: A survey of AC usage in the UK. *Selection and Development Review*, 9, 14.
89. McEvoy, G. M., y Beatty, R. W. (1989). Assessment centres and subordinate appraisals of managers: A seven-year study of predictive validity. *Personnel Psychology*, 42, 37-52.
90. Brownell, J. (2005). Predicting leadership: The assessment center´s extended role. *Interantional Journal of Contemporary Hospital Management*, 17, 7-21.
91. Coulton, G. F., y Feild, H. S. (1995). Using assessment centers in selecting entry-level police officers: Extravagance or justified expense? *Public Personnel Management*, 24, 223-254.
92. Argetsinger, A. (21 de mayo de 1998). Principles for principals: Written exam replaces role-playing for applicants. *Washington Post*, M1.
93. Bender, J. M. (1973). What is "typical" of assessment centers? *Personnel*, 50, 50-57; Carrick, P., y Williams, R. (1999). Development centres –A review of assumptions–. *Human Resource Management Journal*, 9, 77-92.
94. Gill, A. (2005). Expert´s view: Alison Gill on Assessment Centres. *Personnel Today*, October, 5, p. 35.
95. López, J. A. (6 de octubre de 1993). Firms force job seekers to jump through hoops. *Wall Street Journal*, B1, B6.
96. Cowan, T. R. (1987). Drugs and the workplace: to drug test or not to test? *Public Personnel Management*, 16, 313-322.
97. Workplace Substance Abuse Advisor. (26 de mayo de 2005). Workplace amphetamine abuse increasing: Overall positivity rate unchanged, 19 (13).
98. Workplace Substance Abuse Advisor (28 de abril de 2005). Survey finds drug-testing in decline, industry experts surprised, 19 (11).
99. Wessel, D. (7 de septiembre de 1989). Evidence is skimpy that drug testing works, but employers embrace practice. *Wall Street Journal*, B1, B9.
100. Brown, M. (diciembre de 1991). Reference checking: Tha law is on your side. *Human Resource Measurements* (a supplement to *Personnel Journal*), 4-5.
101. Hernan, P. (2002). Looking for trouble: Employee´s backgrounds face closer scrutiny in the wake of September 11. *Industry Week*, 251, 15 (3).
102. Steen, M. (25 de marzo de 2002). Under security. *San Jose Mercury News*, E1.
103. Fowler, A. (1991). An even-handed approach to graphology. *Personnel Management*, 23, 40-43.
104. Rafaeli, A., y Klimoski, R. J. (1983). Predicting sales success through handwriting análisis: An evaluatioin of the effects of training and handwriting simple content. *Journal of Applied Psychology*, 68, 212-217.
105. Cox, A., y Tapsell, J. (1991). Graphology and its validity in personnel assessment. Artículo presentado en la British Psychological Society.
106. Bianchi, A. (febrero de 1996). The character-revealing handwriting analysis. *Inc.*, 77-79.
107. Kleinmutz, B. (1990). Why we still use our heads instead of formulas: Toward an integrative approach. *Psychological Bulletin*, 107, 296-310.
108. Para una revisión, vea Gatewood, R. D., y Feild, H. S. (1994). *Human resource selection*. Orlando, FL: Harcourt, Brace.
109. Cardy, R. L., y Stewart, G. (1998). Quality and teams: Implications for HRM theory and research. En S. Ghosh y D. B. Fedor (Eds.), *Advances in the management of organization quality*, Vol. 3, Greenwich, CT: JAI Press.
110. Kristof, A. L. (1996). Person-organization fit: An integrative review of the conceptualizations, measurement, and implications. *Personnel Psychology*, 49, 1-49; Barett, R. S. (1995).

Employee selection with the performance priority survey. *Personnel Psychology*, 48, 653-662.

111. Rynes, S. L. (1991). Recruitment, job choice, and posthire consequences: A call for new research directions. En M. D. Dunnette y L. M. Hough (Eds.), *Handbook of industrial and organizational psychology* (2nd ed.), Vol. 2, 399-444. Palo Alto, CA: Consulting Psychologists.
112. Macan, T. H., Avedon, M. J., Paese, M., y Smith, D. (1994). The effects of applicants´ reactions to cognitive ability tests and an assessment center. *Personnel Psychology,* 47, 715-738.
113. Heneman, H. G., Huett, D. L., Lavigna, R. J., y Oston, D. (1995). Assessing managers´ satisfaction with staffing service. *Personnel Psychology,* 48, 163-172.
114. Cook, S. H. (1988, noviembre de 1988). Playing it safe: How to avoid liability for negligent hiring. *Personnel,* 32-36.
115. *Ibid.*

Capítulo 6

1. Polsky, D. (1999). Changing consequences of job separation in the United Staes. *Industrial and Labor Relations Review*, 52, 565-580.
2. Cascio, W. F. (1991). *Costing human resources. The financial impact of behavior in organizations*. Boston: PWS-Kent.
3. Schiesel, S. (8 de febrero de 1998). AT&T: A leaner company without a crash diet. *New York Times*. www.nytimes.com/library/financial/Sunday/archive/.
4. Retention management and metrics. (2002). Disponible en www.nobscot.com/sales/retention.cfm.
5. Bliss, W. G. (2002). Fair treatment in firings avoids suits. *National Underwriter Property & Casualty*, 106, 20 (3).
6. Alexander, S. (3 de marzo de 1999). No cure in sight. Computerworld. www.computerworld.com/home/print.nsf/all/9903299EA.
7. *Report on Salary Suyrveys* (2002). How companies now structure severance and separation benefits. April Newsletter of the Institute of Management and Administration.
8. Lewis, D. E. (2 de enero de 2005). Online exit interviews reveal more honesty. *Boston Globe*, Boston Works section, G2.
9. Taylor, J. (abril de 1999). Avoid avoidable turnover. *Workforce*, 6.
10. Mobley, W. H. (1982). *Employee turnover: causes, consequences, and control*. Reading, MA: Addison-Wesley.
11. Connolly, A. (5 de abril de 2005). About 30 NASA Langley workers take buyout offer. *Virginian-Pilot*.
12. Associated Press (5 de abril de 2005). Ford offers buyout packages to around 1.000 employees.
13. *The Economist* (4 de septiembre de 1999). Aging workers: A full life, 65-68.
14. Munk, N. (1 de febrero de 1999). Finished at forty. *Fortune*, 50-54.
15. Watson, M. (8 de junio de 2005). UAW skeptical of GM´s plan to shrink: Automaker expects $2,5 billion in savings. *The Commercial Appeal* (Memphis, TN), A-1.
16. Hakim, D. (9 de junio de 2005). GM cuts are deep, but analysts wonder if more are coming. *New York Times*, 13.
17. Richards, D. (5 de julio de 1999). Petrochemical manufacturers lay off thousands. *Chemical Market Reporter*, 5, 40.
18. Plety, J, y Plohetski, T. (18 de febrero de 2002). Job cuts forever changed Dell Computer, workers, Austin Texas, are firm. *Austin American-Statesman*.
19. *Ibid*.
20. Fedor, L. (22 de mayo de 2005). Lost horizons. *Star Tribune* (Minneapolis, MN), A-1.
21. Robbins, D. K., y Pearce, J. A. (1992). Turnaround: Retrenchment and recovery. *Strategic Management Journal*, 13, 287-309.
22. Laabs, J. (abril de 1999). Has downsizing missed its mark? *Workforce*, 30-38.
23. Kuczynski, S. (junio de 1999). Help! I shrunk the company. *HRMagazine*, 40-45.
24. Messmer, M. (octubre de 1991). Right-sizing reshapes staffing strategies. *HRMagazine*, 60-62.
25. Ellis, M., y McCracken, J. (8 de junio de 2005). GM plans to close more U.S. factories. *Detroit Free Press*.
26. Balkin, D. B. (1992). Manging employee separations with the reward system. *Academy of Management Executive*, 6 (4), 64-71.
27. Byrne, J. (9 de mayo de 1994). The pain of downsizing. *BusinessWeek*, 60-68.
28. Hill, R. E., y Dwyer, P. C. (septiembre de 1990). Grooming workers for early retirement. *HRMagazine*, 59-63.
29. Grant, P. B. (1991). The "open window" –Special early retirement plans in transition–. *Employee Benefits Journal*, 16 (1), 10-16.
30. López, J. A. (25 de octubre de 1993). Out in the cold: Many early retirees find the good deals not so good after all. *Wall Street Journal*, B1. Tomasko, R. (1991). Downsizing: Layoffs and alternatives to layoffs. *Compensation and Benefits Review*, 23 (4), 19-32.
31. Murauski, J. (20 de abril de 2005). Hundreds to make up for buyouts. *The New & Observer* (Raleigh, NC), D-1.
32. Beck, M. (9 de diciembre de 1991). Old enough to get fired. *Newsweek*, 64.
33. Johnson, P. B. (24 de febrero de 2002). FedEx finds ways to fight tough times in High Point, NC, area. *High Point Enterprise*.
34. *HR Focus* (febrero de 2002). How employers are handling layoffs and their aftermath, 79, 8; *HR Focus*. (enero de 2002). If you mustlay off workers: Consider the long-term consequences, 79, 8.
35. Greenhouse, S. (23 de septiembre de 1999). In the U.A.W. deal, something for almost everyone? *New York Times*. Www.nytimes.com/library/financial.
36. Stucke, J. (6 de abril de 2005). Sacred Heart layoffs fewer than expected: More patients, hiring freeze cited for better outlook. *Spokesman Review* (Spokane, WA), A-8.
37. McGarvey, R. (2002). Solving the personnel puzzle: Finding the right number of employees is only part of the staffing picture –the pieces also need to fit together. *Electronic Business*, 28, 62 (5).
38. Nolan, J. (marzo de 2005). Comair pilots approve pay-freeze request by airline. Associated Press State & Local Wire.

39. Ehrenberg, R. G., y Jakubson, G. H. (1989). Advance notification of plant closing: Does it matter? *Industrial Relations*, 28, 60-71.
40. Brockner, J., Grover, S., Reed, T. F., y DeWitt, R. L. (1992). Layoffs, job insecurity, and survivor´s work effort: Evidence of an inverted-U relationship. *Academy of Management Journal*, 35, 413-425.
41. Ehrenberg, R. G., y Jakubson, G. H. (1988). *Advance notice provisions in plant closing legislation*. Kalamazoo, MI: W.E. Upjohn Institute for Employment Research.
42. Reingold, J. (20 de septiembre de 1999). Brain drain. *BusinessWeek*, 112-126.
43. Eisman, R. (mayo de 1992). Remaking a corporate giant. *Incentive*, 57-63.
44. Bayer, R. (enero de 2000). Firing: Letting people go with dignity is good for business. *HR Focus*, 10.
45. Bunning, R. L. (1990). The dynamics of downsizing. *Personnel Journal*, 69 (9), 69-75.
46. Thibodeau, P. (19 de febrero de 1998). Computer security woes come from outside as well as within. *Computerworld*. www.computerworld.com/home/onine9697.nsf/all/980218computer1CEBA; Fabis, P. (15 de junio de 1998). Safe exits. *CIO*, Sect. 1, 32.
47. Brockner, J. (1992). Managing the effects of layoffs on survivors. *California Management Review*, 34 (2), 9-28.
48. *Pay for Performance Report* (marzo de 2002). One key to success after layoffs.
49. Enright, E. (2002). After the fall: how to cope in a downsized workplace. *Meetings & Conventions*, 37, 47.
50. *Ibid.*
51. Sweet, D. H. (1989). Outplacement. En W. Cascio (Ed.), *Human resource planning, employment and placement*. Washington, DC: Bureau of National Affairs.
52. Newman, L. (1988). Goodbye is not enough. *Personnel Administrator*, 33 (2), 84-86.
53. Naumann, S. E., Bennett, N., Bies, R. J., y Martin, C. L. (1999). Laid off, but still loyal: The influence of perceived justice and organizational support. *International Journal of Conflict Management*, 9, 356-368.
54. Sweet, D. H. (1989). Outplacement. En W. Cascio (Ed.). *Human resource planning, employment and placement*. Washington, DC: Bureau of National Affairs.
55. Gibson, V. M. (1991). The ins and outs of outplacement. *Management Review,* 80 (10), 59-61.
56. Burdett, J. O. (1988). Easing the way out. *Personnel Administrator,* 33 (6), 157-166.
57. Crofts, P. (1991). Helping people face up to redundancy. *Personnel Management,* 23 (12), 24-27.
58. Rudolph, B. (1986, 8 de diciembre). The sun also sets. *BusinessWeek,* 60-61.

Capítulo 7

1. Carroll, S. J. and Schneir, C. E. (1982): *Performance apparaisal and review systems: The identification, measurement, and developmen of performance in organizations*. Glenview, IL: Scott, Foresman.
2. Banks, C. G. and Roberson, L. (1985): Performance appraisers as test developers. *Academy of Management Review*, 10, 128-142.
3. Cleveland, J. N., Murphy, K. R., and Williams, R. E. (1989). Multiple uses of performance appraisals: Prevalence and correlates. *Journal of Applied Psychology,* 74, 130-135.
4. Institute of Management and Administration (2005). Getting to the most productive results. *HRFocus*, 82, 6.
5. Osterman, R. (21 de febrero de 2005). Repeat performance: A growing number of companies think they can improbé worker evaluatoins by doing more of them. *Sacramento Bee*, D1.
6. *Ibid*
7. Yemm, G. (2005). Getting the most from appraisals –from both sides of the desk. *Management Services*, 49, 36.
8. Mayo, A. (febrero de 2005). Goodbye appraisals? *Training Journal*, 64.
9. Scholtes, P. R. (1999). Review of performance appraisal: State of the art in practice. *Personnel Psychology*, 52, 177-181.
10. Gray, G. (2002). Performance appraisals don´t work. *Industrial Management*, 44, 15.
11. Deming, W. E. (1986). *Out of the crisis*. Cambridge, MA: Center for Advanced Engineering Study, Massachussets Institute of Technology.
12. Heffes, E. M. (2002). Measure like you mean it: Q&A with Michael Hammer. *Financial Executive*, 18, 46 (3).
13. Gillespie, G. (2002). Do employees make the grade? *Health Data Management*, 10, 60.
14. Rath, T. (2005). Good competencies, bad competencies: Does your organization´s program pass the test? *Gallup Management Journal*, http://gmj.gallup.com.
15. Nunnally, J. C. (1978). *Psychometric theory*. New York: McGraw-Hill.
16. Bernardin, H. J., and Beatty, R. W. (1984). *Performance appraisal: Assessing human behavior at work*. Boston, MA: Kent; Latham, G. P., y Wexley, K. N. (1981). Increasing productivity through performance appraisal. Reading, MA: Addison-Wesley; Miner, J. B. (1988). Develpment and application of the rated ranking technique in performance appraisal. *Journal of Occupational Psychology*, 6, 291-305.
17. Miner, J. B. (1988). Development and application of the rated ranking technique in performance appraisal. *Journal of Occupational Psychology*, 6, 291-305.
18. Bernardin, H. J., Kane, J. S., Ross, S., Spina, J. D., y Johnson, D. L. (1995). Performance appraisal design, develpment, and iimplementation. In G. R. Ferris, S. D. Rosen, y D. T. Barnum (Eds.), *Handbook of human resources management*. Cambridge, MA: Blackwell.
19. Cardy, R. L., y Sutton, C. L. (1993). *Accounting for halo-accuracy parados: Individual differences*. Trabajo presentado en la Conferencia Anual de la Society for Industrial and Organizational Psychology, 1993, San Francisco.
20. Bernardin, H. J., y Beatty, R. W. (1984). *Performance appraisal: Assessing human behavior at work*. Boston, MA: Kent.
21. *Ibid.*
22. Latham, G. P., y Wexley, K. N. (1981). *Increasing productivity through performance appraisal*. Reading, MA: Addison-Wesley.

23. Blood, M. R. (1973). Spin-offs from behavioral expectation scale procedures. *Journal of Applied Psychology*, 59, 513-515.
24. Harris, C. (1988). A comparison of employee attitudes toward two performance appraisal systems. *Public Personnel Management*, 17, 443-456.
25. Drucker, P. F. (1954). *The practice of management*. New York: Harper.
26. Gillespie, G. (2002). Do employees make the grade? *Health Data Management*, 10, 60.
27. Cardy, R. L., y Krzystofiak, F. J. (1991). Interfacing high technology operations with blue collar workers: Selection and appraisal in a computerized manufacturing setting. *Journal of High Technology Management Research*, 2, 193-210.
28. Bernardin, H. J., y Beatty, R. W. (1984). *Performance appraisal: Assessing human behavior at work*. Boston, MA: Kent.
29. *Véase*, por ejemplo, Smith, R. W. (1992, Fall). Moving managers to a higher plane of performance. *Business Forum*, 17, 5-6.
30. Cardy, R. L., y Kehoe, J. F. (1984). Rater selective attention ability and appraisal effectiveness: The effect of a cognitive style on the accuracy of differentiation among ratees. *Journal of Applied Psychology*, 69, 589-594.
31. Borman, W. C. (1979). Individual difference correlates of rating accuracy using behavior scales. *Applied Psychological Measurement*, 3, 103-115.
32. Cardy, R. L., y Kehoe, J. F. (1984). Rater selective attention ability and appraisal effectiveness: The effect of a cognitive style on the accuracy of differentiation among ratees. *Journal of Applied Psychology*, 69, 589-594.
33. Cardy, R. L., y Dobbings, G. H. (1994a). *Performance appraisal: Alternative perspectives*. Cincinnati, OH: South-Western.
34. Thorndike, E. L. (1920). A constant error in psychological ratings. *Journal of Applied Psychology*, 4, 25-29.
35. Cooper, W. H. (1981). Ubiquitous halo. *Psychological Bulletin*, 90, 218-244.
36. Haunstein, N. M. H. (1998). Training raters to increase the accuracy of appraisals and the usefulness of feedback. In J. W. Smither (Ed). *Performance appraisal: State of the art in practice*. San Francisco: Jossey-Bass.
37. Rosen, D. I. (noviembre de 1992). Appraisals can make –or break- yoru court case. *Personnel Journal*, 113-116.
38. Edwards, M. R., Wolfe, M. E., y Sproull, J. R. (1983). Improving comparability in performance appraisal. *Business Horizons*, 26, 75-83.
39. Bernardin, H. J., y Buckley, M. R. (1981). Strategies in rater training. *Academy of Management Review*, 6, 205-212.
40. Institute of Management and Administration (2005). Getting to the most productive results. *HRFocus*, 82, 6.
41. Bernardin, H. J., y Pence, E. C. (1980). Rater training: Creating new response sets and decreasing accuracy. Journal of Applied Psychology, 65, 60-66; Cardy, R. L., y Keefe, T. J. (1994). Observational purpose and valuative articulation in frame-of-reference training: The effects of alternative processing models on rating accuracy. *Organizational Behavior and Human Decisión Proceses*, 57, 338-357.
42. Cardy, R. L., y Dobbins, G. H. (1994b). Performance appraisal: The influence of likiing on cognition. *Advances in Managerial Cognition and Organizational Information Processing*, 5, 115-140.
43. Cardy, R. L., y Dobbins, g. H. (1994a). *Performance appraisal: Alternative perspectives*. Cincinnati, OH: South-Western.
44. Cardy, R. L., y Dobbins, G. H. (1986). Affect and appraisal: Liking as an integral dimension in evaluating performance. *Journal of Applied Psychology*, 71, 672-678.
45. Cardy, R. L., y Dobbins, G. H. (1994a). Performance appraisal: Alternative perspectives. Cincinnati, OH: South-Western.
46. Bernardin, H. J., y Walter, C. S. (1977). Effects of rater training and diary keeping on psychometric error in ratings. *Journal of Applied Psychology*, 62, 64-69; Flanagan, J. C. (1954). The critical incident technique. *Psychological Bulletin*, 51, 327-358.
47. Painter, C. N. (1999). Ten steps for improved appraisals. *Supervision*, 60, 11-13.
48. Flanagan, J. C., y Buns, R. K. (septiembre-octubre de 1955). The employee performance record: A new appraisal and development tool. *Harvard Business Review*, 95-102.
49. Bookman, R. (1999). Tools for cultivating constructive feedback. *Association Management*, 51, 73-79.
50. Jacobs, H. (octubre de 1993). The rating game. *Small Business Reports*, 21-25.
51. Ferris, G. R., y Judge, T. A. (1991). Personnel/human resources management: A political influence perspective. *Journal of Management*, 17, 1-42.
52. Murphy, K. R., y Cleveland, J. N. (1991). *Performance appraisal: An organizational perspective*. Boston: Allyn & Bacon.
53. Adaptado de C. O. Longenecker, H. P. Sims, Jr., y D. A. Gioia. Venid the mask: The politics of employee appraisal. Copyright© by the Academy of Management. Reprinted by permission of the publisher. *Academy of Management Executive*, 1 (3), August 1987, 183-193.
54. Ferris, G. R., y Judge, T. A. (1991). Personnel/human resources management: A political influence perspective. *Journal of Management*, 17, 1-42; Ferris, G. R., Judge, T. A., Rowland, K. M., y Fitzgibbons, D. E. (1993). Subordinate influence and the performance evaluation process: Test of a model. *Organizational Behavior and Human Decision Proceses*, 58, 101-135.
55. Kozlowski, S. W., Chao, G. T., y Morrison, R. F. (1998). Games raters play: Politics, strategies, and impresión management in performance appraisal. In J. W. Smither (Ed.), *Performance appraisal: State of the art in practice*. San Francisco: Jossey-Bass.
56. Banks, C. G., y Roberson, L. (1985). Performance appraisers as test developers. *Academy of Management Review*, 10, 128-142.
57. Cardy, R. L., y Dobbins, G. H. (1994a). *Performance appraisal: Alternative perspectives*. Cincinnati, OH: South-Western.
58. *Ibid.*
59. Poon, J. M. L. (2004). Effects of performance appraisal politics on job satisfaction and turnover intention. *Personnel Review*, 33, 3.

60. Reilly, r. R., y McGourty, J. W. (1998). Performance appraisal in team settings. In J. W. Smither (Ed.), *Performance apprisal: Stae of the art in practice*. San Francisco: Jossey-Bass.
61. Dominick, P. G., Reilly, R. R., y McGourty, J. W. (1997). The effects of peeer feedback on team member behavior. *Group and Organization Management*, 22, 508-520.
62. Reilly, R. R., y McGourty, J. (1998). Performance appraisal in team settings. In J. W. Smither (Ed.), *Performance appraisal: State of the art in practice*. San Francisco: Jossey-Bass.
63. Denton, K. D. (2001). Better decisions with less information. *Industrial Management*, 43, 21.
64. Cardy, R. L., y Stewart, G. L. (1997). Quality and teams: Implications for HRM theory and research. In En D. B. Fedor (Ed.), *Advances in the management of organization quality*, Vol. 2, Greenwich, CT: JAI Press.
65. *Ibid.*
66. Barrett, G. V., y Kernan, M. C. (1987). Performance appraisal and terminations. A review of court decisions since Brito v. Zia with implications for personnel praactices. *Personnel Psychology*, 40, 489-503.
67. Werner, J. M., y Bolino, M. C. (1997). Explaining U. S. Courts of appeals decisions involving performance appraisal: Accuracy, fairness, and validation. *Personnel Psychology*, 50, 1-24.
68. Meyer, H. H., Kay, E., y French, J. R. P., Jr. (marzo de 1965). Split roles in performance appraisal. *Harvard Business Review*, 9-10.
69. Prince, J. B., y Lawler, E. E. (1986). Does salary discusión hurt the development appraisal? *Organizational Behavior and Human Decision Proceses*, 37, 357-375.
70. *Report on Salary Surveys*. (2002). Annual reviews are standard at most companies. Appril Newletter of the Institute of Management and Administration.
71. Bernardin, H. J., y Beatty, R. W. (1984). *Performance appraisal: Assessing human behavior at work*. Boston, MA: Kent.
72. Dobbins, G. H., Cardy, R. L., y Carson, K. P. (1991). Perspetives on human resource management: A contrast of person and sistema approaches. In G. R. Ferris y K. M. Rowland (Eds.), *Research in personnel and human resources management*, Vol. 9. Greenwich, CT: JAI Press; Ilgen, D. R., Fisher, C. D., y Taylor, S. M. (1979). Consequences of individual feedback on behavior in organizations. *Journal of Applied Psychology*, 64, 347-371.
73. Carson, K. P., Cardy, R. L., y Dobbins, G. H. (1991). Performance appraisal as effective management or deadly management disease: Two initial emprical investigations. *Group and Organization Studies*, 16, 143-159.
74. Kelly, H. H. (1973). The proceses of causal attribution. *American Psychologist*, 28, 107-128.
75. Cascio, W. F. (1998). *Applied psychology in human resource management* (5th ed.). Upper Saddle River, NJ: Prentice Hall.
76. Blumberg, M., y Pringle, c. D. (1982). The missing oportunity in organizational research: Some implications for a theory of work performance. Academy of Management Review, 7, 560-569; Carson, K. P., Cardy, R. L., y Dobbins, G. H. (1991). Performance appraisal as effective management or deadly management disease: Two initial empirical investigations. Group and Organziation Studies, 16, 143-159; Schermerhorn, J. R., Jr., Gardner, W. L., y Martín, T. N. (1990). Management dialogues: Turning on the marginal performers. *Organizational Dynamics*, 18, 47-59.
77. Blumberg, M., y Pringle, C. D. (1982). The missing opportunity in organizational research: Some implications for a theory of work performance. Academy of Management Review, 7, 560-569; Rummler, G. A. (1972). Human performance problems and their solutions. *Human Resource Management*, 19, 2-10.
78. Bernardin, H. J., Hagan, C. M., Kane, J. S., y Villanova, P. (1998). Effective performance management: A foucs on precision customers, and situational constraints. In J. W. Smither (Ed.), *Performance appraisal: State of the art in practice.* San Francisco: Jossey-Bass.
79 Rummler, G. A. (1972). Human performance problems and their solutions. *Human Resource Management,* 19, 2-10.
80 Schermerhorn, J. R., Jr., Gardner, W. L., y Martín, T. N. (1990). Management dialogues: Turning on the marginal performers. *Organizational Dynamics,* 18, 47-59.
81 Cardy, R. L. (1997). Process and outcomes. A performance-management parados? *News: Human Resources Division,* 21, 12-14.

Capítulo 8

1. Fitzgerald, W. (1992). Training versus develpment. *Training & Development*, 46, 81-84.
2. Bartz, D. E., Schwandt, D. R., y Hillman, L. W. (1989). Differences between "T" and "D". *Personnel Administrador*, 34, 164-170.
3. Sullivan, J. (1998, 20 de julio). Why training doesn´t work... and what operators better do about it. *Nation´s Restaurant News*, 32, 54-138.
4. Bernardin, H. J., Hagan, C. M., Kane, J.S., y Villanova, P. (1998). Effective performance management: A focus on precision, customers, and situational constraints. En J. W. Smither (Ed.). *Performance appraisal*: State of the art in practice. San Francisco: Jossey-Bass. Evans, S. (mayo de 2005). Stopping the training drain. *Trining Journal*, 336-39.
5. Calvacca, L. (1999). The value of employee training. *Folio: The Magazine for Magazine Management*, 27, 186-187.
6. *Ibid.*
7. Tyler, K. (2005). Do the right thing. *HR Magazine*, 50, 2.
8. Carlson, L. (1 de febrero de 2005). Spending on employee training remains stable. *Employee Benedit News.*
9. HR Focus (mayo de 2002). Training investments clim despite recession and layoffs. *Newsletter of the Institute of Management and Administration.*
10. *Graphic Arts Monthly* (febrero de 2005). Education and training linked to profitability, 59.
11. Galligano, M. L. (12 de abril de 2002). Employer´s failure to train managers is "extraordinary mistake". Warrants double damages in age discrimination case. *Monday Business Briefing*. Report of Mondag Ltd.
12. Tyler, K. (2005). Do the right thing. *HR Magazine*, 50, 2.

13. American Society for Training and Development (2004). State of the industry report. www.astd.org.
14. Salopek (2002). Think of the ecomonic turndown as a pit stop: The race Hill still run. *T&D*, 56, 68-71.
15. Galván, T. (2002). The 2002 Training Top 100. *Training*, 39, 20 (6).
16. Earnest, L. (febrero de 2005). Learning needs análisis part 2: Linking learning needs análisis to business. *Training Journal*, 50.
17. Pfeffer, J. (1999). Seven practices of successful organizations: Part 2. *Health Forum Journal*, 42, 55-57.
18. Cook, S. (febrero de 2005). Learning needs análisis part 2: Linking learning needs análisis to business. *Training Journal*, 50.
19. Goldstein, I. L. (1986). *Training in organizations: Needs assessment, development, and evaluation* (2nd ed.). Monterrey, CA: Brooks-Cole.
20. Pager, R. F., y Pipe, P. (1984). *Analyzing performance problems: Or, you really oughta wanna*. Belmont, CA: Lake and Rummler, 1972.
21. Nowack, K. M. (1991). A trae training needs análisis. *Training & Development*, 45, 69-73; Phillpis, J. J. (mayo de 1983). Training programs: A results-oriented model for managing the develpment of human resources. *Personnel*, 11-18.
22. Galván, T. (2002). The 2002 Training Top 100. *Training*, 39, 20 (6).
23. Shalo, S. (mayo de 2005). What does it take to be a global leader in training? *Pharmaceutical Executive*, 42-47.
24. Nowack, K. M. (1991). A trae training needs análisis. *Training & Development*, 45, 69-73; Phillips, J. J. (mayo de 1983). Trining programs: A results-oriented model for managing the development of human resources. *Personnel*, 11-18.
25. *Wood Technology*. (1999). Industry asked to help create skills standards, 126, 16.
26. *Ibid.*
27. Gupta, U. (3 de enero de 1996). TV seminars and CD-ROMs train workers. *Wall Street Journal*, B-1, B-8.
28. Leibs, S. (2002). Class struggle: E-learning technology may be poised to go mainstream. *CFO: The Magazine for Senior Executives*, 18, 31 (2).
29. Brown, J., Pager, R., y Lawrence, P. (2005). BP refines leadership. *Training & Develpment*, 59, 3.
30. Bartholomew, D. (2005). Taking the e-train. *Industry Week*, 254, 34-37.
31. Brown, M. V., y Galli, A. L. (2005). E-learning goes minstream. *Power*, 149, 30.
32. Raisglid, M. (noviembre de 2004). Shell´s speedy remedy. *Training & Develpment*, 58, 59-61.
33. Carlson, L. (1 de febrero de 2005). Spending on employee training remains stable. *Employee Benedit News*.
34. Para más información sobre formación a través de CD-ROM, ver Murphy, K. (6 de mayo de 1996). Pitfalls vs. promise in training by CD-ROM. *New York Times*, D-3.
35. Agry, B. W. (1999). Class is out. *US Banker*, 109, 52-55.
36. Major, M. (2002). E-learning becomes essential: New and enhanced computer-based training programs have become a high priority for aggressive retailers. *Progressive Grocer*, 81, 35 (2).
37. Bartholomew, D. (2005). Taking the e-train. *Industry Week*, 254, 34-37.
38. Business Wire (21 de junio de 2005). FATS, Inc. and CMT Solutions launch regional training center for military, law enforcement, and security forces.
39. Business Wire (12 de enero de 2005). Immersion medical upgrades CathSim Accutouch system.
40. Geber, B. (1990). Simulating reality. *Training*, 27, 41-46.
41. Kaplan, A. (1 de abril de 2005). Virtually posible: Treating and preventing psychiatric wounds of war. *Psychiatric Times*, 1.
42. *Ibid.*
43. Haitsuka, A. (31 de julio de 1997). Virtual-reality training idea puts Mesa firm in demand. *Arizona Republic*, E-1.
44. Orenstein, D. (1999). Virtual reality saves on training. *Computerworld*, 33, 44.
45. *Heart Disease Weekly* (23 de enero de 2005). Medical training: Virtual reality training is wave of the future for cardiovascular medicine, 117.
46. Agry, B. W. (1999). Class is out. *US Banker*, 109, 52-55.
47. Estabrooke, r. M., y Foy, N. F. (1992). Answering the call of "tailored training". *Training*, 29, 85-88.
48. Patterson, P. A. (1991). Job aids: Quick and effective training. *Personnel*, 68, 13.
49. Overman, S. (octubre de 1993). Retraining our work force. *HRMagazine*, 40-44.
50. Simmons, D. L. (1995). Retraining dislocated workers in the community college: Identifying factors for persistente. *Community College Review*, 23, 47-58.
51. Nilson, C. (1990). How to use peer training. *Supervisory Management*, 35, 8.
52. Messmer, M. (1992). Cross-discipline training: A strategic method to do more with less. *Management Review*, 81, 26-28.
53. Fyock, C. D. (1991). Teaching older workers new tricks. *Training & Develpment*, 45, 21-24.
54. Purdum, T. (mayo de 2005). Teaming, take 2. *Industry Week*, 41.
55. *Ibid.*
56. *Ibid.*
57. Burns, G. (1995). The secrets of team facilitation. *Training & Development*, 49, 46-52.
58. Phillips, S. N. (1996). Team training puts fizz in Coke plant´s future. *Personnel Journal*, 75, 87-92.
59. Goldstein, I. L. (1993). *Training in organizations* (3rd ed.). Pacific Grove, CA: Brooks-Cole.
60. Amer, S. (2005). Bam! Teambuilding exercises heat up as groups head into the kitchen. *Successful Meetings*, 54, 52.
61. Wise, R. (1991). The boom in creative training. *Across the Board*, 28, 38-42.
62. Solomon, C. M. (1990). Creativity training. *Personnel Journal*, 69, 65-71.
63. Hequet, M. (febrero de 1992). Creativity training gets creative. *Training*, 41-46.
64. Shane, C. (1999). The fine arts of corporate management. *Across the Board*, 36, 7-8.

65. Birdi, K. S. (2005). No idea? Evaluating the effectiveness of creativity training. *Journal of European Industrial Training*, 29, 102-112.
66. Koretz, G. (20 de mayo de 1996). A crash course in the 3 R´s? *BusinessWeek*, 26; Educational Testing Service (1990). *From School to work*. Princeton. NJ: Educational Testing Service.
67. *Training & Development*. (2005, mayo). Good writting is good business, 59, 22.
68. Mingail, S. (22 de noviembre de 2004). Trackling workplace literacy is a no-brainer. *Canadian HR Reporter*, 17, G3-G4.
69. Hays, S. (1999). Basic skills training 101. *Workforce*, 78, 76-82.
70. Infuso, D. (1998). Iwould like to go as far as I can go. *Workforce*, 77, 112.
71. Lund, L., y McGuire, E. P. (1990). *Literacy in the work force*. New York: The Conference Board.
72. Gillian, F. (1999). White males see diversity´s other side. *Workforce*, 78, 52-55.
73. Gordon, J. (2005). Diversity as a business driver. *Training*, 42, 24-29.
74. Prince, C. J. (2005). Doing diversity. *Chief Executive*, 207, 46-49.
75. Bensimon, H. F. (1994). Crisis and disaster management: Violence in the workplace. *Training & Development*, 48, 27-32.
76. Elan, E. (2005). Industry vets, educators say training an answer to poor-service problem. *Nation´s Restaurant News*, 39, 6-7.
77. Institute of Management and Administration. (marzo de 2005). Employers spend the mosto n customer service training. *Managing Training & Development*, 5, 8.
78. Berta, D. (2002). Operators strive to incluye all in the family: Claim progress toward diversity amid new rash of bias suits. *Nation´s Restaurant News*, 36, 1 (4).
79. Kirkpatrick, D. (1998). Evaluating training programs. Berrett-Koehler Publishers: San Francisco.
80. Densford, L. E. (1999). Motorota University: The next 20 years. *Corporate University Review*.
81. Edwards, M. R. (febrero de 1999). Measurement as a catalyst for learning. *HRFocus*, S9-S10.
82. Wanous, J. P., Reichers, a. E., y Matiz, S. D. (1984). Organizational socialization and group development: Toward an integrative perspectiva. *Academy of Management Review*, 9, 670-683.
83. Breaugh, J. A. (1983). Realistic job previews: A critical appraisal and future research directions. *Academy of Management Journal,* 41, 673-690.
84. Philips, J. M. (1998). Effects of realistic job previews on multiple organizational outcomes: A meta-analysis. *Academy of Management Journal,* 41, 673-690.
85. Bragg, A. (septiembre de 1989). Is a mentor program in your future? *Sales & Marketing Management,* 54-63.
86. Little, P. J. (julio-agosto de 1998). Selection of the fittest. *Management Review,* 43-47.
87. Winkler, K., y Janger, I. (1998). You´re hired! *Across the Board,* 35, 16-23.
88. *Ibid.*

Capítulo 9

1. Leibowitz, Z. B. (1987). Designing career development systems: Principles and practices. *Human Resource Planning*, 10, 195-207.
2. Gutteridge, T. G., Leibowitz, Z. B., y Shore, J. E. (1993). *Organizational career development: Benchmarks for building a world-class workforce*. San Francisco: Jossey-Bass; London, M., Larsen, H. H., y Thisted, L. N. (1999). Relationships between feedback and self-development. *Group and Organization Management*, 24, 5-27.
3. Murphy, D. (18 de julio de 1999). New attitude for employees: "Emergent" workers think job, not career. *Arizona Republic*, AZ-11.
4. Taylor, M. A., y Walsh, K. (2005). Retaining management talent: What hospitality professionals want from their jobs. Informe elaborado por el Center for Hospitality Research en Cornell University, Ithaca, NY.
5. Weber, P. F. (1998). Getting a gripo n employee growth. *Training & Development*, 53, 87-91.
6. Morgan, D. C. (1977). Career development programs. *Personnel*, 54, 23-27.
7. Gutteridge, T., y Otte, F. (1983). Organizational career development: What´s going on out there? *Training & Development*, 37, 22-26; may, D. T. (1986). An overview of current career (Eds.), *Career development in organizations*, 1-20, San Francisco: Jossey-Bass; Leibowitz, Z. B., y Schlossberg, N. K. (1981). Designing career development programs in organizations: A systems approach. En D. H. Montross y C. J. Shinkman (Eds.), *Career development in the 1980s*, 277-291, Springfield, IL: Charles C. Thomas.
8. Russell, J. E. A. (1991). Career development interventions in organizations. *Journal of Vocational Behavior*, 38, 237-287.
9. Koonce, R. (enero-febrero de 1991). Management development: An investment in people. *Credit Magazine*, 16-19.
10. Steele, B., Bratkovich, J. R., y Rollins, T. (1990). Implementing strategic redirection through the career management system. *Human Resource Planning*, 13, 241-263.
11. Feldman, D. C., y Weitz, B. S. (1991). From the invisible hand to the gladhand: Understanding a careerist orientation to work. *Human Resource Management*, 30, 237-257.
12. Aryee, S., Wyatt, T., y Stone, R. (1996). Early career outcomes of graduate employees: The effect of mentoring and ingratiation. *Journal of Management Studies*, 33, 95-118.
13. Kalish, B. B. (marzo de 1992). Dismantling the glass ceiling. Management Review, 64; Hawkins, B. (1991, 8 de septiembre). Career-limiting bias found at low job levels. *Los Angeles Times Magazine*, 33.
14. Galvin, K. (7 de enero de 1999). Texaco settlement with female staff to cost $3 million. *Arizona Republic*, D-1.
15. Deogun, N. (20 de mayo de 1999). Coca-Cola report addressed race in ´95. *Wall Street Journal*, Brussels, A-5.
16. Mazier, E. E. (2002). Insurance women still hit "glassceiling". *Nacional Underwriter Property & Casualty*, 106, 23.
17. *BusinessWeek*. (25 de febrero de 2005). Engendering female entrepreneurs. *Business week online*.

18. Jones, D. (20 de julio de 1999). What glass ceiling? *USA Today*, B-1, B-2.
19. Applebaum, S. (2002). A real operador. *Multichannel News*, 23, 8.
20. Nelly, J. (2002). Does health care still have a glass ceiling? *H & HN*, 76, 30.
21. Segal, J. A. (2005). Shatter the glass ceiling, dodge the shards. *HR Magazine*, 50, 121-126.
22. Nelly, J. (2002). Does health care still have a glass ceiling? *H & HN*, 76, 30.
23. Barnett, R. C., y Rivers, C. (10 de mayo de 1999). Family values g oto work. *Washington Post*, A-23.
24. Bourne, k. (1992). Companies offer career management for copules. *Journal of Compensation and Benefits*, 7, 32-36.
25. *Ibid.*
26. Harvey, M., y Wiese, D. (1998). Global dual-career couple mentoring: A phase model approach. *Human Resource Planning*, 21, 33-48.
27. Frazee, V. (1999). Expert help for dual-career spouses. *Workforce*, 4, 18-20.
28. Bures, A. L., Henderson, D., Mayfield, J., Mayfield, M., y Worley, J. (1995). The effects of spousal support and gender on workers´ stress and job satisfaction: A cross nacional investigation of dual career copules. *Journal of Applied Business Research*, 12, 52-58.
29. Barnett, R. C., y Rivers, C. (10 de mayo de 1999). Family values go to work. *Washington Post*, A-23.
30. Gordon, J. (1998). The new paternalism. *Forbes*, 162, 68-70.
31. Haskell, J. R. (febrero de 1993). Getting employees to take charge of their careers. *Training & Development*, 51-54.
32. Anastasi, A. (1976). *Psychological testing* (4th ed.). Nueva York: Macmillan.
33. Burn, A. (noviembre-diciembre de 1998). Testing times. *British Journal of Administrative Management*, 16-17.
34. Fleischer, J. (2005). Lessons for leaders. *Call Center Magazine*, 18, 8-10.
35. Scarpello, V. G., y Ledvinka, J. (1988). *Personnel/human resource management: Environment and functions*. Boston: PWS-Kent; y Russel, 1991.
36. Mayo, A. (julio de 2004). One more time –how do we manage performance?– *Training Journal*, 80.
37. Morgan, M. a., Hall, D. T., y Martier, A. (1979). Career development strategies in industry –Where are we and where should we be?– *Personnel*, 56, 13-30.
38. Villeneure, K. (1999). Thought about succession? You should. *Discount Store News*, 38, 16.
39. Wailgum, T. (1 de mayo de 2005). Nothing sucedes like succession. *CIO Magazine*.
40. Judge, T. A., Cable, D. M., Boudreau, J. W., y Bretz, R. D. (1995). An empirical investigation of the predictors of executive career success. *Personnel Psychology*, 48, 485-519.
41. Baehr, M. E., y Kraimer, M. L. (1999). The role of intellectual abilities and personality characteristics in determining success in higher-level positions. *Journal of Vocational Behavior*, 35, 270-287.
42. Seibert, s. E., y Kraimer, M. L. (1999). The five-factor model of personality and its relationship with career success. Artículo presentado en el Congreso Anual de la Academy of Management, Chicago.
43. Weber, P. F. (1998). Getting a grip on employee growth. *Training & Development*, 53, 87-91.
44. Russell, J. E. A. (1991). Career development interventions in organizations. *Journal of Vocational Behavior*, 38, 237-287.
45. Gutteridge, T. (1986). Organizational career develpment systems: The state of the practice. En D. T. Hall et al, *Career development in organizations*, 50-94. san Francisco: Jossey-Bass.
46. *Ibid.*
47. Russell, J. E. A. (1991). Career development interventions in organizations. *Journal of Vocational Behavior*, 38. 237-287.
48. Noe, R. A. (1988). An investigation of the determinants of successful assigned mentoring relationships. *Personnel Psychology*, 41, 457-479.
49. Hill, S. K., y Bahniuk, M. H. (1998). Promoting career success through mentoring. *Review of Business*, 19, 4-7.
50. Starcevich, M., y Friend, F. (julio de 1999). Effective mentoring relationships from the mentee´s perspective. *Workforce*, Extra Supplement, 2-3.
51. Institute of Management & Administration (marzo de 2005). How two companies make mentoring matter, from the bottom to the top. *Managing Training & Development Newsletter*, 5, 2.
52. Jenkins, M. (2005). Why you need a mentor. *Black Enterprise*, 35, 80-86.
53. Barbian, J. (2002). The road best traveled. *Training*, 39, 38 (4).
54. Dansky, K. H. (1996). The effect of group mentoring on career outcomes. *Group & Organization Management*, 21, 5-21.
55. Cramm, S. (2005). A team starts with two: The best way to develop employees is one-on-one coaching, yet too few executives seem interested in making the effort. *CIO*, 18, 1.
56. Stephenson, s. (2002). And wind up better off: Join the team! *Food Service Director,* 15, 80.
57. Morrisey, G. L. (noviembre de 1992). Your personal misión statement: A foundation for your future. *Training & Development,* 71-74.
58. Matejka, K., y Dunsing, R. (1993). Enhancing your advancement in the 1990s. *Management Decision,* 31, 52-54.

Capítulo 10

1. Milkovich, G. T. y Newman, J. M. (2005). *Compensation* (6.ª ed.). Homewood, IL: McGraw-Hill/Irwin; Freudenheim, M. (23 de marzo de 2005). Fewer employers totally cover health premiums. *New York Times,* A-1; Giancola, F. (febrero de 2005). Need a new system for evaluating management positions? *Workspan*, 29-32; Hovy, M. (febrero de 2005). Future global remuneration strategies. *Workspan*, 35-39.
2. Brenan, J. (1999). Group legal insurance: an effective recruitment and retaining tool. *Compensation and Benefits Review*, 31(3), 46-53; *HR Focus* (febrero de 2002); Hovy, M. (febrero de 2005). Future global remuneration strategies. *Workspan*, 35-39; Masternak, R. y Camuso, M. A. (1.er trimestre de 2005). Gainsharing and six sigma perfect together. *Worldatwork*, 42-49.

3. Gómez-Mejía, L. R. y Balkin, D. B. (1992a). The determinants of faculty pay: An agency theory perspective. *Academy of Management Journal*, 35(5), 921-955; Lee, J. (abril de 2002). Finding the sweet sports: Optimal executive compensation. *Workspan*, 40-46; Zingheim, P. K. y Schuster, J. R. (1.er trimestre de 2005). Revisiting effective incentive design. *Worldatwork Journal*, 50-58.
4. *Workspan* (marzo de 2005). Employer generous with benefits despite rising costs, 70.
5. *Newsline* (22 de febrero de 2005). Biggest barrier to retirement saving may be lack of motivation. www.worldatwork.com; *Newsline* (1 de marzo de 2005). Majority of U. S. workers greatly underestimate how much their emplyer contribuyes to their medical insurance. www.worldatwork.com.
6. Hawkins, L. (21 de marzo de 2005). GM plans to cut salaried staff. *Wall Street Journal*, A-1.
7. Hakim, D. (17 de marzo de 2005). GM sees a loss near 1 billion; stock falls 14 percent. *New York Times*, A-1.
8. *Newsline* (3 de enero de 2005). Talent management among top five priorities in 2005. www.worldatwork.com.
9. Melchor, R. A., Cohn, L. y Symonds, W. C. (19 de julio de 1999). You can go home again –with a raise–. *BusinessWeek*, 44-45; Gorman, C. (8 de febrero de 1999). Black days for doctors. *Time*, 53; *HR Focus*. (2002); Richlet, M. (9 de marzo de 2005). Changing rules of the game. *New York Times*, C-1; Longnecker, B. y Crawford, L. (marzo de 2005). A new day, a new definition. *Workspan*, 44-48.
10. Delves, D. (1999). Practical lessons for designing an economic value incentive plan. *Compensation and Benefits Review*, 31(2), 61-70; Ray, H. H. y Altmansberger, H. N. (1999). Introducing goal sharing in a public sector organization. *Compensation and Benefits Review*, 31(3), 40-45; Jaross, J., Byrnes, R. y Mercer, W. (abril de 2002). Mastering the share plan circus. *Workspan*, 55-64; Abernathy, W. B. (1.er trimestre de 2005). Behavior systems technology: Reengineering closed behavior systems. *Worldatwork Journal*, 71-76; Bradley, G. (1.er trimestre de 2005). Procter & Gamble´s balanced approach to long-term incentives. *Worldatwork Journal*, 6-14.
11. Heneman, R. L. y Dixon, K. E. (noviembre-diciembre de 2001). Reward and organizacional systems alignment: An expert system. *Compensation and Benefits Review*, 18-27; Ledeler, J. y Weinberg L. R. (1999). Setting executive compensarion: Does the industry you are in really matter? *Compensation and Benefits Review, 31*(1), 13-24; Bloom, M. (1999). The art and context of the deal: A balanced view of executive incentives. *Compensation and Benefits Review, 31*(1), 25-31; Bout, A. (abril de 2005). The changing landscape of equity compensarion, *Workspan*, 16-21; Cairos, A. (22 de febrero de 225). Next health south CEO... Richard Scrushy? *Wall Street Journal*, C-1; Hymowitz, C. (8 de marzo de 2005). When meeting targets become the strategy, CEO is on wrong path. *Wall Street Journal*, B-1.
12. Milkovich, G. T. y Newman, J. M. (2005). *Compensation* (6.ª ed.). Homewood, IL: McGraw-Hill/Irwin.
13. Zingheim, P. K. y Schuster, J. (noviembre-diciembre de 2001). Creating a powerful customized workplace reward brand. *Compensation and Benefits Review, 33*(6), 30-34; Wolf, M. G. (2000). Compensation: An overview. En Berger, L. A. y Berger, D. R. (Eds.), *The compensation handbook* (4.ª ed.). Nueva York: McGraw-Hill.
14. Hovy, M. (febrero de 2005). Future global remuneration strategies. *Workspan*, 35-39.
15. Gómez-Mejía, L. R. y Balkin, D. B. (1992a). The determinants of faculty pay: An agency theory perspectiva. *Academy of Management Journal, 35*(5), 921-955; Werner, S., Tosi, H. y Gómez-Mejía, L. R. (abril de 2005). Ownership structure and employee pay. *Strategic Management Journal*, 35-44.
16. Balkin, D. B. y Gómez-Mejía, L. R. (2000). Is CEO pay related to innovation in high-technology firms? *Academy of Management Journal, 43*(6), 30-41.
17. Aeppel, T. (22 de febrero de 2005). Economists gain star power. *Wall Street Journal*, A-2.
18. Gómez-Mejía, L. R. y Welbourne, T. M. (1988). Compensation strategy: An overview and future steps. *Human Resource Planning, 11*(3), 173-189; Heneman, R. L. y Dixon, K. E. (noviembre-diciembre de 2001). Reward and organizacional systems alignment: An expert system. *Compensation and Benefits Review*, 18-27; Fisher, A. (1 de noviembre de 2004). A strategic way to calculate pay. *Fortune*, 62; *Workspan* (febrero de 2005). Poll results: How often does your organization adjust its compensation structure using market data? 6.
19. Dunhan, K. J. (5 de febrero de 2002). The jungle: Focus on recruitment, pay and getting ahead. *Wall Street Journal*, B-8; O´Neal, S. (enero de 2005). Total rewards and the future of work. *Workspan*, 19-25.
20. *Arizona Republic* (19 de febrero de 2002). Retention bonuses under fire, D-15; O´Neal, S. (enero de 2005). Total rewards and the future of work. *Workspan*, 19-25.
21. Scott, D., McMullen, T. D. y Notan, J. (1.er trimestre de 2005). Taking control of your counteroffer environment. *Worldatwork Journal*, 25-30.
22. *Worldatwork* (2006). Cash bonuses: Tour ways to attract, retain and motivate employeew. Scottsdale, Az: WorldatWork Association. Barton, G. M. (2006). *Recognition at work: Crafting a value added rewards program*. Scottsdale, Az: WorldatWork Association.
23. Desmond, E. W. (22 de abril de 1996). The failed miracle. *Time*, 61-64; Longnecker, B. M., Petersen, B. y Hitt, R. (1999). Long-term incentives: How private companies can compete with public companies. *Compensation and Benefits Review, 31*(1), 44-53; Bradley, G. (1.er trimestre de 2005). Procter & Gamble´s balanced approach to long-term incentives. *Worldatwork Journal*, 6-14.
24. Gilles, P. L. (1999). A fresh look at incentive plans. *Compensation and Benefits Review, 31*(1), 61-72; Saura, M. D. y Gómez-Mejía, L. R. (1997). The effectiveness of organization-wide compensation strategies in technology intensive firms. *Journal of High Technology Management Research, 8*(2), 301-317; Bradley, G. (1.er trimestre de 2005). Procter & Gamble´s balanced approach to long-term incentives. *Worldatwork Journal*, 6-14; Bout, A. (abril de 2005). The changing landscape of equity compensation. *Workspan*, 16-21; Doubleday, D., Eichen, S. y Laarman, L. (marzo de 2005). Fas 123

(R). *Workspan*, 20-26; Ehrenfeld, T. Pender, S. y Tinkham, R. (abril de 2005). Broad-based equity. *Workspan*, 22-28.

25. Levering, R. y Moskowitz, M. (enero de 2005). The 100 best companies to work for. *Fortune*, 61-91.
26. *Ibid.*
27. Blumestien, R., Solomon, D. y Chen, K. (21 de febrero de 2002). As global crossing crashed, execuetives got loan relief pension payouts. *Wall Street Journal*, B-1; Schultz, E. E. (16 de enero de 2002). "Lockdowns" of 401(k) plans draw scrutiny. *Wall Street Journal*, C-1; Schultz, E. E. y Francis, T. (23 de enero de 2002). Enron pensions had more room at the top. *Wall Street Journal*, A-4; Davis, A. (21 de febrero de 2005). Street´s top dogs get top dollars. *Wall Street Journal*, C-1; Cairos, A. (22 de febrero de 2005). Next health South CEO... Richard Scrushy? *Wall Street Journal*, C-1; Craig, S. y Dugan, J. I. (4 de febrero de 2005). At the big borrad, Grasso´s secretary made big bucks, too. *Wall Street Journal*, A-1; Deutsch, C. H. (15 de febrero de 2005). Top executive of Office Max leaves port amid inquiry. *New York Times*, A-1; Eisinger, J. (16 de febrero de 2005). Follow the CEO´s money. *Wall Street Journal*, C-1; Enishwitler, J. R. (3 de marzo de 2005). CitiGroup discloses relatives of executives were on payroll. *Wall Street Journal*, C-4; Forelle, C. y Maremont, M. (3 de febrero de 2005). Gillette CEO payday may be richer. *Wall Street Journal*, B-2; Glater, J. (13 de marzo de 2005). Sorry, I am keeping the bonus anyway. *New York Times*, B-1; Hechinger, J. y Sidel, R. (18 de febrero de 2005). American Express´s advisory unit faces fraud charges. *Wall Street Journal*, C-13; Jaffe, M. (14 de marzo de 2005). Pay perks draw warning. *Arizona Republic*, D-1.
28. Norris, F. (31 de marzo de 2005). Windfall never came, big tax bill did. *New York Times*, A-1.
29. Bloomberg News (1 de febrero de 2005). Cut is torced on mechanics at United Air. *New York Times*, C-3; *Newsline* (3 de enero de 2005). Talent management among top five priorities in 2005. www.worldatwork.com.
30. Levering, R. y Moskowitz, M. (enero de 2005). The 100 best companies to work for. *Fortune*, 61-91.
31. *Workspan* (febrero de 2002b). Financial awards produce better results, 12; Swinford, D. N. (1999). Don´t pay for executive failure. *Compensation and Benefits Review*, 31(1), 54-60.
32. *Worldatwork* (13 de febrero de 2002a). Tepic briefing: Skill-based pay. See customerrelations@worldatwork.org.
33. *Newsline* (3 de enero de 2005). Talent management among top five priorities in 2005. www.worldatwork.com.
34. Hovy, M. (febrero de 2005). Future global remuneration strategies. *Workspan*, 35-39.
35. Milkovich, G. T. y Newman, J. M. (2005). *Compensation* (6.ª ed.). Homewood, IL: McGraw-Hill/Irwin.
36. Tosi, H. y Tosi, L. (1986). What managers need to know about knowledge-based pay. *Organizational Dynamics, 14*(3), 52-64; Ledford, G. E. y Heneman, R. L. (2000). Pay for skills, knowledge and competencies. En Berger, L. A. y Berger, D. R. (Eds.), *The compensation handbook* (4.ª ed.). Nueva York: McGraw-Hill.
37. Ledford, G. E. y Heneman, R. L. (2000). Pay for skills, knowledge and competencias. En Berger, L. A. y Berger, D. R. (Eds.), *The compensation handbook* (4.ª ed.). Nueva York: McGraw-Hill; Brown, D. (2000). Relating competencias to pay: A desirable or dangerous practice. En Berger, L. A. y Berger, D. R. (Eds.), *The compensation handbook* (4.ª ed.). Nueva York: McGraw-Hill.
38. Gómez-Mejía, L. R. y Balking, D. B. (1992b). *Compensation, organizational strategy and firm performance*. Cincinnati, OH: South-Western; Milkovich, G. T. y Newman, J. M. (2005). *Compensation* (6.ª ed.). Homewood, IL: McGraw-Hill/Irwin.
39. Caudron, S. (junio de 1993). Master the compensation maze. *Personnel Journal*, 64B-64O.
40. Gilles, P. L. (1999). A fresh look at incentive plans. *Compensation and Benefits Review, 31*(1), 61-72; O´Neal, S. (enero de 2005). Total rewards and the future of work. *Workspan*, 19-25; Bout, A. (abril de 2005). The changing landscape of equity compensarion, *Workspan*, 16-21; Bradley, G. (1.er trimestre de 2005). Procter & Gamble´s balanced approach to long-term incentives. *Worldatwork Journal*, 6-14.
41. Levering, R. y Moskowitz, M. (enero de 2005). The 100 best companies to work for. *Fortune*, 61-91.
42. Eisenberg, D. (16 de agosto de 1999). We are for hire, just click. *Time*, 46-50.
43. Levering, R. y Moskowitz, M. (enero de 2005). The 100 best companies to work for. *Fortune*, 61-91.
44. Milkovich, G. T. y Newman, J. M. (2005). *Compensation* (6.ª ed.). Homewood, IL: McGraw-Hill/Irwin; Ingster, B. (2000). Methods of job evaluation. En Berger, L. A. y Berger, D. R. (Eds.), *The compensation handbook* (4.ª ed.). Nueva York: McGraw-Hill; Giancola, F. (febrero de 2005). Need a new system for evaluating management positions? *Workspan*, 29-32.
45. Levering, R. y Moskowitz, M. (enero de 2005). The 100 best companies to work for. *Fortune*, 61-91.
46. Bureau of Labor Statistics (2006). Business Economics and Financial Statistics. www.lib.gsu.edu/collections/govdocs/stats.htm; Jarrel, S. B. y Staley, T. D. (1990). A meta-analysis of the union-nonunion wage gap. *Industrial and Labor Relations Review, 44*(1), 54-67.
47. *Workspan* (febrero de 2005). Poll results: How often does your organization adjust its compensation structure using market data? 6.
48. Hambrick, D. C. y Show, C. C. (1989). Strategic reward systems. En C. C. Show (Ed.), *Strategy, organization design and human resources management*, Greenwich, CT: JAI Press; Gilles, P. L. (1999). A fresh look at incentive plans. *Compensation and Benefits Review, 31*(1), 61-72; Heneman, R. L. y Dixon, K. E. (noviembre-diciembre de 2001). Reward and organizacional systems alignment: An expert system. *Compensation and Benefits Review*, 18-27; Files, J. (20 de marzo de 2005). A prescription for getting rich. *New York Times*, B-1; *Workspan* (febrero de 2005). Poll results: How often does your organization adjust its compensation structure using market data? 6.
49. Associated Press (4 de abril de 1991). What matters to Americans, *Arizona Republic*, AZ; Easterbrook, G. (17 de enero de 2005). The real truth about money. *Time*, 32-34.

50. Seidman, W. L. y Skancke, S. L. (1989). *Competitiveness: The executive´s guide to success*. Nueva York: M. E. Sharpe.
51. Levering, R. y Moskowitz, M. (enero de 2005). The 100 best companies to work for. *Fortune*, 61-91.
52. Stewart, T. A. (8 de junio de 1998). Can even heroes get paid too much? *Fortune*, 289-290; Poster, C. Z. (enero-febrero de 2002). Retaining key people in troubled companies. *Compensation and Benefits Review, 34*(1), 7-12; Zingheim, P. K. y Schuster, J. R. (1.er trimestre de 2005). Revisiting effective incentive design. *Worldatwork Journal*, 50-58.
53. *Newsline* (3 de marzo de 2005). Cash still king. www.worldatwork.com.
54. Lawler, E. E. III (1990). *Strategic pay*. San Francisco: Jossey-Bass; Files, J. (20 de marzo de 2005). A prescription for getting rich. *New York Times*, B-1; *Workspan* (febrero de 2005). Poll results: How often does your organization adjust its compensation structure using market data? 6.
55. Gómez-Mejía, L. R. y Balkin, D. B. (1992a). The determinants of faculty pay: An agency theory perspective. *Academy of Management Journal, 35*(5), 921-955; Milkovich, G. T. y Newman, J. M. (2005). *Compensation* (6.ª ed.). Homewood, IL: McGraw-Hill/Irwin.
56. Balkin, D. B. y Gómez-Mejía, L. R. (1990). Matching compensation and organizational strategies. *Strategic Management Journal*, 11, 153-169; Heneman, R. L. y Dixon, K. E. (noviembre-diciembre de 2001). Reward and organizacional systems alignment: An expert system. *Compensation and Benefits Review*, 18-27; Lee, J. (abril de 2002). Finding the sweet sports: Optimal executive compensation. *Workspan*, 40-46; Abernathy, W. B. (1.er trimestre de 2005). Behavior systems technology: Reengineering closed behavior systems. *Worldatwork Journal*, 71-76.
57. Cantoni, C. J. (15 de mayo de 1995). A waste of human resources. *Wall Street Journal*, B-1; Berstein, A. (14 de junio de 1999). Stock options bite back. *BusinessWeek*, 50-51; Bout, A. (abril de 2005). The changing landscape of equity compensarion, *Workspan*, 16-21.
58. Milkovich, G. T. y Newman, J. M. (2005). *Compensation* (6.ª ed.). Homewood, IL: McGraw-Hill/Irwin.
59. *Ibid.*
60. *Ibid.*
61. *Ibid.*
62. Se puede obtener información adicional sobre los criterios, controversias, interpretación y aplicación del plan de la Asociación de Dirección de Empresas de América (MAA plan) si contacta con la oficina más cercana de la Asociación: AAIM Management Association, St. Louis, MO; AAIM Management Association, North Haven, CT; American Society of Employers, Southfield, MI; Capital Associated Industries, Inc., Raleigh, NC; CMEA The Employers Association. Worcester, MA; Employers Association, Inc., Minneapolis, MN; Employers Association of Western Massachussets, Inc., Ludlow, MA; TEA-The Employers Association, Inc., Baintree, MA; The Employers Association, Lincoln, RI; Employers Resource Council, Seven Hills, OH; IMA Management Association, Inc., Clifton, NJ; IMC-Industrial Management Council, Rochester, NY; The Management Association of Illinois, Broadview, IL; MidAtlantic Employers´ Association, Valley Forge, PA; MRA-The Management Association, Inc., Brookfield, WL.
63. NMTA Associates (1992). Nacional position evaluation plan, 3. Clifton, NJ.
64. Werner, S., Konopaske, R. y Touchey, C. (1999). Ten questions to ask yourself about compensation surveys. *Compensation and Benefits Review, 31*(3), 54-59; Drizin, M. (abril de 2005). Benchmarks help employers drive results. *Workspan*, 46-52.
65. Dunlop, J. T. (1957). The task of contemporary wage theory. En G. W. Taylor y F. C. Pierson (Eds.), *New concepts in wage determination*. Nueva York: McGraw-Hill; Gerhardt, B. y Milkovich, G. T. (1993). Employee compensarion: Research and practice. En M. D. Dunnette y L. M. Hough (Eds.), *Handbook of industrial and organizational psychology*, vol. 3. Palo Alto, CA: Consulting Psychologists Press; Berstein, A. (14 de junio de 1999). Stock options bite back. *Business-Week*, 50-51.
66. LeBlanc, P. V. y Ellis, G. M. (inverno de 1995). The many faces of Bandung. *ACA Journal*, 52-62; *ACA Journal* (otoño de 1995). Clark refining and marketing broadbands: Annual pay rates, 57.
67. Haslett, S. (noviembre/diciembre de 1995). Broadbanding: A strategic tool for organizational change. *Compensation and Benefits Review*, 40-43; *Worldatwork* (12 de febrero de 2002b). Topic briefings: Broadbanding. Customerrelations@worldatwork.org/topicbriefings.
68. Ledford, G. E. y Heneman, R. L. (2000). Pay for skills, knowledge and competencias. En Berger, L. A. y Berger, D. R. (Eds.), *The compensation handbook* (4.ª ed.). Nueva York: McGraw-Hill; *Worldatwork* (12 de febrero de 2002b). Tepic briefings: Broadbanding. Customerrelations@worldatwork.org/topicbriefings.
69. *Workspan* (marzo de 2003). The work experience, 16; Varca, P. E. (1.er trimestre de 2005). The case for emotionally intelligent workers. *Worldatwork Journal*, 35-57; O´Neal, S. (enero de 2005). Total rewards and the future of work. *Workspan*, 19-25.
70. Barton, P. (febrero de 1996). Team-based pay. *ACA Journal, 5*(1), 15-30; Watson Wyatt Data Services (1996). The 1995-1996 ECS surveys of middle management and office personnel compensation. Rochelle Park, NJ; Gross, S. E. (2000). Team based pay. En Berger, L. A. y Berger, D. R. (Eds.), *The compensation handbook* (4.ª ed.). Nueva York: McGraw-Hill; Melbourne, T. y Gómez-Mejía, L. R. (2000). Optimizing team based incentives. En Berger, L. A. y Berger, D. R. (Eds.), *The compensation handbook* (4.ª ed.). Nueva York: McGraw-Hill; Edwards, C. (31 de enero de 2005). Shaking up Intel´s incides. *BusinessWeek*, 35-36.
71. Gupta, N., Ledford, G. E., Jenkins, G. D. y Doty, D. (1992). Survey-based prescriptions for skill-based pay. *American Compensation Association Journal, 1*(1), 48-59; Ledford, G. E. y Heneman, R. L. (2000). Pay for skills, knowledge and competencias. En Berger, L. A. y Berger, D. R. (Eds.), *The compensation handbook* (4.ª ed.). Nueva York: McGraw-Hill; Tosi, H. y Tosi, L. (1986). What managers need to know

about knowledge-based pay. *Organizational Dynamics, 14*(3), 52-64.

72. Barton, P. (febrero de 1996). Team-based pay. *ACA Journal, 5*(1), 15-30.
73. Alpert, D. E. y Gerard, D. (abril de 2005). Fair labor standards act update. *Workspan,* 38-41; Deibel, M. (21 de agosto de 2004). Overtime changes debut. *Rocky Mountain News,* C-5.
74. Aaron, H. J. y Lougy, C. M. (1986). *The comparable worth controversy,* 3-4. Washington, D.C.: The Brookings Institution; Rhoads, S. E. (julio-agosto de 1993). Pay equity won´t go Hawai. *Across the Board,* 37-41; Stillson, C. A. y Mohler, K. M. (2001). History still in the making –the continuing struggle for equal pay–. *Worldatwork Journal,* 10(1), 1-8.
75. *Workspan* (marzo de 2005). Systematic guidelines to avoid wage discrimination, 560.
76. Greenhous, S. (6 de abril de 2005). Wal-Mart´s chief call its critics unrealistic. *New York Times,* C-11.

Capítulo 11

1. *HR Focus* (abril de 2001). Incentive pay plans: Which ones work... and why, 3-5; Poster, C. Z. (enero-febrero de 2002). Retaining key people in troubled companies. *Compensation and Benefits Review, 34*(1), 7-12; Gilles, P. L. (1999). A fresh look at incentive plans. *Compensation and Benefits Review, 31*(1), 61-72; Watson Wyatt Data Services (2006). Domestic compensation survey referentes. Rochelle Park, N. J.
2. Branch, S. (11 de enero de 1999). The 100 best companies to work for in America. *Fortune*, 118; Levering, R. y Moskowitz, M. (enero de 2005). The 100 best companies to work for. *Fortune*, 61-91.
3. Levering, R. y Moskowitz, M. (enero de 2005). The 100 best companies to work for. *Fortune*, 61-91.
4. Milkovich, G. T. y Newman, J. M. (2005). *Compensation* (8.ª ed.). Nueva York: McGraw-Hill; Drizin, M. (abril de 2005). Benchmarks help employers drive results. *Workspan*, 46-52.
5. Ray, H. H. y Altmansberger, H. N. (1999). Introducing goal sharing in a public sector organization. *Compensation and Benefits Review*, 31(3), 40-45; Gómez-Mejía, L. R., Welbourne, T. y Wiseman, R. (2000). Gainsharing and employee risk takings. *Academy of Management Review, 25*(3), 492-509; Bradley, G. (1.er trimestre de 2005). Procter & Gamble´s balanced approach to long-term incentives. *Worldatwork Journal*, 6-14; Easterbrook, G. (17 de enero de 2005). The real truth about money. *Time*, 32-34.
6. Bloom, M. (1999). The art and context of the deal: A balanced view of executive incentives. *Compensation and Benefits Review, 31*(1), 25-31; Tully, S. (26 de abril de 1999). The earnings illusion. *Fortune*, 206-210; Byrne, J. A. (15 de abril de 2002). Pay-related wealth: Winners and losers. *BusinessWeek*, 83; Makri, M. y Gómez-Mejía, L. R. Rewarding executives. En R. Silzer (Ed.), *The 21st Century Executive* (pp. 200-228). San Francisco: Jossey-Bass; Abernathy, W. B. (1.er trimestre de 2005). Behavior systems technology: Reengineering closed behavior systems. *Worldatwork Journal*, 71-76; Fisher, A. (1 de noviembre de 2004). A strategic way to calculate pay. *Fortune*, 62; Hovy, M. (febrero de 2005). Future global remuneration strategies. *Workspan*, 35-39; Hymowitz, C. (8 de marzo de 2005). When meeting targets become the strategy, CEO is on wrong path. *Wall Street Journal*, B-1; Kleiner, A. (invierno de 2004). Recombinant innovation: Best product ideas are hatched by collaboration, not soloists. *Strategy and Business*, 30-37; Zingheim, P. K. y Schuster, J. R. (1.er trimestre de 2005). Revisiting effective incentive design. *Worldatwork Journal*, 50-58.
7. *Boston Globe* (16 de octubre de 1992). Teaching to the test shortchanges pupils. Arizona Republic, A-4; Symonds, W. C. (19 de marzo de 2001). How to fix American schools. *BusinessWeek*, 68-73.
8. Byrnes, N. McNamee, M., Grover, L., Muller, J. Y Park, A. (8 de abril de 2002). Auditing here, consulting over there. *BusinessWeek*, 34-36; Kahn, J. (29 de abril de 2002). Deloitte restates its case. *Fortune*, 64-74.
9. Drizin, M. (abril de 2005). Benchmarks help employers drive results. *Workspan*, 46-52.
10. Saura, M. D. y Gómez-Mejía, L. R. (1997). The effectiveness of organization-wide compensation strategies in technology intensive firms. *Journal of High Technology Management Research, 8*(2), 301-317; Nofsinger, G. A. (2000). Performance measures: An overview. En Berger, L. A. y Berger, D. R. (Eds.), *The compensation handbook* (4.ª ed.). Nueva York: McGraw-Hill; Rich, J. T. (febrero de 2002). The solution to employee performance mismanagement. *Workspan, 45*(2), 1-6.
11. Gómez-Mejía, L. R., Balkin, D. B. y Cardy, R. L. (2007). *Management*. Nueva York: Irwin/McGraw-Hill.
12. Gorman, C. (8 de febrero de 1999). Bleak days for doctors. *Time*, 53.
13. *Ibid.*
14. Bloom, M. (1999). The art and context of the deal: A balanced view of executive incentives. *Compensation and Benefits Review, 31*(1), 25-31; Edwards, M. y Ewen, A. J. (invierno de 1995). Moving multisource assessment beyond development. *ACA Journal, 5*(1), 40-45; Milkovich, G. T. y Newman, J. M. (2005). *Compensation* (8.ª ed.). Nueva York: McGraw-Hill.
15. Lawler, E. E. III y Cohen, S. G. (1992). Designing a pay system for teams. *Amercian Compensation Association Journal, 1*(1), 6-19; Abernathy, W. B. (1.er trimestre de 2005). Behavior systems technology: Reengineering closed behavior systems. *Worldatwork Journal*, 71-76.
16. Heneman, R. L. y Dixon, K. E. (noviembre-diciembre de 2001). Reward and organizacional systems alignment: An expert system. *Compensation and Benefits Review*, 18-27.
17. Hills, F. S., Scott, D. K., Markham, S. E. y Vest, M. J. (1987). Merit pay: Justo r injust desserts? *Personnel Administrador, 32*(9), 53-64; Hughes, C. L. (1986). The demerit of merit. *Personnel Administrador, 31*(6), 40; Berstein, A. (14 de junio de 1999). Stock options bite back. *BusinessWeek*, 50-51; Drizin, M. (abril de 2005). Benchmarks help employers drive results. *Workspan*, 46-52.
18. Rich, J. T. (febrero de 2002). The solution to employee performance mismanagement. *Workspan, 45*(2), 1-6; Drizin, M. (abril de 2005). Benchmarks help employers drive results. *Workspan*, 46-52.

19. Walters, S. (19 de septiembre de 1999). Fury over Blunkett´s huge wage rises for teachers. *The Mail on Sunday*, 5; Symonds, W. C. (19 de marzo de 2001). How to fix American schools. *BusinessWeek*, 68-73; Pollock, R. L. (20 de agosto de 2001). The truth about the teacher "shortage". *Wall Street Journal*, A-5.
20. Schwab, D. P. (1974). Conflicting impacts of payo n employee motivation and satisfaction. *Personnel Journal, 53*(3), 190-206.
21. Makri, M. y Gómez-Mejía, L. R. Rewarding executives. En R. Silzer (Ed.), *The 21st Century Executive* (pp. 200-228). San Francisco: Jossey-Bass; *Newsline* (15 de marzo de 2005). Working while sick continues to pervade U.S. workplace. www.worldatwork.com.
22. Deci, E. L. (1972). The effects of contingent and non-contingent rewards and controls on intrinsic motivation. *Organizational Behavior and Human Performance, 8*, 15-31; Ver una discusión relacionada en Bloom, M. (1999). The art and context of the deal: A balanced view of executive incentives. *Compensation and Benefits Review, 31*(1), 25-31; Kohn, A. (septiembre-octubre de 1993). Why incentive plans cannot work. *Harvard Business Review*, 54-63.
23. Levering, R. y Moskowitz, M. (enero de 2005). The 100 best companies to work for. *Fortune*, 61-91.
24. *Academy of Management Review* (agosto de 1998). Número especial sobre confianza; Drizin, M. (abril de 2005). Benchmarks help employers drive results. *Workspan*, 46-52.
25. *Profit-Building Strategies for Business Owners*. (diciembre de 1992), 22(12), 23-24.
26. Rich, J. T. (febrero de 2002). The solution to employee performance mismanagement. *Workspan, 45*(2), 1-6; Parks, T. (2002). Uphill battle: Motivating a sales force in tough times. *Workspan, 4*(2), 65-67; y *HR Focus* (abril de 2001). Incentive pay plans: Which ones work... and why, 3-5.
27. Gómez-Mejía, L. R. y Balking, D. B. (1992b). *Compensation, organizational strategy and firm performance*. Cincinnati, OH: South-Western; Varca, P. E. (1.er trimestre de 2005). The case for emotionally intelligent workers. *Worldatwork Journal*, 35-57.
28. Work in America Institute (octubre de 1991). AT&T credit. Continuous improvement as a way of life, *16*(10), 2.
29. Gómez-Mejía, L. R., Page, R. C. y Tornow, W. (1982). A comparison of the practical utility of tradicional, statistical and Irbid job evaluation approaches. *Academy of Management Journal, 25*, 790-809; Varca, P. E. (1.er trimestre de 2005). The case for emotionally intelligent workers. *Worldatwork Journal*, 35-57.
30. Rich, J. T. (febrero de 2002). The solution to employee performance mismanagement. *Workspan, 45*(2), 1-6.
31. Greenberg, J. (1990). Looking fair vs. being fair: Managing impressions of organizational justice. En L. Cummings y B. M. SATW (Eds.), *Research in organizational behavior*, vol. 2. Greenwich, CT: JAI Press.
32. *Fortune* (2002). Fortune´s best companies to work for. www.fortune.com/lists/bestcompanies/snap_502.html.
33. Milkovich, G. T. y Newman, J. M. (2005). *Compensation* (8.ª ed.). Plano, TX: B.P.I.
34. Gómez-Mejía, L. R. y Balkin, D. B. (1989). Effectiveness of individual and agrégate compensation strategies. *Industrial Relations, 28*, 431-445; Balkin, D. B. y Gómez-Mejía, L. R. (2000). Is CEO pay related to innovation in high-technology firms? *Academy of Management Journal, 43*(6), 30-41.
35. *HR Focus* (abril de 2001). Incentive pay plans: Which ones work... and why, 3-5; Watson Wyatt Data Services (2006). Domestic compensation survey references. Rochelle Park, NJ.
36. Weiss, T. B. (2000). Performance management. En Berger, L. A. y Berger, D. R. (Eds.), *The compensation handbook* (4.ª ed.). Nueva York: McGraw-Hill; Miller, J. S., Wiseman, R. M. y Gómez-Mejía, L. R. (2002). The fit between CEO compensation design and firm risk. *Academy of Management Journal, 45*(5), 90-99.
37. Locke, E. A., Shaw, K. Saari, L. M. y Latham, G. P. (1981). Goal setting and task performance: 1969-1980. *Psychological Bulletin, 90*, 125-152.
38. Larimer, T. y Dickerson, J. F. (18 de febrero de 2002). Time for hardball. Time, 42-44; Gómez-Mejía, L. R., Balkin, D. B. y Cardy, R. L. (2007). *Management*. Chicago: Irwin/McGraw-Hill.
39. Gómez-Mejía, L. R. y Balking, D. B. (1992b). *Compensation, organizational strategy and firm performance*. Cincinnati, OH: South-Western; Makri, M. y Gómez-Mejía, L. R. Rewarding executives. En R. Silzer (Ed.), *The 21st Century Executive* (pp. 200-228). San Francisco: Jossey-Bass; Drizin, M. (abril de 2005). Benchmarks help employers drive results. *Workspan*, 46-52.
40. Hewitt Associates, Lincolnshire, IL, presentado en *Wall Street Journal* (28 de noviembre de 1995), A-1.
41. Welbourne, T. M. y Gómez-Mejía, L. R. (2000). Team incentives in the workplace. En Berger, L. (Ed.), *Handbook of wage and salary administration* (2.ª ed., pp. 240-245). Nueva York: McGraw-Hill; *HR Focus* (abril de 2001). Incentive pay plans: Which ones work... and why, 3-5; Levering, R. y Moskowitz, M. (enero de 2005). The 100 best companies to work for. *Fortune*, 61-91.
42. Levering, R. y Moskowitz, M. (enero de 2005). The 100 best companies to work for. *Fortune*, 61-91.
43. Gross, S. y Blair, J. (septiembre/octubre de 1995). Reinforcing team effectiveness through pay. *Compensation and Benefits Review*, 34-36; Zigon, J. (1996). How to measure the results of work teams. Zigon Performance Group, Media, PA; Welbourne, T. M. y Gómez-Mejía, L. R. (2000). Team incentives in the workplace. En Berger, L. (Ed.), *Handbook of wage and salary administration* (2.ª ed., pp. 240-245). Nueva York: McGraw-Hill.
44. Liden, R. C. y Mitchell, T. R. (1983). The effects of group interdependence on supervisor performance evaluations. *Personnel Psychology, 36*, 289-299.
45. *HR Focus* (abril de 2001). Incentive pay plans: Which ones work... and why, 3-5.
46. Butler, M. J. (2.º trimestre de 2001). Worldwide growth of employee ownership phenomena. *Worldatwork Journal, 10*(2), 1-5.
47. Heneman, F. y Von Piel, C. Entrevista aparecida en *Wall Street Journal* (28 de noviembre de 1995), A-1.

48. Albanese, R. y VanFleet, D. D. (1985). Racional behavior in groups: The free-riding tendency. *Academy of Management Review, 10*, 244-255.
49. Levering, R. y Moskowitz, M. (enero de 2005). The 100 best companies to work for. *Fortune*, 61-91.
50. Gordon, D. M., Edwards, R. y Reich, M. (1982). *Segmented work, divided workers: The historical transformation of labor in the United Status*. Londres: Cambridge University Press.
51. Mohrman, A. M., Mohrman, S. A. y Lawler, E. E. (1992). *Performance measurement, evaluation and incentives*. Boston: Harvard Business School.
52. Milkovich, G. T. y Newman, J. M. (2005). *Compensation* (8.ª ed.). Nueva York: McGraw-Hill.
53. Miller, J. S., Wiseman, R. M. y Gómez-Mejía, L. R. (2002). The fit between CEO compensation design and firm risk. *Academy of Management Journal, 45*(5), 90-99; Makri, M. y Gómez-Mejía, L. R. Rewarding executives. En R. Silzer (Ed.), *The 21st Century Executive* (pp. 200-228). San Francisco: Jossey-Bass.
54. Pinchot, G. (1985). *Intrapreneuring*. Nueva York: Harper & Row.
55. McGregor, D. (1960). The human side of enterprise. Nueva York: McGraw-Hill.
56. Gómez-Mejía, L. R., Welbourne, T. y Wiseman, R. (2000). Gainsharing and employee risk takings. *Academy of Management Review, 25*(3), 492-509; Masternak, R. y Camuso, M. A. (1.er trimestre de 2005). Gainsharing and six sigma perfect together. *Worldatwork*, 42-49.
57. Gómez-Mejía, L. R., Welbourne, T. y Wiseman, R. (2000). Gainsharing and employee risk takings. *Academy of Management Review, 25*(3), 492-509.
58. Welbourne, T. y Gómez-Mejía, L. R. (1995). Gainsharing: A critical review. *Journal of Management, 21*(3), 559-609; Welbourne, T., Balkin, D. B. y Gómez-Mejía, L. R. (1995).Gainsharing and mutual monitoring. *Academy of Management Journal, 38*(3), 818-834; Gómez-Mejía, L. R., Welbourne, T. y Wiseman, R. (2000). Gainsharing and employee risk takings. *Academy of Management Review, 25*(3), 492-509.
59. Florkowski, G. W. (1987). The organizacional impact of profit sharing. *Academy of Management Review, 12*, 622-636; Berner, R. (18 de marzo de 2002). Keeping a lid on unemployment: No bonus may mean fewer layoffs. *BusinessWeek*, 18.
60. *Time* (1 de febrero de 1988), 13.
61. Jaross, J., Byrnes, R. y Mercer, W. (abril de 2002). Mastering the share plan circus. *Workspan*, 55-64; Lee, J. (abril de 2002). Finding the sweet sports: Optimal executive compensation. *Workspan*, 40-46.
62. Kaplan, J. y Granados, L. (abril de 2002). Tax law changes affect ESOPs. *Workspan*, 46-50.
63. Newsline (18 de marzo de 2005). Stocks of best companies to work for beat the market by 300%. www.worldatwork.com.
64. Branch, S. (11 de enero de 1999). The 100 best companies to work for in America. *Fortune*, 118.
65. Butler, M. J. (2.º trimestre de 2001). Worldwide growth of employee ownership phenomena. *Worldatwork Journal, 10*(2), 1-5.
66. Burmeister, E. D. (2001). The top mistakes in implementing a global stock plan. *Worldatwork Journal, 10*(2), 3.
67. Bout, A. (abril de 2005). The changing landscape of equity compensarion, *Workspan*, 16-21; Ehrenfeld, T., Pender, S. y Tinkham, R. (abril de 2005). Broad-based equity. *Workspan*, 22-28.
68. Gimein, M. (3 de abril de 2006). The botton line on options. BusinessWeek, 32-36.
69. *HR Focus* (abril de 2001). Incentive pay plans: Which ones work... and why, 3-5; Conlin, M. y Berner, R. (18 de febrero de 2002). A little less in the envelope. *BusinessWeek*, 64-66; Lavelle, L. (4 de marzo de 2002). The danger of deferred compensation. *BusinessWeek*, 110.
70. Gómez-Mejía, L. R., Balkin, D. B. y Cardy, R. L. (2007). *Management*. Nueva York: Irwin/McGraw-Hill.
71. Cheadle, A. (1989). Explaining patterns of profit sharing activity. *Industrial Relations*, 28, 387-401.
72. Lublin, J. (26 de febrero de 2005). Bonuses soar for CEOs bad and good. *Wall Street Journal*, D-1; Strauss, G. y Hansen, B. (30 de marzo de 2005). Special report: CEO pay is business as usual. *USA Today*, A-1.
73. Stewart, T. A. (8 de junio de 1998). Can eve heroes get paid too much? *Fortune*, 289-300; Poster, C. Z. (enero-febrero de 2002). Retaining key people in troubled companies. *Compensation and Benefits Review, 34*(1), 7-12.
74. Lublin, J. (11 de abril de 2002a). Executive pay under radar. *Wall Street Journal*, B-7; Lublin, J. (11 de abril de 2002b). The hot seat. *Wall Street Journal*, B-10.
75. BusinessWeek (15 de abril de 2002), Round UP, 15.
76. Rundell, A. G. y Gómez-Mejía, L. R. (2002). Powe as a determinant of executive pay. *Human Resource Management Review, 12*(3), 3-23.
77. Thompson, M. A. (2001). Managing stock options in downmarket conditions. *Worldatwork Journal, 10*(2), 1-6; Brynisski, T. y Harsen, B. (enero-febrero de 2002). The cancel and regrant: A roadmap for addressing underwater options. *Compensation and Benefits Review, 34*(1), 28-33; Fow, R. D. y Hauder, E. A. (2001). Sending out an SOS –Methods for companies to resucítate underwater stock options. *Worldatwork Journal, 10*(2), 7-12.
78. Kahn, J. (7 de enero de 2002). When 401(k)s are KO´d. *Fortune*, 104; Hymowitz, C. (24 de febrero de 2003). How to fix a broken system. *Wall Street Journal*, R-1.
79. Hyman, J. S. (2000). Long-term incentives. En Berger, L. A. y Berger, D. R. (Eds.), *The compensation handbook* (4.ª ed.). Nueva York: McGraw-Hill; Gómez-Mejía, L. R. y Wiseman, R. (1997). Reframing executive compensation: An assessment and Outlook. *Journal of Management, 23*(3), 291-374; Mazer, M. A. y Larre, E. C. (2000). Executive compensation strategy. En Berger, L. A. y Berger, D. R. (Eds.), *The compensation handbook* (4.ª ed.). Nueva York: McGraw-Hill; Lublin, J. (11 de abril de 2002a). Executive pay under radar. *Wall Street Journal*, B-7; Lublin, J. (11 de abril de 2002b). The hot seat. *Wall Street Journal*, B-10.
80. Tosi, H., Katz, J., Werner, S. y Gómez-Mejía, L. R. (2000). A meta-analysis of executive compensation studies. *Journal of Management, 26*(2), 1-39.

81. Lublin, J. (11 de abril de 2002a). Executive pay under radar. *Wall Street Journal*, B-7; Strauss, G. y Hansen, B. (30 de marzo de 2005). Special report: CEO pay is business as usual. *USA Today*, A-1.
82. *Wall Street Journal* (11 de abril de 2002). The boss´s pay, B-15–B-19.
83. *Wall Street Journal News Roundup*. (7 de marzo de 1995). In a cost-cutting era, many CEOs enjoy imperial perks, B-1.
84. Lublin, J. (11 de abril de 2002a). Executive pay under radar. *Wall Street Journal*, B-7; Strauss, G. y Hansen, B. (30 de marzo de 2005). Special report: CEO pay is business as usual. *USA Today*, A-1.
85. Jaffe, M. (14 de marzo de 2005). Pay perks draw warning. *Arizona Republic*, D-1.
86. Gómez-Mejía, L. R. y Wiseman, R. (1997). Reframing executive compensation: An assessment and Outlook. *Journal of Management, 23*(3), 291-374; Wiseman, R. y Gómez-Mejía, L. R. (1998). A behavioral agency model. *Academy of Management Review, 23*(1), 150-196.
87. Dalton, D. R. y Daily, C. M. (1999). Directors and shareholders as equity partners? *Compensation and Benefits Review, 31*(1), 73-79.
88. *Ibid.*
89. Creswell, J. (4 de abril de 1999). More companies are linking directors´ pay to performance. *Wall Street Journal*, R-6; McNamee, M. (22 de abril de 2002). Turn up the heat on borrad cronysm. *BusinessWeek*, 36.
90. Lublin, J. S. (11 de abril de 2005). Goodbye to pay for no performance. *Wall Street Journal*, A-1; Raghavan A. (28 de enero de 2005). More CEOs say "no thanks" to board seats. *Wall Street Journal*, B-1; Todd, P. y Barrett, A. (1.er trimestre de 2005). Director pay: Current trend and practices. *Worldatwork Journal*, 15-24.
91. Henry, D., France, M. y Lavelle, L. (25 de abril de 2005). The boss on the sidelines. *BusinessWeek*, 86-96.
92. Sapsford, J. y Fackler, M. (2005). Director´s role shift in Japan. *Wall Street Journal*, A-15.
93. Makri, M. y Gómez-Mejía, L. R. Rewarding executives. En R. Silzer (Ed.), *The 21st Century Executive* (pp. 200-228). San Francisco: Jossey-Bass; Jonson, A. M. (2000). Designing and implementing total executive compensation programs. En Berger, L. A. y Berger, D. R. (Eds.), *The compensation handbook* (4.ª ed.). Nueva York: McGraw-Hill; Parks, T. (2002). Uphill battle: Motivating a sales force in tough times. *Workspan, 4*(2), 65-67; Knight, T. G. (enero de 2005). Sales compensation plans for a recovering economy, *Workspan*, 63-66.
94. Knight, T. G. (enero de 2005). Sales compensation plans for a recovering economy, *Workspan*, 63-66.
95. *Ibid.*; Watson Wyatt Data Services (1996). *The 1995-1996 sales and marketing personnel report*. Nueva York. Nueva York.
96 Parks, T. (2002). Uphill battle: Motivating a sales force in tough times. *Workspan,* 4(2), 65-67.
97 *HR Focus* (abril de 2001). Incentive pay plans: Which ones work... and why, 3-5.
98 Sager, L., McWilliams, G. y Hof, D. (7 de febrero de 1994). IBM lean son its salesforce. *BusinessWeek,* 110.
99 *Forbes* (28 de febrero de 1994), 15-20.
100 Edmonson, G. (9 de agosto de 1999). France: A CEO´s pay secret shouldn´t be a secret. *BusinessWeek,* 47.
101 Lavelle, L. (17 de enero de 2005). Time to Stara weighing the options. *BusinessWeek,* 32-33.

Capítulo 12

1. McNamee, M. (4 de octubre de 1999). Good pensions, bad sales pitch. *BusinessWeek*, 44.
2. Sager, I. (11 de octubre de 1999). Look for the union label–at IBM. *BusinessWeek*, 46.
3. Kerwing, K. (21 de febrero de 2000). Employee benefits: Workers of the world, log on. *BusinessWeek*, 52.
4. DeYoung, P. (octubre de 2000). High-tech talen perks are ripe for the picking. *Workspan*, 28-33.
5. Boyle, M. (24 de enero de 2005). The Wegmans way. *Fortune*, 62-68.
6. U. S. Bureau of Labor Statistics. (junio de 2004). *Employer costs for employee compensation*, 1-4.
7. Lieb, J. (19 de marzo de 1990). Day-care demand creates new perk. *Denver Post*, 1-C, 5-C.
8. Gómez-Mejía, L. R. y Balking, D. B. (1992b). *Compensation, organizational strategy and firm performance*. Cincinnati, OH: South-Western.
9. Mulvey, J. (31 de marzo de 2005). Rising benefits cost crowd out wage growth. *Employee Benefits Factsheet*, 1.
10. Martocchio, J. (2003). *Employee benefits*. Burr Ridge, IL: McGraw-Hill Irwin.
11. McCaffery, R. M. (1989). Employee benefits and services. En L. R. Gómez-Mejía (Ed.), *Compensation and benefits*. Washington, DC: The Burearu of National Affairs.
12. Lawler, E. E. III (1990). *Strategic pay*. San Francisco: Jossey-Bass.
13. Levering, R., Moskowitz, M. Y Katz, M. (1984). *The 100 best companies to work for in America*. Reading, MA: Addison-Wesley.
14. Lankford, K. (2004). The new medicare: Prescription drug coverage. *Kiplinger´s Retirement Planning 2004*, 91-92.
15. U. S. Chamber of Commerce (1991). *Employee benefits 1990*. Washington, DC: U.S. Chamber of Commerce.
16. Treaster, J. (23 de junio de 2003). Cost of insurance for work injuries soars across U. S. *New York Times*, A-1; A-18; Hansen, F. (mayo-junio de 1999). Workers compensation: Hard times ahead. *Compensation and Benefits Review*, 15-20; Cenicernos, R. (4 de julio de 2005). California gaining self-insurers. *Business Insurance*, 4-5; Martocchio, J. (2003). *Employee benefits*. Burr Ridge, IL: McGraw-Hill Irwin.
17. Thompson, R. (marzo de 1990). Fighting the high cost of workers´ compensation. *Nation´s Business*, 20-29.
18. Light, L. (5 de octubre de 1992). When injured employees act anything but. *BusinessWeek*, 120.
19. Lorenz, C. (mayo-junio de 1995). Nine practical suggestions for streamlining workers´ compensation costs. *Compensation and Benefits Review*, 40-44.
20. *Occupational Safety Hazards*. (febrero de 2002). A checklist for managing workers´ comp claims, 24.

21. Fefer, M. D. (3 de octubre de 1994). Taking control of your workers´ comp costs. *Fortune*, 131-136.
22. Milkovich, G. T. y Newman, J. M. (2005). *Compensation* (8.ª ed.). Homewood, IL: Irwin, McGraw-Hill.
23. Richman, L. S. (17 de abril de 1995). Getting past economic insecurity. *Fortune*, 161-168.
24. Preston, H. (16 de marzo de 2002). Walking papers: How to make the best of losing a job. *Intenational Herald Tribune*, 13.
25. Grossman, R. (noviembre de 2004). The UI blues. *HRMagazine*, 55-59.
26. Snarr, B. (mayo-junio de 1993). The family and medical leave act of 1993. *Compensation and Benefits Review*, 6-9.
27. Crampton, S. M. y Mishra, J. M. (1995). Family and medical leave legislation. Organizational policies and strategies. *Public Personnel Management, 24*(3), 271-289.
28. Gunsch, D. (septiembre de 1993). The family leave act: A financial burden? Personnel Journal, 48-57.
29. Paltell, E. (septiembre de 1999). FMLA: After six years, a bit more clarity, *HRMagazine*, 144-150.
30. McNamee, M. (9 de agosto de 1993). Sure, "unpaid leave" sounds simple, but... *BusinessWeek*, 32-33.
31. Bernstein, A. (13 de junio de 2005). The fight brewing over family leave. *BusinessWeek*, 62-63; Hansen, F. (marzo-abril de 2001). Seven years after the FMLA. *Compensation and Benefits Review*, 22-30.
32. Grow, B. (13 de septiembre de 2004). It´s enough to make you sick. *BusinessWeek*, 58-61.
33. Sunoo, B. P. (noviembre de 1998). Carrying the weight of the HIPAA-potamus. *Workforce*, 58-64.
34. Brislin, J. (marzo de 2003). HIPPA privacy rules and compliance with federal and state employment laws: The participant authorization form. *Employee Benefits Journal*, 51-63; Wellner, A. (noviembre de 2003). The privacy time bomb: Comply with HIPPA now or risk big fines later, *Inc.*, 34.
35. Kaiser Family Foundation (2002). www.kff.org.
36. *Ibid.*
37. Benko, L. (28 de junio de 2004). New call for patients´ bill of rights. *Modern Healthcare*, 12.
38. Kaiser Family Foundation (2002). www.kff.org.
39. Jefferson, D. J. (8 de marzo de 1994). Family matters: Gay employees win benefits for partners at more corporations. *Wall Street Journal*, A-1, A-6; Jenner, L. (enero de 1994). Domestic partner update: Awareness and resistance. *HR Focus*, 10.
40. Farrell, C. (13 de junio de 2005). This could keep you in the pink: Health savings accounts may be just the ticket for entrepreneurs. BusinessWeek, 88-89; Lankford, K. (junio de 2005). In search of health coverage. *Kiplinger´s*, 83-85.
41. Weisser, C. (enero de 2005). Five ways to cut your healthcare costs. *Money*, 90-95; Franklin M. y Lankford, K. (noviembre de 2004). A new way to save on premiums, *Kiplinger´s*, 87-89.
42. Newton, C. (febrero de 2002). Branching out with self-funded health care. *Workspan*, 45-47.
43. Bernstein, A. (19 de agosto de 1991). Playing "Pin the insurance on the other guy". *BusinessWeek*, 104-105.
44. Reese, A. (agosto de 1999). Setting the pace. *Business & Health*, 17-18.
45. Bunch, D. K. (marzo de 1992). Coors Wellness Center–Helping the bottom line. *Emplee Benefits Journal*, 14-18.
46. Wiley, J. L. (agosto de 1993). Preretirement education: Benefits outweigh liability. *HR Focus*, 11.
47. Johnson, R. (otoño de 1998). Dispelling the fables of ERISA, *ACA Journal*, 19-27.
48. *Money* (mayo de 1993). The best benefits, 130-131.
49. Murray, K. A. (julio de 1993). For some companies, portable pensions aren´t practical. *Personnel Journal*, 38-39.
50. Milkovich, G. T. y Newman, J. M. (2005). *Compensation* (8.ª ed.). Homewood, IL: Irwin, McGraw-Hill.
51. Rotello, P. y Cornwell, R. (febrero de 1994). Is it time to rethink your retirement program? *HR Focus*, 4-5.
52. Dimeo, J. (octubre de 1992) Women receive the short end when it comes to their retirement pension incomes. *Pension World*, 28, 30.
53. Poterba, J. M, Venti, S. F. y Wise, D. A. (1998). 401(k) plans and future patterns of retirement saving. *American Economic Review, 88*, 179-184.
54. Hogan, M. C. (diciembre de 1992). Educating the 401(k) investor. *Employee Benefits Journal*, 18-22.
55. *The Economist* (15 de diciembre de 2001). American company pensions: When labor and capital don´t mix, 60.
56. Quinn, J. (21 de enero de 2002). 401(k)s and the Enron mess. *Newsweek*, 25.
57. Gleckman, H. (25 de abril de 2005). A nest egg that´s a no-brainer. *BusinessWeek*, 108-110.
58. Foran, N. y Bryant, J. (septiembre de 1999). Roth IRA regs. offer clarity and guidance. *Tax Advisor*, 654-663.
59. McNamee, M. (4 de octubre de 1999). Good pensions, bad sales pitch. *BusinessWeek*, 44.
60. Murray, K. A. (julio de 1993). How HR is making pensions portable. *Personnel Journal*, 36-46; Tobin, V. M. (1992). Beyond defined contribution or defined benefit pension plans. En *The Conference Board report 1004: Controlling the cost of employee benefits*. Nueva York: The Conference Board; Snell, N. W. (1992). Pension plan modifications. En *The Conference Board report 1004: Controlling the cost of employee benefits*. Nueva York: The Conference Board.
61. DeCenzo, D. A. y Holoviak, S. J. (1990). *Employee benefits*. Upper Saddle River, NJ: Prentice Hall.
62. *Money* (mayo de 1993). The best benefits, 130-131.
63. U. S. Bureau of Labor Statistics. (26 de febrero de 2004). Employer costs for employee compensation. Washington, DC: United States Department of Labor.
64. Eckhouse, J. (24 de marzo de 1993). Retired exec at HP received $937,225 for unused sick leave. *San Francisco Chronicle*, C-1, C-40.
65. Tully, S. (12 de junio de 1995). America´s healthiest companies. *Fortune*, 98-106.
66. Reinberg, J. (febrero de 2002). It´s about time: PTOs gain popularity. *Workspan*, 53-55.
67. Matthes, K. (mayo de 1992). In pursuit of leisure: Employees want more time off. *HR Focus*, 1.

68. Gómez-Mejía, L. R., Balkin, D. B. y Milkovich, G. T. (1990). Rethinking your rewards for technical employees. *Organizational Dynamics, 1*(1), 62-75.
69. Briscoe, D. y Schuler, R. (2004). *Internacional human resource management* (2.ª ed.) Nueva York: Routledge.
70. Fuchsberg, G. (22 de abril de 1992). What is pay, anyway? *Wall Street Journal*, R-3.
71. Huang, A. (julio de 1999). Concierge services free employees from distractions. *HR Focus*, 6.
72. BNA (31 de enero de 1994). Self-defense classes for employees becoming popular. *Workforce Strategies* (publicado con BNA´s *Employee Relations Weekly*), 5, 3.
73. Symonds, W. (10 de junio de 2002). Providing the killer perk: Companies way on-site day care pays off in higher productivity and reduced turnover. *BusinessWeek*, 101.
74. Dex, S. y Schneibel, F. (verano de 1999). Business performance and family-friendly policies. *Journal of General Management*, 22-37.
75. *The Conference Board* (1995). Child care services, *5*(4), 3-12.
76. Henderson, R. (1989). *Compensation management* (5.ª ed.). Upper Saddle River, NJ: Prentice Hall.
77. Barringer, M. W. y Milkovich, G. T. (1998). A theoretical exploration of the adoption and design of flexible benefit plans: A case of human resource innovation. *Academy of Management Review, 23*, 305-324.
78. Alderman, L. y Kim, S. (enero de 1996). Get the most from your company benefits. *Money*, 102-106.
79. DeCenzo, D. A. y Holoviak, S. J. (1990). *Employee benefits*. Upper Saddle River, NJ: Prentice Hall.
80. McCaffery, R. M. (1992). *Employee benefit programs: A total compensation perspective* (2.ª ed.). Boston: PWS-Kent.
81. Black, A. (2005). *Effective benefit communication trends, techniques and technology*. Brookfield, WIS: International Foundation of Employee Benefit Plans; Wilson, M., Northcraft, G. y Neale, M (1985). The perceived value of fringe benefits. Personnel Psychology, 38, 309-320.
82. Cohen, A. y Cohen, S. (noviembre-diciembre de 1998). Benefits Websites: Controlling costs while enhancing communication. *Journal of Compensation and Benefits,* 11-18.
83. Shalowitz, D. (12 de octubre de 1992). Cracking the case of the confusing retirement plan. *Business Insurance,* 22.

Capítulo 13

1. Roberts, K. (2002, May). Honest communications. *Executive Excellence*, 20
2. Noer, D. M. (1993). *Healing the wounds: Overcoming the trauma of layoffs and revitalizing downsized organizations*, 103-104. San Francisco: Jossey-Bass.
3. Jay, J. (enero de 2005). On communicating well. *HRMagazine*, 87-90.
4. Jonson, P. R. y Gardner, S. (1989). Legal pitfalls of employee handbooks. *SAM Advanced Management Journal,* 54 (2), 42-46.
5. Felsberg, E. (verano de 2004). Composing effective employee handbooks. *Employment Relations Today*, 117-118.
6. Wojcik, J. (6 de diciembre de 2004). Toshiba employee handbook goes online. *Business Insurance*, 18.
7. Farr, J. (enero de 1999). Put your rules in writing. *Restaurant Hospitality*, 38.
8. Sosnin, B. (julio de 2001). Package your policies: To be effective, employee handbooks must be well-structured, carefully drafted in plain language and reflective of your practices and culture. *HRMagazine*, 67-72.
9. Brady, T. (Junio de 1993). Employee handbooks: Contracts or empty promises? *Management Review*, 33-35.
10. Aronoff, C. E. y Ward, J. L. (enero de 1993). Rules for nepotism. *Nation's Business*, 64-65.
11. Prasad, A. (enero de 2002). Digging deep for meaning: A critical hermeneutic analysis of CEO letters to shareholders in the oil industry. *The Journal of Business Communication*, 92-116.
12. Sosnin, B. (junio de 1996). Corporate newsletters improve employee morale. *HRMagazine*, 106-110.
13. Flanagan, P. (febrero de 1994). Videoconfeencing changes the corporate meeting. *Management Review*, 7; Bhargava, S. W. y Coy, P. (12 de noviembre de 1991). Video-screen meetings: Still out of sight. *Business Week*, 162E.
14. *Information Management Forum*. (enero de 1993). Voice mail or voice pony express, insert into *Management Review*, 3.
15. Weeks, D. (febrero de 1995). Voice mail: Blessing or curse? *World Traveler*, 51-54.
16. Leonard, A. (20 de septiembre de 1999). We've got mail-always. *Newsweek*, 58-61.
17. Peral, J. A. (julio de 1993). The e-mail quandary. *Management Review*, 48-51.
18. *Ibid.*
19. France, M. (2 de abril de 1999). A site for soreheads. *Business Week*, 86-90.
20. Brady, R. (octubre de 1995). Electronic mail: Drafting a policy. *HR Focus*, 19; Daniel, T. (1995, Summer). Electronic and voice mail monitoring of employees: A practical approach. *Employee Relations Today*, 1-10; Weiss, B. (enero de 1996). Four black holes in cyberspace. *Management Review*, 30-32.
21. *Information Management Journal*. (enero-febrero de 2002). Company e-mail: To monitor or not to monitor, 8.
22. *Information Management Forum*. (julio de 1993). Who's reading your e-mail? An insert into *Management Review*, 1, 4; Casarez, N. B. (verano de 1993), Electronic mail and employee relations: Why privacy must be considered. *Public Relations Quarterly*, 37-39.
23. Baig, E., Stepnek, M. y Gross, N. (5 de abril de 1999). Privacy: The Internet wants your personal information. *Business Week*, 84-90; McGrath, P. (29 de marzo de 1999). Knowing you too well. *Newsweek*, 48-50.
24. Wellner, A. (septiembre de 2005). Lost in translation. *Inc.*, 37-38.
25. *The Economist*. (20 de abril de 1996). Textbooks on CD-ROM, 11.
26. *HR Focus*. (mayo de 2002). Time to take another look at telecommuting, 6-7.
27. Kugelmass, J. (1995). *Telecommuting*. New York: Lexington Books.
28. Falcone, P. (octubre de 1998). Communication breakdown. *HR Focus*, 8.

29. *The Economist.* (25 de octubre de 2003). Think before you meet: Too many meetings are a waste of time, 17.
30. Michaels, E. A. (febrero de 1989). Business meetings. *Small Business Reports*, 82-88.
31. Interview of Deborah Tannen by L. A. Lusardi (julio de 1990). Power talk. *Working Woman*, 92-94.
32. Elashmawi, F. (noviembre de 1991). Multicultural business meetings and presentations. *Tokyo Business Today*, 59 (11), 66-68.
33. Montgomery, E. (octubre de 1993). A family affair. *Small Business Reports*, 10-14; Jaffe, D. T. (junio de 1992). How to create a family council. *Nation's Business*, 54-55. For more on succession planning, see *Inc.* (julio de 1996). Three ways to plan ahead, 96.
34. Meyer, A. (22 de agosto de 2005). Retretas help strengthen ties for family-owned firms. *Chicago Tribune*, 3-4.
35. Wellner, A. (enero de 2005). Playing well with others: Office cliques sap morale and kill productivity – does your firm have them?– *Inc.*, 29-31.
36. McCune, J. C. (julio-agosto de 1998). That elusive thing called trust. *Management Review*, 10-16.
37. *Business 2.0.* (mayo de 2002). eePulse Inc. Helps hospital save thousands and improve productivity. www.business2.com.
38. Mandel, M. J. (24 de junio de 1996). Satisfaction at work. *BusinessWeek*, 28.
39. Gómez-Mejía, L. R. y Balkin, D. B. (1992). *Compensation, organizational strategy, and firm performance*. Cincinnati, OH: South-Western.
40. Aram, J. D. y Salipante, P. F., Jr. (1981). An evaluation of organizational due process in the resolution of employee/employer conflict. *Academy of Management Review, 16,* 197-204.
41. Strazewski, L. (julio de 2005). Investing in EAPs-employee assistance programs. *Rough Notes*, 52-53.
42. Filipowicz, C. A. (1979). The troubled employee: Whose responsibility? *Personnel Administrator*, 24 (6), 5-10.
43. Bahls, J. (marzo de 1999). Handle with care. *HRMagazine*, 60-66.
44. Lee, K. (2000). Bringing home benefits. *Employee Benefit News*, 13 (4), 1-3.
45. Carson, K. D. y Balkin, D. B. (1992). An employee assistance model of health care management for employees with alcohol-related problems. *Journal of Employment Counseling*, 29, 146-156.
46. Wise, D. (abril de 1993). Employee assistance programs expand to fit companies'needs. *Business & Health*, 40-45.
47. Strazewski, L. (julio de 2005). Investing in EAPs-employee assistance programs. *Rough Notes*, 52-53.
48. Fisher, C., Schoenfeldt, L. y Shaw, J. (1996). *Human resource management* (3.rd ed.). Boston, MA: Houghton Mifflin.
49. Karamally, L. (septiembre de 2004). Companies try to bring domestic violence issues into the open. *Workforce Management*, 60-63.
50. Cascio, W. (2000). *Costing human resources* (4th ed.). Cincinnati, OH: Southwestern College Publishing.
51. Luthans, F. y Waldersee, R. (1989). What do we really know about EAPs? *Human Resource Management*, 28, 385-401.
52. *Risk Management* (mayo de 1999). Working assistance, 8.
53. Deal, T. E. y Key, M. K. (1998). *Corporate celebration*. San Francisco: Barrett-Koehler.
54. Meyers, D. W. (1986). *Human resources management*. Chicago: Commerce Clearing House.
55. Nelson, B. (1994). *1001 ways to reward employees*. New York: Workman Publishing.
56. Arthur, J. y Aiman-Smith, L. (2001). Gainsharing and organizational learning: An analysis of employee suggestions over time. *Academy of Management Journal*, 44, 737-754.
57. Wells, S. (febrero de 2005). From ideas to results: To get the most from your company's suggestion system, move ideas up the ladder through a formal process. *HRMagazine*, 55-58.
58. Trunko, M. E. (1993). Open to suggestions. *HRMagazine*, 38 (2), 85-89.
59. Wells, S. (febrero de 2005). From ideas to results: To get the most from your company's suggestion system, move ideas up the ladder through a formal process. *HRMagazine*, 55-58.
60. *Ibid.*
61. Oldering, S. R. (mayo-junio de 1998). Mitsubishi and Honda on competition and quality circles. *Journal for Quality & Participation*, 55-59.
62. Knouse, S. (1995). *The reward and recognition process*. Milwaukee, WI: ASQC Quality Press.
63. Gilbert, M. (noviembre de 200). A culture that recognizes the contributions made by unsung heroes. *Worforce Management*, 82-84
64. Orsburn, J. D., Moran, L., Musselwhite, E. y Zenger, J. H. (1990). *Self-directed work teams.* Homewood, IL: Business One Irwin.
65. Flynn, G. (julio de 1998). Is your recognition program understood? *Workforce,* 30-35.
66. Ruffalo, N. (enero de 2000). HR 101: Recognition. *Workforce,* 62-63.
67. Wiscombe, J. (abril de 2002). Rewards get results. *Workforce,* 42-48.

Capítulo 14

1. Levy, S. (7 de junio de 2004). A future with nowhere to hide? *Newsweek*, 76.
2. Lewis, J. (enero de 2002). I know what you e-mailed last summer. *Security Management*, 93-99; Zimmerman, E. (febrero de 2002). HR must know when employee surveillance crosses the line. *Workforce*, 38-45.
3. Springen, K. (7 de febrero de 2005). Smoking: Light up and you may be let go. *Newsweek*, 14.
4. Cheeseman, H. (1997). *Contemporary business law (2nd ed.).* Upper Saddle River, NJ: Prentice Hall.
5. Egler, T. (mayo de 1996). A manager's guide to employment contracts. *HRMagazine*, 28-33.
6. Flynn, G. (febrero de 1999). Employment contracts gain ground in corporate America. *Workforce*, 99-101.
7. *Ibid.*
8. La Van, H. (2000). A logit model to predict the enforceability of noncompete agreements. *Employee Responsabilities and Rights Journal*, 12, 219-235.

9. Gullett, C. R. y Greenwade, G. D. (1988). Employment at will: The no fault alternative. *Labor Law Journal*, 39 (6), 372-378.
10. *Ibid.*
11. *Defense Counse Journal* (abril de 2005). Conning the IADC newsletters, 203-206; McWhiter, D. (1989). *Your rights at work*. New York: Wiley.
12. Ho, V. (2005). Social influence on evaluations of psychological contract fulfilment. *Academy of Management Review*, 30, 113-128; Ho, V. y Levesque, L. (2005). With a little help from my friends (and susbstitutes): Social referents and influence in psychological contract fulfilment. *Organization Science*, 16, 275-290.
13. Rousseau, D. (1995). *Psychological contracts in organizations*. Thousand Oaks, CA: Sage.
14. Weaver, G. R., Trevino, L. K. y Cochran, P. L. (1999). Corporate ethics programs as control systems: Influence of executive commitment and environmental factors. *Academy of Management Journal*, 42, 41-57.
15. Weaver, G. y Trevino, L. (2001). The role of human resources in ethics/compliance management: A fairness perspective. *Human Resource Management Review*, 11, 113-134.
16. Driscoll, D. (marzo de 1998). Business ethics and compliance: What management is doing and why. *Business and Society Review*, 33-51.
17. Sashkin, M. y Kiser, K. J. (1993). *Putting total quality management to work*. San Francisco: Berrett-Koehler.
18. Otto, J. (11 de enero de 1993). Random alcohol test proposed. *Aviation Week & Space Technology*, 138 (2), 33.
19. Sovereign, K. (1994), *Personnel law* (3.rd ed.) Upper Saddle River, NJ: Prentice Hall.
20. Hays, S. (septiembre de 1999) Censured! "Free" speech at work. *Workforce*, 34-37.
21. Labich, K. (6 de septiembre de 1999). No more crude at Texaco. *Fortune*, 205-212.
22. Antón, G. y Ward, J. (marzo de 1998). Every breath you take: Employee privacy rights in the workplace-An Orwellian prophecy come true? *Labor Law Journal*, 897-911.
23. Holley, W. H. y Jennings, K. M. (1991). *The labor relations process* (4th ed.). Chicago, IL: Dryden.
24. Elkouri, F. y Elkouri, E. A. (1973). *How arbitration works* (3rd ed.). Washington, DC: Bureau of National Affairs.
25. Brown, D. R. y Gray, G. R. (verano de 1988). A positive alternative to employment at will. *SAM Advanced Management Journal*, 53, 13-16.
26. Maltby, L. L. (1990). The decline of employment at will-a quantitative analysis. *Labor Law Journal*, 41 (1), 51-54.
27. Utroska, D. R. (noviembre de 1992). Management in Europe. *Management Review*, 21-24.
28. Seligman, D. (10 de noviembre de 2003). The right to fire. *Forbes*, 126.
29. Smith, R. (14 de septiembre de 1999). Saloman former manager is awarded $1,9 million in wrongful discharge case. *Wall Street Journal*, 1; Jones, D. (2 de abril de 1998). Fired workers fight back... and win. *USA Today*, 1-B.
30. Janove, J. (mayo de 2005). Keep'em at will, treat'em for cause. *HRMagazine*, 111-117; Roehlilng, M. (2003, October). The employment at will doctrine: Second level ethical issues and analysis. *Journal of Business Ethics*, 115-124.
31. Bordwin, M. (noviembre de 1993). Timing is everything. *Small Business Reports*, 43-51.
32. Flynn, G. (julio de 2000). How do you treat the at-will employment relationship? *Workforce*, 178-179.
33. Rosse, J., Millar, J. y Ringer, R. (verano de 1996). The deterrent value of drug and integrity testing. *Journal of Business and Psychology*, 10, 477-485.
34. Flynn, G. (enero de 1999). How to prescribe drug testing. *Workforce*, 107-109.
35. Zigarelli, M. (1995). Drug testing litigation: Trends and outcomes. *Human Resource Management Rview*, 5, 245-265; Flynn, G. (abril de 1996). Will drug testing pass or fail in court? *Personnel Journal*, 141-144.
36. Green, W. E. (21 de noviembre de 1989). Drug testing becomes corporate mine field. *Wall Street Journal*, B-1, B-8.
37. Verespoj, M. A. (2 de julio de 1990). Death blow for random testing. *Industry Week*, 47-48.
38. *Wall Street Journal* (8 de febrero de 1994). Drug testing gets big boost from he Califonia Supreme Court, A-1.
39. Gunsch, D. (mayo de 1993). Training prepares workers for drug testing. *Personnel Journal*, 52-59.
40. Hanson, A. (julio de 1990). What employees say about drug testing. *Personnel*, 32-36.
41. Maltby, L. (julio de 1990). Put performance to the test. *Personnel*, 30-31.
42. Griffin, S., Séller, A. y Cohn, A. (invierno de 2001). Developing a drug testing policy at a public university: Participant perspectives. *Public Personnel Management*, 467-481.
43. Nadell, B. (agosto de 2001). Is your corporate culture on drugs? *Occupational Health & Safety*, 28-31.
44. Hamilton, J. O. (3 de junio de 1991). A video game that tells if employees are fit for work. *Business Week*, 36; Maltby, L. (julio de 1990). Put performance to the test. *Personnel*, 30-31.
45. Elsenberg, B. y Jonson, L. (diciembre de 2001). Being honest about being dishonest. Society for Human Resources Management. www.shrm.org/whitepapers/.
46. Willis, R. (enero de 1986). White collar crime. *Management Review*, 75, 22-30.
47. Payne, M. (8 de abril de 2001). Sticky fingers. *Boulder Daily Camera*, 6-F.
48. Vaught, B., Taylor, R. y Vaught, S. (enero de 2000). The attitudes of managers regarding the electronic monitoring of employee behavior: Procedural and ethical considerations. *American Business Review*, 18, 107-114.
49. DeTienne, K. y Flint, R. (1996, Spring). The boss's eyes and ears: A case study of electronic monitoring and the privacy for consumers and workers act. *Labor Lawyer*, 93-115.
50. *USA Today*. (24 de mayo de 1993). Bosses peak at e-mail, B1:2.
51. *Business Week*. (15 de enero de 1990). Is your boss spying on you? 74-75.
52. Levy, S. (7 de junio de 2004). A future with nowhere to hide? *Newsweek*, 76.
53. Alder, S. y Ambrose, M. (2005). Towards understanding fairness judgements associated with computer performance

monitoring: An integration of the feedback, justice, and monitoring research. *Human Resource Management Review*, 15, 43-67.

54. See Garson, B. (1988). *The electronic sweatshop: How computers are transforming the office of the future into the factory of the past*. New York: Penguin Books; Piturro, M. (mayo de 1989). Employee performance monitoring... or meddling? *Management Review*, 31-33.
55. DeTienne, K. y Flint, R. (1996, Spring). The boss's eyes and ears: A case study of electronic monitoring and the privacy for consumers and workers act. *Labor Lawyer*, 93-115.
56. Bates, R. y Holton, E. (1995). Computerized performance monitoring: A review of human resource sigues. *Human Resource Management Review*, 5, 267-288.
57. *Business Week*. (15 de enero de 1990). Is your boss spying on you? 74-75.
58. McCarthy, M. J. (21 de octubre de 1999). Now the boss knows when you're clicking. *Wall Street Journal*, B-1.
59. Zimmerman, E. (febrero de 2002). HR must know when employee surveillance crosses the line. *Workforce*, 38-45.
60. Near, J. y Miceli, M. (1985). Organizational dissidence: The case of whistleblowing. *Journal of Business Ethics*, 4, 1-16.
61. Near, J. y Miceli, M. (1995). Effective whistle-blowing. *Academy of Management Review*, 20, 679-708.
62. Felsberg, E. (2005, Spring). Understanding retaliation and whistleblowing claims. *Employment Relations Today*, 91-96.
63. Zimmerman, A. y Bandler, J. (24 de mayo de 2005). Wal-Mart ex-worker files complaint. *Wall Street Journal*, B-5; Zimmerman, A. (11 de julio de 2005). Wal-Mart takes shot at credibility of fired executive. *Wall Street Journal*, B-5.
64. Dworkin, T. M. y Baucus, M. S. (1998). Internal vs. external whistleblowers: A comparison of whistleblower processes. *Journal of Business Ethics*, 17, 1281-1298.
65. *The Economist* (19 de agosto de 1995). The uncommon good, 55-56.
66. Wiscombe, J. (julio de 2002). Don't fear whistleblowers. *Workforce*, 26-32; Zellner, W. (28 de enero de 2002). A hero-and smoking gun letter. *Business Week*, 34-35.
67. Boyle, R. D. (1990). A review of whistle-blower protection and suggestions for change. *Labor Law Journal*, 41 (12), 821-828.
68. Miceli, M. y Near, J. (1994). Whistle-blowing: Reaping the benefits. *Academy of Management Executive*, 8 (3), 65-72.
69. Steinberg, M. y Kaufman, S. (2005, Spring). Minimizing corporate liability exposure when the whistle blows in the post Sarbanes-Oxley era. *Journal of Corporation Law*, 445-463; Sraeel, H. (agosto de 2005). With the whistleblower provision, no one wins. *USBanker*, 8.
70. Overman, S. (noviembre de 1998). Relationships: When labor leads to love. *HR Focus*, 1, 14.
71. Greenwald, J. (14 de febrero de 2000). Office romances may court trouble. *Business Insurance*, 3-4.
72. Stanton, M. (octubre de 1998). Courting disaster: The perils of office romance. *Government Executive*, 35-39.
73. Overman, S. (noviembre de 1998). Relationships: When labor leads to love. *HR Focus*, 1, 14.
74. Gossage, B. (febrero de 2005). Fishing off the company pier. *Inc.*, 17-19.
75. Todorova, A. (27 de febrero de 2005). Romancing a colleague. *Wall Street Journal Sunday*, 4.
76. Cottringer, W. (abril de 2003). The abc's of employee discipline. *Supervision*, 5-7.
77. Weinstein, S. (septiembre de 1992). Teams without managers. *Progressive Grocer*, 101-104.
78. Redeker, J. R. (1989). *Employee discipline*. Washington, DC: Bureau of National Affairs.
79. Firing and disciplining employees. (2005). www.hrzone.com/topics/firing.html.
80. Ramsey, R. D. (febrero de 1998). Guidelines for the progressive discipline of employees. *Supervision*, 10-12.
81. King, K. (2003, Summer). Employee-proposed discipline: How well is it working? *Public Personnel Management*, 197-209.
82. Osigweh, C., Yg, A. B. y Hutchison, W. R. (1989, Fall). Positive discipline. *Human Resource Management*, 28 (3), 367-383.
83. Grote, D. (septiembre-octubre de 2001). Discipline without punishment. *Across the Board*, 52-57.
84. Osigweh, C., Yg, A. B. y Hutchison, W. R. (1989, Fall). Positive discipline. *Human Resource Management*, 28 (3), 367-383.
85. *Ibid.*
86. Harvey, E. L. (marzo de 1987). Discipline vs. punishment. *Management Review*, 76, 25-29.
87. Falcone, P. (noviembre de 1998). Adopt a formal approach to progressive discipline. *HRMagazine*, 55-59.
88. Sherman, C. V. (1987). *From losers to winners*. New York: American Management Association.
89. Bureau of National Affairs. (1987). *Grievance guide* (7th ed.). Washington, DC: Bureau of National Affairs.
90. Flynn, G. (septiembre de 2000). Does a new right make a wrong? *Workforce*, 122-123.
91. Hindera, J. L. y Josephson, J. L. (1998). Reinventing the public employer-employee relationship. The just cause standard. *Public Administration Quarterly*, 22, 98-113.
92. Redeker, J. R. (1989). *Employee discipline*. Washington, DC: Bureau of National Affairs.
93. Shellenbarger, S. (13 de enero de 1994). More companies experiment with workers' schedules. *Wall Street Journal*, B1-3.
94. Segal, J. (julio de 1997). Looking for trouble? When it comes to the Americans with Disabilities Act, what you know about your employees can hurt you. *HRMagazine*, 76-83.
95. Breuer, N. L. (septiembre de 1993). Resources can relieve ADA fears. *Personnel Journal*, 131-142.
96. Mamis, R. (enero de 1995). Employees from hell. *Inc.*, 50-57.
97. Sculnick, M. W. (1990, Spring). Key court cases. *Employee Relations Today*, 17 (1), 53-59.
98. Peyton, P. (2003). *Dignity at work: Eliminate bullying and create a positive working environment*. New York: Brunner-Routledge.
99. *Ibid.*
100. Eckholm, E. (26 de julio de 2005). As recruiting suffers, military reins in abuses at boot camp. *New York Times*, A-1, A-14.
101. Nocera, J. (18 de junio de 2005). In business, tough guys finish last. *New York Times*, B-1, B-4.

102. Pearson, C. y Porta, C. (febrero de 2005). On the nature, consequences and remedies of workplace incivility: NO time for "nice"? Think again. *Academy og Management Executive,* 7-18.
103. Sherman, C. V. (1987). *From losers to winners.* New York: American Management Association.
104. Denton, D. K. (1992, Summer). Keeping employees: The Federal Express approach. *SAM Advanced Management Journal,* 57 (3), 10-13.
105. Leblanc, P. V. y McInerney, M. (enero de 1994). Need a change? Jump on the banding wagon. *Personnel Journal,* 72-78.

Capítulo 15

1. Harris, N. (27 de octubre de 1997). UPS puts its back into it. *Business Week*, 50.
2. Rocks, D. (15 de noviembre de 1999). UPS: Will this IPO deliver? *Business Week*, 41.
3. Bernstein, A. (25 de agosto de 1997). This package is a heavy one for the Teamsters. *Business Week*, 40-41.
4. Blake, N. (16 de julio de 2002). UPS, Teamsters reach agreement on new six-year contract. www.pressroom.ups.com.
5. Brooks, R. (25 de marzo de 2005). UPS pilots union to vote on strike alter long talks. *Wall Street Journal*, A-2.
6. Federation of Physicians and Dentists. (2005). www.fpdunion.org; American College of Osteopathic Family Physicians. (2005). www.acolp.org; Bernstein, A. (28 de junio de 1999). The Amalgamated Doctors of America? *Business Week*, 36.
7. Adelson, A. (5 de abril de 1997). Physician, unionize thyself. *New York Times*, A-21-A-22.
8. Haberfeld, Y. (1995). Why do workers join unions? The case of Israel. *Industrial and Labor Relations Review*, 48, 656-670.
9. Brett, J. M. (1980). Why employees want unions. *Organizational Dynamics*, 9, 316-332.
10. Bernstein, A. (23 de mayo de 1994). Why America need unions. *Business Week*, 70-82.
11. U.S. Bureau of Labor Statistics. (8 de abril de 2005). Work stoppages involving 1.000 or more workers, 1947-2004. www.bls.gov.
12. Greer, S. y Baird, C. (primavera de 2004). The phony case against Taft-Hartley and the real one. *Labor Law Journal*, 25-37.
13. Moorman, R. (marzo de 2000). Throwing down the gauntlet. *Air Transport World*, 49-51.
14. Flynn, G. (febrero de 1996). TEAM Act: What it is and what it can do for you. *Personnel Journal*, 85-87.
15. *HR News* (febrero de 1994). Washington scorecard, 13 (2), 5.
16. Budd, J. (1996). Canadian strike replacement legislation and collective bargaining: Lessons for the United States. *Industrial Relations*, 35, 245-260.
17. Holley, W. H. y Jennings, K. M. (1991). *The labor relations process. Chicago: Dryden.*
18. Hunter, L. W. (1998). Can strategic participation be institutionalized? Union representation on America corporate boards. *Industrial and Labor Relations Review*, 51, 557-578.
19. *Management Report* (octubre de 2005). Big unions disaffiliate from AFL-CIO, 1.
20. Fossum, J. (1995). *Labor relations* (6th ed.). Chicago: Irwin.
21. Maher, K. (13 de septiembre de 2005). AFL-CIO stands to shrink further; United Here, representing about 450.000 workers, may be next union to split. *Wall Street Journal*, D-7; Maher, K. (26 de septiembre de 2005). Breakaway unions to organize themselves first. *Wall Street Journal*, A6.
22. *The Economist* (14 de mayo de 2005). The labor movement: Brothers at arms, 32-36.
23. Overman, S. (diciembre de 1991). The union pitch has changed. *HRMagazine*, 44-46.
24. Freeman, R. B. (1989). The changing status of unionism around the world. In W. C. Huang (Ed.), *Organized labor at the crossroads*. Kalamazoo, MI: W. E. Upjohn Institute for Employee Research.
25. European Foundation for the Improvement of Living and Working Conditions (2002); *The Economist* (7 de junio de 2003). Special report: Trade unions, 60.
26. Ofori-Dankwa, J. (1993). Murria and Reshef revisited: Toward a typology/theory of paradigms of national trade union movements. *Academy of Management Review*, 18, 269-292.
27. Husain, I. (enero de 1995). Fresh Stara: Laid off workers need somewhere to turn. *Entrepreneur*, 306.
28. *The Economist* (25 de mayo de 2002). Europe: A general strike looms; Spanish labor law, 50.
29. Ofori-Dankwa, J. (1993). Murria and Reshef revisited: Toward a typology/theory of paradigms of national trade union movements. *Academy of Management Review*, 18, 269-292.
30. Mills, D. Q. (1989). *Labor-management relations*. New York: McGraw-Hill.
31. *The Economist* (21 de febrero de 2004). German industrial relations: Slowly losing chains, 49.
32. *The Economist* (14 de abril de 2001). You're fired, 45-46.
33. Wilpert, B. (1975). Research in industrial democracy and the German case. *Industrial Relations Journal*, 6 (1), 53-64.
34. Marsland, S. E. y Beer, M. (1985). Note on Japanese management and employment systems. In M. Beer y B. Spector (Eds.), *Readings in human resource management*. New York: The Free Press.
35. *The Economist* (10 de febrero de 1996). Stakeholder capitalism: Unhappy families, 23-25.
36. Thornton, E. (15 de noviembre de 1999). Remaking Nissan. *Business Week*, 70-76.
37. Delaney, J. T. (1991). Unions and human resource policies. En K. Rowland y G. Ferris (Eds.). *Research in personnel and human resources management*. Greenwich, CT: JAI Press.
38. Lawler y Mohrman, 1987. Lawler, E. E. y Mohrman, S. A. Unions and the new management. *Academy of Management Executive*, 1, 293-300.
39. Bernstein, A. (25 de enero de 1993). Making teamwork work-and appeasing Uncle Sam. *Business Week*, 101.
40. Lewin, D. (2001, Winter). IR and HR perspectivas on workplace conflict: What can they learn from each other? *Human Resource Management Review*, 453-485.

41. Woodruff, D. (8 de febrero de 1993). Saturn: Labor's love lost? *Business Week*, 122-124.
42. McHugh, P. P. y Yim, S. G. (1999, Fall). Developments in labor-management cooperation: The codification of cooperative mechanisms. *Labor Law Journal*, 230-236.
43. Gray, G. R., Meyers, D. W. y Meyers, P. S. (enero de 1999). Cooperative provisions in labor agreements: A new paradigm? *Monthly Labor Review*, 29-45.
44. Farber, H. (enero de 2001). Unions success in representation elections: Why does unit size matter? *Industrial and Labor Relations Review*, 329-348.
45. Kochan, T. A. y Katz, H. C. (1988). *Collective bargaining and industrial relations*. Homewood, IL: Irwin.
46. *The Economist* (2 de octubre de 1999). Wal-Mart wins again, 33.
47. Bernstein, A. (19 de julio de 1999). All's not fair in labor wars. *Business Week*, 43.
48. Zellner, W. (13 de marzo de 2000). Up against the Wal-Mart. *Business Week*, 76-78.
49. Bryant, A. (6 de abril de 1994). Lorenzo plan for irline rejecte. *New York Times*, D-53.
50. Olafson, C. (1999, May). Cyber unions. *The Futurist*, 70.
51. Romero, C. L. (11 de noviembre de 1999). Union makes pitch to local IBMers. *Boulder Daily Camera*, 3A.
52. *Small Business Reports* (marzo de 1933). Unions vs. private property, 25.
53. Spognardi, M. A. (1998), Conducting a successful union-free campaign. A primer (Part II). *Employee Relations Law Journal*, 24 (3), 31-53.
54. Spognardi, M. A. (1998), Conducting a successful union-free campaign. A primer (Part II). *Employee Relations Law Journal*, 24 (3), 31-53.
55. Kleiner, M. (2001, Summer). Intensity of management resistance: Understanding the decline of unionization in the private sector. *Journal of Labor Research*, 519-540.
56. Union elections: Certification elections. (2005). www.laborresearch.org.
57. Walton, B. y McKersie, R. (1965). *A behavioral theory of labor negotiations*. New York: McGraw-Hill.
58. Cimini, M. H., Behrmann, S. L. y Johnson, E. M. (1994, January). Labor-management bargaining in 1993. *Monthly Labor Review*, 20-35.
59. McGinn, D. (10 de agosto de 1998). GM still has miles to go: The settlement doesn't fix its deep problems. *Newsweek*, 46.
60. Welch, D. (20 de octubre de 2003). What Goodyear got from its union. *Business Week*, 148-149.
61. Voos, P. (2001, Winter). As IR perspective on collective bargaining. *Human Resource Management Review*, 487-503.
62. *Ibid.*; Kelly, K. (2 de agosto de 1993). Labor deals that offer a break from "us vs. them". *Business Week*, 30.
63. Bernstein, A. (18 de marzo de 1995). United we own. *Business Week*, 96-102.
64. Arndt, M. (12 de noviembre de 2001). To-do list for United's Mr. Fix-It. *Business Week*, 62.
65. Cook, M. (Ed.) (1993). *The human resources yearbook: 1993/1994 edition*, 162. Upper Saddle River, NJ: Prentice Hall.
66. BLS Reports (14 de febrero de 1994). Record low number of strikes continues into 1993. *BNA's Employee Relations Weekly*, 12(7), 167.
67. Greenhouse, S. (21 de marzo de 2000). Unions predict gain from Boeing strike. *New York Times*, A-11; *The Economist*. (2000, March 18). The slow death of Boeing man, 29-30.
68. Freeman, R. B. y Medoff, J. L. (1984). *What do unions do?* New York: Basic Books.
69. Adams, R. (14 de julio de 2005). NHL, players carve out accord. *Wall Street Journal*, 1; *The Economist* (23 de julio de 2005). Lessons from a lock-out, 51.
70. Lewin, D. (2001, Winter). IR and HR perspectivas on workplace conflict: What can they learn from each other? *Human Resource Management Review*, 453-485.
71. Holley, W. y Jennings, K. (1994). *The labor relations process* (5th ed.). Fort Worth, TX: The Dryden Press; y Fossum, J. (1995). *Labor relations* (6th ed.). Chicago, Irwin.
72. Freeman, R. B. y Medoff, J. L. (1979). The two faces of unionism. *The Public Interest*, 57, 69-93.
73. Abraham, K. G. y Medoff, J. L. (1985). Lenght of service and promotions in union and nonunion work groups. *Industrial and Labor Relations Review*, 38, 408-420.
74. Abraham, K. G. y Medoff, J. L. (1984). Lenght of service and layoffs in union and nonunion work groups. *Industrial and Labor Relations Review*, 38, 87-97.
75. Greenhouse, S. (23 de septiembre de 1999). In the UAW deal, something for almost everyone? *New York Times*, http:www.nytimes.com/library/financial, y Meredith, R. (17 de septiembre de 1999). DaimlerChrysler and the UAW reach tentative pack, *New York Times*, http:www.nytimes.com/html.
76. Foulkes, F. (1980). *Personnel policies in large nonunion companies*. Upper Saddle River, NJ: Prentice Hall.
77. Bernardin, J. y Beatty, R. (1984). *Performance appraisal: Assessing human behavior at work*. Boston: Kent.
78. Abraham, K. G. y Farber, H. S. (1988). Returns to seniority in union and nonunion jobs: A new look at evidence. *Industrial and Labor Relations Review*, 42, 3-19; y Freeman y Medoff (1984).
79. Gunsch, D. (marzo de 1993). On-site schools are required by a UAW contract. *Personnel Journal*, 43.
80. Grossman, R. (mayo de 2005). Union follow suit. *HRMagazine*, 47-51; Foster, A. (2003). Differences in union and non-union earnings in blue-collar and service occupations. *Compensation and Working Condintions Online*. www.bls.gov; *Stevens*, C. (1995). The social cost of rent seeking by labor unions in the United States. *Industrial Relations*, 34, 190-202; Jarrel, S. y Stanley T. (1990). A meta analysis of the union-nonunion wage gap. *Industrial and Labor Relations Review*, 44, 54-67; y Freeman, R. B. (1982). Union wage practices and wage dispersion within establishments. *Industrial and Labor Relations Review*, 36, 3-21.
81. Freeman (1982). Union wage practices and wage dispersion within establishments. *Industrial and Labor Relations Review*, 36, 3-21.
82. U.S. Bureau of Labor Statistic. (2002). Collective bargaining statistics descriptive data. www.bls.gov.

83. Driscoll, J. W. (1979). Working creatively with a union: Lessons from the Scanlon plan. *Organizational Dynamics*, 8, 61-80.
84. Freeman, R. B. (1981). The effect of unionism on fringe benefits. *Industrial and Labor Relations Review*, 34, 489-509.
85. Fosu, A. G. (1984). Unions and fringe benefits: Additional evidence. *Journal of Labor Research*, 5, 247, 254.
86. Gomez-Mejia, L. R. y Balkin, D. B. (1992). *Compensation, organizacional strategy and firm performance.* Cincinnati: South-Western.
87. Budd, J. W. y McCall, B. P. (1997). The effect of unions on the receipt of unemployment insurance benefits. *Industrial and Labor Relations Review*, 50, 478-492.
88. Hirsch, B. T, MacPherson, D. A. y Dumond, M. (1997). Workers' compensation recipiency in union and non-union workplaces. *Industrial and Labor Relations Review,* 50, 213-236.
89. Foulkes, 1980. *Personnel policies in large non-union companies.* Upper Saddle River, NJ: Prentice Hall.
90. Flynn, G. (septiembre de 2000). Does a new right make a wrong? *Workforce,* 122-123.
91. Morgan, J., Owens, J. y Gomes, G. (2002, Winter). Union rules in non-union settings: The NLRB and workplace investigations. *SAM Advanced Management Journal,* 22-32; Hodges, A., Coke, C. y Trumble, R. (2002, Summer). *Weingarten* in the non-union workplace: Looking in the funhouse mirror. *Labor Law Journal,* 89-97.

Capítulo 16

1. *Washington Post* (21 de agosto de 1997). ValuJet: The alarming truth, 18.
2. Schmid, R. E. (18 de agosto de 1997). Planes still have no cargo fire detectors, extinguishers might have averted'96 ValuJet crash, safety official says. *Arizona Republic*, A-2.
3. Phillips, D. (14 de julio de 1999). Morder charged in ValuJet crash: Rare indictment names repair firm. *Washington Post*, A-1.
4. ABC News (7 de diciembre de 1999). ValuJet verdict: No conspiracy. ABCNEWS.com, retrieved online at more.abcnews.go.con/sections/us/dailynews/valujetverdict 991207.html.
5. Bureau of Labor Statistics (29 de junio de 200). Current injury, illness, and fatality data. www.bls.gov/iif/home.htm.
6. *Ibid.*
7. Lyon, B. K. y Hollcroft, B. (2005). Health and safety management systems: Focus on management. *Occupational Hazards*, 67, 45-48.
8. Ledvinka, J. y Scarpello, V. G. (1991). *Federal regulation of personnel and human resource management* (2.ª ed.), 209. Boston: PWS-Kent.
9. Sherman, A. W. y Bohlander, G. W. (1996). *Managing human resources* (10th ed.). Cincinnati, OH: South-Western.
10. McCaffery, R. M. (1992). *Employee benefit programs: A total compensation perspective*, 57-58. Boston: PSW-Kent.
11. *Ibid.*, 59-60.
12. Bauer, T. F. (2002). Safety: A profit opportunity? Companies that consider safety more than a nuisance might profit from it. *C & D Recycler*, 4, 26(3).
13. Colburn, L. E. (1995). Defending against workers' compensation fraud. *Industrial Management*, 37, 1-2.
14. Hays, D. (2005). Comp fraud battle hits some hurdles, study finds. *National Underwriter P & C*, 109, 55.
15. Wilkerson, M. (1999). Healthy savings. *Strategic Finance*, 80, 42-46.
16. Borges, R. (febrero de 2005). Getting the facts behind workplace injuries. *Presstime*, Workforce section, 38.
17. Nash, J. L. (2005). Report: Repetitive motion injuries are still No. 1. *Occupational Hazards*, 67, 13.
18. Hays, D. (2002). Costly prescription drugs are jacking up WC bills. *National Underwriter Life & Health*, 106, 36(2).
19. French, W. L. (1994). *Human resources management* (3.ª ed.), 529. Boston: Houghton Mifflin.
20. Ashford, N. A. (1976). *Crisis in the workplace: Occupational disease and injury*, 3, Cambridge, MA: MIT Press.
21. U.S. Department of Labor, Occupational Safety and Health Administration. (1985). *All about OSHA* (rev. ed.), 1. Washington, DC: U.S. Government Printing Office.
22. Ledvinka, J. y Scarpello, V. G. (1991). *Federal regulation of personnel and human resource management* (2.ª ed.), 215. Boston: PWS-Kent
23. Anthony, W. P., Perrewe, P. L. y Kacmar, K. M. (1993). *Strategic human resource management*, 514. Fort Worth, TX: Dryden; Cascio, W. F. (1989). *Managing human resources: Productivity, quality of work life, profits* (2.ª ed.), 554-556. New York: McGraw-Hill.
24. *HR Focus*. (2002). OSHA delays enforcing revised record-keeping rules until late April, 79, 2.
25. Nash, J. L. (2004). OSHA fines General Motors Corp. $ 160,000 for record-keeping, safety violations. *Occupational Hazards*, 66, 8.
26. U.S. Department of Labor, Occupational Safety and Health Administration. (1985). *All about OSHA* (rev. ed.), 43-46. Washington, DC: U.S. Government Printing Office.
27. May, B. D. (agosto de 1986). Hazardous substances: OSHA mandates the right to know. *Personnel Journal*, 65, 128.
28. See *Whirpool Corporation v. Marshall*, 445 U.S. 1, 10-12 (1980).
29. Ellis, T. (1999). The governments' new response. *Occupational Health and Safety*, 68, 77-99.
30. Ledvinka, J. y Scarpello, V. G. (1991). *Federal regulation of personnel and human resource management* (2.ª ed.), 221-224. Boston: PWS-Kent.
31. U.S. Department of Labor, Occupational Safety and Health Administration (1985). *All about OSHA* (rev. ed.), 8. Washington, DC: U.S. Government Printing Office.
32. U.S. Department of Labor, Occupational Safety and Health Administration (1985). *All about OSHA* (rev. ed.), 10. Washington, DC: U.S. Government Printing Office.
33. *Ibid.*, 19-22.
34. *Occupational Hazards.* (2005). OSHA touts "aggressive" 2005 goals, 2, 2.
35. Ledvinka, J. y Scarpello, V. G. (1991). *Federal regulation of personnel and human resource management* (2.ª ed.), 224. Boston: PWS-Kent; *Marshall v. Barlow's, Inc.*, 436 U.S. 307 (1978).

36. Garland, S. B. (20 de febrero de 1989). This safety ruling could be hazardous to employer's health. *BusinessWeek*, 34.
37. *Ibid.*; Bureau of National Affairs. (24 de julio de 1989). Michigan Supreme Court rules OSH Act does not preempt state proceedings. *BNA's Employee Relations Weekly*, 945.
38. Eng, D. (2005). OSHA penalties on the rise. *Presstime*, Workforce section, 54.
39. Ivanovich, D. (28 de marzo de 2005). OHSA accused of caving on penalties to get safety fixes made. *Te Houston Chronicle.*
40. Courntey, T. K. y Clancy, E. A. (1998). A descriptive study of U.S. OSHA penalties and inspection frequency for musculoskeletal disorders in the workplace. *American Industrial Hygiene Association Journal*, 59, 563-571.
41. U.S. Department of Labor (1989). *Fact sheet no. OSHA 89-04.* Washington: U.S. Government Printing Office.
42. U.S. Department of Labor, Occupational Safety and Health Administration (1985). *All about OSHA* (rev. ed.), 31-32. Washington, DC: U.S. Government Printing Office
43. *Ibid.*, 8; Ledvinka, J. y Scarpello, V. G. (1991). *Federal regulation of personnel and human resource management* (2.ª ed.), 220. Boston: PWS-Kent.
44. U.S. Department of Labor, Occupational Safety and Health Administration (1985). *All about OSHA* (rev. ed.), 33-34. Washington, DC: U.S. Government Printing Office.
45. Lyon, B. K. y Hollcroft, B. (2005). Health and safety management systems: Focus on management. *Occupational Hazards*, 67, 45-48.
46. Bureau of Labor Statistics (2004). National census of fatal occupational injuries in 2003. www.bls.gov/iif/oshefoil.htm.
47. Safety Director's Report (2002). Hearing protection strategies for any safety department budget. May Newsletter of the Institute of Management and Administration.
48. Oswald, E. M. (1996). No employer is immune: AIDS in the workplace. *Risk Management*, 43, 18-21.
49. Gerstle, D. J. (2005). The true cost of aids. *Journal of International Affairs*, 58, 293-296.
50. Davis, M. (2005). Is AIDS awareness of paradox? *Black Enterprise*, 35, 46.
51. Hunter, S. (1998). Your infection control program. *Occupational Health and Safety*, 67, 76-80.
52. Oswald, E. M. (1996). No employer is immune: AIDS exposure in the workplace. *Risk Management*, 43, 18-21.
53. *Ibid.*
54. Mello, J. A. (1999). Ethics in employment law: The Americans with Disabilities Act and the employee with HIV. *Journal of Business Ethics*, 20, 67-83.
55. Oswald, E. M. (1996). No employer is immune: AIDS exposure in the workplace. *Risk Management*, 43, 18-21.
56. Bee, L. y Maatman, G. L. (2002) Workers with AIDS have legal rights. *National Underwriter Property & Casualty*, 106, 32(3).
57. Wade, J. (2004). Reducing the threat. *Risk Management*, 51, 10-18.
58. *HR Focus* (abril de 2005). How to predict and prevent workplace violence, 82, 10-11.
59. Viollis, P. (2005). Most workplace violence avoidable. *Business Insurance*, 39, 10.
60. Barron, D. L. (2004). The best defense. *Best's Review*, 105, 80.
61. Viollis, P. (2005). Most workplace violence avoidable. *Business Insurance*, 39, 10.
62. Gurchiek, K. (2005). Study. Domestic violence spills over into the workplace. *HR Magazine*, 50, 32,38.
63. Shreve, M. (2004). Employer response important in dealing with domestic abuse. *Business Insurance*, 38, 4-5.
64. Laabs, J. (1999). Employee sabotage: Don't be a target. *Workforce*, 78, 32-38.
65. Jackson, M. (2 de agosto de 1999). No ignoring workplace violence. *Arizona Republic*, A-1.
66. Bureau of National Affairs (26 de abril de 1993). Preventing workplace violence: Legal imperatives can clash. *Employee Relations Weekly*, 11(17), 451-452.
67. Missouri Capitol Police (6 de junio de 1996). Violence in the workplace..., 1-6. www.dps.state.mo.us/DPS/MCP/STUDY/WKVIOLNC.HTM.
68. *Ibid.*
69. Boddenhausen, K. G. (3 de marzo de 1994). It's... becoming a fact of life. *Springfield News-Leader*, B-3.
70. Rudolph, B. (18 de mayo de 1987). Thou shalt not smoke. *Time*, 129, 58-59.
71. Prewitt, E. (15 de septiembre de 1986). The drive to kick smoking at work. *Fortune*, 114, 42-43.
72. Joyce, A. (15 de noviembre de 1998). Smoke-free workplaces spreading like wildfire: Sharp rise in number of employers that ban cigarettes is good news for advocates, and a burden for those who enjoy a puff. *Washington Post*, H-4.
73. Hoffman, K. B. (9 de febrero de 2005). No butts about it: Tour fired for not living up smoking. *The Arizona Republic*, D-1, D-4.
74. *Ibid.*
75. Rudner, S. (2005). Firing an employer for being a smoker. *Canadian HR Reporter*, 18, 23.
76. Litvan, L. M. (1994). A smoke-free workplace? *Nation's Business*, 82, 65.
77. New Cork Public Health Law, Section 1399 (Consol. 1993).
78. Worsnop, R. L. (1995). Repetitive stress injuries. *CQ Researcher*, 5, 539-556.
79. Nash, J. L. (2005). Report: Repetitive motion injuries are still N.º 1. *Occupational Hazards*, 67, 13.
80. Whalen, J. (2001). Silence is golden. *Warehousing Management*, 8, 29.
81. Safety Director's Report. (2002). Hearing protection strategies for any safety department budget. May Newsletter of the Institute of Management and Administration.
82. Whalen, J. (2001). Silence is golden. *Warehousing Management*, 8, 29.
83. Wermiel, S. (21 de marzo de 1991). Justices bar "fetal protection" policies. *Wall Street Journal*, B1, B5.
84. Trost, C. (8 de octubre de 1990). Business and women anxiously match suit on "fetal protection" *Wall Street Journal*, 1.

85. Altman, L. E. (5 de junio de 1988). Pregnant women's use of VDT's is scrutinized. *New York Times*, 22; Meier, B. (1987, February 5). Companies wrestle with threats to reproductive health. *Wall Street Journal*, 23.
86. Jacob, S. L. (22 de noviembre de 1988). Small business slowly wakes to OSHA hazard rule. *Wall Street Journal*, B-2; Myers, D. W. (1992). *Human resource management* (2.ª ed.), 717. Chicago: Commerce Clearing House.
87. Pirtle, L. (1999). Chemical safety goes online. *Occupational Hazards*, 61, 59-60.
88. *Employee Benefit Plan Review* (1999). Genetic testing: "Minefield" of potential legal liability for employers, 53, 41-42.
89. Bureau of National Affaire (18 de noviembre de 1991). Value of genetic testing said minimal for gauging workplace risks. *BNA's Employee Relations Weekly*, 1235; Draper, E. (1991). *Risky business: Genetic testing and exclusionary practices in the hazardous workplace*. Cambridge, England: Cambridge University Press; Olian, J. D. (1984). Genetic screening for employment purposes. *Personnel Psychology*, 37, 423-438; Schuler, R. S. y Huber, V. L. (1993). *Personnel and human resource management* (5.ª ed.), 251. Minneapolis: West.
90. *Medicine & Health*. (2002). Government, railroad settle genetic testing case, 56, 5.
91. *Occupational Hazards*. (2001). Railroad halts genetic testing, 63, 34.
92. Begley, S. (6 de febrero de 2004). Hill seeking to ban DNA discrimination isn't really necessary. *Wall Street Journal*, B-1.
93. Petersen, D. (2005). Safety improvement. *Professional Safety*, 50, 45-49.
94. Cullen, L. (1999). Safety committees: A smart business decision. *Occupational Hazards*, 61, 99-104.
95. *Ibid.*
96. Kaletta, J. P. y Jolley, M. (2005). Safety improvement: Sparks organizational change at Alberto Culver. *Occupational Hazards*, 67, 54-56.
97. Employee Benefit News (1 de junio de 2005). Employers should promote EAPs to maximize ROI.
98. Fisher, C. C., Schoenfeldt, L. F. y Shaw, J. B. (1996). *Human resource management* (3.ª ed.). Boston: Houghton Mifflin; Schuler, R. S. y Huber, V. L. (1993). *Personnel and human resource management* (5.ª ed.), 667-669. Minneapolis: West.
99. Thompson, R. (1990). Fighting the high cost of workers' comp. *Nation's Business*, 78(3), 28.
100. Moulson, G. (6 de septiembre de 1999). The longest workday: It's in the U.S. *Arizona Republic*, A-1.
101. Maslach, C. y Jackson, S. E. (1981). The measurement of experienced burnout. *Journal of Occupational Behavior*, 2, 99-113.
102. Cordes, C. L. y Dougherty, T. W. (1993). A review and integration of research on job burnout. *Academy of Management Review*, 18, 621-656.
103. Kahill, S. (1988). Symptoms of professional burnout: A review of the empirical evidence. *Canadian Psychology*, 29, 284-297.
104. Cordes, C. L. y Dougherty, T. W. (1993). A review and integration of research on job burnout. *Academy of Management Review*, 18, 621-656.
105. Jackson, S. E. y Maslach, C. (1982). Alter effects of job-related stress: Families as victims. *Journal of Occupational Behavior*, 3, 63-77.
106. Nighswonger, T. (2002). Depression: The unseen safety risk. *Occupational Hazards,* 64, 38(3).
107. *Ibid.*
108. Kirrane, D. (enero de 1990). EAPs: Dawning of a new age. *HR Magazine,* 34.
109. Bahls, J. E. (1999). Handle with care. *HR Magazine,* 44, 60-66.
110. Helmer, D. C., Dunn, L. M., Eaton, K., Macedonio, C. y Lubritz, L. (1995). Implementing corporate wellness programs. *AAOHN Journal,* 43, 558-563.
111. Merx, K. (22 de junio de 2005). Pfizer promotes wellness plan to cut health costs. Knight-Ridder Tribune Business News.
112. Brotherton, P. (1998). Paybacks are healthy. *HR Magazine,* 43, F2-F6.
113. Woodward, N. H. (2005). Exercise options. *HR Magazine,* 50, 78-84.

Capítulo 17

1. Hakim, D. (3 de marzo de 2005). Taking down the "no foreign cars" sign in Michigan. *New York Times*, C-1; www.toyota.com; Maynard, M. (27 de enero de 2005). GM posts worst loss since 1992. *New York Times*, C-1.
2. Chandler, C. (7 de febrero de 2005). Full speed ahead. *Fortune*, 78-84.
3. *Ibid.*
4. Wellins, R. y Rioux, S. (febrero de 2001). Solving the global HR puzzle. *Workspan, 44*(2), 1-14; Chandler, C. (7 de febrero de 2005). Full speed ahead. *Fortune*, 78-84; *Newsline* (11 de enero de 2005). Canadian employers moving to total rewards to compensation. www.worldatwork.com; *Newsline* (28 de febrero de 2005). U. S. multinationals dramatically revising stock option awards for non-U. S. executives. www.worldatwork.com.
5. Kahn, J. (7 de junio de 1999). Wal-Mart goes shopping in Europe. *Fortune*, 105-110; Guyon, J. (15 de febrero de 1999). Europe´s new capitalists. *Fortune*, 104-110; Oyama, D. I. (1 de junio de 1999). World match. *Wall Street Journal*, A-16; Mandel, M. J. (6 de marzo de 2002). How companies can marry well. *BusinessWeek*, 28; D´Amico, M. L. (9 de marzo de 2005). Executive MBA is casing Germany. *Wall Street Journal*, B-3; Jacoby, M. (4 de marzo de 2005). EU won´t allow crossing borders for health work. *Wall Street Journal*, A-13; Johnson, P. (31 de enero de 2005). Germany´s dismal future. *Forbes*, 37; Postret, V. (21 de enero de 2005). Economic scene. *New York Times*, C-2.
6. Wild, J. J., Wild, K. L. y Han, J. C. Y. (2003). *International business*. Upper Saddle River, NJ: Prentice Hall; 6. Hill, C. W. (2006). *International business*. Nueva York: McGraw-Hill/Irwin.

7. Collins, S. M. (1998). *Exports, imports and the American workers*. Washington, CD: Brooking Institute; Fisher, A. (24 de enero de 2005). Offshoring could boost your career. *Fortune*, 36; Engardio, P. y Einhorn, B. (21 de marzo de 2005). Special report on outsourcing. *Businessweek*, 84-91; Kripalani, M., Hamm, S., Ante, S. E. y Reinhardt, A. (26 de enero de 2004). Scrambling to stem India´s onslaught. *BusinessWeek*, 81.
8. World Trade Organization, International Trade Trends and Statistics, 2003; Dickson, M. (16 de octubre de 1998). All those expectations aside, many firms are finding the Internet invaluable in pursuing international trade. *Los Angeles Times*, 10; Millman, J. (23 de enero de 2002a). Mexico attracts U. S. aerospace industry. *Wall Street Journal*, A-1; Millman, J. (13 de febrero de 2002b). Visions of sugar plums south of the border. *Wall Street Journal*, A-15; World Trade Centers Association (2006). www.wted.com.
9. Mandel, M. J. (6 de marzo de 2002). How companies can marry well. *BusinessWeek*, 28; Cooper, J. C. y Madigan, J. (4 de octubre de 1999). So much for that safety valve. *BusinessWeek*, 31-32; Smith, G. y Malkin, E. (21 de diciembre de 1998). Mexican makeover. *BusinessWeek*. 50-52; Bellman, E. (11 de abril de 2005). India senses patent appeal. *Wall Street Journal*, A-1; Millman, J. (22 de marzo de 2005). Maquiladora resumed hiring growth in 2004. *Wall Street Journal*, A-13.
10. Millman, J. (23 de enero de 2002a). Mexico attracts U. S. aerospace industry. *Wall Street Journal*, A-1; Millman, J. (13 de febrero de 2002b). Visions of sugar plums south of the border. *Wall Street Journal*, A-15; Khanna, T., Gulati, R. y Nohria, N. (1998). The dynamics of learning alliances: Competition, cooperation and relative scope. *Strategic Management Journal, 19*, 193-210; Vitzhym, C. (20 de julio de 1999). Global strategy powers Endesa´s power moves. *Wall Street Journal Europe*, 4-6; Millman, J. (22 de marzo de 2005). Maquiladora resumed hiring growth in 2004. *Wall Street Journal*, A-13; McWilliams, G. (10 de marzo de 2005). In electronics, U. S. companies seize momentum from Japan. *Wall Street Journal*, A-1.
11. Prasso, S. (22 de abril de 2002). To get an MNA is glorious. *BusinessWeek*, 14; Oster, P. (1 de noviembre de 1993). The fast tracks leads overseas. *BusinessWeek*, 64-68; Murray, S. (22 de junio de 1999). Europe´s MBA programs attract Americans–Demand for global view gets students across Atlantic. *Wall Street Journal Europe*, 4-5; D´Amico, M. L. (9 de marzo de 2005). Executive MBA is casing Germany. *Wall Street Journal*, B-3; Yvan, L. (9 de marzo de 2005). China´s poweful hit the book. *Wall Street Journal*, A-18; Barboza, D. (19 de febrero de 2005). Seven habits of highly effective cadres. *New York Times*, B-1.
12. Hill, C. W. (2006). *International business*. Nueva York: McGraw-Hill/Irwin.
13. Puliyenthuruthel, J. y Rocks, D. (25 de abril de 2005). India: The sofá underbelly of offshoring. *BusinessWeek*, 52.
14. *Ibid.*
15. *ACA News* (junio de 1996). International, 32.
16. Heher, E. C. (2001). Helping expatriates get ready for a healthy assignmet. *Innovations in International HR, 27*(3), 5-10; Schindler, K. P. (2001). Strategies for compensating married assignees. *Innovations in International HR, 27*(3), 11-20; Withercup, M. B. (2001). Location evaluation reports: An overview of troubled spots. *Innovations in International HR, 27*(3), 1-12; *Newsline* (25 de febrero de 2005). Overseas assignments becoming more enticing to executives. www.worldatwork.com; *Newsline* (7 de febrero de 2005). Expatriates on the rise.www.worldatwork.com.
17. Beck, E. (1 de mayo de 1995). Foreign companies in Hugary concerned about wage increase. *Wall Street Journal*, B-13(1).
18. Perkins, S. J. (2002). The people dimension: A European perspective on globalization. *Workspan*, 43(10), 15-25; Medler, P. (23 de abril de 2005). Rise in Chinese textile imports prompts inquiry in Europe. *New York Times*, B-2.
19. Carrico-Kahn, J. y Brahy, S. (2000). A meeting of minds: The importante of culture awareness in cross-border vitural teams. *Innovations in International HR, 26*(3), 1-11.
20. De la Torre, J., Doz, Y. Y Devinney, T. (2000). *Managing the global corporation*. Nueva York: Irwin/McGraw-Hill; Sheridan, W. R. y Hansen, P. T. (primavera de 1996). Linking International business and expatriate compensation strategies, *ACA Journal*, 66-78; Greenburg, L (2001). Long distance care giving: Providing for elderly parents while living abroad. *Expatriate Observer, 24*(2), 9-11; Rogers, M. J. (2001). Effective tax rates: How much do you really pay? *Expatriate Observer, 24*(2), 1-3; Hill, C. W. (2006). *International business*. Nueva York: McGraw-Hill/Irwin.
21. Boyacigiller, N. (1990). Role of expatriates in the management of interdependence, complsity and risk of MNNs. *Journal of International Business Studies*, 3er trimestre, 357-378; Hill, C. W. (2006). *International business*. Chicago: Irwin.
22. Dunn, E. (enero de 1991). Global outlook; Whirlpool Corporation. *Personnel Journal*, 52.
23. Palich, L. E. y Gómez-Mejía, L. R. (1999). A theory of global strategy and firm efficiencies: Considering the effects of cultural diversity. *Journal of Management, 25*(4), 587-606.
24. *Newsline* (7 de febrero de 2005). Expatriates on the rise. www.worldatwork.com.
25. Runzheimer Report on Relocation (2002). U. S. companies impact high level employees. Disponible en www.runzheimer.com.
26. *Fortune* (16 de octubre de 1995). Form the front, 225.
27. Wilson, M. L. (16 de julio de 1999). She got the last laugh when colleagues bet she would tail in Japan. *Wall Street Journal*, B-1; Frisbie, P. E. (2000). Expatriate policy and practices: Heading into the 21st century. *International HR, 26*(2), 1-11; Hill, C. W. (2006). *International business*. Nueva York: McGraw-Hill/Irwin.
28. Gómez-Mejía, L. R. y Balkin, D. B. (1987). The determinants of managerial satisfaction with the expatriation and repatriation process. *Journal of Management Development, 6*, 7-18; Cigna Corporation (2002). Employers missing ROI when expatriaging employees. Disponible en www.cigna.com; y Osland, J. (2002). What do expatriates want from HR departments? *HR.com*. Disponible en www.hr.com; *Newsline* (9 de marzo de 2005). Multinational firms favor global approach to compensation management. www.worldatwork.com.
29. Rowland, M. (5 de diciembre de 1993). Thriving in a foreign environment. *New York Times*, Sect. 3, 17; Ossorio, S. (2002).

Misconceptions about women in international area limit numbers. Disponible en www.catlystwomen.org.

30. *Newsline* (14 de febrero de 2002). Expatriate activity expands but at a slower rate than expected. Disponible en www.windhamworld.com; *Newsline* (25 de febrero de 2002). Overseas assignments becoming more enticing to executives. www.worldatwork.com. 17-44.
31. *Newsline* (7 de febrero de 2005). Expatriates on the rise. www.worldatwork.com.
32. Swaak. R. (noviembre-diciembre de 1995). Expatriate failures: Too many, too much cost, too little planning. *Compensation and Benefits Review*, 17-75.
33. Fisher, A. (24 de enero de 2005). Offshoring could boost your career. *Fortune*, 36
34. *Ibid.*
35. De la Torre, J., Doz, Y. Y Devinney, T. (2000). *Managing the global corporation*. Nueva York: Irwin/McGraw-Hill; Wild, J. J., Wild, K. L. y Han, J. C. Y. (2003). *International business*. Upper Saddle River, NJ: Prentice Hall; Austin, J. W. (2001). Miscommunication: The most challenging issue for expatriate managers. *Expatriate Observer, 24*(2), 1-10; Hill, C. W. (2006). *International business*. Nueva York: McGraw-Hill/Irwin.
36. *Fortune*, 1995.
37. Entrevistas personales realizadas por los autores.
38. Swaak. R. (noviembre-diciembre de 1995). Expatriate failures: Too many, too much cost, too little planning. *Compensation and Benefits Review*, 17-75; Hovy, M. (febrero de 2005). Future global remuneration strategies. *Workspan*, 35-39; Newsline (9 de marzo de 2005). Multinational firms favor global approach to compensation management. www.worldatwork.com.
39. Dallas, S. (15 de mayo de 1995). Working overseas: Rule n.º 1: Don´t diss the locals. *BusinessWeek*, 8.
40. Tung, R. (1988). *The new expatriates: Managing human resources abroad*. Cambridge, MA: Bellinger.
41. Swaak. R. (noviembre-diciembre de 1995). Expatriate failures: Too many, too much cost, too little planning. *Compensation and Benefits Review*, 47-75.
42. Pascoe, R. (2 de marzo de 1992). Employers ignore expatraite wives at their own peril Wall Street Journal, A-10; Osland, J. (2002). What do expatriates want from HR departments? *HR.com*. Disponible en www.hr.com.
43. Oster, P. (1 de noviembre de 1993). The fast tracks leads overseas. *BusinessWeek*, 64-68; *Newsline* (14 de febrero de 2002). Expatriate activity expands but at a slower rate than expected. Disponible en www.windhamworld.com.
44. Oddou, G. R. y Mendenhall, M. E. (enero-febrero de 1991). Succession planning for the 21st century: How well are we grooming our future business leaders? *Business Horizons*, 26-35; Fulkerson, J. R. (2002). Growing global executives. En R. Silzer (Ed.), *The 21st Century Executive*, 300-335.
45. Cigna Corporation (2002). Employers missing ROI when expatriaging employees. Disponible en www.cigna.com.
46. Grant, L. (14 de abril de 1997). That overseas job could derail your career. *Fortune*, 166; Fulkerson, J. R. (2002). Growing global executives. En R. Silzer (Ed.), *The 21st Century Executive*, 300-335; *Newsline* (25 de febrero de 2005). Overseas assignments becoming more enticing to executives. www.worldatwork.com; Fisher, A. (24 de enero de 2005). Offshoring could boost your career. *Fortune*, 36.
47. Oddou, G. R. y Mendenhall, M. E. (enero-febrero de 1991). Succession planning for the 21st century: How well are we grooming our future business leaders? *Business Horizons*, 26-35.
48. *Newsline* (14 de abril de 2005). Western Europe costs employers more. www.worldatwork.com.
49. Fisher, A. (24 de enero de 2005). Offshoring could boost your career. *Fortune*, 36.
50. Gómez-Mejía, L. R. y Balkin, D. B. (1987). The determinants of managerial satisfaction with the expatriation and repatriation process. *Journal of Management Development, 6*, 7-18; Tanski, A. (2001). Going home again: A checklist for easy repatriation. *Expatriate Observer, 24*(1), 1-3.
51. Handel, J. (2001). Out of sight, out of mind–opinion differ on assignment success. *Workspan, 44*(6), 1-8.
52. Oddou, G. R. y Mendenhall, M. E. (enero-febrero de 1991). Succession planning for the 21st century: How well are we grooming our future business leaders? *Business Horizons*, 29.
53. Gómez-Mejía, L. R. y Balkin, D. B. (1987). The determinants of managerial satisfaction with the expatriation and repatriation process. *Journal of Management Development, 6*, 7-18; Wellins, R. y Rioux, S. (febrero de 2001). Solving the global HR puzzle. *Workspan, 44*(2), 1-14.
54. Entrevistas personales realizadas por los autores.
55. Gómez-Mejía, L. R. y Balkin, D. B. (1987). The determinants of managerial satisfaction with the expatriation and repatriation process. *Journal of Management Development, 6*, 7-18; Wellins, R. y Rioux, S. (febrero de 2001). Solving the global HR puzzle. *Workspan, 44*(2), 1-14.
56. Entrevistas personales realizadas por los autores.
57. *Newsline* (7 de febrero de 2005). Expatriates on the rise. www.worldatwork.com.
58. Oster, P. (1 de noviembre de 1993). The fast tracks leads overseas. *BusinessWeek*, 64-68
59. Hixon, A. L. (marzo de 1986). Why corporations make haphazard overseas staffing decisions. *Personnel Administrator*, 91-94.
60. Bird, A. y Makuda, M. (1989). Expatriates in their own home: A new twist in the human resource management strategies of Japanese MNCs. *Human Resource Management, 28*(4), 437-453.
61. Shellenbarger, S. (6 de septiembre de 1991). Spouses must pass test before global transfers. *Wall Street Journal*, B-1.
62. Hill, C. W. (2006). *International business*. Nueva York: McGraw-Hill/Irwin; Wild, J. J., Wild, K. L. y Han, J. C. Y. (2003). *International business*. Upper Saddle River, NJ: Prentice Hall; De la Torre, J., Doz, Y. Y Devinney, T. (2000). *Managing the global corporation*. Nueva York: Irwin/ McGraw-Hill.
63. Osland, J. (2002). What do expatriates want from HR departments? *HR.com*. Disponible en www.hr.com.
64. Lublin, J. S. (4 de agosto de 1992). Companies use cross-cultural training to help their employees adjust abroad. *Wall Street Journal*, B-1, B-3.

65. *Newsline* (14 de febrero de 2002). Expatriate activity expands but at a slower rate than expected. Disponible en www.windhamworld.com; *Newsline* (7 de febrero de 2005). Expatriates on the rise. www.worldatwork.com.
66. Frost, L. (25 de marzo de 2005). UIT mixed feelings, France dismantles its 35-hour week. *Wall Street Journal*, A-13.
67. *Newsline* (7 de febrero de 2005). Expatriates on the rise. www.worldatwork.com.
68. Grant, L. (14 de abril de 1997). That overseas job could derail your career. *Fortune*, 166; Handel, J. (2001). Out of sight, out of mind–opinion differ on assignment success. *Workspan, 44*(6), 1-8; Fisher, A. (24 de enero de 2005). Offshoring could boost your career. *Fortune*, 36; *Newsline* (7 de febrero de 2005). Expatriates on the rise. www.worldatwork.com.
69. Runzheimer Report on Relocation (2002). U. S. companies impact high level employees. Disponible en www.runzheimer.com.
70. Cafaro, D. (febrero de 2001). A passport to productivity in the new global economy. *Workspan, 44*(2), 1-8.
71. *Ibid.*
72. Fuchsberg, G. (9 de enero de 1992). A costs of overseas assignments climb, firms select expatriates more carefully. *Wall Street Journal*, B-1.
73. Lublin, J. S. (12 de marzo de 1993). Jobs in Eastern Europe demand more goodies. *Wall Street Journal*, B-1.
74. Barrionuevo, A. y Herrick, T. (7 de febrero de 2002). Wages of terror: For oil companies defense abroad is the order of the day. *Wall Street Journal*, B-1.
75. Salomon, J. (22 de febrero de 2005). India poaches U. S. executives for tech jobs. *Wall Street Journal*, B-1.
76. Herod, R. (2001). The cardinal sins of expatriate policies. *International HR, 27*(4), 1-5.
77. Bennett, A. (21 de abril de 1993). What´s an expatriate? *Wall Street Journal*, R-5.
78. Cook, M. (Ed.) (1993). *The human resources yearbook, 1993-1994 edition*, 3.14-3.16.
79. Survey Sources for U. S. and International Pay and Benefits Survey (2006). Disponible en resource.worldatwork.org.
80. Lyons, J. (8 de marzo de 2005). Squeezed by dolatization. *Wall Street Journal*, A-17, Wines, M. (12 de marzo de 2005). Dollar´s fall? Africa´s garment factories. *New York Times*, A-1.
81. Hovy, M. (febrero de 2005). Future global remuneration strategies. *Workspan*, 35-39.
82. Osland, J. (2002). What do expatriates want from HR departments? *HR.com.* Disponible en www.hr.com.
83. Polak International Consultants (2002). International HR practices lay behind workplace trends. www.polak.net; Wallin, M. (8 de febrero de 2005). Among Islamic banks, a shortage of scholars. *New York Times,* C-8.
84. Ossorio, S. (2002). Misconceptions about women in international area limit numbers. Disponible en www.catlystwomen.org.
85. BusinessWeek (14 de mayo de 1990). The stateless corporation, 98-105.
86. Chang, L. (7 de mayo de 1999). A dream project turned nightmare. *Wall Street Journal Europe*, 10.
87. Burg, J. H., Siscobick, I. y Brock, D. (2000). Aligning performance and reward practices in multinational subsidiaries. *Worldatwork Journal, 9*(3), 10-20; Bhagat, R. S., Kedia, B. L., Harveston, P. D. y Triandis, H. C. (2002). Cultural variations in the cross-border transfer of organizational knowledge. *Academy of Management Review, 27*(2), 204-222.; Hovy, M. (febrero de 2005). Future global remuneration strategies. *Workspan*, 35-39; McWilliams, G. (10 de marzo de 2005). In electronics, U. S. companies seize momentum from Japan. *Wall Street Journal*, A-1; Lavelle, L. (21 de marzo de 2005). Expats: Your options are going native. *BusinessWeek*, B-14; Sapsford, J. y Fackler, M. (10 de marzo de 2005). Directors´ role shift in Japan. *Wall Street Journal*, A-15; *Wall Street Journal* (6 de marzo de 2005). China regulators to consider caps on executive pay, A-17.
88. Hofstede, G. (1980). *Culture´s consequences*. Beverly Hills, CA: Sage; *Academy of Management Executive* (1993). Cultural constraints in management theories, 7, 81-94.
89. Jaeger, A. (1986). Organization development and national culture: Where´s the fit? *Academy of Management Review, 11*(1), 178-190; Bhagat, R. S., Kedia, B. L., Harveston, P. D. y Triandis, H. C. (2002). Cultural variations in the cross-border transfer of organizational knowledge. *Academy of Management Review, 27*(2), 204-222.
90. Palich, L. E. y Gómez-Mejía, L. R. (1999). A theory of global strategy and firm efficiencies: Considering the effects of cultural diversity. *Journal of Management, 25*(4), 587-606.
91. Hofstede, G. (1980). *Culture´s consequences*. Beverly Hills, CA: Sage; *Academy of Management Executive* (1993). Cultural constraints in management theories, 7, 81-94.
92. Jaeger, A. (1986). Organization development and national culture: Where´s the fit? *Academy of Management Review, 11*(1), 180.
93. Player, M. A. (1991). *Federal law of employment discrimination*, 28. St. Paul, MN: West Publishing; Twomey, D. P. (1994). *Equal employment opportunity* (3.ª ed.). Cincinnati, OH: South-Western; Ledvinka, J. y Scarpello, V. G. (1991). *Federal regulation of personnel and human resource management* (2.ª ed.) Boston: PWS-Kent.
94. Player, M. A. (1991). *Federal law of employment discrimination*, 28. St. Paul, MN: West Publishing.
95. Gómez-Mejía, L. R. y Welbourne, T. (1991). Compensation strategies in a global context. *Human Resource Planning, 14*(1), 38; Woodruff, D. y Widman, M. (17 de junio de 1996). East Germany is still a mess–$580 billion later. *BusinessWeek*, 58.
96. Gómez-Mejía, L. R. y Welbourne, T. (1991). Compensation strategies in a global context. *Human Resource Planning, 14*(1), 38.
97. Bureau of National Affairs (2001). Economic report calls for regulation of core labor standards. Disponible en www.bna.com.
98. Landsburg, S. (11 de febrero de 2002). Highway robbery. Wall Street Journal, B-2; Tran, K. T. L. y Johnson, K. (30 de septiembre de 1999). Nike barred by Spanish court from use of name on sports apparel sold here. Wall Street Journal, B-24; Magnuson, P. (24 de enero de 2005). A milestone for human rights. BusinessWeek, 63; Barboza, D. (21 de marzo

de 2005). Wave of corruption tarnishes China´s extraordinary growth. *New York Times*, C-1.

99. Wellins, R. y Rioux, S. (febrero de 2001). Solving the global HR puzzle. *Workspan, 44*(2), 1-14
100. Barrett, A. (17 de abril de 1995). It is a small business world. *BusinessWeek*, 96-97.
101. Cavusgil, T. S. (1984). Organizational characteristics associated with export activity. *Journal of Management Studies, 24*(1), 3-21; Hill, C. W. (2006). *International business*. Chicago: Irwin.
102. Gómez-Mejía, L. R. (1988). The role of human resources strategy in export performance: A longitudinal study. *Strategic Management Journal,* 9(3), 493-505.
103. Echikson, W. (11 de octubre de 1999). Designers climb onto the virtual catwalk. *BusinessWeek,* 164-165.
104. *Ibid.*
105. Gómez-Mejía, L. R., Balkin, D. B. y Cardy, R. L. (2007). *Management*. Nueva York: Irwin/McGraw-Hill.
106. Gómez-Mejía, L. R., Balkin, D. B. y Cardy, R. L. (2001). *Managing human resources* (3.ª ed.). Upper Saddle River: NJ: Prentice Hall.
107. Prasso, S. (22 de abril de 2002). To get an MNA is glorious. *BusinessWeek,* 10.
108. Hardy, Q. (14 de marzo de 2005). Technology, saving software from itself. *Forbes,* 60.